*Obra clássica de Spurgeon sobre os Salmos compilada em um volume*

O TESOURO de DAVI

Publicações Pão Diário

*Obra clássica de Spurgeon sobre os Salmos compilada em um volume*

# O Tesouro de Davi

## Charles H. Spurgeon
*Compilado por* David O. Fuller

© 1968 by David Otis Fuller
under the title *The Treasure of David by Charles H. Spurgeon*
*and abridged by David Otis Fuller.*
Originally published in the U.S.A. by Kregel Publications,
Grand Rapids, Michigan.
Translated and printed by permission. All rights reserved.

COORDENAÇÃO EDITORIAL: Dayse Fontoura
TRADUÇÃO: Elisa Tisserant de Castro
REVISÃO: Dayse Fontoura, Lozane Winter, Rita Rosário, Thaís Soler
PROJETO GRÁFICO E CAPA: Audrey Novac Ribeiro
DIAGRAMAÇÃO: Rebeka Werner
IMAGENS DA CAPA: © Shutterstock

Dados Internacionais de Catalogação na Publicação (CIP)

Otis Fuller, David
*Os tesouros de Davi*. Tradução: Elisa Tisserant de Castro – Curitiba/PR, Publicações Pão Diário.
Título original: The treasure of David by Charles H. Spurgeon and abridge by David Otis Fuller
1. Bíblia   2. Comentário Bíblico   3. Salmos

Proibida a reprodução total ou parcial, sem prévia autorização, por escrito, da editora.
Todos os direitos reservados e protegidos pela Lei 9.610, de 19/02/1998.
Pedidos de permissão para reprodução: permissao@paodiario.org

Exceto quando indicado o contrário, os trechos bíblicos mencionados são da edição Revista e Atualizada de João F. de Almeida © 2009 Sociedade Bíblica do Brasil.

Publicações Pão Diário
Caixa Postal 4190
82501-970 Curitiba/PR, Brasil
publicacoes@paodiario.org
www.paodiariopaodiario.com.br
Telefone: (41) 3257-4028

Código: FC939
ISBN: 978-1-68043-375-3

*Impresso na China*

# umário

| | |
|---|---|
| Introdução .................................. 7 | Salmo 37................................. 176 |
| Prólogo ..................................... 9 | Salmo 38................................. 181 |
| Prefácio ................................... 11 | Salmo 39................................. 185 |
| Prefácio condensado ..................... 13 | Salmo 40................................. 191 |
| Salmo 1................................... 15 | Salmo 41................................. 197 |
| Salmo 2................................... 18 | Salmo 42................................. 201 |
| Salmo 3................................... 21 | Salmo 43................................. 206 |
| Salmo 4................................... 24 | Salmo 44................................. 208 |
| Salmo 5................................... 26 | Salmo 45................................. 211 |
| Salmo 6................................... 31 | Salmo 46................................. 216 |
| Salmo 7................................... 34 | Salmo 47................................. 221 |
| Salmo 8................................... 37 | Salmo 48................................. 223 |
| Salmo 9................................... 40 | Salmo 49................................. 225 |
| Salmo 10.................................. 44 | Salmo 50................................. 229 |
| Salmo 11.................................. 48 | Salmo 51................................. 235 |
| Salmo 12.................................. 53 | Salmo 52................................. 241 |
| Salmo 13.................................. 56 | Salmo 53................................. 243 |
| Salmo 14.................................. 58 | Salmo 54................................. 246 |
| Salmo 15.................................. 61 | Salmo 55................................. 247 |
| Salmo 16.................................. 64 | Salmo 56................................. 251 |
| Salmo 17.................................. 70 | Salmo 57................................. 254 |
| Salmo 18.................................. 76 | Salmo 58................................. 257 |
| Salmo 19.................................. 83 | Salmo 59................................. 260 |
| Salmo 20.................................. 90 | Salmo 60................................. 264 |
| Salmo 21.................................. 93 | Salmo 61................................. 266 |
| Salmo 22.................................. 97 | Salmo 62................................. 268 |
| Salmo 23.................................. 104 | Salmo 63................................. 272 |
| Salmo 24.................................. 112 | Salmo 64................................. 275 |
| Salmo 25.................................. 119 | Salmo 65................................. 278 |
| Salmo 26.................................. 128 | Salmo 66................................. 281 |
| Salmo 27.................................. 132 | Salmo 67................................. 286 |
| Salmo 28.................................. 136 | Salmo 68................................. 288 |
| Salmo 29.................................. 138 | Salmo 69................................. 296 |
| Salmo 30.................................. 141 | Salmo 70................................. 302 |
| Salmo 31.................................. 145 | Salmo 71................................. 303 |
| Salmo 32.................................. 152 | Salmo 72................................. 306 |
| Salmo 33.................................. 158 | Salmo 73................................. 309 |
| Salmo 34.................................. 162 | Salmo 74................................. 317 |
| Salmo 35.................................. 166 | Salmo 75................................. 320 |
| Salmo 36.................................. 172 | Salmo 76................................. 322 |

| | |
|---|---|
| Salmo 77 | 325 |
| Salmo 78 | 329 |
| Salmo 79 | 340 |
| Salmo 80 | 343 |
| Salmo 81 | 346 |
| Salmo 82 | 349 |
| Salmo 83 | 351 |
| Salmo 84 | 353 |
| Salmo 85 | 355 |
| Salmo 86 | 358 |
| Salmo 87 | 360 |
| Salmo 88 | 361 |
| Salmo 89 | 365 |
| Salmo 90 | 371 |
| Salmo 91 | 378 |
| Salmo 92 | 383 |
| Salmo 93 | 387 |
| Salmo 94 | 388 |
| Salmo 95 | 393 |
| Salmo 96 | 397 |
| Salmo 97 | 401 |
| Salmo 98 | 404 |
| Salmo 99 | 407 |
| Salmo 100 | 409 |
| Salmo 101 | 411 |
| Salmo 102 | 413 |
| Salmo 103 | 418 |
| Salmo 104 | 424 |
| Salmo 105 | 433 |
| Salmo 106 | 444 |
| Salmo 107 | 454 |
| Salmo 108 | 458 |
| Salmo 109 | 461 |
| Salmo 110 | 468 |
| Salmo 111 | 471 |
| Salmo 112 | 474 |
| Salmo 113 | 476 |
| Salmo 114 | 479 |
| Salmo 115 | 483 |
| Salmo 116 | 487 |
| Salmo 117 | 493 |
| Salmo 118 | 494 |
| Salmo 119 | 501 |
| Salmo 120 | 563 |
| Salmo 121 | 565 |
| Salmo 122 | 567 |
| Salmo 123 | 569 |
| Salmo 124 | 571 |
| Salmo 125 | 573 |
| Salmo 126 | 576 |
| Salmo 127 | 580 |
| Salmo 128 | 584 |
| Salmo 129 | 587 |
| Salmo 130 | 590 |
| Salmo 131 | 595 |
| Salmo 132 | 596 |
| Salmo 133 | 601 |
| Salmo 134 | 603 |
| Salmo 135 | 604 |
| Salmo 136 | 610 |
| Salmo 137 | 615 |
| Salmo 138 | 618 |
| Salmo 139 | 622 |
| Salmo 140 | 633 |
| Salmo 141 | 637 |
| Salmo 142 | 641 |
| Salmo 143 | 644 |
| Salmo 144 | 648 |
| Salmo 145 | 653 |
| Salmo 146 | 658 |
| Salmo 147 | 662 |
| Salmo 148 | 666 |
| Salmo 149 | 669 |
| Salmo 150 | 672 |
| Índice de autores citados ou referenciados | 675 |

# Introdução

ESTOU CERTO de que muitas pessoas terão motivo para gratidão pelo trabalho que o Dr. David Otis Fuller, pastor do Templo Batista, na cidade de Grand Rapids no estado do Michigan, EUA, executou na condensação de "O tesouro de Davi" de Charles Haddon Spurgeon. Ao ler esta compilação tem-se a alegria de um mergulhador que "esperando, despido, o momento do mergulho, alegra-se ao emergir com as mãos cheias de pérolas".

Robert Browning escreveu:

*Todo o respirar e o florescer do ano em uma colmeia de abelhas;*
*Todo o encanto e riqueza das minas no coração de uma gema;*
*No centro de uma pérola todo o brilho e a sombra do mar;*
*Respirar e florescer, sombra e brilho — encanto, riqueza e — ainda mais elevada que todos —*
*Verdade que brilha mais que uma gema,*
*Verdade que é mais pura que uma pérola,*
*Verdade mais reluzente, mais pura do Universo — tudo, para mim, se combinou*
*No beijo de uma jovem!*

Porém, mais ainda do que isso, e muito mais além disso está a riqueza dos tesouros da verdade de Deus e das maravilhas do evangelho do Senhor encontrados nestas compilações dos pensamentos deste grandioso pregador — pensamento e verdade sobre os quais Dr. Fuller nos faz assentar nossas tendas mentais e ao redor dos quais ele pede que reunamos as meditações de nosso coração.

Assim como com microscópios vemos mundos em gotas d'água, assim como com espectrógrafo descobrimos os elementos constituintes dos corpos astrais mais remotos, assim como com o telescópio vemos paisagens a milhões de quilômetros, da mesma forma, nesta valiosa obra, resultado de muito trabalho por parte do autor, descobrimos mundos de revelação redentora — continentes de verdade comprimidos em uma aresta fraseológica, firmamentos de sabedoria contraídos no alcance de uma tenda. Então, nesta condensação do grande trabalho de Spurgeon encontramos, de fato, fortunas em um único diamante de linguagem, infinidades lançadas em meras frases, oceanos de verdade em xícaras de chá de palavras, grandes quantidades em apenas uma linha, discursos em uma única afirmação, muitos órgãos em um diapasão, oceanos em altas marés tomando conta das costas.

É minha convicção que todos que adquirirem esta condensação, feita pelo Dr. Fuller, do grande trabalho de Spurgeon sentirão que fizeram um sábio investimento e serão gratos ao pastor do Templo Batista pelas muitas horas de trabalho empenhadas para levar este trabalho a público. Certamente seremos gratos recipientes de sua visão e elevado propósito em um serviço que nos traz a doçura reunida de muitos campos em um jardim de flores e frutos raros e radiantes.

Robert G. Lee
Igreja Batista Bellewe, Memphis, Tenessee

# RÓLOGO

HÁ MAIS DE um quarto de século um amigo me deu um presente de casamento que compreendia sete volumes de "O Tesouro de Davi" de C. H. Spurgeon. Através dos anos passei a considerar este conjunto de incomparáveis exposições sobre *Os Salmos* como os livros mais valiosos em minha biblioteca.

Em minha opinião, este trabalho referencial, que Spurgeon considerava a obra-prima de suas composições literárias, contém mais dicas sermonárias singulares do que todo o restante dos livros escritos sobre os salmos, se colocados juntos. Quando nos lembramos de que "o Príncipe dos Pregadores", como Spurgeon era conhecido, cuja língua anglo-saxônica deveria ser detalhadamente estudada por todo pregador e aspirante ao ministério, investiu mais de 20 anos de pesquisa e escritos originais neste tratado monumental, são facilmente compreendidas as aclamações dos mais reconhecidos estudiosos e mestres oferecidos a este inestimável tesouro.

É de pensar, contudo, que alguma forma de condensação do "baú de tesouros" de Spurgeon seria de valor prático para pastores ocupados. Aqui incluem-se muitos que, com meios limitados, não poderiam investir nos sete volumes, mas que agora podem ter posse de todas as melhores das duas milhões de palavras que Spurgeon escreveu. Quando Dr. Fuller discutiu comigo a possibilidade de reunir todas as joias de "O Tesouro de Davi", e colocá-las em um comentário de um volume, eu lhe garanti que seus esforços seriam instantaneamente bem-sucedidos.

O fato de que o Dr. Fuller foi admiravelmente bem-sucedido em sua grande tarefa fica evidente ao analisarmos o volume que temos em mãos. Será constatado que a seleção de forma alguma deprecia a obra original de Spurgeon. Na verdade, os esforços do Dr. Fuller resultarão em um amplo desejo por outras produções de Spurgeon. Com caráter "spurgeônico" em sua teologia e pregação, o Dr. Fuller testifica a influência que esse pregador do passado teve em sua vida — fato que lhe deu muita alegria nesta longa e árdua tarefa que agora alegremente recomendo.

Herbert Lockyer

# Prefácio

CHARLES HADDON SPURGEON há muito tem sido reconhecido como "o Príncipe dos Pregadores". Seu trabalho fenomenal em Londres, que ainda prospera mesmo após longos anos de sua morte, não apenas testifica isto, mas a demanda global de seus sermões até o dia de hoje é testemunha silenciosa da maravilhosa graça de Deus, que não foi outorgada a Spurgeon em vão.

Poucas pessoas compreendem a grandiosa quantidade de trabalho e esforço que Spurgeon e seus colaboradores aplicaram nesta grande obra, *O Tesouro de Davi*. Sua preparação ocupou um período de 20 anos e o resultado final foi um comentário de sete volumes (3 mil páginas, contendo quase 2 milhões de palavras) sobre todos os versículos — e mais frequentemente as frases e as palavras em si — dos 150 Salmos que fazem parte do Saltério das Sagradas Escrituras.

Porém, não se engane ao pensar que este é um mero comentário dos Salmos. Tal título dificilmente faria justiça à obra. Pode, de fato, ser designado como uma antologia teológica de todo o âmbito da verdade cristã. Todas as grandes doutrinas da Palavra de Deus — a ressurreição, a propiciação, a segunda vinda de Cristo etc., são longamente exploradas pelas grandes mentes de praticamente todas as eras, desde a primeira vinda de Jesus Cristo, o eterno Filho de Deus; por homens cujos intelectos agigantados foram dedicados à paixão primeira de suas vidas: exaltar a glória e a majestade do Deus soberano.

O leitor encontrará nestas páginas algumas das maiores e mais grandiosas palavras de consolo e inspiração que já foram redigidas. Por seu exuberante poder de expressão e estilo literário, nada jamais poderá suplantá-las. Mais de 4 mil citações separadas (mais de 1700 somente de Spurgeon) foram condensadas neste volume, retiradas dos escritos de 720 escritores diferentes cujos nomes brilham até o dia de hoje mais radiantes que nunca, seu esplendor e genialidade nada ofuscados pelo tempo. Os Pais da Igreja Primitiva, os Reformistas, os Puritanos, todos nos deram "tesouros em vasos de barro" que servem para aumentar nossa fé e renovar nossa coragem em tempos de angústia.

Alguns dos grandes expositores da verdade divina cujos escritos cintilam nestes volumes são homens como Santo Agostinho, Crisóstomo, Atanásio, Calvino, Lutero, Bunyan, Matthew Henry e, obviamente, o próprio Spurgeon. Ele até mesmo valeu-se do uso de Platão, Sócrates, o satirista Juvenal e Shakespeare. Aqui, de fato, está um vasto glossário de verdade áurea que permanece e permanecerá ainda que o ceticismo seja generalizado e a infidelidade se enfureça.

Os salmos chamados de imprecatórios têm sido fonte de grande perplexidade para muitos cristãos devotos, mas o leitor encontrará explicações completas e satisfatórias para estas passagens complexas, difíceis de se compreender. Há nestes volumes condensados uma riqueza de material sugestivo para sermões, ilustrações em sermões e esboços. Cada uma das páginas é um tônico e um estimulante para o crescimento espiritual.

Podemos verdadeiramente afirmar que jamais nos dispusemos a uma tarefa tão aprazível. Ainda que de nós tenham sido exigidas horas a fio para a seleção do melhor das 3 mil páginas de fina impressão e sólido material de leitura, sentimo-nos amplamente restituídos por todo o "escavar" nesta mina de gemas inestimáveis.

Você está procurando luz em dias de escuridão? Aqui você a encontrará. Está procurando força em tempos de fraqueza? Fé em lugar de dúvida? Coragem em vez de covardia? Esperança em vez de desespero? Então escolha seu Salmo favorito, sente-se durante uma hora ou duas e beba profundamente da fonte de verdade eterna, sempre acessível à alma sedenta.

David Ottis Fuller<br>
Grand Rapids, Michigan

# Prefácio Condensado

O ENCANTADOR estudo dos Salmos me concedeu benefícios imensos e satisfação continuamente crescente; a gratidão mútua me obriga a comunicar aos leitores uma porção dos benefícios, com a oração de que essa obra possa levá-los a uma busca aprofundada. O fato de eu não ter nada melhor a oferecer sobre este inigualável livro é para mim motivo de profundo arrependimento; o fato de eu ter algum material para apresentar é motivo de devota gratidão ao Senhor da graça. Fiz o meu melhor, mas, consciente dos muitos defeitos, tenho profundo desejo de que pudesse ter feito muito melhor.

Peço ao leitor que compreenda uma coisa e imploro que a tenha em mente: *estou longe de endossar tudo o que citei*. Também não sou responsável pela erudição ou ortodoxia dos escritores. Os nomes são fornecidos de modo que cada autor carregue seu próprio fardo.

Os leitores pouco sabem da grande labuta contida em encontrar um simples fragmento pertinente; labuta à qual certamente não me poupei. Minha oração mais sincera é que alguma medida de bem resulte desta tarefa para meus irmãos no ministério e à igreja em geral.

Deve ser acrescentado: ainda que os comentários tenham sido resultado de minha saúde, o restante do volume é produto de minha enfermidade. Quando a doença e fraqueza prolongadas me afastaram dos sermões diários, recorri à minha pena como meio disponível para fazer o bem. Fosse capaz, eu teria pregado, mas como meu Mestre me negou o privilégio de assim servi-lo, eu de bom grado fiz proveito deste outro método para dar testemunho de Seu nome. Ó, que Ele possa me fazer dar fruto também neste campo e dele será todo o louvor.

# Salmo 1

ESTE SALMO pode ser considerado como o SALMO PREFÁCIO, pois nele consta a informação sobre o conteúdo de todo o livro. É desejo do salmista nos ensinar sobre o caminho que leva à bem-aventurança e nos alertar sobre a destruição certa destinada aos pecadores. Este, então, é o tema do primeiro salmo, que pode ser analisado, em alguns aspectos, como o texto sobre o qual todo o livro de Salmos gera um sermão divino. —C. H. SPURGEON

O salmista falou mais sobre a questão da felicidade neste curto salmo do que qualquer outro filósofo, ou todos eles juntos. O que fizeram foi somente tocar a superfície; Deus, neste salmo, colocou o pássaro em nossas mãos. —JOHN TRAPP

*Versículo 1*

*Bem-aventurado* — veja como este livro de Salmos inicia com uma bênção, da mesma forma como no Sermão de nosso Senhor no monte! A palavra traduzida por "bem-aventurado" é muito expressiva. No original a palavra está no plural e ainda é questão controversa se pode ser definida como adjetivo ou substantivo. Consequentemente, podemos compreender a multiplicidade de bênçãos que virão sobre o homem a quem Deus justificou; e a perfeição, grandiosidade e bem-aventurança de que ele desfrutará. —C. H. SPURGEON

*Bem-aventurado o homem que não anda no conselho dos ímpios.* Ele recebe conselho mais sábio e caminha nos mandamentos do Senhor, o seu Deus. Para ele os caminhos de piedade são trajetórias de paz e satisfação. Seus passos são ordenados pela Palavra de Deus e não pelos conselhos ardilosos e perversos do homem carnal. É um rico sinal de graça interior quando a caminhada externa é transformada e quando a impiedade é lançada para longe de nossas ações. —C. H. SPURGEON

A palavra *haísh* é enfática: *esse homem*; esse homem entre milhares que vive para a concretização do objetivo para o qual Deus o criou. —ADAM CLARKE

*Não se detém no caminho dos pecadores.* Os pecadores têm modos específicos de transgressão: um é bêbado, outro desonesto, outro impuro. Poucos são dados a todos os tipos de vício. Há muitos homens gananciosos que abominam a embriaguez, muitos bêbados que abominam a ganância; e assim com outros pecados também. Cada um tem o pecado que facilmente lhe atinge, portanto, o profeta diz: *Deixe o perverso o seu caminho.* Agora, bem-aventurado é aquele que não se coloca no caminho de tal homem. —ADAM CLARKE

*Nem se assenta na roda dos escarnecedores.* Deixemos que outros zombem do pecado, da eternidade, do inferno, do Céu e do Deus eterno; esse homem aprendeu uma filosofia mais adequada do que essa do infiel e tem profundo senso da presença de Deus para suportar Seu nome sofrendo blasfêmia.

Quando os homens vivem em pecado, eles caminham do mau para o pior. A princípio eles simplesmente *andam* no conselho do imprudente e impiedoso, que esquece Deus — o mal trata-se antes de uma prática e não de um hábito — mas depois disso acabam se habituando ao mal e *se colocam* no caminho de pecadores declarados que deliberadamente violam os mandamentos de Deus; e, se deixados sem intervenção, dão um passo a mais e se tornam mestres degradantes tentando outros e, portanto, *assentam-se na roda dos escarnecedores.* Estão diplomados em vícios e como verdadeiros doutores em Perdição são instituídos e admirados por outros como mestres em Belial. Mas o homem bem-aventurado, o homem a quem pertencem todas as bênçãos de Deus, não pode manter comunhão com tais personagens. Ele se mantém puro, afastado destes leprosos; afasta de si o que é mau como vestimentas maculadas pela carne; se retira do meio dos perversos e sai do arraial, carregando o vitupério de Cristo. Ó, que haja graça para ser assim apartado dos pecadores. —C. H. SPURGEON

*Versículo 2*
*Antes, o seu prazer está na lei do SENHOR.* "A lei do Senhor" é o pão diário do verdadeiro cristão. E contudo, nos dias de Davi, quão ínfimo era o volume de inspiração, pois eles tinham apenas os cinco primeiros livros de Moisés! Quanto mais então, deveríamos nós valorizar toda a Palavra escrita e o privilégio de a termos em nossas casas! Mas, infelizmente, muitos são os maus-tratos a este anjo do Céu! Não somos todos bereanos estudiosos das Escrituras. Poucos entre nós podem requerer a bênção do texto! —C. H. SPURGEON

A "vontade" aqui simbolizada, é a satisfação do coração e o prazer certo na Lei, que não olha para o que a Lei promete, nem para aquilo que ameaça, mas somente para o seguinte: que "o mandamento é santo, e justo, e bom". Portanto, não se trata apenas do amor pela Lei, mas do afetuoso deleite na Lei que nenhuma prosperidade, nem adversidade, nem o mundo, nem o seu príncipe, podem arrancar ou destruir; pois irrompe vitoriosamente e atravessa a pobreza, a acusação maligna, a cruz, a morte e o inferno e, em meio a adversidades, resplandece mais radiante. —MARTINHO LUTERO

*E na sua lei medita de dia e de noite.* No texto mais simples, há um mundo de santidade e espiritualidade; e se nós, em oração e dependência de Deus, nos sentássemos e a estudássemos, contemplaríamos muito mais do que aquilo que é evidente. Pode ser que, imediatamente ao lermos ou olharmos essa Lei, vemos pouco ou nada; como o servo de Elias que sondou uma vez e nada viu; portanto lhe foi ordenado que voltasse sete vezes. "E agora?", diz o profeta. "Vejo uma nuvem surgindo, do tamanho da mão de um homem"; e aos poucos, todo o céu foi coberto de nuvens. Da mesma forma, você pode olhar levianamente para uma passagem das Escrituras e não ver nada. Medite nela frequentemente e ali você encontrará uma luz, como a luz do Sol. —JOSEPH CARYL

"Os lábios do justo meditarão na sabedoria." Portanto, Agostinho tem em sua tradução a palavra "piar"; e que bela metáfora é — como o piar é tarefa dos pássaros, assim um falatório contínuo sobre a Lei do Senhor (pois o falar é peculiar ao homem) deve ser tarefa do homem. —MARTINHO LUTERO.

O homem piedoso lerá a Palavra durante o dia, para que os homens, ao ver suas boas obras, glorifiquem seu Pai que está nos Céus; e o fará durante a *noite* para que não seja visto pelos homens. Durante o *dia* mostrará que não é um desses que teme a luz; durante a *noite* mostrará que é alguém que brilha na escuridão. Durante o *dia* é o momento de trabalho — façamos as obras [...] enquanto é dia; durante a *noite* para que, vindo seu Mestre como o ladrão, não o encontre ocioso. —SIR RICHARD BAKER

Não encontro descanso, senão em um abrigo com o Livro. —THOMAS À KEMPIS

*Versículo 3*
*Ele é como árvore plantada;* não uma árvore selvagem, mas "árvore plantada", escolhida, considerada propriedade, cultivada e protegida da terrível extirpação final, pois "Toda planta que meu Pai celestial não plantou será arrancada".

*Junto a corrente de águas.* De modo que, secando-se um dos rios, ele terá outro. Os rios de perdão e os rios de graça, os rios de promessa e os rios de comunhão com Cristo são fontes inesgotáveis de abastecimento.

*Que, no devido tempo, dá o seu fruto.* O homem que se deleita na Palavra de Deus, sendo ensinado por ela, manifesta paciência em tempos de sofrimento, fé no dia da tribulação e santa alegria na hora da prosperidade. O frutificar é uma qualidade essencial do homem gracioso e esse frutificar deve ser constante. —C. H. SPURGEON

O impiedoso tem seus dias e tempos definidos, palavras e lugares certos, aos quais se apega de tal forma que jamais se afastaria de nenhum destes, caso o seu próximo estivesse perecendo de inanição. Mas o homem bem-aventurado, estando livre em todos os momentos, em todos os lugares, para qualquer tarefa e para servir qualquer pessoa, servirá sempre que uma oportunidade lhe for oferecida.

*E cuja folhagem não murcha.* Ele descreve o fruto antes de descrever a folhagem, e, portanto, que aquele que professa a palavra de doutrina, dê primeiro frutos de vida; caso contrário, que murchem os seus frutos, pois Cristo amaldiçoou a figueira que não dava frutos. —MARTINHO LUTERO

*E tudo quanto ele faz será bem-sucedido.* Assim como há uma maldição envolta nas misericórdias do homem perverso, há uma bênção oculta para o homem justo em suas cruzes, perdas e tristezas. As tribulações do santo são um pastoreio divino, pelo qual ele cresce e dá fruto em abundância. —C. H. SPURGEON

Prosperidade exterior, se é resultado de caminhada íntima com Deus, é algo muito doce; como a cifra que, ao lado de um número, cria um valor numérico, ainda que por si só, nada seria. —JOHN TRAPP

### Versículo 4

*Os ímpios não são assim.* Observe o uso do termo "ímpio", pois como vimos na abertura do Salmo, estes são os iniciantes no mal e são os pecadores menos ofensivos. Ó, se tal é o triste estado daqueles que silenciosamente permanecem em sua moralidade e negligenciam seu Deus, qual não será a condição de pecadores assumidos e infiéis descarados? —C. H. SPURGEON

*São, porém, como a palha.* Aqui está sua natureza — intrinsecamente imprestável, morta, inservível, sem essência e facilmente manipulável. —C. H. SPURGEON

*Que o vento dispersa.* Aqui, também, observe sua ruína — a morte com seu terrível golpe, os levará mais rapidamente ao fogo em que serão totalmente consumidos. —C. H. SPURGEON

Aqui, aliás, podemos informar aos perversos que têm agradecimentos a dar e que nisto pouco refletem; eles devem agradecer aos piedosos por todos os bons dias que vivem nesta Terra, considerando que é por amor aos piedosos que os perversos desfrutam destes dias. Pois a palha enquanto está unida e próxima ao trigo desfruta de alguns privilégios por causa do trigo e é distribuída cuidadosamente no celeiro; mas assim que é dividida e separada do trigo é jogada e espalhada pelo vento. Assim os perversos, enquanto os piedosos estão em sua companhia e vivem entre eles, participam, por causa desses piedosos, de alguma bem-aventurança prometida aos piedosos; mas caso os piedosos os abandonem ou sejam levados para longe deles, surge repentinamente sobre os ímpios um dilúvio de águas, como foi com o mundo quando Noé o deixou; ou um dilúvio de fogo, como ocorreu com Sodoma quando Ló a deixou. —SIR RICHARD BAKER

### Versículo 5

*Nem os pecadores, na congregação dos justos.* Toda igreja tem um demônio. O joio cresce no mesmo sulco que o trigo. Não há solo que seja purificado da palha. Pecadores se misturam com santos, como impurezas misturam-se com ouro. Os preciosos diamantes de Deus ainda estão no mesmo campo com seixos.

Pecadores não podem viver no Céu. Eles estariam fora de seu ambiente. Seria mais fácil um peixe viver em uma árvore do que o perverso no Paraíso. —C. H. SPURGEON

### Versículo 6

*Pois o S*ENHOR *conhece o caminho dos justos,* ou, como o hebraico coloca mais plenamente: "O Senhor está *constantemente ciente* do caminho dos justos." Ele olha constantemente para seu caminho e, ainda que frequentemente haja névoa e escuridão, o Senhor conhece este caminho.

*Mas o caminho dos ímpios perecerá.* Não apenas perecem os ímpios, mas seu caminho perecerá também. O justo talha seu nome na rocha, mas o ímpio escreve suas memórias na areia. —C. H. SPURGEON

# SALMO 2

NÃO estaremos, de forma alguma, errados em nosso resumo deste sublime Salmo se o chamarmos de "O Salmo do Messias, o Príncipe", pois apresenta, como em uma impressionante visão, o alvoroço das pessoas contra o Ungido do Senhor, o propósito determinado de Deus de exaltar Seu Filho e o reino definitivo desse Filho sobre todos os Seus inimigos. Leiamo-lo com os olhos da fé, contemplando, como que de camarote, o triunfo final de nosso Senhor Jesus Cristo, ao vencer todos os Seus inimigos.

Temos, nos três primeiros versículos, uma descrição do ódio que a natureza humana nutre contra o Cristo de Deus. Não é necessário comentário melhor sobre isso do que a canção apostólica em Atos: "porque verdadeiramente se ajuntaram nesta cidade contra o teu santo Servo Jesus, ao qual ungiste, Herodes e Pôncio Pilatos com gentios e gente de Israel, para fazerem tudo o que a tua mão e o teu propósito predeterminaram" (4:27,28). —C. H. SPURGEON

### Versículo 1
*Por que se enfurecem os gentios e os povos imaginam coisas vãs?* O salmo começa abruptamente com uma interrogação indignada e certamente adequada. Certamente não deve nos surpreender o fato de que a mente do salmista se pasme diante de criaturas reunidas em tropas contra o seu Deus. —C. H. SPURGEON

*Coisas vãs.* Na Espanha foram erguidos dois pilares monumentais nos quais foi escrito: 1.º— "Diocleciano Jovio Maximiano Herculeo Caesares Augusti, por estenderem o Império Romano no leste e no oeste; e por extinguirem os nomes de cristãos, que trouxeram a república à ruína." 2.º— "Diocleciano Jovio Maximiano Herculeo Caesares Augusti, por aprovarem Galério no leste, por abolirem em todos os lugares a superstição de Cristo, por estenderem a adoração dos deuses."

"Temos um monumento erguido pelo Paganismo sobre a sepultura de seus inimigos derrotados, mas nisto '...os povos imaginam coisas vãs.' Nem na Espanha ou em qualquer outro lugar pode ser indicado o lugar em que o cristianismo tenha sido sepultado. '...Por que buscais entre os mortos ao que vive?'".

### Versículo 2
*Os reis da terra se levantam.* Em dolo previamente calculado, eles se uniram em oposição a Deus. Não foi em ira temporária, mas em ódio profundamente estabelecido, pois eles *se levantam* firmemente para resistir ao Príncipe da Paz. —C. H. SPURGEON

*Os reis da terra se levantam, e os príncipes conspiram contra o SENHOR e contra o seu Ungido.* Eles empreendem sua guerra astuciosamente, não com afobação tola, mas deliberadamente. Usam toda a habilidade que a arte pode fornecer. Como o Faraó, clamam: "...usemos de astúcia para com ele...". Ó, se os homens que servem a Deus em Sua obra, servissem-no sabiamente com a metade do cuidado que os inimigos do Senhor têm ao atacar astutamente Seu reino. Os pecadores têm sagacidade, mas os santos permanecem ingênuos. —C. H. SPURGEON

Por que se orquestraram contra o Senhor e contra Seu Ungido? Desejariam eles ter Seu sangue? Sim, "e deliberaram..." disse Mateus, "prender Jesus e matá-lo". Eles tinham a mente do diabo, que não se satisfaz com nada a não ser a morte. E como tramaram isto? Ele disse: "e deliberaram...". —HENRY SMITH

### Versículo 3
Rompamos os seus laços. Sejamos livres para cometer todas as formas de abominações. Sejamos nossos próprios deuses. Livremo-nos de todo comedimento.

*Sacudamos de nós as suas algemas.* Há monarcas que assim falaram e ainda há rebeldes em tronos. Ainda que seja ensandecida a decisão de rebelar-se contra Deus, nela o homem tem se mantido desde sua criação e continua nela até os dias de hoje. O glorioso reino de Jesus, no último dia, não será consumado até que uma terrível luta tenha agitado as nações. Para um pescoço desprovido da graça, o jugo de Cristo é intolerável, mas para o pecador salvo é suave e leve. Podemos nos avaliar conforme o seguinte padrão: amamos esse jugo, ou desejamos lançá-lo para longe de nós? —C. H. SPURGEON

## Versículo 4

*Ri-se aquele que habita nos céus.* O profeta descreve Deus segundo nossas capacidades, como se estivéssemos em uma condição de bem-aventurança, desdenhando de esforços vãos. Ele ri, mas com desprezo; despreza, mas com vingança. Ele permitiu que Seu Templo fosse saqueado e devastado, que os santos vasos fossem profanados e maculados; mas o sorriso de Deus não fez Belsazar tremer com os dedos que escreveram na parede? Ó, como serão Seus olhares severos se Seus sorrisos são tão terríveis? —THOMAS ADAMS

O *Senhor*, em hebraico *"Adonai"*, significa misticamente "minhas moradas", ou "meus sustentáculos — meus pilares". A palavra inglesa "Lord" — traduzida como Senhor — tem muito desta mesma força por ser uma contração da antiga palavra saxã "Llaford" ou "Hlafford", que vem de "Laef", cujo significado é suster, revigorar, estimar. —HENRY AINSWORTH

*Ri-se aquele que habita nos céus: o Senhor zomba deles.* Esta tautologia, ou repetição da mesma ideia, é um sinal de algo sendo estabelecido: de acordo com a autoridade do patriarca José (Gn 41:32), que, ao interpretar os sonhos de Faraó disse: "E o sonho foi duplicado duas vezes a Faraó é porque esta coisa é determinada de Deus, e Deus se apressa a fazê-la" (ARC). E, portanto, aqui também *"ri-se", e zomba deles*, é uma repetição para mostrar que não há dúvida a ser conservada de que todas essas coisas definitiva e certamente acontecerão. —MARTINHO LUTERO

## Versículo 5

*Na sua ira, a seu tempo, lhes há de falar.* Depois de rir Ele falará. Não necessita desferir golpes; o sopro de Seus lábios é suficiente. —C. H. SPURGEON

*E no seu furor os confundirá:* seja com terror de consciência ou pragas no corpo, de um jeito ou de outro Ele arrancará deles espólios para si, como sempre o fez com todos os perseguidores do Seu povo. —JOHN TRAPP

Versículos 5 a 9. É fácil para Deus destruir os Seus inimigos. De trinta imperadores romanos, governadores de províncias e outros oficiais de alta patente que se distinguiam por seu zelo e sua acrimônia em perseguir os cristãos primitivos, um enlouqueceu rapidamente após alguma crueldade atroz, outro foi assassinado por seu próprio filho, outro ficou cego, os olhos de um destes foram ejetados de sua cabeça, um deles se afogou, outro foi estrangulado, outro ainda morreu miseravelmente em cativeiro, um caiu morto de modo que não é digno de menção, outro morreu por motivo de uma doença tão repugnante que muitos de seus médicos foram mortos por não aguentarem o mau cheiro que tomava conta do quarto, dois cometeram suicídio, um terceiro tentou suicidar-se, mas precisou pedir ajuda para terminar o trabalho, cinco foram assassinados por seu próprio povo ou servos, outros cinco sofreram mortes profundamente miseráveis e excruciantes, muitos deles morreram por complicações ocultas de doenças e oito foram mortos na batalha ou depois de serem levados como prisioneiros.

Entre estes estava Juliano, o Apóstata. Diz-se que nos dias de sua prosperidade ele apontou sua adaga para o céu, desafiando o Filho de Deus a quem habitualmente chamava de Galileu. Mas quando foi ferido na batalha, percebeu que tudo havia acabado, recolheu seu sangue coagulado e lançou-o no ar exclamando: "Tu venceste, ó Galileu". —W. S. PLUMER

## Versículo 6

*Eu, porém, constituí o meu Rei sobre o meu santo monte Sião,* apesar de sua malícia, apesar de suas reuniões

tumultuosas, apesar da sabedoria de seus conselhos e apesar da habilidade de seus legisladores. Ele já executou a obra da qual o inimigo busca se prevenir. Enquanto estão apresentando a questão, Ele já a eliminou. A vontade de Jeová está consumada e a vontade do homem se inquieta e delira em vão.
—C. H. SPURGEON

Cristo é Rei acima de todo rei. O que são todos os homens poderosos, os grandes e honráveis homens da Terra para Jesus Cristo? Não passam de uma pequena bolha na água, pois todas as nações, se comparadas a Deus, não passam de uma gota do balde, ou a poeira da balança, como fala o profeta em Isaías 40:15, quão pequenos, então, são os reis da Terra! —W. DYER, em *Christ's Famous Titles* (Os ilustres títulos de Cristo)

## Versículo 7
*Proclamarei o decreto do SENHOR.* Olhando para os rostos irados dos reis rebeldes, o Ungido parece dizer "Se isto não é suficiente para silenciá-los, *eu proclamarei o decreto*". Agora, este decreto está diretamente em conflito com o mecanismo do homem, pois seu teor é exatamente o estabelecimento do domínio com o qual as nações enlouquecem. —C. H. SPURGEON

*Tu és meu Filho.* Aqui está uma nobre prova da gloriosa divindade de nosso Emanuel.

Eu, hoje, te gerei. Se isto é uma referência à divindade de nosso Senhor, não tentemos compreender, pois é uma grande verdade, uma verdade a ser recebida com reverência, mas de modo algum irreverentemente examinada. Na tentativa de definir a Trindade, ou desvendar a essência da divindade, muitos homens se perderam: aqui grandes navios se debateram. O que faremos em tal mar, uma vez que nossos esquifes são tão frágeis?

A discussão concernente à filiação eterna de nosso Senhor é mais infiel à curiosidade presunçosa do que à fé reverente. É uma tentativa de explicar algo que na verdade é muito melhor que seja adorado. Poderíamos fornecer posturas adversas sobre esse versículo, mas nos absteremos. A controvérsia é uma das mais desvantajosas das quais já se ocuparam as penas dos teólogos. —C. H. SPURGEON

## Versículo 9
*Com vara de ferro as regerás e as despedaçarás como um vaso de oleiro.* Aqueles que não se curvarem se quebrarão. Vasos de oleiros não devem ser restaurados, se descartados em pedaços e a ruína dos pecadores será irremediável, caso Jesus os atinja.
—C. H. SPURGEON

## Versículo 10
*Agora, pois, ó reis, sede prudentes.* Ó, como é sábia, tão infinitamente sábia, a obediência a Jesus; e quão abominável é a insensatez daqueles que permanecem Seus inimigos! —C. H. SPURGEON

## Versículo 11
*Alegrai-vos nele com tremor.* Temor, sem alegria, é tormento; e alegria, sem temor santo, seria presunção.
—C. H. SPURGEON

## Versículo 12
*Beijai o Filho para que não se irrite.* Judas traiu Seu Mestre com um beijo e, no entanto, Deus ordena o beijo e expressa amor no beijo. Tudo o que foi abusado ou pode vir a sê-lo, não deve ser abandonado. O fato de algo ser aplicado fora de seu propósito não significa que este algo deva ser eliminado. Pois algo bom que por alguns é desviado para o mau uso, pode ser, por outros, levado novamente à sua primeira característica de bondade. Consideremos e magnifiquemos então a bondade de Deus que nos trouxe até este ponto em que podemos *beijar o Filho*; e pelo fato de que a expressão desse amor está em nossas mãos.

Deus, que é amor, pode se irar; e este Deus que se ira é aqui o Filho de Deus, Aquele que tanto fez por nós e, portanto, em justiça pode irar-se; Ele que é nosso Juiz, cuja ira, portanto, temos razão de temer. E então, em um terceiro ramo, veremos com que facilidade essa ira se vai — um beijo a remove.

Caso você seja desprezado por amar Cristo e Seu evangelho, lembre-se de que quando Davi foi desprezado por dançar diante da arca, ele teve que ser mais humilde. "Quanto mais atribulado estás ou o és por outros, pela causa de Cristo, mais paz tens em Cristo." —JOHN DONNE, em sermões

Para ter paz com o Pai, beije o Filho. "Beija-me…" foi a oração da Igreja (Ct 1:2). Beija-me — que esse seja nosso intento diligente. De fato, o Filho deve primeiro nos beijar por Sua misericórdia antes que possamos beijá-lo por nossa piedade. Senhor, nos conceda nestes beijos mútuos e trocas de abraços chegar ao completo banquete matrimonial; quando o coro do céu, até mesmo as vozes dos anjos, cantarão epitalâmios, canções nupciais, nas bodas do Cordeiro. —THOMAS ADAMS

*…pereçais no caminho; porque dentro em pouco se lhe inflamará a ira.* É algo terrível perecer em meio ao pecado, no próprio caminho da rebelião; e contudo, quão facilmente Sua ira poderia repentinamente nos destruir! Não é necessário que Sua ira se aqueça sete vezes mais; deixe o combustível instigar levemente e já estaremos consumidos. Ó pecador! Preste atenção aos terrores do Senhor; pois "nosso Deus é fogo consumidor". —C. H. SPURGEON

Indescritível deve ser a ira de Deus quando acesa plenamente, considerando que a perdição pode tomar conta de uma pequena faísca que seja. —JOHN NEWTON

No primeiro salmo vimos os perversos desaparecem como palha; no segundo, os vemos em pedaços como o vaso de um oleiro. No primeiro, contemplamos o justo como uma árvore plantada à beira dos rios de água; e aqui contemplamos Cristo, a Aliança Maior do justo, como algo melhor que uma árvore plantada à beira de rios de águas, pois é coroado rei de todas as ilhas e todos os pagãos se curvam diante dele e beijam o pó; enquanto Ele abençoa todos aqueles que nele confiam. —C. H. SPURGEON

# Salmo 3

UM Salmo *de Davi, quando ele fugiu de Absalão, seu filho*. Você se lembrará da triste história de Davi fugindo de seu próprio palácio, quando, no meio da noite, ele atravessou o ribeiro do Cedrom e foi, com alguns fiéis seguidores, esconder-se por algum tempo da fúria de seu filho rebelde. Lembre-se de que Davi neste relato era um tipo de representação do Senhor Jesus Cristo. Ele, também, fugiu; também, passou pelo ribeiro do Cedrom quando Seu próprio povo se rebelou contra Ele e, com um fraco grupo de seguidores, Ele foi ao Jardim do Getsêmani. Também, bebeu do riacho no caminho e, assim, ergue Sua cabeça. Este salmo é intitulado por muitos expositores como "Hino da Manhã." Acordemos sempre com santa confiança em nosso coração e uma canção em nossos lábios!

Este salmo pode ser dividido em quatro partes, cada uma com dois versículos. Nos primeiros dois versículos, temos Davi fazendo uma queixa a Deus com relação a seus inimigos; ele então declara sua confiança no Senhor (vv.3,4), canta sobre sua segurança ao dormir (vv.5,6) e se fortalece para futuros conflitos (vv.7,8). —C. H. SPURGEON

### Versículo 1

Senhor, *como tem crescido o número dos meus adversários!* As dificuldades sempre vêm em bandos. A dor tem uma família numerosa.

*São numerosos os que se levantam contra mim.* As legiões de nossos pecados, os exércitos de demônios, a multidão de dores corporais, as hostes de sofrimentos espirituais e todos os aliados da morte e do inferno se colocam em batalha contra o Filho do homem. —C. H. SPURGEON

Como há engano e fraude no grupo numeroso! Tão pouca fidelidade e constância encontra-se entre os homens! Davi tivera os corações de seus subordinados como nenhum outro rei teria tido e, contudo, repentinamente os perdera! —MATTHEW HENRY

*Versículo 2*

*São muitos os que dizem de mim: Não há em Deus salvação para ele.* Davi se queixa diante de seu amoroso Deus falando da pior das armas utilizada nos ataques de seus inimigos, a gota mais amarga de suas angústias. "O corte mais cruel de todos" foi quando declararam que seu Deus o havia abandonado. Entretanto, Davi sabia em sua consciência que ele havia aberto precedentes para que seus inimigos assim exclamassem, pois havia pecado contra Deus à luz do dia.

Caso houvesse possibilidade de tomar todas as lutas que vêm do Céu, todas as tentações que vêm do inferno e toda e qualquer cruz que se levante na Terra e então misturá-las e uni-las, ainda assim não se tornariam uma prova tão terrível como essa contida neste versículo. A mais amarga de todas as aflições é ser levado ao medo de que não haja socorro para nós em Deus. Entretanto, lembre-se de que nosso mais bendito Salvador teve que suportar tal prova no grau mais profundo quando clamou: "Deus meu, Deus meu, por que me desamparaste?". —C. H. SPURGEON

Quando o cristão questiona o poder de Deus, ou Seu interesse neste poder, sua alegria se esvai como sangue jorrando de uma veia rompida. Este versículo é, de fato, uma apunhalada dolorida. —WM. GURNALL

Um filho de Deus se alarma ao pensar simplesmente na perda do socorro em Deus; não há como atormentá-lo mais diante da oferta de convencê-lo de que: "Não há em Deus salvação para ele". —MATTHEW HENRY

*Selá.* (ARC) Esta é uma pausa musical; seu significado exato é desconhecido. Alguns pensam que é simplesmente um descanso, uma pausa na música; outros afirmam que quer dizer: "Aumentem a melodia — cantem mais alto — elevem o tom a uma nota mais alta — há algo mais nobre vindo, portanto afinem suas harpas". As cordas da harpa afrouxam facilmente e precisam ser apertadas novamente para que voltem à tensão adequada, e, certamente as cordas de nosso coração estão constantemente saindo do tom. Que o "Selá" nos ensine a orar. —C. H. SPURGEON

*Selá.* Esta palavra aparece setenta e três vezes nos Salmos e três vezes no livro de Habacuque. —ALBERT BARNES

*Versículo 3*

*Porém tu,* SENHOR *[...] és a minha glória.* Ó que graça é vermos nossa futura glória em meio à vergonha presente! Há uma glória presente em nossas aflições. Ah, se pudéssemos discerni-la! Pois não é mesquinho ter comunhão com Cristo em Seus sofrimentos. Davi foi honrado quando subiu no monte das Oliveiras, choroso, com sua cabeça coberta; pois em tudo isso ele se assemelhou a seu Senhor. Aprendamos, neste aspecto, a também encontrar glória nas tribulações! —C. H. SPURGEON

*Versículo 4*

*Com a minha voz clamo ao* SENHOR. Quando a oração lidera a vanguarda, no tempo certo a libertação devida chega até a retaguarda. —THOMAS WATSON

*E ele do seu santo monte me responde.* Já ouvi com frequência pessoas dizendo em orações: "Tu és um Deus que ouve orações e as responde", mas a expressão contém uma redundância, considerando que para Deus ouvir é, conforme as Escrituras, a mesma coisa que responder. —C. H. SPURGEON

*Versículo 5*

*Deito-me e pego no sono.* Há um sono fruto da presunção; Deus, nos livre deste! Há um sono de confiança santa; Deus ajude-nos a assim cerrar nossos olhos! —C. H. SPURGEON

Verdadeiramente deve ter sido fofo o travesseiro que fez Davi esquecer seu perigo; alguém que naquele momento era perseguido por um exército desleal. De fato, tão transcendente é a influência desta paz, que pode fazer a criatura deitar-se alegremente para dormir sobre um túmulo, como se na cama mais fofa. Você dirá que a criança que pede para dormir, deita-se deliberadamente; alguns dos santos desejaram que Deus lhes desse descanso em suas camas de pó, e isto não por mesquinhez ou descontentamento com sua dificuldade atual, como o foi com Jó, mas como resultado de um doce senso desta paz em seu coração. "Agora deixa teu servo partir em paz, pois meus olhos viram tua salvação". Esse foi o canto do cisne do velho Simeão. —WM. GURNALL

Uma boa consciência consegue dormir diante de um canhão; a graça é o cobertor do cristão que o protege como armadura, que não cede à flecha ou à bala. —THOMAS WATSON

...*O Senhor me sustenta*. Não seria desvantajoso considerar o poder sustentador manifesto em nós enquanto dormimos. No fluir do sangue, no encher dos pulmões etc., no corpo e na contínua atividade das faculdades mentais no momento em que a imagem da morte está sobre nós. —C. H. SPURGEON

Cristo, pelas palavras deste versículo, simboliza Sua morte e sepultamento. —MARTINHO LUTERO

## Versículo 6
*Não tenho medo de milhares do povo que tomam posição contra mim de todos os lados.* O salmista confiará apesar do que se apresenta para ele. Ele não terá medo ainda que 10 mil pessoas tenham se colocado contra ele de todos os lados. Os cristãos fracos estão agora prontos para nos dar desculpas e nós estamos simplesmente prontos para as usarmos para nós. Em vez de planarmos acima da fraqueza da carne, nos refugiamos sob ela e a usamos como desculpa. Confiar somente quando aquilo que vemos é favorável, é velejar somente com o vento e a maré, crer apenas quando conseguimos ver. Ó, sigamos o exemplo do salmista e busquemos a plenitude de fé que nos capacita a confiar em Deus, venha o que vier. —PHILIP BENNETT POWER, em *"I wills" of the Psalms* (As "vontades do eu" em Salmos)

Não faz diferença alguma quem são nossos inimigos. Seja em número, nas legiões; em poder, nos principados; em sutileza, como as serpentes; seja em crueldade, como os dragões; seja por vantagem de localização, seja o príncipe dos ares; seja em malícia, perversidade espiritual; Ele, que está em nós, é mais forte do que aqueles que estão contra nós; nada pode nos separar do amor de Deus. Em Cristo Jesus nosso Senhor, seremos mais que vencedores. —W. COWPER

## Versículo 8
*Do Senhor é a salvação.* Este versículo contém a totalidade e a essência da doutrina calvinista. Sonde as Escrituras e você será convencido, caso leia com mente sincera, de que a doutrina da salvação somente pela graça é a grande doutrina da Palavra de Deus. Este é um ponto referente àquilo com que lutamos diariamente. Nossos oponentes dizem: "a salvação pertence ao livre-arbítrio do homem, se não, ao mérito do homem, ou, pelo menos, à vontade humana"; mas nós sustentamos e ensinamos que a salvação do primeiro ao último, em cada *iota* [N.E.: Nona letra do alfabeto grego.] que nela há, pertence ao Deus Altíssimo. É Deus quem escolhe Seu povo. Ele os chama por Sua graça; Ele os vivifica pelo Seu Espírito e os mantém por Seu poder. Não é do homem, nem pelo homem; "...não depende de quem quer ou de quem corre, mas de usar Deus a sua misericórdia". Que todos aprendamos essa verdade experimentalmente, pois nosso sangue e nossa carne orgulhosos jamais nos permitirão aprendê-la de nenhuma outra forma. —C. H. SPURGEON

...*sobre o teu povo a tua bênção*. Estes cristãos de alta magnitude, de quem o mundo não era digno "passaram pela prova de escárnios e açoites, [...] foram [...] serrados pelo meio, mortos a fio de espada" (Hb 11:36,37). O quê?! E todos eles foram abençoados durante seus dias de sofrimento? Um homem carnal pensaria: "se isto é ser abençoado, Deus me livre disso". Mas, ainda que haja algum sentido que seja nesta declaração, nosso Salvador Jesus Cristo declara o homem piedoso abençoado. Esteja ele coberto de luto, ou seja, um mártir, é, contudo, abençoado. Os santos, ainda que feridos, são abençoados. —THOMAS WATSON

# Salmo 4

CASO POSSAMOS intitular o terceiro salmo de "Hino da Manhã", este, por seu conteúdo, é igualmente merecedor do título de "Hino do Anoitecer."

No primeiro versículo, Davi implora a Deus por ajuda. No segundo, reclama com seus inimigos e continua a referir-se a eles até o fim do versículo 5. Então, a partir do versículo 6 até o final do salmo, ele contrasta alegremente sua própria satisfação e segurança, com o desassossego dos infiéis, mesmo que em sua melhor condição. —C. H. SPURGEON

*Versículo 1*
*Responde-me quando clamo.* Não se deve imaginar que Aquele que já nos ajudou em seis problemas, nos abandonará no sétimo. Deus não faz nada pela metade e Ele nunca deixará de nos ajudar até que deixemos de precisar. O maná cairá todas as manhãs até que atravessemos o Jordão. —C. H. SPURGEON

A fé é uma boa oradora e uma grande arguidora em momentos de aflição; ela consegue ponderar sobre a prontidão de Deus em ouvir. —DAVID DICKSON

*Versículo 2*
*Ó homens, até quando...* Ele lhes pergunta até quando pretendem zombar de Sua honra e escarnecer de Sua glória. Um pouco que seja de tal jocosidade já é demais; por que precisam continuar a se satisfazer nisto? —C. H. SPURGEON

*Ó homens, até quando tornareis a minha glória em vexame?* Podemos imaginar cada uma das sílabas deste precioso salmo usadas por nosso Mestre em alguma noite, prestes a sair do Templo ao fim do dia e retirar-se para Seu desejado descanso em Betânia (v.8), após outra argumentação infrutífera com os homens de Israel. —ANDREW A. BONAR

*...e amareis a vaidade, e buscareis a mentira?* Crisóstomo disse certa vez: "que se fosse o mais adequado no mundo para pregar um sermão ao mundo inteiro, reunido numa congregação, tivesse uma montanha elevada como seu púlpito, de onde tivesse uma perspectiva de todo o mundo à sua vista e fosse munido de uma voz metálica, uma voz tão forte como as trombetas do arcanjo, a ponto de que todo o mundo o pudesse ouvir, não haveria outro texto sobre o qual escolheria pregar se não este: *Ó homens, até quando [...] amareis a vaidade, e buscareis a mentira?".* —THOMAS BROOKS

*Selá.* Certamente nós também podemos parar por algum tempo e meditar na tão profunda insensatez dos perversos, sua persistência na maldade e sua destruição certa; e podemos aprender a admirar a graça que nos distanciou de tudo isto e nos ensinou a amar a verdade e buscar a justiça. —C. H. SPURGEON

*Versículo 3*
*...o Senhor distingue para si o piedoso...* Davi foi rei por decreto divino e nós somos o povo do Senhor também por decreto; digamos a nossos inimigos, olhando em seus olhos, que eles lutam contra Deus e contra o destino quando empenham-se em derrubar a nossa alma. —C. H. SPURGEON

*Versículo 4*
*...consultai no travesseiro o coração e sossegai.* "Irai-vos e não pequeis." Quantos invertem este conselho e pecam, mas não se iram. Ó! Que os homens aceitem o conselho deste versículo e *consultem no travesseiro o coração.* —C. H. SPURGEON

A solitude consigo mesmo muito ajudará a refrear suas paixões obstinadas e ímpias. Consideração profunda, como trabalhar a terra entre abelhas, apaziguará sentimentos indevidos quando forem repletos de fúria e fizerem barulho tão hediondo. —GEORGE SWINNOCK

### Versículo 6
*Há muitos que dizem: Quem nos dará a conhecer o bem?* Havia muitos, até mesmo entre os próprios seguidores de Davi, que queriam ver em vez de crer. Infelizmente, esta é a tendência de todos nós! Com relação aos mundanos, este é o seu clamor crescente: *Quem nos dará a conhecer o bem?* Nunca satisfeitos, suas bocas estupefatas se voltam para todas as direções, seus corações vazios estão prontos para absorver qualquer ilusão refinada que impostores possam inventar; e quando tudo isto falhar, eles rapidamente se renderão ao desespero e declararão que não há nada de bom no Céu ou na Terra. —C. H. SPURGEON

O homem quer o bem; ele odeia o mal, porque por meio dele há dor, sofrimento e morte; e ele deseja encontrar o bem supremo que dará contentamento a seu coração e o salvará do mal. Mas os homens confundem este bem. Eles olham para um bem que serve para satisfazer suas paixões; não têm convicção alguma de qualquer felicidade que não lhes chegue por meio de suas sensações. Portanto, rejeitam o bem espiritual e rejeitam o Deus supremo por meio de quem, e somente por meio de quem, todos os poderes da alma do homem podem ser satisfeitos. —ADAM CLARKE

Para que as riquezas não sejam consideradas um mal em si mesmas, Deus algumas vezes as concede ao justo; e para que não sejam consideradas como o bem maior, Ele frequentemente as concede ao perverso. Mas elas são mais geralmente a porção de Seus inimigos e não de Seus amigos. Ai de mim! O que é receber e não ser recebido, não ter nenhum outro orvalho de bênção além deste que será seguido de chuvas de enxofre?

O mundo é uma ilha flutuante e, assim como nele lançamos âncora, por ele seremos arrastados. Deus, e tudo o que Ele criou, não é mais do que Deus sem tudo o que Ele fez. Ele é suficiente em si mesmo, sem a criatura; mas, a criatura não é nada sem Ele. É, portanto, melhor desfrutar dele sem nada mais, do que desfrutar de todo o resto sem Ele. —WM. SECKER, em *O Professor de Nonsuch*

### Versículo 7
*Mais alegria me puseste no coração do que a alegria deles, quando lhes há fartura de cereal e de vinho.* "É melhor", disse alguém, "sentir o favor de Deus por uma hora em nossa alma arrependida do que sentar por eras inteiras sob o brilho do sol mais caloroso que este mundo pode nos dar." Cristo no coração é melhor do que cereal no celeiro ou vinho no tonel. O cereal e o vinho não passam de frutos do mundo, mas a luz do semblante de Deus é o fruto maduro do Céu. Que meu celeiro se esvazie, ainda assim estarei repleto de bênçãos se Jesus Cristo sorrir para mim; mas se eu possuir todo o mundo, sem Ele sou pobre.

Este versículo é o ditado do homem justo em oposição ao ditado de muitos. Com que rapidez a língua trai o caráter! "Fale, para que eu o veja!", disse Sócrates a um menino simples. O metal de um sino é melhor conhecido por seu som. Pássaros revelam sua natureza por meio de seu canto. —C. H. SPURGEON

Que loucura e insensatez é o fato de que os favoritos do Céu possam invejar os homens do mundo, que na melhor das hipóteses apenas se alimentam dos restos que caem da mesa do Senhor! —THOMAS BROOKS

### Versículo 8
*Em paz me deito e logo pego no sono, porque, Senhor, só tu me fazes repousar seguro.* Uma consciência tranquila é um bom companheiro de sono. Quanto de nossas horas insones podem ter origem em nossa mente pouco confiante e perturbada! Aqueles a quem a fé nina, adormecem docemente. Nenhum travesseiro é tão macio como uma promessa; nenhum cobertor tão quente, quanto a atenção convicta em Cristo. —C. H. SPURGEON

Temos agora que nos afastar por um momento do conflito das línguas e da aberta hostilidade dos inimigos e nos concentrarmos na quietude e privacidade do cômodo em que dormimos. E há algo aqui que deveria ser inexpressivamente doce ao cristão, pois isto mostra os detalhes do cuidado de Deus, a individualidade de Seu amor e como é condescendente e humilde; e age não somente em grandes esferas, mas também nas menores. Não apenas onde a glória pode ser obtida por grandes resultados, mas onde não se deve ter nada, exceto a gratidão e o amor de uma pobre e fraca criatura cuja vida tem sido protegida e preservada, em um período de desamparo e sono. Que abençoador seria se pensássemos nele como alguém que está presente em todas as horas de enfermidade, fadiga e dor!

Há algo indescritivelmente tocante neste "deitar-se" do salmista. Neste deitar-se, ele voluntariamente abre mão da tutela de si mesmo. Muitas vezes um cristão se deita, mas não para dormir. Talvez se sinta seguro o suficiente com relação a seu corpo, mas carrega preocupações, e ansiedades invadem a privacidade de seu quarto. Há uma provação na quietude; e muitas vezes o quarto da quietude faz uma exigência maior à confiança amorosa do que o campo de batalha o faria. Ó, que confiemos mais e mais em Deus para entregar-lhe questões pessoais! Ó, que Ele seja o Deus de nosso quarto da mesma maneira do que de nossos templos e casas!

O irmão de Ridley ofereceu-lhe permanecer com ele na noite anterior a seu martírio, mas o bispo recusou dizendo que "ele pretendia deitar e dormir mais calmamente do que em qualquer outra noite de sua vida". —PHILIP BENNETT POWER

#  almo 5

PARA A MENTE devota aqui está apresentada uma preciosa visão do Senhor Jesus, de quem é dito que nos dias de Sua carne ofereceu orações e súplicas com forte clamor e lágrimas.

### Versículo 1

*Dá ouvidos, Senhor, às minhas palavras e acode ao meu gemido.* As palavras não são a essência da oração, são suas vestes. —C. H. SPURGEON

A meditação é o melhor começo para a oração, e a oração é a melhor conclusão para a meditação. —GEORGE SWINNOCK

É certo que a maior parte dos homens, enquanto murmuram orações vãs, lânguidas e ineficazes, muito indignas de tocarem os ouvidos do Deus bendito, parecem, em algum grau, estabelecer uma estimativa justa sobre elas, sem esperar que sejam bem-sucedidas e não parecendo ser em nada solícitos com relação a elas. Contudo, as entregam ao vento como palavras fúteis, o que na verdade são. —ROBERT LEIGHTON

Versículos 1 e 2. Observe a ordem e a força das palavras: "meu gemido", "a minha voz que clama"; e também "dá ouvidos", "acode" e "escuta". Todas estas expressões evidenciam a urgência e a energia dos sentimentos e petições de Davi. Primeiro temos: "dá ouvidos", ou seja: "ouve-me". Mas pouco serve que as palavras sejam ouvidas, a não ser que "o clamor", ou o bramido, ou a meditação sejam considerados. Como se estivesse dizendo: não consigo me expressar nem me fazer entendido como gostaria. Tu, contudo, entendes meus sentimentos mais do que minha capacidade de expressá-los em palavras. —MARTINHO LUTERO

### Versículo 2

*A minha voz que clama.* Para um pai amoroso, o clamor de seus filhos são música e têm uma influência mágica à qual seu coração não consegue resistir.

*Rei meu e Deus meu.* Observe cuidadosamente estes pequenos pronomes: "Rei *meu* e Deus *meu*". Eles são a espinha e a medula do clamor. Aqui está um grande argumento a favor de que Deus responda à oração: Ele é *nosso* Rei e *nosso* Deus. Não lhe somos estranhos; Ele é o Rei de nosso país. Espera-se que reis ouçam os apelos de seu povo. Não somos desconhecidos para Ele, somos Seus adoradores e Ele é o nosso Deus. Nosso por aliança, por promessa, por juramento, pelo sangue. —C. H. SPURGEON

## Versículo 3

*SENHOR, ouves a minha voz.* Observe que isto não é exatamente uma oração, antes uma deliberação. É mais fácil morrermos do que viver sem oração.

*De manhã.* Uma hora pela manhã é como duas ao anoitecer. Enquanto o orvalho está sobre a grama, que a graça se derrame sobre a alma. Entreguemos a Deus as manhãs de nossos dias e a manhã de nossa vida. A oração deveria ser a chave do dia e o cadeado da noite. —C. H. SPURGEON

"Nos dias de nossos ancestrais", disse Bispo Burnet, "quando uma pessoa ia cedo à porta de seu vizinho desejando conversar com o mestre da casa, era comum que os servos lhe dissessem com toda liberdade: 'Meu senhor está em oração', como hoje é comum dizer: 'Meu senhor ainda não se levantou.'"

*...te apresento a minha oração e fico esperando.* Colocarei minha oração no arco, a direcionarei para o Céu e, então, quando atirar minha flecha, olharei e ficarei esperando para ver até onde foi. Mas no hebraico tem um significado ainda mais pleno do que este: "te *apresento* minha oração". Essa é a palavra usada para colocar em ordem a madeira e as partes da vítima sobre o altar; e é usada também para descrever o colocar do pão da proposição sobre a mesa. Significa exatamente o seguinte: "Disporei minha oração diante de ti", colocá-la-ei no altar de manhã, assim como o sacerdote coloca o sacrifício matutino. Disporei minha oração; ou, como o velho Mestre Trapp coloca: "Ordenarei minhas orações", colocá-las-ei em ordem, convocarei meus poderes e os ordenarei que se coloquem em seus postos de modo que eu possa orar com toda a minha força, e orar adequadamente.

*E fico esperando*, ou, com uma tradução melhor do hebraico: "'E vigio', vigio pela resposta. Após ter orado eu espero que a bênção virá." É a palavra usada em outro lugar onde lemos daqueles que vigiavam esperando pela manhã. Então eu vigiarei esperando a Tua resposta, ó meu Senhor! Espalharei minha oração como o animal sacrificado no altar e esperarei receber a resposta com fogo do Céu para consumir o sacrifício. Não perdemos muito da doçura e eficácia da oração pela carência de meditação criteriosa antes de começá-la e expectativa esperançosa após terminá-la? Orar sem fervor é como caçar com um cachorro morto; e oração sem preparação é como enviar um falcão cego ao encalço da presa. Deus fez o homem, mas Ele usou o pó da terra como material. O Espírito Santo é o Autor da oração, mas Ele emprega os pensamentos de uma alma fervorosa como o ouro, com o qual se forma o vaso. Que nossas orações e louvores não sejam lampejos de um cérebro agitado e intempestivo, mas o ardor constante de um fogo adequadamente aceso.

Somos como o avestruz que coloca seus ovos e não procura seus filhotes. Nós semeamos a semente e somos preguiçosos demais para buscar a colheita. Que a preparação santa una suas mãos à expectativa paciente e assim teremos respostas muito maiores às nossas orações. —C. H. SPURGEON

Davi apresentava sua oração a Deus e esperava olhando, não para baixo — para o mundo, para a corrupção, mas para o alto, para Deus, para o que Ele diria. —WM. GREENHILL

E se você crê, por que não aguarda com expectativa? Ó cristão, coloque-se diante de sua oração em expectativa santa com relação àquilo que implorou com base no crédito da promessa. —WM. GURNALL

## Versículo 4

*Pois tu não és Deus que se agrade com a iniquidade.* "Quando oro contra aqueles que me tentam", diz Davi, "oro exatamente contra aquilo que tu abominas". O Senhor odeia o mal. Aprendamos aqui a solene verdade do ódio que o Deus justo deve nutrir contra o pecado. —C. H. SPURGEON

Assim como o homem que corta com uma faca sem fio é a causa da execução do corte, mas não da ineficiência do corte ou do corte em si — pois a faca é a causa destes; ou se um homem toca um instrumento que está desafinado, ele é a causa da execução do som, mas não da dissonância — isso é falha das cordas desafinadas; ou no caso de um homem que monta um cavalo manco que o sacode — o homem é o que faz o cavalo mover-se, mas o cavalo é a causa do movimento hesitante. Da mesma forma Deus é o autor de todas as ações, mas não do mau destas ações — isto é de autoria do homem. —SPENCER, em *Things New and Old* (As novas e velhas coisas)

*E contigo não subsiste o mal.* Ó, como somos tolos se tentamos entreter dois convidados tão hostis um ao outro como Jesus Cristo e o diabo! Tenha certeza de que Cristo não viverá no salão de nosso coração se entretermos o diabo no porão de nossos pensamentos. —C. H. SPURGEON

Versículos 4 a 6. Aqui a separação entre o Senhor e o perverso é estabelecida gradualmente e parece crescer em seis passos. Primeiro, *Ele não se agrada com a iniquidade;* segundo, *com Ele não subsiste o mal;* terceiro, Ele dissipa os perversos, *os arrogantes não permanecerão à Sua vista;* quarto, Seu coração se afasta deles, *aborreces a todos os que praticam a iniquidade;* quinto, Sua mão se volta sobre eles, *Tu destróis os que proferem mentira;* sexto, Seu Espírito se levanta contra eles e é separado deles, *o Senhor abomina ao sanguinário e ao fraudulento.*

Estas palavras, *todos os que praticam a iniquidade,* podem ser consideradas de duas formas: primeiro, destinadas ao mais elevado grau de pecadores (não todos os graus de pecadores, ou pecadores de todos os graus, mas) aos grandes e repugnantes pecadores, pecadores resolutos e obstinados. Estes pecam industriosamente, o que inerentemente é artificial, com habilidade e cuidado para criar uma reputação, como se tivessem a ambição e ser considerados trabalhadores que não precisam se envergonhar de fazer algo de que todos se envergonhariam; estes, na rigidez do significado das Escrituras, são *os que praticam a iniquidade.* Portanto, observe que pecadores notáveis fazem do pecado sua ocupação, ou seu ofício. Ainda que todo pecado seja uma obra de iniquidade, apenas alguns pecadores são os *que praticam a iniquidade;* e esses, assim são chamados, fazem do pecado o seu chamado. Lemos sobre alguns que amam e praticam a mentira (Ap 22:15). —JOSEPH CARYL

### Versículo 5

*Os arrogantes não permanecerão à tua vista.* Pecadores são arrogantes com letra maiúscula. Um pequeno pecado é uma grande insensatez e a maior insensatez de todas é um grande pecado.

*Aborreces a todos os que praticam a iniquidade.* Deus não sente uma pequena antipatia, mas profundo ódio por aqueles que praticam a iniquidade. Ser odiado por Deus é algo terrível. Ó, que sejamos fiéis em alertar os perversos ao nosso redor, pois será terrível para eles caírem nas mãos de um Deus irado. —C. H. SPURGEON

Algo assombroso é o pecado, que faz do Deus de amor e Pai das misericórdias um inimigo de Suas criaturas, que somente pode ser purificado pelo sangue do Filho de Deus. —THOMAS ADAMS, em *Private Thoughts* (Pensamentos privados)

Para saber o que Deus pensa sobre o pecado veja: Dt 7:22; Pv 6:16; Ap 2:6,15. —WM. GURNALL

Quando um homem odeia uma criatura venenosa, ele odeia muito mais seu veneno. A força do ódio de Deus é contra o pecado e assim nós também deveríamos odiar o pecado e odiá-lo com resistência; é uma abominação a Deus, que seja também para nós. —WM. GRENNHILL

Aqueles que praticam a iniquidade perecerão (Lc 13:27). —DAVID CLARKSON

### Versículo 6

*Tu destróis os que proferem mentira.* Aqueles que falam o mal devem ser punidos como os que praticam o mal. Todos os mentirosos terão sua porção no lago que queima com fogo e enxofre. —C. H. SPURGEON

Seja em zombaria ou seriedade, aqueles que mentem em zombaria (sem arrepender-se) irão para o inferno em seriedade. —JOHN TRAPP

No mesmo campo onde Absalão travou batalha contra seu pai estava o carvalho que mais tarde foi seu patíbulo. O cavalo que montava foi seu carrasco, pois o carregou até a árvore e o cabelo no qual Absalão se gloriava serviu como corda para pendurá-lo. Pouco sabem os perversos que tudo o que agora possuem será uma cilada para os iludir quando Deus começar a puni-los. —W. COWPER

### Versículo 7
*Porém eu, [...] entrarei na tua casa.* Que bendito este versículo! Um dizer bendito! As palavras e o sentido em si carregam consigo um contraste poderoso. Pois há duas coisas com as quais esta vida é exercitada: Esperança e Medo, que são as duas fontes de Juízes 1:15, uma do alto e a outra de baixo. O medo vem de contemplar as ameaças e os temíveis julgamentos de Deus; mas a esperança vem de contemplar as promessas e todas as completamente doces misericórdias de Deus. —MARTINHO LUTERO

*Pela riqueza da tua misericórdia.* Não chegarei até lá por meus próprios méritos; não, eu tenho uma multidão de pecados e, portanto, entrarei pela riqueza da tua misericórdia. —C. H. SPURGEON

### Versículo 8
*SENHOR, guia-me.* É seguro e agradável caminhar quando Deus nos guia pelo caminho.

*Na tua justiça,* não na *minha* justiça, pois ela é imperfeita. Mas não a *Tua*, pois tu és a própria justiça.

*Endireita diante de mim o teu caminho;* não o meu caminho. Quando aprendermos a abrir mão de *nosso* próprio caminho e ansiarmos caminhar no caminho *de Deus*, será um jubiloso sinal de graça; e não é pequena a misericórdia quando vemos o caminho de Deus diante de nós com visão clara. —C. H. SPURGEON

### Versículo 9
Esta descrição de um homem depravado foi copiada pelo apóstolo Paulo como sendo uma descrição acurada de toda a raça humana, não apenas dos inimigos de Davi, mas de todos os homens por natureza. —C. H. SPURGEON

*O seu íntimo é todo crimes.* Caso toda alma seja infectada por tal enfermidade desesperadora, que grande e dificultoso trabalho é regenerar e restaurar os homens novamente à vida e ao vigor espiritual, quando todas as partes deles estão tomadas por tal cinomose mortal! Curar apenas os pulmões ou o fígado, se danificados, é considerado grande cura, ainda que executada em apenas uma parte; mas todas as partes internas são a própria podridão. Quão grande cura é, então, serem curados! Tal cura só acontece com a habilidade e o poder de Deus. —THOMAS GOODWIN

*Sua garganta é sepulcro aberto,* um sepulcro repleto de coisas repugnantes, de miasma, de peste e morte. Mas, pior que isso, é um sepulcro *aberto* com todos os seus gases maléficos sendo emitidos para espalhar morte e destruição ao redor. Então, seria grande misericórdia se a garganta dos perversos pudesse sempre estar fechada, mas "sua garganta é sepulcro aberto," consequentemente toda a perversidade de seus corações exala e se espalha. Como é perigoso um sepulcro aberto; facilmente podem os homens durante jornadas tropeçar em um deles e encontrar-se entre os mortos. Ó, preste atenção no homem perverso, pois não há nada que ele não diga para arruiná-lo. Contudo, aqui vem um doce pensamento: na ressurreição haverá uma ressurreição não apenas de corpos, mas de caráter. —C. H. SPURGEON

Esta imagem retrata graficamente as conversas asquerosas dos perversos. Nada pode ser mais abominável aos sentidos do que um sepulcro aberto, quando um cadáver, começando a putrefazer-se, exala seus vapores corrompidos. —ROBERT HALDANE, em *Expositions of the Epistle of Romans* (Exposição da Epístola aos Romanos)

Como um sepulcro que tendo devorado inúmeros cadáveres ainda está pronto para consumir mais, não estando jamais satisfeito, da mesma forma os homens perversos, tendo derrotado muitos com suas palavras, permanecem em seu ultraje, procurando quem possam devorar. —THOMAS WILSON

*Com a língua lisonjeiam.* Quando o lobo lambe o cordeiro, ele está se preparando para molhar os dentes com sangue. —C. H. SPURGEON

## Versículo 10

*Contra ti,* não contra mim. Fossem eles meus inimigos eu os perdoaria, mas não posso perdoar os inimigos do Senhor. Devemos perdoar os *nossos* inimigos, mas não está em nosso poder perdoar os inimigos de Deus. Estas palavras já foram frequentemente notadas por homens de grande aprimoramento como sendo duras e ofensivas aos ouvidos. Lembremo-nos de que elas podem ser traduzidas como profecias, não como desejo. Nunca ouvimos de um leitor da Bíblia que, após examinar estas passagens, tornou-se vingativo por lê-las. Quando ouvimos um juiz condenar um assassino, independentemente da severidade da pena, não sentimos que deveríamos ser justificados ao condenar outros por qualquer dano que nos tenham causado. —C. H. SPURGEON

Caso Abraão tivesse ficado ao lado do anjo que destruiu Sodoma e visto como o nome de Jeová exigia a ruína destes rebeldes impenitentes, ele teria clamado: "Que a chuva caia; que o fogo e o enxofre venham!" E não o teria feito em espírito de vingança; não pela carência de amor sensível às almas, mas pelo intenso e sincero cuidado com a glória do seu Deus. —THOMAS FULLER

## Versículo 11

*Mas regozijem-se todos os que confiam em ti; folguem de júbilo para sempre, porque tu os defendes; e em ti se gloriem os que amam o teu nome.* A alegria é um privilégio do cristão. Quando os pecadores forem destruídos, nosso regozijar será pleno. Eles riem primeiro e choram depois; nós choramos agora, mas nos regozijaremos eternamente. —C. H. SPURGEON

## Versículo 12

*Pois tu, Senhor, abençoas o justo.* Esta é uma promessa de extensão infinita, amplitude sem restrições e preciosidade indizível. —C. H. SPURGEON

*Como escudo, o cercas da tua benevolência.* O escudo não é para defender nenhuma parte específica do corpo, como a maioria das outras peças o são. Ele é uma peça destinada também à defesa da armadura do soldado. Portanto, a fé é armadura sobre armadura, uma graça que preserva todas as outras graças. —WM. GURNALL

# Salmo 6

ESTE SALMO é comumente conhecido como o primeiro dos "Salmos Penitenciais" e certamente sua linguagem se torna os lábios de um penitente, pois expressa imediatamente a tristeza (v.3,6,7), a humilhação (v.2,4) e o ódio ao pecado (v.8), que são as marcas infalíveis do espírito contrito quando este se volta para Deus.

## Versículo 1

*Senhor, não me repreendas na tua ira.* O salmista está muito consciente que merece ser repreendido e não pede que a repreensão seja completamente retida, pois pode perder uma bênção disfarçada; mas, "Senhor, não me repreendas *na Tua ira*". Caso tu me relembres de meu pecado, será algo bom; mas, ó, não me lembres dele com indignação contra mim, para que o coração de Teu servo não naufrague em desespero. Assim disse Jeremias: "Castiga-me, ó Senhor, mas em justa medida, não na tua ira, para que não me reduzas a nada." —C. H. SPURGEON

## Versículo 2

*Tem compaixão de mim, Senhor.* Davi não encontra meio no Céu ou na Terra para fugir e escapar da ira de Deus e, portanto, volta-se para Deus, para Aquele que o feriu, para que Ele o cure. Ele não corre com Adão para a mata, nem com Saul para a médium, nem com Jonas para Társis; mas faz um apelo para que o Deus irado e justo seja o Deus misericordioso; de uma característica de Deus para outra que também é parte de Sua natureza. A mulher que foi condenada pelo rei Felipe, apelou do rei Felipe bêbado para rei Felipe sóbrio. Mas Davi apelava de uma virtude: a justiça, para outra: a misericórdia. —ARCHIBALD SYMSON

*Porque eu me sinto debilitado.* Não chame atenção para a sua bondade ou grandiosidade, mas pleiteie seu pecado e sua pequenez. Um senso de pecado havia arruinado de tal forma o orgulho do salmista, que arrebatara sua força reconhecida, de modo que se encontrou fraco para obedecer à lei, fraco por meio da tristeza que nele estava, fraco demais talvez para tomar para si a promessa, "me sinto debilitado". No original pode-se ler: "Estou desfalecido", ou ressequido como uma planta afetada por uma praga. —C. H. SPURGEON

Ao colocarmo-nos diante de Deus, o argumento mais poderoso que podemos usar é nossa necessidade, pobreza, nossas lágrimas, miséria, indignidade e, confessar tudo a Ele será uma porta aberta para equipá-lo com todas as coisas que Ele tem. Os pedintes deixam suas feridas expostas ao mundo, para que elas possam mover ainda mais os homens a se penalizarem deles. Lamentemos, então, nossas misérias a Deus, de modo que Ele, como o compassivo samaritano, ao ver nossas feridas, nos socorra em tempo devido. —ARCHIBALD SYMSON

*Sara-me, Senhor, porque os meus ossos estão abalados.* Seu terror se tornara tão grande que seus ossos se abalaram; não apenas sua carne estremecia, mas os ossos, os pilares sólidos do abrigo da masculinidade, chegaram ao ponto de tremer. Ah, quando a alma tem o senso de pecado, nada mais é preciso para que os ossos se abalem, para que os cabelos de um homem se arrepiem ao ver as chamas do inferno abaixo dele, um Deus irado acima dele e o perigo e a dúvida ao seu redor. —C. H. SPURGEON

A palavra *ossos* é algumas vezes aplicada literalmente ao corpo humano de nosso bendito Senhor, ao corpo que foi pendurado na cruz. Tem também algumas vezes relação com Seu Corpo místico, a Igreja. Em algumas passagens é aplicada à alma e não ao corpo, ao homem interior do cristão como indivíduo. Neste caso faz inferência sobre a força e a determinação da alma, a coragem firme que a fé em Deus dá ao justo. Este é o sentido em que a palavra é usada no segundo versículo deste salmo. —AGOSTINHO, AMBRÓSIO E CRISÓSTOMO

## Versículo 3

*Também a minha alma está profundamente perturbada.* O problema de alma é a alma dos problemas. —C. H. SPURGEON

Companheiros de jugo no pecado são companheiros de jugo na dor; a alma é punida por informar, o corpo por executar e, assim tanto o informante quanto o ator, a causa e o instrumento, também o instigador do pecado e o seu consumador serão punidos. —JOHN DONNE

*Mas tu, Senhor, até quando?* Esta sentença acaba abruptamente, pois as palavras fracassaram e a dor afogou o pouco consolo que se levantava sobre ele.

A exclamação favorita de Calvino era: *Domine usuequo* — "Ó Senhor, até quando?" E este deveria ser o clamor dos santos esperando pelas glórias milenares: "Por que se demoram os passos dos seus cavalos? Senhor, até quando?" —C. H. SPURGEON

Disto temos três coisas a observar: primeiro há um tempo designado que Deus mensurou para as cruzes de todos os Seus filhos, antes do qual não serão libertos e do qual devem participar pacientemente, não pensando em estabelecer para Deus um tempo para que sejam libertos ou limitar o Santo de Israel. Os israelitas permaneceram no Egito até que o número de 430 anos se completasse. José ficou 3 anos e um pouco mais na prisão até que o tempo designado de sua libertação chegasse. Os judeus permaneceram 70 anos na Babilônia. Deus conhece os tempos convenientes tanto de nossa humilhação quanto de nossa exaltação.

Segundo, veja a impaciência de nossa natureza em nossas misérias, nossa carne ainda se rebela contra o Espírito e muitas vezes se esquece que entrará em argumentação com Deus e em conflito com Ele, como lemos sobre Jó, Jonas etc., e aqui sobre Davi.

Terceiro: ainda que o Senhor atrase Sua vinda para socorrer Seus santos, ainda assim teria Ele motivos se quisesse ponderar; pois quando estávamos no calor de nossos pecados, muitas vezes Ele clamou, pela boca de Seus profetas e servos: "Ó insensatos, até quando continuarão em sua insensatez?" E nós não o ouvimos; portanto, quando estamos no auge de nossas dores, pensando longamente, todos os dias do ano até sermos libertos, não seria surpresa se Deus não ouvisse. Ponderemos o lidar justo de Deus conosco: quando Ele clamou não o ouvimos. Logo, agora que clamamos, Ele não ouvirá. —A. SYMSON

## Versículo 4

*Volta-te, Senhor, e livra a minha alma.* Como o matemático disse que poderia criar um motor, um parafuso que moveria toda a estrutura do mundo se somente lhe fosse designado um local no qual consertar este motor e parafusá-lo de modo que agisse no mundo; da mesma forma o é com a oração. Quando uma petição chega até Deus, ela age em Deus, move Deus, persuade Deus plenamente por todos. Davi, tendo ganho este terreno, esta posição em Deus, traz suas obras mais perto; ele sai de uma oração de súplica para uma oração de reivindicação; não apenas que Deus deixasse de fazer algo contra ele, mas que fizesse algo em favor dele. —JOHN DONNE

*Por Tua graça.* Se nos voltamos à justiça, que apelo podemos fazer? Mas se podemos nos voltar à graça, podemos ainda clamar, não obstante a magnitude de nossa culpa: "Salva-me por tua graça". —C. H. SPURGEON

Observe com que frequência Davi apela aqui ao nome de Jeová, que é sempre utilizado onde a palavra "Senhor" é colocada em maiúsculas. Cinco vezes em quatro versículos nós nos encontramos com este nome. Não é isto uma prova de que o glorioso nome é repleto de consolação ao santo tentado? —C. H. SPURGEON

## Versículo 5

*Pois, na morte, não há recordação de ti; no sepulcro, quem te dará louvor?* É para a glória de Deus que um

pecador deve ser salvo. A misericórdia honra a Deus.
—C. H. SPURGEON

*Versículo 6*
*Estou cansado de tanto gemer.* O povo de Deus pode gemer, mas não murmurará. —C. H. SPURGEON

Pode parecer uma mudança magnífica em Davi, sendo um homem de tal magnitude de mente, estar de tal forma deprimido e abatido. Ele não prevaleceu contra Golias, contra o leão e o urso, por meio de coragem e magnitude? Mas agora está soluçando e chorando como uma criança! Quando homens e bestas são seus opositores, então ele é mais que vencedor; mas quando tem que tratar com Deus, contra quem pecou, passa a ser menos do que nada.

*Todas as noites faço nadar o meu leito*; ou "Fiz meu leito nadar". Como a mulher com o problema de hemorragia que tocou a orla do manto de Cristo não foi menos bem-vinda a Cristo do que Tomé, que colocou seus dedos na ferida dos pregos, assim Deus não olha para a quantidade, mas para a sinceridade de nosso arrependimento.

*Versículos 6 e 7. De minhas lágrimas o alago. Meus olhos, de mágoa, se acham amortecidos, envelhecem por causa de todos os meus adversários.* A condenação algumas vezes tem um certo efeito no corpo que até mesmo os órgãos externos sofrem.
—C. H. SPURGEON

*Meus adversários.* Se um homem não tem graça em seu interior, Satanás passa por ele e não o vê como uma presa conveniente; mas estando carregado de graças, como o amor de Deus, temor a Ele e outras virtudes espirituais, o inimigo se convencerá de que, sabendo o que há no interior deste homem, não deverá falhar em roubar-lhe tudo, se de alguma forma puder fazê-lo. —ARCHIBALD SYMSON

*Versículo 8*
*Apartai-vos de mim, todos os que praticais a iniquidade.* O arrependimento é algo prático. Não é suficiente lamentar a profanação do templo do coração; precisamos flagelar os vendedores e compradores e virar as mesas dos cambistas. Um pecador perdoado odiará os pecados que custaram o sangue do Salvador. —C. H. SPURGEON

Não seria acusação justa a constatação de que há muita familiaridade dos membros da igreja com miseráveis profanos? Eu sei que o homem é uma criatura sociável, mas isto não servirá de desculpa aos santos por sua negligência em escolher suas companhias. —LEWIS STUCKLEY, em *Gospel Glass* (Cálice do Evangelho)

Os perversos são chamados de "aqueles que praticam a iniquidade" porque estão livres e prontos para pecar. Eles têm uma forte tendência e inclinação de espírito para fazer o mal e não o fazem pela metade, mas minuciosamente. Eles não simplesmente começam ou mordiscam um pouco a isca (como um homem geralmente faz), mas gananciosamente engolem por completo, com o anzol inclusive; estão entregues por completo ao pecado e o praticam por completo; fazem disso uma prática e por isso são "aqueles que praticam a iniquidade." —JOSEPH CARYL

*Porque o S*ENHOR *ouviu a voz do meu lamento.* O lamento fala? Em que idioma expressa seu significado? Ora, no idioma universal que é conhecido e compreendido em toda a Terra, e até mesmo no Céu. O lamento é a eloquência do sofrimento. Aprendamos a pensar em lágrimas como orações líquidas e no lamento como um derramar constante de intercessão persistente que certamente seguirá seu caminho até o coração da misericórdia a despeito das dificuldades pedregosas que obstruem o caminho.
—C. H. SPURGEON

Não é tanto o olho choroso que o Senhor respeita, mas sim o coração quebrantado; contudo eu hesitaria em parar as lágrimas daquele que pode lamentar. Deus viu as lágrimas de Ezequias (Is 38:5): "vi as tuas lágrimas". As lágrimas de Davi eram música aos ouvidos de Deus. —T. WATSON

O lamento tem uma voz e, como a música sobre a água tem sonoridade mais difundida e harmoniosa do que na terra, assim orações, unidas a lágrimas, são apelo mais alto aos ouvidos de Deus e criam música mais doce do que quando as lágrimas estão ausentes. —SPENCER *em Things New and Old* (As novas e velhas coisas)

Como Deus vê a água na fonte nos veios da terra antes que borbulhe na superfície, assim vê lágrimas no coração de um homem antes que elas irrompam em seu rosto. —JOHN DONNE

Muito bem disse Lutero: "A oração é a sanguessuga da alma que suga o veneno e o engole." Bernard disse: "Com que frequência a oração me encontrou quase em desespero, mas me deixou triunfante e com a garantia de perdão!" —JOHN TRAPP

## Versículo 9
*O Senhor ouviu a minha súplica, o Senhor acolhe a minha oração.* Aqui está uma experiência passada usada para encorajamento futuro. *Ele fez, Ele fará.* —C. H. SPURGEON

## Versículo 10
*Envergonhem-se e sejam sobremodo perturbados todos os meus inimigos; retirem-se, de súbito, cobertos de vexame.* Os romanos tinham o costume de dizer: "Os pés da divindade vingadora são calçados com lã". Com passos silenciosos, a vingança se aproxima de sua vítima e repentino e esmagador será seu golpe destruidor. Fosse isto uma imprecação, deveríamos nos lembrar de que a linguagem da antiga dispensação não é a mesma da nova. Oramos por nossos inimigos, não contra eles. —C. H. SPURGEON

#  ALMO 7

O TÍTULO: "Sigaiom — canto — de Davi" (ARC). Com relação a tudo o que podemos reunir das observações de homens eruditos e da comparação deste salmo com o único "Sigaiom" na Palavra de Deus (Hc 3), este título parece significar "canções variáveis", com o que é associada a ideia de consolo e satisfação.

Parece ser provável que Cuxe, o benjamita, fora a Saul para acusar Davi de conspiração e traição contra a sua autoridade real.

Este Salmo pode ser chamado de "Canção do santo difamado". Até mesmo este mal tão nevrálgico pode fornecer material para um salmo.

## Versículo 1
*Senhor, Deus meu, em ti me refugio.* O assunto aqui é aberto com um reconhecimento de confiança em Deus. Seja qual for a emergência de nossa condição, jamais poderemos considerar inadequado manter nossa confiança em Deus. "Senhor, Deus meu" — meu por uma aliança especial, selada pelo sangue de Jesus e homologada em minha alma por um senso de união a *ti* e somente em ti *coloco minha confiança*, mesmo agora em meu doloroso sofrimento. Eu tremo, mas minha rocha não se move. Nunca será certo desconfiar de Deus e confiar nele jamais será vão. —C. H. SPURGEON

## Versículo 2
*Para que ninguém, como leão, me arrebate.* Havia um entre os inimigos de Davi que era mais poderoso do que o restante. Deste inimigo ele busca livramento premente. Talvez fosse Saul, seu inimigo da realeza; mas em nosso caso há um que ronda como leão,

buscando a quem possa devorar. A respeito de quem deve ser mencionado em nosso clamor por socorro: "Livra-nos do mal". —C. H. SPURGEON

Li sobre algumas nações bárbaras, que, quando o sol brilha quente sobre eles, atiram flechas em direção ao sol; assim fazem os homens perversos com a luz e o calor da santidade. —JEREMIAH BURROUGHS

*Despedaçando-me, não havendo quem me livre.* Este é um tocante retrato de um santo entregue à vontade de Satanás. Isto fará as entranhas de Jeová ansiarem. Um pai não consegue ficar em silêncio quando um filho corre tal risco.

Será bom nos lembrarmos de que esta é uma descrição do perigo ao qual o salmista foi exposto por línguas difamadoras. A difamação deixa o rastro de uma calúnia, ainda que seja completamente refutada. Considerando que Deus tenha sido difamado no Éden, nós certamente seremos caluniados nesta Terra de pecadores. Desejando viver sem sermos difamados, devemos esperar o dia em que chegaremos ao Céu. —C. H. SPURGEON

## Versículo 3

S<small>ENHOR</small>, *meu Deus, se eu fiz o de que me culpam, se nas minhas mãos há iniquidade.* Josefo nos conta sobre Apolinário que, ao falar sobre judeus e cristãos afirmava que eram mais tolos que qualquer bárbaro. E Paul Fagius relata uma história de um egípcio, que disse sobre os cristãos: "eles eram um ajuntamento das pessoas mais asquerosas e lascivas"; e sobre o guardar do sábado ele disse: "eles tinham uma doença que os afligia de modo que resignadamente descansam no sétimo dia devido à doença". —JEREMIAH BURROOUGHS

Os aplausos do perverso geralmente denotam alguma maldade e sua crítica implica algo bom. —THOMAS WATSON

## Versículo 4

*Se paguei com o mal a quem estava em paz comigo.* Fazer o mal em troca do bem é a corrupção humana; fazer o bem em troca do bem é retribuição civil; mas fazer o bem em troca do mal é a perfeição cristã. Ainda que esta não seja a graça da natureza, é a natureza da graça. —WM. SECKER

## Versículo 6

*O juízo que designaste.* Davi, de modo a orar acertadamente, descansa na Palavra e na promessa de Deus; e o sentido de seu exercício é o seguinte: Senhor, não sou guiado por ambição ou paixão tola e obstinada, ou desejo depravado, para pedir a ti arrogantemente tudo quanto satisfaça minha carne; mas é a luz clara da Tua Palavra que me dirige, e dela dependo firmemente. —JOÃO CALVINO

## Versículo 8

Nos últimos dois versículos, ele suplicou a Jeová que se manifestasse e, agora que Ele se manifestou, Davi se prepara para unir-se "à congregação de pessoas" que cercam o Senhor. —C. H. SPURGEON

## Versículo 9

*Cesse a malícia dos ímpios, mas estabelece tu o justo.* Não é este o anseio universal de todo o grupo de eleitos? —C. H. SPURGEON

## Versículo 10

*Deus é o meu escudo; ele salva os retos de coração.* A verdade, como o óleo, está sempre em sobreposição; não há poder de nossos inimigos que possa afogá-la. —C. H. SPURGEON

## Versículo 11

*Deus que sente indignação todos os dias.* Não temos um Deus insensível e néscio com quem lidar. Ele pode se irar; não, na verdade, Ele está irado hoje e todos os dias com vocês, pecadores ímpios e impenitentes. O melhor dia que já nasceu para um pecador traz consigo uma maldição. —C. H. SPURGEON

*Deus que sente indignação.* A expressão original aqui é muito poderosa. A ideia verdadeira parece ser a de *espumar pela boca* por indignação. —RICHARD MANT

*Versículo 12*
*Se o homem não se converter, afiará Deus a sua espada.* A espada de Deus tem sido afiada na pedra giratória de nossa perversidade diária e, se não nos arrependermos rapidamente, nos cortará em pedaços. Voltar-se ou queimar-se são as únicas alternativas do pecador.
—C. H. SPURGEON

*Já armou o arco, tem-no pronto.* E é seguro estar onde as flechas de Deus estejam prontas para voar ao redor de nossos ouvidos? Como teve medo o apóstolo de estar no mesmo banho público romano em que estava Cerinto! "Levantai-vos", disse Deus a Moisés, "do redor da habitação de Corá, Datá e Abirão. Para que não sejais arrebatados em todos os seus pecados". Como as cestas de figos bons sofreram com os ruins! Não é prejudicial ao ouro estar com impurezas?
—LEWIS STUCKLEY

*Versículo 13*
*Instrumentos de morte.* Lembre-se: as flechas de Deus nunca erram o alvo e todas elas são "instrumentos de morte". —C. H. SPURGEON

*Preparou suas setas inflamadas.* A palavra "preparar" significa algo como queimar em ira e malícia contra o piedoso; e a palavra traduzida como "preparou" significa que Deus forjou Suas flechas; Ele não as lança aleatoriamente, mas as emprega contra o perverso. Um certo Félix, conde de Wartenberg, um dos capitães do Imperador Carlos V, jurou na presença de muitos, durante um jantar, que antes de morrer ele cavalgaria sobre o mar do sangue dos luteranos que chegaria aos seus calcanhares. Aqui está alguém que ardia em malícia, mas observe como Deus emprega suas flechas contra ele. Naquela mesma noite, a mão de Deus o atingiu de tal forma que ele foi estrangulado e afogou-se em seu próprio sangue; ele não cavalgou, mas se banhou, e não até os calcanhares, mas até a garganta, não no sangue dos luteranos, mas em seu próprio sangue; isto antes de morrer.
—JEREMIAH BURROUGHS

*Versículo 14*
*Eis que o ímpio está com dores de iniquidade.* Uma mulher com dores de parto provê a primeira metáfora. *Eis que o ímpio está com dores de iniquidade.* Ele está repleto dela, aflito até não conseguir aguentá-la; ele anseia fazer sua vontade; sente as muitas pontadas até que sua vontade seja executada.
—C. H. SPURGEON

*Concebeu a malícia.* Ele não foi colocado em contato com ela nem forçado a colocá-la em vigor; foi voluntário. —RICHARD SIBBS

Todos sabem que o conceber ocorre antes das dores, mas aqui as dores, como uma mulher em trabalho de parto, vêm primeiro. A razão disto é que os perversos são tão ardentemente instigados pelo mal, que maliciosamente planejam que, de pronto, o colocariam em prática se pudessem fazê-lo, mesmo antes de haver concebido o como fazê-lo. —J. MAYER
*E dá à luz a mentira.* "As distrações da terra são como as de Jael: sua mão esquerda me oferece leite, a direita, uma estaca." —THOMAS FULLER

*Versículo 15*
*Abre, e aprofunda uma cova.* Ele foi astuto em seus planos e diligente em suas obras. Humilhou-se ao trabalho sujo de cavar. Não temeu sujar suas próprias mãos; estava disposto a trabalhar em uma vala para que outros nela caíssem. Quantas maldades os homens farão para retaliar os piedosos!
—C. H. SPURGEON

*Versículo 16*
*A sua malícia lhe recai sobre a cabeça.* As cinzas sempre voam na direção daquele que as lançam.
—C. H. SPURGEON

# Salmo 8

PODEMOS nomear este Salmo de "a Canção do Astrônomo".

*Versículo 1*
*Ó Senhor, Senhor nosso, quão magnífico em toda a terra é o teu nome! Pois expuseste nos céus a tua majestade.* Incapaz de expressar a glória de Deus, o salmista profere uma observação exclamatória. Ó Jeová, Senhor nosso! A sólida estrutura do Universo pousa sobre Seu braço eterno. Ele é presente universalmente e por toda parte Seu nome é maravilhoso.

Desça, se quiser, até as regiões mais profundas do oceano, onde a água, serena, dorme e até mesmo a areia é imóvel em silêncio ininterrupto; até mesmo ali está a glória do Senhor revelando sua excelência no silencioso palácio do mar. Empreste as asas da manhã e voe até os confins do mar e ali Deus está. Escale até o mais alto céu, ou mergulhe no inferno mais profundo e Deus está, em ambos, sendo louvado em canção eterna ou justificado em terrível vingança. Em toda parte e em todo lugar, Deus habita e está agindo manifestadamente.

Dificilmente conseguiríamos encontrar palavras mais adequadas do que estas de Neemias: "Só tu és Senhor, tu fizeste o céu, o céu dos céus e todo o seu exército, a terra e tudo quanto nela há, os mares e tudo quanto há neles; e tu os preservas a todos com vida, e o exército dos céus te adora." Retornando ao texto, somos levados a observar que este salmo é direcionado a Deus, porque ninguém além do próprio Senhor pode conhecer plenamente Sua glória.
—C. H. SPURGEON

*Versículo 2*
*Da boca de pequeninos e crianças de peito suscitaste força, por causa dos teus adversários.* Com que frequência as crianças nos falam de um Deus de quem nos esquecemos! As crianças não clamaram "Hosana!" no Templo, quando fariseus orgulhosos escolheram calar-se e agir com desdém? E o Salvador não citou estas exatas palavras como justificação para seus clamores infantis?

Foxe nos diz no *O livro dos mártires* (Editora Mundo Cristão, 2003) que quando o Sr. Lawrence foi queimado em Colchester, ele foi carregado até o fogo em uma cadeira, porque, devido à crueldade dos papistas ele não conseguia se colocar de pé. Várias crianças se aproximaram da fogueira e clamaram da maneira como sabiam falar: "Senhor, fortaleça Seu servo e cumpra Sua promessa". Deus respondeu às suas orações, pois o Sr. Lawrence morreu tão firme e calmamente como qualquer pessoa desejaria que fosse seu último suspiro.

Quando um dos capelães papistas disse ao Sr. Wishart, o grande mártir escocês, que ele tinha um demônio dentro de si, uma criança que estava por perto clamou: "Um demônio não poderia dizer as palavras que este homem diz". Mais um exemplo está ainda mais próximo de nossos tempos. Em um posfácio a uma de suas cartas, em que detalha sua perseguição quando começou a pregar em Moorfields, Whitefield diz: "Não posso deixar de acrescentar que vários meninos e meninas que apreciavam sentar-se ao meu redor no púlpito enquanto eu pregava e me entregavam bilhetes das pessoas — ainda que geralmente fossem atingidos por ovos, lixo etc., que eram lançados em mim — nunca desistiram; ao contrário, todas as vezes que eu era atingido, erguiam seus olhinhos chorosos e pareciam desejar que pudessem receber os ataques por mim. Deus faça deles, nos anos futuros, grandes mártires para Aquele que 'da boca dos pequeninos e crianças de peito suscitaste força!'" —C. H. SPURGEON

Quem são estes "pequeninos e crianças de peito"? O homem em geral, que nasce de modo tão fraco e pobre como pequeninos e crianças de peito e que, contudo, com o tempo avança a tal poder com o qual pode lutar e vencer o inimigo e o vingador. Os apóstolos, que em aparência exterior eram detestáveis, como pequeninos e crianças de peito em comparação aos grandes do mundo; eram pobres, criaturas desprezadas e, entretanto, instrumentos fundamentais do serviço e da glória de Deus. Portanto é notável que quando Cristo glorifica Seu Pai pela sábia e livre dispensação de Sua graça salvadora (Mt 11:25), Ele diz: "Graças te dou, ó Pai, Senhor do céu e da terra, porque ocultaste estas coisas aos sábios e instruídos e as revelaste aos pequeninos".

É-nos dito (Mt 18:3) "se não vos converterdes e não vos tornardes como crianças" etc. Como se Ele dissesse: vocês aspiram à preeminência e magnitude mundana em meu reino, mas eu lhes digo que meu reino é um reino de pequeninos que não abriga ninguém a não ser os humildes que, sendo assim, são pequeninos em sua própria perspectiva e se contentam em ser pequenos e desprezados na perspectiva de outros. Portanto, não buscam as grandes questões do mundo. —THOMAS MANTON

O trabalho que é feito em amor perde metade de seu tédio e dificuldade. É como com uma pedra, que no ar e no solo seco nos desgastamos sem conseguir movê-la. Encharque o campo onde ela está, lance o bloco na água cujo nível aumenta e, agora, estando submersa, coloque-se a trabalhar. Coloque sua força nisso. Ah! Agora se move, levanta-se de sua cama, rola diante de seu braço. Então, quando sob as influências celestiais da graça, a maré do amor sobe e passa engolindo nossas tarefas e dificuldades, uma criança passa a conseguir fazer o trabalho de um homem e um homem pode fazer o de um gigante. —THOMAS GUTHRIE

Não ficamos todos profundamente admirados com a rara manufatura de Deus ao criar a formiga, o inseto mais inferior que rasteja, assim como com o maior dos elefantes? Tantas partes e membros sejam unidos em espaço tão pequeno de modo a possibilitar que uma criatura tão fraca consiga, durante o verão, armazenar alimento para o inverno? —DANIEL ROGERS

*Para fazeres emudecer o inimigo e o vingador.* Esta confusão e vingança contra Satanás, que foi a causa da queda do homem, foi destinada primeiro por Deus; portanto é a primeira promessa e pregação do evangelho levada a Adão, sentenciando ao diabo e não dirigida a Adão, que a semente da mulher pisaria a cabeça da serpente. O objetivo de Deus era tanto confundir o diabo, quanto salvar o pobre homem. —THOMAS GOODWIN

### Versículo 3
*Quando contemplo os teus céus, obra dos teus dedos, e a lua e as estrelas que estabeleceste.* A mente carnal não enxerga Deus em nada, nem mesmo no que é espiritual ou em Sua Palavra e ordenanças. A mente espiritual enxerga Deus em tudo, até mesmo no que é natural, ao olhar para o céu e a terra e todas as criaturas. —ROBERT LEIGHTON

Caso pudéssemos nos transportar até a Lua, ou alcançar a estrela mais alta acima de nossas cabeças, descobriríamos instantaneamente novos céus, novas estrelas, novos sóis, novos sistemas e que fossem talvez mais magnificamente adornados. Mas até mesmo ali, os vastos domínios de nosso grandioso Criador não acabariam; descobriríamos, então, para nosso espanto, que teríamos apenas chegado às fronteiras das obras de Deus.

Quão admiráveis são estes corpos celestes! Fico fascinado com seu esplendor e encantado com sua beleza! Mas não obstante a enorme beleza e seu tão rico adorno, este céu é isento de inteligência. Está alienado à sua própria beleza, enquanto eu, que sou mero barro, moldado por uma mão divina, sou dotado de percepção e razão. —CHRISTOPHER CHRISTIAN STURM, em *Reflections* (Reflexões)

### Versículo 4
*Que é o homem, que dele te lembres E o filho do homem, que o visites?* Talvez não haja seres racionais por todo Universo entre os quais o orgulho pareça mais inadequado ou incompatível do que no

homem, considerando a situação em que ele é colocado. Ele é exposto a inúmeras degradações e calamidades, à ira de temporais e tempestades, às devastações de terremotos e vulcões, à fúria de tornados, às tempestuosas ondas do oceano, às devastações da espada, à fome, pestes e inúmeras doenças; e no fim de tudo ele afundará na sepultura e seu corpo se tornará companheiro de vermes! Os mais dignos e altivos entre os filhos dos homens são suscetíveis a essas degradações e a outras similares, assim como os piores da família humana. Contudo, em tais circunstâncias, o homem — esse fraco verme feito do pó, cujo conhecimento é tão limitado e cujos desvarios são tão numerosos e notórios — tem a audácia de vangloriar-se em toda a soberba do orgulho e gloriar-se em sua vergonha.

Dr. Chalmers, em seu livro *Astronomical Discourses* (Discursos Astronômicos), diz muito apropriadamente: "Fornecemos a você nada além de uma débil imagem da comparação de nossa insignificância quando dissemos que as glórias de uma extensa floresta não sofreriam abalo com a queda de uma simples folha, assim como as glórias do extenso Universo não sofreriam abalo, embora o globo no qual pisamos 'e tudo o que lhe pertence, chegasse a dissolver'." —C. H. SPURGEON

É algo maravilhoso o fato de Deus pensar nos homens e deles se lembrar continuamente. —JOÃO CALVINO

Deveria uma criatura repugnante como eu encontrar favor em Seus olhos? Em Ez 16:1-5 temos uma relação das maravilhosas condescendências de Deus ao homem, que é ali semelhante a um bebê miserável abandonado no dia de seu nascimento, em seu sangue e sua imundícia, sem olhos de piedade para ele; tais criaturas repugnantes somos nós diante de Deus e, entretanto, quando Ele passou por nós e nos viu contaminados em nosso sangue, Ele nos disse: "Viva". —JAMES JANEWAY

Pergunte ao profeta Isaías: "O que é o homem?", e ele responderá (40:6): o homem é "erva" – "Toda a carne é erva, e toda a sua glória, como a flor da erva." Pergunte a Davi: "O que é o homem?" Ele responderá (Salmo 62:9): o homem é "falsidade", não falso somente, ou enganador, mas "falsidade", e uma fraude. A natureza pecaminosa do homem é inimiga da natureza de Deus e o afastaria do Céu; contudo o Senhor, mesmo nesta situação, eleva o homem ao Céu; o pecado diminuiria o grandioso Deus, entretanto o Senhor engrandece o homem pecador. —JOSEPH CARYL

Ó, o esplendor e a pequenez, a excelência e a corrupção, a majestade e a mesquinhez do homem! —PASCAL

*Versículo 5*
*Contudo, pouco menor o fizeste do que os anjos* (ARC). Em ordem de dignidade o homem está próximo aos anjos e um pouco abaixo deles; isto foi conquistado no Senhor Jesus, pois Ele foi colocado um pouco abaixo dos anjos ao sofrer a morte. —C. H. SPURGEON

É algo misterioso, e ao qual nós raramente ousamos fazer alusão que um Redentor surgiu de homens caídos, mas não de anjos caídos. Não construiríamos teoria alguma sobre uma verdade tão terrível e inescrutável; mas já não seria muito dizer que a intervenção em favor do homem e a não intervenção em favor dos anjos, abre precedente para o convencimento de que os homens não ocupam um lugar mais baixo que anjos no amor e na solicitude de seu Criador?

O Redentor é apresentado como submetendo-se a ser humilhado — "Contudo, pouco menor o fizeste do que os anjos" (ARC) — por amor à glória ou com uma visão dela que seria a recompensa de Seus sofrimentos. Esta é uma representação muito importante — que deveria ser muito atentamente considerada; e da qual pode-se retirar, assim pensamos, um argumento forte e claro para a defesa da divindade de Cristo.

Jamais poderíamos enxergar como seria humildade em qualquer criatura, independentemente da dignidade de sua condição, aceitar a função de Mediador e desenvolver a reconciliação. Não nos esqueçamos de como é extrema a degradação com a qual um Mediador deve consentir para ser reduzido e por meio de qual sofrimento e ignomínia somente

Ele poderia alcançar nossa redenção. Não nos esqueçamos também da desmedida exaltação que deveria ser a recompensa do Mediador, e que, sendo as Escrituras a verdade, o tornaria muito mais alto que o mais alto dos poderes e principados; e nós não sabemos onde estaria a maravilhosa humildade, ou a inigualável condescendência, caso qualquer mera criatura aceitasse a função com a perspectiva de tal recompensa. —HENRY MELVILL

# Salmo 9

**Versículo 1** *Louvar-te-ei, Senhor*. Algumas vezes é necessário empregarmos toda nossa determinação para enfrentar o inimigo e bendizer o Senhor, enfrentando a oposição de Seus inimigos; fazendo juramento de que ainda que todos os outros se calem nós bendiremos Seu nome. Aqui, entretanto, a derrota do inimigo é vista como completa conforme a canção flui com sagrada plenitude de deleite. É dever nosso louvar o Senhor; executemo-lo como privilégio.

*De todo o meu coração*. Meio coração não é coração algum. —C. H. SPURGEON

O coração entregue pela metade e a depreciação da graça divina, andam de mãos dadas. —E. W. HENGSTENBERG

*Versículo 1*
*Contarei todas as tuas maravilhas*. Gratidão por uma misericórdia traz à memória outras milhares. Um elo de prata na corrente atrai uma longa série de lembranças ternas. Aqui está a obra eterna por nós, pois não há fim na manifestação de todos os Seus feitos de amor. —C. H. SPURGEON

Quando recebemos do Senhor algo bom que seja especial, é útil, conforme tenhamos oportunidades, falarmos sobre isto a outros. Quando a mulher que perdeu uma de suas dez dracmas, encontrou o que faltava de seu dinheiro, ela chamou seus vizinhos e seus amigos e disse: "Alegrai-vos comigo, porque achei a dracma que eu tinha perdido."

Quem conhece tanto as maravilhosas obras de Deus como Seu próprio povo? E se permanecerem em silêncio, como esperaremos que o mundo veja o que Ele fez? Não tenhamos vergonha de glorificar a Deus, dizendo o que sabemos e sentimos que Ele fez; fiquemos alertas para a oportunidade de revelar distintivamente Seu agir; sintamo-nos radiantes por termos uma oportunidade de, por experiência própria, contar algo que deve se tornar louvor a Ele; e aqueles que honram Deus, serão honrados por Deus em retribuição. Se estivermos dispostos a falar de Suas obras, Ele nos dará o suficiente sobre o que falar. —P. B. POWER, em *"I wills" of the Psalms* (As "vontades do eu" em Salmos)

*Versículo 2*
*Alegrar-me-ei e exultarei em ti*. Deus ama aquele que dá com alegria. Seja ouro de seu bolso ou ouro de seus lábios, ouro que seja apresentado em Seu altar.

*Ao teu nome, ó Altíssimo, eu cantarei louvores*. Canções são a expressão adequada de gratidão interna e seria bom se nos satisfizéssemos e honrássemos nosso Senhor com mais delas. O Sr. B. P. Power disse muito acertadamente: "Os marinheiros dão alegre brado ao lançarem a âncora, o lavrador assobia de manhã ao guiar os bois; a mulher ordenhadeira canta sua canção rústica enquanto faz suas tarefas logo cedo; quando os soldados deixam amigos para trás, eles não marcham ao som de uma melodia fúnebre, mas ao som dos acordes breves de alguma melodia vivaz. Um espírito que louva faria por nós tudo o que as canções e músicas fazem por estes; e se somente pudéssemos nos determinar a louvar o Senhor, superaríamos muitas dificuldades que nossos espíritos fracos jamais conseguiriam e deveríamos fazer o dobro do trabalho que seria feito caso as batidas do coração fossem lânguidas ou a alma fosse esmagada e pisoteada. Assim como nos tempos antigos o espírito maligno em Saul cedeu à influência da harpa do filho de Jessé, da mesma forma o espírito de melancolia geralmente levanta voo, basta adotarmos a canção de louvor." —C. H. SPURGEON

*Versículo 8*
*Ele mesmo julga o mundo com justiça; administra os povos com retidão.* Certamente a perspectiva de colocar-se diante do tribunal imparcial do Grande Rei deveria funcionar para nós como exame quando tentados a pecar e como consolo quando difamados e oprimidos! —C. H. SPURGEON

Entre todas as coisas, o que a consciência culpada não suporta é ouvir sobre este dia, pois sabe que quando ouvir sobre ele, ouve sobre sua própria condenação. Acredito que se houvesse uma arrecadação geral em todo mundo em favor da inexistência do dia do julgamento, Deus seria tão rico que o mundo passaria a mendigar e seria um deserto de lixo. —HENRY SMITH

*Versículo 9*
*O SENHOR é também alto refúgio para o oprimido, refúgio nas horas de tribulação.* É relatado que os egípcios, por morarem em pântanos e serem atormentados por mosquitos, costumavam dormir em torres altas, sendo libertos das picadas porque os mosquitos não voavam alto o suficiente para alcançá-los. Assim seria conosco quando atacados pelas preocupações e medos; se apenas corrêssemos até Deus em busca do refúgio e do descanso seguro de Seu socorro. —JOHN TRAPP

*Versículo 10*
*Em ti, pois, confiam os que conhecem o teu nome.* A fé é uma graça inteligente; ainda que possa haver conhecimento sem fé, não pode haver fé sem conhecimento. Dizem que a ignorância é a mãe da devoção, mas certamente se o sol se põe no conhecimento, é inevitável que anoiteça nas emoções. O conhecimento é tão necessário para a existência da fé, que as Escrituras de fato, algumas vezes, batizam a fé com o nome de conhecimento. "[O] meu Servo, o Justo, com o seu conhecimento, justificará a muitos" (Is 53:11). O conhecimento foi colocado ali para a fé. —THOMAS WATSON

Nada se pode fazer a não ser que se tenha conhecimento seguro dos doces atributos de Deus e Seus nobres atos por Seu povo. Nunca confiamos em um homem a não ser que o conheçamos e homens maus são bem conhecidos, mas em que pouco se pode confiar. Não é o caso com o Senhor; pois onde Seu nome é unguento derramado, as virgens o amam, se alegram nele e nele descansam. —JOHN TRAPP

*Versículo 12*
*Pois aquele que requer o sangue lembra-se deles.* Ó, perseguidores, há um tempo vindouro quando Deus inquirirá rigorosamente os responsáveis pelo sangue de Hooper, Bradford, Latimer, Taylor, Rodley etc. Há um tempo vindouro em que Deus inquirirá aqueles que silenciaram e suspenderam tantos ministros, que detiveram as bocas de outros, que aprisionaram, confinaram e baniram tantos outros; os mesmos que antes ardiam de amor e resplandeciam a luz, que estavam dispostos a serem usados e usar seus recursos para que pecadores fossem salvos e Cristo glorificado. Haverá um momento em que o Senhor inquirirá muito estreitamente todos estes com relação às suas ações e práticas de cortes eclesiásticas, comissões elevadas, comitês etc., e tratará dos perseguidores da forma como eles trataram o Seu povo. —THOMAS BROOKS

Há *vox sanguinis*, uma voz de sangue; e "O que fez o ouvido, acaso, não ouvirá?" Esta voz cobriu o mundo antigo com águas. A Terra está repleta de crueldade; foi a *vox sanguinis* que clamou, e os céus ouviram a Terra, e as janelas do Céu se abriram para deixar o julgamento e a vingança caírem sobre ela. —EDWARD MARBURY

*E não se esquece do clamor dos aflitos.* A oração é um porto para o náufrago, uma âncora para aqueles que estão afundando nas ondas, um cajado para os membros que cambaleiam, uma mina de joias para o pobre, um medicamento para as doenças e um guardião para saúde. A oração imediatamente garante a permanência de nossas bênçãos e dissipa as nuvens de nossas calamidades. Ó, bendita oração! Conquistadora infatigável das angústias humanas, o firme fundamento da felicidade humana, a fonte de alegria eterna, a mãe da filosofia. O homem que verdadeiramente pode orar, ainda que definhando em extrema miséria, é mais rico que todos ao seu redor, enquanto que o miserável que nunca dobrou os joelhos, ainda que se assente orgulhosamente como monarca de todas as nações, é, dentre todos os homens, o mais necessitado. —CRISÓSTOMO

### Versículo 13

*Compadece-te de mim, SENHOR.* Assim como Lutero costumava chamar alguns textos específicos de pequenas Bíblias, podemos chamar esta sentença de pequeno livro de oração; pois tem em si a alma e o cerne da oração. —C. H. SPURGEON

### Versículo 14

*Para que, [...] eu proclame todos os teus louvores.* Não podemos ignorar o objetivo de Davi ao desejar misericórdia: a glória de Deus. Os santos não são tão egoístas a ponto de olhar somente para si; eles desejam o diamante da misericórdia de modo que outros possam vê-lo resplandecer e cintilar, e possam admirar Aquele que dá gemas tão preciosas a Seus amados. —C. H. SPURGEON

Versículos 15 a 17. Muito aumentará o tormento dos condenados o fato de que seus tormentos serão tão significativos e intensos quanto sua compreensão e suas afeições, e isto fará com que essas paixões violentas permaneçam agindo. Suas perdas nunca serão tão grandes, e sua compreensão de perda nunca antes tão intensa, contudo se pudessem perder o uso da sua memória, estas paixões morreriam e, e essa perda sendo esquecida, pouco os afligiria. Mas considerando que não podem abandonar sua vida e seu ser, ainda que assim considerassem a aniquilação como uma misericórdia extraordinária, também não podem abandonar nenhuma parte de seu ser. Compreensão, consciência, afeições, memória; todas precisam viver para atormentá-los, quando deveriam ter colaborado para sua felicidade. E por meio destas deveriam ter se alimentado do amor a Deus e bebido perpetuamente as alegrias de Sua presença; então, agora por meio destas se alimentarão da ira de Deus e beberão continuamente das dores de Sua ausência.

Agora já não há lazer algum a considerar, nem espaço em suas memórias para as coisas de outra vida. Ah, quando esta hora chegar terão lazer suficiente, estarão onde não haverá nada mais a fazer a não ser ponderar; suas memórias não terão outro uso para obstruí-las; este momento deverá ser gravado nas tábuas de seus corações. —RICHARD BAXTER

### Versículo 16

*Enlaçado está o ímpio nas obras de suas próprias mãos.* Os rendimentos que o pecado negocia com o pecador são: vida, prazer e lucro; mas os rendimentos que fornece a ele são: morte, tormento e destruição. Aquele que compreender a falsidade e o dolo do pecado deve comparar suas promessas com o seu pagamento. —ROBERT SOUTH

Não apenas lemos isso na Palavra de Deus, mas toda a história e toda a experiência registram a mesma reta justiça de Deus ao enlaçar o perverso na obra de suas próprias mãos. Talvez o caso mais marcante registrado, próximo ao de Hamã morto na forca que ele mesmo preparou, é um caso conectado aos horrores da Revolução Francesa, em que nos é contado que: "depois de nove meses da morte da rainha Maria Antonieta na guilhotina, todos os implicados no destino final dela; o júri, os acusadores, as testemunhas, todos, pelo menos todos aqueles cujo destino é conhecido, pereceram pelo mesmo instrumento que matou sua vítima inocente." "Na rede que lançaram para ela, prenderam-se seus próprios pés — na cova que cavaram para ela, eles próprios caíram." —BARTON BOUCHIER

### Versículo 17

*Os perversos serão lançados no inferno.* Os ímpios, no momento da morte, devem vivenciar a fúria e indignação de Deus. Li sobre uma pedra angular na Etiópia que tem duas arestas. Com uma delas aproxima o ferro de si e com a outra, expele o ferro que nela está. Da mesma forma, Deus tem duas mãos: de misericórdia e justiça; com a primeira aproximará os piedosos do Céu, com a segunda, Ele entregará o pecador ao inferno; e quão terrível é este lugar! É chamado de lago de fogo (Ap 20:15); um lago para representar os muitos tormentos no inferno; um lago de fogo para mostrar o furor destes tormentos; e o fogo que é um dos elementos mais torturantes. —THOMAS WATSON

*E todas as nações que se esquecem de Deus.* Há nações inteiras com esta conduta; as que esquecem de Deus são muito mais numerosas do que os profanos ou devassos e, segundo a expressão hebraica extremamente agressiva, ao mais longínquo inferno será o local onde todos eles serão lançados de cabeça. O esquecimento parece ser um pecado pequeno, mas ao homem que vive e morre neste pecado é trazida a ira eterna. —C. H. SPURGEON

Lembrar-se do Senhor é manancial de virtude; esquecer-se dele é fonte de vício. —GEORGE HORNE

## Versículo 18

*A esperança dos aflitos não se há de frustrar perpetuamente.* Um pagão seria capaz de dizer a um pássaro que, com medo de um gavião, voasse até seu peito: "Não trairei você, não o entregarei a seu inimigo, considerando que você veio até mim em busca de refúgio." Quanto mais Deus, Ele não optará por entregar uma alma a seu inimigo, quando a alma se refugia em Seu nome dizendo: "Senhor, não tenho confiança alguma em mim mesmo ou em qualquer outro. Em Suas mãos entrego minha causa, entrego a mim mesmo e me apoio em ti." Esta dependência da alma indubitavelmente despertará o forte poder de Deus para defender tal alma. Ele fez o mais grandioso juramento que poderia sair de Sua bendita boca, por si mesmo, que aqueles que voam para o refúgio para esperar no Senhor terão grande consolação (Hb 6:17).
—WM. GURNALL

## Versículo 19

*Levanta-te, Senhor; não prevaleça o mortal. Sejam as nações julgadas na tua presença.* O que isto significa? Podemos considerar que o salmista está orando pedindo a destruição de seus inimigos, como que os amaldiçoando? Não; estas não são palavras de alguém que está desejando que seus inimigos sejam prejudicados; são palavras de um profeta, de alguém que está prevendo, na linguagem das Escrituras, o mal que deve cair sobre eles por causa de seu pecado.
—AGOSTINHO

## Versículo 20

*Saibam as nações que não passam de mortais.* Seria possível alguém pensar que os homens não se tornariam tão fúteis a ponto de negarem-se a ser apenas homens; mas aparentemente esta é uma lição que apenas um Mestre divino pode ensinar a alguns espíritos orgulhosos. As coroas se vão e aqueles que as usam *não passam de homens*, diplomas de elevado aprendizado não tornam seus donos nada além de *homens*, valor e conquista não podem ultrapassar o nível fúnebre daqueles que *não passam de homens*; e toda a riqueza de Creso, a sabedoria de Salomão, o poder de Alexandre, a eloquência de Demóstenes, se adicionados um ao outro, o seu possuidor ainda assim não passaria de homem. Lembremo-nos sempre disto, a não ser que, como aqueles no texto, sejamos entregues ao medo. —C. H. SPURGEON

O original é *enosh*; e, portanto, é uma oração para que se reconheçam como nada mais que homens miseráveis, frágeis e moribundos. A palavra está no singular, mas é usada coletivamente. —JOÃO CALVINO

# SALMO 10

NÃO há, em minha opinião, um salmo que descreva a mente, os métodos, as obras, as palavras, os sentimentos e o destino do ímpio com tanta propriedade, plenitude e perspectiva como este salmo. E o é de tal forma que, se em qualquer aspecto até o dia de hoje não se tenha dito o suficiente, ou se houver algo faltando nos salmos que seguem, podemos encontrar aqui imagem e representação perfeitas da iniquidade. Este salmo, portanto, é um tipo, um modelo e uma descrição desse homem que, ainda que a seus olhos e aos olhos dos homens seja mais magnífico que o próprio Pedro, é detestável aos olhos de Deus; e foi isto que moveu Agostinho e aqueles que o sucederam, a compreender o Salmo do Anticristo. —MARTINHO LUTERO

*Versículo 1*
*Por que, Senhor, te conservas longe?* A presença de Deus é a alegria de Seu povo, mas qualquer suspeita de Sua ausência é distração desmesurada. Lembremo-nos, então, de que o Senhor está perto. O refinador jamais se coloca distante da entrada da fornalha quando seu ouro está no fogo, e o Filho de Deus está sempre caminhando em meio às chamas quando Seus santos filhos nelas são lançados. —C. H. SPURGEON

*E te escondes nas horas de tribulação?* Não se trata da tribulação, mas do fato de que a face de nosso Pai está escondida, o que nos atinge duramente. Caso precisemos de resposta à pergunta: "Por que te escondes?", a encontraremos no fato de que há uma "necessidade" não apenas para julgamento, mas pelo peso de coração que se sente quando sob tribulação (1 Pe 1:6); mas como assim o seria se o Senhor deve resplandecer sobre nós enquanto Ele está nos afligindo? Deveria o pai consolar seu filho enquanto o corrige? Onde ficaria o uso da repreensão? Um rosto sorridente e uma vara não são companheiros adequados. Deus despe as costas de modo que o choque seja sentido; pois apenas a aflição *experimentada* pode se tornar *bendita*. Caso fôssemos carregados nos braços de Deus em todas as correntezas, onde estaria a tribulação? Onde estaria a experiência que a tribulação é destinada a nos ensinar?

Não se escondesse o Senhor não haveria, de modo algum, tempo de tribulação. Podemos da mesma forma perguntar porque o Sol não brilha à noite, mas sabe-se que certamente não haveria noite se ele brilhasse. —C. H. SPURGEON

"Horas de tribulação" deveriam ser horas de confiança; o coração fixo em Deus preveniria a existência de medos no coração. "Não se atemoriza de más notícias; o seu coração é firme, confiante no Senhor" (Salmo 112:7). Caso contrário, sem esta firmeza, seremos tão volúveis como um cata-vento, movidos por qualquer rajada das marés do mal; nossas esperanças nadarão ou afundarão conforme as notícias que ouvirmos. A incredulidade somente desestimula Deus a mostrar Seu poder ao nos ajudar. —STEPHEN CHARNOCK

*Versículo 2*
*Com arrogância, os ímpios perseguem o pobre.* A denúncia se divide em duas acusações: orgulho e tirania. Uma é a raiz e a causa da outra. A arrogância é o embrião da perseguição. —C. H. SPURGEON

"Arrogância" é um vício que fende e adentra tão rapidamente o coração dos homens que, caso nos despíssemos de todas as falhas, uma por uma, indubitavelmente acharíamos que ela seria a última e a mais difícil de arrancar. —RICHARD HOOKER

*Sejam presas das tramas que urdiram.* Esta oração é plausível, justa e natural. Mesmo que nossos inimigos sejam juízes, não há nada mais justo do que

os homens passarem por aquilo que desejam impor a outros. Nós apenas os pesamos em suas próprias balanças e avaliamos o seu milho em seu próprio alqueire. Não há ninguém que contestará a justiça de Deus quando Ele enforcar todos os Hamãs em suas próprias forcas e lançar todos os inimigos de Seus Danieis em suas próprias covas de leões.
—C. H. SPURGEON

### Versículo 3
*Porque o ímpio gloria-se do desejo da sua alma* (ARC). A prova é tão completa e conclusiva sobre a questão do orgulho que não há júri que possa hesitar em dar veredito contrário ao prisioneiro no tribunal. A primeira testemunha depõe que ele é jactancioso. Pecadores que se gabam são os piores e mais desprezíveis homens, especialmente quando seus desejos asquerosos — asquerosos demais para serem de fato executados — se tornam o tema de suas jactâncias.

*Bendiz ao avarento e blasfema do Senhor.* Outra testemunha deseja fazer o juramento e ser ouvida. Desta vez, a impudência —, o descaramento, do rebelde orgulhoso está ainda mais aparente; pois ele "Bendiz ao avarento e blasfema do Senhor". Isto é insolência, que é orgulho desmascarado. Os únicos pecadores que são recebidos como respeitáveis são homens avarentos. Se um homem é fornicador ou bêbado, nós o lançamos para fora da igreja; mas quem já ouviu sobre disciplina da igreja contra esse miserável idólatra: o homem avarento? Trememos para que não sejamos participantes neste pecado atroz de orgulho "Bendiz ao avarento e blasfema do Senhor". —C. H. SPURGEON

Cristo sabia o que dizia quando afirmou: "Ninguém pode servir a dois senhores". Quando o anjo e o demônio lutaram pelo corpo de Moisés (Judas 9) não lutavam para saber quem ficaria com uma parte, mas com o todo; da mesma forma lutam ainda por nossa alma, de modo a descobrir quem ficará com o todo.
—HENRY SMITH

### Versículo 4
*O perverso, na sua soberba, não investiga.* Um rosto petulante e um coração quebrantado nunca caminham juntos. Não temos certeza de que os atenienses foram sábios quando estabeleceram que os homens deveriam ser testados no escuro para que seus semblantes não influenciassem os juízes; pois há muito mais a ser descoberto a partir do movimento dos músculos da face do que nas palavras dos lábios. A honestidade brilha no rosto, e a perfídia se deixa ver nos olhos. —C. H. SPURGEON

Milhares morrerão e serão amaldiçoados antes de receberem perdão exclusivamente pelos méritos e pela obediência de Cristo. Quando os homens se contentarão com a maneira escolhida por Deus para salvá-los: o sangue da aliança eterna? Você aceitará a maldição a não ser que possa ser seu próprio Salvador? Você é tão orgulhoso a ponto de não depender de Deus? Merecerei, ou nada terei. O que devo lhe dizer? Pobre é o que você é, e, contudo, orgulhoso; não tem nada além de desventura e miséria e, entretanto, fala de compra. Aquele que tem orgulho de suas roupas e filiação não é tão desprezível aos olhos de Deus como aquele que tem orgulho de suas habilidades e assim despreza a submissão aos métodos de Deus para a Sua salvação proporcionada por Cristo e somente por Sua justiça.
—LEWIS STUCKLEY

O orgulho dos perversos é a razão principal para não buscarem o conhecimento de Deus. O orgulho consiste numa opinião de si mesmo que é excessivamente elevada. É, portanto, impaciente com um rival, odeia um superior e não suporta um mestre. É evidente que nada pode ser mais doloroso para um coração orgulhoso do que a ideia de alguém como Deus. Tal ser só pode ser contemplado pelo orgulho com sentimentos de horror, aversão e repúdio. Deve olhar para Ele como seu inimigo natural, o grande inimigo a quem deve temer.

O orgulho causou a queda de Satanás do Céu ao inferno; baniu nossos primeiros pais do paraíso; e, de maneira semelhante, arruinará todos os que se satisfazem nele. Ele nos mantém ignorantes com relação a Deus, nos afasta de Seu favor, nos impede de nos assemelharmos a Ele. Fique alerta com o orgulho! Tenha cuidado para que não se satisfaça

nele imperceptivelmente, pois é, talvez, entre todos os pecados, o mais secreto, sutil e fascinante.
—EDWARD PAYSON

*Que não há Deus são todas as suas cogitações.* Entre montes de palha não havia um grão de trigo. O único lugar em que Deus não está é nos pensamentos dos perversos. Esta é uma acusação condenatória; pois onde o Deus do Céu não está, o senhor do inferno reina ferozmente; e se Deus não estiver em nossos pensamentos, nossos pensamentos nos levarão à perdição. —C. H. SPURGEON

Alguns leem: "Não há Deus em todos os seus propósitos astuciosos e presunçosos"; outros leem: "Todos os pensamentos concluem: não há Deus."
—THOMAS GOODWIN

Bagatelas podem nos possuir, mas *que não há Deus são todas as nossas cogitações*. Raramente o único objeto delas. Temos pensamentos duradouros sobre coisas transitórias e pensamentos ondulantes sobre um bem duradouro e eterno. —STEPHEN CHARNOCK

### Versículo 5
*Muito acima e longe dele estão os teus juízos.* Ele olha para o alto, mas não alto o suficiente. Assim como Deus é esquecido, também o são os Seus julgamentos. Ele não é capaz de compreender as coisas de Deus; um suíno fará uso de um telescópio antes que este homem estude a Palavra de Deus para compreender a justiça do Senhor. —C. H. SPURGEON

### Versículo 6
*Pois diz lá no seu íntimo: Jamais serei abalado; de geração em geração, nenhum mal me sobreviá.* Ó impertinência, degrade-se! O homem acredita ser imutável e onipotente, também, porque jamais será abalado.
—C. H. SPURGEON

Pompeu, quando atacou em vão uma cidade e não conseguiu tomá-la à força, elaborou a seguinte estratégia para que houvesse concordância: ele disse aos habitantes que deixaria o cerco e instauraria a paz com eles sob a condição que permitissem que alguns soldados fracos, doentes e feridos entrassem na cidade para se recuperarem. Todos concordaram e quando a cidade estava segura, os soldados deixaram o exército de Pompeu entrar. Uma segurança carnal consolidada abrirá as portas da alma para um exército inteiro de luxúrias. —THOMAS BROOKS

### Versículo 7
*A boca, ele a tem cheia de maldição, enganos e opressão.* Não há apenas um pequeno mal nisto, mas a boca está cheia disso. Uma serpente de três cabeças roubou suas sinuosidades e seu veneno de dentro do covil da boca escura do perverso. —C. H. SPURGEON

### Versículo 8
*Põe-se de tocaia nas vilas, trucida os inocentes nos lugares ocultos; seus olhos espreitam o desamparado.* Apesar da jactância deste miserável comum, aparentemente ele é tão covarde quanto é cruel. Ele interpreta o papel de bandido de estrada que surge repentinamente diante do insuspeito viajante em alguma parte desolada da estrada. —C. H. SPURGEON

O ladrão árabe espreita como um lobo entre as montanhas de areia e frequentemente surge subitamente diante do viajante solitário, o assalta em um instante e então imerge novamente no deserto de colinas de areia e percalços acentuados, onde a perseguição é inútil. —W. M. THOMPSON, em *The Land and the Book* (A terra e o livro)

A extirpação da religião verdadeira é o grande objetivo dos inimigos da verdade e da justiça; e não há nada a que eles não se dobrem para executar esse objetivo. —JOHN MORRISON

### Versículo 9
*Está ele de emboscada, como o leão na sua caverna; está de emboscada para enlaçar o pobre: apanha-o e, na sua rede, o enleia.* A opressão transforma príncipes em leões ferozes e juízes em lobos devoradores. É um pecado não natural, contra a luz da natureza. Nenhuma criatura oprime seu semelhante. Olhe para as aves de rapina, águias, abutres, gaviões e nunca os encontrará rapinando seus semelhantes. Olhe para as

feras da floresta como o leão, o tigre, o lobo, o urso e sempre os encontrará agindo com benevolência com seus semelhantes; e, contudo, os homens, de modo antinatural, voltam-se uns contra os outros, como os peixes no mar: os maiores engolindo os menores.
—THOMAS BROOKS

## Versículo 10
*Abaixa-se e rasteja.* Você verá sua santidade, o Papa, lavando os pés dos peregrinos, se tal estratégia for necessária para influenciar as mentes da multidão iludida; ou o verá sentando-se em um trono púrpura, caso deseje fascinar e controlar os reis da Terra.
—JOHN MORISON

## Versículo 11
*Diz ele, no seu íntimo: Deus se esqueceu, virou o rosto e não verá isto nunca.* Como no relato anterior, aqui neste uma testemunha está próxima e ouve à fechadura da porta do coração. Este homem cruel se consola com a ideia de que Deus é cego, ou pelo menos esquecido. De fato, homem tendencioso e tolo.
—C. H. SPURGEON

Os antigos pecados esquecidos pelos homens rapidamente se fixam em um entendimento infinito. O tempo não pode destruir o que foi conhecido desde a eternidade. Por que deveriam ser esquecidos muitos anos depois de haverem ocorrido, considerando que tinham sido previstos desde a eternidade, antes mesmo que fossem cometidos ou, que o criminoso fosse capaz de praticá-los? Poderíamos muito bem dizer que Deus não prevê nada do que será feito até o fim do mundo, assim como Ele esquece tudo que tem sido feito desde o começo do mundo.
—STEPHEN CHARNOCK

Deus abstém-se de punir e o homem, portanto, abstém-se de se arrepender. A abelha naturalmente produz mel, mas ferroa apenas quando se zanga.
—THOMAS WATSON

Porque a justiça parece piscar, os homens presumem que é cega; porque adia a punição, eles imaginam que ela se nega a puni-los; porque ela nem sempre os reprova por seus pecados, eles supõem que ela sempre os aprova. Mas que eles saibam que a flecha silenciosa pode destruir tanto quanto o estrondoso canhão. Ainda que a paciência de Deus seja duradoura, não é eterna. —WM. SECKER

## Versículo 13
*Por que razão despreza o ímpio a Deus?* Nestes versículos a descrição do perverso é condensada e o mau de seu caráter é identificado em sua fonte, a saber, ideias ateísticas com relação ao governo do mundo.

*Dizendo no seu íntimo que Deus não se importa.* Caso não houvesse inferno para outros homens, deveria haver um para aqueles que questionam sua justiça. —C. H. SPURGEON

Você acha que Deus não se lembra de nossos pecados porque nós os desconsideramos? Pois enquanto pecamos, a pontuação continua correndo e o Juiz deposita todos os pecados na mesa da memória, e Seu rolo alcança os Céus. —HENRY SMITH

## Versículo 14
*Tu, porém, o tens visto, porque atentas aos trabalhos e à dor, para que os possas tomar em tuas mãos.* A malícia arbitrária encontrará a angústia pesarosa, e aqueles que abrigam a maldade herdarão sofrimento.
—C. H. SPURGEON

## Versículo 16
*O Senhor é rei eterno: da sua terra somem-se as nações.* Tal confiança e fé podem parecer estranhas e irresponsáveis ao mundo. É como o que seus compatriotas supostamente sentiram (sendo verdadeira a história) com relação ao homem de quem é registrado que seus poderes de visão eram tão extraordinários, que ele podia ver distintamente a frota dos cartagineses chegando ao porto de Cártago, estando ele em Lilibeu na Sicília. Um homem que distinguia o que via do outro lado de um oceano e era capaz de falar de objetos tão distantes, podia banquetear-se com o que outros não viam!

Deste modo, a fé agora se coloca em sua Lilibeu [N.E.: Cidade portuária de Lilibeu, uma das principais bases cartaginesas na Sicília.] e vê a frota há muito lançada chegando em segurança ao reduto desejado, desfrutando da bem-aventurança desse dia ainda distante, como se fosse o presente. —ANDREW A. BONAR

*Versículo 17*
*Tens ouvido, Senhor, o desejo dos humildes; tu lhes fortalecerás o coração e lhes acudirás.* Há um tipo de onipotência na oração como se tivesse participação e supremacia ao lado da onipotência de Deus; pois quebrou correntes de ferro (Atos 16:25,26); abriu portões de ferro (Atos 12:5-10); destravou as janelas do Céu (1 Reis 18:41); e destruiu os obstáculos da morte (João 11:40-43).

Satanás tem três títulos nas Escrituras, estabelecendo sua malignidade contra a Igreja do Senhor: um dragão, para indicar sua malícia; uma serpente, para indicar sua sutileza; e um leão, para indicar sua força. Mas nenhum destes pode permanecer diante da oração. A tão grande malícia de Hamã afunda sob a oração de Ester; a mais profunda diplomacia, o conselho de Aitofel, esvai-se diante da oração de Davi; o maior exército, milhares e milhares de etíopes fogem como covardes diante da oração de Asa.
—EDW. REYNOLDS

# Salmo 11

DAVI, em diferentes períodos de sua vida, foi colocado em quase todas as situações em que um cristão, rico ou pobre, pode ser colocado. Nestas composições celestiais, ele delineia todas as obras do coração.

Para nos auxiliar a lembrar deste curto, mas doce Salmo, o chamaremos de "Canção do inabalável". —C. H. SPURGEON

Os amigos de Davi, ou aqueles que assim se declaravam, o aconselharam a fugir para os montes por algum tempo e permanecer em retiro até que o rei se mostrasse mais favorável a ele. Davi, na época, não aceita o conselho, ainda que mais tarde ele parece tê-lo seguido. Este Salmo se aplica ao estabelecimento da Igreja contra as calúnias do mundo e o conselho comprometedor do homem, com a confiança que deve ser colocada em Deus, o Juiz maior. —W. WILSON

Note o quão extraordinariamente todo o Salmo corresponde à libertação de Ló ao sair de Sodoma. Este versículo, com a exortação do anjo: "…foge para o monte, para que não pereças". E a resposta de Ló: "…não posso escapar no monte, pois receio que o mal me apanhe, e eu morra" (Gn 19:17-19). E novamente: *"…nos céus tem o Senhor seu trono […]. Fará chover sobre os perversos brasas de fogo e enxofre, e vento abrasador"* com "…reduzindo a cinzas as cidades de Sodoma e Gomorra, ordenou-as à ruína completa…" e mais uma vez: *"…os retos lhe contemplarão a face"*, com "e livrou o justo Ló, […] porque este justo […] atormentava a sua alma justa, cada dia, por causa das obras iníquas daqueles" (2 Pe 2:6-8). —CASSIODORO, em *Comentário sobre os Salmos de John Mason Neale retirado de: Escritores Primitivos e Medievais*

Diz-se que os combatentes no Lago Trasimeno ficaram tão absortos no conflito que nenhum dos lados percebeu as convulsões da natureza que sacudiram o solo. O mesmo acontece com os soldados do Cordeiro absortos em uma causa ainda mais nobre. Eles creem e, portanto, não se apressam; dificilmente se pode dizer que cheguem a sentir as convulsões da Terra como os outros homens as sentem, porque sua esperança ávida os impulsiona à questão da vinda do Senhor. —ANDREW A. BONAR

Versículos 1 a 3. Estes versículos contêm um relato da tentação de não se confiar em Deus, tentação em que Davi foi grandemente exercitado em algumas ocasiões não mencionadas. Pode ser que nos dias em que estava na corte de Saul, Davi tenha recebido o conselho de fugir em uma época em que sua fuga seria considerada violação do serviço ao rei ou prova de covardia. O caso de Davi era como o de Neemias, quando seus inimigos, sob o disfarce da amizade, esperavam enganá-lo aconselhando-o a fugir para preservar sua vida.
—C. H. SPURGEON

*Versículo 1*
*No Senhor me refugio. Como dizeis, pois, à minha alma: Foge, como pássaro, para o teu monte?* Quando Satanás não consegue nos derrocar pela presunção, quão astutamente ele tentará nos arruinar pela falta de confiança! Ele utilizará nossos amigos mais queridos para enfraquecer nossa confiança e utilizará lógica tão plausível, de modo que, a não ser que afirmemos de uma vez por todas a nossa imutável confiança em Jeová, ele nos transformará em tímidos pássaros que voam às montanhas sempre que o perigo se apresenta. —C. H. SPURGEON

Podemos observar que Davi se agrada muito da metáfora em que se compara frequentemente a pássaros de vários tipos: primeiro a uma águia (Sl 103:5), "…a tua mocidade se renova como a da águia"; às vezes a uma coruja (Sl 102:6), "Sou […] como a coruja das ruínas"; às vezes a um pelicano no mesmo versículo, "Sou como o pelicano no deserto…"; às vezes a um passarinho (Sl 102:7), "Não durmo e sou como o passarinho…"; algumas vezes a um perdiz, "…como quem persegue uma perdiz nos montes."

Alguns dirão: "Como é possível que pássaros de plumas tão diferentes poderiam voar todos e convergirem no caráter de Davi?". A estes respondemos que dois homens não podem diferir mais um do outro do que o mesmo servo de Deus de si mesmo, em vários momentos diferentes.

Essas suas palavras: "Como dizeis, pois, à minha alma: Foge, como pássaro, para o teu monte?" causam certo furor, ao menos aversão ao conselho. A resposta é dada, Davi não estava ofendido com o conselho mas com o modo da proposição. Seus inimigos agiram ironicamente, com chacota e zombaria como se a fuga de Davi não tivesse propósito e como se ele dificilmente pudesse encontrar a segurança que buscava. Assim, quando os sumo sacerdotes zombaram de nosso Salvador (Mt 27:43): "Confiou em Deus; pois venha livrá-lo agora, se, de fato, lhe quer bem…", Cristo não deixou de confiar, nem minimamente, em Deus diante do desprezo sarcástico e do escárnio que a iniquidade destes homens oferecia com satisfação a Ele. Não sendo assim, caso as zombarias dos homens nos levassem a subestimar o bom conselho, poderíamos nos tornar, nesta era, zombadores de nosso Deus, e Cristo, das Escrituras e do Céu; o apóstolo Judas (v.18), previu que nos últimos tempos haveria escarnecedores andando segundo suas ímpias paixões.
—THOMAS FULLER

É tão grande ofensa criar um novo deus como o é negar o Deus verdadeiro. "A quem tenho eu no céu *senão a ti*?", entre estes milhares de anjos e santos, quem é Miguel ou Gabriel, quem é Moisés ou Samuel, quem é Pedro, quem é Paulo? "E na terra não há quem eu deseje além de ti." —JOHN KING

Em tentações de terror e angústia interiores, não é conveniente polemizar a questão com Satanás.
—RICHARD GILPIN

A sombra não refresca a não ser que estejamos sob ela. Que bem há em termos sombra, ainda que de uma grandiosa rocha, quando nos sentamos ao sol aberto; ou termos grandes poderes em nosso favor quando dele escapamos com ousadas investidas lançando-nos na boca da tentação? As quedas dos santos ocorreram quando fugiram de suas trincheiras e fortalezas; pois, como os coelhos, são um povo fraco em si mesmo e sua força está na rocha da onipotência de Deus, que é a sua habitação.
—WILLIAM GURNALL

*Versículo 2*
*Porque eis aí os ímpios, armam o arco, dispõem a sua flecha na corda.* O arco se curva, a flecha se encaixa na corda: "Fuja, fuja pássaro indefeso, tua segurança é voar; corra pois teus inimigos lançarão suas flechas em teu coração; apressa-te, apressa-te, pois em breve serás destruído!" Davi parece ter sentido a força do conselho, pois foi ao encontro de sua alma; contudo, ainda assim ele não cederia, mas escolheria ousar com o perigo em vez de manifestar falta de confiança no Senhor, seu Deus. —C. H. SPURGEON

Assim foram as tramas dos sumos sacerdotes e fariseus para que, sutilmente, prendessem Jesus e o matassem: eles curvaram seus arcos quando contrataram Judas Iscariotes para trair o seu Mestre. Aprontaram as flechas na aljava quando buscaram "algum testemunho falso contra Jesus, a fim de o condenarem à morte" (Mt 26:59). —MICHAEL AYGAUN, em *Comentário de J. M. Neale*

*Versículo 3*
*Ora, destruídos os fundamentos, que poderá fazer o justo?* É possível que os alicerces da religião sejam destruídos? Pode Deus dormir por tanto tempo, uma letargia tão longa, como que a permitir pacientemente esta ruína? Olhando Ele e não enxergando estes fundamentos quando destruídos, onde está então a Sua onisciência? Vendo e não podendo evitar, onde está então a Sua onipotência? Vendo e não podendo evitar e se, evidentemente, não o evita, onde está então a Sua bondade e misericórdia?

Respondemos negativamente! É impossível que os fundamentos da religião sejam total e completamente destruídos, seja em relação à igreja em geral ou em referência a todo membro verdadeiro e ativo que a ela pertence. Pois a razão é que temos uma promessa patente de Cristo: "...as portas do inferno não prevalecerão contra ela" (Mt 16:18). —THOMAS FULLER

*Se.* É a única palavra de consolo que se poderia acrescentar ao texto, de modo que o que é declarado não seja *positivo*, mas uma *suposição*. Bem, é bom conhecer a pior das possibilidades, para que possamos providenciar o necessário; e, portanto, contemplemos essa triste possibilidade, não como duvidosa, mas como consumada; não como algo a se temer, mas como experimentado; não como suspeita, mas a acontecer, de fato, neste momento. —THOMAS FULLER

Primeiro uma triste possibilidade presumida: *destruídos os fundamentos*. Segundo, uma triste pergunta proposta: *o que poderá fazer o justo?* Terceiro, uma triste resposta inferida: que nada se pode fazer para reestabelecer a fundação destruída. —THOMAS FULLER

Sua resposta à pergunta: "O que poderá fazer o justo?" seria uma nova pergunta: "O que não poderá fazer o justo?". Quando a oração atrai Deus para o nosso lado e quando a fé garante o cumprimento da promessa, que fundamento haverá para fuga, ainda que sejam cruéis e poderosos os nossos inimigos? —C. H. SPURGEON

O que PODERÁ fazer o justo? O *poderá* do justo é limitado, confinado ao governo da Palavra de Deus; ele nada *pode* fazer além do que *pode* fazer licitamente (2Co 13:8). Porque nada *podemos* contra a verdade, senão em favor da própria verdade. Os homens perversos podem fazer qualquer coisa; sua consciência, que é tão ampla a ponto de deixar de existir, os levará a agir de toda forma ilícita: apunhalar, envenenar, massacrar. De qualquer forma, a qualquer momento, em qualquer lugar, contra quem quer que esteja entre eles e a realização de seus desejos.

Com os justos é diferente; para eles há uma regra segundo a qual devem andar, regra essa que não poderão, não deverão e não ousarão infringir. Se portanto, a um justo fosse assegurado que pela violação de um dos mandamentos de Deus ele pudesse restaurar a religião deteriorada e restabelecer seu *status quo prious*, suas mãos, cabeça e coração estariam amarrados, ele nada *poderia* fazer, porque sua condenação é justamente dizer (Rm 3:8): "Pratiquemos males para que venham bens". —THOMAS FULLER

Os momentos de pecado sempre foram os momentos de oração dos santos. Sim, isto eles poderiam e

deveriam fazer, "orar e jejuar". Há ainda um Deus no Céu a ser buscado, quando a libertação de uma pessoa está além da diretriz e do poder humano.
—WILLIAM GURNALL

## Versículo 4

*O Senhor está no seu santo templo.* Os céus estão acima de nossas cabeças em todas as regiões da Terra e também o Senhor está sempre próximo de nós em todos os nossos estados e condições. Esta é uma razão muito forte para não adotarmos a vil sugestão da falta de confiança. Há o Único que entrega o Seu precioso sangue em nosso favor no templo do alto, e ali há Aquele assentado no trono que jamais se ensurdece à intercessão de Seu Filho. Por que, então, deveríamos temer? Que tramas podem os homens elaborar as quais Jesus não descobrirá?

*Nos céus, tem o Senhor seu trono.* Se confiamos no Rei dos reis, não seria isso suficiente? Não pode Ele nos libertar sem que nos retiremos covardemente? Sim, bendito seja o Senhor nosso Deus, podemos saudá-lo como *Jeová-nissi*; em Seu nome levantamos nossas bandeiras e, em vez de fugir, nós mais uma vez levantamos o grito de guerra.
—C. H. SPURGEON

*Os seus olhos estão atentos.* Deus investiga não como o homem investiga: questionando aquilo que antes lhe era oculto; Seu investigar é nada mais do que Seu olhar; Ele contempla o coração, Ele contempla os reinos; são os próprios olhos de Deus que investigam. —RICHARD ALLEINE

Em Apocalipse 1:14, onde Cristo é descrito, diz-se que seus olhos são *como chama de fogo*. Você sabe que a propriedade do fogo é sondar e provar aquilo a que a ele é exposto e separar as impurezas do metal puro; então os olhos de Deus são como fogo, para testar e examinar as ações dos homens. Ele é o Deus que pode olhar através de todas as folhas de figueira da confissão exterior e discernir a nudez de suas obrigações por meio delas. —EZEKIEL HOPKINS

Seja Deus o seu conselheiro. O Céu supervisiona o inferno. Deus, em qualquer momento pode dizer quais tramas estão sendo elaboradas contra você.
—WILLIAM GURNALL

*As suas pálpebras sondam os filhos dos homens.* Ele inspeciona minuciosamente suas ações, palavras e pensamentos. Assim como os homens, que quando inspecionam intencional e minuciosamente algum objeto ínfimo quase fecham por completo as pálpebras para excluir qualquer outro objeto, da mesma forma o Senhor inspecionará todos os homens por completo. Deus vê todas as pessoas tão precisa e perfeitamente como se não houvesse nenhuma outra criatura no Universo. —C. H. SPURGEON

Esta frase é uma metáfora emprestada dos homens, que contraem as pálpebras quando contemplam algo com sabedoria e acuradamente: não é um olhar transitório e descuidado. —STEPHEN CHARNOCK

*As suas pálpebras sondam os filhos dos homens*, como um juiz testa uma pessoa culpada com seus olhos e lê as caraterísticas de sua perversidade impressas em seu rosto. Nessa tão grande libertação do cárcere descrita em Apocalipse 6:16, todos os prisioneiros clamam para serem escondidos da face daquele que se assenta no trono. A perversidade resiste ficar sob a observação de qualquer olho, menos ainda dos olhos da justiça. É muito difícil não demonstrar na face a culpa do coração e é igualmente difícil saber que alguém mais a vê. —JOSEPH CARYL

## Versículo 5

*O Senhor põe à prova ao justo.* Ele não os odeia, apenas os coloca à prova. —C. H. SPURGEON

Com exceção de nossos pecados, não há nada em quantidade maior em todo o mundo do que as dificuldades que são fruto do pecado, como os severos mensageiros que vieram a Jó, um após o outro. Considerando que não estamos no paraíso, mas no deserto, devemos esperar um problema após o outro. Como um urso veio a Davi após um leão, um gigante após um urso, e um rei após um gigante, e filisteus após um rei; da mesma forma cristãos quando tiverem lutado com a pobreza lutarão com infâmia;

quando tiverem lutado com a infâmia, lutarão com doenças; serão como um operário que nunca para de trabalhar. —HENRY SMITH

## Versículo 6
*Sobre os ímpios fará chover laços* (ARC). Nenhum laço nos prende tão fortemente quanto aqueles de nossos pecados; eles mantêm nossas cabeças baixas e nos esmagam de modo que não conseguimos olhar para o alto; ínfimo consolo são para aquele que não tem a consciência cauterizada. —SAMUEL PAGE

*E vento abrasador.* Alguns expositores acreditam que no termo "vento abrasador" no hebraico há uma alusão àquele vento abrasador e sufocante que sopra nos desertos árabes e é conhecido pelo nome de *simum*. Lowth a chama: "Uma tempestade abrasadora," enquanto outro grande comentarista interpreta como "vento da ira"; e em qualquer versão a linguagem é repleta de terrores.

*E vento abrasador será a parte do seu cálice.* Uma gota do inferno é terrível, mas o que não seria um cálice cheio de tormento? Pense nisto: um cálice de miséria, mas nenhuma gota de misericórdia. Ó povo de Deus, como é tolo temer as faces dos homens que em breve serão partículas no fogo do inferno. Pense no fim de todos eles, seu temível fim e todo o medo que se tem deles deve ser transformado em desprezo por suas ameaças e dó por seu miserável estado. —C. H. SPURGEON

## Versículo 7
*Porque o Senhor é justo, ele ama a justiça.* Não é apenas a Sua ocupação defendê-la, mas Sua natureza é amá-la.

*Os retos lhe contemplarão a face.* Mamom, a carne, o diabo, todos sussurrarão em nossos ouvidos: "Foge, como pássaro, para o teu monte", mas nos coloquemos à frente e os derrotemos todos. "Resisti ao diabo, e ele fugirá de vós." Não há espaço ou motivo para recuar. Avance! Que a vanguarda prossiga! À diante! Todos vocês, poderes e paixões de nossa alma. Avante! Avante! No nome de Deus, avante! Pois "O Senhor dos Exércitos está conosco; o Deus de Jacó é o nosso refúgio". —C. H. SPURGEON

Ele olha para os retos com olhos sorridentes e, portanto, não pode olhar favoravelmente para um iníquo; então esta necessidade de contemplar-lhe a face não é fundamentada apenas na ordenança de Deus de que devemos ser renovados, mas na própria natureza do relacionamento, pois Deus, no tocante à Sua santidade, não pode dialogar com uma criatura impura. Deus deve mudar a Sua natureza ou a natureza do pecador deve ser mudada. Lobos e ovelhas, trevas e luz jamais podem estar de acordo. Deus não pode amar um pecador como pecador, porque Ele odeia a impureza por necessidade de Sua natureza assim como por uma escolha da vontade. Para Ele é tão impossível amar a impureza como é deixar de ser santo. —STEPHEN CHARNOCK

# Salmo 12

TÍTULO: "Salmo de Davi para o cantor-mor, sobre Seminite" (ARC). Este subtítulo é idêntico ao do Salmo 6, exceto pelo fato de que aqui *Neguinote* é omitido. O assunto deste Salmo, para melhor recordarmos, pode ser intitulado: "Bons Pensamentos em Momentos Ruins". Supostamente foi escrito enquanto Saul perseguia Davi e aqueles que apoiavam sua causa.

*Versículo 1*
*Socorro, Senhor!* O salmista vê o extremo perigo de sua posição, pois é preferível ao homem estar entre leões do que entre mentirosos; ele sente sua própria inabilidade de lidar com estes filhos de Belial, pois "qualquer, para os tocar, se armará de ferro". Ele, portanto, se volta para seu Ajudador que tudo pode, o Senhor, cuja ajuda jamais é negada aos Seus servos e cujo socorro é suficiente para todas as suas necessidades.

Assim como navios pequenos podem navegar até portos em que embarcações maiores, por necessitarem de mais água, não podem entrar, da mesma forma nossos breves clamores e curtas petições podem intercambiar-se com o Céu quando nossa alma está protegida do vento, longe do comércio, no porto de longos exercícios de devoção e quando a corrente de graça parece ter refluxo baixo demais para fazer flutuar súplicas mais árduas. —C. H. SPURGEON

Era o momento de clamar ao Céu pedindo ajuda, quando Saul declarou: "Vão e matem os sacerdotes de Jeová" (acredita-se que este evento foi o que inspirou a criação deste Salmo), e nisto cometeu pecado contra o Espírito Santo. Esta é a opinião de alguns sérios ministros. —JOHN TRAPP

*Porque já não há homens piedosos.* A morte, partida ou declínio de homens santos deveria ser o soar de trombetas chamando-nos para mais oração.

*Desaparecem os fiéis entre os filhos dos homens.* Quando a santidade se vai, a fidelidade inevitavelmente a segue; sem o temor de Deus, os homens não têm amor pela verdade. Davi, em meio ao desgoverno generalizado, não recorreu a alguma trama insurgente, mas a solenes petições; nem se uniu à multidão para praticar o mal, mas tomou os braços da oração para resistir aos ataques contra a virtude. —C. H. SPURGEON

Seu amigo ou vizinho pode dizer de você: "este é fiel a mim"? O que nossas interações diárias testemunham? Não seria a tentativa de falar o que é agradável uma atitude que geralmente nos custa a verdade? —C. BRIDGES

*Versículo 2*
*Falam com falsidade uns aos outros.* Elogios e bajulação são detestáveis aos homens honestos; eles sabem que se os aceitarem deverão também os dar, e desprezam qualquer uma destas atitudes.

*Falam com lábios bajuladores e coração fingido.* Aquele que infla o coração de outro não tem em si nada melhor que o vento. —C. H. SPURGEON

Não existe algo mais sagaz do que fazer da religião uma capa; não há nada mais em voga, nada mais proveitoso. É um uniforme com o qual um homem sagaz pode servir a dois mestres: Deus e o mundo. E pode realizar um serviço lucrativo por meio de qualquer um. Eu sirvo a ambos, e em servir ambos sirvo a mim mesmo ao prevaricar com ambos. Diante do homem ninguém serve o seu Deus com devoção mais rigorosa, por isso, entre o melhor dos homens, eu trabalho os meus próprios objetivos e sirvo a mim mesmo. Em particular, sirvo ao mundo; não com devoção tão rigorosa, mas com mais deleite; nisto, ao satisfazer as luxúrias de seus servos, trabalho em prol de mim e sirvo a mim mesmo.

A casa de oração. Quem vai até ela com mais frequência do que eu? Em todas as tarefas do cristão, quem avança mais do que eu? Jejuo com os que jejuam para que possa comer com o que comem. Choro com os que choram. Não há mão mais estendida à causa do que a minha e nas famílias ninguém ora mais longamente e com zelo mais intenso. Portanto, quando o parecer de uma vida santa desperta a bondade de minha consciência, meu ofício não deve ter falta de tradição, meus produtos não devem exigir dinheiro, minhas palavras não devem precisar de crédito, minhas ações não devem ter falta de louvor.

Sendo eu ganancioso, interpreta-se como providência; se miserável, considera-se temperança; se há melancolia, ela é entendida como tristeza divina; se alegre, considera-se alegria espiritual; se sou rico, pensa-se ser a bênção de uma vida piedosa; se pobre, supõe-se ser o fruto de comportamento conformista; se de mim falam o bem, é o mérito do diálogo santo; se falam o mal, é a malícia dos malignos.

Consequentemente, velejo com todos os ventos e, em todas as condições, tudo ocorre do modo como quero. Esta capa me mantém refrescado no verão, aquecido no inverno e esconde a desprezível mala de todas as minhas luxúrias secretas. Sob esta capa eu ando em público adequadamente e sob aplausos, no pecado em particular caminho seguramente sem ofensa e o executo sabiamente sem ser descoberto. Eu alcanço mar e terra para criar um prosélito que, logo ao ser criado, recria-me. Enquanto jejuo clamo Genebra e enquanto banqueteio, clamo Roma.

Sendo eu pobre, simulo abundância para salvar meu crédito; se sou rico, finjo pobreza para evitar cobranças. Frequento com mais assiduidade palestras dissidentes que acredito serem mais proveitosas, das quais aprendo a divulgar e manter novas doutrinas; e isto me inclui em jantares três vezes por semana. Algumas vezes uso a ajuda de uma mentira, como um novo estratagema para defender o evangelho; eu disfarço a opressão com os julgamentos de Deus executados sobre os perversos. A caridade, para mim, é um dever extraordinário; portanto, não deve ser executado de maneira comum. O que abertamente reprovo no exterior, para meu benefício, isto eu pratico secretamente em casa, para meu prazer. Mas continue, vejo escrito em meu coração o que amortece a minha alma. Nestas tristes palavras está caracterizado: "Mas ai de vós, […] hipócritas!" (Mt 23:13). —FRANCIS QUARLES, em *Solilóquio do Hipócrita*

O mundo de fato diz que a sociedade não poderia existir caso houvesse perfeita verdade e candura entre os homens; mas, ó, que imagem nos é apresentada da edificação social, em que seus muros podem ser cimentados e manter-se firmes somente por bajulação e falsidade! —BARTON BOUCHIER

O filósofo Bion, ao ser questionado sobre que animal ele acreditava ser o mais nocivo, respondeu: "Dentre as criaturas selvagens, o tirano; e dentre as domadas, o bajulador." —*O LIVRO DOS SÍMBOLOS*

*Falam […] com coração fingido*. O original é: "Um coração e mais outro"; um para a igreja e outro para a adulteração; um para os domingos e outro para os dias de trabalho; um para o rei e outro para o papa. Um homem sem um coração é um espanto, mas um homem com dois corações é um monstro. Diz-se de Judas: "Havia muitos corações em um homem". E dos santos lemos: "Da multidão dos que creram era um o coração e a alma…" (At 4:32). Uma bênção especial! —THOMAS ADAMS

Quando os homens deixam de ser fiéis a seu Deus, aquele que espera encontrá-los sendo fiéis uns aos outros ficará profundamente decepcionado. —GEORGE HORNE

### Versículo 3

*Corte o S*ENHOR *todos os lábios bajuladores, a língua que fala soberbamente*. É estranho que o suave jugo do Senhor esfole tanto os ombros do orgulhoso, enquanto as tiras de ferro de Satanás em que se prendem, sejam como correntes de honra.

Geralmente imagina-se que bajuladores são parasitas tão medíocres, arrastando-se e bajulando, que não poderiam ser orgulhosos; mas o homem sábio lhe dirá que ainda que todo orgulho seja verdadeiramente mesquinharia, há na mais baixa mediocridade grande grau de orgulho. O cavalo de César tem muito mais orgulho de carregar César do que César tem de montá-lo. Não há alguém tão detestavelmente dominador como as pequenas criaturas que se arrastam até cargos desejados curvando-se aos grandes. Estes são tempos maus, de fato, em que estes seres desprezíveis são numerosos e poderosos. —C. H. SPURGEON

*Versículo 4*
*Pois dizem: Com a língua prevaleceremos.* Desde a época de Tertúlio até os dias de Juliano o Apóstata, todo tipo de oratória, aprendizado e engenhosidade foi derramado contra a igreja de Deus. —MICHAEL AYGUAN, em *Comentário de J. M. Neale*

*Os lábios são nossos.* Estando em um relacionamento com Deus, devemos parar de requerer posse sobre nós mesmos e olhar para Deus como nosso dono. —JOHN HOWE

*Versículo 5*
*Por causa da opressão dos pobres.* A pobreza, a necessidade e a miséria deveriam ser motivos de lástima; mas os opressores fazem delas pedras de afiar sua crueldade e severidade e, portanto, o Senhor pleiteará a causa dos Seus pobres, pessoas oprimidas contra seus opressores, sem lucro ou medo; sim, Ele advogará sua causa com pestes, sangue e fogo. —THOMAS BROOKS

*Versículo 6*
*As palavras do SENHOR são palavras puras, prata refinada em cadinho de barro, depurada sete vezes.* As palavras do homem são sim e não, mas as promessas do Senhor são sim e amém. No original há uma alusão ao processo mais severamente purificador conhecido pelos antigos, ao qual a prata era submetida quando a maior pureza possível era desejada; as impurezas eram todas consumidas e somente o metal reluzente e precioso permanecia; tão claro e livre de toda liga de erro ou infidelidade é o livro das Palavras do Senhor. A Bíblia passou pela fornalha da perseguição, crítica literária, dúvida filosófica e descoberta científica e nada perdeu

além dessas interpretações humanas que a ela se apegam como liga ao metal precioso. —C. H. SPURGEON

Aqueles que purificavam a prata costumavam colocá-la no fogo vez após vez para que fosse profundamente testada. A doutrina da livre graça de Deus foi testada vez após vez após vez. Pelágio [N.E.: Monge britânico que apareceu em Roma, por volta do ano 400 d.C. Para ele o poder da vontade humana é decisivo e suficiente na experiência da salvação.] começa e mistura suas impurezas com ela. Ele disse que a graça não passa da natureza no homem. Bem, sua doutrina foi purificada e uma grande quantidade de impurezas foi depurada.

Surgem então os semipelagianos que aceitam uma parte da ideia; eles dizem que a natureza nada pode fazer sem a graça, mas fazem a natureza concorrer com a graça e ter influência assim como a graça; e as impurezas aí contidas foram queimadas. Os papistas tomam a mesma querela para si, mas não serão pelagianos nem semipelagianos e, contudo, ainda misturam impurezas.

Os arminianos vêm e refinam o papismo novamente neste ponto; mas ainda assim misturam impurezas. Deus colocará esta verdade à prova de fogo sete vezes, até que Ele a apresente do modo mais puro que possa ser. E eu digo que é porque essa verdade é, desta forma, preciosa. —THOMAS GOODWIN

As Escrituras são o Sol; a igreja é o relógio. Sabemos que o Sol existe e é regularmente constante em seus movimentos; o relógio, pode ter discordâncias, funcionar rápido demais ou muito lentamente. Desta forma, deveríamos condenar por insensatez àquele que professa confiar no relógio ao invés de confiar no Sol, então não podemos evitar questionar, merecidamente, a credulidade daqueles que preferem confiar na igreja do que nas Escrituras. —BISHOP HALL

"Quando Voltaire lê um livro, ele faz dele o que lhe agrada e então escreve algo contra aquilo que fez", disse Montesquieu sobre Voltaire. —GARDINER SPRING

"Toda palavra de Deus é pura; ele é escudo para os que nele confiam" (Pv 30:5); como o ouro puro que não sofre perda alguma pelo fogo, assim as promessas de Deus não sofrem perda alguma quando testadas, mas permanecem diante de nós em nossas maiores aflições. —THOMAS MANTON

*Versículo 8*
*Por todos os lugares andam os perversos, quando entre os filhos dos homens a vileza é exaltada.*

Como o sol quente traz moscas nocivas, honrar um pecador fomenta o vício por todos os lados. —C. H. SPURGEON

# Salmo 13

NOSSO desejo é nomear este Salmo de "Salmo Até quando." Quase o chamamos de Salmo do Lamento, pela incessante repetição do clamor: "Até quando?"

*Versículo 1*
*Até quando, Senhor?* Esta pergunta é repetida não menos do que quatro vezes. Denota o desejo muito intenso por libertação e grande angústia de coração. E havendo certa impaciência envolvida, não seria este um retrato ainda mais verdadeiro de nossa própria experiência? Não é fácil evitar que os desejos se degenerem em impaciência. O delongado sofrimento parece contestar a corrupção abundante; pois o ouro que permanece longamente no fogo, assim o é, provavelmente, por conter muitas impurezas a serem consumidas; consequentemente a pergunta "Até quando?" pode sugerir profunda sondagem de coração.

Esquecer-te-ás de mim para sempre? Ah, Davi! Falas como tolo! Pode Deus esquecer? Pode a Onisciência perder a memória? Acima de tudo, pode o coração de Jeová esquecer Seu filho amado? Ah, irmãos, lancemos fora o pensamento e ouçamos a voz do nosso Deus da aliança pela boca do profeta: "Eis que nas palmas das minhas mãos te gravei; os teus muros estão continuamente perante mim."

Para sempre. Ó, pensamento obscuro! Certamente já era ruim o suficiente suspeitar de um esquecimento temporário, mas faremos a insolente pergunta e imaginaremos que o Senhor rejeitará o Seu povo para sempre? Não, a Sua ira pode durar uma noite, mas o Seu amor permanecerá eternamente. —C. H. SPURGEON

*Até quando ocultarás de mim o rosto?* O que há de maldito em nosso coração ou em nossa vida para que Deus esconda a Sua face e nos reprove? —TIMOTHY ROGERS

Como a noite e a sombra são boas para flores e a luz da lua e o orvalho são melhores do que o sol contínuo, assim é especialmente proveitoso a ausência de Cristo; nela há certa virtude sustentadora que fornece seiva à humildade, impõe limites à fome, fornece um campo plano para a fé se espalhar e exercitar seus dedos agarrando aquilo que não vê. Disto estou certo. —SAMUEL RUTHERFORD

Versículos 1 e 2. Aquilo que o provérbio francês diz sobre doenças é verdadeiro com relação a todos os males: vêm a cavalo, mas se vão a pé. —JOSEPH HALL

O cristão, enquanto vive neste mundo, está em um clima insalubre; ora seus deleites entorpecem e embotam seu amor a Cristo ora os problemas que neles encontra sufocam sua fé na promessa. —WILLIAM GURNALL

## Versículo 2

*Até quando?* Há muitas situações do cristão nesta vida em que as palavras deste Salmo podem ser consolo e ajuda para reavivar a fé que se afunda. Certo homem que tinha uma enfermidade por 38 anos permanecia deitado próximo ao tanque de Betesda (Jo 5:5). Uma mulher tinha um espírito de enfermidade por 18 anos até o momento em que foi "liberta" (Lc 13:11). Lázaro trabalhou durante toda a sua vida sob doença e pobreza, até ser liberto pela morte e transferido ao seio de Abraão (Lc 16:20-22). Todos, então, que venham a ser tentados a adotar as queixas deste Salmo, que todos assegurem seus corações de que Deus não se esquece do Seu povo, a ajuda finalmente chegará e, até lá, sabemos que todas as coisas cooperam para o bem daqueles que amam a Deus. —W. WILSON

Contudo, o leitor criterioso considerará que a pergunta "Até quando?", é posta em quatro aspectos. Vê-se a tristeza do escritor, como parece estar, como de fato está, como o afeta interiormente, mas nada faz a seus inimigos. Todos nós temos a tendência de permanecer tocando na pior corda. Colocamos pedras monumentais sobre os túmulos de nossas alegrias, mas quem cogita erigir monumentos de louvor às misericórdias recebidas? Escrevemos quatro livros de Lamentações e somente um de Cânticos e nos sentimos muito mais familiarizados em prantear nossa *Miserere* do que em cantar um *Te Deum* [N.E.: do latim: *Miserere mei, Deus* — Misericórdia, meu Deus, *te Deum laudamos* — A ti louvamos, Deus].

## Versículo 5

*No tocante a mim, confio na tua graça; regozije-se o meu coração na tua salvação.* Que mudança ocorre aqui! Vejam, a chuva parou e se foi e o tempo do canto dos pássaros chegou. O coração de Davi desafinava com mais frequência do que sua harpa. Ele começa muitos de seus Salmos suspirando e os termina cantando. —C. H. SPURGEON

## Versículo 6

*Cantarei ao SENHOR, porquanto me tem feito muito bem.* O mundo se pergunta como podemos nos alegrar tanto sob misérias extremas; mas nosso Deus é Onipotente, Aquele que transforma miséria em felicidade. Acredite no que digo, não há no mundo alegria como a que tem o povo de Deus sob a cruz de Cristo. Falo por experiência e, portanto, acredite em mim e não tema o que o mundo pode lhe fazer, pois quando aprisionam nossos corpos, libertam nossas almas para dialogarem com Deus; quando nos oprimem, na verdade nos exaltam; quando nos matam, aí então nos enviam à vida eterna. Que glória maior pode haver do que ser conforme Cristo, nosso cabeça? E isto acontece pela aflição. Ó bom Deus, quem sou eu para que a mim outorgues tão grande misericórdia? —JOHN TRAPP

Eu nunca soube o que representava para Deus se colocar ao meu lado em todas as reviravoltas e em todas as ofertas feitas por Satanás para me afligir etc., como descobri Deus a partir do momento que dele me aproximei, mas assim como os medos se apresentaram, assim também os apoios e encorajamentos. Sim, no começo de tudo quando nada havia além de minha sombra, ainda assim Deus, sendo tão gentil comigo, não suportou que eu fosse atingido, mas com uma Escritura ou outra me fortalecia contra tudo; a ponto de eu declarar com frequência: fosse isso lícito, oraria por lutas maiores, para obter consolos maiores. —JOHN BUNYAN

# Salmo 14

COMO não há título distintivo para este Salmo, nós sugeriríamos como auxílio à memória, a seguinte designação: "A respeito do ateísmo prático". —C. H. SPURGEON

Há uma marca peculiar colocada neste Salmo: ele está presente duas vezes no livro de Salmos. O Décimo Quarto Salmo e o Quinquagésimo Terceiro Salmo são o mesmo, com alteração, no máximo, de uma ou duas expressões. —JOHN OWEN

*Versículo 1*

*O insensato.* O ateu é o insensato preponderante e um insensato universalmente. Ele não negaria Deus se não fosse insensato por natureza, e em tendo negado Deus não é surpresa que ele se torne insensato na prática. O pecado é sempre insensatez; e como o apogeu do pecado é atacar a própria existência do Altíssimo, é também a maior insensatez imaginável. De um insensato surgem centenas, e um blasfemo barulhento espalha suas terríveis doutrinas como leprosos espalham a praga.

Ainsworth, em seu *Annotations* (Anotações), nos diz que a palavra aqui utilizada é *Nabal*, que tem a conotação de declínio, moribundo ou largado, como uma folha ou flor seca; é um título dado ao insensato como alguém que perdeu o suco ou a seiva de sabedoria, razão, honestidade e piedade. Trapp acerta o alvo quando o chama de "aquele sujeito solapado, uma carcaça de homem, um sepulcro ambulante de si mesmo em quem toda religião e razão legítima são ressequidas e desperdiçadas, esgotadas e deterioradas". Alguns traduzem como *apóstata*, e outros *o perverso*. Com que seriedade deveríamos rejeitar a aparência de dúvida com relação à presença, à atividade, ao poder e ao amor de Deus, pois tal desconfiança é da natureza do insensato e quem entre nós desejaria ser colocado na classe do insensato deste texto? Contudo, não esqueçamos que todos os homens que não foram regenerados são em algum aspecto insensatos da mesma forma. —C. H. SPURGEON

*"O insensato"*, é um termo nas Escrituras que significa um homem perverso, é usado também pelos filósofos pagãos para falar de uma pessoa perniciosa. Também significa a extinção da vida nos homens, animais e plantas; assim a palavra é utilizada em (Is 40:7) "caem as flores", (Is 28:1) uma planta que perdeu todo o sumo que a fazia ser adorável e útil. Então um insensato é alguém que perdeu sua sabedoria e a percepção correta de Deus e das coisas divinas que foram comunicadas ao homem pela criação; alguém morto no pecado, contudo alguém não tão isento de faculdades racionais quanto da graça nessas faculdades; não é alguém que deseja a razão, mas que dela abusa. —STEPHEN CHARNOCK

*Diz o insensato no seu coração: Não há Deus.* Que terrível a depravação que faz toda a raça adotar o seguinte como desejo de seus corações: "não há Deus"! —C. H. SPURGEON

Os demônios creem e reconhecem quatro objetos de nossa fé (Mt 8:29): (1) Deus; (2) Cristo; (3) o dia do julgamento; (4) que sofrerão tormento. Então aquele que acredita que não há um Deus é mais infame que um demônio. Negar que há um Deus é um tipo de ateísmo que não será encontrado no inferno.

*Na terra há muitos ateus,*
*No inferno nenhum haverá.* —T. BROOKS

É melhor que um homem acredite que não há ninguém como ele e que não faz parte da existência, do que acreditar que não há Deus; pois ele pode deixar de existir, houve o tempo em que não existia, e será transformado em algo diferente do que é; em muitos períodos de sua vida, não saber o que é; assim o é todas as noites quando dorme; mas nada disso pode acontecer com Deus; e se disto o homem não sabe, ele é um insensato.

Nas angústias, o ateu deve ser, dentre todas as criaturas, a mais incapaz e desesperada. Em torno de 30 anos atrás, estive a bordo de um navio com um destes parasitas, quando surgiu um rápido vendaval, que não assustaria ninguém, mas o assustou. Com a ondulação do navio ele caiu de joelhos e confessou ao capelão que vivera como um vil ateu e negara a existência de um Ser supremo desde que havia herdado seu patrimônio.

O bom homem ficou pasmo, e, imediatamente, espalhou-se pelo navio um relato de que havia um ateu no deque superior. Muitos dos marinheiros, que nunca haviam ouvido a palavra, acharam que era algum peixe estranho; mas ficaram mais surpresos quando viram que era um homem e ouviram de sua própria boca "que ele, até aquele dia, nunca acreditara que havia um Deus".

Enquanto ele se lançava às agonias da confissão, um dos honestos marujos sussurrou ao contramestre "que seria uma boa ação lançá-lo ao mar". Mas já estávamos próximos do porto, quando repentinamente o vento diminuiu e o penitente recaiu, implorando a todos nós que estávamos presentes, por sermos homens de fino trato, que nada disséssemos sobre o que acontecera.

Não se passaram dois dias na costa quando um dos membros da companhia começou a atacá-lo em sua devoção a bordo do navio, que foi negada pelo outro em termos tão fortes que produziu a mentira em ambos os lados e acabou num duelo. O ateu apanhou muito e após certa perda de sangue se tornou um cristão tão bom como o foi quando a bordo, até que descobriu que seus ferimentos não eram mortais. Hoje em dia ele já é idoso e agora escreve panfletos contra várias opiniões recebidas sobre a existência de fadas. —JOSEPH ADDISON, em *The Tattler* (O paroleiro)

*A corujinha, Ateísmo,*
*Velejando em obscenas asas cruzando a Lua,*
*Abaixa as suas pálpebras com penas azuladas*
*e as fecha,*
*E piando diante do glorioso sol no céu,*
*Grita: "Onde está?"* —SAMUEL TAYLOR COLERIDGE

Então o texto produz estes três pontos: Quem é ele? *Um insensato.* O que ele diz? *Não há Deus.* Como ele diz isto: *em seu coração.* Davi não fala no insensato natural, mas do moral, a pessoa perversa em quem não há graça, pois este é o sentido do termo original. O que este insensato fez? Certamente nada; ele apenas disse. O que ele *disse*? Não, também não disse nada; ele apenas *pensou*: pois dizer *em seu coração,* nada mais é do que *pensar.* —RICHARD CLERKE (Um dos tradutores da Bíblia Inglesa.)

Já *não há quem faça o bem*. Salvo somente onde a graça reina, não há quem faça o bem; a humanidade, caída e rebaixada, é um deserto sem oásis, uma noite sem estrela, um monturo sem uma pérola, um inferno sem fim. —C. H. SPURGEON

*Versículo 3*
*Todos se extraviaram e juntamente se corromperam.* A única razão para não vermos mais claramente esta imundície é estarmos acostumados a ela, assim como aqueles que trabalham diariamente com odores ofensivos e acabam por não os perceber mais. —C. H. SPURGEON

*Nada ficou, nada, para os tempos futuros*
*A ser acrescentado ao repleto catálogo de crimes;*
*Os filhos pasmos devem ter os mesmos desejos,*
*E agir com a mesma louca insensatez*
*de seus ancestrais,*
*O vício atingiu seu zênite.* —JUVENAL, Sat. 1

Ele reforça a negação duas vezes: *não há quem faça o bem, não há nem um sequer.* O Espírito Santo não se contenta em dizer tudo e dizê-lo inteiramente, mas ainda acrescenta a negativa devastadora: não há nem um sequer.

*Versículo 4*
*Que devoram o meu povo, como quem come pão.* Como os peixes lúcio comem pequenos peixes nos lagos, como as águias rapinam pássaros menores, como os lobos arrancam as ovelhas do pasto, da mesma forma pecadores, naturalmente e por questão de trajetória, perseguem, difamam e zombam dos seguidores do Senhor Jesus Cristo. —C. H. SPURGEON

Homens perversos correrão o risco de condenar suas próprias almas em vez de abrir mão de cravar um punhal na menina dos olhos de Deus. —LEWIS STUCKLEY

Quando você encontrar uma serpente sem presa, ou um leopardo sem pintas, aí então pode-se esperar encontrar um mundo perverso sem ódio aos santos. Se o mundo odiou a Cristo, não é de admirar que nos odeie. "...sabei que, primeiro do que a vós outros, me odiou a mim" (Jo 15:18). Por que alguém odiaria Cristo? Esta bendita Pomba não destilava fel, esta Rosa de Sarom de fato emanava o perfume mais doce; mas isto mostra o alicerce deste mundo; é um mundo que odeia Cristo e devora santos. —THOMAS WATSON

*Versículo 6*
*Meteis a ridículo o conselho dos humildes, mas o Senhor é o seu refúgio.* Isto ilustra docemente o cuidado de Deus por Seus pobres, não somente os pobres de espírito, mas literalmente os pobres e simplórios, os oprimidos e feridos. É um atributo de Deus tão notavelmente delineado em Sua Palavra. Podemos procurar em todos os Shastras e Vedas dos hinduístas, o Corão dos maometanos, a legislação dos gregos e o código dos romanos e, claro, o Talmude dos judeus, o mais amargo de todos; e em nenhuma linha ou página sequer encontraremos um traço dessa ternura, compaixão ou simpatia pelos erros, opressões, lutas e angústias dos pobres de Deus que a Bíblia dos cristãos constata em quase todas as páginas. —BARTON BOUCHIER

O homem sábio confia em sua sabedoria, o forte em sua força, o rico em suas riquezas; mas o confiar em Deus é, para este mundo, o que há de mais tolo. —JOHN OWEN

*Versículo 7*
*Oh, se de Sião tivera já vindo a redenção de Israel! Quando o Senhor fizer voltar os cativos do seu povo, se regozijará Jacó e se alegrará Israel* (ARC). Esta oração final é suficientemente natural, pois o que convenceria ateus tão eficazmente, deporia perseguidores, ataria o pecado e fortaleceria os santos se não o surgimento manifesto da grande salvação de Israel? A vinda do Messias era o desejo dos santos em todas as eras, e ainda que Ele já tenha vindo como uma oferta pelo pecado para purificar a iniquidade, esperamos que Ele venha uma segunda vez, sem oferta pelo pecado, mas para a salvação. —C. H. SPURGEON

A aflição é como se fosse o tempero da oração, como a fome é para as carnes. Aqueles que não têm aflições verdadeiramente têm orações geralmente sem sabor, e muitos destes não oram genuinamente, suas orações são falsas, ou oram por costume. —WOLFGANG MUSCULUS

Nossas almas *cativas* à lei da concupiscência, e nossos corpos *cativos* à lei da morte, nossos sentidos cativos ao medo; o fim do cativeiro é tão belamente expresso por um de nossos grandes poetas, Giles Fletcher, em seu *Triunfo de Cristo sobre a morte*:

*Não há tristeza sobre suas testas;*
*Nenhuma tristeza anuvia agora suas frontes;*
*Nenhuma enfermidade esmaece suas faces;*
*Não há envelhecimento gotejando*
*sua neve prateada sobre suas cabeças;*
*Nenhuma nudez faz degradar seus corpos;*
*Não há pobreza ou desgraça;*
*Não há medo da morte,*
*pois a alegria da vida o devora;*
*Não há sono maculado*
*que a seu precioso tempo não deflore;*
*Não há perda, sofrimento, adulteração, somente a*
*espera pela doce hora.*
—JOHN MASON NEALE, loc.Cit.

# Salmo 15

ESTE Salmo de Davi não traz título dedicatório que indique a ocasião em que foi escrito, mas é altamente provável que, junto ao Salmo 24, ao qual muito se assemelha, sua composição esteja de algum modo relacionada à remoção da arca para o santo monte de Sião.

Chamaremos o Salmo de "A pergunta e a resposta". O primeiro versículo faz a pergunta; os versículos restantes a respondem.

*Versículo 1*
*Quem, Senhor, habitará no teu tabernáculo? Quem há de morar no teu santo monte?* Onde anjos se curvam com rostos cobertos, como poderá o homem adorar?
—C. H. SPURGEON

*Quem é ele? Diga se puder,*
*Quem conquistará a firme morada?*
*Pilatos dirá: "Vejam o Homem!"*
*E João: "Vejam o Cordeiro de Deus!"*
—JOHN BARCLAY, citado por A. A. Bonar, loc.Cit.

*Versículo 2*
*O que vive com integridade, e pratica a justiça, e, de coração, fala a verdade.* Observe a *vida, prática e palavra* do homem aceito. Viver é muito mais importante do que falar. Só há integridade naquele que vive com integridade e é absoluto em honestidade. Sua fé se mostra pelas boas obras e, portanto, não há fé morta. A casa de Deus é uma colmeia para trabalhadores, não um ninho para vadios. —C. H. SPURGEON

Quando as engrenagens de um relógio se movem em seu interior, os ponteiros se moverão no exterior. Quando o coração do homem é sólido na conversão, então a vida será leal no professar. Quando o conduto está recluso, como julgaremos a fonte se não pelas águas que correm pelos canos?
—WILLIAM SECKER

*E pratica a justiça.* Um homem justo executa uma obra justa, mas não há obra do injusto que o torne justo. —THOMAS BOSTON

A escada de Jacó tinha degraus nos quais ele não via ninguém posicionado, mas todos subiam ou até desciam por ela. Você, da mesma forma, vá até o topo da escada, ao Céu e lá ouvirá Aquele que diz: "Meu Pai trabalha até agora, e eu trabalho também."
—THOMAS PLAYFERE

Mas observe aqui, Davi disse: "e pratica a justiça"; não que fala sobre ela, pensa sobre ela ou ouve sobre a justiça; porque "os simples ouvintes da lei não são justos diante de Deus, mas os que praticam a lei hão de ser justificados". A obra de justiça é a única em que podemos ter esperança de reconhecimento e consolidação. Todas as outras obras que nos impelem ou atraem sob um espetáculo de santidade, são frutos do vazio. —MARTINHO LUTERO

*E, de coração, fala a verdade.* Especialistas em anatomia observaram que, no homem, a língua é ligada ao coração por uma corda dupla. —THOMAS BOSTON

Sou grato por qualquer convicção ou percepção que eu tenha do mal da mentira. Senhor, aumenta minha repulsa por este mal e, assim, eu me esforçarei para limpar-me de toda imundície. Nunca haverá uma língua mortificada enquanto houver um coração não mortificado. —BENJAMIN BENNET, em *Oratória Cristã*

*Versículo 3*
*O que não difama com sua língua, não faz mal ao próximo, nem lança injúria contra o seu vizinho.* Todos os difamadores são berros do diabo para deflagrar a

discórdia, mas estes são os piores, pois aumentam o fogo de onde ninguém os vê.

Trapp diz que "o contador de histórias carrega o diabo em sua língua e aquele que as ouve carrega o diabo em seu ouvido".

"Expulsem esse homem daqui!", diríamos do beberrão, contudo é muito questionável que o seu comportamento inadequado nos prejudicará tanto quanto as histórias aliciantes do tagarela. "Chamem a polícia!", dizemos quando vemos um ladrão agindo; não deveríamos sentir alguma indignação quando ouvimos uma fofoca em ação? "Cão raivoso! Cão raivoso!" é um protesto terrível, mas há alguns vira-latas cuja mordida é tão perigosa quanto a língua de um enxerido. "Fogo! Fogo!" é um sinal alarmante, mas a língua do tagarela queima com fogo do inferno; para aqueles que a ela se entregam seria melhor corrigir suas atitudes ou descobrirão que há fogo no inferno para as línguas desenfreadas. —C. H. SPURGEON

E isto seria mais tolerável se fosse apenas culpa de homens incrédulos, de estrangeiros à religião e inimigos dela; pois assim diz o provérbio: "Dos perversos procede a perversidade". Quando o coração de um homem está repleto do inferno, não é despropositado esperarmos que sua língua queime com o fogo do inferno; e não é surpresa ouvir tais pessoas reprovando homens bons; sim, inclusive por sua bondade. Infelizmente, a doença não para aqui, esta praga não está apenas entre os egípcios, mas também entre os israelitas. Compadeçam-se de seus irmãos, já basta que ministros devotos e cristãos estejam carregados de acusação vindas de perversos — não há necessidade de que você se junte a eles nesta obra diabólica. —MATTHEW POOLE

A víbora não fere ninguém a não ser que morda; as ervas ou raízes venenosas não matam ninguém a não ser que o homem as prove, ou toque ou aspire seu odor e assim delas se aproxime; mas o veneno de línguas difamadoras é muito mais agressivo e letal; pois prejudica e assassina, fere e mata e não somente quando se está perto, mas à distância; não apenas ao toque, mas estando afastado do local onde foi proferido; não apenas em casa, fora dela; não apenas em nossa nação, mas em países estrangeiros; e não poupa nem os velozes nem os mortos. —RICHARD TURNBULL

Versículos 3,4,5. De que me importa ver um homem expor um sermão, se, assim que chega em casa, ele engana e ludibria? Aquele que não tem a religião para governar sua moralidade não é uma partícula melhor do que o meu cão mastim; contanto que o acaricie, o agrade e não o belisque, ele brincará com você muito agradavelmente, agirá como um mastim muito moral; mas se o machucar ele voará em seu rosto e arrancará sua garganta. —JOHN SELDON

*Versículo 4*
*O que, a seus olhos, tem por desprezível ao réprobo, mas honra aos que temem ao S*ENHOR. Um pecador com correntes de ouro e mantos de seda de modo algum pode ser comparado a um santo em trapos, assim como não se pode comparar a luz fraca em um castiçal de prata com o sol atrás de uma nuvem. —C. H. SPURGEON

Desprezar o perverso e honrar o santo é antagonizar um com o outro. Deus não odeia homem algum, não, Ele não odeia nada em todo este mundo universal, somente o pecado. —PETER BARO

Agostinho, como escreve Posidónio, para demonstrar o ódio que tinha de tagarelas e caluniadores de outros, tinha dois versos escritos em sua mesa; que traduzidos são:

*Aquele que ama, com amargo discurso,*
*difamar o ausente,*
*Deve estar certo de que aqui lugar para si*
*não encontrará.* —RICHARD TURNBULL

*O que jura com dano próprio e não se retrata.*
*Suas palavras são vínculos sagrados;*
*suas juras, oráculos;*
*Sincero, o seu amor; imaculados, os seus pensamentos.*
*Suas lágrimas, mensageiros enviados por seu coração,*
*Coração tão distante da fraude, quanto a terra do céu.*
—WILLIAM SHAKESPEARE

*Versículo 5*
*O que não empresta o seu dinheiro com usura, nem aceita suborno contra o inocente.* Os santos puritanos são quase todos contra o lucro em dinheiro e chegam a ponto de dizer que uma moeda de um centavo por ano lançará o homem fora do Céu se nisso ele persistir. A exigência de juros excessivos e opressores é um pecado a ser detestado; submeter-se aos juros comuns e atuais em um país de comércio não é contrário à lei do amor. —C. H. SPURGEON

Por usura entende-se geralmente o ganho de qualquer coisa acima do principal, ou daquilo que foi emprestado, exigido apenas em consideração ao empréstimo, seja dinheiro, milho, utensílios, ou algo semelhante. Muito comumente considera-se lucro ilícito aquilo que a pessoa faz do seu dinheiro ou de um bem. —ALEXANDER CRUDEN

Não há pior espécie de usura do que uma forma injusta de barganhar, onde a equidade é desconsiderada por ambas as partes. Lembremo-nos então que toda barganha onde um lado esforça-se injustamente para obter ganho pela perda do outro, seja qual for o nome que lhe for dado, é aqui condenada.

Pode-se perguntar se todos os tipos de usura devem ser colocados nesta denúncia e considerados igualmente ilícitos. Ao condenarmos todos sem distinção, há perigo de que alguns, vendo-se colocados em certo apuro e percebendo que incorrerão em pecado, independentemente do modo como agirem, podem tornar-se ousados pelo desespero e podem apressar-se precipitadamente a todos os tipos de usura sem escolha ou distinção. Por outro lado, sempre que admitimos que algo pode ser feito licitamente, muitos concederão a si rédeas soltas, acreditando que lhes foi concedida certa liberdade para praticar usura sem controle ou moderação.

Não foi sem motivo que Deus, em Lv 25:35,36, proibiu a usura acrescentando ao texto o motivo: "Se teu irmão empobrecer, e as suas forças decaírem, então, sustentá-lo-ás. Como estrangeiro e peregrino ele viverá contigo. Não receberás dele juros nem ganho." Vemos que o fim pelo qual a Lei foi projetada foi para que o homem não oprimisse cruelmente o pobre, que deve receber simpatia e compaixão.

Disto segue que o ganho daquele que empresta seu dinheiro com juros, mas sem causar prejuízo a alguém não deve ser incluído na classificação de usura ilícita. A palavra hebraica *neshek* que Davi emprega é derivada de outra palavra que significa *abocanhar* e mostra suficientemente que usuras são condenadas à medida que envolvam, ou levem a uma licença para roubar ou espoliar nossos semelhantes. Resumindo: contanto que tenhamos gravado em nosso coração a regra de equidade que Cristo estabelece, "Tudo quanto, pois, quereis que os homens vos façam, assim fazei-o vós também a eles" (Mt 7:12), não será necessário iniciar uma longa discussão concernente à usura. —JOÃO CALVINO

*Quem deste modo procede não será jamais abalado.* Não é aquele que muito ouve ou muito fala sobre religião; não, nem aquele que muito prega e ora, nem aquele que muito reflete nestas coisas e tem boas intenções; mas é aquele que *deste modo procede* — que na verdade se utiliza destas coisas — esse é o religioso e verdadeiro homem piedoso.

Digo que não é um professo formal, um confiante solifideísta (luteranismo), um forte opinante, um perfeccionista eloquente; não é alguém que ouve constantemente, ou um orador impetuoso, ou um mestre esforçado, ou um irmão talentoso, ou alguém com bons desejos; mas sim o honesto e sincero praticante destas coisas que passarão pelo teste e permanecerão firmes na prova; quando todas outras aparências vistosas, em chamas penetrantes, serão queimadas e consumidas como "palha e restolho", do modo como o apóstolo expressa.

Usar a farda de Cristo e não o servir não passa de zombaria a um Mestre gracioso; tê-lo em nossa confissão de fé e negá-lo em nossa prática é, como Judas, traí-lo com um beijo de homenagem; ajoelhar-se diante dele com os rudes soldados e ao mesmo tempo espancar Sua santa cabeça com Seu cetro de junco e como Pilatos coroá-lo com espinhos, crucificar o Senhor e escrever sobre Sua cabeça "Rei dos Judeus". Em uma palavra: entristecê-lo com nossas honras e feri-lo com nossos reconhecimentos.

A confissão cristã sem a vida com as responsabilidades pertinentes estará tão distante de salvar qualquer um, que muito provavelmente agravará a condenação; quando uma amizade destruída for, no grande dia das descobertas, analisada e considerada a pior das inimizades. Uma adoração que é meramente formalidade exterior é no máximo o sacrifício de Prometeu, um esqueleto de ossos e uma trapaça religiosa. —*Condensado de* ADAM LITTLETON

Fosse suficiente ler ou ouvir estes preceitos, um número infinito de pessoas vãs e perversas entrariam e continuariam na igreja e que de forma alguma têm lugar ali; pois há muito poucos ou nenhum que não tenha lido ou pelo menos ouvido estas coisas e, contudo, não as pratica. —RICHARD TURNBULL

# SALMO 16

TÍTULO: "Mictão de Davi" (TB). Isto é geralmente compreendido contendo significado de Salmo Áureo. Ainsworth o chama de "Joia de Davi, ou canção notável". O Salmo do precioso segredo.

Não estamos entregues a intérpretes humanos com relação à chave deste mistério áureo, pois, falando pelo Espírito Santo, Pedro nos diz: "Porque a respeito dele diz Davi" (At 2:25). O apóstolo Paulo, guiado pela mesma inspiração infalível, cita este Salmo e testifica que Davi escreveu sobre o homem por meio de quem a nós é pregado o perdão dos pecados (At 13:35-38). O plano comum dos comentaristas tem sido aplicar o Salmo tanto a Davi e aos santos, como ao Senhor Jesus, mas nós nos aventuraremos a crer que neste Salmo "Cristo é tudo"; considerando que nos versículos 9 e 10, como os apóstolos no monte, não vemos ninguém "senão Jesus". —C. H. SPURGEON

*Versículo 1*
*Guarda-me*, preserva-me, ou salva-me, ou efetivamente "guarda-me" como Horsley considera; exatamente como guarda-costas cercam seu monarca ou pastores protegem seus rebanhos. Um dos grandes nomes de Deus é "Guarda dos homens" (Jó 7:20 ARC), e este gracioso ofício o Pai exerceu em prol de nosso Mediador e Representante. Fora prometido ao Senhor Jesus em palavras expressas que Ele seria guardado (Is 49:7,8). —C. H. SPURGEON

*Versículo 2*
*Digo ao* S<small>ENHOR</small>: *Tu és o meu Senhor*. Em Seu coração, o Senhor Jesus se curvou para servir Seu Pai celestial e diante do trono de Jeová Sua alma jurou fidelidade ao Senhor por amor a nós. —C. H. SPURGEON

*A minha bondade não chega à tua presença* (ARF). Ainda que o ministério e a agonia de morte do Filho tenham refletido esplendor inigualável em todos os atributos de Deus, ainda assim o Deus Plenamente Bendito e Infinitamente Feliz permaneceu sem a necessidade da obediência e morte de Seu Filho; foi por amor a nós que a obra de redenção foi executada e não por alguma falta ou necessidade por parte do Altíssimo. Quão modestamente o Salvador estima aqui a Sua própria bondade! —C. H. SPURGEON

Acredito que as palavras deveriam ser compreendidas com relação àquilo que o Messias estava fazendo pelos homens. A minha bondade, *tobhathi*, "minha generosidade" nada é para o Senhor. O que eu faço nada pode acrescentar à Sua Divindade; o Senhor não está provendo este surpreendente sacrifício porque não pode dele derivar alguma excelência; mas esta generosidade estende-se aos santos — a todos os espíritos dos homens justos feitos perfeitos, cujos corpos ainda permanecem na Terra; e aos excelentes, *addirey*, "os nobres ou sublimes" aqueles que por meio da fé e paciência herdam as promessas. —ADAM CLARKE

Ó, o que apresentarei ao Senhor, meu Deus, por todos os Seus benefícios a mim concedidos? Como hei de recompensá-lo? Ai de mim! Nada de bom posso fazer para o Senhor, pois minha bondade imperfeita não pode agradá-lo; Àquele que é plenamente perfeito, a própria bondade; minhas boas obras não podem beneficiá-lo, minha perversidade não pode causar-lhe mal. Recebo todo o bem dele, mas não posso recompensá-lo com bem algum; pelo que reconheço que Ele é riquíssimo e eu um grande mendigo; tão distante está a possibilidade de que Ele precise de mim. —RICHARD GREENHAM

Versículos 2 e 3. *A minha bondade não chega à tua presença, mas aos santos que estão na terra* (ARF). Algumas crianças, de fato, nada têm de semelhante a seus pais terrenos; como o filho de Cícero que com exceção do nome, nada tinha de seu pai. Porém, os filhos de Deus, todos eles compartilham da natureza de seu Pai celestial. —WILLIAM GURNALL

## Versículo 3

*Digo aos santos que estão na terra e aos ilustres* (ARC). Estes santificados, apesar de ainda na Terra, compartilham dos resultados da obra mediadora de Cristo e por Sua bondade são o que são. O povo peculiar, com zelo pelas boas obras e consagrado ao serviço sagrado, é revestido na justiça do Salvador e lavado em Seu sangue e assim recebe a bondade que nele há; estas são as pessoas que são beneficiadas pela obra do Homem Cristo Jesus; mas essa obra nada acrescentou à natureza, virtude ou felicidade de Deus, que para sempre é bendito.

Os pobres cristãos são os receptores de Deus e temos uma garantia dada pela Coroa de que receberemos o lucro de nossa oferta em nome do Rei. Os santos que se foram não podemos abençoar, até mesmo orar por eles de nada serve; mas enquanto estão aqui deveríamos provar de modo prático nosso amor por eles, como nosso Mestre o fez, pois eles são os ilustres da terra. —C. H. SPURGEON

Sabemos que o Novo Testamento ofusca o Antigo assim como o Sol ofusca a Lua. Nós, então, se vivemos em uma dispensação mais gloriosa não deveríamos manter conversas mais gloriosas? ...*Os ilustres*. Fornecesse o Sol menos luz do que uma estrela você não acreditaria que ele é o regente do dia; irradiasse ele menos calor que um vaga-lume, você o questionaria como fonte elementar de calor. Fizesse Deus nada mais do que uma criatura faz; onde estaria Sua deidade? Fizesse um homem nada mais do que um animal, onde estaria sua humanidade? Caso um santo não se distinguisse de um pecador, onde estaria sua santidade? —WILLIAM SECKER

Ingo, um antigo rei dos dravos, num banquete majestoso nomeou seus nobres, que naquela época eram pagãos, para sentarem-se num salão inferior e ordenou que certos pobres cristãos fossem trazidos até o salão nobre para sentarem-se com ele à sua mesa, comer e beber desfrutando da alegria real. Muitos se surpreenderam com isso e ele disse que considerava os cristãos, ainda que muitos deles pobres, um excelente ornamento para sua mesa e mais dignos de sua companhia do que os maiores nobres não convertidos à fé cristã; pois enquanto estes podem ser lançados ao inferno, aqueles podem ser seu consolo e companheiros príncipes no Céu. Ainda que algumas vezes você veja as estrelas apenas como reflexos em uma poça, no fundo de um poço ou em uma vala fétida, a posição verdadeira das estrelas é no céu. Então, ainda que você veja um homem piedoso em uma condição pobre, miserável, baixa, vilipendiada, considerando os padrões deste mundo, ele está estabelecido no Céu, nas regiões celestiais. "Nos ressuscitou" disse o apóstolo "e nos fez assentar nos lugares celestiais em Cristo Jesus". —CHARLES BRADBURY, em *Cabinet of Jewels* (Armário de joias)

## Versículo 4

*Muitas serão as penas dos que trocam o Senhor por outros deuses.* Os cristãos professos geralmente têm pouca prontidão quando se trata do Senhor verdadeiro, mas pecadores rapidamente *trocam o Senhor por outros deuses*. Eles correm como loucos onde nós nos arrastamos como lesmas. Que este zelo repreenda nossa morosidade. Contudo, quanto mais eles se apressam menos aceleram, e suas aflições são multiplicadas por sua diligência em multiplicar seus pecados. Matthew Henry diz: "Que aqueles que multiplicam deuses multipliquem dores para si, pois todo aquele que acredita que um deus é muito pouco verá que dois são demais, e ainda assim, centenas não serão o suficiente."

As crueldades e dificuldades pelas quais passam os homens por seus falsos deuses são algo impressionante de se contemplar; os relatos de nosso missionário relacionados a isto são notáveis; mas talvez nossa própria experiência seja uma exposição igualmente vívida; pois quando entregamos nosso coração a ídolos, cedo ou tarde haveremos de sofrer por isto.

Moisés despedaçou o bezerro de ouro, moeu-o em pó e lançou-o na água da qual fez Israel beber, e assim nossos preciosos ídolos se tornarão porções amargas para nós a não ser que imediatamente os abandonemos.

O pecado e o Salvador não têm comunhão. Ele veio para destruir as obras do diabo e não condescender com elas, ou aliar-se a elas. Por isso Ele recusou o testemunho dado por espíritos imundos sobre Sua deidade, pois em nada teria comunhão com as trevas. Deveríamos ter cuidado profundo para não nos conectarmos, ainda que no grau mais remoto, com a falsidade na religião.

*Não oferecerei as suas libações de sangue*. O antigo provérbio diz: "Não é seguro comer em meio ao caos do diabo, mesmo que a colher seja longa".

A simples menção de nomes maléficos já é algo a se evitar — *E os meus lábios não pronunciarão o seu nome*. Permitir que o veneno toque os nossos lábios significa que em breve penetrará nossas entranhas e o melhor é manter longe da boca aquilo que não queremos dentro do coração. Desejando a igreja desfrutar de união com Cristo, deve quebrar todos os vínculos de impiedade e manter-se pura de toda poluição da adoração voluntariosa da carne, que agora polui o culto a Deus. —C. H. SPURGEON

Um pecado enrolado debaixo da língua se torna suave e maleável e a garganta é uma passagem tão curta e escorregadia a ponto de permitir que o pecado deslize insensivelmente para baixo, da boca para o estômago; e a luxúria contemplativa, rapidamente se torna impureza prática. —THOMAS FULLER

## Versículo 5

*O Senhor é a porção da minha herança e o meu cálice*. Com que confiança e alegria Jesus se volta a Jeová, aquele que possuía Sua alma, e nele se deleitava! Contente além da medida com a Sua porção no Senhor Seu Deus, Ele não tinha um único desejo que o levasse a caçar outros deuses.

## Versículo 6

*Caem-me as divisas em lugares amenos, é mui linda a minha herança*. Jesus descobriu que o caminho da obediência leva a "lugares amenos". Não obstante todas as dores que marcavam Seu semblante, Ele exclamou: "eis aqui estou, no rolo do livro está escrito a meu respeito; agrada-me fazer a Tua vontade, ó Deus meu; dentro do meu coração, está a Tua lei". Pode parecer estranho, mas ao mesmo tempo que nenhum outro homem jamais tenha tido tanta familiaridade com o sofrimento, cremos que nenhum jamais vivenciou tanta alegria e deleite ao servir, pois nenhum outro serviu tão fielmente e com tão grandes resultados à vista como Sua recompensa.

Todos os santos podem usar a linguagem deste versículo e quanto mais profundamente puderem adentrar em seu espírito de contentamento, gratidão e júbilo, melhor será para si e mais glorioso para seu Deus. Espíritos descontentes diferem tanto de Jesus como corvos diferem de pombas. Mártires se alegraram enquanto presos em calabouços.

O Sr. Greenham foi ousado o suficiente para dizer: "Aqueles que estão descontentes nunca sentiram o amor de Deus ou provaram do perdão dos pecados". Alguns santos acreditam que o descontentamento foi o primeiro pecado, a rocha que aniquilou nossa raça no paraíso; certamente não pode haver paraíso onde este espírito maligno tenha poder. Seu lodo envenenará todas as flores do jardim. —C. H. SPURGEON

As ervas amargas serão facilmente engolidas quando um homem tem as deliciosas "carnes que o mundo não conhece". A compreensão do amor de nosso Pai é como mel ao fim de cada castigo; transforma pedra em pão e água em vinho, e o vale da tribulação em uma porta de esperança; faz os maiores males assemelharem-se a nenhum mal; pois transforma nossos desertos no jardim do Senhor e quando estamos na cruz por Cristo é como se estivéssemos no paraíso com Cristo. —TIMOTHY CRUSO

## Versículo 7

*Pois até durante a noite o meu coração me ensina.* Grandes generais entram em batalha em suas mentes muito antes que a trombeta soe, e assim nosso Senhor venceu nossa batalha de joelhos antes que a vencesse na cruz. Aquele que aprende de Deus e assim recebe a semente, em breve encontrará em si a sabedoria crescendo no jardim de sua alma. "Quando te desviares para a direita e quando te desviares para a esquerda, os teus ouvidos ouvirão atrás de ti uma palavra, dizendo: Este é o caminho, andai por ele." As horas da noite escolhidas pelo pecador para executar seus pecados são o momento sagrado do silêncio em que cristãos ouvem as suaves e calmas vozes do Céu e da vida celestial dentro de si.

Versículos 8 a 11. O temor da morte projetou sua escura sombra sobre a alma do Redentor e nós lemos que "foi ouvido quanto ao que temia" (ARF). Ali apareceu a Ele um anjo, fortalecendo-o; então reluziu a esperança na alma de nosso Senhor e, como registrado nestes versículos, Ele contemplou o futuro com santa confiança porque tinha os olhos continuamente em Jeová e desfrutava de Sua presença perpétua. Ele sentiu que, sendo assim sustentado, jamais poderia ser afastado do grande projeto de Sua vida; e não o foi, pois não deteve Sua mão até que pudesse dizer: "Está consumado". Que infinita misericórdia foi esta por nós!

Reconhecer a presença do Senhor é o dever de todo cristão — *O Senhor, tenho-o sempre à minha presença.* E confiar no Senhor como nosso campeão e guarda é o privilégio de cada santo; *estando ele à minha direita, não serei abalado.* —C. H. SPURGEON

## Versículo 8

Um cristão fiel, viva ele em riqueza abundante ou esteja comprimido pela pobreza, seja de alto ou baixo grau neste mundo, deve continuamente ter sua fé e esperança firmemente edificada e firmada em Cristo, ter seu coração e sua mente fortemente fixos e estabelecidos nele e segui-lo inequivocamente, através da água e do fogo, guerras e paz, fome e frio, com amigos e inimigos, em milhares de riscos e ameaças, em surtos e ondas de inveja, malícia, ódio, discursos malévolos, sentenças ofensivas, desprezo do mundo, da carne e do diabo e até mesmo se enfrentar a própria morte, seja ela amarga, cruel ou tirânica; e ainda assim jamais perder Cristo de vista, nunca abrir mão da fé, esperança e da confiança nele. —ROBERT CAWDRAY

A nuvem carregada em pouco tempo derrama a chuva; o morteiro carregado logo dispara quando nele se coloca fogo. Uma alma que medita está em proxima potentia [N.E.: mais próximo ao poder da] à oração. —WILLIAM GURNALL

Enoque tanto caminhou com Deus que caminhou do modo de Deus. Ele não "caminhou como homens" (que é o tipo de caminhar que o apóstolo reprova 1 Co 3:8). Ele caminhou tão pouco como o mundo, que poucos foram os dias de sua estada no mundo. —JOSEPH CARYL

## Versículo 9

*Alegra-se, pois, o meu coração, e o meu espírito exulta.* Sua alegria interior não podia ser contida. Nós damos testemunho de nosso prazer em ocasiões comuns até mesmo na gratidão por nossos sentidos; quando nosso ouvido se enche de melodia harmoniosa, quando nosso olhar se fixa em objetos admiráveis e formosos, quando nosso olfato é entretido com odores agradáveis e quando nosso paladar também é distraído pela iguaria e raridade das provisões; e muito mais nossa alma exibirá seu deleite quando suas faculdades, que são de constituição muito mais requintada, encontrarem as coisas que lhes são, em todos os aspectos, aceitáveis e agradáveis; e em Deus elas encontram todas estas. Com a Sua luz a nossa compreensão é renovada e também o é nossa vontade com Sua bondade e Seu amor. —TIMOTHY ROGERS

*Versículo 10*
*Pois não deixarás a minha alma na morte.* Cristo, em alma, desceu ao inferno, quando, sendo nossa garantia, se submeteu a carregar aquelas dores infernais (ou algo equivalente a elas), ao sofrimento ao qual estávamos sujeitos para sempre. Deste modo Cristo desceu ao inferno quando estava vivo, não depois de morto. Logo, Sua alma esteve no inferno quando suou sangue no jardim e na cruz, quando em lamento clamou: "Deus meu, Deus meu, por que me desamparaste?" (Mt 26:38). —NICHOLAS BYFIELD, em *Exposition of the Creed* (Exposição do Credo)

*Nem permitirás que o teu Santo veja corrupção.* Seu corpo pode entrar na prisão externa da graça, mas não na prisão interna da corrupção. Este é um nobre encorajamento para todos os santos; morrer é preciso, mas todos ressuscitarão e ainda que vejam a corrupção, ressuscitarão para a vida eterna. A ressurreição de Cristo é a causa, a fiança, a garantia e o emblema da ressurreição de todo o Seu povo. —C. H. SPURGEON

*Versículo 11*
*Tu me farás ver os caminhos da vida.* Neste versículo quatro aspectos são observáveis: 1) um Guia — Tu; 2) um viajante — eu; 3) um trajeto — os caminhos; 4) o fim — a vida. E o que vem a seguir é a descrição desta vida.

O Guia é nomeado no primeiro versículo: Jeová. Aqui podemos começar, como devemos, em todos os exercícios santos, com adoração. O viajante. Uma vez que tenha encontrado o Guia, não mais procuraremos alguém que permaneça buscando-o, pois veja, neste caso este seria um homem fora do caminho. Como não há outro Guia, assim se fala de um só viajante. Isto, para mostrar sua confiança.

Mas vejamos agora o que Ele nos mostrará: "os caminhos". Precisamos saber que apesar de os homens possuírem muitos caminhos fora de sua estrada — o mundo — todos eles terminam em destruição; então Deus tem muitos caminhos adjacentes à Sua estrada — a Palavra — mas todos eles terminam em salvação. —WILLIAM AUSTIN

*Na tua presença há plenitude de alegria, na tua destra, delícias perpetuamente.* A nota de Trapp sobre o versículo celestial que fecha o Salmo é um doce bocado, que pode servir para uma contemplação e gerar um antegozo de nossa herança. Ele escreve: "Aqui se diz tudo o que se pode dizer, mas palavras são fracas demais para expressar o que se quer dizer. Em termos de qualidade, há no Céu alegria e prazeres; em termos de quantidade, uma plenitude, uma torrente onde bebem sem haver impedimentos ou fastio; em termos de perseverança, está à destra de Deus, que é mais forte do que todos e ninguém pode nos retirar de Sua mão; é uma felicidade constante sem interrupção; e em termos de perpetuidade é para todo o sempre. As alegrias do Céu são imensuráveis, sem mescla ou fim." —C. H. SPURGEON

Todos os que estamos aqui presentes somos apenas meros estrangeiros em meio ao perigo, estamos nos perdendo e perdendo nossa vida na terra dos moribundos. Mas em breve encontraremos nossa vida e nos encontraremos novamente no Céu com o Senhor da vida, nossa alma certamente será conectada ao feixe de vida, de modo que quando viermos a viver novamente tenhamos certeza de encontrá-la na vida do Senhor.

Agora temos partículas, um vintém, um grão de felicidade comparada a enormes montantes, uma tonelada de pesares; agora temos uma gota de alegria e um oceano de tristezas; nada além de um momento de tranquilidade e uma era de dores; mas chegará o momento em que teremos tranquilidade infindável sem dor alguma, a verdadeira felicidade sem nenhum pesar, a maior medida de júbilo e miséria alguma, a medida mais plena de alegria que possa haver, sem nenhum mescla de tristeza. Aqui, portanto (como nos aconselha São Gregório, o teólogo), aliviemos nossas pesadas cargas de sofrimentos e adocemos nossos amargos cálices de tristezas com a meditação contínua e a expectativa constante da plenitude de alegria na presença de Deus e do prazer à Sua destra para todo o sempre.

*Na tua presença há* — não houve, mas há. Nem poderá haver, ou haverá, mas há. Há sem cessar, sem interrupção, sempre houve e há e deve haver. Por que o que mais deseja qualquer homem se não alegria? E que medida de alegria pode qualquer homem desejar se não a alegria plena? —EDWARD WILLAN, em *The Consummation of Felicity* (A consumação da felicidade)

No Céu estão os homens livres da necessidade; nada pode lhes faltar a não ser que seja o próprio faltar. Podem achar falta do mal, mas nunca sentirão o mal do faltar. O mal não passa da falta de bem, e a falta de mal não passa da ausência do faltar. Aqui alguns homens comem sua carne sem fome, enquanto outros têm fome sem carne alguma para comer e alguns bebem abundantemente sem sede alguma, enquanto outros estão profundamente sedentos sem nada para beber. Mas na gloriosa presença de Deus, ninguém pode ser mimado demais nem receberá bênçãos de menos. —EDWARD WILLAN

Nesta vida, nossa alegria está mesclada com tristeza, como espinhos em uma rosa. Jacó teve alegria quando seus filhos retornaram do Egito com muito milho, mas muita tristeza quando percebeu a prata em um dos sacos. Davi teve muita alegria ao transportar a arca de Deus, mas ao mesmo tempo grande tristeza pela violação em que incorreu Uzias. A grande sabedoria do Senhor se revela ao temperar e moderar a nossa alegria.

Como homens de constituição fraca precisam beber seu vinho diluído com água por medo de perder a consciência, nós também nesta vida (esta é nossa fraqueza) temos nossa alegria diluída com tristeza, para que não nos tornemos fúteis e insolentes. Aqui nossa alegria é mesclada com medo (Sl 2). "Alegrai-vos nele com tremor". As mulheres partiram do sepulcro de nosso Senhor "tomadas de medo e grande alegria" (Mt 28:8).

Assim como a nossa alegria aqui é mesclada com medos, também é a tristeza. Cristãos firmes olham de fato para Cristo crucificado e se alegram em Seu incomparável amor, que levou tal Pessoa a morrer tal morte por aqueles que eram inimigos de Deus por inclinações pecaminosas e obras perversas; eles também olham para baixo, para seus próprios pecados que feriram e crucificaram o Senhor da glória e isto lhes parte o coração. —WILLIAM COLVILLE, em *Refreshing Streams* (Correntes refrescantes)

Veja, em termos de qualidade, há prazeres; em termos de quantidade, plenitude; em termos de dignidade, à destra de Deus; em termos de eternidade, para todo o sempre. E milhões de anos multiplicados por milhões resultam em um minuto desta eternidade de alegria que os santos terão no Céu. No Céu não haverá pecado para tirar nossa alegria, não haverá também o diabo para roubar nossa alegria; nem homem algum que tire nossa alegria. "A vossa alegria ninguém poderá tirar" (Jo 16:22). As alegrias do Céu nunca evanescem, nunca se extinguem, nunca morrem, nem jamais são diminuídas ou interrompidas. A alegria dos santos no Céu é uma alegria constante, alegria eterna, na raiz e na causa e em seu conteúdo e seus objetos. "A alegria permanece para sempre se teu objeto permanece para sempre"; e da mesma forma Cristo (Hb 13:8). —THOMAS BROOKS

# Salmo 17

TÍTULO e ASSUNTO: "Uma oração de Davi". Davi não teria sido um homem segundo o coração de Deus se não tivesse sido um homem de oração. Ele foi um mestre na sagrada arte da súplica. Recorreu à oração em todos os momentos de necessidade como um piloto se apressa ao porto na pressão da tempestade. Temos nesta canção queixosa "Um apelo ao Céu" sobre as perseguições na terra. —C. H. SPURGEON

Ainda que os outros Salmos contenham diversas orações misturadas a outras questões, este é uma súplica como um todo. —THE VENERABLE BEDE [N.E.: Um monge inglês.]

Divisões: Não há linhas claras ou demarcações entre as partes; mas nós preferimos a divisão adotada pelo velho e precioso comentador David Dickson. Nos versículos 1 a 4, Davi almeja justiça na controvérsia entre ele e seus opressores. Nos versículos 5 e 6 ele pede graça ao Senhor para agir corretamente ainda que sob tribulação. Nos versículos 7 a 12, ele busca proteção de seus inimigos, a quem ele descreve detalhadamente; e nos versículos 13 e 14, pleiteia que todos eles sejam frustrados; fechando o todo com a profunda confiança de que tudo certamente acabará bem. —C. H. SPURGEON

## Versículo 1

*Ouve, Senhor, a causa justa.* Aquele que tem a pior causa, faz mais estardalhaço; consequentemente a alma oprimida fica apreensiva com a hipótese de que sua voz possa ser afogada, e, portanto, implora neste versículo, nada menos que três vezes, para que seja ouvida. Há mais medo de que nós não ouçamos o Senhor do que de que o Senhor não nos ouça. —C. H. SPURGEON

*Atende ao meu clamor.* Um clamor verdadeiramente sincero, amargo e lastimoso quase derrete uma rocha; não pode haver medo de que ele não prevaleça diante de nosso Pai Celestial. Se nossa oração deve, como o choro do bebê, ser mais natural do que inteligente e mais confiante do que elegante, será nada menos que eloquente para Deus. Há grande poder no choro de uma criança para persuadir o coração de um pai. —C. H. SPURGEON

*Dá ouvidos à minha oração.* A reduplicação aqui utilizada não é superstição nem tautologia, mas é como o golpe repetido de um martelo atingindo o mesmo prego para fixá-lo mais eficazmente, ou o contínuo bater de um pedinte ao portão a quem não se pode negar uma esmola. —C. H. SPURGEON

Esta petição repetida três vezes indica um grande poder de sentimento e muitas lágrimas; porque a ação do impiedoso, verdadeiramente, angustia e aflige o homem espiritual mais do que seu poder e sua violência, pois podemos reconhecer a força e a violência abertas e quando vemos este perigo podemos, de alguma forma, nos guardar delas. —MARTINHO LUTERO

*Que procede de lábios não fraudulentos.* Aquele que frauda e bajula deverá tentar fazê-lo com um tolo como ele mesmo o é, pois, enganar Aquele que tudo vê é tão impossível como tomar a lua em uma rede ou guiar o sol a uma armadilha. Aquele que deseja enganar Deus já está brutalmente enganado. Nossa sinceridade em oração não tem mérito em si mesma assim como a sinceridade de um mendigo nas ruas; mas ao mesmo tempo o Senhor a considera, por meio de Jesus, e não mais se recusará a ouvir a um requerente honesto e fervoroso. —C. H. SPURGEON

Existe, de fato, isto que chamamos de *lábios fraudulentos;* uma contradição entre o coração e a língua, um clamor na voz e zombaria na alma.
—STEPHEN CHARNOCK

É observável que a águia plana nas alturas, com pouca intenção de voar ao céu, mas sim de obter sua presa; e assim o é com muitos que, com grande devoção aparente, elevam os olhos ao Céu, mas o fazem somente para realizar, com mais facilidade, segurança e aplausos, seus planos perversos e condenáveis aqui na Terra; estes por fora são Catos, por dentro Neros; ouça-os, não há homem melhor; sonde-os e tente-os, não há homem pior; eles têm a voz de Jacó, mas as mãos de Esaú; eles professam como santos, mas praticam como demônios; têm suas longas rezas, mas orações curtas; são como jarros de farmacêuticos — por fora têm a função de conservar, mas por dentro estão repletos de veneno letal; santidade falsa é sua túnica para todo tipo de crime. —PETER BALES, em *Things New and Old* (As novas e velhas coisas) *de Spencer*

## Versículo 2
*Baixe de tua presença o julgamento a meu respeito.* Tendo Jesus como nossa justiça completa e plenamente gloriosa, não precisamos temer ainda que o dia de julgamento comece imediatamente e o inferno abra sua boca sob nossos pés, podemos provar alegremente a verdade da santa vanglória dos compositores de hino:

> Com ousadia me colocarei naquele grande dia;
> Pois quem me acusará?
> Por Teu sangue absolvido sou
> De tremendos pecados, maldição e vergonha.
> —C. H. SPURGEON

Versículos 3, 4 e 5. Onde há graça verdadeira há ódio por todo o pecado. —STEPHEN CHARNOCK

## Versículo 3
*Sondas-me o coração [...] e iniquidade nenhuma encontras em mim.* Certamente, o salmista não pretende expressar algo hipócrita ou perverso no sentido em que seus detratores o acusavam; pois se o Senhor coloca o melhor de Seu povo no cadinho, as impurezas seriam uma visão temerosa e fariam a penitência abrir suas comportas amplamente. Avaliadores rapidamente detectam a presença de ligas metálicas e quando o Chefe de todos os avaliadores finalmente disser de nós que nada encontrou, será, de fato, um momento glorioso — "são irrepreensíveis diante do trono de Deus" (ARF). Até mesmo aqui, vistos no Cabeça de nossa aliança, o Senhor não vê pecado em Jacó nem perversidade em Israel; até mesmo o olhar da Onisciência, olhar que tudo vê, não enxerga falhas onde o grande Substituto tudo cobre com beleza e perfeição.

*A minha boca não transgride.* O número de doenças da língua é tão grande quanto todas as outras doenças do homem se contadas juntas e são mais antigas. É necessário mais do que um propósito para manter este hábil agressor em seu espectro pertinente. Domar leões e encantar serpentes não podem ser mencionados da mesma forma que o domar da língua, pois a língua nenhum homem pode domar.

Davi desejava, em todos os aspectos, sintonizar seus lábios à doce e simples canção da verdade. Não obstante tudo isto, Davi foi difamado, como se para nos mostrar que a inocência mais pura será enlameada pela malícia. Não há nascer do sol sem uma sombra, nenhuma fruta madura que não seja bicada por pássaro. —C. H. SPURGEON

## Versículo 4
*Quanto às ações dos homens, pela palavra dos teus lábios, eu me tenho guardado dos caminhos do violento.* Isto preciso atribuir à boa Palavra de Deus; é ela que consulto e por ela sou guardado desses caminhos imundos para os quais outros, que não fazem uso da Palavra para defender-se, são carregados por Satanás, o destruidor. Podemos ir contra o pecado e Satanás com arma melhor do que a arma que Cristo utilizou para derrotar o tentador? Cristo poderia, com um golpe de luz de Sua deidade (se lhe agradasse fazê-lo), facilmente derrubar o ousado demônio sob Seus pés, como ulteriormente o fez àqueles que vieram atacá-lo; mas Ele escolheu ocultar a majestade de Sua divindade e deixar Satanás se aproximar dele, para que Ele pudesse confundi-lo com a Palavra e deste modo dar ao inimigo uma

prova dessa espada de Seus santos, que Cristo deixaria para que eles com ela se defendessem do mesmo inimigo. —WILLIAM GURNALL

"Jovens, eu vos escrevi, porque sois fortes". Onde está sua força? "E a palavra de Deus permanece em vós, e tendes vencido o Maligno" (1 Jo 2:14). —THOMAS MANTON

## Versículo 5

Platão disse a um de seus discípulos: "Quando homens fizerem comentários maléficos sobre você, viva de forma que ninguém acredite no que foi dito".

*Dirige os meus passos* (ARC) Como alguém que cuidadosamente direciona seu cavalo quando descendo uma colina. Todos nós temos variedades de cadências, tanto rápida quanto lenta, e a estrada longa nunca o é de um modo apenas, mas quando Deus dirige os nossos passos, nenhum aspecto do ritmo ou da estrada pode nos abalar.

*Nos teus caminhos* (ARC). Não podemos nos manter longe do mal se não nos mantivermos próximos ao bem.

*Os meus pés não resvalaram.* Sim, a estrada é boa, mas nossos pés são maus e portanto, escorregam até mesmo no caminho do Rei. Pode-se tropeçar em uma ordenança assim como em uma tentação. —C. H. SPURGEON

Esta foi a oração de Beza e que seja, também, a nossa: "Senhor, aperfeiçoe o que começaste em mim, que eu não sofra naufrágio quando tão perto do porto". —THOMAS WATSON

## Versículo 6

*Eu te invoco, ó Deus, pois tu me respondes.* Deus não apenas ouvirá nosso clamor, mas também nos ouvirá antes de clamarmos e nos ajudará. —T. PLAYFERE

Clamei a ti anteriormente; portanto, Senhor, ouça-me agora. Comerciantes estão dispostos a fazer favores àqueles que há muito são seus clientes. —MATTHEW HENRY

## Versículo 8

*Guarda-me como a menina dos olhos.* O Criador, plenamente sábio, colocou o olho em uma posição protegida; ali ele está cercado de ossos projetados como Jerusalém cercada de montes. Além disso, seu grande Autor o cercou com muitas túnicas de cobertura interna além da cobertura das sobrancelhas, a cortina das pálpebras e a cerca dos cílios; e, juntando-se a tudo isto, Ele deu a todos os homens uma estima tão alta por seus olhos e compreensão tão rápida de perigo, que nenhum membro do corpo é mais fielmente protegido do que o órgão da visão. —C. H. SPURGEON

Você não acha que há uma obra da Providência que, considerando a fragilidade do olho, Ele o protegeu com as pálpebras, como portas que sempre que houver ocasião de uso elas se abrem e novamente se fecham para o sono? E para que não haja lesão pelo vento, Ele colocou os cílios como filtro; e sobre os olhos estão as sobrancelhas como uma cobertura para que o suor da testa não cause prejuízo. —SÓCRATES, em *Xenofonte*

## Versículo 9

*Dos perversos que me oprimem, inimigos que me assediam de morte.* Os inimigos da alma de um cristão são muito vigorosamente, inimigos mortais, pois aqueles que guerreiam contra nossa fé têm como alvo a essência de nossa vida. Pecados mortais são inimigos mortais. E o que é o pecado se não aquilo que em suas entranhas carrega a morte?

## Versículo 10

*Na sua gordura se encerram* (ARC). Luxúria e glutonaria geram uma presunçosa gordura no coração, que fecha todos os portões para todas as emoções compassivas e julgamentos sensatos. O antigo provérbio diz: "barrigas cheias criam crânios vazios", e é ainda mais verdadeiro que frequentemente também geram corações vazios.

*Falam com lábios insolentes.* Aquele que adora a si mesmo não terá coração para adorar o Senhor. Repleto de prazer egoísta em seu coração, o homem perverso enche sua boca com expressões pretenciosas e arrogantes. A prosperidade e a vaidade geralmente acomodam-se juntas. Ai do boi alimentado quando urra para seu dono; o machado não está distante. —C. H. SPURGEON

### Versículo 11
*E fixam em nós os olhos para nos deitar por terra.* É uma alusão, como eu compreendo, a caçadores, que andam olhando atentamente para o chão para apanhar a lebre, ou para encontrar as pegadas desse animal quando os cães de caça nada conseguem farejar. —JOSEPH CARYL

### Versículo 13
*Livra do ímpio a minha alma com a tua espada.* O diabo e seus instrumentos ambos são instrumentos de Deus; portanto "o ímpio" pode ser considerado Sua "espada". O diabo e todo o seu conselho não passam de tolos para Deus; sim, sua sabedoria é insensatez. —WILLIAM GURNALL

### Versículo 14
*Dos homens mundanos, cujo quinhão é desta vida.* Lutero sempre teve medo de que seu quinhão estivesse nesta Terra e, por isso, com frequência dava quantias de dinheiro que a ele eram presenteadas. Nós também não podemos ter a Terra e o Céu como escolha de nossa porção; homens sábios escolhem aquilo que permanecerá por mais tempo. —C. H. SPURGEON

Deus dá aos perversos um quinhão aqui para mostrar-lhes quão pequeno é o bem que há em todas estas coisas e para mostrar ao mundo quão pequeno é o bem que há em todas as coisas aqui embaixo neste mundo.

Certamente, se estas coisas fossem muito boas os perversos jamais deveriam tê-las; há a alegação de que não há grande excelência na força do corpo, pois um boi a tem mais do que você; a alegação de que não há grande excelência na agilidade do corpo, pois um cachorro a tem mais que você; a alegação de que não há grande excelência em roupas vistosas, pois um pavão veste-se ainda mais vistosamente; a alegação de que não há grande excelência em ouro ou prata, pois os indígenas que não conhecem Deus os têm em maior quantidade do que você; e se estas coisas tivessem algum grande valor em si, certamente Deus jamais as concederia aos homens perversos — uma alegação inequívoca.

Com relação àquilo que é externo, como as queixas, o Senhor faz os porcos do mundo virem grunhindo para poderem ser consumidos; mas quando se trata de Suas misericórdias escolhidas em Seu Cristo, ali não há distinção. Ó, isto é fruto precioso! Um ferreiro ao trabalhar com o metal não considera as muitas cinzas e pedaços de metal que voam; mas um ourives ao trabalhar com o ouro preserva todas as sobras e todo o pó de ouro; e um lapidário certamente preservará todo bocado das pedras preciosas com as quais trabalha; um carpinteiro que está apenas talhando madeira não considera as lascas que caem; mas isso não acontece com um lapidário. Então estas coisas não passam de lascas e cinzas e coisas semelhantes a isto e, portanto, Deus dá uma porção destas aos homens perversos. —JEREMIAH BURRUGHS

A Terra e seus bens Deus distribui sem distinção de pessoas, até mesmo àqueles que são Seus filhos somente pela criação e não por adoção. —MILES SMITH

Há ainda outra coisa a ser considerada ainda muito mais monstruosa nesta criatura: ainda que seja dotada de razão e conselho e saiba que esta vida é como uma sombra, um sonho, uma fábula que se conta, como uma vigília na madrugada, como fumaça, como palha que o vento espalha, como bolha d'água e tais coisas débeis, além de saber que a vida vindoura não terá fim, contudo, ainda assim ela coloca toda a sua mente nesta vida presente, que hoje existe e amanhã já não mais; mas com relação à vida que é eterna nada faz além de sobre ela pensar. Não sendo esta criatura um monstro, não sei o que pode ser chamado de monstruoso. —THOMAS TYMME

O que os homens perversos possuem deste mundo é tudo o que podem esperar ter. Por que ressentiríamos suas bolsas cheias ou títulos formidáveis? Isto é seu quinhão completo; eles recebem agora suas boas coisas.

Ao passo que você, ó cristão, que nada possui, é incontestável herdeiro do Céu, coerdeiro com Jesus Cristo, o Herdeiro de todas as coisas, e possui infinita grandeza de riquezas; tão grande e infinita, que todas as estrelas do céu são muito pouco para se lhe comparar. Você não tem motivo para reclamar por ser mantido com pouco, pois tudo o que Deus tem é seu, seja prosperidade ou adversidade, vida ou morte, tudo é seu. O que Deus dá é para seu consolo; o que Ele nega ou retira é para sua prova; é para o aumento dessas graças, que são muito mais graciosas do que qualquer prazer temporário. Se, por ver homens perversos e impiedosos nadando em riquezas e conforto, enquanto você é forçado a lutar contra as inconveniências e dificuldades de um patrimônio escasso, e ao contemplar isto aprender sobre o santo contentamento e o descaso com o mundo, creia: Deus, nisto, lhe concedeu mais do que tivesse dado o mundo inteiro. —EZEKIEL HOPKINS

Um mestre ou senhor paga a seu servo seus salários, ao mesmo tempo que, ao seu filho menor de idade, concede apenas parte de sua porção, para que ele aprenda a depender de seu pai para ter sua herança.

Certamente (muitos já estão prontos para argumentar) se Deus não me amasse Ele não me daria uma porção como esta no mundo. Não se engane com relação a uma questão de tão grande importância. Pois pensando assim, você poderia dizer também que Deus amava Judas, pois ele tinha o saco de moedas de prata, ou o homem rico que era tão bem-sucedido; mas que estão agora urrando no inferno. —JOHN FROST

*Cujo ventre enches do teu tesouro oculto* (ARC). Um homem generoso não nega ossos aos cachorros; e nosso Deus generoso dá até a Seus inimigos o suficiente para supri-los; mas estes ainda são tão incoerentes a ponto de nunca estarem satisfeitos. Ouro e prata que ficam trancafiados nos cofres secretos da Terra são dados generosamente aos perversos e eles, portanto, rolam em todos os tipos de deleites carnais. —C. H. SPURGEON

Os homens perversos podem ter a Terra e sua plenitude e tudo o que é terreno; seus ventres são fartos, pelo próprio Deus, com os tesouros ocultos. —JOSEPH CRAYL

Somente os corações dos santos são fartos com o "maná oculto", mas o ventre dos perversos está cheio com os tesouros ocultos; ou seja, com essas coisas boas e delicadas que estão virtualmente escondidas e, de fato, brotam das entranhas da Terra. —JOSEPH CARYL

*...seus filhos estão fartos* (ARC). Segurança, "seus filhos estão fartos". O significado óbvio é que eles têm o suficiente para si e para os seus filhos.

## Versículo 15
*Eu, porém, na justiça contemplarei a tua face; quando acordar, eu me satisfarei com a tua semelhança.* Vislumbres de glória são o que os bons homens têm aqui embaixo para saciar sua fome sagrada, mas o banquete completo os espera nos altos Céus. Comparadas à profunda, inefável e eterna plenitude de deleite, as alegrias dos mundanos são como vaga-lumes comparados ao sol, ou a gota de um balde comparada ao oceano. —C. H. SPURGEON

Agora o andaime é mantido ao redor dos homens, ainda que há muito se tenha começado o trabalho de pintura; e uma revelação impressionante ocorrerá quando Deus tirar o andaime e revelar aquilo que eles têm feito.

O seu retrato e o meu estão sendo pintados e Deus, com pinceladas e autoridade magníficas, está trabalhando de modo a atingirmos o Seu ideal. Muito além daquilo que você faz por si mesmo, Deus está trabalhando para torná-lo semelhante a Ele. E a impactante declaração é que quando estiver diante de Deus e vir o que Ele vinha fazendo por você, ficará satisfeito. Ó, esta palavra que tem perambulado sozinha e sem habitação desde o início do mundo quando a manhã e as estrelas juntas cantaram de alegria! Já houve uma criatura humana que esteve na Terra, enquanto ainda vestida da carne, e dissesse: "Estou satisfeito!"? —HENRY WARD BEECHER, em *Verdades Imperiais*

Mesmo sob o peso e a combinação de tantos males dolorosos, Davi se conduz como alguém que não está sem esperança e nem abandonado, sim, coloque o estado dele na balança com os de outros e esta escassez que o envolve, concorre com eles como sendo felicidade. —WILLIAM SPURSTOW

Quando um conquistador romano voltava da guerra na qual tinha conquistado grandes vitórias, ele e seus soldados retornavam para Roma, e iam até suas casas e desfrutavam da solitude até o dia seguinte, quando iam até a cidade para nela entrar novamente, agora publicamente e em triunfo. Agora, os santos, entram de modo privado no Céu sem os seus corpos; mas no último dia, quando seus corpos acordarem, eles entrarão nos Céus em suas carruagens triunfais. Parece-me que vejo essa grande procissão, quando Jesus Cristo, antes de tudo, com muitas coroas em Sua cabeça, com Seu corpo reluzente, glorioso, imortal abrirá caminho. "Eu ficarei satisfeito" nesse glorioso dia quando todos os anjos de Deus virão para ver os triunfos de Jesus e quando Seu povo será vitorioso com Ele. —*SERMÕES DE SPURGEON*

Leve um homem sedento a um oceano de água pura e ele terá o suficiente. Se há o suficiente em Deus para satisfazer os anjos, então certamente há o suficiente para nos satisfazer. Alegrias revigoradas irrompem continuamente de Sua face; e Ele deve ser tão desejado por almas glorificadas após um milhão de anos como o foi no primeiro momento. Se há tanto deleite em Deus, enquanto o vemos somente pela fé (1Pe 1:8), qual não será a alegria daquela visão, quando o virmos face a face! Se os santos encontraram tanto deleite em Deus enquanto sofriam, ó, que alegria e deleite terão quando estiverem sendo coroados! Quem compararia qualquer coisa com a deidade? Quem pesaria uma pena contra uma montanha de ouro? Deus supera todas as outras coisas mais infinitamente do que o Sol supera a luz de uma vela. —THOMAS WATSON

Diz-se que os gauleses quando provaram os vinhos da Itália, ficaram tão tomados por sua exuberância e doçura que não se contentaram em apenas comprar o vinho, mas decidiram que conquistariam a terra onde era produzido. Logo, a alma sincera pensa não ser suficiente receber um pouco, de vez em quando, da graça e do consolo do Céu interagindo comercialmente à distância com Deus em Suas ordenanças aqui nesta Terra, mas projeta e intervém na conquista da Terra Santa, lugar bendito, de onde tais bens vêm, para que possa beber o vinho daquele reino estando ainda neste reino. —WILLIAM GURNALL

Há um significado tríplice neste versículo: 1. Os santos se deleitarão grandemente no estado glorioso em que ressuscitarem. 2. Eles se deleitarão grandemente em Jesus, em quem e por quem a ressurreição e a imortalidade são trazidas à luz; e 3. Eles se deleitarão grandemente ao contemplar o bendito e harmonioso semblante de Jeová, o Pai, a quem os olhos da carne não podem ver. —BENJAMIN WEISS, *in loc. cit.*

*Obra clássica de Spurgeon sobre os Salmos*

# Salmo 18

Nós o chamaremos de "O grato retrospecto". —C. H. SPURGEON

É uma magnificente ode eucarística. —JOHN BROWN

Na *Bíblia Pictórica*, Kitto tem a seguinte nota sobre 2 Samuel 22: "Isto é o mesmo que o décimo oitavo Salmo".

A prova da grandiosidade deste Salmo está no fato de que resistiu ao teste de quase todas as traduções, e, assim, versos antigos se erigiram e se tornaram divinos. Talvez o grande charme deste salmo, além da poesia do original, é a requintada e sutil alteração do *eu* e do *Tu*. —GEORGE GILFILLAN, em *Os trovadores da Bíblia*.

Aquele que deseja ser sábio, leia os Provérbios; aquele que deseja ser santo, leia os Salmos. Santo Davi, estando perto da costa, olha para seus antigos perigos e libertações com coração grato e escreve este Salmo para bendizer o Senhor; assim cada um que viveu ao longo dos anos deveria rever sua vida e observar a maravilhosa bondade e a providência de Deus; e então sentar-se e escrever um modesto relato de memórias de Suas misericórdias mais notáveis, para que nós e nossa posteridade sejamos consolados. Isto seria uma prática excelente.

Depois que Davi reuniu todos os doces nomes para Deus que podia conceber (v.2), como o verdadeiro santo acredita que jamais pode proclamar o bem que há em Deus de modo que seja suficiente, ou jamais poderá proclamar toda a maldade que há em si, ele então começa a narrativa. 1. Sobre seus perigos (v.4); 2. Sobre sua retirada. E esta foi uma oração sincera a Deus (v.6). A mãe não se preocupa enquanto a criança choraminga, mas quando ela aumenta o tom, tenciona todos os nervos e chora profundamente, a mãe então põe de lado todo o restante e lhe concede o que deseja. Enquanto nossas orações são apenas sussurros, nosso Deus pode manter Seu descanso; mas quando nos lançamos à súplica, "Eu me levantarei agora, diz o Senhor". 3. Sobre seu resgate (v.7-20). 4. Sobre a razão deste gracioso trato de Deus com ele (v.20 etc.). —RICHARD STEELE, em *Plain Discourse upon Uprightness* (Discurso claro sobre retidão)

*Versículo 1*
*Eu te amo, ó Senhor.* Amarei sinceramente, com minhas mais recônditas entranhas. Nosso Deus Triúno merece o amor mais caloroso de todo o nosso coração. —C. H. SPURGEON

Versículos 1 e 2. Deus se colocou, por assim dizer, sobre os que creem. O próprio Deus é a salvação e a porção do Seu povo. Aquilo sobre o que a fé mais se inclina é o próprio Deus; Ele será minha salvação, se eu o tiver, terei o suficiente; Ele é minha vida, o meu consolo, minhas riquezas, minha honra e Ele é tudo o que tenho.

O santo Davi se agradava mais do fato de que Deus era sua força do que do fato de Deus lhe haver concedido força; de que Deus era seu libertador do que de haver sido liberto; de que Deus era sua fortaleza, seu escudo, sua trombeta, sua torre alta, do que do fato de Deus lhe haver concedido o efeito de todas estas coisas. Davi se agradava e todos os santos se agradam mais no fato de que Deus é sua salvação, seja temporal ou eterna, do que no fato de que Ele lhes salvou. Os santos olham mais para Deus do que para tudo o que é de Deus. —JOSEPH CARYL

## Versículo 2

*O Senhor é a minha rocha, a minha cidadela.* Por habitar entre penhascos e montanhas da Judeia, Davi escapou da malícia de Saul e aqui ele compara seu Deus a tal lugar de esconderijo e segurança.

*Meu rochedo.* Literalmente *Minha rocha*, no sentido de força e imobilidade; minha confiança e meu suporte certo e imutável. Portanto a palavra "rocha" ocorre duas vezes, mas não se trata de uma tautologia, pois a primeira vez é uma rocha para esconderijo, mas aqui uma rocha para firmeza e imutabilidade.

*Meu escudo*, guardando-me dos golpes de meu inimigo, protegendo-me da flecha ou da espada.

Aqui há muitas palavras, mas nenhuma em excesso; poderíamos examinar proveitosamente cada uma delas se tivéssemos as horas vagas necessárias, mas, resumindo o todo, podemos concluir com Calvino que Davi aqui equipa o fiel da cabeça aos pés.

## Versículo 4

*Torrentes de impiedade me impuseram terror.* Na noite do lamentável acidente no *Surrey Music Hall* [N.E.: Incidente ocorrido em 19 de outubro de 1856, em que 8 pessoas morreram pisoteadas após a multidão de 14 mil pessoas, que foi ouvir Spurgeon, entrar em pânico ao grito, não confirmado, de "Fogo!"], as torrentes de Belial foram soltas e os comentários subsequentes de grande parte da imprensa foram excessivamente maliciosos e perversos; nossa alma temia enquanto ali éramos envolvidos pelas tristezas da dor e as blasfêmias dos cruéis. Mas, ó, que misericórdia houve em tudo aquilo e que mel de bondade fora extraído, por nosso Senhor, deste leão de aflição! —C. H. SPURGEON

Não há metáfora de maior frequência nos poetas sagrados do que aquela que representa calamidades temíveis e inesperadas sob a imagem de águas torrenciais. Esta imagem parece ter sido especialmente familiar aos hebreus, na medida em que derivou do costume peculiar e da natureza de seu país. Eles tinham o rio Jordão continuamente diante de seus olhos, transbordando anualmente suas margens. —ROBERT LOWTH (Bispo)

## Versículo 5

*Cadeias infernais me cingiram.* Um cordão de demônios cercava o homem de Deus; todas as formas de escape estavam fechadas. Satanás sabe como bloquear nossa costa com os navios de guerra metálicos de tristeza, mas, bendito seja Deus, o porto de todas as orações ainda está aberto e a graça pode fluir através do bloqueio levando mensagens da Terra até o Céu e retornar com bênçãos do Céu para a Terra.

Conforme as quatro metáforas que empregadas, ele estava preso como um malfeitor a ser executado; submerso como um marinheiro náufrago; cercado e parado na baía como um animal sendo caçado e capturado em uma rede como um pássaro trêmulo. Haveria mais temor e angústia que pudesse se colocar sobre uma pobre e indefesa cabeça? —C. H. SPURGEON

Tramas de morte me surpreenderam. Em inglês a palavra utilizada para "surpreenderam" é *prevent* — evitar, obstruir, frustrar, impossibilitar. E mudou o significado do original desde que a Tradução Autorizada da Bíblia foi feita. Seu significado original é "chegar previamente". —JOHN BROWN

## Versículo 6

*Na minha angústia.* Se você ouvir a harpa de Davi, escutará muitos cantos com tons de cortejo fúnebre; o lápis do Espírito Santo labutou mais descrevendo as aflições de Jó do que as alegrias de Salomão. Vemos em empresas de costura e bordado que é mais agradável ter um trabalho vivaz em um ambiente triste e solene do que ter um trabalho obscuro e melancólico num ambiente iluminado. Julgue, portanto, os prazeres do coração pelos prazeres dos olhos. Certamente a virtude é como aromas preciosos que têm a fragrância mais marcante quando esmagados; pois a prosperidade é grande ferramenta pare se descobrir o vício, mas a adversidade, para descobrir a virtude. —FRANCIS BACON

Versículos 6 e 7. A oração de um único santo é algumas vezes seguida de efeitos maravilhosos; o que, então, pode fazer uma legião trovejante de tais almas em oração? A Rainha da Escócia declarava ter mais medo das orações do Sr. Knox do que de um exército de dez mil homens. —JOHN FLAVEL

## Versículo 7

*Então, a terra se abalou e tremeu.* Observe como as coisas mais sólidas e imóveis sentem a força da súplica. A oração já sacudiu casas, abriu portas de prisões e fez corações rígidos desfalecerem. A oração dispara o alarme e o Mestre da casa se levanta para o resgate, abalando todas as coisas em seu caminho.

## Versículo 8

*Das suas narinas subiu fumaça.* Um método oriental violento para expressar ira intensa. Considerando que o ar de suas narinas é aquecido por forte emoção, a imagem retrata o Libertador Todo-Poderoso derramando fumaça no calor de Sua ira e impetuosidade de Seu zelo.

*E fogo devorador, da sua boca.* O fogo não era temporário, mas constante e duradouro. —C. H. SPURGEON

Versículos 8 a 19. Visto que o homem volta sua atenção ao Céu mais na ira do que na bênção e considera mais Deus quando Ele desce à Terra em meio à tempestade e não no arco-íris, Davi descreve a bendita condescendência de Deus pela figura de uma tempestade. —AUGUSTUS F. THOLUCK

## Versículo 10

Quando Deus vem punir Seus inimigos e resgatar Seu povo, nada surpreende tanto Seus amigos ou inimigos como a admirável rapidez com que Ele se move e age: *levado velozmente nas asas do vento.* —WILLIAM S. PLUMER

## Versículo 11

*Espessas nuvens dos céus.* Benditas são as trevas que encobrem meu Deus; se eu não o posso ver, doce é saber que Ele está tralhando em secreto para meu eterno bem. Até mesmo tolos podem crer que Deus está além na luz solar e na calmaria, mas a fé é sábia e o discerne na terrível escuridão e tempestade ameaçadora.

## Versículo 13

*Trovejou, então, o SENHOR, nos céus; o Altíssimo levantou a voz.* Como suportarão os homens ouvir finalmente esta voz dirigida a eles proclamando sua condenação, pois inclusive agora seus corações quase que saem pela boca se ouvem um simples murmurar à distância? Em todo este terror, Davi encontrou um tema para canção e assim todo cristão encontra, até mesmo nos terrores de Deus, um tema para santo louvor.

*E houve granizo e brasas de fogo.* Horne observa que "toda tempestade deveria nos lembrar da exibição de poder e vingança que no futuro acompanhará a ressurreição geral".

## Versículo 18

*Assaltaram-me no dia da minha calamidade, mas o SENHOR me serviu de amparo.* Que bendito "mas" que corta o nó górdio e mata a Hidra de cem cabeças! Não há medo da entrega quando Jeová é nosso amparo. —C. H. SPURGEON

Quando Henrique VIII falou e escreveu contra Lutero contrariando-o, Lutero disse: "Diga aos Henriques, aos bispos, aos turcos e ao próprio demônio que façam o que quiserem, nós somos os filhos do reino, adoradores do Deus verdadeiro em quem eles, e aqueles que a eles e igualam, cospem e a quem crucificam." —CHARLES BRADBURY

## Versículo 19

*Trouxe-me para um lugar espaçoso.* O Senhor não deixa a Sua obra pela metade, pois tendo derrotado o inimigo, também guia os cativos à liberdade.

*Livrou-me, porque ele se agradou de mim.* Por que Jeová se deleitaria em nós é uma pergunta sem resposta, um mistério que os anjos não podem resolver. Cristão, sente-se e assimile interiormente a elucidativa sentença diante de nós e aprenda a contemplar o amor gratuito de Deus como a razão de toda a benignidade da qual compartilhamos. —C. H. SPURGEON

## Versículo 20

*Retribuiu-me o SENHOR, segundo a minha justiça.* Olhar para este Salmo como profecia sobre o

Messias, facilita muito a compreensão destas alegações fortemente expressas sobre justiça, pois as Suas vestes eram brancas como a neve; mas por serem consideradas como linguagem de Davi, atordoaram muitos. As dificuldades iniciais de Davi surgiram da perversa malícia do invejoso Saul, que sem dúvida efetivou suas perseguições sob acusações contra o caráter do "homem segundo o coração de Deus". Davi declarou que estas acusações eram inteiramente falsas e afirmou que possuía retidão concedida pela graça, retidão com que o Senhor graciosamente o recompensara como que para enfrentar todos os seus caluniadores. Diante de Deus, o homem segundo o coração de Deus era um humilde pecador, mas diante de seus difamadores ele podia sem vergonha alguma falar da *pureza de suas mãos* e da retidão de sua vida. De forma alguma é oposição à doutrina da salvação pela graça e nenhum tipo de prova de um espírito farisaico quando um homem gracioso, tendo sido caluniado, mantém firmemente sua integridade e defende vigorosamente seu caráter.

### Versículo 21
Há uma *afirmação* e uma *negação*, ambos devem ser combinados em uma vida verdadeiramente santificada; o estimular e o restringir da graça devem cada um contribuir com sua parte. —C. H. SPURGEON

*Não me apartei perversamente do meu Deus.* Os homens de coração falso que estão no mundo não olham exclusivamente para Deus, mas para algo mais além de Deus; como Herodes considerava João, mas considerava mais ainda sua Herodias; e o jovem no evangelho, vai a Cristo e, contudo, olha para seus bens; e Judas que seguia Cristo e, ainda assim, olha para o saco de moedas; isto é *apartar-se perversamente de Deus*. —WILLIAM STRONG

### Versículo 23
*Também fui íntegro para com ele e me guardei da iniquidade.* O temperamento impetuoso de Davi poderia tê-lo levado a matar Saul quando o teve em seu poder, mas a graça o capacitou a manter suas mãos limpas do sangue de seu inimigo. —C. H. SPURGEON

Como na colmeia há uma abelha rainha; também no coração há um pecado rei; há um pecado que não apenas está apegado ao homem, da mesma forma que sua roupa, mas é lhe caro como seu próprio olho direito. O inimigo pode prender um homem por este único elo como quanto por uma corrente de vícios. O caçador pode segurar um pássaro rápido o suficiente por uma asa. Um cristão íntegro toma a faca do sacrifício de mortificação e com ela atravessa seu pecado mais querido. —THOMAS WATSON

### Versículo 24
*Daí retribuir-me o SENHOR, segundo a minha justiça, conforme a pureza das minhas mãos, na sua presença.* Deus primeiro nos dá santidade e depois nos recompensa por ela. O prêmio é concedido à flor na exibição, mas o jardineiro nos bastidores é o responsável; a criança recebe o prêmio do professor, mas a verdadeira honra está com o professor que, em vez de receber o prêmio, o entrega. —C. H. SPURGEON

Versículos 24 a 27. Vejamos o Sol que, para os olhos sãos e livres de enfermidade, é muito agradável, e salubre, mas para os mesmos olhos, quando débeis, feridos e fracos é muito incômodo e nocivo. Contudo, o Sol é sempre o mesmo, sem mudança alguma desde sua criação; então Deus, mostrou-se benigno e generoso àqueles que são gentis e ternos de coração para com Seus santos e misericordioso com aqueles que demonstram misericórdia. Mas aos mesmos homens, quando caem na perversidade e enchem-se de crueldade bestial, o Senhor se mostra extremamente irado e furioso e, contudo, é o mesmo Deus imutável de eternidade a eternidade. —ROBERT CAWDRAY

### Versículo 25
*Para com o benigno, benigno te mostras.* "Eis a história de Noé. Noé era homem justo e íntegro entre os seus contemporâneos; Noé andava com Deus. E Noé encontrou graça aos olhos do Senhor. Gerou três filhos: Sem, Cam e Jafé." Noé, Noé, Noé. Eu amo o som deste nome; e assim são todos os seus nomes preciosos para Deus, ainda que odiados pelos homens, se o nome de Deus for precioso para vocês.

Para um hipócrita há "muitos deuses e muitos senhores". E ele deve ter coração para cada um, mas para o benigno há somente um Deus, o Pai e um Senhor Jesus Cristo; e um coração servirá a ambos. Aquele que fixa seu coração nas criaturas deve ter um coração para cada criatura e o dividir de seu coração o destruirá (Os 10:2). Os lucros mundanos batem à porta, também para estes o hipócrita deve ter um coração; prazeres carnais se apresentam, para eles também ele precisa ter um coração; escolhas pecaminosas surgem, elas precisam de um coração também. O homem benigno escolheu Deus e tem o suficiente.
—RICHARD STEELE

*Versículo 28*
*Porque fazes resplandecer a minha lâmpada.* Lâmpadas acesas por Deus, o diabo não pode apagar.

*Versículo 29*
*Pois contigo desbarato exércitos, com o meu Deus salto muralhas.* Tais feitos nós já executamos, abrindo caminho correndo entre multidões de dificuldades e escalando impossibilidades, um salto após o outro. Os guerreiros de Deus podem esperar saborear todas as formas de luta e devem, pelo poder da fé, determinar renunciarem-se a si mesmos como homens.

*Versículo 31*
*Pois quem é Deus, senão o SENHOR?* Seu Deus, como Matthew Henry diz, é um Deus sem igual. Quem mais cria, sustém, prevê e dá veredidos? Quem além dele é perfeito em todos os atributos e glorioso em todos os atos? —C. H. SPURGEON

Aqui pela primeira vez nos Salmos aparece o nome *Eloah*, interpretado como *Deus*. Ocorre mais de 50 vezes nas Escrituras, mas somente quatro vezes nos Salmos. É o singular de Elohim. Muitos acreditam que este nome se refere especialmente a Deus como objeto de adoração religiosa. Essa ideia pode realmente ser proeminente aqui. —WILLIAM S. PLUMER

*Versículo 33*
*Ele deu a meus pés a ligeireza das corças e me firmou nas minhas alturas.* Ao perseguir seus inimigos o guerreiro precisa ter pés velozes como um jovem cabrito, mas, em lugar de satisfazer-se com as pernas de um homem, ele atribui a dádiva da ligeireza somente ao Senhor.

*Versículo 34*
*De sorte que os meus braços vergaram um arco de bronze.* Um arco de bronze tem provavelmente tamanho médio e estes arcos dificilmente poderiam ser vergados somente com os braços; o arqueiro precisava do auxílio de seu pé; era, portanto, grande demonstração de força vergar o arco, que dirá quebrá-lo ao meio.

Jesus não somente destruiu as insinuações inflamadas de Satanás, mas acabou com seus argumentos lançando-os longe utilizando as Santas Escrituras contra ele; pelo mesmo meio nós podemos ter triunfo semelhante, vergando o arco e cortando a lança ao meio com a lâmina afiada da verdade revelada. Provavelmente Davi tinha por natureza uma estrutura corporal vigorosa; mas é ainda mais provável que, como Sansão, ele em alguns momentos esteve revestido de algo mais do que a força comum; em qualquer um de seus passos, ele atribui a honra de seus feitos inteiramente a seu Deus. Que jamais roubemos perversamente do Senhor o que lhe é devido, mas fielmente lhe entreguemos a glória que é devida a Seu Nome.

*Versículo 35*
*Também me deste o escudo da tua salvação.* Acima de tudo, precisamos tomar o escudo da fé, pois nada mais pode apagar os dardos inflamados de Satanás.

*A tua clemência me engrandeceu.* Há várias leituras para esta sentença. A palavra pode ser traduzida: Alguns reconhecidos comentaristas declaram que o texto significa: "Tua *humildade* me engradeceu." "Tua *condescendência*" pode, talvez, servir como leitura compreensiva, combinando as ideias que já mencionamos, tanto quanto as da humildade. É Deus se tornando humilde que nos concede algum engrandecimento. Somos tão pequenos que se Deus manifestasse Sua grandiosidade sem condescendência, seríamos esmagados sob Seus pés; mas Ele, que precisa se inclinar para ver os céus e se curvar para ver o que os anjos fazem, olha para o humilde e o contrito e os engrandece.

## Versículo 36
*Alargaste sob meus passos o caminho*. Não é pequena a misericórdia em alcançarmos a plena liberdade cristã e engrandecimento, mas é um favor ainda maior ser capacitado a caminhar dignamente em tal liberdade, não sendo permitido escorregar com os pés. —C. H. SPURGEON

## Versículos 37 e 38
> Ó, eu vi o dia,
> Em que com uma única palavra,
> Deus ajudou-me a dizer:
> "Minha confiança está no Senhor",
> Minh'alma subjugou milhares de inimigos,
> Destemida de toda oposição. —WILLIAM COWPER

Versículos 39 e 40. É impossível ser assíduo demais no dever de atribuir todas as nossas vitórias ao Deus da nossa salvação.

## Versículo 41
*Gritaram por socorro, mas ninguém lhes acudiu; clamaram ao SENHOR, mas ele não respondeu*. A oração é uma arma tão notável que mesmo os perversos a utilizarão em suas crises de desespero. Homens maus já apelaram a Deus contra os próprios servos de Deus, mas tudo foi em vão. Há orações a Deus que não são melhores do que blasfêmias, que não trazem resposta agradável, mas ao contrário, provocam o Senhor instigando grande ira. —C. H. SPURGEON

Sobre Antíoco, ainda que durante sua última doença tenha feito o seguinte voto: "que ele também se tornaria judeu, iria por todo o mundo inabitado e declararia o poder de Deus", o historiador diz: "por tudo isto suas dores não cessavam, pois o justo julgamento de Deus estava sobre ele". —JOHN LORINUS E REMIGIUS, citados por J. M. Neale

## Versículo 42
*Então, os reduzi a pó ao léu do vento, lancei-os fora como a lama das ruas*.

> O inferno e os meus pecados resistem em meu percurso,
> Mas o inferno e o pecado são inimigos vencidos,
> Meu Jesus os pregou à Sua cruz,
> E cantou o triunfo ao ressuscitar. —C. H. SPURGEON

Reduzir alguém a pó, como o pó das ruas, é uma forte imagem de desprezo e rejeição. —JOHN KITTO

## Versículo 43
*Me fizeste cabeça das nações; povo que não conheci me serviu*. Certamente, há muito mais de Jesus aqui do que de Davi.

## Versículo 44
*Bastou-lhe ouvir-me a voz, logo me obedeceu*. "Amor à primeira vista" não é algo incomum quando Jesus é quem corteja. Ele pode escrever mensagens ao imperador sem vangloriar-se; em alguns casos homens creem em Seu evangelho antes mesmo de ouvir-lhe a voz. Que estímulo para disseminar a doutrina da cruz!

## Versículo 45
*Sumiram-se os estrangeiros*. Aqueles que são estrangeiros para Jesus são estrangeiros à felicidade duradoura; esses devem logo sumir muito rapidamente: os que se recusam a serem regados com a água do rio da vida. —C. H. SPURGEON

*Das suas fortificações saíram, espavoridos*. Um erudito judeu interpreta isto da seguinte forma: "Eles temerão as prisões em que os lançarei e nas quais os manterei confinados". —JOHN BROWN

## Versículo 46
*Vive o SENHOR*. Não servimos um Deus inanimado, imaginário ou moribundo. Somente Ele tem imortalidade. Como súditos reais clamemos: "Vive, ó Deus. Longa vida ao Rei dos reis". —C. H. SPURGEON

Você não vê jovens herdeiros de grandes patrimônios agir e gastar de acordo? E por que você, sendo o filho do Rei do Céu, andaria curvado e aos trapos todos os dias como se não valesse um punhado de farinha?

Uma mulher, verdadeiramente piedosa no essencial, após enterrar um filho, sentou-se sozinha em sua tristeza e ainda assim sustentou seu coração com a expressão: "Deus vive"; e tendo perdido mais um filho, ela ainda repetiu: "Confortos morrem, mas Deus vive". Finalmente seu amado marido morre e ela se senta oprimida e subjugada pela tristeza. Ainda possuía um filho pequeno sobrevivente que observou o que ela havia dito antes para consolar-se; ele vai até a mãe e diz: "Deus está morto mamãe? Deus está morto?" Isto tocou seu coração e pela bênção de Deus recuperou sua confiança anterior em seu Deus, que é um Deus vivo. Portanto, cristãos, contendam com seus espíritos desencorajados e inquietos como Davi fez. —OLIVER HEYWOOD, em *Sure mercies of David* (Misericórdias certas de Davi)

Exaltado seja o Deus da minha salvação. Nós deveríamos publicar pelo mundo a história da aliança e da cruz, da eleição do Pai, da redenção do Filho e da regeneração do Espírito.

*Versículo 47*
*O Deus que por mim tomou vingança e me submeteu povos.* O fato de que pecadores perecem é em si uma consideração dolorosa, mas o fato de que a Lei do Senhor é vingada naqueles que a infringem é para a mente devota uma questão de gratidão. —C. H. SPURGEON

*Isto é Deus.* Caro senhor, isto não é outra coisa a senão a mão de Deus; e a Ele somente pertence a glória e dela ninguém compartilhará com Ele. O General o serviu com toda fidelidade e honra; e a melhor condecoração que posso lhe dar é ousar dizer que ele atribui tudo a Deus e preferiria perecer a tomar a honra para si. —OLIVER CROMWELL, escrito para o *Orador da Câmara dos Comuns* após a Batalha de Naseby

*Versículo 49*
*Glorificar-te-ei, pois, entre os gentios, ó SENHOR, e cantarei louvores ao teu nome.* Por lutar com outros, ele venceu todos; mas em cantar e deleitar-se, ele se superou. —THOMAS PLAYFERE

# Salmo 19

MUITO SÁBIO é aquele que lê tanto o livro do mundo quanto o Livro da Palavra; e os lê como volumes da mesma obra e sobre ele tem a seguinte percepção: "Meu Pai escreveu ambos". —C. H. SPURGEON

Este salmo faz um contraste perfeito com o oitavo Salmo, evidentemente composto no anoitecer e deveria ser lido em conexão com ele, pois provavelmente foi escrito na mesma época; e como ambos são canções de louvor derivadas de fenômeno natural são, portanto, adequados à vida rural e pastoril. —JOHN MASON GOOD

Como Aristóteles tinha dois tipos de livro de escritos, um chamado *exotérico*, para seus ouvintes comuns e outro chamado *acroamático* [N.E.: Com estudos mais aprofundados.], para seus alunos particulares e conhecidos mais próximos; da mesma forma, Deus tem dois tipos de livros como Davi sugere neste Salmo, a saber: o livro de Suas criaturas, um livro trivial para todos os homens no mundo (v.1-6) e o livro de Suas Escrituras como que uma Constituição para o Seu povo, a Igreja (v.7,8).

*Os céus proclamam*, ou seja, fazem os homens declararem a glória de Deus por causa de sua estrutura, seus movimentos e sua influência tão admiráveis. A pregação dos céus é maravilhosa em três aspectos: 1) Como pregação constante, durante toda a noite e todo o dia sem intervalo (v.2); 2) Como pregação feita em todo tipo de linguagem (v.3); 3) Como pregação feita em todas as partes do mundo e em todas as paróquias de todos os locais, e em todos os locais de todas as paróquias (v.4). Eles são pastores diligentes, pois pregam em todos os momentos; e são pastores instruídos, visto que pregam em todas as línguas; e são pastores católicos já que pregam em todas as cidades.

Este é o manual de Deus, podemos dizer, para todos os tipos de pessoas. Homens pagãos leem Seu manual, mas os cristãos são bem familiarizados com Sua Bíblia. —JOHN BOYS

*Versículo 1*
*Os céus proclamam a glória de Deus.* O livro da natureza tem três páginas: céu, terra e mar — das quais o céu é a primeira e a mais gloriosa e por meio de sua ajuda somos capazes de ver as belezas das outras duas. Aquele que começa a ler a criação estudando as estrelas começa o livro no lugar certo.

*Os céus.* O plural é utilizado por sua variedade, abrangendo os céus aquosos com suas nuvens de inúmeras formas, os céus aéreos com suas calmarias e tempestades, os céus solares com todas as glórias do dia e os céus estrelados com todas as maravilhas da noite; o que o Céu dos céus deve ser ainda não adentrou ao coração do homem, mas ali, supremo, todas as coisas proclamam a glória de Deus. Não é meramente a glória que os céus declaram, mas sim a glória de Deus.

*O firmamento anuncia as obras das suas mãos.* Não uma obra qualquer, mas a obra de Suas mãos. A vastidão está repleta das obras das mãos habilidosas e criadoras do Senhor. Na vastidão acima de nós Deus exibe Sua bandeira estrelada para demonstrar que o Rei está em casa e ergue o Seu brasão de modo que os ateus vejam o quanto Ele despreza as denúncias que fazem dele. Aquele que olha para o firmamento e então se declara ateu rotula-se simultaneamente de tolo e mentiroso. —C. H. SPURGEON

Os céus revelam a Sua sabedoria, Seu poder, Sua bondade; e assim não há uma criatura sequer, ainda que de tamanho ínfimo, que não nos revele o Criador

a quem devemos adorar. Assim como um cômodo repleto de espelhos exibe o rosto em cada ângulo, da mesma forma todo o mundo exibe a misericórdia e a bondade de Deus; e ainda que seja visível, revela um Deus invisível e Seus domínios invisíveis.
—ANTHONY BURGESS

Durante a Revolução Francesa, Jean Bon Saint-André, o revolucionário de Vendeia, disse a um camponês: "Eu removerei todos os seus campanários de modo que você não terá mais objeto algum que os lembre desta sua velha superstição." O camponês respondeu: "Mas você não tem como nos tirar as estrelas".
—JOHN BATES, em *Enciclopédia de Verdades Morais e Religiosas*

Versículos 1 e 2. A leitura literal do primeiro e do segundo versículo pode ser a seguinte:
   Os céus nos FALAM sobre a glória de Deus,
   O firmamento EXIBE a obra de Suas mãos;
   Um dia DESPEJA discursos sobre outro,
   Uma noite EXALA conhecimento sobre outra.
   —HENRY CRAIK

Versículos 1 a 4. Ainda que todos os pregadores da Terra se omitam e toda boca humana deixe de propagar a glória de Deus, os céus jamais deixarão de declarar e proclamar Sua majestade e glória. Ainda que a natureza seja calada e silenciada quando o Sol em sua glória alcança o zênite no céu azul, ainda que o mundo conserve sua festividade silenciosa no momento em que as estrelas brilham mais radiantemente à noite, ainda assim o salmista diz que *eles falam*. Sim, o silêncio é em si um discurso, basta haver ouvidos para ouvi-lo. —AUGUSTUS T. THOLUCK

*Versículo 2*
*Um dia discursa a outro dia, e uma noite revela conhecimento a outra noite.* Como se um dia continuasse a história onde o anterior a deixou e cada noite entregasse à outra o magnífico conto. —C. H. SPURGEON

Um dia que discursa ao outro, é um dia que ensina o outro.

*Versículo 3*
*Não há linguagem.* Não direi que a voz de Deus não foi ouvida; Sua voz pronunciou-se tão estrondosamente na quietude quanto um trovão ribombante.
—JOHN GADSBY

Versículos 4 a 6. O início da dispensação do evangelho como foi apresentado por Cristo é chamado de Sol da Justiça (Ml 4:2). Mas esta dispensação do evangelho inicia-se com a ressurreição de Cristo. Aqui, o salmista diz que Deus dispôs uma tenda nos céus para o Sol, então Deus o Pai preparou uma morada no Céu para Jesus Cristo. Ele estabeleceu um trono para Cristo no Céu, para onde Jesus ascendeu após ressuscitar. Então quando Cristo ressuscitou da sepultura, ascendeu às alturas dos Céus acima de todos os céus, mas ao fim do dia das boas-novas Ele descerá novamente para a Terra. Aqui é dito que o sol ressurreto "se regozija como herói, a percorrer o seu caminho". Então Cristo, quando ressuscitou, surgiu como homem de guerra, como o Senhor forte e poderoso, o Senhor poderoso na batalha.
—JONATHAN EDWARDS

*Versículo 5*
*O qual, como noivo;* Cristo é o Noivo; a natureza humana, a Noiva. Aqui ocorre a junção, bendita união de ambos em uma pessoa em Seu casamento. A melhor forma de reconciliar duas famílias em desacordo é efetuar um casamento entre elas; desta forma a Palavra se tornou carne e habitou entre nós no mundo para que Ele, por meio disso, nos concedesse paz, reconciliando Deus com o homem e o homem com Deus. Meu pecado é o Seu pecado, e a Sua justiça é a minha justiça. Aquele que não conhecia pecado, tornou-se pecado por amor a mim; e eu, por outro lado, não tendo nada de bom, passei a ser justiça de Deus em Cristo. —JOHN BOYS

*Versículo 6*
*E nada refoge ao seu calor.* As entranhas da Terra estão repletas do antigo produto dos raios solares e até mesmo as cavernas mais profundas da Terra sentem seu poder. Onde não há luz, o calor e outras influências mais sutis encontram seus caminhos.

O caminho da graça de Deus é sublime, amplo e repleto de Sua glória; em todas as suas formas deve ser admirado e estudado com diligência. Jesus, como um sol, habita em meio à revelação, fazendo morada entre os homens em todo o Seu resplendor; alegrando-se, como Noivo de Sua igreja, por revelar-se aos homens; e, como campeão, alegra-se em ganhar renome para si. Ele cria um circuito de misericórdia, abençoando os cantos mais remotos da Terra.

A Terra recebe calor do Sol e por condução uma parte deste calor penetra a crosta de nosso globo. Por convecção, outra porção é carregada até a atmosfera e a aquece. Outra porção é radiada para o espaço, conforme leis ainda incompreendidas, mas que estão evidentemente conectadas com a cor, a composição química e a estrutura mecânica de partes da superfície da Terra. —EDWIN SIDNEY, em *Conversas sobre a Bíblia e a Ciência*

Não é somente no topo da montanha que Cristo brilha; pois no dia anterior à Sua ressurreição plena, Seus raios, ainda que invisíveis para o resto do mundo, formavam uma glória ao redor da cabeça de Seus profetas, que o viam, enquanto que para grande parte da humanidade Ele ainda permanecia sob o horizonte. Contudo, agora que Cristo ressuscitou, Ele derrama a Sua luz pelo vale assim como sobre a montanha; e não há ninguém, pelo menos nestes países, que não receba alguns raios dessa luz, exceto aqueles que se abrigam e se esconder nas escuras cavernas do pecado.

Ele não apenas clareia o entendimento, mas também amolece, derrete e aquece o coração para que ame a verdade; e chama à existência frutos dela e colhe o fruto que chamou à existência; e isto para a menor planta que se arrasta pelo solo e para a árvore mais alta. —JULIUS CHARLES HARE

## Versículo 7

*A lei do Senhor é perfeita;* e com isto ele não fala apenas da Lei de Moisés, mas da doutrina de Deus, toda a extensão e norma do Escrito sagrado. Não há redundâncias e omissão na Palavra de Deus e no plano da graça; por que então os homens tentam pintar este lírio e dourar este ouro refinado? O evangelho é perfeito em todas as suas partes e perfeito como um todo. É crime acrescentar-lhe algo, traição alterá-lo e delito retirar-lhe algo.

*Restaura a alma.* O grande meio de conversão de pecadores é a Palavra de Deus e quanto mais perto nos mantemos dela em nosso ministério, maiores são as chances de sermos bem-sucedidos. É a Palavra de Deus, e não os comentários do homem sobre a Palavra de Deus, que tem grande poder sobre as almas.

## Versículo 8

*Os preceitos do SENHOR são retos e alegram o coração.* Note o progresso: aquele que foi convertido, foi em seguida transformado em sábio e agora tornou-se feliz; essa verdade que certamente justifica o coração concede alegria ao coração justo. —C. H. SPURGEON

Quão odiosa é a profanidade desses cristãos que negligenciam as Santas Escrituras e se entregam à leitura de outros livros! Quantas horas preciosas tantos gastam — e não somente em dias de trabalho, mas dias santos — em romances tolos, histórias fantásticas, poemas lascivos! E por que contentar-se em ser animado e satisfeito, quando só se pode obter alegria plena neste Santo Livro? Outros livros podem nos consolar das tristezas exteriores, mas não dos medos interiores; eles podem alegrar a mente, mas não acalmam a consciência; podem acender algumas faíscas reluzentes de alegria, mas não aquecem a alma com um fogo duradouro de firmes consolações.

Concedendo-lhe Deus um ouvido espiritual para julgar coisas acertadamente, você então reconhecerá que não há sinos como os de Arão, nenhuma harpa como a de Davi, nenhuma trombeta como a de Isaías, nenhuma flauta como a do Apóstolo; e você confessará com Pedro Damião que esses escritos de oradores pagãos, filósofos, poetas que antigamente eram tão agradáveis, são agora enfadonhos e rudes em comparação ao consolo das Escrituras. —NATHANIEL HARDY

*Ilumina os olhos.* Se a visão turva de tristeza ou pecado, a Escritura é um habilidoso oftalmologista e deixa os olhos límpidos e claros. Olhe para o Sol e ele acabará com seus olhos, olhe para a luz do Sol do Apocalipse e seus olhos serão iluminados; a pureza da neve cega o viajante dos Alpes, mas a pureza da verdade de Deus tem efeito contrário e cura a cegueira natural da alma. Boa coisa é mais uma vez observar a gradação: o convertido se torna um discípulo e depois uma alma jubilante, ele agora obtém olhos perspicazes e como homem espiritual discerne todas as coisas, ainda que ele próprio não seja discernido por homem algum.

*Versículo 9*
*Permanece para sempre.* Quando governos de nações são abalados pela revolução e antigos estatutos são rechaçados, é consolador saber que o trono de Deus é inabalável e Sua Lei inalterável.

*Versículo 10*
*São mais desejáveis do que ouro, mais do que muito ouro depurado.* A metáfora ganha mais força ao desenvolver-se: ouro, muito ouro, ouro depurado. É bom, melhor, ideal e, portanto, não deve apenas ser desejado com a avidez do avarento, mas com muito mais do que isso. Os homens falam de ouro sólido, mas o que é tão sólido quanto a verdade sólida? Pelo amor ao ouro os prazeres são repudiados, facilmente renunciados e a vida é ameaçada; não devemos estar prontos para agir da mesma forma pelo amor à verdade? —C. H. SPURGEON

*E são mais doces do que o mel e o destilar dos favos.* Não há diferença estabelecida para nós entre a iguaria que é o mel no favo e o mel que dele já fora retirado. —SAMUEL BURDER, em *Hábitos Orientais*

*Versículo 11*
*Além disso, por eles se admoesta o teu servo.* Um certo judeu havia desenvolvido um plano para envenenar Lutero, mas foi desiludido por um amigo fiel, que enviou a Lutero um retrato do homem, com uma admoestação contra ele. Com isto, Lutero reconheceu o assassino e escapou de suas mãos. Assim a Palavra de Deus, ó cristão, mostra a você o rosto das luxúrias que Satanás emprega para destruir seus consolos e envenenar sua alma. —G. S. BOWES, em *Conjunto Ilustrativo para Pregadores e Mestres*

*Em os guardar, há grande recompensa.* Há um salário, um excelente salário; não recebemos vencimentos de dívidas, mas ganhamos os rendimentos da graça. —C. H. SPURGEON

Não apenas em guardar, mas em os guardar, há grande recompensa. —THOMAS BROOKS

*Versículo 12*
Quem há que possa discernir as próprias faltas? Aquele que melhor conhece a Palavra melhor conhece a si mesmo, mas até mesmo este entrará em um labirinto de fascinação com o que não sabe antes de subir ao monte de felicitações por aquilo que sabe. —C. H. SPURGEON

Ninguém consegue compreender seus erros em toda sua profundidade. Nesta questão há dois aspectos a considerar: 1. Uma concessão. 2. Uma confissão. As Escrituras afirmam que: "Todos nós andávamos desagarrados como ovelhas". A totalidade do homem na natureza é como uma árvore cortada na raiz que dá frutos estragados. A totalidade do homem na vida é como um instrumento desafinado que emite ruído áspero a cada toque. E se não conseguimos compreender nossos erros, certamente seu número é muito grande. —ROBERT ABBOT

Se um homem não se arrepende até ter confessado todos os seus pecados nos ouvidos de seu Pai celestial, se um homem não for absolvido de seus pecados até que seus pecados sejam contados em narrativa e número aos ouvidos do sacerdote; nesse caso, como disse Davi, ninguém pode compreender e muito menos então, enunciar todos os seus pecados. Ai de mim! Não seria um homem por esta doutrina completamente afastado do arrependimento? —JOHN BRADFORD (Mártir)

Enganoso é o coração, mais do que todas as coisas, e desesperadamente corrupto; quem o conhecerá? —PROFETA JEREMIAS (Jr 17:9)

Não há aritmética que possa enumerar os nossos pecados. Antes que possamos contar mil deles teremos cometido mais mil. —THOMAS ADAMS

*Absolve-me das que me são ocultas.* Pecados secretos, como conspiradores escusos, devem ser caçados, caso contrário causarão prejuízo moral; é muito bom entregar-se em oração a respeito deles. No Conselho Luterano da Igreja de Roma, foi aprovado um decreto afirmando que todo cristão verdadeiro deveria confessar seus pecados, todos eles, uma vez por ano ao sacerdote, e acrescentaram, a esta declaração, que não há esperança de perdão a não ser que se observe este decreto. A que se pode igualar a absurdidade de um decreto como esse? Supõem eles serem capazes de nomear seus pecados tão facilmente como contam os seus dedos? —C. H. SPURGEON

"Desventurado homem que sou! [disse Paulo] Quem me livrará do corpo desta morte?" Em verdade irmãos, não era o pecado distante, mas em casa; não era o pecado exterior, mas desta vez interior; não era o pecado de Paulo com homens, mas o pecado de Paulo dentro de Paulo. Rebeca, estava exausta de sua vida, mas lemos e constatamos não se tratar de inquietações exteriores, mas de dificuldades domésticas: "…por causa das filhas de Hete…" dentro de casa "…aborrecida estou da minha vida…"; então o escuso e secreto nascimento da corrupção em Paulo — as obras dessa corrupção — eram a causa de sua luta, eram a base de sua exclamação e seus desejos: "Quem me livrará…?" —OBADIAH SEDGWICK

Alguns veem, mas não o farão, como Balaão; alguns veriam, mas não podem, como o eunuco; alguns não verão e nem poderão, como o Faraó; alguns podem e verão, como Davi. —THOMAS ADAMS

A Lei do Senhor é tão santa que se deve orar por perdão, até mesmo de pecados ocultos. (Observação: Este era um texto central para os Reformadores contra a confissão auricular dos católicos romanos.) —T. C. BARTH, em *Manual da Bíblia*

Se o pecado de um homem vem a público há um ministro disponível, um amigo próximo e outros para reprovar, alertar, aconselhar; mas quando ele é o artífice de suas luxúrias, ele se aparta de toda a correção pública e investe grande diligência e cuidado em condenar sua alma acobertando seus pecados secretos com algum verniz plausível que possa gerar boas avaliações de outros concernentes aos modos por ele adotados. —OBADIAH SEDGWICK

Há um poema singular de Hood, chamado "O Sonho de Eugene Aram" — uma peça, de fato, extremamente notável que ilustra o ponto sobre o qual estamos ponderando agora. Aram havia assassinado um homem e lançado seu corpo no rio — "uma água quase parada, negra como tinta, com enorme profundidade". Na manhã seguinte ele voltou até o cenário de sua culpa:

*E perscrutou o negro reservatório maldito*
*Com um selvagem olhar receoso;*
*E viu o morto no leito do rio*
*Pois secara o infiel canal vultuoso.*

Depois tentou cobrir o cadáver com um monte de folhas, mas um fortíssimo vento soprou por todo o bosque deixando o segredo exposto diante do Sol.

*Prostrei-me sobre minha face,*
*E comecei a chorar.*
*Pois sabia que aquele meu segredo*
*A terra se recusava a guardar;*
*Fosse no solo, fosse no mar,*
*Na profundidade, o féretro deveria ficar.*

Em observações lamuriosas, ele profetiza a sua própria descoberta. Enterrou sua vítima numa caverna e a cobriu com pedras, mas após os anos percorrerem sua enfadonha trajetória, o horrível feito foi descoberto e o assassino, morto.

A hipocrisia é um jogo muito difícil, pois se trata de um enganador contra muitos observadores. Pecador sigiloso! Desejando uma amostra de ruína nesta Terra, continue em seus pecados secretos; pois não há homem mais miserável do que aquele que peca secretamente e ainda tenta preservar as aparências. O veado, seguido pelos cães famintos com bocas abertas, é muito mais feliz do que o homem que é perseguido por seus pecados. —C. H. SPURGEON, em sermão sobre *Pecados Secretos*

Quando Satanás nos tenta, isto nada mais é do que atear fogo a um pavio que no mesmo momento se acende. Nosso coração é instigado com a mais ínfima faísca que sobre ele cai, tal qual um recipiente cheio de água que, com a mínima sacudida, transborda. E consequentemente, muitas vezes pequenas tentações e ocasiões muito triviais atraem grandes corrupções. Como um recipiente cheio de licor fresco que com uma pequena abertura espumeja e fermenta a bebida. —EZEKIEL HOPKINS

As Escrituram recomendam com frequência o dever de sondar, provar e examinar o coração além de com ele comungar. —ANTHONY BURGESS

Versículos 12 e 13. Aquele que pecar, e quando o tiver feito, disser — não para consolar sua alma contra Satanás, mas para bajular-se em seu pecado — que se trata apenas de uma debilidade; pelo que sei, ele poderá ir para o inferno por suas debilidades.

Davi não disse *purifica*, mas pediu: *da soberba guarda teu servo*. Nós podemos, então, ser guardados dela. Receba diariamente o perdão. Se não formos dela preservados, a soberba *nos dominará*. E segue: "então serei irrepreensível"; de modo que o homem sobre quem o pecado repugnante e presunçoso não exerce domínio, este é irrepreensível. —RICHARD CAPEL

*Versículo 13*
*Guarda o teu servo*. Ser refreado é a cruz do homem mau e a alegria do homem bom é ser guardado do pecado. Um homem mau é afastado do pecado, como um amigo de outro amigo, como um amante de sua amada, com afeições muito fortes e planos de encontro; mas um homem bom é guardado do pecado, como alguém é preservado de seu inimigo mortal, cuja presença ele odeia e nutre desejos de ver sua ruína e destruição. A miséria do homem bom é ainda ter um coração que precisa ser domado e contido; o tormento e descontentamento do homem mau é ainda estar, ou a qualquer momento ser, refreado por cordas e rédeas. —OBADIAH SEDGWICK

Não é nossa graça, nossa oração, nossa vigilância que nos guardam, mas é o poder de Deus e Sua destra que nos sustentam. —ANTHONY BURGESS

Deus guarda os Seus servos do pecado: 1) Pela graça protetora; 2) Pela graça auxiliadora; 3) Pela graça vivificadora; 4) Pela graça diretiva e 5) Exercendo a graça. —*Condensado de* OBADIAH SEDGWICK

*Da soberba*. Os pecados da soberba são peculiarmente perigosos. É notável que ainda que uma propiciação tenha sido provida sob a lei judaica para todos os tipos de pecado, ainda havia esta única exceção: "Mas a pessoa que fizer alguma coisa atrevidamente, [...] injuria ao Senhor; tal pessoa será eliminada do meio do seu povo". Pecadores soberbos, ao morrerem sem perdão, devem esperar porção dobrada da ira de Deus e uma porção ainda mais terrível de punição eterna no poço cavado para os perversos. —C. H. SPURGEON

Os rabinos distinguem todos os pecados entre aqueles cometidos na ignorância e os cometidos com soberba. —BENJAMIN KENNICOTT

Quando o pecado evolui de ato para deleite, de deleite para novos atos, de repetição de atos pecaminosos para complacência perniciosa, hábito, costume e uma segunda natureza, de modo que qualquer coisa que o toque seja doloroso e atinja o coração do homem; quando tiver tomado o lugar de Deus, e exigir ser amado com toda a força, fizer a graça zarpar e outros vícios o homenagearem, quando reivindicar que todos os interesses do homem sejam sacrificados e que o homem lhe sirva com a reputação que desenvolveu ao longo da vida, com suas fortunas, suas funções, seu corpo e sua alma, até a perda irreparável de seu tempo e sua eternidade — este é o ápice do domínio do pecado — neste momento então o pecado se torna "excessivamente pecaminoso". —ADAM LITTLETON

Davi ora pedindo a Deus que o guarde *da soberba*, de pecados conhecidos e evidentes, pecados que resultam da escolha da vontade perversa contra a mente esclarecida. —ALEXANDER CRUDEN

*Que ela não me domine.* Qualquer pecado pequeno pode prevalecer sobre o pecador e derrubá-lo com o tempo, mas um pecado soberbo opera grande alteração no estado da alma imediatamente e com um único ato avança extraordinariamente, enfraquecendo a alma e dando uma gigantesca vantagem à carne até alcançar o desastre da conquista completa. —ROBERT SANDERSON

Primeiro Davi ora: *Senhor, absolve-me dos pecados ocultos,* que são pecados de ignorância e, em seguida, ele ora contra a soberba, que, como o antônimo mostra, são os pecados contra o conhecimento; pois ele diz: "se me dominarem; então, não serei livre daquela grande transgressão", ou seja, desse pecado imperdoável que nunca será perdoado. Pois para cometer esse pecado, duas coisas são necessárias: mente esclarecida e malícia no coração; não malícia somente, a menos que haja clareza, pois então o apóstolo teria pecado; logo sendo o conhecimento pai deste pecado, só o é "depois de termos recebido pleno conhecimento da verdade" (Hb10:26-28). —THOMAS GOODWIN

Almas contentes, sob certo senso de paz por meio do sangue de Jesus, oram diariamente para serem mantidas pela graça do Espírito. Tais almas verdadeiramente se conhecem, veem o perigo de uma queda e não ousarão deixar de mitigar ou atenuar a hedionda natureza e odiosa deformidade de seu pecado. Não darão ao pecado um nome mais leve do que merece, temendo depreciar o infinito valor desse precioso sangue que Jesus derramou para expiar a culpa por este pecado. Ai! O santo mais exaltado, o cristão mais estabelecido, se deixado sozinho, com que rapidez os crimes mais obscuros, os *pecados mais soberbos* terão *domínio* sobre ele?! —WILLIAM MASON, em *Um Tesouro Espiritual para os Filhos de Deus*

*Então, serei irrepreensível e ficarei livre de grande transgressão.* Ele treme ao pensar no pecado imperdoável.

O pecado secreto é um trampolim para o pecado soberbo e esse é o vestíbulo do "pecado para morte". Aquele que tenta o diabo a tentá-lo está em um caminho que o levará do mau ao pior e do pior ao péssimo. —C. H. SPURGEON

Os movimentos de uma alma tentada a pecar, assim como os movimentos de uma rocha caindo do alto de um monte, são facilmente interrompidos no início, mas uma vez que permanecem em andamento quem poderá interrompê-los? E, portanto, é a mais profunda sabedoria no mundo observar os primeiros movimentos do coração, sondá-lo e ali mesmo parar. —G. H. SALTER

Dê atenção especial àqueles pecados que se aproximam do pecado contra o Espírito Santo; e estes são: hipocrisia, adotar apenas a profissão exterior da religião e dessa forma fingir para Deus e dele zombar; pecar deliberadamente contra a convicção da consciência e contra maior clareza e conhecimento, pecar soberbamente, e com arrogância. Estes pecados, ainda que nenhum deles seja diretamente pecado contra o Espírito Santo, dele muito se aproximam. —ROBERT RUSSELL

*Versículo 14*
*As palavras dos meus lábios e o meditar do meu coração sejam agradáveis na tua presença, SENHOR, rocha minha e redentor meu!* As palavras dos lábios são zombaria se o coração não medita. —C. H. SPURGEON

Mas, Senhor, o que são as minhas palavras? O que são os meus pensamentos? Ambos são perversos, meu coração uma fonte corrompida e minha língua uma corrente impura; e eu devo trazer tal sacrifício a Deus? O manco, o coxo, o cego, que ao contrário dos animais são limpos, ainda assim são sacrifícios abomináveis a Deus, quanto mais abominável seria se oferecêssemos os animais impuros? E ainda assim, Senhor, meu sacrifício não é melhor; palavras falhas, pensamentos sinuosos, nenhum deles são apresentáveis a ti; menos ainda não seriam os pensamentos malignos e as palavras inertes? Contudo, isto é o que tenho de melhor. Qual seria a solução?

Não havendo nenhuma será em ti, Senhor, que devo encontrá-la e por ela agora busco em ti. Somente o Senhor, ó Deus, pode santificar minha língua e santificar meu coração de modo que minha língua fale e meu coração pense aquilo que é agradável a ti, aquilo que seja o Teu deleite. —ARTHUR LAKE (Bispo), em *Meditações Divinas*

# Salmo 20

ASSUNTO: Temos diante de nós um hino nacional a ser cantado na deflagração da guerra, quando o monarca toma sua espada para a luta. Se Davi não tivesse sido atormentado por guerras, talvez nunca tivéssemos sido favorecidos com salmos como este. Há uma necessidade na existência de lutas para um santo: para que ele produza consolo para outros.

## Versículo 1

*O Senhor te responda no dia da tribulação*. Que misericórdia podermos orar no dia da tribulação e que privilégio ainda mais bendito não haver tribulação que impeça o Senhor de nos ouvir! As tribulações estrondeiam como trovão, mas a voz do cristão será ouvida apesar da tempestade. —C. H. SPURGEON

Todos os dias de Cristo foram dias de tribulação. Ele foi um irmão nascido para a adversidade, um Homem de dores que sabe o que é padecer... Porém, mais especificamente houve um "dia de tribulação" para Ele quando no Getsêmani, intensamente abatido e Seu suor era tal como gotas de sangue caindo ao chão, a Sua alma estava sobremaneira enlutada, como que morta. E ainda mais, quando foi pendurado na cruz... quando carregou todos os pecados do Seu povo, suportou a ira de Seu Pai e por Ele foi abandonado. —*Condensado de* JOHN GILL

E quem há entre os filhos dos homens a quem não venha um "dia de tribulação", cujo caminho não obscureça em certos momentos ou com quem esteja sempre o Sol radiante livre de nuvens desde o berço até a sepultura? "Algumas poucas plantas", diz o velho Jacomb, "têm o sol da manhã e do entardecer"; e muito mais antiga do que esta afirmação é: "O homem nasce para o enfado". —BARTON BOUCHIER

*O nome do Deus de Jacó te eleve em segurança*. Quanto mais souberem sobre o nome dele, ou seja, Sua bondade, misericórdia, verdade, poder, sabedoria, justiça etc. mais ousadamente orarão a Ele, sem duvidar que responderá conforme Seu nome... Pois assim o é entre os homens, conforme o bom nome que têm em quem buscam liberdade e piedade, estarão prontos para os procurarem em seus momentos de necessidade e os pobres dirão: "Irei a esta casa pois ali estão os de bom nome". —NICHOLAS BOWND

Certa vez, fui aguilhoado por um pobre e tolo papista irlandês que me disse em sua ignorância consumada e seu fanatismo que se um padre lhe desse nada mais que uma gota de água benta e fizesse com ela um círculo ao redor de um campo repleto de animais selvagens, nenhum deles o atacaria. Retirei-me enojado com o estratagema abominável de tais homens cruéis, refletindo: que tolo sou eu por não confiar em meu Deus como este pobre homem iludido confia em seu padre e numa gota de água benta! —JOSEPH IRONS

## Versículo 2

*Do seu santuário te envie socorro*. Os homens do mundo desprezam a ajuda do santuário, mas nosso coração aprendeu a valorizá-la acima de todo socorro material. Eles buscam ajuda em arsenais, tesouros ou armazéns, mas nós nos voltamos para o santuário. —C. H. SPURGEON

Aqui vemos a natureza da fé verdadeira, que nos faz enxergar ajuda no Céu e assim orar aos Céus quando nada se encontra na Terra.

E esta é a diferença entre fé e incredulidade: que os próprios incrédulos podem pela razão conceber ajuda havendo meios para ajudá-los; mas se falharem não enxergam nada além. Logo eles são como os míopes, que nada veem exceto aquilo que está à sua frente. Mas a fé vê à distância, até os Céus, de modo que é "a convicção de fatos que não se veem". —NICHOLAS BOWND

## Versículo 3
*Lembre-se de todas as tuas ofertas de manjares e aceite os teus holocaustos.* Antes, reis de guerra ofereciam sacrifício de cuja aceitação definiria seu sucesso; nosso bendito Senhor apresentou-se como vítima e foi para o Altíssimo como aroma suave e só então Ele enfrentou e derrotou as legiões do inferno preparadas para a batalha. —C. H. SPURGEON

*Todas as tuas ofertas.* A humilhação que trouxe o Senhor do Céu à Terra; a paciente permanência no ventre da virgem; o pobre nascimento; a rústica manjedoura; bois e burros como atendentes; a cansativa fuga para o Egito; o pobre casebre em Nazaré; a prática de todo o bem e o carregar de todo o mal; os milagres, os sermões, os ensinamentos; ser chamado de homem glutão e bebedor de vinho; o amigo de publicanos e pecadores; a atribuição dos Seus magníficos feitos a Belzebu.

*E aceite os teus holocaustos.* Assim como todas as partes da vítima eram consumidas em um holocausto, qual membro, qual sentido de nosso amado Senhor não agonizou em Sua paixão? A coroa de espinhos em Sua cabeça; os pregos em Suas mãos e pés, os opróbrios que enchiam os Seus ouvidos; a multidão soberba em quem Seu olhar moribundo pairava; o vinagre e o fel; os odores malignos da morte e corrupção. Os lavradores arando as Suas costas fizeram longos sulcos; a Sua face tão sagrada foi golpeada com a palma da mão, Sua cabeça com o caniço. —DIONÍSIO E GERHOHUS, citados por J. M. Neale

*Aceite:* hebraico para "transformar em cinzas" pelo fogo do Céu, como prova de Sua aceitação, como era de costume. —MATTHEW POOLE

## Versículo 5
*Nós nos alegraremos pela tua salvação* (ARC). Deveríamos determinar firmemente que venha o que vier nos alegraremos no braço salvador do Senhor Jesus. O povo neste salmo, antes que seu rei fosse à batalha, tinha certeza da vitória, e, portanto, começou a alegrar-se de antemão; quanto mais não devemos nós fazer o mesmo, nós que vimos a vitória ser obtida por completo! A incredulidade começa a lamentar pelo funeral antes que o homem tenha morrido; por que não deveria a fé comandar a música antes que a dança de vitória comece? —C. H. SPURGEON

*Em nome do nosso Deus.* Como clamaram: "Espada pelo SENHOR e por Gideão!" (Jz 7:20); e como vemos em Josué: "Gritou, pois, o povo, e [...] ruíram as muralhas" (6:20); e o rei Abias clamando com seus homens da mesma forma matou 500 mil dos filhos de Israel.

Então agora também, conforme os costumes militares de nossos dias, os soldados se vangloriam no nome e na glória de seu general para encorajar-se na luta contra os seus inimigos. E é exatamente este costume que este versículo ensina, mas de forma divina e religiosa. —MARTINHO LUTERO

## Versículo 6
*Ele o ouvirá* (ARC). Eu muito me alegraria com as orações de todas as igrejas de Cristo; ó, que não houvesse um santo na Terra que não citasse meu nome em sua oração matinal e noturna (quem quer que você seja leitor, eu peço que ore por mim); mas acima de tudo que eu faça parte destas orações e intercessões que são apropriadas somente para Cristo; estou certo de que assim eu jamais fracassaria. As orações de Cristo são celestiais, gloriosas e muito eficazes. —ISAAC AMBROSE

*Versículo 7*
*Uns confiam em carros, outros, em cavalos; nós, porém, nos gloriaremos em o nome do S*ENHOR*, nosso Deus.* Carruagens e cavalos criam um espetáculo imponente e com sua extraordinária poeira e belos jaezes formam visuais tão belos que o homem vão muito se impressiona; contudo o olho da fé com discernimento vê mais no Deus invisível do que nisso tudo. O motor de guerra mais temido nos dias de Davi era o carro de guerra, armado com foices que cortavam homens como grama. Esta era a jactância e a glória das nações vizinhas; mas os santos consideravam o nome de Jeová como uma defesa muito melhor.

O nome do nosso Deus é Jeová e isto nunca deveria ser esquecido; o EU SOU autoexistente, independente, imutável, sempre presente, fonte de plenitude. Adoremos esse nome incomparável e nunca o desonremos com desconfiança ou confiança em criaturas.
—C. H. SPURGEON

No fim de setembro, senti-me como se estivesse no meu limite e, ao sair de casa no clima muito agradável, contemplei o céu azul e meu coração foi tão fortalecido em fé (o que não atribuo a meus próprios poderes, mas unicamente à graça de Deus), que pensei comigo mesmo: *Que excelente coisa é não ter nada e não poder me apoiar em nada, mas ainda assim conhecer o Deus vivo que fez o céu e a Terra e colocar a confiança nele somente; o que nos capacita a caminhar com tranquilidade mesmo em necessidade!*

Ainda que tivesse consciência clara de que necessitava de algo naquele exato dia, meu coração estava tão fortalecido na fé que me sentia contente e cheio de bom ânimo. Ao voltar para casa fui imediatamente chamado pelo mestre de obras, que, por ser sábado, precisava de dinheiro para pagar os salários. Ele esperava que o dinheiro estivesse pronto, pois desejava efetuar os pagamentos e perguntou se eu havia recebido algo. "Chegou algo?", perguntou. Respondi: "Não, mas tenho fé em Deus".

Eu mal havia pronunciado essas palavras quando um estudante anunciou haver trazido 30 dólares para mim de alguém cujo nome se recusou a revelar. Então voltei à sala e perguntei ao mestre de obras de quanto ele precisava para completar os salários dos trabalhadores. Ele respondeu: "Trinta dólares". "Aqui estão", disse eu e no mesmo momento perguntei se precisava de mais. Ele disse: "não", o que muito fortaleceu a fé de ambos, considerando que vimos tão claramente a mão de Deus, que nos enviou o necessário quando precisávamos.
—AUGUSTUS HERMAN FRANKE

*Versículo 8*
*Eles se encurvam e caem.* O mundo, a morte, Satanás e o pecado, todos serão esmagados sob os pés dos campeões da fé; enquanto aqueles que se apoiam no braço de carne serão envergonhados e para sempre confundidos. —C. H. SPURGEON

# Salmo 21

CASO oremos hoje pedindo um benefício e o recebamos, devemos, antes que o sol se ponha, louvar a Deus por essa misericórdia ou mereceremos receber uma resposta negativa na próxima vez. Este salmo é chamado de canção de triunfo de Davi e nós podemos nos lembrar dela como "A ode real de triunfo". "O rei" é muito proeminente ao longo do salmo e o leremos para verdadeiramente nos beneficiarmos, caso meditemos no Rei com doçura enquanto examinamos o texto. —C. H. SPURGEON

Estou convencido de que não há ninguém que concorde com a aplicação do salmo precedente a Cristo em Sua tribulação e que falhe em reconhecer, neste salmo, Cristo em Seu triunfo.

No primeiro, Ele estava no vale da escuridão — o Vale de Acor; agora está no monte Sião; ali Ele suportava dor e trabalho árduo, agora, não mais se lembra da angústia, pois há alegria por uma semente espiritual que nasceu no mundo; naquele, Ele foi ferido por inimigos mortais, que o cercaram por todos os lados, mas neste, adentrou no que está escrito no Salmo 78: "Então, o Senhor despertou como de um sono, como um valente que grita excitado pelo vinho; fez recuar a golpes os seus adversários e lhes cominou perpétuo desprezo" (v.65,66). —HAMILTON VERSCHOYLE

## Versículo 1

*Na tua força, Senhor, o rei se alegra!* Jesus é um personagem real. A pergunta: "Logo, tu és rei?" recebeu uma resposta completa dos lábios do Salvador: "Tu dizes que sou rei. Eu para isso nasci e para isso vim ao mundo, a fim de dar testemunho da verdade."

Ele não é meramente um rei, mas *o* Rei; Rei das mentes e corações, reinando com domínio de amor diante do qual qualquer outro governo não passa de força bruta. Ele foi proclamado Rei mesmo estando na cruz, pois ali, de fato, aos olhos da fé, reinou como em um trono, abençoando os necessitados filhos da Terra com mais do que prodigalidade imperial. —C. H. SPURGEON

*Tua força... tua salvação.* A questão da alegria não está na força somente, mesmo considerando-se todas as suas formas. Não, não na força de Deus, se esta não for acompanhada pela salvação. Força, não para nos abater, mas para nos libertar; este é o lado jubiloso. Agora veja por outro ângulo. Da mesma forma que a força, se resultar em salvação, será um maior motivo para alegria; então a salvação, se acompanhada da força, fará a alegria ainda mais jubilosa; pois se torna forte salvação, libertação poderosa. —LANCELOT ANDREWES, em *Conspiração dos Gowries*

A alegria aqui mencionada é descrita por uma nota de exclamação e uma palavra de admiração: *e como exulta!* O regozijo de nosso Senhor ressurreto deve ser, como Sua agonia, inefável. Caso ergam-se as montanhas de Sua alegria em proporção à profundidade dos vales de Sua tristeza, então Sua sagrada bem-aventurança é tão elevada quanto o sétimo céu. Pela alegria que foi posta diante dele, Cristo suportou a cruz, desprezando a vergonha, e agora essa alegria diária cresce, pois Ele repousa em Seu amor e se alegra com os Seus redimidos com canções, pois no momento devido serão levados para encontrar salvação em Seu sangue.

Regozijemos com nosso Senhor na salvação vinda de Deus, enviada a nós, estendendo-se a outros e rapidamente cercando todos os territórios. Não precisamos ter medo de alegria excessiva neste aspecto; esta fundação sólida sustentará muito bem o edifício mais elevado de alegria. Os clamores dos metodistas primitivos na empolgação da alegria eram muito mais perdoáveis do que nossa própria mornidão.

Nossa alegria deveria ter em si algum tipo de inefabilidade. —C. H. SPURGEON

*E não lhe negaste as súplicas dos seus lábios.* O que fica no poço do coração certamente emergirá no balde dos lábios e essas são as únicas verdadeiras orações onde o desejo do coração vem primeiro e o pedido dos lábios o segue.

*Versículo 3*
Pois o supres das bênçãos de bondade. A palavra "suprir" significava anteriormente preceder ou ir adiante e certamente Jeová precedeu Seu Filho com bênçãos. Antes que Ele morresse, os santos eram salvos pelo mérito antecipado da morte de Cristo; antes que Ele viesse, os cristãos viram o Seu dia e se alegraram; e Ele mesmo se deleitou com os filhos dos homens.

O Pai está tão disposto a conceder bênçãos por meio de Seu Filho que em lugar de se constranger por conceder a Sua graça, Ele supera a marcha mediadora de misericórdia. "Não vos digo que rogarei ao Pai por vós. Porque o próprio pai vos ama". Antes que Jesus clame, o Pai responde e enquanto Ele ainda está falando, o Pai ouve. As misericórdias podem ser compradas com sangue, mas são também concedidas gratuitamente. O amor de Jeová não é fruto do sacrifício do Redentor, mas esse amor, com suas bênçãos de bondade, precedeu a grande expiação e proveu por nossa salvação.

Leitor, lhe será uma alegria se, como o seu Senhor, você puder enxergar a providência e a graça que vão à sua frente, provendo suas necessidades e preparando seu caminho. A misericórdia, no caso de muitos de nós, correu antes de nossos desejos e orações e sempre corre à frente de nossos esforços e expectativas e até mesmo nossas esperanças são deixadas para trás. A graça preveniente merece uma canção; podemos compô-la utilizando esta frase; clamemos. —C. H. SPURGEON

Como se ele dissesse: "Senhor, nunca pedi um reino, nunca pensei em um reino, mas tu tens me dado provisão de bênção da Tua bondade." Vejo esta observação ou doutrina como algo doce e digno de todos os nossos reconhecimentos de gratidão: ter a provisão de bênçãos da bondade de Deus ou as boas bênçãos de Deus.

Não é algo novo para Deus caminhar de forma a prover amor e misericórdia aos filhos dos homens. É desta forma que sempre lidou, lida e lidará com o mundo; é assim que trata as nações do mundo, as grandes cidades e localizações, as famílias e as almas em particular.

E diga-me o que acha de todo aquele capítulo de Lucas — o décimo quinto? Há três parábolas: a da Dracma Perdida, a da Ovelha Perdida e a do Filho Perdido. A mulher perdeu sua dracma e vasculhou para encontrá-la; mas foi a dracma que primeiro procurou a mulher ou a mulher foi em busca da dracma?

O pastor perdeu sua ovelha, mas foi a ovelha que primeiro procurou o pastor ou pastor que procurou a ovelha? De fato, é dito do filho perdido que ele primeiro toma uma decisão: "Irei ter com o meu pai", mas quando seu pai o viu à distância, correu para encontrá-lo e o abraçou dando-lhe boas-vindas. Por quê? Apenas para demonstrar que as obras da graça e da misericórdia ocorrerão na forma de um amor preveniente. —*Condensado de* WILLIAM BRIDGE

Uma grande parte de nossas bênçãos nos é dada antes de pedirmos ou buscarmos. A existência, a razão, o intelecto, o nascimento em uma nação cristã, o chamado de nossa nação ao conhecimento de Cristo e o próprio Cristo, com muitas outras coisas, não foram buscados por nós e ainda assim os recebemos, como era o direito de Davi requerer o trono. Ninguém jamais pediu um Salvador até que Deus por Seu próprio mover prometeu "a semente da mulher". —WILLIAM S. PLUMER

*Pões-lhe na cabeça uma coroa de ouro puro.* Jesus usou a coroa de espinhos, mas agora usa a coroa de glória. É uma "coroa", indicando a natureza da realeza, o poder imperial, honra merecida, conquista gloriosa e governo divino.

Napoleão coroou-se, mas Jeová coroou o Senhor Jesus; o império do primeiro derreteu em uma hora, mas o Outro tem domínio permanente. —C. H. SPURGEON

*Versículo 4*
*Ele te pediu vida*. Ezequias pediu uma vida e Deus lhe concedeu 15 anos, o que consideramos como duas vidas e um pouco mais. Ele concede generosamente e de acordo com a Sua natureza. Assim fez Alexandre o Grande quando deu uma cidade ao pobre pedinte; e quando enviou a seu professor um navio cheio de incenso e ofereceu a ele sacrifício livremente.
—JOHN TRAPP

*Versículo 5*
*Grande lhe é a glória da tua salvação*. Senhor, quem é como tu? Salomão em toda a sua glória não podia ser comparado a ti, o desprezado Homem de Nazaré!
—C. H. SPURGEON

Lembro-me de certa pessoa no leito de morte ouvindo um sermão sobre Jesus Cristo. "Ó", ela disse, "fale mais sobre isto, deixe-me ouvir mais disto — não se canse de falar de Seus louvores; anseio por vê-lo. Como poderia eu querer algo mais se não ouvir sobre Ele?" Certamente não há como chegar ao ponto em que se tenha falado demais sobre Jesus Cristo. Sobre este assunto bendito não há possibilidade de hiperbolizar. Falasse eu as línguas dos homens e dos anjos jamais poderia apresentar Cristo completamente. Isso envolve uma contradição eterna; que a criatura possa enxergar até o cerne do Criador.

Suponha que toda a areia da costa, todas as flores, ervas, folhas, gravetos de árvores em florestas e bosques, todas as estrelas do céu fossem criaturas racionais e tivessem sabedoria e línguas dos anjos para falar do encanto, da beleza, da glória e da excelência de Cristo ascendido ao Céu e assentado à destra de Seu Pai, eles todos, em todas as suas manifestações específicas, ficariam ainda a milhões de quilômetros, diante de Jesus Cristo. —ISAAC AMBROSE

*De esplendor e majestade o sobrevestiste*. Caso haja um peso de glória muito mais evidente e eterno para os Seus humildes seguidores, o que deve haver para nosso Senhor? Todo o peso do pecado foi lançado sobre Ele; logo é apenas resultado que a medida plena da glória de carregar o pecado seja lançada sobre a mesma Pessoa Amada. Uma glória proporcional à Sua vergonha Ele deve e irá receber, pois muito a merece. Não é possível honrarmos Jesus até o ponto do exagero; o que nosso Deus se deleita em fazer, devemos nós certamente fazê-lo dando nosso melhor.
—C. H. SPURGEON

Feliz é aquele que tem uma mão ou um braço com o qual colocar a coroa na cabeça de nosso mais alto Rei, cuja carruagem é revestida de amor. Houvesse 10 mil céus criados acima do mais elevado Céu, e ainda muitos acima destes, e mais muitos outros acima, até que os anjos se cansassem de contá-los, ainda seria um assento baixo demais para fixar o trono magnífico acima de todos os outros para o Senhor Jesus (a quem você pertence).
—SAMUEL RUTHERFORD

*Versículo 7*
*Pela misericórdia do Altíssimo jamais vacilará*. A misericórdia eterna garante o trono mediador de Jesus. Ele que é o Altíssimo em todos os aspectos emprega todas as Suas perfeições infinitas para manter o trono de graça sobre o qual nosso rei em Sião reina. Ele não foi movido do Seu propósito nem em Seus sofrimentos, nem por Seus inimigos e não será movido da conclusão dos Seus planos. Ele é o mesmo ontem, hoje e para sempre. —C. H. SPURGEON

*Versículo 8*
Quem suportará o dia da Sua vinda? Considerando que os irmãos de José ficaram aterrorizados de modo que "não lhe puderam responder" quando ele disse: "Eu sou José", como será com os pecadores quando ouvirem a voz do Filho de Deus, quando Ele triunfar sobre eles em Sua ira e lhes disser: "Sou eu" a quem vocês desprezaram; "Sou eu" a quem vocês ofenderam, "Sou eu" a quem vocês crucificaram?

Considerando que estas palavras: "Sou eu" derrubaram os soldados no jardim das Oliveiras (Jo 18:6), ainda que pronunciadas com extrema mansidão, como será quando Sua indignação irromper, quando for derramada sobre Seus inimigos como relâmpago e os reduzir a pó? Neste momento então clamarão em terror e dirão às montanhas: "Caí sobre nós e escondei-nos da face daquele que se assenta no trono e da ira do Cordeiro" (Ap 6:16). —JAMES NOUET

*Versículo 9*
*Tu os tornarás como em fornalha ardente, quando te manifestares; o SENHOR, na sua indignação.* Como estilhas lançadas em um forno, eles queimarão furiosamente sob a ira do Senhor: "os lançarão na fornalha acesa; ali haverá choro e ranger de dentes".

Estas são palavras terríveis e esses mestres causam grande mal ao esforçarem-se por seus raciocínios sofísticos para enfraquecê-las. Leitor, jamais tolere pequenos pensamentos do inferno, caso contrário, em pouco tempo, você terá graves pensamentos de pecado. O inferno dos pecadores deve ser temido além de toda e qualquer concepção ou tal linguagem como a atual não seria utilizada. Quem escolheria ter o Filho de Deus como inimigo se tal derrota aguarda Seus inimigos?

A expressão: "na sua indignação", nos lembra que assim como agora é o tempo de Sua graça, também haverá um momento estabelecido para Sua ira. O juiz dá o veredito na hora designada. Há um dia para a vingança do nosso Deus; que aqueles que desprezam o dia da graça lembrem-se deste dia de ira. —C. H. SPURGEON

Eles não serão somente lançados na fornalha acesa (Mt 13:42), mas Ele fará deles as próprias fornalhas acesas, eles serão seus próprios algozes; os reflexos e terrores de suas próprias consciências serão seu inferno. Aqueles que poderiam ter tido Cristo como comandante e salvador, mas o rejeitaram e lutaram contra Ele, terão na simples lembrança deste fato o suficiente para fazer deles, por toda eternidade, fornalhas acesas para si mesmos. —MATTHEW HENRY

Não há poder que possa nos resgatar da ira de Deus, nenhum resgate a não ser o sangue de Cristo poderá nos redimir. A vontade de Deus em execução será seguida por todos os Seus atributos; se Sua vontade diz "Ire-se", Seu olho procura o objeto de Sua ira e o encontra; Sua sabedoria equilibra o cálice, Sua mão afia a espada, Seu braço dá o golpe. Portanto vê-se que há um momento para a ira de Deus com o pecado, porque assim Ele determinou. —JOHN CRAGGE

*Versículo 11*
*Se contra ti intentarem o mal.* Deus leva em conta as intenções. Aquele que gostaria, mas não pode é tão culpado quando aquele que o fez. A Igreja de Cristo e a Sua causa não são somente atacadas por aqueles que não as compreendem, mas há muitos que têm a luz e ainda assim a odeiam.

O mal intencional tem um vírus em si que não é encontrado nos pecados de ignorância; agora homens incrédulos que atacam o evangelho de Cristo premeditadamente cometem grande crime e sua punição será proporcional. As palavras *contra ti* nos mostram que aquele que intenta o mal contra o mais pobre cristão planeja o mal contra o próprio Rei. Que os perseguidores fiquem atentos.

*E urdirem intrigas, não conseguirão efetuá-los.* O desejo de poder é o tropeço dos pés daqueles que odeiam o Senhor Jesus. Eles têm a perversidade para imaginar, a astúcia para elaborar e a malícia para tramar a maldade, mas bendito seja Deus, eles falharão em competência; contudo serão julgados por suas intenções e a vontade valerá pela ação no grande dia de prestação de contas. —C. H. SPURGEON

# Salmo 22

TÍTULO: *Aijelete-Hás-Saar* (ARC). O título do vigésimo segundo salmo é "Aijelete-Hás-Saar" — *A corça da manhã*. O salmo inteiro refere-se a Cristo, e contém muito do que não pode se aplicar a outro: repartir Suas vestes, lançar sortes por Sua túnica etc.

Ele é descrito como uma corça gentil, mansa e bela assolada por caçadores na alvorada do dia. Herodes começou a caçá-lo assim que Ele surgiu. A pobreza, o ódio dos homens e a tentação de Satanás se juntaram à caçada. Sempre houve um "cão" ou "touro" ou "unicórnio" pronto para atacá-lo. Após o Seu primeiro sermão, os caçadores foram até Ele, mas Ele com os pés muito rápidos escapou.

Cristo encontrou o Calvário, um monte escarpado, acidentado e temeroso — "um monte de divisão". Dali, Ele foi compelido pelos caçadores a beiras de terríveis precipícios que vociferavam destruição lá debaixo, enquanto era cercado e mantido à distânia por todas as bestas carnívoras e monstros da floresta infernal. Os "unicórnios" e os "touros de Basã" o golpeavam com seus chifres; o grande "leão" rugia para Ele; e o "cão" o cercava.

Porém, Cristo despistou a todos. A Seu próprio tempo, curvou a cabeça e entregou o espírito. Foi sepultado em um túmulo novo e os Seus agressores consideraram a vitória completa. Não levaram em consideração que Ele era a "corça da manhã". Certamente, no momento definido, Ele escapou da rede do caçador e colocou-se diante dos montes de Israel vivo para nunca, nunca mais morrer.

Agora Ele está com Maria no jardim, e dá prova de Sua ressurreição; e em um momento já está em Emaús, encorajando os discípulos tão tímidos e desnorteados. Já não lhe é problema sair dali e ir até a Galileia encontrar Seus amigos e voltar ao monte das Oliveiras, "nos montes aromáticos", carregando consigo a alvorada do dia, revestido de vida e beleza para todo o sempre. —CHRISTMAS EVANS

Assunto: este é, antes de todos os outros, "O salmo da cruz". Pode ter sido repetido, palavra por palavra, por nosso Senhor quando pendurado no madeiro; seria ousado demais afirmar que assim o foi, mas até mesmo um leitor informal pode ver que há chances de isso ter ocorrido. Começa com: "Deus meu, Deus meu, por que me desamparaste?" e finaliza, segundo alguns, no original, com: "Está consumado". Pelas expressões queixosas surgindo de profundezas inefáveis, podemos dizer deste salmo: "Não há nenhum outro como este".

É a fotografia das horas mais tristes de nosso Senhor, o registro das Suas palavras agonizantes, o lacrimatório de Suas últimas lágrimas, o memorial de Suas alegrias que se encerravam. Davi e suas aflições podem estar presentes aqui em um aspecto muito modificado, mas, como a estrela é oculta pela luz do sol, aquele que vê Jesus provavelmente não verá e não se importará em ver Davi.

Temos diante de nós uma descrição da escuridão e da glória da cruz, os sofrimentos de Cristo e a glória que o seguem. Ó, a graça que se aproxima e enxerga este grande espetáculo! Deveríamos ler com reverência, descalçando os pés, como Moisés fez na sarça ardente, pois se há terra santa em algum lugar das Escrituras está aqui neste salmo. —C. H. SPURGEON

*Versículo 1*

*Deus meu, Deus meu.* Contemplemos com admiração santa e observemos os lampejos de luz em meio à terrível escuridão daquela madrugada ao meio-dia. Primeiro, a fé de nosso Senhor resplandece e merece nossa reverente imitação; Ele se mantém apegado a Seu Deus com ambas as mãos e clama duas vezes: *Deus meu, Deus meu!* O Espírito de adoção era marcante no sofredor Filho do homem e Ele não tinha dúvida sobre quem era Seu Deus. Ó, se pudéssemos imitar essa conexão profunda a um Deus aflegido! O sofredor também não deixa de confiar que o poder de Deus o sustenta, pois o título utilizado — *El* — significa força e é o nome do Deus poderoso.

*Por que me desamparaste?* Devemos dar ênfase a cada palavra desta declaração, a mais triste que pode haver.

*Por quê?* Qual é a grande causa de um fato tão estranho: Deus abandonar o Seu próprio Filho em tal momento e em tal flagelo? No Filho não havia motivo; por que então Ele foi abandonado?

*Desamparaste.* Já está feito e o Salvador está sentindo o pavoroso efeito ao fazer a pergunta. Certamente o abandono é verdadeiro, mas como é misterioso! Não era a ameaça de abandono que fez o grande fiador clamar em alta voz. Ele, de fato, suportou esse abandono.

*Tu* me desamparaste Senhor. Eu consigo compreender porque o traidor Judas e o fraco Pedro desapareceriam, mas o Senhor, meu Deus, meu Amigo fiel, como o Senhor pôde me abandonar? Isto é o pior de tudo, sim, pior do que todo o restante agrupado em um só. O próprio inferno tem como a chama mais feroz separar a alma de seu Deus.

*Me* desamparaste. Seu Filho inocente, obediente e sofredor — por que me abandonaste para perecer? Olhar para si mesmo e enxergar-se em penitência, e contemplar Jesus na cruz enxergando-o em fé poderá explicar melhor esta questão. Jesus é abandonado porque nossos pecados nos separavam de nosso Deus.

*Desamparaste.* Tivesse o Senhor me castigado, talvez eu pudesse aguentar, pois o Seu rosto ainda resplandeceria; mas *me* desamparar completamente, ó! Por quê? —C. H. SPURGEON

*Por quê?* Não o *motivo* da impaciência ou desespero, não o questionamento pecaminoso de alguém cujo coração se rebela contra sua repressão, mas antes o clamor de um filho perdido que não consegue compreender porque seu pai o deixou e que anseia ver o rosto de seu pai novamente. —J. J. STEWART PEROWNE

Ó! Nossos corações se derreterão em amor quando nos lembrarmos de que assim como temos sido afligidos por nossos pecados contra o Senhor; Ele passou por ainda maiores agonias por amor a nós! Nós provamos bile e absinto, mas Ele provou um cálice ainda mais amargo. A ira de Deus secou nossos espíritos, mas Ele foi ressequido por uma ira mais inflamada.

Ele esteve sob dor violenta no jardim e na cruz; inefável foi a tristeza que Ele sentiu, sendo desamparado por Seu Pai, abandonado por Seus discípulos, afrontado e criticado por Seus inimigos e sob maldição por nossa causa. Este Sol estava sob um triste eclipse, este Senhor vivo se agradou em morrer e em Sua morte se colocou sob o olhar severo de um Deus irado. —TIMOTHY ROGERS

*Versículo 2*
*Deus meu, clamo de dia, e não me respondes.* Termos orações que aparentemente não são ouvidas não seria uma provação nova. Jesus sentiu isto antes de nós e é observável que Ele ainda permaneceu com fé socorrendo-se em Deus e clamou: *Deus meu.* Por outro lado, a Sua fé não lhe permitiu ser menos insistente, pois em meio à pressa e ao terror desse dia nefasto Ele não cessou Seu clamor até mesmo no Getsêmani onde agonizou durante toda a noite sombria.

Nosso Senhor continuou a orar ainda que nenhuma resposta confortável viesse e nisto Ele estabelece para nós um exemplo de obediência às Suas próprias palavras sobre o homem ter "o dever de orar sempre e nunca esmorecer". Não há luz do dia que seja ofuscante demais, nem meia-noite escura demais a ponto de impedir a oração; e nenhuma demora ou aparente negação, ainda que dolorosa, deveria nos tentar a desistir da súplica insistente. —C. H. SPURGEON

Versículos 2 e 3. Aqueles que têm água corrente em suas casas e por acaso ficam sem água, não chegam à conclusão que a fonte secou, mas sim que os canos estão entupidos ou quebrados. Caso a oração não acelere a questão, devemos estar certos de que a falha não está em Deus, mas em nós; estivéssemos prontos para a misericórdia, Ele prontamente a estenderia a nós; Ele, inclusive, espera para cumprir este propósito. —JOHN TRAPP

*Versículo 3*
*Contudo, tu és santo, entronizado entre os louvores de Israel.* Caso não consigamos observar nenhum fundamento para a morosidade na resposta da oração, devemos deixar o enigma sem solução, mas não devemos nos lançar diante de Deus tentando inventar uma resposta. O argumento é: Tu és santo. Ó, por que o Senhor desconsidera o Seu Santo em Sua hora de angústia mais incisiva? Não devemos questionar a santidade de Deus, mas podemos argumentar a partir dela e usá-la como pleito em nossas petições.
—C. H. SPURGEON

Aqui está o triunfo da fé: o Salvador permaneceu como uma rocha no vasto oceano da tentação. Tão alta como as ondas foi a Sua fé, como os corais, cresceu fantasticamente e mais forte até se tornar uma ilha de salvação para as almas náufragas. É como se Ele dissesse: "Não importa o que eu preciso suportar. Tempestades podem vociferar sobre mim; homens desprezam, demônios tentam, circunstâncias subjugam e o próprio Deus me desamparou; ainda assim Deus é santo; não há injustiça nele."
—JOHN STEVENSON

Parece estranho que o coração, em sua escuridão e tristeza encontre consolo neste atributo de Deus? Não, pois a santidade de Deus não passa de outro aspecto de Sua fidelidade e misericórdia. E nesse nome notável: "o Santo de Israel", somos ensinados que Ele que é o Deus *santo* também é o Deus que fez uma aliança com o Seu escolhido. —J. J. STEWART PEROWNE

Ainda que as tentações sejam profundamente obscuras, a fé não dará ouvidos a uma palavra maléfica proferida contra Deus, mas sempre legitimará Deus.
—DAVID DICKSON

*Versículo 4*
*Nossos pais confiaram em ti; confiaram, e os livraste.* Este é o princípio de vida para todos da família escolhida. Três vezes aparece a menção: eles *confiaram*, confiaram e confiaram e nunca abandonaram a confiança, pois era sua vida; e foram bem-sucedidos, pois *os livraste*.

A experiência de outros santos pode ser grande consolação para nós quando estamos em águas profundas e podemos, com fé convicta, crer que sua libertação será a nossa; mas quando sentimos que afundamos, pouco consolo é saber que outros estão nadando.

O uso do pronome no plural *nossos* demonstra como Jesus era um com Seu povo até mesmo na cruz. Nós dizemos: "Pai nosso, que estás nos céus," e Ele chama de "nossos pais" aqueles por meio de quem viemos ao mundo ainda que Ele, na carne, não tenha tido pai.

*Versículo 6*
*Mas eu sou verme e não homem.* Este versículo é um milagre na linguagem. Como poderia o Senhor da glória ser levado a tal rebaixamento a ponto de não ser somente menor do que os anjos, mas até mesmo menor que os homens? Que contraste entre "EU SOU" e *eu sou verme*! Contudo, tal natureza dupla foi encontrada na pessoa de nosso Senhor Jesus quando sangrava no madeiro.

Ele se sentiu comparável a um verme indefeso impotente, rechaçado, passivo enquanto esmagado, despercebido e desprezado por aqueles que o rechaçavam. Ele escolhe a mais fraca das criaturas que é toda carne e se torna, quando esmagada, carne retorcida e trêmula, totalmente desprovida de poder, exceto força para sofrer.

Isto era uma semelhança verdadeira a Ele quando o Seu corpo e alma haviam se tornado uma massa de miséria — a própria essência de agonia — nas dores mortais da crucificação. O homem, por natureza, não passa de um verme; mas nosso Senhor se coloca abaixo do homem, considerando o opróbrio que foi amontoado sobre Ele e a fraqueza que sentiu e, portanto, acrescenta: *e não homem*. —C. H. SPURGEON

Ele, vindo para executar a grande obra de nossa redenção, cobriu e escondeu a Sua deidade dentro do verme de Sua natureza humana. A grande serpente-marinha, o Leviatã, o diabo, pensando em engolir o verme de Sua humanidade, foi pega no anzol de Sua divindade. Este anzol prendeu-se à sua mandíbula e o partiu muito dolorosamente. Ao pensar em destruir Cristo, ele destruiu seu próprio reino, e perdeu seu poder para sempre. —LANCELOT ANDREWES

Então esmagado sob pés, espezinhado, maltratado, esmurrachado, cuspido, zombado e torturado, a ponto de parecer mais um verme do que um homem. Veja quão grande desdém o Senhor da Majestade suportou, para que a Sua confusão fosse a nossa glória; Sua punição fosse nossa bem-aventurança! Continuamente, ó cristão, imprima este espetáculo em sua alma! —DIONÍSIO *citado por* Isaac Williams

## Versículo 7
*Todos os que me veem zombam de mim; afrouxam os lábios e meneiam a cabeça.* Os sacerdotes e o povo, judeus e gentios, soldados e civis, todos unidos em zombaria generalizada e, isso, no momento em que Ele estava prostrado em fraqueza e pronto para morrer. Com qual devemos nos surpreender mais: a crueldade do homem ou o amor do Salvador ensanguentado? Como poderemos reclamar de qualquer escárnio depois disto?

Com desprezo no rosto os homens olhavam para Ele, diante de quem os anjos encobrem seus rostos e adoram. Os sinais mais fundamentais de infâmia que o desdém poderia conceber foram maliciosamente lançados sobre Ele. —C. H. SPURGEON

Imagine esta cena pavorosa: uma multidão variada de ricos e pobres, judeus e gentios! Alguns estão em grupos e olham atentamente. Alguns muito tranquilamente encaram. Outros se movem em satisfação inquieta com o acontecimento. Há um olhar de agrado em todos os rostos. Ninguém está em silêncio. As falas são sobrepostas, retardatárias. O tema é significativo demais para um membro pronunciar. Todos os lábios, cabeças e dedos são agora como línguas.

Os severos soldados também estão frenéticos ainda que em seu modo bruto. A obra do sangue está acabada. Certo refresco tornara-se necessário. A bebida comum de vinagre e água lhes é fornecida. Eles, individualmente satisfeitos, se aproximam da cruz, com um pouco da bebida para o Salvador e oferecem-na para que Ele beba enquanto a retiram (Lc 23:36). Eles sabem que Ele deve estar sofrendo de sede intensa; eles, portanto, a agravam com esse deboche de refresco.

Romanos cruéis! E, sim, judeus regicidas! A morte não era o suficiente? É necessário acrescentar escárnio e desdém? Neste triste dia, Cristo, de fato, fez de todos um! Unidade atroz que fez de vocês o coletivo de escarnecedores e assassinos do Senhor da glória! —JOHN STEVENSON

## Versículo 8
*Confiou no S*ENHOR*! Livre-o ele; salve-o, pois nele tem prazer.* Aqui o insulto é cruelmente direcionado à fé do sofredor em Deus, que é o ponto mais sensível na alma de um bom homem, a menina de seus olhos. Eles provavelmente aprenderam esta arte diabólica com o próprio Satanás, pois alcançaram rara proficiência nela.

## Versículo 9
*Contudo, tu és quem me fez nascer.* O estado precário de Maria e José, distantes de amigos e de casa, os levou a ver a mão acalentadora de Deus no parto seguro da mãe e no feliz nascimento do bebê. Esse Bebê agora lutando a grande batalha de Sua vida, usa a misericórdia de Seu nascimento como argumento com Deus. A fé encontra armas em todos os lugares. Aquele que deseja crer jamais terá falta de motivos para fazê-lo. —C. H. SPURGEON

*E me preservaste, estando eu ainda ao seio de minha mãe.* Seria nosso Senhor um cristão já tão cedo? Seria Ele um destes bebês, uma criança de peito ainda de cuja boca ordena-se força? Assim parecia ser; e se o era, que súplica por socorro! A piedade precoce nos dá consolo insólito em nossas tribulações posteriores, pois certamente Ele que nos amou quando éramos crianças é fiel demais para nos descartar em nossos anos de maturidade. —C. H. SPURGEON

## Versículo 10
*A ti me entreguei desde o meu nascimento.* Nosso nascimento é o período mais fraco e mais precário de nossa existência; se tivermos sido então protegidos pela ternura Onipotente, certamente não temos motivo para suspeitar que a bondade divina nos falhará agora. Ele que era o nosso Deus quando nos separamos de nossa mãe, continuará conosco até

que retornemos à mãe terra e nos livrará de perecer no ventre do inferno.

## Versículo 12

*Muitos touros me cercam, fortes touros de Basã me rodeiam.* Os poderosos na multidão são aqui notados pelos olhos lacrimejantes de sua vítima. Os sacerdotes, anciãos, escribas, fariseus, governantes e capitães urravam ao redor da cruz como gado selvagem, alimentados nos pastos abundantes e solitários de Basã, cheios de força e fúria; eles batiam os pés e espumavam ao redor do Inocente e ansiavam golpeá-lo com os chifres de sua crueldade até a morte. Imagine o Senhor Jesus como um homem desamparado, desarmado, nu, lançado no meio de um rebanho de touros selvagens enfurecidos. —C. H. SPURGEON

Versículos 12 e 13. "Basã" era uma região fértil (Nm 32:4), e o gado ali alimentado era gordo e "forte" (Dt 32:14). Como eles, os judeus naquela boa terra engordavam e davam coices, tornaram-se orgulhosos e se rebelaram; abandonaram Deus que os fez e desprezaram a "Rocha de sua salvação". —GEORGE HORNE

## Versículo 14

*Derramei-me como água.* Ou seja, ao pensar em meus inimigos, sou completamente destruído. "Porque temos de morrer e somos como águas derramadas na terra que já não se podem juntar" (2 Sm 14:14). "Não é maravilhoso", pergunta Bernardo de Claraval, "que o nome do Noivo seja como unguento derramado, quando Ele mesmo, pela magnitude de Seu amor, fora derramado como água?!". —J. M. NEALE

*Todos os meus ossos se desconjuntaram.* O cavalete é concebido para a dor mais extraordinária possível, ultrapassando o terror. E a cruz é um cavalete, em que Ele foi esticado até que, diz o Salmo, *todos os Seus ossos fossem desconjuntados.* E ainda na vertical, pois Ele estava pendurado, por três longas horas, sustentado apenas pelos braços. Ouvi ser declarado por alguns que passaram por isso, como sendo uma dor extraordinariamente excruciante.

Mas as mãos e os pés sendo tão cruelmente pregados (partes, entre todas as outras, muito sensíveis, pela textura dos tendões ali abundantes) não poderiam senão tornar a Sua dor imensuravelmente penosa. —LANCELOT ADREWES

*Meu coração fez-se como cera, derreteu-se dentro de mim.* Dr. Gill sabiamente observa: "se o coração de Cristo, o Leão da tribo de Judá, derreteu nesta situação, que coração pode suportar ou quais mãos podem ser fortes quando Deus tratar com eles em Sua ira?".

## Versículo 16

*Cães me cercaram.* Os caçadores geralmente cercam sua caça e gradualmente fecham o círculo ao seu redor com homens e cachorros. Aqui diante de nós temos esta mesma imagem. No centro, não temos um cervo ofegante, mas um homem ensanguentado, desfalecendo e ao redor dele estão os enfurecidos e impassíveis miseráveis que o perseguiram até que Ele chegasse à Sua ruína. Aqui temos a "corça da manhã" sobre quem o salmo canta tão plangentemente, caçada por sabujos, todos sedentos para devorá-lo.

*Uma súcia de malfeitores me rodeia.* Até então o povo judeu não tinha uma igreja, e aqueles que se chamavam de assembleia dos justos são merecidamente, por seus pecados marcados na testa, considerados uma assembleia de malfeitores. Esta não é a única ocasião em que igrejas de Deus professas tornaram-se sinagogas de Satanás e perseguiram o Santo e Justo. —C. H. SPURGEON

*Traspassaram-me as mãos e os pés.* Muito foi para o Filho de Deus ser amarrado, mais ainda ser esmurrado, pior ainda ser assassinado; mas o que posso dizer disto: "Ele foi crucificado!"? Isso foi o mais vil e deplorável; foi também um tipo de morte cruel e amaldiçoada e que Ele, ainda assim, não recusou; e aqui temos um testemunho claro de Sua cruz. —JOHN TRAPP

O rasgar por completo das sensíveis fibras das mãos e pés, o lacerar de tantos nervos e rompimento de tantos vasos sanguíneos, devem produzir agonia intensa. Os nervos da mão e pé estão intimamente conectados, por meio dos braços e pernas, com os nervos de todo o corpo; sua laceração, portanto, foi sentida por toda a Sua estrutura corporal. Veja o deprimente resultado de uma simples punção com agulha em apenas um dos nervos mais isolados. Não é raro produzir um espasmo nos músculos da face, que trava a mandíbula firmemente.

Quando, portanto, as mãos e pés de nosso bendito Senhor foram transfixados com pregos, Ele deve ter sentido as pontadas mais agudas disparadas em todas as partes de Seu corpo. Sustentado somente por seus membros dilacerados e suspenso por Suas mãos transpassadas, nosso Senhor teve cerca de seis horas de tormento para suportar. —JOHN STEVENSON

## Versículo 17

*Posso contar todos os meus ossos.* Ó, se nos preocupássemos menos com os prazeres do corpo e facilitássemos mais a obra de nosso Pai! Seria melhor contar os ossos de um corpo debilitado do que cuidar de uma alma longilínea.

*Eles me estão olhando e encarando em mim.* Envergonhemo-nos da natureza humana e lamentemos em condolência pela desonra de nosso Redentor. O primeiro Adão nos deixou a todos nus e, portanto, o segundo Adão ficou nu para que pudesse vestir nossas almas nuas. —C. H. SPURGEON

Ó, que diferença há no olhar que o pecador desperto dirige ao Calvário, quando a fé ergue seus olhos para Ele que agonizou, sangrou e morreu pelo culpado! E que gratidão deveriam sentir aqueles que estão perecendo ao pensar que dele, que foi pendurado no madeiro maldito, ouve-se continuamente o som acolhedor: "Olhai para mim e sede salvos, vós, todos os limites da terra; porque eu sou Deus, e não há outro." —JOHN MORISON

## Versículo 18

*Repartem entre si as minhas vestes e sobre a minha túnica deitam sortes.* Pode ser notado que o hábito de apostar é, entre todos os outros, o mais endurecedor, pois homens foram capazes de praticá-lo até mesmo aos pés da cruz enquanto lhes era borrifado o sangue do Crucificado. Nenhum cristão suportará nem o chacoalhar de dados quando pensar nisto. —C. H. SPURGEON

Por mais leviano que pareça este lançar de sortes pelas vestes de nosso Senhor, é na verdade muito significativo. Contém uma lição dupla. Ensina-nos quão magnífica era considerada aquela camisa sem costuras, mas quão pequeno Ele a quem ela pertencia. Parecia indicar: esta vestimenta é mais valiosa do que seu dono. Como foi dito das 30 moedas de prata: "esse magnífico preço em que fui avaliado por eles"; então podemos dizer com relação a esse lançar de sortes: "Quão miserável Cristo foi considerado!" —JOHN STEVENSON

## Versículo 21

*Salva-me das fauces do leão.* Satanás é chamado de leão, e o é adequadamente; pois tem todas as propriedades desse animal: ousadia, força, fúria e é terrível como o rugido de um leão. E ainda pior: o leão busca sutileza e suspeita; aqui o diabo vai além. O leão poupará o prostrado, o diabo a ninguém poupa.

O leão quando satisfeito abre mão; o diabo ainda que saturado, devora. Ele persegue todos; não diga o humilde: "Ele não me levará em conta", nem o discreto: "ele não pode me sobrepujar", nem o nobre: "ele não pensará em intrometer-se comigo", nem o rico: "ele não ousa entrar em disputa comigo", pois ele procura devorar todos. É o nosso adversário comum, portanto findemos todas as desavenças entre nós e lutemos contra ele. —THOMAS ADAMS

Versículos 21 e 22. A transição fica muito marcada: de uma tempestade horrível tudo se transforma em calmaria. A escuridão do Calvário demoradamente passou pela face da natureza e pela alma do Redentor e, contemplando a luz do Seu triunfo e os resultados futuros dele advindos, o Salvador sorriu.

## Versículo 22

*A meus irmãos declararei o teu nome.* Entre Suas primeiras palavras de ressurreição estavam estas: "Ide avisar a meus irmãos". No versículo diante de nós, Jesus prevê alegria em se comunicar com Seu povo; Ele tem o intuito de ser seu Mestre e Ministro e fixa Sua mente no tema de Seu discurso. Podemos aprender com esta resolução de nosso Senhor que um dos métodos mais excelentes para demonstrar nossa gratidão por libertações é contar a nossos irmãos o que o Senhor fez por nós. Mencionamos nossos sofrimentos muito prontamente; por que então somos tão lentos em declarar nossas libertações? —C. H. SPURGEON

*Meus irmãos.* Isto prova a que ponto chegou a condescendência do Filho de Deus e também a altíssima exaltação aos filhos dos homens; alto grau de humilhação é: sendo o Filho de Deus vir a ser irmão dos filhos dos homens; e para os filhos dos homens se tornarem irmãos do Filho de Deus é alto grau de exaltação; pois neste aspecto os irmãos de Cristo são filhos de Deus, herdeiros da salvação ou reis, não terrenos, mas celestiais; não temporários, mas reis eternos… Este respeito de Cristo por Seus irmãos é um grande encorajamento e consolo para aqueles que são desprezados e escarnecidos por homens deste mundo quando professam Cristo. —WILLIAM GOUGE

## Versículo 24

*Pois não desprezou, nem abominou a dor do aflito.* É verdade que a justiça exigia que Cristo carregasse o fardo que Ele, como substituto, comprometeu-se a carregar, mas Jeová sempre o amou e em amor colocou esse fardo sobre Ele tendo em vista de Sua glória final e a realização do desejo mais caro a Seu coração.
*Mas quando Ele clamou ao Pai, Ele ouviu.*
Não há quem se aproxime do Trono e encontre
Um Deus desleal ou cruel.

## Versículo 25

*De ti vem o meu louvor na grande congregação.* A palavra no original é exatamente "de ti" — louvor verdadeiro tem origem celestial. As harmonias musicais mais raras nada são a menos que sejam sinceramente consagradas a Deus por corações santificados pelo Espírito.

## Versículo 26

*Os sofredores hão de comer e fartar-se.* Note como o desfalecido Amado da nossa alma se consola com o resultado da Sua morte! Os pobres espirituais encontram um banquete em Jesus; eles se alimentam dele até satisfazer o coração; estavam famintos até que Ele se entregou por eles, mas agora estão cercados de finas iguarias reais. —C. H. SPURGEON

*Louvarão o SENHOR os que o buscam. Viva para sempre o vosso coração.* Agora, eu adoraria conhecer um homem que pudesse ter criado leis que envolvessem o coração dos homens ou ter preparado recompensas que alcançassem a alma e consciência dos homens!

Verdadeiramente, se qualquer homem mortal criasse uma lei decretando que seus súditos deveriam amá-lo de todo o coração e alma, e não ousarem, sob o risco de indigná-lo grandemente, nutrir pensamentos traidores contra sua pessoa imperial, mas no mesmo instante confessarem isto a ele — caso contrário seriam alvo de vingança; esse homem mereceria mais gargalhadas por seu orgulho e insensatez do que Assuero por lançar seus aguilhões no Helesponto para acorrentar as ondas de modo que elas o obedecessem; ou Calígula, que ameaçou o ar caso ousasse trazer chuva enquanto ele estivesse desfrutando de seus passatempos, mas que não ousou nem simplesmente olhar para os ares quando trovejava.

Certamente, um manicômio seria mais adequado para tal pessoa e não um trono. Alguém que perdesse a razão a ponto de considerar que os pensamentos e o coração dos homens poderiam estar sob sua jurisdição. —WILLIAM GURNALL

## Versículo 27

*Lembrar-se-ão do SENHOR e a ele se converterão os confins da terra; perante ele se prostrarão todas as famílias das nações.* A natureza da verdadeira conversão trata-se de *lembrar — converter-se ao Senhor — E DE PROSTRAR-se perante Ele.* Este é um processo claro e simples. Talvez o primeiro exercício religioso mental do qual temos consciência é a reflexão. Um estado de pecaminosidade é um estado de esquecimento. Deus é esquecido. Os pecadores perderam todo o senso preciso de Sua glória, autoridade, misericórdia e julgamento; vivendo como se não houvesse Deus ou como se acreditassem não existir deus algum.

No entanto, se em algum momento formos levados à verdadeira conversão, seremos lembrados destas coisas. Esta mudança divina é expressa adequadamente pelo caso do filho pródigo, de quem é dito que voltou a si ou passou a pensar com clareza de mente.

Mas além disso, a verdadeira conversão consiste não apenas em lembrar-se, mas em *converter-se ao Senhor*. Esta parte da passagem expressa uma renúncia cordial de nossos ídolos, quaisquer que tenham sido, e uma anuência do caminho de salvação do evangelho: somente por Cristo. Mais uma vez, a verdadeira conversão a Cristo será acompanhada por *adoração* a Ele.
—*Condensado de* ANDREW FULLER

*Lembrar-se-ão do* SENHOR. Esta é uma expressão notável. Denota que o homem esqueceu Deus. Representa todas as gerações consecutivas do mundo como apenas uma e então exibe esta única geração como se estivesse no paraíso e repentinamente se lembra do Senhor a quem conheceu ali, mas de quem há muito tempo se esquecera. As nações convertidas, descobrimos neste versículo, não apenas terão lembrança de suas perdas passadas, mas serão também cheias do conhecimento do dever dos dias atuais.
—JOHN STEVENSON

*Versículo 29*
*Aquele que não pode preservar a própria vida.* Esta é a severa contrapartida da mensagem do evangelho que diz "olhe e viva". Não há salvação fora de Cristo. Nós precisamos preservar a vida e considerá-la dom de Cristo, ou morreremos eternamente. Esta é a doutrina evangélica muito sólida e deveria ser proclamada em todos os cantos da Terra para que como um grande martelo quebre em pedaços toda autoconfiança. —C. H. SPURGEON

# SALMO 23

NÃO há um título inspirado para este salmo, e nenhum é necessário, pois não registra um evento especial e não precisa de nenhuma outra chave além daquela que todo cristão pode encontrar batendo em seu peito. É a "Pastoral celestial" de Davi; uma ode inigualável que nenhuma das filhas da música pode superar. O clarim da guerra aqui dá lugar à flauta da paz e aquele que tão recentemente lamentou os infortúnios do Pastor, melodiosamente ensaia as alegrias do rebanho.

Este é a pérola dos salmos, cujo resplendor suave e puro deleita todos os olhos; uma pérola da qual o Helicon não precisa se envergonhar, ainda que o Jordão a reivindique. Desse canto encantador pode-se afirmar que sua piedade e sua poesia são iguais, sua doçura e sua espiritualidade são incomparáveis.

A localização deste salmo é digna de atenção. Segue o vigésimo segundo, que é peculiarmente o "Salmo da Cruz". Não há pastos verdejantes, nem águas tranquilas no outro lado do vigésimo segundo salmo. Somente após termos lido: "Deus meu, Deus meu, por que me desamparaste?" — que chegamos a: "O Senhor é o meu pastor". Precisamos, por experiência própria conhecer o valor do derramar de sangue e ver a espada despertada contra o Pastor antes que sejamos verdadeiramente capazes de conhecer a doçura do cuidado do Bom Pastor.

É dito que aquilo que o rouxinol é entre os pássaros equivale a o que esta Ode Divina é entre os salmos, pois canta docemente aos ouvidos de muitos em lamento durante noites de choro e lhes oferece esperança de uma manhã jubilosa. Arriscar-me-ei a compará-lo também à cotovia que canta conforme alça voo e alça voo conforme canta, até que esteja fora do campo de visão e ainda assim não deixa de ser ouvida. —C. H. SPURGEON

Diz-se que Agostinho contemplou, em um sonho, o Salmo 119 surgindo diante dele como uma árvore da vida em meio ao paraíso de Deus. Este vigésimo terceiro pode ser comparado às flores mais belas que cresceram ao redor desta árvore. O primeiro citado fora sempre comparado ao Sol entre as estrelas, o segundo é, certamente, como a mais rica das constelações, até mesmo que as próprias Plêiades! —JOHN STOUGHTON, em *As canções do rebanho de Cristo*

Algumas almas piedosas entram em conflito por não poderem, em todas as situações, ou com certa frequência, utilizar a linguagem deste Salmo em seu significado jubiloso. Tais pessoas deveriam lembrar-se de que Davi, ainda que tenha vivido longamente, escreveu apenas um Salmo 23. —WILLIAM S. PLUMER

*Versículo 1*
*O Senhor é o meu pastor.* É bom saber, tão certamente como Davi sabia, que pertencemos ao Senhor. Há um tom nobre de confiança nesta sentença. Não há "se" nem "mas", nem mesmo "Eu tenho esperança que"; mas ele diz: "O Senhor é o meu pastor". Devemos cultivar o espírito de dependência garantida que podemos ter em nosso Pai Celestial.

A palavra mais doce de todo o período é o monossílabo, *Meu*. Ele não diz: "O Senhor é o pastor do mundo em geral e conduz a multidão como Seu rebanho", mas sim: "O Senhor é o meu pastor"; se Ele não for pastor para mais ninguém, Ele é o meu pastor; Ele se preocupa comigo, me protege e me preserva. As palavras estão no tempo verbal do presente. Qualquer que seja a posição do cristão, até mesmo agora ele está sob o cuidado pastoral de Jeová. —C. H. SPURGEON

Satanás lida de modo aparentemente doce para que possa atraí-lo ao pecado, mas ao final ele será realmente inclemente com você. Cristo, de fato, é aparentemente inclemente para mantê-lo longe do pecado, cobrindo seus caminhos com espinhos. Mas Ele será realmente doce se você vier a Seu rebanho, não obstante seus pecados.

Pode ser que agora Satanás sorria e seja agradável com você enquanto você peca; mas você sabe que ele será inclemente no final. Aquele que agora canta com alarde, por fim o devorará como leão. Ele o torturará e atormentará e será como inflamação e amargura para você.

Ó, vinde, pois a Jesus Cristo; deixe-o ser agora o Pastor de sua alma. E saiba que Ele agirá docemente em esforçar-se para mantê-lo longe do pecado antes que você o cometa; e Ele agirá docemente em libertá-lo do pecado após tê-lo cometido. Ó, que o pensamento de que Jesus Cristo é doce em Seu modo de proceder com todos os Seus membros, todo o Seu rebanho, especialmente os pecadores, possa persuadir os corações de alguns pecadores a virem ao Seu rebanho. —JOHN DURANT

Eu noto que parte do rebanho se mantém perto do pastor e o segue por onde quer que ele vá sem a menor hesitação, enquanto outra parte fica dispersa ou perde-se muito para trás. E o pastor frequentemente se volta e os repreende com um clamor incisivo e austero ou lança uma pedra. Eu acabei de vê-lo aleijar uma das ovelhas. Nada muito diferente do Bom Pastor.

E quando o ladrão vem (e ele, de fato, vem), o fiel pastor geralmente coloca sua vida nas mãos do ladrão para defender seu rebanho. Soube de mais de um caso em que o pastor literalmente entregou sua vida na disputa. Um pobre e fiel companheiro na última primavera, entre o Tiberíades e o Tabor que, em vez de fugir, lutou com três ladrões beduínos até que fosse despedaçado com suas espadas cimitarras e morreu entre as ovelhas que estava defendendo.

Algumas ovelhas permanecem sempre próximas ao pastor e são suas favoritas. Cada uma delas tem um nome ao qual responde alegremente e o gentil pastor está sempre distribuindo a elas porções escolhidas que ele ajunta para esse propósito. Estas são as satisfeitas e contentes. Não correm perigo de se perder ou sofrer danos e nem animais selvagens ou ladrões se aproximam delas.

O conjunto em geral, contudo, é composto de meros mundanos, cujo intento é satisfazer seus meros prazeres ou interesses egoístas. Elas correm de arbusto em arbusto, procurando variedades de delícias, e somente de vez em quando erguem suas cabeças para ver onde está o pastor, ou melhor, onde o rebanho todo está, para não se afastarem tanto a ponto de que sua pequena comunidade perceba ou que recebam uma repreensão de seu guardião.

Outras, ainda, são inquietas e insatisfeitas, pulando nos campos de todos, subindo em arbustos e até mesmo em árvores curvadas, quando geralmente caem e quebram os seus membros. Com estas o bom pastor tem problemas constantes. —W. M. THOMSON, em *A Terra e o livro*

As palavras seguintes são uma espécie de inferência a partir da primeira afirmação; são palavras sentenciosas e positivas — *nada me faltará*. Algo pode me faltar, mas quando o Senhor é meu Pastor Ele pode suprir todas as minhas necessidades e Ele certamente está disposto a fazê-lo, pois o Seu coração é repleto de amor e, portanto, *nada me faltará*. Não terei falta de coisas temporais. Ele não alimenta os corvos e faz os lírios crescerem? Como, então, poderia deixar os Seus filhos morrerem de fome? Não terei falta de bens espirituais; sei que a Sua graça será suficiente para mim. —C. H. SPURGEON

"Nada me falta" seria, portanto, igualmente uma boa interpretação, ainda que nossa versão seja no tempo verbal do futuro. —J. R. MACDUFF, em *O Pastor e seu rebanho*

Somente aquele que pode sentir falta não a sente; e aquele que não pode a sente. Você pode me dizer que um homem piedoso deseja estas e outras coisas, que o homem perverso possui; mas eu lhe digo que só se pode dizer que ele as *deseja* se pudermos dizer que um açougueiro sente necessidade de aprofundar-se na leitura de Homero, ou algo semelhante, pois a disposição do homem piedoso é tal, que ele não faz uso dessas coisas às quais você normalmente se referiria. Não é necessário nada além daquilo com que ele se importa, o que não é muito. Assim o é quando dizemos que um homem piedoso não deseja nada. Pois ainda que concernente a bens desnecessários ele seja como quem "nada tem", com relação a outros ele é como quem possui todas as coisas. Ele não tem falta de nada que seja necessário para glorificar a Deus (é capaz de fazê-lo melhor em suas angústias e por causa delas), ou para Deus glorificar-se nele e fazê-lo feliz, pois tem o próprio Deus como sua porção e suprimento para as necessidades; Deus que é abundantemente suficiente em todos os momentos, para todas as pessoas em todas as condições. —ZACHARY BOGAN

Como *podemos* ter falta. Quando unidos a Ele, temos o direito de fazer uso de todas as Suas riquezas. Nosso patrimônio é composto por Suas riquezas e glória. Com Ele nada pode ser retido. A vida eterna é nossa, com a promessa de que tudo será acrescentado; tudo o que Ele conhece é nosso desejo. —THEODOSIA A. HOWARD, *Viscondessa Powerscourt em "Cartas" etc.*, editado por Robert Daly

No décimo capítulo do evangelho de João, você encontrará seis marcas das ovelhas de Cristo: 1) Elas conhecem seu Pastor; 2) Elas conhecem a Sua voz; 3) Elas o ouvem chamá-las pelo nome; 4) Elas o amam; 5) Elas confiam nele; 6) Elas o seguem. —SRA. ROGERS, em *O Rei Pastor* (a autora de *O Cordeiro Rebatido*)

*Versículo 2*
*Ele me faz repousar em pastos verdejantes. Leva-me para junto das águas de descanso.* A vida cristã tem dois elementos: o contemplativo e o criativo, e ambos são providos ricamente. Primeiro, o contemplativo. *Ele me faz repousar em pastos verdejantes.* O que são estes *pastos verdejantes* se não as Escrituras da verdade — sempre renovadas, sempre ricas e nunca desgastadas? Não há medo de abocanhar o solo descoberto quando a grama é comprida o suficiente para que o rebanho se deite sobre ela. Doces e plenas são as doutrinas do Evangelho; alimento adequado para as almas, assim como a grama macia é a nutrição natural para ovelhas.

A segunda parte de uma vida cristã vigorosa consiste em praticar a graça. Nós não apenas pensamos, mas agimos. Não estamos sempre deitados para nos alimentarmos, mas estamos na jornada em direção à perfeição, portanto lemos: Leva-me para junto das águas de descanso. O que são estas águas de descanso se não as influências e as graças de Seu bendito

Espírito? Seu Espírito nos assiste em várias atividades, como as águas — no plural — para limpar, refrescar, fertilizar, nutrir. —C. H. SPURGEON

*Repousar — leva-me.* Maria sentada e Marta agitada são emblemas de contemplação e ação e elas habitam em uma casa, então devem os verbos habitar em um coração. —NATHANIEL HARDY

Este curto, mas tocante epitáfio é frequentemente visto nos sepulcros em Roma: *In Christo, in pace* — (Em Cristo, em paz). Perceba a constante presença do Pastor da paz. —J. R. MACDUFF

*Pastos verdejantes.* Aqui estão muitos pastos e todos ricos para que nunca possam deixar de alimentar; aqui estão muitos córregos e todos tão profundos e vastos para que nunca se sequem. As ovelhas têm se alimentado destes pastos desde que Cristo possuía uma Igreja na Terra e ainda assim estão repletos como nunca. As ovelhas têm bebido destes córregos desde a existência de Adão e ainda assim transbordam até o dia de hoje, e, assim, continuarão até que as ovelhas não precisem mais dela na eternidade! —RALPH ROBINSON

## Versículo 3

*Refrigera-me a alma.* Quando a alma se entristece, Ele a reaviva; quando está em pecado, Ele a santifica; quando está fraca, Ele a fortalece. Ele faz. Seus ministros não poderiam fazê-lo se Ele não o fizesse. Sua Palavra não se beneficiaria a si mesma. "Refrigera-me a alma." Está alguém de nós carente de graça? Alguém de nós sente que a sua espiritualidade está escassa como a vazante? Ele que transforma a vazante em torrente pode rapidamente restaurar nossa alma. Ore a Ele, então, pedindo a bênção — "Restaura-me, ó Pastor da minha alma!" —C. H. SPURGEON

Ele restaura a alma à sua pureza original, que agora se tornara imunda e obscura pelo pecado; pois que bem nos faria ter pastos "verdejantes" e uma alma obscura? Ele "restaura" a alma ao seu feitio natural em afetos, aquela que se descaracterizou com a violência das paixões; pois, ai de mim! Que bem seria ter águas de "descanso" e espíritos turbulentos?

Ele "restaura" a alma, de fato, à vida; aquela que se desenvolveu de modo quase que moribundo; e quem poderia "restaurar minha alma" à vida se não somente Ele que é o Bom Pastor e entregou Sua vida por Suas ovelhas? —SIR RICHARD BAKER

*Veredas da justiça.* Ai de mim! Ó Senhor, essas "veredas de justiça" há muito não são frequentadas a ponto de que marcas de uma vereda já desapareceram; e agora difícil questão é descobrir onde estão as veredas e se podemos encontrá-las, são, contudo, tão estreitas e tão repletas de sulcos que sem auxílio especial é impossível não cair ou desviar-se. —SIR RICHARD BAKER

## Versículo 4

*Ainda que eu ande pelo vale da sombra da morte, não temerei mal nenhum.* Este versículo indescritivelmente encantador tem sido cantando em muitos leitos de morte e tem ajudado a iluminar o vale escuro em nossa mente. Todas as palavras nele têm riqueza de significado.

"Ainda que eu *ande*", como se o cristão não acelerasse sua marcha quando chegasse à morte, mas ainda calmamente caminha com Deus. Andar indica o avanço contínuo de uma alma que conhece sua estrada, conhece seu fim, decide seguir a vereda, sente-se muito segura e está, portanto, perfeitamente calma e serena. O santo moribundo não é como o turbilhão, ele não corre como se estivesse apreensivo, nem permanece paralisado como se não pudesse ir adiante; ele não é confundido nem envergonhado e, portanto, mantém sua antiga marcha.

Note que não se trata de andar *no* vale, mas *pelo* vale. Nós passamos pelo túnel escuro da morte e emergimos na luz da imortalidade. Não morremos; apenas dormimos para acordar em glória. A morte não é a casa, mas a varanda, não o objetivo, mas a passagem que a ele leva. O objeto moribundo é chamado de *vale*. E não é "o vale da morte", mas "o vale *da sombra* da morte", pois a morte em sua substância foi removida e somente sua sombra permanece. Alguém disse que quando há uma sombra, deve haver luz em algum ponto e realmente há. A morte se coloca à margem da rodovia pela qual temos que viajar e a luz do céu reluzindo sobre ela lança uma sombra pelo caminho; regozijemo-nos então por haver luz adiante.

Ninguém tem medo de uma sombra, pois uma sombra não pode parar o percurso de um homem, nem mesmo por um instante. A sombra de um cachorro não pode morder; a sombra de uma espada não pode matar; a sombra da morte não pode nos destruir. Portanto, não tenhamos medo.

*Não temerei mal nenhum.* Ele não diz que não haverá mal algum; ele vai além desta elevada segurança, pois sabia que Jesus havia repudiado todo o mal; mas "Não *temerei* mal algum"; como se mesmo os seus medos, essas sombras de mal, fossem para sempre debeladas.

Os piores males da vida são aqueles que existem apenas em nossa imaginação. Tivéssemos somente problemas reais, não teríamos um décimo de nossas tristezas atuais. Sentimos mil mortes ao temer uma, mas o salmista foi curado da doença do medo. —C. H. SPURGEON

Consequentemente, esta morte física é uma porta para a vida e deste modo não é tão apavorante, se for considerada corretamente: como sendo confortável; não um mal, mas um remédio para todo o mal; não uma inimiga, mas amiga; não um tirano cruel, mas um guia gentil; guiando-nos não à mortalidade, mas à imortalidade; não à tristeza e dor, mas à alegria e prazer e isto subsistindo para sempre. —*HOMILIA CONTRA O MEDO DA MORTE*

Ainda que eu seja chamado para uma visão como a de Ezequiel, um vale repleto de ossos de homens mortos; ainda que o rei do terror cavalgue em terrível pompa pelas ruas, matando montes aos montes, e mil caiam ao meu lado e dez mil à minha direita, eu não temerei mal algum.

Ainda que ele aponte suas flechas mortais ao pequeno círculo de meus companheiros, e afaste de mim minha amada e amigos, e leve meus conhecidos à escuridão, eu não temerei mal algum. Sim, ainda que eu mesmo sinta sua flecha rapidamente inserindo-se em mim, o veneno engolindo meu espírito; ainda que como consequência desta apreensão fatal eu devesse adoecer e definhar e apresentar todos os sintomas de uma destruição próxima, ainda assim, não temerei mal algum.

A natureza, de fato, pode recuar e tremer, mas eu confio que Aquele que sabe que a carne é fraca terá compaixão e perdoará essas lutas. Contudo, posso temer as agonias da morte, mas não temerei mal algum na morte. O veneno de seu aguilhão é levado. A ponta de sua flecha perde o corte para que não perfure nada além do corpo. Minha alma é invulnerável. Posso sorrir ao ver sua lança ser agitada; parecer imóvel diante da devastação que o destruidor implacável causa em meu tabernáculo; e ansiar pelo período jubiloso em que ele abrirá uma brecha ampla o suficiente para que meu espírito que anseia pelo Céu possa voar e descansar. —SAMUEL LAVINGTON

"Quero falar com você sobre o Céu", disse um parente moribundo a um membro de sua família. "Podemos não ter um ao outro por muito tempo. Que nos encontremos ao redor do trono de glória, uma família no Céu!"

Perplexa com esse pensamento, sua amada filha exclamou: "Você tem certeza de que não há nenhum perigo?" Calma e belamente, ele respondeu: "Perigo, minha querida! Ó, não use essa palavra! Não pode haver perigo para o cristão, não importa o que aconteça! Está tudo certo! Tudo está bem! Deus é amor! Tudo está bem! Eternamente bem!" —JOHN STEVENSON

Quando o coração de um homem carnal está pronto para morrer dentro dele, e, como Nabal, se tornar pedra, como se alegrarão aqueles que têm Deus como amigo! Quais dos valentes do mundo podem afrontar a morte e olhar jubilosamente para a eternidade? Quais deles podem abraçar uma fogueira, acolher as chamas? Isto o santo pode fazer, e ainda mais; pois ele pode olhar a face da justiça infinita com um coração alegre; ele pode ouvir sobre o inferno com alegria e gratidão; ele pode pensar no dia do julgamento com grande deleite e conforto.

Eu novamente desafio todo o mundo a apresentar uma de suas alegres instituições, uma que possa fazer tudo isto. Venham, reúnam todas as suas alegres espadas; chamem suas harpas e violas; acrescente o que desejarem para completar o concerto; tragam seus vinhos mais saborosos; venham, curvem as cabeças e estudem o que se pode ainda acrescentar a seu conforto. Bem, e agora? Agora, afaste-se pecador, nesta noite sua alma deverá estar diante de Deus.

Bem, agora o que você diz, homem? O quê? Sua coragem o abandonou? Agora, chame seus alegres companheiros e deixe-os alegrar o seu coração. Agora, peça um cálice, uma prostituta; não se desencoraje. Sua coragem agora desanimará e não mais escarnecerá da ameaça do Deus Todo-poderoso? O quê? Sempre cheio de trunfos e alegre exceto agora, tão abatido nos lábios! Aqui, de fato, vemos uma mudança repentina.

Novamente pergunto: Onde estão seus alegres companheiros? Todos fugiram? Onde estão seus queridos prazeres? Todos o abandonaram? Por que deveria você ficar abatido se há um pobre homem em trapos que está sorrindo? O quê? Você está completamente desprovido de conforto? Qual é o problema, meu caro? Qual é o problema? Há uma pergunta no fundo do meu coração a ser feita a um homem que deve colocar-se diante de Deus amanhã de manhã. Pois bem, parece que seu coração o preocupa. O que você pretende falar sobre alegrias e prazeres? Todos eles agora resultam nisto?

Ora, diante de Deus está um homem que tem seu coração repleto de conforto tanto quanto pode suportar, e os pensamentos de eternidade, que tanto assombram sua alma, o alegram! E você saberia dizer qual é o motivo? Ele sabe que vai encontrar seu Amigo; na verdade, seu Amigo foi seu companheiro pelo beco sujo. Veja como é bom e agradável para Deus e a alma que habitem juntos em unidade! Isto é ter Deus como um Amigo. "Ó, feliz é a alma que assim vive; sim, feliz é a alma cujo Deus é o Senhor".
—JAMES JANEWAY

Já se diz em um antigo provérbio: quando um homem executa algo grandioso é como se tivesse "dominado um leão agarrando-o pela juba". Quando um leão está morto, até crianças pequenas têm facilidade em dominá-lo.

Meninos, quando veem um urso, um leão ou um lobo morto nas ruas, puxam seus pelos, os insultam, e lidam com eles como lhes agrada; pulam sobre seus corpos e fazem tudo isto estando os animais mortos, mas não ousam executar a mais insignificante das atitudes quando os animais estão vivos.

Da mesma forma é a morte, um animal furioso, um leão ameaçador, um lobo devorador, *o helluo generis humani* (devorador da humanidade), contudo Cristo o destruiu, foi a morte da morte, para que os filhos de Deus triunfem sobre este adversário, assim como os Seus filhos mais aperfeiçoados nas minas da igreja, os mártires dos tempos primitivos, que alegremente ofereceram-se ao fogo e à espada e a toda a violência deste animal faminto. Estes jogaram com ele, escarneceram e zombaram dele pela fé que tinham na vida de Cristo que subjugou esta besta (1 Co 15). —MARTIN DAY

O salmista confiará, ainda que tudo seja desconhecido. Aqui, certamente, há a mais completa confiança. Tememos o desconhecido muito mais do que qualquer coisa que possamos ver; um pequeno barulho no escuro aterrorizará, quando perigos ainda muito maiores que são visíveis não atemorizam. O desconhecido, com seu mistério e incerteza geralmente enche o coração com ansiedade e até mesmo com presságios e melancolia.

Aqui, o salmista aborda a forma mais elevada do desconhecido, o aspecto que é mais terrível para o homem e diz que mesmo em meio a isto ele confiará. O que poderia estar tão completamente além do alcance da experiência humana ou da especulação ou até mesmo da imaginação como "o vale da sombra da morte", com tudo o que a ele pertence? Porém, o salmista não tem reserva alguma contra isto; ele confiará onde não conseguir enxergar.

Com que frequência ficamos aterrorizados com o desconhecido; até como ficaram os discípulos que "encheram-se de medo ao entrarem na nuvem"! Com que frequência é a incerteza do futuro uma tribulação mais severa para nossa fé do que a pressão de algum mal presente! Muitos amados filhos de Deus conseguem confiar nele em todos os males conhecidos, mas por que esses medos, presságios e tristezas do coração se confiam nele igualmente quando se trata do desconhecido? —PHILIP BENNETT POWER

*Tu estás comigo.* Você conhece a doçura, a segurança, a força deste "Tu estás comigo"? Quando esperando a solene hora da morte, quando a alma está pronta para encontrar-se com o fim e perguntar: "Como será?" Você poderá voltar-se em afeição ao seu Deus e dizer: "Não há nada maléfico para mim na morte se o Seu amor estiver comigo"? Você pode dizer: "Ó morte, onde está o teu aguilhão"?

Diz-se que quando uma abelha insere seu ferrão em alguém, já não tem mais poder para ferir. A morte deixou seu ferrão na humanidade de Cristo e não tem mais poder para ferir Seus filhos. A vitória de Cristo sobre a sepultura é a vitória de Seu povo. "Neste momento eu estou contigo", Cristo sussurra; "o mesmo braço que você constatou ser forte e fiel por todo o deserto, braço que nunca falhou, é o braço no qual você geralmente foi forçado a se apoiar em toda a sua fraqueza." —VISCONDE POWERSCOURT

*O teu bordão e o teu cajado me consolam.* Muitas pessoas professam receber muito consolo pela esperança de que não morrerão. Certamente haverá alguns "os vivos, os que ficamos" na vinda do Senhor, mas há tanta vantagem em tal escape da morte para que seja objeto de desejo cristão?

Um homem sábio pode preferir, entre os dois, morrer, pois aqueles que não morrerem, mas que serão "arrebatados juntamente com eles, entre nuvens, para o encontro do Senhor nos ares", na verdade sairão perdendo e não ganhando. Eles perderão a comunhão efetiva com Cristo no túmulo — isto têm os santos que morreram — e nos é dito claramente que eles não terão preferência àqueles que estão dormindo.

Tenhamos a mente de Paulo quando disse que "o morrer é lucro", e pensemos nisto: "partir e estar com Cristo, o que é incomparavelmente melhor". Este vigésimo terceiro salmo não está desgastado e, é tão doce aos ouvidos de um cristão hoje como o era na época de Davi. Digam o que disserem os caçadores de novidades. —C. H. SPURGEON

Não muito antes de morrer, ele bendisse Deus pela certeza de Seu amor e disse que poderia agora morrer tão facilmente como fechar os olhos, e acrescentou: "Aqui estou ansiando pelo silêncio no pó e por desfrutar de Cristo em glória. Anelo estar nos braços de Jesus. Não vale a pena prantear por mim." Então, lembrando-se de como o diabo ocupou-se com ele, ficou extremamente agradecido a Deus por Sua bondade em repreendê-lo. —*MEMÓRIAS DE JAMES JANEWAY*

Quando a Sra. Hervey, esposa de um missionário em Bombaim, estava morrendo, um amigo disse a ela que esperava que o Salvador estivesse com ela ao passar pelo escuro vale da sombra da morte. Ela disse: "Se este é o vale escuro, perdeu todos os pontos de escuridão; tudo é luz." Ela teve durante a maior parte do tempo em que esteve doente, visões reluzentes das perfeições de Deus. "Sua temível santidade", ela dizia, "parecia o mais amável de Seus atributos". Houve um momento em que disse que gostaria de ter palavras para expressar suas visões da glória e da majestade de Cristo. "Parece que se toda a glória fosse aniquilada e nada mais restasse exceto Seu Ser desprovido de tudo, seria o suficiente; seria um universo de glória!"

*Versículo 5*
*Preparas-me uma mesa na presença dos meus adversários.* O homem bom tem seus inimigos. Ele não seria como seu Senhor, se não os tivesse. Se não tivéssemos inimigos, poderíamos temer não termos a amizade de Deus, pois a amizade do mundo é inimiga de Deus. Contudo, veja a quietude do homem piedoso apesar de seus inimigos, e à vista deles. Como é revigorante sua serena valentia! "Preparas uma mesa". Quando um soldado está na presença de seus inimigos, havendo a possibilidade de comer ele pega subitamente uma refeição apressada e rapidamente volta à luta.

Mas observe: "*Preparas* uma mesa", assim como um servo faz quando ergue o tecido e exibe os ornamentos do banquete em uma ocasião comum e pacífica. Nada é acelerado, não há confusão nem perturbação, o inimigo está à porta, e ainda assim Deus prepara a mesa, e o cristão se senta e come como se tudo estivesse em perfeita paz. Ó! A paz que Jeová concede a Seu povo, mesmo em meio às circunstâncias mais penosas! —C. H. SPURGEON

Um impedimento eficaz deve não ter apenas contrariedade nele, mas superioridade. Uma gota de água não pode acabar com um incêndio, pois ainda que tenha natureza contrária não tem grande poder. Agora a malícia e os artifícios dos homens maus são curtos e fracos demais para o intento divino de abençoar, o que é acompanhado de um braço todo poderoso. Homens maus não passam de homens, e Deus é Deus. E sendo apenas homens, nada podem além do que os homens podem. —*Condensado de* OBADIAH SEDGWICK

*Unges-me a cabeça com óleo.* Um sacerdote sem óleo perde a principal qualificação para seu ofício e o sacerdote cristão tem falta da principal aptidão para o serviço quando fica desprovido de nova graça vinda do alto.

*O meu cálice transborda.* Ele tinha não somente o suficiente, um cálice cheio, porém, mais do que suficiente, um cálice que transborda. Tanto o homem pobre pode dizer isto, quanto aqueles em condições mais elevadas. "O quê? Tudo isso e ainda Jesus Cristo?" — disse uma pobre camponesa ao partir um pedaço de pão e encher um copo com água. Sendo um homem profundamente abastado, mas descontente, seu cálice não transbordará; está rachado e goteja. O contentamento é a pedra filosofal que transforma tudo o que toca em ouro; feliz é aquele que a encontra. O contentamento é mais do que um reino; é outro sinônimo de felicidade. —C. H. SPURGEON

Ele não tinha apenas uma plenitude de abundância, mas de redundância. Aqueles que têm esta felicidade devem carregar seus cálices de maneira que transbordem nos recipientes mais vazios de seus pobres irmãos. —JOHN TRAPP

Por que razão o Senhor faz o seu cálice transbordar, mas os lábios de outros homens provam o licor? As chuvas que caem sobre as montanhas mais altas deslizam até os vales mais baixos. "Dai, e dar-se-vos-á", é uma máxima na qual pouco se crê (Lc 6:38). —WILLIAM SECKER

Ou é como na Vulgata: "E meu inebriante cálice, quão excelente é!" Com este cálice foram inebriados os mártires enquanto se dirigiam ao suplício, não reconhecendo sequer aqueles que lhes pertenciam: suas esposas em prantos, seus filhos, seus relacionamentos. Podiam apenas agradecer, dizendo: "Tomarei o cálice da salvação"! —AGOSTINHO

*Versículo 6*
*Habitarei na Casa do S*ENHOR *para todo o sempre.* Um homem perverso pode eventualmente voltar-se à Casa de Deus e fazer uma oração, mas o profeta (e também todos os homens piedosos) habita ali para sempre; sua alma está sempre no trono da graça implorando por graça.

Um homem perverso ora da mesma forma que o galo canta: o galo canta e para; e canta novamente e para novamente; e não pensará em cantar até que cante de novo. Assim o homem perverso ora e para, ora e para novamente; sua mente nunca está ocupada pensando se as suas orações são aceitas ou não; ele pensa praticar a boa religião ao orar e, portanto, conta como certo que Deus as ouve, ainda que verdadeiramente Deus nunca ouça as suas orações nem as respeite mais do que respeita o mugir de bois e o grunhido de porcos. —WILLIAM FENNER, em *O sacrifício do fiel*

*Obra clássica de Spurgeon sobre os Salmos*

# SALMO 24

TÍTULO: "Salmo de Davi". No título nada descobrimos exceto sua autoria. Mas isto é interessante e nos leva a observar as admiráveis ações do Espírito na mente do doce cantor de Israel, capacitando-o a tocar a lúgubre corda no Salmo 22, para depois tocar as delicadas notas de paz no Salmo 23 e aqui elaborar acordes majestosos e triunfais. Nós podemos fazer ou cantar qualquer coisa quando o Senhor nos fortalece.

Este hino sagrado, provavelmente, foi escrito para ser cantado quando a arca da aliança foi levada da casa de Obede-Edom para permanecer atrás das cortinas no monte Sião. Nós o chamaremos de: "A canção da ascensão". Este Salmo combina-se com o Salmo 15. —C. H. SPURGEON

Como outros pensam sobre esta questão eu não poderia dizer, nem fingir poder descrever, mas de minha parte, não tenho memória de haver ouvido ou de que qualquer homem tenha visto ou ouvido algo tão grandioso, tão solene, tão celestial deste lado dos portões do Céu. —PATRICK DELANY

*Versículo 1*
*Ao SENHOR pertence a terra e tudo o que nela se contém, o mundo e os que nele habitam.* Quanta diferença há entre isto e a ignorante concepção judaica a respeito de Deus que vigorava nos dias de nosso Salvador! Os judeus diziam: "A terra santa pertence a Deus e a semente de Abraão é Seu único povo", mas seu grande monarca os havia instruído muito antes: "Ao SENHOR pertence a terra e tudo o que nela se contém". Toda a redondeza do mundo é reivindicada a Jeová, "e os que nele habitam" são declaradamente Seus súditos.

Quando consideramos a intolerância do povo judeu nos dias de Cristo e como ficaram irados com nosso Senhor por haver dito que havia muitas viúvas em Israel, mas a nenhuma delas fora enviado o profeta, senão à viúva de Sarepta e que havia muitos leprosos em Israel, mas nenhum fora curado exceto Naamã, o siro...

Quando nos recordamos, também, de como ficaram irados com a menção de que Paulo fora enviado aos gentios, ficamos maravilhados por permanecerem em tal cegueira e ainda assim cantarem este Salmo que mostra tão claramente que Deus não é o Deus dos judeus somente, mas também dos gentios.

Que repreensão é esta para estes sabichões que falam dos negros e outras raças desprezadas como se não tivessem o cuidado do Deus dos Céus! Se o homem nada é além de homem, o Senhor o reivindica para si e quem ousa marcá-lo como uma mera peça de mercadoria? O mais cruel dos homens é habitante do mundo e, portanto, pertence a Jeová. Jesus Cristo acabou com a exclusividade de nacionalidades. Não há bárbaro, citas, escravo ou livre; mas somos todos um em Cristo Jesus.

O homem vive "na Terra" e divide seu solo entre seus semelhantes reis e autocratas; mas a Terra não pertence ao homem. Ele não passa de um inquilino arbitrário, um locador-proprietário de estabilidade extremamente precária, passível de expulsão instantânea. O grande Dono da Terra e verdadeiro Proprietário tem Sua corte acima das nuvens e ri da escritura dos vermes do pó.

A Terra é repleta de Deus; Ele a fez plena e a mantém plena, apesar de todas as demandas feitas pelas criaturas vivas em seus armazéns. O mar é pleno apesar de todas as nuvens que surgem de sua condensação; o ar é pleno não obstante todas as vidas que dele fazem uso para a respiração; o solo é pleno

ainda que milhões de plantas dele ganhem nutrição.
—C. H. SPURGEON

*Ao Senhor pertence a terra,* ou seja, a Cristo, que é o "Senhor dos senhores" (Ap 19:16); pois todo o mundo e os que nele habitam são dele por uma designação dupla. Primeiro, por doação de Seu Pai, pois "toda autoridade me foi dada no céu e na terra." (Mt 28:18), tudo quanto o Pai tem é meu (Jo 16:15); e então, consequentemente, foi constituído herdeiro de todas as coisas (Hb 1:2).

Segundo, a Terra é de Cristo e todos os que nela habitam também o são por direito de criação, pois Ele "fundou-a", disse nosso profeta, e isso de modo maravilhoso: "sobre os mares e sobre as correntes". Todas as coisas, então, pertencem a Cristo, tratando-se da criação pois "todas as coisas foram feitas por intermédio dele" (Jo 1:3); tratando-se de sustentação, pois sustenta todas as coisas pela palavra do Seu poder (Hb 1:3); tratando-se de administração, estende seu vigor de uma extremidade do mundo à outra e governa todas as coisas com felicidade (Sabedoria 8:1) [N.E.: Livro apócrifo], em outras palavras — "Porque dele, e por meio dele, e para ele são todas as coisas" (Rm 11:36). —JOHN BOYS

São Crisóstomo, sofrendo sob o domínio da imperatriz Eudoxia, diz a seu amigo Ciríaco como ele se armou de antemão: "Eu pensei: será que ela me banirá? 'Ao Senhor pertence a terra e tudo o que nela se contém'. Será que levará meus bens? 'Nu saí do ventre de minha mãe e nu voltarei'. Será que mandará me apedrejarem? Lembrei-me então de Estêvão. Irá me decapitar? João Batista veio à minha mente" etc.

Assim deveria ser com todos que pretendem viver e morrer confortavelmente: devem, como dizemos, fazer um estoque para os dias chuvosos; devem armazenar graças, promessas e guarnecerem-se de experiências com a bondade de Deus para com outros e consigo mesmos, de modo que quando o dia mal vier, recebam, desta forma, abundante bem.
—JOHN SPENCER

"A luz é o semblante do Eterno", disse o Sol ao se pôr. "Eu sou a orla de Seu manto", respondeu o crepúsculo róseo. As nuvens se reuniram e disseram: "Nós somos Seu tabernáculo noturno". E as águas nas nuvens e as vozes ocas dos trovões, uniram-se ao elevado coro: "Ouve-se a voz do Senhor sobre as águas; trovej o Deus da glória; o Senhor está sobre as muitas águas."

"Ele voa em minhas asas", sussurraram os ventos e o gentil ar acrescentou: "Eu sou o fôlego de Deus, o inspirar de Sua presença benigna". "Ouvimos as canções de louvor", disse a Terra ressequida; "por todos os lados há louvor; somente eu estou triste e calada". Então respondeu o orvalho caindo: "Eu nutrirei você, para que seja revigorada e se alegre e seus filhos desabrochem como jovens rosas". "Jubilosamente amadurecemos", cantaram as sidras refrescantes; as espigas de milho cheias oscilavam ao cantar: "Somos a bênção de Deus, os abrigos de Deus contra a fome."

"Do alto te bendizemos", disse a gentil Lua; "Nós, também, a ti bendizemos"; responderam as estrelas; e o reluzente gafanhoto chilreou: "A mim também Ele abençoa ao cair do orvalho perolado". "Ele saciou minha sede", disse o cabrito; "e me refrescou", continuou o veado; "e nos concede nosso alimento", disseram as bestas da floresta; "e vestes meus cordeiros", com gratidão acrescentou a ovelha.

"Ele me ouviu", o corvo chiou, "quando eu estava sozinho e abandonado"; " Ele me ouviu", disse a cabra-montês, "quando chegou minha hora e dei crias". E o pombo arrullhou, e a andorinha e outros pássaros uniram-se na canção: "Encontramos nossos ninhos, nossas casas, habitamos no altar do Senhor e dormimos sob a sombra de Suas asas em tranquilidade e paz".

"E paz", a noite respondeu, e o eco prolongou o som quando o galo acordou a aurora e cacarejou com alegria: "Abram os portais, abram os portões da terra! O Rei da glória se aproxima. Despertem! Levantem-se ó filhos dos homens, deem louvores e graças ao Senhor, pois o Rei da glória se aproxima!"

O sol nasceu, e Davi acordou de seu êxtase melodioso. Mas enquanto ele viveu, os acordes da harmonia da Criação permaneceram em sua alma, e ele diariamente os relembrou nas cordas de sua harpa. —*A LENDA DAS CANÇÕES DA NOITE*, no *Talmude*, citado em *Antiguidades Bíblicas* por F. A. Cox

### Versículo 2

*Sobre as correntes a estabeleceu.* O mundo é de Jeová porque de geração a geração Ele o preserva e o mantém, pois estabeleceu suas fundações. A Providência e a Criação são dois selos legais sobre a escritura do grande Dono de todas as coisas. Aquele que construiu a casa e sustém as suas fundações certamente tem direito a ser o primeiro a reivindicá-la. Que fique registrado, contudo, sobre quão inseguras fundações todas as coisas terrestres estão estabelecidas. Sobre os mares! Estabelecidas sobre as correntes!

Bendito seja Deus pois o cristão tem outro mundo pelo qual esperar e coloca suas esperanças em uma fundação mais estável do que esta que este pobre mundo oferece. Aqueles que confiam em coisas mundanas constroem sobre o mar; mas nós colocamos nossas esperanças, pela graça de Deus, na Rocha Eterna; estamos descansando na promessa do Deus imutável; estamos dependendo da constância do fiel Redentor.

### Versículo 3

*Quem subirá ao monte do SENHOR?* Para que a criatura alcance o Criador, precisa galgar os montes. Onde está o poderoso montanhista que pode escalar significativas alturas? E nem se trata somente de altura, mas também de glória. Que olhos verão o Rei em Sua beleza e habitarão em Seu palácio? —C. H. SPURGEON

Fazer parte do grupo dos servos verdadeiros e fiéis de Cristo não é tarefa insignificante; é uma luta, uma disputa, uma guerra contínua; jejuns e vigílias, frio e nudez, fome e sede, amarras, encarceramento, perigos e angústias, ignomínia e opróbrio, aflições e perseguições, o ódio do mundo e o descaso de nossos amigos, tudo o que consideramos árduo ou difícil será encontrado nos caminhos que devemos trilhar. Um homem não pode abandonar a luxúria, livrar-se de más companhias, desistir de um caminho de pecado, entrar em um percurso de virtude, professar sua religião ou se posicionar por ela, não pode ascender um monte espiritual, mas ele encontrará alguns destes ou outros parecidos com quem contenderá e lutará. Mas não somente subir, antes ali permanecer, como simboliza a palavra; continuar em um pico tão elevado, ser constante na verdade e na piedade, que será de fato difícil e trará consigo mais dificuldades com que contender. —MARK FRANK

### Versículo 4

*O que é limpo de mãos e puro de coração.* Externamente, a santidade prática é uma marca muito preciosa da graça. Lavar-se com água com Pilatos não é nada, mas lavar-se em inocência é importantíssimo. Deve ser temeroso que tantos devotos tenham pervertido a doutrina da justificação pela fé, de tal forma, a ponto de tratar as boas obras com desprezo; e se esse for o caso, eles receberão desprezo eterno no último grande dia. É vão matraquear sobre experiência interior a menos que a vida diária esteja livre de impureza, desonestidade, violência e opressão.

Mas "mãos limpas" não seriam suficientes a menos que estejam conectadas com um "coração puro". A verdadeira religião é obra do coração. Podemos lavar o exterior do cálice e da bandeja o quanto quisermos, mas se o interior estiver imundo, estamos completamente imundos aos olhos de Deus, pois nosso coração é mais verdadeiramente aquilo que somos do que nossas mãos o são. Podemos perder nossas mãos e ainda permanecermos vivos, mas não poderíamos perder nosso coração e ainda viver; a vida de nosso ser está na natureza interior, logo, aí está a necessidade imperativa de pureza interior. Poeira no coração lança pó nos olhos. —C. H. SPURGEON

Devo dizer-lhe, então, quem é o homem moral aos olhos de Deus? É aquele que se curva à lei divina como regra suprema de justiça; aquele que é influenciado por uma orientação que considera Deus em todas as suas ações; aquele que obedece a outros mandamentos espontaneamente porque obedeceu ao primeiro e grande mandamento: "Dê-me seu coração". Sua conduta não é conformada a hábitos ou conveniência, mas a um padrão de dever consistente e imutável.

Leve este homem a uma corte de justiça e chame-o para testemunhar e ele não dará falso testemunho. Dê-lhe a responsabilidade de tesouros cultos, ele não roubará. Confie-lhe os interesses mais caros a você ou à sua família; você estará seguro, porque ele tem um princípio de vida que é verdade e integridade em seu peito. Ele é tão digno de confiança na escuridão quanto ao meio-dia; pois é um homem moral, não porque reputação ou interesse assim exigem, não porque os olhos da observação pública estão fixos nele, mas porque o amor e o temor de Deus têm dominante supremacia em seu coração. —EBENEZER PORTER

*Que não entrega a sua alma à falsidade.* Caso suguemos nossa consolação dos seios do mundo, provamos ser filhos do mundo, nele nascidos. O mundo o satisfaz? Então sua recompensa e sua porção estão nesta vida; aproveite-os ao máximo, pois não conhecerá outra alegria. —C. H. SPURGEON

*Que não entrega sua alma à falsidade* é lido por Arius Montanus: "Aquele que não recebeu sua alma em vão". Ó! Quantos recebem suas almas em vão, não fazendo uso maior delas do que um porco o faz? Sobre isso o filósofo observa: suas almas são apenas como sal para impedir que seus corpos exalem mau cheiro. Quem não se entristeceria ao pensar que uma peça de tamanha qualidade fosse empregada em um uso tão vão! —GEORGE SWINNOCK

Agora chegamos às quatro condições indispensáveis para tornar possível tal ascensão: 1) Abstinência do mau proceder: "Aquele que é limpo de mãos". 2) Abstinência dos maus pensamentos: "e puro de coração". 3) Aquele que exerce o trabalho que lhe foi designado ao ser enviado ao mundo: "que não entrega sua alma à falsidade"; ou, como está na Vulgata: "Que não recebeu sua alma em vão". E, 4) Aquele que se lembra dos votos pelos quais está ligado a Deus: "nem jura dolosamente".

E no sentido mais pleno, houve apenas Um em Quem todas estas coisas foram cumpridas; então em resposta à pergunta: "Quem subirá ao monte do Senhor?" Deve-se responder: "Ora, ninguém subiu ao céu, senão aquele que de lá desceu, a saber, o Filho do Homem [que está no céu]" (Jo 3:13). "Portanto, está escrito", diz São Bernardo, "que tal Sumo Sacerdote tornou-se como nós, pois Ele conhece a dificuldade dessa ascensão ao monte celestial, Ele conhece nossas fraquezas, nós que precisamos subir." —LORINUS E BERNARD, citado por J. M. Neale

O Céu não é ganho com boas palavras e profissão de fé honesta. O cristão praticante é aquele que permanece de pé quando aquele se gaba de sua fé oca cai. Os grandes tagarelas da religião são geralmente os que menos a praticam. É vã a religião da pessoa cuja profissão não traz consigo testemunhos de uma vida santa. —WILLIAM GURNALL

## Versículo 5

*Ele obterá [...] a justiça.* Com relação à nossa própria justiça, aquela que temos sem Ele, Isaías nos diz que é "trapo de imundícia"; e o apóstolo Paulo diz que não passa de "excremento". Duas comparações muito familiares, se não viessem do próprio Espírito Santo; contudo não são tão familiares no original, em que soam tão odiosas quanto à espécie de trapo de imundícia e o tipo de excremento, que não ousaremos traduzi-las com mais exatidão. Por nossa justiça não ser em nada melhor, somos impelidos a buscá-la em outro lugar.

*Ele obterá a justiça,* disse o profeta; e "o dom da justiça", disse o apóstolo (Fp 3:8,9; Rm 5:17). Trata-se então de algo mais que nos é dado e por nós recebido, algo que devemos buscar.

E para onde iremos nesta busca? Somente Jó fala deste ponto (15:15; 4:18; 25:5). Não aos céus ou às estrelas; eles são impuros a seus olhos. Não aos santos, pois os considerava tolos. Não aos anjos, pois nem mesmo neles encontrou firmeza. Agora, se nenhum destes atende à necessidade vemos uma razão fundamental para que Jeová deva ser parte deste nome: "Senhor, Justiça Nossa" (Jr 23:6). —LANCELOT ANDREWES

## Versículo 6

*Tal é a geração dos que o buscam, dos que buscam a face do Deus de Jacó.* Estes são a regeneração, estes estão na linhagem da graça; estes são a semente legítima. Contudo, são apenas requerentes; portanto, aprenda que aqueles que buscam verdadeiramente são profundamente estimados por Deus e têm seus nomes em Seus registros.

Mesmo o buscar tem influência santificadora; que poder de consagração deve haver no encontrar e desfrutar da face e do favor do Senhor! Desejar comunhão com Deus é algo purificador. Ó, ter fome e sede, mais e mais, após uma visão clara da face de Deus; isto nos levará a purificar-nos de toda imundície e a caminhar com prudência celestial.
—C. H. SPURGEON

Os cristãos devem ser buscadores. Esta é a geração daqueles que buscam. Toda a humanidade, para que um dia alcance o Céu, deve ser geração de buscadores. O Céu é uma geração de descobridores, de proprietários, de desfrutadores, daqueles que buscam Deus. Mas aqui somos uma geração de buscadores.
—RICHARD SIBBES

Pelo pronome demonstrativo "tal", o salmista apaga da categoria de servos de Deus todos os falsos israelitas que, confiando apenas em sua circuncisão e no sacrifício de animais, não se preocupam em oferecer-se a Deus; e, entretanto, ao mesmo tempo, lançam-se impetuosamente à igreja. —JOÃO CALVINO

*Versículo 7*
Estes últimos versículos nos revelam o grande Homem Representante, que correspondeu ao papel pleno estabelecido e, portanto, por Seu próprio direito ascendeu ao santo monte de Sião. Nosso Senhor Jesus Cristo poderia ascender ao monte do Senhor porque as Suas mãos estavam limpas e o Seu coração era puro; e se nós, pela fé nele, formos conformados à Sua imagem, ascenderemos também.
—C. H. SPURGEON

*Levantai, ó portas, as vossas cabeças; levantai-vos, ó portais eternos, para que entre o Rei da Glória.* Na história do evangelho, descobrimos que Cristo era recebido de três formas entre os homens. Alguns o recebiam em casa, não no coração, como Simão, o fariseu (Lc 7:44), que não o beijou, nem lhe ofereceu água para os pés. Alguns o recebem no coração, mas não em casa, como o fiel centurião (Mt 8:34); alguns o recebem tanto em casa quanto no coração, como Lázaro, Maria e Marta (Jo 3:15; Lc 10:38). —JOHN BOYS

Porque a porta do coração dos homens está trancada, barrada e aferrolhada e os homens estão em sono profundo e não ouvirão o bater aos portões ainda que seja alto, ainda que seja de um rei; por isso Davi bate novamente: "levantai-vos, ó portais eternos". "Por quê? Qual é a pressa?", diz o pecador. "Qual é a pressa?" Ora, aqui está o Rei diante de seus portões; e não é um rei qualquer, Ele é um Rei glorioso que o honrará, neste momento, se você se abrir rapidamente para que Ele se abrigue, para que faça Sua moradia em sua casa, para habitar com você.

Mas a alma, com tudo isto, não abre de pronto e segue questionando, como se fosse um inimigo e não um amigo que ali permanecesse à porta; e à pergunta: *"Quem é o Rei da glória?"* Quem? Ele responde novamente: *O Senhor forte e poderoso;* Ele que, caso você não abra rapidamente e com gratidão, pode muito facilmente derrubar sua casa; Ele é o Senhor forte e poderoso, o Rei que tem um poderoso exército sempre a Seu comando, exército que permanece em prontidão para sua incumbência e você deveria então saber quem escolhe para ser seu amigo. "Levantai, ó portas, as vossas cabeças".

Abra rapidamente, você que prefere ter Deus como amigo do que como inimigo. "Ó, por que não clamaria a alma de todo pecador: Senhor, a porta está trancada, e tu tens a chave; tenho tentado o que posso, mas as fechaduras estão tão enferrujadas que não consigo virá-la"?

Mas, Senhor, arranca a porta das dobradiças, qualquer coisa que seja, para que possas entrar e habitar aqui. Vem, ó Deus poderoso, arrebenta os portões de ferro e as trancas de bronze e abre caminho para ti mesmo por Teu amor e poder. Vem, Senhor e faz-te bem-vindo; tudo o que tenho está a Teu serviço; ó, qualifica minha alma para receber-te!
—JAMES JANEWAY

Jesus deixou conosco o mais profundo do Espírito e tirou de nós o mais profundo de nossa carne que Ele carregou até o Céu como uma promessa que todos devem buscar. —TERTULIANO

Cristo foi ao Céu como vencedor em triunfo em Sua carruagem; indo adiante do pecado, de Satanás, da morte, do inferno e de todos os Seus inimigos. Ele não somente venceu Seus inimigos por si mesmo, mas por todo o Seu povo, a quem transformará em vencedores, sim, "mais que vencedores". Assim como Ele venceu, também eles vencerão; e como Ele foi ao Céu vencedor, eles o seguirão em triunfo. —HENRY PENDLEBURY

Esta Arca, que salvou o mundo da destruição, após flutuar em um dilúvio de sangue, paira no topo da montanha. O inocente José cuja virtude fora oprimida pela sinagoga, é retirado de um calabouço para receber uma coroa. Este invencível Sansão arrancou os portões do inferno e vai em triunfo às montanhas eternas.

Este vitorioso Josué passou pelo Jordão com a Arca da Aliança e tomou posse da terra dos viventes. Este Sol da justiça, que desceu dez degraus, retorna para o lugar que deixara. Ele que era "um verme" em Seu nascimento, um Cordeiro em Sua paixão e um Leão em Sua ressurreição, agora ascende como uma Águia ao Céu e nos encoraja a segui-lo até lá. De "A vida de Jesus Cristo em glória". —JAMES NOUET, *traduzido do francês*

Versículos 7 e 8. Ó minh'alma, como isto deveria elevar sua alegria e ampliar seus consolos: o fato de que Cristo é agora recebido em glória! Todos os aspectos de Cristo são gloriosos e em todos os aspectos você deveria esperar no Senhor Jesus Cristo que haja alguma manifestação gloriosa de si. Venha, viva na intensidade deste grande mistério; contemple Cristo entrando na glória e encontrará os mesmos lampejos de glória em seu coração. Ó, esta cena é transformadora: "E todos nós, com o rosto desvendado, contemplando, como por espelho, a glória do Senhor, somos transformados, de glória em glória, na sua própria imagem, como pelo Senhor, o Espírito" (2 Co 3:18). —ISAAC AMBROSE

Versículos 7 e 8. E saibam, ó vocês fiéis e obedientes, por sua coragem e seu alívio, Quem e de que natureza é este glorioso Rei, o Senhor Jesus, a quem o mundo despreza, mas vocês honram. Ora, Ele é o Deus Todo-Poderoso, de poder pleno para preservar e defender Seu povo e Sua Igreja, que por confiarem nele o amam e o servem, contra toda força e todo poder dos homens e dos demônios que os difamam e que a eles se opõem, para derrotá-los, enquanto nós, Seu Israel na letra, descobrimos, por experiência, que somos Seu povo em espírito, para sua instrução e corroboração. —GEORGE ABBOT, em *Breves notas sobre todo o livro de Salmos*

Versículos 7 a 10. Certamente, se, quando Ele enviou Seu único filho ao mundo Ele disse: "E todos os anjos o adorem", muito mais agora que Ele "Subiu às alturas, levou cativo o cativeiro, Ele lhe deu o nome que está acima de todo nome para que ao nome de Jesus se dobre todo joelho". E se os santos anjos cantaram de tal forma em Seu nascimento, no exato momento de Sua entrada neste estado de humilhação e enfermidade, com que triunfo não o recebem agora retornando da perfeita conquista da redenção do homem? —JOSEPH HALL

Versículos 7 a 10. Havia algo como triunfo quando Ele entrou em Jerusalém. Toda a cidade foi movida, dizendo: "Quem é este?" E a multidão respondia: "Este é o profeta Jesus, de Nazaré da Galileia!"; e até as crianças cantaram: "Hosana ao Filho de Davi! Bendito o que vem em nome do Senhor! Hosana nas maiores alturas!"

Quão mais grandioso não será o triunfo de Sua entrada na Jerusalém celestial? Não seria toda a cidade "movida" neste caso dizendo: "Quem é este?" Veja os milhares de anjos assistindo-o, e então 10 mil multiplicado por 10 mil vêm adiante para encontrá-lo! A entrada da arca na cidade de Davi não passa de uma sombra disto e o canto responsivo daquela ocasião, seria muito mais aplicável nesta. —ANDREW FULLER

Versículo 7 a 10. Sozinho Ele ressuscitou dos mortos. Sozinho, até onde o homem consegue enxergar,

Ele subiu ao Céu. Assim Ele se mostra como "o Senhor, poderoso nas batalhas", poderoso naquele combate singular, em que Ele, como nosso Campeão, nosso Davi, vitoriosamente manteve-se contra nosso grande inimigo. Porém, quando Cristo descer e ascender pela segunda vez, Ele se mostrará como "o Senhor dos Exércitos". Em lugar de descer sozinho em silêncio misterioso, como em Sua maravilhosa encarnação, Ele será seguido por todos os exércitos do Céu. "então, virá o Senhor, meu Deus, e todos os santos, com ele." "Eis que veio o Senhor entre suas santas miríades". "o Filho do Homem há de vir na glória de seu Pai, com os seus anjos". "Milhares de milhares o serviam, e miríades de miríades estavam diante dele".

Em lugar do silêncio daquele silencioso local em Nazaré e do ventre da virgem, haverá a voz do arcanjo, e o proclamar de Deus o acompanhando. —JOHN KEBLE

*Versículo 8*
As sentinelas no portão, ouvindo a canção, olham pelas ameias e perguntam: *Quem é o Rei da glória?* Uma pergunta repleta de significado e digna de meditações da eternidade. Quem é Ele em pessoa, natureza, caráter, cargo e obra? Qual é Seu pedigree? Qual é Sua classificação e qual é Sua disputa?

A resposta dada em uma poderosa onda musical é: *O Senhor, forte e poderoso, o Senhor, poderoso nas batalhas.* Conhecemos o poder de Jesus pelas batalhas que Ele lutou, as vitórias que Ele teve contra o pecado, a morte e o inferno e aplaudimos ao vê-lo levando "cativo o cativeiro" na majestade de Sua força. Ó, um coração que canta Seus louvores! Poderoso Herói, seja coroado para sempre Rei dos reis e Senhor dos senhores.

*Versículo 9*
Caro leitor, é possível que você esteja dizendo: "Eu jamais entrarei no Céu de Deus, pois não tenho nem mãos limpas nem um coração puro!" Olhe, então, para Cristo, que já subiu o santo monte. Ele entrou como predecessor daqueles que nele confiam. Siga Seus passos e descanse em Seu mérito. Ele vai triunfante até o Céu, e até lá você irá também, se nele confiar.

"Mas como conseguirei o caráter descrito?", dirá você. O Espírito de Deus lhe concederá. Ele criará em você um novo coração e um espírito reto. A fé em Jesus é obra do Espírito Santo e tem todas as virtudes contidas em si. A fé se coloca ao lado da fonte cheia de sangue e ali, ao lavar-se, mãos limpas e um coração puro, uma alma santa e língua fidedigna lhe foram concedidos. —C. H. SPURGEON

# Salmo 25

TÍTULO: "Um salmo de Davi". Davi é retratado neste Salmo como que em uma miniatura fiel. Sua santa confiança, seus muitos conflitos, sua grande transgressão, seu amargo arrependimento e suas profundas angústias estão todos aqui, para que vejamos de fato o coração do "homem segundo o coração de Deus". É evidentemente uma composição dos dias tardios de Davi, pois ele menciona os pecados de sua juventude e de suas dolorosas referências à astúcia e crueldade de seus muitos inimigos, não seria uma teoria especulativa demais relacioná-la ao período em que Absalão estava liderando a grande rebelião contra Davi. Este fora intitulado o segundo dos sete Salmos Penitenciais. É a marca de um verdadeiro santo o fato de que suas tristezas o fazem lembrar de seus pecados, e sua tristeza pelo pecado o leva a seu Deus. —C. H. SPURGEON

Nestes quatro Salmos, que imediatamente seguem-se um do outro, podemos encontrar a alma de Davi apresentada em todas as várias posturas da piedade: prostrada, em pé, sentada, ajoelhada. No Salmo 22, ele está prostrado o tempo todo, sobre o rosto, arrastando-se no chão, quase entrando em um grau de desespero; falando de si mesmo na história de Cristo no mistério: "Deus meu, por que me desamparaste?".

No Salmo 23, ele está em pé, e por meio do favor de Deus, apesar de seus inimigos, esmagando toda oposição e contra ela triunfando: "O Senhor é o meu pastor; nada me faltará".

No Salmo 24, ele está sentado, como um médico em sua cadeira ou um professor em seu recinto, lendo uma palestra sobre divindade e descrevendo o caráter daquele homem — de que forma ele deve ser — que "subirá ao monte do Senhor", e daqui em diante ser participante da alegria.

Neste Salmo 25, ele está se ajoelhado, com mãos e voz erguidas a Deus, e nestas duas dobradiças todo o Salmo se movimenta; a primeira é uma busca sincera pela misericórdia de Deus, a segunda um lamento humilde por sua própria miséria. —THOMAS FULLER

### Versículo 1

*A ti, Senhor, elevo a minha alma.* Veja como a alma santa voa para seu Deus como uma pomba para sua gaiola. Quando se acabam os ventos de tempestade, as embarcações do Senhor fazem a volta e vão em direção a seu bem lembrado porto de refúgio. Que misericórdia é que o Senhor condescenderá em ouvir nossos clamores no momento de dificuldade, ainda que tenhamos quase nos esquecido dele em nossas horas de extravagante prosperidade! Muito frequentemente a alma não consegue se erguer; perdeu suas asas e se torna pesada e estática, mais como uma toupeira escavando do que como uma águia voando. Em épocas de tanto embotamento não devemos abrir mão da oração, mas devemos, pelo auxílio de Deus, exercer todas as nossas capacidades para elevar o nosso coração. Deixe que a fé seja a alavanca e a graça o braço e, assim, a massa morta será remexida.

Mas como já foi reerguida esta massa! Em todos os nossos esforços e empenhos, fomos completamente derrotados, até que a pedra angular celestial do amor de nosso Salvador demonstrou seus atrativos onipotentes e então nosso coração sobe até nosso Amado como crescentes chamas de fogo. —C. H. SPURGEON

O elevar do coração pressupõe um prévio abatimento da sua alma. A alma do homem é oprimida pelo pecado e pelas preocupações deste mundo, que, como o chumbo preso à rede, a afunda tão profundamente, que a impede de elevar-se até que Deus envie orações espirituais, como a boia para a rede, para exaltar a alma; e isto surge da fé, como a chama surge do fogo; e fé que deve ser liberta dos cuidados seculares, e de todas as coisas que a pressionam para baixo, o que nos revela que os mundanos são tão capazes de orar quanto uma toupeira de voar. Mas os cristãos são como águias que voam alto.

Considerando que o coração do homem, por natureza, está fixo à Terra, e em si mesmo não é mais capaz de elevar-se dela mais do que uma pedra que é fixa ao chão, até que Deus o eleve por Seu poder, Sua Palavra e Seus obreiros. Deveria ser a nossa principal petição ao Senhor que a Ele agradasse nos atrair, para que corrêssemos após dele, a fim de que o exaltemos e elevemos nosso coração ao Céu, para que eles não permaneçam inertes no charco desta Terra.
—ARCHIBALD SYMSON

Um homem piedoso ora como um construtor constrói. Agora, um construtor primeiro lança uma fundação e porque não pode terminar em um dia, ele volta no segundo dia e encontra a estrutura que fez no primeiro dia e acrescenta um segundo dia de trabalho; e volta no terceiro dia e encontra seus dois dias de trabalho prévios ali inalterados, então continua em um terceiro dia de trabalho e acrescenta paredes. E assim ele o faz até que seu edifício esteja terminado.

Da mesma forma, a oração é o edifício da alma até que alcance o Céu; portanto, um coração piedoso ora e alcança alturas e mais alturas em oração até que finalmente suas orações alcancem Deus.
—WILLIAM FENNER

Uma oração sem a intenção de afeição é como um corpo sem alma. E, portanto, sua devoção é meramente externa. Alguém disse: uma cabeça descerebrada e um corpo sem alma. "Visto que este povo se aproxima de mim e com a sua boca e com os seus lábios me honra, mas o seu coração está longe de mim... (Is 29:13). Um homem carnal tem tanta capacidade de elevar seu coração em oração como uma toupeira tem de voar. Para Davi esta é uma tarefa difícil; considerando que o melhor coração é grumoso e naturalmente pesa até o declínio, como o funcionar de um relógio, como o chumbo de uma rede. Portanto desembaracemo-nos "de todo peso e do pecado que tenazmente nos assedia" e oremos a Deus para que nos atraia para si, como a pedra angular faz com o ferro. —JOHN TRAPP

## Versículo 2

*Deus meu, em ti confio.* A fé é o cabo que prende nosso barco à costa, e ao puxá-lo nos aproximamos do solo; a fé nos une a Deus e, em seguida, nos aproxima dele. Enquanto a âncora da fé permanecer não há medo ainda que na pior tempestade; e se isso nos falhasse não haveria mais esperança. Devemos garantir que a nossa fé seja sã e forte, pois caso contrário a oração não terá êxito com Deus. Ai do guerreiro que lança fora seu escudo; que defesa pode haver para aquele que não encontra defesa em seu Deus?
—C. H. SPURGEON

## Versículo 3

*Com efeito, dos que em ti esperam, ninguém será envergonhado.* O sofrimento expande o coração ao desenvolver o poder da empatia. Se orarmos avidamente por nós mesmos, logo esqueceremos os nossos colegas sofredores. Ninguém se compadece do pobre como aqueles que o foram ou ainda são pobres; ninguém tem tamanha sensibilidade pelo doente como aqueles que por muito estiveram enfermos. Devemos ser gratos por tristezas ocasionais se elas nos preservam da crônica dureza de coração; pois de todas as aflições, o coração cruel é a pior; é uma praga a quem o possui e um tormento para aqueles ao seu redor.

*Envergonhados serão os que, sem causa, procedem traiçoeiramente.* Davi não havia provocado seus inimigos; o ódio deles era gratuito. Os pecadores não têm razão justificável ou desculpa válida para transgredir; eles não beneficiam ninguém, nem mesmo a si próprios, com seus pecados; a lei contra a qual transgridem não é severa ou injusta; Deus não é um governante tirano; a providência não é escravidão. Os homens pecam porque desejam pecar, não porque seja proveitoso ou sensato fazê-lo.

Portanto, a vergonha é sua recompensa adequada. Que seu rubor seja de vergonha penitencial agora, ou não poderão escapar do desprezo eterno e da amarga vergonha que é a promoção dos tolos no mundo que virá. —C. H. SPURGEON

Que a vergonha seja enviada ao proprietário certo, até mesmo para aqueles que lidam com deslealdade, sem que de mim tenha havido provocação. E assim

o foi; pois Aitofel enforcou-se; Absalão foi suspenso pela mão de Deus e despachado por Joabe; dentre as pessoas que conspiraram com ele, algumas pereceram pela espada e outras fugiram para casa muito envergonhadas de sua empreitada. Ó, o poder da oração! O que não terão os santos caso peçam?
—JOHN TRAPP

## Versículo 4

*Faze-me, Senhor, conhecer os teus caminhos, ensina-me as tuas veredas.* Há os "caminhos" dos homens e os "caminhos" de Deus; as "veredas" do pecado e as "veredas" da justiça. Há "os Seus caminhos" e há os meus caminhos. Os Seus caminhos são de verdade, os meus de erro; os Seus são bons aos Seus olhos, e os meus são bons aos meus olhos; os Seus são os que levam ao Céu, os meus ao inferno. Portanto: "Faze-me, Senhor, conhecer os teus caminhos, ensina-me as tuas veredas", para que eu não confunda meus caminhos com os Teus; sim, guia-me na verdade e ensina-me para que não me afaste dos Teus caminhos e ande nos meus. "Faze-me, Senhor, conhecer os teus caminhos", pelo ministério de Tua Palavra; "ensina-me as tuas veredas", na orientação do Teu Espírito; "guia-me na tua verdade" pelo auxílio de Tua graça. —ROBERT MOSSOM

Versículos 4,5 e 9. Faça o que você sabe, e Deus o ensinará o que deve ser feito. Faça o que você sabe que é sua tarefa atual e Deus o informará sobre sua tarefa futura quando o momento chegar. Decida evitar omissões conhecidas e Deus o livrará de incumbências temidas. —SAMUEL ANNESLEY, em *Exercícios Matutinos em Cripplegate*

## Versículo 5

*Guia-me na tua verdade e ensina-me.* Davi sabia muito, mas sentia sua ignorância e desejava permanecer na escola do Senhor; quatro vezes nestes dois versículos ele se inscreve para uma bolsa de estudos na faculdade da graça. Seria bom para muitos cristãos se, em lugar de seguir seus próprios mecanismos e encontrar novos atalhos de pensamentos para si, investigassem os bons e velhos caminhos da verdade de Deus e suplicassem ao Espírito Santo que lhes desse entendimento santificado e espírito ensinável.
—C. H. SPURGEON

A alma que é insaciável em oração, continua, se aproxima de Deus, ganha algo, chega ao fim com o coração elevado. Como uma criança que vê que a mãe tem uma maçã em sua mão e, desejando comê-la, irá e puxará a mão de sua mãe. A mãe solta um dedo, mas ainda segura a fruta. A criança então puxa novamente e agora a mãe solta outro dedo, mas ainda segura a fruta. A criança então puxa novamente e não deixará de puxar e suplicar até que consiga o que quer de sua mãe.

Então um filho de Deus, vendo todas as graças que estão com Deus, se aproxima do trono da graça, implorando por elas e, por meio de suas orações sinceras e fiéis abre as mãos de Deus a ele; Deus trata com ele como um pai com os filhos, ainda protela um pouco; não que não esteja disposto a conceder, mas quer torná-los mais sinceros com Deus; atraí-los para mais perto de si. —WILLIAM FENNER

*Pois tu és o Deus da minha salvação.* O Jeová Triúno é o Autor e Aperfeiçoador da salvação para Seu povo. Leitor, Ele é o Deus da *sua* salvação? Você encontra na eleição do Pai, na expiação do Filho e na vivificação do Espírito todos os fundamentos para suas esperanças eternas? Sendo a resposta sim, você pode usar isto como argumento para obter bênçãos posteriores, pois se o Senhor ordenou sua salvação, Ele certamente não se recusará a instruí-lo em Seus caminhos. É uma felicidade podermos nos dirigir ao Senhor com a confiança que Davi manifesta aqui; nos dá grande poder em oração e consolo na tribulação. —C. H. SPURGEON

*Em quem eu espero todo dia.* Esperar em Deus é: 1) Viver uma vida de desejo por Deus; esperar nele como o pedinte espera em seu benfeitor, com desejo profundo de receber suprimentos dele, como os doentes do Tanque de Betesda esperavam pelo agitar das águas e se aproximavam do pátio com o desejo de receberem ajuda e serem curados. 2) É viver a vida em Deus, como o amado espera por sua amada. Desejo é o amor em movimento, como um pássaro batendo as asas; deleite é o amor repousando como um pássaro no ninho; agora, ainda que nosso desejo seja por Deus, devemos desejar mais de Deus; contudo nosso deleite deve estar tão enraizado em Deus, de modo que não precisamos jamais desejar mais de Deus. —*Condensado de* MATTHEW HENRY, em *Comunhão com Deus*

*Em quem eu espero.* Espero para ouvir a voz secreta de Seu Espírito declarando paz à minha consciência; espero para sentir o vigor restaurador da Sua graça vivificando minha obediência; espero para ver o poder dominante de Seu Espírito Santo sufocando meu pecado rebelde; espero para sentir a jubilosa virtude de Seus consolos celestiais, revigorando minha débil alma; pois tudo isto são as Suas bênçãos. —ROBERT MOSSOM

## Versículo 6

*Lembra-te, SENHOR, das tuas misericórdias e das tuas bondades.* Há uma santa ousadia que se aventura a lidar com o Altíssimo. Cultivemo-la. Mas há também uma descrença profana que evoca nossos medos. Lutemos contra ela com todas as nossas forças. Que preciosas são essas duas expressões: "tuas misericórdias e tuas bondades"! Elas são o mel virgem da linguagem; nenhuma palavra as supera em doçura; mas com relação aos graciosos favores que nelas se originam, a linguagem falha em descrevê-los. —C. H. SPURGEON

Ó, como um abismo chama outro! O abismo de minhas misérias multiplicadas chama, chama estrondosamente, a profundidade de Suas múltiplas misericórdias; a misericórdia pela qual o Senhor perdoa meu pecado e me socorre em minhas enfermidades; a misericórdia pela qual o Senhor me santifica por Sua graça e me consola por Seu Espírito; a misericórdia pela qual o Senhor me liberta do inferno e me mantém no Céu. "Lembra-te, SENHOR," de todas as Tuas misericórdias, Tuas ternas misericórdias que têm estado "desde a eternidade" sobre os Teus santos. —ROBERT MOSSOM

*Que são desde a eternidade.* Esta é a tradução mais correta. Davi cria solidamente na doutrina do amor eterno de Deus. As bondades do Senhor não são novidade alguma. Quando suplicamos a Ele que as conceda a nós, estamos apelando à prática e ao costume mais antigo. Nos tribunais de justiça os homens valorizam profundamente os precedentes e nós podemos alegá-los no trono da graça. "A fé", disse Dickson, "deve fazer uso de experiências e lê-las para Deus, do registro de uma memória santificada, como um registro para Aquele que nada pode esquecer." —C. H. SPURGEON

O amor divino é uma fonte eterna que nunca deixa de jorrar enquanto uma vasilha estiver vazia ou possa suportar mais; e fica aberta a todos que vêm. Portanto, venha. E se você não tiver vasilhas suficientes vá e peça emprestado vasilhas vazias, mas não poucas. "Vai, vende o azeite e paga a tua dívida; e, tu e teus filhos, vivei do resto" (2Rs 4:7) até a eternidade. —ELISHA COLES, em *Soberania de Deus*

## Versículo 7

*Não te lembres dos meus pecados da mocidade.* O mundo pisca para o pecado dos jovens e, contudo, nenhum deles é tão pequeno no fim das contas; os ossos de nossos banquetes juvenis à mesa de Satanás prender-se-ão dolorosamente às nossas gargantas quando formos velhos. Aqueles que se prevalecem em sua juventude estão envenenando sua velhice. Muitas lágrimas possam molhar esta página enquanto alguns de nós reflitamos no passado! —C. H. SPURGEON

Antes de chegarmos ao ponto principal, precisamos primeiro esvaziar o texto do estorvo de uma contestação dupla. A primeira é esta: pode parecer (alguns diriam) muito improvável que Davi tenha tido algum pecado em sua juventude se considerarmos os resultados consequentes em sua juventude.

O primeiro foi pobreza. Nós lemos que o seu pai Jessé era um homem velho, não lemos que ele era um homem rico; e provavelmente seus sete filhos eram a parte principal de sua riqueza.

Segundo, sofrimento. Davi, ainda que fosse o mais novo, não era considerado o predileto, mas um burro de carga; enviado por seu pai para seguir as ovelhas grandes e as jovens, onde parece ter aprendido inocência e simplicidade com as ovelhas que guardava.

Terceiro, piedade (Sl 71:5), "Pois tu és a minha esperança, Senhor Deus, a minha confiança desde a minha mocidade". E novamente no versículo 17 do mesmo Salmo: "Tu me tens ensinado, ó Deus, desde a minha mocidade". Davi começou a ser bom logo no início, um jovem santo e ainda assim cruzou o provérbio pestilento, o demônio que nada tinha de novo. E mais ainda, ele estava constantemente na fornalha da aflição. "Ando aflito e prestes a expirar desde moço; sob o peso dos teus terrores, estou desorientado" (Sl 88:15).

A questão então será esta: Como aquela água poderia ser corrompida com o que era diariamente purificado? Como aquele ferro poderia ajuntar ferrugem se era devidamente lixado? Como a alma de Davi em sua juventude poderia estar coberta de fuligem do pecado se era constantemente depurada pelo sofrimento? Mas a resposta é fácil, pois ainda que Davi, em grande parte, fosse um homem segundo o coração de Deus (a melhor transcrição da melhor cópia), contudo ele, especialmente em sua juventude, teve suas falhas e enfermidades, sim, seus pecados e transgressões.

Considerando que a juventude de Davi, que era pobre, sofrida e piedosa, foi culpada de pecados, o que diremos de tais cuja educação foi abastada, impura e perversa? E eu relato o resto como executado com vergonha, tristeza e silêncio na consciência de todos os homens. —THOMAS FULLER

*Nem das minhas transgressões.* Outra palavra para os mesmos males. Penitentes sinceros não conseguem passar por suas confissões a galope; eles são constrangidos a usar muitos lamentos, pois seus pecados fervilhantes os golpeiam com inúmeras tristezas.

Um senso doloroso de qualquer pecado provoca no cristão o arrependimento de toda a massa de suas iniquidades. Nada além do perdão pleno e claro satisfará uma consciência completamente desperta. Davi tinha seus pecados não somente perdoados, mas esquecidos.

*Lembra-te de mim, segundo a tua misericórdia, por causa da tua bondade, ó Senhor.* Davi e o ladrão moribundo respiram a mesma oração e, indubitavelmente eles a fundamentaram na mesma súplica: a graça livre e a bondade imerecida de Jeová. Não ousamos pedir que nossa porção seja medida nas balanças da justiça, mas oramos para que seja tratada pela mão de misericórdia.

### Versículo 8

*Bom e reto é o Senhor, por isso, aponta o caminho aos pecadores.* É tão verdadeiro quanto maravilhoso que por meio da expiação a justiça de Deus pleiteia tão fortemente quanto Sua graça, a salvação dos pecadores por quem Jesus morreu, para que fossem salvos. Além disso, como um bom homem naturalmente se esforça para que outros sejam como ele, assim também o Senhor nosso Deus, em Sua compaixão, trará pecadores para o caminho de santidade e os conformará à Sua imagem; portanto a bondade de nosso Deus nos leva a esperar a regeneração de pecadores.

Não podemos concluir, a partir da bondade de Deus, que Ele salvará aqueles pecadores que continuam a perambular em seus próprios caminhos, mas podemos ter certeza de que Ele renovará os corações transgressores e os guiará pelo o caminho de santidade. Que aqueles que desejam ser libertos do pecado tenham consolo nisto: o próprio Deus aceitará ser o professor dos pecadores. Que escola maltrapilha é esta na qual Deus ensinará! O ensino de Deus é prático; Ele ensina os pecadores não somente a doutrina, mas o *caminho*. —C. H. SPURGEON

Como a eleição é o efeito da soberania de Deus, nosso perdão é o fruto de Sua misericórdia, nosso conhecimento uma fonte de Sua sabedoria, nossa força uma impressão de Seu poder; também nossa pureza é um feixe de Sua santidade. —STEPHEN CHARNOCK

### Versículo 10

*Todas as veredas do Senhor.* Quão frequentes, quão profundamente planejadas e quão multiplicadas são essas trilhas para toda família e indivíduo! Onde quer que vamos, vemos que a misericórdia e a verdade de Deus ali estiveram pelas profundas marcas que deixaram para trás. —ADAM CLARKE

## Versículo 11

*Por causa do teu nome, Senhor, perdoa a minha iniquidade, que é grande.* Aqui está uma súplica bendita, infalível. Não por amor a nós ou por nosso mérito, mas para glorificar Sua misericórdia e para demonstrar a glória de Seus atributos divinos.

*Perdoa a minha iniquidade.* Foi confessada, é abominada, está consumindo o meu coração com tristeza. Senhor, perdoa-a, que os Teus próprios lábios pronunciem absolvição. *Que é grande.* Pesa tanto sobre mim que oro para que o Senhor a remova. Sua magnitude não representa dificuldade, pois o Senhor é um Deus grandioso, mas a miséria que ela causa a mim é meu argumento com o Senhor para um perdão imediato.

Senhor, o paciente está profundamente doente; sendo assim, cura-o. Perdoar um grande pecador trará grande glória ao Senhor; então por amor ao Teu nome, perdoa-me. Observe como este versículo ilustra a lógica da fé, que é claramente contrária à lógica de um espírito legalista. A fé não procura por mérito na criatura, mas tem apreço pela bondade do Criador; e em lugar de ser confundida pelos deméritos do pecado, olha para o precioso sangue e suplica ainda mais vigorosamente em virtude da urgência do caso. —C. H. SPURGEON

Entre todas as obras divinas, não há nenhuma que estabelece mais a Sua glória do que a obra de remissão. O pecado, ao ser cometido, traz para Deus grande desonra, e, novamente, ao perdoá-lo, Deus angaria para si profunda honra. Considerando que Deus perdoa pecados por amor a Seu Nome, Ele estará pronto para perdoar muitos pecados como perdoará poucos também, grandes e ínfimos; de fato, quanto maior em número e em magnitude são nossos pecados, mais elevado será o perdão e, consequentemente, maior é a glória de Deus. Portanto Davi, levando em consideração o nome e a glória de Deus, faz da magnitude de sua iniquidade um motivo para perdão.

Certamente que lançar-se em pecados repugnantes para que Deus possa glorificar-se ao perdoá-los é uma suposição hedionda. No entanto, esperar que aqueles pecados repugnantes, nos quais incorremos são ou serão perdoados por Deus, se formos verdadeiramente penitentes, e por amor a Seu Nome, é uma expectativa bem fundamentada que deve sustentar nosso espírito contra as mais fortes tentações de desesperança. —NATHANIEL HARDY

Ele alega a magnitude de seu pecado e não sua pequenez. Reforça sua oração com esta consideração: seus pecados são muito infames. Quando um pedinte roga por pão, ele alega a magnitude de sua pobreza e necessidade. Quando um homem em sofrimento clama por piedade, que súplica pode ser mais adequada do que esta? E Deus permite tal súplica, pois é movido à misericórdia por nós não por algo que há em nós, mas pela miserabilidade de nosso caso.

É honra para Cristo salvar os maiores pecadores quando vêm a Ele, como é honra para um médico curar as doenças e feridas mais desesperadoras. Portanto, sem dúvida, Cristo estará disposto a salvar os maiores pecadores se estes vierem a Ele; pois Ele não retrocederá na decisão de glorificar-se e enaltecer o valor e a virtude de Seu sangue. Considerando que Cristo se entregou para redimir pecadores, Ele não relutará em mostrar que é capaz de redimir ao máximo. —JONATHAN EDWARDS

1. Pecadores que vão a Deus procurando perdão, consideram de fato graves os seus pecados, porque diante do Deus grandioso, grandioso em poder, grandioso em justiça, grandioso em santidade, eu sou um verme e, no entanto, peco, e o faço com ousadia contra esse Deus tão grandioso; pois um verme erguer-se contra o Deus grandioso e infinito, ó, isto torna todo ínfimo pecado grandioso e pede grandiosa vingança de um Deus tão grandioso!

2. Em virtude de pecarem contra a grandiosa longanimidade, desprezando a bondade, a tolerância e a paciência de Deus, que é chamado de "acumular a ira" (Rm 2:4,5).

3. Os pecados, de fato, parecem ser grandiosos por irem contra grandiosas misericórdias. Ó, contra

quantas misericórdias e bondades pecam os pecadores e transformam todas as misericórdias de Deus em pecado!

4. Aquilo que torna o pecado tão grave aos olhos de pobres pecadores que clamam por perdão é o fato de que pecaram contra a grandiosa luz: luz na consciência; isto acentua excessivamente o pecado, especialmente para aqueles que estão debaixo dos meios do evangelho; e é de fato o pecado de todos nesta nação.

Contudo não consideramos que a juventude de Davi fora excepcionalmente pecaminosa; mas na medida em que ele não investia sua juventude em adquirir conhecimento e servir ao Senhor plenamente, tornou-se seu fardo e lamento diante do Senhor; muito mais o será para aqueles cuja juventude foi desperdiçada em nada a não ser vaidade, profanação, mentiras, praguejamento, profanação do Sábado, esportes, passatempos, tumultos em excesso e atitudes semelhantes. Quando Deus colocar tudo isso sobre suas consciências, será doloroso e abominável para suas almas. —ANTHONY PALMER, em *A nova criatura do evangelho*

O Faraó diz: "Ó, acabe com estas rãs asquerosas, este terrível trovão!" Mas o que diz o santo Davi? "Senhor, retira a iniquidade de Teu servo!" O primeiro seria liberto da punição, o efeito do pecado; o segundo do pecado, a causa da punição. E é grande verdade que um cristão verdadeiro é mais afligido pelo pecado do que por rãs e trovões; ele vê mais imundícia no pecado do que em rãs e sapos, mais horror do que em trovão e relâmpago. —JEREMIAH DYKE, em *Digno Comungante*

Faraó lamentou mais os duros golpes que recebeu do que o coração empedernido que havia dentro de si mesmo. Esaú sofreu não porque vendeu sua primogenitura, que foi o seu pecado, mas porque perdeu a bênção, que foi sua punição.

Isto é como chorar com uma cebola, os olhos derramam lágrimas porque sofrem incômodo. Um marinheiro durante a tempestade lança ao mar a carga cujo retorno ele corteja quando os ventos silenciam. Muitos reclamam mais das tristezas para as quais nasceram do que do pecado com que nasceram; estremecem mais diante da vingança do pecado do que diante do veneno do pecado; um lhes causa deleite o outro lhes amedronta. —WILLIAM SECKER

## Versículo 12

*Ao homem que teme ao SENHOR.* O temor vigente gera segurança eterna; tema a Deus, que está acima de tudo e não haverá necessidade alguma de temer o homem. —AGOSTINHO

*Ele o instruirá no caminho que deve escolher.* Aqueles cujo coração é reto não errarão ao ansiar por direção celestial. Onde Deus santifica o coração, ali Ele ilumina a mente. Todos nós desejamos escolher nossos caminhos; mas que misericórdia é quando o Senhor direciona essa escolha e faz do livre-arbítrio a boa vontade! Se fizermos a nossa vontade tornar-se a vontade de Deus, o Senhor permitirá que tenhamos o que desejamos.

Deus não viola a nossa vontade, mas deixa grande parte para escolhermos; mesmo assim, Ele instrui nossas vontades e assim escolhemos aquilo que é agradável aos Seus olhos. A vontade deveria ser sujeita à Lei; há um caminho que deveríamos escolher, mas tão ignorantes somos que precisamos ser ensinados e tão voluntariosos que ninguém, exceto o próprio Deus, pode efetivamente nos ensinar. —C. H. SPURGEON

## Versículo 13

Aquele que teme a Deus não tem mais nada a temer. *Na prosperidade repousará a sua alma.* Ele se abrigará no quarto do contentamento. Pode-se dormir tão tranquilamente na pequena cama colocada num canto, como na Grande Cama de Ware [N.E.: Uma cama extremamente grande de carvalho com dossel — armação de madeira esculpida com marqueteira, coberta com tecido — com capacidade de alojar pelo menos quatro casais.]; não é a abundância, mas o contentamento que concede o verdadeiro repouso. —C. H. SPURGEON

O temor santo de Deus destruirá todos os medos pecaminosos dos homens, como a serpente de Moisés devorou todas as serpentes dos feiticeiros. —ROBERT MOSSOM

*Versículo 14*
*O segredo do Senhor é para os que o temem* (ARC). Alguns leem "a amizade": significa relação familiar, intimidade confidente e comunhão estreita. Este é um grande segredo. As mentes carnais não conseguem conjecturar qual é a intenção disto e até mesmo os cristãos não podem explicar em palavras, pois deve ser sentido para ser conhecido.

A vida espiritual mais elevada é necessariamente um caminho que os olhos da águia não conhecem e que os filhotes do leão não percorreram; nem mesmo a sabedoria ou força naturais podem forçar a porta deste recinto interior. Os santos têm a chave para solucionar os hieróglifos do Céu; eles conseguem solucionar enigmas celestiais. Eles são iniciados na comunhão dos céus; ouviram palavras que não lhes é possível repetir a seus companheiros. —C. H. SPURGEON

Há um sentido vital em que "o homem natural não discerne as coisas do Espírito de Deus" e no qual todas as realidades da experiência do cristão estão completamente ocultas as suas percepções. Para falar com ele sobre comunhão com Deus, o sentido de perdão, da vívida expectativa do Céu, do testemunho do Espírito Santo, das lutas da vida espiritual, seria como ponderar com um cego sobre cores, ou com um surdo sobre harmonia musical. —JOHN MORISON

Mas, você dirá, não há muitos homens carnais que conhecem o evangelho e discursam sobre coisas relacionadas a ele, pela força do aprendizado etc.? Eu respondo a partir do texto (Cl 1:26,27) que ainda que conheçam as coisas que o evangelho revela, não conhecem suas riquezas e sua glória, o mesmo rico conhecimento do qual se fala na Palavra, eles querem, e, portanto, não o conhecem; como uma criança e um joalheiro procurando uma pérola. Ambos a procuram e a chamam pelo mesmo nome, mas a criança ainda não conhece a pérola em seu valor e riqueza como o joalheiro a conhece e por isso não se pode dizer que a criança conhece a pérola. —THOMAS GOODWIN

Caminhar com Deus é a melhor forma de conhecer a mente de Deus; amigos que caminham juntos comunicam seus segredos um ao outro. *O segredo do Senhor é com aqueles que o temem*. Noé caminhou com Deus e o Senhor lhe revelou um grande segredo: a destruição do mundo e a construção da arca.

Abraão caminhou com Deus e o Senhor fez dele parte de Seu conselho particular. "Ocultarei a Abraão o que estou para fazer?" (Gn 24:40; 18:17). Deus, de fato, algumas vezes se revela à alma em oração e na Santa Ceia, como Cristo se fez conhecer aos discípulos no partir do pão (Lc 24:35). —THOMAS WATSON

*Versículo 15*
*Os meus olhos se elevam continuamente ao Senhor*. O escritor afirma estar firme em sua confiança e constante em sua expectativa; ele olha com confiança e aguarda em esperança. Podemos acrescentar a este olhar de fé e esperança o obediente olhar de serviço, o humilde olhar de reverência, o olhar maravilhado de admiração, o aplicado olhar de meditação e o terno olhar de afeição. Felizes são aqueles cujos olhos jamais são desviados de seu Deus. "Os olhos", diz Salomão, "não se fartam de ver", mas este espetáculo é o mais satisfatório do mundo.

*Pois ele me tirará os pés do laço*. Observe a condição conflitante em que uma alma graciosa pode ser colocada. Seus olhos estão no Céu e no entanto seus pés estão, algumas vezes, em um laço; sua natureza mais nobre não deixa de contemplar as glórias de Deus, enquanto suas partes mais fundamentais suportam as misérias do mundo. —C. H. SPURGEON

Uma pomba infeliz cujos pés estão presos na armadilha das aves, é um emblema minucioso da alma enredada nas preocupações e nos prazeres do mundo; dos quais ela deseja, pelo poder da graça, se afastar e repousar com seu Redentor glorificado. —GEORGE HORNE

*Versículo 16*
Seus olhos estavam fixos em Deus, mas ele temia que o Senhor tivesse desviado Sua face dele em ira. Muitas vezes a incredulidade sugere que Deus virou as costas para nós. Se sabemos que nos voltamos para

Deus, não precisamos temer a possibilidade de que Ele virará as costas para nós, mas podemos clamar ousadamente: *Volta-te para mim.*

## Versículo 17

*As ânsias do meu coração se têm multiplicado* (ARC). Quando a ânsia adentra o coração, de fato há ânsia. No caso diante de nós, o coração estava inchado pela tristeza como um lago sobrecarregado com águas de gigantescas torrentes; isto é utilizado como um argumento para a libertação e é muito potente. Quando a hora mais escura da noite chega, podemos esperar a alvorada; quando o mar está em seu mais baixo refluxo, a maré definitivamente deve mudar; e quando nossas lutas aumentam ao grau máximo, podemos então orar com esperança: *tira-me das minhas angústias.* —C. H. SPURGEON

Que nenhum bom homem se surpreenda por essa sua aflição ser grande e para ele de caráter inexplicável. Assim sempre o foi com o povo de Deus. A estrada para o Céu é encharcada de lágrimas e sangue dos santos. —WILLIAM S. PLUMER

Não podemos reclamar de Deus, mas podemos reclamar para Deus. Com submissão à Sua santa vontade, podemos sinceramente clamar por ajuda e libertação. —WILLIAM S. PLUMER

## Versículo 18

*Considera as minhas aflições e o meu sofrimento e perdoa todos os meus pecados.* Observe as muitas lutas dos santos; aqui temos nada menos que seis palavras, todas descrevendo um ai: "Desolado, aflito, ânsias multiplicadas, angústias, aflição e sofrimento". Mas o espírito submisso e fiel de um santo verdadeiro pede apenas: "Considera as minhas aflições". Ele não dita ou nem mesmo expressa uma queixa; um olhar de Deus o satisfará e, sendo isso concedido, ele nada mais pede.

Ainda mais notável é o modo pelo qual o cristão sob aflição descobre a verdadeira fonte de todo engano e lança o machado em sua raiz. *Perdoa todos os meus pecados* é o clamor de uma alma que está mais doente pelo pecado do que pela dor e preferiria antes ser perdoada do que curada. Bendito é o homem para quem o pecado é mais insuportável do que a doença; ele não esperará muito até que o Senhor perdoe sua iniquidade e cure suas doenças. Os homens demoram para enxergar a conexão íntima entre pecado e tristeza, somente um coração ensinado pela graça consegue senti-lo. —C. H. SPURGEON

É pela doença da alma que Deus visita com a doença do corpo. Seu alvo é a cura da alma no toque do corpo. E, portanto, neste caso, quando Deus visita com doença, deveríamos pensar que nosso trabalho é mais no Céu com Deus do que com homens ou o físico. —RICHARD SIBBES

## Versículo 19

*Considera os meus inimigos.* Ou olha para eles; mas com outro tipo de olhar; como olhou através da coluna de fogo e viu os egípcios e os confundiu (Êx 14:24), com um olhar de ira e vingança. —JOHN GILL

Deus não precisava caçar muitas criaturas para punir o homem; este o faz sozinho. Não há um tipo de criatura tão nociva para si mesma como o homem o é. Algumas ferem outros tipos e poupam seus semelhantes, mas o ser humano em todos os tipos de lesão destrói a si mesmo. O homem quando em combate com o homem é mais astuto que uma raposa, mais cruel que um tigre e mais feroz que um leão; e em uma palavra, estando ele sozinho, o homem contra si mesmo é um demônio. —WILLIAM STRUTHER, em *Observações Cristãs*

## Versículo 20

Guarda-me a alma e livra-me quando o mal me atingir. Esta é outra versão da oração: "não nos deixes cair em tentação; mas livra-nos do mal".

*Não seja eu envergonhado.* Este é um medo que como um fantasma assombrava a mente do salmista. Ele estremecia ao pensar que sua fé poderia se tornar motivo de zombaria por meio de sua aflição. Corações nobres toleram qualquer coisa, menos a vergonha. Davi tinha um espírito tão cavalheiresco que poderia suportar qualquer tormento ao invés de ser colocado em desonra. —C. H. SPURGEON

# Salmo 26

**TÍTULO:** "Salmo de Davi". O doce trovador de Israel está diante de nós neste Salmo como alguém que suporta uma repreensão; aqui ele foi um tipo do grande Filho de Davi e é um exemplo encorajador para nós de como carregar o fardo da difamação até o trono da graça. É uma hipótese engenhosa a de que este apelo ao Céu fora escrito por Davi na época do assassinato de Isbosete por Baaná e Recabe para protestar sua inocência na participação desse pérfido homicídio. O teor do Salmo certamente concorda com a suposta ocasião, mas não é possível, com uma pista tão ínfima, ir além da conjectura.

*Versículo 1*
*Faze-me justiça, Senhor.* Um apelo como este não deve ser feito impetuosamente em ocasião alguma; e no todo de nossa caminhada e conversação, não deveria jamais ser feito exceto ao nos tornarmos justificados em Cristo Jesus. Uma oração muito mais adequada para um mortal pecador é a petição: "Não entra em julgamento com o Teu servo".
—C. H. SPURGEON

Como instância de apelo ao Céu, citamos o poderoso pregador da Palavra, George Whitefield: "Ainda que alguns me considerem um charlatão e entusiasta, alguém que apenas deixará as pessoas metodicamente irritadas; eles podem vociferar suas ofensas contra mim, contudo Cristo sabe todas as coisas; Ele as leva em conta e deixarei que Ele advogue minha causa, pois é um Mestre gracioso. Já o descobri como tal e estou certo de que assim Ele permanecerá. A vingança é dele e Ele retribuirá".
—GEORGE WHITEFIELD

*Pois tenho andado na minha integridade.* Ele tinha a integridade como seu princípio e nela caminhava como sua prática. Davi não havia usado nenhum meio traiçoeiro ou iníquo para ganhar a coroa ou mantê-la, ele tinha consciência de haver sido guiado pelos princípios mais nobres de honra em todas as suas ações, com respeito por Saul e sua família.

Que consolo é ter a aprovação da própria consciência! Havendo paz na alma, as vociferantes tempestades da calúnia que uivam ao nosso redor são de pouca importância. Quando o pequeno pássaro em meu peito canta uma canção jubilosa não me importa se mil corujas piem do lado de fora.

*E confio no Senhor.* Por que eu roubaria se Deus prometeu suprir minhas necessidades? Por que deveria me vingar quando sei que o Senhor abraçou minha causa? A confiança em Deus é uma segurança muito eficaz contra o pecado.

*Sem vacilar.* Escorregadio como é o caminho, ando como homem sobre o gelo, contudo a fé impede que meus calcanhares escorreguem e assim continuará a fazer. Os caminhos duvidosos da diplomacia certamente cedo ou tarde derrubarão aqueles que neles correm, mas os caminhos da honestidade, ainda que geralmente árduos, são sempre seguros. Não podemos confiar em Deus se caminhamos desonestamente; mas caminhos retos e fé simples levam o peregrino até o fim de sua jornada com júbilo.
—C. H. SPURGEON

*Versículo 2*
O salmista usa três palavras: *"examina", "prova"* e *"sonda"*. Estas palavras são designadas para incluir todos os modos em que a realidade de qualquer coisa é testada; e juntas sugerem que ele desejava que fosse feita a mais minuciosa investigação; ele não fugiu de nenhum teste. —ALBERT BARNES

*Examinar— provar— sondar.* Assim como o ouro é dissociado e separado das impurezas pelo fogo, também a singeleza de coração e a verdadeira simplicidade cristã são melhores vistas e ficam mais evidentes em lutas e aflições. Na prosperidade, qualquer homem parece piedoso, mas aflições arrancam do coração o que quer que ali houver, seja bom ou mau. —ROBERT CAWDRAY

### Versículo 3
*Tenho andado na tua verdade.* Alguns falam da verdade; melhor é nela andar. Alguns fazem votos de que no futuro agirão melhor, mas suas resoluções a nada chegam; somente o homem regenerado pode dizer: "Tenho *andado* na tua verdade". —C. H. SPURGEON

Versículos 3 e 4. Deus não tomará o perverso pela mão, como lemos na Vulgata (Jó 8:20), nem o deveria o homem piedoso. Davi prova a sinceridade de sua trajetória por seu cuidado em evitar tal associação. —GEORGE SWINNOCK

### Versículo 4
*Não me tenho assentado com homens falsos.* Longe de ser um ofensor aberto das leis de Deus, o salmista não havia nem sequer se associado com os amantes do mau. Mantivera-se distante dos homens de Belial. Um homem é conhecido por seus companheiros e se nos mantivemos distantes dos perversos, será sempre prova a nosso favor, no caso de nosso caráter ser impugnado. Aquele que nunca esteve na vizinhança provavelmente não roubou o milho. Aquele que nunca esteve no mar claramente não é o homem que afundou o navio.

Cidadãos verdadeiros não negociam com traidores. Davi não tinha assento na congregação dos trocistas. Eles não eram seus agradáveis companheiros em banquetes nem seus conselheiros ou seus colaboradores em conversas. Temos a necessidade de ver, falar e negociar com homens do mundo, mas não devemos, de modo algum, encontrar descanso e consolo em sua sociedade vazia. Não apenas os profanos, mas os falsos devem ser evitados. Todos esses que vivem para esta vida somente são homens vãos, secos e superficiais realmente indignos da amizade de um cristão. —C. H. SPURGEON

O que fazem as pombas de Cristo entre as aves de rapina? E as virgens entre prostitutas? A companhia dos perversos é muito corruptiva; é como colocar-se entre aqueles contaminados com a praga. "Antes, se mesclaram com as nações e lhes aprenderam as obras". Caso você mescle a armadura reluzente com a enferrujada, a armadura reluzente não acabará com a ferrugem, mas a armadura enferrujada estragará a armadura reluzente. Faraó ensinou José a jurar, mas José não ensinou Faraó a orar. —THOMAS WATSON

*E com os dissimuladores não me associo.* A congregação dos hipócritas não é um grupo com o qual deveríamos cultivar comunhão; seu encontro final será no fosso mais fundo do inferno. Abandonemos o convívio com eles agora, pois em breve não mais o desejaremos. Eles abrem mão de sua vergonha e carregam o demônio em seus corações. —C. H. SPURGEON

O hipócrita tem muito de anjo no exterior, mas de demônio no interior. Ele frita em palavras e congela em obras; fala em quilômetros e faz o bem em centímetros. É um monte de estrume fétido coberto de neve; um moinho solto que preserva um excelente som de funcionamento, mas não mói nenhum grão; um galo falso que cacareja antes de se recolher. —THOMAS ADAMS

Versículos 4 e 5. "É difícil (disse um antigo escritor engenhoso), até mesmo um milagre, guardar os mandamentos de Deus e simultaneamente manter as más companhias." —LEWIS STUCKLEY

### Versículo 5
*Tenho odiado a congregação de malfeitores* (ACRF). Uma sentença severa, mas não tão severa. Um homem que não odeia o mau terrivelmente não ama o bem sinceramente. Homens, como homens, devemos sempre amar, pois são nosso próximo e, portanto, devemos amá-los como a nós mesmos; mas os malfeitores, como tal, são traidores do grande Rei e nenhum súdito leal pode amar traidores. O que Deus odeia, nós devemos odiar. A congregação, ou assembleia de malfeitores simboliza homens violentos em aliança e conclave para derrotar o inocente; tais sinagogas de Satanás devem ser repudiadas.

Que triste reflexão é a de que deve haver uma congregação de malfeitores assim como uma congregação de justos, uma igreja de Satanás assim como uma igreja do Senhor; uma semente da serpente e uma semente da mulher; uma antiga Babilônia e uma nova Jerusalém, uma grande prostituta sentada sobre as muitas águas para ser julgada em ira, bem como uma casta Noiva do Cordeiro para ser coroada em Sua vinda. —C. H. SPURGEON

O ódio pelos inimigos de Deus, *ou seja,* inimigos do servo de Deus — "Sim! Eu os odeio profundamente!", tão completamente opostos ao indiferentismo dos dias atuais, sempre foi uma marca distintiva de Seu antigos servos. Veja Fineias (Sl 106:31): "Isso lhe foi imputado por justiça, de geração em geração, para sempre."; Samuel com Agague; Elias com os sacerdotes de Baal. E perceba a recomendação do anjo de Éfeso "não podes suportar homens maus" (Ap 2:2). —J. M. NEALE

*E com os ímpios não me assento.* Os santos têm assento em outra mesa e jamais deixarão as delícias do Rei pelas cascas do cocho dos porcos. Melhor sentar-se com o cego, o paralítico e o coxo à mesa da misericórdia do que com o perverso em seus banquetes de iniquidade. Sim, melhor sentar-se no monte de excremento de Jó do que no trono do Faraó.

Caro leitor, escolha bem suas companhias porque aquelas que escolhermos neste mundo, manteremos no mundo vindouro. —C. H. SPURGEON

Poucos consideram o quanto endureceram o coração de homens perversos por sua intimidade com eles, ao passo que o afastar-nos deles poderia ser um meio de envergonhá-los! Enquanto estamos felizes e alegres com eles os fazemos acreditar que sua condição não é deplorável, seu perigo não é grande; enquanto que se os evitarmos como evitaríamos uma parede inclinada, enquanto permanecem sendo inimigos do Senhor, poderíamos assim fazer-lhes algum bem, para que se alarmem e despertem da infeliz segurança e fortes delírios nos quais são mantidos. —LEWIS STUCKLEY

## Versículo 6

*Lavo as mãos na inocência e, assim, andarei, Senhor, ao redor do teu altar.* O que quer que os médicos de Roma considerem como poder da natureza ou do livre-arbítrio, nós, desprezíveis pecadores, somos ensinados a conceber mais verdadeiramente de nossa própria enfermidade. O discípulo de Cristo, o intrépido Tomé, falhou em fé quanto à ressurreição do Senhor; Pedro (cuja cátedra é agora o suposto carisma da infalibilidade) negou seu Mestre; Davi, "um homem segundo o coração de Deus", necessitava de purificação; e quem pode dizer: "Sou puro aos olhos do Senhor?" Certamente, ó Senhor, nenhuma carne é justa aos Teus olhos. —ISAAC BARGRAVE

## Versículo 7

*E proclamar as tuas maravilhas todas.* O povo de Deus não deveria ter papas na língua. As maravilhas da graça divina são suficientes para fazer a língua silenciosa cantar. As obras do amor de Deus são maravilhosas se considerarmos a indignidade de seus objetos, o custo de seus métodos e a glória de seus resultados. E como os homens encontram grande prazer em discursar sobre coisas notáveis e impressionantes, também os santos se alegram em contar sobre as grandes coisas que o Senhor fez por eles. —C. H. SPURGEON

## Versículo 8

*Eu amo, Senhor, a habitação de tua casa.* "Tenho em minha congregação", disse um venerável ministro do evangelho, "uma digna idosa, que por muitos anos é tão surda a ponto de não distinguir o som mais alto e, entretanto, ela é sempre uma das primeiras a chegar na reunião.

Ao lhe perguntarem a razão de sua frequência constante (pois lhe era impossível ouvir minha voz), ela respondeu: 'Ainda que não possa ouvir você, venho à casa de Deus porque a amo, e assim estou em Seus caminhos; Ele me dá muitos pensamentos doces sobre o texto quando me indicam o que ler. Outra razão é porque ali estou com as melhores companhias, na presença imediata de Deus e entre Seus santos, os honráveis da Terra. Não fico satisfeita em servir a Deus de modo particular; é meu dever e privilégio honrá-lo regularmente em público.'" Que repreensão àqueles que têm sua audição e ainda assim sempre chegam atrasados ao lugar de adoração, quando vão! —K. ARVINE

*Versículo 9*
*Não colhas a minha alma com a dos pecadores.* "Ó, não colha minha alma com a dos pecadores" para a prensa de Sua ira eterna! Marcião, o herege, vendo Policarpo, perguntou-se se ele não o reconheceria. "Você não sabe quem eu sou Policarpo?" "Sim", disse Policarpo, "sei que você é o primogênito de Satanás", e assim o desprezou. —GEORGE SWINNOCK

A morte é o momento de colheita de Deus em que Ele recolhe as almas que lhe pertencem e o diabo toma aquelas que a ele pertencem. Por muito tempo caminharam próximas, mas agora estão separadas; e os santos são levados para casa, à congregação dos santos; e os pecadores à congregação dos pecadores. E nos interessa dizer: "Não colhas a minha alma com a dos pecadores". Seja quem for o nosso povo aqui, o povo de Deus ou do diabo, a morte colherá as almas para si.

É algo terrível ser reunido a pecadores no outro mundo. Pensar em nossa alma sendo reunida com as deles pode fazer nossos cabelos se arrepiarem.

Muitos agora não se agradam de encontro algum exceto a reunião com pecadores, é o deleite de seus corações; é uma vida arrojada e divertida a seus olhos. E é doloroso para eles se reunir com santos, esperar diante do Senhor no dia de descanso.

Porém, reunir-se com eles no outro mundo é um terror em todas as formas. 1) Os santos têm horror disso, como está no texto. Pensar em ser preso em sua companhia no outro mundo seria um inferno, por si só, para os piedosos. Davi nunca teve tanto horror da associação dos doentes, perseguidos etc., como teve dos pecadores. Ele se alegra em reunir-se aos santos de qualquer condição; mas, "Senhor", ele diz, *"não colhas minha alma com a dos pecadores"*. 2) Os próprios perversos têm horror a isso. "Que eu morra a morte dos justos", disse o perverso Balaão, "e o meu fim seja como o dele" (Nm 23:10). Ainda que se alegrem em viver com eles ou estar com eles durante a vida, suas consciências testemunham que têm horror de estar com eles na morte. Viveriam com pecadores, mas morreriam com os santos. Um pensamento pobre, irracional e auto condenatório. —THOMAS BOSTON

*Versículo 10*
*Subornos.*
*O que torna todas as doutrinas simples e claras?*
*Por ano mais de duzentas libras pagas,*
*E aquilo que antes era verdade*
*É novamente falso? Duzentos a mais no bolso.*
—SAMUEL BUTLER, em *"Hudibras", Parte III, Canto I*

# SALMO 27

O SALMO poderá trazer ganho se for lido de três maneiras: como a linguagem de Davi, da igreja e do Senhor Jesus. A plenitude das Escrituras será então revelada de modo muito maravilhoso. —C. H. SPURGEON

*Versículo 1*
*O Senhor é a minha luz e a minha salvação.* Onde não há luz suficiente para que vejamos nossa própria escuridão e para ansiarmos pelo Senhor Jesus, também não há indícios de salvação. A salvação nos encontra na escuridão, mas não nos abandona ali. Não é dito simplesmente que o Senhor concede luz, mas que Ele "é" luz; não que Ele dá salvação, mas que Ele "é" salvação. —C. H. SPURGEON

Alice Driver, a mártir, durante seu interrogatório deixou todos os doutores da lei mudos, de modo que nada tinham a dizer, mas olhavam-se entre si. Então ela disse: "Nada mais vocês têm a dizer? Deus seja honrado, pois vocês não conseguiram resistir ao Espírito de Deus em mim, uma pobre mulher. Sou filha de um homem honesto e pobre, não fui educada em universidades como vocês foram; mas eu manuseei o arado muitas vezes ao lado de meu pai e agradeço a Deus. Não obstante, em defesa da verdade de Deus, e pela causa de meu Mestre, Cristo, por Sua graça me firmarei contra qualquer um de vocês, na preservação e defesa deste; e tivesse eu mil vidas, todas deveriam ser entregues em retribuição a Ele." Então o chanceler a condenou e ela retornou à prisão em júbilo. —CHARLES BRADBURY

Há grande diferença entre a *luz* e o olho que a vê. Um homem cego pode saber muito sobre o brilhar do sol, mas este não brilha para ele — não lhe fornece luz alguma. Então, saber que "Deus é luz" é uma coisa (1 Jo 1:5) e poder dizer: "O Senhor é *minha* luz", é precisamente outra. Portanto, quando Ele é "nossa luz", é também "nossa salvação". Ele está comprometido a nos guiar corretamente; não apenas para nos mostrar o pecado, mas para nos salvar dele, não apenas para nos fazer ver o ódio de Deus pelo pecado e Sua maldição sobre ele, mas também para nos atrair ao amor de Deus e retirar a maldição. —*MEDITAÇÕES SACRAMENTAIS*

"Adorável Sol", clamou São Bernardo, "não posso caminhar sem ti; ilumina meus passos e equipa a mente árida e ignorante com pensamentos dignos de ti. Adorável plenitude de luz e calor, sejas o verdadeiro meio-dia de minha alma, extermina sua escuridão, disperse suas nuvens, queima, seca e consuma toda a sua imundície e impureza. Divino Sol, nasça em minha mente e jamais se ponha". —JEAN AVRILLON

*De quem terei medo?* Uma pergunta que é sua própria resposta. Os poderes das trevas não devem ser temidos, pois o Senhor, nossa Luz, os destrói; e não devemos temer a condenação do inferno, pois o Senhor é nossa salvação. —C. H. SPURGEON

Não tenho noção alguma de confissão por Cristo que tenha sido tímida e dissimulada. Tais pregadores e professores são como um rato brincando de esconde-esconde atrás de um lambri, que coloca sua cabeça em um buraco para ver se o caminho está livre e aventura-se caso não haja ninguém, mas esgueira-se de volta se o perigo surge. Não podemos ser honestos com Cristo a não ser que sejamos ousados por Ele. Ou Ele é digno de *tudo* o que possamos perder por Ele ou Ele não é digno de *nada*. —H. G. SALTER

*Versículo 2*
*Quando malfeitores.* É um sinal esperançoso para nós quando os malfeitores nos odeiam; se os nossos

inimigos fossem homens piedosos seria uma tristeza profunda, mas sendo malfeitores, seu ódio é melhor do que o seu amor. —C. H. SPURGEON

Não é prato delicado para um estômago malicioso a carne de um inimigo que lhe é servida; ela desce sem ser mastigada e é engolida por inteiro como o fazem os corvos-marinhos. —SIR RICHARD BAKER

Assim como os grandes peixes se alimentam dos pequenos, também grandes homens não sentem incômodo em sua consciência por se alimentarem de outros homens como se alimentam de pão. —RICHARD SIBBES

Abutres têm antipatia a aromas doces; então nos malfeitores há uma antipatia contra o povo de Deus; eles odeiam as doces fragrâncias de suas dádivas. —THOMAS WATSON

Houve grande sabedoria na oração de John Wesley: "Senhor, se devo contender, que não seja com o Teu povo". Quando temos por inimigos aqueles que odeiam os homens bons, temos ao menos este consolo: Deus não está do lado deles e é, portanto, o lado essencialmente fraco. —W. S. PLUMER

## Versículo 3

*Ainda que um exército se acampe contra mim, não se atemorizará o meu coração.* O exército acampado geralmente inspira maior terror do que o mesmo exército fora de formação. Young nos fala de alguns "que sentem mil mortes ao temerem uma". —C. H. SPURGEON

Felizmente para mim, vocês não podem me obscurecer diante de Deus e somente Seu apreço me concede restituição e me recompensa, tudo para o seu vilipêndio. —JEAN AVRILLON

Onde não há confiança *em* Deus, não haverá continuidade *com* Deus. Quando o vento da fé deixa de encher as velas, o navio da obediência deixa de arar os mares. —WM. SECKER

## Versículo 4

*Uma coisa.* O homem de um livro é ilustre, o homem de uma busca é bem-sucedido. Que todas as nossas afeições se conectem em uma única afeição e que essa se estabeleça nas coisas celestiais. —C. H. SPURGEON

Eu compreendo bem em termos gerais, e está claro que ele está falando de uma comunhão e amizade com Deus, que é esta *uma coisa*, que se um cristão a tiver, nada mais precisará desejar. —JOHN STOUGHTON

*Peço ao Senhor.* O que não podemos obter de imediato, é bom que desejemos. Deus muito nos julga pelo desejo de nosso coração. Aquele que monta um cavalo coxo não pode ser culpado por seu mestre pela carência de velocidade, se acelera o máximo que pode e aceleraria mais se fosse possível. Com Seus filhos, Deus considera a vontade como um ato. —C. H. SPURGEON

*Ao Senhor.* Este é o alvo correto de nossos desejos; este é o poço em que devemos mergulhar nossos baldes; esta é a porta em que devemos bater, o banco de onde sacar; deseje o que vem dos homens e deite-se no monte de esterco com Lázaro; deseje o que é do Senhor e seja carregado por anjos ao seio de Abraão. Sob as dolorosas circunstâncias de Davi, poderíamos esperar que ele desejasse repouso, segurança e milhares de outras coisas, mas, não, ele coloca seu coração na pérola, e abandona o resto. —C. H. SPURGEON

*E a buscarei.* Desejos santos devem levar a ações resolutas. O antigo provérbio diz: "Aqueles que só ficam no desejo e nos planos de ação não são os melhores empregados". —C. H. SPURGEON

*Contemplar a beleza do Senhor.* Não devemos entrar nas assembleias dos santos para vermos ou sermos vistos ou simplesmente para ouvir o ministro. Muito melhor: contemple por fé! Que visão será quando todo seguidor fiel de Jesus contemplar "o Rei em Sua beleza"! Ó, que vejamos essa bendita cena infinitamente! —C. H. SPURGEON

Diga-me se há, se pode haver, algum pedido mais grandioso do que esse. Esta *"uma coisa"* que Davi deseja é, de fato, aquele *unum necessarium* de que Cristo fala no evangelho; que Maria escolhe lá, como Davi o faz aqui. —SIR RICHARD BAKER

Outra coisa que podemos chamar de um elemento de beleza em Deus é a combinação de Seus vários atributos em um todo harmonioso. As cores do arco-íris são belas quando consideradas uma por uma, mas há uma beleza no arco-íris que não surge de uma única tonalidade. A santidade é bela, a misericórdia é bela, a verdade é bela. —ANDREW GRAY

### Versículo 5
*Pois, no dia da adversidade, ele me ocultará no seu pavilhão.* Ele me dará o melhor abrigo durante o pior perigo. *No recôndito do seu tabernáculo, me acolherá.* Ninguém da antiguidade ousou entrar no lugar santíssimo sob pena de morte; e se o Senhor esconder ali o Seu povo, que inimigo se aventurará em atingi-los? —C. H. SPURGEON

### Versículo 7
*Ouve, Senhor, a minha voz; eu clamo.* A voz que no último versículo estava sintonizada à música aqui está sintonizada ao choro. Fariseus em nada se importam se o Senhor os ouve, contanto que os homens os ouçam. —C. H. SPURGEON

### Versículo 8
*Quando tu disseste: Buscai o meu rosto; o meu coração te disse a ti: O teu rosto, Senhor, buscarei* (ARC). Ó, que haja mais desta santa prontidão! Oxalá fôssemos mais moldáveis pela mão divina, mais sensíveis ao toque do Espírito de Deus. —C. H. SPURGEON

*Deus está disposto a ser conhecido.* Ele está disposto a abrir-se e a se deixar descobrir; Deus não tem deleite em esconder-se. Ele não se firma sobre um governo, como alguns imperadores o fazem, acreditando que sua mera presença diminuirá o respeito. Deus não é este tipo de deus, mas pode ser perscrutado. No homem, sendo encontrada alguma fraqueza, podemos rapidamente sondar nas profundezas de sua excelência; mas com Deus, diferentemente, há sempre clareza. Quanto mais o conhecemos mais o admiraremos. Desejo ser conhecido e abrir-me para você. Como se Deus se deleitasse em esconder-se. Não; a falha está inteiramente em nós. *Buscai o meu rosto.* Ele deseja revelar-se. —RICHARD SIBBES

*Quando tu disseste.* Que haja uma oração, e há uma oração: Ele derrama sobre um homem um espírito de graça e súplica, uma disposição de oração; Ele coloca motivos, sugere argumentos e súplicas a Deus. —THOMAS GOODWIN

Bem pode ser defendido que Deus usa a oração nem tanto para nos incitar e nos fortalecer a buscá-lo, mas quando deseja ser encontrado por nós. "Senhor, tu ouviste os desejos dos mansos; confortarás o seu coração; os teus ouvidos estarão abertos para eles" (Sl 10:17 ARC). "Buscar-me-eis e me achareis quando me buscardes de todo o vosso coração"(Jr 29:13). —THOMAS COBBET

*O meu coração disse a ti.* O coração está entre Deus e nossa obediência, como se fosse um embaixador. Ele compreende de Deus o que Deus teria feito e então, envia o comando para a totalidade do homem. O coração e a consciência do homem são parte divinos, parte humanos. —RICHARD SIBBES

*Não rejeites com ira o teu servo.* Deus rejeita muitos com ira por sua suposta bondade, mas jamais rejeita alguém por sua maldade confessa. —JOHN TRAPP

*Teu servo.* Feliz e bendita coisa é ser *servo* verdadeiro de Deus. Considere o que a Rainha de Sabá disse dos servos de Salomão (1 Rs 10:8): "Felizes estes teus servos". —THOMAS PIERSON

### Versículo 10
*Se meu pai e minha mãe me desampararem.* Estes preciosos relacionamentos serão os últimos a me abandonar, mas se o leite da bondade humana secar até mesmo em seus seios, há um Pai que jamais esquece. —C. H. SPURGEON

O Senhor *me acolherá*. Aqui estão o Seu *amor*, Sua *sabedoria*, Seu *poder*, Sua *eternidade* e tudo em Sua natureza. Aos quatro, acrescente a Sua *promessa* e você terá a plenitude de toda a segurança que pode ser desejada. —ROBERT SANDERSON

*Versículo 11*
*Guia-me por vereda plana, por causa dos que me espreitam.* Um homem, viajando na estrada do rei e sendo roubado durante o dia terá sua satisfação recuperada no condado onde o roubo ocorreu. Mas se sua jornada ocorrer durante a noite, sendo período inadequado, ele estará então correndo risco e deverá lidar com o que lhe ocorrer. Então, se um homem se mantém nos caminhos de Deus, ele certamente terá a proteção de Deus; mas se ele se desviar destes caminhos se expõe ao risco.
—ROBERT SKINNER

*Por causa dos que me espreitam.* É maravilhoso observar como a simplicidade honesta é mais sagaz e confunde a astúcia da perversidade. A verdade é sabedoria. "A honestidade é a melhor política".
—C. H. SPURGEON

Os cristãos condenam com suas vidas aqueles que os condenam com suas bocas. Cristão, se você habitar na tenda aberta da libertinagem, os perversos não caminharão de costas, desviando o rosto como os modestos Sem e Jafé, para cobrir sua vergonha: mas andarão para frente, como o amaldiçoado Cam, para expor o que aconteceu. Então fazem uso da perversidade do cristão para justificar a deles. Os homens são impiedosos ao censurar cristãos; não têm simpatia por sua enfermidade. Enquanto um santo é uma *pomba* aos olhos de Deus, para os pecadores ele não passa de um *corvo*. —WM. SECKER

*Versículo 12*
*Pois contra mim se levantam falsas testemunhas.* A calúnia é uma arma antiga no arsenal do inferno e ainda é abundantemente utilizada; e não importa o quão santo um homem venha a ser, haverá alguns que o difamarão. Seu fôlego de vida é odiar o bom.
—C. H. SPURGEON

*Versículo 13*
*Pereceria sem dúvida* (ARC). Você pode duvidar que todas as águas do oceano não preencheriam uma colher, da mesma forma como duvidaria de que a plenitude divina não lhe bastaria, se você não tivesse mais nada neste mundo. Uma gota da doçura divina é suficiente para fazer aquele que agoniza a morte mais cruel, bradar de alegria. "Já se foi a amargura da morte". Sua *bondade* o torna disposto. Sua *bondade* coloca Seu forte poder em ação por Seus santos em sofrimento. —DAVID CLARKSON

*Versículo 14*
*Espera pelo Senhor.* Espere à Sua porta com oração; espere aos Seus pés com humildade; espere à Sua mesa com serviço; espere à Sua janela com expectativa. —C. H. SPURGEON

*Fica firme, teus fantasmagóricos inimigos fugirão—*
*O inferno treme diante de olhos guiados pelos Céus;*
*Escolhe defender e não atacar—*
*A autoconfiança, no conflito falhará.*
*Quando em desafios, perigos poderás encontrar—*
*A coragem verdadeira é constante,*
*não um calor repentino,*
*Sempre humilde, em si mesma não confia*
*E não lançará a si mesma a perigos.*
*Consagra-te a Deus e aprenderás*
*Que Ele luta as batalhas da vontade resignada.*
*Ama Jesus! O amor não suportará a covardia*
*Ama Jesus! E descansa confiado na vitória.*
—THOMAS KEN

# Salmo 28

O ESPINHO no peito do rouxinol, diziam os antigos naturalistas, o fazia cantar. As tristezas de Davi o tornavam eloquente no santo salmodiar. —C. H. SPURGEON

*Versículo 1*
*A ti clamo, ó Senhor; rocha minha.* Será vão clamar às rochas no dia do julgamento, mas a nossa Rocha atende aos nossos clamores. —C. H. SPURGEON

É de importância máxima que tenhamos um *objeto definido* no qual fixarmos nossos pensamentos. "Invoca-*me*, e te responderei; anunciar-te-ei coisas grandes e ocultas, que não sabes." Esse Alguém que olha para nós, nos ouve, se importa conosco, se prepara para nos responder. Caro leitor, no momento de sua dificuldade, não vagueie; não deixe seus pensamentos divagarem como se estivessem procurando alguém em quem fixar-se. "A *ti* clamo". Ó! Feliz é o homem que sente e sabe que quando a luta vem ele não pode ficar perplexo e confuso pelo golpe, independentemente de quão possa ser.
—PHILIP BENNETT POWER

*Rocha minha.* "Cristo em Sua pessoa, Cristo no amor de Seu coração e Cristo no poder de Seu braço, é a Rocha em que descanso." —K. ARVINE

*Não emudeças para comigo* (ARC). Seu silêncio é igualmente repleto de reverência para um suplicante desejoso. Que temível situação seria se o Senhor para sempre deixasse de ouvir nossas orações!
—C. H. SPURGEON

O que desejamos que Deus diga? Queremos que Ele nos comunique que está nos ouvindo; queremos ouvi-lo falar tão distintamente a nós como sentimos que temos falado com Ele. Rutherford disse ao comentar a demora do Salvador em responder o pedido da mulher siro-fenícia: "É dito que Ele não respondeu com palavra alguma, mas não é dito que ele não *ouviu* palavra alguma". Cristo muitas vezes ouve quando não responde; o Seu *não* responder *é uma resposta*, e portanto, diz: "continue orando, vá e clame, pois o Senhor mantém Sua porta fechada. Não para mantê-lo fora, mas para que você bata, e bata e então se abrirá. —PHILIP BENNETT POWER

*Para que não suceda, se te calares acerca de mim, seja eu semelhante aos que descem à cova.* Com terror secreto diariamente ouço-os blasfemando os dons inefáveis de Sua graça e ridicularizando a fé e o fervor dos piedosos como mera imbecilidade da mente. Temo que insensivelmente eu possa me tornar tal autoenganador que disfarce minha timidez criminal como prudência. Sei que é impossível agradar o mundo corrupto e o Deus santo e, ainda assim, perco esta verdade de vista. Fortalece-me, ó Senhor, contra estas declinações tão nocivas à Tua glória, tão fatais à fidelidade da qual és digno. —JEAN MASSILLON

*Versículo 2*
*Ouve-me as vozes súplices.* Uma oração silenciosa pode ter volume mais alto do que os clamores dos sacerdotes que procuraram acordar Baal com seus gritos. —C. H. SPURGEON

*Quando erguer as mãos para o teu santuário.* Estendemos nossas mãos vazias, pois somos pedintes; as erguemos, pois buscamos suprimentos celestiais; as erguemos em direção ao trono de misericórdia de Jesus. —C. H. SPURGEON

*Versículo 3*
*Não me arrastes com os ímpios.* Eles serão arrastados para o inferno como os antigos criminosos eram arrastados através dos obstáculos até Tyburn, como

toras extraídas para o fogo, como feixe de varas para o forno. Davi teme que sendo incluído no grupo dos ímpios, seja arrastado para a mesma condenação.

*Os quais falam de paz ao seu próximo, porém no coração têm perversidade.* Palavras suaves, escorregadias com amor fingido. Seria melhor ser trancado em um poço com serpentes do que ser forçado a viver com mentirosos. —C. H. SPURGEON

O amor dissimulado é pior do que ódio; a amizade falsificada não é melhor do que uma mentira. —THOMAS WATSON

## Versículo 4

Leitor incrédulo, qual será sua sorte quando o Senhor tratar com você? Nossos "esforços" são tomados como fatos; Deus considera a vontade como ato e pune ou recompensa de acordo. —C. H. SPURGEON

*Paga-lhes segundo as suas obras.* É inquestionável que se a carne nos leva a buscar vingança, o desejo é perverso aos olhos de Deus. Ele nos proíbe de praguejar o mal contra nossos inimigos em vingança. O profeta santo não se inflama aqui por sua tristeza pessoal a ponto de jurar a destruição de seus inimigos; mas abandonando o desejo da carne, ele julga a questão em si. Antes que um homem possa, portanto, pronunciar vingança contra o perverso, ele deve primeiro libertar-se de todo sentimento inadequado em sua mente, o que aconteceu inclusive com os discípulos de Cristo. Resumindo: Davi, sendo livre de toda paixão má, suplica aqui não por sua causa, mas pela causa de Deus. —JOÃO CALVINO

Grande Deus, desde o princípio tens te ocupado exclusivamente com a salvação dos homens. A própria benevolência com a humanidade atrai trovões contra estes corruptores da sociedade. Eles trabalham incessantemente para afastar os homens de ti. Ó meu Deus! E em retribuição tu os afastarás de ti para sempre, e eles terão o desesperador consolo de serem exatamente o que são por toda a eternidade. Temível necessidade de te odiarem para sempre! —JEAN MASSILLON

*Retribui-lhes o que merecem.* Medite na justiça de Deus. Punir o pecado não é apenas Sua vontade, mas Sua natureza. Não há outra possibilidade para Deus exceto odiar o pecado, porque Ele é santo; e não há outra possibilidade para Ele exceto punir o pecado. Deus não deve renunciar Sua própria natureza para gratificar nossos humores. —CHRISTOPHER FOWLER

Ele ora contra seus inimigos, sendo levado pelo infalível Espírito de profecia, olhando para estes homens e vendo os inimigos de Cristo e de todo o Seu povo em todas as eras. —DAVID DICKSON

*Paga-lhes — retribui-lhes — Ele os derribará.* Fossem os verbos em todas estas passagens conjugados no futuro, eles aparentariam ser o que claramente são: profecias sobre os julgamentos divinos que desde então têm sido executadas contra os judeus. —GEORGE HORNE

## Versículo 6

*Bendito seja o SENHOR.* Até aqui, o nosso Salmo era uma oração e agora se transforma em louvor. Aqueles que bem oram, em breve bem louvarão. Oração e louvor são os dois lábios da alma; dois altares; dois dos lírios de Salomão. —C. H. SPURGEON

## Versículo 7

*O SENHOR é a minha força.* Se lhe acrescentarmos *força*, se o fardo for dobrado, ainda que sua *força* seja triplicada; o fardo não será mais pesado, antes mais leve. Se não pudermos carregá-los com nossa força, porque não podemos suportá-los com a força de Jesus Cristo? Podemos ter a força de Cristo? Sim; essa mesma força nos é concedida por fé, portanto, a força de Cristo é nossa, transferida para nós. —ISAAC AMBROSE

*O meu coração exulta, e com o meu canto o louvarei.* Observe o verbo *exulta* — não precisamos temer exagero no júbilo ao lembrarmos a graça recebida. Regozijemo-nos grandemente nele. Bom seria se fôssemos mais como a cotovia cantarolando do que como o corvo grasnando. Quando Deus nos abençoa, deveríamos bendizê-lo com todo o nosso coração. —C. H. SPURGEON

*Versículo 8*
*O Senhor é a força do seu povo.* Não somente a minha, mas a força de todo cristão. Pois estamos certos de que há suficiente para todos e suficiente para cada um. —MATTHEW HENRY

# Salmo 29

ESTE Salmo pretende expressar a glória de Deus como se ouvida no estrondoso trovão. Os versículos marcham na melodia de relâmpagos. Os verdadeiros ministros são filhos do trovão, e a voz de Deus em Cristo Jesus é repleta de majestade. Assim, temos as obras de Deus e a Palavra de Deus conectadas uma à outra. —C. H. SPURGEON

*O Salmo todo:* Neste Salmo, a força de Jeová é celebrada e a exemplificação dela é evidentemente retirada de uma tempestade de trovões no Líbano. Das montanhas, a tempestade varre até as planícies. —ROBERT MURRAY M'CHEYNE

Não há fenômeno na natureza tão atroz como uma tempestade de trovões. O Salmo 29 aufere vitalidade e poder sagrados, da presença de Jeová em cada estrondo sucessivo. —JAMES HAMILTON, D.D.

Deve-se compreender adequadamente uma tempestade oriental para reconhecer os sentimentos do poeta; com um poder que sugere o fim do mundo. —AUGUSTUS F. THOLUCK

*Versículo 1*
*Tributai ao Senhor.* Nem homens nem anjos podem outorgar qualquer coisa a Jeová, mas deveriam reconhecer Sua glória e Seu poder. Causas naturais, como os homens as nomeiam, são Deus em ação e nós não devemos atribuir poder a elas. —C. H. SPURGEON

Isso demonstra a disposição que geralmente há em conceder a Deus o que lhe é devido. —JOHN TRAPP

*Versículo 2*
*Tributai ao Senhor a glória devida ao seu nome.* Uma terceira vez a admoestação é dada, pois os homens são acomodados no glorificar a Deus e especialmente grandes homens. Descrença e desconfiança, queixas e murmuração roubam a honra de Deus. —C. H. SPURGEON

O que ainda não pode ser feito, pois Seu nome está acima de todo louvor; mas você deve tê-lo como alvo. —JOHN TRAPP

*Adorai o Senhor.* Por que o Senhor deve ser adorado? Por que Ele deve ter honras tão elevadas?

Versículos 1 e 2. O objetivo do cristão sincero é glorificar a Deus, exaltá-lo e o engrandecer no mundo. Aquele que estabelece a glória de Deus como seu objetivo principal descobrirá que seu objetivo final, aos poucos, tomará conta de todos os objetivos fundamentais. Onde a glória de Deus é mantida como maior objetivo do homem, ali todos os objetivos imediatos e fundamentais são subjugados. —THOMAS BROOKS

### Versículo 3

*Ouve-se a voz do Senhor sobre as águas.* Não há cena mais alarmante do que o lampejo de um relâmpago ao redor do mastro de um navio.

*Troveja o Deus da glória.* O relâmpago na verdade é um simples fenômeno elétrico causado pela interposição do próprio Deus. A eletricidade por si só nada pode fazer; deve ser convocada e enviada para exercer sua tarefa; e até que o Senhor Todo-Poderoso a encarregue desta tarefa, seu raio de fogo fica inerte e impotente. Bem como uma rocha de granito ou uma barra de ferro poderiam voar no meio do céu durante o relâmpago sem terem sido enviadas pela grande Causa Inicial. —C. H. SPURGEON

Sim, Grande Deus, este coração até agora tão seco, tão árido, tão endurecido; esta rocha que golpeaste uma segunda vez, não mais te resistirá, pois dele agora jorram águas salubres em abundância. A exata voz de Deus que derruba as montanhas, anula trovões, ilumina e divide o céu acima do pecador, agora comanda as nuvens a derramar chuvas de bênçãos, transformando o deserto de sua alma em um campo que produz cem vezes mais; essa voz eu ouço. —J. B. MASSILLON

Os poderes naturais da matéria e leis do movimento são de fato os efeitos da ação de Deus sobre a matéria. Consequentemente, não existe algo como causa natural ou poder da natureza. —SAMUEL CLARKE

### Versículo 4

*A voz do Senhor é poderosa.* Assim como a voz de Deus na natureza é poderosa, também o é em graça; o leitor fará bem ao estabelecer um paralelo e muito encontrará no evangelho que possa ser ilustrado pelo trovão do Senhor na tempestade. Tenha certeza de que você não está recusando aquele que fala. Sendo Sua voz tão poderosa, como não será então Sua mão? —C. H. SPURGEON

O caos não sabe como resistir ao Senhor, ele ouve Sua voz obedientemente, mas o coração empedernido repele o Senhor e Sua voz poderosa muito frequentemente o convoca em vão. O Senhor não é tão grandioso em criar mundos do completo nada como o é quando ordena um coração rebelde a erguer-se do seu abismo do pecado e a correr pela estrada dos Seus mandamentos. —J. B. MASSILLON

*A voz do Senhor é cheia de majestade.* O Rei dos reis fala como um rei. Como quando um leão ruge, todas as bestas da floresta se aquietam, assim o é com a terra que se silencia e emudece enquanto Jeová troveja maravilhosamente. —C. H. SPURGEON

Ó, que os "Boanerges" evangélicos ajam de tal forma que o glorioso som do evangelho seja ouvido sob todo o céu, de modo que o mundo possa novamente ser sensibilizado a ele; antes que a voz do Filho do Homem, que tão frequentemente chama pecadores ao arrependimento, passe a chamá-los ao julgamento. —GEORGE HORNE

### Versículo 5

*A voz do Senhor.* É, contudo, uma ciência diabólica esta que fixa nossa contemplação nas obras da natureza e as afasta de Deus. Se alguém desejasse conhecer um homem e não prestasse atenção ao seu rosto, mas fixasse seus olhos somente nas pontas de suas unhas, essa sua insensatez poderia ser, justificadamente, alvo de zombaria. —JOÃO CALVINO

*Os cedros do Líbano.* Estas poderosas árvores de Deus, que por eras permaneceram de pé contra a força da tempestade são os primeiros alvos da fúria do relâmpago, que é bem conhecido por visitar primeiro os objetos mais altos. —ROBERT MURRAY M'CHEYNE

### Versículo 6

*Ele os faz saltar como um bezerro; o Líbano e o Siriom, como bois selvagens.* A voz de nosso Senhor moribundo partiu as rochas e abriu sepulturas. Sua voz vivaz ainda opera maravilhas semelhantes. —C. H. SPURGEON

Qualquer animal na floresta Ele traz às dores de seu novo nascimento, ao arrependimento e à humilhação do evangelho e, ao fazê-lo, Deus abre

o coração dos homens, que são tão resistentes e plenamente amadurecidos com vaidade, orgulho, hipocrisia, amor a si mesmo e autossuficiência, e também com a luxúria e sensualidade, da mesma forma que qualquer floresta é coberta de matagal de árvores e arbustos, que impedem a passagem, até que sejam dissipados pelo fogo e pelo corte.
—JOSEPH CARYL

## Versículo 7
*A voz do Senhor despede chamas de fogo.* O mesmo poder de Deus é difundido por Sua Palavra, "viva, e eficaz, e mais cortante do que qualquer espada de dois gumes", penetrando, derretendo, iluminando e inflamando o coração dos homens. —GEORGE HORNE

"A voz de Jeová despede chamas de fogo." Esta é uma imagem muito descritiva da ação divina no Pentecoste, enviando *chamas distribuídas*, nas línguas de fogo que foram divididas de um manancial celestial ou fonte de fogo, e se colocaram sobre as cabeças dos Apóstolos; e que os encheram com o fogo do zelo santo e do amor. —CHRISTOPHER WORDSWORTH

## Versículo 8
*A voz do Senhor faz tremer o deserto.* Contudo, até mesmo ali, grande Deus, onde cri que havia encontrado um asilo inacessível à Tua misericórdia eterna, onde eu pudesse pecar com impunidade. Até mesmo ali, nesse deserto, Tua voz me capturou e me lançou aos Teus pés. —J. B. MASSILLON

## Versículo 9
*A voz do Senhor faz dar cria às corças.* Nossos ancestrais procuraram refúgio entre as árvores, mas a voz do Senhor logo os encontrou e fez seus corações estremecer. O evangelho tem prazer em revelar poder em corações obscuros e ordena à alma que estremeça diante do Senhor. —C. H. SPURGEON

O Senhor cuida das *corças*? Então certamente Ele cuida daqueles que lhe pertencem especialmente.
—JOSEPH CARYL

## Versículo 9
*E no seu templo tudo diz: Glória!* Há muito mais poder régio no trovão da Palavra do que na palavra do trovão. Esta atemoriza apenas para a condenação, mas a Palavra para a salvação.

## Versículo 11
*O Senhor dá força ao seu povo, o Senhor abençoa com paz ao seu povo.* O poder foi manifesto no furacão cujo curso este Salmo retrata tão grandiosamente. Na calmaria após a tempestade, há a promessa de que esse poder será a força dos escolhidos. —C. H. SPURGEON

Primeiro, o evangelho coloca o preço nas mãos daquele que certamente o comprará. O preço é a paz na consciência, porque paz na consciência não passa de uma descarga sob as mãos de Deus, de modo que a dívida com a justiça divina é plenamente paga. Segundo, todo cristão verdadeiro tem paz de consciência na promessa, que consideramos tão boa quanto dinheiro à mão. A leitura completa do Salmo é de grande valor para que você veja o peso que o Senhor dá a esta doce promessa. O Salmo investe em demonstrar as grandes coisas que Deus pode fazer e o faz com nada mais do que uma palavra. Este Deus que faz tudo isto promete *abençoar Seu povo com a paz*. Não seria uma triste paz termos ruas silenciosas, mas gargantas cortadas dentro de nossas casas? Contudo, infinitamente mais triste seria ter paz tanto nas ruas quanto em nossas casas, mas guerra e sangue em nossas consciências culpadas. "Deixo-vos a paz, a minha paz vos dou".

Terceiro, é chamado de "fruto pacífico de justiça". Brota tão naturalmente da justiça como qualquer fruto brota da semente que lhe é própria.
—WILLIAM GURNALL

# Salmo 30

TÍTULO: "Salmo e cântico da dedicação da casa de Davi"; ou então: "Um Salmo: um cântico de dedicação para a casa. Salmo de Davi". Esse é um cântico de fé, considerando que Davi não viveu para ver a casa de Jeová. Um Salmo de louvor, considerando que um julgamento dolorido havia ocorrido e grande pecado havia sido perdoado.

### Versículo 1

*Eu te exaltarei*. Terei conceitos elevados e honráveis do Senhor e os enunciarei com minha melhor música. Outros podem se esquecer de ti, murmurar e blasfemar contra ti, mas "Eu te exaltarei", pois tenho sido favorecido acima de todos.

*Porque tu me exaltaste* (ARC). Aqui está uma antítese: "Eu te exaltarei, porque tu me exaltaste". A graça nos ergueu do poço do inferno, da vala do pecado, do Pântano da Desconfiança [N.E.: Do livro *O peregrino*, Publicações Pão Diário, 2017], da cama da enfermidade, do laço das dúvidas e temores; não temos cântico algum para tudo isto? Quanto nos exaltou nosso Senhor? Exaltou-nos à posição de filhos, para sermos adotados na família; nos exaltou para a união com Cristo, "nos fez assentar nos lugares celestiais em Cristo Jesus". Exalte o nome de nosso Deus, pois Ele nos exaltou acima das estrelas.
—C. H. SPURGEON

O verbo é usado, em seu significado original, para denotar *o movimento recíproco dos baldes em um poço*, um descendo enquanto outro sobe, e vice-versa; e aqui é aplicado com propriedade admirável para ressaltar as várias reciprocidades e mudanças das sortes de Davi como descritas neste Salmo, da prosperidade à adversidade. —SAMUEL CHANDLER

...e não permitiste que os meus inimigos se regozijassem contra mim. Ó, felizes aqueles a quem o Senhor mantém tão consistente em caráter de modo que os olhos de lince do mundo não encontram neles falhas reais. É este o nosso caso? Concedamos toda glória Àquele que tem nos sustentado em nossa integridade.

### Versículo 2

*SENHOR, meu Deus, clamei a ti por socorro, e tu me saraste*. Se o nosso relógio está desregulado, nós o levamos ao relojoeiro; se o corpo ou alma estiverem passando por flagelo maligno, recorramos a Ele que os criou e tem habilidade infalível de colocá-los na condição correta. Com relação às nossas doenças espirituais, nada pode curar estes males, exceto o toque do Senhor Cristo; se apenas tocarmos a orla do Seu manto, seremos curados, enquanto que se procurarmos todos os outros médicos à disposição, eles não poderão nos ajudar de forma alguma.

### Versículo 3

*SENHOR, da cova fizeste subir a minha alma*. Note, não está escrito: "Eu espero que", mas sim: "Fizeste, saraste, exaltaste" — três vezes, três ações completas. Davi está certo, sem dúvida alguma, que Deus fez grandes coisas por ele, e com isto se alegra profundamente.

### Versículo 4

*Salmodiai ao SENHOR, vós que sois seus santos*. Davi não encheria o seu coral com réprobos, mas com pessoas santificadas que poderiam cantar com o coração. Ele os chama, vocês povo de Deus, porque são santos: e se os pecadores são perversamente silenciosos, permita que a sua santidade o constranja a cantar. Vocês são Seus santos — escolhidos, comprados pelo sangue, chamados e separados para Deus; santificados com o propósito de que deveriam oferecer sacrifício diário de louvor. Transbordem neste dever celestial.
—C. H. SPURGEON

*Obra clássica de Spurgeon sobre os Salmos*

*Versículo 5*

*A sua ira.* Ó, admire e maravilhe-se para sempre com a soberana e distintiva graça de Deus. Você está relaxado e tranquilo, diferente de muitos do Seu povo que agora estão sendo lançados em fornalhas ardentes? Você tem menos impurezas do que eles? Eles pecaram, pensaria você, em nível mais alto do que você jamais o fez? O Senhor está irado com eles por sua mornidão, por suas apostasias? Mas e seus corações? Estiveram sempre queimando de amor?

Seus pés se mantiveram sempre no Seu caminho sem recuar? Você nunca se perdeu? Nunca se desviou para a direita ou esquerda? Certamente que sim; e, portanto, que misericórdia é esta que não lhe permite irar-se assim com você, assim como não se ira com nenhum deles? —TIMOTHY ROGERS

*No seu favor está a vida.* Acontecendo de uma alma condenada ser admitida ao fruir de todos os prazeres da vida eterna sem o favor de Deus, o Céu seria para ele o inferno. Não é a casa escura e hedionda dos "ais" que torna uma alma miserável no inferno, mas sim o desprazer de Deus.

Caso uma alma eleita fosse lançada ao inferno e conservasse o favor de Deus, este local seria para ele o Céu, e sua alegria não poderia ser tirada nem que todos os demônios do inferno nisto se empenhassem; sua noite se transformaria em dia. —EDWARD MARBURY

*O choro pode durar uma noite, mas a alegria vem pela manhã.* Quando o Sol da Justiça vem, nós secamos nossos olhos e a alegria persegue e expulsa a tristeza intrusa. Não nos alegraríamos, nós que conhecemos Jesus? Os primeiros raios da manhã nos trazem consolo quando Jesus é a alvorada do dia e todos os cristãos sabem que o é. O lamento dura somente até a manhã; quando a noite se acaba a obscuridade desaparecerá. Isto é alegado como razão para um cantar santo e que razão poderosa é esta. Noites curtas e dias alegres solicitam o saltério e a harpa. —C. H. SPURGEON

Como pesam os problemas sobre nós durante a noite! Nosso cérebro e nervos exauridos parecem incapazes de suportar a pressão. Nosso pulso lateja e o corpo febril e inquieto se recusa a colaborar no trabalho de resistência. Após tal noite de luta, e do pesado sono da exaustão, acordamos com um vago senso de dificuldades. Por que estávamos tão desamparados e desesperados? Olhando agora a situação já não mais parece ser esta — ainda, de fato, triste, mas suportável — difícil, mas já não mais impossível — talvez ruim o suficiente, mas já não nos desesperamos. *O choro pode durar uma noite, mas a alegria vem pela manhã.*

Então, quando a vida, com suas lutas e labutas e pecados, trazendo-nos conflito perpétuo, finalmente se acabar no feroz combate com a morte, Deus "dá aos seus amados o sono" (ARC). Eles dormem em Jesus e acordam para a alegria de uma manhã que não conhecerá esmorecimento — a manhã da alegria.

O Sol da Justiça está reluzindo sobre eles. A luz está agora em todos os seus caminhos. E eles podem apenas conjecturar quando se lembrarão do desespero, da escuridão, da faina e da violência de suas vidas terrenas, e dirão como disseram frequentemente na Terra: "O choro durou somente uma noite e agora é manhã e a alegria chegou!" E nossas tristezas, nossas dúvidas e dificuldades, nossas longas esperas com expectativa, com o desespero de resistir com persistência por tão longa noite de provações — onde estão elas agora? Não nos sentiremos como é tão belamente descrito nas palavras de um de nossos hinos:

*Quando na doce terra de nosso Pai*
*Meus amados novamente encontrar,*
*Compreenderei sem nenhum ai*
*Porque tanto tive que chorar.*
—MARY B. M. DUNCAN

Sua tristeza permanecerá somente até a manhã. Deus transformará sua noite de inverno em um dia de verão, seus lamentos em canto, seu luto em alegria, sua tristeza em música, sua amargura em doçura, seu deserto em paraíso.

Muito melhor é para a saúde da alma que o vento sul da misericórdia e o vento norte da adversidade soprem; e ainda que todos os ventos soprem o bem aos santos, certamente seus pecados morrem de fato, e suas graças desenvolvem-se melhor quando estão sob o seco e pungente vento norte da calamidade, assim como sob o caloroso e acalentador vento sul da misericórdia e da prosperidade. —THOMAS BROOKS

## Versículo 6
*Na minha prosperidade.* Quando todos os seus inimigos estavam quietos e seu filho rebelde morto e sepultado, este era o momento de perigo. Muitas embarcações afundam na calmaria. Nenhuma tentação é tão terrível quanto a tranquilidade. —C. H. SPURGEON

Nunca estaremos em perigo maior do que no reluzir da prosperidade. Provar sempre da clemência de Deus sem nunca provar qualquer tribulação seria na realidade um sinal da negligência de Deus e não de Seu terno amor. —WILLIAM STRUTHER

*Dizia eu na minha prosperidade: jamais serei abalado.* Ah, Davi, você disse mais do que seria sábio dizer, ou até mesmo pensar, pois Deus fundou o mundo sobre as torrentes, para nos mostrar como é pobre, mutável, levadiço e inconstante este mundo. Infeliz é aquele que constrói sobre ele! Está construindo para si um calabouço onde armazenar suas esperanças.

## Versículo 7
*Tu, Senhor, por teu favor fizeste permanecer forte a minha montanha.* Ele compara sua situação a uma montanha, quando na verdade, um montículo de terra seria mais adequado — nós nunca nos vemos com pequenez. Ele se gloriou por sua montanha permanecer forte e, contudo, no Salmo 29, ele falava de Siriom e do Líbano se movendo como bois selvagens.

O estado de Davi era mais firme que o Líbano? Ah, vã empáfia, tão comum a todos nós! Com que rapidez estoura a bolha quando o povo de Deus enche suas cabeças de empáfia e fantasia que deve desfrutar da imutabilidade sob as estrelas e da constância nesta esfera giratória. Com que cuidado e didática Deus corrigiu o erro de Seu servo!

*Apenas voltaste o rosto, fiquei logo conturbado.* Não havia necessidade de golpes, um rosto escondido era suficiente. Isto prova, primeiro, que Davi era um santo genuíno, pois nenhum esconder-se da face de Deus nesta terra perturbaria um pecador, e, segundo, que a alegria do santo depende da presença de seu Senhor. —C. H. SPURGEON

O deleite gera confiança; a confiança desperta a negligência, a negligência faz Deus se retirar e dá oportunidade para Satanás operar no invisível. E, portanto, como exércitos que após a vitória ganham mais segurança, e geralmente são surpreendidos; nós também geralmente após nossos avanços espirituais, somos abatidos. —RICHARD GILPIN

Nenhum versículo pode nos ensinar mais claramente a verdade gloriosa e consoladora na qual os escritores medievais especialmente amam permanecer: isto é — o olhar ou o não olhar de Deus sobre as Suas criaturas que gera a alegria ou a miséria dessa criatura. —JOHN MASON NEALE

Sendo Deus sua porção, então não há perda em todo o mundo que sobrevenha tão dura e pesadamente sobre você como a perda do seu Deus. A palavra hebraica *bahal* significa estar grandemente aflito, doloridamente aterrorizado, como pode constatar em 1 Samuel 28: "Aproximou-se de Saul a mulher e, vendo-o assaz perturbado" (v.21). Aqui a mesma palavra hebraica é utilizada: *bahal*. —THOMAS BROOKS

## Versículo 8
*Por ti, Senhor, clamei. A oração é o recurso infalível do povo de Deus.* Sendo levados ao desespero, eles ainda podem se aproximar do trono de misericórdia. Quando o terremoto faz nossa montanha tremer, o trono da graça ainda permanece firme, e nós podemos nos aproximar dele. Não nos esqueçamos jamais de orar e jamais duvidemos do sucesso da oração. A mão que fere pode curar: voltemo-nos a Ele que nos pune e Ele nos dará ouvidos.

A oração é melhor consolo do que a construção da cidade foi para Caim e a música foi para Saul. O regozijo e as distrações carnais são uma prescrição lamentável para a mente inquieta e desesperada: a oração terá êxito onde todo o restante falhar. —C. H. SPURGEON

*Versículo 9*
*Que proveito obterás no meu sangue?* Então, pobres santos de Deus quando se aproximarem e disserem ao Senhor em suas orações que, de fato, Ele pode condená-los, confundi-los ou descartá-los; Ele poderá continuar a olhar com reprovação; Ele poderá negar alguns de seus pedidos específicos por algumas causas específicas; mas o que Ele ganhará com isso?

Ele pode receber muitos louvores etc., ao ouvi-los e ajudá-los, mas que bem fará a Ele vê-los oprimidos pelo inimigo de suas almas? Ou que deleite seria para Ele vê-los murmurar, afundar e desfalecer sob tristes pressões etc.? Este é um tipo de súplica permitido e muito bem-sucedido. —THOMAS COBBET

*Louvar-te-á, porventura, o pó?* Pode haver algum número suficiente para louvar ao Senhor? Poderá, em algum momento, haver bocas suficientes para declarar a Sua verdade? E eu não serei um destes — um pecador, eu sei — mas ainda assim um destes, caso o Senhor se agrade de me poupar da queda no poço? —SIR RICHARD BAKER

A oração que provavelmente prevalecerá com Deus deve ser a argumentativa. Deus ama ter-nos suplicando a Ele e vencê-lo em argumentos durante a oração. —THOMAS WATSON

*Versículo 10*
*Sê tu, Senhor, o meu auxílio.* Outra oração compacta, expressiva, sempre adequada. É apropriada para centenas de casos do povo de Deus; é muito bem-vinda ao ministro quando está prestes a pregar, ao sofredor no leito da dor, ao trabalhador em sua área de serviço, ao cristão sob tentação, ao homem de Deus em adversidade; quando Deus auxilia, as dificuldades se dissipam. —C. H. SPURGEON

*Versículo 11*
*Converteste o meu pranto em folguedos; tiraste o meu pano de saco e me cingiste de alegria.* Isto pode ser verdade para Davi que foi liberto de sua calamidade; foi verdade para Cristo ao ressurgiu da sepultura, para nunca mais morrer; é verdade para o penitente que troca seu pano de saco pelas vestes de salvação; e será verificado em todos nós, no último dia, quando abandonaremos todas as desonras da sepultura para resplandecer em glória eterna. —GEORGE HORNE

*Versículo 12*
*Para que a minha glória te cante louvores e não se cale; Senhor, Deus meu, eu te louvarei para sempre* (ARC). Até o fim, ou seja, com esta visão e pretensão: *que a minha glória* — ou seja, minha língua, minha alma — *te cante louvores e não se cale*. Vergonhoso crime seria se, após receber as misericórdias de Deus, nos esquecêssemos de louvá-lo.

Deus não permitiria que nossas línguas permanecessem ociosas, enquanto tantos motivos para gratidão estão dispersos em todas as mãos. Ele não teria filhos tolos em casa. Todos devem cantar no Céu e, portanto, deveriam todos cantar na Terra. Cantemos com o poeta:

*Começaria a música aqui,*
*E assim minha alma se elevaria;*
*Ó, algumas notas celestiais para conduzir*
*Minhas paixões aos céus em calmaria.*
—C. H. SPURGEON

Neste Salmo, o profeta começa com a ira de Deus mas termina com Seu favor. Na antiguidade, quando entravam no tabernáculo eles primeiro viam coisas desagradáveis: como as facas dos sacrifícios, o sangue das vítimas, o fogo que queimava no altar e que consumia as ofertas; mas quando iam adiante havia o santo lugar, o candelabro de ouro, o pão da proposição e o altar de ouro em que ofereciam incenso; e finalmente havia o Santo dos Santos, a arca da aliança, o trono de misericórdia e os querubins. A isto chamavam a face de Deus. —TIMOTHY ROGERS

O que é louvor? O aluguel que devemos a Deus; e quanto maior a fazenda, mais elevado será o aluguel. —GEORGE SEATON BOWES

# Salmo 31

ALGUNS pensariam que a ocasião na atribulada vida de Davi foi o que levou a este Salmo — a deslealdade dos homens da cidade de Queila, e nos sentimos muito inclinados a esta hipótese; mas após reflexão nos parece que seu tom profundamente pesaroso e sua alusão à iniquidade do autor exigem concentração numa data mais tardia e pode ser mais satisfatório ilustrá-lo pelo período em que Absalão se rebelou e seus cortesãos fugiram dele, enquanto lábios mentirosos espalhavam milhares de rumores maliciosos contra ele.

### Versículo 1

*Não seja eu jamais envergonhado.* Como pode o Senhor permitir que o homem que depende dele seja, em última instância, envergonhado? Isto não corresponderia com o proceder do Deus de verdade e graça. Traria desonra a Deus se a fé não fosse recompensada no fim das contas. Será, de fato, um dia maléfico para a religião quando a confiança em Deus não trouxer consolo e auxílio. —C. H. SPURGEON

### Versículo 2

*Inclina para mim os teus ouvidos.* Ouça a minha queixa. Coloque os Seus ouvidos em meus lábios, de modo que ouça tudo o que minha debilidade consegue pronunciar. Nós geralmente aproximamos nossos ouvidos de doentes ou moribundos para que ouçamos o que eles querem dizer. O texto parece aludir a isto. —ADAM CLARKE

*Cidadela fortíssima que me salve.* Com que simplicidade o homem bom ora e, contudo, com que peso de significado! Ele não utiliza floreios ornamentais; sua sinceridade é profunda demais de modo que consegue ser apenas franco, e nada mais. Bom seria se todos que se dedicam à oração pública observassem a mesma regra.

### Versículo 3

*Porque tu és a minha rocha e a minha fortaleza.* Os pronomes possessivos, como pregos firmes, sustentam a fidelidade de Deus. Ó, que pela graça tenhamos o nosso coração fixo na fé em Deus, firme e inabalável!

*Por causa do teu nome, tu me conduzirás e me guiarás.* Não é possível que o Senhor devesse sofrer o risco de ter Sua própria honra maculada, mas, certamente este seria o caso se aqueles que nele confiam, perecessem. Esta foi a súplica de Josué: "…que farás ao teu grande nome?" —C. H. SPURGEON

Se estivessem envolvidos apenas a honra de uma criatura, o crédito de ministros ou a glória dos anjos, a salvação do homem definitivamente seria incerta. Mas cada passo envolve a honra de Deus. Nós suplicamos *por causa do nome dele.* —WILLIAM S. PLUMER

### Versículo 4

*Pois tu és a minha fortaleza.* A onipotência corta a rede que a diplomacia tece. Quando nós, pobres e insignificantes estamos presos na rede, Deus não está. Na antiga fábula o rato liberta o leão; nesta, o leão solta o rato.

### Versículo 5

*Nas tuas mãos, entrego o meu espírito.* Estas palavras vivas de Davi foram as palavras moribundas de nosso Senhor e têm sido frequentemente usadas por homens santos em sua hora de partida. Tenha certeza de que são palavras boas, adequadas, sábias e solenes; podemos usá-las agora e nas terríveis últimas horas. —C. H. SPURGEON

Estas foram as últimas palavras de Policarpo, de Bernardo, de Huss, de Jerônimo de Praga, de Lutero, de Melâncton e de muitos outros. "Benditos são eles", diz Lutero, "que morrem não somente pelo Senhor como mártires, não somente no Senhor como todos os cristãos, mas igualmente com o Senhor, como que exalando suas vidas nestas palavras: 'Nas tuas mãos, entrego o meu espírito'". —J. J. STEWART PEROWNE

Apresento e ofereço em Tuas tão sagradas mãos, ó meu Deus, o que sou; tudo o que conheces muito melhor do que eu poderia conhecer. Sou fraco, miserável, ferido, volúvel, cego, surdo, mudo, pobre, vazio de todo o bem, nada, sim, menos do que nada em razão de meus pecados, e mais miserável do que eu possa compreender ou expressar.

Senhor Deus, recebe-me e me transforma naquilo que Ele, o divino Cordeiro, espera que eu seja. Confio, ofereço e entrego em Tuas divinas mãos todas as minhas questões, preocupações, afeições, meu sucesso, meus consolos, minhas labutas e tudo o que sabes que virá sobre mim. —FREI TOMÉ DE JESUS

Com alta voz, Ele fala ao mundo que para sempre afundará na consciência pagã da morte, do medo da morte, do desespero da imortalidade e ressurreição. Pois este mundo para sempre permite que a consciência da personalidade de Deus, e da união pessoal com Ele, seja obscurecida e abalada. —J. P. LANGE, em *A vida do Senhor Jesus Cristo*

*Tu me remiste, SENHOR, Deus da verdade.* A redenção é uma base sólida para a confiança. Davi não conhecia o Calvário como nós o conhecemos, mas a redenção momentânea o alegrava. Não será ainda mais consoladora para nós a redenção eterna?

### Versículo 6
*Aborreces os que adoram ídolos vãos.* Aqueles que não se apoiam no verdadeiro braço de força, certamente farão entre si vãs confidências. Muitos devem ter um deus, e se eles não adorarem o único Deus vivo e verdadeiro, enganar-se-ão a si mesmos e respeitarão supersticiosamente alguma mentira, além de esperar com ansiedade firmados em vil delírio. Homens que fazem os seus deuses de suas riquezas, suas personalidades, suas astúcias, ou qualquer outra coisa, serão combatidos por aqueles cuja fé está em Deus, por Jesus Cristo; e muito longe de serem invejados, serão dignos de piedade por dependerem de suas vaidades. —C. H. SPURGEON

Os romanistas imitam os milagres dos santos para torná-los, assim o supõem, mais gloriosos. Dizem que a casa em que a virgem Maria estava, quando visitada pelo anjo Gabriel, foi, muitas centenas de anos depois, trasladada, primeiro da Galileia para a Dalmácia, a mais de 3200 quilômetros, e dali para o outro lado do mar até a Itália, de onde também foi removida de uma localização para outra, até que enfim encontrou um lugar onde repousar. E muitas curas miraculosas, assim dizem, ocorreram por causa dela e que até mesmo as árvores se curvavam à casa, assim que ela chegava.

Histórias infinitas desta natureza são contadas, especialmente na Lenda dos Santos, que eles chamam de "Legenda Áurea", um livro tão cheio de coisas torpes que Ludovicus Vives, um papista, douto e ainda assim ingênuo, clamou com grande indignação: "O que pode ser mais abominável do que esse livro?", e questionou-se por que deveriam chamá-lo "áureo", quando aquele que o escreveu era um homem "com boca de ferro e coração de chumbo".

"Pode-se ver agora por todos os cantos", disse Erasmo, "expostos para ganho, o leite de Maria, que honram quase tanto quanto o corpo consagrado de Cristo; óleo prodigioso; tantos pedaços da cruz que se fossem unidos, um grande navio não poderia carregá-los.

"Aqui a capa de Francisco apresentada para ser contemplada; ali a vestimenta íntima da virgem Maria; em um local o pente de Ana; em outro local as meias de José; em outro os sapatos de Tomás de Cantuária; e noutro lugar o prepúcio de Cristo, que, ainda que seja algo incerto, eles adoram mais religiosamente do que a pessoa de Cristo como um todo.

"Eles não só expõem essas coisas como algo que deve ser tolerado, e em agrado da população comum, mas toda a religião é praticamente colocada neles." —CHRISTOPER CARTWRIGHT

*Eu, porém, confio no Senhor.* Isto pode ser muito ultrapassado, mas o salmista ousou ser singular. O mau exemplo não deveria abalar nossa decisão pela verdade, mas quanto mais estivermos em meio à deserção generalizada, mais deveríamos ganhar ousadia. Este apego à sua confiança em Jeová é a grande súplica empregada o tempo todo: o sofredor lança-se nos braços de seu Deus e atreve-se a tudo conforme a fidelidade Divina.

## Versículo 7

*Eu me alegrarei e regozijarei na tua benignidade.* Estas duas palavras, *alegrarei* e *regozijarei*, são uma reduplicação instrutiva. Não precisamos nos restringir a nosso santo triunfo. Podemos beber este vinho em tigelas sem medo do excesso.

*Conheceste as angústias de minha alma.* Deus reconhece os seus santos quando outros têm vergonha de reconhecê-los; Ele nunca se recusa a conhecer Seus amigos. Ele não os vê como trapos e farrapos. Não os avalia erroneamente e nem os lança fora quando seus rostos estão magros pela doença ou seus corações pesados pelo desânimo. —C. H. SPURGEON

Sim, ainda que tenhamos perdido nossos ricos trajes e cheguemos até Ele em trapos; ainda que nossa compleição esteja degradada pelo sofrimento e envelhecimento (Sl 6:7); ainda que a doença e o pesar tenham consumido nossa beleza como traças (Sl 39:11); ainda que o rubor, as lágrimas e a poeira se espalhem por nossos rostos (Sl 69:7), Ele ainda nos reconhece e não tem vergonha de ser nosso dono. Console-se com isto, pois que dano poderá ser causado a você afinal, ainda que os homens o rejeitem, se Deus, o Senhor, não se esqueceu de você? —CHRISTIAN SCRIVER

## Versículo 8

*Firmaste os meus pés em lugar espaçoso.* Bendito seja Deus pela liberdade: a liberdade civil é valiosa, a liberdade religiosa é preciosa, a liberdade espiritual é inestimável.

## Versículo 9

*Compadece-te de mim, Senhor, porque me sinto atribulado.* A primeira sentença compreende incisivamente tudo o que a segue; é o texto para seu discurso de lamento. A penúria move a misericórdia — o raciocínio não mais é necessário. "Compadece-te" é a oração; o argumento é tão prevalente quanto claro e pessoal: "porque me sinto atribulado".

*De tristeza os meus olhos se consomem.* As lágrimas retiram seu sal de nossa força e dilúvios delas são muito aptos a consumir a fonte da qual jorram. Olhos turvos e fundos são claros indicadores de saúde frágil. Deus nos faria contar-lhe os sintomas de nossa doença não para que Ele tenha a informação, mas para demonstrar nosso sentimento de necessidade.

*E a minha alma e o meu corpo.* Alma e corpo são unidos tão intimamente que um não pode deteriorar-se sem que o outro o sinta. Nós, nestes dias, estamos familiarizados com o duplo afundar que Davi descreve; já passamos pela fraqueza do sofrimento físico e pela distração da inquietação mental. Quando estes dois oceanos se encontram, bom é que o Piloto no leme esteja familiarizado com as torrentes e faça das tempestades um triunfo da Sua arte.

## Versículo 10

*Gasta-se a minha vida na tristeza, e os meus anos, em gemidos.* O pesar é um triste mercado onde se possa gastar toda a nossa riqueza da vida, mas um negócio muito mais lucrativo pode ser estabelecido ali em lugar da Feira das Vaidades. É melhor estar na casa do luto do que na casa em festa. É bom vestir-se de preto. O sal das lágrimas é um medicamento saudável. Melhor gastar nossos anos em gemidos do que em pecados.

*Debilita-se a minha força, por causa da minha iniquidade.* Proveitosa é a angústia que nos leva a inquietar-nos com nossa iniquidade. Seria esse o crime mais sujo do salmista, que agora corroía seu coração e devorava sua força? Muito provavelmente sim. —C. H. SPURGEON

Percebo que quando os santos estão sob provação e bem abatidos, pequenos pecados promovem grandes clamores na consciência; mas na prosperidade, a consciência é um papa que concede dispensações e grande liberdade ao nosso coração. A cruz

é, portanto, tão necessária como a coroa é gloriosa.
—SAMUEL RUTHERFORD

### Versículo 11
*Tornei-me opróbrio para todos os meus adversários.* Estavam satisfeitos por haver algo que pudessem lançar sobre mim, meu estado pesaroso era como música para eles, porque o interpretaram, maliciosamente, como sendo um julgamento do Céu. Pouco refletem sobre a repreensão aqueles que não são chamados para suportá-la, mas aquele que passa sob o seu chicote sabe o quão profundamente ela fere. O melhor dos homens pode ter os inimigos mais implacáveis e estar sujeito aos insultos mais cruéis.
—C. H. SPURGEON

Havendo alguém com desejo profundo por paciência e humildade, é hipócrita. Permitindo-se desfrutar dos prazeres deste mundo, é glutão. Se ele busca a justiça é impaciente; se não a busca, é tolo. Esperando ser prudente é mesquinho; desejando fazer outros felizes é mundano. Entregando-se à oração é presunçoso.
E esta é a grande perda da Igreja, que por meios como estes muitos são afastados da bondade! Ao que o salmista lamentando diz: "Tornei-me opróbrio para todos os meus adversários". —CRISÓSTOMO, citado por J. M. Neale

*Espanto para os meus vizinhos.* Aqueles que estão mais perto podem apunhalar com mais força. Nós sentimos mais pungentemente o desdém daqueles que deveriam nos mostrar compaixão.

*E horror para os meus conhecidos.* Quantos mais íntimos antes, mais distantes se tornaram. Nosso Senhor foi negado por Pedro, traído por Judas e abandonado por todos em Sua hora de maior necessidade. Todo o rebanho virou-se contra um cervo ferido. O leite da bondade humana coalha quando um cristão desprezado é vítima de acusações difamatórias.

*Os que me veem na rua fogem de mim.* Que coisa vil é uma calúnia que pode tornar um santo eminente, antes objeto da admiração de seu povo, o alvo geral, a aversão universal da humanidade!

### Versículo 12
*Estou esquecido no coração deles, como morto.* Seria melhor para um homem morrer do que ser sufocado em calúnias. Dos mortos não dizemos nada além do que é bom, mas no caso do salmista eles não diziam nada além do que é cruel.

*Sou como vaso quebrado.* Vejamos aqui o retrato do Rei dos reis em Sua humilhação, quando abriu mão de todo reconhecimento e tomou sobre si a forma de servo.

### Versículo 13
*Pois tenho ouvido a murmuração de muitos.* Uma víbora caluniadora é morte para todo o consolo. O que não será então o veneno de toda uma ninhada?
—C. H. SPURGEON

Desde a minha infância, quando comecei a ter sensibilidade com as preocupações da alma dos homens, fui tomado de certa admiração ao descobrir que em todos os lugares as pessoas piedosas e religiosas, que cuidavam seriamente de sua própria salvação e da de outros homens, eram tomadas como assombro e opróbrio do mundo, especialmente dos homens mais malévolos e vis. De modo que, aqueles que professavam esses mesmos artigos de fé, os mesmos mandamentos de Deus como sua lei e as mesmas petições da oração do Pai Nosso como sendo seu desejo, assim professando a mesma religião, insultavam em todos os lugares aqueles que se esforçavam para viver seriamente de acordo com aquilo que seus ofensores professavam.

Se a religião fosse ruim e nossa fé falsa, por que estes homens a professam? Sendo boa e verdadeira, por que odeiam e insultam aqueles que a praticam com seriedade, considerando que eles próprios não a praticam? Mas não devemos esperar que haja sentido quando o pecado e a sensualidade tornaram o homem insensato.

Mas devo confessar que desde que observei o curso do mundo, a conciliação da Palavra e a providência de Deus, tomei esses fatores como prova notável da queda do homem, da verdade das Escrituras e da genuinidade sobrenatural da verdadeira santificação, ao descobrir tal inimizade universal entre a

semente santa e a da serpente, ao ver o caso de Caim e Abel claramente exemplificado; aquele que nasceu da carne perseguindo aquele que nasceu do Espírito. E acho que até o dia de hoje é uma ajuda enorme e visível para a confirmação de nossa fé cristã.
—RICHARD BAXTER

*Conspirando contra mim, tramam tirar-me a vida.* É melhor cair pela força de um leão do que pela vontade de perseguidores maliciosos, pois a besta poderá poupar sua presa se estiver satisfatoriamente alimentada, mas a malícia é implacável e cruel como um lobo. De todos os inimigos, o mais cruel é a inveja.

## Versículo 14

*Eu disse: tu és o meu Deus.* Ele proclamou em voz alta sua lealdade determinada a Jeová. Não era um crente medíocre; poderia agarrar-se à sua fé durante uma geada mordaz e usá-la para envolver seu corpo como uma vestimenta adequada para protegê-lo de todos males dos tempos.

Aquele que consegue dizer o que Davi disse, não deve invejar Cícero em sua eloquência. "Tu és o meu Deus", tem mais doçura em si do que qualquer outra declaração do que o discurso humano possa conceber. Perceba que esta fé aplicada é aqui mencionada como um argumento com Deus para honrar Sua promessa de enviar rápida libertação. —C. H. SPURGEON

Quão mais valioso do que 10 mil minas de ouro é ser capaz de dizer: "Deus é meu!" O servo de Deus o discerne e nisto não vê defeito algum; antes pode ser sua completa felicidade e, portanto, ele se deleita neste fato e com ele se consola.

Como fez certa vez um grande cortesão na corte do rei Ciro, que com ele era benevolente; este cortesão deveria conceder sua filha em casamento a um grande homem, mas seus bens eram poucos e, portanto, alguém lhe disse: "Ó senhor, onde você encontrará meios para conceder um dote proporcional à sua filha? Onde estão as suas riquezas?" Ele respondeu: "Com que necessidade posso me preocupar? Ciro é meu amigo."

E nós não poderíamos dizer isso e muito mais, considerando que o Senhor é nosso Amigo e tem excelentes e gloriosos atributos que não podem falhar em suprir necessidade alguma, e também nos fazer felizes, de forma mais que proporcional? *A súplica do homem justo à verdadeira felicidade.*
—JOHN STOUGHTON

## Versículo 15

*Nas tuas mãos, estão os meus dias.* É dito que há uma fase da lua para controlar as marés do oceano; não há então um poder maior para as almas? Pode, aparentemente, nem sempre ser assim nas vidas mais terrenas, mas assim o é nas celestiais; mais certo é que há a influência de Deus sobre as almas do que da Lua sobre as marés. A mão de Jesus é a mão que governa nossos tempos. Ele regula o nosso relógio vital. Cristo por nós e Cristo em nós. *Meus* dias em *Suas* mãos. Minha vida não pode ser improdutiva, se a vida de meu Salvador não foi improdutiva. —E. PAXTON HOOD, em *Adágios obscuros em uma harpa*

*Livra-me das mãos dos meus inimigos e dos meus perseguidores.* É legítimo o desejo de escapar da perseguição, se isso for da vontade do Senhor.

## Versículo 16

*Faze resplandecer o teu rosto sobre o teu servo.* Dá-me a radiante luz do Céu em minha alma e resistirei às tempestades da Terra. Permite-me desfrutar algo do Teu favor, ó Senhor, e o entendimento de que te agradas de meu modo de vida, e todos os homens podem vir a olhar-me com reprovação ou difamar-me o quanto quiserem.

## Versículo 18

*Emudeçam os lábios mentirosos, que falam insolentemente contra o justo, com arrogância e desdém.* Pensamentos orgulhosos sobre si mesmo são geralmente observados onde há avaliações depreciativas dos outros. Quanto mais espaço ocupamos conosco mesmos, menos nos sobra para oferecer ao próximo. Que perversidade é esta que pessoas indignas sejam sempre as mais prontas em vociferar insultos a homens bons! Tais pessoas não têm

poder para apreciar o valor moral do qual são inteiramente destituídos e, contudo, têm a audácia de preparar o trono de julgamento e julgar os homens com quem, se comparados, são como escória.
—C. H. SPURGEON

No venerável monumento original da Igreja dos Valdenses intitulado "A lição áurea", datado de 1100, encontramos um verso que assim foi traduzido:

> Se houver alguém que ama e teme a Jesus Cristo,
> Que não amaldiçoará, nem blasfemará ou mentirá,
> Nem será impuro, não matará,
> nem tomará o que não lhe pertence,
> Nem se vingará de seus inimigos;
> Deste se diz: é um valdense e merece ser punido.
> —ANTOINE MONASTIER, em *Uma história da Igreja dos Valdenses*

### Versículo 19
*Como é grande a tua bondade.* Ele não nos fala o quão grande é bondade de Deus, pois não poderia dizê-lo; não há medidas que possam estabelecer a imensurável bondade de Jeová, que é a bondade personificada. O maravilhamento santo usa interjeições onde os adjetivos falham completamente. As notas de exclamação são adequadas quando as palavras de esclarecimento não são de proveito algum. Se não podemos mensurar, podemos nos maravilhar.

### Versículo 20
*No recôndito da Tua presença, tu os esconderás das tramas dos homens.* Aqueles que habitam o pé da cruz de Cristo tornam-se calejados com o escarnecer dos arrogantes. As feridas de Jesus destilam um bálsamo que cura todas as cicatrizes que os dardos inflamados do desprezo podem nos infligir; de fato, quando armados com a mesma mente que tinha Cristo Jesus, o coração é invulnerável a todos os dardos de orgulho.

### Versículo 21
*Bendito seja o SENHOR.* Quando o Senhor nos abençoa, não podemos fazer menos do que bendizê-lo em retribuição.

### Versículo 22
*Eu disse na minha pressa: estou excluído da tua presença.* Geralmente nos pronunciamos inadequadamente quando falamos apressadamente. Palavras intempestivas permanecem na língua por apenas um momento, mas elas frequentemente permanecem por anos na consciência. —C. H. SPURGEON

Ó! Que amor devemos a Cristo, que pleiteou por nós quando nós mesmos nada tínhamos a dizer! Que nos tirou de uma cova de leões e da boca de um leão rugindo!

Dizer, como a Sra. Sarah Wright disse: "Obtive misericórdia mesmo quando acreditei que meu tempo de misericórdia estivesse para sempre acabado; tenho a esperança do Céu, embora já estive condenada pela incredulidade; estive tão desesperada a ponto de não me importar com o que havia me tornado.

Com frequência estive à beira da morte e do inferno, diante dos portões de ambos, e então Cristo os fechou. Estive, como Daniel, na cova dos leões e Ele deteve esses leões e me libertou.

"A bondade de Deus é insondável; que grandiosa é a excelência de Sua majestade, que apesar de tudo o faz olhar para alguém como eu, o faz conceder paz a mim, que estava repleta de terror, e me faz permanecer caminhando ainda que em meio ao fogo e enxofre." —TIMOTHY ROGERS

### Versículo 23
*Amai o SENHOR, vós todos os seus santos.* Se os santos não amarem o Senhor, quem o amará? O amor é a dívida universal de toda a família salva. Quem desejaria ser exonerado deste pagamento? São dadas as razões para o amor, pois o amor que crê não é cego.
—C. H. SPURGEON

### Versículo 23
*Retribui com largueza o soberbo.* A próxima questão é: como Deus retribui o soberbo?

1) Pela *retaliação* — pois Adoni-Bezeque que cortara os polegares de muitos teve seus polegares cortados (Jz 1:7). Então os pobres judeus que clamaram tão alto: "Crucifica-o, crucifica-o", foram tantos deles crucificados que, se você acreditar em Josefo,

não havia madeira suficiente para fazer cruzes e nem espaço suficiente no local de costume para colocá-las quando eram feitas. Os orgulhosos normalmente fazem armadilhas e cavam fossos para si mesmos. Disto as Escrituras dão testemunho abundante.

2) Por *decepções* infames — raramente colhendo o que semearam, nem comendo o que caçam, o que fica muito claro no Estado judaico quando Cristo estava entre eles. Judas traiu Jesus para conseguir dinheiro e não viveu o suficiente para gastá-lo. Pilatos, para agradar a César, resiste a todos os conselhos contrários e abre caminho para o assassinato pelo qual arruinou a si mesmo e a César.
—HUGH PETERS

*Versículo 24*
*Sede fortes*. A coragem cristã pode ser assim descrita: é a audácia destemida de um coração santificado ao aventurar-se em dificuldades e percalços por uma boa causa, segundo o chamado de Deus.

A ousadia que está nas feras é descrita como parte dessa mesma coragem que Deus se agrada em conceder aos homens (Ez 3:9). Esta é a promessa do Senhor: "Fiz a tua fronte como o diamante, mais dura do que a pederneira". As palavras "mais dura" daqui são as mesmas que no hebraico — *fortiorem petra* — a rocha que não teme clima algum, verão ou inverno, sol ou aguaceiros, calor e frio, geadas e neve; não muda sua coloração, não diminui seu tamanho, não muda seu aspecto, permanece a mesma.

Amado, o heroísmo não consiste em olhos perspicazes, ou um olhar aterrorizante, em belas palavras; mas consiste na coragem, no vigor que está dentro do peito. A *raiz* sobre a qual a coragem se ergue é *o amor a Deus*; todos os santos de Deus que amam o Senhor sejam fortes. O amor de Cristo constrangeu-me a embarcar nestas ousadas e intrépidas aventuras, disse o apóstolo (2Co 5:14). A *regra*, pelo qual é direcionado é a *Palavra de Deus* — o que agradou ao Senhor deixar registrado para a orientação de um cristão em páginas santas (1Cr 22:12,13). E o *fim* ao qual se refere é *Deus*. Pois todo homem santificado, sendo um homem que se nega a si mesmo e avança em Deus, seu Deus é o seu centro em que seus atos e projetos descansam; e sua alma não pode, sim, não pode satisfazer-se em algo mais se não Deus. —SIMEON ASH, Sermão pregado diante dos Comandantes das Forças Militares da Renomada cidade de Londres

Massacrar as luxúrias carnais é (por assim dizer) para um homem mutilar e desmembrar seu próprio corpo; é uma obra dolorosa e terrível, como seria para um homem cortar seus próprios pés, suas próprias mãos e arrancar seus próprios olhos, como Cristo e o apóstolo Paulo expressam. —SIMEON ASH

# Salmo 32

TÍTULO: "Masquil de Davi" (ARC), "Salmo didático" (ARA). O fato de que Davi escreveu este glorioso Salmo evangélico é provado não somente por este título, mas pelas palavras do apóstolo Paulo: "E é assim também que Davi declara ser bem-aventurado o homem a quem Deus atribui justiça, independentemente de obras. Bem-aventurados aqueles cujas iniquidades são perdoadas, e cujos pecados são cobertos; bem-aventurado o homem a quem o Senhor jamais imputará pecado" (Rm 4:6-8). Provavelmente seu profundo arrependimento por seu grande pecado foi seguido de tal venturosa paz, de modo que ele foi levado a derramar seu espírito na suave música desta escolhida canção. Na sequência da história, parece seguir o Salmo 51.
—C. H. SPURGEON

Esta é uma característica de um verdadeiro penitente quando foi pedra de tropeço para outros: ter o cuidado de elevá-los por seu arrependimento da mesma forma como os feriu com seu pecado; e não consigo conceber um homem verdadeiramente penitente que sinta vergonha de ensinar o arrependimento de pecadores usando seu próprio caso como prova.

A mulher samaritana, quando se converteu, deixou seu balde no poço, entrou na cidade e disse: "Vinde comigo e vede um homem que me disse tudo quanto tenho feito" (Jo 4:29). E nosso Salvador disse a Pedro: "...tu, pois, quando te converteres, fortalece os teus irmãos" (Lc 22:32).
O apóstolo Paulo também, após sua conversão, não sentiu constrangimento por chamar-se de maior dos pecadores e de ensinar outros a arrepender-se de seus pecados, por ele ter se arrependido dos que cometeu. Feliz, três vezes feliz, é o homem que pode edificar tanto quanto destruiu. —ARCHIBALD SYMSON

Diz-se que Lutero, certo dia, ao ser questionado sobre qual dos Salmos era o melhor, teria respondido: P*salmi Paulini*. Quando os seus amigos o pressionaram para saber qual destes seria, ele disse: "O 32.º, o 51.º, o 130.º e o 143.º, pois todos eles ensinam que o perdão de nossos pecados vem sem a lei e sem as obras ao homem que crê, e, portanto, os chamo de Salmos Paulinos". —LUTERO, em *Discursos à Mesa*

Os Salmos Penitenciais: Quando Galileu Galilei foi preso pela Inquisição em Roma por asseverar o sistema Copérnico, ele foi intimado, como penitência, a repetir os sete Salmos Penitenciais todas as semanas por três anos.

Isto provavelmente foi planejado para extorquir algo como uma confissão de sua culpa e o reconhecimento da justiça de sua sentença. Nisto havia certamente alguma sagacidade e, de fato, humor, ainda que acrescentasse à iniquidade (ou insensatez) do procedimento. Caso contrário, torna-se difícil compreender qual ideia de sofrimento ou punição os pais da igreja poderiam designar a um exercício devocional como este que, de qualquer maneira, poderia somente ser agradável e consolador para o prisioneiro. —M. MONTAGUE, em *Os Sete Salmos Penitenciais em Verso... com apêndice e Notas*

*Versículo 1*
*Bem-aventurado.* Como o Sermão do Monte, este salmo começa com beatitudes. Este é o segundo salmo de bênção. O salmo 1 descreve o resultado da santa bem-aventurança, o 32 detalha a sua causa. O primeiro retrata a árvore em desenvolvimento completo, este a descreve em seu plantio e primeira rega. —C. H. SPURGEON

*Bem-aventurado*, ou, Ó homem bem-aventurado; ou, ó, as felicidades desse homem! —ROBERT LEIGHTON

Note, este é o primeiro salmo, com exceção do Salmo 1, que começa com "bem-aventurado". No Salmo 1 temos a bênção da inocência, ou melhor, daquele que é o Único inocente. Aqui temos a bênção do arrependimento, como a próxima condição de maior felicidade junto aquele que é sem pecado. —LORINUS, em *Comentário de Neale*

*Bem-aventurado aquele cuja iniquidade é perdoada.* O perdão da transgressão que é pleno, instantâneo e irreversível, transforma o inferno do pecador em Céu e faz do herdeiro da ira um participante da bênção. A palavra interpretada como "perdoada" é, no original, "exonerada" ou "removida", como um fardo que é erguido ou uma barreira retirada. Que retirada ocorre aqui! Custou a nosso Salvador Seu suor de sangue para que pudesse carregar nossa carga, sim, custou-lhe a Sua vida para removê-la por completo. Sansão carregou os portões de Gaza, mas que foi isto comparado ao peso que Jesus carregou em nosso favor? —C. H. SPURGEON

Santo Davi, no início deste salmo, nos mostra em que consiste a verdadeira felicidade: não em beleza, honra, riquezas (a trindade do mundo), mas no perdão do pecado. Paulo exclama: "Obtive misericórdia!" (1 Tm 1:13). No grego o significado é de "eu fui envolto na misericórdia"; aquele que é perdoado é completamente coberto de misericórdia. Quando o Senhor perdoa um pecador, Ele não paga uma dívida, mas concede um legado.

Deus, ao perdoar o pecado, redime da culpa e do castigo. A culpa clama por justiça; mal havia Adão comido o fruto já viu a espada flamejante e ouviu a maldição; mas na remissão — Deus é condescendente com o pecador; Ele parece dizer-lhe: "Ainda que você tenha caído nas mãos da minha justiça e mereça morrer, eu o absolverei e tudo o que lhe for imputado será retirado com essa absolvição." —THOMAS WATSON

*Cujo pecado é coberto.* Coberto por Deus, como a arca era coberta pelo propiciatório, como Noé foi resguardado do dilúvio, como os egípcios foram cobertos pelas profundezas do mar. Que cobertura é esta que oculta para sempre toda a imundícia da carne e do espírito da vista do Deus que tudo vê! Aquele que antes vira o pecado em sua terrível deformidade valorizará a alegria de nunca mais vê-la. —C. H. SPURGEON

Encobrir seus pecados. Esta é uma cobertura do pecado que prova ser uma maldição. "O que encobre as suas transgressões jamais prosperará" (Pv 28:13). Há um *encobrir do pecado* quando não o confessamos ou, o que é pior, quando o negamos — Geazi — um encobrir do pecado por meio de uma mentira; e há também o encobrir do pecado ao nos justificarmos. Eu não agi desta forma ou, eu não causei mal nisto.

Todos estes são encobrimentos malignos; aquele que encobre seu pecado não prosperará. Mas há um encobrimento de pecado que é abençoador: o perdão do pecado oculta-o da visão, e essa é a bem-aventurança. —RICHARD ALLEINE

Versículos 1 e 2. Nestes versículos quatro males são mencionados: 1. Transgressão, *pesha*; 2. pecado, *chataah*; 3. iniquidade, *avon*; 4. dolo, *remiyah*. O primeiro significa o ultrapassar de uma barreira, fazendo o que é proibido. O segundo significa errar o alvo, deixando de fazer o que foi ordenado; mas frequentemente é tomado para expressar pecaminosidade, ou pecado na natureza, produzindo transgressão na vida.

O terceiro significa o que é desviado de seu curso adequado ou situação; tudo o que seja moralmente distorcido ou pervertido; iniquidade: o que é contrário a equidade ou justiça. O quarto significa fraude, engano, dolo etc. Para remover estes males, três atos são mencionados: perdoar, cobrir e não atribuir. —ADAM CLARKE

Versículos 1, 2, 6 e 7. Quem é bem-aventurado? Aquele que não encobre, não oculta e confessa seu pecado. Enquanto Davi permanecia neste estado, estava miserável. Havia dolo em seu espírito (2), miséria em seu coração, seus ossos envelheceram, seu vigor se tornara sequidão de estio (3,4).

Quem é bem-aventurado? Aquele que não tem pecado, o que não peca, que não mais se entristece por seu pecado, o peito sobre o qual reclina. Isto é bem-aventurança superlativa, seu elemento mais elevado é a felicidade do Céu. Ser semelhante a Deus, render a obediência tácita, voluntária, plena, perfeita, a obediência do coração, de todo o nosso ser; isto é ser abençoado acima de toda bem-aventurança.
—JAMES HARRINGTON EVANS, M.A.

## Versículo 2

*Bem-aventurado o homem a quem o Senhor não atribui iniquidade.* Observe as três palavras tão frequentemente utilizadas para denotar nossa desobediência: transgressão, pecado e iniquidade. Elas são o cachorro de três cabeças nos portões do inferno, mas o nosso glorioso Senhor silenciou seus latidos para sempre contra os Seus que creem. A trindade do pecado é vencida pela Trindade do Céu.

*E em cujo espírito não há dolo.* Livre da culpa, livre do dolo. Aqueles que são justificados da culpa são santificados e livres da falsidade. Um mentiroso não é uma alma perdoada. Traição, jogo duplo, trapaça, dissimulação são traços dos filhos do diabo, mas aquele que é lavado do pecado é verdadeiro, honesto, simples e pueril. —C. H. SPURGEON

Uma vez que o perdão é auferido, o cristão tem coragem para ser verdadeiro diante de Deus: ele pode se permitir ter tido dolo no espírito. Quem não declararia todas as suas dívidas quando estivessem certos de que todas, com certeza, seriam quitadas por alguém? Quem não declararia sua doença quando tivesse certeza de sua cura?

A fé verdadeira sabe não somente que o "dolo" diante de Deus é impossível, mas também que já não é mais necessário. O cristão não tem nada a esconder; ele se vê como se diante de Deus estivesse, despido, aberto e vazio; e se ele aprendeu a se ver como é, também aprendeu a ver Deus como Ele se revela. —J.W. REEVE, M.A., em *Palestras sobre o Trigésimo Segundo Salmo*

"Eis aqui água", disse o eunuco, "que impede que seja eu batizado?" (Atos 8:36). Agora, observe a resposta de Filipe: "É lícito, se crês de todo o coração" (v.37), como se dissesse: "Nada além de um coração hipócrita pode impedi-lo. É somente o coração falso que encontra as portas da misericórdia fechadas."
—WILLIAM GURNALL

## Versículo 3

*Envelheceram os meus ossos.* Que coisa mortal é o pecado! É uma enfermidade pestilenta! Fogo nos ossos! Enquanto sufocamos nosso pecado ele se enfurece no interior e, como uma ferida crescente incha horrivelmente e atormenta terrivelmente.

*Pelos meus constantes gemidos todo o dia.* Ninguém conhece as aflições da convicção exceto aqueles que as suportaram. O cavalete, a roda ou a fogueira flamejante são conforto se comparados ao Tofete que uma consciência culpada acende no peito; melhor é sofrer de todas as doenças que a carne pode herdar do que jazer sob a esmagadora compreensão da ira do Deus Todo-Poderoso. A inquisição espanhola com todas as suas torturas, nada era para o inquérito que a consciência executa no coração.

## Versículo 4

*Porque a tua mão pesava dia e noite sobre mim.* O dedo de Deus pode nos esmagar — o que deve ser, então, a Sua mão pressionando pesada e continuamente! Sob os terrores de consciência, os homens têm pouco descanso durante a noite, pois os pensamentos sombrios do dia os perseguem até seus aposentos e assombram os seus sonhos, ou jazem acordados em um suor frio de pavor. A mão de Deus é muito prestativa quando se eleva, mas é assustadora quando pressiona. Melhor um mundo sobre os ombros como Atlas, do que a mão de Deus no coração, como Davi. —C. H. SPURGEON

*Sequidão de estio.* Durante os 12 anos de 1846 a 1859 somente duas leves chuvas caíram em Jerusalém entre os meses de maio e outubro. Uma em julho de 1858, outra em junho de 1859. —DR. WHITTY, *Suprimento de água de Jerusalém* citado na *Enciclopédia de Kitto*

Considerando que Deus pune os que ferem aqueles a quem Ele favorece, quão severa e pungentemente Ele ferirá aqueles a quem Ele não favorece. —GREGÓRIO

Versículos 4 e 5. Considerando que nossas ofensas não foram mosquitos, mas camelos, nossa angústia não será uma gota, mas um oceano. Pecados escarlates pedem lágrimas de sangue; e se Pedro pecou de forma abominável, ele deve prantear amargamente. Se então sua antiga vida tiver sido uma corda de iniquidade, torcida com muitos fios, uma composição repleta de grandes borrões, um percurso manchado com vários e graves pecados, multiplique suas confissões e aumente sua humilhação; dobre seus jejuns e triplique suas orações; derrame suas lágrimas e busque profundos suspiros.

Em uma palavra, repita e intensifique suas confissões, ainda que, como disse o apóstolo em outro caso, eu digo neste: "Não sofra como os sem esperança", pois por seu arrependimento sincero e oportuno a bondade divina perdoará seus pecados. —NATHANIEL HARDY

## Versículo 5
*Disse: confessarei ao SENHOR as minhas transgressões; e tu perdoaste a iniquidade do meu pecado.* Com homens, uma confissão livre abre caminho para uma condenação; mas com Deus quanto mais um pecador lamenta por sua ofensa, mais ele atenua a ira de seu Juiz. O pecado não pode clamar por justiça, pois é uma ofensa contra Deus; contudo, sendo uma ferida na alma, move Deus à misericórdia e à clemência. —ISAAC CRAVEN, em *Sermão na Cruz de São Paulo em Londres*

Parece que este pecado muito provavelmente seja seu adultério com Bate-Seba e o assassinato de Urias. Agora Davi, para tornar a misericórdia perdoadora de Deus mais ilustre, diz que Ele não somente perdoou seu pecado, mas a iniquidade de seu pecado; e o que era isso? Certamente o pior que pode ser dito sobre isso, seu complexo pecado, é que excedia em hipocrisia, pois Davi manipulou terrivelmente Deus e o homem. Esta, não tenho dúvida em dizer, foi a iniquidade de seu pecado, e acrescentou uma tonalidade mais escura ao pecado, do que o sangue que por ele fora derramado.

Não havia outros passos falsos dados por Davi além deste? O Espírito Santo declara a aprovação de Davi em todo o resto que ele fez com exceção deste evento? Não, certamente o Espírito de Deus registra outros pecados cometidos por esse ilustre servo do Senhor; mas todos eles se afogam aqui e este aqui mencionado é a única mancha de sua vida.

Mas por quê? Certamente porque aqui figurou menos sinceridade, sim, mais hipocrisia neste pecado do que em todos os outros juntos. Ainda que Davi estivesse errado em todos eles em termos de suas ações, seu coração estava mais favorável no modo em que os cometeu. —WILLIAM GURNALL

## Versículo 6
*Sendo assim, todo homem piedoso te fará súplicas,* disse Davi. *Sendo assim!* O quê? Sendo que pecou. E quem? Não o pior dos homens, mas o *piedoso*, neste caso, tem motivo para orar. E pelo que deve ele orar? Certamente, por perdão renovado, por aumento da graça e pelo aperfeiçoamento da glória. Não podemos dizer que não temos pecado algum. Ó, então oremos com Davi: "Não entres em juízo com o teu servo, ó Senhor!" —NATHANIEL HARDY

*Em tempo de poder encontrar-te.* Há, contudo, um tempo estabelecido para a oração e fora dele ela será ineficaz; entre o tempo do pecado e o dia da punição a misericórdia rege a hora e Deus pode ser encontrado. Mas, uma vez que a sentença for proferida, a súplica será inútil, pois o Senhor não será encontrado pela alma condenada. —C. H. SPURGEON

*Com efeito, quando transbordarem muitas águas, não o atingirão.* Os efeitos da oração até aqui foram maravilhosos. A oração fechou as janelas do céu para que não chovesse e novamente as abriu para que a terra multiplicasse.

A oração parou o ágil curso do Sol e o fez voltar 15 graus. A oração deteve a mão de Deus para que Ele não a movesse quando estava pronto para assolar Seu povo. A oração sem nenhuma outra ajuda, ou meios, derrubou as fortes muralhas de Jericó. A

oração dividiu o mar para que suas torrentes não se aproximassem dos israelitas. Nessa ocasião, ela libertou o homem fiel de todos os perigos deste mundo.
—THOMAS PLAYFERE

O fogo e água não têm misericórdia, assim dizemos. Mas destes dois, a água é o pior. Pois qualquer fogo pode ser apagado com água; mas a força da água, se se tornar violenta, não pode, por poder de homem algum, ser resistida.

*O atingirão*. A filosofia define este *o*, ou seja, um homem, por sua razão e as virtudes morais da mente; mas a divindade define um cristão por sua fé e sua conexão por meio dela, a Cristo. —THOMAS PLAYFERE

## Versículo 7

*Tu és o meu esconderijo*. Observe que o mesmo homem que no quarto versículo foi oprimido pela presença de Deus, aqui encontra abrigo em Deus. Veja o que a confissão honesta e o perdão pleno faz! O evangelho da substituição faz Deus ser nosso refúgio; Aquele que em outra situação seria nosso Juiz. —C. H. SPURGEON

Suponha que um viajante num local seco, aberto e arenoso fique alarmado pela aproximação da uma tempestade. Ele procura abrigo. Mas se seus olhos discernem um lugar para escondê-lo da tempestade, ele permanece parado e diz: "Vejo que há um abrigo e, portanto, permanecerei onde estou"? Ele não se refugia neste abrigo? Ele não corre para escapar do vento adverso e da tempestade? Antes era um "esconderijo"; mas só foi seu esconderijo quando ele correu até ali e se protegeu. Caso ele não tivesse ido até lá, ainda que tivesse sido proteção para outros milhares de viajantes que ali se refugiaram, para ele seria como se tal lugar não existisse.

Quem não vê rapidamente, nesta simples ilustração, que as bênçãos do evangelho são tais somente se apropriadas pela alma? O médico pode curar somente se administrar remédios; o medicamento pode curar somente se for ingerido; o dinheiro pode enriquecer somente se for adquirido e o comerciante na parábola não seria mais rico por descobrir uma "pérola de grande valor" se não a tivesse tomado para si.

Assim o é com a salvação no evangelho: se Cristo é o "Bálsamo de Gileade", aplique o remédio; se Ele é o "Médico" vá até Ele; se Ele é a "pérola de grande valor", venda tudo o que você tem e a compre; e se é o "esconderijo", corra para Ele e ganhe segurança; não haverá alegria genuína e paz na mente até que Ele seja o seu "esconderijo". —FOUNTAIN ELWIN

*Tu me preservas da tribulação*. A tribulação não me causa mal real quando o Senhor está comigo; antes me trará muito benefício, como a lixa que limpa a ferrugem, mas não destrói o metal. Observe os três tempos verbais; notamos o lamentável passado, a última sentença foi um presente jubiloso, este é um futuro festivo. —C. H. SPURGEON

Deus usa ambas as formas em favor de Seus servos — algumas vezes para suspender a obra daqueles que arquitetam seu tormento, como suspendeu a ira dos leões para Daniel e o calor do fogo na fornalha para os outros; algumas vezes imprimindo uma santa estupefação e insensibilidade na pessoa que sofre; desta forma, São Lourenço não foi apenas paciente, mas alegre e burlesco enquanto, deitado, cozinhava no fogo, e igualmente lemos sobre muitos outros mártires que ficaram menos abalados, menos afetados com seus tormentos do que seus executores e perseguidores. —JOHN DONNE

## Versículo 8

Esta tríplice repetição, *Instruir-te-ei e te ensinarei, te darei conselho,* nos ensina três propriedades de um bom mestre. Primeiro, fazer o povo entender o caminho da salvação; segundo, ir à frente deles; terceiro, protegê-los e cuidar de seus caminhos. —ARCHIBALD SYMSON

*Guiar-te-ei com os meus olhos* (ARC). Margem: "Eu te aconselharei, meu olho estará sobre ti." A margem expressa o sentido no hebraico. O significado literal é: "Eu te aconselharei, meu olho estará sobre ti". De Wette: "Meu olho será direcionado para ti".

A ideia é de alguém que está dizendo a outra pessoa qual caminho ela deve tomar para que chegue a certo local; e afirma que o protegerá ou manterá seu olho focado nele; não permitirá que o viajante erre. —ALBERT BARNES

## Versículo 9

*Não sejais como o cavalo ou a mula.* Conforme as muitas naturezas destes dois animais, os pais ou expositores tiveram várias interpretações, ou, pelo menos, fizeram várias alusões. Eles consideram que o cavalo e a mula admitem qualquer cavaleiro, qualquer fardo, sem critério ou diferença, sem debate ou consideração; nunca perguntam se seu cavaleiro é nobre ou plebeu, nem se sua carga é ouro para o tesouro ou raízes para o mercado. E estes expositores encontram a mesma indiferença em um pecado habitual com qualquer tipo de pecado; quer peque por prazer, ou por benefício, ou apenas por companhia, ele ainda peca. —JOHN DONNE

*Os quais com freios e cabrestos são dominados; de outra sorte não te obedecem.* Esses freios mordazes de aflição mostram o quão duros somos com as palavras; essas rédeas de enfermidade manifestam nossos modos teimosos e voluntariosos. Não deveríamos ser tratados como mulas se não houvesse tantos aspectos do burro em nós.

## Versículo 10

*Muito sofrimento terá de curtir o ímpio.* Aquele que semeia pecados colherá sofrimento em pesados feixes. Sofrimento da consciência, de decepção, de terror são a herança certa do pecador no tempo presente e depois terão, para sempre, sofrimentos de remorso e desespero.

*Mas o que confia no SENHOR, a misericórdia o assistirá.* Os perversos têm uma colmeia de vespas ao seu redor, muitas tristezas; mas nós temos um enxame de abelhas armazenando mel para nós. —C. H. SPURGEON

Ele será cercado de misericórdia como alguém é cercado pelo ar ou pela luz solar. Encontrará misericórdia e favor em todos os lugares — em casa, fora do país; de dia, à noite; na sociedade, na solitude; na doença, na saúde; na vida, na morte; no tempo, na eternidade. Caminhará entre misericórdias; e morrerá entre misericórdias; viverá num mundo melhor em meio às misericórdias eternas. —ALBERT BARNES

"Registre esse texto", disse Richard Adkins a seu neto Abel que estava lendo para ele o Salmo 32. "Registre esse texto: *'Mas o que confia no SENHOR, a misericórdia o assistirá'*. Eu o li em minha juventude e nele cri; e agora o leio novamente em minha velhice, agradeço a Deus, sei que é verdadeiro. Ó! Que bênção é, em meio às alegrias e tristezas do mundo, Abel, confiar no Senhor". —O TESOURO CRISTÃO

## Versículo 11

*Alegrai-vos.* A felicidade não é apenas nosso privilégio, mas nosso dever. Verdadeiramente servimos o Deus generoso, visto que Ele coloca como parte de nossa obediência o sermos alegres. Quão pecaminosas são nossas lamentações rebeldes! Quão natural parece ser que um homem abençoado com o perdão se alegre! Lemos sobre alguém que morreu exultante ao pé do patíbulo ao receber o perdão de seu monarca; e nós receberemos o perdão gratuito do Rei dos reis e ainda assim padeceremos em tristeza indesculpável?

*Exultai, vós todos que sois retos de coração.* É algo a ser temido o fato de que a igreja dos dias atuais, por meio de uma avidez por compostura excessiva, está se tornando artificial demais, de modo que os clamores de requerentes e brados de cristãos seriam silenciados se fossem ouvidos em nossas assembleias. Isto pode ser melhor do que o fanatismo tempestuoso, mas há tanto perigo em uma direção quanto em outra.

De nossa parte, somos tocados profundamente por um pequeno excesso sagrado e quando homens piedosos, em sua alegria, ultrapassam os estreitos limites do decoro, nós, diferentemente de Mical, filha de Saul, não os olhamos com um coração escarnecedor. —C. H. SPURGEON

Quando o poeta Carpani perguntou a seu amigo Haydn como poderia a música de sua igreja ser tão festiva, o grande compositor respondeu de modo belíssimo, dizendo: "eu não consigo compor de outra forma. Escrevo de acordo com os pensamentos que tenho: quando penso em Deus, meu coração fica tão repleto de alegria que as notas dançam e saltitam, por assim dizer, de minha pena; e, considerando que Deus me deu um coração jubiloso, me será perdoado servi-lo com um espírito jubiloso. —JOHN WHITECROSS, em *Anedotas*

# Salmo 33

TÍTULO: Esta canção de louvor não possui título ou indicação de autoria, diz Dickson, para nos ensinar "a olhar para a Santa Escritura como inteiramente inspirada por Deus, e não lhe coloca um preço por seus escritores".

O louvor de Jeová é o assunto desta canção sagrada. —C. H. SPURGEON

Quão absurdamente lidaram os filósofos com a origem do mundo! Poucos deles raciocinaram conclusivamente sobre este assunto importante! Nosso profeta resolve esta questão importante com um único princípio; e o que é mais notável, este princípio, que é nobremente expresso, carrega consigo o indício mais claro.

O princípio é este: "Os céus por sua palavra se fizeram, e, pelo sopro de sua boca, o exército deles" (v.6). Este é o relato mais racional que jamais fora concedido sobre a criação do mundo. O mundo é obra de uma vontade autoeficiente e é somente este princípio que pode explicar sua criação.

A doutrina da providência expressa nestas palavras: "Deus contempla todas as obras dos filhos dos homens", é consequência necessária de Seu princípio: "Ele, que forma o coração de todos eles"; e este princípio é uma consequência necessária daquele que o salmista antes apresentara para explicar a origem do mundo.

Uma das contestações mais ilusórias que já se opôs à doutrina da providência é um contraste entre a grandiosidade de Deus e a mesquinhez do homem. Como poderia tal criatura tão insignificante como o homem ser o objeto do cuidado e da atenção de um ser tão magnificente como Deus?

Nenhuma contestação pode ser mais ilusória, ou, em aspecto, mais invencível. A distância entre o mais medíocre dos insetos e o monarca mais poderoso, que esmaga e despedaça répteis até a morte sem a menor consideração por eles, é uma imagem muito imperfeita da distância entre Deus e o homem. Imagem esta que prova estar abaixo da dignidade de um monarca observar os movimentos de formigas ou minhocas, interessar-se por suas ações, punir ou recompensá-los. Logo, aparenta demonstrar que Deus estaria se degradando caso observasse, direcionasse, punisse ou recompensasse a humanidade que é infinitamente inferior a Ele.

Mas um fato é suficiente para responder a esta contestação ilusória: Deus criou a humanidade. Deus se degrada mais por governar do que por criar a humanidade? —JAMES SAURIN

*Versículo 1*
*Exultai, ó justos, no* SENHOR! Exultar em confortos temporais é nocivo, exultar em si mesmo é insensatez, exultar no pecado é fatal, mas exultar em Deus é celestial. Aquele que tem um Céu duplo deve começar a exultar aqui em baixo, como os que estão acima. —C. H. SPURGEON

O verbo hebraico, segundo os etimologistas, significa originalmente dançar de alegria e é, portanto, uma expressão muito forte para a exultação mais viva que há. —J. A. ALEXANDER

Exulta, não em ti mesmo, pois não é seguro, mas *no Senhor.* —AGOSTINHO

*Aos retos fica bem louvá-lo.* O louvor não é agradável para cantores profissionais sem perdão; é como uma joia de ouro no focinho de um porco. Corações tortos criam música deformada, mas os retos são o deleite do Senhor. O louvor é a veste dos santos no Céu; é adequado que se ajustem a ele aqui. —C. H. SPURGEON

O louvor não é agradável a ninguém, exceto aos piedosos. Um homem profano preso ao louvor a Deus é como um monte de estrume com flores. O louvor nos lábios de um pecador é como um oráculo nos lábios de um insensato. Quão desagradável é para ele louvar a Deus; ele cuja vida desonra a Deus? —THOMAS WATSON

Aquele que agrada a Deus é aquele em quem Deus se agrada. —AGOSTINHO

## Versículo 3
*Entoai-lhe novo cântico.* Cantar é a música dos santos. (1) Eles desempenham esta tarefa nas maiores multidões (Sl 147:1,2). (2) Nas maiores agruras (Is 26:19). (3) Em suas maiores lutas (Is 42:10,11). (4) Em suas maiores libertações. (5) Em suas grandes abundâncias (Is 65:14). —JOHN WELLS, em *Exercícios Matutinos*

*Tangei com arte.* É uma desventura ouvir Deus ser louvado de modo desleixado. Ele merece o melhor que temos. Todo cristão deveria esforçar-se para cantar de acordo com as regras da arte, para que mantenha o ritmo e a harmonia com a congregação. Os tons mais doces e as vozes mais doces, com as palavras mais doces são todas muito pequenas para o Senhor, nosso Deus; não ofereçamos a Ele rimas claudicantes com tons ríspidos rosnados por vozes dissonantes. —C. H. SPURGEON

*E com júbilo.* O entusiasmo deveria ser evidente na adoração divina. Sussurros bem reproduzidos aqui são desacreditados. Não se trata do Senhor não poder nos ouvir, mas de ser natural para uma grande exultação que se expresse da maneira mais jubilosa. Os homens bradam ao ver seus reis; deveríamos oferecer hosanas silenciosos ao Filho de Davi? —C. H. SPURGEON

## Versículo 4
*Porque a palavra do S*ENHOR *é reta, e todo o seu proceder é fiel.* Deus escreve com pena que nunca borra, fala com língua que nunca desliza, age com mão que nunca falha. Bendito seja Seu Nome!

## Versículo 5
*A terra está cheia da bondade do S*ENHOR. Venham mais perto, astrônomos, geólogos, biólogos, botânicos, químicos, mineiros, sim, todos vocês que estudam a criação de Deus, pois todas as suas histórias verdadeiras confirmam esta declaração. Desde o inseto no raio de sol até o leviatã no oceano, todas as criaturas possuem a generosidade do Criador. Até mesmo o deserto sem caminhos brilha com certa misericórdia desconhecida e as cavernas dos oceanos encobrem os tesouros do amor. A Terra poderia ter sido repleta de terror tanto quanto de graça, mas em vez disso está repleta e transborda de bondade.

Aquele que não consegue ver isto e ainda vive envolto nisto como o peixe vive na água, merece morrer. Sendo a Terra repleta de misericórdia, o que não é o Céu onde a bondade concentra seus raios? —C. H. SPURGEON

## Versículo 6
É interessante perceber a menção do Espírito na sentença: *e, pelo sopro de sua boca, o exército deles.* A palavra *sopro* é a mesma traduzida em outros trechos como "Espírito". Logo, as três pessoas da divindade unem-se ao criar todas as coisas. Como é simples para o Senhor criar as órbitas mais ponderosas e os anjos mais gloriosos! Uma palavra, um sopro seria suficiente. É tão simples para Deus criar o Universo como é para o homem respirar, não, mais fácil ainda, pois o homem não respira independentemente, mas empresta o fôlego em suas narinas de Seu Criador.

*Versículo 7*
*Em reservatório encerra as grandes vagas.* O texto não poderia se referir também às nuvens e aos depósitos de granizo, neve e chuva — estes tesouros de riqueza misericordiosa para os campos da Terra? Estas massas aquosas não são empilhadas em serralherias, mas em armazéns para uso benéfico futuro. Ternura abundante é vista na providência de nosso celestial José, cujos celeiros já estão repletos preparados para o tempo de necessidade da Terra. Estas reservas poderiam ser, como já o foram, a munição para vingança; agora são parte do comissariado da misericórdia.
—C. H. SPURGEON

*Versículo 8*
*Tema ao Senhor toda a terra.* Não temam outro que não Ele. Um animal selvagem se enfurece? Tema a Deus. Uma serpente está à espreita? Tema a Deus. Um homem odeia você? Tema a Deus. O diabo luta contra você? Tema a Deus. Pois toda a criação está debaixo do Senhor, Aquele a quem você deve temer por ordenança. —AGOSTINHO

*Versículo 9*
*Ele ordenou, e tudo passou a existir.* Feliz é o homem que aprendeu a apoiar seu tudo na certeza da Palavra daquele que criou os céus! —C. H. SPURGEON

*Versículo 10*
*O Senhor frustra os desígnios das nações.* Quanto mais os fariseus de antigamente e seus sucessores, e os prelados do passado, se opunham à verdade, mais ela prevalecia. A Reforma Protestante na Alemanha foi muito mais longe pela oposição dos papistas; sim, quando dois reis (entre muitos outros), escreveram contra Lutero, a saber, Henrique VIII da Inglaterra e Luís da Hungria, este título real passou a fazer parte da controvérsia (deixando os homens mais curiosos para examinar a questão), incitaram uma inclinação geral para as opiniões de Lutero. —RICHARD YOUNGE, em *A Biblioteca Cristã*

*Anula os intentos dos povos.* Suas perseguições, calúnias, falsidades são como balões lançados em uma parede de granito — não produzem resultado algum, pois o Senhor anula o mal e disso traz o bem. A causa de Deus nunca está em risco; o ofício infernal é sobrepujado pela sabedoria Infinita e a malícia satânica é atrofiada pelo poder ilimitado.
—C. H. SPURGEON

*Versículo 11*
*O conselho do Senhor dura para sempre; os desígnios do seu coração, por todas as gerações.* As engrenagens em um relógio de pulso ou de parede movem-se em direções contrárias umas às outras, algumas em uma direção, outras na direção oposta, contudo, todas servem ao intento do artífice: exibir a hora ou fazer o relógio badalar.

Então no mundo, a providência de Deus parece correr em direção às Suas promessas; um homem toma este caminho, outro corre para aquele caminho; bons homens escolhem um caminho, homens perversos escolhem outro, contudo no fim das contas, todos cumprem a sua vontade e chegam ao centro do propósito de Deus, o grande Criador de todas as coisas. —RICHARD SIBBES

*Versículo 12*
*Feliz [...] o povo que ele escolheu para sua herança.* Um homem pode ter seu nome colocado em crônicas, e ainda estar perdido; cravado em mármore resistente, e ainda assim perecer; erguido em um monumento como o de Colosso e ainda assim ser deplorável; registrados nos portões do hospital e ainda assim ir para o inferno; escrito à frente de sua própria casa e ainda assim outro será seu dono; tudo isto não passa de escritos no pó, ou em águas, onde as personagens perecem tão brevemente quanto foram feitas; eles não provam o que um homem é feliz assim da mesma forma que o tolo não pode provar que Pôncio Pilatos foi feliz por ter seu nome escrito no credo.

Mas o verdadeiro consolo é quando um homem pode, com garantia, concluir com sua própria alma que seu nome está escrito nas páginas eternas do Céu, no livro da eleição de Deus, que nunca será envolvido em folhas nebulosas das trevas, mas permanecerão legíveis por toda a eternidade.
—THOMAS ADAMS

Algumas vezes comparei os grandes homens do mundo e os bons homens do mundo às consoantes e vogais do alfabeto. As consoantes são a maioria e as letras maiores; elas ocupam a maioria do espaço e transportam o maior volume, mas, creia, que as vogais ainda que sejam menos e as menores letras são as mais úteis, elas proporcionam os maiores sons, não há pronúncia sem vogais.

Ó amado, ainda que os grandes homens do mundo tomem muito espaço e exibam-se como nenhum outro, contudo não passam de consoantes, uma companhia de consoantes mudas em sua grande maioria; os bons homens são as vogais que têm grande utilidade e muita relevância em todas as mudanças. Um bom homem para ajudar com suas orações, um bom homem para assessorar com seus conselhos, um bom homem para intervir com sua autoridade; esta é a perda que lamentamos, perdemos um bom homem; a morte borrou uma vogal.

Temo que possa haver muito silêncio onde ele não está; silêncio no leito e silêncio na casa, silêncio na oficina, silêncio na igreja e silêncio na paróquia, pois em todos os lugares ele foi uma vogal, um bom homem em todos os aspectos. —JOHN KITCHIN, M.A., em *Um Sermão para funeral*

## Versículo 15

*Ele contempla todas as suas obras.* Dois homens doam ao pobre: um busca sua recompensa no Céu, o outro o louvor dos homens. Ainda que sejam dois, vê-se uma única coisa; Deus compreende as duas. Pois Ele compreende o que está no interior e conhece o que o interior abriga; Ele vê o fim de ambos, suas intenções fundamentais. "Ele compreende todas as suas obras". —AGOSTINHO

## Versículo 16

*Não há rei que se salve com o poder dos seus exércitos.* O poder mortal é uma ficção e aqueles que nele confiam são ludibriados. Formações enfileiradas de homens armados fracassaram em manter um império, ou até mesmo em salvar a vida de seu monarca quando um decreto da corte do Céu fora estabelecido para a derrocada do império. —C. H. SPURGEON

Na Batalha de Gaugamela, os exércitos persas eram de número entre 500 mil a um milhão de homens, mas sofreram total debandada pela tropa de 50 mil soldados de Alexandre; e de uma vez o poderoso Dario foi rapidamente derrotado.

Napoleão guiou mais de meio milhão de homens até a Rússia, mas o terrível inverno fez do exército meros destroços e seu líder, em pouco tempo, se tornou prisioneiro na solitária ilha de Santa Helena. Por todo o curso da história este versículo tem sido corroborado. Os batalhões mais fortes derretem como flocos de neve quando Deus está contra eles. —C. H. SPURGEON

## Versículo 18

*Eis que os olhos do SENHOR estão sobre.* Olhe para o Sol, como irradia luz e calor sobre todo o mundo em seu curso geral, como brilha sobre o bom e o mau com igual influência; mas deixe seus raios se concentrarem em um copo fervente; ateia fogo somente neste objeto e passa por todos os outros.

Portanto Deus, na criação, olha para todas as Suas obras com amor geral — *erant omnia valde bona* — elas o agradam muito. Ó! Mas quando Ele se agrada de lançar os raios de Seu amor e os faz brilhar sobre Seu eleito por meio de Cristo, neste ponto seu coração arde dentro dele, neste ponto suas afeições são inflamadas; ao passo que outros estão levemente aquecidos, têm uma pequena luz de graças habituais brilhando sobre eles. —RICHARD HOLDSWORTH

## Versículo 19

*Para livrar-lhes a alma da morte.* A mão do Senhor acompanha o Seu olho; Sua soberania preserva aqueles a quem Ele observa graciosamente. Resgates e restaurações salvaguardam a vida dos santos, a morte não pode tocá-los até que o Rei assine a Sua autorização e lhes dê a licença e ainda assim Seu toque não é tão mortal quanto imortal; Ele não nos mata tanto quanto mata nossa mortalidade. —C. H. SPURGEON

## Versículo 20

*Nossa alma.* Não nossas almas, mas *nossa alma,* como se todos eles tivessem apenas uma. E qual é a linguagem de Deus com o profeta? "Dar-lhes-ei um só coração e um só caminho". E, portanto, os dois discípulos indo a Emaús exclamaram no momento da descoberta e surpresa: "Porventura, não nos ardia o coração?".

E assim, no começo do evangelho foi dito: "Da multidão dos que creram era um o coração e a alma". Temos visto muitas gotas de água sobre a mesa, que ao tocarem-se, tornam-se uma. Fossem os cristãos mais próximos uns dos outros facilmente se uniriam.
—WILLIAM JAY

*Nossa alma espera no Senhor, nosso auxílio e escudo.* Há uma excelente história de um jovem que estava no mar em uma forte e violenta tempestade; quando todos os passageiros estavam desesperados de medo, ele estava simplesmente feliz; e quando lhe foi perguntado qual era a razão de sua calma, ele respondeu que o piloto do navio era seu pai e que sabia que seu pai cuidaria dele.

O grande e sábio Deus, que é nosso Pai, decretou desde a eternidade qual serão as questões de todas as guerras, qual o caso de todas as tribulações; Ele é o nosso Piloto, Ele está na popa; e ainda que o navio da Igreja ou do Estado esteja em condições de afundar, tenha bom ânimo, nosso Piloto cuidará de nós.

Não há nada executado na câmara baixa do Parlamento na Terra que não tenha antes sido decretado na elevada câmara no Céu. Todas as menores engrenagens são ordenadas e dominadas pelas superiores. "Não se vendem cinco pardais por dois asses?", disse Cristo. Tão pouco? Um pardal não vale um asse. E não haverá homem que sofra mal algum equivalente a um asse além daquilo que Deus decretou desde a eternidade. —EDMUND CALAMY

# Salmo 34

TÍTULO: "Salmo de Davi, quando se fingiu amalucado na presença de Abimeleque, e, por este expulso, ele se foi". Sobre esta ocasião, que não reflete crédito algum à memória de Davi, temos um breve relato em 1 Sm 21. Ainda que a gratidão do salmista o tenha incentivado a registrar, com felicidade, a bondade do Senhor em conceder uma libertação não merecida, ele não tece nenhum dos incidentes da fuga na narrativa, mas permanece somente no grande fato de que fora ouvido na hora de perigo.

Podemos aprender com seu exemplo a não desfilar com nossos pecados diante de outros, como alguns professors presunçosos têm o hábito de fazer; estes que parecem ter orgulho de seus pecados como os idosos aposentados de Greenwich têm orgulho de suas batalhas e ferimentos. Davi interpretou um louco com destreza singular, mas não foi uma interpretação tão real a ponto de cantar suas façanhas de loucura.

### Versículo 1
*Bendirei o Senhor em todo o tempo.* Aquele que louva a Deus por Suas misericórdias jamais necessitará uma misericórdia pela qual louvar. A bênção do Senhor nunca está fora de época. —C. H. SPURGEON

[John] Bradford, o mártir, falando sobre a rainha Maria, de cuja cruel clemência dependia, disse: "Se a rainha se agradar em me libertar, eu a agradecerei; se me aprisionar, eu a agradecerei; se me queimar, eu a agradecerei" etc. Assim afirma uma alma que crê: "Que Deus faça comigo o que Ele desejar, eu serei grato." —ESPELHO DE SAMUEL CLARKE

### Versículo 2
*Gloriar-se-á no Senhor a minha alma.* Gloriar-se é uma propensão muito natural, e se fosse usada como neste caso, quanto mais fosse alimentada melhor seria. A exultação deste versículo não é mera gabação da língua; a alma faz parte disto, o gloriar-se é pensado e sentido antes de ser expresso.

Que escopo há para um santo gloriar-se em Jeová!
—C. H. SPURGEON

## Versículo 4
*Busquei o SENHOR, e ele me acolheu.* Deus espera ouvi-lo antes que você espere ouvir algo dele. Caso você refreie a oração, não é surpresa que a misericórdia prometida fique retida. A meditação é como o advogado estudando o caso para seu apelo no tribunal; quando, portanto, você vir a promessa e seu coração for atingido pelas riquezas nela contidas, então corra para o trono da graça e espalhe-a diante do Senhor.
—WILLIAM GURNALL

## Versículo 5
*Contemplai-o.* Quanto mais pudermos pensar em nosso Senhor e menos em nós mesmo, melhor será. Contemplá-lo, assentado à destra do trono de Deus, manterá nossa cabeça e, especialmente, nosso coração firme ao passar pelas profundas águas da aflição.

Com frequência, pensei nisto ao passar pelas águas opostas da antiga Langholm. Descobri, ao olhar para a água, que ficava tonto; e, portanto, fixava meus olhos em um objeto estável do outro lado e conseguia atravessar confortavelmente. —DAVID SMITH

## Versículo 6
*Clamou este aflito.* Sua oração foi um clamor, por brevidade e amargura, por sinceridade e simplicidade, por inocência e aflição; era o clamor de um aflito, mas não foi menos poderoso diante do Céu, pois *o Senhor o ouviu*, e ser ouvido por Deus é ser liberto; e então acrescenta-se e *o livrou de todas as suas tribulações*.

De uma vez só e inteiramente Davi foi limpo e liberto de todos os seus sofrimentos. O Senhor varre nossas tristezas como os homens destroem a colmeia de vespa ou como os ventos limpam as névoas. A oração pode nos livrar das tribulações tão facilmente quanto o Senhor expulsou os sapos e as moscas do Egito quando Moisés lhe suplicou.
—C. H. SPURGEON

Uma flecha puxada com toda a força tem lançamento mais veloz; portanto, as orações dos santos são expressas pelo clamar consoante as Escrituras.
—SAMUEL RUTHERFORD

## Versículo 7
*O anjo do SENHOR acampa-se ao redor dos que o temem e os livra.* Não levantarei questionamentos sobre se estes anjos conseguem se contrair e subsistir em um ponto, de forma a colocarem-se de pés unidos em número tão elevado; nem me preocuparei em examinar se estão em tal e tal lugar em sua matéria ou somente em sua virtude e ação. Mas disto o homem piedoso pode ter certeza: que sempre que ele desejar auxílio, independentemente de portas, travas e barreiras, ele a obterá com um alerta momentâneo.
—ZACHARY BOGAN

## Versículo 8
*Oh! Provai e vede que o SENHOR é bom.* Nossos sentidos auxiliam nossa compreensão; não podemos, por meio do discurso mais racional, perceber qual é a doçura do mel; prove-o e você perceberá.
—RICHARD ALLEINE, em *Céu Aberto*

Não é suficiente que você o veja à distância, e não o obtenha, como aconteceu com o homem rico; ou tê-lo em si e não o prove, como o leão de Sansão que tinha grande quantidade de mel em si, mas não provou sua doçura. Porém você deve tanto ter, assim como ver e também tê-lo em si. —THOMAS PLAYFERE

Esteja reticente em engolir todos os bons dons de Deus sem saboreá-los, ou que sejam maliciosamente esquecidos, mas use seu palato, conheça-os e os considere. —D. H. MOLLERUS

## Versículo 10
*Porém aos que buscam o SENHOR bem nenhum lhes faltará.* Não faltará prata alguma no bornal de Benjamin enquanto José tiver o que colocar ali. A graça não é um visitante tão paupérrimo de modo a não pagar por sua jornada. Quando o melhor dos seres é adorado, as melhores das bênçãos são recebidas.
—WILLIAM SECKER

O desejo santificado é um meio notável de trazer arrependimento, de operar em nós transformação de vida; de nos incitar a oração, de nos desapegarmos do amor ao mundo. Ele nos mantém sempre preparados para o combate espiritual, revela se somos cristãos verdadeiros ou hipócritas, previne a vinda de maiores males de pecado e punição por vir; torna-nos humildes, conformados a Cristo, nosso Cabeça, aumenta nossa fé, nossa alegria e gratidão, nossa sabedoria espiritual e, da mesma forma, nossa paciência como eu demonstrei largamente em outro tratado.
—RICHARD YOUNG, em *Advogado dos pobres*

Lembro-me ao atravessar o país que havia uma pobre viúva cujo marido havia caído em Bothwell. Os soldados ensanguentados foram saquear sua casa, dizendo-lhe que levariam tudo o que ela tinha. "Não deixaremos nada para você", disseram eles, "nada que você possa ingerir ou usar". "Não me importo", disse ela, "não terei necessidade enquanto Deus estiver nos céus". Essa era de fato uma cristã.
—ALEXANDER PEDEN

Faça uma sondagem no Céu e na Terra e em todas as coisas que neles há, e tudo o que aparentar ser bom, peça com confiança a Cristo; Seu amor não o negará a você. Caso lhe fosse bom que não houvesse pecado, demônio, aflição ou destruição, o amor de Cristo instantaneamente os aboliria. Ah, se possuir todos os reinos do mundo fosse completamente bom para algum santo, o amor de Cristo instantaneamente o coroaria monarca destes reinos. —DAVID CLARKSON

*Versículo 11*
*Vinde, filhos.* Quando Deus criou os Céus e a Terra, a primeira coisa que Ele fez foi adornar o mundo com luz e separá-la das trevas. Feliz é o filho em quem a luz do conhecimento salvador começa a alvorecer cedo. Deus, na Lei, exigia o primogênito e as primícias, então Ele ainda espera que nossos primeiros dias lhe sejam oferecidos. —NATHANIEL HARDY

Davi, nesta última parte do Salmo, procede para ensinar as crianças; ainda que um homem de guerra e ungido para ser rei, ele não as via como menores do que ele; mesmo que agora tivesse sua cabeça tão repleta de preocupações, e suas mãos de trabalho, pôde encontrar ânimo e tempo para dar bom conselho aos jovens a partir de sua própria experiência.
—MATTHEW HENRY

Observação 1. O que Ele espera deles: *escutai-me*, deixem suas brincadeiras, deitem-se perto de seus brinquedos e ouçam o que eu tenho a lhes dizer; não apenas me ofereçam a audição, mas observem e me obedeçam. 2. O que ele se propõe a ensiná-los: *o temor do* S$_{ENHOR}$, incluso em todas as tarefas da religião.

Davi era um músico famoso, um estadista, um soldado, mas não diz a seus filhos: "Vou ensinar-lhes a tocarem a harpa ou a manusear a espada ou a lança ou a atirar com o arco", ou "Eu lhes ensinarei as máximas da política de Estado", mas diz: "Eu vos ensinarei *o temor do* S$_{ENHOR}$", que é melhor que todas as artes e ciências, melhor do que todas as ofertas queimadas e sacrifícios. A isto deveríamos ser solícitos. Tanto para aprender como para ensinar a nossos filhos. —MATTHEW HENRY

O Mestre da Sentença permanece, a partir deste versículo, nos quatro tipos de medo: mundano, servil, original, filial. *Mundano*, quando temermos cometer pecado, simplesmente porque perderíamos alguma vantagem mundana ou incorreríamos em alguma inconveniência mundana. *Servil*, quando temermos cometer pecado, simplesmente devido aos tormentos do inferno decorrentes deste pecado. *Original*, quando temermos cometer pecado porque perderíamos a felicidade do Céu. *Filial*, quando temermos somente e por completo porque temos pavor de ofender esse Deus a quem amamos de todo o nosso coração.

"O medo humano é repleto de amargura, o temor divino de doçura. O primeiro leva à escravidão, o outro atrai à liberdade; o primeiro teme a prisão do Geena, o outro abre o reino dos Céus" diz Cassiodoro. —J. M. NEALE

*Versículo 14*
*Pratica o que é bom.* A bondade negativa não é suficiente para nos conferir o direito ao Céu. Há alguns no mundo cuja religião dedica-se por completo às negativas. Eles não são bêbados, nem maledicentes e por isto bendizem a si mesmos.

Veja como o fariseu se gaba (Lc 18:11): "Ó Deus, graças te dou porque não sou como os demais homens, roubadores, injustos e adúlteros" etc. Lamentavelmente, o não ser escandaloso não legitimará mais um cristão do que uma cifra legitimaria uma quantia.

É-nos rogado que não somente nos *apartemos do mal*, mas que *pratiquemos o bem*. Será uma pobre súplica no fim das contas: "Senhor, eu impedi que fosse maculado com pecado grave, não causei mal algum". Mas que bem há em seu interior? Não é suficiente que o servo da videira não cause mal ali, que não quebre as árvores ou destrua abrigos; se ele não trabalhar na videira, perde seu pagamento.

Não é suficiente que digamos no último dia: "Não causamos mal algum, não vivemos em pecado grave"; mas que bem fizemos à videira? Onde está a graça que recebemos? Não podendo demonstrar isto, perderemos nosso pagamento e a salvação. —THOMAS WATSON

*Procura a paz.* A ira é o assassinato de si tanto quanto de seus objetivos.

*E empenha-te por alcançá-la.* Cace-a, persiga-a com desejo ávido. Pode em breve estar perdida; de fato, nada é mais difícil de se reter, mas faça seu melhor e se a inimizade se levantar que não seja falha sua. Siga a paz quando ela se afastar de você, decida não ser um espírito contencioso. A paz que você promove será devolvida a seu peito e será uma primavera perene de consolo a você. —C. H. SPURGEON

As coisas mais desejáveis não são as mais fáceis de se obter. O que é mais amável à imaginação do que a tranquilidade da paz? Mas esta grande bênção não se apresenta voluntariamente: deve ser buscada. Mesmo quando buscamos, frequentemente foge à compreensão; voa e deve ser perseguida. —DR. WATERLAND, em *Curso de Sermões sobre os Salmos de J. R. Pitman*

*Versículo 18*
*Perto está o Senhor dos que têm o coração quebrantado.* Perto como amigo para aceitar e consolar. Corações quebrantados acreditam que Deus está distante, quando na verdade Ele está ainda mais próximo destes; cujos olhos são retidos de modo que não vejam seu melhor amigo. —C. H. SPURGEON

Considere as vantagens deste coração quebrantado. Um coração quebrantado é aceitável e agrada a Deus (Sl 51:17). Corrige muitos defeitos em seu serviço e suas tarefas (Sl 51:17). Faz da alma um receptáculo adequado no qual Deus possa habitar (Is 57:15). Aproxima Deus dos homens (Sl 34:18). Apresenta você acessível à doce cura de Cristo (EZ 34:16). Sim, coloca você na estrada certa em direção ao Céu, onde todas as suas feridas e machucaduras serão curadas (Ap 22:2). —JOHN SPALDING, em *Sacro Sinaxário, ou uma Coleção de Sermões etc.*

Temos a tendência de menosprezar os homens na proporção em que estão humilhados sob nós; Deus os considera nessa mesma proporção. Vasos de honra são feitos do barro que se *quebra* em pedaços muitos pequenos. —GEORGE HORNE

Ó pobre pecador, você tem um fardo insuportável de pecado e culpa sobre sua alma, pronto para esmagá-lo até o inferno, e, todavia, não o sente; tem a ira de Deus suspensa sobre sua cabeça pelo fio torcido de uma vida curta, e pode acontecer que não permaneça livre por mais um ano, não, talvez nem mesmo um mês, mas você não enxerga; pudesse vê-lo haveria clamor como o do homem em Bosworth Field: "um cavalo! Um cavalo! Um reino por um cavalo!" Assim você clamaria: "Ninguém além de Cristo! Nada além de Cristo! Dez mil mundos por Cristo!" —JAMES NALTON

*Os de espírito oprimido — dakkeey ruach —* "o espírito assolado". Em ambas as palavras se pressupõem o uso do martelo para despedaçar o minério, e, então, laminar o metal uma vez que fora separado do minério. Isto chamará, elucidará a memória do leitor: "Não é a minha palavra fogo, diz o Senhor, e martelo que esmiúça a penha?" (Jr 23:29). —ADAM CLARKE

*Versículo 19*

*O Senhor de todas o livra.* O advogado pode libertar seu cliente somente da querela, o médico pode libertar seu paciente somente da doença, o mestre pode libertar seu servo somente da escravidão, mas o Senhor nos liberta de tudo. Assim como quando Moisés foi libertar os israelitas e não deixou nenhum casco sequer para trás, da mesma forma o Senhor vem para libertar o justo e não deixará uma tribulação para trás. Ele que diz: "Eu afasto de você todas as suas iniquidades", também dirá: "Eu afasto de você todas as suas enfermidades". —HENRY SMITH

*Versículo 20*

*Preserva-lhe todos os ossos, nem um deles sequer será quebrado.* A eternidade curará todas as suas enfermidades. Nenhum osso do corpo místico de Cristo será quebrado, assim como sua estrutura corpórea foi preservada intacta. O amor divino cuida de todo cristão como o fez com Jesus; nenhum ferimento fatal nos atingirá. Também não entraremos no reino mancos ou mutilados, mas seremos apresentados após o fim das tribulações da vida sem mancha ou mácula ou coisa qualquer, sendo preservados em Cristo Jesus e mantidos pelo poder de Deus por meio da fé, até a salvação. —C. H. SPURGEON

Os ossos de Cristo eram em si quebráveis, mas não podiam ser quebrados nem que toda violência do mundo fosse empregada porque Deus já havia decretado de antemão "Nenhum dos seus ossos será quebrado". Então confessamos que os filhos de Deus são mortais; mas todo o poder do diabo ou do homem não poderão, não deverão e não conseguirão matá-los antes de sua conversão, conforme Deus os elegeu para a vida, que deve ser plenamente concluída. —THOMAS FULLER

# SALMO 35

TÍTULO: "Salmo de Davi". Aqui está tudo o que sabemos com relação a este Salmo, mas indícios internos parecem colocar a data de sua composição nos momentos de angústia em que Saul perseguia Davi em montanhas e vales e quando aqueles que bajulavam o cruel rei caluniavam o inocente objeto de sua ira; ou pode referir-se aos dias inquietos de frequentes motins na idade avançada de Davi. Todo o Salmo é o apelo ao Céu de um coração ousado e uma consciência limpa irritados devido as excessivas opressão e malícia. Sem dúvida o Senhor de Davi pode ser visto aqui com os olhos espirituais. —C. H. SPURGEON

Bonar intitula este Salmo "A terrível declaração do Justo referente àqueles que o odeiam sem motivo"; e ele faz as seguintes observações: "No dia em que suas perspectivas de justiça vierem a ser muito mais claras e plenas que agora, conseguiremos compreender como Samuel pôde cortar Agague em pedaços e os exércitos piedosos de Israel mataram em Canaã homem, mulher e criança, ao comando de Deus. Poderemos não apenas concordar plenamente na condenação: 'Sejam confundidos' etc., mas também cantaremos 'Amém! Aleluia' pela fumaça do tormento" (Ap 19:1,2).

Deveríamos, em certa medida, ser agora capazes de utilizar todos os versículos deste Salmo no espírito em que o Juiz o fala, vendo-nos como Seus assessores no julgamento do mundo (1Co 6:2). Deveremos ser capazes, em todos os eventos, de utilizá-lo no dia em que aquilo que aqui está escrito for cumprido. —ANDREW A. BONAR

*Versículo 1*
*Contende, S*ENHOR*, com os que contendem comigo.* O mundo o condena por seu zelo no serviço a Deus? Despreza-o com censura por seu cuidado em conservar as boas obras? Não se envergonha em caluniar e acusá-lo de inescrupuloso, de vangloriar-se em sua singularidade, de hipocrisia farisaica?

Ó, mas se sua consciência não o condena, se ela é sanada pela sagrada Palavra de Deus, se você tem como alvo Sua glória em buscar sua própria salvação e não se assenta com os perturbadores da Igreja; vá em frente, bom cristão, na prática da piedade, não se desencoraje em seus esforços louváveis, mas relate com consolo que o Senhor é o seu Juiz (1Co 4:4). —ISAAC CRAVEN, *Sermão na Cruz de São Paulo em Londres*

*Versículo 3*
*Empunha a lança e reprime o passo aos meus perseguidores.* Combater as dificuldades não é um ato maldoso da benignidade. Como quando algum guerreiro valente com sua lança bloqueia uma formação e retém um exército até que seus irmãos mais fracos tenham conseguido escapar, da mesma forma o Senhor frequentemente mantém os inimigos do cristão à distância até que o bom homem recupere o fôlego ou refugie-se de seus inimigos. —C. H. SPURGEON

*Dize à minha alma: Eu sou a tua salvação.* Observe que a salvação pode ser algo certo para um homem. Davi nunca oraria por algo que não poderia ser real, nem Pedro nos colocaria uma tarefa que não fosse possível de se executar; "confirmar a vossa vocação e eleição" (2Pe 1:10).

E para deter as gargantas berrantes de todos os adversários sofistas, Paulo prova diretamente: "Ou não reconheceis que Jesus Cristo está em vós? Se não é que já estais reprovados" (2Co 13:5). Devemos então saber que Cristo está em nós. E estando Cristo em nós, nós estamos em Cristo; se nós estamos em Cristo, não podemos ser condenados pois (Rm 8:1): "Agora, pois, já nenhuma condenação há para os que estão em Cristo Jesus". —THOMAS ADAMS

Se Deus profere consolo, deixe o inferno rugir terror. Não há tormento para o tormento da alma; então não há consolo para o consolo da alma. Que isto nos ensine a valorizar profundamente este *Minha*. Lutero diz que há grande divindade nos pronomes. A certeza de que Deus salvará alguns é um incidente fidedigno para os demônios. Os próprios réprobos podem crer que há um livro de eleitos; mas Deus nunca lhes disse que seus nomes estavam escritos neste livro. O faminto pedinte na casa do banquete sente o aroma do bom ânimo, mas o mestre não diz: "Isto é provisão para você". Pequeno consolo é para o pobre sem porto passar por uma formosa cidade e ver tantos edifícios gloriosos se não pode afirmar: "Aqui tenho repouso".

A beleza da excelente cidade de Jerusalém, construída com safiras, esmeraldas, crisólitos e tais pedras preciosas, a fundação e muros onde há ouro perfeito (Ap 21), não fornece consolo à alma, exceto se puder dizer: "Aqui tenho uma mansão". Os méritos completamente satisfatórios de Cristo não lhe fazem bem algum a não ser que Ele seja seu Salvador. O mundo fracassa, a carne fracassa, o diabo mata. Apenas o Senhor salva. O quê? Salvação. Algo bom e especial; o desejo de todo homem. "Dar-lhe-ei senhorio", disse Deus a Esaú. "Dar-lhe-ei um reino", disse Deus a Saul. "Dar-lhe-ei apostolado", disse Deus a Judas. Mas, "Serei sua salvação", Ele diz somente a Davi e a ninguém exceto aos santos. —THOMAS ADAMS

*Versículo 4*
*Sejam confundidos e cobertos de vexame os que buscam tirar-me a vida.* Não há nada malicioso aqui, o homem injuriado almeja justiça e a petição é natural e justificável. Guiado pelo bom Espírito de Deus o salmista prevê a permanente confusão de todos os que odeiam o justo.

Decepção vergonhosa será a porção dos inimigos do evangelho, nem o cristão mais contrito escolheria outra possibilidade; vendo pecadores como homens, nós os amamos e buscamos seu bem, mas considerando-os inimigos de Deus, não podemos pensar neles com nada além de repulsa e desejo leal pela confusão de seus artifícios.

Nenhum súdito leal pode desejar o bem de rebeldes. Os sentimentalmente frágeis podem desaprovar a forte linguagem utilizada aqui, mas em seus corações todos os bons homens desejam confusão aos que criam injúrias. —C. H. SPURGEON

Versículos 4, 8 e 26. Como devemos considerar tais orações por vingança? Nós as encontramos principalmente em quatro Salmos — 7, 35, 69 e 109. E as imprecações nestes formam um terrível clímax. No último, não menos que 30 anátemas foram contados. Seriam estes os meros surtos de sentimento acalorado e impuro ou são a expressão legítima de uma indignação justa? Uma meticulosidade não instruída, bem se sabe, fez muitos recuarem da leitura destes Salmos.

Agora, a verdadeira fonte da dificuldade está em não observarmos e não termos em mente a diferença essencial entre o Antigo e o Novo Testamentos. A antiga dispensação era em todos os sentidos mais severa do que a nova. O espírito de Elias, ainda que não um espírito mau, não era o espírito de Cristo. "O Filho do Homem não veio para destruir as almas dos homens, mas para salvá-las" (Lc 9:56). —J. J. STEWART PEROWNE

Davi era tão desprovido de revanchismo quanto qualquer figura pública que possa ser nomeada. Sua conduta em relação a Saul, do início ao fim, demonstrou um espírito singularmente nobre, distante de qualquer desejo de vingança; e a mansidão com que ele suportou as amargas repreensões de Simei, deram testemunho ao espírito de vergonha após sua ascensão ao trono...

Ele pode afirmar com relação a seus inimigos implacáveis: "Senhor, meu Deus, se eu fiz o de que me culpam, se nas minhas mãos há iniquidade, se paguei com o mal a quem estava em paz comigo, eu, que poupei aquele que sem razão me oprimia, persiga o inimigo a minha alma e alcance-a, espezinhe no chão a minha vida e arraste no pó a minha glória" (Sl 7:3-5).

Certamente deve-se pensar duas vezes antes de dar às imprecações uma interpretação que as tornariam completamente incongruentes com estes apelos, pronunciados quase que no mesmo fôlego. —WILLIAM BINNIE, D.D.

*Versículo 7*
*Pois sem causa me tramaram laços, sem causa abriram cova para a minha vida.* Duas vezes Davi afirma em um versículo que seus adversários tramaram contra ele *sem causa*. Fazer redes e cavar covas exige tempo e trabalho árduo, e os perversos gastarão ambos com alegria se puderem simplesmente derrubar o povo de Deus.

*Versículo 8*
*E prendam-no os laços que tramou ocultamente; caia neles para a sua própria ruína.* Há uma *lex talionis* com Deus que frequentemente funciona muito formidavelmente. Os homens colocam armadilhas e pegam seus próprios dedos. Jogam pedras que caem sobre suas cabeças. Com que frequência Satanás engana a si mesmo e queima seus dedos com sua própria brasa!

Isto indubitavelmente será uma das agravações do inferno: homens atormentarão a si mesmos com o que antes foram os apreciados artifícios de suas mentes rebeldes. Eles amaldiçoam e são amaldiçoados; chutam aguilhões e se dilaceram; derramam dilúvios de fogo que os queimam interna e externamente. —C. H. SPURGEON

Ao dar corda suficiente a Aitofel, o Senhor preservou Davi. Quem não admirará o fato de que Golias foi morto com sua própria espada e que o orgulhoso Hamã segurou o estribo de Mordecai e fosse arauto de sua honra? Os perversos arruinados por seus próprios atos; todas as flechas que lançam no justo cairão sobre suas cabeças.

Maxêncio construiu uma ponte falsa para afogar Constantino, mas ele mesmo afogou-se. Henrique III, da França, foi esfaqueado no mesmo cômodo em que ajudou a idealizar o massacre dos Protestantes franceses. E seu irmão, Carlos IX que se deleitou no sangue dos santos, recebeu sangue para beber, pois era digno. —THOMAS BROOKS

*Versículo 11*

*Levantam-se iníquas testemunhas.* Este é o antigo artifício dos ímpios e nós não devemos nos surpreender se for usado contra nós e contra nosso Mestre. Para agradar a Saul, sempre houve homens maus o suficiente que acusassem Davi.

*E me arguem de coisas que eu não sei.* Ele não tinha um pensamento sequer de conspiração; foi leal em demasia; contudo o acusaram de conspirar contra o ungido do Senhor. Ele não era apenas inocente, mas ignorante da culpa imputada. Bom é quando nossas mãos estão tão limpas que não se encontra traço de poeira nelas. —C. H. SPURGEON

Você dirá: "Por que Deus permite que os perversos acusem os piedosos de tais coisas das quais eles são inocentes? Deus, se quisesse, poderia impedir isto e calar as bocas dos perversos para que eles não pudessem falar contra Seus filhos."

Resposta: como todas as coisas contribuem para o bem daqueles que amam a Deus, assim isto coopera para o bem do povo de Deus. Deus permite para o bem de Seu povo e, portanto, frustra as esperanças dos perversos. Eles planejam o mal contra os piedosos e Deus disto faz o bem. Como José disse a seus irmãos: "Vós, na verdade, intentastes o mal contra mim; porém Deus o tornou em bem."

Há um bem com quatro facetas que Deus produz para Seu povo.

Primeiro: Deus os torna mais humildes por estes meios e os leva a examinar o que está inadequado.

Segundo: Deus, por estes meios, os leva mais frequentemente a ajoelharem-se, a buscá-lo, a suplicar por sua causa e a manifestar sua inocência. Como era frequente a conversa do profeta com Deus, quando os perversos o acusaram falsamente!

Terceiro: Deus usa a afronta dos perversos como um medicamento preventivo contra esse crime do qual os perversos acusam o santo. Os piedosos têm natureza não renovada assim como renovada e, deixando-os Deus à mercê de si mesmos, não sendo eles seus próprios guardiões, cairiam nesse pecado do qual os perversos os acusam; e todo homem e mulher piedosos podem dizer quando falsamente acusados: "Foi pela misericórdia de Deus que não caí nesse pecado do qual me acusam".

Quarto: Deus, por estes meios, os ensina como julgar outros quando eles são falsamente acusados. Pois chegará o tempo em que não receberão um relato falso contra seu próximo, pois conhecerão a verdade sobre algo antes que acreditem em relatos e saberão como consolar outros em tal condição. —ZEPHANIAH SMYTH, no sermão *A trama do maligno*

*Versículo 12*

*Pagam-me o mal pelo bem.* Pelo bem que Davi, ao matar Golias e os dez mil filisteus e por meio disso salvar seu rei e país, Saul e seus cortesãos o invejaram e procuraram matá-lo, então nosso Senhor Jesus Cristo, por todo o bem que fez aos judeus, curando seus corpos e doenças e lhes pregando o evangelho para o benefício de suas almas, foi recompensado com opróbrio e perseguição e finalmente com a vergonhosa morte na cruz; e de forma semelhante o Seu povo é usado, mas este é um mal que não ficará impune (Pv 17:13). —JOHN GILL

*Versículo 13*

*E a minha oração voltava para o meu seio* (ARC). A oração nunca é perdida; se não abençoa aqueles por quem a intercessão é feita, abençoará os intercessores. As nuvens nem sempre derramam chuvas sobre o mesmo local do qual os vapores ascenderam, mas a chuva cai em algum lugar; e assim as súplicas em certo local ou em algum outro produzem suas chuvas de misericórdia. Não encontrando descanso para suas patas entre nossos inimigos, nosso pombo voará para nosso peito e trará em seu bico um ramo de oliveira da paz. —C. H. SPURGEON

*Versículo 14*

*Sua mãe.* Certa vez perguntaram a Maomé qual vínculo teria apelo mais forte em nossa afeição e nosso apreço. Ele respondeu instantaneamente: "A mãe, a mãe, a mãe".

*Versículo 15*

*Quando, porém, tropecei, eles se alegraram.* Em meu vacilar eles se deleitaram. Meu manquejar era entretenimento para eles. O perigo estava próximo, e eles cantavam canções sobre minha esperada derrota. Como se alegram os perversos ao ver um bom homem claudicar! —C. H. SPURGEON

Não se glorie nas ruínas de seu próximo. O vagalume salta e dança no fogo e assim tantos homens perversos se alegram no sofrimento de outros. Estes que se deleitam no sofrimento de outros estão contaminados com a doença do diabo; mas dessa doença o Senhor liberta todas as almas. Não devemos nos unir ao perverso em oração durante a tragédia, para que chovam calamidades; nem com o gnosticismo de Clemente [N.E.: de Alexandria.]: "Dê-me calamidades para que eu possa nelas me gloriar". Não pode haver maior indício de um coração perverso do que um homem que se alegra com a miséria de outros. "O que se alegra da calamidade (ou seja, da calamidade de outros) não ficará impune" (Pv 17:5).
—THOMAS BROOKS

Maravilhosa profecia da cruz! Sucedida em grandiosidade somente, se de fato não for a primeira, por aquela no vigésimo segundo Salmo. Ainda mais próxima da história se tomarmos a *Vulgata*: "Os flagelos foram reunidos sobre mim". De fato, ó Senhor Jesus, os lavradores araram Suas costas e fizeram longos sulcos; sulcos preciosos para nós, onde são semeadas paciência para a vida presente e glória para a vindoura; onde são semeados esperança que não nos envergonha e amor que muitas águas não podem afogar. —LEWIS DE GRENADA

*Reuniram-se contra mim; os abjetos.* Como são unânimes os poderes do mal; quão calorosamente os homens servem ao diabo e nenhum deles rejeita servi-lo por não lhes ter sido concedidas grandes habilidades!

*Dilaceraram-me sem tréguas.* É obra tão delicada dilacerar o caráter de um bom homem que quando caluniadores colocam suas mãos nisto, relutam em abandonar o serviço. Uma matilha de cães despedaçando sua presa não é nada se comparada a um grupo de fofocas maliciosas massacrando a reputação de um homem digno. O fato de que amantes do evangelho não são nestes dias despedaçados e dilacerados como nos antigos dias de Maria deve ser atribuído à providência de Deus e não à gentileza dos homens.

*Versículo 16*
*Como vis bufões em festins, rangiam contra mim os dentes.* Muito forçosamente nosso Senhor pode ter utilizado as palavras nestes versículos! Não nos esqueçamos de contemplar os desprezados e rejeitados pelos homens aqui retratados para a vida. O Calvário e a multidão desbocada ao redor da cruz parecem estar diante de nossos olhos. —C. H. SPURGEON

Alguns não se alegram, a não ser com as Escrituras, pois se desejam uma pequena diversão os santos devem ser o assunto de seus discursos! Eles podem descarregar suas profanas zombarias sobre a Palavra de Deus; este é o passatempo deles enquanto bebem uma cerveja no bar. Como são prontos com suas reflexões injuriosas; aprenderam o dialeto de seu pai, são acusadores dos irmãos, seu discurso os trai provando serem encrenqueiros. —OLIVER HEYWOOD

*Versículo 17*
*Senhor, até quando verás isto?* Por que serás um mero espectador? Tão negligente com o Teu servo? És indiferente? Não te importa que pereçamos? Devemos ponderar com o Senhor. Ele nos permite esta intimidade.

*Versículo 18*
*Louvar-te-ei na grande congregação.* A maioria dos homens divulga seus pesares; bons homens deveriam proclamar suas misericórdias.

*Versículo 19*
*Nem acenem com os olhos aqueles que me odeiam sem causa.* Causar ódio é a marca do perverso; sofrê-lo sem causa é o destino do justo. —C. H. SPURGEON

*Versículo 21*
*E dizem: Ah! Ah! os nossos olhos o viram.* Felizes por descobrir uma falha ou um infortúnio ou jurar que viram mal onde nenhum havia. A malícia tem apenas um olho; que é cego para a virtude de seu inimigo.

Os olhos geralmente conseguem ver o que o coração deseja. Um homem com um cisco no olho vê uma mancha no sol. Como se assemelha a um burro o homem que orneja ou solta zurros diante dos infortúnios dos outros! Como se assemelha a um demônio quando gargalha como hiena diante do tropeço de um bom homem! —C. H. SPURGEON

## Versículo 23

*Deus meu e Senhor meu.* O clamor de Tomé quando viu as chagas de Jesus. Não considerando ele nosso Senhor divino, então Davi aqui também não atribui deidade a Jeová, pois não há diferença na ordem das palavras e na língua em que foram pronunciadas; o significado é idêntico.

Que palavras são estas, com seus dois olhos vendo Jeová em dois aspectos, ainda que como um, apreendendo-o com ambas as mãos no duplo "meu" em um coração, pois a palavra não passa de uma única, curvando-se diante dele, ambos os joelhos, para adorá-lo em reverência modestíssima.

Nouet bem pode exclamar, em sua exposição das palavras utilizadas por Tomé: "Ó doce Senhor, direi por toda a minha vida; direi na hora da morte; direi na eternidade". —C. H. SPURGEON

## Versículo 27

*O Senhor seja engrandecido, o qual ama a prosperidade do seu servo.* Os romanos, estando em grande angústia, foram tão duramente a ela submetidos de modo que se dispuseram a tomar as armas dos templos de seus deuses para lutar contra seus inimigos e assim os venceram.

Logo quando o povo de Deus tiver sido duramente submetido à aflição e à perseguição, as armas para as quais recorrerão são orações e lágrimas e com estas vencem seus perseguidores. —THOMAS BROOKS

## Versículo 28

*E assim a minha língua falará da tua justiça e do teu louvor todo o dia.* Veja, agora que discursei longamente, vocês estão exaustos. Quem suporta louvar a Deus o dia todo? Sugiro uma solução pela qual você poderá louvar a Deus o dia todo se assim quiser. Tudo o que você fizer, faça bem e assim terá louvado a Deus. —AGOSTINHO

# Salmo 36

É A CANÇÃO do serviço feliz. Canção à qual todos que carregam o leve fardo de Jesus devem se unir. Os perversos são comparados com os justos, e o grande Senhor dos homens devotos é calorosamente exaltado; portanto, a obediência a um mestre tão bom é indiretamente exigida e a rebelião contra Ele é claramente condenada.

### Versículo 1
*Há no coração do ímpio a voz da transgressão; não há temor de Deus diante de seus olhos.* Os pecados dos homens têm voz com ouvidos piedosos. Eles são o indicador externo de um mal interior. A perversidade é o fruto de uma raiz ateísta. Se Deus está em todos os lugares e eu o temo, como posso ousar infringir Suas leis diante de Sua presença? —C. H. SPURGEON

"Não há temor de Deus diante de seus olhos", tornou-se parte dos procedimentos em cortes criminais. Quando um homem não tem temor de Deus, ele está preparado para qualquer crime. —WILLIAM S. PLUMER

### Versículo 2
*Porque em seus olhos se lisonjeia* (ARC). Os homens tementes a Deus veem seus pecados e os lamentam. Onde o oposto é verdadeiro, podemos ter certeza de que não há temor de Deus. Atenuar demais a sua conduta em sua própria consciência (que é o significado no hebraico), é aplainar seu trajeto para o inferno.

A seus olhos ele não via Deus com santa reverência, portanto se coloca ali em admiração profana. Aquele que pouco considera Deus, muito considera a si mesmo. Aqueles que esquecem a adoração caem em adulação. Os olhos devem enxergar algo, e se não admiram Deus, bajularão o ego. —C. H. SPURGEON

Alguns pecadores bajulam-se por já serem convertidos. Eles se sentam e descansam em falsa esperança, persuadindo-se de que todos os seus pecados são perdoados, de que Deus os ama, que irão para o Céu quando morrerem; e que não mais precisam se preocupar. "Pois dizes: Estou rico e abastado e não preciso de coisa alguma, e nem sabes que tu és infeliz, sim, miserável, pobre, cego e nu" (Ap 3:17). —*Condensado de* JONATHAN EDWARDS

### Versículo 3
*As palavras de sua boca são malícia e dolo.* Este par de cães do inferno geralmente caça unido, e o que um não apanhar o outro o fará; se a malícia não pode vencer por opressão, o dolo ganhará por astúcia. Quando o coração é tão corrupto a ponto de bajular-se, a língua segue seu exemplo. O sepulcro aberto da garganta revela a imundície da natureza interna. —C. H. SPURGEON

Versículos 3 e 4:
*Contudo, privou-se de sono ao ouvir o relógio*
*Marcar meia noite; em sua cama*
*Elaborando confusões até cedo se levantar.*
*E alimentou-se infernalmente*
*dos nomes de bons homens.*
*De porta em porta pode-se tê-lo visto apressado,*
*Ou talvez entre um grupo de tolos embasbacados.*
*A paz fugiu da vizinhança que ele assombra,*
*E como uma peste moral,*
*Ao contato com seu hálito resquícios e florescências*
*De alegria social e felicidade degradam.*
*Somente tolos são vistos em sua companhia*
*E os que abandonados de Deus e de si mesmos*
*Desistiram. Os prudentes o evitam, evitam sua casa*
*Como se estivesse contaminado com uma*
*praga moral letal.* —ROBERT POLLOK

## Versículo 4

*No seu leito, maquina a perversidade.* Seu local de descanso torna-se o local de trama. Sua cama é um viveiro para ervas daninhas. Ele tem o diabo como companheiro de leito, que se deita e conspira sobre como pecar. Deus está distante dele.
—C. H. SPURGEON

Assim como o homem que teme a Deus comunga com seu coração em sua cama, para que não peque, em seu coração; da mesma forma o homem que não teme a Deus planeja como pode tramar e executar o pecado deliberadamente. —DAVID DICKSON

Muito diligentemente Ayguan investiga expressões bíblicas concernentes a uma cama e nos diz que há seis diferentes camas de perversidade: a da luxúria, a da avareza, a da ambição, a da ganância, a de torpor e a da crueldade. E ele as ilustra com exemplos das Escrituras. —J. M. NEALE

A partir da pequenez do perverso, o salmista volta sua contemplação à glória de Deus. Contrastes são notáveis.

## Versículo 5

*A tua benignidade, Senhor, chega até aos céus.* Quando pudermos mensurar os céus, poderemos então limitar a misericórdia do Senhor. A Seus servos especialmente, na salvação de Jesus Cristo, Ele demonstrou graça mais elevada que o céu dos céus e mais ampla que o Universo. Ó, que o ateu pudesse ver isto! Quão sinceramente ansiaria se tornar um servo de Jeová! —C. H. SPURGEON

Quando os homens pecam tão despudoradamente, por que não admirar a divina paciência?
—SEBASTIAN MUNSTER

*Até às nuvens, a tua fidelidade.* Muito, muito além de toda compreensão estão a verdade e a fidelidade de Deus. Ele nunca falha, nem esquece, nem fraqueja, nem compromete Sua Palavra. —C. H. SPURGEON

## Versículo 6

*A tua justiça é como as montanhas de Deus.* Firmes e impassíveis, nobres e sublimes. Como ventos e furacões não abalam um Alpe, assim a justiça de Deus não é nunca em grau algum afetada por circunstâncias; Ele é sempre justo. Quem pode subornar o Juiz de toda a Terra, ou quem pode, por ameaça, compeli-lo a distorcer o julgamento? Nem mesmo para salvar os Seus eleitos o Senhor suportaria que a Sua justiça fosse ignorada. Atravessando o caminho de todo homem ímpio que sonha com o Céu estão os eminentes Andes da justiça divina, que nenhum pecador não regenerado poderá escalar. —C. H. SPURGEON

*Os teus juízos, como um abismo profundo.* O lidar de Deus com os homens não deve ser compreendido por todo fanfarrão que exige ver uma razão para tudo. O Senhor não deve ser questionado por nós em relação ao porquê disto e ao porquê daquilo. Ele tem motivos, mas escolhe não os apresentar à nossa tola consideração.

## Versículo 7

*Por isso, os filhos dos homens se acolhem à sombra das tuas asas.* Ó, se mais da raça de Adão conhecesse a excelência do abrigo celestial! O fato de recusarem isso fez Jesus chorar, nossas lágrimas podem também lamentar o mesmo mal. —C. H. SPURGEON

*Em cela solitária, guardado e firme estou,
Ligado ao amor de Cristo, para Sua verdade testificar,
Ainda que as paredes sejam espessas,
não há mão que possa a porta abrir
Deus é minha força, meu consolo e repouso.*
—JERONIUS SEGERSON, em uma carta que escreveu na prisão na Antuérpia à sua esposa chamada Lysken, que também estava presa ali.

## Versículo 8

*Fartam-se da abundância.* Assim como Deus espera o melhor de nós, Ele também nos dá o melhor.
—GEORGE SWINNOCK

*Da abundância da tua casa.* Certa vez ouvi um pai dizer que quando levou sua família para uma nova residência onde as acomodações eram muito mais amplas, o conteúdo mais rico e variado do que aquela com a qual já estavam acostumados, seu filho mais novo, ainda um infante aprendendo a falar, correu por todos os cômodos e examinou todos os artigos com êxtase e gritava com espanto infantil ao contemplar cada novidade: "Isso é nosso papai? E isto? É nosso?".

A criança não dizia "seu"; e eu observei que o pai enquanto contava a história não se ofendeu com essa liberdade. Você poderia ver em seu olho brilhante que a confiança do infante em apropriar-se como se fosse seu tudo o que seu pai tinha era um elemento importante na satisfação do pai.

Esta, suponho, será a surpresa e a alegria e confiança apropriadora com que o filho da família de nosso Pai considerará tudo como seu quando for removido desta condição de comparações de coisas no presente e adentrar ao Infinito de coisas que estão por vir.

Quando as glórias do Céu irrompem diante de seus olhos, ele não se mantém à distância como um estranho dizendo: "Ó Deus, isto é, Teu". Avança para tocar e experimentar de todas as provisões que estas benditas mansões contêm, exclamando ao olhar a face do Pai: "Pai, isto e isto é nosso!" O amado filho se alegra com todas as riquezas do Pai e o Pai se alegra mais ainda com o Seu filho. —WILLIAM ARNOT

*Na torrente das tuas delícias lhes dás de beber.* Teria o filho então, algum motivo, quando seu Pai mantém uma mesa tão preciosa e luxuosa, para deixar tais delícias e mendigar de um lado a outro do país por refugos e lascas? —GEORGE SWINNOCK

*Delícias.* Deleites, a mesma palavra usada na tradução de "Éden" em Gênesis, mas aqui no plural. —DALMAN HAPSTONE, M.A.

## Versículo 9

*Pois em ti está o manancial da vida.* Este versículo é composto de palavras simples, mas como o primeiro capítulo do evangelho de João, é muito profundo. Do Senhor, como de uma primavera autossuficiente e independente, provém a vida de toda criatura, por Ele é mantida e somente por meio dele pode ser aperfeiçoada. A vida está na criatura, mas a fonte dela está somente no Criador. —C. H. SPURGEON

Estas são algumas das palavras mais maravilhosas no Antigo Testamento. Sua plenitude de significado jamais será esgotada por comentário algum. Elas são, de fato, o cerne e a expectativa de muito do ensino mais profundo do apóstolo João. —J. J. STEWART PEROWNE

*Na tua luz, vemos a luz.* Nas questões espirituais, o conhecimento de Deus ilumina todos os outros temas. Não precisamos de vela para enxergar o Sol; nós o vemos por seu próprio esplendor e então vemos todo o resto por meio do mesmo brilho. Nunca vemos Jesus com a luz do eu, mas o eu à luz de Jesus. Fúteis são aqueles que buscam aprendizado e inteligência humana; um raio do trono de Deus é melhor do que o esplendor do meio dia da sabedoria criada. Senhor, dá-me o sol, e deixa todos os que se deleitam nas velas de cera da superstição e na fosforescência da filosofia corrompida. —C. H. SPURGEON

Essa gloriosa cena que Daniel contemplou exauriu-lhe as forças (Dn 10:8). O objeto, sendo exterior a ele, extraiu todo o seu espírito para o contemplar e admirar, e assim o enfraqueceu. Mas no Céu, nosso Deus, a quem veremos e conheceremos, estará entre nós para nos fortalecer; então viveremos porque vemos Sua face. Será também uma luz confortante, como a luz da manhã é para o cansado sentinela, que por ela ansiava durante a noite. —WILLIAM COLVILLE

A luz da natureza é como uma centelha, a luz do evangelho uma lâmpada, a luz da graça uma estrela, mas a luz da glória é o próprio Sol. Quanto mais ascendermos, maior nossa luz; Deus habita "em luz inacessível, a quem homem algum jamais viu, nem é capaz de ver" (1Tm 6:16). Homem algum, enquanto carregar a mortalidade e o pecado em si. Contudo, quando essas duas qualidades corrompidas e inábeis forem abandonadas, então seremos levados a essa luz.

Somos agora gratos porque o Sol e as estrelas estão sobre nossas cabeças, para nos dar luz. Que luz e deleite será então quando estes estiverem sob nossos pés! Essa luz precisará ter muito mais alcance, muito maior do que agora, estando tão distantes de nós. —THOMAS ADAMS

Há grande alarde de luz no mundo e há alguma base para isso nas coisas naturais, mas, desde tempos antigos, o mundo por sabedoria não conhecia Deus, assim como nos últimos tempos. Chegando ao ponto de conhecer Deus, deverá ser por meio de Sua Palavra. —ANDREW FULLER

No primeiro momento em que chegarmos ao Céu, saberemos vasta e inimaginavelmente mais do que fomos capazes de apreender aqui durante todos os nossos dias. —TIMOTHY CRUSO

Nesta comunhão de Deus, o que podemos necessitar? Ora, Deus será tudo em tudo para nós; Ele será a beleza para os nossos olhos, música para o ouvido, mel para o paladar, o contentamento pleno e a satisfação de nossos desejos e isso imediatamente de si mesmo. —EDMUNDO PINCHBECK, em *A fonte da vida: um sermão para funeral*

*Versículo 10*
*E a tua justiça, aos retos de coração.* O maior temor do homem de Deus é ser rejeitado pelo Céu, daí sua oração; mas o medo é infundado, daí a paz que a fé nos traz. Aprenda com este versículo, que apesar de haver garantia de uma continuidade de misericórdia na aliança, ainda devemos fazer dela uma questão de oração. Por esta boa coisa o Senhor será consultado.

*Versículo 11*
*Não venha sobre mim o pé dos soberbos* (ARC). Bons homens podem de fato ter medo de homens orgulhosos, pois a semente da serpente nunca deixará de abocanhar o calcanhar do piedoso. —C. H. SPURGEON

# Salmo 37

**ASSUNTO:** O grande enigma da prosperidade do perverso e o sofrimento do justo, que a tantos já confundiu é tratado aqui à luz do futuro; e a irritação e lamentação são muito notavelmente proibidas.

É um Salmo em que o Senhor silencia muito docemente as muito comuns lamentações do Seu povo e acalma suas mentes com relação ao Seu tratar vigente com o Seu rebanho escolhido e os lobos por quem está cercado. Contém oito grandes preceitos, é ilustrado duas vezes por afirmações autobiográficas e transborda em contrastes marcantes. —C. H. SPURGEON

Este Salmo pode ser nomeado: "O elixir do bom homem em momentos ruins; um emplastro soberano para a praga do descontentamento; ou, um antídoto seleto contra o veneno da impaciência". —NATHANIEL HARDY, em um *Sermão para funeral*

### Versículo 1

*Não te indignes por causa dos malfeitores.* Indignar-se é preocupar-se, inflamar-se, afetar-se, acabrunhar-se. A natureza é muito apta a atiçar o fogo de inveja quando vê infratores da lei montando cavalos e sujeitos obedientes caminhando no pântano. Parece difícil para julgamentos carnais que a melhor carne fique com os cachorros, enquanto amáveis crianças definham pela necessidade de comida.

*Nem tenhas inveja dos que praticam a iniquidade.* Quem inveja o touro gordo, os laços e grinaldas que o enfeitam ao ser levado para o matadouro? Contudo, o caso é paralelo; pois homens ricos ímpios não passam de animais engordados para o abate. —C. H. SPURGEON

A rainha Elizabeth enquanto estava presa, invejou a serva de ordenha, mas se ela soubesse que reinado glorioso viria a ter posteriormente por 44 anos, não a teria invejado.

E pouco precisa o homem piedoso, ainda que em miséria, não há porque invejar o homem mau no alto de toda a sua prosperidade e alegria, pois ele considera o que tem em mãos como muito mais valioso do que o que tem em esperança. —JOHN TRAPP

Que bem lhes faz toda a sua prosperidade? Apenas acelera sua ruína e não sua recompensa. O boi que é de carga vive mais do que o boi colocado no pasto; o simples colocá-lo ali acelera seu abate, e, quando Deus coloca o perverso em pastos vultuosos, em lugares de honra e poder, é simplesmente para acelerar sua ruína. —LUDOVIC DE CARBONE, citado por John Spencer

### Versículo 2

*E murcharão como a erva verde.* Que fim completo alcança o homem cujas vanglórias não têm fim! Vale a pena nos desgastarmos inquietando-nos com o inseto de uma hora, uma efemérida que nasce e morre no mesmo dia? Há nos cristãos uma semente viva e incorruptível que vive e permanece para sempre; por que deveriam eles invejar a mera carne e sua glória, que não passa de relva com sua flor?

### Versículo 4

*Agrada-te do Senhor.* Em certo sentido, imitar os perversos; eles se agradam de sua porção — tenha cuidado de agradar-se da sua e, muito longe de invejá-los, você se compadecerá deles. Não há espaço para inquietude se nos lembramos de que Deus é nosso. —C. H. SPURGEON

E considere que sua condição na Terra é tal que o expõe a muitos sofrimentos e dificuldades, os quais, ao não se agradar do Senhor, você não poderá evitar (pois são coisas comuns aos homens), mas que, agradando-se do Senhor, você poderá facilmente suportar.

Além de tudo isto, considere seriamente que você deve morrer. Não há mudança a ser feita para evitar isso. Quão facilmente tolerável e agradável será pensar em ir até Àquele com quem você já terá vivido uma prazerosa comunhão anterior! E que pavoroso aparecer diante dele se seu coração o acusar de ter sido para Ele (mesmo com todos os Seus apelos e incentivos) um estranho descontente. —JOHN HOWE, *Tratado de deleite em Deus*

## Versículo 5

*Entrega o teu caminho ao* SENHOR, é apresentado pela Vulgata como *Revela viam Domino* — "revela teu caminho"; e Ambrósio [N.E.: Ambrósio, foi um arcebispo de Mediolano (moderna Milão), um dos mais influentes eclesiásticos no século 4.] compreendia isto como: revelar nossos pecados a Deus. De fato, já que é impossível cobrir, por que não descobriríamos nossos pecados? Não omita aquilo que Deus já sabe e faria você reconhecer. É ofício muito danoso ser secretário do diabo. Ó, acabe com sua associação a Satanás revelando a Deus os segredos que ele guarda e os pecados que você esconde. —NATHANIEL HARDY

*Confia nele, e o mais ele fará.* O lavrador semeia e rastela e então deixa a colheita para Deus. O que mais ele pode fazer? Ele não pode cobrir os céus com nuvens ou comandar a chuva, ou trazer o Sol, ou criar o orvalho. Faz bem em deixar toda a questão com Deus; e, assim, com todos nós é a mais verdadeira sabedoria, confiar obedientemente em Deus, deixar os resultados em Suas mãos e esperar uma concessão bendita.

## Versículo 6

*Fará sobressair a tua justiça como a luz.* Quanto mais nos inquietamos neste caso, pior é. Nossa força está em permanecer estável. O Senhor inocentará o caluniado. Quando nos focamos em Sua honra, Ele se ocupa com a nossa. É maravilhoso como, quando a fé aprende a suportar a calúnia com serenidade, a imundície não a corrompe, mas despenca como bolas de neve em um muro de granito. —C. H. SPURGEON

## Versículo 7

*Descansa no* SENHOR. "Aquieta-se" (pode ser traduzido assim). E este é o preceito mais difícil que é dado a um homem; de modo que o preceito de ação mais afanoso se afunda no nada quando comparado a este comando de inação. —JERÔNIMO

A palavra hebraica vertida como *calado* é *dom*, da qual a palavra inglesa *dumb* (mudo) parece ser derivada. O silêncio aqui é oposto a murmurar ou queixar-se. —JAMES ANDERSON, em *Comentário de Calvino*

## Versículo 8

*Não te indignes para fazer o mal* (ARC). O mal pode ser feito ao indignar-se com a prosperidade dos homens perversos, ou por imitá-los, fazendo o que eles fazem, na esperança de ser próspero como eles são. —JOHN GILL

## Versículo 9

*Mas aqueles que esperam no* SENHOR *herdarão a terra.* A Paixão, conforme a parábola de Bunyan, quer as coisas boas primeiro e rapidamente elas se acabam; a Paciência recebe as coisas boas por último e elas duram para sempre.

## Versículo 10

*Mais um pouco de tempo, e já não existirá o ímpio.* Ó, por que motivo, cristão atribulado, você inveja alguém que em pouco tempo estará sob o pó?

*Procurarás o seu lugar e não o acharás.* Sua casa estará vazia, o assento de seu escritório vago, sua propriedade sem dono; ele será completamente maculado, talvez liquidado por sua depravação ou levado a um leito de morte de penúria por sua própria extravagância. Desaparecerá como uma nuvem que passa — esquecido como um sonho — onde estão suas vanglórias e convencimentos e onde está a pompa que fez pobres mortais considerarem o pecador abençoado? —C. H. SPURGEON

*Versículo 11*
*Mas os mansos herdarão a terra.* Não os espíritos acalorados e perturbados que se alvoroçam porque o mundo merece, mas os mansos que são lançados acima e abaixo de canto em canto e duramente sofreram para ali permanecer em quietude. Esta Terra, da qual parecem ser muito privados, somente eles terão e dela desfrutarão. —JOHN PENNINGTON

*Versículo 13*
*Rir-se-á dele o Senhor.* A fim de que a carne não permaneça murmurando e se queixando, inquirindo por que Deus apena ri do perverso e dele não se vinga, a razão é acrescentada: Ele vê o dia de sua destruição logo adiante. "Pois vê estar-se aproximando o seu dia." —JOÃO CALVINO

*Pois vê estar-se aproximando o seu dia.* O homem mau não vê o quão perto de seus calcanhares está a destruição; ele se vangloria por esmagar outros quando o pé da justiça já está erguido para pisá-lo como a lama das ruas. Pecadores, nas mãos de um Deus irado, e ainda assim tramando contra Seus filhos! Pobres almas, que assim correm para a ponta da lança de Jeová. —C. H. SPURGEON

Seu dia tenebroso, o dia de sua morte, que será também o dia de sua condenação. —JOHN TRAPP

*Versículo 16*
*Mais vale o pouco do justo que a abundância de muitos ímpios.* Seria melhor passarmos fome com João do que banquetearmos com Herodes; melhor alimentar-se escassamente com os profetas na caverna de Obadias do que amotinar-se com os sacerdotes de Baal. A felicidade de um homem não consiste nos montes de ouro que ele tem armazenado. O contentamento encontra *multum in parvo*, enquanto que para um coração perverso o mundo todo é tão pouco. —C. H. SPURGEON

Ó, que consolo é provar a doçura do amor de Cristo em todo desfrute! Quando podemos dizer: "Cristo me amou e entregou-se por mim, para que eu possa desfrutar destas bênçãos", ó, como isto aumentará o valor de toda misericórdia comum. —DAVID CLARCKSON

Como as águas que fluem das colinas de algumas das ilhas Molucas [N.E.: Indonésia] têm sabor da canela e do cravo que ali crescem, assim é o Seu dom, ainda que seja simplesmente água, deve ter sabor de boa vontade e graça especial do Doador. —GEORGE SWINNOCK

É possível que um homem perverso encha seu corpo de ar e seu peito de graça, como sua mente de riqueza. Com eles é como com uma ovelha que pode estar sobrecarregada de prata e ouro, quase ao ponto de despencar e, contudo, ter espaço para comportar dez vezes mais. Então aqui, um desgraçado ambicioso, ainda que tenha o suficiente para afundar-se, nunca terá o suficiente para satisfazer-se. —JOHN GLASCOCK, sermão *A escolha de Maria*

Versículos 16 e 17. Nunca deixe um cristão murmurar porque tem pouco demais, mas antes que se aquiete na bem-aventurança desse Deus que abençoa o seu pouco, e que abençoará seu pouco para que dele desfrute. —THOMAS BROOKS

*Versículo 18*
*O Senhor conhece os dias dos íntegros.* Deposita seus dias, estoca-os em segurança para eles, pois assim é a ideia original no hebraico. —JOHN FRY

*Versículo 20*
*Os ímpios, no entanto, perecerão.* Qualquer que seja a luz fictícia que simule seu presente, não será suficiente no futuro que será negro de escuridão, uma noite sólida. —C. H. SPURGEON

*Se desfarão em fumaça.* "O que ganhamos com nosso orgulho, e o que nos trouxe a riqueza unida à arrogância?" Tais coisas dirão os que pecaram e estiverem no inferno. Pois a esperança do ímpio é como um cardo seco carregado pelo vento, ou a espuma leve espalhada pelas vagas, ou uma fumaça pairando aqui e acolá levada pelo vento, ou um viajante caminhando por um dia. —WOUTER DE STOLWYK

*Versículo 25*
*Nem a sua descendência a mendigar o pão.* Dizendo alguém que o próprio Davi mendigou — ele pediu pão a Abimeleque e Nabal — eu respondo: é um bom julgamento e resolve o caso; casos transitórios e acidentes repentinos não fazem de ninguém mendigo. Não devemos dizer: "Davi era mendigo, ou mendigou seu pão" porque uma vez esteve em apuros e pediu pão a Abimeleque e em uma segunda vez foi a Nabal.

Em tais casos imprevistos, o homem mais rico do mundo pode ser obrigado a pedir um pedaço de pão. O bom homem pode cair em tais necessidades, mas bons homens raramente, se é que chega a acontecer, são deixados em necessidade. —JOSEPH CARYL

Versículos 25 e 26. O bom homem *é sempre compassivo e empresta, e a sua descendência será uma bênção.* O que os mundanos pensam que empobrecerá sua prosperidade, Deus diz que enriquecerá o bom homem. O preceito dá uma promessa de misericórdia à obediência, não confinada ao homem obediente em si, mas estendida à sua semente e até mesmo a mil gerações (Êx 20:6).

Confie, então, a Cristo seus filhos; quando seus amigos falharem, a usura surpreender, a opressão for condenada ao inferno, você mesmo apodrecer no pó, o mundo revirar e queimar-se em cinzas, ainda assim "Jesus Cristo, ontem e hoje, é o mesmo e o será para sempre." —THOMAS ADAMS

*Versículo 34*
*Espera no Senhor.* Aquele que realmente confia em Deus permanecerá no tempo de Deus, utilizará os meios de Deus e caminhará no percurso de Deus ainda que pareça andar em círculos. —DAVID CLARCKSON

*Espera… segue.* Enquanto esperamos, tenhamos cuidado com a hesitação. Não dê um passo fora do percurso de Deus, ainda que haja um leão no caminho; não evite o dever para encontrar a segurança; mantenha-se na via de Deus, o bom e velho caminho (Jr 6:16), o caminho que é pavimentado com santidade. "E ali haverá bom caminho, caminho que se chamará o Caminho Santo" (Is 35:8).

Evite caminhos tortuosos, tome cuidado ao virar à esquerda para não permanecer à esquerda. O pecado atravessa nossas esperanças, levanta barricadas em nosso caminho; um homem pode acabar esperando encontrar o Céu no inferno estando em um caminho pecaminoso. —THOMAS WATSON

*Versículo 35*
*Vi um ímpio prepotente* [terrível, hostil, violento], *a expandir-se qual cedro do Líbano* (uma árvore em seu solo nativo, vigorosa e luxuosa que nunca foi transferida). Uma figura marcante do homem impiedoso do mundo, firmemente enraizado em coisas terrenas — seu solo nativo tornou-se mais orgulhoso e arbitrário em sua prosperidade, sem temor ou percepção de qualquer revés. —WILLIAM WILSON

E por que como o cedro do Líbano? Porque no inverno, quando todas as outras árvores — como as videiras, figueiras, macieiras etc., que são árvores mais profícuas — ficam ressequidas e descobertas, todavia o cedro continua tão verde no inverno como no verão.

Assim sucede com os homens perversos; quando os filhos de Deus, nas tempestades de perseguições e aflições e misérias, parecem ressequidos e como se mortos, o perverso floresce em todo o tempo e, de fato, parece verdejante aos olhos do mundo. Eles chafurdam na riqueza do mundo, mas é para sua destruição; eles engordam, mas é para o dia do abate.

Esse foi o caso de Hofni e Fineias: o Senhor lhes deu o suficiente e os fez ir adiante e prosperar em sua perversidade; mas por que razão? Porque Ele os destruiria. —J. GORE, sermão na catedral de São Paulo

*Versículo 36*
*Procurei-o, e já não foi encontrado.* Movidos pela curiosidade, se questionarmos sobre os impiedosos, veremos que não deixaram vestígio algum; como pássaros de maus presságios, ninguém deseja lembrar-se deles. Alguns dos piedosos mais humildes são imortalizados, seus nomes são imperecivelmente aromáticos na igreja, enquanto que os infiéis e blasfemos

mais hábeis têm seus nomes dificilmente lembrados após alguns poucos anos. Homens que estiveram nas bocas de todos ontem são esquecidos amanhã, pois somente a virtude é imortal. —C. H. SPURGEON

*Versículo 37*
*Observa... e atenta.* Se Cristo declarasse que o nome de Maria seria lembrado no evangelho até o fim dos tempos por um frasco de unguento derramado em Sua cabeça, não podemos imaginar que Ele permitiria que os muitos feitos caridosos e piedosos de Seus servos fossem enterrados no esquecimento. —NATHANIEL HARDY

*O homem íntegro.* Logo todo santo é íntegro em comparação aos perversos entre os quais ele vive. Com relação a isto, é dito sobre Noé: "Noé era homem justo e íntegro entre os seus contemporâneos", sua graça comparada à perversidade do mundo antigo muito merecia o nome de integridade; de fato, todo homem justo é íntegro em comparação àqueles que são abertamente maus, ou simplesmente abertamente bons; manchados com perversidade ou apenas pintados de santidade. —NATHANIEL HARDY

*Observa o homem íntegro e atenta no que é reto; porquanto o homem de paz terá posteridade.* O texto pode ser dividido nestas duas partes: 1) A prosperidade do homem piedoso e 2) o privilégio do homem piedoso. Sua prosperidade é integridade; o seu privilégio é a paz. Aqui está o caráter do santo e a coroa do santo: ele é caracterizado pela retidão ou sinceridade e coroado com paz.

Aqui está o caminho do cristão e seu fim, seus movimentos e seu descanso. Seu caminho é santidade, seu fim é felicidade; seus movimentos são em direção à perfeição e em retidão; seu descanso é paz ao fim de sua jornada. —JOHN WHITLOCK, em um sermão para funeral intitulado *O homem reto e seu final feliz*

Para morrer bem, tenha certeza de que viveu bem; nós não devemos pensar que teremos a morte de Lázaro, se tivermos a vida do homem rico; como Plutarco que viveu com Croeso, mas morreu com Sócrates.

Não, os desejos de Balaão são insensatos e infrutíferos. Cristãos, desejando morrer bem, vocês devem preocupar-se em viver bem; se desejam morrer calmamente devem viver rigorosamente; se desejam morrer confortavelmente, devem viver de modo adaptável; se desejam morrer felizes, devem viver de modo santo. —JOHN KITCHEN, M.A.

*Versículo 40*
*O Senhor os ajuda.* Ele os ajuda, Ele os ajuda, Ele os ajuda. Ó, a retórica de Deus! A segurança dos santos! A certeza das promessas! —JOHN TRAPP

*Livra-os... e os salva, porque nele buscam refúgio.* A fé garantirá a segurança do eleito. É a marca das ovelhas pela qual serão separadas dos bodes. Não seu mérito, mas sua fé, os distinguirá. —C. H. SPURGEON

Lutero fecha sua *Exposição do Salmo* com as palavras: "Ó, vergonhosa nossa falta de fé, desconfiança e abominável descrença, pois não acreditamos nas declarações de Deus tão ricas, poderosas, consoladoras; e aceitamos tão prontamente, com poucos fundamentos para ofensa, os discursos perversos dos impiedosos. Ajuda-nos, ó Deus, a obtermos a fé correta. Amém."

# Salmo 38

TÍTULO: "Salmo de Davi para lembrança" (ARC). Davi sentia como se tivesse sido esquecido por seu Deus, e, portanto, reconta suas tristezas e clama fortemente por ajuda por estar sob elas. O mesmo título é dado ao Salmo 70, onde de forma semelhante, o salmista derrama seu lamento diante do Senhor. Seria insensatez palpitar sobre qual seria o ponto na história de Davi em que este salmo foi escrito; pode ser, uma celebração a sua própria doença e resistência à crueldade; e pode, por outro lado, ser que tenha sido composto para o uso de santos enfermos e injuriados sem uma referência especial a ele mesmo.

Entre as coisas que Davi trouxe à sua memória, as primeiras e indispensáveis foram: (1) suas lutas passadas e os livramentos do passado. O grande ponto, contudo, neste salmo de Davi é trazer à memória; (2) a depravação de nossa natureza. Não há, talvez, um salmo que, como este, descreva mais plenamente a natureza humana como é vista sob a luz que Deus, o Espírito Santo, lança sobre ela no momento em que Ele nos convence do pecado.

Estou convencido de que a descrição aqui não corresponde a nenhuma doença física. É muito semelhante à lepra, mas tem em si algumas características que não coincidem com nada descrito por escritores antigos ou modernos.

O fato é: trata-se de uma lepra espiritual, é uma doença interior que aqui é descrita, e Davi a retrata muito vividamente e nos fará lembrar disto. —C. H. SPURGEON

### Versículo 1

*Não me repreendas, SENHOR, na tua ira.* Devo ser repreendido, pois sou um filho transgressor e tu és um Pai cuidadoso, mas não lança ira em excesso nos tons de Tua voz; lida de forma gentil ainda que eu tenha pecado gravemente. A ira de outros consigo suportar, mas não a Tua. —C. H. SPURGEON

### Versículo 2

*Cravam-se em mim as tuas setas.* São flechas, de fato, com penas ágeis e conduzidas com acuidade; e para lhes conceder força no voo elas são lançadas, posso dizer, de Seu arco, estou certo de que Seu arco é de cruzes; pois nenhuma flecha pode voar tão rápido nem perfurar tão profundamente, como as cruzes de aflições com as quais Ele me surpreendeu.

Ó, então, assim como estendeste Teu braço de ira, ó Deus, para lançares essas flechas em mim, estende Teu braço de misericórdia para atraí-las novamente, de modo que eu possa cantar hinos e não lamentar ao Senhor; e que possas demonstrar o Teu poder ao perdoares, assim como fazes ao condenares. —SIR RICHARD BAKER

Flechas são (1) ágeis, (2) secretas, (3) afiadas, (4) instrumentos letais. São instrumentos que tiram sangue e bebem sangue até o ponto da embriaguez (Dt 32:42); as aflições são como flechas em todas estas propriedades. —JOSEPH CARYL

### Versículo 3

*Tua indignação... meu pecado.* Ai de mim! Sou como uma bigorna sob dois martelos; um de Sua ira outro do meu pecado. Ambos me espancando incessantemente. O martelo da Sua ira espancando minha carne e tornando-a frágil; o martelo de meu pecado espancando meus ossos e tornando-os inquietos; ainda que de fato ambos os instrumentos espanquem tanto a carne quanto os osssos. Mas a Sua ira atinge mais minha carne, por ser mais sensível; meu pecado atinge mais os meus ossos, por serem mais empedernidos.

A ira de Deus e o pecado são duas causas eficientes para toda a miséria; mas a causa que a engendra é, de fato, o pecado. A ira de Deus, como a casa que Sansão puxou sobre sua cabeça, não cai sobre nós, a não ser quando a atraímos sobre nós pelo pecado. —SIR RICHARD BAKER

*Não há saúde nos meus ossos, por causa do meu pecado.* Um cristão nesta vida é como mercúrio, que tem um princípio de movimento em si, mas não de descanso: nunca estamos parados, somos como a bola na raquete ou o navio sobre as ondas.

Enquanto tivermos pecado, isto será como mercúrio: um filho de Deus é repleto de movimento e inquietação... Estamos aqui em uma pressa perpétua, em constante flutuação; nossa vida é como a maré, algumas vezes baixa, outras, alta. Aqui, não há descanso e a razão disso é estarmos fora do centro.

Tudo está em movimento até que chegue ao centro; Cristo é o centro da alma, a agulha da bússola tremula até que chegue ao Polo Norte. —THOMAS WATSON

Aprenda aqui com os mendigos a procurar ajuda e alívio. Exponha as chagas, torne pública sua necessidade, descubra toda a miséria, não faça do seu caso algo melhor do que realmente é. Mendigos percebem, por experiência, que quanto mais miseráveis aparentarem ser, mais compaixão teremos deles, mais auxiliados serão. —WILLIAM GOUGE

### Versículo 4
*Como fardos pesados, excedem as minhas forças.* Bom é quando o pecado é uma carga intolerável e quando a lembrança de nossos pecados nos sobrecarrega além do suportável. Este versículo é o clamor genuíno de alguém que se sente anulado por sua transgressão e ainda não enxerga o grande sacrifício. —C. H. SPURGEON

Nenhuma força é tão grande que não possa ser sobrecarregada. Ainda que Sansão facilmente tenha arrancado os portões de Gaza, quando toda a casa caiu ela esmagou-o até a morte.

E assim, infelizmente, sou eu. Tenho tido o pecado como um fardo sobre mim desde meu nascimento, mas o carreguei por muito tempo tão levemente como Sansão fez com os portões de Gaza; mas agora que derrubei toda uma casa de pecado sobre mim, como posso escolher não ser esmagado até a morte por tão grande peso? E prensada, ó minh'alma, você de fato deveria ser, se Deus por toda a Sua ira não tivesse certa compaixão de você e por todo o Seu desprazer não detivesse Sua mão para não a repreender. —SIR RICHARD BAKER

É de uso singular para nós o fato de que as apostasias de homens santos tenham sido registradas nos Santos Escritos. Manchas não parecem mais desagradáveis do que quando vistas em uma belíssima face ou na vestimenta mais limpa.

E é oportuno ter conhecimento perfeito da imundície do pecado. Também aprendemos com eles a pensar mais modestamente sobre nós mesmos, a depender da graça de Deus, a manter um olhar mais rigoroso em nós mesmos, para que não caiamos nos mesmos ou mais graves pecados (Gl 6:1). —HERMAN WITSIUS, D.D.

### Versículo 5
*Tornam-se infectas e purulentas as minhas chagas, por causa da minha loucura.* A consciência estende-se ampliando cada vez mais os limites até que o inchaço se torne uma ferida e supure e a corrupção dentro de si se torne ofensiva. Que terrível criatura o homem aparenta ser para sua própria consciência quando sua depravação e ignomínia são plenamente abertas pela Lei de Deus, que é aplicada pelo Espírito Santo!

Até as doenças mais sórdidas não são tão pestilentas quanto o pecado. Nenhuma úlcera, nenhum câncer ou feridas putrefatas equivalem à ignomínia intraduzível e poluição da iniquidade. Nossas percepções nos fizeram sentir isto. Escrevemos o que conhecemos, e testificamos o que vimos; e ainda agora trememos ao pensar que tanto mal pode permanecer deteriorando o interior de nossa natureza. —C. H. SPURGEON

A sepultura conseguiu segurar Lázaro quando o Senhor abriu Sua boca para chamá-lo? A corrupção de minhas feridas não tem mais poder para ser um impedimento à cura quando o Seu prazer é que sejam curadas. —SIR RICHARD BAKER

Versículos 5 e 6. Sempre que Deus planeja revelar Seu Filho com poder, onde quer que planeje fazer do evangelho "som pecaminoso", Ele faz a consciência sentir e gemer sob o fardo do pecado. E certo estou eu de que quando um homem está labutando sob o fardo do pecado, ele estará repleto de lamento. A Bíblia registra centenas de lamentos do povo de Deus sob o fardo do pecado.

A queixa espiritual é então a marca da vida espiritual, e é assim reconhecida por Deus. "Bem ouvi que Efraim se queixava" (Jr 31:18). Isto demonstra que ele tem algo por que lamentar; algo que o faz gemer, algo que o sobrecarregava; esse pecado lhe foi revelado em sua odiosa malignidade. Isso é angústia e sofrimento para sua alma: o fato de não poder deslizá-lo sob sua língua como um doce quinhão; mas tudo é descoberto pelo olho incisivo e punido pela mão repreensiva de Deus. —J. C. PHILPOT

### Versículo 6
*Sinto-me encurvado e sobremodo abatido, ando de luto o dia todo.* Deixe um homem ver e sentir-se sob as amarras da culpa, aproximando-se do inferno, sob o poder de suas luxúrias, da inimizade com Deus, e Deus lhe sendo um estranho; deixe a simples compreensão de sua condição encontrar seu coração e permita-o continuar em sua diversão, se puder.

Que criatura lamentável o homem percebe ser agora! Ele inveja a felicidade de bestas que estão satisfeitas em seus pastos e neles se distraem. Ouvimos sobre aquele que quando viu um sapo, parou chorando porque Deus o havia criado como homem, criatura tão excelente, e não um sapo, tão abominável. A bondade de Deus, então, parece, como ele a compreendia, fazê-lo chorar; mas aqui este homem encontra um sapo e também chora. Por quê? Porque ele é um homem que acredita que seu estado é infinitamente pior do que a condição do sapo e, que se fosse possível, trocaria de condição com o sapo, que não tem culpa do pecado, não teme a ira de Deus, não está sob o poder de luxúrias e criaturas, Deus não é seu inimigo; e essa é a sua miserável condição. —GILES FIRMIN

### Versículo 7
*Não há parte sã na minha carne.* Em muitas questões, nossas avaliações são extremas; mas nunca superestimamos o mal do pecado. Ele é tão corruptivo quanto é condenatório. Cobre a alma de pestilência, com lepra (Is 1:5,6). —WILLIAM S. PLUMER

### Versículo 8
*Estou aflito.* O original é "entorpecido", ou congelado, incongruências e contradições tão esquisitas encontram-se em uma mente distraída e um corpo doente — parece ser alternadamente ressecado pelo calor e pinçado pelo frio.

Como almas no purgatório — esta lenda papista — lançadas de fornalhas ardentes ao gelo maciço, corações profundamente atormentados correm de um extremo a outro, com igual tortura em ambos. Um calor de terror, um calafrio de horror, um desejo flamejante, uma terrível insensibilidade — por estas misérias sucessivas um pecador convencido é levado à porta da morte. —C. H. SPURGEON

*Dou gemidos* etc. É difícil para um verdadeiro penitente, na amargura de sua alma, continuar a vida que até o momento arrastou em pecaminosidade, sem que haja gemidos e suspiros do fundo de seu coração. Mas felizes são esses gemidos, felizes esses soluços, considerando que fluem da influência da graça e do sopro do Espírito Santo, que de maneira inefável geme em nós e conosco e que forma estes gemidos em nosso coração por penitência e amor! —JEAN BAPTISTE ELIAS ARILLON

### Versículo 9
*A minha ansiedade não te é oculta.* Lágrimas secretas por pecados secretos são um excelente sinal de um coração santo e de um bálsamo curador para espíritos quebrantados. —SAMUEL LEE

*Versículo 11*
*Os meus amigos e companheiros afastam-se da minha praga.* É muito difícil quando aqueles que deveriam ser os primeiros a vir em nosso resgate são os primeiros a nos abandonar. Em momentos de profunda aflição da alma, até mesmo os amigos mais afeiçoados não conseguem fazer parte do caso do sofredor. Deixe-os tão ansiosos quanto puderem, pois não podem fechar as feridas de uma consciência sensível. Ó, a solidão da alma submetida ao poder convencedor do Espírito Santo! —C. H. SPURGEON

A prova da afeição é vista em atitudes. Ouço o nome de um compatriota e amigo; não vejo atitude alguma. Para o Senhor, portanto, eu corro. Aquele cuja Palavra é em si atitude; pois preciso da Sua ajuda. —DO LATIM DE A. RIVETUS

*Versículo 13*
*Mas eu, como surdo, não ouço e, qual mudo, não abro a boca.* Ó, quão felizes deveríamos ser, se pudéssemos sempre fazer o que sabemos ser o melhor, e se nossas vontades fossem tão prontas a agir quanto nossa razão é capaz de decretar. Evitaríamos muitas rochas sobre as quais agora passamos, evitaríamos muitos erros que agora cometemos. Ser surdo e mudo é, de fato, grande incapacidade e defeito quando se é algo natural; mas sendo voluntário e, ouso dizer, artificial, passam a ser grandes habilidades, ou antes, perfeições. —SIR RICHARD BAKER

*Versículo 15*
*Pois em ti, Senhor, espero; tu me atenderás, Senhor, Deus meu.* Um homem que deve pular em um fosso profundo, não se atira de cabeça ou salta em busca de aventuras; mas ele ata uma corda no topo em uma viga ou em algum lugar seguro e assim desce gradativamente.

Então desça para considerar seu pecado, prendendo-se em Cristo; e quando estiver próximo do fundo a ponto de já não poder mais suportar, mas estiver pronto para superar o horror e as trevas de seu miserável estado, não se demore nos portões do inferno, para que o diabo não o puxe. Antes ascenda novamente por atos de fé renovada e corra "para o refúgio, a fim de lançar mão da esperança proposta" (Hb 6:18). —THOMAS COLE, em *Exercícios Matinais*

*Versículo 16*
*Contra mim se engrandeçam quando me resvala o pé.* A menor falta em um santo certamente será notada; muito antes que chegue a cair, o inimigo começa a cercá-lo, um mero tropeço do pé faz todos os cães do inferno latirem. Como devemos ser cuidadosos e insistentes em oração pedindo a graça sustentadora! Não desejamos, como o cego Sansão, divertir-nos com nossos inimigos; estejamos então atentos com a traiçoeira Dalila do pecado, por cujos meios nossos olhos podem em breve ser arrancados. —C. H. SPURGEON

*Versículo 17*
*Pois estou prestes a tropeçar:* a expor minha enfermidade em minhas tribulações e aflições, como Jacó passou a mancar após lutar com Deus (Gn 32:31). No grego, Estou pronto para o flagelo, ou seja, para sofrer correção e punição por meus pecados. Assim diziam os caldeus: para a calamidade. —HENRY AINSWORTH

*Versículo 18*
*Confesso minha iniquidade.* Quando a tristeza leva ao reconhecimento sincero e penitente do pecado, é bendita tristeza, algo pelo que agradecer a Deus muito piedosamente.

*Suporto tristeza por causa do meu pecado.* Entristecer-se pelo pecado não é expiação por ele, mas é o espírito adequado com o qual recorrer a Jesus, que é a reconciliação e o Salvador. Um homem se aproxima do fim de sua aflição quando coloca fim em seus pecados.

*Versículo 19*
*Mas os meus inimigos são vigorosos e fortes.* Ainda que o homem justo esteja fraco e moribundo, os demônios que o opõem certamente estão vivos. Nem o mundo, a carne ou o diabo são, em momento algum, atingidos por debilidade ou inércia; esta trindade de males trabalha com energia impetuosa e constante para nos derrubar.

Se houvesse a possiblidade de o diabo adoecer, de nossas luxúrias enfraquecerem ou da Madame Ilusão [N.E.: Do livro *A peregrina,* Mundo Cristão, 1999.] adoecer, poderíamos negligenciar nossa oração; mas com inimigos tão vivazes e vigorosos, não devemos deixar de clamar firmemente ao nosso Deus.

## Versículo 20

*Porque eu sigo o que é bom.* Sendo odiados pelos homens por esta razão, podemos nos alegrar em carregar este fardo. Sua ira é a homenagem inconsciente que o vício presta à virtude. Este versículo não é inconsistente com a confissão prévia do escritor; podemos nos sentir igualmente culpados diante de Deus e, contudo, ser completamente inocentes de qualquer mal causado a nossos semelhantes. Uma coisa é reconhecer a verdade, outra muito diferente é submeter-se a ser contradito. O Senhor pode me ferir justamente, e ainda assim poderei dizer a meus semelhantes: "Por que me feres?" —C. H. SPURGEON

# Salmo 39

O SALMISTA, curvado pela doença e tristeza, está sobrecarregado de pensamentos incrédulos que ele se determina a sufocar, para que nenhum mal ocorra ao expressá-los (vv.1,2). Mas o silêncio cria uma tristeza insuportável que, por fim, exige declaração e assim ocorre na oração nos versículos 3-6, que é quase uma queixa e um suspiro de morte, ou na melhor das hipóteses, um retrato muito desesperador da vida humana. Nos versículos 7-17 o tom é mais submisso e o reconhecimento da mão divina é mais distinto; a nuvem evidentemente se foi e o coração do enlutado está aliviado. —C. H. SPURGEON

A mais bela de todas as elegias no Saltério. —H. EWALD

## Versículo 1

*Disse comigo mesmo.* Decidi firmemente e registrei uma determinação. Em sua grande perplexidade, seu maior medo era de que chegasse a pecar e, portanto, ele vai à procura do método mais eficaz para evitar que isso aconteça, e se determinou a ficar calado. É certamente excelente quando um homem pode se fortalecer em uma boa direção pela lembrança de uma resolução formada sábia e adequadamente. —C. H. SPURGEON

*Eu disse comigo mesmo: guardarei* etc. Sócrates faz um relato sobre Pambo, um homem honesto, bem-intencionado, que foi a seu amigo, desejando que ele o ensinasse um dos salmos de Davi. Ele leu ao amigo este versículo. E ele lhe respondeu: "Este versículo será suficiente se eu o aprender adequadamente." Dezenove anos depois, ele disse que em todo aquele tempo mal conseguira aprender aquele único versículo. —SAMUEL PAGE

*Para não pecar com a língua.* Pecados com a língua são grandes pecados; como centelhas, palavras maléficas espalham-se e causam grandes danos. Se os cristãos proferem palavras duras sobre Deus em momentos de depressão, os ímpios as tomarão e as utilizarão como justificativa para seus caminhos pecaminosos. Quando os próprios filhos vituperam o pai, não há surpresa ao ver os lábios de seus inimigos repletos de insultos. —C. H. SPURGEON

A boca do homem, ainda que não passe de um pequeno orifício, suportará um mundo todo repleto de pecado. Pois não há qualquer pecado proibido na Lei ou no evangelho que não seja pronunciado pela língua assim como pensado no coração ou

executado na vida. Não seria então quase tão difícil governar a língua quanto governar o mundo?
—EDWARD REYNER

*Porei mordaça à minha boca*, ou mais acuradamente, açaimo. O original não significa exatamente um freio para controlar a língua, mas sim uma mordaça para impedi-la por completo. Davi não era tão sábio quanto nossa tradução o retrata; tivesse ele se decidido a ser muito cauteloso em sua fala, seria inteiramente louvável; mas ao ir tão além a ponto de condenar-se ao silêncio completo "acerca do bem", deve haver ao menos um pouco de algo ominoso em sua alma. Em tentar evitar uma falha, ele cai em outra. Usar a língua contra Deus é um pecado de comissão, mas não a usar de forma alguma compreende um pecado de evidente omissão. Virtudes louváveis podem ser seguidas tão avidamente que podemos cair em vícios; para evitar Cila corremos para Caríbdis [N.E.: Na mitologia grega, Caríbdis é uma criatura marinha habitualmente relacionada a Cila, outro monstro marinho. Os dois personificavam os perigos da navegação perto de rochas e redemoinhos.].

*Enquanto estiver na minha presença o ímpio*. Isto atenua o silêncio e quase oculta a crítica, pois os homens maus certamente utilizarão inadequadamente até mesmo o nosso discurso mais santo, de modo que bom é não lançar nenhuma de nossas pérolas a tais porcos. Os cristãos mais firmes são exercitados na incredulidade, e caso externassem todos os seus questionamentos e suspeitas estariam exercendo obra maligna com vingança. Tendo eu uma febre, não há razão para comunicar os meus vizinhos. Havendo algo enfermo a bordo da embarcação de minha alma, colocarei meu coração em quarentena e não permitirei que aquilo que foi contaminado chegue ao litoral conduzido no bote da fala, até que eu tenha uma permissão de saúde.
—C. H. SPURGEON

É um tormento estar sujeito a ouvir tanta tagarelice impertinente no mundo, mas é útil discernir e abominá-la. Surpreendente é que homens consigam palavrear tanto e quanto mais têm a dizer, mais dissipam seu fôlego e a paciência de outros, além de sua negligência total com suas próprias considerações.
—WILLIAM STRUTHER

*Versículo 2*
*Emudeci em silêncio*. Há um silêncio com sete aspectos: 1. Um silêncio estoico. 2. Um silêncio prudente. 3. Um silêncio tolo. 4. Um silêncio taciturno. 5. Um silêncio forçado. 6. Um silêncio desesperador. 7. Um silêncio prudente, santo, gracioso.
—THOMAS BROOKS

*Calei*. Um cristão, ao ser questionado sobre qual fruto ele produziu por Cristo, diz: "Deveria este fruto não existir por que me afrontam?" Em casos desta natureza, devemos comunicar tudo a Deus.
—CHRISTOPHER SUTTON, B.D., em *Disce Vivere*

Versículos 2 a 9. Alguém adoentado recebeu a prescrição de alguns comprimidos e os ingeriu de modo insensato, pois em lugar de engoli-los de uma só vez, os fez passear em sua boca, despedaçando-os e assim provou sua total amargura.

Gotthold que estava presente divagou: os insultos e calúnias de um difamador e adversário são como comprimidos amargos; nem todos compreendem a arte de engoli-los sem mastigá-los.

Para o cristão, contudo, são salutares de várias maneiras. Insultos e calúnias os lembram de sua culpa, põem à prova sua mansidão e paciência; demonstram-lhe do que precisa se preservar e, finalmente, resultam em sua honra e glória aos olhos do Senhor, por amor de quem o cristão os suporta.

Com relação aos comprimidos de calúnia, entretanto, assim como os outros, é aconselhável não os manter em nossas mentes ou julgá-los de acordo com a carne e a opinião do mundo. Isto só aumentará a amargura que têm, difundirá o sabor dele na língua e encherá proporcionalmente o coração com inimizade. O modo correto é engolir, manter-se em silêncio e esquecer. —CHRISTIAN SCRIVER

*Versículo 3*
*Esbraseou-se-me no peito o coração*. O atrito de pensamentos íntimos produziu um intenso calor mental. A porta de seu coração foi fechada e ali dentro o fogo

da tristeza ardia, o quarto da alma rapidamente aqueceu-se a ponto de não se poder suportar. O silêncio é algo terrível para quem sofre; é o método mais certeiro para a produção da loucura.

*Enquanto eu meditava, ateou-se o fogo.* Enquanto seu coração meditava, também ardia, pois o assunto era desconcertante. —C. H. SPURGEON

Que bendito é o privilégio (ou direi dever) da oração! Ora, a meditação é um auxílio à oração. Gersom a chama de enfermeira da oração. A meditação é como óleo para a lâmpada; a lâmpada da oração em breve se apaga a menos que a meditação a nutra e a sustente.

Meditação e oração são como duas tartarugas; se você as separar elas morrem. Um pescador astuto observa o tempo e a estação em que o peixe mais fisga e então lança o anzol; quando o coração é aquecido pela meditação, este é o melhor momento para lançar o anzol da oração e pescar misericórdia.

Depois que Isaque esteve no campo meditando ele passou a estar apto para a oração ao voltar para casa. Quando a arma está cheia de pólvora está apta para ser descarregada. Então quando a mente está cheia de bons pensamentos, o cristão está mais apto para a efusão por meio da oração; agora ele pode enviar salvas cheias de suspiros e lamentos ao Céu.

A meditação tem benefício duplo: enche interiormente e derrama no exterior. Primeiro, enche a mente de bons pensamentos e então derrama estes pensamentos na oração; a meditação primeiro prové questões sobre as quais orar e depois prové o coração com o qual se fará a oração. —THOMAS WATSON

Medite longamente até que seu coração se aqueça nesta tarefa. Quando um homem está com frio e você lhe pergunta por quanto tempo ele deve permanecer diante da fogueira, certamente sua resposta será até que esteja completamente aquecido e apto para seu trabalho.

Então cristão, quando seu coração está frio; não como um dia quente, como o mais caloroso dia de verão, mas ele permanece congelado dentro de você, coloque-se diante da fogueira da meditação até que suas afeições se aqueçam e esteja apto para o serviço espiritual. —THOMAS WATSON

Quando os cuidadosos magistrados, ou oficiais de uma cidade, arrombam as portas de uma casa suspeita durante a noite, a grande pergunta é: "Quem está aqui com você?" Então quando Deus entra em nosso obscuro coração, a dúvida é: "Que pensamentos você tem aqui? Por que estes pensamentos surgem em sua mente? Você se tornou juiz de maus pensamentos?" (Lc 24:38; Tg 2:4). —FAITHFUL TEAT

*Então, disse.* A língua silenciada rompe todas as suas amarras. A mordaça foi lançada longe. A miséria, assim como o assassinato, eventualmente é descoberta. Você pode silenciar o louvor, mas a angústia é ruidosa. Com ou sem solução, acatando ou não, com ou sem pecado, a impetuosa torrente forçou para si um canal e arrancou toda contenção. —C. H. SPURGEON

*Versículo 4*
*Dá-me a conhecer, SENHOR, o meu fim.* O salmista desejava saber mais sobre a brevidade da vida para que pudesse carregar melhor seus males transitórios, e aqui podemos seguramente ajoelhar-nos com ele, proferindo a mesma petição. O fato de não haver fim para sua miséria é o inferno do inferno; o fato de que há um fim para a tristeza da vida é a esperança de todos que têm esperança além da sepultura. Deus é o melhor professor de filosofia divina — disciplina que olha para um fim inesperado. Aqueles que veem a morte pelas lentes do Senhor têm uma visão leal, que os faz esquecer o mau da vida ao antever o fim da vida. —C. H. SPURGEON

*Para que eu reconheça a minha fragilidade,* ou quando deixarei de existir. Lastimável, pobre natureza humana, por mais estimada que seja a vida, o homem contende com Deus de tal forma que deixaria de existir antes que conseguisse suportar os Seus desígnios. Tal irritabilidade em um santo! Esperemos até estarmos em uma posição semelhante, e não agiremos melhor. O navio atracado se pergunta se a barca não se romperá, mas quando

esta se coloca em alto-mar, causa admiração por sua estrutura de madeira permanecer firme durante as tempestades. O caso de Davi não é registrado para que o imitemos, mas para que com ele aprendamos.
—C. H. SPURGEON

Entre Walsall e Iretsy, em Cheshire, está uma casa construída em 1636, com estrutura de carvalho denso, e tijolos. Na janela do lavabo ainda é legível, talhado no carvalho, uma inscrição em latim, cujo sentido é: "Você choraria se soubesse que sua vida está limitada a um mês, contudo gargalha enquanto não sabe que pode ser restringida a um dia."

Que triste pensamento, que com este supervisor silencioso, este sermão verdadeiro diante de seus olhos, inúmeras pessoas regozijam-se com embriaguez que destrói a alma! E, contudo, isto não deixa de ser uma semelhança do que vemos constantemente em nós. —CITADO EM UM PERIÓDICO MENSAL

## Versículo 5
*À tua presença, o prazo da minha vida é nada.* Tão curta que não equivale a um organismo. Pense na eternidade, e um anjo é como um bebê recém-nascido, o mundo uma bolha recém-soprada, o Sol uma centelha que acabou de cair da fogueira e o homem uma nulidade. Diante do Eterno, toda a era do frágil homem é menos do que o tique-taque de um relógio.
—C. H. SPURGEON

Se o homem é uma criatura tão diminuta se comparada com o tecido desse vasto mundo, e o mundo em si tão pequeno que não pode conter o Senhor, tão pequeno e leve que Ele não sente seu peso na ponta de Seu dedo; o homem bem merecerá o nome "nada" quando colocado diante do Senhor. —EDMUND LAYFIELDE

*Na verdade, todo homem, por mais firme que esteja, é pura vaidade.* Esta é a verdade mais certa, de que nada relacionado ao homem é certo ou verdadeiro. Tome o homem em seu melhor estado, e ele não passa de um homem e o homem é mero sopro, imaterial como o vento. O homem é estabelecido com os limites definidos, e por decreto divino é estabelecido que não terá estabilidade. Ele é constante somente na inconstância. Sua vaidade é sua única verdade; seu melhor, e nisto ele é vão, não passa de vaidade.
—C. H. SPURGEON

*Selá* (ARC). Isto é mencionado 74 vezes nas Escrituras, das quais 71 no livro de Salmos e três no do profeta Habacuque que é um livro escrito como que em salmos. —EDMUND LAYFIELDE

## Versículo 6
*Na verdade, todo homem anda numa vã aparência.* Homens mundanos caminham como viajantes em uma miragem, iludidos, ludibriados, enganados e em pouco tempo estarão repletos de decepção e desespero.

*Na verdade, em vão se inquietam.* Leia corretamente este texto e então ouça o clamor dos mercados, o zunido do comércio, o alvoroço das ruas urbanas e lembre-se de que tudo é ruído (pois este é o significado da palavra). Esta quebra de quietude ocorre por vaidades imateriais e fugazes. O descanso interrompido, medo inquieto, cérebro exausto, mente débil, demência, estes são os passos no processo de inquietude em muitos, e tudo isto para ser rico ou, em outras palavras, carregar-se de penhores; dívidas que o homem tão brevemente deixará. —C. H. SPURGEON

Todo homem carnal caminha *numa vã aparência,* e contudo, como é vão quando age em vã aparência! Ele se *inquieta em vão* e é somente a vaidade que o inquieta. Trabalha durante toda a sua vida para os lucros das riquezas, todavia, na morte, suas riquezas não lhe beneficiarão. Aquele que vê um boi pastando em pasto fértil conclui que o animal está simplesmente se preparando para o dia do abate.
—WILLIAM SECKER

*Amontoa tesouros e não sabe quem os levará.* Os homens acordam cedo e deitam-se tarde para construir uma casa e então um estranho passa por seus corredores, gargalha em seus cômodos, e sem memória daquele que a construiu, a declara sua. Aqui está um dos males sob o Sol para o qual não se pode prescrever medicamento. —C. H. SPURGEON

A trindade do mundo consiste em: 1. Honras improfícuas: o que para eles aparenta ser honras substanciais não passa de *vã aparência*. 2. Preocupações desnecessárias. *Em vão se inquietam*. Preocupações imaginárias são substituídas por preocupações reais. 3. Riquezas inúteis que não produzem satisfação duradoura para os que as possuem ou para os que as receberão posteriormente. —G. ROGERS

*Amanhã, e amanhã, e ainda outro amanhã*
*arrastam-se nessa passada trivial do dia para a noite,*
*da noite para o dia*
*até a última sílaba do registro dos tempos.*
*E todos os nossos ontens não fizeram do mais*
*que iluminar para os tolos*
*o caminho que leva ao pó da morte.*
*Apaga-te, apaga-te, chama breve!*
*A vida não passa de uma sombra que caminha,*
*um pobre ator que se pavoneia e se aflige sobre o palco*
*— faz isso por uma hora, e, depois,*
*não se escuta mais a sua voz;*
*é uma história contada por um idiota,*
*cheia de som e fúria, e vazia de significado.*
—WILLIAM SHAKESPEARE

### Versículo 8
*Livra-me de todas as minhas iniquidades.* Que belo sinal é quando o salmista não mais harpeja sobre suas tristezas, mas implora a libertação de seus pecados! O que é a tristeza se comparada com o pecado! Que o veneno do pecado seja eliminado do cálice, não precisamos temer o seu fel, pois o amargor atuará medicinalmente. Ninguém pode libertar um homem de sua transgressão, exceto Aquele que é bendito, chamado Jesus, porque Ele salva Seu povo de seus pecados. —C. H. SPURGEON

*Não me faças o opróbrio do insensato.* Pois os prazeres carnais de alguns dias vieram em troca de sua joia eterna! Por alguns grãos de terra amarelada perdeu-se a cidade com ruas de ouro e portões de muitas pérolas! Ó insensato, mais insensato que toda insensatez! Ó homem louco, além de toda insanidade! Verdadeiramente temos a necessidade de orar com toda a sinceridade: *Não me faças o opróbrio do insensato.*
—ORÍGENES, citado por J.M. Neale

### Versículo 9
*Emudeço, não abro os lábios porque tu fizeste isso.* Deus está treinando Seus filhos aqui. Este é o verdadeiro caráter de Seus procedimentos para com eles. A educação de Seus santos é o objetivo que Ele tem em vista. É treinamento para o reino; é educação para a eternidade… É a disciplina do amor. Cada passo é de bondade. Não há ira ou vingança em parte alguma do processo. A disciplina da escola pode ser severa e rigorosa, mas a disciplina da família é amor.

O santo idoso estava na prisão "pela Palavra de Deus e o testemunho de Jesus Cristo". A cabeça ensanguentada de seu filho martirizado, Richard Cameron, foi levada a ele por seus perseguidores insensíveis, e lhe foi perguntado ironicamente se ele a reconhecia. "Eu a conheço, eu a conheço", disse o pai beijando a testa mutilada de seu filho louro — "é de meu filho, meu amado filho! É o Senhor! Boa é a vontade do Senhor, que não pode ser injusto comigo ou com os meus, mas que fez a bondade e a misericórdia seguir-nos em todos os nossos dias."
—HORÁCIO BONAR, em *A noite de choro*

Se o Rei dos reis coloca a Sua mão em nossas costas, que nós, amados, coloquemos nossas mãos em nossa boca. —NICHOLAS ESTWICK, B.D.

Questionei-me certa vez sobre a providência e classifiquei a providência branca como negra e injusta, desejando ser lançado em uma cidade onde alma alguma arrancasse Cristo de minha mão. Mas a providência tinham um tipo diferente de brilho aos olhos de Deus do que tinha aos meus olhos turvos. Declaro-me corpo cego, que não distingue preto e branco, no estranho curso da providência de Deus.

Suponha que Cristo colocasse o inferno onde está o Céu, e os demônios elevados em glória ao lado dos anjos eleitos (o que não pode acontecer). Eu desejaria ter um coração que condescende em Seus modos sem contestação adicional. Vejo que a sabedoria Infinita é a mãe de Seus julgamentos e que Seus

caminhos estão além da possibilidade de descoberta.
—SAMUEL RUTHERFORD

Uma menina, na providência de Deus, nasceu surda e muda. Ela foi recebida e instruída em uma instituição estabelecida para aqueles afligidos como ela. Um visitante foi certo dia solicitado para examinar as crianças que tristemente são separadas das alegrias comuns da infância. Muitas perguntas foram feitas e rapidamente respondidas na lousa ou com um lápis.

Eventualmente um cavalheiro escreveu: "Por que você nasceu surda e muda?" Um olhar de angústia ofuscou momentaneamente o expressivo rosto da menina, mas rapidamente passou enquanto ela tomava sua lousa e escrevia: "Apesar disso, pareceu bom aos olhos do Pai." —SRA. ROGERS, em *O Rei Pastor*

### Versículo 10

*Pelo golpe de tua mão, estou consumido.* Boas súplicas podem surgir em nossa fraqueza e angústia. Bom é demonstrar a nosso Pai os hematomas que Seu flagelo causou, pois porventura, a Sua piedade paternal segurará as Suas mãos e o moverá a nos consolar em Seu peito. Não é para que sejamos consumidos, mas para consumir nossos pecados que o Senhor pretende punir.

### Versículo 11

*Quando castigas o homem com repreensões, por causa da iniquidade.* Deus não brinca com Seu cajado; Ele o utiliza devido ao pecado e com a intenção de nos arrancar dele; portanto Ele quer que Seus golpes sejam sentidos, e sentidos eles são.

*Fazes com que a sua beleza se consuma como a traça.* Assim como a traça corrói a matéria do tecido, macula toda sua beleza, e o deixa desgastado e inútil, assim os castigos de Deus desvendam em nós nossa insensatez, fraqueza e inexistência, e nos fazem sentir como vestes desgastadas, imprestáveis e inúteis. A beleza deve ser de pouco valor quando uma traça pode consumi-la e uma repreensão pode manchá-la.
—C. H. SPURGEON

As mariposas do leste são muito grandes e belas, mas vivem pouco. Após algumas chuvas, estes insetos esplêndidos podem ser vistos voando em qualquer brisa, mas o clima seco, e seus inúmeros inimigos em pouco tempo as entregam ao destino comum. Assim a beleza do homem é consumida como a do viajante alegre, vestido com suas túnicas de cor púrpura, escarlate e verde. —JOHN KITTO

As borboletas vivem somente durante 24 horas. Que tragédia será se para uma delas sejam horas de chuva.
—ANÔNIMO

*Com efeito, todo homem é pura vaidade.* O que é a grandiosidade? Podemos atribuí-la ao homem, independentemente de suas qualidades como um ser imortal? Ou às suas ações, independentemente de princípios e motivos? Então o brilho da nobreza não é superior à plumagem do pavão; nem o valor de Alexandre superior à fúria de um tigre; nem os deleites sensoriais de Epicuro àqueles de qualquer animal que vagueia pela floresta. —EBENEZER PORTER, D.D., em *Palestras sobre Homilética*

### Versículo 12

*Ouve, Senhor, a minha oração.* Nesta oração de Davi, encontramos três coisas que são as condições principais de todas as orações aceitáveis. A primeira é humildade. A segunda condição desta oração é ardor e insistência. A terceira é fé. "É necessário que aquele que se aproxima de Deus creia que ele existe e que se torna galardoador dos que o buscam" (Hb 11:6). E, certamente, como aquele que vai a Deus deve crer nisto, aquele que crê não pode evitar se não ir a Deus. —*Condensado de* ROBERT LEIGHTON

*Não te emudeças à vista de minhas lágrimas.* As lágrimas falam mais eloquentemente do que 10 mil línguas; elas agem como chave nas alas de corações sensíveis, e a misericórdia nada lhes nega, se por meio delas aquele que clama procura as gotas ainda mais ricas: gotas do sangue de Jesus.

*Porque sou forasteiro à tua presença, peregrino.* Não *na* Tua presença, mas *à* Tua presença. Como o Senhor, meu Deus, um forasteiro entre os filhos dos homens, um estrangeiro entre os filhos de minha mãe. Deus criou o mundo, sustém-no e o possui, contudo, os homens tratam Deus como se Ele fosse um intruso forasteiro; e como tratam o Mestre, assim lidam com os servos. "Surpresa não há em sermos desconhecidos". Estas palavras podem também significar: "Compartilho da hospitalidade que foi oferecida a Deus", como um estranho sendo recebido por um anfitrião generoso. —C. H. SPURGEON

Independentemente de quão estabelecida seja sua condição, esta é a disposição dos santos na Terra: Considerar-se nada além de forasteiros. Todos os homens, de fato, são forasteiros e peregrinos, mas os santos melhor discernem tal condição e mais livremente a reconhecem.

Homens perversos não têm habitação definitiva na Terra, mas isto ocorre contra suas intenções; sua convicção interior e seu desejo é que aqui permaneçam para sempre. Eles são forasteiros contra sua própria vontade; sua habitação no mundo é incerta e nada podem fazer para evitar isto. —THOMAS MANTON

## Versículo 13

*Desvia de mim o olhar, para que eu tome alento, antes que eu passe e deixe de existir.* O homem, em seu estado corrupto é como Nabucodonosor: tem o coração de uma besta que almeja nada além da satisfação de seu apetite sensual; mas quando renovado pela graça, seu entendimento lhe é devolvido.

Davi ainda não estava recuperado desse pecado que o derrubou tão profundamente, como você pode perceber (vv.10,11). E o bom homem não pode, com disposição alguma, pensar em morrer até que seu coração esteja em uma estrutura mais santa; e pela paz do evangelho, a serenidade de consciência e alegria interior, lamentavelmente, toda impureza é como veneno para os espíritos que o ingerem. —WILLIAM GURNALL

# Salmo 40

ASSUNTO: Jesus evidentemente está aqui e ainda que possa não ser uma luta violenta de linguagem enxergar Davi e seu Senhor, Cristo e a Igreja, o comentário duplo pode envolver-se em obscuridade e, portanto, deixaremos o Sol brilhar ainda que isto venha a ocultar as estrelas. Mesmo não sendo o Novo Testamento tão explícito com relação a isto, deveríamos ter concluído que Davi falava de nosso Senhor nos versículos 6 a 9, mas em Hebreus 10:5-9 o autor exclui todas as possíveis conjecturas e restringe o significado a Ele que veio ao mundo para fazer a vontade do Pai.

## Versículo 1

*Esperei confiantemente pelo S*ENHOR. A espera paciente em Deus era uma característica de nosso Senhor Jesus. A impaciência nunca demorou-se em Seu coração, muito menos escapou por Seus lábios. Por toda Sua agonia no Jardim, Seu julgamento com cruéis zombarias diante de Herodes e Pilatos, e a Sua paixão no madeiro, Ele esperou em onipotência de paciência.

Nenhum olhar de ira, nenhum palavra de murmuração, nenhuma atitude de vingança veio do paciente Cordeiro de Deus; Ele esperou e esperou; foi paciente e paciente até a perfeição, superando claramente todos os outros que, segundo sua medida, glorificaram a Deus nas fogueiras. Jó nas cinzas não se iguala a Jesus na cruz. O Cristo de Deus usa a coroa imperial entre os pacientes. O Unigênito esperou e nós seremos petulantes e rebeldes? —C. H. SPURGEON

*Esperei confiantemente.* Antes *ansiosamente*; o original coloca: *esperando eu esperei*; um hebraísmo, que significa solicitude veemente. —DANIEL CRESSWELL

A paciência de nosso Senhor sob sofrimento foi um elemento de perfeição em Sua obra. Tivesse Ele se tornado impaciente, como nós frequentemente o somos, e desanimado, Sua expiação teria sido corrompida. Muito podemos nos alegrar no fato de que em meio a todas as Suas tentações e no auge da batalha contra o pecado e Satanás, Ele permaneceu paciente e disposto a consumar a obra que Seu Pai havia lhe entregado para executar. —JAMES FRAME

### Versículo 2

*Um poço de perdição.* Alguns dos poços mencionados na Bíblia eram prisões, como um que vi em Atenas e outro em Roma. Nestes não havia aberturas, exceto um buraco no topo que servia como porta e janela. O fundo destes poços estava inevitavelmente em condição imunda e revoltante e algumas vezes coberto de lama. —JOHN GADSBY

*De um tremedal de lama.* Uma vez que ao homem é concedida uma boa base, o fardo é grandemente atenuado, mas estar carregado e ser colocado sobre lama viscosa e escorregadia é ser provado duplamente.

### Versículo 3

*E me pôs nos lábios um novo cântico, um hino de louvor ao nosso Deus.* Na Páscoa, antes de Sua Paixão, nosso Senhor cantou um dos grandes antigos salmos de louvor; mas o que é a música de Seu coração agora, em meio a Seus redimidos! Que cântico é esse em que Seu alegre coração lidera para sempre o coral dos eleitos! Não o tamborim de Miriã, nem o hino triunfante de Moisés com o acompanhamento de Miriã pode, por um momento sequer, concorrer com essa eterna, nova e exultante canção.

A justiça magnificada e a graça vitoriosa; o inferno subjugado e o Céu glorificado; a morte destruída e a imortalidade estabelecida; o pecado deposto e a retidão resplandecente; que tema para um cântico nesse dia em que nosso Senhor beberá o vinho novo com todos nós no reino de nosso Pai celestial! —C. H. SPURGEON

*Muitos verão essas coisas, temerão e confiarão no Senhor.* Mas enquanto o pecador simplesmente vê e teme, ele não passa do estágio inicial da conversão, apenas em um estado de prontidão para fugir da cidade da destruição. Ele pode ter se colocado em sua peregrinação, mas ainda não alcançou seu Pai para receber o beijo de boas-vindas e perdão.

O passo consumador ainda não foi dado. De fato, ele já viu; ele também já temeu, mas ainda precisa confiar, confiar no Senhor, e banir todos os seus medos. Este é o ponto culminante na grande mudança; e, a menos que isto seja alcançado, as outras experiências morrerão como um desabrochar prematuro, ou serão apenas combustível para o fogo inextinguível. —JAMES FRAME

### Versículo 4

*Bem-aventurado o homem que põe no Senhor a sua confiança.* A fé obtém promessas. Uma confiança em Deus que seja simples, com um único objetivo, é a marca certa da bem-aventurança. Um homem pode ser tão pobre quanto Lázaro, tão odiado quanto Mordecai, tão doente quanto Ezequias, tão solitário quanto Elias, mas enquanto sua mão de fé conseguir manter-se agarrada a Deus, nenhuma de suas angústias exteriores podem impedi-lo de ser contado entre os bem-aventurados.

*Nem para os afeiçoados à mentira.* Não devemos jamais agir com deferência com os apóstatas, oportunistas e falsos mestres; são fermento nocivo e quanto mais nos purificarmos deles melhor será; bem-aventurados são aqueles que Deus preserva de todo erro no credo e na prática. Em verdade, decidindo o maior demônio do inferno passar a se locomover em carruagens e viver como um lorde, teria milhares procurando se relacionar com ele.

### Versículo 6

Aqui entramos em uma das passagens mais maravilhosas em todo o Antigo Testamento, uma passagem em que o Filho de Deus encarnado é visto não por meio de lentes sombrias, mas como se face a face.

*Sacrifícios e ofertas não quiseste.* Consideradas em si mesmas, e por si próprias, o Senhor não via nada satisfatório nas várias ofertas da lei cerimonial. Nem a vítima derramando seu sangue, nem a flor de farinha elevando-se em fumaça do altar, poderiam produzir satisfação na mente de Jeová; Ele não se importava com a carne de bois ou cabras, nem tinha prazer em milho, vinho e óleo.

Tipicamente estas ofertas tinham seu valor, mas quando Jesus, o Antítipo, veio ao mundo, elas deixaram de ter valor, como velas nada valem quando o Sol nasce. —C. H. SPURGEON

*Abriste meus ouvidos.* A tradução literal é: *cavaste meus ouvidos* (ou *perfuraste*); o que pode ser interpretado como significando: "Aceitaste-me como Teu escravo", uma alusão ao costume (Êx 21:6) dos senhores de furar a orelha de um escravo que recusasse a liberdade oferecida como símbolo de que seu senhor é agora seu retentor. —DANIEL CRESSWELL

*Holocaustos e ofertas pelo pecado não requeres.* Aprendemos com este versículo que Jeová valoriza muito mais a obediência do coração do que toda a performance imponente da adoração ritualística; e que nossa expiação do pecado não vem como resultado de um cerimonial elaborado, mas como efeito da obediência de nosso grande Substituto à vontade de Jeová.

## Versículo 7

*Eis aqui estou.* Contemplem, ó Céus, Terra e regiões sob a Terra! Aqui está algo digno de nosso contemplar mais intenso. Sentem-se e assistam com seriedade, pois o Deus invisível vem à semelhança da carne pecaminosa e, como um infante, o Infinito se apoia no seio de uma virgem!

Emanuel não enviou, mas *veio*; Ele veio em Sua própria personalidade, em tudo o que constituía o Seu ser em essência. Veio dos palácios de marfim para as habitações da miséria; veio prontamente na hora destinada; veio com entusiasmo sagrado como alguém que livremente oferece a si mesmo. —C. H. SPURGEON

Como o Seu nome está acima de todo nome, assim a Sua vinda está acima de toda vinda. Algumas vezes classificamos nosso nascimento, confesso, como nossa vinda ao mundo; mas, devidamente, ninguém jamais veio ao mundo, exceto o Senhor. Pois, 1) Só se pode dizer verdadeiramente que Ele veio, Aquele que é antes de vir; então não nós, somente Ele. 2) Vem estritamente aquele que vem deliberadamente; nosso choro e dificuldade em nossa entrada no mundo demonstra com que tamanha indisposição vimos a ele. Somente Ele é aquele que canta: *Eis aqui estou.* 4) Vem de maneira adequada somente aquele que vem de algum outro lugar. Lamentavelmente não tínhamos lugar algum de onde vir, exceto o ventre do nada. Somente Ele tinha um lugar onde estar antes que viesse. —MARK FRANK

## Versículo 8

*Agrada-me fazer a tua vontade, ó Deus meu.* Cristo encontrou prazer no rebaixamento e no tormento, no sofrimento e em morrer por mim e eu não consigo encontrar prazer em orar, ouvir, meditar e desfrutar dos doces deveres da comunhão com Ele? Ele veio tão jubilosamente para morrer por mim e eu dormente vou às orações e sacramentos para desfrutar da comunhão com Ele? Foi para Ele um prazer derramar o Seu sangue e para mim não há prazer algum em aplicá-lo e colher os benefícios que oferece?

Ó, que não haja mais lamúrias, desculpas preguiçosas, inconstância nos deveres ou desempenhos insensíveis e indiferentes diante de um exemplo como este. Esteja pronto para fazer a vontade de Deus; esteja também pronto para sofrê-la. E os sofrimentos por Cristo, não deveriam ser penosos para cristãos que sabem quão alegremente Cristo veio do seio do Pai para morrer por eles.

O que temos a deixar ou perder em comparação com Ele? O que são nossos sofrimentos para o sofrimento de Cristo? Ai de nós! Não há comparação; houve mais amargura em uma gota de Seus sofrimentos do que em um oceano dos nossos. Para concluir: seu deleite e sua prontidão nos caminhos de obediência são as exatas medidas de sua santificação. —*Condensado de* JOHN FLAVEL

Foi Jesus o executor da obra. O Pai a desejou, mas não a executou. Foi Jesus quem a executou, quem a forjou; quem a introduziu; quem a carregou até o véu e a dispôs como oferta aceitável e louvável aos pés de Seu Pai, mais que satisfeito.

A obra então foi executada, está consumada. Não precisamos tentar executá-la. Não podemos fazê-la. Não podemos fazer aquilo que já está feito; não poderíamos fazê-lo ainda que não estivesse consumada. Há muito que o homem pode fazer, mas ele não pode exercer propiciação. —JAMES FRAME

*Dentro do meu coração, está a tua lei.* Cristo não apresentou devoção formal, exterior; Seu coração estava em Sua obra, santidade era Seu aspecto, a vontade do Pai Sua carne e bebida. Devemos, cada um de nós, ser como nosso Senhor neste aspecto, ou nos faltará a prova de que somos os Seus discípulos. Onde não há serviço de coração, nenhuma satisfação, deleite na Lei de Deus, não pode haver aceitação.
—C. H. SPURGEON

Ele estava disposto a sangrar e morrer tal qual você a comer quando tem fome. Ele se deleitou profundamente em ser flagelado, ferido, crucificado, como você se deleita em um pedaço de carne, muito saboroso. —DAVID CLARKSON

## Versículo 9
*Proclamei as boas-novas de justiça.* É Jesus que fala e Ele fala de si mesmo como Pregador. Ele foi um pregador e um grande pregador. Foi grandioso:

1. Em eloquência genuína. Todos os servos da retórica mais seleta ministravam a Ele enquanto Ele falava. Sua mente tocava as mentes dos Seus ouvintes por todos os lados.

2. Ele foi grandioso em conhecimento. Muitos que têm controle surpreendente das palavras e que conseguem usar suas palavras com engenhosidade retórica estonteante, malogram sua influência por sua "falta de conhecimento". Falam inadvertidamente sem cessar, quando tentam pensar por si ou guiar seus ouvintes em campos de pensamento que ainda não foram rastreados por mentes pioneiras.

3. Foi grandioso também em bondade. Há uma grandiosidade na bondade e a grandiosidade da bondade é um elemento importante de um pregador.

4. Ainda outro elemento na grandiosidade de Jesus como Pregador consiste na grandiosidade de Sua dignidade fundamental. Ele era Deus assim como era homem. Tal era Cristo, como Pregador. Verdadeiramente, Ele era mais do que um pregador; era igualmente um Padrão, um Sacerdote e um Propiciador. Como padrão, sacerdote e propiciador, Ele se coloca sem homólogos. Mas Ele também era um Pregador, e como Pregador Ele nunca teve e nem terá um equivalente. —*Condensado de* JAMES FRAME

*Jamais cerrei os lábios, tu o sabes,* SENHOR. Nunca para o amor à facilidade ou pelo medo aos homens, os lábios do Grande Mestre se fecharam. Ele era imediato em tempo e fora de tempo. Os pobres o ouviam, e príncipes ouviram a Sua repreensão; publicanos se alegraram com Ele e fariseus se enraiveceram, mas para ambos Ele proclamou a verdade do Céu. —C. H. SPURGEON

Versículos 9 e 10. *Proclamei... jamais cerrei... não ocultei... proclamei... não escondi.* Palavras são amontoadas em palavras para expressar a ávida presteza do coração que arde para demonstrar sua gratidão. Nenhuma descrição elaborada poderia nos fornecer tão claramente a imagem daquele cuja vida "foi ação de graças". —J. J. STEWART PEROWNE

## Versículo 10
*Não ocultei.* Isto insinua que qualquer um que se comprometa a pregar o evangelho de Cristo seria grandemente tentado a ocultar e omiti-lo, pois, deve ser pregado em grande disputa e diante de grande oposição. —MATTHEW HENRY

*Não escondi da grande congregação a tua graça e a tua verdade.* Tanto os ternos quanto os severos atributos de Deus foram plenamente revelados por nosso Senhor Jesus. A omissão caminhava distante do Grande Apóstolo de nossa profissão. A covardia nunca foi exibida por Ele, o hesitar nunca enfraqueceu a Sua linguagem.

Ele que quando criança, aos doze anos, falou no Templo entre os doutores, e depois pregou a 5 mil em Genesaré e às vastas multidões em Jerusalém no grande dia — o último dia de banquete, sempre esteve pronto para proclamar o nome do Senhor e jamais poderia ser acusado de silêncio profano.

### Versículo 12

*As minhas iniquidades me alcançaram, tantas, que me impedem a vista.* Ele não tinha pecado, mas pecados foram lançados sobre o Senhor e Ele os tomou como se fossem Seus. "Ele o fez pecado por nós". Ó minh'alma, o que seus pecados teriam feito por você eternamente se o Amigo dos pecadores não os tivesse condensado todos sobre si?

*Mais numerosos que os cabelos de minha cabeça.*
Pecados contra um Deus santo;
Pecados contra as Suas justas leis;
Pecados contra o Seu amor, Seu sangue,
Pecados contra Seu Nome e Sua causa;
Pecados imensos como os mares –
Esconde-me, Ó Getsêmani!
—C. H. SPURGEON

O Apóstolo compara um único pecado como se fossem todos os pecados reunidos (Tg 2:10). Aquele que para nós aparenta ser um, segundo o sentido da Lei e a consideração de Deus, é multiplicado por dez. Ele quebra todos os mandamentos ao pecar diretamente contra um, e então peca dez vezes em uma só vez; além do enxame de circunstâncias pecaminosas e agravações que cercam todos os atos, em termos numéricos são tão grandes, quanto átomos que cercam seu corpo em um cômodo empoeirado; você mais facilmente contará estes do que aqueles.

E ainda que alguns os contem como apenas frações, pecados incompletos, ainda aqui é mais difícil contabilizar seu número. E, para nos assombrarmos ainda mais, escolha o melhor dever religioso que você já executou, e mesmo neste desempenho encontrará um enxame de pecados que não podem ser numerados.

Na melhor oração que você fez a Deus houve irreverência, mornidão, descrença, orgulho espiritual, interesse próprio, hipocrisia, distrações etc., e muito mais, que uma alma esclarecida lamenta e chora e, contudo, há muito mais que o olho puro de Deus discerne e que nenhum homem observa.
—DAVID CLARKSON

### Versículo 13

Os versículos restantes deste salmo são quase idênticos ao Salmo 70.

### Versículo 14

*Sejam à uma envergonhados e cobertos de vexame os que me demandam a vida.* É para a infinita confusão de Satanás que suas tentativas de destruir o Salvador, destruíram ele próprio; o conclave diabólico que tramou em conselho é agora igualmente envergonhado, pois o Senhor Jesus os encontrou e transformou sua sabedoria em insensatez.

### Versículo 15

*Sofram perturbação por causa da sua ignomínia os que dizem: Bem-feito! Bem-feito!* Homens perversos hoje em dia derramam vergonha sobre o nome do Redentor? Sua desolação o vingará dos Seus adversários! Jesus é o Cordeiro gentil a todos que buscam misericórdia por meio de Seu sangue; mas aqueles que o menosprezam estejam alertas, pois Ele é o Leão da tribo de Judá e "quem o despertará?" Ó leitor impiedoso, se você que olha está página é tal pessoa, fique atento ao perseguir Cristo e Seu povo, pois Deus certamente vingará Seus eleitos. Seus "bem-feitos" custarão muito caro. Difícil tarefa é chutar alfinetes.

### Versículo 16

*Folguem e em ti se rejubilem todos os que te buscam.* Ele gemeu para que pudéssemos cantar e foi coberto de suor ensanguentado para que fôssemos ungidos com o óleo da alegria. —C. H. SPURGEON

### Versículo 17

*Porém o Senhor cuida de mim.* Aquele que muda corações de reis como rios, a Seu prazer transforma todos os pequenos riachos do mundo em solos queimados e ressequidos se desejar. —SAMUEL LEE

Há três coisas no pensar de Deus sobre nós que são confortantes e prazerosas. Observe a *frequência* dos Seus pensamentos. De fato, são incessantes. Você tem um amigo a quem estima e ama. Deseja permanecer em seus pensamentos. Quando você parte, escreve: "Pense em mim". Talvez, lhe dê uma lembrança para reavivar sua memória.

Mas a conexão mais profunda no mundo não pode trazer você à memória em todos os momentos. Metade do tempo, seu amigo está inconsciente; e em quanto, da outra metade, ele não está absorto? Mas não há redução nos pensamentos do Senhor.

Observe agora a *sabedoria* dos Seus pensamentos. Você tem um filho amado, distante de você e o segue em sua mente. Mas você não conhece suas circunstâncias atuais. Você o deixou em um local específico, mas onde está ele agora? Você o deixou em uma condição específica, mas em que condição está agora?

Talvez enquanto você pensa na saúde dele, ele esteja gemendo por um membro ferido ou uma disfunção dolorosa. Talvez enquanto você pense em sua segurança, algum inimigo tira proveito de sua inocência. Talvez enquanto você se alegra em sua prudência, ele decidirá dar um passo que comprometerá sua vida.

Mas quando Deus pensa em você, Ele tem conhecimento perfeito de sua situação, seus perigos, seus desejos.

Novamente, observe a *eficiência* dos Seus pensamentos. Aquele que pensa em você é o Deus próximo e não distante; Ele tem todos os acontecimentos sob Seu controle; Ele é o Deus de toda graça.
—WILLIAM JAY

Nas memórias do Dr. Malan, o editor, um de seus filhos, escreve sobre seu irmão, Jocelyn, que por alguns anos antes de sua morte foi motivo de sofrimentos corporais intensos: "Uma característica marcante de seu caráter era seu temor santo de Deus e reverência à Sua vontade."

Certo dia, ele repetia um versículo de Salmos: *Eu sou pobre e necessitado, porém o Senhor cuida de mim; tu és o meu amparo e o meu libertador; não te detenhas, ó Deus meu!* Disse: "Mamãe, eu amo esse versículo, menos a última parte. Parece uma murmuração contra Deus. Eu acho que Ele nunca se detém". —CAESAR MALAN, de *A vida*, contado por um de seus filhos

# Salmo 41

JESUS CRISTO, traído por Judas Iscariotes, é evidentemente o grande tema deste salmo, mas pensamos que não exclusivamente. Ele é o antítipo de Davi, e todo o Seu povo é em sua medida como Ele, portanto palavras adequadas ao Grande Representante são particularmente aplicáveis àqueles que estão nele.

Aqueles que recebem infame retribuição por demonstrarem paciente bondade para com outros podem ler esta canção com muito consolo, pois verão que é, lamentavelmente, muito comum para o melhor dos homens ser recompensado com crueldade e desprezo por sua santa caridade; e quando forem humilhados ao cair em pecado, outros tirarão proveito de seu estado deficiente, suas boas obras serão esquecidas e o desprezo mais infame será lançado sobre eles.

### Versículo 1

*Bem-aventurado o que acode ao necessitado.* Estes foram feitos participantes da graça divina, recebem uma natureza mais terna e não se endurecem contra sua própria carne e sangue; eles adotam a causa do oprimido e voltam suas mentes com seriedade à promoção de seu bem-estar. Eles não lhes jogam uma moeda e continuam seu caminho, mas investigam suas tristezas, esmiuçando sua causa, estudam as melhores maneiras para lhes proporcionar alívio e de modo prático vêm resgatá-los. —C. H. SPURGEON

Não os necessitados do mundo, nem santos necessitados em particular, mas algum único homem necessitado; pois a palavra está no singular e esboça nosso Senhor Jesus Cristo, que, no último versículo do salmo anterior é colocado como pobre e necessitado. —JOHN GILL

Dar dinheiro não é fazer todo o trabalho e obra de benevolência. Você deve ir ao leito do homem necessitado. Deve estender a mão para o trabalho de assistência. Esta é a bondade verdadeira e sem sofisticação. —THOMAS CHALMERS, em um sermão

Um nobre homem piemontês em cuja companhia estive em Turim, contou-me a seguinte história: "Eu estava exausto da vida, e após um dia que poucos já vivenciaram e ninguém deseja lembrar, eu estava correndo pela rua até o rio, quando senti um repentino impedimento; voltei-me e vi um menino que havia pegado a borda de minha capa em sua ansiedade para solicitar minha atenção. Sua aparência e modos eram irresistíveis. Não era menos importante a lição que ele havia aprendido: 'Nós estamos em seis e estamos morrendo por falta de comida'.

"Eu pensei: 'Por que não deveria socorrer esta família miserável? Tenho os meios e não atrasará muitos minutos. E se atrasar?' O cenário de miséria que ele me apresentou eu não posso descrever. Joguei-lhes minha carteira e o irromper de alegria deles tomou conta de mim. Encheu meus olhos; chegou calorosamente ao meu coração. 'Amanhã voltarei', proclamei. 'Tolo fui ao pensar em deixar um mundo onde tal prazer se pode ter e por tão pouco!'" —SAMUEL ROGERS, em *Itália*

*Um espírito ardente está no amor cristão,*
*O vigor da águia na compassiva pomba.*
*Pouco é suspirarmos de tristeza,*
*Suprir necessidades do homem,*
*Simpatizar com o sofredor,*
*Nem ouvir uma angústia sem ter o desejo de curar:*
*Pouco são estes para doença, dor e desgraça,*
*O espírito cristão ama com auxílio que vai;*
*Não será procurado,*
*não espera que a necessidade suplique,*

*Mas procura o dever; não evita a necessidade;*
*Seu auxílio aplica-se a toda adversidade,*
*E planta alívio em futuras misérias.*
—GEORGE CRABBE

Como são tolos aqueles que temem perder sua riqueza se a doarem e não temem perder a si mesmos por mantê-la! Aquele que estoca seu ouro pode ser um bom guardião, mas aquele que o dispõe é um bom mordomo. Faça o bem enquanto estiver em seu poder; alivie o oprimido, socorra o órfão, enquanto seus bens são seus; quando você estiver morto suas riquezas pertencerão a outros. Uma luz colocada adiante de um homem lhe é mais útil que vinte colocadas após ele. Em sua compaixão com o angustiado, ou para usos piedosos, deixe que suas mãos sejam executoras e seus olhos supervisores. —FRANCIS RAWORTH, em um *Sermão para funeral*

*O Senhor o livra no dia do mal.* A promessa não é de que o santo generoso não terá dificuldades, mas que será preservado nela e em tempo devido livrado dela. Quão verdadeiro foi isto para nosso Senhor! Nunca houve dificuldade mais profunda e triunfo mais reluzente do que o Seu e, glória seja dada ao nome do Senhor, Ele garante a vitória final de todos os Seus, que foram comprados com o Seu sangue.

O egoísmo carrega consigo uma maldição: é um câncer no coração; enquanto que a prodigalidade é felicidade e engorda os ossos. Em dias obscuros, não podemos descansar no suposto mérito do dar esmolas, mas ainda assim a música da memória traz consigo consolo nada mediano quando fala de viúvas e órfãos a quem socorremos e prisioneiros e enfermos a quem ministramos. —C. H. SPURGEON

Versículos 1 a 5. *O que acode [...]. Os meu inimigos.* Strigel observou que há uma antítese perpétua neste salmo entre os poucos que tem consideração devida pelos pobres de espírito e os muitos que os afligem ou abandonam. —W. WILSON

## Versículo 2
*O Senhor o protege, preserva-lhe a vida.* O avarento, assim como o suíno, não tem utilidade alguma até que esteja morto; deixe-o morrer então. O justo, como o boi, presta serviço enquanto vive; deixe-o viver então.

*E o faz feliz na Terra.*
Havia um homem, alguns o consideram louco,
Quanto mais doava, mais ele tinha.

## Versículo 3
*O Senhor o assiste no leito da enfermidade.* Os braços eternos acalmarão sua alma como mãos amigas e travesseiros macios que elevam o corpo do doente. Quão suave e compassiva é esta imagem; como aproxima nosso Deus de nossas enfermidades e doenças! Quem já ouviu algo semelhante sobre a pagã Jove/Júpiter, ou sobre os deuses da Índia ou da China?

Esta linguagem é peculiar ao Deus de Israel; é Ele que se desfigura para tornar-se enfermeiro e assistente de bons homens. Acontecendo de golpear com uma das mãos, Ele sustenta com a outra. Ó, bendito desfalecer quando se cai no seio do Senhor e deste modo é carregado! —C. H. SPURGEON

*Na doença, tu lhe afofas a cama.* Mas ó! Como Deus afofará minha cama se não tenho cama para ser afofada? Tolo, Ele pode permitir que você não tenha cama para ser Ele mesmo a cama para você. Quando Jacó dormiu no chão, quem não aceitaria acomodações tão penosas tendo em vista o sonho celestial que lhe seria dado? —THOMAS FULLER

Quando, certo dia, visitei meu amado amigo Benjamin Parsons, que estava prestes a morrer, perguntei-lhe: "Como você está hoje, meu senhor?" Ele disse: "Minha cabeça descansa docemente em três travesseiros: poder Infinito, amor Infinito e sabedoria Infinita." —PAXTON HOOD, em *Obscuros Dizeres em uma Harpa*

## Versículo 4
*Porque pequei contra ti.* O pecado e o sofrimento são companheiros inevitáveis. Observe que pelo salmista, o pecado era sentido em grande parte como maligno porque era diretamente contra Deus. Esta é a essência do verdadeiro arrependimento. Aplicando a petição

a Davi e a outros cristãos pecadores, o argumento se torna estranhamente evangélico: "cura-me, não porque sou inocente, mas porque *pequei*". Como isto é contrário a toda súplica de justiça própria! Como é consonante com a graça! Quão inconsistente com o mérito!

Até mesmo o fato de que o penitente confesso lembrou-se do necessitado é apenas indiretamente exortado, mas um apelo direto é feito à Misericórdia nas bases da grandeza do pecado. Ó leitor vacilante, aqui está um precedente divinamente revelado a você, não se demore em segui-lo. —C. H. SPURGEON

Saul e Judas disseram: "Pequei"; mas Davi diz: "Pequei contra ti". —WILLIAM S. PLUMER

## Versículo 5

*Quando morrerá e lhe perecerá o nome?* Se houvesse a possibilidade de que os eventos fossem segundo a vontade dos perseguidores, a Igreja teria um pescoço e ele estaria na guilhotina. Ladrões apagariam deliberadamente todas as velas. As luzes do mundo não são os deleites do mundo. Pobres e cegos morcegos, voam até a lâmpada e tentam derrubá-la. —C. H. SPURGEON

É o *nome*, o caráter e os privilégios do verdadeiro servo de Deus que atraem o ódio de homens impiedosos e eles de bom grado extirpariam o Senhor de suas vistas. —W. WILSON

## Versículo 6

*Se algum deles me vem visitar, diz coisas vãs.* Suas visitas por empatia são, na realidade, de zombaria. Quando a raposa chama o cordeiro adoecido, suas palavras são suaves, mas ela lambe seus lábios à espera da carcaça.

*Amontoando no coração malícias.* Semelhante atrai semelhante. O pássaro faz seu ninho com penas. Das flores mais doces, os químicos podem destilar veneno e das palavras mais puras e atos de malícia pode-se abrir precedente para relatos caluniosos. É perfeitamente surpreendente como o desprezo tece teias sem material algum. —C. H. SPURGEON

Lembro-me de um belo apólogo que Bromiard conta: um caçador, em uma manhã mordaz e gelada, tendo caçado muitos pássaros que por muito tempo tinha observado, começou a reunir suas redes e atingindo os pássaros na cabeça os dispôs deitados.

Um jovem sabiá, espiando as lágrimas escorrendo nas bochechas do homem devido ao frio extremo, disse à sua mãe que certamente o homem foi muito misericordioso e compassivo, pois chorava tão amargamente pela calamidade ocorrida aos pobres pássaros. Mas sua mãe disse mais sabiamente, que ele julgaria melhor a disposição do homem por sua mão e não por seus olhos; e se as mãos golpeiam traiçoeiramente, ele não pode jamais ser reconhecido como amigo por falar adequadamente e chorar lastimavelmente. —JEREMY TAYLOR

## Versículo 7

*De mim rosnam à uma todos os que me odeiam.* O espião encontra seus camaradas em conclave e os coloca a sussurrar. Por que não poderiam falar em tom de voz comum? Teriam medo do guerreiro adoecido? Ou seus planos eram tão pérfidos que precisam ser conspirados em segredo?

Observe a unanimidade dos perversos: *todos*. Quão vivamente os cães se unem para caçar o veado! Quem dera tivéssemos na obra santa metade da união que têm os perseguidores em seus projetos maliciosos e, tivéssemos em sabedoria metade do que eles têm em astúcia, pois seu sussurro era astúcia como também covardia, a conspiração não deve ser revelada até que tudo esteja pronto.

## Versículo 9

*Até o meu próprio amigo íntimo.* "O homem da minha paz", assim diz o original, com quem eu não tinha diferenças, com quem tinha associação, que antigamente ministrou a mim paz e consolo. Este era Aitofel para Davi, e Iscariotes para nosso Senhor.

Judas era um apóstolo, aceito na privacidade do Grande Mestre, com acesso a Seus pensamentos secretos e, assim, com permissão para ler Seu coração. *Até tu, Brutus?* Disse o moribundo César. O beijo do traidor feriu o coração de nosso Senhor tanto quando os pregos feriram a Sua mão. —C. H. SPURGEON

Os sofrimentos da Igreja, como os do seu Redentor, geralmente começam em casa: seus inimigos confessos não podem lhe ferir até que seus supostos amigos a tenham entregue em suas mãos; e ainda que pareça ir contra a ordem natural, aqueles que engordaram com sua generosidade são algumas vezes os primeiros a "erguer a mão" contra ela. —GEORGE HORNE

## Versículo 11

*Com isto conheço que tu te agradas de mim.* Como Maria e Marta tinham em mente duas coisas sobre Cristo: a primeira era que Cristo amava Lázaro, seu irmão, e a segunda era que Lázaro estava doente. "Está enfermo aquele a quem amas". Não havia necessidade de dizer-lhe o que Ele deveria fazer, pois elas sabiam que Jesus faria o que precisasse ser feito porque Ele o amava.

Então podemos dizer ao Senhor, quando temos certeza de que Ele nos ama: "Senhor, aquele a quem amas deseja isso ou aquilo para seu corpo ou sua alma". Não precisamos indicar-lhe o que fazer ou quando ou como; pois o que Ele vê ser mais conveniente para nós e para Sua glória, certamente o fará. —WILLIAM BURTON

*Em não triunfar contra mim o meu inimigo.* Quando Deus nos liberta das mãos de nossos inimigos ou de qualquer dificuldade, podemos nos convencer por meio disso, que encontramos favor diante dele, como foi com Davi.

Mas pode então ser questionado: se Deus ama a Sua Igreja, porque permite que seja afligida e importunada por seus inimigos? A razão é a seguinte: por estes meios o Seu amor pode se manifestar ainda mais ao salvar e libertá-las. Pois, assim como um amigo certo só se conhece no momento de necessidade, a bondade e o amor de Deus nunca são tão bem percebidos como quando nos socorrem em momentos em que não podemos nos socorrer. —WILLIAM BURTON

## Versículo 12

*Quanto a mim, tu me susténs na minha integridade.* Somos como óculos sem hastes, que só se mantém apoiados quando uma das mãos os segura; caímos, derramamos e danificamos tudo, se nos for entregue o controle. O Senhor deveria ser louvado todos os dias se somos preservados de pecados repugnantes. Quando outros pecam, eles nos mostram o que seríamos sem a graça. "Ele hoje e eu amanhã", era a exclamação de um homem santo sempre que via outro caindo em pecado. —C. H. SPURGEON

Esta mesma integridade é como a arca de Noé, em que ele foi preservado quando outros pereceram, estando fora dela. É como a fita vermelha, que os espiões de Josué deram a Raabe, esta foi-lhe um alvará por meio do qual ela requereu sua vida, quando o restante foi destruído, pois não tinha tal garantia.

Então esta integridade é de pequeno reconhecimento, confesso, entre os homens deste mundo, que pensam que não há outro Céu, exceto a Terra; mas como a fita de Raabe foi melhor para ela do que todos os seus bens, e essencial quando a espada chegou, assim esta integridade é melhor para os filhos de Deus do que todo o mundo quando a morte chegar. —WILLIAM BURTON

## Versículo 13

O Salmo acaba com uma doxologia. *Bendito seja o Senhor*, ou seja, que Ele seja glorificado. A benção no início vinda da boca de Deus é devolvida saindo da boca de Seu servo. Não podemos acrescentar algo à bem-aventurança de Deus, mas podemos derramar nossos desejos de gratidão, e estes Ele aceita, assim como nós recebemos pequenas flores como presente de crianças que nos amam. —C. H. SPURGEON

# SALMO 42

**TÍTULO:** É sempre edificante ouvir a experiência de um santo profundamente gracioso e muito aflito.

Ainda que Davi não seja mencionado como autor, este Salmo deve ser fruto de sua pena; é tão davídico, tem o aroma do filho de Jessé; carrega as marcas de seu estilo e experiência em todas as letras. Poderíamos antes duvidar da segunda parte do livro *O Peregrino* (Publicações Pão Diário, 2014), do que questionar a autoria de Davi como compositor deste salmo. —C. H. SPURGEON

*Os filhos de Corá.* Escritores medievais observam como aqui, e frequentemente o é, era a vontade de Deus elevar santos em lugares onde menos os procuraríamos. Quem imaginaria que da posteridade daquele que disse: "por que, pois, vos exaltais sobre a congregação do SENHOR?" [N.E.: Números 16] surgiriam aqueles cujos doces salmos seriam herança da Igreja do Senhor até os fins dos tempos? —J. M. NEALE

Assunto: É o clamor de um homem há muito removido dos ritos externos e da adoração a Deus, suspirando pela tão amada casa de seu Deus; e ao mesmo tempo é a voz do cristão espiritual, sob abatimentos, ansiando pelo renovo da presença divina, lutando com dúvidas e medos, mas ainda permanecendo pela fé no Deus vivo.

### Versículo 1

*Como suspira a corça pelas correntes das águas, assim, por ti, ó Deus, suspira a minha alma.* Excluído da adoração pública, Davi estava entristecido. Ele não buscava sossego; não cobiçava honra; mas o desfrutar da comunhão com Deus era uma necessidade urgente de sua alma. Ele entendia esta comunhão não meramente como o mais doce de todos os luxos, mas como uma necessidade inquestionável, como água para uma corça.

Dê-lhe seu Deus e ele se alegra como o pobre cervo, que ao saciar sua sede fica perfeitamente feliz; mas negue-lhe seu Senhor e seu coração se agita, seu peito palpita, toda a sua estrutura estremece, como alguém que ofega procurando ar ou arqueja em uma longa corrida.

Caro leitor, você sabe o que é isto? Você já sentiu o mesmo? É uma doce amargura. Só uma coisa é maior do que viver na luz do amor do Senhor: estar infeliz até que a tenhamos e ofegar de hora em hora à sua procura. Eu disse de hora em hora? A sede é um anseio perpétuo e não deve ser esquecido e da mesma forma é contínuo o anseio do coração por Deus.

Quando para nós é natural ansiar por Deus como é para um animal ter sede, bem está nossa alma, ainda que nossos sentimentos sejam dolorosos. Podemos aprender com este versículo que a avidez de nossos desejos pode ser uma súplica a Deus, e ainda mais por haver promessas especiais para o fervoroso e importuno. —C. H. SPURGEON

Pouco pensam os bêbados que têm tanto prazer em frequentar as casas de Baco, no fato de que os piedosos têm muito mais alegria em frequentar as casas de Deus. —ZACHARY BOGAN

### Versículo 2

*A minha alma tem sede de Deus.* Esteja certo de que seu coração não tenha escassez de Cristo em tarefa alguma. Não abandone dever algum até que encontre algo de Cristo nele; e até que você receba, não apenas um punhado, mas uma braçada (com o velho Simeão, Lc 2:28); sim, com o coração exultante pelo bendito e belo bebê de Belém. De fato, deveria estabelecer permuta com o Céu, e comunhão com Cristo no dever e isto é denominado a presença de Deus, ou você se colocando diante do Senhor.

Agostinho disse que não amava as orações elegantes de Tully (de antigamente) porque não conseguia encontrar Cristo nelas; assim também uma alma graciosa não ama tarefas vazias.

Floreados retóricos, expressões sem impressões na oração ou na pregação não são o pão verdadeiro, mas címbalos tilintantes. —CHRISTOPHER NESS, em *Espelho de Cristal*

*Do Deus vivo*. Um Deus morto é simples zombaria; nós abominamos tal deidade, monstruosa deidade; mas o Deus eternamente vivo, a fonte perene da vida, luz e amor, é o desejo de nossa alma.

*Quando irei e me verei perante a face de Deus?* "Ver a face de Deus" é uma tradução muito próxima do hebraico; mas as duas ideias podem ser combinadas; ele desejava ver a face de seu Deus e ser visto por Ele. Por isto vale a pena ter sede! —C. H. SPURGEON

Um homem perverso jamais pode dizer com sinceridade: *Quando irei e me verei perante a face de Deus?* Porque muito rapidamente ele fará como os demônios que disseram que Cristo veio para atormentá-los "antes do tempo". Pergunte a um ladrão e a um malfeitor se ele deliberadamente apareceria diante de um juiz. Não, eu lhe garanto, ele preferiria que não houvesse juiz algum diante do qual precisasse se apresentar. E assim é com homens mundanos com relação a Deus — eles desejam esconder-se dele. —THOMAS HORTON

Ao tentar afastar uma criança de seus brinquedos e entretenimentos, ela não permanecerá contente por muito tempo; chorará pedindo o seio de sua mãe. Então, deixe um homem se aproximar do púlpito com belas sentenças em latim e grego e belas histórias; isto não satisfará a alma faminta. Ele precisa ter o leite sincero da Palavra para se alimentar. —OLIVER HEYWOOD

## Versículo 3

*As minhas lágrimas têm sido o meu alimento dia e noite.* Alimento salgado, mas saudável para a alma. Quando um homem chega às lágrimas, às constantes lágrimas, lágrimas abundantes, lágrimas que enchem seu cálice e trincheira, ele está em avidez de fato. Talvez tenha sido bom para ele que o coração pôde abrir os cofres; há uma tristeza seca muito mais terrível que os lamentos chuvosos.

*Enquanto me dizem continuamente: O teu Deus, onde está?* Os perversos sabem que nosso pior infortúnio seria perder o favor de Deus; consequentemente sua malícia diabólica os leva a declarar que este é o caso aqui. —C. H. SPURGEON

Quem é o seu Deus de quem você tanto se vangloria e em quem tanto se alegra, como se Ele não fosse o Deus de mais ninguém além de seu? Podemos compreender aqui a disposição dos homens perversos. É um caráter de envenenamento, disposição à blasfêmia para censurar um homem em sua religião.

*O teu Deus, onde está?* Assim o diabo lidou com o Cabeça da Igreja, nosso bendito Salvador, quando veio para tentá-lo. "Se és Filho de Deus, manda que estas pedras se transformem em pães" (Mt 4:3). Ele vem com um "se"; ele trabalhou para abalá-lo em Sua filiação. O diabo, desde que foi separado de Deus eternamente, tornou-se um espírito de divisão; ele age para separar até mesmo Deus, o Pai, de Seu próprio Filho — "Se és Filho de Deus?".

Ele trabalha assim para dissociar os cristãos do seu Cabeça, Cristo. *O teu Deus, onde está?* Esse era seu alvo, produzir divisão, caso pudesse, entre o coração do cristão e Deus, para poder, por inveja, acusar Deus, como que desconsiderando quem Deus é: você passou por muitas dores servindo a seu Deus, veja agora que apreço Ele tem por você. *O teu Deus, onde está?* —RICHARD SIBBES

## Versículo 4

*Se me derrama a alma.* A alma da oração está no derramar da alma diante de Deus. —THOMAS BROOKS

*Passava eu com a multidão de povo e os guiava em procissão à Casa de Deus, entre gritos de alegria e louvor, multidão em festa.* Que degradação substituir a inteligente canção de toda a congregação pela beleza teatral de um quarteto, os refinados maneirismos de um coral ou o soprar de um vento de foles e flautas inanimados! Poderíamos também orar por meio de maquinários já que com eles louvamos. —C. H. SPURGEON

O Deus gracioso se agrada ao considerar como Sua glória os muitos pedintes que se acumulam diante do belo portão de Seu templo à espera de esmolas espirituais e físicas.

Que honra é para nosso grande Locatário que multidões de inquilinos se agrupem em Sua casa para pagar seu aluguel de gratidão e adoração por tudo o que têm e que dele vem! —GEORGE SWINNOCK

*Versículo 5*
*Por que estás abatida, ó minha alma?* Sondar a causa de nossa tristeza é geralmente a melhor cirurgia para o pesar. A autoignorância não é um benefício, neste caso é miséria. A névoa da ignorância amplia as causas de nossa inquietação, uma visão mais clara fará monstros encolher-se a bagatelas. —C. H. SPURGEON

Pense nisto, você que sente o peso de sua alma; pense nisto, você que não o sente, pois poderá vir a senti-lo. Saiba que há uma tristeza que "produz arrependimento para a salvação, que a ninguém traz pesar". Novamente, saiba que há uma tristeza que "produz morte".

Lembre-se de que houve lágrimas que levaram a pecadora Maria ao Céu; lembre-se novamente que houve lágrimas, que nada concederam ao pecador Esaú. Pois no martírio, não se trata da espada, do chumbo fervendo ou fogo, não se trata do que sofremos, mas o *porquê* é que os justifica. —BRIAN DUPPA, em um sermão intitulado *O solilóquio da alma*

Homens perversos oprimiram Davi e o diabo o tentou; contudo, ele repreende seu próprio coração e nada mais. Davi não repreendeu Saul, nem Absalão; mas repreende e investiga seu próprio coração. *Por que estás abatida, ó minha alma?* Ainda que o diabo tente e os homens perversos oprimam como instrumentos de punição pelo pecado; nós, com Davi, devemos repreender nosso próprio coração. —CHRISTOPHER LOVE, em *A cura da alma desalentada*

*Por que estás abatida?* Mais literalmente, *conturbada*, uma palavra aplicada frequentemente ao estrondo e turbulência e ao forte balanço do mar. Veja Is 17:12; Jr 5:22; 6:23; 51:55. —HENRY MARCH

*Espera em Deus.* A esperança nunca promove tanta alegria quanto na aflição. É sobre uma nuvem aquosa que o Sol pinta as curiosas cores no arco-íris... Há duas graças que Cristo utiliza acima de qualquer outra, para encher a alma de alegria: fé e esperança; pois estas duas trazem consigo todo o seu vinho de alegria sem renitência. A fé revela à alma o que Cristo fez por ela e, assim, a consola; a esperança reaviva a alma com as novidades do que Cristo fará: ambas fluem da mesma fonte, Cristo e Sua promessa. —*Condensado de* WILLIAM GURNALL

Ainda o louvarei, a ele, meu auxílio e Deus meu. Quando for dito: "está enfermo aquele a quem amas", daí pode ser dito: "Esta enfermidade não é para morte"; e ainda que seja para a primeira morte, não será para a segunda.

Quem pensaria, quando Jonas estava no mar (Jn 3), que ele pregaria em Nínive? Quem pensaria, quando Nabucodonosor estava na floresta (Dn 4), que ele reinaria novamente em Babel? Quem pensaria, quando José foi banido por seus irmãos, que seus irmãos o procurariam como seus servos?

Quem pensaria que quando Jó, sobre cinzas, raspava suas feridas com um caco, todas as suas casas foram queimadas, todo o seu gado roubado e todos os seus filhos mortos, ele seria mais rico do que jamais fora? Estes são atos de misericórdia que fazem o justo cantar: "Cantai ao Senhor, porque gloriosamente triunfou" (Êx 15:21). —HENRY SMITH

Não invista pouco tempo na tentativa de silenciar seu coração com Deus quando decidir entrar em desavença com Ele, mas não desista até que o leve a confiar docemente em Deus. O santo Davi foi até este ponto, ele não apenas repreendeu sua alma por estar inquieta, mas a encarrega de confiar em Deus. —WILLIAM GURNALL

Versículos 5 a 11. Não se trata tanto do peso do fardo quanto da dor nas costas que perturba a pobre fera: então não se trata do peso dos males externos quanto da dor interior de uma consciência amargurada, nem purificada nem curada pela fé, que oprime e aflige a pobre criatura. —MATTHEW LAWRENCE, em *O uso e a prática da fé*

Ocorre conosco o mesmo que um pássaro tolo que, estando em um cômodo cuja porta está trancada e as ventarolas fechadas, bate-se contra a parede e as janelas, quebra suas penas e fere seu corpo. No entanto, se ele permanecesse quieto até que as passagens fossem abertas pelo dono, poderia ir embora sem um ferimento sequer.

Quando o Senhor de fato nos cala e estreita nossa liberdade por certo tempo, nós desejamos abrir caminho, tendo muitos dispositivos em nosso coração para derrubar as paredes da Sua providência; enquanto que, se permanecêssemos em Seu repouso, dependendo da Sua promessa e submetendo-nos a ser moldados por Sua mão, conseguiríamos suportar mais tranquilamente esta prisão e com menos ferimentos, depois que, finalmente, fôssemos colocados em liberdade. Pois o Senhor é resoluto e quem pode mudá-lo? Ele fará acontecer o que decretou para nós. —JOHN BARLOW

Então, se você quiser ter certeza, invista mais tempo fortalecendo suas provas sobre o Céu do que as questionando. Esta é a grande falha de muitos cristãos: eles investem muito tempo questionando e não fortalecendo seus consolos. Racionalizam até atingir a incredulidade e dizem: "Senhor, por que eu deveria crer?" —CHRISTOPHER LOVE

### Versículo 6
*Deus meu*. Expressão admirável! Quem ousará dizer ao Criador dos confins da Terra, a Majestade nos Céus: *Deus meu*? Um exilado, um andarilho, um pária, um homem abandonado, desprezado, insultado; uma alma abatida e inquieta: este ousará. Mas por qual direito? Direito da aliança. —HENRY MARCH

*Lembro-me, portanto, de ti.* Grande sabedoria é armazenar na memória nossas ocasiões seletas de conversa com o Céu; podemos precisar delas em outro momento, quando o Senhor não se apressar em trazer de volta o Seus banidos e nossa alma estiver dolorida de medo. Ó, vale de Acor, que nunca será esquecido, porta de esperança é! Dias justos, agora passados, que deixaram uma luz para trás, luz que alegra nossa soturnidade atual. —C. H. SPURGEON

### Versículo 7
*Um abismo chama outro abismo, ao fragor das tuas catadupas.* Aqui ele une dois fenômenos da natureza, assombrosos e terríveis. É fato detectado por indícios de viajantes que o jorrar de águas não é incomum na da costa da Judeia. Aparentemente é causado pela união de grandes massas de nuvens cujas águas concentram-se num ponto e se derramam em uma imensa coluna, acompanhada de um barulho estrondoso.

Agora, a imagem concebida na mente do salmista parece ser de um aceleramento desta vasta catadupa em direção ao mar, já agitado e aumentando em turbulência e transtorno das suas ondas. Uma imagem terrível! Especialmente se a ela fosse acrescentada as ideias de um céu escuro e tempestuoso e o bramido ensurdecedor ocasionado pelo alvoroço. Qual seria a situação de uma embarcação em meio a tal tempestade, o dilúvio vindo de cima e por todo o redor o furioso oceano agitando suas enormes ondas; ingovernável, incapaz, atingindo a impossibilidade de escapar do afundamento salvo por interferência de algo quase miraculoso!

Contudo, a tal situação Davi aqui compara o estado de sua alma quando submersa, por assim dizer, em um mar de aflições; "todas as tuas ondas e as tuas vagas têm passado sobre mim". Quão mordaz deve ter sido este senso de angústia para obrigá-lo a fazer tal comparação, expressando tão fortemente perigo e terror máximos! —HENRY MARCH

*Todas as tuas ondas e vagas passaram sobre mim*. Cilindros atlânticos, avançando em sucessão incessante sobre a cabeça do nadador, catadupas aproximando-se cada vez mais e todo o oceano em alvoroço cercando-o; a maioria dos herdeiros do Céu consegue compreender a descrição, pois vivenciaram algo semelhante.

Esta é uma experiência profunda desconhecida para bebês na graça, mas comum o suficiente para aqueles que operam nas grandes águas da aflição. Para estes é algum consolo lembrar-se de que as ondas e vagas são do Senhor. "tuas ondas e tuas vagas", diz Davi, "são todas enviadas e direcionadas por Ele e cumprem Seus planos; o filho de Deus, sabendo disto, mais se resigna."

*Versículo 8*
*Contudo, o Senhor, durante o dia me concede a sua misericórdia.* Nenhum dia amanhecerá sobre um herdeiro da graça e o encontrará completamente abandonado por seu Senhor; Deus reina e como soberano Ele comandará com autoridade que a misericórdia seja reservada para Seus escolhidos. —C. H. SPURGEON

Sua expressão é notável; ele não diz simplesmente que o Senhor concederá, mas, *mandará a sua misericórdia*. Assim como o dom concedido é graça — favor gratuito ao indigno; assim o modo de concedê-lo é soberano. É dado por decreto; é um donativo régio. E se Ele comanda a bênção, quem impedirá que seja recebida? —HENRY MARCH

*E à noite.* Para dizer a verdade, acredito que a noite é o momento mais alegre que o homem piedoso tem e o mais triste para o homem perverso (que, ainda que faça uso da escuridão para esconder seu pecado, tem medo justamente por aquilo em que sua segurança consiste). —ZACHARY BOGAN

*Uma oração ao Deus da minha vida.* Aqui pode ser visto que a religião de Davi era a religião da oração após libertação, assim como antes dela. O egoísta que suplica durante a dificuldade colocará fim às suas orações assim que a dificuldade se acabar.

Com Davi, foi exatamente o inverso. A libertação da dificuldade fortaleceria a sua confiança em Deus, encorajava suas abordagens e o equipava com novos argumentos… Há grande necessidade de oração após a libertação, pois o tempo de libertação é frequentemente um tempo de tentação; a alma, estando eufórica livra-se da guarda. —HENRY MARCH

*Versículo 9*
*Por que hei de andar eu lamentando sob a opressão dos meus inimigos?* Lamentável é para qualquer homem ter um membro amputado, mas quando sabemos que a operação era necessária para salvar a vida, nos alegramos ao ouvir que foi bem-sucedida; mesmo quando a provação se desenrola, o projeto do Senhor ao enviá-la se torna muito mais fácil de suportar.

*Versículo 10*
*Dizendo e dizendo: O teu Deus, onde está?* Tal era a malícia dos inimigos de Davi, que pensando na cruel pergunta, eles a diziam, diziam diariamente, repetiam-na para ele e isso por um longo período. Certamente o ganido contínuo destes vira-latas perseguindo-o foi suficiente para enlouquecê-lo e talvez assim o seria, caso ele não tivesse recorrido à oração e feito das perseguições de seus inimigos uma súplica diante de seu Senhor. —C. H. SPURGEON

Davi poderia ter dito a eles: "Onde estão seus olhos? Onde está sua visão? Pois Deus não está somente no Céu, mas em mim". Ainda que Davi tivesse sido expulso do santuário, sua alma era um santuário para o Senhor; pois Deus não está preso a um santuário feito por mãos. Deus tem dois santuários, Ele tem dois céus: o Céu dos céus e o espírito quebrantado. —RICHARD SIBBES

Moscas de floresta, por menores que sejam, deixam o nobre cavalo de guerra enlouquecido; portanto Davi diz: *Esmigalham-se-me os ossos, quando os meus adversários me insultam, dizendo e dizendo: O teu Deus, onde está?* —FREDERICK WILLIAM ROBERTSON

*Versículo 11*
*Espera.* A esperança é como o Sol, que, ao caminharmos em direção a ele, lança a sombra de nosso fardo para trás. —SAMUEL SMILES

*Deus... meu auxílio e Deus meu.* A saúde e a vida de sua graça estão ambas, não em sua graça, diz a fé, mas em Deus, que é o seu Senhor; portanto eu ainda viverei e o louvarei. Não me surpreendo com o fato de que o cristão fraco seja melancólico e triste quando vê seu rosto adoecido em qualquer outro espelho que não este. —WILLIAM GURNALL

Você já viu o sol brilhando em fevereiro, o céu azul, as cercas vivas florescendo, as prímulas espreitando sob as margens e os pássaros cantando nos arbustos? Pode-se pensar que aqui a primavera já terá chegado com sua beleza e doces odores. Mas alguns dias e as nuvens retornam, a atmosfera arrefece, os pássaros emudecem e a neve cobre o chão. Então você dirá que a primavera nunca terá vindo.

E assim, certas vezes o jovem convertido descobre que os seus medos foram removidos, e os consolos do evangelho foram vertidos em seu coração, louvor e ações de graças e uma nova canção surgiu em seus lábios. Ele acredita, imprudentemente, que as suas dificuldades se foram para sempre. Mas algum tempo se passa e suas dúvidas retornam, seus consolos evanescem, sua luz lhe é retirada, seu espírito oprimido e inclina-se a concluir que a salvação e todas as suas bênçãos não são para ele. Mas a primavera, ainda que tardia, finalmente irromperá. —H. G. SALTER, em *Livro das Ilustrações*

# Salmo 43

ASSUNTO: Considerando a semelhança da estrutura deste salmo com o Salmo 42, supõe-se que seja um fragmento erroneamente separado do cântico anterior; mas é sempre perigoso permitir estas teorias de erro nas Santas Escrituras, e, neste caso, seria muito difícil demonstrar justa causa para tal admissão.

### Versículo 1

*Faze-me justiça, Ó Deus.* Eu posso rir da deturpação humana se minha consciência sabe que o Senhor está ao meu lado.

*E pleiteia a minha causa contra a nação contenciosa.* Quando as pessoas são contenciosas, não é surpresa que sejam injustas; daqueles que não são verdadeiros com o próprio Deus, não se pode esperar que tratem corretamente o Seu povo. Odiando o Rei, não amarão seus súditos. A opinião popular pesa para muitos, mas a opinião divina tem muito mais peso com os poucos graciosos. Uma boa palavra de Deus supera 10 mil discursos vituperiosos dos homens. Ele carrega um escudo impetuoso diante daquele cuja confiança sobre todas as coisas está em seu Deus; as flechas de calúnia caem inofensivamente com tal proteção. —C. H. SPURGEON

Agora, Deus não pode em justiça punir duas vezes; portanto, vendo que Cristo foi ferido, os cristãos devem ser curados (Is 53). Os cristãos têm a justiça de Deus atribuída a eles (2 Co 5); portanto, Deus deve lidar com cristãos da mesma forma com que lidará com Sua própria justiça. — *Condensado de* NATHANIEL HOMES

*Livra-me do homem fraudulento e injusto.* Engano e injustiça são companheiros benéficos, pois aquele que festeja não temerá difamar. Destes dois demônios ninguém pode nos libertar, exceto Deus.

### Versículo 2

*Por que me rejeitas?* Há muitas razões pelas quais o Senhor pode nos rejeitar, mas nenhuma delas prevalecerá de modo que Ele o faça. Ele não rejeita o Seu povo, ainda que por certo tempo os trate como rejeitados. Aprenda com esta pergunta que bom é questionar providências obscuras, mas devemos arrazoar com Deus e não com nossos medos. Aquele que é o Autor de uma provação misteriosa pode muito bem explicá-la a nós.

*A Incredulidade cega certamente erra,
E analisa a Sua obra em vão;
Deus é o Seu próprio intérprete
E Ele a esclarecerá.*
—C. H. SPURGEON

## Versículo 3

*A tua luz e a tua verdade.* "…no dia em que dela comeres, certamente morrerás." Adão comeu e naquele dia se tornou súdito do pecado e da morte. Isto foi a verdade executando julgamento. Mas a luz surgiu na escuridão; raios de misericórdia atenuaram a pesada nuvem. A promessa do Grande Libertador foi concedida; então a fidelidade foi recrutada deste lado da graça e se comprometeu por sua concessão; "Encontraram-se a graça e a verdade, a justiça e a paz se beijaram." Desde então, todas as almas humildes e esperançosas as contemplam unidas e fizeram de sua união o fundamento para sua confiança e alegria.
—HENRY MARCH

*Para que me guiem.* Que estas sejam minha estrela a me guiar ao descanso. Sejam meus guias alpinos a me conduzir pelas montanhas e precipícios até as moradas da graça.

*E me levem ao teu santo monte e aos teus tabernáculos.* Não buscamos luz pela qual pecar nem verdade por meio da qual sermos exaltados, mas para que se tornem nossos guias práticos à comunhão mais íntima com Deus. —C. H. SPURGEON

## Versículo 4

*Então, irei ao altar de Deus.* Em direção a este altar todos os raios de luz do favor, da graça, da verdade divina e santidade convergem desde a eternidade; e deste ponto reluzem até a alma e sobre ela, até o coração do pobre e distante penitente, atraindo-o a esse altar onde ele encontrará seu Deus. —JOHN OFFORD

*Deus, que é a minha grande alegria.* Não era exatamente o altar em si o motivo da atenção do salmista, pois ele não acreditava no paganismo do ritualismo. Sua alma desejava comunhão espiritual, comunhão, de fato, com o próprio Deus. O que são todos os ritos de adoração a menos que Deus faça parte deles? O que, de fato, se não conchas vazias e cascas secas? —C. H. SPURGEON

## Versículo 5

*Espera em Deus.* O lema do mundano é: "um pássaro na mão". "Dê-me hoje", eles dizem "e leve amanhã quem quiser". Mas a palavra dos cristãos é *spero meliora* — minhas esperanças são melhores do que minhas posses atuais. —ELNATHAN PARR

# Salmo 44

TÍTULO: "Masquil para o cantor-mor, entre os filhos de Corá" (ARC). O título é semelhante ao do Salmo 42 e ainda que isto não ateste serem do mesmo autor é altamente provável que assim o seja. Nenhum outro escritor deveria ser procurado como autor de qualquer Salmo quando Davi nos basta e, portanto, relutamos em atribuir este sagrado cântico a qualquer um que não o grande Salmista. Entretanto, como pouco sabemos de algum período de sua vida que possa ter sido aqui adequadamente descrito, nos sentimos compelidos a procurar em outro lugar. Os últimos versículos nos lembram dos famosos versos de Milton sobre o massacre dos protestantes entre as montanhas de Piemonte. —C. H. SPURGEON

Santo Ambrósio observa que nos salmos anteriores vimos uma profecia da paixão, ressurreição e ascensão de Cristo e da vinda do Santo Espírito; e aqui somos ensinados que devemos estar prontos para lutar e sofrer de modo que essas coisas possam nos beneficiar. A vontade humana deve atuar junto à graça divina. —CHRISTOPHER WORDSWORTH

### Versículo 1

*Ouvimos, ó Deus, com os próprios ouvidos.* Ouvir com os ouvidos nos afeta mais sensivelmente do que ler com os olhos; devemos observar isto e aproveitar todas as oportunidades possíveis de falar a todos sobre o evangelho de nosso Senhor Jesus, de *viva voz*, considerando que este é o modo mais revelador de comunicação.

*Nossos pais nos têm contado.* Quando os pais são comedidos no falar com sua descendência sobre a religião, precisarão eles perguntar-se por que o coração de seus filhos se apega tanto ao pecado? A conversa devota não precisa ser monótona e, de fato, não o seria se, como neste caso, tratasse mais de fatos e menos de opiniões. —C. H. SPURGEON

*A obra que fizeste* (ACRF). Por que somente *obra* no singular, quando tais inumeráveis libertações foram forjadas por Ele, desde a passagem do mar Vermelho à destruição dos 185 mil no campo dos assírios? Porque todas estas foram tipos desta única grande obra, a obra do estender da mão do Senhor, quando Satanás foi derrotado, a morte destruída e o reino do Céu aberto para todos os que creem. —AMBRÓSIO

Enquanto os cânticos de outras nações cantam o heroísmo de seus ancestrais, os cânticos de Israel celebram as obras de Deus. —AUGUSTUS F. THOLUCK

### Versículo 2

*Como afligiste os povos e os derrubaste* (ACRF). Quão justa é a Misericórdia quando se coloca ao lado da justiça! Reluzente é a estrela da graça em meio à noite da ira! Solene é o pensamento de que a grandiosidade do amor divino tem seu equivalente na grandiosidade da Sua indignação.

### Versículo 3

*Pois não foi por sua espada que possuíram a terra.* A passagem pode ser vista como uma bela parábola da obra da salvação; os homens não são salvos sem oração, arrependimento etc., mas nenhum destes salva um homem; a salvação por completo vem do Senhor. Canaã não foi conquistada sem os exércitos de Israel, mas igualmente verdade é que não foi conquistada por eles; o Senhor foi o conquistador e o povo não passou de instrumento em Suas mãos.

### Versículo 5

*Em teu nome, calcamos aos pés os que se levantam contra nós.* Observe com atenção o que se diz de todas as conquistas destes crentes: "com o teu auxílio", "em teu nome"; que jamais esqueçamos disto, para que não entremos em guerra à nossa custa e assim falhemos deploravelmente. Não caiamos, portanto, no igualmente perigoso pecado de desconfiança, pois o Senhor pode fazer o mais fraco de nós ser capaz de lidar com qualquer crise.

## Versículo 6

Não confio no meu arco, e não é a minha espada que me salva. Braço de carne, como ouso confiar em você? Como ouso trazer sobre mim a maldição daqueles que confiam no homem? —C. H. SPURGEON

Quanto menos confiança temos em nós mesmo ou em qualquer coisa que não Deus, mais provas temos da sinceridade de nossa fé em Deus. —DAVID DICKSON

## Versículo 8

*Em Deus, nos temos gloriado continuamente.* Que bendito gloriar-se é este! É o único tipo tolerável de gloriar-se. Todos os demais manás geravam vermes e fediam com exceção daquele colocado diante do Senhor, e todo o outro jactar-se é odioso, salvo este gloriar-se no Senhor, o que é louvável e agradável.

## Versículo 11

*E nos espalhaste entre as nações.* Tudo isto é atribuído ao Senhor, como sendo permitido por Ele e até mesmo designado por Seu decreto. Bom é detectar a mão de Deus em nossos sofrimentos, pois Ele certamente está presente. —C. H. SPURGEON

## Versículo 12

*Vendes por um nada o teu povo.* Ao referir-se ao cerco de Jerusalém por Tito, Eusébio diz: "Muitos foram vendidos por preço baixo; havia muitos para serem vendidos, mas poucos para os comprarem."

## Versículo 13

*Escárnio e zombaria aos que nos rodeiam.* Ser zombaria para fortes e fracos, superiores, iguais e inferiores é algo difícil de suportar. O dente de mordidas caçoadoras que alcançam até o osso.

## Versículo 14

*Pões-nos por ditado entre as nações, alvo de meneios de cabeça entre os povos.* O mundo não conhece sua nobreza; não tem olhos para a excelência verdadeira. Encontrou uma cruz para o Mestre e não se pode esperar que recompense os Seus discípulos com coroas.

## Versículo 17

*Tudo isso nos sobreveio; entretanto, não nos esquecemos de ti.* Quando em meio a muitos sofrimentos, ainda conseguimos nos apegar a Deus em amável obediência, e isso deve fazer bem para nós. A verdadeira fidelidade pode suportar acepções severas. Aqueles que seguem a Deus por aquilo que recebem o deixarão quando a perseguição for incitada, mas assim não será com o crente sincero; ele não esquecerá seu Deus, ainda que o pior atinja o seu máximo. —C. H. SPURGEON

Eusébio, narrando as crueldades infligidas aos cristãos por Maximino, o tirano do leste, diz: "Ele triunfou contra todos os tipos de pessoas, com exceção somente dos cristãos, que desprezavam a morte e repudiavam sua tirania."

"Os homens suportaram incineração, decapitação, crucificação, foram devastadoramente devorados por bestas, afogaram-se no mar, tiveram membros mutilados e queimados, seus olhos foram perfurados e arrancados, todo o corpo mutilado; além disso, sofreram inanição e aprisionamento. Para resumir: eles sofreram todo o tipo de tormento pelo serviço a Deus e preferiram isto a abandonar a adoração a Deus e admitir a adoração a ídolos."

"As mulheres também, nada inferiores aos homens, por meio do poder da Palavra de Deus, revestiram-se de coragem varonil, a partir da qual algumas sofreram os tormentos com os homens, algumas alcançaram a mesma maestria da virtude." —*A HISTÓRIA ECLESIÁSTICA DE EUSÉBIO PANFÍLIO*

Versículos 17 a 19. Nem a mão perseguidora do homem nem a mão castigadora de Deus desviou os antigos e singulares santos. Os cristãos assemelham-se à Lua, que surge de seu eclipse por manter o seu movimento e não deixa de brilhar porque cães latem para ela. Deveríamos nós deixar de ser aqueles que professam porque outros não deixarão de ser os perseguidores? —WILLIAM SECKER

### Versículo 18
*Não tornou atrás o nosso coração.* A devoção genuína se tornou um assunto risível com o qual o humor indecente deste mundo ateísta se diverte. —JOHN FLAVEL

Nosso entendimento e mente são os mesmos que eram num dia de verão, ainda que agora estejamos em uma tempestade de inverno; ainda que agora sejamos afligidos, arremessados, despedaçados e perseguidos, contudo nosso coração não voltou atrás, nossa mente, vontade, afeições e consciência, toda a nossa alma, são agora idênticas ao que eram antes. —THOMAS BROOKS

### Versículo 19
*Ainda que nos quebrantaste num lugar de dragões.* Ser fiel a um Deus que assola, mesmo quando os golpes lançam nossas alegrias em montes ruinosos, é ser aquele em quem o Senhor se deleita. Melhor ser quebrantado por Deus do que estar separado dele.

### Versículo 20
*Se tivéssemos esquecido o nome do nosso Deus.* Este seria o primeiro passo na apostasia; os homens primeiro esquecem o verdadeiro e depois adoram o falso. —C. H. SPURGEON

### Versículo 21
*Ele, que conhece os segredos dos corações.* Um homem piedoso não ousa pecar secretamente. Ele sabe que Deus vê em secreto. Assim como Deus não pode ser enganado por nossa sutileza, da mesma forma Ele não pode ser excluído por nosso sigilo. —THOMAS WATSON

### Versículo 22
*Mas, por amor de ti, somos entregues à morte continuamente etc.* Vagueamos pelas matas; eles nos caçam com cães. Levam-nos embora, cativos e amarrados, como cordeiros que não abrem a boca. Eles gritam contra nós como insurgentes e hereges. Somos trazidos como ovelha ao matadouro. Muitos sentam-se oprimidos e amarrados, deteriorando seus corpos. Alguns afundaram-se em seus sofrimentos e morreram sem culpa.

Aqui está a paciência dos santos na Terra. Devemos ser provados pelo sofrimento aqui. Os fiéis foram pendurados em madeiros, estrangulados, despedaçados, afogados secreta e abertamente. Não apenas homens, mas também mulheres e jovens deram testemunho da verdade, de que Jesus Cristo é a Verdade, o único Caminho para a vida eterna. —*UM MARTIROLÓGIO DAS IGREJAS DE CRISTO, COMUMENTE CHAMADOS DE BATISTAS*, editado por E. B. Underhill

*Somos considerados como ovelhas para o matadouro.* De Piemonte e Smithfield, do massacre da noite de São Bartolomeu e as dragonadas de Claverhouse, este apelo sobe ao Céu, enquanto as almas sob o altar continuam seu clamor solene por vingança. A Igreja não apelará desta forma por muito tempo; sua vergonha será recompensada, seu triunfo alvorecerá. —C. H. SPURGEON

### Versículo 23
*Desperta! Por que dormes, Senhor?* "É certo que não dormita, nem dorme o guarda de Israel" (Salmo 121:4). Se Deus não dorme em momento algum, por que a Igreja pede a Ele tão frequentemente que acorde? Se Ele precisa ser acordado do sono, por que o salmista diz que Ele nunca dorme? Não são contraditórias estas colocações?

Resposta: Uma coisa é o que a Igreja afligida clama no calor de seus sofrimentos; outra, é o que o Espírito da verdade fala para o consolo dos santos. É comum para aos melhores santos e mártires buscarem a Deus durante a tempestade, como Pedro o fez com Cristo no mar (dormindo na popa do navio), com tal inconveniência em oração, como se o Senhor não fosse mais sensível à sua agonia, do que Jonas fora à miséria dos marinheiros, pronto para perecer no oceano turbulento, e Pedro clamou: "Que se passa contigo? Agarrado no sono? Levanta-te". Os santos estão tão familiarizados com Deus em oração, como se estivessem à beira de Sua cama. —WILLIAM STREAT, em *O dividir do casco*

*Não nos rejeites para sempre!* Ao pensar no que os santos suportaram de seus soberbos inimigos, unimos nossas vozes no clamor do grande martírio com o trovador do Paraíso:

*Vinga, ó Senhor, Teu massacrado povo santo,*
*Cujos ossos jazem espalhados*
*nas gélidas montanhas Alpinas,*
*Até os daqueles que guardaram*
*tão pura a Tua verdade,*
*Quando os nossos pais adoraram ídolos e estátuas*
*Que não esqueças: Registra,*
*pois em Teu livro os gemidos*
*Dessas Tuas ovelhinhas.*
—MILTON, em *O massacre de Piemonte*

# Salmo 45

CANTORES especiais são designados para um hino tão divino. O Rei Jesus não merece ser louvado com desvarios arbitrários e inflamados, mas com a música mais doce e magistral dos mais bem treinados coristas.

Assunto: Alguns aqui veem somente Salomão e a filha do Faraó — estes são míopes; outros veem Salomão e Cristo — estes são vesgos; os olhos espirituais bem focados veem aqui somente Jesus, ou se porventura Salomão estiver presente, deve ser como aquelas sombras nebulosas de passantes que cruzam a face da câmera e, portanto, são vagamente rastreáveis em uma paisagem fotográfica. "O Rei", o Deus cujo trono dura para todo sempre e sempre, não é mero mortal, e, Seu domínio eterno não é delimitado pelo Líbano e o rio do Egito. Esta não é uma canção de casamento para núpcias terrenas, mas um epitalâmio para o Noivo celestial e Sua esposa eleita.

## Versículo 1

*De boas palavras transborda o meu coração.* Triste é quando o coração transborda de frieza e pior ainda quando se aquece com palavras más, mas incomparavelmente bom quando um coração aquecido e boas palavras se encontram. —C. H. SPURGEON

Diz-se de Orígenes, de acordo com Erasmo, que ele sempre foi sincero, mas acima de tudo quando discursava sobre Cristo. De Johannes de Mollias, um bonomiano, diz-se que sempre que ele falava de Jesus Cristo, seus olhos baixavam-se, pois ele ficava cheio de um poderoso ardor vindo do Espírito Santo; e como o Batista, ele primeiro foi uma luz ardente (fervente ou borbulhante) e então radiante. —JOHN TRAPP

## Versículo 2

*Tu.* Como se o próprio Rei estivesse subitamente diante dele, o salmista perdeu-se em admiração por Sua pessoa e deixa seu prefácio para se dirigir-se ao seu Senhor. Um coração amável tem o poder de compreender o seu objeto. Os olhos de um coração verdadeiro veem mais do que os olhos físicos.

Além disso, Jesus se revela quando estamos derramando nossas afeições sobre Ele. Geralmente ocorre que no momento em que estamos prontos, Cristo surge. Estando nosso coração aquecido, temos um indicador de que o Sol está brilhando e quando desfrutamos de seu calor, em pouco tempo estaremos contemplando sua luz.

*Tu és o mais formoso dos filhos dos homens.* O Rei dos santos em Sua Pessoa, mas especialmente em Sua mente e Seu caráter, é inigualável em beleza. A palavra hebraica é duplicada: "Belo, belo, tu és". Jesus é tão vigorosamente amável que as palavras precisam ser duplicadas, ampliadas, sim, exauridas antes que se possa descrevê-lo. —C. H. SPURGEON

Portanto, ele começa a apresentar Sua beleza, onde há o deleite de qualquer pessoa; assim o é com a alma quando Deus expõe ao homem, por meio do pecado, sua própria imundície e hediondez e que somente por Jesus o pecado é eliminado. Ó, que bela é esta face, o momento em que primeiro a contemplamos! —RICHARD COORE, em *Cristo apresentado*

Formosa é a Sua humanidade; não fosse Ele assim, disse São Jerônimo, não houvesse algo admirável em Seu semblante e em Sua presença, alguma beleza celestial, os apóstolos e o mundo todo (como os próprios fariseus confessam) não o teriam seguido tão repentinamente. Formosa é a Sua transfiguração, branca como a luz ou a neve, Sua face resplandecente como o Sol (Mt 17:2), ao ponto de arrebatar a alma de Pedro, de modo que ele "não sabia o que dizer"; e seus olhos permanecem fixos nessa face para sempre e não mais descem para o monte.

Formosa é a Sua paixão. Nenhuma indecência em Sua nudez; Suas chagas e as marcas ensanguentadas das chicotadas e flagelos extraíram um *ecce* [N.E.: aqui está Ele] da boca de Pilatos: "Eis o homem!" A doçura do Seu semblante e de Sua postura em meio à imundície e cuspos, açoites e bofetões. —MARK FRANK

Ó formoso sol, formosa lua, formosas estrelas e formosas flores, formosas rosas e formosos lírios; mas ó dez mil vezes mais formoso o Senhor Jesus! Infelizmente fui injusto com Ele ao fazer a comparação desta forma. Ó sol e lua negros! Mas, ó formoso Jesus! Ó flores negras, lírios e rosas negros! Mas, ó formoso, formoso, sempre formoso Senhor Jesus! Ó céu negro! Mas ó formoso Cristo! Ó negros anjos! Mas ó insuperavelmente mais formoso é o Senhor Jesus! —SAMUEL RUTHERFORD

Em Cristo podemos contemplar e devemos confessar toda beleza e amabilidade do Céu e da Terra; a beleza do Céu é Deus, a beleza da Terra é o homem; a beleza do Céu e da Terra unidos é o Deus-homem. —EDWARD HYDE, D. D.

"Eu tenho uma paixão", observou o Conde Zinzendorf em um de seus discursos à congregação em Herrnhut, "e é Ele — Ele somente".

Nos teus lábios se extravasou a graça. Uma palavra de Jesus dissolveu o coração de Saulo de Tarso e o transformou em apóstolo; outra palavra reergueu o apóstolo João quando desmaiou na Ilha de Patmos. Muitas vezes uma sentença dos Seus lábios transformou nossa meia-noite em manhã, nosso inverno em primavera. —C. H. SPURGEON

Nunca houve tais palavras de amor e doçura pronunciadas por homem algum como por Ele; nunca houve um coração tão amável e terno como o coração de Jesus Cristo: "Nos teus lábios se extravasou a graça". Certamente nunca houve tais palavras de amor, doçura e ternura pronunciadas aqui nesta Terra como estas Suas últimas palavras pronunciadas pouco antes dos Seus sofrimentos e estão registradas nos capítulos 13, 14, 15, 16 e 17 de João. Leia todos os livros sobre amor e amizade que foram escritos por qualquer um dos filhos dos homens; todos eles têm profunda falta dos comoventes cuidados de amor que aqui são expressos. —JOHN ROW

*Versículo 3*
*A espada.* A Palavra de Deus é comparada a tal arma, pois o apóstolo nos informa que é ativa ou viva, poderosa e mais afiada que qualquer espada de dois gumes, penetrando até dividir alma e espírito e juntas e medulas, expondo os pensamentos e intenções do coração.

Deve, portanto, ser observado, que esta descrição da Palavra de Deus é aplicável a ela somente quando Cristo cinge-se dela e a utiliza como Sua espada. Que uso tem uma espada, ainda que seja a espada de

Golias, enquanto estiver inerte em sua bainha ou é tomada pelas mãos frágeis de uma criança?

Equipado com esta arma, o Capitão de nossa salvação abre o Seu caminho até o pecador com facilidade infinita, apesar de estar cercado de rochas e montanhas, esparge as suas fortalezas e refúgios de mentiras e com poderoso golpe fende o coração do pecador inflexível e o coloca prostrado e trêmulo aos Seus pés.

Considerando que tais são os efeitos desta arma nas mãos de Cristo, é com propriedade cabal que o salmista começa solicitando a Ele que se cinja dela e não a suporte inativa em sua bainha ou impotente nas débeis mãos de Seus ministros. —EDWARD PAYSON

*A tua glória e a tua majestade!* Nosso precioso Cristo nunca poderá receber reconhecimento em excesso. O próprio Céu não é nada mais do que bom o suficiente para Ele. Toda a pompa que anjos e arcanjos, tronos, domínios, principados e poderes podem derramar a Seus pés é muito pouco para Ele. Somente a Sua glória essencial é tal que responde plenamente ao desejo de Seu povo, que jamais poderá exaltá-lo o suficiente.

## Versículo 5

*O coração dos inimigos do Rei.* Nosso Capitão mira o coração dos homens e não suas cabeças; e Ele os atinge. Seus disparos são diretos e penetram profundamente na parte vital da natureza humana. Seja por amor ou vingança, Cristo nunca erra quando mira o pecado e quando as Suas flechas perfuram, causam um sofrimento de que não se esquece brevemente, uma ferida que somente Ele pode curar. As flechas da convicção que pertencem a Jesus, se mantém afiadas quando na aljava de Sua Palavra e afiadas quando no arco de Seus ministros.

*Os povos caem submissos a ti.* Não há como se colocar contra o Filho de Deus quando o Seu arco de poder está em Suas mãos. Terrível será a hora em que o Seu arco se esvaziará e raios de fogo devorador serão lançados sobre os Seus adversários; neste momento, os príncipes cairão e as nações perecerão.

## Versículo 6

*O teu trono, ó Deus, é para todo o sempre.* A quem isto pode ser dito se não ao nosso Senhor? O salmista não pode conter sua adoração. Seus olhos iluminados veem Deus no Marido imperial da Igreja, Deus, Deus a ser adorado, Deus reinando, Deus reinando eternamente. Bendita visão! Cegos são os olhos que não enxergam Deus em Cristo Jesus!

*Cetro de equidade é o cetro do teu reino.* Ele é o monarca legítimo de todas as coisas que existem. Seu governo é estabelecido em equidade, Sua Lei é equânime, seu resultado é equidade. Nosso Rei não é usurpador ou opressor. Ainda que Ele destrua os Seus inimigos com cetro de ferro, não agirá erroneamente com homem algum; a Sua vingança e a Sua graça estão ambas em conformidade com a justiça.

Consequentemente, confiamos nele sem suspeita; Ele não pode errar; nenhuma tribulação é severa demais, pois Ele a envia; nenhum julgamento é duro demais, pois Ele o ordena. Ó benditas mãos de Jesus! O poder de reinar está seguro com o Senhor. Todos os justos se alegram no governo do Rei — que reina em justiça. —C. H. SPURGEON

## Versículo 7

*Amas a justiça e odeias a iniquidade.* Muitos amam a justiça, mas não são os seus maiores defensores; tal amor não é o amor de Cristo. Muitos odeiam a iniquidade, não pela iniquidade em si, mas por suas consequências; tal ódio não é o ódio de Cristo.

Para sermos como Cristo, devemos amar a justiça como Ele a amou e odiar a iniquidade como Ele a odiou. Amar e odiar como Ele ama e odeia é ser perfeito como Ele é perfeito. A perfeição deste amor e deste ódio é a perfeição moral. —GEORGE HARPUR

*Por isso.* Ele não diz: "Pelo que Ele te ungiu para que sejas Deus, ou Rei, ou Filho, ou Palavra"; pois Ele já o era previamente, e o é para sempre, como foi demonstrado; mas antes: "Considerando que és Deus e Rei, por isso fostes ungido, pois ninguém além do Senhor pode unir o homem ao Espírito Santo, tu que és a imagem do Pai, na qual fomos feitos no princípio: pois Teu é até mesmo o Espírito." —ATANÁSIO

*Versículo 10*
*Ouve, filha; vê, dá atenção.* Este sempre será o grande dever da Igreja. A fé vem por ouvir e a confirmação pela reflexão. Nenhum preceito pode ser mais digno da atenção daqueles que têm a honra de ser a Noiva de Cristo do que este a seguir.

*Esquece o teu povo e a casa de teu pai.* A casa de nosso nascimento é casa de pecado — fomos moldados na iniquidade; a mente carnal é hostil a Deus; devemos abandonar a casa da natureza caída, pois é construída na Cidade da Destruição. Não que os laços naturais sejam quebrados pela graça, são laços da natureza pecaminosa, amarras de relações desgraçadas. Temos muito a esquecer, assim como a aprender e o desaprender é tão difícil que somente o ouvir diligente, a reflexão e o curvar de toda a alma a esse fim, pode conseguir essa obra; e até mesmo todas aquelas coisas seriam débeis demais não fosse o auxílio da graça divina.

Contudo, por que deveríamos nos lembrar do Egito do qual saímos? Os alhos e cebolas são algo considerável, quando as amarras de ferro, as tarefas escravizantes e o letal Faraó do inferno vêm à memória? Nós desistimos da tolice em favor da sabedoria; da efervescência em favor das alegrias eternas; do engano em favor da verdade; do sofrimento em favor da bem-aventurança; dos ídolos em favor do Deus vivo.

Ó, se os cristãos fossem mais conscientes do preceito divino aqui registrado; mas, infelizmente o mundanismo abunda; a igreja está corrompida e a glória do grande Rei é encoberta. Somente quando toda a igreja viver a vida separada, o pleno esplendor e o poder da cristandade reluzirão no mundo. —C. H. SPURGEON

"Espero que você se desfaça de três 'tudos'" disse Cristo: 1. Toda a sua luxúria pecaminosa, todos os desejos do velho Adão, a casa desse nosso pai. Desde a apostasia de Adão, Deus e o homem separaram suas casas. Desde então, a casa de nosso pai é casa de modos nocivos, casa de pecado e perversidade.

2. Tudo o que é vantagem mundana. "Se alguém vem a mim e não aborrece a seu pai, e mãe, e mulher, e filhos, e irmãos, e irmãs e ainda a sua própria vida, não pode ser meu discípulo." Aquele que tem todos estes deve estar pronto para abrir mão de todos; eles se associam não separadamente, mas por sobreposição.

3. Tudo o que faz parte do ego: vontade própria, justiça própria, autossuficiência, autoconfiança e egoísmos. —LEWIS STUCKLEY

Se você estiver na montanha, não tenha afeição para olhar para trás e contemplar Sodoma. Estando você na arca, não voe de volta para o mundo, como o corvo o fez. Estando você estabelecido em Canaã, esqueça as panelas de carne do Egito. Estando em marcha contra Midiã, esqueça o descer às águas de Harode (Jz 7).

Se você estiver no eirado, esqueça o que está abaixo de si (Mc 13:15). Estando sua mão no arado, esqueça o que está atrás de você (Lc 9:62). Temístocles desejou antes aprender a arte do esquecimento do que a da memória. A filosofia é uma arte de memória; a divindade inclui em si uma arte de esquecimento.

A primeira lição que Sócrates ensinou a seus soldados foi: "Lembre"; pois ensinava que o conhecimento não passava de um chamado à lembrança daquilo que a mente sabia antes que o corpo o soubesse. Mas a primeira lição que Cristo ensina a Seus pupilos é: *Esquece. Esquece o teu povo*; "Arrependei-vos" (Mt 4:17); primeiro, "aparte-se do mal" (1 Pe 3:11). —THOMAS ADAMS

*Versículo 11*
*Então, o Rei cobiçará a tua formosura.* Nenhum grande e duradouro avivamento da religião pode nos ser concedido até que os amantes professos de Jesus provem sua afeição abandonando o mundo impiedoso, separando-se e não tocando as impurezas. —C. H. SPURGEON

Esta é a promessa mais doce. Pois o Espírito Santo sabe que este monstro, a vida monástica, crava-se em nosso coração, de modo que queiramos ser puros e imaculados diante de Deus. Desta forma, sob o Papismo, toda a minha tentação era esta. Eu costumava dizer que "iria deliberadamente ao sacramento se fosse dele digno".

Portanto, buscamos, naturalmente, a pureza em nós mesmos; e examinamos toda a nossa vida desejando encontrar alguma pureza em nós mesmos, de modo que não tenhamos necessidade da graça, mas que possamos ser declarados justos por nossos próprios méritos. [...] Certamente, você jamais se tornará justo por si mesmo e suas obras.

Assim sendo, a soma do todo é esta: a nossa beleza não consiste em nossas próprias virtudes, nem mesmo nos dons que recebemos de Deus, e pelos quais evidenciamos virtudes, e fazemos tudo o que diz respeito à vida da Lei; mas consiste nisto: em apreendermos Cristo e nele crermos. Assim seremos verdadeiramente belos e somente esta beleza é considerada por Cristo, e nenhuma outra. —MARTINHO LUTERO

## Versículo 12
*A ti virá a filha de Tiro trazendo donativos.* O poder das missões estrangeiras encontra-se na igreja local. Uma igreja santa será uma igreja poderosa. Não haverá falta de tesouro em seus cofres quando a graça estiver em seu coração; as dádivas de um povo generoso devem permitir que os trabalhadores de Deus prossigam em suas empreitadas sagradas, sem restrição. —C. H. SPURGEON

## Versículo 13
*Interior.* A arca foi coberta do mesmo piche interna e externamente; assim é o homem sincero, interna e exteriormente da mesma forma, dentro e fora; tudo, uma única coisa.

Sim, ele chega a ser melhor do que demonstra, como *a filha do Rei*, cujo exterior pode algumas vezes ser pano de saco, contudo *toda ilustre lá dentro; o seu vestido é entretecido de ouro* (ACRF). Ou como o Templo, externamente nada além de madeira e pedras são vistas, no entanto, seu interior é repleto de riqueza e beleza, especialmente o *sanctum sanctorum* (quando o véu era aberto) era, em sua totalidade, ouro. O chão, assim como o teto, era revestido de ouro (1 Rs 6:30). —JOHN SHEFIELD

## Versículo 15
*Serão dirigidas com alegria e regozijo.* Os próprios santos se alegrarão de forma indescritível quando entrarem no palácio do Rei e estiverem para sempre com o Senhor (1 Ts 4:17). De fato, haverá alegria para todos, exceto entre os demônios e condenados, que rangerão os seus dentes com inveja da eterna promoção e da glória dos cristãos. —JOHN FLAVEL

*Serão dirigidas.* Leitor! Não falhe em observar o modo de expressão — a igreja é dirigida —, ela não vem por si só. Não, ela precisa ser convencida, convertida, ser transformada para ser disposta. Ninguém pode vir a Cristo se o Pai que o enviou não o trouxer (Jo 6:44). —ROBERT HAWKER

# Salmo 46

TÍTULO: "Ao mestre de canto". Ele que pôde cantar outros Salmos tão bem foi devidamente incumbido desta nobre ode. Trivialidades podem ser deixadas a cantores habilidosos comuns, mas o músico mais habilidoso em Israel deve ser encarregado da execução adequada deste cântico, com as vozes mais harmoniosas e música mais seleta.

Assunto: "Aconteça o que acontecer, o povo de Deus está feliz e seguro; esta é a doutrina deste Salmo e pode, para auxiliar nossa memória, ser chamado de "O cântico da confiança santa"; se não, considerando o amor do grande reformador por este hino que comove a alma, será provavelmente melhor lembrado como o Salmo de Lutero. —C. H. SPURGEON

Nós cantamos este salmo para o louvor a Deus porque Deus é conosco e preserva poderosa e miraculosamente Sua Igreja e Sua Palavra de todos os espíritos fanáticos, das portas do inferno, do implacável ódio do diabo e dos ataques do mundo, da carne e do pecado. —MARTINHO LUTERO

Lutero e seus companheiros, com toda a sua ousada prontidão para o perigo e a morte pela causa da verdade, viveram momentos em que seus sentimentos eram semelhantes àqueles de um cantor divino, que dizia: "Por que estás abatida, ó minha alma?" Mas em tais momentos, o inabalável reformador dizia alegremente a seu amigo Melâncton: "Venha Philip, cantemos o Salmo 46"; e o cantavam na versão característica de Lutero:

*Fortaleza segura é o nosso Deus,*
*Escudo e arma prontos;*
*Nosso socorro Ele será e nos libertará*
*De todo o mal que nos perseguirá.*

*E sendo o mundo repleto de demônios,*
*Todos ávidos por nos devorar,*
*Nossa alma pouco ao medo irá se entregar,*
*Eles não podem nos dominar.*

—S. W. CHRISTOPHERS, em *Compositores de Hinos e seus Hinos*

### Versículo 1

*Deus é o nosso refúgio e fortaleza.* Não os nossos exércitos ou nossos castelos. A vanglória de Israel está em Jeová, o único Deus vivo e verdadeiro. Outros celebram seus castelos inexpugnáveis localizados em rochas inacessíveis e seguros por portões de ferro, mas Deus é refúgio infinitamente melhor das angústias do que todos estes; e quando chegar o tempo de carregar a guerra até os territórios do inimigo, o Senhor colocará Seu povo em melhor posição que toda a coragem de legiões ou força ostentada de carruagens e cavalos.

"Ele é meu refúgio e fortaleza." Não esqueça o fato de que Deus é nosso refúgio exatamente agora, no presente imediato, tão verdadeiramente como o foi quando Davi redigiu a palavra. Somente Deus é a totalidade de todos os nossos recursos. Todos os outros refúgios são refúgios de mentiras. Toda outra força é fraqueza, pois o poder pertence a Deus; mas como Deus é todo-suficiente, nossa defesa

e força são equivalentes a todas as emergências.
—C. H. SPURGEON

O início é abrupto, mas nobre; pode-se confiar em quem e em que se deseje confiar; mas *Deus [Elohim] é nosso refúgio e fortaleza. Socorro bem presente.* Socorro que é muito poderoso e eficaz em agruras e dificuldades. As palavras são muito enfáticas: *ezrah betsaroth nimtsa meod,* "Ele é auxílio sobrepujante, ou superlativo, nas dificuldades." Encontramos tal auxílio nele e, portanto, celebramos o Seu louvor.
—ADAM CLARKE

*Versículo 2*
*Portanto, não temeremos.* Com Deus do nosso lado, que irracional seria temer! Onde Ele está, está todo o poder e todo o amor; por que então desanimaríamos? —C. H. SPURGEON

*Ainda que a terra se transtorne.* John Wesley pregou em Hyde-Park na ocasião do terremoto sentido em Londres, 8 de março de 1750, e repetiu estas palavras.

*E os montes se abalem no seio dos mares* Que o pior atinja o seu pior, o filho de Deus nunca deveria se entregar à desconfiança; visto que Deus permanece fiel, não pode haver perigo para Sua causa ou Seu povo. Quando os elementos derreterem-se no calor ardente e os Céus e a Terra passarem na última conflagração geral, nós, serenamente, contemplaremos os "destroços da matéria e ao choque dos mundos", pois mesmo neste momento nosso refúgio nos preservará de todo o mal, nossa força nos preparará para todo o bem.

*Versículo 4*
*Há um rio.* A graça divina, como um rio que flui suavemente, fertilizante, profundo e jamais seco, produz revigoramento e consolo para os cristãos.

Cujas correntes, em suas várias influências, pois são muitas, *alegram a cidade de Deus* assegurando aos seus cidadãos que o Senhor de Sião suprirá infalivelmente todas as suas necessidades. As correntes não são transitórias como Querite; nem lamacentas, como o Nilo; nem furiosas, como Quison; nem traiçoeiras, como os ribeiros enganosos de Jó; suas águas também não são "inexistentes" como as águas de Jericó — são transparentes, tranquilas, frescas, abundantes e alegres.

O grande temor de uma cidade oriental em tempo de guerra era que o suprimento de água fosse cortado durante o cerco; se o suprimento estivesse garantido a cidade poderia resistir contra os ataques por um período indefinido. Neste versículo, Jerusalém, que representa a Igreja do Senhor, é descrita como agraciada com um bom suprimento de água, para estabelecer o fato de que em tempos de prova a graça plenamente suficiente nos será dada para nos capacitar a suportar até o fim. —C. H. SPURGEON

O que é o rio que alegra a cidade de Deus? Eu respondo: o próprio Deus é o rio, como no versículo seguinte — "Deus está no meio dela".

1. Deus, o *Pai*, é o rio: "Porque dois males cometeu o meu povo: a mim me deixaram, o manancial de águas vivas, e cavaram cisternas, cisternas rotas, que não retêm as águas" (Jr 2:13).

2. Deus, o *Filho*, é o rio, a fonte da salvação: "Naquele dia, haverá uma fonte aberta para a casa de Davi e para os habitantes de Jerusalém, para remover o pecado e a impureza" (Zc 13:1).

3. Deus, o *Espírito*, é o rio: "Quem crer em mim, como diz a Escritura, do seu interior fluirão rios de água viva." "Aquele, porém, que beber da água que eu lhe der nunca mais terá sede; pelo contrário, a água que eu lhe der será nele uma fonte a jorrar para a vida eterna." (Jo 7:38; 4:14).

Quais são as correntes deste rio? Resposta: As perfeições de Deus, a plenitude de Deus, as obras do Espírito e estas correntes fluindo no canal da aliança da promessa. —RALPH ERSKINE

*A cidade.* A Igreja do Senhor é como uma cidade: 1. Porque uma cidade é um local de segurança. 2. Um local de *sociedade* — o que um deseja outro supre, há comunhão mútua. 3. Um local de *unidade*, para que as pessoas possam ali viver em paz e acordo. 4. Um local de *comércio* e *trânsito*. Aqui está o mercado da graça livre: "Ah, todos que têm sede" etc. Aqui está a pérola de grande preço exposta para venda. 5. Um local de *liberdade*, liberdade da culpa do pecado, da ira de Deus, da maldição da lei, do atual mundo maligno, da servidão a Satanás etc., etc. 6. Um local de *ordem* e *regularidade*, que tem suas constituições e ordenanças. 7. Um local de *descanso* e confortável para habitação e, portanto, é oposto ao deserto. 8. Um local de *privilégios*. 9. Um local de *pompa* e *esplendor*; há o rei, a corte e o trono. 10. Um local de *prazer* e *beleza* (Salmo 48:2). —RALPH ERSKINE

*O santuário das moradas do Altíssimo*. Ser um templo para o Espírito Santo é a deleitosa porção de cada santo; ser o templo vivo para o Senhor nosso Deus é também a elevada honra da Igreja em sua capacidade corporativa. Não temos um Deus grande em natureza e um Deus pequeno em graça; não, a Igreja contém a revelação de Deus tão clara e convincente como as obras da natureza e mais incrível ainda é a excelente glória que brilha entre os querubins encobrindo o trono de misericórdia que é o centro e o local de união do povo do Deus vivo. —C. H. SPURGEON

## Versículo 5

*Deus está no meio dela*. Seu auxílio é, portanto, certo e está próximo. Está a cidade sitiada? Então Ele mesmo está sitiado com ela e nós podemos ter certeza de que Ele se lançará contra os Seus adversários. Como o Senhor está perto das angústias dos Seus santos, uma vez que que Ele faz morada em seu meio! —C. H. SPURGEON

A Igreja se difunde porque seu *Deus está no meio dela*. Quando, a qualquer momento, ela se esquecer de sua dependência da intercessão invisível de seu Cabeça e da graciosa energia de Seu Espírito, terá as mechas de força de seus cabelos cortadas e se tornará motivo de chacota dos filisteus. —WILLIAM BINNIE, D.D.

Os inimigos da Igreja podem lançá-la como ondas, mas não a despedaçarão nas rochas. Ela pode ser imersa nas águas como uma pena, mas não afundará nelas como chumbo. Ele que é um poço de águas dentro dela para impedi-la de desfalecer, também se revelará como parede de fogo ao seu redor para preservá-la da ruína. Tentada ela pode ser, mas destruída não será. Sua fundação é a Rocha Eterna e sua defesa os Braços eternos. —WILLIAM SECKER

Quando os papistas estavam irados e Melâncton começou a temer, em alguns momentos, que a ainda infante Reforma, deveria ser sufocada em seu nascimento, Lutero desejava confortá-lo com estas palavras: "Se perecermos, Cristo também cairá ('Ele está em nosso meio'), e assim deve ser, que assim o seja; preferível é perecer com Cristo, o grande Governante do mundo, do que prosperar com César." —JOHN COLLINGS

*Deus a ajudará desde antemanhã*. O Senhor está de pé durante as horas do sono. Somos lentos para encontrá-lo, mas Ele nunca é tardio em nos ajudar. A impaciência reclama das demoras divinas, mas em todos os feitos o Senhor não é descuidado com relação à Sua promessa. A pressa do homem é geralmente desvario, mas as aparentes demoras de Deus são sempre sábias e, quando vistas da perspectiva correta, não são, de forma alguma, demoras. —C. H. SPURGEON

Portanto, perceba que todas as grandes libertações forjadas nas Santas Escrituras foram forjadas tão cedo como se fossem trazidas à realidade no meio da noite. Assim Gideão, com seus jarros e lanternas contra os midianitas; assim Saul, quando foi contra Naás o amonita; assim Josué, quando foi socorrer Gibeão; assim Sansão, quando carregou em triunfo os portões de Gaza; assim também os reis sob a direção de Eliseu em suas expedições contra os moabitas quando eles, segundo o comando de Deus, encheram o deserto de fossos e depois contemplaram seus inimigos afogarem-se até sua destruição pela reflexão do sol nascente sobre a água. —MICHAEL AYGUAN

*Antemanhã*, ou seja, *quando a manhã surge*. A restauração dos judeus será uma das primeiras coisas na temporada da segunda vinda. Será concretizada no nascer daquele dia quando, "nascerá o sol da justiça, trazendo salvação nas suas asas". —SAMUEL HORSLEY

*Versículo 6*

*Bramam nações.* As nações estavam em tumulto acalorado; elas se uniram contra a cidade do Senhor como lobos famintos buscando sua presa; espumavam, rugiam e cresciam como ondas de um mar tempestuoso.

*Reinos se abalam.* Uma confusão generalizada tomou conta da sociedade; os invasores ferozes agitaram seus próprios domínios esgotando a população até o ímpeto da guerra, e desolaram outros territórios por sua marcha devastadora até Jerusalém. Coroas caíram de cabeças imperiais, tronos antigos foram sacudidos como árvores levadas na tempestade, impérios poderosos caíram como pinheiros desarraigados pela rajada; tudo estava em desordem e a consternação cercou todos os que não conheciam o Senhor.

*Ele faz ouvir a sua voz, e a terra se dissolve.* Como é poderosa uma palavra vinda de Deus! Quão poderosa é a Palavra Encarnada. Ó, que tal palavra viesse da excelente glória agora mesmo para derreter todos os corações em amor a Jesus e acabar para sempre com todas as perseguições, guerras e rebeliões dos homens! —C. H. SPURGEON

*Versículo 7*

*Nosso refúgio.* "Os arganazes, povo não poderoso; contudo, fazem sua casa nas rochas". Eles estão seguros nas rochas se ali conseguirem chegar, embora extremamente fracos em si mesmos. Assim a Igreja, ainda que perseguida por inimigos sanguinários, e apesar de fraca em si mesma, conseguindo se colocar sob as asas do Deus de Jacó, será destemida, pois ali está segura. *Ele é o nosso refúgio.*

Seria subestimar Deus se temêssemos as criaturas quando Ele está conosco. Antígono, quando ouviu os seus soldados calculando quantos eram os seus inimigos, se aproxima deles repentinamente, exigindo explicação: "E quanto a mim? Quantos eu valho em seu cômputo?" —JOHN STRICKLAND

*Versículo 8*

*Vinde, contemplai as obras do SENHOR.* Seria bom se notássemos cuidadosamente os arranjos providenciais de nosso Deus da aliança e fôssemos prontos em perceber a Sua mão nas batalhas de Sua Igreja. Sempre que lemos a história, deveríamos fazê-lo com este versículo soando em nossos ouvidos. Deveríamos ler os jornais no mesmo espírito, para ver como o Cabeça da Igreja governa as nações para o bem de Seu povo, assim como José governou o Egito para o bem de Israel. —C. H. SPURGEON

Deus zela para que Suas obras sejam bem observadas e especialmente quando Ele implementou alguma libertação para Seu povo. Dentre todas as coisas, Deus não pode suportar ser esquecido. —JOHN TRAPP

*Que assolações efetuou na terra.* Os destruidores Ele destrói, os desoladores Ele desola. Quão poderoso é o versículo até hoje! As cidades arruinadas da Assíria, Babilônia, Petra, Basã, Canaã são nossos instrutores e em tábuas de pedra registram os feitos do Senhor. Em todos os lugares onde a Sua causa e coroa foram desconsideradas, seguiu-se certamente a ruína; o pecado tem sido uma praga em nações e deixou os seus palácios arruinados aos montes.

*Vós, amontoados sombrios; vós,*
*túmulos de homens vivos,*
*Vós, sepulcros da feminilidade, ou pior;*
*Vós, refúgios de mentiras, em breve caireis,*
*E em meio às vossas ruínas a coruja, o morcego*
*E o dragão encontrarão agradável repouso.*
—C. H. SPURGEON

Aqui somos inicialmente convidados a contemplar algo trágico. Somos carregados para dentro da *camera di morte*, para vermos o sinistro semblante de mortes e desolações por todo o mundo; nada pode ser mais horrível e atroz do que isto. Você é chamado para ver pilhas de cadáveres, para ver cestos repletos de cabeças, como foi apresentado a Jeú. Um espetáculo deplorável, mas necessário.

Veja, portanto, *que assolações efetuou na terra.* Assolações por guerras: quantos campos foram encharcados com sangue, e adubados com cadáveres; quantos milhões de homens, em todas as idades, foram talhados pela espada!

Assolações pela inanição; em que homens foram forçados a fazer de seus corpos sepulcros uns dos outros e, mulheres forçadas a devorar seus filhos ainda bebês. Assolações pela praga e peste que avassalaram, como nossa história conta, 800 mil em uma cidade. —JOSEPH HALL

## Versículo 9
*Queima os carros no fogo.* Quão gloriosa será a vitória final de Jesus no dia de Sua aparição, quando todos os inimigos engolirão poeira!

## Versículo 10
*Aquietai-vos e sabei que eu sou Deus.* Afastai as vossas mãos, inimigos! Sentai-vos e esperai com paciência, vós fiéis! Reconhecei que Jeová é Deus, vós que sentis os terrores de Sua ira! Adorai-o, e somente a Ele, vós que participais das proteções da Sua graça. Como ninguém pode com merecimento proclamar Sua natureza, que "o profundo silêncio inspire Seu louvor". As vanglórias dos impiedosos e os tímidos presságios dos santos deveriam certamente ser silenciados pelo contemplar do que o Senhor fez nas eras passadas. —C. H. SPURGEON

Como se o Senhor dissesse: "Nenhuma palavra, não batalhe nem responda; independentemente do que você vir, conserve a paz; saiba que eu, sendo Deus, não presto contas de nenhum de meus atos." —JOSEPH CARYL

Muitos abrem caminhos para a querela com Deus sem considerar os riscos. Tenha cuidado, pois terrível é entrar em conflito com Deus. Quem poderá dizer a Ele: "O que fazes?" Bom é o relato sobre Arão que, quando Deus lançou fogo para destruir seus filhos, manteve a paz. Que nós então, enquanto carregamos o jugo, assentemo-nos solitários e fiquemos em silêncio; pondo a nossa boca no pó; pois, talvez ainda haja esperança (Lm 3:28,29).

Vocês sabem, o murmurar dos filhos de Israel custou-lhes muito caro. *Aquietai-vos,* ou seja, tenham cuidado com o murmurar contra mim, diz o Senhor. Deus não presta contas de Suas ações a ninguém; porque pode haver muitas coisas que vocês não podem contemplar por inteiro e, sendo assim, pode-se pensar ser melhor ter falta destas coisas e de muitas mais, para o mérito de Deus e da Igreja. Afirmo: Deus não presta conta de Suas ações a ninguém. Tenha cuidado, então, ao tirar conclusões precipitadas. —RICHARD CAMERON, em sermão *pregado três dias antes de ser morto em Airsmoss*

A razão por que o pecador presunçoso teme tão pouco, e a alma desesperada teme tanto, é por falta de conhecer o grandioso Deus; portanto, para curar ambos, a séria consideração sobre Deus é proposta conforme este conceito: *Aquietai-vos e sabei que eu sou Deus;* como se Ele tivesse dito: "Saibam, vocês perversos, que eu sou Deus, que posso vingar-me de vocês quando desejar. Deixem de me provocar com seus pecados, sendo vocês mesmos confundidos. E, novamente, saibam almas trêmulas, que eu sou Deus e consequentemente capaz de perdoar os maiores pecados. Parem de desonrar-me com seus pensamentos incrédulos sobre mim." —WILLIAM GURNALL

O mero considerar que Deus é Deus é suficiente para aquietar todas as objeções à Sua soberania. —JONATHAN EDWARDS

## Versículo 11
*O Senhor dos Exércitos está conosco.* Na terça-feira, o Sr. Wesley era compreendido com dificuldade, ainda que tentasse falar com frequência. Finalmente, com toda a força que tinha, clamou: "O melhor de tudo é que Deus está conosco."

Novamente erguendo sua mão e acenando em triunfo, ele exclamou com propriedade arrebatadora: "O melhor de tudo é que Deus está conosco". Estas palavras parecem expressar a característica primária de toda a sua vida. Deus havia estado com ele desde a infância; Sua providência o havia guiado por toda a perambulação mesquinha da vida humana; e agora, quando ele entrava no "vale da sombra da morte", a mesma mão o sustentava. —REV. W. C. LARRABEE, em *Wesley e seus coadjuvantes,* Editado por Rev. B. F. Tefft, Cincinnati

# Salmo 47

TÍTULO: "Ao mestre de canto". Muitos cânticos foram dedicados a este líder do coro, mas ele não foi sobrecarregado por isso. O serviço de Deus é tão aprazível que não pode nos exaurir; e sua melhor parte — o cantar de Seus louvores, é tão agradável que nunca será em excesso. Nossos ouvidos se acostumaram ao toque das composições de Davi e estamos moralmente convictos de que o ouvimos neste Salmo. Qualquer especialista detectaria aqui o autógrafo do Filho de Jessé, ou estamos grandemente equivocados. —C. H. SPURGEON

Alguns aplicaram este Salmo à ascensão de Cristo; mas ele fala de Sua Segunda Vinda. O Poderoso está assentado pacificamente em Seu trono. Somos encaminhados de volta ao Salmo 45. —ANDREW A. BONAR

## Versículo 1

*Batei palmas, todos os povos.* Os gestos de exultação mais naturais e animados devem ser usados em vista das vitórias do Senhor e de Seu reino universal. Nossa alegria em Deus pode ser demonstrativa e, contudo, Ele não a censurará.

A alegria deve estender-se a todas as nações; Israel pode liderar a vanguarda, mas todos os gentios devem seguir a marcha de triunfo, pois têm participação igualitária nesse reino onde não há gregos ou judeus, mas Cristo é tudo em todos. —C. H. SPURGEON

*Batei palmas, todos os povos; celebrai a Deus com vozes de júbilo.* Isto deveria ser feito da seguinte forma: 1. Alegremente — *batei palmas*, pois este é um sinal de alegria interna (Na 3:19). 2. Universalmente — "Batei palmas, *todos os povos*". 3. Vocalmente — *Celebrai a Deus com vozes de júbilo*. 4. Frequentemente — *Salmodiai a Deus, cantai louvores; salmodiai ao nosso Rei, cantai louvores* (v.6); e novamente, salmodiai (v.7). Não há como atingir excesso nesta prática. 5. Consciente e discretamente — "cantai louvores com inteligência" (ARC); conheça a razão pela qual deve louvá-lo. —ADAM CLARKE

Tais expressões de afeição piedosa e devota podem parecer indecorosas e imprudentes, contudo, não devem ser impetuosamente censuradas e condenadas, muito menos ridicularizadas; porque se vierem de um coração reto, Deus aceitará a força da afeição e justificará a fraqueza de sua expressão. —MATTHEW HENRY

A voz da melodia não deve ser propriamente proferida com a língua, mas com as mãos; ou seja, é por meio de nossas obras e não nossas palavras que Deus deve ser louvado. Da mesma forma o foi naquele a Quem devemos seguir: "Jesus começou a fazer e a ensinar". —J. M. NEALE

## Versículo 2

*Pois o Senhor*, ou Jeová, o único e autoexistente Deus; *Altíssimo*, grandioso em poder, sublime em domínio, superior em sabedoria, elevado em glória, é tremendo. A Onipotência, que *é tremenda* para aniquilar, é poderosa para proteger.

*É o grande rei de toda a terra.* Nosso Deus não é uma deidade local, nem o governante mesquinho de uma tribo; em majestade infinita Ele governa o domínio mais poderoso como Árbitro absoluto do destino, Monarca exclusivo de todas as terras, Rei dos reis e Senhor dos senhores. Nenhum vilarejo ou ilhota é excluído do Seu domínio. Que gloriosa será essa era quando isso for visto e reconhecido por todos; quando na pessoa de Jesus toda carne contemplará a glória do Senhor!

*Versículo 4*

*Escolheu-nos a nossa herança.* Nós submetemos a nossa vontade, nossas escolhas, nosso desejo completamente a Ele. Nossa herança aqui e daqui em diante, deixamos para Ele; que Ele faça conosco o que lhe parecer bom. —C. H. SPURGEON

É relatado sobre uma mulher que, estando doente, foi indagada se desejava viver ou morrer. Ela respondeu: "O que agradar a Deus". "Mas", alguém disse, "se Deus designasse a você, qual escolheria?" Ela respondeu: "De fato, eu designaria a Ele novamente." Consequentemente, o homem que tem sua vontade concretizada por Deus é aquele cuja vontade está sujeita a Deus. Não devemos nos atribuir por não termos mais de Deus, mas sim por não fazermos mais para Deus. Cristãos, se o Senhor estiver satisfeito com suas pessoas, não estarão vocês satisfeitos com suas condições? Há mais motivo para estarmos satisfeitos com as nossas condições do que para Ele estar satisfeito conosco.

Os cristãos deveriam ser como as ovelhas que mudam de pasto segundo a vontade do pastor; ou como vasos em uma casa, que permanecem onde estão para serem cheios e esvaziados segundo a vontade de seu dono. Aquele que veleja no mar deste mundo alicerçando-se em si mesmo, naufragará em um oceano sem fundo. Nunca houve quem tenha sido seu próprio entalhador, mas certamente houve quem talhasse seus próprios dedos. —WILLIAM SECKER

Pode ser que você seja piedoso e pobre. Boa coisa é, pois você poderia afirmar que não sendo pobre ainda assim seria piedoso? Certamente, Deus nos conhece melhor do que nós mesmos e, portanto, pode adequar melhor o estado à pessoa. —GILES FLETCHER

*A glória de Jacó, a quem ele ama.* Nossa beleza, nossa vanglória, nosso melhor tesouro está em ter este Deus em quem confiar, um Deus como esse para nos amar.

*Versículo 5*

*Subiu Deus por entre aclamações.* A fé ouve o povo já aclamando. O comando do primeiro versículo é aqui considerado como fato. A luta acabou, o conquistador ascende à Sua carruagem triunfal e vai até os portões da cidade que resplandece com a alegria de Seu retorno.

As palavras são plenamente aplicáveis à ascensão do Redentor. Não duvidamos que anjos e espíritos glorificados o receberam com aclamações. Ele não veio sem cântico, poderíamos imaginar que Ele retornaria em silêncio?

*O Senhor, ao som de trombeta.* Jesus é Jeová. O jubiloso tom da trombeta denota o esplendor do Seu triunfo.

*Versículo 7*

*Deus é o Rei de toda a terra.* Os judeus dos dias de nosso Salvador sentiam-se mal por esta verdade, mas se o coração dele estivesse certo, eles teriam se alegrado nisto. Teriam guardado seu Deus para si mesmos, e de modo algum permitido que os cães gentios comessem as migalhas sob a mesa. Lamentavelmente o egoísmo transforma mel em absinto.

*Cantai louvores com inteligência.* Deve ser temido o fato de que alguns, pelo modo desleixado com que produzem ruído ao cantar, fantasiam que qualquer som será adequado. Por outro lado, há grande atenção dada por alguns à simples música e nisto temos a triste certeza de que o significado não tem efeito sobre eles. Não seria pecado fazer cócegas com sons nos ouvidos dos homens, quando declaramos estar adorando Deus? O que tem a ver o deleite dos sentidos em pianos, hinos etc., com a devoção? Os homens não confundem efeitos físicos com impulsos espirituais? Não oferecem a Deus com frequência tons muito mais calculados para o entretenimento humano do que para a aceitação divina? O entendimento iluminado pelo Espírito Santo, é plenamente capaz de oferecer o louvor digno. —C. H. SPURGEON

Se não compreendemos o que cantamos, pode-se alegar negligência de espírito, ou dureza de coração; e isto torna o culto impertinente. Sobre isso o respeitável Davenant clama: "Adeus aos berros dos papistas, que cantam em língua desconhecida". Deus não nos compreenderá nesse culto em que não nos compreendemos nem a nós mesmos. Uma das primeiras peças da criação foi a luz e isto deve iniciar todo culto. —JOHN WELLS, em *Exercícios matinais*

## Versículo 8

*Deus se assenta no seu santo trono.* Impassível, Ele ocupa um trono incontestável. Ele cujos decretos, atos e comandos são santidade em si. Que outro trono é como este? Nunca fora maculado com injustiça ou corrompido com o pecado. Nem Ele que sobre o trono se assenta está desolado ou em dilema. Ele se assenta em serenidade, pois conhece o Seu próprio poder e vê que os Seus propósitos não fracassarão. Aqui há motivo suficiente para cântico santo. —C. H. SPURGEON

# SALMO 48

TÍTULO: "Cântico, Salmo dos filhos de Corá". Um cântico para alegria e um Salmo para reverência. Infelizmente, nem todo cântico é um Salmo, pois os poetas não são todos nascidos do Céu, e nem todo Salmo é um cântico, pois quando nos colocamos diante de Deus precisamos professar confissões pesarosas assim como louvores exultantes.

Assunto: Seria dogmaticamente ocioso atribuir este cântico a qualquer evento da história judaica. Seu autor e data são desconhecidos. Ele registra a retirada de Jerusalém de alguns reis confederados, sua coragem abandonando-os antes de golpeá-los.

## Versículo 1

*Grande é o SENHOR.* O quão grandioso é Jeová, é algo que ninguém pode conceber; mas todos podemos ver que Ele é grande na libertação do Seu povo, grande no apreço daqueles que são libertos, e grande nos corações daqueles inimigos que Ele dispersa por seus próprios medos. Em lugar do insano clamor de Éfeso: "Grande é Diana", damos testemunho razoável, demonstrável e autoevidente: "Grande é Jeová". —C. H. SPURGEON

Maior (Jo 33:12). O grande Deus acima de todos (Sl 95:3). O Deus supremo (Sl 95:3). Ele está um grau acima do superlativo. —JOHN TRAPP

## Versículo 2

*É a alegria de toda a terra; o monte Sião.* Jerusalém era a estrela do mundo; qualquer luz que perdurasse na terra era emprestada dos oráculos preservados por Israel. —C. H. SPURGEON

Quando, pela manhã, me coloquei no topo do monte das Oliveiras e olhei para baixo, vendo a cidade coroando os parapeitos elevados, cercada por desfiladeiros profundos e escuros, exclamei involuntariamente: *Belo e sobranceiro, é a alegria de toda a terra; o monte Sião, para os lados do Norte, a cidade do grande Rei*. E enquanto contemplava, os raios avermelhados do sol nascente criavam uma auréola ao redor do topo do castelo de Davi; e então deram um toque áureo a cada minarete estreito e douraram cada domo de mesquitas e igrejas, e por extensão, banharam em uma enchente de luz avermelhada os terraços da cidade, a grama e a folhagem, as cúpulas, as calçadas e muros colossais de Haram. Nenhum ser humano poderia se decepcionar ao contemplar Jerusalém do monte das Oliveiras. —J. L. PORTER

## Versículo 5

*Bastou-lhes vê-lo, e se espantaram.* Eles vieram, viram, mas não conquistaram. Não houve *veni, vidi, vici*

para eles. Tão logo perceberam que o Senhor estava na Cidade Santa, fugiram. Antes que o Senhor viesse para atingi-los, eles desanimaram e bateram em retirada. —C. H. SPURGEON

Versículos 5 e 6. As potestades do mundo viram os milagres dos apóstolos, a coragem e constância dos mártires e o crescimento diário da Igreja, apesar de todas as suas perseguições; eles contemplaram, atônitos, o rápido progresso da fé pelo Império Romano; clamaram a seus deuses, mas seus deuses não podiam ajudar-se a si mesmos; a idolatria foi extinta ao pé da vitoriosa cruz. —GEORGE HORNE

## Versículo 7
*Com vento oriental destruíste as naus de Társis.* Heresias especulativas, fingindo nos trazer riquezas de longe, estão constantemente atacando a Igreja, mas o sopro do Senhor em pouco tempo as leva à destruição. A Igreja muito frequentemente confia na sabedoria dos homens e estes auxílios humanos em breve naufragam; contudo a Igreja em si está segura sob o cuidado de seu Deus e Rei.

## Versículo 9
*Pensamos, ó Deus.* Homens santos são homens criteriosos; eles não contemplam as maravilhas de Deus passando diante de seus olhos para depois as entregarem ao esquecimento, mas meditam profundamente nelas.

*Na tua misericórdia.* Que assunto encantador! Mentes devotas nunca se cansam de um tema tão divino.

*No meio do teu templo.* As memórias de misericórdia deveriam ser associadas com a continuidade de louvor. Firme ao lado da mesa do pão da presença comemorando a Sua generosidade, deveria estar o altar de incenso denotando nosso louvor.

## Versículo 10
*Como o teu nome, ó Deus, assim o teu louvor se estende até aos confins da terra.* Grande fama é devida ao Seu grande Nome. A glória das façanhas de Jeová sobrepuja as fronteiras da terra; os anjos contemplam maravilhados e de cada estrela, inteligências em deleite proclamam a Sua fama para além dos confins da Terra.

E se homens se silenciarem, ainda assim as florestas, os mares, as montanhas com todas as suas incontáveis tribos e todos os espíritos invisíveis que os dirigem, estão repletos do louvor divino. Como ouvimos em uma concha os murmúrios do mar, assim nas complexidades da criação, ouvimos os louvores de Deus.

*A tua destra está cheia de justiça.* O Seu cetro e Sua espada, Seu governo e Sua vingança, são todos inteiramente justos. Sua mão nunca está vazia, mas repleta de energia, generosidade e equidade. Nem santos nem pecadores encontrarão no Senhor um Deus de mãos vazias; Ele, em ambos os casos, distribui justiça plenamente. Com o primeiro, por meio de Jesus, Ele será justo para perdoar; com o segundo, justo para condenar.

## Versículo 13
*Notai bem os seus baluartes.* A segurança do povo de Deus não é uma doutrina a ser guardada nos bastidores. Pode ser seguramente ensinada e frequentemente devemos nela ponderar. Apenas para corações rasos essa gloriosa verdade será nociva. Os filhos da perdição fazem do próprio Senhor Jesus uma pedra de tropeço; pouco surpreendente é que pervertem a verdade de Deus concernente à perseverança final dos santos. —C. H. SPURGEON

## Versículo 14
*Que este é Deus, o nosso Deus para todo o sempre.* Que porção é esta então a do cristão! O proprietário não pode dizer de seus campos: "Estes são meus para todo o sempre." O rei não pode dizer de sua coroa: "Esta é minha para todo o sempre". Estas posses, em breve, terão outros mestres; estes detentores, em breve, se misturarão com o pó e até mesmo os túmulos que ocuparão não serão seus por longo tempo.

Mas é a única e suprema felicidade do cristão dizer, ou ter o direito de dizer: "Este glorioso Deus com todas as Suas perfeições divinas é meu Deus, para todo o sempre e nem mesmo a morte me separará de Seu amor." —GEORGE BURDER

Deus não somente é a porção satisfatória, preenchendo toda fenda de sua alma com a luz da alegria e do consolo; e uma porção santificadora, elevando sua alma à sua perfeição primitiva e original; e uma porção universal que não se compara à saúde, riqueza, amigos, honras, liberdade, vida, lar, esposa, filho, perdão, paz, glória, Terra ou Céu, mas todos esses e a infinitamente mais a ela equivalem. Mas Ele é também a porção eterna. Esse Deus deseja ser seu Deus *para todo o sempre*. Ó, doce palavra *todo*! O Senhor é a coroa da coroa dos santos e a glória de sua glória. —GEORGE SWINNOCK

# Salmo 49

### Versículo 2

*Tanto plebeus como os de fina estirpe, todos juntamente, ricos e pobres.* Nossa pregação deve ter uma voz para todas as classes e todos deveriam ter ouvidos para ela. Adequar nossa palavra somente ao rico é bajulação perversa, e focar somente em agradar o pobre é fazer o papel de demagogo. A verdade deve ser dita de forma a ordenar os ouvidos de todos, e aos homens sábios, que procurem apreender esse estilo aceitável. Ricos e pobres em breve se reunirão na sepultura; assim, podem contentar-se em se reunir agora. Na congregação dos mortos todas as diferenças de classe serão obliteradas; não deveriam agora ser obstruções às instruções unificadas.

### Versículo 3

*E o meu coração terá pensamentos judiciosos.* O mesmo Espírito que fez os antigos profetas eloquentes também os fez criteriosos. O auxílio do Espírito Santo nunca existiu para suplantar o uso de nossos próprios poderes mentais. O Espírito Santo não nos faz falar como a jumenta de Balaão, que meramente proferiu sons, mas nunca meditou. Ele primeiro nos leva a considerar e a refletir e, em seguida, Ele nos dá a língua de fogo para falar com poder.

### Versículo 5

*Por que hei de eu temer nos dias da tribulação, quando me salteia a iniquidade dos que me perseguem.* O homem de Deus espera calmamente por momentos obscuros em que esses males que o perseguiram ganharão uma vantagem temporária sobre ele. Os homens iníquos, aqui chamados abstratamente de iniquidade, aguardam o justo como serpentes que miram os calcanhares de viajantes. —C. H. SPURGEON

### Versículo 6

*Dos que confiam nos seus bens e na sua muita riqueza se gloriam?* Quem bate mais ousadamente às portas do Céu para que possam entrar, do que aqueles a quem Cristo rejeitará como trabalhadores da iniquidade? Ó, que ilusão é esta! Calígula nunca se fez mais ridículo do que quando desejou ser honrado como Deus, ainda que vivendo mais como demônio. Antes que vocês desejem que outros os conheçam como cristãos, por amor a Deus, provem ser homens e não bestas, considerando as vidas animalescas que levam. Não falem de suas esperanças de salvação enquanto as marcas de perdição sejam vistas em suas vidas vis.

O frei foi extremamente mais são em seu julgamento neste aspecto e, ao pregar em Roma durante a Quaresma, quando alguns cardeais e muitos outros ilustres estavam presentes, iniciou seu sermão abrupta e ironicamente: "O apóstolo Pedro foi um tolo, o apóstolo Paulo foi um tolo e todos os cristãos primitivos foram tolos; pois eles acreditavam que o caminho para o Céu era a oração, as lágrimas, vigílias e jejuns, severidades de mortificação e o negar da pompa e da glória deste mundo; enquanto que vocês aqui em Roma gastam seu tempo em bailes e máscaras, vivem com pompa e orgulho, lascívia e luxo e, contudo, consideram-se bons cristãos e esperam ser salvos; mas no fim de tudo provarão terem sido tolos e, eles terão sido homens sábios." —WILLIAM GURNALL, em sermão de funeral para Lady Mary Vere

*Versículo 7*
*Ao irmão, verdadeiramente, ninguém o pode remir.* Com todas as suas riquezas, sua totalidade reunida não poderia resgatar um camarada da arrepiante garra da morte. Eles se vangloriam sobre o que farão conosco, mas deixe que contemplem com seus olhos. Deixe-os pesar seu ouro nas balanças da morte e ver quanto poderão comprar quando na sepultura, cobertos de vermes. —C. H. SPURGEON

*Versículo 8*
*(Pois a redenção da alma deles é caríssima, e cessará a tentativa para sempre.)* Neste julgamento, as lágrimas não prevalecerão, as orações não serão ouvidas, as promessas não serão admitidas, o arrependimento será tardio e as riquezas, títulos honráveis, cetros e diademas, serão de muito menos proveito.
—THOMAS TYMME

*Versículo 9*
Nenhum preço pago por qualquer homem seria suficiente *para que continue a viver perpetuamente e não veja a cova.* Loucos estão os homens agora à procura de ouro, o que seriam se pudessem comprar seu elixir de imortalidade? O ouro é colocado em excesso externamente para ludibriar o verme do pobre corpo embalsamando-o, ou conservando-o em um caixão de chumbo; mas se trata de uma atividade miserável demais, burlesca demais, uma comédia. Com relação à alma, é algo sutil demais ser detida quando ouve o comando divino para elevar-se por caminhos desconhecidos. Nunca, portanto, temeremos essas mordidas rasas em nossos calcanhares, mordidas vindas daqueles que se vangloriam em tesouros que se provaram tão ineficazes para salvar.

*Versículo 10*
*E perecerem tanto o estulto como o inepto.* A insensatez não é imune à morte. Com ela vai o chapéu do bobo, assim como a toga do estudante. A alegria não pode afastar a hora da morte com risadas; a Morte, que visita a universidade, não poupa a taverna.

*Versículo 11*
*O seu pensamento íntimo é que as suas casas serão perpétuas e, as suas moradas, para todas as gerações.* Extremamente tolo é aquele que é mais tolo em seus pensamentos mais íntimos do que ousa ser em seu discurso. Tais frutos podres, podres até o cerne, são mundanos. No profundo de seus corações, ainda que não ousem dizer, fantasiam que os bens terrenos são reais e duradouros. Sonhadores tolos! As frequentes degradações de seus castelos e casas senhoriais deveriam ensinar-lhes algo, mas ainda assim eles estimam o engano. Não conseguem distinguir a miragem das verdadeiras fontes de água; imaginam que o arco-íris seja estábulos e as nuvens sejam as colinas indestrutíveis. —C. H. SPURGEON

Cristãos! Muitos podem (como o fazem oradores) declamar contra a vaidade da criatura, e falar elementarmente sobre o dinheiro como outros o fazem, e dizer: "Sabemos que não passa de uma terra pouco refinada"; mas seus corações, encantados por isto, se tornam relutantes em separar-se disto por amor a Deus ou pela vontade declarada do Senhor. Assim como daquele que profere boas palavras sobre Deus, não se pode dizer que confia em Deus; do mesmo modo proferir más palavras sobre riquezas mundanas não nos exime de confiar nelas. Há uma diferença entre declarar como orador e agir como cristão.
—THOMAS MANTON

*Chegam a dar seu próprio nome às suas terras.* Muito comum é esta prática. Óbvio é que seus terrenos são feitos para carregar o nome daquele que o possui; ele poderia inclusive escrevê-lo na água. Homens deram seus nomes a países; mas o elogio sem valor os torna em algo melhor, ainda que os homens perpetuem sua nomenclatura?

*Versículo 12*
*Todavia, o homem não permanece em sua ostentação.* Ele não passa de um inquilino momentâneo que não fica uma noite sequer; mesmo que habite em salões de mármore, seu aviso de expulsão está escrito. A eminência está sempre na iminência do perigo. O herói do momento dura apenas um momento. Os

cetros caem das mãos paralisadas que antes os seguravam e as coroas deslizam de crânios, quando a vida se vai. —C. H. SPURGEON

Os rabinos leem da seguinte forma: "Adão, estando em honra, *não se alojou por uma noite.*" A palavra hebraica para *permanecer* significa "ficar ou alojar-se por toda a noite". Adão, então, aparentemente, não ocupou o Paraíso nem por uma noite. —THOMAS WATSON, em *Corpo de Divindade*

*É, antes, como os animais, que perecem.* Ele não é como as ovelhas que são preservadas pelo Grande Pastor, mas como o animal que é caçado e está condenado a morrer. Ele vive de maneira animalesca e perece de morte animalesca. Chafurdando em riquezas, repleto de prazer, ele é engordado para o abate e morre como o boi no matadouro. Lamentável é que uma criatura tão nobre use sua vida tão indignamente e acabe com ela tão desgraçadamente. No que se refere a realidade deste mundo, em que se diferem as mortes de muitos homens da morte de um cão? Eles vão à

*Poeira vil de onde surgiram,*
*Sem luto, sem honra, sem canto.*

Que espaço há, então, para o medo nos piedosos, quando tais bestas tão naturais e brutas os atacam? Não deveriam pacientemente dominar suas almas? —C. H. SPURGEON

## Versículo 13

*Tal proceder é estultícia deles.* A insensatez do homem raramente é tão facilmente detectada do que quando este não se ocupa com coisa alguma, fazendo muito barulho por pouca coisa. Como aquele companheiro insignificante que se colocou diante de Alexandre — após ter empregado muito tempo e esforço, prévios — E SE VANGLORIOU por conseguir lançar uma ervilha em um pequeno orifício, esperando grande recompensa; no entanto, o rei deu-lhe apenas um alqueire de ervilhas, por ser uma recompensa adequada à sua diligente negligência ou à sua ativa ociosidade. —GEORGE SWINNOCK

## Versículo 14

*A morte é o seu pastor.* A morte, como um pastor macabro, os conduz e os dirige ao local de sua pastagem eterna, onde tudo é esterilidade e miséria.

*Os retos terão domínio sobre eles na manhã* (ARC). Os pobres santos foram outrora a cauda, mas na aurora serão a cabeça. Os pecadores governam até o cair da noite; suas honras esmorecem após o anoitecer e pela manhã os papéis estão completamente invertidos. A mais doce reflexão do justo é que "a manhã", aqui considerada, inicia um dia infindável e imutável. —C. H. SPURGEON

*E a sua formosura na sepultura se consumirá* (ARC). Onde está sua pompa, seu esmero e sua simpatia? Todas estas coisas desaparecem como fumaça e agora nada há se não poeira, horror e fedor. A alma, sendo dissolvida, deixa no solo não um corpo humano, mas um cadáver morto, sem vida, sem percepção, sem força e tão medonho que quando o contemplamos, dificilmente podemos deter-nos. —THOMAS TYMME

Ah! A melancolia, amontoado confuso de ruínas da humanidade, que terrível carnificina é feita da raça humana! E que solene e horrendo teatro de mortalidade se apresenta às nossas mentes, coberto dos restos desordenados de nossos companheiros-criaturas!

Ali jazem os ossos de um orgulhoso monarca, que se ornamentou como um pequeno deus, ossos misturados às cinzas de seus súditos mais pobres! A morte apoderou-se dele em sua mais elevada vaidade; acabara de voltar de uma conquista e sua mente soberba foi engolida com o poder e a grandiosidade que ele possuía, quando uma flecha fatal perfurou seu coração e imediatamente acabou com todos os seus artifícios e pensamentos em extinção; neste momento o sonho de glória desapareceu e todo o seu império foi confinado à sepultura.

Ali, um corpo que tanto fora mimado e tão solicitamente atendido, cuja beleza e forma foram tão tolamente admiradas, agora corpo fétido e pútrido; nada além de insetos o apreciam. Uma mudança tão profunda causada pela morte. Agora veja, junto a isto, as ingloriosas cinzas de um pobre coitado, rico e ganancioso, cuja alma estava atrelada a este mundo e abraçou-se em seus tesouros; com que poderosas agonias e convulsões a morte o separou desta Terra? Como suas mãos se agarraram a seu ouro! Com que desejos violentos se atou à sua prata! Todos estes, fracos e infrutíferos! —WILLIAM DUNLOP

## Versículo 15
*Mas Deus remirá a minha alma do poder da morte.* Adiante, para este lugar de descanso temporário iremos em tempo devido, vivificados pela energia divina. Como nosso Cabeça ressurreto, não podemos ser mantidos pelas ataduras da sepultura; a redenção nos emancipou da escravidão à morte. Redenção alguma poderia o homem encontrar em riquezas, mas Deus a encontrou no sangue de Seu amado Filho. —C. H. SPURGEON

*Pois ele me tomará para si.* Esta breve parte do versículo é, como Bottcher observa, mais avassaladora por sua brevidade. A mesma expressão ocorre novamente (73:24), "depois me recebes", sendo que o original de ambos está em Gn 5:24, onde a translação de Enoque é mencionada: "e já não era, porque Deus o tomou para si". —J. J. STEWART PEROWNE

## Versículo 16
*Não temas, quando alguém se enriquecer.* Que não seja para você preocupação alguma ver o impiedoso prosperar. Não levante questões sobre a justiça divina; não sofra agouro algum que turve sua mente. A prosperidade temporal é uma questão pequena demais para nos preocuparmos com ela; deixe que os cães tenham seus ossos e os porcos a sua lavagem.

*Quando avultar a glória de sua casa.* Ainda que o pecador e sua família sejam grandemente respeitados e extremamente elevados, não se preocupe; todas as coisas serão corrigidas em tempo devido. Somente aqueles cujo juízo é sem valor apreciarão mais o homem por suas terras serem mais vastas; aqueles que são altamente valorizados por tais razões despropositadas terão seu acerto em breve, quando a verdade e a justiça entrarem em ação.

## Versículo 17
*Pois, em morrendo, nada levará consigo.* Ele tem nada mais que um arrendamento de seus acres, e a morte acaba com o exercício de seu cargo. O homem deve atravessar o rio da morte nu. Nenhum farrapo de toda a sua vestimenta, nenhuma moeda de todo o seu tesouro, nenhuma ponta de toda a sua honra pode o moribundo mundano carregar consigo. Por que então nos inquietarmos com prosperidade tão fugaz? —C. H. SPURGEON

Homens ricos não passam de granizo; fazem ruídos no mundo, como o granizo nas telhas de uma casa; vêm do alto em queda, jazem inertes e ali derretem. A vida do homem é como as margens dos rios, seu estado temporal é uma corrente: o tempo moldará as margens, mas as correntes não param seu movimento para isso, antes deslizam continuamente —THOMAS ADAMS

*A sua glória não o acompanhará.* Enquanto afunda, afunda, afunda para sempre, nada de sua honra ou suas posses o seguirão. As patentes de nobreza são inválidas no sepulcro. Sua veneração, sua honra, seu senhorio e sua graça da mesma forma serão títulos ridículos no túmulo. O inferno não conhece a aristocracia. Seus pecadores graciosos e delicados descobrirão que o ardor eterno não tem respeito algum por suas artificialidades e refinamentos. —C. H. SPURGEON

A morte toma o pecador pela garganta e "o arrasta até a sepultura". A indulgência em qualquer propensão pecaminosa tem esta tendência decrescente e mortal. Toda luxúria, seja de riquezas ou honras, por jogatina, vinho ou mulheres leva o iludido e pobre coitado adepto, passo a passo, à alcova da morte. Não há esperança na temida perspectiva; a perturbação e a angústia possuem o espírito. Ó minh'alma, tendo conseguido escapar da rede do infernal passarinheiro, jamais esqueça que é como insígnia de que foi arrebatada do ardor. Ó, grande devedora da graça! —GEORGE OFFOR, em *Obras de John Bunyan*

*Versículo 18*
*Ainda que na sua vida ele bendisse a sua alma.* Ele se declarou feliz. Teve suas boas coisas na vida. Seu objetivo principal e alvo eram abençoar-se. Ele foi acusado pelas adulações dos bajuladores.

Os homens te louvarão, quando fizeres bem a ti mesmo. A maioria dos homens adora o sucesso, independentemente de como seja conquistado. A cor do cavalo vencedor não importa; é o vencedor, e isso é suficiente. "Preste atenção no Número Um" é a notória filosofia do mundo e aquele que a considera é "homem sagaz", "um excelente homem de negócios", "um astuto e ajuizado negociante", "um homem com a cabeça no lugar". O banqueiro apodrece tão rápido quanto o engraxate, e o nobre se torna tão pútrido quanto o pobre. Ai de ti, pobre rico, não passas das cores do arco-íris em uma bolha, a coloração que amarela a neblina da manhã, mas não lhe acrescenta substância alguma.

Assim termina o canto do trovador. Por mais confortante que seja o tema para o justo, é repleto de alertas para o mundano. Ouçam vocês, ricos e pobres. Deem ouvidos a isto, vocês nações da Terra.
—C. H. SPURGEON

# Salmo 50

TÍTULO: "Salmo de Asafe". Este é o primeiro Salmo de Asafe, mas não se pode dizer se é produção deste eminente músico, ou meramente dedicado a ele. Doze salmos levam no título o seu nome, mas há a possibilidade de que não sejam de sua autoria, pois muitos destes salmos são de datas tardias demais para terem sido compostos pelo mesmo autor dos outros. —C. H. SPURGEON

*Versículo 3*
*Vem o nosso Deus.* Que nosso Deus venha! Uma oração pelo apressar de Seu advento, como no Apocalipse (22:20). —SINOPSE DE POOL

*Perante ele arde um fogo devorador.* Assim como Ele entregou a Sua Lei em fogo, também no fogo Ele a requererá. —JOHN TRAPP

*Versículo 5*
*Congregai os meus santos.* Vão, vocês mensageiros de asas velozes, e separem os preciosos dos vis. Reúnam o trigo no armazém celestial. Que o povo há tanto disperso, mas eleito, conhecido por minha graça distintiva para ser meus santificados, seja agora reunido em um local.

Nem todos o que parecem ser santos o são de fato, logo uma separação deve ser feita; portanto que todos os que professam ser santos sejam reunidos diante do meu trono de julgamento, e que ouçam a Palavra que sondará e julgará o todo, que os falsos sejam condenados e os verdadeiros revelados. —C. H. SPURGEON

Lembre-se desta importante verdade, que os cristãos são chamados pelo evangelho para serem santos; que vocês são cristãos, não tanto por sua ortodoxia como por sua santidade; que são santos à medida que vivem em santidade em todas as formas de colóquio.

O povo de Deus fornece uma prova de ser santo por sua conduta piedosa. "Pelos seus frutos", não por seus sentimentos; não por seus lábios, não por uma declaração geral, mas "pelos seus frutos os conhecereis". O caráter dos santos é manifesto por consagração divina. O povo de Deus é chamado de santo à medida que é dedicado a Deus. É dever e privilégio dos santos consagrar-se ao serviço ao Senhor. Até mesmo um filósofo pagão poderia dizer: "Empresto-me ao mundo, mas entrego-me aos deuses". Mas nós possuímos mais luz e conhecimento e, portanto, temos maiores responsabilidades do que Sêneca. —J. SIBREE, em sermão Pregado na Reabertura da Capela de Surrey

*Os que comigo fizeram aliança por meio de sacrifícios.* Este é o grande teste e, contudo, alguns ousaram imitá-lo. A aliança foi homologada pela morte de vítimas, o cortar e o dividir das ofertas; isto fez o justo ao aceitar, com fé verdadeira, o grande sacrifício propiciatório, e isto os impostores fizeram apenas exteriormente. Que sejam reunidos diante do trono para julgamento e prova; e todos aqueles que, de fato, homologaram a aliança pela fé no Senhor Jesus serão reconhecidos diante de todos os mundos como objetos da graça distintiva, enquanto que os formalistas aprenderão que sacrifícios externos são todos vãos. Ó, solene inquérito, diante de cuja perspectiva curva-se a minh'alma em reverência!

O discurso a seguir, iniciado no sétimo versículo, é direcionado ao professo povo de Deus. É claramente, em primeiro lugar, destinado a Israel; mas é igualmente aplicável à igreja visível de Deus em todas as eras. É um discurso que declara a futilidade da adoração exterior quando a fé espiritual está ausente e se sustenta apenas no cerimonial visível.

## Versículo 9
*De tua casa não aceitarei novilhos.* Tolamente sonharam que novilhos com chifres e cascos poderiam agradar o Senhor, quando, na verdade, Ele procurava por corações e almas. Impiamente imaginaram que Jeová precisaria desses suprimentos, e caso alimentassem o Seu altar com seus animais gordos, Ele se contentaria. O que Ele planejou como sua instrução, o povo transformou em sua segurança. Não se lembraram de que "o obedecer é melhor do que o sacrificar, e o atender, melhor do que a gordura de carneiros". —C. H. SPURGEON

Versículos 11 e 12. Demonstramos nosso desprezo pela suficiência de Deus em pensamentos secretos de alcançar mérito diante do Senhor por meio de qualquer ato religioso, como se Deus pudesse estar em dívida conosco, e obrigado por nós. Como se nossas devoções pudessem trazer bem-aventurança a Deus, mais do que Ele essencialmente tem; quando, de fato, "a minha bondade não chega à tua presença" (ACRF). —STEPHEN CHARNOCK

## Versículo 12
*Se eu tivesse fome, não to diria.* Estranha compreensão, um Deus faminto! Contudo, se tal modelo pudesse ser verdadeiro e se o Senhor tivesse fome de carne, Ele não pediria aos homens. Ele poderia prover para si mesmo de Suas próprias posses; não suplicaria às Suas criaturas. Até mesmo sob a ideia mais tosca a respeito de Deus, a fé em cerimoniais externos é ridícula.

Os homens imaginam que Deus precise de estandartes, música, incenso e linho fino? Caso precisasse, as estrelas adornariam o Seu estandarte, os ventos e as ondas se tornariam a Sua orquestra, dez mil vezes dez mil flores exalariam perfume, a neve seria a Sua alva, o arco-íris o Seu cinto e as nuvens de luz o Seu manto. Ó tolos e lentos de coração, vocês adoram sem conhecer o objeto de sua adoração!

## Versículo 13
*Acaso, como eu carne de touros? Ou bebo sangue de cabritos?* Vocês estão tão enfeitiçados a ponto de pensar assim? Estaria o grande EU SOU sujeito a necessidades físicas e estas deveriam ser, portanto, satisfeitas de modo tão grosseira? Os pagãos assim pensavam de seus ídolos, mas vocês ousam pensar o mesmo do Deus que fez os Céus e a Terra? Podes ter caído tão profundamente a ponto de pensares isto de mim, ó Israel? Que ponderação vívida encontramos aqui! Como o fogo lança setas nos rostos idiotas daqueles que confiam em formas exteriores!

Vocês, incautos de Roma, conseguem ler isto e permanecer impassíveis? A repreensão é com indignação; as perguntas confundem inteiramente; a conclusão é inevitável: apenas a adoração do coração pode ser aceitável para o Deus verdadeiro. É inconcebível que coisas externas possam gratificá-lo, exceto à medida em que, por meio delas, nossa fé e nosso amor sejam expressos.

## Versículo 14
*Oferece a Deus sacrifício de ações de graças.* Não olhe para seus sacrifícios como se em si mesmo fossem

dádivas que me agradam, mas apresente-os como tributos de sua gratidão; só então os aceitarei, mas não enquanto suas almas não têm amor e gratidão para me oferecer.

*Versículo 15*
*Invoca-me no dia da angústia.* Ó bendito versículo! É então sacrifício verdadeiro? É uma oferta o pedir esmolas ao Céu? Certamente. O próprio Rei assim o considera. Pois aqui a fé é manifesta, aqui o amor é revelado, pois no momento do perigo voamos para aqueles que amamos. Quem dirá que os santos do Antigo Testamento não conheciam o evangelho? Seu espírito e essência exalam como incenso por todo este santo salmo.

*E tu me glorificarás.* Desse modo vemos o que é o ritual verdadeiro. Aqui lemos títulos inspirados. A adoração espiritual é a grande e essencial questão; todo o resto mais provoca do que agrada a Deus. Como socorro para alma, as ofertas exteriores eram preciosas, mas quando os homens não foram além delas, até mesmo seus objetos santificados eram profanados na visão do Céu. —C. H. SPURGEON

A oração é como o anel que a Rainha Elizabeth deu ao Conde de Essex, pedindo-lhe que estando em qualquer aflição lhe enviasse esse anel e ela o auxiliaria. Deus ordena a Seu povo que, estando em qualquer embaraço, envie este anel a Ele: *invoca-me no dia da angústia; eu te livrarei, e tu me glorificarás.*
—GEORGE SWINNOCK

Quem se esforçará para conseguir um pedaço de carne de um guardador, quando pode ter livre acesso ao dono da caça a quem pode pedir e receber? Não deseje outros auxiliadores, conte somente com Ele, confiando plenamente nele no uso de tais meios, como Ele prescreveu e dispôs. Deus é ciumento, não aceitará um concorrente, nem permitirá que você (neste caso) tenha duas cordas em seu arco. Aquele que tudo arquiteta deve ser para você o único recurso, por meio de Quem e para Quem são todas as coisas, a Ele seja todo o louvor para sempre (Rm 11:36).
—GEORGE GIPPS, em sermão pregado [diante de Deus e vindo dele] à honrável Câmara dos Comuns

Deus retém daqueles que não pedem, para não lhes conceder o que não desejam (Agostinho). Davi tinha confiança que pelo poder de Deus ele saltaria uma muralha; contudo não sem colocar sua própria força e agilidade na tentativa. Os motivos pelos quais oramos, são aqueles pelos quais devemos trabalhar (Agostinho). —THOMAS ADAMS

Aqui, começando no décimo sexto versículo, o Senhor volta-se aos manifestadamente perversos entre o Seu povo; e tais havia até mesmo nos lugares mais elevados de Seu santuário. Se formalistas morais foram repreendidos, quanto mais estes imorais simuladores de sua comunhão com o Céu? Se a ausência de essência arruinou a adoração dos mais decentes e virtuosos, quanto mais as violações da lei, cometidas com mãos erguidas, não corrompem os sacrifícios dos perversos?

*Versículo 16*
*Mas ao ímpio diz Deus: De que te serve repetires os meus preceitos.* Vocês violam abertamente a minha lei moral, e, contudo, são grandes guardiões das minhas ordenanças cerimoniais! De que servem a vocês? Que interesse vocês têm nelas? Vocês ousam ensinar a minha Lei a outros enquanto a profanam? Que falta de pudor, que blasfêmia é esta! Vocês contam seus dias santos, contendem por rituais, lutam pelo externo e, no entanto, as questões mais significativas da Lei vocês desprezam! Vocês, guias cegos, coam insetos e engolem camelos; sua hipocrisia está escrita em suas testas e manifesta a todos.
—C. H. SPURGEON

"Como a neve no verão e como a chuva na ceifa, assim, a honra não convém ao insensato." E não o é? Não é surpresa então que a sabedoria divina exige que abandonemos o velho homem (como as cobras abandonam a antiga pele) antes que tomemos sobre nós o mais honrável ofício de reprovar o pecado.
—DANIEL BURGESS, em *Os avivadores áureos*

*O ímpio.* O significado aqui não são pecadores abertamente profanos, mas homens sob uma profissão religiosa, mestres de outros, como parece ser de acordo com as repreensões que lhes são dirigidas: os escribas, fariseus e doutores entre os judeus, concebidos, conforme a interpretação de Kimchi de seus sábios, como aqueles que aprendiam e ensinavam a lei, mas não agiam de acordo com ela. —JOHN GILL

*E teres nos lábios a minha aliança.* Vocês falam de estar em aliança comigo e, no entanto, pisoteiam minha santidade como porcos pisoteiam em pérolas; pensam vocês que posso tolerar isto? Suas bocas estão repletas de mentira e calúnia e, contudo, pronunciam minhas palavras como se fossem petiscos adequados para tais como vocês! Que terrível mal é que até os dias de hoje vemos homens explicando doutrinas que desprezam preceitos! Fazem da graça uma pequena manta para o pecado e até mesmo julgam-se sãos na fé, ainda que sejam podres na vida. Precisamos da graça das doutrinas tanto quanto das doutrinas da graça, e sem ela um apóstolo não passa de Judas, e um professor honesto um inimigo manifesto da cruz de Cristo. —C. H. SPURGEON

Observe o que segue, o que Ele quer dizer fica exposto: *uma vez que aborreces a disciplina*. Como se Deus tivesse dito: "Vocês perversos, que protegem seu pecado, e o mantém próximo, recusando-se a retornar e aborrecendo-se com a disciplina; de que lhes serve intrometer-se com minha aliança?" Afastem suas mãos imundas. Aquele que se determina a manter seu pecado, toma a aliança em vão, ou antes a abandona, quando aparenta guardá-la. Ai daqueles que pleiteiam a misericórdia enquanto negligenciam o dever. —JOSEPH CARYL

Quando um ministro não faz o que ensina, isto o torna uma pessoa vil; não, isto o torna ridículo, como o farmacêutico de Luciano, que tinha medicamentos para curar a tosse em sua loja, e contava a outros que os possuía, enquanto ele mesmo sofria desse mal. —WILLIAM FENNER

### Versículo 17

*Uma vez que aborreces a disciplina.* Professos profanos são geralmente sábios demais para aprender, apaixonados demais pela presunção para serem ensinados sobre Deus.

*E rejeitas as minhas palavras.* Desprezando-as, lançando-as fora como imprestáveis, colocando-as fora do alcance como desprezíveis. Muitos jactanciosos da lei assim agiram de forma prática; e nestes últimos dias há aqueles que selecionam e escolhem as palavras de Deus, mas que não suportam a parte prática das Escrituras; eles têm nojo do dever, abominam a responsabilidade, desventram os significados claros dos textos, corrompem as Escrituras para sua própria destruição. É maléfico o sinal quando um homem não ousa olhar no rosto das Escrituras, é um indício de insolência descarada quando tenta atribuir-lhe significado de caráter menos condenatório com relação a seus pecados e empenha-se em provar que é menos radical em suas exigências. —C. H. SPURGEON

### Versículo 18

*Se vês um ladrão, tu te comprazes nele.* Isto era literalmente verdade no caso dos escribas e fariseus; eles devoravam as casas das viúvas e roubavam o que tinham sob o pretexto de longas orações; eles aprovaram os atos de Barrabás, um bandido, quando o preferiram em lugar de Jesus Cristo; e se juntaram aos ladrões na cruz ao maltratá-lo. No sentido espiritual, roubaram a Palavra do Senhor, cada um dos homens de seu próximo; retiraram do povo a chave do conhecimento e colocaram falsos brilhos nos escritos sagrados. —JOHN GILL

*E aos adúlteros te associas.* Quão claramente tudo isto manifesta que sem santidade nenhum homem verá a Deus! Nenhuma soma de cerimoniais ou exatidão teológica pode cobrir a desonestidade e fornicação; estas coisas imundas devem ser removidas de nós pelo sangue de Jesus ou atearão fogo na ira de Deus, que queimará até o mais profundo inferno.

### Versículo 19

*Soltas a boca para o mal.* Pecados contra o nono mandamento são aqui mencionados. O homem que se entrega ao hábito da calúnia é um hipócrita vil, caso ele se associe com o povo de Deus. A saúde de um homem é facilmente julgada por sua língua. Boca imunda, coração imundo. Alguns caluniam quase com tanta frequência quanto respiram e, contudo, são grandes defensores da Igreja, e grandes guardiões da santidade. A que ponto não irão em maldade, aqueles que se deleitam em espalhá-la com suas línguas?

E a tua língua trama enganos. Este é um tipo de calúnia mais intencional, em que o homem elabora falso testemunho com destreza e inventa métodos de difamação. Há uma ingenuidade de calúnia em alguns homens e, infelizmente, até mesmo em alguns de quem se pensa serem seguidores do Senhor Jesus. Eles manufaturam inverdades, tecem-nas em seu tear, martelam-nas em sua bigorna e então comercializam suas mercadorias em todas as organizações. Seriam estes aceitos por Deus? Ainda que levem sua riqueza ao altar, e falem eloquentemente da verdade e da salvação, têm eles algum favor com Deus? Estaríamos blasfemando o santo Deus se pensássemos que sim. Eles são corruptos a Seus olhos, mau cheiro para Suas narinas. Ele lançará todos os mentirosos no inferno. Deixe-os pregar, orar, e sacrificar o quanto quiserem. Até que se tornem verdadeiros, o Deus da verdade os abominará inteiramente.

## Versículo 20

*Sentas-te para falar contra teu irmão.* O deplorável caluniador não reconhece declaração de parentesco. Ele esfaqueia seu irmão às escuras e mira um golpe naquele que saiu do mesmo útero, contudo se envolve na túnica da hipocrisia e sonha ser um favorito do Céu, um adorador aceito do Senhor.

Existem tais monstros nos dias de hoje? Infelizmente! Eles ainda poluem nossas igrejas, e são raízes de amargura, máculas em nossas festas solenes, estrelas errantes, para quem estão reservadas escuridão e trevas para sempre.
Talvez alguns destes possam ler estas linhas, mas provavelmente as lerão em vão; os seus olhos estão turvos demais para ver sua própria condição, seus corações densamente envernizados, seus ouvidos entorpecidos para ouvir; estão entregues a um delírio por crer em uma mentira, de modo que podem vir a ser condenados.

## Versículo 21

*Pensavas que eu era teu igual.* A conclusão tirada com base na paciência do Senhor foi infame; o tolerado delinquente cria que seu Juiz tinha a mesma natureza que ele. Ofereceu sacrifício e o considerou aceito; continuou em pecado e permaneceu impune e, portanto, disse grosseiramente: "Por que acreditar nestes loucos profetas? Deus não se importa com o modo como vivemos contanto que paguemos nossos dízimos. Pouco Ele considera sobre como conseguimos o despojo, desde que levemos um novilho ao Seu altar." O que não imaginam os homens sobre o Senhor? Em um momento comparam a glória de Israel a um bezerro e logo depois a si próprios, seres embrutecidos. —C. H. SPURGEON

Tal é a cegueira e corrupção de nossa natureza a ponto de termos pensamentos tão distorcidos e deformados sobre Ele, até que com os olhos da fé vemos Sua face no espelho da Palavra; e assim o Sr. Perkins afirma que todos os homens que vieram de Adão (com exceção somente de Cristo) são por natureza ateus, porque ao mesmo tempo que reconhecem Deus, negam Seu poder, presença e justiça e permitem que Ele seja somente aquilo que os agrada.

De fato, é natural que todo homem deseje acomodar-se às suas concupiscências com idealizações de Deus que sejam mais favoráveis e mais adequadas a eles. Deus acusa alguns disto: *Pensavas que eu era teu igual.* —WILLIAM GURNALL

Isto fazem os homens quando pleiteiam por pecados tão pequenos, tão veniais, como aquele que se coloca abaixo de Deus para que o leve em conta. Porque eles assim pensam, Deus deve pensar da mesma forma. O homem, com um orgulho como que de gigante, subiria ao trono do Todo-Poderoso e estabeleceria uma contradição à vontade de Deus fazendo de sua própria vontade, e não a de Deus, a diretriz e a regra de suas ações. Este princípio teve início e estabeleceu-se no Paraíso, quando Adão optou por não depender da vontade de Deus revelada a ele, mas de si mesmo e de sua vontade, e desta forma colocou-se como Deus. —STEPHEN CHARNOCK

*E porei tudo à tua vista.* Como se Ele dissesse: "Você pensou que todos os seus pecados foram espalhados e dispersos; que não havia pecado a ser encontrado, que nunca seriam reunidos, mas eu lhe garanto que construirei um exército para esses pecados; um exército completo deles, vou colocá-los em ordem e fileiras diante de seus olhos, e veja que você não conseguirá observar, muito menos lutar com tal tropa." Se um exército de terrores divinos é tão aterrorizante, o que não será um exército de pecados obscuros e infernais quando Deus trouxer regimentos inteiros de pecados contra você — aqui um regimento de juramentos, ali um regimento de mentiras, ali um terceiro de transações falsas, aqui uma tropa de ações sórdidas e ali uma legião de pensamentos impuros e profanos, todos de uma vez lutando contra sua vida e a paz eterna? —JOSEPH CARYL

Ateus zombam daquelas Escrituras que nos dizem que prestaremos contas de todos os nossos atos; mas Deus os fará encontrar a verdade de todas elas no dia de seu cômputo. Para Ele é tão fácil fazer suas mentes lembrarem-se, quanto é criar mentes neles. Quando Ele aplicar Seus registros aos seus espíritos desmemoriados, eles verão todos os seus pecados esquecidos. Quando a prensa comprime o papel limpo em seus marcadores lubrificados, o papel recebe a impressão de todas as letras; assim será quando Deus selar suas mentes com Seu registro. Eles verão todos os seus pecados prévios em uma visão. A mão escrevia contra Belsazar, pois ele pecava, ainda que não tenha percebido até que o cálice estivesse cheio. Assim é com o perverso; seus pecados são contados e pesados e eles não percebem até que sejam fragmentados por um temível despertar. —WILLIAM STRUTHER

*Versículo 22*
*Considerai, pois, nisto, vós que vos esqueceis de Deus.* O que é menos do que um grão de areia? Contudo, quando é multiplicado, o que pode ser mais pesado que as areias do mar? Uma pequena soma multiplicada expande-se elevadamente; então um pequeno pecado sem arrependimento nos condenará, como um vazamento no navio, caso não seja corretamente considerado, nos afogará. —THOMAS WATSON

*Versículo 23*
*O que me oferece sacrifício de ações de graças, esse me glorificará.* A ação de graças é uma obra que exalta Deus. Ainda que nada possa acrescentar um cúbito sequer à glória essencial de Deus, o louvor o exalta aos olhos de outros. —THOMAS WATSON

# SALMO 51

TÍTULO: "Ao mestre de canto". Portanto, não foi escrito somente para meditação pessoal, mas para o uso público da canção. Adequado para a solitude da penitência, este salmo incomparável é igualmente bem adaptado para a assembleia dos pobres de espírito. "Um salmo de Davi". É um assombro, mas mesmo assim, um fato, que alguns escritores tenham negado a autoria de Davi neste salmo, mas suas objeções são banais; este salmo tem, em seu todo, o estilo de Davi. Seria muito mais fácil imitar Milton, Shakespeare ou Tennyson do que Davi. Seu estilo é inteiramente *sui generis*, e é tão facilmente distinguível quanto o toque de Rafael ou as cores de Rubens.

O grande pecado de Davi não deve ser desculpado, mas é bom lembrar que seu caso tem uma coleção excepcional de especialidades. Ele era um homem de paixões muito fortes, um soldado e um monarca oriental com poder despótico; nenhum outro rei de sua época teria sentido remorso algum por ter agido como ele agiu, e consequentemente não havia ao seu redor as restrições de costumes e associação que, quando violadas, tornam a ofensa ainda mais monstruosa.

Ele nunca dá indício de forma alguma de atenuação, e nós não mencionamos estes fatos para justificar seu pecado, que é detestável ao grau máximo; mas para o alerta de outros, de modo que reflitam que a libertinagem que neles há neste momento pode carregar culpa ainda maior em si do que o erro do rei de Israel. Ao nos lembrarmos de seu pecado, permaneçamos em sua penitência e na longa série de castigos que tornaram a parte subsequente de sua vida em uma história tão pesarosa. —C. H. SPURGEON

Este salmo é a gema mais reluzente em todo o livro e contém instrução tão grandiosa e doutrina tão preciosa, que a língua dos anjos não faria justiça ao desenvolvimento completo. —VICTORINUS STRIGELIUS

Este salmo é geral e adequadamente chamado de "O guia do pecador". Em algumas de suas versões, geralmente auxilia o regresso do pecador. Atanásio recomenda a alguns cristãos, a quem ele estava escrevendo, que repitam este salmo quando acordam à noite. Todas as igrejas evangélicas estão familiarizadas com ele. Lutero diz: "Não há outro salmo que seja mais frequentemente cantado ou orado na igreja." Este é o primeiro salmo em que temos a palavra *Espírito* sendo usada em aplicação ao Espírito Santo. —WILLIAM S. PLUMER

Este é o salmo que toca mais profundamente entre todos os salmos, e eu tenho certeza de que é o mais aplicável a mim. Parece ter sido a efusão de uma alma sofrendo sob a consciência de uma grande e recente transgressão. *Meu Deus, seja recente ou não, dá-me a habilidade de sentir a enormidade de minhas múltiplas ofensas e não te lembres dos pecados de minha juventude colocando-os contra mim.* —THOMAS CHALMERS

*Versículo 1*
*Compadece-te de mim, ó Deus.* Ele apela imediatamente à misericórdia de Deus, antes mesmo de mencionar seu pecado. Contemplar a misericórdia é algo bom para os olhos que sofrem com o choro penitente. O perdão do pecado deve sempre ser um ato de pura misericórdia e, portanto, é para este atributo que o pecador desperto voa. —C. H. SPURGEON

Eu não ouso dizer *meu Deus*, pois isso seria presunção. Eu o perdi pelo pecado, afastei-me do Senhor ao seguir o inimigo e, portanto, sou impuro. Não ouso aproximar-me do Senhor, mas me colocando à distância e erguendo minha voz com grande devoção e coração contrito, clamo e digo: "Compadece-te de mim, ó Deus". —REVERENDÍSSIMO A. P. FORBES, Bispo de Brechin, em um comentário sobre os *Sete Salmos Penitentes essencialmente de Fontes Antigas*

*Segundo a multidão.* Os homens são grandemente aterrorizados pela multidão de pecados, mas aqui há consolo. Nosso Deus tem multidões de misericórdias. Se os nossos pecados forem numerosos como os fios de cabelo em nossa cabeça, as misericórdias de Deus serão como as estrelas do céu; e como Ele é o Deus infinito, Suas misericórdias também o são. Sim, acima de nossos pecados estão as Suas misericórdias como Ele mesmo está acima de nós, pobres pecadores. —ARCHIBALD SYMSON

## Versículo 2

*Lava-me completamente da minha iniquidade.* A mancha em si é irremovível e eu, o pecador, mantive-me nela longamente, até que o carmesim estivesse enraizado; mas, Senhor, lave, lave e lave novamente até que a última nódoa desapareça e não reste nenhum vestígio de minha impureza. O hipócrita se contenta com suas vestes limpas; mas o verdadeiro suplicante clama: "Lave-me". Este pecado específico contra Bate-Seba, serviu para mostrar ao salmista toda a montanha de sua iniquidade, da qual esse ato imundo era apenas uma pedra desmoronando. Ele deseja ser livre de toda a massa de sua imundície, antes tão pouco considerada, e que agora se tornara um terror hediondo e assombroso para sua mente. —C. H. SPURGEON

Disso aprendemos como é vil, imundo e miserável o pecado aos olhos de Deus; mancha o corpo do homem, a alma do homem, o torna mais vil que a criatura vivente mais vil; não há um sapo que seja mais vil e repugnante aos olhos do homem como um pecador maculado e contaminado pelo pecado o é aos olhos de Deus, até que seja limpo e lavado deste pecado no sangue de Cristo. —SAMUEL SMITH

*E purifica-me do meu pecado.* Esta é uma expressão mais geral, como se o salmista dissesse: "Senhor, se o lavar não for suficiente, tenta algum outro processo; se a água não tiver utilidade, que seja o fogo, que qualquer outra coisa seja testada para que eu seja purificado. Livra-me de meu pecado por algum meio, por um meio qualquer, por todos os meios possíveis, para simplesmente me purificar por completo e não deixes culpa alguma sobre minha alma." Ele não clama por causa da punição, mas por causa do pecado.

Muitos assassinos se inquietam mais quando na forca do que pelo assassinato que os levou até ali. O ladrão ama saquear ainda que tema a prisão. Não foi assim com Davi. Ele está cansado de seu pecado como pecado; seus clamores mais altos são contra o mal de sua transgressão e não contra as dolorosas consequências dela. Quando lidamos seriamente com nosso pecado, Deus lidará gentilmente conosco. Quando odiarmos o que o Senhor odeia, Ele em pouco tempo dará um fim a isto, para nossa alegria e paz. —C. H. SPURGEON

O pecado é algo imundo quando nele pensamos, é imundo quando dele falamos, é imundo quando dele ouvimos, imundo quando o cometemos. Em suma, não há nada nele exceto indignidade. —ARCHIBALD SYMSON

## Versículo 3

*Pois eu conheço as minhas transgressões.* Ele parece dizer: "Eu faço uma confissão completa de todos." Não que esta seja minha alegação ao buscar perdão, mas é um indício claro de que preciso de misericórdia e sou completamente incapaz de procurar auxílio em qualquer outro lugar.

*E o meu pecado está sempre diante de mim.* Meu pecado como um todo nunca abandona minha mente; oprime meu espírito continuamente. Coloco-o diante do Senhor porque constantemente está diante de mim. *Senhor, afasta-o de mim e de ti.* Para uma consciência desperta, a dor da consideração do pecado não é transitória e ocasional, mas intensa e permanente; e isto não é sinal da ira divina,

antes, um prefácio certo do favor abundante.
—C. H. SPURGEON

Davi detinha seu pecado e o confessou como seu. Aqui está nossa riqueza natural: o que podemos dizer ser propriedade nossa além de nosso pecado? Nosso alimento e vestes, o essencial da vida, tudo é empréstimo. Viemos famintos e nus ao mundo; não trouxemos nada disso conosco e não merecíamos nada disso aqui. Nosso pecado veio conosco como Davi mais tarde confessa. Temos direito de herança no pecado, tomando-o por transferência e transmissão de nossos pais; temos o direito de posse. Então Jó diz: "me fazes herdar as culpas da minha mocidade".
—SAMUEL PAGE

## Versículo 4

*Pequei contra ti, contra ti somente.* Um pecado de enfermidade pode admitir apologia; um pecado de ignorância pode encontrar desculpa; mas um pecado de rebeldia não encontra defesa alguma.
—SIR RICHARD BAKER

Há uma tristeza divina que leva o homem à vida; e esta tristeza é forjada em um homem pelo Espírito de Deus e no coração do piedoso. Por esta tristeza ele lamenta o pecado, pois desagrada a Deus que é um Pai tão precioso e doce para ele. E suponha que ele não tivesse nem um Céu que pudesse perder ou um inferno que pudesse ganhar; ainda assim ele se entristeceria e lamentaria em seu coração por ter causado desprazer a Deus. —JOHN WELCH

*E fiz o que é mau perante os teus olhos.* Cometer traição na própria corte do rei e diante de seus olhos é, de fato, insolência. Davi sentiu que seu pecado fora cometido em toda a sua imundície enquanto o próprio Jeová assistia. Ninguém que não seja filho de Deus se importa com os olhos de Deus, mas havendo graça na alma, vê-se refletida uma culpa temerosa por todos os atos malignos, quando nos lembramos de que Deus, a quem ofendemos, estava presente quando a transgressão foi cometida.

*Eu nasci na iniquidade.* Ele está atordoado pela descoberta de seu pecado congênito e procede para apresentá-lo. Isto não foi planejado para justificar-se, mas antes para completar a confissão. É como se ele dissesse: "Não apenas pequei desta vez, mas em minha natureza sou pecador. A fonte de minha vida é poluída assim como suas correntes. Minhas tendências congênitas estão fora do perímetro da equidade; eu naturalmente me inclino ao que é proibido. Minha doença é constitucional, tornando-me pessoa detestável à Sua ira."

*E em pecado me concebeu minha mãe.* Ele retorna ao momento inicial de seu ser, não para difamar sua mãe, mas para reconhecer as raízes de seu pecado. Aqui, seria apropriação perversa das Escrituras se negássemos que o pecado original e sua depravação são aqui ensinados. Certamente os homens que objetam essa doutrina precisam ser ensinados pelo Espírito Santo sobre quais são os primeiros princípios da fé. —C. H. SPURGEON

Versículos 5 e 6. Foi uma *constatação* de espanto consigo mesmo, como se diante do grande e santo Deus; e, portanto, ele segue com outra *constatação* colocada diante do Senhor: *Eis que te comprazes na verdade no íntimo*. E é como se dissesse em ambas: "Ó, estou em todos os aspectos espantado, enquanto que com um olho sobre mim vejo o quão infinitamente corrupto sou na constituição de minha natureza, com o outro olho contemplo e considero o Deus infinito e santo que é em Sua natureza e ser e que santidade é exigida pelo Senhor. Estou completamente consternado por ambas as percepções e não posso constatar mais nada, nem olhar para o Senhor, ó Deus santo!"
—THOMAS GOODWIN

## Versículo 6

*Eis que te comprazes na verdade no íntimo.* Realidade, sinceridade, santidade verdadeira, fidelidade de coração. Estas são as exigências de Deus. Ele não se importa com aparência de pureza; Ele olha para a mente, o coração e a alma. O Santo de Israel sempre estimou o homem por sua natureza interior e não por suas confissões exteriores; para Ele o interior é tão visível quanto o exterior e Ele julga corretamente que o caráter essencial de uma ação está na motivação daquele que a executa.

*Versículo 7*
*Purifica-me com hissopo.* Dê-me a realidade representada por cerimônias legais. Esta passagem pode ser lida como a voz da fé e também como uma oração e assim continua: "Purifica-me com hissopo, e *ficarei limpo*". Ainda que eu seja imundo, há tal poder na propiciação divina que meu pecado desaparecerá.

*Ficarei mais alvo que a neve.* Ninguém além do Senhor pode me embranquecer, mas o Senhor pode, em graça, superar a própria natureza em seu estado mais puro. A neve em pouco tempo acumula fumaça e poeira, derrete e desaparece. O Senhor pode me dar pureza duradoura. Posto que a neve é branca na base como o é na superfície, o Senhor pode gerar a mesma pureza interior em mim e tornar-me tão puro que somente uma hipérbole pode estabelecer minha condição imaculada. Senhor, faz isso; minha fé crê que esta é a Tua vontade e ela bem sabe que tu podes fazê-lo.

Dificilmente as Santas Escrituras apresentarão um versículo mais repleto de fé do que este. Considerando a natureza do pecado e a profunda compreensão que dele o salmista tinha, é fé gloriosa ser capaz de ver no sangue mérito suficiente, não, todo-suficiente para expurgá-lo por inteiro. —C. H. SPURGEON

Mas como isto é possível? Todos os tintureiros da Terra não conseguem esconder o vermelho com o branco. Como, então, é possível que meus pecados, vermelhos como escarlate algum dia seriam brancos como a neve? De fato, tal retrocessão não é ofício humano; poderia ser somente por Sua obra que fez o sol retroceder dez graus no relógio de Acaz. Pois Deus possui um nitrato de graça que não transforma somente o rubor dos pecados escarlate, mas até mesmo a escuridão de pecados mortais ele traz de volta à sua pureza natural e alvura.

Contudo, tal alvura como manifesta na neve não será suficiente, pois eu posso ser branco como a neve e ainda leproso, como foi dito de Geazi que "saiu de diante dele leproso, branco como a neve". Deve ser então *mais alvo que a neve*. E tal é a alvura que o lavar de Deus opera sobre nós, e atua sobre nosso interior; pois não há neve tão branca aos olhos dos homens como uma alma purificada do pecado aos olhos de Deus. —SIR RICHARD BAKER

*Versículo 8*
*Faze-me ouvir júbilo e alegria.* Da mesma forma que um cristão é o homem mais triste do mundo, também não há alguém mais alegre que ele; pois a causa de sua alegria é a mais grandiosa. Sua miséria foi a mais grandiosa, sua libertação a mais grandiosa, portanto sua alegria a mais grandiosa. —ARCHIBALD SYMSON

*Para que exultem os ossos que esmagaste.* Ele gemia não somente sob meras feridas da carne; seus poderes mais firmes e ternos estavam "quebrados em pedaços"; sua virilidade havia se deslocado, sido mutilada, tremendo de sensibilidade. Contudo, se ele que esmagou, curasse, todas as feridas se tornariam uma nova boca para canção, todos os ossos antes trêmulos de agonia se tornariam igualmente sensíveis por intenso deleite.

A imagem é ousada e também o é o suplicante. Ele roga por algo grandioso; busca alegria para um coração pecaminoso, música para ossos esmagados. Essa é uma oração ilógica em qualquer lugar, mas não no trono de Deus! Mais ilógica que tudo foi a cruz onde Jesus Jeová carregou nossos pecados em Seu corpo no madeiro. —C. H. SPURGEON

*Versículo 9*
*Esconde o rosto dos meus pecados.* Ele disse no terceiro versículo que seu pecado estava sempre diante dele, e agora ora para que Deus o retire de Seus olhos. Este é um pedido muito benéfico. Se mantemos nossos pecados diante de nossos olhos para persegui-los, Deus os lança em Suas costas para perdoá-los. Se nos lembrarmos deles e nos arrependermos, Ele os esquecerá e perdoará. —WILLIAM COWPER

*Apaga todas as minhas iniquidades.* Se Deus não esconder a Sua face de nosso pecado, Ele deve escondê-la para sempre de nós; e se Ele não apagar nossos pecados Ele deve apagar nossos nomes de Seu livro da vida.

*Versículo 10*
*Cria!* O quê? O pecado nos destruiu a tal ponto que o Criador precisa ser chamado novamente?

Que ruína então opera o mal dentre a humanidade! *Cria em mim.* Eu, em meu tecido externo, ainda existo, mas estou vazio, desértico, oco. *Vem, então, e permite que o Teu poder seja visto em uma nova criatura em meu antigo ser caído. Tu fizeste um homem no início do mundo; Senhor, faze um novo homem em mim.*

*Um coração puro:* No sétimo versículo ele pediu para ser purificado; agora ele busca um coração adequado a essa purificação: mas ele não diz "Purifique meu velho coração". Ele já tem experiência demais na desesperança da velha natureza. Prefere enterrar o velho homem como algo efetivamente morto e ter uma nova criatura colocada para preencher seu lugar. Ninguém, exceto Deus, pode criar um novo coração ou uma nova Terra.

## Versículo 11

*Não me repulses da tua presença.* Não me lances fora como imprestável; não me expulses, como a Caim, de Tua face e Teu favor. Permite-me sentar entre aqueles que compartilham de Teu amor ainda que eu seja sentenciado a guardar a porta e mais nada. Mereço ter entrada negada em Tuas cortes para sempre; mas, ó bom Senhor, permite-me, de qualquer modo, o privilégio que é tão caro para mim quanto a vida.

## Versículo 12

*Restitui-me a alegria da tua salvação.* Ninguém senão Deus pode devolver esta alegria; Ele pode fazê-lo, nós devemos pedi-lo. Ele o fará para Sua glória e nosso benefício. Esta alegria não vem previamente, mas segue o perdão e a pureza. Nesta ordem há segurança, em qualquer outra é presunção vã ou delírio parvo. —C. H. SPURGEON

Não é pequeno consolo para um homem que perdeu o recibo de uma dívida paga lembrar-se de que o homem com quem negocia é bom e justo, ainda que sua quitação não seja, presentemente, encontrada. O Deus com quem você precisa negociar é muito gracioso; o que você perdeu, Ele está pronto para restaurar (quero dizer com isso: a demonstração da Sua graça). —WILLIAM GURNALL

Como Deus pode restaurar aquilo que Ele não retirou? Pois poderia eu acusar Deus de retirar de mim a alegria de Sua salvação? Ó gracioso Deus, eu não confiro ao Senhor a culpa de retirá-la, mas a mim por perdê-la. —SIR RICHARD BAKER

*Sustenta-me com um espírito voluntário.* Sou tentado a pensar que sou agora um cristão estabelecido, que venci isto ou que desejei por tanto tempo que adquiri o hábito da graça oposta, em que não há temor e assim, posso aventurar-me perto da tentação, mais perto que qualquer outro homem.

Isto é uma mentira de Satanás. Poderia falar da pólvora adquirindo o hábito de resistir ao fogo, de modo que não capture a faísca. Enquanto o pó estiver úmido, resiste à faísca, mas quando seca fica pronto para explodir ao primeiro toque. Enquanto o Espírito habita em meu coração ele me entorpece para o pecado, de modo que se eu, legalmente, clamar a Ele durante a tentação, poderei reconhecer o agir de Deus carregando-me durante este período. Mas quando o Espírito me deixa, sou como pólvora seca. Ó, que haja compreensão disto! —ROBERT MURRAY M'CHEYNE

Uma mãe amorosa escolhe um local adequado e um momento adequado para deixar seu filho cair; ele está aprendendo a andar, tornando-se confiante demais, pode ir até um local perigoso e estando dotado de toda essa confiança, pode cair e destruir-se. Então ela permite que ele caia em certo lugar e de certa maneira, de modo que pode se ferir, ferir-se sadiamente e não perigosamente. A criança, então perde sua autoconfiança e se apega ainda mais carinhosamente, e com confiança, à forte mão que pode guardar todos os seus movimentos.

Então este Davi, este pequeno filho do grande Deus, caiu. Foi uma queda dolorida, todos os seus ossos estão quebrados, mas foi uma lição preciosa e benéfica para ele; Davi já não mais tem confiança em si. Sua confiança não está agora em um braço de carne. *Sustenta-me com um espírito voluntário.* —THOMAS ALEXANDER

*Versículo 13*
*Então, ensinarei aos transgressores os teus caminhos.* Os caçadores ilegais, depois de resgatados, são os melhores guardadores da caça. A graduação de P.S., ou Pecador Salvo, criada por Huntington, é mais necessária para evangelistas conquistadores de almas do que um mestrado ou doutorado em teologia e divindade. O currículo do pecador perdoado será adequado, pois foi aprendido na universidade da experiência, e seu método será eloquente, pois falará compassivamente, como alguém que sentiu o que declara. A plateia que o salmista escolheu é memorável. Ele instruía transgressores como ele. Outros poderiam desprezá-los, mas "um sentimento semelhante nos faz um bem inexplicável". Sendo indigno para edificar santos, ele se arrastaria com os pecadores e humildemente lhes falaria do amor divino.

*Versículo 14*
*Livra-me dos crimes de sangue.* Ele tinha sido o meio da morte de Urias, o hitita, um seguidor fiel e afeiçoado, e agora confessa esse fato. Ademais, seu pecado de adultério era uma ofensa capital e ele se rebaixa como alguém digno de ser morto. Penitentes honestos não fazem rodeios para confessar seus pecados em uma perífrase elegante, antes vão direto ao ponto; chamam a espada de espada e tudo esclarecem. Que outra trajetória seria racional no tratar com o Onisciente?

*Ó Deus, Deus da minha salvação.* Ele não havia se aventurado a aproximar-se tanto. Até agora havia sido *ó Deus*, mas aqui ele clama: *Deus da minha salvação*. A fé cresce pelo exercício da oração. Ele confessa o pecado mais claramente neste versículo do que antes e, no entanto, lida com Deus mais confiantemente. Crescer ascendendo e em declínio ao mesmo tempo e é perfeitamente consistente. Ninguém, exceto o rei, poderia remir da pena de morte; portanto, é uma alegria para a fé que Deus seja o Rei, e que Ele é o autor e consumador de nossa salvação.

*E a minha língua exaltará a tua justiça.* Seria esperado que ele dissesse: "cantarei a Tua misericórdia"; mas Davi consegue enxergar o caminho divino da justificação, essa justificação de Deus, da qual Paulo depois falou, pela qual o ímpio é justificado e sobre a qual ele jura cantar, sim, e cantar robustamente desse caminho justo de misericórdia.

Afinal de contas, é a justiça da misericórdia divina que é a grande fascinação. Note como Davi pregaria no último versículo, e agora aqui ele cantaria. Jamais faremos demais para o Senhor, a quem devemos mais do que tudo. Se pudéssemos servir como pregadores, chantres, porteiros, organizadores dos bancos, aqueles que lavam pés ou todas esses simultaneamente, ainda seria pouco demais para demonstrar toda a nossa gratidão. Um grande pecador perdoado torna-se um grande cantor. O pecado tem voz bem audível, e do mesmo modo a nossa gratidão deveria tê-la. Não cantaremos louvores a nós mesmo se formos salvos, mas nosso tema será o Senhor, nossa justiça, em cujos méritos permaneceremos aceitos justificadamente.

*Versículo 15*
*E a minha boca manifestará os teus louvores.* Se Deus abre a boca, Ele certamente terá o seu fruto. A natureza daquilo que sai dos lábios do homem está em conformidade com o porteiro que guarda seus portões. Quando a vaidade, a ira, a falsidade ou a luxúria abrem as portas, os crimes mais sujos saem em marcha. —C. H. SPURGEON

Caso desejemos ser porteiros na casa de Deus, supliquemos primeiro que Deus seja porteiro em nossa casa, para que Ele feche a portinhola em nossa boca contra discursos repugnantes e abra as portas de nossos lábios para que manifestem os Seus louvores. Esta foi a oração de Davi e deve ser a nossa prática, na qual observaremos três pontos em especial: Quem? *O Senhor.* O que? *Abra meus lábios.* Por que? *Para que minha boca manifeste os teus louvores.* —JOHN BOYS

Ele ora para que os seus lábios sejam abertos; em outras palavras, que Deus lhe concedesse motivos para louvor. O significado geralmente conectado à expressão é que Deus direcionaria sua língua de tal forma, pelo Espírito Santo, que o ajustaria para cantar Seus louvores. Mas ainda que seja verdade que Deus deve nos dar as palavras, e se Ele não o fizer ainda assim não podemos permanecer em silêncio em Seu louvor, Davi parece intimar que a sua boca não se abrirá até que Deus o chame ao exercício de ação de graças concedendo perdão. —JOÃO CALVINO

Versículos 16 e 17. Algo partido serve para algum propósito? Podemos beber em um cálice quebrado? Ou podemos nos apoiar em um cajado quebrado? Mas ainda que outras coisas sejam piores por terem sido quebradas, um coração nunca atinge sua melhor condição até que seja quebrantado; pois até que o seja não podemos ver o que está em seu interior. Ainda que Deus ame um coração pleno em afeição, Ele ama um coração quebrantado em sacrifício. —SIR RICHARD BAKER

*Versículo 17*
*Sacrifícios agradáveis a Deus são o espírito quebrantado.* Quando o coração sofre pelo pecado, o Senhor se agrada mais do que quando novilhos sangram sob o cutelo. —C. H. SPURGEON

# Salmo 52

TÍTULO: "Ao chefe de canto". Até mesmo salmos curtos, se registrarem apenas um exemplo da bondade do Senhor e repreenderem, ainda que brevemente, o orgulho do homem, são dignos de nossa melhor declamação. Quando vemos que cada salmo é dedicado ao "chefe de canto", deveríamos valorizar nosso salmodiar e proibir-nos de louvar o Senhor negligentemente. "Masquil". Um salmo didático. Até mesmo a malícia de um Doegue pode prover instrução a Davi. "Um salmo de Davi". Ele era o objeto principal do ódio brutal de Doegue e, portanto, a pessoa mais adequada para extrair deste incidente a lição que ele ocultava em si.

*Versículo 1*
*Por que te glorias na maldade, ó homem poderoso?* Doegue tinha poucos motivos para vangloriar-se por ter providenciado o massacre de um grupo de sacerdotes indefesos. Homem poderoso, de fato, para matar homens que nunca tocaram numa espada! Ele deveria se envergonhar de sua covardia. Não havia espaço para exultação! Títulos honráveis não passam de ironia quando aquele que os possui é mesquinho e cruel. —C. H. SPURGEON

*Pois a bondade de Deus dura para sempre.* Ele contrasta a bondade de Deus com a força e a riqueza de Doegue, e o fundamento da bondade de Deus dirigida a ele, como duradoura e mostrando-se eficaz para sempre. —HERMANN VENEMA

*Versículo 2*
*É qual navalha afiada.* O modo suave e hábil de executar-se um esquema perverso não acoberta nem reduz sua perversidade. O assassinato com uma *navalha afiada* é tão perverso quanto o assassinato com um cutelo ou um cassetete. Uma mentira concebida e ensaiada muito engenhosamente, de modo escorregadio, é pecado tão grande e, no fim das contas, será vista como insensatez tão grande quanto a tentativa mais incompetente de engano. —WILLIAM S. PLUMER

*Versículo 3*
*Selá.* Pausemos e olhemos para o mentiroso vociferante e orgulhoso. Doegue se foi, mas outros cães latem para o povo de Deus. O tocador de gado de

Saul está enterrado, mas o demônio ainda tem seus boiadeiros, que instigam os santos como ovelhas para o matadouro.

*Versículo 4*
*Amas.* Tem gosto pela linguagem maligna.

*Todas as palavras devoradoras.* Há palavras que, como jiboias, engolem homens inteiros, ou como leões, rasgam homens em pedaços. Mentes malignas são afeiçoadas a estas palavras. Sua oratória é sempre mais furiosa e sanguinária. Eles garantem o emprego das palavras que mais prontamente provocarão as mais baixas paixões e acreditam que tal conivência com a loucura do perverso é eloquência da mais elevada ordem.

*Ó língua fraudulenta.* Os homens conseguem dizer inúmeras coisas raivosas e ainda cobrir todas elas sob o pretexto de justiça. Eles alegam ter zelo pelo correto, mas a verdade é que estão determinados a sacrificar a verdade e a santidade; e assim o fazem astutamente sob esta pretensão transparente.

*Versículo 7*
*Eis.* Vejam aqui, leiam o epitáfio de um homem poderoso que o empunhou orgulhosamente durante seu breve momento e colocou seu calcanhar nos pescoços dos escolhidos do Senhor.

*O homem que não fazia de Deus a sua fortaleza.* Eis o homem, o grande e presunçoso homem! Ele encontrou uma fortaleza, mas não em Deus. Ele se gloriou em sua força, mas não no Todo-Poderoso. Onde está ele agora? O que lhe passou na hora de sua necessidade? Contemple a sua ruína e seja instruído.

*Antes, confiava na abundância dos seus próprios bens e na sua perversidade se fortalecia.* As posses que havia reunido e as artimanhas que havia forjado eram sua ostentação e glória. A riqueza e a perversidade são companheiros pavorosos; quando combinados, criam um monstro. Quando o demônio é o mestre das carteiras de dinheiro, ele é de fato um demônio. Belzebu e Mamon juntos aquecem a fornalha sete vezes mais para o filho de Deus, mas no fim eles arquitetarão sua própria destruição. Onde quer que vejamos hoje um homem grandioso em pecado e riqueza, bom será esperarmos seu fim e olharmos para este versículo como o divino *in memoriam.*
—C. H. SPURGEON

# Salmo 53

TÍTULO: "Ao mestre de canto". Se o líder do coral é privilegiado por cantar os júbilos da graça divina, ele não deve desprezar o canto das misérias da depravação humana. Esta é a segunda vez que o mesmo salmo lhe é confiado (veja Salmo 14) e ele deve, portanto, ter ainda mais cuidado em cantá-lo.

"Sobre Maalate". A palavra Maalate parece significar, em algumas de suas formas, "doença". E verdadeiramente este salmo é "A canção da doença do homem" — a mácula mortal e hereditária do pecado. Não é uma cópia do Salmo 14, emendada e reformulada por uma mão externa; é outra edição do mesmo autor com ênfases em certas partes e reescrita para outro propósito.

Assunto: A natureza maligna do homem é aqui trazida aos nossos olhos uma segunda vez quase que nas mesmas palavras inspiradas. Todas as repetições não são vãs. Somos lentos para aprender e precisamos de cada uma das linhas. Davi, após uma longa vida, percebeu que os homens não eram melhores em sua velhice do que o eram em sua juventude. —C. H. SPURGEON

Provavelmente os dois salmos referem-se a períodos diferentes: o Salmo 14, à porção anterior do mundo, ou da história judaica; o Salmo 53, a um período posterior, talvez ainda um tempo futuro. Diz-se frequentemente que Jeová, por meio de Cristo, volta-se ao mundo para constatar sua condição e obtém sempre o mesmo resultado. "[Todo] ser vivente havia corrompido o seu caminho na Terra" nos dias de Noé e "quando vier o Filho do Homem" novamente é insinuado que Ele dificilmente "achará fé na terra". Os dois salmos também se aplicam a pessoas diferentes. —R. H. RYLAND, em *Os Salmos restabelecidos ao Messias*

O estado da Terra deve ser profundamente sentido por nós. O mundo repousando em perversidade deveria ocupar muito de nossos pensamentos. A enorme culpa, a poluição inconcebível, o ateísmo inefavelmente provocante desta província caída do domínio de Deus, devem ser temas para nossa meditação e lamento incessantes. Portanto, para marcar-nos ainda mais, o Salmo repete o que já foi cantado no Salmo 14.
—ANDREW A. BONAR

Este salmo é uma variação do Salmo 14. Em cada um dos dois salmos, o nome de Deus aparece sete vezes. No Salmo 14, ele é mencionado três vezes como *Elohim* e quatro vezes como *Jeová*; neste salmo é mencionado sete vezes como *Elohim*. —CHRISTOPHER WORDSWORTH

1. O fato do pecado. Deus é testemunha.
2. A falha do pecado. É iniquidade (vv.1,4).
3. A fonte do pecado. Como os homens podem ser tão maus?
4. A insensatez do pecado. Qualquer esmero que pecadores orgulhosos finjam ter, certo é que a perversidade é a maior corrupção do mundo.
5. O fruto do pecado. Veja a que grau de barbaridade o pecado finalmente leva o homem!
6. O medo e a vergonha que seguem o pecado (v.5). —MATTHEW HENRY

*Versículo 1*
*Diz o insensato no seu coração: Não há Deus.* E isto ele faz porque é um grande insensato. Sendo insensato, ele fala de acordo com sua natureza; sendo grande insensato, ele intromete-se em um grande assunto e chega a uma conclusão descabida. O ateu é, moral e mentalmente, um insensato; um insensato no coração e na cabeça; um insensato em moral e na filosofia. Tendo o negar Deus como ponto de partida, podemos concluir que o progresso do insensato é rápido, desenfreado, delirante e catastrófico. Aquele que começa na impiedade está pronto para qualquer coisa. "Não há Deus", sendo interpretado, significa que não há lei, nem ordem, nem contenção da luxúria, nem limite para a paixão. —C. H. SPURGEON

Em seu coração ele diz isto; este é o desejo secreto de todo coração não-convertido. Estivesse o coração de Deus ao alcance dos homens seria esfaqueado milhões de vezes em um momento. Quando Deus foi manifesto na carne, Ele era completamente amável, não cometeu pecado, andou fazendo o bem e, contudo, o tomaram e o penduraram num madeiro. Zombaram dele e nele cuspiram. E desta forma os homens agiriam com Deus novamente.

Tenha conhecimento. Primeiro, da temerosa depravação de seu coração. Aventuro-me a dizer que não há um homem não-convertido que tenha a menor ideia da monstruosa perversidade que está agora em seu peito. Espere chegar ao inferno e ela se soltará. Mas permita-me dizer-lhe o que isso significa: Primeiro, você tem um coração que mataria Deus se pudesse. Se o peito de Deus estivesse agora ao seu alcance e um golpe pudesse livrar o Universo de Deus, seu coração teria disposição para executar este ato. Segundo, o incrível amor de Cristo: "nós, quando inimigos, fomos reconciliados com Deus mediante a morte do seu Filho". —ROBERT MURRAY M'CHEYNE

*Corrompem-se.* Eles estão podres. É inútil elogiá-los como céticos sinceros e pensadores amigáveis — eles estão pútridos. Há delicadeza demais no tratar do ateísmo hoje em dia; esse não é um erro inofensivo, é um pecado ofensivo e pútrido; e homens justos deveriam considerá-lo sob esta luz. Todos os homens sendo um tanto ateus em espírito, também o são, nesse grau, corruptos, seu coração é imundo, sua natureza moral é decaída. —C. H. SPURGEON

*E praticam iniquidade.* Não sendo todos os homens externamente perniciosos, deve-se isso ao poder de outros e melhores princípios, mas, entregues a si mesmos, o espírito de "Não há Deus", tão universal na humanidade, nada produziria exceto as ações mais repugnantes. —C. H. SPURGEON

*Já não há quem faça o bem.* O insensato típico é reproduzido em toda a raça; sem exceção alguma os homens esqueceram-se do caminho correto. Esta acusação, feita duas vezes no salmo e repetida uma terceira vez pelo inspirado apóstolo Paulo, é uma acusação muito solene e abrangente, mas Aquele que a faz não pode errar, Ele sabe o que é o homem. Ele também não lançará sobre o homem mais acusações do que possa provar. —C. H. SPURGEON

*Versículo 2*
*Do céu, olha Deus para os filhos dos homens, para ver se há quem entenda, se há quem busque a Deus.* Ele assim o fez em eras passadas e mantém o olhar firme do Seu observatório que tudo inspeciona. Se houvesse um homem compreensivo, um que verdadeiramente amasse o seu Deus, o olhar divino o teria descoberto.

Esses pagãos puros e selvagens admiráveis de quem os homens tanto falam não parecem ter sido visíveis ao olho da Onisciência, sendo fato que não vivem em outro lugar se não no domínio da ficção. O Senhor não procurava grande graça, somente sinceridade e desejo correto, mas estes Ele não encontrou. Viu todas as nações e todos os homens em todas as nações, e todos os corações em todos os homens; e todos os gestos de todos os corações, mas entre todos eles o Senhor não viu uma mente transparente nem um coração limpo. Onde os olhos de Deus não veem sinal favorável, podemos ter certeza de que não há. —C. H. SPURGEON

*Versículo 3*
*Juntamente se corromperam* — *"neelachu"*. Tornaram-se azedos e rançosos; uma metáfora tirada do leite que fermenta e fica azedo, rançoso e inútil.
—ADAM CLARKE

*Não há quem faça o bem, não há nem sequer um.* A raça caída dos homens, abandonada à sua própria energia, não produziu um único homem que ame a Deus ou praticante da santidade, e jamais o fará. A graça deve interpor-se ou não será encontrado nenhum espécime da humanidade que siga o que é bom e verdadeiro. Este é o veredito de Deus após contemplar a raça. Quem o contradirá? —C. H. SPURGEON

Homens maus não são apenas culpados de pecados de comissão, tendo cometido iniquidade abominável, mas são culpados de muitos pecados de omissão. De fato, nunca cometeram um ato de santidade. Podem ser morais, decentes, amigáveis, podem pertencer à igreja, mas *não há quem faça o bem, não há nem sequer um.* —W. S. PLUMER

*Versículo 4*
*Acaso, não entendem os obreiros da iniquidade?* A consciência é um meio de refrear e restringir, controlar e repreender a natureza corrompida e suas formas vaidosas. Não está ali como um habitante nativo, mas como uma guarnição colocada em uma cidade rebelde pelo grande Governante do mundo, para impedir a rebelião dos habitantes nos arredores, quem mais poderia irromper no presente caos?
—THOMAS GOODWIN

*Esses, que devoram o meu povo como quem come pão? C'est, n'em font non plus de conscience, que de manger um morceau de pain.* (Ou seja: eles não têm mais escrúpulos em agir desta forma do que ao comer um pedaço de pão.) —MARGIN FRANCÊS

*Versículo 5*
*Tomam-se de grande pavor, onde não há a quem temer.* Davi vê o fim do ímpio e o triunfo final da semente espiritual. Os rebeldes marcham em fúria contra os graciosos, mas repentinamente são tomados de pânico descabido. Aqueles antes arrogantes destemidos tremem como as folhas do álamo, amedrontados por suas próprias sombras. Nesta sentença e neste versículo, este salmo muito difere do 14.
—C. H. SPURGEON

Vejam que terrível inferno é uma consciência ferida.
—NICHOLAS GIBBINS

# Salmo 54

A MONOTONIA é geralmente a morte do louvor congregacional. A Providência é variada e assim deveria ser o registro de nossas canções.

Do versículo 1 ao 3, onde o *Selá* faz uma pausa para nós, o salmista apela a Deus, e então no restante da canção, deixando de lado toda a dúvida, ele canta um hino de triunfo jubiloso. O vigor da fé é a morte da ansiedade e o nascimento da segurança. —C. H. SPURGEON

Ele temia erguer suas mãos até mesmo contra os inimigos de Deus (contudo, quantas outras coisas Davi não ousava fazer?) antes que as erguesse em humilde súplica ao Senhor, sua força. —J. DOLBEN

*Versículo 1*
*Ó Deus, salva-me.* O Senhor é o meu Salvador; ao meu redor estão meus inimigos e seus ajudantes ávidos. A mim não é permitido abrigo algum. Todas as terras me rejeitam e negam descanso. Mas tu, ó Deus, desejas dar-me refúgio e libertar-me de todos os meus inimigos. —C. H. SPURGEON

*Versículo 2*
*Escuta, ó Deus, a minha oração.* Esta tem sido sempre a defesa dos santos. Enquanto Deus tiver ouvidos abertos, não seremos calados na tribulação. Todas as outras armas podem ser inúteis, mas toda oração está sempre disponível. Mas o que é a oração se Deus não a ouvir? —C. H. SPURGEON

*Versículo 3*
*Pois contra mim se levantam os insolentes.* Deixe que abandonem a intromissão e cuidem de suas próprias preocupações. —C. H. SPURGEON

*E os violentos procuram tirar-me a vida.* Os reis geralmente cunham sua própria semelhança. —C. H. SPURGEON

*Não têm Deus diante de si.* Não tinham apreço algum pelo correto e pela justiça, como se não conhecessem Deus algum ou não se importassem com deus nenhum. Davi sentia que o ateísmo repousava nas bases da inimizade que o perseguia. Bons homens são odiados por amor a Deus e esta é uma boa súplica para apresentarem em oração.

*Selá.* Basta! —C. H. SPURGEON

*Versículo 4*
*Eis que,* diz ele, "forneço um certo fato, reconhecido, demonstrado por uma nova prova, e digno de toda atenção; pois a partícula *eis* contém esta amplitude de significado". —HERMANN VENEMA

*Eis que Deus é o meu ajudador.* Ele via inimigos em todos os lugares e agora, para sua alegria, ao olhar para seu grupo de defensores, ele vê Um cujo auxílio é melhor do que toda ajuda dos homens; ele está saturado de alegria por reconhecer seu Campeão divino e clama: *Eis.* E não é este um tema para exultação piedosa em todos os tempos? O fato de que o grande Deus nos protege? Nós, Seu povo. De que importa o número ou a violência de nossos inimigos quando Ele ergue o escudo de Sua onipotência para nos guardar e a espada de Seu poder para nos auxiliar? Pouco nos importamos com a provocação do inimigo, enquanto temos a defesa de Deus. —C. H. SPURGEON

Há mais alegria no sentir a presença de Deus do que tristeza no sentir a tribulação; pois "Eis que Deus é o meu ajudador" era mais consolador para Davi do que a indelicadeza de seus amigos e do que a dor da malícia dos insolentes. —DAVID DICKSON

*O Senhor é quem me sustenta a vida.* Grande misericórdia é ter alguns amigos que nos deixam, mas ainda maior misericórdia é ver o Senhor entre eles, pois como inúmeros algarismos, nossos amigos de nada servem até que o Senhor se coloque como grande Unidade diante deles.

### Versículo 6
*Oferecer-te-ei voluntariamente sacrifícios.* Espontaneamente trarei minhas ofertas de livre vontade. Tão certo ele está da libertação, que oferece um voto por antecipação. Sua gratidão transbordante encheria os altares de Deus de vítimas apresentadas alegremente. Quanto mais recebemos, mais devemos entregar. A espontaneidade de nossas ofertas é um grande elemento em sua aceitação, "Deus ama a quem dá com alegria".
—C. H. SPURGEON

# SALMO 55

SERIA inútil estabelecer uma época para este Salmo e encontrar uma ocasião que tivesse algum dogmatismo. É lido como uma canção da época de Absalão e Aitofel. —C. H. SPURGEON

Uma oração do Homem-Cristo em Sua humilhação, desprezado e rejeitado pelos homens quando foi feito pecado por Seu povo, para que eles fossem a justiça de Deus nele, quando Ele estava prestes a sofrer a punição deste povo, pagar sua dívida e entregar seu resgate. —JOHN NOBLE COLEMAN

### Versículo 1
*Dá ouvidos, ó Deus, à minha oração.* Note bem que jamais o mero ato da oração é o que satisfaz os piedosos; eles anseiam por uma plateia no Céu e uma resposta do trono. Nada menos os satisfará.

### Versículo 2
*Atende-me e responde-me.* Esta é a terceira vez que ele faz a mesma oração. Ele é sincero, sinceridade profunda e amarga. Caso seu Deus não o ouça, seu sentimento é de que tudo se acabou. Ele implora a seu Deus que seja ouvinte e que o responda.

*Lamento na minha queixa, e faço ruído* (ACRF). Que consolo é, podermos ser tão íntimos de nosso Deus! Não podemos nos queixar dele, mas podemos nos queixar a Ele. Nossos pensamentos errantes, quando estamos distraídos com a tristeza, podemos levar diante dele, com declarações que podem ser chamadas de "ruído" e não linguagem. Os "gemidos inexprimíveis" são geralmente orações que não podem ser recusadas. O próprio Senhor fez uso de forte choro e lágrimas e foi ouvido naquilo que temia.

### Versículo 3
*E furiosamente me hostilizam.* Com calorosa animosidade eles detestam o homem santo. Não era animosidade dormente, mas um rancor moral que reinava em seus corações. O leitor não precisa que demonstremos o quanto isto é aplicável ao nosso Senhor.

### Versículo 4
*Terrores de morte me salteiam.* Pense em nosso Senhor no jardim, com Sua alma "profundamente triste até à morte" e você terá um paralelo às dores do salmista. Possivelmente, caro leitor, caso não tenha ainda pisado neste caminho sombrio, em breve o fará; tenha certeza então de marcar as pegadas de seu Senhor, nesta parte enlameada da estrada. —C. H. SPURGEON

Enquanto o cristão olha apenas para seus próprios hábitos e disposição, ele pode ser e será sempre miserável; mas se olhar para a grande garantia, Cristo Jesus, sua perspectiva sombria em pouco se tornará em alegria. Fosse a nossa fé praticada mais frequentemente, seríamos capazes de olhar além das abomináveis mansões da sepultura com uma esperança repleta de imortalidade. —JOHN GROVE

O medo da morte está em toda a carne. Sua ausência não é sinal de virilidade. Vencê-lo na rota do dever é coragem, encontrar a morte com paciência é fé; mas não a temer, ou é um dom de graça especial ou uma perigosa insensibilidade. —HENRY EDW. MANNING

*Versículo 5*
*Temor e tremor me sobrevêm.* Os astutos e misteriosos sussurros da calúnia geralmente fazem a mente nobre se importar mais com o medo do que com o antagonismo aberto. Nós podemos ser corajosos contra inimigos declarados, mas o tramar covardemente conspirações nos confundem e distraem. —C. H. SPURGEON

Temor. Como é natural esta descrição! Ele está em *aflição*, ele *lamenta, faz ruídos, soluça* e *suspira*, seu coração *está ferido*, ele não espera nada além *da morte*. Isto produz medo, produz *tremor*, que acaba em *profunda apreensão* pelo *iminente* e *ruína inevitável* que o *sobrecarrega* de *horror*. Nenhum homem jamais descreveu um coração ferido como Davi o fez. —ADAM CLARKE

*Versículo 6*
*Então, disse eu: quem me dera asas como de pomba! Voaria e acharia pouso.* É covardia rejeitar a batalha que o Senhor quer que lutemos. Melhor seria se enfrentássemos o perigo, pois não temos armadura para nossas costas. Aquele que deseja fugir voando da calúnia precisaria de um transporte mais ágil do que as asas de pombas; terá descanso aquele que não voa, mas entrega seu caso a seu Deus.

Alguns dos sermões mais estonteantes já feitos foram pregados com base neste texto, que era um dos favoritos dos antigos santos.

Eles buscaram em Plínio e Aldrovendi as fábulas mais ultrajantes sobre pombas, seus olhos, fígados, papos e até mesmo seus excrementos; e então prosseguiram para encontrar emblemas de cristãos em cada fato e fábula.

Grifith Williams, em grande medida, expande consideração no fato de que Davi não desejava asas como de gafanhoto para saltar de flor em flor, como essas almas intempestivas que saltam na religião, mas não correm com perseverança; nem como de uma avestruz que permanece na terra, ainda que seja um pássaro, como os hipócritas o fazem ao nunca se elevarem às coisas celestiais; nem como de uma águia, ou um pavão, ou um besouro, ou um corvo, ou um papagaio, ou um morcego; e após demonstrar de muitas formas a semelhança entre o piedoso e as pombas ele menciona Hugo Cardinalis e outros para mais exemplos.

Não acreditamos que seria edificante carregar estas páginas com tais excentricidades e presunções. Esta única sentença do Bispo Patrick vale por todas elas: "Ele antes desejava escapar, mais do que esperava que acontecesse". Ele não via meio de escape, exceto por caminhos improváveis ou impossíveis. —C. H. SPURGEON

Onde quer que o salmista colocasse seu olhar, a epígrafe era vaidade e tormento. Uma avalanche de pecados e misérias cobria o mundo, de modo que, como a pomba de Noé, ele não encontrava descanso para a planta de seus pés. Assim dirige seu percurso ao céu e diz: *quem me dera asas como de pomba! Voaria e acharia pouso.* —THOMAS SHARP, em *Consolos Divinos*

Quando os gauleses provaram o vinho da Itália, perguntaram onde as uvas eram cultivadas e não se aquietaram até visitar o local. Portanto você pode clamar: *Quem me dera asas como de pomba! Voaria e acharia pouso.* O cristão está disposto a perder o mundo para desfrutar da graça; e está disposto a abandonar o mundo para o fruir da glória. —WM. SECKER

*Versículo 8*
*Dar-me-ia pressa em abrigar-me do vendaval e da procela.* Havia uma tempestade de vento no exterior e, o que é pior, um tumulto e combustão em seu interior, em seus pensamentos. Um homem pode escapar de

confusões externas, mas como fugirá de si mesmo?
—THOMAS SHARP

*Versículo 11*
*Há destruição no meio dela.* O próprio núcleo da cidade era decadente. Em seus lugares de autoridade, o crime andava de mãos dadas com a calamidade. Todos os elementos mais selvagens e perversos eram superiores; os *patifes* eram líderes, a escória flutuava nos cargos superiores, a justiça era ignorada, a população estava totalmente desmoralizada, a prosperidade havia desparecido e com ela a ordem.

*Das suas praças não se apartam a opressão e o engano.* Em todos os locais público, línguas ardilosas se ocupavam em persuadir o povo com expressões enganosas. Demagogos ardilosos guiavam o povo com coleiras. Seu bom rei fora difamado de todas as formas, e, quando o viram partir, caíram no blasfemar os governantes que escolheram. O fórum era a fortaleza da fraude, o congresso era a convenção da astúcia. Infelizmente, a pobre Jerusalém é vítima do pecado e da vergonha! A virtude injuriada e o vício reinando! Suas solenes assembleias partidas, seus sacerdotes foragidos, seu rei banido, e tropas de vilões deploráveis desfilando em suas ruas, tomando sol em suas muralhas, e vomitando suas blasfêmias em seus templos sagrados. Aqui havia causa suficiente para a tristeza que tão queixosamente se pronuncia nestes versículos.

*Versículo 12*
O leitor fará bem se observar o quão acuradamente o salmista descreve seu Salmo ao dizer: "Sinto-me perplexo em minha queixa", ou antes: "Meus pensamentos não se restringem", pois ele prossegue de um ponto de sua tristeza a outro, perambulando como alguém em um labirinto fazendo algumas pausas, sem fornecer declarações distintas de que está mudando de assunto.

*Com efeito, não é inimigo que me afronta; se o fosse, eu o suportaria.* Não há inimigos tão reais quanto amigos falsos. As afrontas daqueles que foram íntimos e em quem confiamos cortam-nos prontamente. Eles são geralmente tão familiarizados com nossas fraquezas peculiares que sabem como nos tocar onde somos mais sensíveis e falam de modo a nos causar o maior dano possível. Suportamos de Simei o que não suportamos de Aitofel.

*Nem é o que me odeia quem se exalta contra mim, pois dele eu me esconderia.* Acontecendo de nossos inimigos vangloriarem-se orgulhosamente diante de nós, encorajamos nossa alma a resistir, mas quando aqueles que fingem no amar nos olham maliciosamente com desprezo, para onde iremos? Nosso bendito Senhor precisou suportar o pior engano e infidelidade de um discípulo privilegiado; não nos surpreendamos quando formos chamados para percorrer a estrada que está marcada por Seus pés trespassados. —C. H. SPURGEON

*Versículo 13*
*Mas és tu.* Quão justamente o Senhor poderia ter apontado a Judas e dito: *Mas tu.* Porém, Seu espírito tão manso alertou o filho da perdição da maneira mais suave possível e não fosse Iscariotes dez vezes filho do inferno, teria abandonado seu detestável propósito.
—C. H. SPURGEON

*Versículo 14*
*E íamos com a multidão à Casa de Deus.* Há uma medida de impiedade de tipo detestável no engano que rebaixa a união dos homens que fazem profissões de piedade. Deveria o próprio altar de Deus ser corrompido com hipocrisia? Deveriam as reuniões do Templo ser poluídas pela presença de deslealdade? Tudo isto era verdade no caso de Aitofel e, em certa medida, de Judas. Sua união com o Senhor era sob a pauta da fé, foram unidos na mais santa das empreitadas, a ele fora concedida a mais graciosa das tarefas. Sua cooperação com Jesus para servir a seus próprios fins abomináveis acaba selando-o como o primogênito do inferno. Melhor seria para ele se nunca tivesse nascido.

Que todos os professores enganosos sejam alertados pela ruína de Judas, pois como Aitofel, ele foi para onde deveria ir por suas próprias mãos e preserva terrível preeminência no registro de crimes notórios. Aqui estava uma fonte de dor no coração do Redentor e é compartilhada por Seus seguidores. Da ninhada da serpente ainda permanecem algumas víboras que aguilhoarão a mão que os acalentou e venderão por prata aqueles que os ergueram à posição que lhes permitiu ser tão abominantemente traiçoeiros. —C. H. SPURGEON

### Versículo 15
*A morte os assalte.* Traidores como estes merecem morrer; não há vida neles. A terra é poluída por seus passos. Se os espiões são fuzilados, quanto mais estes vilões furtivos. —C. H. SPURGEON

Esta oração é uma profecia da ruína máxima, final e eterna de todos aqueles que, secreta ou abertamente, se opõem e se rebelam contra o Messias do Senhor. —MATTHEW HENRY

*E vivos desçam ao inferno* (ACRF). Enquanto no vigor da vida, que desçam ao *sheol*, que repentinamente troquem o desfrute da vida pelos sepulcros dos mortos. Não há, contudo, necessidade de ler este versículo como imprecação; é, antes, uma expectativa confiante ou profecia.

*Porque há maldade nas suas habitações e no meio deles.* Há justiça no Universo; o próprio amor a exige; a compaixão, para os que se rebelam contra Deus, não é virtude — nós oramos por eles como criaturas, os abominamos como inimigos de Deus. Nos dias atuais precisamos muito mais nos guardar contra a iniquidade disfarçada que simpatiza com o mal e considera a punição como crueldade do que contra a brutalidade de uma era anterior. —C. H. SPURGEON

### Versículo 17
*À tarde, pela manhã e ao meio-dia, farei as minhas queixas e lamentarei.* Frequentemente, mas nunca será exagero. Épocas de grande necessidade pedem momentos frequentes de devoção. Os três períodos escolhidos são os mais adequados: começar, continuar e terminar o dia com Deus é sabedoria suprema. Onde o tempo naturalmente estabeleceu uma barreira, estabeleçamos ali um altar. O salmista sugere que orará sempre; ele estabelecerá uma linha de oração ao longo de dia e seguirá o rastro do sol com suas petições. Dia e noite ele via seus inimigos ocupados (v.10) e, portanto, se ocuparia também com a oração contínua. —C. H. SPURGEON

Este era o costume dos piedosos hebreus (veja Dn 6:10). Os hebreus começavam seu dia no período da noite, e por isso Davi menciona primeiro o período da tarde. Os rabinos dizem que os homens deveriam orar três vezes todos os dias porque o dia muda três vezes. Isto foi observado na Igreja Primitiva; mas as horas variavam nas diferentes localidades.

O antigo saltério dá a isto um toque curioso: "À *noite* proclamarei seu *louvor*, pois nesta hora estava Cristo na cruz; de *manhã* proclamarei seu louvor, pois nesta hora Ele ressuscitou dos mortos. E certamente Ele ouvirá minha voz ao *meio-dia*, pois está assentado à destra de Seu Pai, para onde ascendeu ao meio-dia." —ADAM CLARKE

Se os nossos pobres e frágeis corpos precisam do renovo do alimento três vezes ao dia, quem, conhecendo suas fraquezas, dirá que precisamos de renovo menos frequente para nossos pobres e frágeis espíritos? —W. S. PLUMER

### Versículo 19
*Deus ouvirá, e os afligirá.* Eles fazem ruídos assim como eu, e Deus os ouvirá. A voz da calúnia, malícia e orgulho não é ouvida somente por aqueles a quem ela entristece; ela alcança o Céu, penetra o ouvido divino, reivindica vingança e a terá.

*Porque não há neles nenhuma mudança, e, portanto, não temem a Deus.* Seu próprio sentimento de reverência o faz lembrar a audaciosa impiedade do perverso; ele sente que suas tribulações o levaram a seu Deus e declara que esta prosperidade ininterrupta dos perversos foi a causa para uma vida negligenciando o Altíssimo. É um fato muito claro que o conforto e o prazer longamente continuados certamente produzirão as piores influências em homens desprovidos da graça. Ainda que as tribulações não os convertam, a ausência delas faz sua natureza corrompida desenvolver-se mais prontamente. Águas paradas se tornam pútridas. O calor do verão gera insetos nocivos. Aquele que não tem tribulações geralmente não tem Deus. É prova poderosa da depravação humana o fato do homem transformar a misericórdia de Deus em alimento para o pecado. Senhor, salva-nos disto. —C. H. SPURGEON

*Versículo 21*
*A sua boca era mais macia que a manteiga.* Ele louvou e alisou o homem a quem esperava devorar. Untou-o com adulação e então o abateu com malícia. Fique alerta com um homem que tem mel demais em sua língua; deve-se suspeitar de uma armadilha quando a isca é tão tentadora. Palavras suaves, tranquilas, lisonjeiras são abundantes onde a verdade e a sinceridade são escassas. —C. H. SPURGEON

*Versículo 22*
Confia os teus cuidados ao Senhor, e ele te susterá; jamais permitirá que o justo seja abalado. O remédio sugerido pelo salmo e, talvez, o único recurso em uma dificuldade deste tipo, em que inimigos da verdadeira religião lutam sob o disfarce de amizade, é anunciado em uma voz oracular vinda de Deus: "Confia teus cuidados a Jeová, e Ele te susterá; jamais permitirá que o justo seja atirado de um lado para outro para sempre."
—R. H. RYLAND

Deus não se deleita em ver lágrimas em seus olhos ou palidez em seu rosto; seus gemidos e suspiros não são música para Seus ouvidos. Ele preferiria que você se libertasse de seu fardo lançando-o sobre Ele para que Ele possa se alegrar em seu consolo e alegria.
—SAMUEL BLACKERBY

# Salmo 56

TEMOS aqui as canções do servo de Deus, que se alegra mais uma vez em retornar do exílio e deixar os lugares perigosos onde foi compelido a não pronunciar palavra alguma até mesmo sobre o bem. Há um profundo conhecimento espiritual neste salmo que podemos dizer: "Bendito és tu, Davi Barjonas, pois não foi a carne ou o sangue que te revelaram isso." —C. H. SPURGEON

*Versículo 1*
*Tem misericórdia de mim, ó Deus.* Isto é para mim a fonte exclusiva de toda as minhas expectativas, a fonte de todas as promessas: *Miserere mei, Deus, miserere mei.* —BERNARD

*Porque o homem procura ferir-me.* Ele não passa de Sua criatura, um mero homem, contudo como um monstro está ávido por sangue. Ele ofega, fica estupefato ao ver-me. Ele não iria simplesmente ferir-me ou alimentar-se de minha matéria, mas me engoliria completamente e assim acabaria comigo. As bocas abertas de pecadores, quando estes se enfurecem contra nós, deveriam abrir nossas bocas em oração.
—C. H. SPURGEON

*Escavar-me* (como o hebraico diz). Fazer de mim córregos, ou sugar-me como um redemoinho; engolir-me como uma besta selvagem esfomeada. —JOHN TRAPP

*Versículo 2*
*Os meus inimigos procuram devorar-me todo dia* (ACRF). Seu apetite por sangue nunca os abandona. Com eles não há trégua ou armistício. Eles são muitos, mas uma mente os incita. Nada do que eu faça pode fazê-los ceder. A não ser que desistam de me devorar, nunca estarão satisfeitos. Os ogros de histórias infantis existem de fato nos inimigos da Igreja, que esmagariam os ossos dos piedosos e os ajuntariam aos montes se pudessem.

*E são muitos os que atrevidamente me combatem.* Pecadores são criaturas gregárias. Perseguidores, caçam em bandos. Estes lobos da Igreja raramente vêm sobre nós sozinhos. —C. H. SPURGEON

## Versículo 3

*Em me vindo o temor, hei de confiar em ti.* Davi não era um tagarela; ele não declara "nunca terei medo"; não era um bruto estoico livre do medo por falta de sensibilidade. A inteligência de Davi o privava da estúpida inutilidade da ignorância; ele via a iminência de seu perigo e tinha medo. Somos homens e, portanto, sujeitos à derrota. Somos débeis e, portanto, incapazes de prever a derrota. Somos homens pecadores e, portanto, a merecemos; e por todas essas razões temos medo.

Mas a condição da mente do salmista era complexa. Ele temia, mas esse medo não preenchia toda a área de sua mente, pois ele acrescenta: *Hei de confiar em ti.* É possível então, que o medo e a fé ocupem a mente ao mesmo tempo. Somos seres estranhos e nossa experiência na vida divina é ainda mais estranha. Estamos geralmente em um crepúsculo onde luz e escuridão estão presentes e é difícil definir qual delas predomina.

Bendito é o medo que nos leva à confiança. O medo não regenerado nos afasta de Deus; o medo gracioso nos leva em direção a Ele. Se temo o homem, preciso apenas confiar em Deus e tenho o melhor antídoto. —C. H. SPURGEON

Não há nada como a fé para ajudar em uma dificuldade; a fé dissolve dúvidas como o sol afasta a neblina. E para que você não seja confundido, saiba que seu momento de crer é sempre. Há momentos em que algumas graças podem não ser necessárias, mas não há momento em que isso seja verdade no caso da fé. Pelo que a fé deve ser sempre exercitada.

A fé é o olho, é a boca, é a mão e um destes é necessário durante todo o dia. Fé é ver, receber, trabalhar ou comer; e um cristão deveria estar vendo ou recebendo ou trabalhando ou alimentando o dia todo. Deixe que chova, deixe que vente, deixe que troveje, deixe que relampeje, um cristão deve ainda crer. "No momento", disse um bom homem, "em que tiver medo, confiarei em ti." —JOHN BUNYAN

Uma faísca divina pode viver em uma fumaça de dúvidas sem transformar-se rapidamente em chama. Quando a graça está na base da dúvida, haverá confiança em Cristo e petição vigorosa a Ele. A fé de Pedro vacila quando ele começa a afundar, mas ele olha e envia um clamor a seu Salvador reconhecendo a Sua suficiência (Mt 14:30): "Salva-me, Senhor!" —STEPHEN CHARNOCK

É uma boa máxima à qual se apegar em um mundo de perigo; uma boa máxima com a qual ir ao mar; uma boa máxima na tempestade; uma boa máxima quando em perigo na costa; uma boa máxima quando enfermos; uma boa máxima quando pensamos na morte e no julgamento: *Em me vindo o temor, hei de confiar em ti.* —ALBERT BARNES

## Versículo 4

*Em Deus louvarei a sua palavra* (ARC). A fé traz à tona o louvor. Aquele que pode confiar em breve cantará. —C. H. SPURGEON

*Não temerei; que me pode fazer a carne?* (ARC). Novamente, você não deve temer a carne. Nosso Salvador (Mt 10) três vezes em seis versículos nos ordena a não temer o homem; se o seu coração se desanima diante dele, como você se comportará contra Satanás cujo dedo mínimo é mais pesado que o lombo do homem? Os romanos tinham *arma proelusoria*, armas de abatimento ou clavas que eram testadas antes que fossem afiadas.

Se você não pode suportar uma contusão em sua carne causada pelas clavas e armas sem corte, o que você fará então quando tiver a espada de Satanás em seu lado? Deus se considera reprovado quando Seus filhos temem um pobre homem; portanto, nos é ordenado santificar o Senhor e não temer o medo do homem. —WILLIAM GURNALL

Eusébio nos fala de um discurso notável que Inácio usou quando estava nas mãos de seus inimigos, não muito antes de padecer. Nele, demonstrava um espírito elevado a uma incrível altura acima do mundo, acima de si mesmo. Ele diz: "Não me importo com nada visível ou invisível, de modo que alcance Cristo.

Deixe que o fogo, a cruz, as bestas soltas em minha direção, o quebrar de meus ossos, o despedaçar de meus membros, o triturar de todo o meu corpo e os tormentos de demônios venham todos sobre mim, que assim seja se eu alcançar Cristo." —JEREMIAH BURROUGHS, em *Moisés, Sua Autonegação*

*Medo do homem.* Ídolo funesto, com boca sanguinolenta; muitas almas ele já devorou e pisoteou até o inferno! Seus olhos são repletos de ódio pelos discípulos de Cristo. Deboche e zombaria espiam em seus olhos. A gargalhada do zombador rosna em sua garganta. Abata este ídolo. Isso afasta alguns de vocês da oração em secreto, os impede de confessar Cristo em sua família, os impede de expor o seu caso diante dos ministros, de confessar Cristo abertamente. Você que sentiu o amor de Deus e Seu Espírito, destrua este ídolo em pedaços. "[Quem], pois, és tu, para que temas o homem, que é mortal?" "Não temas, ó vermezinho de Jacó". "O que mais tenho que fazer com os ídolos?" —ROBERT MURRAY M'CHEYNE

*Versículo 5*
*Todo o dia torcem as minhas palavras.* Este é um método comum de guerra entre os ímpios. Eles colocam nossa linguagem na estante, extorquem significados dela que nela não estão contidos. Portanto, a profecia de nosso Salvador com relação ao templo do Seu corpo, e incontáveis acusações contra os Seus servos, fundamentavam-se em perversões deliberadas. Aqueles que fazem isto todos os dias se tornam grandes adeptos da arte. Um lobo pode sempre encontrar na linguagem de um cordeiro um motivo para devorá-lo. Orações são blasfêmias se você escolher interpretá-las erradamento errado dirigindo-se ao alto. —C. H. SPURGEON

*Os seus pensamentos são todos contra mim para o mal.* Nenhuma combinação de bem diminuirá sua malícia. Ainda que o vissem como um rei, um salmista, um homem, um pai, um guerreiro, um sofredor, tudo era a mesma coisa: eles o viam através de vitrais e não podiam ter um pensamento generoso em seu favor. Até mesmo suas ações, que eram bênçãos indubitáveis à comunidade, eles empenharam-se em desvalorizar. Ó, desleal primavera, da qual nunca uma gota de água pura pode vir! —C. H. SPURGEON

*Versículo 6*
*Escondem-se.* Homens de malícia são homens de covardia.

*Versículo 8*
*Recolheste as minhas lágrimas no teu odre.* Não há alusão aos pequenos e agradáveis lacrimatórios para romanos sofisticados e extravagantes; é sem dúvida uma metáfora robusta; eram tais as torrentes de lágrimas que Davi havia derramado que um jarro de camurça dificilmente as suportaria. —C. H. SPURGEON

A observação espirituosa feita por alguém diz que Deus é descrito nas Escrituras como tendo uma bolsa e um odre. Uma bolsa para os nossos pecados e um odre para nossas lágrimas; e que deveríamos ajudar a encher o segundo como já fizemos com a primeira. Não há referência aqui, no original, que possa ser colocada em nosso idioma. —JOHN TRAPP

Foi um precioso unguento com que a mulher na casa do fariseu (acredita-se que seja Maria Madalena) ungiu os pés de Cristo, mas suas lágrimas, com as quais os lavou, valiam mais do que seu nardo. —ABRAHAM WRIGHT, em *Um comentário prático ou exposição sobre o livro de Salmos*

*Versículo 9*
*Quando eu a ti clamar.* O clamor da fé e da oração a Deus são mais temíveis para nossos inimigos espirituais do que o canto de guerra dos indígenas é, para seu irmão selvagem surpreendido por eles. —ADAM CLARKE

*Versículo 13*
*Para que eu ande na presença de Deus, na luz da vida.* Aqui está o alcance mais elevado da ambição de um bom homem: habitar com Deus, andar em retidão diante dele, alegrar-se em Sua presença e na luz da glória que ela produz. —C. H. SPURGEON

# Salmo 57

ESTA petição é uma oração extremamente concisa, tão plena quanto breve e muito digna de ser o lema para um cântico sagrado. Davi dissera: "Não destruas", fazendo alusão a Saul, quando o teve em seu poder e agora ele, com prazer, emprega as mesmas palavras em súplica para si, a Deus. Podemos deduzir pelo espírito da Oração do Pai Nosso que o Senhor nos poupará à medida que pouparmos nossos inimigos. Há quatro destes salmos "Não destruas": 57, 58, 59 e 75. —C. H. SPURGEON

Misticamente, este hino pode ser interpretado como de Cristo, que nos dias de Sua carne fora agredido pela tirania de inimigos espirituais e temporais. Seus inimigos temporais, Herodes e Pôncio Pilatos com os gentios e o povo de Israel, enraiveceram-se furiosamente e reuniram-se secretamente contra Ele. Os sumo sacerdotes e príncipes eram, disse Hierome, como *leões* e o povo como *filhotes de leões*; todos eles em prontidão para devorar Sua alma. Os governantes armaram-lhe *uma rede aos passos*, em seus interrogatórios capciosos, perguntando (Mt 22:17): "que te parece? É lícito pagar tributo a César ou não?" e (Jo 8:5) se a mulher pega em adultério deveria ou não ser apedrejada até a morte.

O povo *estava abrasado* (ARC) quando enfurecido com Ele; *lanças e flechas são os seus dentes* enquanto clamam: "Crucifica-o, crucifica-o". Seus inimigos espirituais também procuravam *devorá-lo* (ARC); estava Sua *alma entre leões* todos os dias de Sua vida, especialmente à hora de Sua morte. O diabo ao tentá-lo e perturbá-lo *armara rede aos Seus passos*; e a morte *abrira uma cova* para Ele pensando em *devorá-lo*. Como Davi na *caverna*, assim Cristo, o Filho de Davi, na *sepultura*. —JOHN BOYS

## Versículo 1

*Tem misericórdia de mim, ó Deus.* Este excelente salmo foi composto por Davi no momento em que havia o suficiente para descompor o melhor homem do mundo. —JOHN FLAVEL

*À sombra das tuas asas me abrigo.* Não somente na caverna ele se esconderia, mas na fenda da Rocha Eterna. —C. H. SPURGEON

*Até que passem as calamidades.* Atanásio disse de Júlio, furiosamente enraivecido contra o ungido do Senhor: *Nubecula est, cito transibit* — Ele é uma pequena nuvem; em breve passará. —JOHN BOYS

## Versículo 2

*Clamarei.* Ele está realmente seguro, mas ainda assim ora, pois a fé nunca se cala. Oramos porque cremos.

## Versículo 3

*E me salvará do desprezo daquele que procurava devorar-me* (ARC). Ó cão do inferno, não sou apenas liberto de sua mordida, mas até mesmo de seu latido. Nossos inimigos não terão o poder de escarnecer de nós, suas zombarias cruéis e chacotas insultuosas terão fim pela mensagem do Céu, que para sempre nos salvará. —C. H. SPURGEON

Caso você fosse à minha casa a meu convite e eu lhe dissesse que ali tenho um homem incrivelmente gordo e que desejo sua companhia para comê-lo, sua indignação não poderia ser retida por nada. Você me declararia louco. Não há em Nova Iorque um homem tão mau que não desprezasse o homem que propusesse um banquete de um companheiro humano como prato principal; fatiando-o em bifes e comendo-os.

E isso não passa de banquetear-se do corpo humano, mas estes aqui relatados sentam-se e tomam a alma do homem, procuram lombos macios, e convidam seus vizinhos para participar dos pequenos petiscos. Eles tomam a honra de um homem, marcam-na e grelham no carvão de sua indignação; enchem todo o cômodo com este aroma, dão a seus vizinhos alguns pedaços, os assistem e piscam enquanto eles provam.

Todos vocês devoram os homens — devoram as almas, o elemento de maior qualidade que os homens possuem. Vocês ficam mais que satisfeitos se puderem sussurrar uma palavra que seja depreciativa a um vizinho, ou sua esposa, ou sua filha. O bocado é primoroso demais para ser desperdiçado. Aqui está a alma de uma pessoa, aqui está a esperança de uma pessoa para este mundo e para o mundo vindouro e vocês as têm em seu garfo, e não conseguem abster-se de provar e dar a mais alguém para provar.

Vocês são canibais, devorando a honra e o nome dos homens e nisso se alegrando; e isso, mesmo quando nem sempre sabem se aquilo de que estes homens são acusados é verdade, ainda que em 99 casos dentre 100 não o seja. —HENRY WARD BEECHER

*Selá*. Tal misericórdia pode muito bem nos fazer parar para meditar e dar graças. Descanse, cantor, pois Deus deu descanso a você!

*Deus enviará a sua misericórdia e a sua verdade* (ARC). Ele pediu misericórdia e a verdade veio com ela. Portanto, Deus sempre nos dá mais do que pedimos ou pensamos. Seus atributos, como anjos em voo, estão sempre prontos para vir ao resgate de Seus escolhidos. —C. H. SPURGEON

## Versículo 4
*Acha-se a minha alma entre leões*. Onze papas tinham esse nome e todos, com exceção de dois ou três, eram leões rugindo em seus disparates e leões devoradores em busca de sua presa. —JOHN BOYS

*E eu estou entre aqueles que estão abrasados* (ARC). Como a sarça no Horebe, o cristão está geralmente em meio a chamas, mas nunca é consumido. É um triunfo poderoso da fé quando podemos nos colocar até mesmo entre tições e encontrar descanso, porque Deus é nossa defesa. —C. H. SPURGEON

Os horrores de uma cova de leões, o ardor de uma fornalha ardente e o cruel deflagrar da guerra são imagens marcantes com as quais Davi aqui descreve o perigo e a desventura de sua condição atual. —JOHN MORISON

## Versículo 6
*Abriram cova diante de mim, mas eles mesmos caíram nela. Selá*. O mal é uma corrente que um dia flui de volta para sua fonte. *Selá*. Podemos nos sentar à beira da cova e contemplar com espanto as justas retaliações da providência. —C. H. SPURGEON

## Versículo 7
*Firme está o meu coração*. Poderíamos pensar que ele diria: "Trêmulo está meu coração"; mas não, ele está calmo, firme, feliz, determinado, estabelecido. Quando o eixo central é seguro, toda a roda fica ajustada. Estando firme a grande âncora de nossa proa, o navio não pode se mover.

*Ó Deus, o meu coração está firme*. Estou decidido a confiar no Senhor, servir e louvá-lo. Duas vezes ele declara isto para a glória de Deus que, portanto, consola a alma de Seus servos. Leitor, é certamente bom para você se o seu coração, antes itinerante, estiver agora firmemente fixo em Deus e na proclamação de Sua glória.

*Cantarei e entoarei louvores*. Vocal e instrumentalmente eu com certeza celebrarei a Sua adoração. Com lábios e coração atribuirei honra ao Senhor. Satanás não me deterá, nem Saul ou os filisteus. Eu farei Adulão ressoar com música, e todas as cavernas da região farei ecoar com canção de júbilo. Cristão, faça um firme decreto de que sua alma, em todas as estações, magnificará o Senhor.

*Cante, não obstante emoções e carne*
*Desejando deter a canção jubilosa.*
*Cante, pois elevada traição é*
*Um santo conter sua língua.*

Quer os santos vençam ou sejam vencidos, eles ainda cantam. Bendito seja Deus por isso. Deixe os pecadores tremerem ao contender com homens de espírito tão celestial. —W. S. PLUMER

A sinceridade faz o cristão cantar quando nada tem para o jantar. Davi não estava em situação melhor quando esteve na caverna, contudo, nunca o vimos mais feliz. Seu coração faz música mais doce do que sua harpa jamais fez. —WM. GURNALL

*Versículo 8*
*Desperta, ó minha alma!* Despertai, lira e harpa! Devemos cantar com graça exultante. Não somente a graça habitual, mas com graça exultante e efetiva. O instrumento musical jamais se deleita exceto quando é tocado. Neste dever devemos seguir o conselho de Paulo a Timóteo (2 Tm 1:6), reavivar a graça que habita em nós, e clamar como Davi: Despertai amor, despertai deleite.

É preciso dar corda ao relógio antes que ele nos forneça a hora; o pássaro não se agrada de seu ninho, mas de suas notas musicais; os sinos só produzem música quando estão em movimento. Imploremos então ao Espírito que sopre em nosso jardim para que suas especiarias possam circular, quando nos estabelecermos neste culto jubiloso. Deus ama a graça ativa em ação, para que a alma seja prontamente podada quando se apresenta a Cristo em qualquer adoração.
—JOHN WELLS, em *Exercícios matutinos*

*Versículo 10*
*E a tua verdade, até às nuvens* (ARC). Nas nuvens Ele estabelece o selo da Sua verdade; o arco-íris, que ratifica Sua aliança; nas nuvens Ele esconde Sua chuva e neve, que provam Sua verdade em proporcionarem a nós o semear e a colheita, o frio e o calor.
—C. H. SPURGEON

*Versículo 11*
*Sê exaltado, ó Deus, acima dos céus; e em toda a terra esplenda a tua glória.* Palavras mais elevadas que estas nunca saíram de lábios humanos em uma oração. O Céu e a Terra têm, como nos sugerem, uma história mutualmente entretecida e o bendito e glorioso fim disto é o alvorecer da Glória divina sobre ambos.
—FRANZ DELITZSCH

# SALMO 58

ESTE é o quarto dos salmos do Segredo Áureo e o segundo dos "Não destruas". Estes nomes, se para mais nada servirem, podem ser úteis para auxiliar a memória. Os homens dão nomes a seus cavalos, joias e outros bens valiosos; e estes nomes têm menos intento de descrevê-los do que de distingui-los e, em alguns casos, para estabelecer a elevada estima do dono por seu tesouro. Seguindo o mesmo costume, o poeta oriental deu um título ao cântico que amava e assim auxiliou sua memória, e expressou sua estima pelo tom. Não devemos sempre procurar um significado nestes sobrescritos, mas tratá-los como trataríamos os títulos de poemas ou nomes de melodias.

*Versículo 1*
*Falais verdadeiramente justiça, ó juízes?* "O que todos dizem deve ser a verdade" é um provérbio mentiroso fundamentado em suposição que vem de amplas associações. Não concordamos todos nós em perseguir o homem até sua morte e quem ousaria sugerir que tantos grandiosos poderiam estar errados? Contudo, o perseguido lança o cutelo na raiz ao exigir que seus juízes respondam à pergunta se estavam ou não agindo de acordo com a justiça. Bom seria se os homens, certas vezes, parassem e considerassem isto honestamente. Alguns daqueles que cercavam Saul eram perseguidores mais passivos do que ativos; detinham suas línguas quando o objeto de ódio imperial era caluniado. Aquele que se abstém de defender o justo é cúmplice do erro. —C. H. SPURGEON

*Versículo 2*
*Antes, no coração forjais iniquidades; sobre a terra fazeis pesar a violência das vossas mãos* (ARC). Veja com que geração os santos têm que lidar! Tais eram os inimigos de nosso Senhor; uma geração de víboras, geração má e adúltera; eles procuraram matá-lo porque Ele era a própria justiça, contudo mascararam seu ódio por Sua bondade acusando-o de pecado. —C. H. SPURGEON

O salmista não diz que eles tinham perversidade no coração, mas eles a trabalham ali dentro: o coração é uma oficina interna, uma oficina subterrânea; ali eles cuidadosamente urdiram, forjaram e malharam seus propósitos perversos e os colocaram em ação. *Sim, sobre a terra fazeis pesar a violência das vossas mãos.* Isso é uma alusão aos mercadores, que compram e vendem por peso; eles pesam seus produtos por onças, não fornecem aleatoriamente, mas no peso exato. Portanto diz o salmista: *fazeis pesar a violência das vossas mãos;* eles não oprimem aleatoriamente, mas com um tipo de exatidão e habilidade, eles se sentam e consideram o que, e quanta violência usarão em tal caso, ou quanto certa pessoa pode suportar, ou certa estação pode comportar. —JOSEPH CARYL

Os princípios dos perversos são ainda piores que suas práticas. A violência premeditada é duplamente condenada. —GEORGE ROGERS

*Versículo 3*
*Alienam-se os ímpios desde a madre; andam errados desde que nasceram, falando mentiras.* Pouca surpresa é que alguns homens persigam a justa semente da mulher, uma vez que todos eles são ninhada da serpente e entre eles está a inimizade. Antes mesmo de nascer alienados de Deus — que condição em que se encontrar! Aquele que começa cedo pela manhã irá muito antes do anoitecer. Ser enganoso é uma das provas mais certas de um estado caído e considerando que a falsidade é universal, também o é a depravação humana. —C. H. SPURGEON

Como pecam cedo os homens! Como se arrependem tarde! *Desde que nasceram* "andam errado", mas se abandonado a si mesmos não retornarão até que morram; não retornarão nunca. —JOSEPH CARYL

De todos os pecados, nenhum pode chamar Satanás de "pai" como o da mentira. Toda a corrupção que há em nós veio de Satanás, mas, ainda assim, este pecado de fraude e mentira é, mais do que qualquer outro, do diabo. Assim como nós, no corpo, estamos sujeitos a todas as doenças, mas alguns mais suscetíveis a uma doença do que a outra, de tal modo, na alma, todos são aptos o suficiente a todos os pecados, e alguns mais aptos a certo vício do que a outro; mas todos são muito inclinados a mentir. —RICHARD CAPEL, em *Tentações, sua natureza, seu perigo e cura*

A serpente mais jovem pode transferir veneno a qualquer coisa que abocanhe; e o sofrimento em todos os casos é enorme, ainda que a picada seja raramente fatal. —JOSEPH ROBERTS, em *Ilustrações orientais das Escrituras Sagradas*

## Versículo 4

*Têm peçonha semelhante à peçonha da serpente.* Há algo como veneno; mas onde é encontrado? Seja onde for, quem o procuraria no homem? Deus fez o corpo do homem a partir do pó, Ele não misturou veneno com o pó. Deu-lhe vida com o fôlego do Céu; não soprou veneno no pó. Ele o alimenta com pão e não transmite veneno na massa. De onde vem o veneno? "Senhor, não semeaste boa semente no teu campo? Donde vem, pois, o joio?" (Mt 13:27). De onde? "Um inimigo fez isso." Podemos perceber o diabo nisto. Aquela grande serpente, o dragão vermelho, havia colocado este veneno em corações perversos. Seu próprio veneno, perversidade. "Quando transborda em pecado, transborda em veneno."

O pecado é veneno. A depravação original é chamada de corrupção; veneno verdadeiro. A violência e a virulência desta qualidade peçonhenta não vêm em primeira mão. Nenhum homem se torna pior no primeiro choque. Nós nascemos corruptos, somos o fator que nos transforma em pessoas venenosas. Há três graus no pecado, assim como muitas foram as eras, em pecado. Primeiro: o pecado secreto; uma úlcera nos ossos, mas esfolada pela hipocrisia. Segundo: o pecado aberto; eclodindo em transgressão manifesta. O primeiro é corrupção, o segundo é erupção. Terceiro: pecado frequente e confirmado; e este é veneno patente, envenenando alma e corpo. —THOMAS ADAMS

*São como a víbora surda, que tapa os ouvidos.* O ponto da repreensão é que a víbora, ou "cobra", aqui em questão, conseguia ouvir em algum grau, mas não queria. Assim como os injustos juízes, ou perseguidores de Davi podiam ouvir com seus ouvidos externos tais apelos feitos nos versículos 1 e 2, mas não queriam. —A. R. FAUSSET

## Versículo 5

*Para não ouvir a voz dos encantadores, do mais fascinante em encantamentos.* Homens impiedosos não devem ser ganhos para a justiça com os mais lógicos argumentos ou os apelos mais patéticos. Usem todos os seus artifícios, vocês pregadores da Palavra! Entreguem-se a conhecer os preconceitos e preferência dos pecadores, e ainda assim vocês terão que clamar: "Quem creu em nosso relato?" Não está em sua música a causa do fracasso, mas no ouvido do pecador e é somente o poder de Deus que pode removê-la.

## Versículo 6

*Ó Deus, quebra-lhes os dentes na boca.* Trata-os como os encantadores de serpentes fazem: arranca-lhes as presas, quebra-lhes os dentes.

## Versículo 7

*Desapareçam como águas que se escoam.* Fora, vocês córregos inimigos; quanto antes forem esquecidos melhor será para o Universo.

## Versículo 8

*Sejam como a lesma, que passa diluindo-se.* Como a lesma faz seu caminho por sua gosma e assim dissolve e desaparece, ou como a concha de um molusco geralmente encontrada vazia como se o habitante tivesse derretido, assim o malicioso devorará sua própria força, enquanto prossegue em seus planos malévolos, e desse modo desaparecerão.

*Como o aborto de mulher, não vejam nunca o sol.* Eles são como se nunca tivessem existido. Seu caráter é disforme, medonho, repulsivo. É mais adequado que sejam escondidos em uma sepultura desconhecida do que serem reconhecidos entre os homens. Sua vida nunca chega à maturidade, seus braços são abortivos, seu único feito é ter trazido miséria a outros e horror a si mesmos.

Para tais homens como Herodes, Judas, Alva, Bonner não teria sido melhor se nunca tivessem nascido? Melhor para as mães que os carregaram? Melhor para as terras que amaldiçoaram? Melhor para a terra em que suas carcaças pútridas estão escondidas do sol? Todo homem não regenerado é um aborto. Ele perde a forma verdadeira da humanidade feita por Deus; corrompe-se na escuridão do pecado; nunca vê ou verá a luz de Deus em pureza, no Céu. —C. H. SPURGEON

Os perversos são todos, por assim dizer, abortos humanos; eles são e permanecem sendo para sempre seres anômalos que não executaram o grande propósito de sua existência. O Céu é o fim exclusivo para o qual o homem foi criado, e aquele que fica aquém das expectativas do Céu não obtém o propósito de seu ser; é um aborto eterno. —O. PRESCOTT HILLER

## Versículo 9
*Serão arrebatados como por um redemoinho.* O cozinheiro, o fogo, a panela, a carne, todos desaparecem de uma só vez; em um turbilhão para a destruição.

*Tanto os verdes quanto os que estão em brasa.* Exatamente em meio à vida do homem, e na fúria de sua ira contra o justo, o perseguidor é subjugado por um tornado, seus desígnios desconcertados, seus projetos mudam de direção, suas ideias são derrotadas e ele próprio é destruído. A passagem é difícil, mas este é provavelmente o seu significado e que terrível significado é. O miserável malicioso coloca sua grande panela de fervura, junta seu combustível, planeja brincar de canibal com o piedoso; mas ele não considera o exército ou antes o Senhor dos exércitos e a inesperada tempestade remove todo o vestígio do miserável; e junto, seu fogo, seu banquete e isto, em um momento apenas.

## Versículo 10
*O justo se alegrará quando vir a vingança.* Finalmente diremos "Amém" à condenação do perverso e não teremos disposição para questionar os caminhos de Deus com o impenitente. —C. H. SPURGEON

Sem dúvida, à vista de Sodoma, Gomorra, Admá e Zeboim destruídas, anjos viram motivo para alegrar-se e cantar: "Aleluia". A perversidade fora varrida; a Terra fora aliviada de um fardo; justiça, a justiça de Deus foi altamente exaltada; o amor às Suas outras criaturas fora demonstrado ao libertá-las da vizinhança de contaminações infernais. Nos mesmos princípios (adentrando, contudo, mais profundamente a mente do Pai e simpatizando com a plenitude em Sua justiça), o próprio Senhor Jesus e cada um de Seus membros clamarão: "Aleluia", diante dos exércitos arruinados do Anticristo. —ANDREW A. BONAR

*Banhará os pés no sangue do ímpio.* A condenação de pecadores não maculará a alegria dos santos. —C. H. SPURGEON

# SALMO 59

AQUELE a quem Deus preserva, Satanás não pode destruir. O Senhor pode preservar a vida dos Seus profetas com os próprios corvos que, se fosse apenas por sua natureza, arrancariam seus olhos. Davi sempre encontrou um amigo para ajudá-lo quando seu caso era particularmente perigoso; e esse amigo fazia parte da casa de seu inimigo. Neste caso era Mical, a filha de Saul, como em ocasiões anteriores fora Jônatas, o filho de Saul. "Mictão de Davi". Este é o quinto dos Segredos Áureos de Davi: o povo escolhido de Deus tem muitos desses amigos.

### Versículo 1

*Livra-me, Deus meu, dos meus inimigos.* Ele deveria ser levado morto ou vivo, bem ou adoecido e carregado para o abate. A incredulidade teria sugerido que a oração seria um desperdício do fôlego, mas o bom homem não pensava assim, pois ele faz dela seu único recurso. Note como ele estabelece o título *Deus meu* em contraste com *meus inimigos*. Este é o método correto para capturar e extinguir, eficazmente, os dardos flamejantes do inimigo sobre o escudo da fé. —C. H. SPURGEON

Há duas alegações das quais o salmista faz uso. Uma era que Deus era *seu Deus* (v.1); a outra era sobre o poder e a força de seus inimigos. —JOHN HILL, em *Sermões sobre várias ocasiões*

### Versículo 2

*Livra-me, salva-me.* Saul tinha mais motivo para temer do que Davi, pois a arma invencível da oração estava sendo usada contra ele e o Céu estava sendo despertado para batalhar contra ele.

### Versículo 3

*Pois que armam ciladas à minha alma.* Enquanto o inimigo espera em postura animalesca, nós esperamos diante de Deus em postura de oração, pois Deus espera para ser gracioso conosco e terrível contra nossos inimigos.

Contra mim se reúnem os fortes. Nenhum deles se ausentava do grupo, quando era um santo que devia ser morto. Tinham muito apreço por tal esporte, de modo que não podiam se afastar. —C. H. SPURGEON

*Contra mim se reúnem os fortes.* É traduzido por Chandler como: *Os fortes contemplam com desdém para lançar armadilhas contra mim.*

### Versículo 4

*Sem culpa minha, eles se apressam e investem.* Para um homem corajoso, o perigo causa pouca angústia na mente se comparado com a injustiça à qual ele está sujeito. —C. H. SPURGEON

Versículos 3 e 4. Ele alega sua própria inocência, não para Deus, mas como que para seus perseguidores. Observe: 1. A inocência do piedoso não o protegerá da malignidade do perverso. Aqueles que são inofensivos como pombas, são, contudo, por amor a Cristo, odiados por todos os homens, como se fossem nocivos e desprezíveis como as serpentes. 2. Ainda que nossa inocência não nos proteja das tribulações, contudo, nos dará grande suporte e consolo durante nossas tribulações. O testemunho de nossa consciência, de que agimos corretamente com aqueles que conosco agiram danosamente, contribuirá muito para nosso júbilo no dia mau. Tendo consciência de nossa inocência, podemos, com humildade confiante, apelar a Deus e implorar-lhe que defenda nossa causa prejudicada. E isso Ele fará no tempo devido. —MATTHEW HENRY

*Versículo 5*
1. *Deus dos exércitos* e, portanto, *capaz*; 2. *Deus de Israel* e, portanto, *disposto*. —ANDREW A. BONAR

*Desperta, vem ao meu encontro.* Que petição contundente está contida nestas palavras! Puna ativamente, julgue em sabedoria, castigue com vigor.

*Não te compadeças de nenhum dos que traiçoeiramente praticam a iniquidade.* Seja misericordioso com eles como homens, mas não como transgressores. Se eles continuam endurecidos em seu pecado, não pisque diante de sua opressão. Piscar para o pecado dos transgressores será deixar o justo sob seu poder; portanto não ignore suas ofensas, mas distribua a retribuição devida. —C. H. SPURGEON

*Versículo 6*
*Ao anoitecer, uivam como cães, à volta da cidade.* Davi compara seus inimigos a cães de rua: desprezados, sem dono, repugnantes, deteriorados, magros e esfomeados, e os representa como que uivando decepcionados por não encontrarem a comida que procuram. As sentinelas de Saul e o próprio rei cruel devem ter se exaltado e se enfurecido intensamente quando descobriram a pilha de pelos de cabra na cama em lugar de Davi. Em vão foram suas vigias, a vítima fora liberta e pela filha do homem que desejava o seu sangue. Vão, vocês cães, para seus canis e roam seus ossos, pois este bom homem não é carne para suas mandíbulas. —C. H. SPURGEON

Toda a cidade ressoava em vasto motim. Abaixo de mim, em Tophane, na cidade de Istambul; longe em Scutari; todos os 60 mil cães que dizem ter invadido Constantinopla apareceram envolvidos na mais ativa exterminação uns dos outros, sem um momento de interrupção. Os ganidos, os uivos, os latidos, os rosnados e os grunhidos emergiram todos em um som uniforme e contínuo, como o coaxar de sapos quando ouvido à distância.

Por horas não houve calmaria. Fui dormir e acordei novamente e, com minha janela aberta, ouvi o mesmo tumulto; e até o alvorecer não houve restauração da tranquilidade. —ALBERT SMITH, em *Um mês em Constantinopla*

Versículos 6 e 7. 1. Eles são diligentes nisto, *voltam à tarde* (ACRF). 2. *Loucos* e determinados. *Uivam como cães* e ameaçam ousadamente. 3. Sem fadiga e obstinados em seu propósito: *à volta da cidade*. 4. Insolentes e gabando-se do que farão comigo: *alardeiam de boca*. 5. E suas palavras são sanguinolentas: *em seus lábios há espadas*. —ADAM CLARKE

*Versículo 7*
*Alardeiam de boca.* Seu discurso malicioso jorra deles como que de uma fonte borbulhante. Os perversos são volúveis na calúnia; seu vocabulário de abuso é copioso e tão detestável quanto abundante. Que torrentes de blasfêmias iradas lançaram sobre o piedoso! Eles não precisam de preparo, seus sentimentos os forçam a expelir e talham suas expressões.

*Em seus lábios há espadas.* Eles pronunciam punhais. Suas palavras perfuram como floretes e fendem como cutelos. Como a almofada da pata de um leão escondem sua garra, da mesma forma seus suaves lábios rubi contêm palavras sanguinolentas.

Pois dizem eles: Quem há que nos escute? Eles estão livres de todo refreamento, não temem o Deus no Céu e o governo na Terra está com eles. Quando os homens não têm ninguém que os chame à responsabilidade, não há porque se responsabilizar pelo que farão. Davi os chamou de cães e, sem dúvida, eram uma bela matilha, uma companhia amaldiçoada e blasfema de vira-latas. —C. H. SPURGEON

*Versículo 9*
*Em ti, força minha, esperarei.* Literalmente: "Manterei *vigia* em ti", fazendo alusão ao título — Quando Saul lhes mandou que *guardassem* a sua casa para o *matarem*. Davi passa a *vigiar diante de Deus*, contra a *vigia para matá-lo*. —A. R. FAUSSET

Quão fraco, de fato, o cristão se encontra e quão poderoso em verdade percebe ser seu inimigo? Tudo é uma coisa única para ele, que já não tem nada mais a fazer, exceto colocar sua fé em ação e esperar até que Deus haja. —DAVID DICKSON

*Versículo 10*
*Meu Deus virá ao meu encontro.* Grande é a palavra em 1 Pedro: *o Deus de toda a graça* (5:10). Deus tem em si todos os tipos de graça para os Seus santos. Ele tem graça perdoadora, vivificadora, fortalecedora, consoladora e preservadora. Sua misericórdia é rica misericórdia, abundante misericórdia, inexaurível misericórdia, garantida misericórdia. As riquezas de um homem são sua glória; Deus se gloria em Sua misericórdia, é Seu deleite, Ele descansa nela. E assim também nós, pois há uma plenitude infinita inconcebível dessa misericórdia *nele* (2 Co 1:3). Deus não é chamado o Autor de nossas misericórdias, mas o *Pai* delas; para demonstrar como vêm dele livremente.
— *Condensado do sermão de* JOHN HILL

*Deus me fará ver o meu desejo sobre os meus inimigos.* Observe que as palavras, *meu desejo*, não estão no original. No hebraico aprendemos que Davi esperava ver, sem medo, seus inimigos. Deus capacitará o Seu servo a fixar os olhos sobre o inimigo sem trepidação; e se manterá calmo e seguro de si na hora do perigo; em pouco tempo, ele olhará para baixo para os mesmos inimigos confundidos, derrubados e destruídos.
—C. H. SPURGEON

Então Cristo olhou para Seus assassinos. Estêvão foi capaz de fazer o mesmo quando eles *rilhavam os dentes contra ele*. "Todos os que estavam assentados no Sinédrio, fitando os olhos em Estêvão, viram o seu rosto como se fosse rosto de anjo" (At 6:15).
—CHRISTOPHER WORDSWORTH

*Versículo 11*
*Não os mates, para que o meu povo não se esqueça.* Prova de grande fé da parte de Davi é que mesmo quando sua casa estava cercada por seus inimigos, ele ainda está plenamente certo de sua derrota, e assim reconhece completamente em seu pensar, de modo que faz uma petição detalhada para que não sejam tão logo ou tão plenamente exterminados.

A vitória de Deus contra o empenho e a crueldade do perverso é tão fácil e gloriosa que parece ser uma pena encerrar o conflito tão brevemente. Varrer os conspiradores todos de uma vez era para encerrar o grande drama da retribuição muito abruptamente. Não, deixe o justo ser golpeado um pouco mais e deixe o opressor vangloriar-se e gabar-se durante sua curta hora, isso auxiliará Israel a manter em mente a justiça do Senhor e fará o grande destacamento que se coloca ao lado do campeão de Deus acostumar-se com interposições divinas. Seria uma pena se bons homens não tivessem caluniadores, considerando que a virtude reluz mais forte no refletir da calúnia. Os inimigos ajudam a manter os servos do Senhor acordados. Um demônio ativo e atormentador deve ser menos temido do que um espírito dormente e distraído que seja dado à letargia.

*Versículo 12*
*Pelo pecado de sua boca, pelas palavras dos seus lábios, na sua própria soberba sejam enredados.* Os pecados dos lábios são pecados reais e puníveis. Os homens não devem pensar que, pelo fato de seu ódio não ir além de xingamentos e blasfêmias, serão disso isentos. Aquele que age conforme a vontade, falará conforme o agir e lidará com os homens da mesma forma. Miseráveis que perseguem no falar, incineram e apunhalam com a língua, terão reconhecimento por suas pseudotransgressões. O orgulho, ainda que não se mostre em vestimentas, mas somente no discurso, é um pecado; e o orgulho perseguidor, ainda que não monte fogueiras em Smithfield, mas somente insulte com seus lábios, haverá de responder por isso entre o bando profano de inquisidores.

*E pela abominação e mentiras que proferem.* Os pecados, como cães de caça, geralmente caçam em pares. Aquele que não tem vergonha de amaldiçoar diante de Deus, certamente mentirá aos homens. Todo aquele que jura é mentiroso. A perseguição leva ao perjúrio. Eles mentem e juram para asseverar.
—C. H. SPURGEON

Ainda que os perseguidores não cumpram seu propósito contra o justo, seu orgulho, seu gabar-se, suas mentiras, suas calúnias, suas maldições contra o fiel são cançoneta suficiente para que a condenação e a ira venham sobre eles. —DAVID DICKSON

*Versículo 13*
*Consome-os com indignação, consome-os, de sorte que jamais existam.* Se pudesse ser reformados, ser-lhes-ia infinitamente melhor; mas não sendo assim, se precisam prosseguir e prosseguirão a agir como cães loucos em uma cidade, então faça-os deixar de existir. Quem pode desejar ver tal geração perpetuada?

*E se saiba.* Ou seja, que todas as nações saibam, *que reina Deus em Jacó, até aos confins da terra.* A derrota de um Napoleão é uma homilia para todos os monarcas; a morte de um Tom Paine, um alerta para todos os infiéis; o cerco de Paris, um sermão para todas as cidades. —C. H. SPURGEON

*Versículo 14*
*Ao anoitecer, uivam como cães, à volta da cidade.* Davi gargalha ao pensar que toda a cidade saberia como foram enganados e todo o Israel ressoaria com a história da imagem e dos pelos de cabra na cama [N.E. 1 Samuel 19.13,16]. Nada foi mais motivo de exultação oriental, do que o caso em que os astutos foram enganados; e nada mais faz de um homem objeto de zombaria do que ser enganado por uma mulher, como neste caso Saul e seus rasos lacaios foram enganados por Mical. —C. H. SPURGEON

Em Tiro, como na maioria das cidades orientais, as palavras familiares vinham até nós com todo o seu significado verdadeiro e poderoso. Os cães semelhantes a lobos, famintos, sem dono "uivam à volta da cidade (de Alexandria, por exemplo), reunidos em matilhas como chacais, rondando à procura de restos e rosnando se não estiverem satisfeitos"; ou os párias famintos, como nossos cães em Tiro, à espreita "fora" da cidade. A estes, podemos aplicar as altamente desfavoráveis definições das Escrituras que todos os ingleses, homens e mulheres, devem repudiar, indignados, em favor das criaturas leais, fiéis e pacientes que vigiam nossas casas como sentinelas, guardam nossos rebanhos como pastores, nos recebem com alegria extasiada quando voltamos para casa. E que algumas vezes preferirão morrer em lugar de abandonar a sepultura de seu amo. —*Divagações sobre terra e mares da Bíblia*

Aqueles que se arrependem de seus pecados quando estão em lutas, *sofrem como pombas*; aqueles cujos corações se endurecem quando estão em lutas, *uivam como cães.* —MATTHEW HENRY

*Versículo 15*
*Vagueiam à procura de comida e, se não se fartam, então, rosnam.* Veja a inquietação do perverso; isto aumentará conforme sua inimizade com Deus aumentar, e no inferno será seu tormento infinito. Qual é o estado do perdido, se não a condição de um ambicioso acampamento de rebeldes que desposam uma causa perdida e não desistem, mas são impelidos por suas paixões atrozes delirando contra a causa de Deus, da verdade e do Seu povo. —C. H. SPURGEON

# Salmo 60

**TÍTULO.** Aqui temos um título prolongado, mas muito nos auxilia a compreender o Salmo. "para o músico-mor, sobre Susã-Edute, ou o Lírio do Testemunho". O Salmo 45 é sobre os lírios e representa o guerreiro real em Sua beleza partindo para a guerra; aqui o vemos dividindo o despojo e dando testemunho para a glória de Deus. —C. H. SPURGEON

*Susã-Edute. Os lírios do testemunho* — significa que este Salmo tem como assunto principal algo muito amável e encorajador na Lei; ou seja, as palavras de promessa citadas no começo do versículo seis. —T. C. BARTH, em *O manual da Bíblia*

*No Vale do Sal.* O cume do Usdum exibe mais distintamente sua formação peculiar; a estrutura principal da montanha é uma massa sólida de pedra de sal. —EDWARD ROBINSON, em *Pesquisas Bíblicas na Palestina*

### Versículo 1

Davi era detentor de um trono instável, conturbado com a dupla facção maligna em sua casa e a invasão estrangeira. Ele rapidamente localizou a verdadeira origem da maldade e começou por essa fonte. Sua política era a de piedade que, no fim das contas, é a mais sábia e profunda. —C. H. SPURGEON

*Ó Deus, tu nos rejeitaste.* A palavra usada aqui significa ser infame, rançoso, ofensivo; e então tratar qualquer coisa como se fosse infame ou algo rançoso; repelir, desdenhar, rejeitar. É uma linguagem forte, significando que Deus aparentemente os tratava como se fossem abomináveis e ofensivos para Ele. —ALBERT BARNES

*E nos dispersaste.* Estes dois primeiros versículos, com sua confissão deprimente, devem ser considerados como grande reforço do poder da fé, que nos versículos seguintes se alegra em dias melhores por meio do gracioso retorno do Senhor ao Seu povo.

Tens estado indignado. Tivéssemos agradado ao Senhor, Ele teria nos agradado; mas caminhamos em direção contrária ao Senhor e Ele caminhou em direção oposta a nós. —C. H. SPURGEON

### Versículo 2

*Repara-lhes as brechas.* Como uma casa no momento do terremoto é sacudida e as paredes começam a rachar e abrirem-se em fissuras ameaçadoras, assim foi com o reino. —C. H. SPURGEON

### Versículo 3

*Fizeste o teu povo experimentar reveses.* Deus certamente irá lavrar Seu próprio solo, retirando qualquer resíduo; e extirpará a erva inútil do Seu jardim, ainda que o resto do mundo seja abandonado à selvageria. —JOHN TRAPP

*Vinho que atordoa.* Vinho intoxicante. No hebraico "vinho desconcertante", ou seja, que causa desconcerto ou, em outras palavras, intoxicante. Alguns consideram como "vinho de torpor", ou atordoante. Para Símaco, "vinho da agitação" e esta compreensão eu adotei, que é também a de Siríaco. —BENJAMIN BOOTHROYD

### Versículo 4

*Deste um estandarte aos que te temem, para o arvorarem no alto, por causa da verdade* (ARC). O Senhor nos deu o estandarte do evangelho; vivamos para sustentá-lo e, se necessário, morramos para defendê-lo. Anunciar o evangelho é um dever sagrado, envergonhar-se dele, um pecado mortal. A verdade de Deus estava envolvida no triunfo dos exércitos de Davi. Ele lhes havia prometido vitória; logo, não deve haver hesitação quando há a proclamação do evangelho, pois assim como seguramente Deus é verdadeiro, certamente Ele concederá sucesso à Sua espada. —C. H. SPURGEON

## Versículo 6

*Falou Deus na sua santidade.* A fé nunca está mais feliz do que quando pode se apoiar na promessa de Deus. Ela coloca isto contra todas as circunstâncias desencorajadoras. Deixe que as providências externas digam o que quiserem, a voz do Deus fiel afoga todos os sons de medo. Deus prometeu vitória a Israel, e a Davi o reino; a santidade de Deus garantiu o cumprimento de Sua aliança e, portanto, o Rei falava confiantemente. A formosa terra havia sido garantida às tribos pela promessa feita a Abraão, e essa divina concessão foi uma garantia, abundantemente suficiente, para a crença de que os braços de Israel seriam bem-sucedidos na batalha. Cristão, faça bom uso disto e expulse dúvidas enquanto as promessas permanecem.

*Eu me regozijarei* (ARC) ou "Eu triunfarei". A fé não considera a promessa como ficção, mas fato e, portanto, bebe dela com alegria e por meio dela agarra a vitória. "Deus falou; eu me regozijarei". Aqui está um lema adequado para todos os soldados da cruz.

*...repartirei a Siquém e medirei o vale de Sucote* (ARC). Quando Deus declara que Seu divino *irá*, podemos declarar "Eu farei" e não será vanglória inútil, mas um ecoar adequado do decreto do Senhor. Cristão, levante-se e tome posse das misericórdias da aliança: *repartirei a Siquém e medirei o vale de Sucote*. Não permita que dúvidas e legalismos cananeus o mantenham fora da herança da graça. —C. H. SPURGEON

## Versículo 7

*Judá é o meu legislador* (ARC). Não damos atenção a todas as declarações de Roma, ou Oxford ou dos concílios de homens; somos livres de toda outra regra eclesiástica que não a de Cristo. —C. H. SPURGEON

## Versículo 8

*Moabe, porém, é a minha bacia de lavar.* Uma simples bacia para conter a água suja depois que meus pés tenham sido lavados. Moabe outrora desonrou Israel, segundo o conselho de Balaão, filho de Beor; mas não mais poderá perpetrar tal perversidade; será uma bacia para aqueles a quem procurou poluir. —C. H. SPURGEON

*Sobre Edom lançarei o meu sapato.* Ele não precisa desembainhar uma espada para golpear seu agora aleijado e totalmente desesperançado adversário, pois se ousasse se revoltar ele só precisaria lançar seu sapato contra o adversário e ele tremeria. Facilmente somos vitoriosos quando a Onipotência vai à frente. —C. H. SPURGEON

*Alegra-te, ó Filístia, por minha causa* (ACRF). Tão completamente irremediável é a causa do inferno quando o Senhor se coloca na batalha de modo que até a filha mais fraca de Sião pode balançar a cabeça diante do inimigo e rir-se dele com desprezo. —C. H. SPURGEON

## Versículo 11

*...pois vão é o socorro do homem.* Como haviam ultimamente experimentado com Saul, um rei de sua própria escolha, mas que não era capaz de salvá-los daqueles filisteus orgulhosos. —JOHN TRAPP

# Salmo 61

ASSUNTO e divisão: este Salmo é uma pérola. É curto, mas precioso. Para muitos enlutados, o texto ofereceu uma expressão vocal quando a mente não pôde conceber um discurso para si. Foi evidentemente composto por Davi após chegar ao trono (veja v.6). O segundo verso nos leva a crer que foi escrito durante o exílio forçado que impediu o salmista de frequentar o tabernáculo, a morada visível de Deus. Sendo assim, o período da rebelião de Absalão é muito adequadamente sugerido como a data de sua autoria e Delitzsch está correto ao intitulá-lo: "Oração e ação de graças de um Rei expulso a caminho de retornar a seu trono". —C. H. SPURGEON

## Versículo 1

*Ouve, ó Deus, a minha súplica.* Ele estava sendo terrivelmente sincero; gritou; elevou sua voz ao alto. Os fariseus podem se apoiar em suas orações; os cristãos verdadeiros são ávidos por uma resposta a elas. Os ritualistas podem se satisfazer ao "dizer ou cantar" suas ladainhas e entregar suas ofertas, mas os filhos viventes de Deus nunca descansarão até que suas súplicas tenham penetrado os ouvidos do Senhor, Deus de Sabaoth. —C. H. SPURGEON

*Atende à minha oração.* Aquino disse que alguns leem as palavras da seguinte forma: *(Intende ad cantica mea)*, atende às minhas canções. E assim as palavras podem ser seguramente lidas, da palavra hebraica, *ranah*, que significa gritar ou berrar agudamente em alegria, para observar que as orações dos santos são como canções agradáveis e cançonetas encantadoras aos ouvidos de Deus. Nenhum júbilo, nenhuma música pode ser tão agradável para nós como as orações dos santos são agradáveis para Deus. (Ct 2:14; Sl 141:2). —THOMAS BROOKS

## Versículo 2

*Desde os confins da terra clamo por ti.* Nenhuma mácula é abominável demais, nenhuma condição deplorável demais; seja o fim do mundo ou fim da vida, a oração está igualmente disponível. Para orar em algumas circunstâncias é necessário determinação, e o salmista aqui a expressa: Clamo. Era uma resolução sábia, pois tivesse ele deixado de orar teria se tornado vítima do desespero. Há um fim para um homem quando ele dá um fim à oração.

*No abatimento do meu coração.* É difícil orar quando o coração está se afogando, contudo, homens graciosos apelam melhor em tais momentos. A tribulação nos leva a Deus e traz Deus até nós. Os maiores triunfos da fé são alcançados em seus testes mais difíceis. Tudo se acabou em mim, a aflição acabou comigo, me envolve como nuvem, me engole como o mar, me encarcera com densa escuridão, contudo Deus está próximo, próximo o suficiente para ouvir minha voz, e a Ele clamarei. —C. H. SPURGEON

Quando a ação do coração é paralisada, até mesmo temporariamente, todos os membros serão notificados, um calafrio ali envia sua fria vibração para cada membro. Satanás sabe bem disto e então todos os seus procedimentos são procedimentos com o coração, esforços para paralisar o próprio manancial da vida. —PHILIP BENNETT POWER

*Leva-me para a rocha que é alta demais para mim.* Há um cunho de significado nesta breve oração. Nossa experiência nos leva a compreender este versículo muito bem, pois houve o momento em que fomos tomados de espanto de alma por razão do pecado, de modo que ainda que soubéssemos que o Senhor Jesus é salvação certa para pecadores, não podíamos nos aproximar dele pelas nossas muitas dúvidas e agouros. —C. H. SPURGEON

É mais a imagem de alguém sendo alcançado pela maré, mas ao se apressar adiante para afastar-se de seu alcance continua, a cada passo, vendo-a ondulando mais e mais próxima dele. Ele ouve seu estrondo furioso, a areia frouxa afunda abaixo de seus passos; mais alguns minutos e as ondas estarão ao seu redor, o desespero *abate seu coração*; quando nas profundezas de sua agonia ele vê um ponto de alta rocha acima das ondas. "Ó, se eu pudesse alcançá-la e estar seguro!" E então vem o clamor, o clamor agonizante a Ele que é poderoso para salvar: *Leva-me para a rocha que é alta demais para mim*. É o clamor do pecador ao Salvador do pecador. —BARTON BOUCHIER, em *Maná no coração*; ou *Comentários diários sobre o livro de Salmos*

### Versículo 3
*Pois tu me tens sido refúgio e torre forte contra o inimigo.* A experiência é a governanta da fé. Doce, além de qualquer expressão, é lembrar a benignidade do Senhor em nossos dias passados, pois Ele é imutável e, portanto, continuará a nos guardar de todo o mal.

### Versículo 4
*Assista eu no teu tabernáculo, para sempre.* Cortadores de lenha e aqueles que buscam água, estando nas tendas de Jeová, devem ser mais invejados que príncipes que se rebelam nos pavilhões de reis. O melhor de tudo é que nossa residência com Deus não é por período de tempo limitado, mas por eras; sim, por eras e eras, para todo tempo e eternidade. Este é nosso privilégio mais elevado e celestial: *Assista eu no teu tabernáculo, para sempre.*

*No esconderijo das tuas asas, eu me abrigo.* Ó, que haja mais confiança; não pode ser tão tácita. Tal esconderijo nos convida ao repouso mais ininterrupto. —C. H. SPURGEON

### Versículo 5
*Me deste a herança dos que temem o teu nome.* Acontecendo de sofrermos, esta é a herança dos santos; se somos perseguidos ou estamos em pobreza ou em tentação, tudo isto está contido nas escrituras da herança dos escolhidos. Podemos também jantar, de bom grado, com aqueles com quem ceamos. Temos a mesma herança que o próprio Primogênito. Que herança melhor poderíamos conceber?

Os santos são descritos como tementes ao nome de Deus; são adoradores reverentes; colocam-se em temor diante da autoridade do Senhor; temem ofendê-lo; sentem sua própria nulidade à vista daquele que é infinito. Compartilhar com tais homens, ser tratado por Deus com o mesmo favor com que Ele os encontra é questão de ação de graças infindável. Todos os privilégios de todos os santos também são privilégios de cada um deles. —C. H. SPURGEON

### Versículo 7
*Permaneça para sempre diante de Deus; concede-lhe que a bondade e a fidelidade o preservem.* Ainda que isto seja verdade para Davi em sentido modificado, preferimos ver o Senhor Jesus como aqui é desejado: como o descendente linear de Davi e Representante de sua linhagem real. Jesus é entronizado diante de Deus para a eternidade; aqui Ele é nossa segurança, dignidade e deleite. Como clamam os homens: "Vida longa ao rei", nós saudamos com aclamação nosso Emanuel entronizado e clamamos: "que a bondade e a fidelidade o preservem". —C. H. SPURGEON

### Versículo 8
*Assim, salmodiarei o teu nome para sempre.* Deveria haver um paralelo entre nossas súplicas e nossas ações de graças. Não devemos saltar em oração e manquejar em louvor. —C. H. SPURGEON

# Salmo 62

TÍTULO: "Para o músico-mor, para Jedutum". Este é o segundo Salmo que é dedicado a Jedutum, ou Etã; o primeiro é o Salmo 39, um Salmo que é quase gêmeo deste em muitos aspectos, contendo, quatro vezes no original, a palavra traduzida como *somente* e neste, a vemos seis vezes. —C. H. SPURGEON

Não há em uma palavra sequer deste Salmo (e esta é uma rara ocorrência) na qual o profeta expresse de *medo* ou *desânimo*. —MOSES AMYRAUT

Atanásio diz sobre este Salmo: "Este Salmo se pronuncia contra todas as investidas sobre seu corpo, seu estado, sua alma, sua fama, as tentações, tribulações, maquinações, difamações." —JOHN DONNE

*Versículo 1*
*Somente em Deus, ó minha alma, espera silenciosa; dele vem a minha salvação.* Esperar em Deus, e por Deus é uma posição convencional da fé; esperar nele verdadeiramente é sinceridade; esperar nele somente é pureza espiritual. O original é: "somente para Deus é o silêncio de minha alma". Aquele dito: "a palavra é prata, mas o silêncio é ouro" é mais que verdadeiro neste caso. Nenhuma eloquência no mundo tem metade da plenitude de significado que o silêncio paciente de um filho de Deus. Se o esperar em Deus for adoração, esperar na criatura é idolatria; se o esperar em Deus somente é fé verdadeira, associar um braço de carne com Ele é descrença audaciosa. —C. H. SPURGEON

Houve uma época em que eu costumava admirar-me grandemente com estas palavras de Lutero:

*Suportar e tolerar, e em silêncio estar,*
*A nenhum homem tua miséria contar;*
*Não ceder ao desespero na agonia,*
*Deus pode libertar em todo dia.*

Admirava-me com o fato de sentirmos que o derramar da angústia sobre o coração de um amigo é algo tão doce. Mas ao mesmo tempo, aquele que muito fala aos homens sobre suas lutas está propício a cair no erro de pouco dizer, sobre elas, a Deus; por outro lado, aquele que com frequência experimenta o alívio que flui da conversa silenciosa com o Eterno, perde muito de seu desejo pela simpatia de seus camaradas. "Falar do problema duplica o dilema". —AUGUSTUS F. THOLUCK, em *Horas de devoção cristã*

*Versículo 2*
*Só ele é a minha rocha, e a minha salvação.* Davi frequentemente encontrava-se escondido em cavernas rochosas e aqui ele compara seu Deus a tais refúgios seguros.

*Não serei muito abalado.* "Abalado", como se diz, "mas não demovido". Abalado como um navio ancorado, que balança com a maré mas não é levado pela tempestade. Quando um homem sabe seguramente que o Senhor é sua salvação, ele pode não ser muito abatido. Seria necessário mais do que todos os demônios do inferno para alarmar grandemente um coração que sabe que Deus é sua salvação. —C. H. SPURGEON

O homem mortificado canta e não de modo fraco, pranteia e não se entristece, cheio de entusiasmo na causa de Deus e, contudo, sereno de espírito; ele não é tão ávido por algo mas pode abrir mão de qualquer coisa por Deus. Ah! Poucos conseguem agir, mas quando agem o fazem com superação. —ALEXANDER CARMICHAEL, em *A mortificação do pecado do cristão*

*Versículo 3*
*Até quando acometereis vós a um homem?* Ele se maravilha com sua perseverança persistente em malícia

após tantos fracassos e com a derrota certa diante deles. É de se maravilhar que os homens continuem prontamente em cursos vãos e pecaminosos e, contudo, perseverar em graça seja uma dificuldade tão grande, como se fosse uma impossibilidade, se não fosse pelo auxílio divino. Houvesse alguma vergonha em Satanás, ou em seus filhos, eles se envergonhariam do modo covarde como travaram guerra contra a semente da mulher. Dez mil contra um não lhes pareceu uma vantagem cruel demais; não há uma gota de sangue cavalheiresco em todas as suas veias.

*Como se fosse uma parede pendida ou um muro prestes a cair.* Eles esperam que os homens se curvem a eles e tremam de medo em sua presença; mas os homens impetuosos devido à fé nada veem neles para ser honrado, e muito, muito a ser repudiado. Nunca é bom que tenhamos em alta consideração os ímpios, sejam quais forem suas posições; eles estão próximos de sua destruição, seu muro está prestes a cair; será sábio de nossa parte mantermos distância, porque ninguém que esteja próximo de um muro em queda está em vantagem. Se não for esmagado por seu peso, poderá se asfixiar com sua poeira. —C. H. SPURGEON

## Versículo 4
*Na mentira se comprazem.* Mentir é ruim o suficiente, mas se comprazer na mentira é uma das marcas mais obscuras da infâmia.

*De boca bendizem, porém no interior maldizem.* A lisonja sempre foi a arma favorita dos inimigos de bons homens; eles amaldiçoam amargamente quando lhes é aprazível; enquanto isso, desde que atenda a seus propósitos, eles mascaram sua ira e com palavras suaves fingem abençoar aqueles a quem deliberadamente despedaçariam. —C. H. SPURGEON

## Versículo 5
*Somente em Deus, ó minha alma, espera silenciosa.* Silencie-se, ó minh'alma! Submeta-se completamente, confie imutavelmente, espere pacientemente. Seja como o seu Senhor, vença pela resistência passiva da paciência vitoriosa. Você só pode alcançar isto se for persuadido interiormente pela presença de Deus e se esperar única e exclusivamente nele. A fé pura não é decepcionada. —C. H. SPURGEON

Aquele que não confia *somente* no Senhor não confia em deus *algum*. Aquele que se coloca com um pé em uma rocha e outro na areia movediça, afundará e perecerá tão certamente como se tivesse ambos os pés na areia movediça. —JOHN TRAPP

*Porque dele vem a minha esperança.* Nós esperamos de Deus porque acreditamos nele. A esperança é filha da oração e da fé, e vem do Senhor como graça aceitável. —C. H. SPURGEON

## Versículo 7
*De Deus dependem a minha salvação e a minha glória.* Em que devemos nos gloriar senão naquele que nos salva? Nossa honra pode ser deixada com Aquele que guarda nossa alma. Encontrar tudo em Deus e gloriar-se desta realidade é uma das marcas certas de uma alma iluminada. —C. H. SPURGEON

Nos escudos dos gregos, havia a exibição de Netuno; nos escudos dos troianos, Minerva; porque neles, eles colocavam sua confiança e se consideravam seguros por confiar nesses deuses. Agora, Cristo é a insígnia de nossos escudos. —THOMAS LE BLANC

*Estão em Deus a minha forte rocha e o meu refúgio.* Observe como o salmista marca suas próprias iniciais em todos os nomes que ele dá alegremente a seu Deus — *minha* esperança, *minha* rocha, *minha* salvação, *minha* glória, *minha* força, *meu* refúgio; é a palavra meu/minha que coloca o mel nos favos. —C. H. SPURGEON

## Versículo 8
*Confiai nele, ó povo, em todo tempo.* A fé é um dever persistente, um privilégio perpétuo. Nós deveríamos confiar quando podemos ver assim como quando estamos no escuro completo. —C. H. SPURGEON

Em uma palavra, confiar em Deus é o ato elevado ou exercício de fé por meio do qual a alma, olhando para Deus e lançando-se em Sua bondade, Seu poder, Suas promessas, fidelidade e providência, é elevada acima dos medos e desencorajamentos carnais; acima de dúvidas desconcertantes e inquietações; seja para a obtenção e continuidade daquilo que é bom, ou para a prevenção ou remoção daquilo que é mau. —THOMAS LYE, em *Os exercícios matinais em Cripplegate*

*Confiai nele, ó povo, em todo tempo; derramai perante ele o vosso coração.* Conforme nosso amor, assim é nossa fé e confiança em Deus; e conforme nossa confiança, tal será nossa liberdade no trono da graça. Confie nele e derrame seu coração diante dele, derrame-os como água em lágrimas de júbilo. Pois quando a pedra no coração é dissolvida pela misericórdia, os olhos irromperão como uma fonte de lágrimas. —SAMUEL LEE

Façam dele seu Conselheiro e Amigo; não há como agradá-lo mais do que quando seus corações confiam por completo nele. Vocês podem dizer-lhe, se quiserem, como foram tolos a ponto de procurar este ou aquele amigo em busca de alívio, mas não o encontraram; e agora vêm até Ele, Aquele que ordena: "derramai perante ele o vosso coração". —JOHN BERRIDGE

Derramem-no como água; não como leite, cuja cor permanece. Não como vinho, cujo sabor permanece. Não como mel, cujo gosto permanece. Mas como água, que, quando derramada, nada permanece. Assim deixe o pecado ser derramado do coração, de modo que nada de sua cor possa permanecer em marcas externas, nenhum sabor em nossas palavras, nenhum gosto em nossas afeições. —THOMAS LE BLANC

### Versículo 9
*Somente vaidade são os homens plebeus.* Aqui a palavra é, mais uma vez, *somente*; homens plebeus são somente vaidade, nada mais. Eles clamam "Hosana" hoje e "Crucifica-o" amanhã. A instabilidade do aplauso popular é um provérbio; assim como bem se constrói uma casa com fumaça, da mesma forma se encontra consolo na adulação da multidão. Assim como o segundo filho de Adão foi chamado de "Abel", ou "vaidade", também nós aqui somos ensinados que todos os filhos de Adão são Abel.

*Falsidade, os de fina estirpe.* Por esta razão eles são mentira; porque prometem tanto e, no fim das contas, quando confiamos neles, não produzem nada, exceto decepção.

*Pesados em balança, eles juntos são mais leves que a vaidade.* Uma pena tem algum peso na balança; a vaidade não tem peso algum; e a confiança da criatura tem menos peso ainda. Contudo, tal é o fascínio universal de modo que a humanidade prefere um braço de carne em lugar do poder do Criador invisível, mas Todo-Poderoso; e até mesmo os filhos de Deus são suscetíveis demais a serem alcançados por essa loucura. —C. H. SPURGEON

A vaidade nada é, mas há uma condição pior do que o nada. A confiança em coisas ou pessoas deste mundo, mas, acima de tudo, a confiança em nós mesmos, nos levará enfim ao estado no qual nada seremos, e nada poderemos ser. —JOHN DONNE

Houvesse algum entre os homens que fosse imortal, não sujeito ao pecado ou mudança, a quem fosse impossível vencer, que fosse forte como um anjo, tal ser humano seria algo; mas na medida em que todos são homens, pecadores, mortais, fracos, sujeitos à doença e à morte, expostos à dor e ao terror, como Faraó, terror até mesmo dos animais mais insignificantes e sujeito a tantas misérias que seja impossível contá-las, a conclusão a que se chega deve ser válida: "O homem nada é". —ARNDT

### Versículo 10
*Não confieis naquilo que extorquis, nem vos vanglorieis na rapina.* Somente os insensatos confiam na riqueza mal adquirida, pois nela está a peste mortal; é repleta de cancro, fede com a maldição de Deus. —C. H. SPURGEON

Aquele que confia a sua salvação em qualquer outro que não seja Deus, perde não somente sua salvação, mas também rouba a Deus de Sua glória, e Deus manifesta o que está errado, tanto quanto depender do Senhor. Como os perversos entre os judeus fizeram, que disseram que enquanto honrassem e confiassem na rainha dos céus, todas as coisas prosperariam; mas quando ouviram os verdadeiros pregadores da Palavra de Deus, todas as coisas alcançaram um estado pior e eles foram esmagados pela escassez e a aflição (Os 2; Jr 44).

Aquele que também coloca sua confiança em qualquer aprendizado ou doutrina além da Palavra de Deus, não apenas cai em erro e perde a verdade, mas também, tanto quanto depender dele, rouba do Livro de Deus a Sua suficiente verdade e veracidade e atribui essa verdade ao livro dos decretos dos homens, que é tão incorreto para Deus e Seu Livro, quanto é concebê-lo ou executá-lo. —JOHN HOPPER

*Se as vossas riquezas prosperam, não ponhais nelas o coração.* Curvar um espírito imortal à constante contemplação de posses evanescentes é extrema insensatez. Deveriam aqueles que chamam o Senhor de sua glória, gloriar-se na terra impura? Deveria a imagem e inscrição de César privar-lhes da comunhão com Aquele que é a imagem do Deus invisível? Assim como não devemos nos apoiar em homens, também não devemos repousar em dinheiro. O ganho e a fama não passam da espuma do mar. —C. H. SPURGEON

"A cobiça das riquezas", diz Valeriano, "provoca os corações dos homens com seus estímulos, como bois arando o solo perpetuamente". Hugo diz sobre Isaías: "Quanto mais profundamente as riquezas são semeadas no coração por meio do amor, mais profundamente transpassarão o sofrimento." —THOMAS LE BLANC

Ó, muitos foram os que serviram riquezas como a mula de Absalão serviu seu mestre, a quem ela abandonou em sua grande necessidade, pendurado entre o céu e a terra como que rejeitado por ambos! Uma centelha de fogo pode fazê-los voar, um ladrão pode roubá-los, um servo perverso pode extraviar seus bens e furtá-los, um pirata ou náufrago no mar, um assaltante ou mau devedor no continente; sim, centenas de maneiras os colocam em viagem. Eles são como as maçãs de Sodoma, que aparentam ser formosas, contudo, despedaçam com um mínimo toque — ilusões áureas, um mero esquema matemático ou caprichos do cérebro do homem (1Co 7:31). —CHRISTOPHER LOVE, em *Um espelho de cristal, ou Espelho Cristão*

Versículos 10 a 13. Nossa estima pelo homem depende de nossa estima por Deus. —AUGUSTUS F. THOLUCK

*Versículo 11*
*Duas vezes ouvi isto.* Ouve duas vezes no melhor sentido aquele que ouve com seu coração assim como com os ouvidos. —C. H. SPURGEON

*Que o poder pertence a Deus.* Que necessidade há de compelir pessoas a acreditar nisso? Grande necessidade; porque este é o grande ponto que estamos prontos a questionar em casos de dificuldades. A fé nunca é completamente removida até que comece a questionar o poder de Deus. Assim, a vida e o vigor da fé estão muito envolvidos com a crença no poder de Deus.

Deus muito se desagrada, até mesmo com Seus próprios filhos, quando eles questionam o Seu poder. Por isto Ele argumenta com a incapacidade de Moisés: "Ter-se-ia encurtado a mão do Senhor?" (Nm 11:23). Por isto Cristo também repreendeu Marta muito incisivamente: "Não te disse eu que, se creres, verás a glória de Deus?" (Jo 11:40). Sim, Deus é tão cuidadoso com a glória de Seu poder que repreendeu duramente Seus amados filhos quando sua fé cambaleou nesta questão; como vemos em Zacarias, que, por questionar o poder de Deus, foi imediatamente acometido de mudez. —WILLIAM WISHEART

Versículos 11 e 12. Confesso que me surpreendo por perceber tão constantemente nas Escrituras que os escritores inspirados coloquem as palavras "misericordioso", "terrível" e "grande" todas juntas. Você verá que assim o é. "ah! Senhor, Deus dos céus, Deus grande e temível, que guardas a aliança e a misericórdia…" (Ne 1:5) etc. Você também encontra isso em Daniel 9:4, em sua oração solene: "ah! Senhor!", ele diz: "Deus grande e temível, que guardas a aliança e a misericórdia" etc. Logo misericórdia, grande e temível são constantemente colocados juntos. —THOMAS GOODWIN

*Versículo 12*
*A ti também, Senhor, pertence a misericórdia* (ARC). Deus é tão repleto de misericórdia que a possui, como se toda a misericórdia do Universo viesse de Deus e ainda assim fosse requerida por Ele como posse Sua. —C. H. SPURGEON

# SALMO 63

TÍTULO: "Salmo de Davi quando estava no deserto de Judá". Este foi provavelmente escrito enquanto Davi fugia de Absalão; certamente na época em que escreveu ele era rei (v.11) e era duramente pressionado por aqueles que demandavam sua vida.

A palavra que distingue este Salmo é "cedo". Quando a cama está mais fofa, somos mais tentados a levantar nas horas ociosas, mas quando o conforto se vai e o leito se endurece, se nos levantarmos mais cedo para buscar o Senhor, temos muito pelo que agradecer ao deserto. —C. H. SPURGEON

Há salmos adequados para um deserto; e temos motivo para agradecer a Deus por estarmos no deserto de Judá, não no deserto do Pecado. —MATTHEW HENRY

Agar viu Deus no deserto e deu a um poço o nome que derivou dessa visão: *Beer-lahai-roi* (Gn 16:13,14). Moisés viu Deus no deserto (Êx 3:1-4). Elias viu Deus no deserto (1Rs 19:4-18). Davi viu Deus no deserto. A Igreja de Cristo verá Deus no deserto (Ap 12:6-14). Toda alma devota que amou ver Deus em Sua casa terá o refrigério de visões de Deus no deserto da solitude, tristeza, doença e morte. —CHRISTOPHER WORDSWORTH

Este era o Salmo favorito de M. Schade, o famoso pregador em Berlim. Ele pregava este Salmo diariamente com tal sinceridade e adequação a si mesmo, que era impossível ouvi-lo sem emoção. —E. W. HENTSTENBERG

### Versículo 1

*Ó Deus, tu és o meu Deus forte.* O último Salmo deixou o eco de poder pressionando os ouvidos e aqui é lembrado. —C. H. SPURGEON

*Ó Deus.* Esta é uma locução séria. Uma pena que seja usada como epítome! —MATTHEW HENRY

No hebraico, este Salmo começa da seguinte forma: *Elohim, Eli.* Agora, *Elohim* é plural e *Eli* é singular; para expressar o mistério da Trindade, o mistério da Unidade, a subsistência distinta da (s) (três) hipóstase (s) e sua consubstanciação. *Psalterium Quin. Fabri stapulensis.*

*De madrugada te buscarei* (ARC). A posse produz desejo. Certeza plena não é obstáculo à diligência, mas sim seu principal norteador. Como posso buscar o Deus de outro homem? Mas é com desejo ardente que busco Aquele a quem conheço como meu. Observe a avidez pressuposta no tempo mencionado. Ele não esperará pelo meio-dia ou o frescor da noite; ele se levanta ao cantar do galo para encontrar seu Deus.

*A minha alma tem sede de ti.* A sede é um anseio insaciável e um dos mais essenciais para suster a vida; não há como argumentar com ela, como esquecê-la, desprezá-la, como vencê-la por indiferença estoica. A sede será ouvida; o homem como um todo deve render-se ao seu poder. E assim o é com esse desejo divino que a graça de Deus cria em homens regenerados. —C. H. SPURGEON

Ó, se Cristo se aproximasse, permanecesse e me permitisse olhá-lo! Pois olhar parece ser o privilégio do pobre homem, já que ele pode, sem motivo e comprometimento algum, contemplar o sol. —SAMUEL RUTHERFORD

### Versículo 2

*Para ver a tua força e a tua glória, como te vi no santuário.* Nossa miséria é que temos tão pouca sede destas coisas sublimes e tanta sede das escarnecedoras trivialidades do tempo e dos sentidos. Contemplar Deus era suficiente para Davi, mas nada menos que isso o contentaria. —C. H. SPURGEON

É, ou deveria ser, o desejo de todo cristão ver e desfrutar mais e mais a glória de Deus. Uma visão da glória divina crucifica nossas luxúrias e condena à morte nossas corrupções. —JOHN ANGELL JAMES

*Versículo 3*
*Porque a tua graça é melhor do que a vida.* Habitar com Deus é melhor que a vida em seus melhores aspectos; a vida com conforto, em um palácio, com saúde, honra, riqueza, prazer; sim, mil vidas não se igualam à vida eterna que está no sorriso de Jeová. —C. H. SPURGEON

O favor divino é melhor do que a vida; sim, é melhor do que muitas vidas juntas. Agora você sabe o alto valor que os homens dão a sua vida. Eles se dispõem a sangrar, suar, vomitar, purgarem-se, desvincular-se de uma herança, de um membro, sim, membros, para preservar a vida deles. Agora, ainda que a vida seja tão cara e preciosa para um homem, uma alma abandonada valoriza o retorno do favor divino sobre si mais do que a própria vida, sim, mais do que muitas vidas. Muitos homens chegaram ao enfado da vida como é evidente nas Escrituras e na história; mas nenhum homem jamais chegou ao enfado do amor e do favor de Deus. Nenhum homem aprecia com tanto êxtase o Sol como aquele que por muito tempo esteve em um calabouço escuro. —THOMAS BROOKS

O que pode ser tão desejável na vida se o homem não tiver lugar no coração de Deus? Esta é a maior bênção temporal e nada pode superá-la, exceto o favor de Deus em nossa vida; e, de fato, o supera. Que comparação há entre o fôlego em nossas narinas e o favor do Deus eterno? —TIMOTHY CRUSO

*Os meus lábios te louvam.* É possível que uma pessoa possa amar outra e não a enaltecer ou dela falar? Se você tiver uma ave ou cão que ame, você desejará elogiá-lo. Pode então amar a Cristo e, contudo, raramente ou nunca falar dele nem de Seu amor, e nunca o enaltecer a outros para que eles também se apaixonem por Ele? Eu lhe digo: esta deve ser a razão principal de seu desejo de viver, que você faça o Senhor Jesus conhecido de seus filhos, amigos, colegas; para que nas eras futuras Seu nome possa repercutir e Sua lembrança seja doce aroma de geração em geração. —THOMAS SHEPPARD, em *O cristão sadio*

*Versículo 4*
*Em teu nome, levanto as mãos.* Não há mão que se abaixe quando Deus se aproxima em amor. O nome de Jesus frequentemente faz aleijados pularem como uma corça e faz homens tristes aplaudirem de alegria. —C. H. SPURGEON

*Versículo 5*
*Como de banha e de gordura farta-se a minha alma.* Aconteceu muitas vezes que Davi nada mais tinha exceto o solo como sua cama, pedras como travesseiros, arbustos como cortinas e os céus como seu teto; contudo, nesta condição, Deus era mais agradável que banha e gordura para ele. —THOMAS BROOKS

Quando o Senhor coloca Seu Espírito em nós, nossa alma faminta começa a se banquetear; pois este bendito Espírito nos mostra as coisas de Cristo e o ministra a nós. Por este meio somos capacitados a comer Sua carne e beber Seu sangue. E o Espírito Santo nunca nos será retirado, após ter nos sido concedido. —JOHN FRASER, em um esboço de um sermão

*Versículo 7*
*Porque tu me tens sido o auxílio.* Este é o nobre uso da memória: equipar-nos com provas da fidelidade do Senhor e nos guiar adiante a uma crescente confiança nele. —C. H. SPURGEON

O caminho mais seguro, mais próximo para apropriar-se de Deus é a consideração daquilo que Ele já fez; e este foi o caminho escolhido por Davi aqui. Porque, ele diz, que este foi o caminho escolhido por Deus previamente, portanto, procurarei Deus ainda desta forma. Não há como ter melhor segurança para o presente e o futuro do que nas

*Obra clássica de Spurgeon sobre os Salmos*

misericórdias prévias de Deus exibidas a mim. —ABRAHAM WRIGHT

Deus auxilia o Seu povo; a saber, a carregar pacientemente essas cruzes que Ele coloca sobre eles. Ele partilha com Seu povo de seus sofrimentos e em todas as suas aflições Ele mesmo é afligido, como algumas vezes Ele expressa. A carga que coloca sobre eles não é maior do que o auxílio que lhes fornece, além da capacitação para suportá-la. —THOMAS HORTON

*À sombra das tuas asas, eu canto jubiloso.* A própria sombra de Deus é doce para um cristão. —C. H. SPURGEON

Como um pássaro abrigado do calor do sol na rica folhagem canta suas notas alegres, assim ele celebra suas canções de louvor abrigado na sombra das asas de Deus. —AUGUSTUS F. THOLUCK

### Versículo 8
*A minha alma apega-se a ti.* Esta é a linguagem de um bom homem em suas piores condições; pois tendo perdido sua proximidade com Deus, ficará inquieto até que a obtenha novamente e a buscará com toda a sua força. Esta é também sua linguagem em suas melhores condições; pois quando conhece e desfruta mais de Deus, ele passa a querer conhecer e desfrutar ainda mais. Nem terra ou céu simplesmente são objetos de busca, mas o próprio Deus.— *Condensado do sermão de* Benjamin Beddome "A busca do cristão" em "Pequenos discursos"

O sentido primário é *agglutinavit*, colar-se um ao outro. Daí temos o significado figurado de *associar*, aderir, ser unido com e, particularmente, ser firmemente unido com forte afeição. "Por isso, deixa o homem pai e mãe e se une à sua mulher"; adequadamente, ser unido proximamente e compactado à sua mulher, com a afeição mais permanente. —SAMUEL CHANDLER

A união do espírito de Davi foi uma colagem feita pelo Espírito do Senhor; um casamento feito pelo Senhor é completamente incapaz de ser desfeito pelo diabo. —ALEXANDER PRINGLE, em *Uma estada durante a aflição;* ou *O descanso do santo no dia mau*

### Versículo 9
*Abismar-se-ão nas profundezas da terra.* Todo ataque destinado ao piedoso retornará ao perseguidor; aquele que golpeia um cristão acrescenta um prego a seu próprio caixão.

### Versículo 10
*Virão a ser pasto dos chacais.* Medíocres demais para serem alimento adequado para leões, terão seus cadáveres cercados por raposas fungando e os chacais farão folia sobre suas carcaças. —C. H. SPURGEON

Não é contra a lei da natureza homens se tornarem carne para os animais; sim, a carne de tais animais é carniça e, não a carne de homens? De fato, isso é inquestionável, contudo a natureza dá seu consentimento a este tipo de punição por crimes não naturais. Pois é coerente que a lei da natureza deveria ser violada em sua punição quando é violada em seu pecado, logo aqueles que devoraram homens como se fossem animais deveriam ser devorados como os animais seriam se fossem homens; aqueles que com suas mãos ofereceram violência anormal a seu Soberano deveriam sofrer o mesmo pelas garras e presas de animais selvagens, seus escravos; aqueles que carregaram uma raposa em seu peito durante a vida deveriam, em sua morte, ser sepultados na barriga de uma raposa.

Santo Agostinho, expondo toda esta profecia de Cristo, cria razão especial para este julgamento de Deus pelo qual os judeus foram condenados a chacais. Os judeus, disse ele, mataram Cristo para que não perdessem seu país; mas eles, de fato, perderam seu país porque mataram Cristo. Porque recusaram o Cordeiro e escolheram Herodes, o chacal em vez do Cristo, por isso, pela justa retribuição do Todo-Poderoso, foram distribuídos aos chacais para sua porção. —DANIEL FRATLEY, em *Clavis Mystica*

Que ruína é esta pronunciada por Davi sobre aqueles que buscam a alma do justo para destruí-la: *serão uma ração para raposas* (ARC), que é o mesmo que *chacais*, como suponho. Estes brutos sinistros, culpados, miseráveis, quando pressionados com fome, reúnem-se em gangues entre as sepulturas, e gritam em fúria, e lutam como demônios por suas orgias da meia-noite. Mas no campo de batalha está seu grande carnaval. Ó! Que eu jamais sonhe que algum querido meu tenha caído pela espada e pelas mentiras ali dilaceradas, roídas e arrastadas por estes terríveis seres uivantes. —W. M. THOMSON, em *A terra e o livro*

*Pois se tapará a boca dos que proferem mentira.* E quanto antes melhor. Se a vergonha, ou o medo, ou a razão, não executarem este papel, deixe então que sejam detidos pela pancada do sacristão da terra; pois um mentiroso é um demônio humano, ele é a maldição dos homens e amaldiçoado por Deus, que compreensivelmente disse: "a todos os mentirosos, a parte que lhes cabe será no lago que arde com fogo e enxofre". Veja a diferença entre a boca que louva a Deus e a boca que forja mentiras: a primeira nunca será detida, mas cantará eternamente, a segunda ficará emudecida no tribunal de Deus. —C. H. SPURGEON

# Salmo 64

UM Salmo de Davi. Sua vida era de conflito e muito raramente ele termina um Salmo sem mencionar seus inimigos. Neste caso seus pensamentos estão ocupados com oração contra eles. —C. H. SPURGEON

Este Salmo é aplicado por R. Obadiah a Amã e Mordecai. O inimigo é Amã, o homem perfeito atingido é Mordecai. —JOHN GILL

Um clamor dos eleitos de Deus quando perseguidos por amor à justiça. —ARTHUR PRIDHAM, em *Notas e reflexões sobre os Salmos*

*Versículo 1*
*Ouve, ó Deus, a minha voz na minha oração.* Nós não lemos que Moisés pronunciou algo com seus lábios no mar Vermelho e, contudo, o Senhor lhe disse: "Por que clamas a mim?" As orações que não são ouvidas na Terra podem estar entre as mais bem ouvidas no Céu. É nosso dever notar o quão constantemente Davi retorna à oração; é seu cutelo de batalha e arma de guerra. —C. H. SPURGEON

*Versículo 3*
*Os quais afiam a língua como espada.* O verbo significa, diz Parkhurst, "amolar, afiar", o que é executado pelo movimento reiterado ou fricção; e por uma bela metáfora é aplicado à língua perversa. Pode, no entanto, ser considerado "vibrar", como certamente faz uma serpente com sua língua. —RICHARD MANT

A ingenuidade do homem foi maravilhosamente concebida e exercitada em dois aspectos: inventar armas de guerra destrutivas e conceber vários métodos para arruinar os homens por meio de palavras perversas. A lista do primeiro encontra-se nos escritos militares. Mas as várias formas do falar cruel dificilmente podem ser catalogadas.

Os de fala cruel têm flechas afiadas, lascadas e imersas em veneno. Eles têm "espadas; espadas flamejantes, espadas de dois gumes, espadas desembainhadas, desembainhadas em ira, com as quais cortam, ferem e matam o bom nome de seu próximo". Os pecados da língua são comumente cruéis. Quando a calúnia é secreta, e geralmente o é, você não pode se defender de seus ataques. Seus cânones são infernais. Um deles é: "se uma mentira será melhor do que a verdade, conte uma mentira". Outro é: "Amontoe acusação; algumas delas se manterão". —WILLIAM S. PLUMER

*E apontam, quais flechas, palavras amargas.* Eles preparam seu discurso cuidadosamente e com vigor, como arcos curvados e então, com mira perfeita e intencional, deixam voar a lança que imergiram em amargura. Pungir de modo a infligir angústia, destruir, este é seu projeto único. —C. H. SPURGEON

Versículos 3 e 4. Vimos no museu em Veneza um instrumento com o qual um dos antigos tiranos italianos tinha o costume de atirar pontas envenenadas em objetos alvo de sua malignidade arbitrária. Pensamos em fofocas, murmuração e calúnia secreta e desejamos que seus dispositivos maquiavélicos tivessem fim imediato. Suas armas de insinuação, rejeição e sussurro aparentam ser tão insignificantes como pontas, mas o veneno que instilam é mortal para muitas reputações. —C. H. SPURGEON, em *Penas e flechas;* ou *Ilustrações para pregadores e mestres*

Então, o homem deve preocupar-se muito em andar cautelosamente, não fornecer causa justa para acusação, não fazer de si mesmo escárnio dos insensatos do mundo; mas, se eles o acusarão (como certamente o farão), que acusem de presteza nos caminhos de Deus e não de pecado, de modo que a acusação possa cair sobre suas próprias cabeças e seu linguajar escandaloso em suas próprias gargantas. —JEREMIAH BURROUGHS

Versículos 3 a 8. As armas mais maquiavélicas dos perversos são as "palavras amargas"; mas a Palavra é a arma principal do Espírito Santo. E com esta espada o grande Capitão frustrou o tentador no deserto, para que possamos derrotar os que "praticam a iniquidade" com a verdadeira lâmina de Jerusalém. —J. L. K.

## Versículo 4
*Para, às ocultas, atingirem o íntegro.* A conduta sincera e correta não nos preservará dos ataques da calúnia. O diabo atirou em nosso Senhor e nós podemos ter certeza de que ele tem um dardo inflamado reservado para nós. —C. H. SPURGEON

Quem pensaria encontrar o diabo em Pedro, tentando seu Mestre; ou teria suspeitado que Abraão seria seu instrumento para trair sua amada esposa lançando-a nas mãos do pecado? Contudo, assim foi. Ah, algumas vezes ele é tão secreto que empresta o arco de Deus para dele lançar suas flechas, e o pobre cristão é espezinhado, acreditando que é Deus quem o repreende e está irado, quando, na verdade, é o diabo que o tenta a pensar assim e simplesmente falsifica a voz de Deus. —WILLIAM GURNALL

*Contra ele disparam repentinamente e não temem.* Temos visto na vida diária a flecha da calúnia ferindo gravemente sua vítima e, contudo, não fomos capazes de descobrir o quartel de onde a arma foi atirada, nem detectar a mão que forjou a ponta da flecha ou a matizou com o veneno.

É possível que a justiça invente uma punição severa o suficiente para atender o caso do covarde que desonra meu bom nome e permanece em sigilo? Um mentiroso declarado é um anjo em comparação com este demônio. Víboras e cobras são criaturas inofensivas e amigáveis se comparadas com tal réptil. O próprio diabo poderia envergonhar-se por ser o pai de uma descendência tão funesta. —C. H. SPURGEON

## Versículo 5
*Teimam no mau propósito.* Bons homens são frequentemente desencorajados e não raramente desencorajam-se uns aos outros, mas os filhos das trevas são sábios em sua criação e mantém os ânimos elevados. Cada um tem uma palavra encorajadora para seu camarada vilão.

*Falam em secretamente armar ciladas.* Eles conhecem o benefício da cooperação e não entram em desavença; colocam sua experiência em um fundo comum; ensinam uns aos outros métodos inovadores. Dizem: Quem nos verá? Eles se esquecem do olho que tudo vê e da mão que tudo descobre que, para eles, serão sempre severos. Portanto, não temam, vocês, cambaleantes; pois o Senhor está à sua destra e vocês não serão feridos pelo inimigo. —C. H. SPURGEON

### Versículo 6
*Projetam iniquidade.* Triste de fato é que para arruinar um bom homem, aqueles dispostos ao mal geralmente mostrarão tanta avidez quanto se estivessem buscando um tesouro. —C. H. SPURGEON

É um sinal de que a malícia ferveu intensamente no coração dos homens quando eles muito agem para encontrar questões contra seu próximo. O amor preferiria não ver ou ouvir as falhas dos outros; ou se assim ocorrer e houver necessidade de que assim seja, se ocupa em curar e reformar o próximo com o máximo de seu poder. —JOHN MILWARD, em *Exercícios matinais*

### Versículo 8
*A própria língua se voltará contra eles.* Sua calúnia retornará. Suas maldições voltarão para casa para empoleirar-se. Sua língua cortará sua própria garganta. —C. H. SPURGEON

"As palavras não passam de vento", é o dito comum, mas são como vento que ou soprarão a alma para seu refúgio de descanso, sendo santas, íntegras, temperadas, espirituais e tendendo à edificação; ou afundarão a alma no mar Morto e no golfo abismal da miséria eterna se improdutivas, profanas, rasas e não proveitosas. —EDWARD REYNER, em *Regras para o governo da língua*

*Todos aqueles que os virem, fugirão* (ARC). Quem se importa em aproximar-se de Herodes quando os vermes o estão consumindo? Ou em estar na mesma carruagem que Faraó quando as ondas bramem ao seu redor? Aqueles que se amontoaram ao redor de um poderoso perseguidor e encolheram-se a seus pés, estão entre os primeiros a abandoná-lo no dia da ira. Ai de vocês, mentirosos! Quem desejará comunhão com vocês em seu fervente lago de fogo?

### Versículo 9
*E todos os homens temerão, e anunciarão a obra de Deus.* Tão insólita, tão pontual, tão terrível será a vitória do Senhor contra os maliciosos, que será mencionada por todas as sociedades. —C. H. SPURGEON

# Salmo 65

ESTE é um salmo encantador. Como sequência aos salmos os anteriores, tão tristes, este parece ser o amanhecer após a escuridão da noite. Ele possui um frescor orvalhado e a partir do nono versículo até o fim há uma doce sucessão de retratos de paisagens que lembram uma amável primavera e é de fato uma descrição, com imagens naturais — ó! Esse feliz estado das mentes dos homens — que é resultado da visita do "sol nascente das alturas" (Lc 1:78). —O. PRESCOTT HILLER

### Versículo 1

*A ti, ó Deus, confiança e louvor em Sião!* Aqueles que viram em Sião o sangue da aspersão e sabem que pertencem à Igreja do primogênito, jamais podem considerá-la sem apresentar humilde louvor ao Deus de Sião.

Nós continuaremos a esperar, afinando nossas harpas, em meio às lágrimas da Terra; mas, ó, que harmonias serão aquelas expressas quando o regresso acontecer e o Rei aparecer em Sua glória. Certamente quando a alma está mais plena de reverência, de adoração, é quando está menos satisfeita com suas próprias expressões e sente mais profundamente quão inadequadas são todas as canções mortais, para proclamar devidamente a bondade divina. —C. H. SPURGEON

A alma geralmente é colocada em perplexidade no clamor pela graça de Deus e deseja ter palavras para expressar a grandiosidade desta graça. —ALEXANDER CARMICHAEL

*Mesmo quando íntimos e silenciosos, cumprem-se os votos diante de ti* (KJA). Louvor sem tumulto (Alexandre). Foi dito: "O sentimento mais intenso é o mais calmo, pois é condensado pela repressão". E Hooker fala sobre a oração: "O próprio silêncio a que nossa indignidade nos submete é o que faz o pedido por nós, e isso na confiança de Sua graça. Ao olhar para o interior, somos golpeados com mudez; ao olhar para o alto falamos e triunfamos". Horsley interpreta da seguinte forma: "Em ti está o descanso da oração". —ANDREW A. BONAR

Ateneu diz que o silêncio é algo divino e Tomás de Kempis chama o silêncio de alimento da devoção. —THOMAS LE BLANC

### Versículo 2

*Ó tu que escutas a oração.* Este é o Seu nome, Sua natureza, Sua glória. Deus não somente ouviu, mas está ouvindo agora a oração e deverá sempre ouvir a oração, uma vez que Ele é um Ser imutável e jamais será alterado em Seus atributos. Davi evidentemente acreditava em um Deus pessoal e não adorava uma mera ideia ou abstração.

*A ti virão todos os homens.* Vir a Deus é a vida da verdadeira religião; nós nos aproximamos pranteando em conversão, esperando em súplica, jubilando em louvor e nos deleitando em serviço. Os falsos deuses, no tempo devido, perderão seus iludidos adeptos, pois o homem, quando iluminado não mais será ludibriado; mas todos que escolhem o Deus verdadeiro são encorajados por seu próprio sucesso a persuadir outros e assim o reino de Deus chega aos homens, e os homens a Ele vão. —C. H. SPURGEON

Tão certo quanto Deus é o verdadeiro Deus, também é certo que ninguém que o buscou diligentemente retirou-se de Sua presença sem uma recompensa. Você poderá duvidar que Ele é Deus, bem como que não o recompensará e não ouvirá suas orações. —DAVID CLARKSON

### Versículo 3

*Prevalecem as iniquidades contra mim* (ARC). Nossos pecados, não fosse a graça, prevaleceriam contra nós na corte da justiça divina, na corte da consciência e na batalha da vida. Infeliz é o homem que despreza estes inimigos e pior ainda, é aquele que considera amigos aqueles que o caluniam e o acusam.

*Tu no-las perdoas.* Que consolo saber que as iniquidades que prevalecem contra nós não prevalecem contra Deus! Elas nos manteriam distantes de Deus, mas Ele as varre para longe dele e de nós. É digno observar que, como o sacerdote se lavava antes do sacrifício, assim Davi nos leva a obter purificação do pecado antes de entrarmos no serviço do cântico. Quando tivermos lavado nossas vestes em Seu sangue tornando-as brancas, seremos então aceitáveis para cantar: "Digno é o Cordeiro que foi morto".

### Versículo 4

*Bem-aventurado aquele a quem escolhes e aproximas de ti.* Cristo, a quem Deus escolheu e de quem Ele disse: "Este é o meu Filho amado, em quem me comprazo", é, de fato, "sobre todos, Deus bendito para todo o sempre"; mas nele Seus eleitos são benditos também. Pelo amor dele, não pelo nosso próprio, somos escolhidos; nele e não em nós mesmos somos recebidos por Deus, sendo aceitos no Amado e, portanto, nele somos benditos: Ele é nossa bênção. —UM COMENTÁRIO SIMPLES SOBRE O LIVRO DE SALMOS

Para benefício de todos, não nos aproximamos do perigo da terrível destruição, como ocorreu com Nadabe e Abiú. Nós nos aproximamos como escolhidos e aceitos para nos tornarmos habitantes na casa divina. Isto é bem-aventurança ao extremo, muito além do que se pode idealizar. —C. H. SPURGEON

### Versículo 5

*Com tremendos feitos nos respondes em tua justiça, ó Deus, Salvador nosso.* Nós buscamos santificação e temos a provação como resposta. Pedimos mais fé e mais aflição é o resultado. Oramos para a expansão do evangelho e a perseguição nos dispersa. Ainda assim, bom é permanecer pedindo, pois nada que o Senhor conceda em Seu amor pode nos causar mal algum. No fim das contas, coisas terríveis acabarão sendo coisas benditas visto que vieram em resposta à oração. —C. H. SPURGEON

Você ora por perdão; isso agrada a Deus. Contudo, devidamente compreensível é que não agrade à carne, pois mortifica a corrupção, quebranta o coração e se compromete a uma vida santa. Agora, Deus é terrível para carne pecaminosa; assim que Ele se manifesta, ela morre. Jacó, portanto, ao mesmo tempo que conquistava Deus em oração, ele próprio era conquistado; o que ficou marcado pelo toque que deslocou a articulação de sua coxa, onde está a tensão essencial da luta. Quando somos fracos, então somos fortes; porque, conforme Deus se manifesta, nós morremos para nós e vivemos nele. —WILLIAM CARTER, em *um rápido sermão intitulado "Luz na escuridão"*

*Esperança de todos os confins da terra.* A estabilidade das montanhas não é atribuída a certas leis físicas, mas ao poder de Deus. Sem o poder premente de Deus, as leis da natureza não poderiam produzir seus efeitos. Que consolador e satisfatório é este cenário da Divina Providência comparado ao de uma filosofia infiel que nos proíbe de ir e de alcançar algo além do poder de certas leis físicas, ainda que admita que, de fato, foram primeiramente estabelecidas por Deus, mas que agora podem executar suas próprias funções sem Ele. —ALEXANDER CARSON

*E dos mares longínquos.* Se a terra deu anciãos a Moisés, o mar deu a Jesus apóstolos. Noé, quando tudo era oceano, estava tão calmo com Deus quanto Abraão em sua tenda. A fé é uma planta de crescimento universal; é uma árvore de vida na costa e uma planta de notoriedade no mar. Bendito seja Deus, pois aqueles que exercitam a fé nele, em qualquer local descobrirão que Ele é rápido e poderoso para responder às suas orações. —C. H. SPURGEON

### Versículo 6

*Que por tua força consolidas os montes.* Filósofos da escola "esqueça Deus" estão envolvidos demais com suas leis de modificações na crosta terrestre para pensar no Modificador. Suas teorias de ação vulcânica e ação glacial etc., são frequentemente utilizadas como ferrolhos e barras para fechar as portas e impedir que o Senhor habite em Seu próprio mundo. Que eu seja para sempre apena uma pessoa simplória, não filosófica, como Davi fora, pois ele assemelhava-se mais a Salomão do que qualquer um de nossos teóricos modernos. —C. H. SPURGEON

*Cingido de poder.* Aprendamos que nós, fracos e insignificantes, se desejamos constituição verdadeira, devemos ir ao forte para obter força. Sem Ele, as colinas eternas desmoronariam; quanto mais nossos planos, projetos e labor se arruinariam. Repouse, ó cristão, onde as montanhas encontram seus fundamentos, ou seja, no poder inalterado do Senhor Deus. —C. H. SPURGEON

## Versículo 7
*E o tumulto das gentes.* A sociedade humana deve sua preservação ao poder contínuo de Deus. As paixões más garantiriam sua dissolução instantânea; a inveja, a ambição e a crueldade estabeleceriam anarquia amanhã, se Deus não as impedisse; do qual tivemos prova clara nas várias revoluções francesas.

## Versículo 9
*Tu visitas a terra e a regas.* Ele é representado aqui caminhando ao redor da Terra, como um jardineiro que inspeciona seu jardim, dando água a cada a planta que precisa e não em pequenas quantidades, mas até que o solo esteja encharcado e embebido com rico suprimento de renovo. Ó Senhor, visita a Tua Igreja e minha pobre, ressecada e murcha devoção, desta forma. Faz a Tua graça transbordar em minhas graças; rega-me, pois nenhuma planta em Teu jardim tem mais necessidade. —C. H. SPURGEON

Muito certo é que o Sol nasce e se põe; as estações passam em meio a todas as suas mudanças com verdade tão inimitável, que consideramos como simples curso da vida aquilo que é incrível e vai além de qualquer extensão de imaginação, que é bom e tem em si maior bondade que a mais ampla expansão do mais nobre coração humano. Deixe que o Seu poder falhe por um momento, que falhe a Sua vigilância ou Sua disposição de fazer o bem, e a morte e a aniquilação varreriam o Universo! As estrelas cambaleariam, os planetas chegariam ao fim e as nações pereceriam! Mas de era em era, tal catástrofe não ocorre, mesmo em meio a crimes nacionais e ateísmo que nega a mão que o criou e o alimenta. —WILLIAM HOWITT, em *O anuário do país*

Deus é inteligente, amável e livre; Deus em tudo governa, sobre tudo e acima de tudo. Ele não é desalojado ou suplantado pelas forças e entidades que Ele recruta; não é absorvido pelo cuidado de outros mundos; não é indiferente com a Terra. —SAMUEL MARTIN, em *Chuva sobre a grama cortada e outros sermões*

*Preparas o cereal.* Tão certo quanto o maná foi preparado por Deus para as tribos, assim o cereal é feito e enviado por Deus para nosso uso diário. Qual é a diferença entre colhermos espigas de trigo ou maná e que importa se o primeiro vem do alto e o segundo de baixo? Deus está tão presente embaixo quanto no alto; é maravilha tão grandiosa que o alimento cresça do pó como seria se caísse dos céus. —C. H. SPURGEON

## Versículo 11
*As tuas pegadas destilam fartura.* Diz-se na história dos tártaros que a grama não mais crescia onde as patas de seus cavalos haviam passado; então, no sentido oposto, pode-se dizer que a marcha de Jeová, Aquele que fertiliza, pode ser rastreada pela abundância que Ele cria.

## Versículo 12
*Destilam sobre as pastagens do deserto.* Dez mil oásis sorriem enquanto o Senhor da misericórdia passa. Os pássaros do ar, as cabras selvagens e veados se alegram ao beberem dos reservatórios recém cheios pelo Céu. As almas mais solitárias e desoladas, Deus visitará em amor.

## Versículo 13
*Exultam de alegria e cantam.* A natureza não tem discórdias. Seus ares são melodiosos, seus coros repletos de harmonia. Tudo, tudo é para o Senhor; o mundo é um hino para o Eterno. Bem-aventurado é aquele que, ao ouvi-lo, se une a esse cântico, e se torna um dos cantores no poderoso coral. —C. H. SPURGEON

# Salmo 66

ELE tem necessidade de ser um homem de grande habilidade, cantar tal salmo dignamente, pois é a melhor música do mundo a ser honrada pela união com tais expressões. Não sabemos quem é seu autor, mas não vemos motivo para duvidar que Davi o tenha escrito. —C. H. SPURGEON

*Versículo 1*
*Aclamai a Deus, toda a terra*. Não precisamos de tanto ruído quanto precisamos de ruído que aclama. Deus deve ser louvado com a voz, e o coração deveria segui-la em santa exultação. Todo o louvor de todas as nações deveria ser proferido ao Senhor. Feliz o dia em que nenhum brado for oferecido a Jagannatha ou Buda, mas toda a Terra adorar seu Criador. —C. H. SPURGEON

*Versículo 2*
*Salmodiai a glória do seu nome*. Dar glória a Deus nada mais é do que restituir-lhe o que já lhe pertence. É nossa glória ser capaz de dar glória a Deus e toda nossa glória verdadeira deveria ser atribuída a Deus, pois é a Sua glória. —C. H. SPURGEON

*Versículo 3*
*Dizei a Deus*. A devoção, a menos que seja rigorosamente direcionada ao Senhor, não é nada melhor do que assobiar para o vento.

*Pela grandeza do teu poder, a ti se mostram submissos os teus inimigos*. O poder coloca um homem de joelhos, mas somente o amor ganha seu coração. Faraó disse que deixaria Israel ir, mas ele mentiu para Deus; ele se submeteu em palavra, mas não em ação. Dezenas de milhares, na Terra e no inferno, estão prestando esta homenagem restrita ao Todo-Poderoso; eles se submetem somente porque nada mais podem fazer; não se trata de sua lealdade, mas do poder de Deus que os mantém sujeitos a Seu domínio ilimitado. —C. H. SPURGEON

Aqueles por quem Deus mais fez, os anjos, primeiro tornaram-se inimigos. Não se atormente se aqueles que você mais amou, o odiaram mortalmente. O próprio Deus tem inimigos. Nosso Salvador, Cristo, nunca pleiteou por si; jamais disse: "Por que me flagelam? Por que cospem em mim? Por que me crucificam?" Enquanto a ira deles se estabelecia em Sua pessoa, Ele não abria Sua boca. Quando Saulo estendeu a violência à Igreja, a Seus servos, então Cristo agiu: "Saulo, Saulo por que me persegues?" —*Condensado de* JOHN DONNE

Os terremotos na Nova Inglaterra causaram certo pânico religioso. Um escritor, que era então um dos ministros de Boston, nos informa que imediatamente após o grande terremoto, como era chamado, um grande número de seu rebanho veio e expressou o desejo de unir-se à igreja. Mas, ao conversar com eles, o pastor não encontrava indício de aperfeiçoamento em seus pontos de vista sobre a religião ou sentimentos, nenhuma convicção de sua própria pecaminosidade; nada, senão, um tipo de medo supersticioso causado por uma crença de que o fim do mundo estava próximo. Todas as suas respostas provaram que não haviam encontrado Deus, ainda que tivessem visto *a grandeza de Seu poder* no terremoto. —EDWARD PAYSON

*Versículo 4*
*Prostra-se toda a terra perante ti, canta salmos a ti*. Que mudança ocorrerá quando o cantar remover suspiros, e a música expulsar a miséria!

*Selá*. Nenhuma meditação pode ser mais exultante do que aquela agitada pelo prospecto de um mundo reconciliado com o Criador. —C. H. SPURGEON

*Versículo 6*
*Ali nos alegramos nele.* Um milagre muito maior é que os homens atravessem o mar amargo desta vida e cruzem o rio da mortalidade que nunca deixa de correr engolindo e afogando tantos e, ainda assim, cheguem salvos e vivos à terra de promessa eterna e, ali, regozijem-se no próprio Deus, contemplando-o face a face. Entretanto, esse grandioso milagre é realizado por Deus, de modo que aqueles que passam por este mar o fazem como se estivessem em terra seca e cruzam este rio com pés secos. —ROBERT BELLARMINE

*Versículo 7*
*Os seus olhos vigiam as nações.* Isto deveria impedir muita iniquidade. Pode a consciência de um homem absorver fácil e agradavelmente aquilo que lhe é perceptível como sendo conhecido por Deus, quando isso é considerado odioso aos olhos de Sua santidade e a própria ação se torna odiosa para o Senhor? —STEPHEN CHARNOCK

*Não se exaltem os rebeldes.* Os mais orgulhosos não têm motivo para ter orgulho. Pudessem se enxergar como Deus os vê, murchariam até o nada. Ó rebeldes orgulhosos, lembrem-se de que o Senhor mira as Suas flechas nas águias que voam alto e as derruba de seus ninhos entre as estrelas. —C. H. SPURGEON

*Versículo 8*
*Fazei ouvir a voz do seu louvor.* Quem mais puder cantar com fôlego suspenso tenha certeza de que colocará todo o volume e voz na canção. Imponha a ouvidos indispostos que ouçam os louvores do seu Deus de aliança.

*Versículo 9*
*E não permite que nos resvalem os pés.* Se Deus não somente nos permitiu que mantenhamos nossa vida, mas também nossa posição, estamos sujeitos a dar-lhe louvor em dobro. Viver e posicionar-se é a condição dos santos por meio da graça divina. Imortais e inabaláveis são aqueles a quem Deus preserva.

*Versículo 10*
*Pois tu, ó Deus, nos provaste.* Deus teve um Filho sem pecado, mas Ele nunca teve um filho sem provações. Virá o dia em que faremos hinos sobre nossas tristezas e cantaremos mais docemente porque nossos lábios foram purificados com amargos silêncios. —C. H. SPURGEON

Não se sabe o que o milho produzirá até que o debulhe, nem o que as uvas produzirão até que as coloquemos na prensa. A graça está escondida na natureza como a água doce em pétalas de rosas. —JOHN TRAPP

*Como se acrisola a prata.* É necessário grande cuidado pessoal do operador para avaliar a prata. "O princípio de avaliar o ouro e a prata é teoricamente muito simples, mas na prática é preciso ter grande experiência para garantir precisão; e não há ramo de negócios que exija mais atenção pessoal e absoluta concentração individual. O resultado é confiável ao ponto de nenhum avaliador que estime a sua reputação delegar os principais processos a alguém que não seja igualmente habilidoso como ele." —*ENCICLOPÉDIA BRITÂNICA*

Para avaliar a prata é necessário que a fornalha seja habilmente construída. —C. H. SPURGEON

*Versículo 11*
*Oprimiste as nossas costas.* Nós, também, esquecemos com frequência que Deus coloca nossas aflições sobre nós; se nos lembrássemos deste fato, nos submeteríamos mais pacientemente à pressão que agora nos aflige. Chegará o momento em que, para cada pequeno fardo apresentado, receberemos um peso de glória muito excedente e eterno.

*Versículo 12*
*Fizeste que os homens cavalgassem sobre a nossa cabeça.* Nada é tão ruim para os servos de Deus do que quando caem nas mãos de perseguidores orgulhosos. —C. H. SPURGEON

O maior perigo que assola o homem vem de onde seria menos provável: do próprio homem. Leões não lutam com leões, serpentes não gastam seu veneno com serpentes; mas o homem é o maior meio de malevolência para sua própria espécie. —THOMAS ADAMS

Deus opera com as mesmas ações com outros, mas não da mesma forma. Nas aflições de Jó houve três agentes: Deus, Satanás e os sabeus. O diabo trabalhou em seu corpo, os sabeus em seus bens, contudo Jó confessou uma terceira parte: "O Senhor deu e o Senhor tomou". Aqui os opressores pisam o piedoso, e se diz que Deus é o causador. Ele causa aflição para a provação (logo os versículos 10,11: "nos provaste" etc.); eles a empregam pela malícia; logo, de nada disso Deus pode ser acusado nem eles isentos. —THOMAS ADAMS

*Passamos pelo fogo e pela água.* O fogo das olarias e as águas do Nilo fizeram seu pior para destruir a raça escolhida; a faina e o infanticídio foram tentativas do tirano, mas Israel passou por ambos os tormentos ileso, e ainda assim a Igreja do Senhor sobreviveu, e sobreviverá, a todos os artifícios e crueldades do homem. Não está mais aceso o fogo que pode queimar a semente da mulher, nem o dragão sabe como vomitar uma enchente que é suficiente para afogá-lo. —C. H. SPURGEON

Quando os filhos de Israel escaparam pelo mar Vermelho e viram seus inimigos egípcios mortos, eles se sentiram confiantes e, portanto, cantaram canções de júbilo pela vitória. Mas o que aconteceu logo depois? O Senhor incitou outro inimigo contra eles, de suas próprias entranhas, ou seja, a fome; e isto, assim eles pensavam, os atingia de modo mais nevrálgico do que era com os egípcios. Mas foi este o último? Não. Depois da fome veio a sede e isto os fez murmurar tanto quanto antes; e após a sede vieram as serpentes abrasadoras, fogo e pestes, os amalequitas, os midianitas, e o que mais? —MILES SMITH

> *Porém, afinal, nos trouxeste para um lugar espaçoso.*
> *O caminho de sofrimento, e somente este,*
> *Leva à terra onde o sofrimento é desconhecido.*

A profundidade de nossas tristezas não é proporcional à altura de nossa bem-aventurança. Com paciência, suportaremos a escuridão atual, pois a manhã vem. Acima das colinas, a fé vê a aurora, em cuja luz entraremos em nosso lugar abastado. —C. H. SPURGEON

Então esta melodia na música de Davi, ou salmodia, consiste em duas notas: uma lúgubre e a outra de júbilo. A primeira, um toque de agonia; a segunda, de consolo o que dirige nosso rumo a uma observação de miséria e de misericórdia; de miséria penosa, de graciosa misericórdia. —THOMAS ADAMS

O libertador é grandioso, a libertação é certa, a agonia penosa, a exaltação gloriosa. Há ainda uma primeira palavra, que como uma chave destranca este portão áureo de misericórdia, um *verum tamen*: —PORÉM. Isto é *vox respirationis* [N.E.: a voz do ar] um suspiro que traz novamente a própria vida do consolo. *Porém, afinal nos trouxeste* etc. Fomos ameaçados assustadoramente a cair nas mãos de nossos inimigos; eles cavalgaram sobre nós, nos pisotearam e nos levaram a duras barafundas. *Porém tu* etc. Houvesse um ponto final ou pausa em nossa miséria, se estes golfos de perseguição tivessem nos engolido e toda nossa luz de consolo tivesse sido sufocada e extinta, poderíamos ter clamado: "Nossa esperança, nosso auxílio se foram. Teriam zombado de nós quando dissemos 'Tende bom ânimo'." Este mesmo, *porém* é como um remo de alegria que gira a embarcação para longe das rochas do desespero e a leva para o reduto de consolo. —THOMAS ADAMS

A margem diz: *para um lugar úmido.* Eles haviam estado no fogo e na água previamente. O fogo é o extremo do calor e da sequidão; a água é o extremo da umidade e frescor. *Um lugar úmido* indica uma têmpera adequada de calor e frio. —JOSEPH CARYL

*Versículo 13*
*Entrarei na tua casa com holocaustos.* Até mesmo o coração agradecido não ousa ir a Deus sem uma sacrifício de grato louvor; desta e de toda outra forma de adoração podemos dizer: "O sangue é a vida que

nela há". Leitor, jamais tente ir a Deus sem Jesus, o holocausto divinamente prometido, oferecido e aceito. —C. H. SPURGEON

Com relação a nós, tenhamos certeza de que o melhor sacrifício que podemos dar a Deus é a obediência; não um animal morto, mas uma alma viva. Que este seja o nosso holocausto: corpo santificado e mente entregue ao Senhor (Rm 12:1,2). Primeiro, o coração: "Dá-me, filho meu, o teu coração". O coração não é suficiente? Não, a mão também (Is 1:16). Lave das mãos o sangue e a poluição. A mão não é suficiente? Não, o pé também: "Retira o teu pé do mal". O pé não é suficiente? Não, os lábios também: "Refreia os lábios de falarem dolosamente" (Sl 34:13) "Refreia a língua do mal". Sua língua não é suficiente? Não, o ouvido também: "Quem tem ouvidos para ouvir, ouça". Não é suficiente o ouvido? Não, o olho também: "Olhai para o SENHOR". Não é tudo isto suficiente? Não, dê o corpo e o espírito (1 Co 6:20): "Porque fostes comprados por bom preço; glorificai, pois, a Deus no vosso corpo e no vosso espírito, os quais pertencem a Deus" (ARC).

Quando os olhos abominam objetos lascivos; os ouvidos, a calúnia; o pé, os caminhos errantes; as mãos, a injustiça e a violência; a língua, o adular e a blasfêmia; o coração, o orgulho e a hipocrisia; isto é o seu holocausto, sua oferta queimada plena.
—THOMAS ADAMS

## Versículo 14
*Que proferiram os meus lábios.* A angústia extrema arrebata a porta de seus lábios e apressam o voto como uma torrente longamente reprimida que finalmente encontra uma abertura. O que ansiamos tanto por jurar, devemos ter igual anseio no cumprir; mas infelizmente muitos votos são tão rápidos em palavras que se aleijam no agir.

*No dia da angústia.* Todos os homens têm angústias, mas não agem da mesma forma quando estão sob elas. Os profanos praguejam e os piedosos oram. Maus e bons, ambos têm histórico de recorrer ao voto, mas os primeiros mentem para Deus e os segundos respeitam com esmero Sua palavra.
—C. H. SPURGEON

## Versículo 15
*Oferecer-te-ei holocaustos de animais nédios* (ARC). O bom homem dará o seu melhor a Deus. Aquele que é mesquinho com Deus é de fato um miserável.

## Versículo 16
*Vinde, ouvi.* Previamente foram ordenados a vir e ouvir. O ouvir é a fé vendo. A misericórdia vem até nós pelo portão dos ouvidos. "Ouvi, e a vossa alma viverá".

*E vos contarei o que tem ele feito por minha alma.* Declarar os feitos do homem é desnecessário; são triviais demais e, ademais, há trombeteadores suficientes anunciando as obras fanfarronas do homem; mas declarar os atos graciosos de Deus é instrutivo, consolador, inspirador e benéfico em muitos aspectos. Que cada um dos homens fale por si, pois um testemunho pessoal é o mais certo e poderoso. Experiência de segunda mão é como comida requentada — falta o sabor do interesse inicial. Não devemos ser egoístas, mas devemos sê-lo quando damos testemunho do Senhor. —C. H. SPURGEON

O fim principal que se deve ter em vista quando se declara sua experiência é a glória desse Deus que tem lidado tão generosamente conosco. E com que esplendor brilha a glória de Deus quando os Seus filhos estão prontos para reconhecer que Ele jamais os chamou para dever algum em que Sua graça não lhes fosse suficiente.

O quê? Temos vergonha do assunto mais nobre e interessante? Não passa de pobre sinal de que nada dele sentimos se pensamos ser desnecessário declará-lo a nossos camaradas cristãos. O que você acha? Suponha que dois de nós fossem lançados em uma costa bárbara, onde não compreendessem o idioma nem os costumes dos habitantes e fossem tratados por eles com censura e crueldade; você acha que não deveriam considerar felicidade o fato de poderem aliviar os fardos um com o outro e comunicar as tristezas e angústias? E não deveríamos pensar o mesmo estando em um mundo como este, em uma terra estranha, distantes da casa de nosso Pai? Devemos negligenciar o conversar um com o outro? Não, que nossa conversa não seja somente no Céu, mas sobre coisas espirituais e celestiais. —SAMUEL WILSON, em *Sermões sobre vários assuntos*

*Versículo 17*
*A ele clamei com a boca, com a língua o exaltei.* Observe que o salmista fez ambos: clamou e exaltou. O Senhor expulsou o demônio mudo de Seus filhos e aqueles que são minimamente fluentes em suas línguas, são geralmente os mais eloquentes em seus corações. —C. H. SPURGEON

É uma prova de que a oração procedeu dos motivos indignos quando as bênçãos que a seguem não são reconhecidas com tanto fervor como quando foram originalmente imploradas. Os dez leprosos clamaram por misericórdia, e todos a obtiveram, mas somente um retornou para dar graças. —JOHN MORISON

Que o louvor de Deus esteja em seu falar, submetido ao seu falar, contagiando o seu falar, de modo que resplandeça diante de todos os homens e que eles possam ver que o seu coração é bom. —THOMAS LE BLANC

*Versículo 18*
*Se eu no coração contemplara a vaidade, o Senhor não me teria ouvido.* Nada prejudica mais a oração do que a iniquidade albergada no peito; como foi com Caim, assim é conosco: o pecado está à porta e bloqueia a passagem. Se você der ouvidos ao diabo, Deus não o ouvirá. Se você se recusar a ouvir os mandamentos de Deus, Ele certamente se recusará a ouvir suas orações. Deus ouvirá uma petição imperfeita por amor a Cristo, mas não aquela que é deliberadamente má escrita pela mão de um traidor. Pois se Deus aceitasse nossas devoções enquanto nos deleitamos no pecado, Ele faria de si mesmo o Deus dos hipócritas, o qual é um nome mais adequado para Satanás do que para o Santo de Israel. —C. H. SPURGEON

A exata suposição sugere a possibilidade de que tal possa ser o estado até mesmo de cristãos; e há numerosas razões para temer que, desta forma, suas orações sejam geralmente prejudicadas e suas súplicas permaneçam sem resposta. —ROBERT GORDON

Portanto, à medida que o amor pelo pecado passa a possuir nosso coração, nosso amor por coisas espirituais se torna obtuso, pesado, inativo; e nossas orações por eles precisam de resposta. Ó, a miserável falácia de que a alma aqui obterá alívio! Ao mesmo tempo que amará seu pecado, orará contra ele; rogará por graça, com desejo de não prevalecer. Então, enquanto contemplamos a iniquidade, como será possível contemplarmos coisas espirituais, o único objeto lícito de nossas orações? E, se não as contemplamos, como podemos insistir que Deus no-las conceda? E onde não há fervor de nossa parte, não é surpresa não haver resposta da parte de Deus. —ROBERT SOUTH

Contemplam a iniquidade no coração aqueles que entretêm o desejo do pecado e a ele se entregam, ainda que, no curso da providência, possam ser impedidos de cometê-lo, de fato. Estou convencido de que não são raras as ocasiões em que os homens se fartam de desejos pecaminosos, mesmo quando na falta de oportunidade, enfrentando o medo do homem ou algum refreamento parcial de consciência, eles não ousam executá-los.

Muitos conseguem se lembrar de seus pecados sem tristeza, falam deles sem vergonha e, algumas vezes, até mesmo com uma mistura de vanglória e glória vã. Você nunca ouviu alguém relembrar seus desvarios passados e deles falar com tal satisfação que aparenta ser mais um renovo do prazer do que arrependimento do pecado?

O pecado é algo tão abominável, tão desonroso a Deus e tão destrutivo para a alma dos homens, que nenhum cristão verdadeiro pode testemunhá-lo sem preocupação. —JOHN WITHERSPOON, *em um Sermão intitulado "As petições dos fúteis"*

*Versículo 19*
*Entretanto, Deus me tem ouvido e me tem atendido a voz da oração.* O amor pelo pecado é um ponto de epidemia, uma marca condenatória, um sinal letal; mas essas orações que evidentemente vivem e prevalecem com Deus surgem muito claramente de um coração que é liberto do flerte com o mal. —C. H. SPURGEON

*Versículo 20*
*Bendito seja Deus, que não me rejeita a oração, nem aparta de mim a sua graça.* Neste caso, Davi tinha me enganado, mas não ofendido. Considero que ele mesmo deveria ter usado a coroa em sua cabeça, mas ele a coloca na cabeça de Deus. Aprenderei esta lógica excelente, pois prefiro mais os silogismos de Davi do que os de Aristóteles. Sejam quais forem as premissas, a conclusão é a glória de Deus.
—THOMAS FULLER

# Salmo 67

Não nos é fornecido o nome do autor, mas seria ousado o homem que tentasse provar que Davi não escreveu este salmo.

*Versículo 1*
*Seja Deus gracioso para conosco, e nos abençoe, e faça resplandecer sobre nós o rosto.* O perdão do pecado é sempre o primeiro elo na cadeia de misericórdias por nós vivenciadas. A misericórdia é um atributo fundamental em nossa salvação. —C. H. SPURGEON

Deus perdoa, e em seguida Ele nos concede bênçãos; até Ele que seja misericordioso para perdoar nossos pecados por meio de Cristo, Ele não pode abençoar nem olhar compassivamente para nós pecadores. Todos os nossos deleites não passam de bênçãos em feixes preciosos, até que a graça do evangelho e a misericórdia perdoadora as demarquem e as tornem vigentes. Deus não pode demonstrar boa vontade alguma por nós até que Cristo estabeleça paz conosco. —WILLIAM GURNALL

*Seja Deus gracioso para conosco.* Hugo atribui essas palavras aos penitentes. *E nos abençoe,* àqueles que vivem a vida cristã. *E faça resplandecer sobre nós o rosto,* àqueles que alcançaram o objetivo, ou seja, os santificados. Os primeiros buscam por perdão; os segundos, pela paz justificadora; os terceiros, por edificação e pela graça da contemplação. —LORINUS

*Versículo 2*
*Para que se conheça na terra o teu caminho e, em todas as nações, a tua salvação.* Apesar das obscuras convicções de alguns, nós nos apegamos à crença de que o reino de Cristo abrangerá todo o globo habitável e que toda a carne verá a salvação de Deus. Por esta gloriosa consumação, agonizamos em oração.
—C. H. SPURGEON

Se, portanto, você permanecer em sua bruta ignorância e não souber de fato quem Cristo é, o que Ele fez pela salvação de pobres pecadores e o que você deve fazer para dar a Ele a atenção que lhe é devida; você estará muito distante de crer. Se o dia não alvorecer em sua alma, muito menos nascerá pela fé o Sol da Justiça em sua alma. —WILLIAM GURNALL

*O teu caminho;* ou seja, Tua vontade, Tua palavra, Tuas obras. —JOHN BOYS

*Versículo 3*
*Louvem-te os povos.* Note a doce ordem do bendito Espírito: primeiro, misericórdia; depois, conhecimento; por último, louvor a Deus. —JOHN BOYS

Há um curso e recurso constante e circular do mar e para o mar; assim o é entre Deus e nós; quanto mais o louvamos, mais nossas bênçãos vêm sobre nós; e quanto mais bênçãos vêm sobre nós, mais o louvamos novamente; de modo que nós, de certa forma, nos abençoamos ao bendizermos Deus. Quando as fontes estão baixas, colocamos um pouco de água na bomba, não para aumentar o volume da fonte, mas para que extraiamos mais dela. —THOMAS MANTON

*Versículo 4*
*Alegrem-se e exultem as gentes.* Nada produz alegria tão rapidamente, com tanta segurança, e duradoura como a salvação vinda de Deus. As nações jamais serão felizes até que sigam a liderança do grande Pastor. Alguns cantam por mera formalidade, outros pelo show, alguns como obrigação, outros como divertimento, mas cantar com o coração porque a alegria transbordante precisa ser expressa de alguma forma é a verdadeira maneira de cantar. Nações inteiras cantarão quando Jesus reinar sobre elas no poder da Sua graça.

*Versículo 6*
*A terra deu o seu fruto, e Deus, o nosso Deus, nos abençoa.* Jamais amaremos Deus acertadamente até que saibamos que Ele é nosso e quanto mais o amamos, mais ansiamos ser plenamente assegurados de que Ele é nosso. Que nome mais estimado podemos dar a Ele se não: "o meu Deus!"? No cantar do cônjuge não há hino mais doce do que: "Eu sou do meu amado, e o meu amado é meu". —C. H. SPURGEON

Quaisquer que sejam os detalhes e passos da obra de redenção, todos devem ser indícios desta fonte original: a graça e a misericórdia soberanas de nosso Deus... A misericórdia eterna, gratuita, imutável, inexaurível de nosso Deus revelada por meio de Seu amado Filho Jesus Cristo. Essa é a fonte primária do bendito crescimento aqui anunciado.

A ordem em que este crescimento é concedido pode ser posteriormente considerada. É o plano divino primeiro escolher o Seu povo e abençoá-lo e então fazer dele uma bênção, como vemos em Abraão, o pai dos fiéis.

O mundo anseia e ansiará mais e mais pelo governo justo. O Senhor prometeu suprir esta necessidade natural do coração humano, ainda que Ele se vingue dos Seus inimigos endurecidos. Até mesmo na vinda do Senhor para julgamento, a bondade finalmente triunfará de modo que as nações deverão se alegrar e cantar de felicidade.

Os homens vivem agora como se não houvesse Deus no mundo, embora este esteja repleto de provas de Seu amor e sabedoria... Que mudança será quando todos os círculos sociais forem uma comunhão de santos e todos inclinados a um grande propósito: a glória divina e a bem-aventurança de todos. Muito louvor, muito zelo, muita reverência, muita humildade distinguirão os Seus servos. Fé, esperança e amor estarão todos em seu mais pleno exercício. Cristo será tudo em todos e todo poder será consagrado a Ele. Este é o melhor crescimento que a Terra poderá produzir para Deus.

A perpetuidade deste crescimento deve ser acrescetada a esta glória. Isto está de acordo com a promessa feita ao Maravilhoso, Conselheiro, o Deus Forte, o Pai da Eternidade, o Príncipe da Paz. —EDWARD BICKERSTETH, em *Palestras da Quaresma de Bloomsbury*

# SALMO 68

ESTE é um hino que comove profundamente a alma. Os primeiros versículos foram frequentemente a canção de batalha dos *Covenanters* [N.E.: Movimento presbiteriano escocês] e dos *Ironsides* [N.E.: Como eram conhecidos os soldados que serviram sob o comando de Oliver Cromwell]; e todo o salmo retrata adequadamente o caminho do Senhor entre Seus santos e Sua ascensão à glória. O salmo é ao mesmo tempo insuperavelmente excelente e difícil, sua obscuridade em algumas estrofes é inteiramente impenetrável. Bem faz o crítico alemão ao falar dele como um Titã dificílimo de dominar. —C. H. SPURGEON

Considerado por muitos críticos a efusão mais elevada da inspiração lírica de Davi. —WILLIAM BINNIE

A julgar pela antiguidade de sua linguagem, a descrição concisa, a expressão minuciosamente revigorada, poderosa, ocasional e despojadamente irônica de sua poesia, consideramos este poema como um dos monumentos mais antigos da poesia hebraica. —BOETTCHER

*Versículo 1*
*Levanta-se Deus*. A arca seria um líder medíocre se o Senhor não estivesse presente com o símbolo. Antes de nos movermos, deveríamos sempre desejar ver o Senhor à frente nos guiando pelo caminho.

*Dispersam-se os seus inimigos*. Nosso Capitão glorioso da vanguarda abre o caminho prontamente, contudo muitos podem tentar obstruir este caminho. Porém, basta Ele se levantar e eles fogem. Ele derrotou os Seus inimigos com facilidade nos dias de outrora e assim o fará por todas as eras vindouras. O pecado, a morte e o inferno conhecem o terror do Seu braço; suas formações se desfazem assim que Ele se aproxima. Nossos inimigos são os inimigos do Senhor e nisto está a certeza de nossa vitória.

*Fugirão de diante dele os que o odeiam* (ACRF). Odiar o Deus infinitamente bom é infame e a pior punição possível não é severa demais. Ele vem, Ele vê, Ele conquista. Quão adequada é uma oração como esta para a instauração de um avivamento! Como evoca o verdadeiro modo de conduzir alguém. O Senhor vai à frente, Seu povo o segue, os inimigos fogem. —C. H. SPURGEON

Não era tarefa fácil resgatar almas sob o domínio de Satanás ou abater o cárcere das trevas. O inimigo avançava rapidamente, coberto em sua armadura mais feroz, selvagem em sua ira mais intensa, astuto em seus ofícios mais mortais. Paixões malignas abrasavam o peito do adversário. Mas ainda assim a Arca avançava. A cruz concedeu auxílio, não dano. A sepultura não o pôde deter. A morte não o pôde derrotar. Os portões do inferno escancaram-se. E agora, da glória do trono, Ele encoraja os Seus humildes seguidores em sua marcha no deserto. Suas armadilhas, seus conflitos e seus medos são muitos. Assim como na antiguidade a arca foi vitória, Jesus é vitória agora. —HENRY LAW, em *Cristo é Tudo, o evangelho do Antigo Testamento*

Versículos 1 a 3. As palavras do texto contêm uma oração relacionada com a segunda vinda do Senhor Jesus Cristo. Como membros da Igreja Cristã, nós professamos continuamente nossa fé na segunda vinda de Cristo; e pode ser que algumas vezes meditemos em Sua gloriosa aparição; mas teremos nós, como Davi, adotado esta segunda vinda como um dos assuntos de nossas abordagens ao trono da graça?... Nossa fé em algum momento nos capacitou a tomar as palavras do texto e proferir: "Levante-se Deus, e sejam dissipados os seus inimigos; fugirão de diante dele os que o odeiam" (ACRF)? Jamais a honra de Cristo estará completa, nem Seu povo feliz, nem o justo se alegrará e jubilará abundantemente, até que Deus se levante e Seus inimigos sejam dissipados. —ALEXANDER M'CAUL, em *Sermões simples sobre assuntos práticos e proféticos*

## Versículo 2

*Como se dissipa a fumaça.* Seu orgulho é tanto que se espalha como vapor; escurecem o céu com sua malícia; cavalgam mais e mais alto em arrogância; corrompem todos os lugares em que prevalecem. SENHOR, que o Seu fôlego, Seu Espírito, Sua Providência os façam desaparecer para sempre da marcha de Seu povo. O ceticismo filosófico é franzino e tão poluidor quanto a fumaça; que o Senhor liberte a Sua Igreja do odor fétido desta visão de mundo. —C. H. SPURGEON

"O fim deles foi tão devastador quanto a fumaça", disse um mestre idoso. "O que significa isto, ó mestre?", perguntou o jovem discípulo. "Eu estava pensando no fim do injusto", respondeu o ancião, "e em como eu muito frequentemente, como o salmista, os invejei quando viviam em prosperidade. Suas vidas aparentavam ser tão reluzentes e brilhantes que concluí serem semelhantes ao flamejar de uma jubilosa fogueira em uma noite de inverno. Mas, ao contemplá-los, vi que eles repentinamente desapareceram como a chama que se apaga e se transforma em fumaça escura e penetrante. E assim, deixei de invejá-los. Discípulo meu, não confie somente naquilo que aparenta ser reluzente; mas preste atenção no fim destas coisas, para que você não seja enganado." —HUBERT BOWER, em *Parábolas e similitudes da vida cristã*

*Como se derrete a cera ante o fogo, assim à presença de Deus pereçam os iníquos.* A cera é naturalmente rígida, mas coloque-a próxima ao fogo. Como se torna macia! Homens perversos são soberbos até que entrem em contato com o Senhor e então desfalecem de medo. Roma, como as velas em seus altares, se dissolverá, e com igual certeza desaparecerá a infidelidade. —C. H. SPURGEON

## Versículo 4

*Cantai a Deus, salmodiai o seu nome.* Não cante por ostentação, mas por devoção; não para ser ouvido por homens, mas pelo próprio Senhor.

*Exultai diante dele.* Devemos evitar o tédio em nossa adoração. Nossas canções deveriam ser substanciosas em solenidade, sem o peso da tristeza. Os anjos estão mais próximos do trono do que nós, contudo a sua veneração mais profunda é consoante com a felicidade mais pura. —C. H. SPURGEON

## Versículo 6

*Só os rebeldes habitam em terra estéril.* Até mesmo diante do trono de misericórdia onde Deus é revelado, alguns homens persistem em rebelião; e não há surpresa ao vermos tais homens sem paz, consolo e alegria mesmo onde todos estes são abundantes. Sobre as ordenanças sagradas que mais satisfazem a alma, estes imbecis bradam: "Que cansaço são!" E do ministério que mais sustém a alma eles reclamam dizendo ser: "A estupidez da pregação". Quando um homem tem o coração rebelde, ele tem necessidade de qualificar tudo ao seu redor como terra estéril. —C. H. SPURGEON

## Versículo 8

*Tremeu a terra; também os céus gotejaram à presença de Deus; o próprio Sinai se abalou na presença de Deus, do Deus de Israel.* Esta passagem é tão sublime que seria difícil encontrar algo semelhante. Que o coração do leitor adore o Deus diante de quem a Terra e o céu, inconscientes, agem como se reconhecessem seu Criador e fossem movidos com tremor de reverência. —C. H. SPURGEON

## Versículo 10

*Em tua bondade, ó Deus, fizeste provisão para os necessitados.* Dentro do círculo protegido, havia abundância para todos; todos eram pobres em si mesmos, contudo não havia mendigos em todo o acampamento, pois todo o grupo deveria ter alimento celestial. Nós, também, ainda habitamos dentro do círculo de proteção do Altíssimo e encontrarmos a bondade ao nosso dispor. Ainda que pobres e necessitados por natureza, somos enriquecidos pela graça;

as provisões divinas no decreto, a aliança, a propiciação, a providência e a obra do Espírito colocaram à nossa disposição a plenitude de bênçãos do Senhor. —C. H. SPURGEON

## Versículo 11
*O Senhor deu a palavra, grande é a falange das mensageiras das boas-novas.* As dez mil serventes de Israel, como boas criadas do Senhor, acordavam os que dormiam, chamavam os andarilhos e mandavam os homens valentes apressarem-se para a luta. Ó, que haja o mesmo zelo na igreja de hoje, para que quando o evangelho for anunciado, tanto homens quanto mulheres possam, com entusiasmo, difundir as boas-novas de grande alegria. —C. H. SPURGEON

Você descobrirá, quando os inimigos da Igreja forem destruídos, que Deus fez muitos de Seus pregadores para ensinarem Seus louvores. A palavra que lemos como *falange* é no hebraico "exército" — "grande é o exército de mensageiros". Um exército de pregadores é uma questão relevante; não, relevante é ter sete ou oito pregadores em um grande exército, mas ter todo um exército de pregadores, isso é glorioso. Agora, meus irmãos, já é bom ter um exército que prega; mas se esse exército pregar com coração e alma o louvor a Deus, ó, será ainda mais bendito. —WILLIAM BRIDGE, em *A escolta do verdadeiro soldado*

## Versículo 13
Não seria nem benéfico nem possível dar ao leitor todas as conjecturas com que homens doutos ilustraram ou turvaram esta passagem. —C. H. SPURGEON

*Por que repousais entre as cercas dos apriscos?* É uma passagem dura, uma noz para o douto abrir. Se soubéssemos tudo o que se sabia quando este antigo hino foi escrito, a alusão, sem dúvida, nos atingiria como sendo belamente adequada; mas como não sabemos, deixaremos que permaneça entre os enigmas sem solução. Não há fim para as conjecturas, mas o sentido parece ser que da condição mais vil o Senhor ergueria o Seu povo para a alegria, liberdade, riqueza e beleza. —C. H. SPURGEON

Ainda que vocês tivessem sido tratados pelos egípcios como uma companhia de pastores desprezíveis e como tal tenham sido considerados abomináveis por eles (veja Gn 46:34). —WILLIAM GREEN, em *Uma nova tradução dos Salmos, com notas etc.*

Uma repreensão incisiva. Ficarão vocês entregues ao sossego, em sua pacata vida pastoral, como a pomba com plumagem imaculada em seu pacífico ninho, enquanto seus irmãos estão no alvoroço e na poeira do embate? —THOMAS J. CONANT

*Por que repousais entre as cercas dos apriscos? As asas da pomba são cobertas de prata, cujas penas maiores têm o brilho flavo do ouro.* A Srta. Whately, em sua obra *Vida maltrapilha no Egito*, descrevendo algumas das paisagens vistas por sobre os telhados planos das casas no Cairo, entre outros objetos interessantes, afirma: "Os telhados estão, geralmente, repletos de lixo e não fosse Hasna, a vendedora de *geeleh*, tomar um ramo de palmeira e fazer uma limpeza esporádica, seu telhado certamente cederia sob o acúmulo de detritos."

"Uma coisa que nunca pareceu se esclarecer era os montes de jarros quebrados, cacos e vasos que nestas casas e em casas similares são empilhados em algum canto; e há uma curiosa observação em relação a isto. Um pouco antes do pôr do sol, uma série de pombos repentinamente surge por detrás dos jarros e outros entulhos, onde haviam dormido durante o calor do dia, ou bicado à procura de alimento. Eles se lançam para o alto e planam pelo ar em grandes círculos. Suas asas amplamente abertas recebendo o reluzente brilho dos inclinados raios de sol os faz realmente assemelhar-se a ouro amarelo reluzente. Então, conforme fazem a volta e são vistos contra a luz, eles aparentam ter sido transformados em prata fundida; sendo que em sua maioria são puramente brancos ou de cores muito claras."

"Isto pode parecer extravagante, mas o efeito da luz nestas regiões é difícil de ser descrito àqueles que não o viram; e entardecer após entardecer assistíamos ao voo circular dos pombos e sempre observávamos a mesma imagem. Era lindo ver esses pássaros levantando voo limpos e imaculados, como os pombos sempre o fazem, da poeira e sujeira em que estiveram escondidos, e planar no alto até quase sumir de vista entre as brilhantes nuvens do pôr do sol."

"Assim é o cristão que deixa para trás as corrupções do mundo e passa a ser brilhante por ação do Sol da Justiça que brilha sobre sua alma, eleva-se mais e mais alto, mais e mais próximo da luz até que saia da visão daqueles que ficam para trás. Ele passa para o resplendor do alto, resplendor desconhecido!" —SRTA. WHATELY, em *Vida maltrapilha no Egito*

## Versículo 14

*Quando o Todo-Poderoso ali dispersa os reis, cai neve sobre o monte Zalmom.* Um viajante informou o escritor que em um dia difícil e tempestuoso, ele viu a lateral do que supunha ser o monte Zalmom repentinamente varrido por uma rajada de vento, de modo que a neve era lançada de lá para cá nos ares como as penugens dos cardos ou o borrifo do mar. Assim o Onipotente dispersa todos os potentados que afrontam Israel. Qualquer que seja o significado preciso, a intenção era retratar a glória e a completude do triunfo divino sobre os maiores inimigos. Nisto alegrem-se todos os cristãos.

## Versículo 16

*O monte que Deus escolheu para sua habitação.* Elohim faz de Sião Sua habitação, sim, Jeová ali reside.

*O Senhor habitará nele para sempre.* Espiritualmente o Senhor habita eternamente em Sião, Sua Igreja escolhida; e era a glória de Sião ser a representação disto. —C. H. SPURGEON

## Versículo 17

*No meio deles, está o Senhor; o Sinai tornou-se em santuário.* A presença de Deus é a força da Igreja; todo poder é nosso quando Deus é nosso. Vinte mil carruagens carregarão o evangelho até os confins da Terra e miríades de entidades trabalharão para o seu sucesso. —C. H. SPURGEON

Por outro lado: "Horrível coisa é cair nas mãos do Deus vivo". O Deus que tem todas estas carruagens e cavaleiros ao Seu comando para executar Sua vontade e vingança contra aqueles que o negligenciam, odeiam e a Ele se opõem. —JOHN EDWARD, em *Militia Coelestis,* ou *O Exército Celestial*

## Versículo 18

*Subiste às alturas.* A arca foi conduzida ao topo do Sião. A antítipo da arca, o Senhor Jesus, ascendeu aos Céus com marcas indicadoras do triunfo.

*Levaste cativo o cativeiro.* Como grandes conquistadores da antiguidade levaram nações inteiras ao cativeiro, da mesma forma Jesus conduz, do território de Seu inimigo, um vasto grupo como troféus de Sua poderosa graça. O Senhor Jesus destrói os Seus inimigos com suas próprias armas; Ele condena a morte à morte, sepulta o túmulo e leva cativo o cativeiro. —C. H. SPURGEON

*Subiste às alturas* etc. Houve uma concretização gloriosa imediatamente após a Sua ascensão em uma rica profusão de dons e graças à Sua Igreja, como as dádivas de Davi. Aqui é *recebido*; em Efésios é *concedido*. Ele recebeu para que pudesse doar; recebeu o despojo que distribuiria. Mas, como desejo adequar a passagem ao trabalho a mim atribuído, a plenitude daquilo a que eu neste momento chamaria sua atenção estará contida no parágrafo seguinte intitulado: "As grandes bênçãos do ministério cristão".

1. Ministros são recebidos e concedidos a você por Cristo. Como homens, e homens pecadores, ministros são como nada e desejam fazer nada de si mesmos; mas como dons de Cristo vocês devem conceder-lhes grande valor. Se vocês amam Cristo, darão muito valor a seu ministro devido a ele ser Sua dádiva — uma dádiva projetada para, de certa forma, suprir a ausência física de Cristo. Ele se foi (subsistiu, ascendeu), mas Ele lhes concede os Seus servos. Vocês esperam estar com Ele em breve, contudo são agora como ovelhas no deserto. Ele concede a vocês um pastor.

2. Se você teme a Deus, terá medo de tratar seu pastor inadequadamente, considerando que ele é dádiva de Cristo. Deus considerou ofensa de Israel desprezar Moisés (Nm 12:8). Ele é meu servo. —ANDREW FULLER, de *Esboço de um Sermão exposto na ordenação de Mr. Carey*

Contudo digo que, misticamente, este salmo é uma canção triunfal escrita pelo rei Davi sobre o prenúncio de Jesus Cristo ressuscitando dos mortos e com grande alegria e triunfo ascendendo ao Céu e enviando Seu Espírito Santo a Seus apóstolos e discípulos. E, tendo vencido todos os Seus inimigos, ajuntando-os pelo ministério de Seus pregadores, Suas igrejas e povo escolhido todos unidos, guiando e defendendo-os aqui nesta Terra até que os receba na glória eterna. —GRIFFITH WILLIAMS

A antiga profecia de Davi é cumprida aqui ao pé do monte das Oliveiras. "Levar cativo o cativeiro" significa que Cristo dominou os principados e poderes aliados, o diabo, o pecado, a morte e o inferno. Ele os destituiu de instrumentos com os quais eles escravizavam os homens. Ele não simplesmente silenciou o canhão no Gibraltar espiritual, mas tomou o forte na rocha e tudo o mais. Ele não simplesmente silenciou as terríveis e destrutivas ameias dos inimigos poderosos e compactamente unidos, mas derrubou torres, destruiu castelos e tomou as chaves dos calabouços.

Assim que saiu da sepultura, Ele já começou a distribuir os Seus dons e assim o fez ao longo da estrada a caminho da casa de Seu Pai; e, especialmente após entrar no Céu dos céus, Ele banhou os homens com dons, como um poderoso conquistador munido de tesouros com os quais enriquece e adorna Seus seguidores e Seu povo. —CHRISTMAS EVANS

O apóstolo (Ef 4:8) não cita as palavras do Salmo literalmente, mas segundo o sentido. A frase, *recebeste dons* (ARC), aplicada a Cristo em Sua glorificação, poderia ser somente para o propósito de distribuição e consequentemente o apóstolo a cita neste sentido: *e concedeu dons aos homens*. Essa frase hebraica pode ser considerada como: "Recebeste dons na natureza humana", ou "Recebeste dons por amor ao homem" (veja Gn 18:28; 2Rs 14:6). O apóstolo usa as palavras no sentido do propósito para o qual os dons foram recebidos e não há contradição entre o salmista e o apóstolo.

Logo as dificuldades desta citação desaparecem quando as examinamos mais cuidadosamente, e o Antigo e o Novo Testamento estão em completa harmonia. Rosenmuller explica o Salmo 18 e nunca menciona o nome de Cristo; e os neologistas em geral não veem o Messias no Antigo Testamento. Para estes, de fato (Ef 4:8), caso tivessem tido modéstia, teria sido um obstáculo formidável. Paulo afirma que o salmo pertence a Cristo e eles afirmam que ele está errado e que perverteu (De Wette) e destruiu seu significado. —WILLIAM GRAHAM, em *Palestras sobre a epístola de Paulo aos Efésios*

Acima de tudo, considere as razões deste dom em referência a você mesmo: o dom do Espírito Santo. Não teria sido para fazer de você um templo e receptáculo do Espírito Santo? Permaneça nisto por um tempo! Admire, ó minh'alma, o amor de Cristo nesta exposição! Amor que é condescendente, glorioso e inconcebível! Foi amor infinito derramado em nossa natureza quando Ele encarnou; mas isto é mais ainda: habitar em seu coração por Seu Espírito Santo. Ele se aproximou de nós naquele momento, como se não houvesse possibilidade de aproximar-se mais. Ele se aproxima ainda mais agora, pois agora Ele se une a você, agora Ele vem e habita em sua alma por Seu Espírito Santo. —ISAAC AMBROSE

Pode ser colocado como verdade irrefutável que Davi, ao reinar sobre o antigo povo de Deus, forneceu um vislumbre do início do reino eterno de Cristo. Isto pode parecer evidente para todos que relembram da promessa feita a ele —, de uma sucessão que jamais fracassaria e que recebeu sua validação na pessoa de Cristo. Como Deus ilustrou o Seu poder em Davi exaltando-o com a visão da libertação de Seu povo, assim Ele magnificou o Seu nome em Seu Filho unigênito.

Não foi a si mesmo que Deus enriqueceu com os despojos do inimigo, mas a Seu povo. E nem Cristo buscou ou precisou buscar Seu avanço, mas fez Seus inimigos serem muitos para que pudesse adornar Sua Igreja com os despojos. Da união íntima preservada entre a cabeça e os membros, dizer que Deus manifestou na carne os dons recebidos dos cativos é a mesma coisa que dizer que Ele os distribuiu à Sua Igreja. Por Sua ascensão ao Céu, a glória de Sua divindade foi apenas mais brilhantemente demonstrada e, embora não mais presente conosco na carne, nossa alma recebe nutrição espiritual de Seu corpo e sangue; e percebemos, não obstante a localização distante, que Sua carne é de fato alimento e Seu sangue de fato bebida. —JOÃO CALVINO

*Até mesmo rebeldes.* Eu temi também que isto fosse a marca que o Senhor havia colocado em Caim. Medo contínuo e tremor sob o pesado fardo da culpa que ele havia trazido sobre si pelo sangue de seu irmão Abel. Assim eu me contorcia, torcia e contraía sob o fardo que estava sobre mim, que tanto me oprimia, de modo que não podia me levantar, nem andar ou deitar para repousar ou me aquietar.

Contudo, essa declaração ocasionalmente me vinha à mente: "...recebeste dons para os homens e até para os rebeldes" (Sl 68:18 ARC). "Os rebeldes", pensei eu, ora são certamente aqueles que antes se sujeitaram a seu Príncipe, até mesmo aqueles que, após jurar sujeição a Seu governo, tomaram armas contra Ele. E, esta, pensei eu, é a minha exata condição: outrora o amei, o temi, o servi; mas agora sou rebelde, o vendi. Eu disse: que Ele se vá se assim quiser; todavia Ele tem dons para os rebeldes, então por que não para mim? —JOHN BUNYAN, em *Graça abundante*

## Versículo 19

*Que de dia em dia nos cumula de benefícios* (ARC). Os benefícios de Deus não são poucos nem frugais; eles são fardos. Também não são intermitentes, mas vêm "de dia em dia"; nem são limitados a um ou dois favoritos, pois todo Israel pode dizer: "Nos cumula de benefícios". —C. H. SPURGEON

Embora alguns possam ter mais do que outros, todos têm o seu fardo, tanto quanto conseguem carregar. Nem todas as embarcações podem resistir com a mesma vela e, portanto, Deus, para nos impedir de sofrer um revés, nos carrega com a quantidade que nos levará em segurança até o Céu, nosso porto desejado. —EZEKIEL HOPKINS

Há apenas três cargas vindas de Deus que o homem suporta: favores, preceitos e punições. Quando, portanto, esperamos julgamentos, contemplamos benefícios; e esses, não em punhados parcos, mas dispensados a nós em sua carga completa.

Onde começaremos a observar esta vasta carga de misericórdias? Aqui apresentamos uma carga justa. Não fosse o fato de que Ele nos deu um mundo onde viver, uma vida da qual desfrutar, ar para respirar, solo sobre o qual pisar, fogo para nos aquecer, água para nos refrescar e limpar, roupas com as quais nos cobrirmos, alimento para nos nutrir, sono para nos revigorar, casas para nos abrigar, variedade de criaturas para nos servir e nos agradar.

Mas, e se tendo aquilo que Deus fez por nós como homens, olharmos para o que Ele fez por nós como cristãos? Para o fato de que Ele nos envolveu com amor eterno, que nos moldou e nos fez novos, nos avivou por Seu Espírito, nos alimentou com Sua Palavra e Seus sacramentos, nos vestiu com Seus méritos, nos comprou com Seu sangue, tornando-se vil para nos tornar gloriosos, uma maldição, para nos ungir com bem-aventurança; em uma palavra, o fato de que Ele se entregou a nós, Seu Filho para nós. *Ó, a altura, a profundidade e a largura* das ricas misericórdias de nosso Deus! Ó, os fardos de benefícios divinos ilimitados, superiores, insondáveis, cuja imensidão vai do centro desta Terra até a ilimitada extensão dos Céus empíreos! —JOSEPH HALL

## Versículo 20

*O nosso Deus é o Deus da salvação* (ARC), (ou seja, de libertação, de libertação exterior); *com Deus, o Senhor, está o escaparmos da morte*, ou a extinção da morte! Ou seja, Deus tem todos os caminhos que escapam da morte em Seus cuidados; Ele tem a chave da porta que nos liberta da morte. Deus cuida de todas as saídas quando os homens pensam que nos trancaram nas mandíbulas da morte, Ele pode abri-las e nos libertar. —JOSEPH CARYL

## Versículo 21

*Sim, Deus parte a cabeça dos seus inimigos.* Os pecadores obstinados vão descobrirão que a Providência os domina apesar das suas cabeças-duras. Na segunda vinda do Senhor Jesus, os Seus inimigos acharão os Seus juízos além da concepção, terríveis.

*Versículo 22*
*Disse o Senhor: De Basã os farei voltar, fá-los-ei tornar das profundezas do mar.* Assim como não há possibilidade de resistir ao Deus de Israel, também não há como escapar dele; nem as alturas de Basã nem as profundezas do grande mar podem se esconder dos Seus olhos detector e da Sua mão de justiça.

*Versículo 23*
*Para que banhes o pé em sangue, e a língua dos teus cães tenha o seu quinhão dos inimigos.* Para nós, salvo no sentido espiritual, o versículo soa severo; mas leia-o com um sentido interior e nós também passaremos a desejar a derrota completa e esmagadora de todo o mal e que o engano e o pecado possam ser objetos de profundo vilipêndio. —C. H. SPURGEON

*Versículo 26*
*Bendizei a Deus.* Bendiga-o; Ele "sara toda as tuas enfermidades" etc. (Sl 103). Esta é uma ação consistente com o Céu. As lágrimas de alguém que lamenta na casa de Deus deveriam profanar o Seu altar. Nós podemos prantear pelo pecado, mas um espírito irritadiço, descontente e ingrato continua desonrando o altar de Deus. —ANDREW FULLER

*Versículo 28*
*O teu Deus ordenou a tua força* (ARC). Tua força é o teu melhor, tudo o que há dentro de você; tudo o que você não pode fazer, ser e se tornar; e tudo o que você tem — as duas moedas, se isso for tudo; e o vaso de alabastro com nardo, tão valioso, se isto for propriedade sua… Por aquilo que Deus é em si mesmo, por aquilo que Deus é em nós, pela lei no coração e pela lei oral e escrita, pelo novo reino de Seu amor e por todos os Seus benefícios, o teu Deus ordenou a tua força.

Ele fala desde o começo e desde o fim dos tempos, em meio ao caos e dos novos Céus e nova Terra, de Betel e do Getsêmani, do Sinai e do Calvário e a todos nós Ele disse: "Dá-me, filho meu, o teu coração", consagre a mim o seu melhor e devote a mim a sua força. —SAMUEL MARTIN

*Confirma, ó Deus, o que já realizaste por nós* (ARC). Nós esperamos que Deus abençoe Sua própria obra.

Ele nunca deixou trabalho algum inacabado e nunca deixará. "Porque Cristo, quando nós ainda éramos fracos, morreu a seu tempo pelos ímpios"; e agora, sendo reconciliados com Deus, podemos olhar para Ele esperando que Ele aperfeiçoe aquilo que nos concerne, pois Ele nunca abandona a obra de Suas mãos. —C. H. SPURGEON

*Versículo 30*
*A multidão dos fortes como touros.* Touros papistas e éditos imperiais açoitaram a Igreja do Senhor, mas não prevaleceram contra ela e nunca prevalecerão. —C. H. SPURGEON

*E dos povos com novilhos.* O evangelho, como a arca, não tem nada a temer de grandes ou pequenos; é uma rocha sobre a qual todos que nela tropeçam serão despedaçados. —C. H. SPURGEON

*Calcai aos pés os que cobiçam barras de prata.* A tributação do pecado é infinitamente mais rigorosa do que a tributação da religião. O dedo mínimo da luxúria é mais pesado do que os lombos da lei. Peças de prata dadas a Deus são substituídas por peças de ouro. —C. H. SPURGEON

*Dispersa os povos que se comprazem na guerra.* A Igreja do Senhor nunca desejou inimigos, nunca desejará. "Para os perversos, todavia, não há paz" diz Deus, "não haverá paz para o piedoso", diz o perverso. Os perversos não terão a paz que Deus pode dar; os piedosos não terão paz que possa levada pelos perversos. —THOMAS WALL

Quando os inimigos de Deus se levantam contra Sua Igreja, é momento de a Igreja se prostrar diante de Deus, de implorar Sua ajuda contra esses inimigos. Orações santas são mais poderosas do que espadas profanas. —THOMAS WALL, em *Um comentário sobre os tempos*

*Versículo 31*
*Príncipes vêm do Egito; a Etiópia corre a estender mãos cheias para Deus.* Apressa, ó Senhor, este dia, quando a civilização e a barbárie da Terra adorarão ao Senhor.

Egito e Etiópia misturando-se em alegre concordância em adoração ao Senhor! Aqui está a confiança de Seus santos, até mesmo a Sua promessa. Apresse-a em Seu próprio tempo, bom Senhor.

## Versículo 32

*Reinos da terra, cantai a Deus.* Felizes são os homens por Deus ser o Deus que é consistentemente o objeto de adoração jubilosa, pois nada semelhante são os demônios dos pagãos. —C. H. SPURGEON

*Salmodiai ao SENHOR.* Vez após vez, Deus deve ser magnificado; nós muito pecamos contra Deus, mas nunca cantaremos em excesso para Ele. —C. H. SPURGEON

## Versículo 33

*A sua voz, voz poderosa.* Uma voz forte e poderosa, como o evangelho é, quando acompanhado do poder e do Espírito de Deus. É uma voz que chacoalha a alma e que desperta; voz que amolece o coração e o quebranta; é uma voz vivificante e edificante; vivifica pecadores mortos, concede-lhes vida e seu surgimento traz luz às mentes obscuras. É uma voz que encanta a alma e fascina; atrai para Cristo, atrai as afeições para Ele e preenche com deleite e prazer indescritíveis. —JOHN GILL

O poder da voz de Cristo, quando Ele estava na Terra, aparecia pelos efeitos que a seguiam quando Ele disse: "Jovem, levanta-te"; "Lázaro, vem para fora"; "Paz, aquietai-vos"; e ainda aparecerão quando "todos os que se acham nos túmulos ouvirão a sua voz e sairão". —GEORGE HORNE

## Versículo 34

*Dai a Deus fortaleza* (ARC). Que jamais aparentemos, por nossas dúvidas ou nossa audaz teimosia, negar poder a Deus; pelo contrário, rendendo-nos a Ele e nele confiando, que nossos corações reconheçam Sua força. Quando nos reconciliamos com Deus, Sua onipotência é um atributo sobre o qual cantamos com deleite. —C. H. SPURGEON

# SALMO 69

No Salmo 41 havia lírios dourados, gotejando mirra de doce aroma e florescendo nos belos jardins que circundam os palácios de marfim. Neste salmo, temos o lírio entre os espinhos, o lírio dos vales, formoso e belo, florescendo no jardim do Getsêmani. Se alguém perguntar: "De quem o salmista fala aqui? De si mesmo ou de algum outro homem?" Nós responderíamos: "De si mesmo e de um outro homem". Para descobrirmos quem é este outro, não precisamos de muito tempo; somente o Crucificado é quem pode dizer: "na minha sede me deram a beber vinagre". Suas pegadas durante toda esta dolorosa canção foram destacadas pelo Espírito Santo no Novo Testamento e, portanto, acreditamos, e temos certeza, que o Filho do homem está aqui. Contudo parece ser a intenção do Espírito, enquanto Ele nos fornece modelos pessoais e assim demonstra a semelhança ao primogênito que existe nos herdeiros da salvação, estabelecer também as disparidades entre o melhor dos filhos dos homens e o Filho de Deus, pois há versículos aqui que não ousamos aplicar a nosso Senhor. Nós quase estremecemos quando vemos os nossos irmãos tentando assim fazer, por exemplo, no versículo 5. —C. H. SPURGEON

Este geralmente é considerado um Salmo Messiânico. Nenhuma porção do Antigo Testamento é mais frequentemente citada no Novo com exceção do Salmo 22. —J. J. STEWART PEROWNE

### Versículo 1

*Salva-me, ó Deus.* "Salvou os outros, a si mesmo não pode salvar-se." Com fortes clamores e lágrimas, Ele ofereceu orações e súplicas Àquele que era capaz de salvá-lo da morte e foi ouvido naquilo que temia. Portanto, Davi havia orado e aqui seu Filho e Senhor exprime o mesmo clamor. É notável que tal cena de pesar seja representada a nós imediatamente após o jubiloso hino de ascensão, no último salmo, mas isto apenas demonstra como estão entrelaçadas as glórias e tristezas de nosso sempre bendito Redentor.

*Porque as águas me sobem até à alma.* A angústia no corpo não é a Sua primeira queixa; Ele não começa com o fel que amargava os Seus lábios, mas com os poderosos pesares que irrompiam em Seu coração. Todo o mar ao redor de uma embarcação deve ser menos temido pelo homem do que a água que acha o seu caminho para o porão do navio. Em tudo isto, Ele tem simpatia por nós e pode nos socorrer quando nós, como Pedro quando começou a afundar, clamamos a Ele: "Salva, Senhor, ou perecemos".

### Versículo 2

*Estou atolado em profundo lamaçal, que não dá pé.* Tudo caiu sob o Sofredor; Ele não conseguia chão firme para firmar os pés. Este é um destino pior do que o afogamento. O pecado é um lamaçal por sua sujeira e a alma santa do Salvador deve ter abominado até mesmo essa conexão com ele, necessária para que houvesse expiação. —C. H. SPURGEON

*Estou atolado [...] não dá pé.* Vi que, de fato, havia motivo de júbilo para aqueles que tinham seu suporte em Jesus; mas com relação a mim, fui suspenso por minhas transgressões sem apoio para os pés ou as mãos, ainda que entre todos os suportes e acessórios da preciosa Palavra da vida. E, verdadeiramente, sentia-me afundando em um golfo, como uma casa cuja fundação é destruída. Comparei-me, nesta condição, à situação de uma criança que caiu no fosso de um moinho e que, ainda que pudesse deslocar-se por se debater na água, por não encontrar apoio para as mãos ou os pés, finalmente, deve morrer nessa condição. —JOHN BUNYAN

*Estou nas profundezas das águas, e a corrente me submerge.* Nosso Senhor não era um sentimentalista pusilânime; os Seus pesares eram reais e ainda que Ele os tenha carregado heroicamente, ainda assim, foram terríveis até mesmo para Ele. O Senhor estancou a corrente de poderosa ira para que possamos para sempre descansar no amor de Jeová.
—C. H. SPURGEON

## Versículo 3

*Secou-se-me a garganta.* Poucos, muito poucos de Seus santos seguem o seu Senhor em oração tão extrema como esta. É preciso temer, ficarmos roucos por falar frivolidades aos homens do que por suplicarmos a Deus; contudo nossa natureza pecaminosa exige mais oração do que Sua humanidade perfeita parecia precisar. Suas orações deveriam nos envergonhar levando-nos ao fervor.

*Os meus olhos desfalecem de tanto esperar por meu Deus.* Há momentos em que devemos orar até que a garganta seque e vigiar até que os olhos fiquem turvos. Somente então podemos ter comunhão com Ele em Seus sofrimentos. O quê? Não conseguimos vigiar uma hora com Ele? A carne coíbe? Ó carne cruel, tão terna consigo mesma e tão pouco generosa com o seu Senhor! —C. H. SPURGEON

Ó visão lamentável a de que este olhar possa falhar; olhar pelo qual Jesus viu as multidões e, portanto, subiu ao Monte para dar os preceitos do Novo Testamento; pelo qual, olhando Pedro e André os chamou; pelo qual, olhando para o homem sentado na coletoria, chamou-o e fez dele um evangelista; pelo qual, olhando para a cidade, por ela chorou... Com os olhos o Senhor olhou para Simão quando disse: *Tu és Simão, o filho de João; tu serás chamado Cefas.* Com estes olhos o Senhor olhou para mulher pecadora, a quem disse: *A tua fé te salvou; vai-te em paz.* Volte estes olhos para nós e nunca afaste-os de nossas contínuas orações. —GERHOHUS

## Versículo 4

*São mais que os cabelos de minha cabeça os que, sem razão, me odeiam.* "Este é o herdeiro; ora, vamos, matemo-lo e apoderemo-nos da sua herança." Esta foi a determinação unânime de todos os lavradores do vinhedo judeu; enquanto os gentios fora das muralhas do Jardim preparavam os instrumentos para o Seu assassinato e com efeito o fizeram.
—C. H. SPURGEON

É bem sabido o que Tertuliano relata sobre Sócrates, quando sua esposa o encontrou depois de sua condenação e o abordou com lágrimas: "Foste injustamente condenado, Sócrates"; sua resposta foi: "Você teria sido justa?" —LORINUS

*Por isso, tenho de restituir o que não furtei.* Em referência ao nosso Senhor, pode ser dito genuinamente que Ele restaura o que não levou; pois Ele devolve ao ferido a honra de Deus como recompensa; e ao homem, sua felicidade perdida, ainda que o insulto de um e a queda de outro não tenham sido, nenhum deles, em aspecto algum, obra de Deus. Geralmente, quando o governante peca, o povo sofre, mas aqui o provérbio é o reverso: as ovelhas se distanciam e sua divagação é colocada à porta do Pastor.
—C. H. SPURGEON

O diabo foi retirado, devido sua arrogância, do Céu que não era seu quando vangloriou-se alegando ser como o Altíssimo, e por isto foi justamente castigado... Adão também foi retirado do que não era seu, quando, pelo engodo do diabo "como Deus sereis", ele buscou ser como Deus cedendo ao engano da mulher.

Mas o Senhor Jesus não considerou roubo ser igual a Deus... E, contudo, Seus inimigos disseram: "ele deve morrer, porque a si mesmo se fez Filho de Deus". —GERHOHUS

## Versículo 5

*Tu, ó Deus, bem conheces a minha estultice.* Davi bem pode dizer isto, mas não o Senhor de Davi; a menos que seja compreendido como um apelo a Deus para ser livre da estultice que os homens imputaram a Ele quando disseram que Ele estava louco. Isso que era estultice para os homens era sabedoria superlativa diante de Deus. Com que frequência podemos usar estas palavras em seu sentido natural; e se não fôssemos tão tolos a ponto de sermos cegos para nossa própria estultice, esta confissão estaria frequentemente em nossos lábios. —C. H. SPURGEON

*E as minhas culpas não te são ocultas.* A oração que não tem confissão em si pode agradar o orgulho de um fariseu, mas nunca trará justificação. —C. H. SPURGEON

## Versículo 6
*Não sejam envergonhados por minha causa os que esperam em ti, ó SENHOR, Deus dos Exércitos.* Os infiéis estão prontos o suficiente para flagrar qualquer coisa que possa transformar a fé humilde em troça; portanto, ó Deus de todos os exércitos de Israel, não deixes que meu caso faça o inimigo blasfemar. Esse é o espírito deste versículo. —C. H. SPURGEON

*Nem por minha causa sofram vexame os que te buscam, ó Deus de Israel.* Nas profundezas da tribulação, nenhuma palavra de lamúria fugia dele, pois não havia lamúria em seu coração. O Senhor dos mártires testemunhou uma boa confissão. Ele foi fortalecido na hora do perigo e no fim foi mais do que vencedor, como nós seremos se firmarmos a nossa confiança até o fim. —C. H. SPURGEON

## Versículo 7
*Pois tenho suportado afrontas por amor de ti.* Porque Ele executou a vontade do Pai e ensinou Sua verdade, o povo muito se irou; porque declarou ser o Filho de Deus os sacerdotes entraram em delírio. Não conseguiram encontrar culpa verdadeira nele, mas foram forçados a conspirar uma acusação mentirosa antes que pudessem iniciar o julgamento fraudulento. O ponto da querela era que Deus estava com Ele, e Ele com Deus, enquanto os escribas e os fariseus buscavam somente a sua própria honra. —C. H. SPURGEON

*E o rosto se me encobre de vexame.* Não há nada que uma natureza nobre abomine mais do que a vergonha, pois a honra é uma centelha da imagem de Deus, e quanto mais imagem de Deus houver em alguém, mais a vergonha é abominada por ele. O que deve ser então para Cristo, ter sofrido profunda vergonha porque deveria satisfazer Deus a ponto de ser destituído de honra pelo pecado do homem, além de sofrer consequentemente todas as punições. E (como foi dito) a vergonha também é uma das maiores punições no inferno. —THOMAS GOODWIN

## Versículo 8
*Tornei-me estranho a meus irmãos.* Os judeus, Seus irmãos em raça, o rejeitaram; Sua família, Seus irmãos de sangue, indignaram-se com Ele; Seus discípulos, Seus irmãos em espírito, o abandonaram e fugiram; um deles o vendeu e outro o negou com juramentos e blasfêmias.

*E desconhecido aos filhos de minha mãe.* Que nenhum de nós jamais aja como se fôssemos desconhecidos para Ele. Que nunca o tratemos como se Ele fosse desconhecido para nós. Antes decidamos ser crucificados com Ele e que a graça possa transformar a decisão em fato. —C. H. SPURGEON

## Versículo 9
*Pois o zelo da tua casa me consumiu.* O zelo por Deus é pouco compreendido pelos homens do mundo de modo que sempre atrai oposição àqueles que por ele são inspirados. Certamente, serão sempre acusados de motivos sombrios ou de hipocrisia ou de haverem perdido a sanidade. Quando o zelo nos consome, os impiedosos procuram nos consumir, também, e este foi preponderantemente o que aconteceu com o nosso Senhor, porque Seu ciúme santo era preponderante. —C. H. SPURGEON

Como Calvino foi engenhoso no vinhedo do Senhor! Quando seus amigos o persuadiram, por sua saúde, a diminuir um pouco de seu trabalho, ele disse: "Vocês querem que o Senhor me encontre ocioso quando vier?" Lutero investia três horas por dia em oração. Diz-se do santo Bradford que pregar, ler e orar era sua vida. "Eu me alegro", disse o bispo Jewel, "porque meu corpo se exaure nos labores de meu santo chamado".

Como eram impetuosos os benditos mártires! Eles usavam seus grilhões como ornamentos; pegavam seus tormentos e os usavam como coroas e abraçavam as chamas tão jubilosamente quanto Elias, na

carruagem de fogo que veio para levá-lo ao Céu. "Que venham cavaletes, fogueiras, estrapadas ou todo o tipo de tormento, para que eu possa ganhar Cristo", disse Inácio. Estas almas piedosas "resistiram até o sangue". Como isto deveria provocar nosso zelo! Escreva utilizando estas formosas cópias.
—THOMAS WATSON

*Zelo, injúrias.* Lembro-me de que Moulin, falando dos protestantes franceses, disse: "Quando os papistas nos feriram por ler as Escrituras, queimamos de zelo por poder lê-las; mas agora que a perseguição acabou, nossas Bíblias são como velhos almanaques." Em momentos de grande aflição e perseguição por causa da santidade, um cristão tem: primeiro, um bom capitão para o liderar e encorajá-lo; segundo, uma causa justa para motivá-lo e lhe dar ousadia; e em terceiro o Deus gracioso para o aliviar e socorrê-lo; e um quarto no Céu glorioso para o receber e recompensá-lo. E, certamente, estas coisas não poderiam senão o elevar e inflamá-lo poderosamente sob grandiosa oposição e perseguição.
—THOMAS BROOKS

*Versículo 10*
*Chorei, em jejum está a minha alma, e isso mesmo se me tornou em afrontas.* Nosso Salvador muito pranteou em segredo por nossos pecados, e sem dúvida Suas punições de alma particulares em nosso favor foram muito frequentes. Montanhas isoladas e lugares desertos presenciaram repetidas agonias, que, se pudessem revelá-las, de fato nos assombrariam. A extenuação que estes exercícios causaram em nosso Senhor o fizeram aparentar ter 50 anos quando Ele tinha pouco mais de 30; o que era a Sua honra foi usado como opróbrio contra Ele. —C. H. SPURGEON

Observe aqui que a virtude é considerada vício; a verdade, blasfêmia; a sabedoria, insensatez. Observe: o pacificador do mundo é julgado como uma pessoa sediciosa; aquele que cumpriu a Lei, um violador da Lei; nosso Salvador, um pecador; nosso Deus, um demônio. —SIR JOHN HAYWARD, em *O santuário de alma conturbada*

*Versículo 12*
*E sou motivo para cantigas de beberrões.* Os ímpios não conhecem gesto mais feliz do que aquele em que o nome do santo é deturpado. O sabor da calúnia é picante e dá tempero ao vinho do folião. Os santos são sempre escolhas seletas para a sátira. *Hudibras* de Butler deveu mais de sua popularidade à sua galhofa herege do que à sua sagacidade inerente. Que incrível pecado é que Ele, a quem os serafins adoram com rostos cobertos, seja um provérbio de escárnio entre os mais abandonados dos homens!

*A palavra de ordem da multidão passante,*
*A zombaria do governante, a cantiga do bêbado.*
—C. H. SPURGEON

O caminhar santo é a canção do beberrão, como foi Davi; então, precisão e rigor no caminhar são ordinários. O mundo não pode suportar as conversas fervorosas e distintas de alguns dos santos; são tão incisivamente reprovados por tais conversas, que com aqueles pagãos, chegam ao ponto de amaldiçoar o Sol porque seu brilho os queima.
—JOHN MURCOT

"A menos que ridicularizem e zombem os caminhos e os servos de Deus" (como disse o Sr. Greenham), "os insensatos não sabem como se alegrar"; e então o diabo se alegra com a companhia deles. —ANTHONY TUCKNEY, em *Um bom dia bem aprimorado*

*Versículo 13*
*Ó Deus, ouve-me segundo a grandeza da tua misericórdia* (ARC). Para a miséria, nenhum atributo é mais doce do que a misericórdia, e quando a aflição se multiplica, a abundância de misericórdia é muito valorizada. —C. H. SPURGEON

*Pesada a cruz, mais calorosa a oração;*
*Ervas esmagadas mais aromáticas são.*
*Se o céu e o vento fossem sempre confiáveis,*
*Não precisaria o marinheiro as estrelas contemplar;*
*E os salmos de Davi nunca seriam entoáveis*
*Se o seu coração não fosse assolado pelo pesar.*
—DO ALEMÃO

*Versículo 17*
*Responde-me depressa*. Nosso Senhor foi a perfeição da paciência, contudo, Ele clamou urgentemente por misericórdia veloz; e nisso Ele nos dá liberdade para fazer o mesmo, contanto que digamos: "não seja como eu quero, e sim como tu queres."

*Versículo 18*
*Aproxima-te de minha alma*. A aproximação imediata de Deus é tudo que o sofredor precisa; um sorriso do Céu aquietará a ira do inferno.

*Versículo 19*
*Todos os meus adversários estão à tua vista*. Toda a companhia lasciva e barulhenta está agora presente diante de Seus olhos. Judas e sua traição, Herodes e sua astúcia, Caifás e seu conselho; Pilatos e sua vacilação; judeus, sacerdotes, povo, governantes, todos. O Senhor a todos vê e os julgará.

*Versículo 21*
*E na minha sede me deram a beber vinagre*. O refresco de um criminoso foi oferecido a nosso Senhor inocente, uma porção amarga para nosso Mestre moribundo. Distração lamentável tinha a Terra para seu Rei e Salvador. Com que frequência nossos pecados encheram o cálice de fel para nosso Redentor! Enquanto culpamos os judeus, não nos escusemos.
—C. H. SPURGEON

*Versículo 22*
As imprecações neste versículo e aqueles que o seguem são revoltantes somente quando consideradas como expressão de egoísmo maligno. Se pronunciadas por Deus, não chocam as sensibilidades do leitor, nem deveriam quando consideradas como linguagem de uma pessoa ideal, representando toda a classe de justos sofredores e particularmente Ele, que, ainda que tenha orado por Seus assassinos enquanto morria (Lc 23:24), tenha antes aplicado as palavras desta exata passagem aos judeus incrédulos (Mt 23:38) como Paulo o fez posteriormente (Rm 11:9,10).

A doutrina geral da retribuição providencial, longe de ser confinada ao Antigo Testamento, é distintamente ensinada em muitas das parábolas de nosso Salvador (veja Mt 21:41; 22:7; 24:51). —JOSEPH ADDISON ALEXANDER

*Sua mesa torne-se-lhes diante deles em laço*. Ou seja, uma recompensa por sua desumanidade e crueldade comigo. Michaelis mostra o quão exatamente estas combinações foram cumpridas na história do cerco final de Jerusalém pelos romanos. Muitos milhares de judeus haviam se reunido na cidade para comer o cordeiro pascal, quando Tito inesperadamente os atacou. Neste cerco, a maior parte dos habitantes de Jerusalém pereceu miseravelmente.
—WILLIAM WALFORD

*Versículo 23*
*Obscureçam-se-lhes os olhos, para que não vejam*. Olhos que não veem beleza no Senhor Jesus, mas lançam a ira sobre Ele podem muito bem obscurescer ainda mais, até a morte espiritual levar à morte eterna.

*Versículo 24*
*Derrama sobre eles a tua indignação*. Que punição pode ser tão severa para aqueles que rejeitam o Deus encarnado e se recusam a obedecer aos comandos de Sua misericórdia? Eles merecem ser inundados de ira, e serão; pois sobre todos os que se rebelam contra o Salvador, Cristo o Senhor, "A ira, porém, sobreveio contra eles, definitivamente" (1 Ts 2:16). A indignação de Deus não é irrisória; a ira de um Ser santo, justo, onipotente e infinito está acima de todas as coisas a serem temidas; mesmo uma gota já consome, mas tê-la derramada sobre nós é inconcebivelmente pavoroso. Ó Deus, quem conhece o poder de Tua ira?

*Versículo 27*
*Soma-lhes iniquidade à iniquidade*. Os incrédulos acrescentarão pecado a pecado e assim, punição a punição. Esta é a imprecação ou profecia mais severa de todas. —C. H. SPURGEON

O pecado, levado longe o suficiente, torna-se a sua própria condenação. Deixe um glutão voraz ser forçado a sentar-se à uma mesa bem guarnecida menos de duas horas após ter enchido seu estômago, e isso seria para ele uma penitência intolerável. Deixe o beberrão ser forçado a continuar a beber com aqueles que têm mais tolerância que ele; que fardo ele é para si mesmo e zombaria para seus camaradas beberrões! Deixe um indolente preguiçoso ser confinado três dias à sua cama, quão exausto ficará de sua cama de desânimo! Como se cansa o ocioso de seu ócio muito mais do que o outro de seu trabalho! —SAMUEL ANNESLEY, em *Exercícios matutinos*

*E não gozem da tua absolvição.* Aqueles que escolhem o mal receberão sua escolha. Os homens que odeiam a misericórdia divina não serão forçados a recebê-la. —C. H. SPURGEON

### Versículo 28

*Sejam riscados do Livro dos Vivos e não tenham registro com os justos.* Chegamos à questão: estar escrito no Céu é garantia infalível de salvação ou alguém ali registrado pode ser riscado? A verdade é que nenhum escrito no Céu pode jamais ser perdido; contudo há objeções para este versículo.

Logo, há quem deduza que alguns nomes antes lá registrados são posteriormente apagados; mas esta opinião lança dupla calúnia no próprio Deus. Ou faz dele ignorante das coisas futuras, como se Ele não previsse o fim dos eleitos e dos réprobos e estivesse enganado ao decretar alguns para serem salvos quando não o serão; ou, o Seu decreto é mutável, ao excluir aqueles com base em seu pecado e que Ele havia escolhido anteriormente. De ambas as fraquezas o apóstolo Paulo o justifica: "Entretanto, o firme fundamento de Deus permanece, tendo este selo: O Senhor conhece os que lhe pertencem" (2 Tm 2:19).

Agostinho diz que não devemos considerar que Deus escreve e então apaga. Pois se um Pilatos pode dizer: "O que escrevi, escrevi" e isto permanecerá; dirá então Deus: "O que escrevi, apagarei e não permanecerá"?

Estão escritos, então, segundo sua própria esperança que assume que seus nomes ali estão, e são riscados quando a eles é manifesto que seus nomes nunca tiveram tal honra de inscrição. Isto é inclusive fortalecido pelo Salmo, de onde trazem a oposição: *Sejam riscados do Livro dos Vivos e não tenham registro com os justos.*

Então ser riscado desse livro é, de fato, nunca ter sido nele escrito. Ser liquidado no fim não passa de uma declaração de que estes não estavam escritos desde o princípio. —THOMAS ADAMS

### Versículo 29

*Eu, porém, sou pobre e estou triste* (ACRF). Nenhum homem foi mais pobre ou triste do que Jesus de Nazaré, contudo Seu clamor vindo das profundezas foi ouvido, e Ele foi exaltado à mais elevada glória.

*Ponha-me o teu socorro, ó Deus, em alto refúgio.* Ó vocês pobres e tristes, ergam a cabeça, pois como foi com o seu Senhor, assim será com vocês. Hoje você é pisoteado como a lama das ruas, mas em breve você cavalgará nos altos lugares da Terra. E ainda agora vocês são exaltados juntos e juntos se assentam nos lugares celestiais em Cristo Jesus. —C. H. SPURGEON

### Versículo 31

*Será isso muito mais agradável ao Senhor do que um boi ou um novilho com chifres e unhas.* O *opus operatum*, em que nossos ritualistas tanto pensam, para o Senhor é enfadonho. Os chifres e unhas nada são para Ele, ainda que para ritualistas judeus fossem grandes pontos e questões para exame crítico. Nossos rabis modernos são, da mesma forma, profundamente precisos com o misturar da água em seu vinho, o assar de seus bolos, o corte de suas vestimentas e a performance de genuflexões em direção ao ponto certo na bússola. Ó tolos, e lentos de coração para perceber tudo o que Senhor declarou. —C. H. SPURGEON

# Salmo 70

TÍTULO: "Ao mestre de canto. De Davi." Até aqui o título corresponde ao Salmo 40, do qual este é uma cópia com variações. Davi aparentemente escreveu o salmo completo e também fez este excerto dele e o alterou para adequá-lo à ocasião. É um adorno adequado para o Salmo 69 e um prefácio apropriado para o Salmo 71. Para trazer à memória: esta é a homenagem ao homem pobre. —C. H. SPURGEON

*Versículo 3*
*Retrocedam por causa da sua ignomínia os que dizem: Bem-feito! Bem-feito!* Eles pensavam em envergonhar o piedoso, mas foram envergonhados e o serão para sempre. Como os homens são entusiastas de insultos! E se são insignificantes como "bem-feito!", mais como choros de animais do que palavras humanas, pouco importa, contanto que sejam escape para escárnio e que aguilhoem a vítima. Tenha certeza, os inimigos de Cristo e Seu povo terão recompensas por suas obras; eles serão pagos em sua própria moeda. Eles amavam a zombaria e dela serão cheios — sim, se tornarão um provérbio e palavra de ordem para sempre. —C. H. SPURGEON

Ó milagre da misericórdia! Aquele que merecia aleluias de um universo inteligente e os hosanas especiais de todos os filhos do homem, precisou antes prever e então suportar das bocas dos próprios rebeldes a quem veio abençoar e salvar os maliciosos insultos: "Bem-feito! Bem-feito!" —JAMES FRAME

*Versículo 5*
*Senhor, não te detenhas!* Sua oração por si mesmo, como Sua oração por Seus inimigos e por Seus amigos, foi respondida. O Senhor não se deteve.

Antes que se passassem 24 horas, Seu espírito resgatado estava no paraíso, e o ladrão crucificado estava com Ele. Ó, que mudança! A manhã o viu condenado na corte do tribunal terreno, sentenciado à morte e pregado ao amargo madeiro; antes que a noite encobrisse o monte Calvário, Ele estava aninhado no seio de Deus e tornara-se o grande centro de atração e admiração de todas as santas inteligências do Universo.

A manhã o viu arrastado pelo portão de Jerusalém, cercado de uma multidão grosseira, cujas vaias ressoavam em Seu ouvido; mas antes que a noite caísse, Ele havia passado por cima do portão da Jerusalém, e Suas pegadas estavam agora nas ruas de ouro. Os hinos dos anjos elevaram-se acima do domo do Céu e a alegria preencheu o coração de Deus. —JAMES FRAME

# Salmo 71

NÃO há título para este Salmo e, portanto, alguns conjecturam que o Salmo 70 tenha sido escrito como preâmbulo a este e, posteriormente, tenham sido separados. Tais suposições não têm valor para nós. Já nos encontramos com cinco Salmos sem título que são, todavia, tão completos quanto aqueles que os têm.

Temos aqui a "Oração do cristão envelhecido", que em confiança santa da fé, fortalecido por uma longa e notável experiência, roga contra seus inimigos e pede bênçãos complementares para si. Esperando uma resposta graciosa, ele promete magnificar grandiosamente o Senhor. —C. H. SPURGEON

Será questionado de que maneira Cristo poderia utilizar versículos como o 9 e o 18, uma vez que estes aparentemente se referem à fragilidade do envelhecimento. A resposta a esta dificuldade é que Ele utiliza estas expressões em simpatia aos Seus membros e em Seu próprio caso denota o estado equivalente a envelhecer. Sua idade era avançada antes que chegasse aos 33 anos, como João 8:57 supostamente sugere, pois "homens desgastados vivem brevemente". —ANDREW A. BONAR

### Versículo 3

*Ordenaste que eu me salve.* A destruição não pode nos destruir; a fome não pode nos matar de inanição; mas rimos de ambos, enquanto o mandato de Deus nos protege. —C. H. SPURGEON

### Versículo 4

*Homem injusto e cruel* é literalmente o homem fermentado com ódio pela verdade e inimizade com Deus; e, portanto, um violento opositor de Seu povo. Então, em 1 Coríntios 5:8, somos alertados contra o "fermento da maldade e da malícia" que, de acordo com a ilustração, pode impregnar todo o caráter natural de um homem impiedoso, suas faculdades e afeições. —W. WILSON

### Versículo 5

*Pois tu és a minha esperança.* Cada anseio de nosso coração, cada raio de esperança que reluz em nós, cada toque que nos emociona, cada voz que sussurra no mais profundo de nosso coração sobre as coisas boas armazenadas para nós, todas estas, caso amemos a Deus, são a luz de Cristo nos iluminando, o toque de Cristo ressuscitando-nos para nova vida, a voz de Cristo: "o que vem a mim, de modo nenhum o lançarei fora"; é "Cristo em vós, a esperança da glória"; atraindo-nos por Seu Espírito que habita em nós, para si, nossa esperança.

Pois nossa esperança não é a glória do Céu, nem alegria, paz, descanso do labor, nem plenitude de nossos desejos, doce contentamento de toda a alma, compreensão de todos os mistérios e todo o conhecimento, nem mesmo uma torrente de deleites. É "Cristo nosso Deus", "a esperança da glória".

Nada que Deus possa criar é aquilo pelo qual esperamos; nada que Deus possa nos dar fora de si mesmo, nenhuma glória criada, ou bênção, ou beleza, ou majestade, ou riquezas. Aquilo em que temos esperança é nosso Deus, o próprio Redentor, Seu amor, Sua bem-aventurança, a alegria do próprio Senhor, que tanto nos amou a ponto de ser nossa porção para sempre. —E. B. PUSEY

*Senhor Deus, a minha confiança desde a minha mocidade.* Até mesmo Sêneca, um pagão, podia dizer: "A juventude bem vivida é o grande consolo da velhice." Quando o procônsul ordenou que Policarpo negasse Cristo e jurasse pelo imperador, ele respondeu: "Eu servi a Cristo nestes 86 anos e Ele não me prejudicou uma vez sequer. Deverei eu agora negá-lo?" —OLIVER HEYWOOD

*Versículo 7*
*Para muitos sou como um portento.* "Para milhares de olhos sou eu uma marca e um alvo." Os santos são homens prodígios. Geralmente seu lado obscuro é sombrio a ponto de causar espanto, enquanto seu lado brilhante é glorioso a ponto de causar assombro. O cristão é um mistério, um enigma desconcertando o não espiritual; é um monstro em estado de guerra contra os deleites da carne, que são a essência de todas as coisas para outros homens; ele é um prodígio, inexplicável pelos julgamentos dos ímpios; um portento a ser contemplado, temido e, eventualmente, a ser zombado com desdém. Poucos nos compreendem, muitos se surpreendem conosco.
—C. H. SPURGEON

O Messias não atraiu o olhar admirado da humanidade. Ele, de fato, capturou atenção; Ele suscitou o "espanto"; mas não era o espanto de admiração. Alguns poucos cujos olhos Deus abrira, viram, de fato, em certa medida, a real grandiosidade em meio a esta aparente maldade. Eles viram "a sua glória, glória como do unigênito do Pai." Uma glória que ofusca todo o esplendor criado.

Porém, a grande multidão daqueles que o viram ficou "perplexa" com Ele. Sua aparência exterior, especialmente quando contrastada com Sua declaração de Messianismo, os impactou. O camponês galileu — o carpinteiro nazareno — o filho de José, declarando que Deus é Seu próprio Pai — declarando-se ser o "pão da vida" e "a luz do mundo"; afirmando que os destinos da eternidade se apoiam na recepção ou rejeição concedida a Ele e à Sua mensagem; tudo isto agitava emoções mescladas de maravilhamento e indignação, escárnio e repúdio, no peito da grande maioria de Seus compatriotas. Ele era um "portento", um prodígio para muitos. —JOHN BROWN, em *Os sofrimentos e glórias do Messias*

*Versículo 8*
*Os meus lábios estão cheios do teu louvor e da tua glória continuamente.* Que bocado bendito! Um homem jamais se enojará disso, ainda que tenha este gosto em sua boca durante todo o dia. O pão de Deus está sempre em nossa boca; assim Seu louvor também deveria. Ele nos preenche com o bem; sejamos também preenchidos de gratidão. Isto não deixa espaço para murmuração e maledicência; portanto, nos unamos ao santo Davi neste desejo sagrado.
—C. H. SPURGEON

*Versículo 9*
*Não me rejeites na minha velhice.* A velhice nos rouba a beleza pessoal e nos priva de força para o serviço ativo; mas não nos reduz o amor e o favor de Deus.
—C. H. SPURGEON

Não é artificial ou inadequado para um homem que vê a velhice se aproximando, orar por graça especial e força especial para capacitá-lo a encontrar aquilo de que não pode se proteger e aquilo que não pode evitar temer. Pois quem pode olhar para as enfermidades da velhice que o assolam, sem entreter sentimento de tristeza e se sentir cabisbaixo?

Quem desejaria envelhecer? Quem pode olhar um homem cambaleando com os anos e derrotado por enfermidades, um homem cuja vista e a audição se foram; um homem que está sozinho em meio às sepulturas de todos os amigos que teve na juventude; um homem que é um fardo para si e para o mundo; um homem que chegou à "última cena de tudo o que se acaba na estranha e conturbada história"; a cena de

*Segunda puerilidade e mero esquecimento,*
*Sem dentes, sem olhos, sem gosto, sem nada.*
—ALBERT BARNES

*Quando me faltarem as forças, não me desampares.* Dia 28 de junho. Neste dia, entro em meu octogésimo sexto ano. Agora percebo que estou envelhecendo: (1) Minha vista está deteriorada, de modo que não consigo ler pequenas letras, a menos que haja luz forte; (2) Minha força está deteriorada, de modo que caminho muito mais lentamente do que o fazia há anos; (3) Minha memória para nomes, seja de pessoas ou lugares, está deteriorada, até que eu pare por um momento para recordá-las.

O que eu deveria temer é que se eu pensar no amanhã, meu corpo pesará sobre minha mente e criará intransigência pelo decréscimo de meu entendimento, ou impertinência, pelo acréscimo de enfermidades no corpo; mas o Senhor responderá por mim, meu Deus. —JOHN WESLEY

*Versículo 11*
*Dizendo: Deus o desamparou.* Ó, amargo insulto! Não há flecha pior em todas as aljavas do inferno. Nosso Senhor sentiu este dardo farpado e não surpreende se os Seus discípulos sentirem o mesmo. Fosse essa exclamação verdadeira, seria, de fato, um dia adverso para nós; mas, glória a Deus, é uma mentira descarada.

*Versículo 14*
*Esperarei sempre.* Quando não posso me alegrar com o que tenho, olharei adiante para o que será meu e ainda assim me alegrarei. —C. H. SPURGEON

*Versículo 15*
*Ainda que eu não saiba o seu número.* Davi começou a sua aritmética, no versículo 14, com o acréscimo: "Quanto a mim, esperarei sempre e te louvarei mais e mais"; mas ele foi bastante golpeado em sua primeira regra das sagradas matemáticas. O cálculo dele falha; a simples enumeração das misericórdias de Deus sobrecarrega a sua mente; ele assume a sua inadequação. Seja ela calculada pelo tempo, lugar ou valor, a salvação vinda de Deus dispensa todas as estimativas. —C. H. SPURGEON

*Versículo 17*
*Tu me tens ensinado, ó Deus, desde a minha mocidade.* Jerônimo, em sua epístola a Nepociano, diz: "Como o fogo na madeira verde é abafado, assim o é com a sabedoria na juventude, limitada por tentações e concupiscência, não desabrocha seu resplendor e a menos que haja trabalho árduo, aplicação consistente e oração, os incentivos da juventude são interiormente repelidos." Platão diz que não há nada mais divino do que a educação das crianças. Sócrates diz que Deus é a mente do Universo. Sem Ele, portanto, todos são insanos; mas com Ele, e por meio dele, em um único momento tornam-se sábios. —THOMAS LE BLANC

Aqueles que são perversos não passam de ervas daninhas sobre um monte de estrume, mas vocês que são piedosos são como plantas no pomar de Deus. No último capítulo de Romanos (v.7) descobrimos que Andrônico e Júnias são elogiados porque estavam em Cristo antes de Paulo: "estavam em Cristo antes de mim."

Honrável é estar em Cristo antes de outros; é honrável quando somos jovens e daí continuar nos caminhos da piedade durante toda a juventude e assim na idade adulta, até a velhice. —JEREMIAH BURROUGHS

*E até agora tenho anunciado as tuas maravilhas.* Um conservadorismo sagrado é muito necessário nestes dias, em que homens abrem mão de antigas luzes trocando-as por novas. Nosso destino é aprender e ensinar as maravilhas do amor redentor, até que consigamos descobrir algo mais nobre ou que satisfaça mais a alma; por esta razão temos esperanças que nossas cabeças grisalhas sejam encontradas na mesma estrada que percorremos, desde nossa juventude imberbe. —C. H. SPURGEON

*Versículo 18*
*Não me desampares, pois, ó Deus, até à minha velhice e às cãs.* Venham, deixem-me bater à porta de seus corações. Não são vocês, velhos professores, equivalentes a antigos carvalhos que permanecem na floresta entre aqueles que ainda professam e se mantêm na postura de fé, seguem as ordenanças etc; mas "a chuva da qual bebem", como é a palavra dos apóstolos, serve para nenhum outro fim senão apodrecê-los. "Estes estão próximos da maldição".

Ó, vocês ainda têm frutos verdes crescendo, como afeições vivificadas e vigorosas por Deus e Cristo, e fé e amor, como fora no início e talvez ainda mais abundantes? Ó, bendito seja Deus, pois estão tão próximos do porto. Eleve seu coração, sua redenção se aproxima; e eleve sua confiança de que esse Deus de graça, que o chamou para Sua glória eterna, manterá você para recebê-la e o fará ser tomado por ela muito em breve. —THOMAS GOODWIN

*Não me desampares; pois, ó Deus, até.* A apostasia na velhice é temerosa. Aquele que escalar até quase chegar ao topo de uma torre e então escorregar é o que

sofre a maior queda. O paciente quase recuperado, quando tem uma recaída adoece mais mortalmente.
—THOMAS ADAMS

*Versículo 23*
*A minha alma, que remiste.* O cântico da alma é a essência do cantar. Até que os homens sejam remidos, eles serão como instrumentos desafinados; mas quando o precioso sangue os colocar em liberdade, estarão então equipados para magnificar o Senhor que os comprou. Termos sido comprados por um preço é razão mais do que suficiente para nos dedicarmos a adorar nosso Deus, nosso Salvador da forma mais sincera possível.

*Versículo 24*
*Igualmente a minha língua celebrará a tua justiça todo o dia.* Falarei comigo mesmo, contigo, meu Deus, e com meus semelhantes. Meu tema será o modo como o Senhor justifica pecadores, a gloriosa demonstração de Sua justiça e graça em Seu amado Filho; e este assunto mais do que inovador, a ser jamais extenuado, estará sempre comigo, do nascer ao pôr do sol.

Outros falam sobre seus amados, então me ouvirão falar do meu. Tornar-me-ei incessante falador, enquanto esta questão estiver em meu coração, pois em qualquer companhia este assunto será adequado.
—C. H. SPURGEON

# SALMO 72

É CONSIDERAVELMENTE incontestável que o título declara que Salomão é o autor deste Salmo e, contudo, a partir do versículo 20 temos a impressão de que Davi o articula em oração antes de morrer. Sem dúvida alguma, Jesus está presente aqui na glória de Seu reino, como Ele é agora e como será revelado na glória do último dia. —C. H. SPURGEON

Tão claros são os indícios da escrita de Salomão que Calvino, cuja sagacidade neste tipo de crítica nunca foi superada, ainda que tenha se sentido compelido, pela nota ao fim do Salmo, a atribuir seu conteúdo a Davi, sentiu o toque de Salomão tão claramente que lançou fora a conjectura de que a oração era do pai, e que posteriormente fora colocada em formato lírico pelo filho. —WILLIAM BINNIE

*Versículo 3*
*Também as colinas a trarão, com justiça.* Em um sentido espiritual, a paz é concedida ao coração pela justiça de Cristo; e todos os poderes e paixões da alma são preenchidos com uma quietude santa, quando o caminho de salvação, por uma justiça divina, é revelado. Então caminhamos com alegria e somos levados adiante com paz; as montanhas e as colinas irrompem diante de nós em canto.

*Versículo 5*
*Ele permanecerá enquanto existir o sol e enquanto durar a lua.* Seu reino, também não é um castelo de cartas ou uma dinastia de dias; é tão duradouro quanto as luzes do céu; dias e noites cessarão antes que Ele abdique o Seu trono. Até hoje nem o Sol ou a Lua manifestaram falha alguma em seu resplendor, nem há sinal algum de decrepitude no reino de Jesus. Pelo

contrário, está em sua juventude e é evidentemente o poder vindouro, o sol nascente.

*Através das gerações.* Cada geração terá uma regeneração em seu meio; deixe que o papa e o diabo façam o que quiserem. Até mesmo neste momento temos diante de nós símbolos do Seu poder eterno; desde que Ele ascendeu a Seu trono há 1800 anos, o Seu domínio não foi aniquilado, ainda que os impérios mais poderosos tenham desaparecido como visões da noite. Vemos na costa do tempo os naufrágios dos Césares, as relíquias do Império Mogol e os remanescentes finais dos Otomanos. Carlos Magno, Maximiliano, Napoleão, movem-se como sombras diante de nós! Eram e não são mais; mas Jesus *é* para sempre. E as casas dos Hohenzollern, Guelph ou Hapsburg? Eles têm sua hora; mas o Filho de Davi tem todas as horas e eras, pois são propriedades dele. —C. H. SPURGEON

## Versículo 6

*Seja ele como chuva que desce sobre a campina ceifada, como aguaceiros que regam a terra.* Cada gota cristalina de chuva fala da misericórdia celestial que não esquece as campinas ressequidas. Jesus é graça plena, tudo o que Ele faz é amor e Sua presença entre nós homens, é alegria. Precisamos pregá-lo mais, pois nenhuma outra chuva pode refrescar tão eficazmente as nações. O pregar filosófico zomba dos homens como que com uma chuva de poeira, mas o evangelho trata do caso da humanidade caída e a felicidade brota sob seu amável poder. Venha, ó Senhor, sobre minha alma e meu coração florescerá com o Seu louvor. —C. H. SPURGEON

Almas sem Cristo são como o solo árido; sem a hidratação da graça salvadora seus corações são duros. Nem cajados, nem misericórdias ou sermões os impressionam. Por quê? Eles não têm Cristo, a fonte da graça e das influências espirituais. Antes da queda, a alma do homem era como um jardim bem regado: belo, verde e perfumado; mas em sua apostasia de Deus, Adão nosso primeiro cabeça, causou a sequidão das fontes da graça e santidade em sua alma; e não há cura para esta seca, exceto pela união da alma com o novo Cabeça. —JOHN WILLISON

## Versículo 7

*Justo. Paz.* Você pergunta o que Ele é individualmente? A resposta é: "Rei da justiça". Um Ser que ama a justiça, opera a justiça, promove a justiça, assegura a justiça, comunica justiça àqueles a quem salva, perfeitamente impecável e inimigo do pecado, com poder para aboli-lo por completo.

Você pergunta o que Ele é em termos práticos e em relação ao efeito de Seu reino? A resposta é: "Rei da Paz". Um Soberano cujo reino é abrigo para todos os que são miseráveis, um esconderijo para todos que são perseguidos, um lugar de descanso para todos que estão exaustos, um lar para o abandonado e um refúgio para o perdido. —CHARLES STANFORD

## Versículo 8

*Domine ele de mar a mar e desde o rio até aos confins da terra.* Somos encorajados por uma passagem como esta a procurar o reino universal do Salvador, seja antes ou depois do Seu advento pessoal, deixamos esta questão para que outros a discutam. Neste Salmo, ao menos, vemos um monarca pessoal e Ele é a figura central, o foco de toda a glória; não o Seu servo, mas Ele próprio possuindo o domínio e dispensando o governo. Os pronomes pessoais referindo-se ao nosso grande Rei ocorrem constantemente neste Salmo: Domine *ele,* reis se prostrem perante *ele, o* sirvam, *ele* acode, *ele* tem piedade e salva, viverá e *o* bendirão todos os dias. —C. H. SPURGEON

## Versículo 12

*Ao necessitado que clama.* Um clamor é o idioma nativo de uma alma espiritualmente necessitada; ele dá cabo de frases refinadas e longos discursos e traz à tona soluços e gemidos; e assim, de fato, compreende a mais potente de todas as armas, pois o Céu sempre se rende a tal artilharia.

*E também ao aflito e ao desvalido.* O provérbio diz: "Deus ajuda a quem se ajuda"; mas é ainda mais verdade que Jesus ajuda aqueles que não conseguem se ajudar nem encontrar auxílio em outros. Todos os indefesos estão sob cuidado especial do compassivo Rei de Sião; que eles se apressem em se colocar em comunhão com Ele. Que olhem para Ele, pois Ele os está procurando.

*Versículo 13*
*E salva a alma aos indigentes.* Cipião costumava dizer que ele preferiria salvar um único cidadão a matar milhares de inimigos. Todos os príncipes deveriam ter este tipo de entendimento com relação aos seus súditos; mas esta afeição e este amor atingiram o mais elevado poder e afeição, no seio de Cristo. Tão ardente é o Seu amor por aqueles que a Ele pertencem, que o Senhor não suportaria que nenhum deles perecesse, mas os leva à salvação plena e, opondo-se a demônios e tiranos que procuram destruir suas almas, Ele refreia sua fúria e confunde sua ira.
—MOLLERUS

*Versículo 14*
*E precioso lhe é o sangue deles.* Os angolanos tanto repudiavam seus escravos que certas vezes trocavam até 22 deles por um cão de caça... Mas Cristo prefere a alma de um dos Seus servos a todo o mundo, uma vez que Ele morreu para que fosse possível sua entrada na felicidade eterna.

Por quebrar uma taça, o romano lança seu escravo na lagoa para ser devorado pela moreia. Mas o Filho de Deus veio do Céu à Terra para libertar a humanidade, Seus servos vis, ingratos e sem fé, dos ataques da serpente, como o velo de ouro e salvá-los como o fez com Jonas dentro do grande peixe. Não é então o sangue destes servos precioso aos Seus olhos?
—THOMAS LE BLANC

*Versículo 15*
*Viverá.* Alexandre o Grande reconheceu na hora da morte que era um homem fraco e débil. Ele disse: "Vejam! Eu estou morrendo. Aquele a quem vocês falsamente chamavam deus." Mas Cristo provou que Ele era Deus quando, por Sua morte, venceu e, se assim posso dizer, assassinou a morte. —THOMAS LE BLANC

*Versículo 16*
*Abundância de cereais.* Indubitavelmente tem sido familiar para você ver mercadores de cereais carregando pequenas sacolas consigo, contendo apenas um punhado de cereal, que exibem como espécimes do armazenamento que têm à venda.

Agora, deixe-me implorar a todos vocês que carreguem uma pequena sacola com este precioso cereal do evangelho. Quando você escrever uma carta, escreva algo sobre Cristo; pode ser uma semente que criará raiz... Fale uma palavra sobre Cristo onde quer que você for; pode ser uma semente que produzirá grande quantidade de fruto. Deixe um folheto no balcão, ou numa casa; pode ser uma semente que produzirá colheita abundante. O lugar mais difícil, a montanha mais íngreme, o lugar onde houver menos esperança de produzir frutos, deve ser o primeiro local de investida; e quanto mais trabalho for exigido, mais concentração deve haver na distribuição das sementes. —JAMES SHERMAN

Versículos 18 e 19. Como Quesnel bem observa, estes versículos explicam-se a si mesmos. Eles pedem especialmente por profunda gratidão e emoção do coração em lugar de um exercício de compreensão; devem, de preferência, ser utilizados para adoração e não exposição. É, e sempre será, o auge de nossos desejos e o clímax de nossas orações, contemplar Jesus exaltado, o Rei dos reis e Senhor dos Senhores.
—C. H. SPURGEON

*Versículo 19*
*Amém e amém!* Rabi Jehudah o santo disse: "Aquele que disse *Amém* neste mundo é digno de dizê-lo no mundo vindouro. Davi, portanto, pronuncia *Amém* duas vezes neste Salmo para demonstrar que um 'Amém' pertence a este mundo, o outro àquele que virá. Aquele que disse 'Amém' piedosamente é maior do que aquele que pronuncia orações, pois orações não passam de letra e o Amém é o selo. O escriba escreve as letras; somente o príncipe as sela."
—NEALE E LITTLEDALE

# Salmo 73

ASSUNTO: curiosamente este septuagésimo terceiro Salmo corresponde em assunto ao 37. Será de boa ajuda à memória dos jovens perceber as figuras invertidas. O tema é aquela antiga pedra de tropeço dos bons homens, que os amigos de Jó não conseguiram ultrapassar, a saber, a vigente prosperidade dos perversos e os sofrimentos dos piedosos. Filósofos pagãos instigaram-se com isto, enquanto que para os cristãos tem sido, muito frequentemente, uma tentação. —C. H. SPURGEON

O Salmo 73 é um registro muito marcante da luta mental que um eminentemente piedoso judeu vivenciou quando contemplou as condições pertinentes ao justo e ao perverso. Ele relata o choque mais fatal que sua fé recebera quando contrastou a prosperidade do perverso, que, mesmo desprezando orgulhosamente Deus e o homem, prosperou no mundo e teve acréscimo de riquezas; com a sua própria porção, que, apesar de haver purificado seu coração e limpado suas mãos na inocência, consta sua sorte: "de contínuo sou afligido e cada manhã, castigado." —THOMAS THOMASON PEROWNE, em *A coerência essencial do Antigo e Novo Testamento*

No Salmo 73, a alma olha ao seu interior e pondera naquilo que encontra; a saber: a perversidade bem-sucedida e a justiça sofredora. Qual é a conclusão? "Inutilmente conservei puro o meu coração". Chega de olhar ao redor?

No Salmo 77, a alma olha para si e pondera naquilo que ali encontra. Qual é a conclusão? "Esqueceu-se Deus de ser benigno?" Chega de olhar para o seu interior. Para onde, então, deveríamos olhar? Para o alto, diretamente para o alto, e crer naquilo que ali vemos. Qual será a conclusão? Você compreenderá o "fim" do homem e traçará o "caminho" de Deus. —*AS NOVAS E VELHAS COISAS*, uma revista mensal

*Versículo 1*
*Com efeito:* uma pequena expressão; mas os menores resquícios de ouro são recolhidos. Pequenas pérolas têm grande valor. E esta pequena expressão não é de uso irrisório, quando adequadamente aplicada e desenvolvida. Tome-a (como nossos tradutores nos forneceram) como uma *nota de afirmação. Com efeito*. É uma declaração de fé, oposta à percepção do salmista e às importunações de Satanás. —SIMEON ASH, em um sermão intitulado *A incomparável bondade de Deus para com Israel*

*Com efeito, Deus é bom para com Israel, para com os de coração limpo.* Seja qual for a verdade sobre o que é misterioso e inescrutável, há certezas algures; a experiência colocou alguns fatos tangíveis ao nosso alcance. Apeguemo-nos então a estes e eles evitarão que sejamos carregados por estes furacões de infidelidade que ainda vêm do deserto e como turbilhões, assolam os quatro cantos de nossa casa e ameaçam derrubá-la.

Ó meu Deus, não obstante minha profunda confusão, jamais me deixes pensar o mau sobre o Senhor. Não conseguindo eu compreender-te, não me permitas jamais deixar de crer. Assim deve ser; não pode ser de outra forma. O Senhor é bom com aqueles a quem fez bons; e renovando o Senhor o coração, não o deixará para seus inimigos. —C. H. SPURGEON

Não obstante a variedade e frequência dos sofrimentos dos santos, *Deus ainda é bom*. Embora a tristeza os cumprimente todas as manhãs em seu primeiro despertar, e a angústia os acompanhe até a cama à noite, *ainda assim Deus é bom*. Embora sejam muitas e terríveis as tentações que agridem e dilaceram seus espíritos, *ainda assim Deus é bom para com Israel.*

A administração de Deus não está de acordo com as tristes especulações do coração temeroso de Seu povo. Pois, embora esteja frequentemente apto, por meio da desconfiança, a desistir de suas obras santas, dando-as como perdidas, e a rejeitar todos os seus cuidados e posturas, contudo *Deus é bom para com Israel*. —SIMEON ASH, em um sermão intitulado *A incomparável bondade de Deus para com Israel*

Vemos como é enfática esta exclamação do salmista! Ele não ascende à cadeira para disputar a questão dos filósofos e para entregar seu discurso em um estilo de oratória examinada; mas como se tivesse escapado do inferno, ele proclama com alta voz e com sentimento acalorado que obteve vitória. —JOÃO CALVINO

> *Embora, com certeza, os bens sejam bons;*
> *assim pensaria eu, se me garantissem segurança!*
> *Contudo, quando a virtude agoniza, e o vício*
> *triunfa, a humanidade se torna uma*
> *massa de ateus.* —DRYDEN

Deixe o diabo e seus instrumentos dizerem o que quiserem em oposição, jamais acreditarei neles. Eu disse antes e não vejo razão para reverter minha sentença: *com efeito Deus é bom*. Ainda que certas vezes Ele possa esconder a Sua face por certo tempo, Ele o faz em fidelidade e amor; há bondade em Seus flagelos e amor envolvendo Seu cajado. —JAMES JANEWAY

### Versículo 2
Aqui começa a narrativa da grande batalha da alma, uma maratona espiritual, um campo árduo e de bom combate em que os em parte derrotados se tornaram no final, plenamente vitoriosos. —C. H. SPURGEON

Que estes temam a Deus e comecem a olhar ao redor para as coisas deste mundo sabendo que será difícil até mesmo para eles resistirem em fé e no temor de Deus no tempo de provações. Lembre-se do exemplo de Davi. Ele era um homem que passou muito tempo viajando em direção ao Céu; contudo, ao olhar levemente ao redor para o show reluzente deste mundo, aproximou-se muito de se perder no caminho, seus pés quase resvalaram, seus passos estavam perto do tropeço. —EDWARD ELTON

*Quase me resvalaram os pés*. Os erros do coração e da mente em pouco tempo afetam a conduta. Há uma conexão íntima entre seu coração e os pés. Asafe mal podia permanecer em pé, sua verticalidade estava desaparecendo, seus joelhos estavam se dobrando como uma parede em queda. Quando os homens duvidam da justiça de Deus, sua própria integridade começa a ceder. —C. H. SPURGEON

Deve ser notado que o profeta disse estar quase resvalando, mas não completamente. Aqui está a presença, a providência, a força, a salvaguarda e a conservação do homem estabelecidas pelo Deus Todo-Poderoso. De modo que ainda que sejamos tentados e levados até o ponto de perpetrar e executar toda maldade, contudo Ele nos mantém e conserva, para que a tentação não nos vença. —JOHN HOOPER

Versículos 2 a 14. O prosperar do perverso e do iníquo, tanto na vida privada quanto pública, mesmo que não tenha uma vida realmente feliz, é considerado como feliz na opinião comum, é louvado indevidamente nas obras dos poetas e em todos os tipos de livros. Isto pode levá-lo — não me surpreendo com seu equívoco — a crer que os deuses não se importam com as questões dos homens. Essas questões o perturbam. Sendo desviado por pensamentos tolos e incapaz de ter pensamentos vis sobre os deuses, você chega a seu estado de mente atual, em que pensa que os deuses de fato existem, mas que desprezam e negligenciam as questões humanas. —PLATÃO

### Versículo 3
*Pois eu invejava os arrogantes*. É algo lamentável que um herdeiro do Céu deva confessar: "eu invejava", mas ainda pior é ter que acrescentar: "eu invejava os arrogantes". Contudo este reconhecimento é, assim tememos, necessário para a maioria de nós. —C. H. SPURGEON

Quem invejaria um malfeitor subindo uma alta escada e sendo colocado acima do restante das pessoas se fosse somente por um curto tempo e para que fosse depois enforcado? Este é o exato caso dos homens perversos que são colocados sobre alta prosperidade; pois assim o é somente para que possam ser lançados mais profundamente na destruição. —JOHN WILLISON

O gesto escarnecedor de Dionísio Segundo, um tirano da Sicília, após ter roubado o templo de Siracusa, em que teve uma próspera viagem com o despojo, é bem conhecido. "Não veem vocês", disse àqueles que estavam com ele, "como os deuses favorecem o sacrílego?"

Da mesma forma, a prosperidade do perverso é tomada como encorajamento para que se cometa pecado; pois estamos prontos para imaginar que, considerando que Deus lhes fornece tanto das coisas boas desta vida, eles são objetos de Sua aprovação e de Seu favor. Vemos como sua condição próspera feriu Davi em seu âmago, levando-o a quase pensar que não havia nada melhor do que juntar-se a eles e seguir seu curso de vida. —JOÃO CALVINO

*Ao ver a prosperidade dos perversos.* A prosperidade, aparentemente, é uma arma perigosa e ninguém, senão o inocente, deveria ousar utilizá-la. O próprio salmista, antes de pensar nisto, começou a invejar a prosperidade do perverso. —WILLIAM CROUCH, em *A detecção do enorme pecado da cobiça*

Sócrates, ao ser questionado sobre o que seria vexatório para os bons homens, respondeu: "A prosperidade dos maus". O que atormentaria os maus? "A prosperidade dos bons". —THOMAS LE BLANC

Diórgenes, o cínico, ao ver Hárpalo, um camarada pernicioso, prosperando no mundo, foi ousado para dizer que a longa vida e em prosperidade de Hárpalo, era um argumento de que Deus havia abandonado Seu cuidado do mundo, de que não se importava com o fim a que se chegaria.

Mas ele era um pagão. Contudo, por tudo isso, as luzes do santuário obscureceram; estrelas de magnitude considerável cintilaram; homens de setores eminentes, famosos em sua geração pela religião e piedade, vacilaram em seu julgamento ao ver o estado próspero dos perversos. Isto fez Jó se queixar e Jeremias discutir com Deus. Davi estava prestes a afundar ao ver a prosperidade dos ímpios; ao ver este desfrutando de riquezas e o justo em necessidades; este em honra e aquele vilipendiado; este em um trono o outro em um monturo. —JOHN DONNE

*Versículo 4*
*Porque não há apertos na sua morte* (ARC). A noção ainda prevalece de que uma morte serena significa uma eternidade feliz. O salmista havia observado que o inverso é verdade. Pessoas imprudentes ficam calejadas e continuam presunçosamente seguras, até o fim. —C. H. SPURGEON

Os homens podem morrer como cordeiros e ainda assim ter seu lugar eterno ao lado dos bodes. —MATTHEW HENRY

*Versículo 5*
*Não partilham das canseiras dos mortais,* pois Deus os entregou aos desejos de seus corações, para que aqueles que são imundos permaneçam imundos; eles são como um homem enfermo, a quem um sábio médico nada nega, já que a doença é incurável. —GERHOHUS

*Nem são afligidos como os outros homens.* Provações intensas não surgem para atacá-los; eles não sofrem sob o cajado divino. Enquanto muitos santos são pobres e afligidos, o pecador próspero não sofre de nenhum destes. Ele é pior do que outros homens e, contudo, está em melhor situação; ele ara menos, e ainda tem mais forragem. Ele merece o inferno mais escaldante, contudo desfruta do ninho mais caloroso.

*Versículo 6*
*Daí, a soberba que os cinge como um colar, e a violência que os envolve como manto.* Eles se gabam e ameaçam, fazem algazarra e intimidam como se tivessem permissão para passar por cima de toda a humanidade. —C. H. SPURGEON

Um colar de pérolas não fica tão bem em seus pescoços, nem as vestes mais suntuosas adornam tão bem suas costas, quanto o pecado, em seus julgamentos, tão bem vestirá suas almas; eles se gloriam em sua vergonha. Platão disse que Protágoras se vangloriava por ter vivido 40 de seus 60 anos em juventude corruptora. Eles se vangloriam daquilo que os fará lamentar. —GEORGE SWINNOCK

### Versículo 8
*Motejam e falam maliciosamente; da opressão.* Faça-os trabalhar como cavalos e alimente-os como a cães; e se ousarem queixar-se, envie-os para a prisão ou deixe-os morrer no asilo. Ainda há muito desta conversa perversa em outros países e ainda que as classes trabalhadoras tenham suas falhas e muitas delas graves e sérias, há uma raça de homens que fala habitualmente delas como se fossem uma ordem inferior de animais. —C. H. SPURGEON

Estes gigantes, ou antes, monstros desumanos de quem Davi fala, pelo contrário, não somente imaginam ser isentos da sujeição a qualquer lei, mas, inconscientes de sua própria fraqueza, espumam furiosamente, como se não houvesse distinção entre bem e mal, entre certo e errado. —JOÃO CALVINO

### Versículo 12
*Eis que estes são ímpios, e prosperam no mundo* (ACRF). Olhe! Veja! Considere! Aqui está o enigma permanente! O âmago da Providência! A pedra de tropeço da fé! Aqui está a recompensa injusta e cedida, e isso não por um dia ou uma hora, mas perpetuamente. De sua juventude adiante estes homens, que merecem a perdição, regozijam-se em prosperidade. Eles merecem ser pendurados em correntes, mas têm colares pendurados em seus pescoços; merecem ser perseguidos pelo mundo e, contudo, o mundo se torna todo seu. Pobre e míope a razão clama: "Contemple isto! Questione e se deslumbre; e, se puder, coloque em concordância com a justiça providencial."
—C. H. SPURGEON

*Aumentam suas riquezas.* Ou, forças. Riquezas e saúde são seu dote. Não há dívidas e bancarrota que os oprima, mas o roubo e a usura amontoam seus bens. Dinheiro transforma-se em dinheiro, pedaços de ouro ajuntam-se em quantidades; o rico fica mais rico; o orgulhoso mais orgulhoso. Senhor, como pode ser isto? Teus pobres servos que se tornam ainda mais pobres e lamentam sob seus fardos, são colocados a questionar-se sobre os Teus misteriosos caminhos. —C. H. SPURGEON

### Versículo 13
*Com efeito, inutilmente conservei puro o coração.* De tal forma tola o mais sábio dos homens argumentará quando a fé estiver cochilando. Asafe era um profeta, um homem de visão, mas não conseguiu ver quando a razão lhe deixou no escuro. —C. H. SPURGEON

*E lavei as mãos na inocência.* Asafe fora tão cuidadoso com suas mãos como o foi com seu coração. Ele havia conservado sua vida exterior tanto quanto sua vida interior e foi um amargo pensamento cogitar que tudo isto fora inútil e o deixara em condição ainda pior do que a dos mundanos de mãos sujas e corações obscuros. Certamente, o terrível caráter da conclusão deve ter contribuído para declará-la inadmissível; pois isto não poderia suceder enquanto Deus é Deus. Cheirava fortemente como mentira para ser tolerada por muito tempo na alma do bom homem; portanto, um ou dois versículos depois vemos sua opinião tomando outra direção. —C. H. SPURGEON

### Versículo 14
*Pois de contínuo sou afligido e cada manhã, castigado.* Assim disse o salmista… tão certo, ou assim que me acordo de manhã recebo açoites e meu café da manhã é o pão da dor e a água da adversidade… Nossa vida é repleta de aflições e grande parte das habilidades do cristão está em conhecer aflições e misericórdias, saber quando Deus golpeia, assim como quando Ele nos cinge; e é pecado nosso desconsiderar as misericórdias. —JOSEPH CARYL

O caminho para o Céu é um *caminho de aflições,* um caminho atordoado, de perseguição, pavimentado com cruzes, como foi o caminho dos israelitas no deserto ou o de Jônatas e seu jovem escudeiro que tinham uma pedra íngreme de cada um dos lados. E enquanto rastejavam, duras pedras sob eles, sarças e espinhos em ambas as mãos, montanhas, penhascos e promontórios sobre eles; assim o Céu é tomado por dores, por paciência e por violência, sendo a aflição nossa companheira inseparável. "O caminho da cruz é a estrada para o Céu", disse o mártir (Bradford); e outro: "Havendo algum caminho para o Céu pela montaria, é pela cruz". Para o inferno um homem pode ir sem um cajado; o caminho até lá é fácil, amplo, forrado de rosas; basta sucumbir a Satanás, passar de pecado em pecado, de propósitos maus a práticas más, da prática para o costume etc. —JOHN TRAPP

*Versículo 15*
*Já aí teria traído a geração de teus filhos.* Ai do homem por meio de quem vem a ofensa! O discurso imprudente, mal assimilado, irrefletido é responsável por muitos ressentimentos e dificuldades nas igrejas. Com Deus, seria bom que os homens, como Asafe, freassem sua língua. Onde temos qualquer suspeita de estarmos errados, é melhor que fiquemos em silêncio. Não faz mal algum calar-se, pois sérios danos podem ser causados ao espalharmos nossas opiniões formadas precipitadamente. —C. H. SPURGEON

*Versículo 17*
*Até que atinei com o fim deles.* Agora não há mais inveja consumindo seu coração, mas seu coração está cheio de um santo terror, de ambos, pela sua iminente desgraça, quanto de sua atual culpa que enche a sua alma. Ele recua por ser tratado da mesma forma que os orgulhosos pecadores, a quem ele há pouco considerava com admiração. —C. H. SPURGEON

*Até que atinei.* Há uma famosa história sobre a providência em Bradwardine com relação a isto. Um certo eremita que fora muito tentado e estava totalmente insatisfeito com a providência de Deus decidiu aventurar-se de local em local até que encontrasse alguém que pudesse satisfazê-lo. Um anjo em forma de homem juntou-se a ele em sua jornada, dizendo-lhe que fora enviado por Deus para satisfazê-lo em suas dúvidas sobre a providência.

Na primeira noite, eles se alojaram na casa de um homem muito santo e investiram tempo em conversas sobre o Céu e louvores de Deus. Foram entretidos com grande liberdade e alegria. Pela manhã, quando partiram, o anjo levou consigo um grande cálice de ouro.

Na noite seguinte, chegaram à casa de outro homem santo, que os recebeu muito bem e exultante ao extremo por seu encontro e conversa; o anjo, não obstante, ao partir matou um bebê no berço, que era o único filho deste que por muitos anos vivera sem filhos e, portanto, tinha muito carinho pela criança.

Na terceira noite, foram à outra casa onde foram entretidos gratuitamente como antes. O mestre da família tinha um mordomo a quem ele valorizava intensamente e disse-lhes como se considerava feliz por ter um servo tão fiel. Na manhã seguinte ele enviou este mordomo com eles até uma parte do caminho para direcioná-los. Enquanto passavam pela ponte, o anjo lançou o mordomo no rio e o afogou.

Na última noite eles foram à casa de um homem muito perverso, onde tiveram entretenimento muito desfavorável, contudo o anjo, na manhã seguinte, deu a ele o cálice de ouro. Tudo isto tendo sido feito, o anjo perguntou ao eremita se ele compreendia essas coisas. Ele respondeu que suas dúvidas sobre a providência eram ainda maiores, não tinham se resolvido, pois ele não conseguia compreender por que ele lidara tão severamente com aqueles homens santos que os tinham recebido com tanto amor e alegria e, contudo, daria tal presente àquele homem perverso que os tratou tão indignamente.

O anjo disse: "Eu agora explicarei estas coisas a você. A primeira casa onde fomos, o mestre dessa casa era um homem santo; contudo, beber naquele cálice todas as manhãs, sendo grande como era, de certa forma o tornou inapto para os serviços santos, ainda que não ao ponto de que outros ou ele mesmo percebesse; então eu levei o cálice, considerando que é melhor para ele perder o cálice de ouro do que perder sua temperança.

O mestre da família onde ficamos na segunda noite era um homem muito dado à oração e à meditação e investia muito tempo em serviços santos; era muito generoso com os pobres durante todo o tempo em que não tinha filhos, mas assim que teve um filho passou a amá-lo tanto e investia tanto tempo brincando com ele que negligenciou ao extremo seu antigo exercício santo e pouco dava aos pobres, pensando que jamais poderia estocar o suficiente para seu filho; portanto, eu levei o bebê para o Céu e deixei o pai para servir melhor a Deus na Terra.

O mordomo a quem eu afoguei havia tramado matar o seu mestre na noite seguinte; e aquele homem perverso a quem eu dei o cálice de ouro era alguém que nada teria no outro mundo, portanto dei a ele algo para possuir neste, que, no entanto, provará ser uma armadilha para ele, pois ele será ainda mais intempestivo; e continue o imundo ainda sendo imundo."

A veracidade desta história eu não posso afirmar, mas a moral é muito boa, pois mostra que Deus é um Pai clemente com os santos quando mais os aflige; e que quando Ele coloca os perversos no alto, também os coloca em locais escorregadios e sua prosperidade é sua ruína (Pv 1:32). —THOMAS WHITE, em *Um tratado sobre o poder da piedade*

### Versículo 18

*Tu os fazer cair na destruição.* A punição eterna será ainda mais terrível em contraste com a prosperidade prévia daqueles que estão em processo de amadurecimento para esta punição. Considerado por completo, o caso do ímpio é completamente atroz; e sua alegria ímpia em lugar de diminuir o terror, na verdade torna o efeito ainda mais nefasto, até mesmo como o vívido relâmpago em meio à tempestade não ilumina mas intensifica a escuridão ao redor. A ascensão à forca fatal de Hamã foi um ingrediente essencial no terror da sentença — "enforcai-o nela". Se os perversos não tivessem sido elevados tão alto, não teriam caído tão profundamente. —C. H. SPURGEON

### Versículo 19

*Totalmente aniquilados de terror!* Como árvores derrubadas consumidas pelo relâmpago, eles são monumentos de vingança; como as ruínas da Babilônia eles revelam, na grandiosidade de sua desolação, os julgamentos do Senhor contra todos aqueles que exaltam a si mesmos indevidamente. A glória momentânea do não agraciado é apagada num momento, sua altivez é consumida num instante. —C. H. SPURGEON

Um mercador inglês que vivia em Gdansk, agora com Deus, nos conta esta história, e era verdadeira. Um amigo seu (também mercador), não sei com base em que, foi a um convento e jantou com alguns frades. Foi uma recepção muito nobre. Após haver jantado e visto tudo o que lá havia, o mercador passou a elogiar suas vidas agradáveis. "Sim", disse-lhe um dos frades, "nós vivemos de fato, galantemente, pois não temos quem vá para o inferno em nosso lugar quando morrermos". —GILES FIRMIN, em *O verdadeiro cristão,* ou , *Um tratado do chamado eficaz*

### Versículo 20

*Como ao sonho, quando se acorda.* O conceito é muito sutil, mas parece ter sido sagazmente penetrado por Shakespeare, que faz o príncipe Plantageneta (atingindo talvez, os ares de um governante no lugar de Deus) dizer a seu rejeitado favorito:

> Muito tempo sonhei com um homem destes,
> Profano e velho, inchado pela orgia;
> Mas, desperto, renego meu sonho. (HENRIQUE IV)
> —C. B. CAYLEY, em *Os Salmos em metros*

### Versículo 21

*Quando o coração se me amargou.* Alexandre lê da seguinte forma: "Meu coração está azedo". Seu espírito havia se tornado amargurado; ele havia julgado de modo severo, rude e grosseiro. Havia se tornado irascível, repleto de bílis negra, melancolia e cólera; ele havia envenenado sua própria vida na fonte principal e todos os seus mananciais se tornaram tão amargos como bile. —C. H. SPURGEON

### Versículo 22

*Era como um irracional à tua presença.* Permiti que minha mente fosse completamente ocupada com *coisas sensíveis,* como as bestas que perecem e não olham para um estado futuro, nem considerei ou me submeti aos sábios desígnios de uma providência inerrante. —ADAM CLARKE

O original não tem palavra de comparação; deveria ser então traduzido: *Eu era exatamente como um animal à tua presença,* e nos é dito que a palavra hebraica está no plural, o que dá ênfase peculiar, indicando algum animal monstruoso ou assombroso. É a palavra usada por Jó que é interpretada como "beemote".

"Eu era exatamente como um animal à tua presença", não apenas um animal, mas um dos mais brutos animais, um dos mais obstinados e incontroláveis entre todos os animais. Acho que nenhum homem pode rebaixar-se mais do que isto em confissão humilde. Esta é uma descrição da natureza humana e do velho homem no santo renovado que não poderia ser superada. —C. H. SPURGEON

Tully escreve copiosamente sobre estabelecer o bom serviço que ele executou no estado romano, mas nenhuma palavra de sua cobiça, de seu desejo pelo aplauso do povo, de seu orgulho e glória vã, de sua má descendência e coisas semelhantes. Ao passo que, claramente diferente, Moisés estabelece o pecado e a punição de sua própria irmã, a idolatria e superstição de Arão seu irmão, e sua própria falha em seu insensato golpe na rocha, pelo que foi excluído da Terra de Canaã. —THOMAS FULLER

### Versículo 23

*Todavia, estou sempre contigo.* Ele não abre mão de sua fé, ainda que confesse sua insensatez. O pecado pode nos angustiar e, contudo, ainda podemos estar em comunhão com Deus. É um pecado amado e encantador que nos separa do Senhor, mas quando o lamentarmos sinceramente, o Senhor não se retirará de nós. —C. H. SPURGEON

### Versículo 25

*Quem mais tenho eu no céu? Não há outro em quem eu me compraza na terra.* Quão pequeno é o número daqueles que mantêm suas afeições fixas apenas em Deus! Vemos como a crendice une a si muitos outros rivais para nossas afeições. Enquanto os papistas admitem em palavra que todas as coisas dependem de Deus, eles estão, contudo, buscando constantemente obter ajuda deste ou daquela parte independente dele. —JOÃO CALVINO

*Quem mais tenho eu no céu?* Disse Davi. O que são os santos? O que são os anjos para uma alma sem Deus? Isto é verdadeiro tanto para objetos quanto para pessoas. O que temos no Céu além de Deus? O que é alegria sem Deus? O que é glória sem Deus? O que são todas as mobílias e riquezas, iguarias, sim, todos os diademas do Céu, sem o Deus do Céu? Dissesse Deus a Seus santos: "Aqui está o Céu, levem-no para si, mas eu me retirarei", como chorariam neste céu e fariam dele um Baca, de fato um vale de lágrimas! O Céu não é o Céu a não ser que desfrutemos de Deus. É a presença de Deus que compõe o Céu. A glória não passa de nossa abordagem mais próxima de Deus. —JOSEPH CARYL

Versículos 25 e 26. Gotthold foi convidado para uma ocasião festiva e tinha a esperança de encontrar um amigo a quem amava e em cuja companhia muito se deleitava. Ao chegar à festa, no entanto, descobriu que, devido a uma circunstância não prevista, este amigo não estaria presente e sentiu muito desgosto em participar da diversão.

A circunstância mais tarde o levou a à seguinte sucessão de pensamento: a alma piedosa, que ama sinceramente e anseia fervorosamente o Senhor Jesus, vivencia o que eu recentemente vivenciei. Ela busca seu Amado em todos os lugares, objetos e eventos. E se o encontra, há alguém mais feliz? Se não o encontra, há alguém mais desolado? Ah! Senhor Jesus, o melhor dos amigos, tu és o objeto de meu amor; minha alma te busca, meu coração anseia por ti. De que me vale o mundo com todos os seus prazeres e pompas, seu poder e glória, a menos que nele eu encontre a ti?

De que me vale o alimento mais saboroso, as bebidas mais doces e a companhia mais alegre, a menos que tu estejas presente e a menos que eu possa banhar meus bocados em Tuas feridas, adocicar meus dramas em Tua graça e ouvir as Tuas agradáveis palavras? Verdadeiramente, meu Salvador, estivesse eu no Céu e ali não encontrasse o Senhor, não seria para mim de forma alguma o Céu. Pelo que, Senhor Jesus, quando com lágrimas, suspiros, anseios de coração e paciente esperança te busco, não te escondas de mim, mas ajuda-me a encontrar-te; pois "Quem mais tenho eu no céu? Não há outro em quem eu me compraza na terra. Ainda que a minha carne e o meu coração desfaleçam, Deus é a fortaleza do meu coração e a minha herança para sempre." —CHRISTIAN SCRIVER

### Versículo 26

Ó, estranha lógica! A graça aprendeu a tirar fortes conclusões com base em premissas fracas, e felizes com base em tristes. Sendo a maior: *minha carne e o meu coração desfaleçam;* e a menor: "Ainda que a figueira não floresça, nem haja fruto na vide" etc.; contudo sua conclusão é firme e inegável: *Deus é a fortaleza do meu coração e minha herança para sempre;* ou, "Todavia eu exulto no Deus da minha salvação". E se houver mais na conclusão do que nas premissas, ainda melhor; Deus surge mesmo que seja conclusão. —JOHN SHEFFIELD, em *O sol nascente*

Dentre todas as épocas, é na hora de sua morte que o cristão mais precisa de socorro. Ele deve então abandonar todos os seus confortos na Terra e neste momento terá certeza dos conflitos mais incisivos do inferno; é impossível, portanto, que ele resista sem a ajuda extraordinária do Céu. Mas o salmista tinha a armadura pronta com a qual encontrar seu último inimigo. Ainda que sendo uma criança fraca e temerosa, ele ousou aventurar-se em uma caminhada pela escura entrada da morte, segurando a mão de seu Pai: "Ainda que eu ande pelo vale da sombra da morte, não temerei mal nenhum, porque tu estás comigo; o teu bordão e o teu cajado me consolam" (Sl 23). Ainda que com os problemas de minha vida, e minha tribulação na hora da morte, meu coração esteja pronto para falhar, contudo tenho um forte licor que me animará em minha condição mais triste: *Deus é a fortaleza do meu coração.*

*E a minha herança para sempre.* Sem alteração, este Deus será meu Deus para sempre e sempre, meu Guia e auxílio até a morte; não, a morte que dissolve tantos laços e desfaz nós tão firmes, nunca me separará de minha herança, mas me permitirá possuí-la perfeita e eternamente. —GEORGE SWINNOCK

### Versículo 27

*Os que se afastam de ti, eis que perecem; tu destróis todos os que são infiéis para contigo.* Meros pagãos, que estão distantes de Deus, perecem no momento certo; mas aqueles que, sendo Seu povo professo, agem sem fidelidade à sua profissão, estarão sob condenação ativa e serão esmagados sob Sua ira. Lemos sobre exemplos disto na história de Israel; que jamais sejamos exemplos recentes disto. —C. H. SPURGEON

### Versículo 28

*Estar junto a Deus.* Não é um ato isolado. Não é simplesmente voltar-se para Deus e dizer: "Vim até Ele". A expressão é: "Junto". Não é um ato único; é o aproximar-se, o ir, a caminhada habitual, contínua, indo, indo enquanto estivermos na Terra. É, portanto, uma religião habitual que deve ser reforçada e aplicada sobre nós. —MONTAGU VILLIERS

Os epicuristas, diz Agostinho, têm o hábito de dizer: "É bom que eu desfrute dos prazeres da carne"; os estoicos têm o hábito de dizer: "Para mim bom é desfrutar dos prazeres da mente"; o apóstolo costumava dizer (não em palavras, mas em sentido): "Para mim é bom apegar-me a Deus". —LORINUS

# Salmo 74

TÍTULO: "Masquil de Asafe". Um Salmo instrutivo, de Asafe. A história do sofrimento da Igreja é sempre edificante; quando vemos o modo como os fiéis confiaram e lutaram com Deus em tempos de terrível angústia, somos assim ensinados sobre como agir em circunstâncias semelhantes. Aprendemos, além disso, que quando a luta causticante nos assola, não somos submetidos a algo insólito, estamos seguindo a trilha do exército de Deus. —C. H. SPURGEON

Há uma singularidade neste Salmo que lembra fortemente uma especificidade do Salmo 44: não há menção de pecado nacional ou pessoal, nenhuma alusão ao Senhor e Seu justo dispensar de punições, nenhuma súplica por indulto e perdão; e, contudo, dificilmente se pode duvidar que o escritor do salmo, seja ele quem for, tenha sentido tão profundamente como Jeremias, Ezequiel, Daniel ou qualquer outro profeta do cativeiro, os pecados e iniquidades que trouxeram toda esta ferida perniciosa sobre eles.

Mas mesmo assim, embora haja rogo, não há queixa; ainda que haja lamento não há murmuração; há muito mais do choro de uma criança castigada, perguntando-se "por quê?" e entristecida visto que o rosto de seu pai se virou em desgosto, uma criança que sente a pesada mão de seu pai sobre o filho de seu amor.

Ou, como podemos quase dizer, é como o clamor de um daqueles martirizados sob o altar, perguntando-se sobre a contínua tolerância do Senhor vendo a Sua herança ser pisoteada pelo saqueador e opressor e exclamando: "Por quanto tempo ó Senhor? Por quanto tempo?" E, contudo, é o apelo daquele que ainda sofria, ainda gemendo sob a pressão de suas calamidades: "Por que nos rejeitas, ó Deus, para sempre? Já não vemos os nossos símbolos; já não há profeta; nem, entre nós". —BARTON BOUCHIER

### Versículo 1

*Por que nos rejeitas, ó Deus, para sempre?* Rejeitar-nos de qualquer forma já seria duro, mas quando o Senhor abandona o Seu povo por tanto tempo, trata-se de um mal que vai além de qualquer resignação; é a maior das desolações e o precipício da miséria. O pecado está geralmente na essência de todos os momentos em que o Senhor esconde a Sua face; peçamos então ao Senhor que revele o tipo especial deste pecado de modo que dele nos arrependamos, o vençamos, e doravante o abandonemos. —C. H. SPURGEON

*As ovelhas do teu pasto.* Não há nada mais imbecil do que uma ovelha. Simples, frugal, branda, domada, paciente, prolífica, tímida, domesticada, tola, profícua. Portanto, sendo o nome ovelha aqui utilizado fica sugerida como é urgente a necessidade de auxílio divino e como lhes seria apropriado que o Altíssimo fizesse Sua a causa destes. —LORINUS

### Versículo 3

*Levanta os teus pés* (ACRF). Abu Walid traduz como: *Pisoteia fortemente Seus inimigos*. O árabe judeu: *Manifesta Sua punição*, acrescentando uma nota que o levantar dos pés sugere punição, o subjugar por força sendo geralmente expresso por esmagar sob os pés. —HENRY HAMMOND

Versículos 4 a 7 (*A perseguição de Antíoco,* 169 a.C.). Ateneu prosseguiu até Jerusalém onde, com o auxílio da guarnição, proibiu e extinguiu qualquer prática da religião judaica, forçou o povo a profanar o sábado, a comer carne de porco e outros alimentos impuros e proibiu expressamente o rito nacional da circuncisão.

O Templo foi dedicado a Júpiter do Olimpo: a estátua dessa divindade foi erigida na parte do altar onde ficavam as ofertas queimadas, e o sacrifício executado relaxadamente... Como um último insulto, os banquetes dos bacanais, a autorização para tais, como eram celebrados nas antigas eras na Grécia, chocaram a rigorosa virtude dos romanos mais idosos, e foram colocados em substituição a Festa dos Tabernáculos.

Os judeus relutantes foram forçados a aderir a estas orgias desenfreadas e a carregar a hera, o emblema do deus. Tão próximos estavam a nação judia e o louvor de Jeová da exterminação completa. —HENRY HART MILMAN, em *Uma história dos judeus*

### Versículo 5

Um homem se tornava famoso, conforme houvesse levantado machados, contra a espessura do arvoredo. Houve a época em que os homens eram reconhecidos por abaterem cedros e os prepararem para a construção do Templo, mas agora o machado encontra outro trabalho e os homens se orgulham por destruir, da mesma forma como seus pais se orgulhavam por edificar.

Assim nos tempos antigos nossos patriarcas dispensaram golpes vigorosos contra as florestas do erro e labutaram arduamente para lançar o machado na raiz das árvores; mas infelizmente, seus filhos aparentam ter a mesma diligência no destruir da verdade e derrubar tudo o que seus pais construíram. Ó, pela volta dos bons e velhos tempos! Ó, por uma hora com a machadinha de Lutero ou o poderoso machado de Calvino! —C. H. SPURGEON

### Versículo 7

*Lançaram fogo no teu santuário.* Aqueles que odeiam Deus nunca dispensam as armas mais cruéis. Até o dia de hoje, a inimizade do coração humano é relativamente tão grande quanto sempre fora; e se a providência não a refreasse, os santos ainda seriam como combustível para as chamas. —C. H. SPURGEON

### Versículo 8

*Disseram nos seus corações: Despojemo-los duma vez.* A política do Faraó de erradicar a nação foi precedente para outros, contudo os judeus sobrevivem e sobreviverão. A sarça ainda que ardente não foi consumida. Ainda que a Igreja de Cristo tenha passado por batismos de sangue e fogo, é ainda mais reluzente justamente por isto. —C. H. SPURGEON

### Versículo 10

*Blasfemará o inimigo o teu nome para sempre?* O pecador nunca deixa seu pecado até que primeiro o pecado o deixe. Não fosse a morte dar um basta a seu pecado, ele nunca deixaria de pecar. Todo impenitente pecaria até os dias da eternidade, se vivesse até os dias da eternidade. —C. H. SPURGEON

*Até quando, ó Deus, nos afrontará o adversário? Blasfemará o inimigo o teu nome para sempre?* Eu li sobre o crocodilo que ele não conhece o *maximum quod sic*, ele está sempre crescendo mais e mais e nunca chega a certo grau de monstruosidade enquanto vive. *Quamdiu vivit crescit.* Todo pecador habituado seria, fosse deixado à sua própria sorte, tal monstro, crescendo perpetuamente ficando pior e pior. —THOMAS BROOKS

### Versículo 14

*E o deste por alimento às alimárias do deserto.* Não apenas os animais selvagens se alimentaram das carcaças dos egípcios, mas os habitantes das costas despojaram os corpos e enriqueceram com o espólio. Israel também enriqueceu com as relíquias de seus adversários afogados.

Com que frequência tão grandes aflições desenvolvem nosso bem perene. O Leviatã, que nos teria devorado, é ele mesmo devorado e deste monstro coletamos doçura. Não cedamos ao medo; demônios multicéfalos serão aniquilados e dificuldades monstruosas serão superadas e todas as coisas contribuirão para nosso bem perene. —C. H. SPURGEON

### Versículo 16

*Preparaste a luz* (ARC). Luz é *vida*. O mais simples inseto não poderia viver sem luz e até mesmo naturezas cegas recebem, nos órgãos que não têm a propriedade da visão, a garantia de suas ações benignas. Luz é *ordem*, e com sua vara e comando ocorre a separação; escuridão e luz separam-se para suas distintas patentes.

Luz é *beleza*. Seja no fulgor da lua, no relaxante cintilar das estrelas, no inigualável jogo de cores no filme atenuado da bolha de sabão, ao mesmo tempo no brinquedo da criança e na ferramenta do sábio; o rico jogo de tons na madrepérola, ou os ricos, e deslumbrantes raios na plumagem dos pássaros.

Luz é *pureza*. Ela causa irritação quando se contempla seus raios límpidos e contínuos que apanham a seu redor repugnância e aversão e se tornam assentos para insensatez e vergonha. Luz é *crescimento*. Onde ela estiver sabemos que a natureza a persegue por sua obra de vida e vigor; a luz dá vitalidade à seiva; a luz remove obstruções do caminho de organismos em crescimento, enquanto que em sua ausência, as formas se atrofiam, ficam nodosas e deficientes.

Luz é *saúde*. Ao lançar seus pontos límpidos e resplandecentes de um lado para outro, traz em sua cauda as bênçãos de elasticidade e energia, que concedem a plenitude do ser que é a saúde perfeita para formas em expansão. Há uma consistência refinada quando as Escrituras colocam a luz como contendo as sementes de todas as coisas, e quando o prelúdio de toda a criação é feito por aquelas palavras: "Disse Deus: haja luz". —E. PAXTON HOOD

## Versículo 17
*Fixaste os confins da terra.* Deve ser de fato cego o homem que não vê os sábios propósitos do Grande Autor da natureza em diversificar a superfície da Terra. Fosse a Terra uma planície uniforme, quanta beleza seria perdida? Além do mais, esta variedade de vales e montanhas é muito favorável à saúde de criaturas viventes e se não houvesse montes, a Terra seria menos povoada por homens e animais. Haveria menos plantas, menos vegetação e árvores. Teríamos carência de metais e minerais, os vapores não seriam condensados nem teríamos nascentes ou rios.

Não devemos então reconhecer que todo o projeto da Terra, sua forma, sua estrutura interna e externa, tudo é regulado segundo as leis mais sábias, em que todas se harmonizam rumo ao prazer e à felicidade da humanidade? Ó Autor supremo da natureza, o Senhor fez todas as coisas muito bem!

Qualquer ponto para o qual volte meus olhos, ainda que alcance a estrutura interior do globo que o Senhor designou para que eu habitasse, ou examine sua superfície descubro em todos os lugares marcas de sabedoria profunda e bondade infinita. —CHRISTOPHER CHRISTIAN STURM

## Versículo 18
*E um povo insensato tem blasfemado o teu nome.* A maldade do inimigo é aqui alegada. Pecadores são tolos, e será permitido que tolos insultem o Senhor e oprimam o Seu povo? Poderão os abjetos amaldiçoar o Senhor e enfrentá-lo face a face? Quando o engano se torna ousado demais, seu dia se aproxima e sua queda é certa. A arrogância prenuncia a colheita do mau, e o passo seguinte é a podridão. Em lugar de inquietar-se quando homens maus se tornam piores e mais audaciosos, podemos satisfatoriamente ter bom ânimo, pois a hora de seu julgamento está evidentemente próxima. —C. H. SPURGEON

## Versículo 20
O homem doente, correndo o risco de morrer, não suspeita de seus vizinhos ignorantes, mas de seu médico habilidoso. Aquele que é tiranizado em seu patrimônio quando recebe a sentença contra si não suspeita de ninguém mais exceto do advogado ou do juiz. Nós sabemos que Deus é muito capaz de auxiliar-nos; nossa corrupção, contudo, nos faz suspeitar dele mais do que de qualquer outro, caso nossos problemas permaneçam. —FRANCIS TAYLOR

*Crueldade* (ARC). O paganismo é cruel. Não mudou seu caráter desde os dias em que os pais faziam seus filhos passarem pelo fogo de Moloque. —JOHN HAMBLETON

Muito deste Salmo passou em nossa mente quanto observávamos as idolatrias de Roma (o autor visitou Roma em novembro e dezembro de 1871, enquanto esta porção de *O Tesouro de Davi* estava em desenvolvimento), e nos lembrávamos de sua perseguição sanguinária aos santos. Ó Senhor, quanto tempo se passará até que o Senhor aplaque esses miseráveis profanos, os padres; e lance a prostituta da Babilônia no fosso da corrupção? Que a Sua Igreja jamais deixe de suplicar ao Senhor até que o julgamento seja realizado e o Senhor tenha executado Sua vingança sobre o Anticristo. —C. H. SPURGEON

# Salmo 75

A DESTRUIÇÃO do exército de Senaqueribe é uma ilustração notável neste cântico sagrado. Um hino a Deus e uma canção para Seus santos. Feliz foi o povo que, tendo encontrado um Milton em Davi, encontrou em Asafe um cantor de igual habilidade. Povo mais feliz que todos, porque estes poetas não foram inspirados pela fonte terrena de Castália [N.E.: personagem da Mitologia Grega que foi transformada em fonte por Apolo.], mas beberam da "fonte de todas as bênçãos".

### Versículo 1
*Graças te rendemos, ó Deus.* Como as flores sorridentes refletem com gratidão em suas adoráveis cores, os vários constituintes do raio solar, assim deveria a gratidão irromper em nosso coração após os sorrisos da providência de Deus. —C. H. SPURGEON

*Pois o teu nome está perto, as tuas maravilhas o declaram* (ARC). Não cantamos sobre um Deus oculto que dorme e abandona a Igreja à sua sorte, mas ao Deus que em nossos dias mais escuros se aproxima ainda mais, socorro bem presente na tribulação. "Perto está o seu nome". Baal está em uma jornada, mas Jeová habita em Sua Igreja. Glória ao Senhor, cujos feitos perpétuos de graça e majestade são os símbolos seguros de Sua presença conosco sempre, até o fim do mundo.

### Versículo 3
*A terra e todos os seus moradores estão dissolvidos.* Quando a anarquia está espalhada e tiranos no poder, tudo se afrouxa, a dissolução ameaça todas as coisas, as sólidas montanhas do governo derretem como cera; mas mesmo assim o Senhor mantém e sustenta o justo.

*Ainda assim eu firmarei as suas colunas.* Portanto, não há causa real para o medo. Enquanto as colunas forem firmadas e firmadas serão, pois Deus as sustenta, a casa resistirá à tempestade. No dia da aparição do Senhor haverá dissolução geral, mas nesse dia nosso Deus de aliança certamente será o apoio seguro de nossa confiança. —C. H. SPURGEON

### Versículo 4
*Loucos* (ARC). Os ímpios são loucos espirituais. Se alguém tivesse um filho belíssimo, mas que fosse um louco, os pais teriam pouca alegria nele. As Escrituras vestiram o pecador com o casaco de louco; e deixe-me dizer-lhe, melhor é ser louco isento de razão do que louco isento de graça — este é o louco do diabo (Pv 14:9).

Não é tolo aquele que recusa uma rica porção? Deus oferece Cristo e salvação, mas o pecador rejeita esta porção. "Israel não me atendeu" (Sl 81:11). Não é louco aquele que prefere uma pensão vitalícia a uma herança? Não é louco aquele que trata de sua parte mortal e negligencia sua parte angelical? Como se alguém pintasse a parede de sua casa e deixasse a viga apodrecer. Não será louco aquele que der sua alma como alimento ao diabo?

Como aquele imperador que alimentava seu leão com um faisão, não é louco aquele que prepara uma cilada para si? (Pv 1:18). Que maquina com sua própria vergonha? (Hc 2:10). Que ama a morte? (Pv 8:36). —THOMAS WATSON

### Versículo 5
*Não levanteis altivamente a vossa força.* A audácia diante de Deus é loucura. O pescoço estendido do

orgulho insolente certamente provocará o machado a si. Aqueles que erguem suas cabeças descobrirão que as terão erguidas ainda mais alto, como Hamã foi colocado na forca que preparou para o homem justo. Silêncio, tolo que se vangloria! Silêncio, ou Deus o responderá! Quem é você, verme, para que se oponha arrogantemente às leis de seu Criador e use de sofismas contra Sua verdade? Seja calada sua tagarelice cheia de vanglória, ou a vingança silenciará você até sua confusão eterna. —C. H. SPURGEON

## Versículo 6
*Porque não é do Oriente, não é do Ocidente, nem do deserto que vem o auxílio.* Os homens se esquecem que todas as coisas são ordenadas no Céu; veem apenas a força humana e a paixão carnal, mas o Senhor que não se vê é muito mais real do que estes. Ele está trabalhando atrás das nuvens e dentro delas. O tolo sonha que Ele não está próximo, mas Ele está mesmo agora, e a caminho trazendo em Sua mão o cálice do vinho temperado da vingança, um gole do qual confundirá todos os Seus inimigos. —C. H. SPURGEON

Um homem sem Deus é como o deserto árabe: não traz benefício a si ou a seus próximos; como areia sendo lançada de um lado para outro por suas paixões traiçoeiras; aquecido pelo sóis da turbulência, vontade própria e imprudência, ele é um deserto, um lixo para o qual Deus não concederá a luz de Seu semblante para auxílio. —GREGORY BATEMAN

## Versículo 7
*Deus é o juiz.* Ainda agora Ele está realmente julgando. Seu assento não está vago; Sua autoridade não foi renunciada; o Senhor reina sempre.

*A um abate, a outro exalta.* Impérios erguem-se e caem sob as Suas ordens. Um calabouço aqui e ali um trono, assim Sua vontade outorga. A Assíria se rende à Babilônia e a Babilônia aos Medos. Reis não passam de fantoches em Sua mão; eles servem os Seus propósitos quando se erguem e quando caem.

Certo autor lançou uma obra chamada de "O bolão histórico", um nome adequado para escárnio de todos os grandes da terra. Somente Deus é; todo o poder pertence a Ele; todo o restante é sombra, indo e vindo, insubstancial, nebuloso, como que um sonho. —C. H. SPURGEON

## Versículo 8
*Cheio de mistura.* É misturado com a ira de Deus, a malícia de Satanás, a angústia da alma, o fel do pecado, as lágrimas do desespero. "O cálice é amargo e repleto de lamento", disse Agostinho. O piedoso com frequência prova a superfície e sente a amargura, mas o cálice repentinamente é arrancado dele; mas o ímpio beberá até o fim o veneno mais extremo. —THOMAS ADAMS

*Sorvem-no, até às escórias, todos os ímpios da terra.* A ira deverá proceder até o fim amargo. Eles devem beber e beber para sempre, até o fim onde está a borra da perdição; isto sugarão e esvaziarão o cálice. Ó, a angústia e o sofrimento do dia da ira!

Note bem, é para todos os perversos; todo o inferno para todos os ímpios; as escórias para as escórias; amarguras para o amargo; ira para os herdeiros da ira. A justiça é patente, mas sobre todo o terror espalha-se uma noite decuplicada, sombria, sem uma estrela sequer. Ó, felizes aqueles que bebem do cálice do sofrimento piedoso e do cálice da salvação. Estes, ainda que agora desprezados, serão então invejados pelos próprios homens que os esmagaram sob seus pés. —C. H. SPURGEON

Eles não têm apenas o cálice, mas as escórias do cálice, ou seja, o pior do cálice; pois em um bom cálice quanto mais próximo do fim mais doce é. Então em um cálice iníquo, quanto mais fundo pior: a borra é pior, o fundo é o mais amargo de um cálice amargo. —JOSEPH CARYL

Esta memorável ode pode ser cantada em tempos de grande depressão, quando a oração entrega seu recado ao Trono de misericórdia e quando a fé está atenta esperando a urgente libertação. É uma canção da segunda vinda, "Concernente à proximidade do juiz com o cálice da ira". —C. H. SPURGEON

# SALMO 76

AQUI a fé canta dos triunfos alcançados. Este Salmo é uma canção de guerra extremamente jubilosa, um canto de glória ao Rei dos reis, o hino de uma nação teocrática ao seu Governante Divino. Não precisamos marcar divisões em uma canção onde a unidade é tão bem preservada.

*Versículo 1*
*Conhecido é Deus em Judá; grande, o seu nome em Israel.* Obscuro é o mundo externo, mas dentro do círculo favorecido Jeová é revelado e está a adoração de todos que o contemplam. O mundo não o conhece, e, portanto, blasfema contra Ele, mas a Sua Igreja é repleta de ardor para proclamar a Sua fama até os confins da Terra. —C. H. SPURGEON

Ali Ele é conhecido como um *Rei* em Suas cortes, pela glória e a beleza que Ele manifesta; como *Mestre* em Sua escola, pela sabedoria e conhecimento que lá dispensa; como um *Habitante* em Sua casa, pelas santas ordens que ali estabelece e pelo governo e domínio graciosos que Ele ali erige e conduz na alma de Seus servos; como um *Noivo* na casa de banquetes, pelas delícias espirituais que Ele produz, pela manifestação clara e aberta de si e pelo amor e consolo que Ele ali ministra aos Seus amigos espirituais e convidados. —ALEXANDER GROSSE

*Versículo 4*
*Tu és ilustre e mais glorioso do que os montes eternos.* O que são as honras da guerra se não vanglórias de matança? O que é a fama dos conquistadores se não o mau odor do homicídio? Porém, o Senhor é glorioso em santidade e os Seus terríveis feitos são executados em justiça pela defesa do fraco e libertação do escravizado. O mero poder pode ser glorioso, mas não é superior: quando contemplamos os poderosos atos do Senhor, vemos uma perfeita mistura das duas qualidades. —C. H. SPURGEON

*Versículo 5*
*Despojados foram os de ânimo forte.* Homens audaciosos, que nada temem, são transformados em Magor-Missabibe — Terror-Por-Todos-Os-Lados; seus ânimos fortes são retirados deles e assim estão distantes de serem terror para outros homens, de modo que correm da sombra de um homem; sua coragem se abate; não conseguem olhar confiantemente para uma criança, muito menos olhar para os perigos ou nos olhos dos inimigos. —JOSEPH CARYL

Versículos 5 e 6.
*Porque o Anjo da Morte*
*abriu suas asas numa rajada*
*E soprou seu hálito no rosto do inimigo ao passar;*
*E os olhos dos dormentes selou com a morte e o frio.*
*Seus corações apenas uma vez se elevaram,*
*e para sempre ficaram inertes!*

*Lá estava o corcel, narinas abertas,*
*Mas não expiravam o ar de seu orgulho;*
*O vapor de seu arfar esbranquiçava o prado,*
*Frio como o pulverizar das ondas*
*em choque com as rochas.*

*E lá estava o cavaleiro abalado e pálido,*
*Com o orvalho em sua fronte e*
*ferrugem em sua armadura;*
*As tendas todas em silêncio, as bandeiras solitárias,*
*As lanças sem serem levantadas,*
*a trombeta não soprada.*
—GEORGE GORDON, Lord Byron

*Versículo 7*
*Tu, sim, tu és terrível.* Não Senaqueribe, nem Nisroque, seu deus, mas somente Jeová, quem, com repreensão silenciosa, enfraquecera todo o exército do monarca.

*Temei a Ele ó santos, e então
Nada mais terão a temer.*

O temor ao homem é uma armadilha, mas o temor a Deus é uma grande virtude e tem grande poder para o bem sobre a mente humana. Deus deve ser temido profunda e continuamente, somente Ele deve ser temido. —C. H. SPURGEON

*Quem pode subsistir?* Quem? Anjos? Eles não passam de feixes refratados ou raios; se Deus devesse esconder a Sua face, eles deixariam de brilhar. Seria o homem? Sua glória e pompa, como as cores no arco-íris, dissipam-se, quando Deus apresenta em ira o resplendor de Sua face. Serão demônios? Se Ele fala uma palavra, eles despencam do céu como relâmpago. —JOHN CRAGGE, em *Armário de joias espirituais*

## Versículo 8

*Desde os céus fizeste ouvir o teu juízo.* Uma derrocada tão completa era evidentemente um julgamento do Céu. Aqueles que não a viram, mas dela ouviram, e disseram: "Este é o dedo de Deus". O homem não ouvirá a voz de Deus se puder evitar, mas Deus providencia para que ela seja ouvida. Os ecos desse julgamento executado sobre o soberbo assírio ainda são ouvidos e ressoarão por todas as eras, para o louvor da justiça divina. —C. H. SPURGEON

## Versículo 10

*Pois até a ira humana há de louvar-te.* Não será apenas vencida, mas será declarada subserviente à Sua glória. O homem, com seu sopro de ameaça está apenas soprando a trombeta do eterno renome de Deus. Ventos furiosos geralmente levam embarcações mais agilmente ao porto. O diabo sopra o fogo e derrete o ferro, e em seguida o Senhor o molda segundo os Seus propósitos. Deixe os homens e os demônios se enfurecerem o quanto quiserem: Eles não podem fazer de outra maneira exceto promover os propósitos divinos. —C. H. SPURGEON

Na Septuaginta está: "A ira do homem cumprirá o dia santo para ti, até um festival para ti". Deus, muitas vezes, usa os ombros de Satanás para erguer-se sobre o mundo. —THOMAS MANTON

Com que desprezo o Espírito de Deus fala sobre o homem e sobre o poder do homem nas Escrituras? "Afastai-vos, pois, do homem cujo fôlego está no seu nariz. Pois em que é ele estimado?" A ira do homem, quando é expandida aos seus perímetros extremos, pode somente alcançar a extensão de eliminar o corpo, ou de quebrar o revestimento de barro em que a alma se hospeda, e por conseguinte nada mais pode fazer. —EBENEZER ERSKINE

*O restante da cólera, tu o restringirás* (ARC). A malícia é presa e não pode romper suas amarras. O fogo que não pode ser utilizado será abafado. Alguns leem: "Te cinges", como se o Senhor se cingisse da ira do homem como uma espada a ser usada na mão de Deus para o tormento de outros. O versículo ensina claramente que até o mal mais exacerbado está sob o controle do Senhor e no fim será dominado por Seu louvor. —C. H. SPURGEON

O que será dessa ira que resta? Deus a "restringirá". A palavra significa *cingir-se*. No entanto, Deus pode achar adequado retardar as rédeas de Sua providência e suportar que homens perversos descarreguem sua ira e inimizade, desde que isso contribua para a Sua glória; contudo o superávit, o remanescente de Sua ira que não é para Sua glória e para o benefício de Seu povo, Deus o cingirá para que não seja descarregado sobre eles… Se restar alguma ira do homem além daquilo que deve render louvor a Deus, Ele a restringirá e a conterá como as águas de um moinho. —EBENEZER ERSKINE

## Versículo 11

*Tragam presentes todos os que o rodeiam, àquele que deve ser temido.* Aquele que merece ser louvado como o nosso Deus merece, não deveria receber mera homenagem verbal, mas tributo significativo. Temido Soberano, vê que ao Senhor eu me entrego.

## Versículo 12

*Ele quebranta o orgulho dos príncipes.* A coragem, habilidade e vida deles estão em Suas mãos e Ele pode removê-las como um jardineiro poda uma planta. Nenhum deles é grandioso em Sua mão.

Césares e Napoleões caem sob o Seu poder como os galhos da árvore sob o machado do lenhador.
—C. H. SPURGEON

O Senhor *quebranta o orgulho dos príncipes*. A palavra é: Ele *remove*, como alguém remove uma flor entre seus dedos, ou como alguém remove um punhado de uvas de uma videira, tão logo amadurecem. Quão grande incerteza encontraram os grandiosos, por suas experiências miseráveis, em sua glória externa e felicidade mundana! Que mudança ocorreu em tão pouco tempo em todas as suas honras, riquezas e prazeres!

Aquele vitorioso imperador, Henrique IV, que lutou 52 batalhas armadas, caiu nesta pobreza antes de morrer, de modo que foi forçado a peticionar a conezia na igreja de Spier para se manter em sua velhice.

E Procópio relata sobre o Rei Gillimer, um poderoso rei dos vândalos, que foi tão rebaixado ao ponto de implorar a seu amigo que lhe enviasse uma esponja, um pão e uma harpa. A esponja para secar suas lágrimas, o pão para manter sua vida e a harpa para consolá-lo em sua miséria.

Philipe de Comines relata sobre um Duque de Exeter, que apesar de ter sido casado com a irmã de Eduardo IV, fora visto nos Países Baixos mendigando de pés descalços. Belisário, o principal homem vivo em sua época, teve seus olhos arrancados e foi levado a finalmente clamar sucessivamente: "Dê meio centavo a Belisário". —JEREMIAH BURROUGHS

*É tremendo aos reis da terra*. Enquanto eles são terríveis para os outros, Ele é terrível para eles. Se eles se opõem ao Seu povo, Ele os destruirá rapidamente; eles perecerão diante do terror de Seu braço, pois "o Senhor é homem de guerra; o Senhor é seu nome". Alegrem-se diante dele, todos vocês que adoram o Deus de Jacó. —C. H. SPURGEON

# Salmo 77

"**SALMO de Asafe**". Asafe era um homem de mente exercitada e geralmente tocava o tom mais grave; ele era atencioso, contemplativo, fiel e ainda assim havia nele um traço de tristeza e isto transmitia um tom enérgico às suas canções.

### Versículo 1

*Elevo a Deus a minha voz.* Este Salmo tem em si muita tristeza, mas podemos ter certeza de que terminará bem, pois começa com oração e esta nunca tem um resultado nocivo. Asafe não se inclinou para o homem, mas para o Senhor e a Ele Asafe foi, não com palavras estudadas, imponentes e pomposas, mas com um clamor, a expressão de dor natural, incólume, sem hipocrisia. Ele também utilizou sua voz, pois ainda que a pronúncia vocal não seja necessária na vida de oração, geralmente parece forçada sobre nós pela energia de nossos desejos. Algumas vezes a alma se sente compelida a utilizar a voz, pois assim encontra um escape mais livre para a sua agonia. É um consolo ouvir o alarme soando quando a casa é invadida por ladrões.
—C. H. SPURGEON

No início do salmo, antes de falar de suas tristezas, ele se apressa em demonstrar a solução necessária e mais eficaz para dissipar a tristeza. Ele diz, como muitos, que não acusa Deus de crueldade ou tirania como fruto de sua impaciência pelo sofrimento ou a murmuração; ou que pronuncia palavras blasfemas pelas quais a desonra possa cair sobre Deus; ou que, por deixar-se levar pela tristeza e desconfiança, acelera sua própria destruição ou preenche o ar com queixas vãs. Antes, foge diretamente para Deus e nele descarrega sua tristeza esperando que Ele não o afaste de Sua graça que tão eficazmente cura suas dores.
—MOLLERUS

*Para que me atenda.* À segunda batida, a porta da graça abriu-se: *inclinou para mim os ouvidos.*
—JOHN COLLINS

### Versículo 2

*No dia da minha angústia, procuro o Senhor.* Dias de angústia devem ser dias de oração; em dias de luta interna, especialmente quando Deus parece ter se retirado de nós, precisamos buscá-lo e buscar até que o encontremos. No dia de sua dificuldade, ele não procurou pelas distrações das obrigações comerciais que pudessem afastar suas dificuldades; mas buscou Deus, Seu favor e graça. Aqueles que passam por lutas mentais não devem decidir beber ou gargalhar até esquecê-las, mas orar para superá-las.
—MATTHEW HENRY

### Versículo 3

Há momentos na vida de todos os cristãos quando Deus e Seus caminhos se tornam ininteligíveis a eles. Eles se perdem em profunda meditação e nada lhes sobra senão um suspiro desesperador. Mas Paulo nos esclarece que o Espírito Santo intercede pelos cristãos a Deus quando eles não conseguem pronunciar seus gemidos (Rm 8:26). —AUGUSTUS F. THOLUCK

### Versículo 4

*Tão perturbado estou, que nem posso falar.* Os grandes sofrimentos são mudos. Correntes profundas não lutam entre os seixos como os pequenos riachos rasos que vivem das chuvas passageiras. As palavras reprovam o homem cujo coração o engana. Ele havia clamado a Deus, mas não poderia falar com o homem. Que misericórdia é esta! Podendo fazer o primeiro não precisamos nos desesperar ainda que o segundo esteja totalmente fora de nosso controle. Asafe, insone e mudo abateu-se profundamente, contudo, reanimou-se; e, dessa mesma maneira nós também devemos nos reanimar. —C. H. SPURGEON

Algumas vezes nossa dor é tão violenta que não encontra escape, nos estrangula e somos vencidos. Permanece conosco em nossa deserção, como com o homem que sofre uma leve machucadura. No início, ele anda de um lado para outro, mas, por vezes, não procura em tempo devido, prevenir uma lesão que esteja se formando. A ferida negligenciada começa a supurar ou gangrenar e o leva à dor ainda maior e perda.

Muitas vezes, isso também ocorre conosco em nossa tristeza espiritual; quando nossa dificuldade se inicia, oramos e derramamos nossa alma diante do Senhor, porém mais tarde as águas de nossa tristeza afogam nossos clamores e ficamos tão sobrecarregados de modo que tendo o mundo todo, ainda não conseguimos orar ou pelo menos não encontramos aprofundamento, nem vida nem prazer em nossas orações. E o próprio Deus parece não ter deleite nelas e isso nos deixa mais tristes (Sl 22:1). —TIMOTHY ROGERS, em *Um discurso sobre Lutas da mente e a doença da melancolia*

As lágrimas têm língua, gramática e idioma que nosso Pai conhece. Os bebês não têm orações para o seio senão o choro. A mãe consegue ler a fome no pranto. —SAMUEL RUTHERFORD

Se, durante todos os seus desencorajamentos, sua condição prova ser pior e pior, de modo que você não consiga orar, mas fique mudo quando for à presença dele e, como Davi, faça então sinais quando não puder falar; gemidos, suspiros, soluços, balbucio, como Ezequias fez; lamente-se por sua indignidade e anseie que Cristo profira seus desejos por você e que Deus ouça Cristo por você. —THOMAS GOODWIN

## Versículo 5

*Penso nos dias de outrora, trago à lembrança os anos de passados tempos.* Não havendo bem algum no presente, a memória revisitava o passado para encontrar consolo. Ela antes emprestaria uma luz dos altares de ontem para iluminar a soturnidade de hoje. É nosso dever procurar consolo e não ceder ao desespero em indolência soturna. —C. H. SPURGEON

## Versículo 6

*De noite indago meu íntimo.* Sem dúvida, Paulo e Silas se lembraram de sua canção na noite em que foram presos em Filipo e isto lhes concedeu encorajamento sob provações posteriores. E não podem muitos de vocês, meus irmãos, da mesma forma, lembrarem-se dos amparos e consolações de que vocês desfrutaram em dificuldades anteriores e como o Senhor transformou a sombra da morte em manhã? —JOHN RYLAND

*Meditei em meu coração* (ARC). Ele não deixou a introspecção, pois estava resolvido a encontrar a origem de sua tristeza e traçar sua fonte principal. Decidiu-se a lidar com isso falando, não apenas com sua mente, mas com a intimidade de seu coração; o coração trabalhava com ele. Ele não era ocioso, não brincava com a melancolia; posicionou-se e resolutamente decidiu que não morreria amansado pelo desespero mas lutaria por sua esperança até o último momento da vida. —C. H. SPURGEON

## Versículo 9

*Esqueceu-se Deus de ser benigno?* Ó meu Deus, peco contra Tua justiça de hora em hora e Tua misericórdia interpõe-se para minha remissão; mas, ó, impede-me de pecar contra a Tua misericórdia. Por que súplica posso esperar quando tiver feito de meu advogado meu inimigo? —JOSEPH HALL

A pobre criança clama por atenção de sua mãe. O que farei para atrair a atenção de minha mãe? Ó minha mãe, minha mãe, o que farei para conseguir sua atenção? E pode ser que a mãe esteja logo atrás da criança, ela apenas se esconde para testar o afeto do infante.

Assim a pobre alma clama por Deus e se queixa: "Ó meu Pai! Meu Pai! Onde está meu Pai celestial? Terá se esquecido de ser benigno? Terá calado Sua bondade em descontentamento?". Enquanto isso, Deus está mais próximo do que as almas imaginam, brilhando sobre elas em "espírito de graça e de súplicas", com suspiros e "gemidos inexprimíveis". —MATTHEW LAWRENCE

*Ou, na sua ira, terá ele reprimido as suas misericórdias?* Os dutos da bondade estão entupidos para que

o amor não possa mais fluir por eles? As entranhas de Jeová não mais anseiam por Seus filhos amados? Assim, fio por fio, a incredulidade é golpeada e arrancada da alma; ela levanta questões e nós a encontraremos com questões. Ela nos faz pensar e agir ridiculamente, e nós amontoaremos escárnio sobre ela. O argumento desta passagem toma em grande parte a forma de um reductio ad absurdum. Desnude-a e a desconfiança é uma monstruosa porção de insensatez. *Selá.* Aqui descanse por algum tempo, pois a batalha de questões precisa de uma trégua.
—C. H. SPURGEON

*Versículo 10*
*Então, disse eu: isto é a minha aflição.* Ele ganhou o dia; fala racionalmente agora e sonda o campo com uma mente mais calma. Confessa que a incredulidade é uma enfermidade, uma fraqueza, uma insensatez, um pecado. Pode-se também compreender que ele queira dizer: "Esta é a tristeza designada a mim", eu a carregarei sem queixa. Quando percebemos que nossa aflição é compartilhada pelo Senhor e é a porção ordenada do nosso cálice, nos reconciliamos com ela e não mais nos rebelamos contra o inevitável. Por que não ficaríamos contentes se é a vontade do Senhor? O que Ele providencia, não é para que interpretemos maliciosamente. —C. H. SPURGEON

Isto é uma enfermidade: quando a inclinação e a predisposição da alma estão corretas, mas, seja por alguma violência de corrupção ou força da tentação, um homem é desviado e retirado do caminho. Como a agulha da bússola do marinheiro, que se estiver acertada apontará sempre para o Norte, estará inclinada para o Polo Norte, mas sendo sacudida e agitada pode algumas vezes ser desregulada e desorientada, ainda que sua inclinação se mantenha direcionada para o Norte. Isto é uma enfermidade.
—JAMES NALTON

Versículos 10 e 11. *Então, disse eu: isto é a minha aflição; mudou-se a destra do Altíssimo. Recordo os feitos do SENHOR, pois me lembro das tuas maravilhas da antiguidade.* Portanto, cristão, quando você estiver nas profundezas da aflição, e Satanás o tentar a caluniar a Deus, como se Ele tivesse esquecido de você, cale a boca do inimigo com isto: "Não Satanás, Deus não se esqueceu de agir por mim, mas eu me esqueci do que Ele fez por mim, caso contrário eu não poderia questionar Seu vigente cuidado de Pai por mim". Vá, cristão, jogue com suas lições, louve a Deus por misericórdias passadas e em pouco tempo você terá um novo cântico em sua boca por uma misericórdia atual.

Ocasionalmente, um pequeno escrito é encontrado no escritório de um homem e isto colabora para resguardar as suas propriedades, a falta destes documentos poderia levá-lo ao aprisionamento. Há também o caso em que a lembrança da experiência de alguém impede que uma alma caia no desespero, uma prisão na qual o diabo anseia colocar o cristão.

O cão, quando perde seu rasto, retorna na trilha da caça e o recupera para então fazer sua busca com mais energia que nunca. Portanto, cristão, quando a sua esperança estiver se perdendo e você questionar a sua salvação no mundo vindouro, olhe para trás e veja o que Deus já fez por você. —WILLIAM GURNALL

*Versículo 11*
*Recordo os feitos do SENHOR, pois me lembro das tuas maravilhas da antiguidade.* Qualquer outra coisa pode pairar no esquecimento, mas as maravilhosas obras do Senhor nos dias da antiguidade não devem enfrentar o esquecimento. A memória é um encaixe feito à mão para a fé. Quando a fé tem seus sete anos de fome, a memória, como José no Egito, abre seus celeiros. —C. H. SPURGEON

*Os feitos do SENHOR [...] tuas maravilhas.* O salmista não sugere estabelecer uma distinção entre as obras e as maravilhas de Deus; mas, antes, afirma que todas as obras de Deus são maravilhas. Todas, seja em providência ou graça, todas as obras de Deus são maravilhosas! Caso tomemos a experiência individual do cristão, do que esta experiência é feita? De maravilhas.

A obra de sua conversão, maravilhosa! Aprisionado em um curso de negligência e impiedade; procurado graciosamente e gentilmente compelido para estar em paz com Deus, cuja ira havia provocado.

A comunicação de conhecimento, maravilhosa! A deidade e a eternidade se somam gradualmente; a Bíblia, então, tomada página por página, e cada página é como um volume que nenhuma pesquisa pode esgotar.

O apoio na batalha, maravilhoso! — Ele, um filho da corrupção, contudo capacitado a lutar com o mundo, com a carne, com o diabo e frequentemente a esmagá-los sob seus pés. Os consolos na aflição, maravilhosos! —, tristeza santificada de maneira a ministrar alegria, e uma colheita de contentamento ceifada de um campo regado com lágrimas. Anjos trazendo as pencas da terra e o espírito caminhando com tranquilidade no rio de cristal e nas ruas de ouro. Tudo maravilhoso! —HENRY MELVILL

*Versículo 13*
*O teu caminho, ó Deus, está no santuário* (ARC). Ainda que as obras de Deus sejam, em parte, manifestas a nós, contudo todo o conhecimento que temos delas está muito distante de sua imensurável estatura. Ademais, deve se observar que ninguém saboreia minimamente as Suas obras, exceto aqueles que por fé se levantam ao Céu. E, contudo, o ponto máximo que podemos alcançar é contemplar com admiração e reverência a sabedoria oculta e o poder de Deus, que, enquanto resplandecem em Suas obras, em muito excedem os poderes limitados de nosso entendimento. —JOÃO CALVINO

*Versículo 15*
*Os filhos de Jacó e de José.* Foi José ou foi Jacó que gerou os filhos de Israel? Certamente Jacó gerou, mas como José os nutriu, eles também são chamados por seu nome. —TALMUDE

*Versículo 16*
*Viram-te as águas, ó Deus; as águas te viram e temeram, até os abismos se abalaram.* As águas viram seu Deus, mas o homem se recusa a discerni-lo; elas se abalaram, mas pecadores orgulhosos são rebeldes e não temem o Senhor. —C. H. SPURGEON

Versículos 16 a 18. As águas viram o Senhor, mas os homens não o veem. As profundezas se conturbaram, mas o homem diz em seu coração: "Não há Deus". As nuvens derramaram água, mas os homens não derramam clamores e lágrimas para Deus. Os Céus enviaram um som, mas os homens não dizem: "Onde está Deus, meu Criador?"

Suas flechas também foram lançadas, mas nenhuma flecha de contrição e súplica é enviada por homens em contrapartida. A voz do Seu trovão estava no Céu, mas os homens não ouvem os altos trovões da lei. Os relâmpagos relampejaram no mundo, mas a luz da verdade resplandece na escuridão e a escuridão não a compreende. A terra tremeu e foi sacudida, mas os corações humanos permanecem impassíveis. —GEORGE ROGERS

*Versículo 20*
*O teu povo, tu o conduziste, como rebanho, pelas mãos de Moisés e de Arão.* Que transição é esta da tempestade para a paz, da ira para o amor! Calmamente como um rebanho, Israel foi guiado, pela ação humana que encobriu a excessiva glória da presença divina. O golpeador do Egito era o Pastor de Israel. Ele conduziu Seus inimigos à Sua frente mas foi adiante de Seu povo. Céu e Terra lutaram ao Seu lado contra os filhos de Cam, mas foram igualmente subservientes aos interesses dos filhos de Jacó.

Portanto, com alegria devota e consolação plena fechamos este Salmo; o cântico daquele que esqueceu como falar e ainda aprendeu a cantar muito mais docemente do que seus companheiros. —C. H. SPURGEON

O salmista alcançou o apogeu de seu desgaste, encontrou alívio de sua tristeza forçando seus pensamentos a outra direção, permanecendo em todas as mais poderosas maravilhas divinas da antiguidade; e aí ele deve terminar: em sua intensidade atual de paixão ele não pode confiar em si mesmo para obter meras lições de consolo. Há épocas em que mesmo a fé mais santa não consegue suportar ouvir palavras de argumentação; embora ainda possa encontrar suporte no qual descansar, ao simplesmente contemplar, em toda a sua inata magnificência, as obras que Deus forjou. —JOSEPH FRANCIS THRUPP

# Salmo 78

*Versículo 1*
*Escutai, povo meu, a minha lei; prestai ouvidos às palavras da minha boca.* Quando Deus dá a Sua verdade a uma boca e envia Seus mensageiros treinados para declarar Sua palavra com poder, o mínimo que podemos fazer é dar-lhes ouvidos e oferecer a mais profunda obediência de nosso coração. Como o oficial de um exército inicia seu treino pedindo "atenção", da mesma forma todo soldado treinado de Cristo é chamado para dar ouvidos às Suas palavras. Os homens emprestam seus ouvidos à música, quanto mais deveriam então ouvir as harmonias do evangelho. Eles se sentam fascinados à presença de um orador; quanto mais deveriam ceder à eloquência do Céu! —C. H. SPURGEON

Inclinar os ouvidos não denota nenhum tipo comum de audição, mas audição como a que um discípulo fornece às palavras de seu mestre, com submissão e reverência de mente, calado e sincero, de modo que o que for ouvido para o propósito de instrução possa ser ouvido e adequadamente compreendido, não permitindo que nada escape.

É ouvinte de estirpe diferenciada aquele que ouve desmedidamente, não com o propósito de aprender ou imitar, mas para criticar, para divertir-se, para satisfazer a animosidade ou para matar o tempo. —MUSCULUS

*Versículo 2*
*Publicarei enigmas dos tempos antigos,* enigmas da antiguidade, mistérios de outrora. A mente do profeta-poeta estava tão repleta de sabedoria popular antiga que ele a derramou em uma corrente copiosa de canção, enquanto, abaixo, a torrente efusiva deposita pérolas e gemas de verdade espiritual capaz de enriquecer aqueles que podem mergulhar nas profundezas e trazê-las à superfície.

A letra deste cântico é preciosa, mas o sentido interior vai além de qualquer valor. Enquanto o primeiro versículo pede atenção, o segundo justifica a demanda sugerindo que o sentido exterior encobre um significado interior e oculto, que somente os criteriosos serão capazes de perceber. —C. H. SPURGEON

*Versículo 4*
*Contaremos à vindoura geração os louvores do SENHOR, e o seu poder, e as maravilhas que fez.* Não ousamos seguir as vãs e perniciosas tradições da apóstata Igreja de Roma, nem compararíamos os registros falíveis das melhores memórias humanas com a infalível Palavra escrita. Contudo vemos resignados a tradição oral praticada por todo cristão em sua família e crianças ensinadas alegremente pela palavra da boca de seus pais e mães, assim como pelas páginas impressas daquilo que tão frequentemente consideram como livros escolares enfadonhos e sem vida. Que horas felizes e noites agradáveis as crianças tiveram aos joelhos de seus pais enquanto ouviam algumas "doces histórias da antiguidade". Leitor, se você tem filhos, preocupe-se em não falhar nesta tarefa. —C. H. SPURGEON

Versículos 4 a 6. A lã tingida *in natura* manterá sua cor por mais tempo. Os discípulos na juventude provarão ser anjos na velhice. A aplicação e a experiência fortalecem e certificam qualquer arte ou ciência. Quanto mais tempo seu filho for criado na escola de Cristo, mais capaz ele será de descobrir as artimanhas e falácias de Satanás e evitá-las. Quanto mais tempo ele tiver feito parte desta prática mais habilidade e deleite terá em adorar e desfrutar do Deus bendito. A árvore quando já velha resiste fortemente ao vento, precisamente por ter sido estabelecida assim quando era jovem.

Os filhos de Merindól [N.E.: Comuna francesa.] assim respondiam uns aos outros sobre as questões de religião, antes da perseguição do Bispo de Cavailon, um observador disse ao bispo: "Preciso confessar que frequentemente participo das discussões dos doutores em Sorbonne, mas nunca aprendi tanto como com estas crianças". Sete crianças, de uma vez, sofreram martírio com Sinforosa, uma piedosa matrona, sua mãe. Tal bênção frequentemente acompanha uma procriação religiosa; portanto, Julian, o apóstata, para impedir o crescimento e ampliação do cristianismo, não suportaria que crianças tivessem ensino humano ou divino.

Filipe alegrou-se quando Alexandre nasceu na época em que Aristóteles vivia para instruí-lo na filosofia. Não é misericórdia cruel o fato de seus filhos nascerem nos dias do evangelho, em um vale de visão, uma terra de luz onde podem ser instruídos no cristianismo. Ó, não falhem portanto em fazer conhecida a seus filhos a natureza de Deus, as naturezas e ofícios de Cristo, em mostrar-lhes sua própria natureza pecaminosa e miséria, o caminho e os meios para sua restauração, o fim e a missão para os quais foram enviados ao mundo, a necessidade de regeneração e uma vida santa, se desejam escapar da morte eterna! Lamentavelmente, como é possível que cheguem ao Céu se não conhecem o caminho para lá?
—GEORGE SWINNOCK

## Versículo 8
*E que não fossem, como seus pais, geração obstinada e rebelde.* Havia espaço para aperfeiçoamento. Pais obstinados em seus caminhos e rebeldes contra os caminhos de Deus são exemplos lamentáveis para seus filhos; e é seriamente desejável que uma melhor instrução possa gerar uma raça melhor. É comum em algumas regiões que os homens contem os costumes de sua família como a melhor das melhores regras; mas a desobediência não deve ser desculpada por ser hereditária. A lepra não era menos abominável por estar presente há anos na família.

## Versículo 14
*E durante a noite com um clarão de fogo.* Tão constante era o cuidado do Grande Pastor que a noite toda e todas as noites o sinal de Sua presença estava com Seu povo. Aquela nuvem que era sombra durante o dia e o sol durante a noite. Até mesmo a graça que refrigera e acalma nossas alegrias, ameniza e consola nossas tristezas. Que misericórdia é ter uma luz de fogo conosco em meio aos solitários horrores do deserto da aflição. Nosso Deus tem sido tudo isto para nós e nós seremos infiéis a Ele? Nós o sentimos como ambos — sombra e luz, conforme as mudanças em nossas circunstâncias têm exigido.

*Ele é nossa alegria no pesar,*
*Alegrou nosso coração no chorar,*
*E, com alertas levemente melancólicos,*
*Acalmou nosso coração quando eufórico.*
—C. H. SPURGEON

## Versículo 16
*Da pedra fez brotar torrentes, fez manar água como rios.* O suprimento de água era tão abundante em quantidade quanto era miraculoso em sua origem. Torrentes, não goteiras, saíam das rochas. Correntes seguiam o acampamento; o suprimento não era para uma hora ou um dia. Essa era uma maravilha da benevolência.

Caso contemplemos as abundâncias da graça divina, nos perderemos em admiração. Rios poderosos de amor fluíram por nós no deserto. Lamentavelmente, grande Deus! Nossa retribuição não tem sido compatível, antes, extremamente o contrário.
—C. H. SPURGEON

"Onde abundou o pecado, superabundou a graça". O segundo murmurar por água em Cades parece ter sido um ato de rebelião mais agravado que o anterior e, contudo, a água foi fornecida em grande abundância. Ó, a liberdade da graça soberana de Deus!
—W. WILSON

## Versículo 17
*Mas, ainda assim, prosseguiram em pecar contra ele.* Era ruim o suficiente desconfiar que seu Deus não proveria o básico, mas revoltar-se contra Ele em ira gananciosa pelo supérfluo foi muito pior. A natureza da doença do pecado sempre procederá do ruim para o pior; os homens nunca se cansam de pecar, mas antes aumentam sua velocidade na corrida da iniquidade. —C. H. SPURGEON

Ele não diz que pecaram somente, mas diz que pecaram contra Deus. *Prosseguiram em pecar contra ele,* isto é, contra *Deus.* Contra qual Deus? Contra Aquele que os libertou do Egito por meio de grandes e inéditas maravilhas, que os guiou como homens livres através do mar Vermelho, a pés enxutos, que continuou a guiá-los e protegê-los com os pilares de nuvem e fogo dia e noite e lhes deu de beber abundantemente da água retirada da rocha árida.

Contra este Deus, eles acrescentaram pecado sobre pecado. O pecar simplesmente é humano e acontece com os santos até mesmo logo após receberem uma graça; mas pecar contra Deus alega um grau singular de impiedade. —MUSCULUS

*Versículo 18*
*Tentaram a Deus no seu coração.* Ele não foi tentado, pois não pode ser tentado por ninguém, mas eles agiram de um modo calculado para tentá-lo e é sempre justo fazer essa acusação sobre os homens considerando que é a tendência óbvia da conduta deles.

Cristo não pode morrer de novo e, contudo, muitos o crucificam novamente, porque este seria o resultado legítimo de seu comportamento, caso seus efeitos não fossem evitados por outras forças. Os pecadores no deserto prefeririam que o Senhor mudasse Seus sábios procedimentos para satisfazer extravagâncias, logo, diz-se que eles tentaram a Deus. —C. H. SPURGEON

*Pedindo alimento que lhes fosse do gosto.* Deus lhes teria dado carne para sua fome no maná, alimento saudável, agradável e em abundância; Ele lhes teria dado carne para sua fé, carne das cabeças de Leviatã que Ele quebra em pedaços (Sl 74:14). Mas tudo isto não seria suficiente, eles precisam ter "alimento que lhes fosse do gosto"; iguarias e variedades para gratificar um apetite luxuoso. Nada é mais provocador para Deus do que o querelarmos sobre nossa porção e a entrega aos desejos da carne. —MATTHEW HENRY

*Versículo 19*
*Falaram contra Deus, dizendo: Pode, acaso, Deus preparar-nos mesa no deserto?* Deve ser particularmente observado que o pecado do qual os filhos de Israel eram culpados, nesta ocasião, não era o desejar pão e água, mas o pensar, por um momento, que após o Senhor haver lhes tirado do Egito, os faria suportar a falta de qualquer item básico e falhariam em alcançar Canaã. Não era pecado sentir fome e sede; é uma necessidade natural.

Não há nada vivo que não deseje e exija alimento, quando assim não é, estamos mortos e isto que eles fizeram então não era pecado. Seu pecado foi *duvidar que Deus poderia sustentá-los no deserto ou permitir que aqueles que seguiam Sua liderança tivessem falta de algo bom, qualquer que fosse.* Este foi o seu pecado. Exatamente a mesma coisa com o cristão de agora. Estes israelitas não exigiram mais literalmente um suprimento de alimento diário para seus corpos, do que os cristãos exigem para sua alma. Não fazê-lo é sinal de morte, e a alma viva logo morreria sem este suprimento.

E longe de ser um pecado, nosso Senhor pronunciou bendito o homem que tem fome e sede de justiça, acrescentando a promessa mais preciosa de que todos estes serão satisfeitos. Mas é pecado, e grande pecado é, que murmuremos e temamos, caso este alimento não seja suprido de forma perceptível e imediata, comprovada por nossos sentidos. Não foi para provação de sua fé que estas coisas aconteceram com os israelitas, como as provações de todos os cristãos em todas as eras? E é após termos "sofrido por um pouco" que podemos esperar ser estabelecidos, fortalecidos, ajustados. —BROWLOW NORTH, em *Nós mesmos; um retrato esboçado a partir da história dos filhos de Israel*

Versículos 19 e 20. Após toda a sua experiência, eles duvidaram da onipotência divina como se devesse ser desconsiderada, quando esta se recusou a gratificar suas luxúrias. A incredulidade está tão profundamente enraizada no coração humano, que quando Deus executa milagres na Terra, a incredulidade duvida que Ele possa executá-los no Céu e quando Ele os executa no Céu, duvida que Ele possa executá-los na Terra. —AUGUSTUS F. THOLUCK

*Versículo 20*
*Pode ele dar-nos pão também?* Quem dirá que um homem é grato a seu amigo por uma benevolência

passada, se ele nutre uma opinião prejudicial do amigo com relação ao futuro? Isto foi tudo o que o ingrata Israel retribuiu a Deus por Sua miraculosa abordagem à rocha para saciar sua sede: "Com efeito, ele feriu a rocha" — Pode ele dar-nos pão também?

Ó, como é triste o fato de que após Deus haver recebido uma alma à Sua mesa com misericórdias e libertações seletas, estas estejam tão mau desposadas, que nem um mínimo bocado delas seja deixado para dar uma refeição à fé, para impedir que o coração desfaleça quando Deus não surge tão rapidamente para libertar quanto era desejado. O mais agradecido dos homens é aquele que dá muito valor às misericórdias de Deus, em sua memória, e pode alimentar sua fé com o que Deus tem feito por ele, assim como caminhar na força desta mesma lembrança nas dificuldades presentes. —WILLIAM GURNALL

## Versículo 22
*Porque não creram em Deus, nem confiaram na sua salvação.* Este é o pecado maior, o pecado do lamento. Como Jeroboão, filho de Nebate, ele peca e faz Israel pecar; é em si maligno e aparentado com demônios. Foi este pecado que afastou Israel de Canaã e afasta miríades do Céu. Deus está preparado para salvar, combinando poder com disposição, mas o homem rebelde não confiará em seu Salvador e, portanto, já está condenado.

No texto, aparentemente, os outros pecados de Israel eram nada, se comparados a este; este é o ponto peculiar para o qual o Senhor aponta, a provocação especial que o irou. Deixe que disto todo cristão aprenda a tremer mais por sua descrença do que por qualquer outra coisa. Não sendo ele fornicador ou ladrão ou mentiroso, que reflita no fato de que é relativamente suficiente condená-lo, por não confiar na salvação de Deus.

## Versículo 24
*Fez chover maná sobre eles, para alimentá-los.* Havia tanto maná, jorrava alimento dos céus, o alimento irrompia das nuvens. Era alimento adequado, não somente para o olhar, mas para comer; eles podiam comer tanto quanto ajuntassem. Misterioso que era, eles o chamaram de maná, ou "o que é isto?"; contudo foi eminentemente adotado para a nutrição humana. Assim como era abundante e adaptado estava proporcionalmente disponível! Eles não precisavam ir a longa distância para buscá-lo, estava próximo deles e precisavam apenas ajuntá-lo.

Ó Senhor Jesus, tu abençoaste o maná do Céu. Tudo isso está tão de acordo com o Senhor! Mesmo hoje, nos alimentaremos de ti como nossa carne espiritual e oramos que afastes toda perversa incredulidade de nós. Nossos pais comeram o maná e duvidaram; nós nos alimentamos do Senhor e estamos cheios de confiança. —C. H. SPURGEON

## Versículo 27
*Também fez chover sobre eles carne como poeira.* Primeiro, Ele fez chover pão e em seguida, carne, quando poderia ter feito chover fogo e enxofre. As palavras indicam a velocidade e abundância, das codornizes em queda. —C. H. SPURGEON

*E voláteis como areia dos mares.* Não havia como contá-las. Por uma providência notável, se não por milagre, números extraordinários de pássaros migratórios foram provocados a pousar ao redor das tendas das tribos. Era, no entanto, uma bênção incerta, como geralmente são as riquezas facilmente adquiridas e superabundantes. Que o Senhor nos salve da carne temperada com a ira divina. —C. H. SPURGEON

## Versículo 30
*Porém não reprimiram o apetite.* Isto sugere que eles ainda queimavam em sua luxúria. Caso seja contestado que isto não está de acordo com a sentença anterior onde é dito que "comeram e se fartaram a valer", eu responderia que se a mente do homem não for mantida nos limites da razão e da temperança, se torna insaciável, como bem se sabe, e, portanto, grande abundância não extinguirá o fogo de um apetite depravado. —JOÃO CALVINO

Considere que há mais satisfação real em mortificar as luxúrias do que em prover para elas ou em satisfazê-las. Há mais prazer verdadeiro em se opor e esmagar nossa carne do que em gratificá-la. Houvesse algum prazer verdadeiro no pecado, o inferno não seria inferno, pois quanto mais pecado, mais alegria. Você não pode satisfazer uma luxúria se não agir em seu máximo e fazer de si um escravo pleno dela; você acredita que se receber o desejo de seu coração terá descanso, muito você se engana, pois assim foi com o povo. —ALEXANDER CARMICHAEL

### Versículo 31

*Entre os seus mais robustos semeou a morte.* Eles foram alimentados como ovelhas para o abate. O açougueiro escolhe primeiro os mais gordos. Podemos supor que havia alguns israelitas piedosos e satisfeitos que comiam as codornizes, moderadamente, e nunca estiveram entre os piores; pois não foi a carne que os envenenou, mas sua própria luxúria. Deixe que os epicureus e sensualistas leiam a sua condenação: *o destino deles é a perdição, o deus deles é o ventre* (Fp 3:19). —MATTHEW HENRY

Versículos 31 a 34. Não há alguém tão prodigiosamente perverso como aqueles alimentados plenamente com prazeres carnais. Eles são para os ímpios como o estrume e o esterco para o porco que engorda deitando-se sobre ele; então seu coração fica mais imundo e gordo; sua consciência mais estúpida e cega para o pecado que tem em si; enquanto que os consolos e deleites que Deus concede a uma alma santa pela criatura que abriga esta alma, transformam-se em nutrição espiritual para Suas graças que são colocadas em exercício, da mesma forma que o perverso faz com suas luxúrias. —WILLIAM GURNALL

### Versículo 32

*Sem embargo disso, continuaram a pecar e não creram nas suas maravilhas.* A permanência no pecado e na incredulidade caminham juntas. Se eles tivessem crido, não teriam pecado, se não tivessem sido cegados pelo pecado, teriam crido. Há uma ação reflexiva entre fé e caráter. Como o amante do pecado pode crer? Como, por outro lado, o incrédulo pode deixar de pecar? Os caminhos de Deus na providência são, em si, convincentes e geram conversão, mas a natureza não renovada se recusa a ser convencida ou convertida por eles. —C. H. SPURGEON

"Os homens nem sempre têm disposição para serem convencidos". Não é falta de indícios, mas a falta de disposição correta, que impede os homens de crerem em Deus. —WILLIAM S. PLUMER

A experiência deve fortalecer a fé; mas deve haver fé vigente para utilizar a experiência. —J. N. DARBY, em *Reflexões práticas sobre os Salmos*

### Versículo 33

*E os seus anos, em súbito terror.* A aflição deles eram as marchas desgastantes, e não chegar a um lugar de descanso era sua vaidade. Inúmeras sepulturas deixamos pela trilha de Israel e se alguém perguntar: "Quem matou todos estes?", a resposta deve ser: "Eles não puderam entrar devido à incredulidade".

Indubitavelmente muito do tormento e falência de tantas vidas é resultado de terem sido consumidas pela incredulidade e traspassadas por suas paixões más. Ninguém vive tão infrutífera e miseravelmente como aqueles que permitem que o sentido e a visão atropelem a fé e sua razão e que o apetite oprima o temor de Deus. Nossos dias passam rápido o suficiente segundo o lapso comum de tempo, mas o Senhor pode fazê-los enferrujar em uma velocidade mais amarga, até que sintamos como se a tristeza realmente tivesse ingerido o coração de nossa vida, e um cancro devorado nossa existência. Tal foi a punição da rebelde Israel. Conceda o Senhor que não seja a nossa. —C. H. SPURGEON

### Versículo 34

*Quando os fazia morrer, então, o buscavam.* Como vira-latas açoitados, eles lambiam os pés de Seu Mestre. Obedeciam somente enquanto sentiam o açoite em seus lombos. Duros são os corações que somente a morte pode mover. Enquanto milhares morriam ao seu redor, o povo de Israel tornou-se repentinamente religioso e se reuniu à porta do tabernáculo, como ovelhas que correm em massa enquanto o cão negro as guia, mas se dispersam e vagueiam quando o pastor o afasta delas.

### Versículo 35

*Lembravam-se de que Deus era a sua rocha e o Deus Altíssimo, o seu redentor.* Infelizmente, pobre homem,

quão prontamente você esquece seu Deus! Que vergonha, verme ingrato, não ter consciência dos favores, alguns dias após havê-los recebido. Nada fará você manter em sua memória a misericórdia de seu Deus exceto a sua completa suspensão?
—C. H. SPURGEON

*Versículo 36*
*Lisonjeavam-no, porém de boca.* Em suas melhores condições eles eram maus. Falsos quando ajoelhados, mentirosos em suas orações. A adoração dos lábios deve ser muito detestável para Deus quando dissociada do coração: outros reis amam a bajulação, mas o Rei dos reis a abomina.

Como as aflições mais penetrantes apenas arrancam de homens carnais uma falsa submissão a Deus, há prova positiva de que o coração é desesperadamente perverso, e que o pecado está arraigado em nossa natureza. Se você bate em um tigre com muitos chicotes, não conseguirá transformá-lo em uma ovelha. O diabo não pode ser arrancado da natureza humana a pancadas, ainda que outro demônio, a saber, a hipocrisia, pode ser colocado nela por meio de pancadas. A piedade produzida nos pântanos da tristeza e nos calores do terror cresce como cogumelos, é rápida em seu surgimento — "arrependidos, procuravam a Deus" — mas é um fungo meramente insubstancial de euforia não duradoura.
—C. H. SPURGEON

Mas poderiam eles lisonjear Deus? O homem se sente lisonjeado quando lhe é atribuído o que ele não tem ou quando é aplaudido pelo que tem, mas além de seu verdadeiro mérito. Deus não pode ser lisonjeado desta forma; Ele está tão além da lisonja quanto do sofrimento.

Diz-se, então, que os judeus lisonjeiam Deus, não porque o aplaudem com belos discursos além do necessário, mas porque por meio de belos discursos eles esperam evitar aquilo que de fato merecem; ou lisonjeiam Deus com suas próprias promessas, não com louvores ao Senhor. Eles pecaram contra o Senhor e Ele os fez morrer; e quando a espada os encontrou, eles buscaram Deus; rastejaram até Ele e o bajularam; vieram como que com cordas em seus pescoços, confessando que mereciam morrer, contudo implorando humildemente pela vida; e se Deus não embainhasse Sua espada e os poupasse, ó que espécie de homens seriam em toda a santa conversação e santidade.

Portanto, "Lisonjeavam-no, porém de boca, porque o coração deles não era firme"; eles faziam grandes demonstrações de arrependimento e voltavam-se a Deus, mas não era sua intenção, isto era sua lisonja. O Senhor também não pode ser bajulado de nenhuma outra forma. E como Ele não pode ser bajulado pelo louvor em excesso, Sua pessoa não pode ser indevidamente honrada quando o respeitamos em excesso. —JOSEPH CARYL

*E com a língua lhe mentiam.* Seu discurso piedoso era jargão, seu louvor mero vento, sua oração uma fraude. Seu arrependimento superficial era uma película fina demais para encobrir a ferida mortal do pecado. Isto nos ensina a colocar pouca confiança em declarações de arrependimento feitas por homens moribundos ou em outros cuja base é evidentemente o medo servil e nada mais. Qualquer ladrão choramingará arrependimento se acreditar que o juiz, deste modo, será comovido a libertá-lo. —C. H. SPURGEON

O coração é o corpo do sino, a língua é apenas o badalo; quando o corpo do sino é de metal correto e bom (como prata), assim também será o som; se o metal do sino for rachado ou for chumbo, o som em pouco tempo o revelará para um ouvido sábio.

Deus consegue enxergar as doenças e máculas do coração ao olhar a língua. Como Jacó disse à sua mãe: "passarei a seus olhos por zombador; assim, trarei sobre mim maldição e não bênção." —GEORGE SWINNOCK

Versículos 36 a 38. Caso Deus deixasse o espetáculo e a aparência de contrição sem uma recompensa estaria Ele inconsciente da penitência verdadeira? Se *muitas vezes desvia sua ira* daqueles que *lisonjeavam-no, porém de boca, e com a língua lhe mentiam*", Ele não tem nada armazenado para aqueles que são humildes de espírito e vão a Ele com um sacrifício de coração quebrantado?

Ó! O desviar da ira temporária porque ídolos foram abandonados externamente! É um compromisso poderoso de que a ira eterna será evitada se formos interiormente atingidos e fugirmos buscando refúgio no Salvador. Deus deve ter bens eternos armazenados para Seus amigos, se até mesmo Seus inimigos são recompensados com bens temporários.

Sim, enquanto observo os filisteus e os amonitas oprimindo os israelitas idólatras e então vejo os opressores afastados em retirada pelo culto impiedoso, aprendo que a verdadeira penitência pelo pecado e a verdadeira fé no sacrifício de Jesus Cristo disseminará todos os inimigos. Volto da contemplação do povo apóstata, emancipado, não obstante a conhecida futilidade de seus votos; volto seguro de que o reino que nem filisteus, nem amonitas podem invadir será a porção de todos os que buscam libertação por meio de Cristo. —HENRY MELVILL

## Versículo 37

*Pois o coração deles não era firme para com ele.* Não havia profundidade em seu arrependimento; não era obra do coração. Eles eram inconstantes como cata-vento; todos os ventos os levavam, sua mente não estava estabelecida em Deus.

*Nem foram fiéis à sua aliança.* As promessas do povo eram tão rapidamente quebradas quanto eram feitas, como se feitas em escárnio. As boas resoluções repousam em seus corações como homens repousam em albergues; permanecem por algum tempo e então se retiram. Hoje acaloram-se pela santidade, amanhã esfriam-se. Instáveis como as nuances do golfinho, mudavam de reverência para rebelião, de gratidão à murmuração. Um dia entregaram seu ouro para construir um tabernáculo para Jeová e no dia seguinte arrancaram seus brincos para fazer um bezerro de ouro. Certamente o coração é um camaleão. Proteu não era tão mutável assim. Como na febre ardente nós queimamos e congelamos, assim são naturezas inconstantes em sua religião. —C. H. SPURGEON

## Versículo 41

*E limitaram o Santo de Israel* (ACRF). Duvidaram de Seu poder e assim o limitaram, fizeram imposições à Sua sabedoria o que é a mesma coisa. Desenhar um caminho para Deus é impiedade arrogante. O Santo faz o que é certo, o Deus de aliança de Israel é verdadeiro; é profanação dizer-lhe: "O Senhor deve fazer isto ou aquilo, caso contrário não o adorarei". O Deus eterno não deve ser desta forma guiado, como que por uma corda segurada por Sua impotente criatura. Ele é o Senhor e Ele fará o que lhe parece bom. —C. H. SPURGEON

Aqui, então, está uma terrível acusação e para nós parece tão misteriosa quanto terrível. Quão abominável o homem, o verme que atribui a si o direito de dizer Àquele que o fez: "Até aqui o Senhor pode vir, nenhum passo adiante." Incrível, eu digo, a acusação! Tocar as dimensões e atividades da Deidade. Incrível insolência, estabelecer um limite para o próprio Criador, definir e estipular para o próprio doador da Lei da natureza o caminho da Sua providência! A infâmia é imensa.

Mas nós sabemos, meus amigos, que o crime não é incomum; e um dos resultados naturais do pecado parece ser este: o espírito pecador, seja de homem ou de um arcanjo perdido, incapaz de abalar as firmes fundações do Trono eterno, entretém sua malignidade e busca a suspensão temporária de suas preocupações ressequidas colocando barreiras nos arredores e fronteiras no império do Todo-Poderoso, esperando em vão, aborrecer o Detentor do trono que ele não pode perturbar. —E. PAXTON HOOD

Deus não pode suportar com paciência quando tentamos limitá-lo seja no tempo, no modo ou nos meios de auxílio. Ele se queixa dos judeus por esta presunção, *limitaram o Santo de Israel*. É intolerável delimitar a sabedoria e o poder infinitos. Ele trabalhará quando quiser, e como quiser, e com os instrumentos que lhe aprouver; se lhe agradar o fará sem instrumentos, mas se lhe agradar por fracos e improváveis, vilipendiados e estraçalhados. —JOSEPH CARYL, em um Sermão diante da Câmara dos Comuns do Parlamento do Reino Unido intitulado *As obras de Éfeso*

*Limitaram.* No único outro lugar em que esta palavra hebraica ocorre (Ed 9:4), ela significa estabelecer

uma marca em uma pessoa, que alguns aplicam aqui, no sentido figurado, como estigmatizar ou insultar.
—JOSEPH ADDISON ALEXANDER

*Versículo 42*
*Não se lembraram do poder dele, nem do dia em que os resgatou do adversário.* Porque Israel esqueceu a primeira libertação, o povo continuou perversamente no caminho do mal. Porque um cristão, certas vezes, para pouco antes de chegar à cruz em seus conflitos espirituais, ele fracassa na derrota do inimigo e continua infrutífero e infeliz, até que por alguma intervenção especial do grande Restaurador, ele seja novamente levado, em espírito, àquele lugar onde Deus o encontrou primeiro e o recebeu em Jesus na plenitude de perdão e paz. Nenhuma experiência intermediária, ainda que verdadeira em seu caráter, resolverá seu caso.

É somente na cruz que recuperamos uma sensatez minuciosa sobre nós mesmos, assim como sobre Deus. Desejando glorificá-lo precisamos nos lembrar: "guardarmos firme, até ao fim, a confiança que, desde o princípio, tivemos" (Hb 3:14).
—ARTHUR PRIDHAM

O pão comido cai logo no esquecimento. Nada se torna obsoleto tão rapidamente como o favor.
—JOHN TRAPP

Versículos 43 a 51. Moisés executou maravilhas destrutivas, Cristo, maravilhas defensivas: aquele transformou água em sangue, Cristo água em vinho; aquele trouxe moscas, sapos, gafanhotos e lagartas, destruindo os frutos da terra e importunando-a; Cristo multiplicou um pouco destes frutos, cinco pães e dois peixes abençoando-os, de modo que com isto alimentou 5 mil homens. Moisés atingiu homens e gado com granizo, trovão e relâmpago até que morreram, Cristo ressuscitou alguns que estavam mortos e salvou da morte os doentes e enfermos.

Moisés foi um instrumento para trazer todo tipo de ira e anjos malignos para o meio deles, Cristo expulsou demônios e fez todo o tipo de bem, dando visão ao cego, audição ao surdo, fala ao mudo, restaurando membros de coxos e purificando leprosos; e quando o mar estava tempestuoso o acalmou. Moisés matou os primogênitos, causou assim terrível choro em toda a terra do Egito; Cristo salvou todos os primogênitos, ou, ao salvá-los, os torna primogênitos, pois assim são chamados (Hb 12:23). —JOHN MAYER

*Versículo 44*
*E converteu em sangue os rios deles.* As águas passaram a ser os meios de destruição dos recém-nascidos de Israel e agora eles como que revelam o crime — seus rostos avermelhados, eles vingam o crime nos assassinos. O Nilo era a vitalidade do Egito, sua vida e sangue, mas ao comando de Deus se tornou uma corrente de maldição; cada gota era horror, veneno para se beber e terror para se contemplar.

Muito em breve não fará o Todo-Poderoso o mesmo com o Tâmisa ou o Sena? Alguma vezes Ele permitiu que homens, que eram Seus cajados, transformassem rios em água carmesim de sangue e isto é julgamento severo; mas o evento agora diante de nós foi mais misterioso, mais geral, mais completo e deve portanto ter sido uma praga de grande magnitude.

*Para que das suas correntes não bebessem.* Correntes ínfimas participaram da maldição, reservatórios e canais sentiram o mal; Deus nada faz pela metade. Todo o Egito se vangloriava das doces águas de seu rio, mas passaram a ter mais repulsa por elas do que tinham amor. Nossas misericórdias podem em pouco tornarem-se nossas misérias se o Senhor tratar conosco em ira. —C. H. SPURGEON

Eles olhavam para seu rio não apenas como consagrado a uma divindade; mas, se acreditarmos em alguns autores, como seu principal deus nacional e o adoravam como tal.

Eles provavelmente sentiram absoluto assombro e horror quando contemplaram sua corrente sagrada transformada e poluída, a divindade que adoravam tão vergonhosamente conspurcada e rebaixada. E este aspecto provavelmente teve efeito salutar nos israelitas por serem alertados a não aquiescer a este tipo de idolatria, mas vilipendiar e repudiá-la. Deve ser observado que Deus poderia, tivesse sido prazer divino, de muitas maneiras manchar e poluir as correntes do Egito. Porém, achou adequado transformá-la em sangue.

Os egípcios, e especialmente seus sacerdotes, eram particularmente gentis e sensíveis em seus hábitos e ritos externos; e nada havia que repudiassem mais do que o sangue. Raramente admitiam sacrifícios com sangue e com a mínima mancha de sangue se consideravam profundamente poluídos. Seu compromisso com a pureza era tão grande que não suportavam entrar em contato com um estrangeiro, ou até mesmo lidar com suas roupas; mas tocar um cadáver era uma abominação e exigia ser imediatamente expiada.

Com estes relatos, os sacerdotes faziam constantes lavagens de purificação. Havia quatro momentos declarados, dois durante o dia e com a mesma frequência à noite, nos quais eram obrigados a banhar-se. Muitos acidentes os faziam repetir o banho com mais frequência. Portanto, este mal trazido sobre eles provavelmente foi sentido drasticamente, pois "houve sangue por toda a terra do Egito" (Êx 7:21). —JACOB BRYANT, em *Observações sobre as pragas infligidas aos egípcios*

## Versículo 45

*E rãs que os destruíssem.* Quão grande é esse Deus que em um minuto pode esmagar o magnificente? Estas criaturas se aglomeraram em todos os lugares enquanto estavam vivas, até que o povo se sentiu pronto para morrer ao vê-las; e quando os répteis morreram, os montes de seus cadáveres fizeram a terra feder tão horrivelmente que uma peste era iminente.

Portanto, não somente Terra e ares enviaram exércitos terríveis, mas a água também acrescentou suas legiões abomináveis. Era como se o Nilo primeiro tivesse adoecido e depois obrigado a abandonar por completo seu leito, rastejando e saltando na forma de sapos. Aqueles que contendem com o Todo-Poderoso pouco conhecem as flechas que estão em Sua aljava; o pecado surpreendente será visitado com punição surpreendente. —C. H. SPURGEON

## Versículo 49

*Lançou contra eles o furor da sua ira: cólera, indignação e calamidade.* Sua última flecha era a mais afiada. Ele reservou o vinho forte de Sua indignação para o fim. Note como o salmista acumula as palavras, e o faz bem; pois eram golpes seguidos de golpes, cada um deles mais desconcertantes do que o seu anterior e então a pancada esmagadora que foi reservada para o fim. —C. H. SPURGEON

*Lançou legião de anjos portadores de males.* Mensageiros do mal entraram em suas casas à meia-noite e atingiram os mais queridos objetos de seu amor. Os anjos foram maus para o povo, ainda que em si mesmos bons; aqueles, que para os herdeiros da salvação são ministros da graça, são para os herdeiros da ira executores de julgamento. —C. H. SPURGEON

Quando Deus envia anjos, eles certamente virão e se Ele os ordena matar, eles não pouparão. Veja como o pecado coloca todos os poderes do Céu em formação contra o homem; ele não tem amigo restante no Universo quando Deus é o seu inimigo. —C. H. SPURGEON

Que o diabo e seus anjos são profundamente maus, que para eles está preparado o fogo eterno, não é oculto a nenhum cristão; mas que deve ser enviado por meio deles uma aflição do Senhor Deus sobre alguns a quem Ele julga merecer esta punição, parece ser algo difícil para aqueles que são pouco passíveis de considerar como a perfeita justiça de Deus faz bom uso inclusive das coisas más.

Pois estes, na verdade, considerando sua matéria, que outra pessoa senão Ele poderia tê-los feito? Mas não os fez maus; contudo os usa, na medida de Sua bondade, justa e convenientemente; assim como por outro lado homens impiedosos usam suas boas criaturas de modo maligno. Deus, portanto, usa anjos maus não apenas para punir homens maus, como no caso de todos aqueles sobre quem o Salmo fala, como no caso do rei Acabe a quem um espírito de mentira, pela vontade de Deus, seduziu para que caísse em guerra; mas também para provar e manifestar os bons homens como Ele fez no caso de Jó. —AGOSTINHO

## Versículo 51

*Feriu todos os primogênitos no Egito.* Não foram feitas exceções, o monarca chorou por seu herdeiro, como o servo no moinho. Eles espancaram o primogênito do Senhor, inclusive Israel, e Ele agora ataca os deles. As primícias da virilidade nas tendas de Cam. Balançando sua foice no campo, a morte arrematou as flores mais altas. As tendas de Cam conheciam suas tristezas peculiares, e simpatizaram com as tristezas que foram implacavelmente infligidas às habitações de Israel. Assim as maldições vêm à casa para empoleirar-se. Os opressores são retribuídos em sua própria moeda, sem descontar nem um centavo. —C. H. SPURGEON

O sol do último dia da estada de Israel no Egito havia se posto. Era o quarto dia após a conversa com Moisés. Faraó, seus príncipes e os sacerdotes de seus ídolos indubitavelmente se encorajariam com este insólito atraso. Jeová e Seus ministros são intensamente espancados, pois agora os deuses do Egito prevalecem contra eles. O triunfo seria celebrado com pompa e sacrifícios, em banquetes e danças. Nada é mais plausível do que os salões de banquete de Faraó em Ramesés brilhando com lamparinas e que ele e seus príncipes estivessem vertendo libações de vinho a seus deuses, e tramando esquemas em meio à sua folia, para a perpetuação da escravidão de Israel.

Naquela noite, o Faraó Seti começou a gritar em agonia feroz e amarga em seu divã, roendo a flecha afiada que inflamava seus órgãos vitais, como um leão ferido. Seu filho, seu primogênito, seu único filho, acabara de chegar à idade adulta, acabara de ser coroado rei do Egito e associado a seu pai nos cuidados da soberania, retorceu-se diante dele em agonia mortal "e morreu".

A condução de seu luto foi ecoada, e com voz nada simulada, pelo príncipe, os conselheiros e os sacerdotes que participaram de sua festança. Cada um rasga suas vestimentas e aperta em seu peito o cadáver de seu primogênito. Naquela noite assustadora houve "grande clamor em toda a terra do Egito", mas se lermos corretamente a história, veremos que o lamento mais alto, feroz de angústia e remorso surgira do salão de banquete do Faraó! —WILLIAM OSBURN, em *Israel no Egito*

*Versículo 56*
*E não lhe guardaram os testemunhos.* Eles não eram fiéis a nada, exceto à deslealdade hereditária; constantes em nada, exceto falsidade. Conheciam Sua verdade e a esqueceram, Sua vontade e a desobedeceram, Sua graça e a perverteram em situação de grande transgressão. Leitor, você precisa de um espelho? Veja, aqui está um que é bem adequado a este comentador; não reflete também a sua imagem?

*Versículo 57*
*E se portaram aleivosamente como seus pais*, provando ser legítimos ao manifestar a deslealdade de seus Senhores. Eles eram uma nova geração, mas não uma nova nação; outra raça, mas não diferente. As propensões do mal são transmitidas; a origem segue o progenitor; o jumento selvagem gera jumentos selvagens; os filhotes do corvo voam até a carniça. A natureza humana não se aperfeiçoa; as novas edições contêm toda a errata da primeira e algumas vezes erros novos são importados. —C. H. SPURGEON

*Desviaram-se como um arco enganoso.* Quando o arco não é curvado, pode-se não notar a rachadura que tem, mas assim que utilizá-lo ao apontar a flecha para a cabeça, sai voando em pedaços. Assim é o falso coração quando colocado à prova.

Como o macaco na fábula, vestido como homem, quando lhe jogam nozes não consegue representar a natureza humana, mas se mostra como macaco de fato. Um coração falso trai a si mesmo antes que tenha consciência quando uma ocasião razoável se apresenta para sua luxúria; ao passo que a sinceridade mantém a alma pura diante da tentação. —WILLIAM GURNALL

*Versículo 58*
*E o incitaram a zelos com as suas imagens de escultura.* Este foi apenas mais um passo; eles fabricaram símbolos do Deus invisível, pois desejavam algo tangível e visível para o qual pudessem demonstrar reverência. É também o pecado gritante dos tempos modernos. Não ouvimos e vemos superstição em abundância? Imagens, retratos, crucifixos e uma grande quantidade de coisas visíveis são possuídas em honra

religiosa e, o pior de tudo, os homens hoje em dia adoram o que comem e clamam a esse deus que está em sua barriga e dali em lugares mais ínfimos ainda. Certamente, o Senhor é muito paciente ou Ele visitaria a Terra por sua terrível e mais vil idolatria. Ele é um Deus zeloso e abomina ver-se honrado por qualquer forma de representação que venha das mãos do homem.

## Versículo 59

*E sobremodo se aborreceu de Israel.* Estando Dagom sentado no alto de alguma alma, ali não está a arca de Deus. Onde habita o Senhor, nenhuma imagem de ciúme será tolerada. Uma igreja visível em breve se tornará uma maldição visível se ídolos forem nela estabelecidos e então a faca de poda a removerá como ramo morto da videira. —C. H. SPURGEON

## Versículo 61

*E a sua glória, à mão do adversário.* Esta foi uma derrocada temerosa para a nação favorecida e foi seguida de julgamentos funestos de natureza profundamente chocante. Quando Deus se vai, tudo se vai. Nenhuma calamidade pode se igualar à retirada da presença divina de um povo. Ó Israel, como foste rebaixado! Quem te ajudará agora que o teu Deus te abandonou?

## Versículo 64

*Os seus sacerdotes caíram à espada.* Hofni e Fineias foram mortos; eles estavam entre os principais no pecado e, portanto, pereceram com o restante. O sacerdócio não é abrigo para transgressores: o peitoral adornado não pode evitar a flecha de julgamento. —C. H. SPURGEON

## Versículo 70

*E o tomou dos redis das ovelhas.* A arte de alimentar o gado e a arte de governar os homens são irmãs, disse Basílio. —JOHN TRAPP

## Versículo 71

*Tirou-o do cuidado das ovelhas e suas crias.* Foi relatado que um médico culto de Oxford pendurava suas roupas de camurça em seu escritório como um lembrete aos visitantes sobre sua origem desprezível. Não posso afirmar a verdade sobre isto, mas a história nos conta de Agátocles, que emergiu de oleiro até ser rei da Sicília, à mesa não era servido em prato que não fosse de cerâmica, para lembrar-lhe de seu antigo trabalho árduo.

Seria bom se alguns se lembrassem de quem eram os sapatos que limparam, de quem eram os casacos que carregaram, e de quem haviam emprestado dinheiro, e agissem com gratidão com seus credores, como o bom Senhor Cromwell fez com o mercador de Florença nos dias de Henrique VIII, quando Wolsey, como um carniceiro, esqueceu-se do rei, seu mestre.

Assim foi com o santo Davi, que estando em dignidade real, graciosamente trazia à mente o tempo em que tratava de ovelhas e suas crias, agora que alimenta as ovelhas de Israel. Seu cetro de ouro aponta para seu cajado de madeira, ele toca os antigos ensinamentos de sua flauta de palha em sua harpa de sândalo, e difunde sua tenda de Belém dentro de seu palácio de mármore no Monte Sião. —SAMUEL LEE

# Salmo 79

Um Salmo de queixa tal como Jeremias deve ter escrito entre as ruínas da amada cidade. Evidentemente trata de tempos de invasão, opressão e derrota nacional.

*Versículo 1*
*Ó Deus, as nações invadiram a tua herança.* É com clamor de assombro diante da intrusão profanadora; como se o poeta fosse golpeado pelo horror.

Profanaram o teu santo templo. É algo terrível quando homens perversos são encontrados na igreja e contados como parte de seu ministério.

Reduziram Jerusalém a um montão de ruínas. É triste vermos o inimigo em nossa casa, mas é pior encontrá-lo na casa de Deus; eles golpeiam com mais força do que aquele que ataca nossa religião. —C. H. SPURGEON

Versículos 1 a 4. Nessa última e tão terrível destruição, quando as águias de Roma se uniram ao redor da cidade condenada, e do Templo do qual Deus disse: "Vamo-nos daqui"; quando uma pedra não deveria ser deixada sobre outra, quando o fogo consumisse o santuário e as fundações de Sião fossem aradas; quando Jerusalém fosse repleta de morte e os filhos de Judá fossem crucificados ao redor de seus muros em multidões tão densas sem haver espaço restante para a morte; quando o insulto, a vergonha e o escárnio se tornaram a porção do filho de Israel, enquanto vagueava como marginal, um fugitivo em todas as terras; quando todas estas coisas amargas e mortais ocorreram com Jerusalém, foi uma punição por muitos crimes longamente repetidos; foi o cumprimento de um alerta que frequentemente fora enviado em vão. Sim, ferozmente seus inimigos a agrediram, ó Jerusalém, mas os seus pecados foram ainda mais ferozes! —UM COMENTÁRIO SIMPLES SOBRE O LIVRO DE SALMOS

Versículos 1, 4 e 5. Entrando na parte não habitada da antiga cidade e emaranhando-me por algumas vias tortuosas e imundas, repentinamente me encontrei em uma abrupta esquina, em um ponto de interesse singular; o "lugar em que os judeus lamentam". Homens velhos estavam ali, pálidos, abatidos, conturbados, cambaleando apoiados em bastões de peregrinos; e menininhas de rostos brancos e olhos negros brilhantes, olhando melancolicamente para os seus pais, agora, no antigo muro. Alguns estavam ajoelhados cantando pesarosamente citando um livro de orações hebraicas, oscilando seus corpos para frente e para trás; alguns estavam prostrados no chão, pressionando a testa e os lábios contra o solo; alguns estavam próximos do muro, enterrando seus rostos nas rachaduras e brechas das antigas pedras; alguns as beijavam; alguns estavam com os braços abertos como se fossem abraçá-las próximo ao peito; alguns se banhavam em lágrimas, e o tempo todo soluçando como se seus corações fossem explodir. Foi um espetáculo triste e tocante.

Dezoito séculos de exílio e pesar não atenuaram as afeições de seus corações ou mataram seus sentimentos de devoção. Aqui os vemos reunidos dos confins da Terra — marginais pobres, desprezados, esmagados — em meio às desolações de sua terra natal, junto às ruínas desonradas de seu antigo santuário — cantando, agora em acentos de profundo *páthos* e de um pesar feroz, as palavras proféticas de seu salmista: "Ó Deus, as nações invadiram a tua herança, profanaram o teu santo templo [...]. Tornamo-nos o opróbrio dos nossos vizinhos, o escárnio e a zombaria dos que nos rodeiam. Até quando, Senhor? Será para sempre a tua ira?" —J. L. PORTER, em *As enormes cidades de Basã*

Versículos 2 e 3. (O excerto a seguir é dos escritos de um piedoso monge que aplica a linguagem do salmo às perseguições de seu tempo. Escreveu-o em Roma durante o período da Reforma e era evidentemente um favorecedor do evangelho.) No dia de hoje, qual rio ainda existe, qual córrego, que não vimos fluindo com o sangue dos cristãos, nesta nossa afligida Europa (se é que ainda é nossa)?

O Senhor já viu um espetáculo tão terrível? Eles empilharam aos montes os corpos mortos de Seus servos para serem devorados por pássaros: os restos não enterrados de Seus santos, digo, foram entregues aos animais da Terra. Que crueldade maior poderia ser cometida? Tão grande foi a efusão de sangue humano naquela época, que os pequenos riachos, não, antes os rios ao redor de toda a cidade abundavam dele. —GIAMBATTISTA FOLENGO

## Versículo 3

*E não houve quem lhes desse sepultura.* Chega-se a este ponto em que não há ninguém que enterre os mortos de Sua família, ó Senhor? Não se pode encontrar nenhum que conceda uma pá de terra com a qual cobrir os pobres corpos de Seus santos assassinados? Que desgraça vê-se aqui! Como devemos nos alegrar por vivermos em uma era tão calma quando o sopro da trombeta não mais é ouvido em nossas ruas.

## Versículo 4

*O escárnio e a zombaria dos que nos rodeiam.* Encontrar comicidade nas misérias de outros e exultar nos danos de outros é digno somente do diabo e daqueles de quem ele é pai. —C. H. SPURGEON

Isto foi mais penoso para eles do que os chicotes ou feridas, disse Crisóstomo, porque sendo estes infligidos ao corpo há certa divisão entre corpo e alma, mas o escárnio e o opróbrio ferem somente a alma. *Habet quendam aculeum contumélia* — eles deixam um aguilhão atrás de si, como Cícero observou. —JOHN TRAPP

O máximo da repreensão que um pai exerce sobre o seu filho é ordenar que o seu escravo o espanque. De todos os julgamentos exteriores, este é o mais doloroso: ter estranhos nos governando, com plenitude de vergonha e crueldade. Havendo um evento em que os pagãos cheguem à herança de Deus, não é surpresa a Igreja se queixar: "Tornamo-nos o opróbrio dos nossos vizinhos, o escárnio e a zombaria dos que nos rodeiam." —ABRAHAM WRIGHT

## Versículo 6

*Derrama o teu furor sobre as nações que te não conhecem e sobre os reinos que não invocam o teu nome.* O negligenciar da oração pelos incrédulos é ameaçado de punição. A imprecação do profeta é o mesmo, em efeito, que uma ameaça (veja Jr 10:25) e é a mesma imprecação (Sl 79:6). Os profetas não teriam utilizado tal imprecação contra aqueles que não clamam a Deus, mas o fato de negligenciarem o clamor a Seu nome os torna suscetíveis à Sua ira e fúria; e nenhuma negligência torna o homem suscetível à ira de Deus, senão a negligência do dever. —DAVID CLARKSON

## Versículo 8

*Não recordes contra nós as iniquidades de nossos pais.* Pecados se acumulam contra as nações. As gerações estocam transgressões a serem visitadas em seus sucessores; logo vê-se esta urgente oração. Nos dias de Josias, o arrependimento mais sincero não foi capaz de evitar a condenação que os longos anos passados, de idolatria, haviam selado contra Judá. —C. H. SPURGEON

Os judeus têm um ditado: não há punição que suceda a Israel, mas há uma pequena porção dela pelo pecado do bezerro. O significado é que este pecado deve sempre ser lembrado e visitado conforme Êx 32:34. A frase pode conter todos os pecados dos antigos, seus ancestrais e tempos antigos, de era em era que continuaram a pecar, o que lhes trouxe ruína; além de todos os seus pecados da natureza e da juventude, todos os pecados passados e atuais. —JOHN GILL

Dívidas antigas são as que mais atormentam; o atraso no pagamento aumenta o seu valor, juro sobre juro; e seu retorno, sendo inesperado, não pode ser considerado como provisão para alguém. Consideramos chagas antigas, ainda que supuradas, incuráveis. Augusto se questionou sobre uma pessoa dormindo calmamente ainda que com uma enorme dívida, e mandou buscar seu travesseiro, dizendo:

"Certamente há nele alguma estranha virtude, que o faz descansar tão seguro." —ELIAS PLEDGER, em *Exercícios matinais*

## Versículo 9

*Deus e salvador nosso.* Se a razão humana fosse julgar os muitos e grandes golpes com os quais Deus tão frequentemente atingiu e consumiu Seu povo, chamaria Deus não de Salvador do povo, mas de destruidor e opressor. Mas a fé do profeta julga muito diferentemente de Deus e vê mesmo em um Deus irado e perseguidor, a salvação de Seu povo.

Os deuses das nações, ainda que não aflijam até mesmo nas questões temporais, não são deuses da salvação de seus adoradores, mas da perdição deles. Mas nosso Deus, mesmo quando está irado muito severamente, e golpeie, não é o Deus de destruição, mas de salvação. —MUSCULUS

*Livra-nos e perdoa-nos os pecados, por amor do teu nome.* O pecado, a raiz do mal, é visto e confessado; o perdão do pecado é buscado assim como a remoção do castigo, e ambos são solicitados não por questão de direito, mas como dons da graça. O nome de Deus é pela segunda vez trazido à petição. Os cristãos descobrirão ser sábio usar frequentemente esta nobre súplica: é o grande rifle na batalha, a arma mais poderosa no arsenal da oração. —C. H. SPURGEON

Deus é livre para escolher o que é mais adequado ao Seu coração e o que mais conduz à exaltação de Seu grandioso nome. E Ele se deleita mais na misericórdia demonstrada a alguém do que no sangue de todos os amaldiçoados que se tornam um sacrifício à Sua justiça. E, de fato, Ele teria um fim mais elevado na condenação do que no sofrimento deles; e isso foi a intensificação da glória de Sua misericórdia, em Seus salvos. —WILLIAM GURNALL

## Versículo 11

*Chegue à tua presença o gemido do cativo.* Quando o cativo olha pelas barras de ferro que noite e dia permanecem como sentinelas mudas diante da estreita janela de sua cela, e quando os seus olhos encontram os campos verdes e os sulcos distantes, ele geme e abandona o cenário com um pedido. Ele não pronunciou uma palavra, contudo desejou. Esse gemido foi um desejo de que pudesse ser liberto.

E gemidos como estes são ouvidos por Deus. Seus anseios, suas tristezas, quando não são sanados, seus pensamentos tristes — "Ó! Quando serei liberto do fardo do meu pecado e da frieza de meu coração?" — todos estes desejos eram seus gemidos, e eles foram ouvidos nas alturas. —PHILIP BENNET POWER

*Consoante a grandeza do teu poder, preserva os sentenciados à morte.* Homens e demônios podem nos remeter à perdição, enquanto a doença nos arrasta à sepultura e a tristeza nos afunda no pó; mas há Um que pode manter nossa alma viva, sim, e erguê-la novamente das profundezas do desespero. Um cordeiro poderá viver ao lado da mandíbula de um leão se o Senhor assim desejar. Até mesmo em um ossário a vida derrotará a morte se Deus estiver próximo. —C. H. SPURGEON

Não deveriam os piedosos imitar mais rigorosamente seu Pai celestial no cuidado com aqueles que foram condenados à morte? Uma eminente Senhora cristã, mantém um registro de todos que foram sentenciados à morte, assim que ouve sobre eles e ora por cada um deles todos os dias até que o fim chegue. Tal conduta não está de acordo com o coração de Deus? —WILLIAM S. PLUMER

# Salmo 80

TÍTULO: "Ao mestre de canto, segundo a melodia 'Os lírios'". Pela quarta vez temos uma canção sobre *Sosanim*, ou os lírios; os anteriores são os Salmos 45, 60 e 69. Por que é dado este título seria algo difícil a dizer em cada caso, mas a forma poética encantadora deste Salmo pode bem justificar o charmoso título. O Salmo é um testemunho da igreja como um "lírio entre espinhos". —C. H. SPURGEON

## Versículo 1

O profeta não começa simplesmente sua oração, mas mescla alguns títulos, pelos quais ele muito aptamente, dirige-se a Deus e apela por sua causa. Ele não diz: "Ó Senhor que sustém e governa todas as coisas no Céu e na Terra, que estabeleceu seu lugar de habitação acima do Céu dos céus." Mas diz: "O Senhor é o Pastor de Israel, o Senhor que guiou José como um rebanho, o Senhor que habita entre Querubins". Aquelas coisas que intensificam o favor e a providência de Deus revelados a Israel, ele traz à lembrança para que possa nutrir e fortalecer a confiança em oração.

Aprendamos com este exemplo a alimentar e fortificar a nossa confiança na oração a Deus, com a marca dessa bondade divina e paternal a nós revelada em Cristo, nosso Pastor e propiciação. —MUSCULUS

*Ó pastor de Israel, tu que conduzes a José como um rebanho.* Agora, você consegue imaginar tal cena e não pensar nesse Pastor que guiou José como um rebanho e pensar em outro rio que todas as Suas ovelhas devem atravessar? Ele, também, vai adiante e, como no caso do rebanho, aquelas que se mantêm próximas a Ele não temem o mal. Elas ouvem Sua doce voz dizendo: "Quando passares pelas águas, eu serei contigo; quando pelos rios, eles não te submergirão". Com os olhos fixos nele, elas mal enxergam a corrente ou sentem suas ondas frias e ameaçadoras.

A grande maioria, no entanto, "demora-se, tremendo na beirada, temendo se lançar". Elas ficam para trás, olham para baixo, para o escuro rio e, como Pedro no tempestuoso Genesaré, quando a fé falha, começam a afundar. Então clamam por ajuda, mas não em vão. O Bom Pastor apressa-se em resgatá-las e nenhuma de Seu rebanho jamais perece. Até mesmo os cordeirinhos mais fracos são levados em segurança para o outro lado.

Certa vez, vi rebanhos cruzando o Jordão "para a bela e feliz Canaã" e ali a cena era ainda mais marcante e impressionante. O rio era mais amplo, a corrente mais forte e os rebanhos maiores, enquanto os pastores eram mais pitorescos e bíblicos. A catástrofe, também, pela qual muitas ovelhas eram mais ameaçadas de serem arrastadas naquele misterioso mar de morte, que engole o próprio Jordão, era mais solene e sugestiva. —W. M. THOMSON, em *A terra e o livro*

*Tu que conduzes a José como um rebanho.* Tu, que conduzes José como um rebanho, és considerado pelo incrédulo como desinteressado em nossas questões; portanto, estende a Tua mão para nos auxiliar de modo que a boca daqueles que pronunciam iniquidades seja calada. Nós não buscamos ouro e riquezas ou as dignidades deste mundo, mas ansiamos por Tua luz, desejamos mais ardentemente conhecer-te; portanto "mostra o teu esplendor". —SAVONAROLA

*Tu que estás entronizado acima dos querubins, mostra o teu esplendor.* Nosso maior temor é a suspensão da presença do Senhor, e a nossa esperança mais intensa é a perspectiva do Seu retorno.

## Versículo 2

*Perante Efraim, Benjamim e Manassés, desperta o teu poder e vem salvar-nos.* É sábio mencionar os nomes do povo do Senhor em oração, pois eles são preciosos para Ele. Jesus carrega os nomes de Seu povo em Seu peitoral. Assim como a menção dos nomes dos filhos

tem poder com um pai, assim o é com o Senhor.
—C. H. SPURGEON

## Versículo 3

*Restaura-nos, ó Deus; faze resplandecer o teu rosto.* A ti Senhor, converte-nos do terreno para o celestial; converte nossas vontades rebeldes a ti e, quando estivermos convertidos, mostra o Teu rosto para que te conheçamos; mostra o Teu poder para que te temamos; mostra Tua sabedoria para que te reverenciemos; mostra Tua bondade para que te amemos, Senhor; mostra-os uma vez, mostra-os uma segunda vez, mostra-os sempre, para que possamos passar com rostos felizes através da tribulação, e sejamos salvos. Quando, Senhor, tu salvas seremos salvos; quando retiras Tua mão, não podemos ser salvos.
—SAVONAROLA

*E seremos salvos.* Tudo o que é desejado para salvação é o favor do Senhor. Apenas um olhar dele transformaria Tofete no Paraíso. Independentemente de quão feroz seja o inimigo ou lúgubre o cativeiro, a reluzente face de Deus garante vitória e liberdade. Este versículo é uma oração muito útil. Como nós, também, frequentemente nos extraviamos, clamemos muitas vezes com nossos lábios e coração: "Restaura-nos, ó Deus; faze resplandecer o teu rosto, e seremos salvos."

## Versículo 4

*Ó SENHOR, Deus dos Exércitos, até quando estarás indignado contra a oração do teu povo?* Que Deus deve se zangar conosco quando pecamos parecer natural o suficiente, mas que Ele se zangue até mesmo com nossas orações é um sofrimento amargo.
—C. H. SPURGEON

Deus não tem apenas as carruagens e os cavaleiros do Céu para defender Seu profeta; mas até mesmo as criaturas mais ínfimas, mais indóceis e desprezíveis com as quais confundir Seus inimigos. Se Golias segue adiante para desafiar o Deus de Israel, será então combatido com um seixo. Se Herodes se inflama por ser um deus, Deus enviará Seus vermes para ele e toda a guarda do rei não poderá salvá-lo deles. Você ouviu falar dos ratos que ninguém conseguiu expulsar até que tivessem destruído aquele ganancioso prelado; e da mosca que matou o Papa Adriano. Deus tem mais maneiras de punir do que o número de Suas criaturas.

Sua ira, portanto, parece profundamente mais aterradora do que nos é apresentada sob tão grande título: "o Senhor, Deus dos Exércitos" está indignado. Fala-se de Tamerlão que conseguia atemorizar seus inimigos com o simples olhar de seu rosto. Ó! Que terror então habita o semblante de um Deus ofendido. —THOMAS ADAMS

## Versículo 5

*Dás-lhe a comer pão de lágrimas.* A carne deles é temperada com salmoura destilada de olhos chorosos. Suas refeições, que foram antes épocas de alegria social, são agora como jantares de funeral para o qual cada homem contribui com seu bocado amargo. O Seu povo antes comeu pão de trigo, mas agora recebem de Sua própria mão uma dieta nada melhor que pão de lágrimas.

*E a beber copioso pranto.* Pão de lágrimas é muito mais o fruto de maldição do que comer o pão do suor do rosto, mas será, pelo amor divino, transformado em uma bênção ainda maior ministrando à nossa saúde espiritual.

## Versículo 6

*E os nossos inimigos zombam de nós a valer.* Eles encontram jocosidade em nossa miséria, comédia em nossa tragédia, sal para seu espírito na salmoura de nossas lágrimas, divertimento em nosso assombro. É diabólico divertir-se com as tristezas de outro; mas é o hábito constante do mundo, que jaz no maligno, alegrar-se com as tribulações dos santos; a semente da serpente segue seu progenitor e se alegra no mal.
—C. H. SPURGEON

## Versículo 7

*Restaura-nos, ó Deus dos Exércitos.* Veja o versículo 3 e observe que ali era somente: *Restaura-nos, ó Deus;* aqui *ó Deus dos Exércitos*; e no versículo 19: *ó SENHOR, Deus dos Exércitos.* Como o pássaro por muito agitar as asas ajunta vento sob elas, e se eleva mais alto, assim é a fé em oração. —JOHN TRAPP

*Versículo 12*
*Por que lhe derribaste as cercas?* Todos que não guardam Seus preceitos, que não conhecem o caminho de Deus, pecadores abertos, desonestos, estes são os homens escolhidos para ministrar no altar, a estes são concedidos benefícios, estes colhem uvas para si mesmos, não para o Senhor. Eles não consideram os Seus pobres, não alimentam os famintos, não vestem os nus, não ajudam o estrangeiro, não defendem a viúva e o órfão, devoraram o cordeiro do rebanho, e engordaram o bezerro do meio da manada.

Eles cantam ao som do saltério e do órgão, como Davi; pensam que têm os instrumentos de canção, organizados em coros, louvando a Deus com os lábios, mas no coração estão distantes de Deus. Bebendo vinho em cálices, pefumados com os aromas mais intensos, nada sofrem pela tristeza de José; sem piedade alguma lidam com o necessitado e o pobre.

Hoje no teatro, amanhã na cadeira do bispo. Hoje na casa de fantasias, amanhã um cônego no coral. Hoje um soldado, amanhã um padre. Eles transgrediram o Seu caminho e se voltaram para a Sua videira. Não para que, de fato, a cultivem para o Senhor, mas para que possam colher suas uvas para si mesmos. —SAVONAROLA

*Versículo 13*
*O javali da selva a devasta.* Nenhuma imagem de um inimigo destrutivo poderia ser mais adequada do que essa aqui utilizada. Nós já lemos sobre as raposinhas que destroem as videiras, mas o javali selvagem é um inimigo muito mais destrutivo, abrindo caminho quebrando cercas, cavando o solo, destruindo as videiras e pisoteando-as.

De fato, os habitantes de países onde prolifera o javali selvagem prefeririam antes enfrentar um leão a um destes animais, cujo golpe de presas, como navalhas, é dado com rapidez estontante, e que é suficiente para despedaçar um cavalo e cortar um cão quase ao meio. —J. G. WOON, em *Animais da Bíblia*

Segundo o Talmude, a letra do meio da palavra traduzida como *selva* neste versículo é a letra do meio do saltério hebraico. —DANIEL CRESSWELL

*Versículo 14*
*Visita esta vinha.* Ainda tem raízes; ainda vivem alguns galhos. Começou no princípio do mundo, nunca falhou e jamais falhará. Pois o Senhor disse: "E eis que estou convosco todos os dias até à consumação do século". Pode ser diminuída, não pode jamais falhar. Esta vinha é a vinha que o Senhor plantou. Há um espírito, uma fé, um batismo, um Deus e Senhor de tudo, que é tudo em todas as coisas.

Visita, então, esta vinha, pois Tua visitação preserva lhe espírito; visita-a por Tua graça, por Tua presença, por Teu Espírito Santo. Visita-a com a Tua vara e o Teu cajado, pois a Tua vara e o Teu cajado a consolam. Visita com Teu flagelo para que ela possa ser castigada e purificada, pois o tempo da poda chega. Lança fora as pedras, junta seus galhos e amarra-os em feixes para a queimada. Levanta-a, corta os brotos supérfluos, deixa firmes os seus apoios, enriquece o solo, ergue a cerca e visita esta vinha, como agora tu visitas a terra e a regas. —SAVONAROLA

*Versículo 17*
*Seja a tua mão sobre o homem da tua destra, sobre o filho do homem que fortaleceste para ti* (ACRF). Nações surgem ou caem largamente por meio da instrumentalidade de indivíduos. Por Napoleão os reinos são fustigados e por Wellington nações são salvas do tirano. É pelo Homem-Cristo Jesus que o Israel caído se erguerá, e de fato por meio dele, que ousa chamar-se de Filho do homem, o mundo deve ser liberto do domínio de Satanás e da maldição do pecado. Ó Senhor, cumpre a Tua promessa ao Homem à Tua destra que participa em Tua glória e concede que Ele veja o prazer do Senhor prosperando em Sua mão. —C. H. SPURGEON

Agora, uma vez que Cristo é chamado de *Homem da destra de Deus*, isto diz que Ele é o objeto de Suas considerações mais calorosas e honráveis. Nele, Deus muito se agrada, e como sinal disto, Deus o estabeleceu no lugar de maior honra. Ele é o Filho do homem, a quem o Pai posicionou fortemente por si, ou seja, para suportar a honra e a dignidade do caráter divino em meio à geração perversa e ardilosa. A consideração da destra do Pai estando sobre Ele ou da satisfação do Pai nele como nossa garantia, serve para nos animar e entusiasmar nossas abordagens a Seu trono; é a incitação mais intensa para colocarmos em prática essa resolução: "E assim não nos apartaremos de ti". —ALEXANDER PIRIE

## Versículo 19
*Faze resplandecer o teu rosto, e seremos salvos.* Até mesmo nós que fomos tão destruídos. Nenhuma extremidade é grande demais para o poder de Deus. Ele é capaz de salvar no momento final e isso, também, simplesmente voltando o Seu rosto sorridente para o Seu afligido. Os homens pouco podem fazer com seus braços, mas Deus pode fazer todas as coisas com um olhar. Ó, viver para sempre na luz do semblante de Jeová. —C. H. SPURGEON

Durante a aflição, Deus vem; e quando Ele vem, já não há mais aflição. —PROVÉRBIO GAÉLICO

# SALMO 81

## Versículo 1
*Cantai de júbilo.* Nenhuma apatia deveria jamais estupefazer nosso salmodiar, ou a falta de convicção torná-lo claudicante. Cantem de júbilo, vocês em débito com a graça soberana. Seus corações estão profundamente gratos; que suas vozes expressem sua gratidão.

*Celebrai o Deus de Jacó.* Devemos lastimar que os maneirismos do canto moderno amedrontem nossas congregações impedindo-as de se unir vigorosamente no canto dos hinos. De nossa parte, deleitamo-nos no pleno irromper de louvor e preferiríamos descobrir a robustez da carência de treinamento musical do que perder o entusiasmo da canção congregacional universal. A cordialidade, que ceceia o tom em sussurros bem-educados ou deixa por completo o canto para o coral, é muito semelhante a zombar da adoração.
Os deuses da Grécia e de Roma podem ser suficientemente bem adorados com música clássica, mas Jeová somente pode ser adorado com o coração, e a melhor música para o culto ao Senhor, é aquela que dá mais vazão ao coração. —C. H. SPURGEON

## Versículo 4
*É preceito para Israel, é prescrição do Deus de Jacó.* Quando puder ser comprovado que a observância do Natal, do Pentecostes e outros festivais papistas foi instituída por um estatuto divino, nós também participaremos, mas não antes disso.

É também nosso dever rejeitar as tradições dos homens, tanto quanto é observar as ordenanças do Senhor. Nós perguntamos com relação a cada rito e rubrica: "Isto é uma lei do Deus de Jacó?" E se não o for claramente, não tem autoridade sobre nós que caminhamos na liberdade cristã. —C. H. SPURGEON

## Versículo 7
*E te experimentei junto às águas de Meribá.* A história de Israel nada mais é que nossa própria história com outro formato. Deus nos ouviu, livrou-nos, libertou-nos e muito frequentemente nossa incredulidade faz o miserável voltar à desconfiança, à murmuração e à rebelião. Grande é nosso pecado, grande é a misericórdia do nosso Deus; reflitamos sobre ambos e por um pouco façamos uma pausa.

*Selá.* A leitura apressada é de pouco benefício; sentar-se por um tempo e meditar é muito proveitoso. —C. H. SPURGEON

*Versículo 9*
*Não haja no meio de ti deus alheio.* Nenhum deus alheio deve ser tolerado nas tendas de Israel.

Nem te prostres ante deus estranho. Onde há falsos deuses, certamente seguirá a adoração a eles. O homem é um idólatra tão desesperado que a imagem é sempre uma forte tentação, enquanto os ninhos ali estiverem, os pássaros estarão sempre ávidos para retornar. —C. H. SPURGEON

*Versículo 10*
*Abre bem a boca.* Quando o bom homem se aproxima de Deus, tem muito a tratar com Ele, muitas queixas a fazer, e muitas bênçãos para implorar; e, como tais momentos não ocorrem frequentemente; ele deve ter mais cuidado para aprimorá-los. Então derrama toda a sua alma e não tem falta de palavras; pois quando o coração está cheio, a língua transborda. A tristeza e a angústia farão daqueles que naturalmente são lentos no discurso, oradores eloquentes.

Abra bem a boca então, ó cristão; estenda seus desejos ao máximo, apreenda o Céu e a Terra em seus desejos ilimitados, e creia que há suficiente em Deus para fornecer a você satisfação plena. Não vá simplesmente, mas vá com ousadia ao trono da graça: ele é erigido para pecadores, mesmo o maior deles. Vá então ao trono, e ali espere, até que obtenha misericórdia e encontre graça para auxílio no tempo da necessidade. Aqueles que mais esperam de Deus estão mais propensos a receber mais. O desejo do justo, sendo sempre muito intenso, será concedido. —BENJAMIN BEDDOME

Diz-se que ainda existe o costume na Pérsia de que quando o rei deseja dar honras especiais a um visitante, digamos um embaixador, ele deseja que o visitante abra bem a sua boca; e o rei então a enche com frutas cristalizadas até que não caiba mais; e algumas vezes a enche inclusive com joias. Por mais curioso que seja este costume, é indubitavelmente indicado no Salmo 81:10, *Abre bem a boca, e ta encherei;* não com bugigangas e joias, mas com tesouro muito mais rico. —JOHN GADSBY

*Versículo 11*
*Mas o meu povo não me quis escutar a voz, e Israel não me atendeu.* Saiba, pecador, que se no fim você perder o Céu — que Deus não o permita! — o Senhor pode lavar Suas mãos sobre sua cabeça e limpar-se de seu sangue. Sua condenação será deixada à sua porta. Será revelado então que não houve defraudação na promessa, nenhum sofisma no evangelho, mas você voluntariamente afastou a vida eterna de si, ainda que seus lábios moribundos pronunciem o contrário: "Meu povo não me atendeu". De modo que quando o júri se sentar ao redor de sua alma abatida, para inquirir como você chegou a este miserável fim, você será julgado culpado de sua própria condenação. Ninguém perde Deus, senão aquele que está disposto a separar-se dele. —WILLIAM GURNALL

*Versículo 12*
*Assim, deixei-o andar na teimosia do seu coração; siga os seus próprios conselhos.* Nenhuma punição é mais justa ou mais severa do que esta. Não sendo os homens confrontados, mas insanamente tomem o bocado com seus próprios dentes e se recusem a obedecer, não devemos nos surpreender se as rédeas forem lançadas sobre seus pescoços e sozinhos tenham que lidar com sua própria destruição. Seria melhor ser entregue a leões do que às luxúrias de nosso coração.

Os homens, vazios da graça limitadora, pecam deliberadamente; eles consultam, debatem e consideram e então elegem o mal em lugar do bem, com premeditação e sangue frio. É notável obstinação de rebelião quando os homens não apenas correm para o pecado por meio da paixão, mas calmamente seguem "seus próprios conselhos" de iniquidade. —C. H. SPURGEON

Um homem pode ser entregue a Satanás para a destruição da carne de modo que a alma seja salva, mas ser entregue ao pecado é mil vezes pior, porque isto é o fruto da ira divina para a condenação da alma; aqui Deus fere como um inimigo e inimigo cruel; e podemos dizer com ousadia, que Deus nunca puniu homem ou mulher algum com este julgamento espiritual em Sua bondade e amor. —JOHN SHOWER, em *O dia da graça*

Seja sua grande e constante preocupação e seu esforço ter a contínua liderança do Espírito em sua vida. Você já tem? Ore para que a mantenha. Pode estar bem o cristão quando isto é suspenso ou retirado dele? Como vagueia e se confunde quando o Espírito não o guia! Como regride do bem quando o Espírito não o inclina para isto! Como é incapaz de ir quando o Espírito não o preserva! Que luxúrias e paixões vis o governam quando o Espírito não impulsiona o Seu santo e gracioso governo sobre ele!

Ó, é de infinito interesse de todos os que pertencem a Deus preservar e garantir a si a liderança do Espírito! Tome um bom homem sem isto, e ele é como um navio sem piloto, um cego sem guia, uma pobre criança sem ninguém para sustentá-la, a grosseira multidão que não tem ninguém para mantê-la em ordem. Que triste diferença há na mesma pessoa com relação ao que é quando o Espírito o orienta e quando o Espírito o deixa! —THOMAS JACOMBE, em *Exercícios matinais*

Tal é a questão (e nada melhor) quando Deus entrega um povo a seus próprios conselhos; eles em pouco tempo se tornam um completo caos e se conduzem a montes de ruínas. Assim como o bem não aceita conselhos do homem, ninguém, exceto os próprios homens, os aceitam. —JOSEPH CARYL

Deus abandonar a alma à sua luxúria é muito pior do que abandonar o homem a todos os leões do mundo. Infelizmente, a luxúria despedaçará a alma mais gravemente do que um leão pode fazer com o corpo, e a rasgará em pedaços quando não houver ninguém que a possa libertar. Deus os está entregando às suas próprias vontades, para que caminhem em seus próprios conselhos, está de fato entregando-os para ira e pesar eternos. —GEORGE SWINNOCK

Nossa primeira corrupção foi nosso próprio ato, não obra de Deus; nós devemos nossa criação a Deus, nossa corrupção a nós mesmos. Agora, como Deus governará Sua criatura, não vejo como poderia ser de outra forma senão de acordo com a natureza atual da criatura, a menos que Deus se agrade em alterar essa natureza. Deus não força homem algum a ir contra a sua natureza; Ele não força o querer à conversão, mas graciosa e poderosamente o inclina. Ele nunca força nem inclina a vontade para pecar, mas a deixa com os hábitos corruptos que estabeleceu para si.

Quando um relógio tem alguma falha em qualquer uma de suas engrenagens, o homem que lhe dá corda, ou que move as engrenagens com suas próprias mãos, é o responsável pelo movimento. No entanto, é a falha que há no relógio, um tipo de deficiência, que é a causa de seu movimento incorreto; esse erro não veio da pessoa que fez o relógio, ou da pessoa que o consertou e o fez funcionar, mas de alguma outra causa. Contudo, até que seja reparado não funcionará, pois precisa que o seu movimento seja restabelecido.

Nosso movimento vem de Deus (At 17:28). "Nele nos movemos" — mas não na desordem desse movimento. É o estômago cheio que causa náusea no homem quanto este está no mar, e não o comando do piloto do navio.

Deus não infunde a luxúria ou a suscita, ainda que apresente o objeto sobre o qual a luxúria é exercitada. Deus entregou Cristo aos judeus, Ele o apresentou a eles, mas nunca ordenou que o crucificassem, nem infundiu essa malícia neles ou a vivificou. Mas ao ver tal quadro, retirou Sua graça limitadora e os entregou à conduta de suas próprias vontades distorcidas. Toda a corrupção do mundo surge da luxúria em nós, não do objeto que Deus em Sua providência apresenta a nós: "corrupção, que, pela concupiscência, há no mundo" (2Pe 1:4 ARC). —STEPHEN CHARNOCK

## Versículo 13
*Andasse nos meus caminhos.* Ninguém é encontrado nos caminhos de Deus, exceto aqueles que deram ouvidos às Suas palavras. —W. WILSON

## Versículo 16
*O mel que escorre da rocha.* A rocha, espiritual e misticamente, representa Cristo: a Rocha da salvação (1 Co 10:4); o "mel" retirado da rocha, a plenitude da graça nele, e as bênçãos dela advindas, as asseguradas misericórdias de Davi e as preciosas promessas da aliança eterna; e o evangelho, que é mais doce do que o mel ou o favo de mel, e com essas são cheios

e satisfeitos aqueles que ouvem Cristo e andam em Seus caminhos. Pois, como a plenitude do que aqui é dito mostra o que Israel perdeu em decorrência da desobediência, ao mesmo tempo, sugere claramente o que desfrutam aqueles que ouvem e obedecem. —JOHN GILL

# Salmo 82

TÍTULO e assunto: "Salmo de Asafe". Este poeta do Templo aqui age como um pregador à corte e à magistratura. Homens que fazem bem uma coisa específica, geralmente podem fazer outras da mesma forma; aquele que escreve bons versos, é provável que seja capaz de pregar. Que pregação seria se Milton tivesse se colocado em púlpito ou se Virgílio tivesse sido um apóstolo! —C. H. SPURGEON

### Versículo 3

Fazei justiça ao fraco e ao órfão, procedei retamente para com o aflito e o desamparado. É dito sobre Francisco I da França, que quando uma mulher ajoelhava-se diante dele para implorar justiça, ele a ordenava que se levantasse, pois dizia: "Mulher, justiça é o que eu devo a você, e justiça você terá; se deseja me implorar algo, que seja misericórdia." —WILLIAM PRICE

### Versículo 4

*Socorrei o fraco e o necessitado; tirai-os das mãos dos ímpios.* É algo corajoso quando um juiz consegue liberar uma vítima como uma mosca de uma teia de aranha e um caso terrível quando um magistrado e um assaltante estão em associação. A lei, muito frequentemente, tem sido um instrumento de vingança na mão de homens inescrupulosos, um instrumento tão mortal quanto o veneno ou uma adaga. É papel do juiz evitar tal perfídia. —C. H. SPURGEON

### Versículo 5

*Eles nada sabem, nem entendem etc.* Todo juiz deve ter em si (como Baldo na verdade disse) dois tipos de sal. O primeiro é sal *scientiae*, para que ele conheça seu dever; o segundo é o sal *conscientiae*, para que ele possa exercer seu dever. —JOHN BOYS, em *O encargo do juiz*

### Versículo 6

*Eu disse: sois deuses, sois todos filhos do Altíssimo.* Ninguém precisa que se diga que esta antiga doutrina do direito divino dos governantes tem sido terrivelmente abusada. Sacerdotes sicofantas com frequência fizeram disto uma unção de lisonja para os ouvidos de príncipes, ensinando-os que não deviam obediência às leis, que não tinham responsabilidade com ninguém, exceto com Deus, pela administração que exercem, que qualquer tentativa por parte do povo de refrear sua tirania ou destituí-los de seus assentos quando medidas mais brandas falhassem, seria rebelião contra Deus de quem estes príncipes eram vice-regentes.

Até mesmo hoje, a mesma doutrina ocasionalmente se faz ouvida do púlpito e da imprensa; e dessa forma, os homens tentam sujeitar a consciência do povo ao capricho dos tiranos. Que seja cuidadosamente observado que a harpa de Asafe não empresta sanção a este "direito divino de reis governarem errado".

Mas, ao passo que deve-se tomar cuidado para se guardar do abuso o direito divino do governo civil, esse direito em si não deve ser esquecido. O estado é uma ordenança de Deus, tendo, como a família, sua fundação na própria constituição da natureza humana. —WILLIAM BINNIE

## Versículo 7

*Todavia, como homens, morrereis.* Que sarcasmo parece ser! Ainda que o cargo tenha feito dos homens grandiosos, eles não passavam de homens e deviam morrer. Para cada juiz este versículo é um *memento mori*. Ele deve deixar a tribuna para se colocar no cancelo e no caminho deve deixar a toga e vestir a mortalha.

*E, como qualquer dos príncipes, haveis de sucumbir.* Com que rapidez a morte desveste o grandioso. Como ela é uniformizadora. Ela não preconiza a liberdade, mas promove a igualdade e a fraternidade, ela é magistralmente democrática. Grandes homens morrem como morrem os comuns. Como seu sangue é o mesmo, assim o golpe que leva sua vida produz as mesmas dores e agonias. Nenhum lugar é elevado demais para as flechas da morte. Ela derruba os seus pássaros das árvores mais altas. É tempo de todos os homens considerarem isto. —C. H. SPURGEON

O príncipe em seu palácio altivo, o mendigo em seu casebre modesto, tem diferenças em dobro, altivez e escassez local e cerimonial. Contudo, encontram-se na sepultura e se misturam às cinzas. Nós caminhamos neste mundo como um homem num campo de neve; todo o caminho parece ser suave, contudo não podemos ter confiança em nenhum dos passos.

Todos são como atores num palco; alguns têm um papel, alguns têm outro. A morte ainda tem ocupações entre nós. Aqui cai um dos atores. Nós o enterramos com tristeza, e voltamos à nossa cena. Então cai outro, sim, todos, um após o outro, até que a morte seja deixada no palco. A morte é a bruma que apaga todas as luzes sombrias da vaidade. Contudo é mais fácil que o homem acredite que todo o mundo morrerá, do que suspeitar de sua própria morte. —THOMAS ADAMS

A meditação sobre a morte arrancaria plumas de orgulho; você não passa de poeira em movimento; deveriam pó e cinzas ter orgulho? Você tem um corpo gramíneo e em pouco tempo será movido indiscriminadamente. "Tenho dito: sois deuses"; mas para que não se orgulhem, ele acrescenta uma correção: "Todavia, como homens, morrereis". Vocês são deuses moribundos. —THOMAS WATSON

# Salmo 83

TÍTULO: "Cântico. Salmo de Asafe". Esta é a última ocasião em que encontraremos este eloquente escritor. Asafe, o profeta, está bem ciente dos sérios perigos decorrentes das poderosas nações confederadas, mas sua alma em fé permanece em Jeová, enquanto que como profeta-pregador, ele suscita seus compatriotas à oração por meio deste cântico sagrado. —C. H. SPURGEON

## Versículo 1

*Ó Deus, não te cales; não te emudeças, nem fiques inativo, ó Deus!* Nas Escrituras há três razões pelas quais o Senhor silencia quando o Seu povo está em perigo e aquieta-se quando há grande necessidade de prover ajuda e assistência. Uma é que o Senhor o faz para testar sua fé, como vemos claramente em Mt 8:24 onde diz que nosso Senhor Jesus Cristo dormia. Verdadeiramente, o Senhor não aceitará ser inundado, isso é certo, mas Ele permitirá que as ondas se aproximem bastante, e os cubram; medo e horror cobrirão suas almas e tudo, para testar sua fé.

Encontro outra razão em Isaías 59. O Senhor mantém o silêncio em meio às tribulações de Seu povo para testar a retidão dos homens e descobrir quem permanecerá com Deus, Sua causa e Seu povo, devido à retidão de coração. Pois se Ele sempre se manifestasse por Sua causa, Deus e Sua causa teriam muitos favorecidos e amigos; mas algumas vezes, Deus deixa Sua causa, deixa Seu povo, deixa Seu evangelho e Suas ordenanças aos cuidados do vasto mundo, para ver quem por ela pleiteará e se posicionará.

Há uma terceira razão: Deus, na verdade, mantém o silêncio em meio a grandes lutas, para que possa unir os perversos em uma fogueira, em um feixe, para que sejam destruídos juntos. —GUALTER (WALTER) CRADOCK, em *Gotas divinas*

O Senhor está em silêncio? Então não fique você em silêncio, mas clame a Ele até que Ele acabe com o silêncio. —STARKE, em *Lange's Bibelwerk* (Obra bíblica de Lange)

## Versículo 2

*Os teus inimigos se alvoroçam.* Os adversários da Igreja são geralmente um grupo barulhento e presunçoso. Seu orgulho é metal que sempre ressoa, um címbalo que sempre tilinta. —C. H. SPURGEON

## Versículo 3

*Tramam astutamente contra o teu povo e conspiram contra os teus protegidos.* Quanto menos o mundo o conhecer, melhor será. Você pode se satisfazer com uma única coisa: Deus conhece os que lhe pertencem: não estão perdidos, ainda que protegido, seja o símbolo de um cristão. —FRISCH, em *Lange's Bibelwerk*

## Versículo 4

*Dizem: Vinde, risquemo-los de entre as nações.* É mais fácil falar do que executar. Contudo, isso nos demonstra quão profundos são os ataques dos inimigos da Igreja. A política deles era de extermínio. Lançavam o machado na raiz da questão. Roma sempre amou este método de guerra e consequentemente regozijou-se com o massacre de Bartolomeu e os assassinatos da Inquisição. —C. H. SPURGEON

## Versículo 5

*Pois tramam concordemente e firmam aliança contra ti.* Os inimigos da Igreja firmam alianças para destruí-la? Os reis da Terra concordam em entregar seu poder e honra à besta? E os amigos da Igreja não devem estar em unanimidade servindo os interesses dela? Tendo Herodes e Pilatos se tornado amigos a ponto de unirem-se na crucificação de Cristo, certamente Paulo e Barnabé, Paulo e Pedro, em breve se

tornarão amigos, por unirem-se no pregar a Cristo.
—MATTHEW HENRY

Embora haja um ressentimento pessoal entre os que são perversos, todos concordarão em se unir contra os santos. Se dois galgos estiverem rosnando para um osso e entre eles for colocado uma lebre, ambos abandonarão o osso e perseguirão a lebre; então, se homens perversos têm diferenças pessoais entre si, se entre eles se colocar um piedoso, eles deixarão de rosnar um para o outro e perseguirão o piedoso.
—THOMAS WATSON

*Versículo 6*
*Moabe.* Nascido de incesto, mas ainda assim, um parente próximo, a rixa de Moabe contra Israel era muito amarga. Pouco podia o justo Ló sonhar que a sua semente não santificada viria a ser um inimigo tão implacável da posteridade de seu tio Abraão.

*Versículo 8*
*Também a Assíria se alia com eles.* Herodes e Pilatos são amigos, quando se trata da crucificação de Jesus. O romanismo e o ritualismo se aliam contra o evangelho.

*Selá.* Havia um bom motivo para uma interrupção quando a nação estava tão ameaçada, e, contudo, é necessário ter fé para fazer uma pausa, pois a descrença está sempre com pressa.

*Versículo 9*
*Como a Sísera, como a Jabim na ribeira de Quisom.* Quando Deus deseja, um ribeiro pode ser tão mortal quanto um oceano. Quisom foi tão terrível para Jabim como o mar Vermelho foi para Faraó. Quão facilmente o Senhor pode golpear os inimigos do Seu povo! Deus de Gideão e de Baraque, tu não vingarás novamente Tua herança desses inimigos sedentos por sangue? —C. H. SPURGEON

*Versículo 10*
*Tornaram-se adubo para a terra.* Estima-se que em 1830, mais de um milhão de alqueires de "ossos humanos e não humanos" foram importados do continente europeu para o porto de Hull. A vizinhança de Leipizig, Austerlitz, Waterloo etc., onde as principais batalhas ocorreram uns quinze ou vinte anos antes, foram varridas como os ossos do herói e do cavalo que ele montou.

Assim coletados de cada quarteirão, foram enviados a Hull e dali encaminhados para o triturador de ossos de Yorkshire, que, por motores a vapor e maquinário poderoso, os reduziu ao estado granular.

Nesta condição, foram enviados essencialmente a Doncaster, um dos maiores mercados agrícolas do país e ali foram vendidos aos fazendeiros para que adubassem suas terras. A substância oleaginosa evoluía, gradualmente, conforme os ossos calcinavam, criando melhor adubo do que qualquer outra substância — particularmente os ossos humanos. —K. ARVINE

*Versículo 11*
*Sejam os seus nobres como Orebe e como Zeebe, e os seus príncipes, como Zeba e como Zalmuna.* O salmista, vendo estes quatro criminosos suspensos elevados na história, pede sinceramente que outros de caráter semelhante possam, por amor à verdade e à justiça, compartilhar seu destino. —C. H. SPURGEON

*Versículo 14*
*Como o fogo devora um bosque e a chama abrasa os montes.* Oremos para que o auxílio divino destrua o poder e a inimizade do homem natural; que possa se render à Palavra de graça; e deixe a madeira, a palha e o restolho de toda falsa doutrina perecer diante do brilho da face de Deus. —EDWARD WALTER

*Versículo 17*
*Sejam envergonhados e confundidos perpetuamente; perturbem-se e pereçam.* Que condenação terrível terão os inimigos de Deus ao serem "envergonhados e confundidos perpetuamente", ao verem todos os seus esquemas e esperanças derrotados, e seus corpos e almas repletos de angústia sem fim: Que nossas almas sejam libertas de tal vergonhoso extermínio. —C. H. SPURGEON

*Versículo 18*
*E reconhecerão que só tu, cujo nome é Senhor etc.* A história inglesa antiga nos informa que alguns

perseguidores sedentos de sangue marchavam até um grupo de cristãos. Os cristãos, vendo-os se aproximarem, marcharam em direção a eles, e com o máximo volume de sua voz gritavam: "Aleluia, aleluia!" (Louvores ao Senhor Jeová). O nome do Senhor, ao ser apresentado, abate a ira dos perseguidores.

Josefo diz que Alexandre o Grande, quando em sua marcha triunfal, ao ser encontrado próximo a Jerusalém pelo sumo sacerdote judeu em cuja mitra estava gravado o nome de Jeová, "aproximou-se e adorou esse nome" e foi desarmado de suas intenções hostis.

Havia valor e poder no antigo glorioso nome escrito pelos judeus. Mas o nome de Jesus é agora muito mais poderoso no mundo do que era o nome de Jeová nestas antigas eras. —*DICIONÁRIO DE ILUSTRAÇÕES*

# SALMO 84

POUCO importa quando este Salmo foi escrito, ou por quem; pois de nossa parte ele exala um perfume davídico; tem o aroma de urze da montanha e os solitários lugares do deserto, onde o rei Davi provavelmente se acomodou com frequência durante suas muitas guerras. Esta ode sagrada é uma das mais belas da coleção; tem um brilho suave em si, concedendo-lhe o direito de ser chamado de "A pérola dos Salmos".

Se o Salmo 23 é o mais popular, o Salmo 103 o mais jubiloso, o 119 o mais profundamente experiencial, o 51 o mais queixoso, este é um dos mais doces dentre os Salmos da Paz. —C. H. SPURGEON

### Versículo 1

*Quão amáveis são os teus tabernáculos.* Aqui a trombeta do evangelho é tocada e o seu som jubiloso ecoa adiante e as canções de amor e graça são cantadas por todos os cristãos. Ademais, o que faz estes tabernáculos ainda mais amáveis são: a presença de Deus neles, de modo a não serem nada mais do que a casa de Deus, o portão do Céu; as provisões que neles são feitas e a companhia de que neles se desfruta. —JOHN GILL

### Versículo 2

*A minha alma suspira e desfalece pelos átrios do SENHOR.* O salmista declarou que não poderia permanecer em silêncio com relação aos seus desejos, mas começou a clamar por Deus e Sua casa. Ele lamentou, suspirou, suplicou pelo privilégio. Alguns precisam ser açoitados para irem à igreja, enquanto aqui, Davi clama por isso. Ele não precisava do retinir de sinos do campanário para acordá-lo; carregava seu sino em seu peito, um apetite santo é o melhor despertar para a adoração do que um carrilhão cheio. —C. H. SPURGEON

*Exultam.* A palavra aqui traduzida como "exultam" vem de "Ramag" que significa bradar, gritar agudamente ou exclamar como os soldados fazem no início da batalha quando bradam "Abate, abate, abate", ou quando bradam após uma vitória "Vitória, vitória, vitória!". A palavra hebraica indica um forte clamor, ou clamar como uma criança chorando quando está entristecida de fome, pois agora todas as partes da criança choram, as mãos choram, o rosto chora e os pés choram. —THOMAS BROOKS

### Versículo 3

*O pardal encontrou casa* etc. O gentil cuidado de Deus com a menor de Suas criaturas é aqui mencionado de modo muito tocante.

Eles desfrutavam das ricas provisões do Seu meigo cuidado; Ele pensou em tudo para suprir suas necessidades, mas não havia comunhão entre eles e o grande Doador. Disto, ó minh'alma, você pode aprender uma lição útil. Nunca descanse satisfeita em meramente frequentar tais lugares ou em ter ali certos privilégios, mas levante-se em espírito e busque, encontre e desfrute de comunhão direta com o Deus vivo por meio de Jesus Cristo nosso Senhor. O coração de Davi volta-se ao próprio Deus. "O meu coração e a minha carne exultam pelo Deus vivo!" —COISAS NOVAS E ANTIGAS

### Versículo 4
*Louvam-te perpetuamente.* A comunhão é a mãe da adoração. Falham no louvor ao Senhor aqueles que vagueiam para longe dele, mas aqueles que habitam nele sempre o magnificam. —C. H. SPURGEON

Como tendo os corações cheios do Céu e as consciências cheias de conforto. Não pode deixar de haver música mais agradável no templo do Espírito Santo. —JOHN TRAPP

### Versículo 5
*Bem-aventurado o homem cuja força está em ti.* Nem oração ou louvor, nem o ouvir da Palavra serão agradáveis ou benéficos às pessoas que deixaram seus corações para trás de si mesmos. Um grupo de peregrinos que tivesse deixado os seus corações em casa não seria em nada melhor do que uma caravana de carcaças, inteiramente inadequada para unir-se a santos vivos na adoração ao Deus vivo. —C. H. SPURGEON

*Em cujo coração se encontram os caminhos.* O coração natural é um deserto sem sentido repleto de penhascos e precipícios. Quando o coração é renovado pela graça, faz-se uma estrada, uma rodovia é preparada para nosso Deus (Veja Is 40:3,4). —FREDERICK FYSH

### Versículo 6
*Faz dele um manancial.* Aquilo que parecia um impedimento se transforma em uma benfeitoria; ao menos, nenhuma miséria pode ser tão grande, nenhuma propriedade tão árida, que um coração piedoso não possa transformar em manancial do qual retirar água de consolo. Seja água para purificar, e abrir caminho para o arrependimento; ou água para refrescar, e abrir caminho para a paciência; ou água para hidratar, e abrir caminho de crescimento na graça; e se por acaso o manancial secar, e não fornecer mais água do solo, ainda assim a chuva encherá seus reservatórios e os suprirá com águas do alto. —SIR RICHARD BAKER

### Versículo 7
*Cada um deles aparece diante de Deus em Sião.* Assim sempre será com verdadeiros peregrinos espirituais. A graça de Deus sempre provará ser suficiente para preservá-los, seguros e irrepreensíveis, para Seu reino celestial e Sua glória — as lutas não os esmagarão — as tentações não os vencerão por completo — os inimigos espirituais não os destruirão. Eles são sustentados pelo poder de Deus, por meio da fé para salvação, prontos para ser revelados no tempo final. —WILLIAM MAKELVIE

### Versículo 10
*Prefiro estar à porta da casa do meu Deus, a permanecer nas tendas da perversidade.* Todo o homem tem a sua escolha e esta é a nossa. O pior de Deus é melhor do que o melhor do diabo. As portas de Deus são um descanso mais alegre do que os delicados divãs nos pavilhões de pecadores da realeza, embora possamos permanecer ali por uma vida inteira de opulência. —C. H. SPURGEON

Outro sinal dos filhos de Deus é deleitar-se muito por estar na presença de Deus. Os filhos devem estar na presença de seus pais. Onde o Rei está, ali está a corte; onde a presença de Deus está, ali está o Céu. Deus está, de modo especial, presente em Suas ordenanças; elas são a Arca de Sua presença. —THOMAS WATSON

### Versículo 11
*Porque o SENHOR Deus é sol e escudo.* Como um sol, Deus me mostra a mim mesmo; como um escudo, Deus mostra-se a mim. O sol revela o meu vazio; o escudo, a suficiência divina. O primeiro me permite discernir que nada mereço, exceto a ira e nada posso conquistar exceto vergonha; o segundo, que eu tenho uma escritura da imortalidade e posso reivindicar uma herança permanente no Céu.

Aprendo, suscintamente, de Deus como "um Sol" que se tenho "salário" devo ter dívida eterna; mas de Deus como "um Escudo", que se receber o "dom gratuito" terei "vida eterna". A quem então temerei? A mim mesmo — confessadamente meu pior inimigo? "O Sol" faz um homem partir de si mesmo; o "Escudo" garante-lhe que ele será protegido contra si mesmo e edificado "para habitação de Deus no Espírito". —HENRY MELVILL

Ouça, ó minh'alma, *o Senhor é escudo*. Luz e força são conjuntas; nenhuma delas pode fracassar sob a Sua condução, nem tem motivo algum para ser desencorajada. Com isto Ele consolou Abraão. "Não temas, Abrão, eu sou o teu escudo" (Gn 15:1). —DANIEL WILCOX

Por que um santo precisa temer as trevas quando tem este Sol para guiá-lo? Ou temer perigos quando tem este Escudo para guardá-lo? —WILLIAM SECKER

# Salmo 85

ASSUNTO e ocasião: é a oração de um patriota por seu país assolado, em que ele suplica ao Senhor por suas antigas misericórdias e por fé antevê dias mais radiantes.

Cremos que Davi o tenha escrito, mas muitos questionam essa alegação. Certos intérpretes parecem ressentir a autoria do salmista Davi em qualquer um dos salmos e remetem as sagradas canções em sua grande maioria aos tempos de Ezequias, Josias, do Cativeiro e dos Macabeus. É notável que, como regra, quanto mais cético é o escritor, mais determinado é a excluir Davi; enquanto os comentaristas puramente evangélicos estão, em sua maioria, satisfeitos em deixar o poeta real na cadeira de autoria.

### Versículo 2
*Perdoaste a iniquidade de teu povo.* Muito e muito frequentemente Ele agiu desta forma, pausar para perdoar até mesmo quando a Sua espada estava à mostra para punir. Quem é o Deus perdoador como o Senhor, ó Jeová? Quem é tão tardio em irar-se, tão pronto para perdoar? Todo aquele que crê em Jesus usufrui da bênção do pecado perdoado e deveria considerar esta dádiva inestimável como garantia de todas as outras misericórdias necessárias. —C. H. SPURGEON

O Senhor carregou, ou levou sobre si, a iniquidade. Uma alusão à cerimônia da expiação. —ADAM CLARKE

*Encobriste os seus pecados todos.* Quando diz que Deus cobre pecados, assim Ele faz, não como alguém cobre uma ferida com curativo e desse modo simplesmente escondendo-a; mas Ele o cobre com um curativo que cura efetivamente e o remove por completo. —ROBERT BELLARMINE

### Versículo 4
*Restabelece-nos, ó Deus da nossa salvação.* A conversão é a alvorada da salvação. Voltar um coração a Deus é tão difícil quanto fazer o mundo girar sobre seu próprio eixo.

### Versículo 5
*Estarás para sempre irado contra nós?* Que os nossos inimigos estejam sempre irados é natural, mas o Senhor, ó Deus, estará sempre indignado conosco? Cada palavra é um argumento. Quando os homens estão em dificuldades, eles nunca desperdiçam palavras.

### Versículo 6
*Para que em ti se regozije o teu povo.* Um avivamento genuíno sem alegria no Senhor é tão impossível quanto a primavera sem flores ou o alvorecer sem luz. Se em nossa alma ou no coração dos outros vemos alguma decadência, faz-se bem necessário fazer uso desta oração e se, por outro lado, estamos desfrutando de

visitações do Espírito e do orvalhar da graça, abundemos em santa alegria e façamos de nosso constante deleite o alegrar-nos em Deus. —C. H. SPURGEON

Bernard, em seu décimo quinto sermão sobre Cânticos diz: "Jesus é mel nos lábios, melodia nos ouvidos, alegria no coração. Alguém entre nós está triste? Deixe que Jesus entre no coração e dali flua até o semblante e veja que diante do crescente resplandecer de Seu nome, toda a nuvem se dispersa e a serenidade retorna."

Origen, em seu décimo esquema homilético sobre Gênesis, faz a reflexão de que Abraão alegrou-se não nas coisas presentes, nem nas riquezas das palavras, nem nos feitos da época. Mas você deseja saber de onde ele extraiu sua alegria? Ouça o Senhor falando aos judeus: "Abraão, vosso pai, alegrou-se por ver o meu dia, viu-o e regozijou-se" (Jo 8:56); suas alegrias amontoaram-se de esperança. —LE BLANC

Verdadeiramente, o pecado mata. Os homens estão mortos em delitos e pecados, mortos na lei, mortos em suas afeições, mortos na perda da comunhão acolhedora com Deus. A maior heresia prática de cada era é, provavelmente, uma ideia rebaixada de nossa condição de invalidez sob a culpa e domínio do pecado. Enquanto isto imperar, seremos tardios no clamor por avivamento ou vivificação. Os pecadores e as igrejas precisam de vivificação pelo Espírito Santo. —WILLIAM S. PLUMER

## Versículo 8
*Escutarei.* O olho, como simples órgão do sentido deve ceder lugar ao ouvido. Portanto, é engenhosamente observado que nosso Salvador ordena a retirada da mão, pé e olho que agem ofensivamente (Mc 9:43-47), contudo nunca falou do ouvido.

Se a sua mão, o seu pé ou o seu olho o fazem transgredir, livre-se deles; mas não se separe de seu ouvido, pois esse é um órgão onde se origina a salvação de sua alma.

Como Cristo diz ali, um homem pode entrar aleijado no Céu, como Mefibosete, cego dos olhos como Barzilai, tendo as mãos mutiladas como o homem no evangelho cuja mão secou; mas não havendo um ouvido para ouvir sobre os caminhos, não haverá pés com os quais entrar no Céu.

Bernard faz esta descrição de um bom ouvido: aquele que ouve o que é ensinado, compreende sabiamente o que ouve e pratica obedientemente o que compreende. Ó dê-me tal ouvido e nele pendurarei as joias de ouro, ornamentos de louvor. —THOMAS ADAMS

*E que jamais caiam em insensatez.* Apóstatas deveriam estudar este versículo com cuidado escrupuloso; ele os consolará e ainda assim os alertará, os trará de volta à sua aliança e ao mesmo tempo os inspirará com temor sadio de que possam se afastar ainda mais. Cair novamente em insensatez é pior do que ser insensato uma única vez sem transformação; isto prova dolo e obstinação e envolve a alma em pecado multiplicado. Não há tolo como o homem que deseja ser tolo custe-lhe o que custar.

## Versículo 9
*Próxima está a sua salvação dos que o temem.* Para os pecadores que procuram a salvação, ela está próxima, certamente está muito próxima daqueles que dela desfrutaram e perderam seu deleite por sua insensatez; eles precisam apenas voltar-se para o Senhor e dela desfrutarão novamente. —C. H. SPURGEON

## Versículo 10
*Encontraram-se a graça e a verdade, a justiça e a paz se beijaram.* Deus é tão verdadeiro como se tivesse cumprido todas as letras de cada uma de Suas ameaças, tão justo como se nunca tivesse declarado paz à consciência de um pecador; Seu amor reluz adiante em esplendor inalterado, mas nenhuma outra de Suas características constantemente bendita é por isto eclipsada.

É o costume de pensadores modernos (?) divertir-se com esta representação do resultado da propiciação substitutiva de nosso Senhor; mas tivessem eles em algum momento se colocado na posição em que sentissem o peso do pecado sobre uma consciência espiritualmente desperta, deixariam seu escárnio vão.

A doutrina deles sobre a propiciação foi bem descrita pelo Dr. Duncan como a admissão "que o Senhor Jesus Cristo fez uma ou outra coisa, que de alguma forma ou outra, estava de certo modo ou outro conectado à salvação do homem." Isto é o que escolheram como substituto para a substituição. Nossos fatos são infinitamente superiores aos sonhos deles e, contudo, eles zombam. É simplesmente natural que homens naturais assim o façam. Não podemos esperar que animais invistam profundamente em descobertas da ciência, tampouco podemos esperar ver homens não espirituais estimar corretamente a solução para problemas espirituais, estes estão muito acima de sua visão e fora do alcance dela. Enquanto isso, aqueles que se regozijam na grande reconciliação, que continuem a maravilhar-se e adorar. —C. H. SPURGEON

Estes quatro atributos divinos apartaram-se na queda de Adão e encontraram-se novamente no nascimento de Cristo. —GEORGE HORNE

Foi bom para José ter se tornado prisioneiro; bom para Naamã que ele tenha sido leproso; bom para Bartimeu que ele tenha sido cego e bom para Davi ter passado pela tribulação. Bradford agradeceu mais a Deus por sua prisão do que por qualquer sala de estar ou prazer. Todas as coisas contribuem para o melhor no caso do fiel e assim *encontraram-se a graça e a verdade, a justiça e a paz se beijaram.* —JOHN BOYS

## Versículo 11
*Dos céus a justiça baixa o seu olhar,* como se abrisse as janelas e se curvasse para olhar os penitentes a quem não poderia ter de olhar antes sem indignação que lhes teria sido fatal. Esta é uma cena maravilhosa. A Terra produzindo flores de verdade e o Céu brilhando com estrelas de santidade; as esferas ecoando umas às outras ou sendo espelhos de sua beleza. "A Terra atapetada de verdade e com um dossel de justiça" será uma amostra do Céu. Quando Deus baixa o olhar em graça, o homem envia seu coração para o alto em obediência. —C. H. SPURGEON

## Versículo 12
Foi algumas vezes contestado que a doutrina cristã do milênio não pode ser verdadeira, pois a Terra não poderia suportar o fervilhar de milhões que naturalmente nela se encontrariam se guerras e vícios deixassem de dissipar sua população.

Mas omitindo outras respostas pertinentes que foram dadas, encontramos aqui uma que cobre toda a base: *a nossa Terra produzirá o seu fruto.* Agora e naquele tempo, a época era incomumente propícia e temos uma amostra do que Deus pode fazer quando assim decide. Ele pode, sem milagre algum, fazer a terra muitas vezes mais frutífera do que jamais fora. —WILLIAM S. PLUMER

## Versículo 13
*Nos fará andar no caminho aberto pelos seus passos* (ARC). É relatado na história da Boémia que São Venceslau, seu rei, em certa noite de inverno fazendo suas devoções em uma remota igreja, pés descalços na neve de agudeza inigualável e gelo afiado, seu servo Podevin, que esperava pela piedade de seu mestre, e esforçava-se para emular suas afeições começou a desmaiar pela violência da neve e do frio; até que o rei ordenou que ele o seguisse e colocasse os seus pés nas mesmas pegadas que os pés do rei marcavam para ele. Assim fez o servo e, ou imaginou ter sido curado, ou encontrou uma cura; pois seguia seu príncipe, auxiliado a ir adiante com humilhação e zelo por imitação e pelos passos já dados por ele na neve.

Da mesma forma faz o bendito Jesus; pois, considerando que nosso caminho é conturbado, obscuro, repleto de oposição e perigo, suscetível de enganos e capaz de amedrontar nossas atividades, Ele nos ordena a observar Seus passos e a pisar onde Seus pés se colocaram. Ele não somente nos convida a vir adiante com o argumento do Seu exemplo, mas já pisoteou muito da dificuldade e deixou o caminho mais leve e adequado para nossos pés.

Pois Jesus conhece nossas enfermidades e Ele próprio sentiu estas experiências em todas as coisas, exceto nas proximidades do pecado e, portanto, proporcionou um caminho e uma trajetória para nossas forças e capacidades e, como Jacó, marchou suavemente e em igualdade às crianças e ao gado para nos entreter nos consolos de Sua companhia e na influência de um guia perpétuo. —JEREMY TAYLOR

# SALMO 86

TÍTULO: "Oração de Davi". Temos aqui um dos cinco salmos intitulados Tefilás ou orações. Este salmo consiste em louvor assim como oração, mas em todas as partes é tão francamente dirigido a Deus que é chamado mais adequadamente de "uma oração". Uma oração é mais ainda uma prece porque veias de louvor correm por intermédio dela. Este salmo parece ter sido especialmente conhecido como a oração de Davi; como o Salmo 90 é a "Oração de Moisés".

O nome Deus ocorre com muita frequência neste salmo. Certas vezes é Jeová, porém, mais comumente Adonai, que muitos eruditos creem ter sido escrito por copistas judeus em lugar do título mais sublime, porque o temor de suas superstições os levou a assim fazer. Nós, trabalhando livres de tal medo atormentador, regozijamo-nos em Jeová, nosso Deus. É singular para aqueles que tanto temiam seu Deus, que não se atrevessem a escrever o Seu nome, contudo tinham tão pouco temor piedoso, a ponto de ousarem alterar Sua Palavra. —C. H. SPURGEON

Cristo ora ao longo de todo este salmo. Todas as palavras são ditas exclusivamente por Cristo, que é ambos: Deus e homem. —SALTÉRIO CASSIODORI

Neste salmo, Cristo, o Filho de Deus e Filho do Homem, um Deus com o Pai, um homem com os homens, a quem oramos como Deus, ora como um servo. Pois Ele intercede por nós, ora em nós e a Ele é feito oração por nós. Ele intercede por nós como nosso Sacerdote. Ora em nós como nosso Cabeça. A Ele nós oramos como nosso Deus. —SALTÉRIO PET. LOMBARD

## Versículo 1

*Inclina, SENHOR, os ouvidos e responde-me.* Em condescendência com minha pequenez e em piedade à minha fraqueza "inclina, SENHOR, os ouvidos". Quando as nossas orações são humildes por causa de nossa humildade, ou frágeis por nossa enfermidade, ou sem asas por nosso desalento, o Senhor se inclinará a elas, o infinitamente exaltado Jeová terá respeito por elas.

Pois estou aflito e necessitado. De todos os pecadores desprezíveis, os piores são aqueles que usam a linguagem de pobreza espiritual enquanto pensam ser ricos e superiores em bens.

## Versículo 2

*...pois eu sou piedoso; tu, ó Deus meu, salva o teu servo que em ti confia.* Para que nenhum homem devesse supor que Davi confiava em sua própria santidade, ele declarou imediatamente a sua confiança no Senhor e implorou para ser salvo como alguém que não era santo no sentido de ser perfeito, mas que ainda precisava dos próprios elementos da salvação. —C. H. SPURGEON

Aqueles que são santos, ainda assim não devem confiar em si mesmos ou em sua justiça, mas somente em Deus e em Sua graça. —MATTHEW HENRY

## Versículo 4

*Porque a ti, Senhor, elevo a minha alma.* Como o girassol olha para o sol procurando o seu sorriso, assim volto eu meu coração para o Senhor. O Senhor é como a serpente de bronze para minha natureza doente e elevo os olhos de minha alma ao Senhor, para que eu viva. Sei que quanto mais perto estou do Senhor, maior é minha alegria; portanto agrade-se de atrair-me para mais perto enquanto labuto para me aproximar.

Não é fácil elevar uma alma; ela precisa de um forte ombro no comando quando o coração se prende na argila do desânimo. É menos fácil elevar uma alma ao Senhor, pois a altura é considerável assim como o peso opressivo; mas o Senhor considerará o desejo do coração e virá com a mão da graça Poderosa para elevar Seu pobre servo da Terra até o Céu. —C. H. SPURGEON

Se você tivesse milho em seus cômodos no subsolo, você desejaria levá-los consigo para um lugar mais alto para que não apodrecessem. Você removeria seu milho e suportaria que o seu coração apodrecesse na Terra? O milho seria levado para o alto, eleve então o seu coração para o Céu.

"E como posso?", diria você. De quais cordas precisaria? De quais máquinas? De quais escadas? Suas afeições são os passos, sua vontade o caminho. Ao amar você sobe; ao negligenciar você desce.

Em pé na Terra, você está no Céu, caso você ame a Deus. Pois o coração não é tão elevado quanto o corpo. O corpo, para ser elevado, muda sua localização; o coração, para ser elevado, muda a sua vontade. —AGOSTINHO

## Versículo 6
*E atende à voz das minhas súplicas.* Aqui estão repetições, mas não são vãs repetições. Quando uma criança chora, ela repete o mesmo tom, mas é igualmente sincera todas as vezes e assim era com este suplicante. —C. H. SPURGEON

## Versículo 7
*No dia da minha angústia, clamo a ti, porque me respondes.* Não pode haver razão para a oração se não houver expectativa da resposta do Senhor. Quem faria súplica consciente aos ventos ou encontraria consolo em rogar às ondas? O trono de misericórdia é escárnio se não houver quem ouça e responda. Davi, como os versículos a seguir demonstram, cria que o Senhor era o Deus vivo e potente e, de fato, "somente Ele" era Deus. Em consideração a isto, Davi decidia em todos os momentos de luta clamar ao Senhor. —C. H. SPURGEON

## Versículo 8
*E nada existe que se compare às tuas obras.* O que os falsos deuses fizeram ou desfizeram? Quais milagres efetuaram? Quando dividiram um mar ou marcharam pelo deserto lançando pão dos céus? Ó Jeová, em Tua pessoa e em Tuas obras, tu estás muito acima de todos os deuses, assim como os Céus estão acima do abismo mais profundo. —C. H. SPURGEON

## Versículo 10
*Só tu és Deus!* Somente o Senhor era Deus antes que Suas criaturas existissem; continua único na divindade mesmo agora após ter dado vida a multidões de seres; sozinho o Senhor estará, pois ninguém jamais pode ser Seu opositor. A verdadeira religião não faz concessões, não admite que Baal ou Dagom sejam deuses; é exclusiva e monopolizadora, reivindicando para Jeová nada menos do que tudo.

A alardeada liberalidade de certos professores de pensamento moderno não deve ser cultivada por aqueles que creem na verdade. A "amplitude filosófica" tem como alvo construir um Panteão e amontoar um Pandemônio; não é nosso papel ser colaboradores em tal obra maligna. —C. H. SPURGEON

## Versículo 11
*Ensina-me.* É o costume dos dias atuais falar do esclarecimento do homem e representar a natureza humana como soerguendo-se sob sua carga, como empenhando-se pelo conhecimento da verdade. Na realidade, esse não é o caso e sempre que há um esforço na mente sem o ensino do Espírito, é direcionado a Deus como o grande Ser moral e não como o grande Ser espiritual. Um homem não ensinado pelo Espírito Santo pode ansiar pela moralidade e nunca desejar conhecer um Ser espiritual. —JOHN HYATT

*E andarei na tua verdade.* Conforme-se às Escrituras. Vivamos conforme as Escrituras. Ó, que a Bíblia possa ser vista impressa em nossa vida! Faça o que a Palavra ordena. A obediência é um modo excelente de comentar a Bíblia.

Permita que a Palavra seja o relógio solar pelo qual você guia a sua vida. Que bem nos faz termos as Escrituras se não direcionamos todo o nosso falar e agir em conformidade a elas?

Quão bom é um carpinteiro que tem a sua régua consigo se a coloca em suas costas e nunca a utiliza para medidas e ângulos? Então, quão bons somos com a régua da Palavra se não a utilizamos e não regulamos a nossa vida por ela? —THOMAS WATSON

*Versículo 12*
*Dar-te-ei graças, Senhor, Deus meu, de todo o coração.* Quando meu coração estiver pleno eu o entregarei totalmente ao Senhor. O louvor nunca deveria ser entregue com menos do que o todo de nosso coração, de nossa alma e de nossa força, ou será tão irreal quanto inaceitável. —C. H. SPURGEON

*Versículo 13*
*E me livraste a alma do mais profundo poder da morte.* Há alguns vivos agora que podem usar esta linguagem sem hipocrisia e aquele que traça estas linhas confessa muito humildemente que é um destes. Que candidato para o abismo mais profundo torno-me, quando entregue a mim mesmo para satisfazer minhas paixões, avançar com minha veemência natural, e desafiar o Senhor com imprudente leviandade. Para mim, havia apenas uma alternativa dentre estas: grande misericórdia ou inferno profundo. Com todo o meu coração, canto: "Grande é Tua misericórdia para comigo. Tu livraste minha alma do inferno mais profundo". —C. H. SPURGEON

*Versículo 16*
*Volta-te para mim e compadece-te de mim.* Que os justiceiros deduzam argumentos a partir de seus méritos atuais, minha alma o fará a partir das antigas misericórdias de Deus. Tu, Senhor me fizeste bom, restauraste-me quando eu era mau; portanto, tem misericórdia de mim, miserável pecador, e dá-me a Tua salvação.

Assim Paulo fundamentou sua certeza; porque o Senhor havia permanecido com ele e o libertara da boca do leão. Portanto, "O Senhor me livrará também, de toda obra maligna e me levará salvo para o seu reino celestial" (2Tm 4:17,18). —THOMAS ADAMS

# SALMO 87

ASSUNTO e divisão: o cântico é em honra a Sião, ou Jerusalém e trata do favor de Deus a essa cidade entre as montanhas, das profecias que a tornaram ilustre e da honra de ser seu cidadão nativo. Muitos concebem que foi escrito na fundação da cidade de Davi, Sião, mas a menção da Babilônia não sugere uma data mais tardia? Aparentemente teria sido escrita depois que Jerusalém e o Templo tinham sido construídos e desfrutado de uma história, da qual podiam ser ditas coisas gloriosas.

*Versículo 1*
*Fundada por ele sobre os montes santos.* Paixões repentinas são malignas, mas o irromper da alegria santa é muito precioso.

Não foi na areia da política da carne, nem nos pântanos de reinos humanos, que o Senhor fundou a Sua Igreja, mas em Seu próprio poder e divindade, que estão empenhados para o estabelecimento de Sua amada Igreja, que para Ele é a principal de todas as Suas obras. Roma está sobre suas sete colinas e nunca teve falta da língua de um poeta para cantar suas glórias, mas muito mais gloriosa é você, Sião, entre as eternas montanhas de Deus. Enquanto uma pena puder escrever ou uma boca falar, os Seus louvores nunca serão enterrados em silêncio inglório. —C. H. SPURGEON

O decreto claro, as perfeições divinas, a promessa daquele que não pode mentir, o juramento e a aliança de Deus e o próprio Filho encarnado, são as santas montanhas, as colinas perpétuas cujos cumes são gloriosamente coroados pela cidade do Grande Rei. Ali a cidade está segura, bela na conjuntura, a alegria de toda a Terra. —ANDREW GRAY

### Versículo 2

*O Senhor ama as portas de Sião mais do que as habitações todas de Jacó.* Alguns se abstêm da adoração pública sob o pretexto de que podem servir ao Senhor tão bem em casa quanto na esfera privada. Quantos estão aptos a dizer isso, e não percebem que o seu tempo pode ser tão bem investido em casa na oração, na leitura de um bom livro ou conversando sobre algum assunto benéfico, quanto na prática das ordenanças em assembleias públicas! —DAVID CLARKSON

### Versículo 7

*Todas as minhas fontes são em ti.* As fontes de minha fé e todas as minhas graças; as fontes de minha vida e todos os meus prazeres; as fontes de minha atividade e todas as boas obras; as fontes de minha esperança e todas as suas expectativas celestiais, todas estão em ti, meu Senhor.

Sem o Teu Espírito eu seria como um poço seco, uma cisterna falsificada, destituído de poder para abençoar outros e a mim mesmo. Ó Senhor, tenho certeza de que pertenço aos regenerados cuja vida está em ti, pois sinto que não posso viver sem o Senhor; portanto, com todo o Teu povo jubiloso cantarei Teus louvores. —C. H. SPURGEON

# Salmo 88

TÍTULO: "Cântico. Salmo dos filhos de Corá." Quase não podemos ler esta triste queixa como um cântico, nem podemos conceber como poderia ser chamada por um nome que denota um cântico de louvor ou triunfo; contudo porventura foi assim chamado intencionalmente para demonstrar como a fé se gloria "nas próprias tribulações". Certamente, se algum dia houve uma canção de pesar e um salmo de tristeza, estamos aqui falando dele. —C. H. SPURGEON

Nos versículos 10 a 12, temos a esperança amparadora de ressurreição. Sim, as maravilhas de Deus serão conhecidas na boca da sepultura. A justiça de Deus em dar aquilo que satisfaz a justiça a favor dos membros do Messias, foi manifestada gloriosamente, para que a ressurreição possa vir em seguida e a terra do esquecimento deve abrir mão de seus mortos.
Ó manhã de insuperável ventura, apresse-se! O Messias ressuscitou; quando ressuscitarão todos os Seus? Até que chegue esse amanhecer, eles devem enfrentar as repreensões plangentes de seu Cabeça e relembrar seu Deus nos cantos de Hemã sobre aquilo que Ele ainda vai cumprir. "Mostrarás tu prodígios aos mortos"? etc. —ANDREW A. BONAR

### Versículo 1

*Ó Senhor, Deus da minha salvação.* Enquanto um homem consegue enxergar Deus como seu Salvador, ainda não chegou a noite completa para ele. Enquanto o Deus vivo pode ser mencionado como a vida de nossa salvação, nossa esperança não cessará inteiramente. É uma das características da fé verdadeira que ela se volte para Jeová, o Deus salvador, quando todas as outras convicções lhe provaram ser mentirosas. —C. H. SPURGEON

*Dia e noite clamo diante de ti.* Dia e noite são ambos indicados à oração; não é obra da escuridão, portanto sigamos Daniel e oremos quando os homens puderem nos ver; contudo, como a súplica não precisa de luz, acompanhemos Jacó e lutemos no Jaboque até o romper do dia. O mal é transformado em bem quando nos leva à oração. —C. H. SPURGEON

*Versículo 3*
*Pois a minha alma está farta de males.* Estou saciado e nauseado com eles. Como uma embarcação cheia até as bordas com vinagre, meu coração está cheio de adversidade até não conseguir mais conter-se. Ele tinha a sua casa e as suas mãos cheias de pesar; mas, pior do que isso, era que seu coração estava farto. O mal na alma é a alma do mal. Um pouco de lutas na alma é algo doloroso; o que deve então ser quando se está farto delas? E muito pior ainda receber de volta suas orações vazias, quando a sua alma permanece repleta de aflição. —C. H. SPURGEON

*Sou contado com os que baixam à cova.* Há então permissão para que bons homens sofram? De fato, há. E alguns deles são por toda a sua vida sujeitos a esta escravidão. Ó Senhor, agrade-se de libertar os Seus prisioneiros da esperança! Que nenhum dos Seus lamentadores imagine que algo obscuro lhe aconteceu, mas antes alegre-se ao ver as pegadas dos irmãos que pisaram antes neste deserto.

*Versículo 4*
*Sou como um homem sem força.* Tenho apenas meu nome por que viver; minha constituição está abalada, mal consigo arrastar-me em meu quarto, minha mente está mais fraca do que meu corpo e minha fé é a mais fraca de todas. Os filhos e filhas do pesar precisarão de pouca explicação para essas frases, pois elas são, àqueles que sofreram tentações, palavras muito familiares. —C. H. SPURGEON

*Versículo 5*
*Como os feridos de morte que jazem na sepultura, dos quais já não te lembras.* Ele sentiu como se tivesse sido completamente esquecido como aqueles cujas carcaças são deixadas para apodrecer no campo de batalha. Como quando um soldado, mortalmente ferido, sangra ignorado entre os montes de mortos e ali permanece até seu último gemido sem compaixão e socorro, assim suspirou Hemã em sua alma no pesar mais solitário, sentindo como se o próprio Deus o houvesse esquecido. Como afundam profundamente os espíritos de homens bons e corajosos! Sob a influência de certos transtornos tudo será revestido de um aspecto sombrio e o coração mergulhará nas mais intensas profundezas da miséria.

Tudo vai muito bem para os que estão com a saúde robusta e cheios de disposição para culpar aqueles cujas vidas estão desfalecidas com a palidez da melancolia, mas o mal é tão real quanto uma ferida aberta e muito mais difícil de suportar porque está tão próximo da região da alma que para o inexperiente aparenta ser uma simples questão de fantasia ou imaginação enferma.

Leitor, nunca ridicularize o ansioso e o hipocondríaco, a dor deles é real; ainda que muito do mal esteja na imaginação, a dor não é imaginária. —C. H. SPURGEON

*São desamparados de tuas mãos.* Tenha cuidado para nunca se enxergar como desamparado da vida e do deleite. Você não está desamparado, somente separado, à parte, pode ser por apenas um período, ou talvez por toda a vida; mas você ainda é parte do corpo do qual Cristo é o Cabeça.

Seus pés podem ser rápidos, podem ter sido ágeis com grande atividade e agora você sofre, porque eles não podem mais correr. Mas não se entristeça, não inveje aqueles que estão correndo; você tem uma obra a fazer. Esta obra pode ser a de permanecer deitado, de não movimentar mão ou pé, de mal falar ou mal demonstrar vida.

Não tema: se Ele, seu Mestre celestial, entregou a você esta obra, é a Sua obra e Ele a abençoará. Não se lamente. Não diga: "Isto é obra e isto não é". Como você poderia saber?

Em sua opinião, qual obra Daniel estaria executando na cova do leão? Ou Sadraque, Mesaque e Abede-Nego na fornalha ardente? A obra deles foi gloriosa, "louvável e honrável"; eles estavam glorificando a Deus no sofrimento. —ANÔNIMO, DE *Enfermidade, suas provações e bênçãos*

### Versículo 6

*Puseste-me na mais profunda cova, nos lugares tenebrosos, nos abismos.* A carne pode suportar somente um certo número de feridas e nada mais, mas a alma pode sangrar de dez mil maneiras diferentes e morrer vez após vez a cada hora.

### Versículo 7

*Sobre mim pesa a tua ira.* Terrível condição é esta, a pior em que um homem pode se encontrar. A ira é pesada em si mesma; a ira de Deus é esmagadora além do que se pode conceber e quando ela pressiona severamente, a alma de fato é oprimida. A ira de Deus é o inferno do inferno e quando pesa na consciência um homem sente um tormento tal que só pode ser excedido pelo tormento dos espíritos condenados. —C. H. SPURGEON

### Versículo 8

*Apartaste de mim os meus conhecidos.* Há momentos em que uma tristeza indescritível me atropela, uma imensa solidão toma conta de minha alma, um anseio por alguma mão ou voz desaparecida para me consolar como antigamente, uma desolação sem forma e vazia, que me envolve em suas dobras e obscurece o íntimo do meu ser. Nos primeiros dias de minha enfermidade, não era assim.

Até mesmo para aqueles que muito me amam, minha dor e incapacidade são agora algo habitual, enquanto que para mim mantém sua intensa agudez de sofrimento, mas levemente entorpecida pelo uso. Meus males para eles são uma tediosa fábula repetitiva que surge como reiteração enfadonha.

Tornou-se quase uma questão natural que no desígnio aprazível eu seja excluído, que na caminhada aprazível eu seja deixado para trás; uma questão já esperada que os prazeres da vida passem por mim de mãos fechadas e rosto desviado; e a doença, dias monótonos e sombras cinzas sejam minha porção.

Meu Deus, meu Deus, a quem posso me voltar em busca de consolo senão para ti? Tu que bebeste até o fundo do amargo cálice da solidão humana para que pudesses se fazer irmão do solitário, um Sumo Sacerdote misericordioso e fiel para a alma desolada; tu, o único que conseguirias passar pelas portas que estão fechadas a todo auxílio humano, e chegar àquele tenebroso lugar secreto, onde a alma sacudida pela tempestade sofre e luta sozinha; tu, o único que podes comandar os ventos e as tempestades e dizer ao mar: "Acalma-te!" e ao vento: "Emudece!" e haverá grande calmaria.

Como uma criança sozinha no escuro clamo por ti, por Teus braços envolventes, por Tua voz de consolo, por Teu coração trespassado em que posso descansar minha cabeça dolorida e sentir que o Amor está próximo. —ANÔNIMO, EM *Cristo, o Consolador. Um livro de consolo para o enfermo*

*E me fizeste objeto de abominação para com eles.* Aqueles que se reúnem ao redor de um homem para bajulá-lo é como um grupo de leopardos domados; quando lambem a sua mão, bom é que o homem se lembre de que com igual gosto eles beberiam seu sangue. —C. H. SPURGEON

### Versículo 11

*Na sepultura.* Aqui está uma figura impressionante do que uma alma vivente sente sob a manifestação das profundas corrupções de seu coração. Todas as suas boas palavras, antes tão estimadas e todas as suas boas obras, antes tão valorizadas e todas as suas orações e toda a sua fé, esperança e amor e todas as imaginações do seu coração não são meramente paralisadas e mortas, nem meramente reduzidas a um estado de total incapacidade, mas também, no sentimento da alma, transformadas em podridão e corrupção.

Quando sentimos isto, somos levados espiritualmente onde Hemã esteve quando disse: "Será referida a tua bondade na sepultura?" O quê? O Senhor manifestará o Seu amor a um cadáver fétido?

O quê? O Seu amor pode ser derramado em um coração cheio de poluição e putrefação? É bondade do Senhor sair de Seu glorioso santuário, onde se assenta entronizado em majestade, santidade e pureza, deixando esta habitação eterna de luz e glória inefável para entrar na "sepultura" escura, poluída e repugnante?

O quê? É bondade do Senhor sair do santuário e ir até o ossário? Será ali "declarada" — ali revelada — ali pronunciada — ali manifesta — ali conhecida?

Pois nada mais, exceto a declaração da bondade será suficiente.

Ele não diz: "Será referida a tua bondade nas Escrituras?" "Será referida a tua bondade em Cristo?" "Será referida a tua bondade pela boca de ministros?" "Será referida a tua bondade em corações santos e puros?" Antes ele diz: "Será referida a tua bondade", pronunciada, falada, revelada, manifesta, "na sepultura?", onde tudo é contrário a ela, onde tudo é indigno dela, o último de todos os lugares adequados à entrada da bondade de um Deus completamente puro. —J. C. PHILPOT

## Versículo 12

*Acaso, nas trevas se manifestam as tuas maravilhas?* Se não for permitido provar a bondade de Jeová aqui, como o cantor poderia fazê-lo na terra da escuridão e da sombra da morte? Poderia sua língua, quando transformada em estúpida, encantar o enfadonho e frio ouvido da morte? Não é melhor um cão vivo do que um leão morto? Um cristão vivo mais valoroso à causa de Deus na terra do que todos os que partiram se colocados juntos? —C. H. SPURGEON

## Versículo 14

*Por que ocultas de mim o rosto?* Não desejas, Senhor, nem olhar para mim? Não podes me conceder um sorriso solitário? Por que esta severidade a alguém que nos dias mais brilhantes deliciou-se na luz do Teu favor?

Podemos levar estas questões ao Senhor; não, devemos fazê-lo. Não se trata de intimidade indevida, mas santa ousadia. Ela pode nos ajudar a remover o mal que provoca ciúme no Senhor, se seriamente lhe implorarmos que nos mostre pelo que o Senhor contende conosco.

Ele não pode agir conosco de outra maneira senão justa e graciosamente, portanto para cada golpe do Seu cajado há motivo suficiente no julgamento do Seu amoroso coração. Tentemos aprender a raciocinar e nos beneficiar disto. —C. H. SPURGEON

## Versículo 15

*Ando aflito e prestes a expirar desde moço.* Como sofrem alguns! Eu vi uma criança que aos 2 anos e 3 meses havia provavelmente sofrido mais dor em seu corpo do que toda a congregação de mil almas onde seus pais adoravam. —WILLIAM S. PLUMER

Ainda no início da infância começaram os sofrimentos do Redentor e Ele se queixa: *Ando aflito e prestes a expirar desde moço.* Talvez os raios abrasadores golpeavam sua testa de menino e a brisa carregada de areia ressecava seus lábios juvenis, enquanto o calor da maldição de Deus começava a derreter o interior do seu coração. Até mesmo no deserto, vemos a fiança de Jesus. —R. M. MCCHEYNE, em *Narrativa de uma missão de questionamento aos judeus*

*Sob o peso dos teus terrores, estou desorientado.* Quão próximo da loucura a depressão da alma pode, algumas vezes, estar não é nosso papel decidir; mas falamos daquilo que conhecemos, quando dizemos que uma pena pode ser suficiente para alterar a balança em alguns momentos. Agradeçam a Deus, ó vocês tentados que ainda preservam sua razão! Agradeçam-no porque o próprio diabo não pode acrescentar essa pena enquanto o Senhor permanece para harmonizar todas as coisas. —C. H. SPURGEON

Ó Senhor, a monotonia de meus dias rotineiros me oprime, a constante fadiga de meu corpo me deprime. Estou farto de olhar os mesmos objetos monótonos. Estou cansado de passar pelos mesmos ciclos enfadonhos dia após dia; os objetos inanimados em meu quarto e os desenhos nas paredes parecem ganhar vida com o desperdiçar de minha própria vida e, por meio do poder de associação, meus pensamentos e minha dor voltam para mim, vindos deles com uma monótona reverberação.

"Meu coração está cansado demais para ter esperança; não ouso olhar adiante para o futuro; nada espero dos dias que estão por vir e, contudo, meu coração afunda ao pensar nos dias grisalhos que sobram adiante de mim. Pergunto-me como suportarei, se desfalecerei no caminho antes que alcance meu tão distante lar." —*CRISTO, O CONSOLADOR*

## Versículo 18

*Para longe de mim afastaste amigo e companheiro.* A tristeza solitária não é sorte de poucos. Que não se lamentem mas entrem em comunhão íntima com o tão estimado Amado e Amigo que nunca está distante dos Seus que sofrem tentação. —C. H. SPURGEON

*Os meus conhecidos são trevas.* Ser desamparado ou tratado friamente por amigos cristãos, geralmente, é consequência de o cristão perder o seu consolo espiritual. Quando o Senhor está irado com o Seu filho rebelde e o está castigando, Ele não somente permite que Satanás o aflija, mas permite que alguns dos santos que são seus conhecidos o desamparem e, pelo tratamento frio deles, aumentem a sua dor.

Quando o pai de uma família decide corrigir mais eficazmente seu filho obstinado, ele dirá ao restante da família: "Não se aproximem dele, nem lhe mostrem aprovação; façam-no se envergonhar do que fez."

Da mesma forma quando o Senhor está corrigindo, especialmente com dificuldades espirituais, Seu filho desobediente, Ele diz a Seus outros filhos: "Deixe-o sozinho por algum tempo; trate-o com frieza e descaso; para que ele tenha vergonha e se humilhe por sua iniquidade." Jó, sob sua penosa aflição, assim queixou-se: "Pôs longe de mim a meus irmãos, e os que me conhecem, como estranhos, se apartaram de mim." —JOHN COLQUHOUN

(Não tentamos interpretar este Salmo referindo-nos a nosso Senhor, mas cremos plenamente que onde estão os membros, o Cabeça deve ser visto preponderantemente. Ter feito uma exposição dupla para cada versículo teria sido difícil e confuso. Deixamos, portanto, as referências Messiânicas para serem apontadas nas notas, onde, se Deus, o Espírito Santo, se agradar em esclarecer a página, coletamos mais do que suficiente para guiar cada leitor devoto a contemplar Jesus, o Homem de dores e que sabe o que é padecer.) —C. H. SPURGEON

# SALMO 89

CHEGAMOS agora ao majestoso Salmo da Aliança, que, segundo a disposição judaica, fecha o terceiro livro dos Salmos. É a declaração de um cristão diante de um grande desastre nacional, suplicando a seu Deus, apelando com o grande argumento do compromisso da aliança e esperando libertação e auxílio em virtude da fidelidade de Jeová. —C. H. SPURGEON

Este salmo faz par com o precedente. É um Alegro espiritual àquele Penseroso... Aquele salmo foi um canto de luto do Período da Paixão do Senhor, este salmo é um cântico de Natal. —CHRISTOPHER WORDSWORTH

## Versículo 1

Este curto versículo contém o sumário, o núcleo e o argumento de todo o longo salmo. Nele observe "O poema do cântico", a benignidade e verdade do Senhor, manifestas ao mundo todo em geral, à casa de Davi (ou seja, à igreja) especialmente. O "Dever do Cantor" que magnifica as misericórdias de Deus em todo tempo, mesmo de uma geração à seguinte. —JOHN BOYS

*Cantarei.* Quando estamos em dificuldades, pensamos que conseguimos algum alívio se nos queixamos, mas pelo louvor, conseguimos muito mais, recebemos alegria. Que nossas queixas, portanto se transformem em ações de graças; e nestes versículos descobrimos aquilo que será motivo de louvor e ação de graças para nós no pior dos momentos, seja de consideração pessoal ou pública. —MATTHEW HENRY

*Os meus lábios proclamarão a todas as gerações a tua fidelidade.* Porque Deus é e sempre será fiel, temos um tema para um cântico que não será retrógrado para as futuras gerações; nunca será esgotado, nunca refutado, nunca desnecessário, nunca será um tema inútil e sem valor para a humanidade. —C. H. SPURGEON

O autor ouviu louvores contínuos de uma língua corroída pela metade por um câncer. Que uso, amado leitor, você tem feito de sua língua? —PHILIP BENNETT POWER

## Versículo 2

*A benignidade está fundada para sempre.* Os eleitos constituem e formam uma grande casa de misericórdia. Esta casa, contrária ao destino de todas as edificações sublunares, jamais cairá, nem mesmo será derrubada. Como nada lhe pode ser acrescentado, assim nada lhe pode ser tirado. O fogo não lhe pode ferir, tempestades não podem derrocá-la, o envelhecimento não pode danificá-la.

Está firmada em uma rocha e é imóvel como a rocha em que se firma — a rocha tríplice do inviolável decreto de Deus, da redenção consumada de Cristo e da fidelidade do Espírito que jamais falha. —AUGUSTUS MONTAGUE TOPLADY

## Versículo 3

*Fiz aliança com o meu escolhido e jurei a Davi, meu servo.* Em Cristo Jesus, há uma aliança estabelecida com todos os escolhidos do Senhor, e eles são guiados, pela graça, a serem servos do Senhor e então são ordenados reis e sacerdotes por Cristo Jesus. Como é doce ver o Senhor, não apenas fazendo uma aliança, mas sendo fiel a ela posteriormente, e dando testemunho do Seu próprio juramento. Isto deve ser solo firme para a fé e Etã, o ezraíta, evidentemente assim pensava. —C. H. SPURGEON

## Versículo 5

*As tuas maravilhas...* É salvação maravilhosa, é salvação tal que os anjos desejam intrometer-se nela; é salvação tal que todos os profetas desejam intrometer-se nela; são quase 6 mil anos desde que todos os anjos no Céu caíram em um mar de encanto por esta grande salvação; são quase 6 mil anos desde que Abel caiu em um mar de encanto por esta grande salvação; e o que pensam vocês sobre a prática de Abel atualmente? Ele ainda se encanta com esta grande salvação. —ANDREW GRAY

## Versículo 6

*Pois quem é comparável?* Os holandeses traduziram estas palavras como: "Quem pode ser sombreado por ele?" Ou seja, não são dignos de serem considerados sombras quando comparados com Ele. —THOMAS GOODWIN

## Versículo 7

*Deus é sobremodo tremendo na assembleia dos santos.* Esses santos dele que caminham próximos a Ele, têm um poder intimidador em sua aparência. Apelo às consciências culpadas, aos apóstatas, aos professos que têm assombros secretos de perversidade: algumas vezes quando você se aproxima de alguém que é verdadeiramente gracioso e piedoso, sobre quem sua consciência afirma caminhar próximo a Deus, não é verdade que simplesmente olhá-lo o aterroriza? —JEREMIAH BURROUGHS

*E temível sobre todos os que o rodeiam.* Quanto mais perto estão, mais adoram. Se simples criaturas são afetadas pela reverência, os cortesãos e favoritos do Céu devem ser ainda mais reverentes na presença do grande Rei. Os filhos de Deus são aqueles que oram mais sinceramente: "Santificado seja o teu nome". A irreverência é rebelião. —C. H. SPURGEON

## Versículo 14

*Justiça e direito são o fundamento do teu trono.* Agora, o salmista declarou que a justiça e o direito são os pilares em que o trono de Deus se coloca; como Calvino os expôs: o manto e o diadema, a púrpura e o cetro, os enfeites com os quais o trono de Deus é adornado. —GEORGE SWINNOCK

*Justiça*, que defende os Seus súditos e age justamente com todos. *Direito*, que restringe rebeldes e evita danos. *Graça*, que demonstra compaixão, perdoa, suporta o fraco. *Verdade*, que executa tudo o que Ele promete. —WILLIAM NICHOLSON

*Graça e verdade te precedem.* Desta forma o poeta cantou as glórias do Deus de aliança. Era adequado que antes de derramar seu lamento, ele deveria registrar o seu louvor, para que sua tristeza não esmorecesse sua fé. Antes que debatamos nosso caso diante do Senhor, é imperativo que reconheçamos que sabemos que Ele é soberanamente grandioso e bom, independentemente da estética da Sua providência; esta é a direção que todo o homem sábio escolherá, se desejar obter uma resposta de paz no dia da angústia. —C. H. SPURGEON

A verdade se coloca diante da face de Deus, porque Deus sempre a mantém diante de Seus olhos, para, desta forma, moldar as Suas ações. Pindar chama a verdade de filha de Deus. Epaminondas, o general tebano, cultivava a verdade tão cuidadosamente que é relatado que ele nunca pronunciou uma inverdade até mesmo em brincadeiras. Nas cortes dos reis, esta é uma rara virtude. —LE BLANC

Graça no prometer; verdade no executar. Verdade em ser tão bom quanto tua palavra; graça em ser ainda melhor do que ela. —MATTHEW HENRY

## Versículo 15

*Que anda, ó Senhor, na luz da tua presença.* Enquanto o sol brilha, os homens caminham sem tropeçar com os pés e quando o Senhor sorri para nós, vivemos sem tristeza em nossa alma. —C. H. SPURGEON

Completamente enganados estão aqueles que supõem que *a luz da presença de Deus*, os privilégios do evangelho e os consolos do Espírito nos levam à indolência e à inatividade naquilo que é nosso dever. O texto corta pela raiz esta conclusão. Pois, não diz que eles se sentarão à luz da Sua presença; ou que se deitarão na luz de Sua presença; mas "*anda* na luz da tua presença".

O que é andar? É um movimento progressivo de um ponto do espaço a outro. E o que é este santo andar que o Espírito de Deus capacita todo o Seu povo a executar? É um movimento contínuo, progressivo, do pecado à santidade; de tudo o que é mal para tudo o que é boa palavra e obra.

E a mesmíssima "luz da presença de Deus" em que vocês, ó cristãos, são capacitados a andar e que no início concedeu-lhes pés espirituais com os quais andar, os manterá andando e constantemente ativos, até o fim de sua guerra. —AUGUSTUS MONTAGUE TOPLADY

## Versículo 16

*E na tua justiça se exalta.* Para um mundo cego, este é um paradoxo incrível: o fato de que o cristão está, neste momento, sentado sobre o estrume desta Terra e, ao mesmo tempo, sentado no Céu com e em Cristo, seu glorioso Cabeça e Representante (Ef 2:6). —EBENEZER ERSKINE

## Versículo 19

*Do meio do povo, exaltei um escolhido.* Davi era eleito de Deus, eleito do meio do povo como um deles e eleito à posição mais elevada no Estado. Em sua extração, eleição e exaltação, ele foi um tipo eminente do Senhor Jesus, que é o Homem do povo, o escolhido de Deus e o Rei de Sua Igreja.

Exaltemos a quem Deus exalta. Ai daqueles que o desprezam; são culpados de desacato à corte diante do Senhor dos Exércitos, como também de rejeitar o Filho de Deus. —C. H. SPURGEON

## Versículo 22

*O inimigo jamais o surpreenderá, nem o há de afligir o filho da perversidade.* Quem, em tudo isto, não vê um referencial do Senhor Jesus, que, ainda que tenha sido afligido por nossas dívidas e também maltratado pelo infiel, é agora exaltado e já não mais pode ser extorquido, nem o mais feroz de Seus inimigos pode oprimi-lo novamente. Agora não há Judas que o possa trair levando-o à morte; nem Pilatos que possa entregá-lo para ser crucificado. Satanás não pode tentá-lo e os nossos pecados não podem sobrecarregá-lo. —C. H. SPURGEON

*Versículo 25*
*Porei a sua mão sobre o mar e a sua direita, sobre os rios.* Um certo artista tinha o hábito de dizer que deveria representar Alexandre de tal forma, que em uma das mãos ele devesse segurar uma cidade e na outra derramar um rio. Cristo é representado aqui como alguém de imensa estatura, mais alto do que todas as montanhas, com uma das mãos segurando a Terra e a outra o mar, enquanto que do mar Oriental ao Ocidental Ele estende os Seus braços. —LE BLANC

*Versículo 26*
*Ele me invocará, dizendo: Tu és meu pai.* Quando Davi chamou Deus de seu Pai? É marcante não encontrarmos em lugar algum no Antigo Testamento patriarcas ou profetas que chamaram Deus de Pai. Você não os encontra tratando-o como Pai porque não o conheciam como tal.

Este versículo é ininteligível quando se refere a Davi, mas se considerarmos o verdadeiro Davi, ele disse exatamente isso: "meu Pai e vosso Pai, meu Deus e vosso Deus." Nunca, até que Cristo tivesse pronunciado essas palavras; jamais, antes de Ele vir à Terra em humanidade, como o Filho de Deus, qualquer homem ou criança dentre os humanos dirigir-se-à pessoa de Deus desta forma afetuosa.

Foi depois que Cristo disse: "Subo para meu pai e vosso pai", que os cristãos foram capacitados a olhar para Deus e dizer: "Aba Pai". Aqui percebe-se distintamente que isto se aplica a Cristo. Ele foi o primeiro a dizê-lo: Davi não o disse.

Se não houvesse outra prova em todo salmo, esta única cláusula seria para mim uma demonstração de que nenhum outro homem, exceto o Senhor Jesus Cristo pode ser aqui mencionado. —CAPEL MOLYNEUX

*Versículo 28*
*E, firme com ele, a minha aliança.* Com Jesus, a aliança é homologada pelo sangue do sacrifício e pelo juramento de Deus; não pode ser cancelada ou alterada, mas é uma verdade eterna, apoiada na veracidade daquele que não pode mentir. Como enche-se nosso coração de exultação ao vermos que a aliança da graça é certa para toda semente porque permanece com Ele, a quem estamos indissociavelmente unidos.

*Versículo 29*
*Farei durar para sempre a sua descendência.* A semente de Davi permanece na pessoa do Senhor Jesus e a semente de Jesus nas pessoas dos cristãos. Os santos são uma raça que nem a morte nem o inferno podem matar. Roma e seus padres, com sua inquisição e outras crueldades infernais labutaram para exterminar a semente da aliança, mas "vã é sua ira, vãos seus esforços". Enquanto Deus viver, Seu povo deve viver. —C. H. SPURGEON

*Versículo 30*
*Se os seus filhos desprezarem a minha lei.* Como muitos ficariam atônitos se conhecessem o caso real daqueles a quem admiram, têm em alta estima e exaltam na vida divina. Se conhecessem as quedas, as miseráveis quedas, quedas no coração, em palavra e em prática; se soubessem da profunda angústia que os filhos de Deus, que, como eles supõem, estão muito adiante na vida divina, sofrem continuamente com o efeito de tal transgressão! —CAPEL MOLYNEUX

*Versículo 33*
*Nem desmentirei a minha fidelidade.* A fé humana pode lhe faltar algumas vezes, mas a fidelidade de Deus nunca falha. Deus não desmentirá a Sua fidelidade. O agir de Deus pode, de alguma forma, apresentar este aspecto; as tentações do diabo e o nosso coração incrédulo podem, não somente nos fazer pensar assim, como nos persuadir de que assim o é. Apesar de que isso não pode ser verdadeiro, pois o Senhor não desmentirá, Ele não criará uma mentira em Sua verdade ou fidelidade. Desta forma, no hebraico afirma-se: Ele é um Deus que não pode mentir, Ele é Verdade, fala verdade e nenhuma de Suas promessas podem falhar ou falharão. Isto traz consolo a todos que estão debaixo de qualquer promessa de Deus. —WILLIAM GREENHILL

*Versículo 34*
*Não violarei a minha aliança.* É a Sua própria aliança. Ele a idealizou, fez seu esboço e voluntariamente

colocou-se nela. Ele, portanto, muito a estima. Não é a aliança de um homem, mas o Senhor a reivindica como Sua. Algo maligno é entre os homens que haja alguém que seja "violador da aliança" e um epíteto tão ultrajante nunca deverá ser aplicável ao Altíssimo. —C. H. SPURGEON

*Versículo 36*
*A sua posteridade durará para sempre.* A linhagem de Davi na pessoa de Jesus é interminável e a raça de Jesus, como representada em gerações sucessivas de cristãos, não mostra sinal algum de malogro. Poder algum, humano ou satânico, pode quebrar a linhagem cristã. Conforme morrem os santos, outros se levantarão para preencher seus lugares, para que até o último dia, o dia da condenação, Jesus tenha uma posteridade para servi-lo. —C. H. SPURGEON

*Versículo 37*
*E fiel como a testemunha no espaço.* Diz-se que os judeus, quando contemplam o arco-íris, bendizem a Deus, que se lembra de Sua aliança e é fiel à Sua promessa. E esta tradição, sua designação de proclamar consolo à humanidade, era forte entre os pagãos; pois, segundo a mitologia dos gregos, o "arco-íris" (a deusa Íris) era filha de "maravilhas" [N.T.: o deus Taumas], "um sinal aos homens mortais", e considerado quando aparecia, como mensageiro de divindades celestiais.

Portanto Homero, com notável conformidade ao relato das Escrituras, fala do "arco-íris" que "Jove estabeleceu na nuvem, um sinal para os homens". —RICHARD MANT

*Versículo 40*
*Muros e fortificações.* Ambos podem se referir às designações de um vinhedo, em que o rei era a vinha. Era geralmente cercado com algum muro de pedra e nele havia uma pequena casa ou torre onde um guarda era colocado para afastar intrusos.

Quando o muro ou cerca era derrubado, qualquer transeunte arrancava frutas e quando a torre era retirada, o vinhedo era deixado aberto para os vizinhos que poderiam fazer o que quisessem com as videiras. Quando a Igreja não está mais separada do mundo e seu Guarda divino não tem mais lugar de habitação dentro dela, seu tormento é de fato miserável. —C. H. SPURGEON

*Versículo 41*
*Despojam-no todos os que passam pelo caminho.* Transeuntes ociosos que nada mais têm a fazer têm necessidade de depenar esta vinha e o fazem sem dificuldade, considerando que as cercas se foram. Ai do dia em que todo contestador mesquinho tiver um argumento contra a religião e os homens em seus cálices forem fluentes em objeções contra o evangelho de Jesus.

Ainda que Jesus na cruz nada seja para eles e passem por Cristo sem investigar o que o Senhor tem feito por todos eles, podem, contudo, vadiar o quanto desejarem, se houver apenas a esperança de inserir outro prego em Suas mãos e auxiliar a crucificar o Senhor novamente. Eles não o tocam com o dedo da fé, mas o depenam com a mão da malícia.

*Versículo 43*
*E não o sustentaste na batalha.* A coragem e a decisão são mais necessárias agora do que nunca, pois a compaixão para com heresia é o vício em voga e a indiferença a toda a verdade, sob o nome de pensamento livre, é a virtude suprema desta época. Que o Senhor nos envie homens da escola de Elias ou, pelo menos, de Lutero e Knox. —C. H. SPURGEON

Versículos 46 e 47. Isto soa indubitavelmente como a voz de alguém que não conhece os tempos ulteriores. O salmista fala como se todas as suas esperanças estivessem vinculadas à sepultura; como se a derrocada do reino unido de Judá e Efraim o tivesse desprovido de toda a sua alegria; e como se ele não conhecesse algum reino futuro, que, com suas esperanças, pudessem compensá-lo.

Mas seria cruel injustiça tomar sua palavra como verdade absoluta. O que temos aqui é a linguagem da paixão, não da calma convicção. John Howe o expressa bem no famoso sermão. "A súplica (ele observa) era um tanto apaixonada e procedeu da repentina compreensão de seu caso sem consolo, considerado muito abstratamente e por si só; e o salmista, naquele momento, não olhou além dele para um cenário melhor e mais confortável."

"Um olho turvo pela tristeza vigente não vê à distância, nem compreende muito em um único olhar como veria em outras épocas, ou como o faz no momento em que a lágrima é enxugada e seus próprios feixes se dissipam." —WILLIAM BINNIE

*Versículo 47*
*Pois criarias em vão todos os filhos dos homens!* Quando considero os milhões de existências distorcidas; e são muitos milhões! — de longe, a maior quantidade do mundo — dos que vagueiam sem Cristo, sem amor, sem esperança, sobre suas amplas estradas; quando considero a vida em muitos dos despertos como um sonho inquieto, como crianças batendo nas cortinas e chorando durante a noite; quando considero quantas perguntas repetem-se para sempre à nós, e que não são silenciadas e não podem ser respondidas; quando considero a vaidade da investigação do filósofo e o fim da realeza em uma sepultura; quando olho ao redor onde minhas alegrias estão e constato como é curto o seu arrendamento e que a sua própria inefabilidade é uma ferrugem sobre elas; quando considero o pouco que o melhor pode fazer e que ninguém pode fazer nada muito bem; e finalmente, quando considero a imensidão de pensamentos interiores, não cumpridos e o desassossego atormentador, posso quase exclamar com nosso poeta infeliz:

*Conta as alegrias que as tuas horas contemplaram,*
*Conta todos os teus dias livres da angústia,*
*E sabe: o que quer que tenhas sido*
*Seria melhor se não houvesses nascido.*
—E. PAXTON HOOD, em *Dizeres obscuros em uma Harpa*

*Versículo 48*
*A vanglória da heráldica, a pompa do poder,*
*Tudo o que a beleza,*
*tudo o que a riqueza concedeu,*
*Esperam a inevitável hora —*
*Os caminhos de glória levaram à sepultura.*

*Pode a lendária urna ou o busto animado,*
*De volta às suas mansões reavivar o sopor fugaz?*
*Pode a voz da Honra provocar a poeira silenciosa,*
*Ou a Bajulação acalmar o frio*
*e lânguido ouvido da Morte?*
—THOMAS GRAY

*Versículo 51*
*Com que, Senhor, os teus inimigos têm vilipendiado, sim, vilipendiado os passos do teu ungido.* Monitorá-lo e encontrar circunstância para blasfemar em cada desvio, não somente vigiando as Suas palavras e ações, mas até mesmo os Seus passos inofensivos. Nem Cristo nem Sua Igreja podem agradar o mundo. Não importa para que lado nos voltemos, os escarnecedores insultarão.

Esse versículo se refere ao sarcasmo frequentemente repetido: "Onde está a promessa da sua vinda?" Essa afronta é dirigida aos atrasos do Messias, aqueles tão esperados passos que ainda não se ouvem? Ó Senhor, por quanto tempo essa zombaria vulgar continuará? Por quanto tempo? Por quanto tempo? —C. H. SPURGEON

# Salmo 90

TÍTULO: "Oração de Moisés, homem de Deus". Muitas tentativas foram feitas para provar que Moisés não escreveu este salmo, mas nós permanecemos impassíveis na convicção de que ele o escreveu. A condição de Israel no deserto é tão preponderantemente ilustrativa em cada versículo e as mudanças, as expressões e as palavras são tão similares a muitas no Pentateuco, que as dificuldades sugeridas são, em nosso entendimento, tênues como o ar em comparação com a evidência interna em favor de sua origem mosaica. Moisés era poderoso com as palavras assim como em atos e este salmo, nós cremos, é uma de suas profundas declarações dignas de serem colocadas ao lado de sua gloriosa oração registrada em Deuteronômio.

Este é o mais antigo dos salmos e fica entre dois livros de Salmos como uma composição singular em sua grandiosidade e incomparável em sublime antiguidade. Muitas gerações de pranteadores ouviram este salmo quando estavam ao redor de uma sepultura aberta e foram consoladas, mesmo sem terem percebido sua especial aplicação a Israel no deserto e falharam ao não se lembrar da base muito mais elevada na qual os cristãos agora se colocam. —C. H. SPURGEON

O Salmo 90 pode ser citado como talvez a mais sublime das composições humanas — a mais profunda em sentimentos — o salmo mais elevado em concepção teológica — o mais magnífico em suas imagens. É verdadeiro em seu relatório sobre a vida humana como sendo conturbada, transitória e pecaminosa. É verdadeiro em sua concepção do Eterno como Soberano e Juiz; e, contudo, o refúgio e a esperança dos homens, que, não obstante as mais severas provações de sua fé, não perdem sua confiança nele; mas que, em firmeza de fé, oram como se estivessem prevendo um período muito próximo de refrigério.

Não há neste salmo mácula de orgulho e petulância — a blasfêmia semiproferida — da contestação maligna, ou citação da justiça ou bondade de Deus, que tão frequentemente derramaram uma coloração peçonhenta na linguagem daqueles que se retorceram em angústia, pessoal ou familiar. —ISAAC TAYLOR

## Versículo 1

*Senhor, tu tens sido o nosso refúgio, de geração em geração.* Moisés, de fato, diz: ainda que sejamos errantes no deserto ululante, contudo encontramos no Senhor um lar, como nossos ancestrais encontraram quando saíram de Ur dos Caldeus e habitaram nas tendas entres os cananeus.

Não habitamos no tabernáculo ou no Templo, mas no próprio Deus e isto fazemos continuamente desde que há igreja no mundo. Não mudamos nossa habitação. Os palácios de reis desapareceram sob as mãos destruidoras do tempo, foram queimados com fogo e enterrados sob montanhas de ruínas, mas a raça imperial do Céu nunca perdeu sua habitação legal. —C. H. SPURGEON

É uma expressão notável à qual não há semelhante na Escritura sagrada: a de que Deus é um Lugar de Habitação. As Escrituras em outros lugares afirmam exatamente o oposto; chama os homens de templos de Deus, em quem Deus habita: "o santuário de Deus é sagrado", diz Paulo "que sois vós". Moisés inverte isto e afirma que somos habitantes e Senhores nesta casa.

Quando eu era monge e lia este salmo, frequentemente sentia a necessidade de precisar largar da leitura desse livro. Mas eu não sabia que estes terrores não se dirigiam a uma mente desperta. Não sabia que Moisés estava falando a uma multidão obstinada e orgulhosa, que nem compreendia nem se importava com a ira de Deus, nem se abatia com suas calamidades ou até mesmo com as perspectivas da morte. —MARTINHO LUTERO

## Versículo 2
*Antes que os montes nascessem.* Antes que estes gigantes anciãos lutassem para sair do útero da natureza, como seu temido primogênito, o Senhor era glorioso e autossuficiente. As montanhas para Ele, ainda que grisalhas pela neve das eras, não passam de bebês recém-nascidos, coisas jovens cujo nascimento ocorreu ainda ontem, meras novidades da última hora. —C. H. SPURGEON

*E se formassem a terra e o mundo.* Este Deus (ele diz) é o Deus que temos, a este Deus adoramos, a este Deus oramos, ao comando dele todas as coisas criadas passaram a existir. Por que, então, deveríamos temer se este Deus nos ajuda? Por que deveríamos tremer com a ira de todo o mundo? Sendo Ele nosso lugar de habitação, não estaremos seguros ainda que os Céus naufraguem? Pois temos um Senhor mais grandioso do que todo o mundo. Temos um Senhor tão poderoso que por Sua Palavra todas as coisas passaram a existir.

E, contudo, somos tão covardes que, se a ira de um único príncipe ou rei, não, de um único vizinho, deva ser suportada, nós trememos e curvamos o espírito. Porém em comparação com este Rei, todas as coisas em todo o mundo não passam de poeira levíssima que com um breve sopro se move de seu lugar e não suporta permanecer imóvel. Desta forma, a descrição de Deus é consoladora e espíritos estremecidos devem olhar para esta consolação em suas tentações e seus perigos. —MARTINHO LUTERO

## Versículo 3
*Tu reduzes o homem ao pó.* O corpo do homem é dissipado em seus elementos e é como se ele tivesse sido esmagado e triturado até ser pó. —C. H. SPURGEON

Agostinho diz: "Caminhamos entre perigos". Fôssemos vasos de vidro poderíamos temer menos perigos. O que é mais frágil que um vaso de vidro? No entanto, este é preservado e dura por séculos. Sendo assim, nós somos mais frágeis e instáveis. —LE BLANC

*E dizes: Tornai, filhos dos homens.* Ou seja, tornem ao pó do qual foram retirados. A fragilidade do homem é forçadamente estabelecida; Deus o criou do pó e ao pó ele retorna pela palavra de seu Criador. Deus faz e o homem desfaz. Uma palavra criou e uma palavra destrói.

Observe como a ação de Deus é reconhecida; não é dito que o homem morre devido ao decreto da fé ou à ação inevitável da lei, mas o Senhor é feito agente de tudo, Sua mão se volta e a Sua voz pronuncia; sem estes não deveríamos morrer, nenhum poder na Terra ou no inferno poderia nos matar.

*O braço de um anjo*
*não pode salvar-me da sepultura*
*Miríades de anjos não podem ali confinar-me.*
—C. H. SPURGEON

## Versículo 4
*Pois mil anos* etc. Como para um homem muito rico, mil moedas de ouro são como um centavo; assim, para o Deus eterno, mil anos são como um dia. —JOHN ALBERT BENGEL

O Santo Espírito se expressa conforme os métodos dos homens, para nos fornecer certa noção de uma duração infinita por uma semelhança adequada à nossa capacidade. Sendo mil anos como um dia na vida de Deus, então assim como um ano na vida de um homem, são trezentos e sessenta e cinco mil anos para a vida de Deus; e como setenta anos são para a vida do homem assim são vinte e cinco milhões quinhentos e cinquenta mil anos para a vida de Deus.

Ainda assim, como não há proporção entre tempo e eternidade devemos direcionar nossos pensamentos além disso tudo, pois anos e dias mensuram somente a duração de coisas criadas e dessas, somente as que são materiais e corpóreas, sujeitas ao movimento dos Céus, que faz os dias e os anos. —STEPHEN CHARNOCK

*E como a vigília da noite,* um momento que tão rapidamente como chega, se vai. Há tempo limitado o suficiente em mil anos para que os anjos mudem as vigílias; quando seu milênio de serviço estiver quase chegando ao fim, será como se a vigília tivesse sido recém-estabelecida.

Estamos sonhando durante a longa noite do tempo, mas Deus mantém vigília constante e mil anos nada são para Ele. Um exército de dias e noites devem ser combinados para formar mil anos para nós, mas para Deus esse espaço de tempo não forma uma única noite senão uma breve porção dela. Sendo mil anos para Deus como uma única vigília da noite, o que deve ser a vida inteira do Eterno! —C. H. SPURGEON

As eras e as dispensações, a promessa a Adão, o compromisso com Noé, o juramento a Abraão, a aliança com Moisés — estes não passaram de vigílias pelas quais os filhos dos homens tiveram que esperar em meio à escuridão das coisas criadas até que a manhã das coisas não criadas alvorecesse. Agora "vai alta a noite, e vem chegando o dia." —UM COMENTÁRIO SIMPLES SOBRE O LIVRO DE SALMOS

### Versículo 5

*São como um sono.* A quantos erros estamos sujeitos durante o sono? No sono, o prisioneiro muitas vezes sonha que está livre; aquele que está livre sonha estar na prisão; o que tem fome, sonha estar se alimentando de iguarias; o que está em necessidade, sonha estar em grande abundância; aquele que está em abundância, sonha estar em necessidade.

Quantos, durante o sono, pensaram, acreditaram ter conseguido para sempre aquilo que lhes era o melhor e, quando desfrutavam da esperança de posse vigente de algo excelente, ou começando a dele desfrutar, ou em meio à sua alegria, repentinamente despertaram, e então tudo se foi e suas fantasias áureas desapareceram em um instante. Assim o é para o mal e a tristeza também. E não é exatamente assim na vida do homem? —WILLIAM BRADSHAW

*Como a relva que floresce de madrugada.* Como a grama é verde na manhã e feno à noite, assim os homens mudam da saúde à corrupção em poucas horas. Não somos cedros, ou carvalhos, somos simplesmente pobre grama, que é vigorosa na primavera, mas não dura um verão inteiro. O que há na Terra mais frágil do que nós?

### Versículo 6

*À tarde, murcha e seca.* A foice acaba com o florescer dos campos de flores e o orvalho à noite chora seu corte. Aqui está a história da grama — semeada, cresce, viceja e floresce, é cortada e se vai. E a história do homem não é muito mais do que isso. —C. H. SPURGEON

### Versículo 7

*Pois somos consumidos pela tua ira.* Este é um ponto disputado pelos filósofos. Eles procuram pela causa da morte, uma vez que, de fato, existem provas de imortalidade na natureza, que não podem ser desprezadas.

O profeta responde que a causa principal não deve ser procurada no material; seja em uma avaria de fluídos ou numa falha do calor natural; mas que Deus, tendo sido ofendido pelos pecados dos homens, sujeitou esta natureza à morte e a outras infinitas calamidades.

Portanto, os nossos pecados são as causas que trouxeram esta destruição. Por isso, ele diz: "somos consumidos pela tua ira". —MOLLERUS

### Versículo 8

*Diante de ti puseste as nossas iniquidades.* Logo, surgem as lágrimas! O pecado do ponto de vista de Deus deve gerar a morte; é apenas pela cobertura do sangue da propiciação que a vida vem a qualquer um de nós. Quando Deus estava abatendo as tribos no deserto, Ele tinha as iniquidades do povo diante dele e, portanto, agiu severamente com eles. O Senhor não poderia ter suas iniquidades diante dele e não discipliná-los.

*E, sob a luz do teu rosto, os nossos pecados ocultos.* A rebelião à luz da justiça é obscura, mas à luz do amor é diabólica. Como podemos entristecer um Deus tão bom? Os filhos de Israel haviam sido retirados do Egito com mão elevada, alimentados no deserto pela mão liberal e guiados pela mão suave; e os seus pecados eram peculiarmente atrozes.

Nós, também, tendo sido redimidos pelo sangue de Jesus e salvos pela graça abundante, seremos verdadeiramente culpados se abandonarmos o Senhor. Que tipo de pessoas devemos ser? Como devemos

orar intensamente por purificação de falhas secretas?
—C. H. SPURGEON

Meus ouvintes, se vocês estão dispostos a ver seus pecados como eles realmente são; se considerarem corretamente sua quantidade, magnitude e criminalidade, tragam-nos ao lugar santo, onde nada se vê, exceto o brilho da pureza incorrupta e os esplendores da glória não criada; onde o próprio Sol seria somente um ponto escuro. E ali, em meio a este círculo de inteligências seráficas, com o Deus infinito derramando toda a luz de Seu semblante ao seu redor, revejam suas vidas, contemplem suas ofensas e vejam como aparentam.

Recorde-se de que Deus em cuja presença você está é o Ser que proíbe o pecado, o Ser de cuja lei eterna o pecado é a transgressão e contra quem todo pecado é cometido. —EDWARD PAYSON

## Versículo 9
*Como um breve pensamento.* A Caldeia coloca: "Como um sopro de nossas bocas no inverno."
—DANIEL CRESSWELL

O que somos nós senão um sonho vão que não tem existência ou ser, um mero fantasma ou aparição que não pode ser segurado, um navio velejando no mar que não deixa impressão ou vestígio algum, poeira, vapor, orvalho da manhã, uma flor vicejando um dia e desaparecendo em outro, sim, no mesmo dia floresce e seca.

Mas meu texto acrescenta outra metáfora do voo de um pássaro: "e nós voamos", não andamos e corremos, mas voamos, o movimento mais rápido que qualquer criatura corpórea tem. Nossa vida é como o voo de um pássaro: está aqui agora e some de vista repentinamente.

O profeta, portanto, falando da rápida partida da glória de Efraim, a expressa desta forma: "voará como ave" (Os 9:11); e Salomão disse o mesmo das riquezas: "fará para si asas, como a águia que voa pelos céus" (Pv 23:5). Davi deseja ter asas de pomba para que pudesse voar e descansar e bons motivos ele tinha, pois, sua vida é tão curta quanto miserável.
—THOMAS WASHBOURNE

O hebraico é diferente de todas as versões. "Consumimos nossos anos *(kemo hegeh)* como um gemido." Vivemos uma vida moribunda, chorosa e queixosa e no fim de tudo o gemido será sua finalização!
—ADAM CLARKE

A tradução Vulgata coloca: "Nossos anos passam como os da aranha." Isto sugere que nossa vida é tão frágil como o fio da teia de uma aranha. A teia da aranha é organizada de maneira muito curiosa, mas o que pode ser mais frágil? No que há mais sabedoria que na complicada estrutura do corpo humano; e o que pode ser mais facilmente destruído? O vidro é granito se comparado com a carne; e vapores são rochas se comparados com a vida. —C. H. SPURGEON

## Versículo 10
*Em havendo vigor, a oitenta; neste caso, o melhor deles é canseira e enfado.* A força atípica que excede os setenta anos cai sobre o homem envelhecido em uma região onde a vida é cansaço e pesar. A força da idade avançada, seu auge e orgulho, não passam de labuta e tristeza; qual deve ser a sua fraqueza? Ofegante buscando fôlego! O que fazer para mover-se! Que enfraquecimento dos sentidos! Que compreensão esmagadora de fraqueza! Os dias maus chegaram e os anos em que um homem clama: "Nestes eu não tenho prazer." O sol está se pondo e o calor do dia se acabou, mas doce é a calma e o frescor do anoitecer, e o dia justo se desvanece, não numa noite escura e sombria, mas em dia eterno, glorioso e sem nuvens. O mortal se extingue para dar espaço ao imortal; o idoso cai no sono para acordar na região de juventude perene.

*Porque tudo passa rapidamente, e nós voamos.* O cabo é cortado e a embarcação veleja no mar da eternidade; a corrente é rompida e a águia se eleva para seu ar nativo acima das nuvens. Moisés pranteou pelos homens ao cantar assim; e de fato devia, no momento em que todos os seus companheiros caíam a seu lado. —C. H. SPURGEON

No Witan, ou conselho reunido em Nortúmbria em Godmudingham (nome atual Godmanham), para debater sobre a missão de Paulinus, o rei foi abordado por um conde pagão, um dos homens mais importantes da corte: "A vida atual do homem, ó rei, pode ser comparada a quando estás sentado para jantar com seus condes e nobres no inverno. O fogo cintila na lareira e aquece a sala; do lado de fora grassa uma tempestade de vento e neve; um pardal entra por uma porta de seu salão e rapidamente sai por outra."

"Por um curto momento e enquanto ele está aqui dentro, está ileso da rajada invernal, mas este breve momento de felicidade acaba, ele retorna àquela rajada invernal de onde veio e desaparece de vista."

"Assim é a breve vida do homem: não sabemos o que aconteceu antes dela e somos completamente ignorantes com relação ao que a seguirá. Contudo, se esta nova doutrina compreende algo mais seguro, merece ser seguida." —CRÔNICA DE BEDE

## Versículo 11

*Quem conhece o poder da tua ira?* Ninguém de fato; e a menos que este poder possa ser conhecido, deve permanecer tão indescritível quanto o amor de Cristo que excede todo entendimento. —JOHN BUNYAN

Moisés aqui, acredito eu, quer dizer que é um temor santo de Deus, e somente isso, que nos faz sentir verdadeira e profundamente a Sua ira. Nós vemos que os réprobos, ainda que sejam severamente punidos, se irritam muito pouco, reagem contra Deus, se exasperam ou ficam estupefatos, como se estivessem endurecidos contra todas as calamidades; tão distantes estão de serem submissos. E ainda que estejam repletos de angústia e clamem em alta voz, a ira divina não penetra seus corações a ponto de abater seu orgulho e furor.

Somente o entendimento dos piedosos é ferido pela ira de Deus e estes nem esperam pelos relâmpagos do Senhor, aos quais os réprobos resistem com o pescoço de ferro endurecido, mas tremem no exato momento em que Deus move o Seu dedo mínimo que seja. Isto eu considero ser o verdadeiro significado dado pelo profeta. —JOÃO CALVINO

Nenhum homem conhece o poder da ira de Deus, porque esse poder nunca antes se colocou em ação em sua total amplitude. Não há, então, medida para a ira de Deus? Nenhum padrão pelo qual possamos estimar sua intensidade? Não há medida ou padrão fixos, mas há uma variável. O temor que o perverso tem de Deus é uma medida da ira de Deus. Há certo temor e pavor desse Deus em cuja imediata presença sente-se estar prestes a ser conduzido que, mesmo aqueles que muito o amam e mais o encantam, encolhem-se diante da impetuosidade de Seu olhar e do caráter aterrador de Seu discurso. —HENRY MELVILL

*E a tua cólera, segundo o temor que te é devido.* As Santas Escrituras, quando retratam a ira de Deus contra o pecado, nunca usam uma hipérbole; seria impossível exagerar neste caso. Quaisquer que forem os sentimentos de temor piedoso e tremor santo que possam mover o coração brando, ainda assim nunca será tocado demais; além de outras considerações, a grande verdade da ira divina, quando mais poderosamente for sentida, nunca impressiona a mente com uma solenidade excessiva com relação ao resultado legítimo de tal contemplação. O que o poder da ira de Deus é no inferno e o que seria na terra, se não fosse freado pela misericórdia, nenhum vivente pode conceber exatamente.

Os pensadores modernos atacam Milton e Dante, Bunyan e Baxter, por sua terrível imagética; mas a verdade é que nenhuma visão de poeta, ou denúncia de profeta santo, pode jamais alcançar a temível altura desta grande alegação, muito menos ir além dela. —C. H. SPURGEON

O medo não passa de um espelho que você pode alongar e ampliar indefinidamente, e a ira se alonga e amplia na mesma medida, ocupando o espelho com novas e ferozes formas de desperdício e pesar. Nós os alertamos então, contra toda noção apreciativa e bajuladora de que o medo possa exagerar a ira de Deus. Afirmamos a vocês que quando o medo tiver feito seu pior, não poderá em grau algum aproximar-se à ira que retrata. —HENRY MELVILL

## Versículo 12

*Ensina-nos a contar os nossos dias.* Moisés nos envia a Deus para recebermos ensinamento. "Ensina-nos; não como o mundo ensina — ensina-nos". Não um mestre insignificante, não uma escola inferior, não o próprio Moisés, exceto quando declara a Palavra de Deus e se torna o professor que nos leva a Cristo; não os profetas, não os próprios apóstolos, nem os "antigos santos", exceto quando "falaram da parte de Deus, movidos pelo Espírito Santo."

Este conhecimento não vem de carne ou sangue, mas de Deus. "Ensina-nos". E assim diz Davi: "Ensina-me, Senhor, o teu caminho, e andarei na tua verdade". E consequentemente temos a promessa de nosso Senhor a Seus discípulos: "o Espírito Santo, esse vos ensinará todas as coisas". —CHARLES RICHARD SUMNER

*Aprimore o Tempo em tempo,*
*enquanto perdura o tempo,*
*Pois todo o Tempo não é nada,*
*quando passado é o tempo.*
—RICHARD PIGOT, em *A vida do homem, simbolizada pelos meses do ano*

Numeremos nossos dias por nossas orações diárias, numeremo-los por nossa obediência diária e atos diários de amor, pelas memórias que eles trazem de homens santos que chegaram à paz do seu Salvador e pelas esperanças que são entrelaçadas com eles de glória e graça vencidas por nós! —*UM COMENTÁRIO SIMPLES SOBRE O LIVRO DE SALMOS*

*Para que alcancemos coração sábio.* Uma vida curta deveria ser sabiamente gasta. Não temos tempo suficiente à disposição para justificar o desperdício de meros quinze minutos. Também não temos garantia de vida suficiente para justificar procrastinarmos por um momento sequer. Se fôssemos sábios de coração, veríamos isto, mas a simples sabedoria de mente não nos guiará acertadamente. —C. H. SPURGEON

Agostinho diz: "Nunca poderemos agir assim, a menos que consideremos todos os dias como o nosso último." Muitos colocam o dia mau muito adiante. Recusam-se a deixar a Terra quando a Terra está prestes a deixá-los. —WILLIAM SECKER

Mesmo quando você contempla o perverso, o modo como aplicam seu coração à perversidade, quão rapidamente prosseguem, quão fácil e velozmente tornam-se perfeitos maledicentes, bêbados profissionais, enganadores astutos; assim, se você pudesse aplicar o seu coração tão minuciosamente ao conhecimento e à bondade, poderia se tornar como o Apóstolo que o ensinou.

Assim aprendemos como aplicar o conhecimento que pode nos beneficiar; não a nossos ouvidos, como aqueles que simplesmente ouvem sermões; não às nossas línguas, como aqueles que jogam conversa fora sobre religião; mas a nosso coração, para que possamos dizer com a virgem: "A minha alma engrandece ao Senhor" (Lc 1) e o coração o aplicará ao ouvido e à língua, como Cristo disse: "a boca fala do que está cheio o coração" (Mt 12:34). —HENRY SMITH

De todas as regras aritméticas, esta é a mais difícil: numerar nossos dias. Os homens conseguem numerar seus rebanhos de bois e ovelhas; podem estimar os rendimentos de suas propriedades e fazendas; e com incômodo mínimo contar suas moedas, contudo, são convencidos de que seus dias são infinitos e inumeráveis e, portanto, nunca começam a contá-los. —THOMAS TYMME

O quê? Não há o suficiente que nos faça sentir nossa fragilidade sem uma verdadeira percepção sobrenatural? O quê? Não há lições o suficiente sobre essa fragilidade sem nenhum novo ensino do alto?

Vão aos seus cemitérios onde todas as idades pronunciam-se a todos os níveis. Precisaremos de mais para provar a incerteza da vida? Vão às suas famílias enlutadas e onde não as encontraremos? Nesta é o velho, naquela é o novo, ambos removidos pela morte e não há eloquência nas lágrimas para convencer-nos de que somos mortais?

Poderia acontecer de pisando todos os dias na poeira de nossos pais e encontrando todos os dias funerais de nossos irmãos, não estaríamos praticamente ensinados a contar os nossos dias? Ou precisaremos que Deus imprima a verdade em nossos corações, por meio de alguma operação especial de Seu Espírito?

A busca principal da vida deveria ser a obtenção de um conhecimento experiencial de Cristo, por quem "reinam os reis, e os príncipes decretam justiça. Cujas delícias estão com os filhos dos homens; e que declara: o que me acha, acha a vida e alcança o favor do Senhor. Vinde, comei do meu pão e bebei do vinho que misturei."

Davi nos Salmos, e Salomão, seu filho, nos Provérbios, manifestaram, como que profetizando, o Messias como a sabedoria hipostática [N.E.: União das naturezas humana e divina na pessoa de Cristo, Houaiss, 2009.] "cujas origens são desde os tempos antigos, desde os dias da eternidade." —J. N. COLEMAN

## Versículo 14

*Sacia-nos de manhã com a tua benignidade.* Considerando que devem morrer e morrer muito em breve, o salmista suplica por imediata misericórdia sobre si e seus irmãos. Os bons homens sabem como transformar os mais obscuros testes em alegações diante do trono da graça. Aquele que tem o coração voltado apenas à oração jamais precisará ficar sem rogos em suas preces. Moisés busca por isto sinceramente e, conforme caía o maná pela manhã, ele suplicava ao Senhor que enviasse imediatamente o Seu favor recompensador, para que durante todo o curto dia da vida eles sejam dele repletos. —C. H. SPURGEON

Uma alma pobre e faminta sob a percepção da ira, prometerá a si mesma a felicidade eterna se mais uma vez puder apenas encontrar o que antes sentira; isto é, um doce suprir da sensível misericórdia de Deus para consigo. —DAVID DICKSON

Este é sempre e em todos os lugares o clamor da humanidade. E que insólito clamor é, quando refletimos sobre ele irmãos! O homem é descendência de Deus, criado à Sua imagem; ele está no topo da criação terrestre; na Terra ele é inigualável; possui capacidades admiráveis de pensamento, sentimento e ação.

O mundo e tudo o que nele há foi formado em completa e bela adaptação para o seu ser. A natureza parece estar sempre o chamando com milhares de vozes, para alegrar-se e regozijar-se; e, contudo, ele está insatisfeito, descontente, miserável!

Isto é algo muito insólito. Incomum, com relação a qualquer teoria referente ao caráter e à condição do homem, exceto àquilo que é fornecido pela Bíblia. E não é somente um testemunho da ruína de sua natureza, mas também da insuficiência de tudo o que é terreno e sua capacidade de satisfazer os anseios do homem. —CHARLES M. MERRY

## Versículo 15

*Alegra-nos por tantos dias quantos nos tens afligido, por tantos anos quantos suportamos a adversidade.* Ninguém pode alegrar o coração como o Senhor, ó Deus; portanto assim como nos entristeceste, agrada-te de nos alegrar. Enche o outro lado da balança. Que as Tuas dispensações sejam proporcionais. Dá-nos o cordeiro, já que nos enviate as ervas amargas. Torna os nossos dias tão longos quanto as nossas noites.

A oração é genuína, infantil e repleta de significado; é, além disso, fundamentada em um grande princípio de bondade providencial pelo qual o Senhor coloca o bem contra o mal em medida adequada. As grandiosas provações nos capacitam a carregar alegrias grandiosas e podem ser consideradas como mensageiras de extraordinária graça. Deus, que é grandioso em justiça quando castiga, não será pequeno em misericórdia quando abençoar; Ele será grandioso durante todo o processo. Apelemos a Ele com fé inesitante. —C. H. SPURGEON

## Versículo 16

*E a seus filhos, a tua glória.* Com que ardor clamam os homens bons por seus filhos! Eles suportam muito de aflições pessoais se for necessário, mas têm a certeza de que seus filhos conhecerão a glória de Deus e por ela serão guiados a servi-lo. Ficamos satisfeitos com a obra se nossos filhos simplesmente virem a glória que dela resultará; semeamos alegremente se eles puderem colher. —C. H. SPURGEON

## Versículo 17

*Confirma sobre nós as obras das nossas mãos, sim, confirma a obra das nossas mãos.* Nós somos transitórios, mas a obra do Senhor permanece. Ficamos satisfeitos em morrer contanto que Jesus viva e Seu reino cresça. Considerando que o Senhor permanece para sempre o mesmo, confiamos a nossa obra em Suas mãos e sentimos que por ser muito mais obra Sua do que nossa, Ele lhe garantirá a imortalidade. Quando tivermos definhado como grama, nosso santo serviço, como ouro, prata e pedras preciosas sobreviverá ao fogo. —C. H. SPURGEON

# Salmo 91

ESTE salmo não tem título e nós não temos meios de determinar o nome de seu escritor ou a data de sua composição com rigor. Os doutores judeus consideram que quando o nome do autor não é mencionado, podemos designar o salmo ao último escritor mencionado; e, sendo assim, este é outro salmo de Moisés, o homem de Deus. Muitas expressões aqui utilizadas são semelhantes àquelas que Moisés utilizou em Deuteronômio; e o indício interno, a partir das expressões peculiares, o indicam como compositor.

Em todo o conjunto, não há um salmo mais encorajador. Seu tom é elevado e constante em todo o texto — A FÉ EM seu melhor aspecto — e fala nobremente. Um médico alemão tinha o costume de falar deste salmo como o melhor medicamento nos tempos da cólera e na verdade é um remédio celestial contra toda praga e peste. Aquele que consegue viver no espírito deste texto será intrépido, ainda que mais uma vez Londres se torne um leprosário e as sepulturas se encham de carcaças. —C. H. SPURGEON

Esta é uma das obras mais excelentes deste gênero que já surgiu. É impossível imaginar algo mais sólido, mais belo, mais profundo ou mais ornamentado. Pudesse o latim ou qualquer língua moderna expressar cuidadosamente todas as belezas e elegâncias assim como as palavras das sentenças, não seria difícil persuadir o leitor de que não temos poema algum, seja em grego ou latim, comparável a esta ode hebraica. —SIMON DE MUIS

O Salmo 90 falava de um homem atrofiando sob a ira de Deus contra o pecado. O Salmo 91 fala de um Homem que é capaz de esmagar o leão e a víbora sob Seus pés. Indubitavelmente o tentador estava certo ao citar este salmo ao "Filho de Deus" (Mt 4:6). —WILLIAM KAY

*Versículo 1*
*O que habita no esconderijo do Altíssimo.* As bênçãos aqui prometidas não são para todos os cristãos, mas para aqueles que vivem em íntima comunhão com Deus. Todo filho de Deus olha para o santuário interior e para o trono de misericórdia, contudo nem todos habitam no lugar santíssimo; eles correm até lá em momentos específicos e desfrutam de aproximações ocasionais, mas não residem, habitualmente, na misteriosa presença. —C. H. SPURGEON

*O que.* Independentemente de quem ele seja, rico ou pobre, culto ou inculto, patrício ou plebeu, jovem ou velho, pois "Deus não faz acepção de pessoas", mas é "rico para com todos". —ROBERT BELLARMINE

*Descansa à sombra do Onipotente.* Não há abrigo que possa ser comparado à proteção da sombra do próprio Jeová. O Onipotente está onde a Sua sombra está e, portanto, aqueles que habitam em Seu lugar secreto são protegidos por Ele mesmo. Que sombra no dia de calor escaldante! Que refúgio na hora da tempestade mortal! A comunhão com Deus é segurança. Quanto mais nos agarrarmos ao nosso Pai Todo-Poderoso, mais confiantes seremos. —C. H. SPURGEON

Lemos sobre um cervo que perambulava profundamente seguro por ter uma identificação em seu pescoço que dizia: "Não me toque, pertenço a César". Logo, os verdadeiros servos de Deus estão sempre seguros, mesmo entre leões, ursos, serpentes, fogo, água, trovões e tempestades; pois todas as criaturas conhecem e reverenciam a sombra de Deus. —ROBERT BELLARMINE

*Versículo 2*
*Diz ao Senhor: Meu refúgio e meu baluarte.* Não passa de pobre consolo dizer: "O Senhor é um refúgio", mas dizer que Ele é *meu* refúgio é a essência da consolação. Aqueles que creem deveriam também dizer — "Diz ao Senhor" — pois tais reconhecimentos ousados honram Deus e levam outros a buscar a mesma confiança.

Os homens são capazes de proclamar suas dúvidas e até mesmo de vangloriarem-se delas; de fato, hoje em dia há uma celebração por parte dos mais audaciosos impostores para cultivar e idealizar quem se gloria em lançar suspeita sobre tudo; consequentemente, torna-se o dever de todos os cristãos verdadeiros, pronunciar-se e testificar com serena coragem a sua própria confiança bem alicerçada em seu Deus. —C. H. SPURGEON

*Deus meu, em quem confio.* Agora ele não pode dizer mais nada; "Deus meu" significa tudo e mais do que tudo; que o coração pode conceber com segurança. Nós confiamos em Deus; permaneçamos confiando nele. Ele nunca falhou conosco; por que então deveríamos suspeitar dele? Para a natureza decaída é natural confiar no homem; da mesma maneira, confiar em Deus deveria ser natural para a natureza regenerada. —C. H. SPURGEON

*Versículo 3*
*Pois ele te livrará do laço do passarinheiro.* Não são então as riquezas deste mundo a armadilha do diabo? Infelizmente encontramos poucos que podem se vangloriar da libertação deste laço. Quantos lamentam-se por estarem aparentemente tão pouco envolvidos em tal rede e quantos ainda labutam com toda sua força para envolver-se e nela emaranhar-se mais e mais.

Vocês que a tudo abandonaram e seguiram o Filho do homem que não tem onde reclinar a Sua cabeça, alegrem-se e digam: *Ele me livrou do laço do passarinheiro.* —BERNARD

*E da peste perniciosa.* Aquele que é Espírito pode nos proteger dos espíritos maus. Aquele que é misterioso pode nos resgatar dos perigos misteriosos. Aquele que é imortal pode nos redimir da doença mortal.

Há a peste mortal do erro, da qual estamos seguros se habitarmos na comunhão com o Deus da verdade. Há a peste fatal do pecado, pela qual não seremos infectados se permanecermos com o Deus triúno e santo. Há também a peste de enfermidade e até mesmo dessa calamidade nossa fé ganhará imunidade se for desta elevada ordem que se abriga em Deus, caminha em calma serenidade e aventura-se em todas as coisas, por amor ao dever. —C. H. SPURGEON

Lord Craven vivia em Londres quando essa triste calamidade, a praga, grassava. Sua casa ficava na parte da cidade chamada Craven Buildings. Tendo a praga se tornado uma epidemia, este Lord decidiu, para evitar o perigo, ir à sua propriedade na região rural.

A sua carruagem com os seis cavalos foi colocada adequadamente à porta, sua bagagem armazenada e tudo aprontado para a jornada. Ao caminhar por seu salão já com o chapéu sobre a cabeça, sua bengala sob o braço e vestindo suas luvas para subir na carruagem, ele ouviu ao longe seu escravo, que o servia como postilhão, dizer a outro servo: "Suponho, vendo o meu senhor abrir mão de Londres para evitar a praga, que o seu Deus vive no campo e não na cidade".

O pobre escravo disse isto na simplicidade de seu coração, como que realmente crendo em uma pluralidade de deuses. O discurso, contudo, impressionou Lord Craven muito profundamente e o fez hesitar. "Meu Deus", pensou ele, "está em todos os lugares e pode me preservar na cidade assim como no campo. Ficarei onde estou. A ignorância daquele escravo acabou de me pregar um sermão muito útil. Senhor, perdoa esta incredulidade e essa falta de confiança em Tua providência, que me fez pensar em fugir de Tua mão."

Ele ordenou imediatamente que seus cavalos fossem retirados com a carruagem e a bagagem fosse levada para dentro. E permaneceu em Londres, onde foi notavelmente útil entre os seus vizinhos doentes e nunca foi infectado pela epidemia. —*ANEDOTAS DE WHITECROSS*

*Versículo 4*
*Cobrir-te-á com as suas penas, e, sob suas asas, estarás seguro*. Uma maravilhosa expressão! Tivesse sido inventada por um homem sem inspiração, estaria à beira da blasfêmia, pois quem ousaria aplicar tais palavras ao Jeová infinito? Mas como Ele mesmo o autorizou, sim, Ele ditou o linguajar, temos aqui uma condescendência transcendente de modo que nos leva a admirar e adorar.

O Senhor fala das Suas penas como que as comparando as de um pássaro? Quem não verá nisto um amor incomparável, uma doçura divina, que deveria tanto atrair e ganhar nossa confiança? Assim como a galinha cobre os seus pintainhos, o Senhor protege as almas que nele habitam.

*A sua verdade*. A Sua verdadeira promessa e a Sua fidelidade à Sua promessa, *é pavês e escudo*. Para apagar dardos inflamados, a verdade é o escudo mais eficaz e para cegar todas as espadas é uma cota de malha igualmente eficaz. Caminhemos para a batalha, então, selados para a guerra e estaremos seguros no momento mais denso da luta. —C. H. SPURGEON

*Versículo 5*
*Nem da seta que voa de dia*. Ainda que a aljava de Satanás se esvazie, você permanecerá ileso apesar de suas astúcia e crueldade; sim, seus dardos serão destruídos para você, como troféus da verdade e do poder do Senhor, o seu Deus. —C. H. SPURGEON

*Versículo 6*
*Nem da mortandade que assola ao meio-dia*. A inanição pode tomar conta, ou a guerra sangrenta pode devorar, o terremoto pode aniquilar e a tempestade pode castigar, mas em meio a tudo isto, o homem que busca o trono de misericórdia e é abrigado sob as asas que o cobrem, habitará em perfeita paz. Lembre-se de que a voz que disse: "não te assustarás", é do próprio Deus, que por isso empenha Sua Palavra para a segurança daqueles que habitam sob a Sua sombra; não, não somente para a segurança deles, mas para a sua serenidade. Tão distantes estarão de serem feridos a ponto de que nem mesmo temerão os males que os cercam, uma vez que o Senhor os protege. —C. H. SPURGEON

*Versículo 7*
*Tu não serás atingido*. Como é verdadeira esta praga de mal moral, de heresia e de apostasia. Nações inteiras são infectadas, contudo o homem que tem comunhão com Deus não é afetado pelo contágio; ele sustenta a verdade quando a falsidade é o padrão.

Professores da religião ao seu redor são assolados pela praga, a igreja é consumida, a própria vida da religião decai, mas no mesmo lugar e momento, em comunhão com Deus, o cristão renova sua juventude e a sua alma não tem conhecimento de doença alguma. Em certa medida, isto também é verdade concernente ao mal físico; o Senhor ainda coloca uma diferença entre Israel e o Egito no dia em que envia as Suas pragas. O exército de Senaqueribe é destruído, mas Jerusalém usufrui de saúde. —C. H. SPURGEON

Assim como o bem pode estar geograficamente perto de nós e, contudo, virtualmente distante, da mesma forma o é com o mal. A multidão comprimia Cristo no relato do evangelho, contudo, uma pessoa o tocou a ponto de receber o bem; então Cristo pode nos guardar em uma multidão de perigos, de modo que nenhum deles nos tocará para nos ferir. —JOSEPH CARYL

*Versículo 9*
*Pois disseste: O S*ENHOR *é o meu refúgio. Fizeste do Altíssimo a tua morada*. Nossa segurança não está somente nisto, porque Deus é um refúgio e é uma habitação, mas porque "disseste: o S*ENHOR* é o meu refúgio. Fizeste do Altíssimo a tua morada. Nenhum mal te sucederá" etc.

Portanto, o fato de Deus ser a nossa habitação e a origem de nossa segurança; é a forma de fazermos de Deus uma habitação: nos prepararmos e lançarmos, por fé, em Seu poder e Sua providência. —JEREMIAH DYKE

Versículos 9 e 10. Antes de explanar os versículos, não posso abster-me de compartilhar um incidente pessoal, ilustrando seu poder de acalmar o coração quando aplicados pelo Espírito Santo.

No ano de 1854, quando mal completava-se o período de doze meses de minha estada em Londres, a vizinhança em que eu trabalhava foi visitada pela cólera asiática e minha congregação com suas incursões. Família após família convocava-me para o leito dos atingidos e quase todos os dias eu era chamado para visitar uma sepultura.

Entreguei-me com entusiasmo jovial à visitação aos doentes e era chamado de todos os cantos da região por pessoas de todas as classes e religiões.

Fiquei com o corpo cansado e com o coração doente. Meus amigos pareciam estar sucumbindo um a um e eu sentia ou imaginava estar adoecendo como aqueles ao meu redor. Um pouco mais de trabalho e lamento teria me derrubado com o restante; eu sentia que meu fardo era mais pesado do que podia carregar e estava pronto a sucumbir.

Segundo a vontade de Deus, eu estava retornando pesarosamente de um funeral à minha casa, quando minha curiosidade me levou a ler um jornal amassado na janela de um sapateiro na Estrada Dover. Não parecia e não era um anúncio comercial, pois carregava uma bela caligrafia em negrito com as seguintes palavras: *Pois disseste: O SENHOR é o meu refúgio. Fizeste do Altíssimo a tua morada. nenhum mal te sucederá, praga nenhuma chegará à tua tenda.*

O efeito em meu coração foi imediato. A fé apropriou-se da passagem como se fosse sua. Senti-me seguro, renovado, cingido de imortalidade. Em espírito calmo e tranquilo, continuei com as visitas aos moribundos; não senti medo do mal e não sofri mal algum. A providência que moveu o comerciante a colocar estes versículos em sua janela, reconheço com gratidão e, ao lembrar-me de seu maravilhoso poder, adoro o Senhor, meu Deus. —C. H. SPURGEON

Austin havia sido nomeado para ir a certa cidade visitar os cristãos ali e dar-lhes um sermão ou mais. O dia e local eram conhecidos por seus inimigos, que colocaram homens armados para esperar por ele em tocaia no caminho pelo qual ele passaria e, assim, assassiná-lo.

Por vontade de Deus, o guia que tinha sido enviado com ele para impedir que se desviasse do caminho, cometeu um erro e conduziu-o por uma estrada secundária, contudo conseguiu levá-lo ao destino de sua jornada. Ao ficarem sabendo disso e da decepção dos adversários, todos adoraram a providência de Deus e deram ao Senhor graças por esse grande livramento. —JOHN ARROWSMITH

Versículos 9 e 14. A dependência de Cristo não é a causa de sermos escondidos por Ele, mas é a qualificação da pessoa que será escondida. —RALPH ROBINSON

*Versículo 10*
O pecado, que suscitou fogo no inferno, está suscitando fogos na Terra continuamente. E quando irrompem, todos se perguntam como aconteceram. Amós responde: "Sucederá algum mal à cidade, sem que o SENHOR o tenha feito?" E quando ocorre a desolação por meio de fogo, Isaías declara que o Senhor "nos consome por causa das nossas iniquidades".

Muitos anos atrás, minha casa era frequentemente ameaçada de destruição, mas o Senhor a assegurou dando-me o Salmo 91:10; e a providência do Senhor é o melhor seguro. —JOHN BERRIDGE

*Versículo 11*
*Porque aos seus anjos dará ordens a teu respeito.* Não apenas um anjo guardião, como alguns sonham afetuosamente, mas todos os anjos são aqui mencionados. Eles são os guarda-costas de príncipes com o sangue imperial do Céu e foram comissionados por seu Senhor, e nosso, a proteger cuidadosamente os interesses dos fiéis. —C. H. SPURGEON

Quando Satanás tentou Cristo no deserto, ele invocou apenas uma frase das Escrituras para si (Mt 4:6) e o salmo do qual ele tirou esta sentença foi tão claramente contra ele que foi compelido a tomar uma palavra e outra ali e deixar de fora aquilo que vinha logo antes em seu contexto e evitar a parte do meio e omitir o que vinha logo depois, caso contrário teria comprometido sua causa.

As Escrituras são tão santas, puras e verdadeiras que nenhuma de suas palavras ou sílabas podem ser utilizadas pelo diabo, por pecadores ou por hereges. Contudo, quando o diabo alegou usando as Escrituras, ainda que não tenha sido argumento a seu favor, mas antes contra, assim o é com os libertinos, epicuristas e hereges como se tivessem aprendido na escola do diabo. —HENRY SMITH

*Versículo 12*
*Para não tropeçares nalguma pedra.* E estes anjos, vendo que somos tão preciosos para Deus, de modo que por amor a nós Ele não tenha poupado Seu próprio Filho, tomam esta responsabilidade com todo o coração sobre eles e nada omitem de seu dever desde nosso nascimento até o fim de nossa vida.
—HENRY LAWRENCE, em *Um tratado de nossa comunhão e guerra com os anjos*

*Versículo 13*
*Calcarás aos pés o leãozinho e a serpente.* Para homens que habitam em Deus, as forças mais cruéis se tornam inócuas; eles se vestem de uma vida encantada e derrotam os males mais mortais. Seus pés entram em contato com os piores inimigos. O próprio Satanás pode mordiscar seus calcanhares, mas em Cristo Jesus eles têm a esperança garantida de que, em breve, ferirão Satanás sob seus pés.

O povo de Deus é o real "Jorge e o dragão", eles são os verdadeiros reis-leão e domadores de serpentes. O domínio deles sobre os poderes das trevas os faz clamar: "Senhor, os próprios demônios se nos submetem pela Tua palavra!"

*Versículo 14*
*Porque a mim se apegou com amor, eu o livrarei.* Quando o coração está encantado com o Senhor, todo tomado por Ele e intensamente ligado a Ele, o Senhor reconhecerá a sagrada chama e preservará o homem que a carrega em seu peito. —C. H. SPURGEON

Ele não diz: "Porque ele não tem pecado; porque ele tem guardado perfeitamente meus preceitos; porque ele tem mérito e é digno de ser liberto e guardado". Mas produz essas qualidades que são encontradas no fraco, no imperfeito e ainda expostas ao pecado na carne, ou seja, aceitação, conhecimento de Seu nome e oração. —MUSCULUS

*Versículo 15*
*Ele me invocará, e eu lhe responderei.* Os santos são primeiro chamados por Deus e então eles clamam a Deus; e tais clamores sempre obtêm respostas.

É melhor para mim, ó Senhor, ser atribulado, enquanto somente tu estiveres comigo, do que reinar sem ti, banquetear sem ti, ser honrado sem ti. É bom antes ser abraçado por ti na provação, ter-te na fornalha comigo, do que estar sem ti mesmo no Céu. Pois o que tenho eu no Céu e, sem ti, o que posso desejar na Terra? A fornalha prova o ouro, e a tentação da dificuldade, o homem justo. —BERNARD

*Livrá-lo-ei e o glorificarei.* Os cristãos não são libertos ou preservados de uma forma que os diminui e os faz sentir-se ultrajados; longe disso, a salvação do Senhor concede honra àqueles a quem liberta. Deus nos dá primeiro a graça conquistadora e então nos recompensa por ela. —C. H. SPURGEON

*Versículo 16*
*Saciá-lo-ei com longevidade.*
  *Vivemos em atos, não em anos; em pensamentos, não em fôlegos;*
  *Em sentimentos, não em estatísticas ou cronômetros. Deveríamos contar o tempo em batimentos cardíacos. Vive mais*
  *Quem pensa mais, sente-se mais nobre, age com excelência.* —PHILIP JAMES BAILEY, em *Festus*

*E lhe mostrarei a minha salvação.* O último, o melhor, o auge máximo de bênção, incluindo e concluindo tudo! Tudo o que Deus faz é perfeitamente realizado. Até aqui o Seu servo teve vislumbres da "grande salvação". O Espírito a revelou passo a passo, conforme este servo era capaz de suportar. A Palavra o ensinou e ele se alegrou em Sua luz. Mas tudo foi visto em parte e conhecido em parte. No entanto, quando Deus tiver satisfeito o Seu servo com a duração dos dias e o tempo para ele se findar, então começará a eternidade, Ele lhe mostrará Sua salvação. Tudo ficará claro. Tudo será conhecido. Deus será revelado em Seu amor e Sua glória. E nós conheceremos todas as coisas, como agora somos conhecidos!
—MARY B. M. DUNCAN

# Salmo 92

TÍTULO: "Salmo ou Cântico para o dia de Sábado". Esta admirável composição é tanto um Salmo quanto um Cântico, repleta de medidas equânimes de solenidade e alegria; e foi composta para ser cantada no dia de descanso. O assunto é o louvor a Deus; o louvor é serviço sabático, a jubilosa ocupação de corações em quietude. Ninguém que esteja familiarizado com o estilo de Davi hesitará em atribuir a ele a autoria deste canto divino; os delírios dos rabinos que falam sobre este ter sido composto por Adão precisam ser mencionados apenas para ser descartados. Adão no Paraíso não tinha harpas para tocar nem homens perversos com quem contender.

### Versículo 1

*Bom é render graças ao SENHOR*, ou Jeová. É bom eticamente, pois é direito do Senhor; é bom emocionalmente, pois é agradável ao coração; é bom em termos de prática, pois leva outros a prestar a mesma homenagem. Nós agradecemos os homens quando estes nos fazem favores; quanto mais deveríamos bendizer o Senhor quando Ele nos beneficia? O louvor devoto é sempre bom; nunca está fora de época, jamais é supérfluo, mas é especialmente adequado ao Sábado; um Sábado sem ação de graças é um Sábado profanado. —C. H. SPURGEON

O dar graças é mais nobre e perfeito em si mesmo do que uma petição, porque na petição geralmente observamos e consideramos o nosso próprio bem, mas ao darmos graças consideramos e observamos apenas a honra de Deus.

O Senhor Jesus disse: "Mais bem-aventurado é dar que receber". Agora, um fim secundário da petição é receber algum bem de Deus, mas o fim exclusivo do render graças é dar glória a Deus. —WILLIAM AMES, em *Medulla Theologica*

*E cantar louvores*. O cantar é a música dos santos. (1) Eles executaram esse dever em seus grandes ajuntamentos (Sl 149:1). (2) Em seus maiores problemas (Is 26:19). (3) Em sua maior luta (Is 42:10,11). (4) Em suas maiores libertações (Is 65:14). (5) Em suas maiores abundâncias. Em todas estas mudanças, o cantar foi a declaração do seu dever e seu deleite. —JOHN WELLS, em *Exercícios matinais*

### Versículo 2

*De manhã*. Os brâmanes levantam-se três horas antes do sol nascer, para orar. Os indianos consideravam grande pecado comer pela manhã antes de orar a seus deuses. Os antigos romanos consideravam impiedoso o fato de não ter um pequeno quarto em sua casa, adequado para oração. Aprendamos a lição com estes turcos e pagãos; o zeloso ardor deles deve nos envergonhar. Considerando que nós possuímos a verdadeira luz, deveria o zelo deles exceder o nosso? —FREDERIC ARNDT, em *Luzes pela manhã*

*Durante as noites*. Nubladas ou com céu limpo, à luz da lua ou escuras, calmas ou turbulentas, são igualmente adequadas para um cântico sobre a fidelidade de Deus, considerando que em todas as estações e sob todas as circunstâncias, permanece a mesma e é o sustentáculo da consolação do cristão. É vergonhoso sermos tão retrógrados no magnificar ao Senhor, que durante o dia espalha amor abundante e à noite faz as Suas rondas de vigília cuidadosa. —C. H. SPURGEON

### Versículo 3

*Com instrumentos de dez cordas, com saltério e com a solenidade da harpa*. Em Agostinho para Ambrósio há a seguinte passagem sobre este mesmo assunto: "Certas vezes, por inveja, eu afasto de mim e da igreja as melodias dos doces cantos que usamos no Saltério, antes que nossos ouvidos nos seduzam. A escolha de Atanásio, bispo de Alexandria, parece ser a mais segura. Segundo ouvi com frequência, ele fazia os leitores cantarem com uma mudança vocal tão leve, que soava mais como falar do que cantar. E contudo, quando trago à mente as lágrimas que derramei ao ouvir os cantos de Sua igreja na infância de minha fé recuperada, e reflito em como fui afetado, não pela simples música, mas pelo assunto trazido pelas vozes claras e pelo tom adequado, confesso que a prática é muito útil." —C. H. SPURGEON

### Versículo 5

*Os teus pensamentos, que profundos!* A redenção é grandiosa e vai além de nossa compreensão e os pensamentos de amor que a planejaram são infinitos. O homem é superficial, Deus é inescrutável; o homem é frívolo, Deus é profundo. Ainda que mergulhemos profundamente, jamais conceberemos o misterioso plano ou exauriremos a infinita sabedoria da mente do Senhor repleta de todo o conhecimento. Permanecemos diante do mar insondável da sabedoria divina e exclamamos com santo temor: "Ó a profundidade!". —C. H. SPURGEON

Verdadeiramente, meus irmãos, não há mar tão profundo como estes pensamentos de Deus que fazem o perverso prosperar e o bom sofrer. Nada tão profundo, nada tão abismal; nisso toda alma incrédula é devastada, nessa profundidade, nesse abismo. Você deseja cruzar essa profundidade? Não se afaste da madeira da cruz de Cristo e você não afundará: agarre-se a Cristo. —AGOSTINHO

### Versículo 6

*O homem brutal nada sabe, e o louco não entende isto* (ARC). Neste e nos versículos seguintes, o efeito do salmo é intensificado pelo uso do contraste; as sombras são lançadas para destacar as luzes de modo mais proeminente.

Que inclinação considerando o versículo anterior; do santo ao bruto, do adorador ao bárbaro, do salmista ao louco! Contudo, infelizmente, o personagem descrito aqui não é incomum. O bárbaro, pois esta é quase a palavra hebraica, não vê nada na natureza e se lhe for indicado, sua mente estulta não compreenderá.

Pode ser um filósofo e ainda ser tão bárbaro considerando que ele não reconhece a existência de um Criador ao contemplar as incomparáveis criações ao seu redor, obras que carregam em sua superfície os indícios deste significativo projeto. O coração incrédulo pode vangloriar-se o quanto quiser, mas não conhece e, com toda a pompa de intelecto, não compreende.

Um homem deve ser um santo ou um bruto, ele não tem outra escolha; sua natureza deve ser a do serafim adorador ou do porco ingrato. Longe de prestar homenagem a grandes pensadores que não consideram a glória de Deus ou que não pertencem ao Senhor, devemos considerá-los comparáveis a bestas que perecem, extensamente mais inferiores do que os meros brutos, porque sua condição degradante é de sua própria escolha.

Ó Deus, que triste coisa é que os homens a quem tu tão grandemente dotastes e fizeste à Tua própria imagem, brutalizam-se de modo que a não ver nem compreender o que o Senhor deixou tão claro. Bem pode dizer um escritor excêntrico: "Deus fez o homem primeiro um pouco mais inferior do que os anjos e desde então este tem tentado ser mais inferior ainda." —C. H. SPURGEON

Ele escreveu expressivamente: "O homem brutal nada sabe, e o louco não entende isto", ou seja, quando o perverso surge com crescimento aparentemente rápido e vigoroso como as flores de verão na Palestina, significa que amadurecerão para uma destruição célere.

O homem bruto traduz precisamente as palavras hebraicas; um homem a quem Deus dotou de hombridade, mas que se degradou ao ponto da brutalidade; um homem sendo criação de Deus à Sua imagem que agora é um bruto autoesculpido (deveríamos dizer autocriado?) à imagem de animais ainda mais fundamentais! —HENRY COWLES

Um estúpido sensualista, que considera sua alma apenas sal, que impede seu corpo de apodrecer (como falamos dos porcos) que não toma conhecimento das grandes obras de Deus, mas grunhe e segue seus caminhos, satisfazendo-se com um uso natural das criaturas, como fazem os animais. —JOHN TRAPP

Um homem pode ser espantosamente bem-sucedido em tal processo de destruição de sua própria natureza, se este for prolongado. De Quincey observa: "Quem pode ler sem se indignar com Kant? Que à sua própria mesa em sinceridade social e conversa confidencial, diga o que quiser em seus livros; ele exultava com a perspectiva de uma aniquilação absoluta e máxima; que se gloriava em sua sepultura e tinha a ambição de apodrecer para sempre."

"O Rei da Prússia, ainda que amigo pessoal de Kant, encontrou-se compelido a acalmar suas trovejadas em algumas de suas doutrinas, e o amedrontou em relação aos seus avanços; caso contrário, creio que Kant teria formalmente apresentado o ateísmo da cátedra de professor e teria entronizado o hediondo e macabro credo, que ele em particular professava, na Universidade de Konigsberg. Foi necessária a artilharia de um grande rei para interrompê-lo."

"O fato é: que como o estômago é conhecido, pelos meios de sua secreção natural, por atacar não somente qualquer corpo estranho que seja nele introduzido, mas também (como John Hunter primeiro demonstrou) algumas vezes atacar a si mesmo e sua própria estrutura orgânica; assim, com a mesma extensão preternatural de instinto, Kant levava adiante suas funções destrutivas, até que as voltou para as suas próprias esperanças e as garantias de sua própria superioridade ao cão, ao macaco, ao verme." —GEORGE B. CHEEVER, em *Vozes da natureza*

### Versículo 9
*Serão dispersos todos os que praticam a iniquidade.* A grama não pode resistir à foice, mas cai esmorecida, aos montes; assim são os impiedosos cortados e varridos no processo do tempo, enquanto o Senhor a quem eles desprezaram permanece imóvel no trono do Seu infinito domínio.

Por mais terrível que seja este fato, nenhum homem de coração puro faria de forma diferente. A traição contra o grande Monarca do Universo não deve deixar de ser punida; tal perversidade arbitrária merece ricamente a ruína mais severa. —C. H. SPURGEON

### Versículo 11
*E os meus ouvidos se satisfazem em ouvir dos malfeitores que contra mim se levantam.* O santo salmista havia visto o começo dos impiedosos e esperava ver o fim deles; ele tinha certeza de que Deus corrigiria todos os erros e absolveria Sua Providência da acusação de favorecer o injusto; ele aqui expressa esta confiança e se senta satisfeito para aguardar os fatos do futuro. —C. H. SPURGEON

### Versículo 12
*O justo florescerá como a palmeira.* Este cântico contrasta a condição do justo com a do destituído da graça. O perverso "brota como a erva", mas *o justo florescerá como a palmeira*, cujo crescimento pode não ser tão veloz, mas cuja resistência por séculos faz um belo contraste com o verdor transitório dos prados.

Quando vemos uma palmeira nobre, firme e ereta, enviando toda a sua força para o alto numa coluna ousada e crescendo em meio à escassez e à seca do deserto, temos uma bela imagem do homem piedoso, que em sua retidão tem como meta somente a glória de Deus; e independentemente das circunstâncias externas, pela graça divina vive e prospera onde todas as outras coisas perecem. —C. H. SPURGEON

O jovem cristão é amável, como uma árvore no florescer primaveril. O cristão maduro é valioso, como uma árvore no outono, curvando-se com frutos maduros. Nós, portanto, procuramos algo superior nos discípulos mais maduros. Mais "morrer para o mundo", a vaidade que tantas vezes eles tiveram mais oportunidades de ver; mais mansidão de sabedoria; mais disposição em fazer sacrifícios por amor à paz; mais maturidade de julgamento nas questões divinas; mais confiança em Deus, mais riqueza de experiência. —WILLIAM JAY

A palmeira cresce a partir da areia, mas a areia não é o seu alimento. A água no subsolo alimenta as suas raízes primárias, ainda que o céu acima esteja acobreado. Alguns cristãos crescem, não como os lírios (Os 14:5), em pastos verdejantes ou como salgueiros junto às correntes das águas (Is 44:4), mas como a palmeira do deserto; assim foi José entre os adoradores de gatos no Egito, e Daniel na voluptuosa Babilônia. A raiz penetrante da fé alcança as fontes de água viva.

A palmeira é bela com sua copa alta e verdejante e os lampejos prateados de suas folhas; assim as virtudes cristãs não são como a trepadeira ou o espinheiro, com tendência declinante, suas folhas de palmeiras apontam para cima e buscam as coisas do alto onde Cristo habita (Cl 3:1). Algumas árvores são deformadas e nodosas, mas o cristão é uma palmeira alta como um filho da luz (Mt 3:12; Fp 2:15). Os judeus eram chamados de geração deformada (Dt 32:5) e Satanás uma serpente sinuosa (Is 27), mas o cristão é aprumado como a palmeira.

A palmeira é muito útil. Os hindus calculam que tenha 360 utilidades. Sua sombra abriga, seu fruto refresca o viajante cansado, indica o local onde há água; assim era Barnabé, o filho da consolação (At 4:36); assim era Lídia, Dorcas e outros que na estrada do Rei indicaram o caminho para o Céu, como Filipe fez com o eunuco etíope (At 9:34). Jericó era chamada a cidade das Palmeiras (Dt 34:3).

A palmeira produz até mesmo na velhice. As melhores tâmaras são produzidas pela árvore que tem entre 30 e 100 anos; com produção anual de 137 quilos de tâmaras. Da mesma forma, o cristão cresce mais feliz e mais útil conforme envelhece. Conhecendo melhor as suas próprias falhas, ele é mais brando com os outros, como o sol se pondo, belo, moderado e vasto, parecido com Elim onde os cansados judeus encontraram doze poços e setenta palmeiras. —J. LONG, em *A verdade das Escrituras em vestimentas orientais*

Versículos 12 a 15 A vida e o verdor dos ramos são uma honra à raiz pela qual vivem. O verdor e a fertilidade espiritual no cristão são honra a Jesus Cristo, que é a sua vida. A plenitude de Cristo é manifesta pela fertilidade de um cristão. —RALPH ROBINSON

*Versículo 14*
*Na velhice darão ainda frutos, serão cheios de seiva e de verdor.* Cristo exige a constância como um ingrediente da obediência. Suas árvores dão fruto na velhice. A idade faz outras coisas decaírem, mas faz o cristão florescer. Alguns são como cavalos de corrida, corajosos no início da jornada e cansados muito antes de chegarem ao fim de sua jornada.

Um bom discípulo, assim como não receberia de Deus uma felicidade temporária, não daria a Deus obediência temporária; pois a glória de Deus dura enquanto Deus vive, assim o discípulo guarda a sua obediência enquanto estiver vivo. Judas teve um belo começo, mas destruiu tudo no fim ao trair o seu Mestre. —STEPHEN CHARNOCK

# Salmo 93

ESTE breve salmo não tem título ou nome de autor, mas seu assunto é óbvio o suficiente, pois está declarado na primeira linha. É o Salmo da Soberania Onipotente. Jeová, apesar de toda oposição, reina supremo. Possivelmente na época em que esta ode sagrada foi escrita, a nação estava em perigo por seus inimigos e as esperanças do povo de Deus foram encorajadas pela lembrança de que o Senhor ainda era Rei. Que consolação mais doce e certa poderiam desejar? —C. H. SPURGEON

Este é um daqueles salmos magnificentes que descrevem o reino de Jeová. Até mesmo intérpretes judeus dizem sobre ele: "Todos eles tratam das coisas que acontecerão nos dias do Messias".

De que importa a opinião dos homens; quem é a favor ou contra mim? Quem pode estar comigo ou quem pode me deixar? Quem falaria de perspectivas ou probabilidades, do apoio decorrente de riquezas e poder ou da deserção de amigos com cuja simpatia e ajuda contávamos? "Jeová reina!" Há luz aqui por todo meu caminho, desde que eu siga a Cristo, andando pelo caminho estreito. Que eu apenas tenha certeza que, em todo e qualquer domínio, eu esteja ao lado do Senhor e no caminho do Senhor, e nada mais pedirei. —ALFRED EDERSHEIM, em *O diário áureo da conversa do coração com Jesus no livro de Salmos*

### Versículo 1

*Reina o SENHOR.* As exatas primeiras palavras deste salmo parecem indicar uma manhã de calmo descanso após uma noite de tempestade, um dia de calmaria após o tumulto da batalha. Reina o SENHOR, "até que haja posto todos os inimigos debaixo dos pés". —BARTON BOUCHIER

*De poder se revestiu o SENHOR.* Que surja o Senhor em Sua Igreja, em nosso dia, em majestade e poder manifestos, salvando pecadores, aniquilando erros e honrando Seu próprio nome. Ó, esperamos pelo dia do Filho do Homem, em que o Rei imortal e Todo-poderoso se posicionará em Seu glorioso e elevado trono, para ser temido na grande congregação e admirado por todos aqueles que creem. —C. H. SPURGEON

### Versículo 2

*Desde a antiguidade.* No italiano: *desde toda eternidade.* Hebraico: *desde então*; uma frase hebraica para significar uma eternidade sem começo algum (Pv 8:22); como a eternidade sem fim é definida por outro termo que significa, algo como *até então*. —JOHN DIODATI

### Versículo 3

Levantam os rios o seu bramido; levantam os rios o seu fragor. Algumas vezes os homens se enfurecem em palavras e levantam seu bramido; em outros momentos erguem-se em atos de violência e levantam seu fragor; mas o Senhor tem controle sobre todos eles em qualquer um dos casos.

Os impiedosos são todos ira ou fúria, ruído e algazarra durante sua curta hora, e em seguida a maré vira ou a tempestade é silenciada e não mais os ouvimos; enquanto o reino do Eterno permanece na grandiosidade de Seu poder.

Todo o Salmo é profundamente impressionante e é calculado para consolar o aflito, reafirmar o atemorizado, e assistir o devoto. Ó, o Senhor que é tão grandioso e gracioso Rei, reine para sempre sobre nós! Não desejamos questionar ou restringir o Seu poder; tal é o Seu caráter de modo que nos regozijamos ao ver o Senhor exercer os direitos de um monarca absoluto. Todo o poder está em Suas mãos e nós nos alegramos que assim seja. Hosana! Hosana! —C. H. SPURGEON

# Salmo 94

ASSUNTO: O escritor vê os malfeitores no poder e sofre sob a opressão deles. Sua compreensão da soberania divina, sobre a qual ele havia cantado no salmo anterior o leva a apelar a Deus como o grande Juiz da Terra; isto ele faz com muita veemência e súplica, evidentemente tremendo sob o açoite do opressor.

Confiante na existência de Deus, e certo de que Ele observa pessoalmente os feitos do homem, o salmista censura seus adversários ateus e proclama triunfo em seu Deus. Ele também interpreta a severa dispensação da Providência como sendo, no próprio ato, castigos muito instrutivos e assim, ele considera felizes aqueles que os suportam.

O Salmo é outra forma melancólica do antigo enigma: "Como é pois que os perversos ainda se tornam mais poderosos?" É outro exemplo de um bom homem perplexo com a prosperidade do impiedoso, encorajando seu coração ao lembrar-se de que há, afinal de contas, um Rei no Céu por quem todas as coisas são revogadas eternamente. —C. H. SPURGEON

### Versículo 1

*Ó Senhor, Deus das vinganças, ó Deus das vinganças, resplandece*. Ou, Deus de retribuições, Jeová, Deus de retribuições, resplandece! Uma oração muito natural quando a inocência é espezinhada e a perversidade exaltada ao máximo. Se a execução da justiça for correta — e quem pode negar este fato? — então deve-se muito adequadamente desejá-la; não por vingança pessoal, em cujo caso, um homem dificilmente ousaria apelar desta forma a Deus, mas por simpatia à retidão e piedade por aqueles que erroneamente são colocados sob sofrimento. —C. H. SPURGEON

Não acredito que compreendamos por completo a distinção que existe entre revidar e punir. "Revidar", diz o Dr. Johnson, "é um ato de paixão; punição, de justiça. Lesões são revidadas, crimes são punidos." —BARTON BOUCHIER

### Versículo 3

*Até quando, Senhor, os perversos, até quando exultarão os perversos?* Duas vezes ele disse, porque os perversos se vangloriam dia após dia com tal insolência e ultraje como se estivessem acima de qualquer controle. —JOHN TRAPP

Que resposta daremos, que data estabeleceremos para este "até quando"? A resposta é dada no versículo 23: "Sobre eles faz recair a sua iniquidade e pela malícia deles próprios os destruirá" etc. Como se tivesse dito: "A menos que o Senhor os elimine em sua perversidade, eles jamais abandonarão o agir perverso." Eles são homens de tal espécie que não há como curá-los, nunca deixarão de causar dano até que sejam eliminados pela morte, portanto Deus ameaça usar a morte para dissuadir os homens do pecado.

Um homem piedoso diz: "Se Deus me matar, ainda confiarei nele"; e alguns homens perversos dizem (efetivamente, se não literalmente): "Até que Deus nos mate, pecaremos contra Ele". —JOSEPH CARYL

### Versículo 4

*Proferem impiedades e falam coisas duras*. Os impiedosos não se contentam com atos de injustiça, mas acrescentam a eles discursos severos, vanglória, ameaças e insultos contra os santos. O Senhor suportará isto para sempre? Deixará Ele os Seus próprios filhos muito mais tempo como presas de seus inimigos? Os seus discursos insolentes e os dos Seus adversários finalmente provocarão a Sua justiça para que interfira?

As palavras geralmente ferem mais do que as espadas; elas são tão duras para o coração como pedras para a carne; e estas são proferidas pelos impiedosos em redundância, pois tal é a força da palavra traduzida por *proferir*; e eles as usam tão comumente que tornam o seu discurso comum (eles as pronunciam e as falam) — isto permanecerá sempre? —C. H. SPURGEON

## Versículo 7

*E dizem: O Senhor não o vê*. Esta era a razão de sua arrogância e o auge de sua perversidade: eram cegamente perversos porque sonhavam com um Deus cego.

Quando os homens creem que a visão de Deus é turva, não há razão para surpreenderem-se ao concederem total permissão às suas paixões brutais. As pessoas mencionadas acima não apenas apreciavam uma descrença infiel, mas ousavam declará-la, proferindo a monstruosa doutrina de que Deus está longe demais para perceber as ações dos homens. —C. H. SPURGEON

## Versículo 8

*Atendei, ó brutais dentre o povo*. Quando um homem abandona Deus, abandona sua hombridade e cai ao nível do boi e do jumento, sim, ainda abaixo deles, pois "O boi conhece o seu possuidor, e o jumento, o dono da sua manjedoura". Em vez de nos humilharmos diante dos infiéis da área científica, deveríamos ter piedade deles; eles tendem a nos menosprezar, mas nós temos muito mais motivos para menosprezá-los. —C. H. SPURGEON

Versículos 8 a 11. Podemos observar que esta terrível doença é atribuída à humanidade em geral. *"O Senhor conhece os pensamentos do homem, que são pensamentos vãos."* O salmista estava apresentando a vaidade e irracionalidade dos pensamentos de alguns dos filhos dos homens, e imediatamente observa que esta vaidade e insensatez de pensamento é comum e natural à humanidade.

Destes particulares, podemos deduzir de forma justa a seguinte observação doutrinária: há uma cegueira extrema e bruta nas coisas da religião que possui, naturalmente, os corações da humanidade. —JONATHAN EDWARDS

## Versículo 9

*O que fez o ouvido, acaso, não ouvirá?* Ele modelou esse maravilhoso órgão e o fixou no lugar mais conveniente próximo ao cérebro. Seria Ele próprio, surdo? Seria Ele capaz de tal projeto e invenção e, contudo, não conseguiria discernir o que é feito no mundo que Ele criou? Ele fez você ouvir; não poderia Ele mesmo ouvir? Pergunta irrespondível! Devasta o cético e o cobre de confusão. —C. H. SPURGEON

Deveria o Autor destes sentidos ser desprovido de sentidos? Nosso Deus não é como aquele Júpiter de Creta, retratado sem orelhas e que não se apressaria para atender a pequenas demandas. —JOHN TRAPP

*E o que formou os olhos será que não enxerga?* Podemos compreender o mecanismo do olho, podemos compreender a sabedoria que o idealizou; mas a preparação dos materiais e o ajuste das partes falam de um poder e habilidade que o homem jamais pode esperar obter.

Quando o homem vir sua obra astuta superada tanto em plano quanto em execução, deixará de reconhecer o projeto? Deixaremos de reconhecer tal Construtor quando contemplarmos tal obra? —P. A. CHADBOURNE, em *Palestras sobre Teologia Natural; ou, Natureza e a Bíblia e seu Autor comum, Nova Iorque*

Aquele que fez o próprio sol e o faz girar, sendo uma pequena porção das Suas obras se comparado com o todo, é incapaz de perceber todas as coisas? —EPÍTETO

Sábio é o conselho dos rabinos ao dizer que as três melhores salvaguardas contra cair em pecado são lembrar primeiro de que há um Ouvido que ouve todas as coisas; segundo, que há um Olho que tudo vê; terceiro que há a Mão que escreve tudo no Livro do Conhecimento, que será aberto no julgamento. —J. M. NEALE

## Versículo 10

*Aquele que aos homens dá conhecimento*, e então surge uma pausa que os tradutores preencheram com as palavras: "não tem sabedoria?", mas estas palavras não estão no original, onde a sentença tem um fim abrupto, como se a conclusão fosse natural demais a ponto de não precisar ser afirmada pelo escritor que perdeu sua paciência com os brutos com quem tinha argumentado.

O cristão sincero geralmente sente-se como se pudesse dizer: "Lamentável, vocês não são dignos de argumentações! Fossem vocês homens sensatos, estas coisas seriam óbvias demais para precisarem ser afirmadas a seus ouvidos. Eu me abstenho." O conhecimento do homem vem de Deus. A ciência em seus princípios iniciais foi ensinada a nosso progenitor Adão e todos os avanços subsequentes ocorreram devido ao auxílio divino; o Autor e Revelador de todo o conhecimento não teria em si conhecimento? —C. H. SPURGEON

## Versículo 11

O SENHOR conhece os pensamentos. Os pensamentos do coração do homem — todos os milhões deles em um dia! O piscar do olho não é algo tão repentino como o piscar de um pensamento; contudo milhares e milhares de pensamentos que passam por você e você não os percebe; eles são todos conhecidos por Deus. —ANTHONY BURGESS

*São pensamentos vãos.* Se durante nosso estado de infância e juventude somente a vaidade fosse atribuída a nossos pensamentos, teria sido menos surpreendente. Isto é uma verdade de que todos os pais têm prova dolorosa; sim, e de que os próprios filhos, conforme amadurecem geralmente têm consciência. A vaidade neste período, contudo, admite algumas desculpas. A tenacidade e insensatez de alguns jovens, enquanto provocam repulsa, geralmente suscitam uma lágrima de piedade. Mas acusação é manifesta contra o homem. "Todo homem, por mais firme que esteja, é pura vaidade." —ANDREW FULLER

São pensamentos vãos. A versão siríaca é: "Pois são vapor". Compare com Tiago 4:14. —JOHN GILL

## Versículo 12

*Bem-aventurado o homem, SENHOR, a quem tu repreendes.* A mente do salmista está se aquietando. Ele já não mais reclama para Deus ou argumenta com os homens, mas afina sua harpa para melodias mais suaves, pois sua fé percebe que tudo vai bem com o cristão mais aflito. —C. H. SPURGEON

Se por aflições exteriores sua alma for subjugada aos ensinamentos interiores de Deus, indubitavelmente suas aflições vêm em amor. Toda a punição no mundo, sem o ensinamento divino, nunca fará de um homem alguém abençoado; o homem que encontra correção ligada à instrução e açoites ligados a ensinamento, é feliz.

Caso Deus, pela aflição que está sobre você, ensinar-lhe a abominar mais o pecado, como pisotear mais o mundo, como caminhar mais com Deus, suas aflições vêm do amor. No caso de Deus lhe ensinar, por meio de aflições, como morrer mais para o pecado, como morrer mais para os seus relacionamentos e como morrer mais para os seus interesses próprios, suas aflições vêm em amor.

Se Deus ensinar-lhe, por meio de suas aflições, como viver mais para Cristo, como exaltá-lo mais e como ansiar mais por Cristo, suas aflições vêm em amor. Se Deus o ensinar, por suas aflições, a ter confiança em uma vida melhor, e, a se aquietar com graciosa prontidão e disposição para o dia de sua morte, suas aflições vêm em amor.

Se Deus lhe ensinar, por meio de aflições, como ocupar-se mais com o Céu e adequar-se mais a ele, suas aflições vêm em amor. Caso Deus, por aflições, ensine o seu coração orgulhoso a como manter-se mais sereno, e o seu coração duro a crescer em humildade, e o seu coração reprovador a como ser mais caridoso, e ao seu coração carnal a como crescer mais espiritualmente, e a seu coração no futuro a como crescer em quietude etc., suas aflições vêm em amor.

Pambo, um estúpido analfabeto, como o historiador o denomina, estava aprendendo a mesma lição: "Disse comigo mesmo: guardarei os meus caminhos, para não pecar com a língua", durante 19 anos e ainda assim não a havia aprendido. Ah! Deve-se temer o fato de que há muitos que têm estado nesta escola da aflição há mais de 19 anos e ainda não aprenderam nenhuma lição salvadora durante todo este tempo. Certamente suas aflições não vêm em amor, mas em ira.

Onde há o amor de Deus, Ele aflige em amor, e onde Ele aflige em amor, ali Ele começará e terminará ensinando a tais almas as lições que lhes farão bem por toda a eternidade. —THOMAS BROOKS

Se nada tivermos exceto o cajado, em nada nos beneficiamos com o cajado; sim, se não tivermos mais nada exceto a Palavra, em nada nos beneficiaremos pela Palavra. É o Espírito dado com a Palavra, e o Espírito dado com o cajado, pelo qual nos beneficiamos de ambos, ou de um deles. O castigo e o ensino divino devem caminhar juntos, caso contrário, não haverá benefício no castigo. —JOSEPH CARYL

Deus vê que as tristezas da vida são muito benéficas para nós; pois, como sementes que são profundamente cobertas com neve no inverno florescem mais ainda na primavera ou como o vento que ao soprar na chama aumenta sua abrangência e sua temperatura; da mesma forma quando o Senhor deseja aumentar nossa alegria e gratidão Ele as amaina com as lágrimas da aflição. —H. G. SALTER

## Versículo 13
*Para lhe dares descanso dos dias maus, até que se abra a cova para o ímpio.* O poderoso Caçador está preparando o fosso para os brutos; eles agora rondam e despedaçam as ovelhas, mas em breve serão capturados e destruídos; portanto o povo do Senhor aprende a descansar em dias de adversidade e prolongar-se no prazer de seu Deus.

Homens perversos ainda podem não estar maduros para a punição nem a punição pronta para eles. O inferno é um lugar preparado para um povo preparado; como dias de graça amadurecem os santos para a glória, os dias de libertinagem ajudam os pecadores a apodrecer na corrupção da destruição eterna. —C. H. SPURGEON

*Descanso.* Que haja um avivamento das virtudes passivas. O Sr. Hume as chama de "virtudes monásticas". Muitos falam delas com menosprezo, especialmente se comparadas com as elegantes qualidades tão altamente estimadas no mundo. Mas a quietude da mente e do espírito, como um coração partido, são de grande valor aos olhos de Deus. Alguns parecem ter esquecido que o silêncio e a mansidão são dádivas. —WILLIAM S. PLUMER

Veja, você tem o conselho de Deus e a razão porque Ele poupa o perverso. O fosso está sendo cavado para o pecador. Você deseja enterrá-lo prontamente, mas o fosso ainda está sendo cavado para ele, não tenha pressa para enterrá-lo. —AGOSTINHO

## Versículo 16
*Quem se levantará a meu favor, contra os perversos? Quem estará comigo contra os que praticam a iniquidade?* Onde estão nossos Luteros e Calvinos? Uma falsa caridade tem enfraquecido os homens mais valentes de Israel. Nosso John Knox mereceria uma recompensa agora, mas onde está ele? Nossa grande consolação é que o Deus de Knox e Lutero ainda está conosco e no devido tempo Ele chamará Seus campeões escolhidos. —C. H. SPURGEON

## Versículo 19
*As tuas consolações me alegram a alma.* O pequeno mundo dentro de nós, como o grande mundo exterior, repleto de confusão e discórdia; mas quando Jesus entra e sussurra "Paz seja convosco", há uma quietude, sim, um arrebatamento de satisfação. Voltemo-nos contra a lamentosa contemplação da opressão do homem e da atual predominância do perverso e nos direcionemos ao santuário de puro descanso que é encontrado no Deus de toda a consolação. —C. H. SPURGEON

*As tuas consolações* — as consolações que recebemos do Senhor Jesus Cristo ao olharmos para Ele, quando o contemplamos, pensamos em Sua pessoa, e ofícios, e sangue, e justiça, e intercessão, e exaltação, e glória e Sua segunda vinda; quando o encontramos, o vemos e somos como Ele.

*As tuas consolações* — as consolações que vêm do Espírito Santo, "o Consolador" quando Ele abre as Escrituras para nós, ou fala por meio de cerimônias e ordenanças, testemunha dentro de nós nossa adoção por Deus; reluzindo Sua própria obra de graça em nosso coração; capacitando-nos a ver essa obra no amor, e vê-la no peculiar e eterno amor de Deus por nós, não abrindo para nós o Livro da Vida e mostrando-nos nossos nomes ali, mas fazendo algo que nos deixa tão felizes como se aquele Livro fosse aberto para nós; mostrando-nos a mão de Deus em nossa alma — Sua mão que converte e salva — Sua mão capturando-nos como Seus; fazendo-nos sentir Seu toque de amor e sentir também que é um toque que Ele nunca retirará. —CHARLES BRADLEY

Xerxes ofereceu grandes recompensas àquele que conseguisse encontrar um novo prazer; mas os consolos do Espírito são satisfatórios, eles restabelecem o coração. Há uma grande diferença entre os consolos celestiais e terrenos como há entre um banquete de que se desfruta e a pintura de um banquete pendurada na parede. —THOMAS WATSON

*Versículo 20*
*O trono da iniquidade, o qual forja o mal, tendo uma lei por pretexto.* O primeiro pretexto de homens perversos para camuflar os seus procedimentos contra homens inocentes é o seu trono; o segundo é a lei e o terceiro é o seu conselho. Qual tirano poderia pedir mais? Mas Deus preparou um terrível inferno para tiranos impenitentes e eles estarão ali muito antes do que esperam deixar o mundo. —WILLIAM NICHOLSON

*Versículo 21*
*E condenam o sangue inocente.* Eles são grandiosos em calúnia e acusação falsa, não se paralisam diante do assassinato; nenhum crime é grande demais para eles, se somente conseguirem pisotear os servos do Senhor. Esta descrição é historicamente verdadeira com relação aos tempos de perseguição; foi cumprida na Inglaterra e pode sê-lo novamente se o papado avançar no futuro no mesmo índice dos últimos anos. —C. H. SPURGEON

*Versículo 23*
*Sobre eles faz recair a sua iniquidade.* Má obra é esta dos perversos; eles fazem grilhões para seus próprios pés e constroem casas para despencarem sobre suas próprias cabeças; tão maquiavélica é a natureza do pecado que danifica e destrói seus próprios pais. —WILLIAM GREENHILL

# SALMO 95

ESTE salmo não tem título e tudo o que sabemos sobre sua autoria é que Paulo o cita como "falado por Davi" (Hb 4:7). É verdade que isto pode simplesmente significar que o texto esteja na coleção conhecida como os Salmos de Davi; mas se essa fosse a concepção do apóstolo, ter-lhe-ia sido mais natural escrever: "dizendo como nos salmos"; nós, portanto nos inclinamos a acreditar que Davi era o verdadeiro autor deste poema. E o chamaremos de "O Salmo da Provocação". —C. H. SPURGEON

Este salmo é citado duas vezes na epístola aos Hebreus como um alerta aos cristãos judeus em Jerusalém, nos dias do escritor, para que eles não vacilassem na fé e desprezassem as promessas de Deus como seus antepassados haviam feito no deserto, a fim de que não falhassem ao entrar no descanso do Senhor. —CHRISTOPHER WORDSWORTH

## Versículo 1

*Vinde, cantemos ao Senhor.* Outras nações cantam aos seus deuses; cantemos a Jeová. Nós o amamos, o admiramos, o reverenciamos; expressemos nossos sentimentos com os sons mais belos, utilizando nossa faculdade mais nobre para seu fim mais nobre. —C. H. SPURGEON

Ainda que seja somente para que um *venha, vamos e façamos* mais do que vinte vezes. Muito cuidado devem ter aqueles a quem Deus elevou à eminência de posição para que o exemplo deles seja uma escada de Jacó para ajudar os homens a chegar ao Céu, e não as pedras de tropeço de Jeroboão que mentiu e fez Israel pecar. —CHARLES HERLE

## Versículo 2

*Saiamos ao seu encontro, com ações de graças.* Aqui está provavelmente uma referência à presença singular de Deus no Santo dos Santos acima do Trono de Misericórdia e também à glória que resplandecia da nuvem que pairava sobre o tabernáculo. Deus está presente em todos os lugares, mas há uma presença peculiar de graça e glória diante da qual os homens jamais deveriam se colocar sem a mais profunda reverência. Nossa adoração deveria ter referência ao passado assim como ao futuro; se não bendizemos o Senhor pelo que já recebemos, como podemos sensatamente procurar algo mais?

*Vitoriemo-lo com salmos.* Deveríamos bradar tão exultantemente como aqueles que triunfam na guerra e tão solenemente como aqueles cuja expressão é um salmo. Nem sempre é fácil unir entusiasmo com reverência e é uma falha frequente destruir uma dessas qualidades enquanto nos empenhamos para conseguir a outra. Deve ser temido o fato de que isto é muito negligenciado em cultos comuns. As pessoas se impressionam tanto com a ideia de que devem ser sérias que vestem o aspecto de miséria e esquecem completamente que a alegria é uma característica da verdadeira adoração tanto quanto a própria solenidade. —C. H. SPURGEON

## Versículo 5

*Dele é o mar.* Isto foi comprovado ser verdade no mar Vermelho, quando as águas viram o seu Deus e obedientemente saíram do caminho para abrir uma passagem para Seu povo. Não era o mar de Edom, ainda que fosse vermelho, nem o mar do Egito ainda que alcançasse suas costas. O Senhor nas alturas reinou supremo sobre o dilúvio como Rei para sempre e sempre.

*Obra de suas mãos, os continentes.* Venham vocês que habitam neste belo mundo, e adorem-no, a Ele que é evidente onde quer que vocês pisem!

Considerem tudo como o chão do templo onde as pegadas da Deidade presente são visíveis diante de seus olhos se vocês prestarem atenção. O argumento é avassalador se o coração estiver com a atitude correta; a ordem de adorar é como uma conclusão da razão e o impulso da fé. —C. H. SPURGEON

## Versículo 6

*Vinde, adoremos e prostremo-nos; ajoelhemos diante do* SENHOR, *que nos criou.* Devemos nos aproximar como suplicantes; jubilosos, mas não presunçosos; com a familiaridade de filhos diante de um pai, contudo com reverência de criaturas diante de seu Criador. A postura não é tudo, mas é alguma coisa; a oração é ouvida quando os joelhos não podem se dobrar, mas é conveniente que um coração adorador demonstre seu fascínio prostrando o corpo e dobrando os joelhos. —C. H. SPURGEON

Não diante de um crucifixo, não diante de uma imagem deteriorada, não diante de um belo quadro de um santo maculado. Estes não são nossos criadores; nós os fizemos, eles não nos fizeram.

Nosso Deus, a quem devemos cantar, em quem devemos nos alegrar, diante de quem devemos adorar é "grande Rei acima de todos os deuses". Ele não é deus de chumbo, deus de pão, deus de bronze, deus de madeira; não devemos nos prostrar e adorar nossa *Senhora*, mas nosso *Senhor*; nem mesmo algum *mártir*, mas nosso *Criador*; nem algum *santo*, mas nosso *Salvador*. —JOHN BOYS

## Versículo 7

*Ele é nosso Deus.* Aqui está a razão principal para a adoração. Jeová estabeleceu aliança conosco e de todo o mundo escolheu-nos para ser os Seus eleitos. Se os outros recusam-se a cultuá-lo, nós ao menos o faremos alegremente. Ele é nosso, é nosso Deus; nosso, portanto o amaremos. Nosso Deus, portanto, o adoraremos. Feliz é o homem que pode sinceramente crer que esta sentença é verdadeira com referência a si mesmo.

Mas o que é este alerta que segue? Infelizmente, foi dolorosamente necessário para o antigo povo do Senhor e não é nem um pouco desnecessário para nós. A nação favorecida ficou surda diante do comando do seu Senhor e provou não ser verdadeiramente Suas ovelhas, sobre as quais está escrito: "As minhas ovelhas ouvem a minha voz". Será isto também o nosso caráter? Deus nos livre.

*Hoje, se ouvirdes a sua voz.* Assustador *se.* Muitos não ouvirão; afastarão as afirmações de amor e provocarão seu Deus. "Hoje", na hora da graça, no dia de misericórdia, somos tentados a perceber se temos ou não ouvidos para a voz de nosso Criador.

Nada é dito sobre o amanhã, "Ele limita um certo dia", Ele nos compele à atenção imediata, para nosso próprio bem pede obediência instantânea. Devemos nos render? O Espírito Santo disse "hoje". Iremos entristecê-lo com delongas? —C. H. SPURGEON

Se adiarmos por mais um dia o arrependimento, teremos mais um dia do qual nos arrepender e um dia a menos para o processo de arrependimento. —W. MASON

Aquele que promete perdão em nosso arrependimento não prometeu preservar a nossa vida até que nos arrependamos. —FRANCIS QUARLES

Nunca é cedo demais para o arrependimento, porque você nunca sabe o quão próximo pode ser tarde demais. —THOMAS FULLER

Ó! Este *se* que aqui está! Que repreensão há aqui para aqueles que não o ouvem! "As minhas ovelhas ouvem a minha voz; eu as conheço, e elas me seguem." "Contudo, não quereis vir a mim para terdes vida." E, contudo, há misericórdia; ainda há salvação se vocês ouvirem essa voz. —BARTON BOUCHIER

E, contudo, como São Bernardo nos diz, não há dificuldade alguma em ouvir; antes, a dificuldade está em colocar nossos ouvidos contra esta voz de modo eficaz, tão clara é sua enunciação, tão constante em apelo.

Contudo, há homens que não ouvem, por diversas causas. Estão distantes, são surdos, estão dormindo, voltam suas cabeças para outro lado, fecham seus ouvidos, afastam-se para evitar ouvir, estão mortos.

Todos estes são tipos de várias formas ou vários graus de incredulidade. —CARDEAIS BERNARD E HUGO, em *Neale e Littledale*

Versículos 7 e 8. Vocês nunca saberão como é suave o jugo de Cristo até que este esteja sobre os seus pescoços, nem como é leve o Seu fardo até que o tomem para si. Enquanto julgarem a santidade a distância, como algo exterior a vocês e contrário à sua natureza, nunca serão semelhantes a ela.

Aproxime-se um pouco mais da santidade, simplesmente a assimile, na verdade envolva-se com ela e você descobrirá que a religião carrega carne em sua boca. A santidade tem natureza vivificadora, nutritiva, fortalecedora. Traz consigo aquilo que capacita a alma a jubilosamente permanecer nela. —THOMAS COLE, em *Exercícios matinais*

### Versículo 8

*Não endureçais o coração*. Vocês que ouvem, aprendam também a temer. O mar e a terra o obedecem, não prove que você é mais obstinado do que eles! Não podemos amolecer nosso coração, mas podemos endurecê-lo e as consequências serão fatais. Hoje, o dia é bom demais para ser profanado pelo endurecimento de nosso coração contra nossa própria misericórdia. Enquanto a misericórdia reina, não deixe a obstinação se rebelar. —C. H. SPURGEON

Um velho homem, certo dia colocando uma criança sentada em seu joelho, suplicou-lhe que buscasse a Deus naquele momento — que orasse a Deus e o amasse. Quando a criança, olhando para ele, perguntou: "Mas por que você não busca a Deus?" O idoso, profundamente comovido, respondeu: "Eu o faria meu pequeno, mas meu coração é duro, meu coração é duro". —ANEDOTAS DE ARVINE

### Versículo 9

*Vossos pais me tentaram*. Resumindo, todo tipo e grau de incredulidade pode ser considerada como tentar a Deus. Pois não crer no indício que Ele considerou adequado fornecer é provocá-lo para que forneça mais, oferecendo nossa possível aprovação se houver aumento de provas como uma indução para que Ele vá além do que Sua sabedoria recomendou. Você não pode suspeitar de Deus sem acusá-lo de carência de poder ou de bondade. —HENRY MELVILL

*Pondo-me à prova*. Caso testássemos para sempre o amor de nosso cônjuge e permanecêssemos não convictos após anos de fidelidade, esgotaríamos a maior paciência humana. A amizade floresce apenas na atmosfera de confiança; a suspeita é letal para ela. Deveria o Senhor Deus verdadeiro e imutável, ser, dia após dia, alvo da suspeita do Seu próprio povo? Isto não provocará a Sua ira? —C. H. SPURGEON

*Pondo-me à prova*, colocar minha existência, minha presença e meu poder à prova, ao exigir que eu trabalhe, ou seja, agir de modo extraordinário. E este desejo, por mais irracional que fosse, eu satisfiz. —J. A. ALEXANDER

*Terem visto as minhas obras*. Eles o testaram vez após vez, durante 40 anos, ainda que cada uma das vezes a Sua obra fora indício conclusivo de Sua fidelidade. Nada poderia convencê-los por muito tempo. A inconstância está atrelada ao coração do homem, a descrença é o pecado que nos aflige; nós precisamos ver constantemente ou vacilamos em nossa crença. Isto não é ofensa média e não carregará consigo nenhuma pequena punição. —C. H. SPURGEON

### Versículo 10

*Durante quarenta anos, estive desgostado com essa geração*. A impressão causada na mente divina é muito vívida. Ele os vê diante de si agora e os chama de "esta geração". Não deixa os Seus profetas reprovar o pecado, mas Ele mesmo pronuncia a queixa e declara que estava desgostado, nauseado e enojado. —C. H. SPURGEON

Ó, a desesperada presunção do homem, a ponto de ofender seu Criador por "quarenta anos"! Ó, a paciência e longanimidade de seu Criador a ponto de permitir que o ofendam por 40 anos! O pecado começa no "coração", por seus desejos que vagueiam e se desviam em busca de objetos proibidos; de onde segue o descuido com os "caminhos" de Deus, com

Suas dispensações e com nosso próprio dever. A luxúria no coração, como vapor no estômago, logo afeta a mente e embaça o entendimento. —GEORGE HORNE

*Estive desgostado*. A palavra é forte, com significado de repúdio e aversão. —J. J. S. PEROWNE

*E disse: é povo de coração transviado, não conhece os meus caminhos*. O coração é o norteador do homem, e se ele não estiver em ordem, toda a natureza tem a engrenagem abalada. Se o pecado fosse apenas da profundidade da pele, poderia ser uma questão leve; mas como contaminou a alma, o caso é de fato grave.

Quarenta anos de sabedoria providencial, sim, e um período ainda mais longo de experiência, não foi o suficiente para ensinar-lhes a serenidade da segurança e a solidez da confiança. Há fundamento para muito sondar o coração com relação a isto. Muitos tratam a incredulidade como uma pequena falha; eles inclusive a consideram como uma enfermidade e não um crime. Mas o Senhor não pensa assim.

A fé é devida a Jeová, especialmente daqueles que afirmam ser o povo do Seu pastoreio e ainda mais enfaticamente daqueles cuja, longa vida tem sido coroada com indícios de Sua bondade. A incredulidade insulta um dos atributos mais estimados da divindade. E o faz tão desnecessariamente, sem o menor fundamento e desafiando todos os argumentos plenamente satisfatórios, repletos da eloquência do amor. Que nós, ao lermos este salmo, examinemo-nos e ponderemos estas coisas em nosso coração.
—C. H. SPURGEON

Versículos 10 e 11. *E disse*. Note a gradação: primeiro o desgosto ou a aversão àqueles que por pecado o fizeram *dizer*; depois a ira sentida mais profundamente com relação àqueles que não creram o fez *jurar*. O povo havia sido chamado de "ovelha" no versículo 7. Para ovelhas, o bem mais elevado é o descanso, mas neste descanso elas nunca chegariam, pois não haviam conhecido ou se deleitado nos caminhos em que o Bom Pastor desejava guiá-las.
—JOHN ALBERT BENGEL

*Versículo 11*
*Por isso, jurei na minha ira: não entrarão no meu descanso*. Não pode haver descanso para um coração incrédulo. Se o maná e os milagres não puderam satisfazer Israel, também não se contentariam com a terra que manava leite e mel. Este é um solene alerta a todos que deixam o caminho da fé em troca de trajetórias de murmuração petulante e desconfiança. Os antigos rebeldes não puderam entrar em virtude da incredulidade. "Temamos, portanto, que, sendo-nos deixada a promessa de entrar no descanso de Deus, suceda parecer que algum de vós tenha falhado." —C. H. SPURGEON

É terrível ouvir um juramento da boca de um pobre mortal, mas da boca do Deus onipotente não apenas aterroriza, mas confunde. Um juramento de Deus é verdade entregue em ira; verdade, por assim dizer, com vingança. Quando Deus fala é dever da criatura ouvir; mas quando Ele jura, deve-se tremer.
—ROBERT SOUTH

# Salmo 96

**ASSUNTO:** Este Salmo é evidentemente tirado do cântico sagrado que foi composto por Davi na época em que a arca foi colocada "no meio da tenda que lhe armara Davi, e trouxeram holocaustos e ofertas pacíficas perante Deus". Veja o capítulo 16 do primeiro livro de Crônicas. É um grande hino missionário, e é um espanto os judeus conseguirem ler este salmo e ainda assim permanecerem exclusivistas. **Divisões:** Não faremos divisão alguma, pois o cântico é um todo indivisível, uma indumentária de louvor sem costura, tecida inteiramente desde o topo. —C. H. SPURGEON

A mãe ensina o seu filho a balbuciar um hino antes que ele compreenda seu escopo e pleno significado. E assim aqui, neste santo salmo, a Jerusalém do alto, a mãe de todos nós, nos treina na pronúncia de um cântico adequado a momentos de glória milenar, quando o Moloque de opressão, o Mamom de nossa avareza, o Astarote da luxúria inflamada, todo credo errôneo, toda religião falsa, terá dado lugar à adoração ao único Deus vivo e verdadeiro, à fé e ao amor de Cristo. "Louvem-te os povos, ó Deus; louvem-te os povos todos." —W. H. GOOLD, em *O hino missionário da igreja hebraica*

### Versículo 1

*Cantai ao Senhor um cântico novo.* Novas alegrias estão preenchendo o coração dos homens, pois as boas-novas de bênçãos a todo o povo são proclamadas; portanto, deixe-os cantar um novo cântico. Os anjos inauguraram a nova dispensação com novos cânticos e nós não nos apropriaremos do canto?

O cântico é somente para Jeová, os hinos que entoam os louvores de Júpiter e Netuno, Vixnu e Shiva são silenciados para sempre; brados bacanais são silenciados, sonetos lascivos deixam de existir. Toda música deve ser dedicada ao único Deus. O lamento se acabou e o tempo dos corações cantar chegou. —C. H. SPURGEON

*Cantai ao Senhor, todas as terras.* Todo o ciúme das nações está morto, um judeu convida os gentios para adorar e se une a eles, para que toda a Terra possa elevar um Salmo comum com um coração e uma só voz a Jeová, que os visitou com a Sua salvação.

Nenhum canto do mundo deve discordar, nenhuma raça de pagãos deve se ensurdecer. Toda a Terra foi feita por Jeová e toda a Terra deve cantar a Ele. Como o sol brilha em todas as terras, assim todas as terras devem se deleitar na luz do Sol da Justiça. E *Pluribus Unum* — de muitos, uma canção virá. As múltiplas linguagens dos filhos de Adão, que foram espalhados em Babel, se misturarão na mesma canção quando o povo for reunido em Sião.

Não somente os homens, mas a própria Terra deve louvar o seu Criador. Sujeita à vaidade por certo tempo por uma triste necessidade, a própria criação também deve ser liberta da servidão à corrupção e levada à gloriosa liberdade dos filhos de Deus, para que o mar e a floresta, o campo e a torrente sejam jubilosos diante do Senhor.

Seria um sonho? Então sonhemos novamente. Benditos são os olhos que verão o reino e os ouvidos que ouvirão suas canções. Acelera Teu advento, bom Senhor! Sim, envia prontamente o cajado de Tua força vinda de Sião, para que as nações possam se curvar diante de ti e do Teu ungido. —C. H. SPURGEON

"Um novo cântico", desconhecido previamente por você. Venham, todas as nações da vasta Terra que, até este momento, têm dado sua adoração a deuses mortos que não eram de modo alguns deuses; venham e deem seus corações ao único e verdadeiro Deus neste novo cântico! —HENRY COWLES

Vemos isso dito três vezes, *cantai ao Senhor*, para que entendamos que devemos cantar a Ele com a mente, a língua e com atitudes. Pois todas essas coisas devem estar juntas e a vida deve corresponder à boca e à mente. Como Abbott Absolom diz: "Quando o discurso não é dissonante com a vida, há doce harmonia". —LE BLANC

## Versículo 2

*Cantai ao Senhor, bendizei o seu nome.* O nome do Senhor é repetido três vezes e não o é sem significado. Não é ao Deus Triúno que as nações iluminadas cantarão? O unitarismo é a religião de unidades; é frio demais para aquecer o mundo para a adoração; o fogo sagrado da adoração queima somente com a chama intensa onde há amor pela Trindade e nela se crê.

*Proclamai a sua salvação, dia após dia.* Todos os dias nos trazem experiências mais profundas de nosso Deus salvador; todos os dias nos é demonstrado mais uma vez quão profundamente os homens precisam de Sua salvação; cada dia revela o poder do evangelho; todos os dias o Espírito luta com os filhos dos homens; portanto, seja nosso privilégio declarar, sem cessar, a gloriosa mensagem da graça livre.

Que isto seja feito por aqueles que sabem por experiência própria o que a Sua salvação significa; eles podem dar testemunho de que não há salvação em nenhum outro e de que nele encontra-se salvação máxima. Deixe-os demonstrar até que o eco voe pela espaçosa Terra e todos os exércitos do céu se unam para magnificar o Deus que exibiu Sua saúde salvadora entre todos os povos. —C. H. SPURGEON

## Versículo 3

*Anunciai entre as nações a sua glória.* A glória dele brilha de todos os raios de luz que nos alcançam vindos de milhares de estrelas; cintila dos topos das montanhas que refletem os primeiros e retêm os últimos raios do sol nascente e poente; ela se espalha sobre a expansão do mar e fala no murmurar de suas ondas agitadas; ela cinge a Terra com uma faixa de luz e lança sobre ela uma auréola de beleza. Não podemos aumentá-la, não podemos acrescentar um raio de luz à suavidade de uma estrela distante nem conceder asas a um inseto áptero, nem transformar um cabelo branco em preto. Podemos revelar, mas não criar; podemos adorar, mas não ampliar; podemos reconhecer as pegadas da deidade, mas não acrescentar a elas. —JOHN CUMMING, em *De Patmos para o Paraíso*

Parte da comissão dada aos ministros do evangelho é não apenas ensinar suas congregações com relação a Cristo, mas também ter o cuidado para que aqueles que nunca ouviram sobre o Senhor saibam quem Ele é, o que Ele fez e sofreu e o bem que se pode obter por Sua mediação. Não há nada tão glorioso para Deus, nada tão maravilhoso em si, como a salvação do homem por Cristo; contemplar Deus salvando Seus inimigos pela encarnação, pelos sofrimentos e pela obediência de Cristo, o eterno Filho de Deus: *Anunciai entre as nações a sua glória, entre todos os povos, as suas maravilhas.* —DAVID DICKSON

*Entre todos os povos, as suas maravilhas.* O evangelho é um coletivo de maravilhas, sua história é repleta de milagres e é, em si, muito mais maravilhoso do que os próprios milagres. Deus, na pessoa de Seu Filho, demonstrou maravilhas de amor, sabedoria, graça e poder. Toda glória seja ao Seu nome. Quem pode recusar-se a contar a história da graça redentora e do amor sacrificial? —C. H. SPURGEON

Que pessoa maravilhosa Ele é, pois é Deus manifesto em carne; que amor maravilhoso Ele demonstrou em Sua encarnação, obediência, sofrimentos e morte; que milagres incríveis o Senhor executou e que obra maravilhosa que Ele realizou, a obra de nossa redenção, o assombro dos homens e dos anjos!

Declare a Sua maravilhosa ressurreição dos mortos, Sua ascensão ao Céu, assentado à destra de Deus e Sua intercessão por Seu povo; o maravilhoso derramar do Seu Espírito, as conquistas de Sua graça e o engrandecer de Seu reino no mundo. Declare também as maravilhas que serão realizadas por Ele quando retornar uma segunda vez; declare como os mortos serão ressuscitados e todos serão julgados. —JOHN GILL

## Versículo 4

*Porque grande é o Senhor e mui digno de ser louvado.* O louvor deveria ser proporcional a seu objeto;

portanto que seja infinito quando for proferido ao Senhor. Não há como o louvarmos em excesso, com muita frequência, com zelo excessivo, cuidado demais, jubilosamente demais. —C. H. SPURGEON

*Temível mais que todos os deuses*. O temor santo é o início dos favores e é, portanto, acompanhado de sua extensão mais elevada. O temor de Deus é o rubor na face da santidade intensificando sua beleza. —C. H. SPURGEON

## Versículo 6

*Glória e majestade estão diante dele*. Os homens podem apenas mimetizar estas coisas; seus pomposos cortejos não passam de pretensão de grandiosidade. Honra e majestade estão com Ele, e somente com Ele. —C. H. SPURGEON

## Versículo 7

*Tributai ao Senhor glória e força*, isso para dizer, reconheça a glória e o poder de Jeová e atribua-os a Ele em seus hinos solenes. Quem é glorioso além do Senhor? Quem é forte para salvar nosso Deus? Sim grandes nações que se consideram famosas e poderosas, parem de vangloriar-se! Vocês monarcas, que são chamados de imperiais e potentes, humilhem-se no pó diante do único Potentado. Glória e força não são encontradas em lugar algum exceto com o Senhor; todos os outros possuem apenas algo semelhante a isso. Bem fez Massillon ao declarar: "Somente Deus é grandioso". —C. H. SPURGEON

## Versículo 8

*Tributai ao Senhor a glória devida ao seu nome*. Mas quem pode fazer isto com plenitude? Podem todas as nações da Terra unidas quitar a gigantesca dívida? Toda honra concebível é devida ao Criador, Preservador, Benfeitor e Redentor e, contudo, muito da homenagem zelosa que possamos lhe oferecer, não será nada além do que lhe é devido. Não podendo trazer todos os recursos que Ele justamente reivindica, ao menos não falhemos com carência de esforço honesto. —C. H. SPURGEON

De fato, sendo toda a glória devida ao nome de Deus, deve ser ela, em rigorosa justiça, então atribuída a Ele pelos homens, desde o princípio da existência do homem? Quão imensuravelmente grande é, então, a dívida que nosso mundo contraiu e sob cujo fardo agora geme!

Durante todos os dias e todas as horas que transcorreram desde a apostasia do homem, esta dívida tem aumentado; por todos os dias e todas as horas, todos os homens deveriam ter entregado a Jeová a glória que é devida a Seu nome. Mas nenhum homem jamais executou isto completamente. E uma vasta proporção de nossa raça simplesmente não o fez de forma alguma.

Agora, a diferença entre o tributo que os homens deveriam ter rendido a Deus e aquilo que eles realmente entregaram constitui a dívida da qual estamos falando. Quão vasta, então! Quão incalculável é! —EDWARD PAYSON

## Versículo 9

*Adorai o Senhor na beleza da sua santidade*. A adoração não deve ser entregue a Deus de modo desleixado, pecaminoso e superficial. —C. H. SPURGEON

Devo considerar a santidade um atributo? Não seria antes a combinação de todos os Seus atributos em um todo perfeito? Como todos os Seus atributos procedem do Absoluto, assim todos novamente convergem e se encontram na santidade.

A partir da intolerável luz branca do Absoluto, todos os seus raios parecem divergir e separar-se em matizes prismáticas, de modo que todos parecem novamente convergir e encontrar-se combinando no deslumbrante esplendor branco da Sua santidade.

Isto, portanto, é a intensa brancura, pureza, limpidez, o lustre e esplendor infinito da Sua perfeita natureza — como uma gema sem falha, sem mácula e sem cor. Todos os Seus atributos são gloriosos, mas nisto temos uma combinação de todos em um todo ainda mais glorioso. É por esta razão que a santidade é tão frequentemente associada nas Escrituras com a beleza divina. —JOSEPH LE COUTE, em *Religião e Ciência*

*Tremei diante dele, todas as terras.* Homens do mundo ridicularizam os "Quacres" por tremerem sob o poder do Espírito Santo; tivessem eles sido capazes de discernir a majestade do Eterno, eles também teriam estremecido. Há um tremor sagrado, que é muito consistente com alegria; o coração pode inclusive tremer com um dramático excesso de deleite.

João, em Patmos, não se apavorou ao contemplar o Rei em Sua beleza, não obstante, ela o fez cair como morto diante dos Seus pés. Ó, contemplar e adorá-lo com tremor prostrado e temor sagrado!
—C. H. SPURGEON

## Versículo 10
*Dizei entre as nações: Reina o SENHOR.* O domínio de Jeová Jesus não é importuno; Seu governo é repleto de bênçãos inéditas; Seu jugo é suave e Seu fardo é leve. —C. H. SPURGEON

## Versículo 11
*Ruja o mar.*
> O paradigma de poderes elementares,
> Mistério das águas — mar nunca dormente!
> Orador impetuoso com lábios sublimes,
> Cujas ondas são argumentos que comprovam Deus!
—ROBERT MONTGOMERY

## Versículo 13
*Porque vem, vem julgar a terra.* Todo o mundo estará sob a jurisdição deste grande Juiz e diante de Seu tribunal todos serão convocados a apresentar-se. Neste momento, Ele está na estrada e a hora de Sua vinda se aproxima. Seu grande inquérito é proclamado. Vocês não ouvem as trombetas? Seu pé está no umbral. —C. H. SPURGEON

Ou seja, colocar a Terra em ordem, ser o seu Gideão e Sansão, ser seu Governante, cumprir tudo o que o livro de Juízes delineia sobre o ofício de um juiz. É, como Hengstenberg diz: "um julgar gracioso", não um momento de mera outorga ou pronunciamento de sentenças — é um dia de jubileu.

É o dia mais feliz que nosso mundo jamais viu. Quem não ansiaria por isto? Quem ali não ora por isto? É o dia da glória do Juiz, assim como da liberdade de nosso mundo — o dia em que "o julgamento deste mundo" (Jo 12:31; 16:11), que Sua cruz iniciou e garantiu, é completo por total supressão do reino de Satanás e a remoção da maldição.

Tudo isto é antecipado aqui; e assim intitulamos este salmo: *A glória devida a Ele que vem para julgar a terra.* —ANDREW A. BONAR

# Salmo 97

ASSUNTO: Enquanto o último salmo cantou os louvores do Senhor em conexão com a proclamação do evangelho entre os gentios, este parece prenunciar a poderosa obra do Espírito Santo subjugando os sistemas colossais de erro e abatendo os deuses ídolos.

Um salmo nesta série é considerado como estando "em Davi", e nós cremos que o restante está no mesmo lugar e que são do mesmo autor. A questão não é importante, e nós somente a mencionamos porque parece ser o orgulho de certos críticos estabelecer novas teorias; e há leitores que imaginam isto como garantia de aprendizado prodigioso. Nós não cremos que as teorias desses críticos são dignas do papel em que foram escritas. —C. H. SPURGEON

*Versículo 1*
*Reina o SENHOR. Regozije-se a terra, alegrem-se as muitas ilhas.* Esta é a palavra de ordem deste salmo — Jeová reina. É também a essência da proclamação do evangelho e o fundamento do reino do evangelho. Jesus veio e todo poder lhe é dado no Céu e na Terra; portanto aos homens é dada a ordem de submeter-se a Ele em fé obediente. Os santos têm consolo nestas palavras e somente os rebeldes as argumentam com sofismas. —C. H. SPURGEON

Como se ele dissesse: "Que nada tema, exceto o inferno. Que nada se inquiete exceto os demônios". Que o menor, o mais pobre do povo de Deus, ainda que seja apenas pó, que se regozije nisto: *Reina o SENHOR.*

Deus tomará todo o poder e autoridade em Suas próprias mãos. Ele não estará mais sob os homens, mas acima deles. Já é hora de Ele se colocar nesta posição; é razoável que Ele deva agir assim; é justo que deva agir assim. Tudo agora deve se curvar, inclinar e submeter-se à lei, ao governo e à vontade de Deus. Nenhum homem continuará a dizer: "assim será, porque minha vontade é que assim seja", não será encontrado um coração, uma língua que se mova contra o domínio do Senhor. —WILLIAM SEDGWICK, em *Alguns lampejos de relâmpagos do Filho do Homem*

Aquele que se colocou diante do juiz, Aquele que recebeu os golpes, Aquele que foi açoitado, Aquele em quem se cuspiu, Aquele que foi coroado com espinhos, Aquele que foi agredido com socos, Aquele que foi pendurado na cruz, Aquele que enquanto pendurado no madeiro foi zombado, Aquele que morreu na cruz, Aquele que foi trespassado pela lança, Aquele que foi sepultado, Ele ressuscitou dos mortos. *Reina o SENHOR.*

Deixe que reinos se irem o quanto quiserem; o que podem fazer ao Rei dos reinos, o Senhor de todos os reis, o Criador de todos os mundos? —AGOSTINHO

Alegro-me por Cristo ser o Senhor de todos, pois caso contrário eu estaria completamente sem esperança, disse Micônio em uma epístola a Calvino, sobre uma perspectiva dos inimigos da Igreja. —JOHN TRAPP

Quando Bulstrode Whitelock embarcou como enviado de Cromwell à Suécia, em 1635, ele estava muito perturbado em sua mente; enquanto descansava em Harwich na noite anterior, que estava muito tempestuosa, ele pensou no estado desatento do país.

Ocorreu que um servo particular que dormia em uma cama adjacente notou que seu senhor não conseguia dormir e disse:

— Com licença senhor, o senhor me daria permissão para lhe fazer uma pergunta?

— Certamente.

— O senhor acredita que Deus governava o mundo muito bem antes que o senhor passasse a fazer parte dele?

— Indubitavelmente.

— E o senhor acredita que Ele o governará muito bem quando o senhor já não mais fizer parte dele?

— Certamente.

— Então senhor, perdoe-me, mas o senhor não acha que pode confiar que Ele governará muito bem enquanto o senhor vive?

A esta pergunta Whitelock não teve resposta. Mas virou-se e em pouco tempo dormiu, até que foi convocado a embarcar. —G. S. BOWES, em *Coleções Ilustrativas*

## Versículo 2

*Nuvens e escuridão o rodeiam*. Ao redor da história de Sua Igreja, pairam nuvens escuras e perseguição, e terríveis trevas em certos momentos se estabelecem; ainda o Senhor permanece ali e não obstante os homens por algum tempo não vejam a radiante luz nas nuvens, ela irrompe em momento oportuno para a confusão dos adversários do evangelho.

Esta passagem deveria nos ensinar sobre a impertinência de tentar intrometer-se na essência da divindade, a vaidade de todos os esforços para compreender o mistério da Trindade em unidade, a arrogância de acusar o Altíssimo diante do tribunal da razão humana, a insensatez de ditar ao Eterno o modo como Ele deveria proceder.

A sabedoria cobre seu rosto e adora a misericórdia que encobre o propósito divino; a insensatez se apressa e perece, primeiro cegada e aos poucos consumida pela chama da glória. —C. H. SPURGEON

*Justiça e juízo são a base do seu trono*. Quando o rolo de decretos e os livros da providência divina forem abertos, nenhum olho encontrará ali uma palavra que deva ser apagada, uma sílaba de erro, uma linha de injustiça, uma letra profana. De ninguém, exceto do Senhor de todos, se pode dizer isto. —C. H. SPURGEON

## Versículo 3

*Adiante dele vai um fogo*. Esta chama divina permanece mesmo que diante da face do Senhor em Sua vinda a toda alma fiel, que se acende de anseio por Ele, e queima todos os seus pecados, enquanto Ele amontoa as Suas brasas de fogo sobre sua cabeça, para a suavizar e purificar.

Um santo ensina que: "Assim deve ocorrer, que o fervor do desejo santo deve sair de diante de Sua face e ir até todas as almas que Ele deseja alcançar, uma chama que queimará todo o mofo do pecado e a transformará em um lugar pronto para o Senhor."

"A alma então sabe que o Senhor está se aproximando quando se sente acesa com esse fogo, e diz com o profeta: 'Esbraseou-se-me no peito o coração; então, disse eu com a própria língua'" (Sl 39:3). —AGOSTINHO E OUTROS, citado por Neale e Littledale

## Versículo 4

*A terra os vê e estremece*. Nada jamais causou tal tremor e comoção como a proclamação do evangelho; nada foi mais majestoso do que seu curso; virou o mundo de cabeça para baixo, nivelou as montanhas e preencheu os vales. Jesus veio, Ele viu, Ele conquistou.

Quando o Espírito Santo pairou sobre os Seus servos, o percurso deles tornou-se como uma poderosa tempestade, a verdade reluzia com a força e a velocidade de trovão e filósofos e padres, príncipes e povos ficaram totalmente confundidos e inteiramente impotentes para suportar isto. Assim será novamente. A fé, ainda hoje, ateia fogo no mundo e abala as nações lançando-as para todos os lados. —C. H. SPURGEON

## Versículo 5

*Na presença do Senhor de toda a terra*. Ó, desejamos a presença do Senhor com este alcance com Sua igreja nesta hora! É nossa única e exclusiva necessidade. Com ela as montanhas da dificuldade fugiriam e todos os obstáculos desapareceriam. Ó, que o Senhor rasgue os céus e desça, que as montanhas derretam em Sua presença, ó Senhor. —C. H. SPURGEON

## Versículo 7

*Sejam confundidos todos os que servem a imagens de escultura, os que se gloriam de ídolos*. Assim eles serão; a vergonha cobrirá os seus rostos; eles se envergonharão ao pensar em suas vanglórias enlouquecidas. Quando um homem adora seriamente o que foi gravado pela mão do homem e coloca sua confiança numa mera insignificância, ele é de fato bruto e quando se converte de tal absurdidade, ele realmente deve se envergonhar. Um homem que adora uma imagem não passa de uma imagem do homem; seus sentidos devem tê-lo deixado. Aquele que se vangloria de um ídolo cria uma vanglória.

*Prostrem-se diante dele todos os deuses.* Curvem-se, vocês deuses imaginários. Que Jove preste homenagem a Jeová; que Thor baixe seu martelo e o coloque ao pé da cruz e Juggernaut remova sua carruagem manchada de sangue da estrada de Emanuel. Se os falsos deuses são ordenados a adorar o Senhor que virá, quanto mais deverão adorá-lo aqueles que são criaturas divinas no Céu, inclusive os espíritos angelicais! —C. H. SPURGEON

## Versículo 10

*Vós que amais o Senhor, detestai o mal.* Pois Ele o detesta, Seu fogo o consome, Seus relâmpagos o explodem, Sua presença o retira de seu lugar e Sua glória confunde todos os que o amam. Não podemos amar a Deus sem detestar aquilo que Ele detesta. Não devemos apenas evitar o mal e nos recusarmos a tolerá-lo, mas devemos nos irar com ele e carregar contra ele indignação calorosa. —C. H. SPURGEON

É evidente que nossa conversa é sã quando abominamos e detestamos o pecado do coração. Um homem pode saber que seu ódio pelo mal é verdadeiro primeiro se for universal: ele odeia o pecado verdadeiramente, ele odeia todos os pecados.

Segundo, o verdadeiro ódio é inabalável; não há aplacamento exceto pela abolição daquilo que se odeia. Terceiro, o ódio é uma emoção mais enraizada do que a ira. A ira pode ser aplacada, mas o ódio permanece e se estabelece contra toda a espécie. Quarto, se nosso ódio é verdadeiro, odiamos todo o mal, primeiro em nós mesmos e então em outros; aquele que odeia sapos, odiaria mais ainda um deles em seu peito. Muitos, como Judá, são severos em censurar os outros (Gn 38:24), mas parciais consigo mesmos.

Quinto, aquele que odeia o pecado verdadeiramente, odeia o maior pecado na maior medida. Ele odeia todo o mal em proporção justa. Sexto, nosso ódio é correto se conseguimos suportar admoestação e repreensão pelo pecado e não nos irarmos; portanto, aqueles que se inflamam com a repreensão não parecem odiar o pecado. —RICHARD SIBBES

*Detestai o mal.*

Lúcio: Sou inimigo declarado de todo falso pretexto, todo charlatanismo, todas as mentiras e toda soberba. Sou amante da verdade, da beleza ou da natureza sem disfarce; resumindo, de tudo o que é amável.

Filosofia: Dizem que o amor e o ódio brotam de uma única fonte.

Lúcio: Isso, ó Filosofia, deve ser melhor conhecido por você. Meu papel é odiar o mal e amar e enaltecer o bem; e a isso me apego. —LUCIO, *PISCAT.8*

*Ele guarda a alma dos seus santos.* Observemos que há duas partes de proteção divina: preservação e libertação. Preservação é manter para que não sejamos ameaçados. Libertação tem referência àqueles já envolvidos em riscos. O pastor mantém suas ovelhas para que não caiam entre lobos; mas se caírem, ele as busca e liberta.

Ambas as partes são exibidas pelo Profeta, nos persuadindo de que é o Senhor que guarda a alma dos Seus santos para que não caiam nas mãos dos perversos; e se caírem, Ele os libertará. —MUSCULUS

*Livra-os da mão dos ímpios.* Não é consistente com a glória de Seu nome ceder ao poder de Seus inimigos, aqueles a quem Sua graça transformou em amigos. Ele pode deixar os corpos de Seus santos perseguidos na mão do perverso, mas não suas almas. Estas são muito preciosas para o Senhor e Ele as preserva seguras em Seu peito. Isto prevê para a Igreja uma temporada de batalhas com os poderes das trevas, mas o Senhor a preservará e a levará até a luz. —C. H. SPURGEON

## Versículo 11

*A luz semeia-se para o justo* (ARC). Devemos lembrar que "a luz semeia-se para o justo"; isso é mais ou menos rápida germinação e desenvolvimento dependendo da natureza do solo em que cai e das circunstâncias que o influenciam; que, como a semente, ela primeiro repousa oculta no sulco obscuro, sob sombrio torrão de terra, no inverno frio e detestável.

Ainda assim, enquanto reluz nas trevas, enquanto luta com dúvidas e dificuldades da mente e do coração, é mesmo assim a fonte de muito consolo e em seu crescimento lento, vivificante e oculto está a causa de esperança vigorosa e antecipação radiante pelo momento em que florescerá e amadurecerá no verão do Céu — brilhará mais e mais até ser dia perfeito. —HUGH MACMILLAN, em *O ministério da natureza*

A colheita do homem justo é secreta e oculta se considerarmos onde está crescendo. Um detalhe é, *o propósito secreto de Deus*; e quem pode compreendê-lo? O segundo detalhe é, *Sua Palavra*; e como é difícil sondá-la? O terceiro, *o próprio coração do homem*; e esse não é sigiloso e enganoso? E por último, a parte principal da colheita está escondida *em Cristo no céu*; e quando Ele surgir, a colheita aparecerá como deve ser. —JOHN BARLOW

*E a alegria, para os retos de coração*. Aqueles que têm o coração justo também terão o coração alegre. O correto leva à luz. Nos sulcos da integridade repousam as sementes de felicidade que se desenvolverão em uma colheita de bem-aventurança. Deus tem relâmpagos para pecadores e luz para santos. O evangelho de Jesus, onde quer que vá, semeia toda a Terra com alegria para os cristãos, pois estes são os homens que são justos diante do Senhor. —C. H. SPURGEON

*Versículo 12*
*E dai louvores ao seu santo nome*. Um evangelho profano não é evangelho. A santidade da religião de Jesus é sua glória, é a santidade que produz marés de alegria, uma vez que, enquanto o homem é deixado em seus pecados nenhuma bênção pode ser a sua porção. A salvação do pecado é o dom inestimável de nosso Deus triúno, portanto, vamos magnificá-lo por todo o sempre. Ele preencherá o mundo com santidade e também com felicidade; sendo assim, gloriemo-nos em Seu santo nome, mundo sem fim. Amém. —C. H. SPURGEON

# SALMO 98

TÍTULO e assunto: Este salmo é uma espécie de Hino de Coroação, proclamando oficialmente a conquista do Messias como Monarca sobre as nações, com sonido de trombetas, aplausos e celebração de triunfos. É um cântico singularmente ousado e vívido. Os críticos estabeleceram integralmente o fato de que expressões semelhantes ocorrem em Isaías, mas nós não vemos força alguma na inferência de que por este fato teria sido escrito por ele. Partindo deste princípio, metade dos livros na língua inglesa poderia ser atribuídos a Shakespeare. —C. H. SPURGEON

Este salmo é uma evidente profecia da vinda de Cristo para salvar o mundo; e o que aqui é anunciado por Davi é, no Bendito Cântico da Virgem, cantado à medida que está acontecendo. Davi é a *Voz*, e Maria é o Eco.
1. Davi: "Cantai ao Senhor um cântico novo" (A Voz).
    Maria: "A minha alma engrandece ao Senhor" (O Eco).
2. Davi: "Porque ele tem feito maravilhas" (A Voz).
    Maria: "Porque o Poderoso me fez grandes coisas" (O Eco).
3. Davi: "A sua destra e o seu braço santo lhe alcançaram a vitória" (A Voz).
    Maria: "Agiu com o seu braço valorosamente; dispersou os que, no coração, alimentavam pensamentos soberbos" (O Eco).

4. Davi: "O Senhor fez notória a sua salvação; manifestou a sua justiça perante os olhos das nações" (A Voz).
   Maria: "A sua misericórdia vai de geração em geração sobre os que o temem" (O Eco).
5. Davi: "Lembrou-se da sua misericórdia e da sua fidelidade para com a casa de Israel" (A Voz).
   Maria: "Amparou a Israel, seu servo, a fim de lembrar-se da sua misericórdia" (O Eco).

Estes paralelos são muito marcantes; e nos fazem pensar que Maria tinha este salmo diante de seus olhos quando compôs seu cântico de triunfo. —ADAM CLARKE

*Versículo 1*
*Cantai ao Senhor um cântico novo, porque ele tem feito maravilhas.* Jesus, nosso Rei, viveu de modo maravilhoso, morreu uma morte maravilhosa, ressuscitou por uma ressurreição maravilhosa e ascendeu maravilhosamente ao Céu.

Por Seu poder divino, Ele enviou o Espírito Santo para fazer maravilhas e por esse poder sagrado Seus discípulos também efetuaram coisas maravilhosas e impressionaram toda a Terra. Ídolos caíram, superstições definharam, sistemas de erro evadiram e impérios de crueldade pereceram.

Por tudo isso, Ele merece o louvor mais elevado. Suas ações provaram Sua deidade, Jesus é Jeová e, portanto, cantamos a Ele como o Senhor. —C. H. SPURGEON

Este é o objetivo de um homem: buscar Deus nesta vida, ver Deus na próxima; ser um súdito no reino da graça e um santo no reino da glória. —JOHN BOYS

Ele abriu Sua grandiosidade e bondade na obra da redenção. Ó, que maravilhas Cristo realizou! 1. Foi concebido pelo Espírito Santo. 2. Nasceu de uma virgem. 3. Curou todos os tipos de doenças. 4. Alimentou milhares com poucos pães e peixes. 5. Ressuscitou mortos. 6. E o que foi mais maravilhoso: Ele mesmo morreu. 7. Ressuscitou por Seu próprio poder. 8. Ascendeu ao Céu. 9. Enviou o Espírito Santo. 10. Fez de Seus apóstolos e seus testemunhos instrumentos de esclarecimento e, em última instância, de conversão do mundo. —ADAM CLARKE

*A sua destra e o seu braço santo lhe alcançaram a vitória.* Jesus nunca se inclina para usar a política ou força bruta; Suas perfeições puras lhe garantem vitória real e duradoura contra todos os poderes do mal e essa vitória será obtida tão destra e facilmente, como quando um guerreiro ataca o seu adversário com sua mão direita e o lança diretamente ao chão. Glória seja dada ao Conquistador; que novos cânticos sejam cantados em louvor a Ele. —C. H. SPURGEON

Um clérigo no condado de Tyrone havia, por algumas semanas, observado um pequeno menino vestido em farrapos vir todos os domingos e se colocar no centro do corredor, diretamente oposto ao púlpito, onde parecia extremamente atento aos cultos.

O clérigo tinha desejo de saber quem era a criança e para isto apressou-se para fora após o sermão várias vezes, mas nunca conseguia vê-lo, pois ele desaparecia no momento em que o culto acabava e ninguém sabia de onde ele vinha nem algo sobre ele.

Eventualmente, o menino não foi mais visto na igreja por algumas semanas. Nesta época um homem chamou o ministro e disse-lhe que uma pessoa muito doente desejava vê-lo, mas acrescentou: "Estou muito constrangido de pedir tanto, mas é um de meus filhos e ele se recusa a receber qualquer outra pessoa que não seja o senhor; ele é um menino completamente extraordinário e fala muito sobre coisas que não compreendo."

O clérigo prometeu que iria e foi, ainda que estivesse chovendo torrencialmente e ele teria que passar por 12 quilômetros de montanhas escarpadas. Ao chegar ao lugar que lhe fora indicado, ele viu um chalé de fato muito miserável e o homem que havia visto pela manhã estava esperando à porta. Ele foi recebido e descobriu que o interior do casebre era tão miserável quanto o exterior.

Em um canto, sobre um pouco de palha, ele viu uma pessoa estirada a quem reconheceu como sendo o pequeno menino que tão regularmente frequentou sua igreja. Ao se aproximar da miserável cama, a criança se levantou, e, esticando seus braços disse: *A sua destra e o seu braço santo lhe alcançaram a vitória*, e imediatamente expirou. —K. ARVINE

## Versículo 3
*Todos os confins da terra viram a salvação do nosso Deus.* O Pentecoste merece um novo cântico tanto quanto a paixão e a ressurreição; que o nosso coração exulte conforme nos lembramos deste acontecimento. Nosso Deus, nosso Deus para sempre bendito, foi honrado por aqueles que se curvaram diante de ídolos surdos; Sua salvação não foi apenas ouvida, mas vista entre todos os povos; foi vivenciada assim como explicada; Seu Filho é o verdadeiro Redentor de uma multidão em todas as nações. —C. H. SPURGEON

## Versículo 4
*Celebrai com júbilo ao S<small>ENHOR</small>, todos os confins da terra.* Acontecendo de em algum momento os homens bradarem de alegria, deverá ser quando o Senhor vier entre eles na proclamação do reinado de Seu evangelho. John Wesley disse a seu povo: "Cantem robustamente e com bom ânimo. Cantem caso estejam moribundos ou sonolentos; mas elevem a voz com força. Não mais tenham medo de sua voz agora nem se sintam mais envergonhados por fazê-la ouvida do que quando cantavam canções de Satanás." —C. H. SPURGEON

## Versículo 5
*Com harpa.* Deus, que aceita a cançoneta iletrada de um lavrador, não rejeita o delicado verso de um Cowper ou as sublimes melodias de um Milton. Todas as repetições não são repetições vãs; em cântico sagrado deve haver repetições sagradas; elas dão convicção aos sentidos e ajudam a abrasar a alma. Até mesmo pregadores não erram quando permanecem em uma palavra e a reproduzem vez após vez até que os ouvidos embotados sintam sua ênfase. —C. H. SPURGEON

*E voz de canto.* Jerônimo nos diz que em seus dias os salmos deviam ser ouvidos nos campos e vinhedos da Palestina, e que soavam docemente nos ouvidos, misturando-se à canção dos pássaros e ao aroma das flores na primavera.

O lavrador, ao guiar seu arado, cantava aleluia, e o ceifador, o vinhateiro, e o pastor cantavam as canções de Davi. "Estas" ele diz, "são nossas canções de amor; e estes são os instrumentos de nossa agricultura".

Sidônio Apolinário faz seus barqueiros cantarem salmos, enquanto forçam sua carregada barcaça contra a corrente, até que as margens do rio ecoem novamente com aleluia; e de modo belíssimo aplica o costume, metaforicamente, à viagem da vida cristã. —J. J. S. PEROWNE

O cantar destes salmos se tornou tão popular que D'Israeli sugere que "primeiro alcançou a soturna fantasia do austero Calvino" introduzir o projeto de cantar os salmos em sua disciplina genebrense. "Este frenesi infeccioso do cantar de salmos", como Warton quase em blasfêmia descreve, propagou-se rapidamente pela Alemanha, assim como pela França e passou para a Inglaterra.

D'Israeli diz, com escárnio, que na época da Comunidade Britânica, "os salmos eram cantados nos jantares do Lord Mayor e banquetes da cidade; soldados os cantavam em sua marcha e em desfiles; e em algumas casas que tinham janelas com vista para as ruas, tinham seus salmos noturnos." Nós podemos apenas acrescentar: fosse segundo a vontade Deus, isto aconteceria novamente. —C. H. SPURGEON

## Versículo 6
*Com trombetas.* Orígenes chama os escritos dos evangelistas e os apóstolos de trombetas sob cujo sopro todas as estruturas de idolatria e os dogmas dos filósofos foram totalmente derrotados. Ele ensina do mesmo modo que pelo som das trombetas é prefigurada a trombeta do julgamento universal, diante da qual o mundo cairá em ruína e cujo som será a alegria do justo e o lamento do injusto. —LORINUS

Versículos 7 e 8. O estabelecer do louvor de Cristo para a redenção dos pecadores pode não somente prover o serviço para todas as criaturas sensatas, mas também a todas as gotas de água no mar e em todos os rios e torrentes, todos os peixes no mar, todas as aves no ar, toda criatura vivente na terra e absolutamente tudo o que há no mundo: se todos tivessem raciocínio e habilidade para expressarem-se; sim, e se todos os montes pudessem, por movimentos e gestos, comunicar sua alegria um ao outro; há serviço para todos eles: estabelecer o louvor de Cristo. —DAVID DICKSON

*Versículo 9*
*Na presença do* SENHOR, *porque ele vem julgar a terra.* Música profundamente calma fez as estrelas cintilarem com seus gentis e delicados olhos preparados para a Sua primeira vinda em Belém, mas Seu segundo advento pede trombetas, pois Ele é um juiz; pede as aclamações da Terra, pois Ele se vestiu de esplendor real. O governo de Cristo é a alegria da natureza. Todas as coisas bendizem Seu trono, sim, e a própria vinda deste trono.

Como a alvorada deixa a Terra chorosa de alegria ao nascer do sol até que as gotas de orvalho caiam de seus olhos, assim a aproximação do reino universal de Jesus deveria alegrar toda a criação.

*Julgará o mundo com justiça e os povos, com equidade.* Se houvesse algo em que se alegrar nesta pobre e laboriosa Terra, deveria ser a vinda de tal Libertador, a ascensão ao trono universal de tal Governante. Todos saúdam Jesus! Todos saúdam! Nossa alma desfalece com deleite ao som de Suas carruagens se aproximando e podem apenas clamar: "Vem sem demora. Vem sem demora Senhor Jesus!" —C. H. SPURGEON

Ó, que estoque de consolo para o perseguido, o escravizado, o necessitado vê-se no anúncio de que o Senhor está vindo para ser o vingador de todos estes! Todas as criaturas serão convidadas a aplaudir de alegria com o pensamento de que Ele tomou esta obra em Suas mãos; de que está assentado sobre as enchentes e de que as tempestades que agitam as nações são a Sua carruagem, usada para tomar posse da Terra e fazer dela habitação da justiça e da paz. —WILLIAM BINNIE

# SALMO 99

ESTE pode ser chamado o *Sanctus*, ou "O Santo, Santo, Santo Salmo", pois a palavra "santo" é a conclusão e o refrão de suas três divisões principais. Seu assunto é a santidade do governo divino, a santidade do reino mediador. —C. H. SPURGEON

Este Salmo tem três partes em que o Senhor é celebrado como Aquele que virá, Aquele que é e Aquele que era. —JOHN ALBERT BENGEL

Há três salmos que iniciam com as palavras: "Reina o Senhor (Jeová)" (Sl 93; 97; 99). Este é o terceiro e último destes e é notável que neste salmo as palavras *Ele é santo*, são repetidas três vezes (3; 5; 9).

Portanto, este salmo é um dos elos na corrente que conecta a primeira revelação de Deus em Gênesis com a manifestação plena da doutrina da bendita Trindade, que é revelada na comissão do Salvador ressurreto a Seus apóstolos: "Ide, portanto, fazei discípulos de todas as nações, batizando-os em nome do Pai, e do Filho, e do Espírito Santo" e que prepara o fiel para unir-se ao aleluia celestial da igreja glorificada. "Santo, Santo, Santo é o Senhor Deus, o Todo-Poderoso, aquele que era, que é e que há de vir."

As outras conexões nesta corrente no Antigo Testamento são: a bênção de Arão em Nm 6:24-27 e o Triságio Serafínico em Is 6:1-3. —CHRISTOPHER WORDSWORTH

## Versículo 1

*Tremam os povos*. Os santos estremecem com emoção devota e pecadores estremecem com terror, quando o governo de Jeová é percebido e sentido por completo. Não é uma luz ou matéria insignificante; é uma verdade que, acima de todas as outras, deveria agitar as profundezas de nossa natureza. —C. H. SPURGEON

## Versículo 2

*E sobremodo elevado acima de todos os povos*; eminente sobre seus pensamentos mais elevados e concepções mais altivas. Os mais elevados não são para Ele elevados, bendito seja Seu nome, os mais modestos não são desprezados por Ele. Neste Deus nos regozijamos. Sua grandiosidade e nobreza são extremamente encantadoras para nós. Quanto mais Ele é honrado e exaltado no coração dos homens, mais exultante é Seu povo.

Se Israel se deleitou em Saul porque ele era cabeça e ombros acima do povo, quanto mais deveríamos nós exultar em nosso Deus e Rei, que está tão acima de nós quanto o Céu está da Terra? —C. H. SPURGEON

## Versículo 3

*Celebrem eles o teu nome grande e tremendo*. Muitos professam admirar os raios mais amenos do Sol da justiça, mas queimam em rebelião contra Seu esplendor mais flamejante. Assim não deve ser; estamos destinados a louvar um Deus terrível e a adorar Aquele que lança os perversos no inferno.

Israel não louvou Aquele que "precipitou no mar Vermelho a Faraó e ao seu exército, porque a sua misericórdia dura para sempre"! O terrível Vingador deve ser louvado assim como o amável Redentor. Contra isto, a simpatia do coração maligno do homem com pecado se rebela e clama por um Deus extremamente delicado em quem a piedade estrangulou a justiça. —C. H. SPURGEON

O nome do Pai é *grande*, pois Ele é a fonte, o Criador, o Senhor de tudo; o nome do Filho é *terrível*, pois Ele será nosso Juiz; o nome do Espírito Santo é *santo*, pois é Ele quem outorga pureza e santidade. —HUGO CARDINALIS, GENEBRARDUS E BALTHAZAR CORDERIUS, em *Comentário de Neale*

A miséria do pecado consiste não meramente em suas consequências, mas em sua própria natureza, que é criar separação entre Deus e nossa alma e nos excluir dele e Ele de nós. —ALFRED ELDERSHEIM, em *O diário áureo da conversa do coração com Jesus no Livro de Salmos*

## Versículo 5

*Porque Ele é santo*. A santidade é a harmonia de todas as virtudes. O Senhor não tem um atributo glorioso apenas, ou atributos em excesso, mas todas as glórias estão nele como um todo; esta é a coroa de Sua honra e a honra de Sua coroa. Seu poder não é Sua joia mais formosa nem o é Sua soberania, mas Sua santidade.

Os deuses dos pagãos eram, segundo seus próprios seguidores, lascivos, cruéis e brutos; o único argumento deles para reverência está em seu suposto poder sobre os destinos dos humanos. Quem não preferiria adorar a Jeová, cujo caráter é pureza incorrupta, justiça inabalável, verdade irredutível, amor ilimitado; em uma palavra: santidade perfeita? —C. H. SPURGEON

*Porque ele é santo*. A santidade é a harmonia de todas as virtudes. O Senhor, virtude rara demais nestes nossos dias; os homens correm atrás de suas visões e opiniões e minimizam a verdade de Deus, portanto falham em oração, e os escarnecedores chegaram a ousar dizer que a oração não é de proveito algum. Que o bom Senhor traga de volta o Seu povo à reverência à Sua Palavra, e então Ele também terá respeito pela voz do seu clamor. —C. H. SPURGEON

## Versículo 8

*Tu lhes respondeste [...] foste para eles Deus perdoador*. Ó, a bendita segurança de que nada pode desestabilizar nossa aliança permanente. Resposta e perdão são certos, ainda que a vingança seja um de nossos feitos. Como cada palavra e expressão aqui parecem estar de acordo com o nosso coração! A própria designação de nossos pecados e punições é tão verdadeira.

Contudo, ainda assim, não somos excluídos de Deus. Podemos falar com Ele e ouvi-lo; recebemos aquilo de que precisamos e muito mais; e, acima de tudo, temos a doce e permanente compreensão de perdão, não obstante "nossos feitos". Quando sofremos sob castigos ou decepções, sabemos que é o fogo que queima feno, madeira e restolho — a dispensação do Pai em compaixão e misericórdia.

Nós deliberadamente, de bom grado tomamos estes castigos, que agora são para nós promessas renovadas de nossa segurança. Pois segura, eternamente segura, permanece a fundação e aberto o caminho de acesso. Ó, certamente de todo nosso coração concordamos: *Exaltai ao* SENHOR, *nosso Deus, e prostrai-vos ante o seu santo monte, porque santo é o* SENHOR, *nosso Deus.* —ALFRED EDERSHEIM

*Ainda que tomando vingança dos seus feitos.* Não é leve punição, mas a "vingança" ele toma "dos seus feitos"; para manifestar que Ele odeia o pecado como pecado, e não porque as piores pessoas o cometem.

Talvez se um homem profano tivesse tocado a arca, a mão de Deus não o teria alcançado tão repentinamente. Mas quando Uzias, um homem zeloso por Ele, o que pode ser presumível por seu cuidado em dar suporte à arca cambaleante, decide sair de seu lugar, o Senhor o atinge por sua ação desobediente, ao lado da arca, que ele iria sustentar indiretamente (não sendo um Levita) (2 Sm 6:7).

Nosso Salvador também não repreendeu tão severamente os fariseus e nem se desviou tão repentinamente deles quanto o fez com Pedro, quando este forneceu conselho carnal e contrário ao que seria a maior manifestação da santidade de Deus, ou seja, a morte de Cristo (Mt 16:23). Ele o chama de "Satanás", um nome mais cortante do que o título de filho de diabo com que Ele marcou os fariseus e dado a ninguém mais (além de Pedro) exceto Judas, que fez profissão de amor a Ele e foi externamente listado no número de Seus discípulos.

Um jardineiro odeia ainda mais uma erva daninha por estar no canteiro com as flores mais preciosas. —STEPHEN CHARNOCK

# SALMO 100

TÍTULO: "Um Salmo de louvor"; ou antes, de ação de graças. Este é o único salmo que traz esta minuciosa dedicatória. Resplandece por completo com grata adoração e, por esta razão, tem sido um dos grandes favoritos entre o povo de Deus desde que foi escrito. —C. H. SPURGEON

Este salmo contém uma promessa do cristianismo, como o inverno em seu fim contém a promessa da primavera. As árvores estão prontas para florescer, as flores estão ocultas apenas pelo solo suave, as nuvens estão carregadas de chuva, o sol brilha em sua força; necessita-se somente de um poderoso vento do sul para conceder nova vida a todas as coisas. —*COMENTÁRIO SPEAKER*

*Versículo 1*
*Celebrai com júbilo ao* SENHOR, *todas as terras.* Nosso Deus feliz deveria ser adorado por um povo feliz; um espírito jubiloso está de acordo com Sua natureza, Seus atos e a gratidão que deveríamos nutrir por Suas misericórdias.

*Versículo 2*
*Servi ao* SENHOR *com alegria.* O convite aqui dado à adoração não é melancólico, como se a adoração fosse uma solenidade num funeral, mas uma exortação alegre, jubilosa, como se fôssemos convidados para um banquete de casamento. —C. H. SPURGEON

É um sinal de que o óleo da graça foi derramado no coração "quando o óleo da alegria" reluz na face. O entusiasmo dá crédito à religião. —THOMAS WATSON

Você consegue suportar ser atendido por um servo que executa todas as suas tarefas deprimido e abatido?

Seria melhor não ter servo algum do que um que evidentemente considera o serviço infeliz e incômodo.
—GEORGE BOWEN

*Apresentai-vos diante dele com cântico*. Como uma certa sociedade de irmãos pôde encontrar em seus corações motivos para proibir o canto em adoração pública é uma charada que não conseguimos solucionar. Sentimo-nos inclinados a dizer com Dr. Watts:

> Aqueles que nunca conheceram nosso Deus;
> Que se recusem a cantar
> Mas os favoritos do rei celestial
> Devem declarar o Seu louvor por todo lugar.
> —C. H. SPURGEON

## Versículo 3

*Sabei que o SENHOR é Deus*. "O homem conhece a si mesmo", é um sábio aforismo, contudo conhecer nosso Deus é sabedoria mais verdadeira; e é muito questionável se um homem pode se conhecer até que conheça seu Deus. Jeová é Deus no sentido mais pleno, mais absoluto e mais exclusivo. Somente Ele é Deus; conhecê-lo neste aspecto e provar nosso conhecimento por obediência, confiança, submissão, zelo e amor é um feito que somente a graça pode conceder. —C. H. SPURGEON

A partir das razões desta exortação, aprenda, que tal é nosso ateísmo natural que precisamos vez após vez ter a instrução de que o Senhor é Deus, de quem, por meio de quem e para quem são todas as coisas.
—DAVID DICKSON

*Foi ele que nos fez, e não nós a nós mesmos* (ACRF). Negarmos honra a nós mesmos é uma parte tão necessária na reverência verdadeira como atribuir glória ao Senhor. De nossa parte, percebemos ser muito mais fácil crer que o Senhor nos fez e do que de que fomos desenvolvidos por uma longa cadeia de seleções naturais partindo de átomos flutuantes que se automoldaram. —C. H. SPURGEON

Ele fez tudo sem o auxílio ou consentimento de outro qualquer. Não havia ninguém o ajudando ou minimamente cooperando com Ele na obra da criação... Aqueles que auxiliam e contribuem com outro na criação de algo podem reivindicar uma porção nisso; mas aqui não há tal reivindicação, pois somente o Senhor fez tudo, somente Ele fez tudo. Tudo é somente dele. —DAVID CLARKSON

Muitos obtêm consolação balsâmica destas palavras; como por exemplo Melâncton quando sofria desconsoladamente sobre o corpo de seu filho em Dresden em 12 de Julho de 1559. Mas, em "foi ele quem nos fez e dele somos" há também uma rica mina de consolo e admoestação, pois o Criador é também o Dono, Seu coração se inclina à Sua criatura e a criatura deve sua existência por completo a Ele, sem quem não teria um ser e não continuaria a existir.
—F. DELITZSCH

Os massoretas, ao alterar uma letra no hebraico leem: "Ele nos fez, e dele somos", ou "a Ele pertencemos". Coloque ambas as leituras juntas e aprendemos que pelo fato de que "*Foi ele que nos fez, e não nós a nós mesmos*", pertencemos, portanto, a Ele e não a nós mesmos. —MATTHEW HENRY

## Versículo 5

*Porque o SENHOR é bom*. Isto resume Seu caráter e contém uma multidão de razões para louvor. Ele é bom, gracioso, gentil, generoso, amoroso; sim, Deus é amor.

*A sua misericórdia dura para sempre*. Deus não é mera justiça, austero e frio; Ele tem entranhas de compaixão e não deseja a morte do pecador.

*E, de geração em geração, a sua fidelidade*. Bom seria se a verdade da fidelidade divina fosse mais plenamente lembrada por alguns teólogos; isso aniquilaria sua crença na queda final dos cristãos e lhes ensinaria um sistema mais consolador. —C. H. SPURGEON

# Salmo 101

TÍTULO: "Salmo de Davi". Este é um Salmo que simplesmente o homem segundo o coração de Deus poderia compor quando estava prestes a se tornar rei em Israel. Por todo o texto vemos Davi, direto, resoluto, devoto; não há indício de estratagemas ou oscilação, o Senhor o designou para ser rei e ele sabe disso; portanto em todas as coisas ele se determina a comportar-se como um futuro monarca a quem o próprio Senhor escolheu.

Se o nominarmos de "Salmo das Resoluções Piedosas", talvez nos lembremos dele mais facilmente. Após cânticos de louvor, um salmo prático não apenas cria variedade, mas chega em momento muito oportuno. Nós nunca louvamos o Senhor melhor do que quando fazemos aquilo que é agradável a Seus olhos. —C. H. SPURGEON

Este é o salmo que os antigos expositores costumavam designar como "O Espelho dos Magistrados"; e que excelente espelho é. Aceleraria poderosamente a vinda do tempo em que todas as nações serão posse de Cristo e todas as capitais uma "Cidade do Senhor", se todos os magistrados pudessem ser persuadidos a vestir-se dele todas as vezes que se colocassem à frente para executar as funções de seu ofício divino. —WILLIAM BINNIE

Eyring, em seu *Vida de Ernesto, o Devoto* (Duque de Saxe-Coburgo-Gota), relata que enviou a um ministro infiel uma cópia do Salmo 101 e que este se tornou um provérbio no país quando um oficial agia de modo incorreto: "Ele certamente receberá em breve o Salmo do Príncipe para ler". —F. DELITZSCH

O Salmo 101 era muito caro para o mais nobre entre os príncipes russos, Vladimir Monomachos; e para o mais gentil entre os reformadores ingleses, Nicholas Ridley. Mas foi o seu primeiro salto para vida que o carregou a distância tão grande no futuro.

É repleto de uma exclusividade austera, de uma nobre intolerância, não contra o erro teológico, não contra modos impolidos, não contra insubordinação política, mas contra o coração orgulhoso, o olhar altivo, o caluniador secreto, o trabalhador enganoso, o contador de mentiras. Estes são os banidos da corte do rei Davi, estes são os rebeldes e hereges a quem ele não suportaria manter em sua casa ou que se demorassem diante de seus olhos. —ARTHUR PENRHYN STANLEY, em *Palestras sobre a História da igreja judaica*

*Versículo 1*
*Cantarei a bondade e a justiça.* Nós devemos bendizer o Senhor pelo julgamento com que Ele castiga nosso pecado tanto quanto pela misericórdia com a qual Ele o perdoa; há tanto amor nos golpes da Sua mão como nos beijos de Sua boca. —C. H. SPURGEON

Ó, que bela coisa é esta misericórdia no tempo da angústia e dificuldade! É como uma nuvem e chuva que vem no tempo de seca. Mas esta misericórdia, é aqui mencionada na primeira parte do cântico de nosso profeta, como ainda mais abrangente, desenrolando-se em clemência, em cortesia e em compaixão. Em clemência, perdoando os malfeitores; em compaixão, aliviando o aflito; em cortesia, para com todos. —GEORGE HAKEWILL

Há um filho de Deus que pode olhar para os diversos registros de seu coração ou de sua história exterior, e não enxergar bondade e severidade, severidade e bondade, monitorando-o por toda a sua jornada? Pode ter havido um cálice tão amargo que lhe fizesse dizer: "Não há misericórdia aqui"? Pode ele ter tido um destino tão brilhante a ponto de dizer: "Aqui não há castigo ou correção"?

Ele já passou por marés ruins sem haver marés boas contrárias às ruins para aliviá-las? Ele já teve um céu tão escuro a ponto de não conseguir ver estrela alguma, ou uma nuvem tão densa a ponto de não conseguir detectar o arco-íris da promessa? —HUGH STOWELL

## Versículo 2

*Oh! Quando virás ter comigo?* Se Deus estiver conosco, não erraremos em julgamento nem transgrediremos em caráter; Sua presença nos traz sabedoria e santidade; distantes de Deus, estamos distantes da segurança.

*Portas a dentro, em minha casa, terei coração sincero*. Leitor, como sucede esta questão em sua família? Você canta no coral e peca em seu quarto? Você é um santo do lado de fora e um diabo em casa? Vergonhoso! O que somos em casa, é o que somos de fato. Não pode ser um bom rei aquele cujo palácio é o reduto de vícios, nem é um santo verdadeiro aquele cuja habitação é um palco de discórdia, nem é um ministro fiel aquele cuja casa teme sua chegada ao aconchego da lareira. —C. H. SPURGEON

Marido ruim é aquele que tem dinheiro para gastar na companhia de outros fora de casa, mas nada para prover o sustento da sua família em casa. E pode ser bom cristão aquele que despende toda a sua religião com os de fora do seu lar, e nada deixa para seus os relacionamentos mais próximos em casa? —WILLIAM GURNALL

É mais fácil para a maioria dos homens caminhar com um coração perfeito na igreja, ou até mesmo no mundo, do que em suas próprias famílias. Quantos são tão mansos como cordeiros entre outros e quando em casa são vespas ou tigres! —ADAM CLARKE

## Versículo 3

*Coisa injusta*. O original diz, se interpretarmos palavra por palavra: "Eu não colocarei palavra de Belial diante dos meus olhos". Mas a *palavra* está ali figurativamente como *coisa*; assim como no Sl 41:8; e assim é interpretada por Montanus na margem e no texto por Junius; todavia, em seu comentário sobre este salmo, ele segue o original precisamente, aplicando-o contra bajuladores e aduladores, os ratos e traças da corte. —GEORGE HAKEWILL

*Odeio a obra daqueles que se desviam* (ACRF). Ele era calorosamente contra; não via esta obra com indiferença, mas com total opróbrio e aversão. O ódio ao pecado é uma boa sentinela para a porta da virtude. —C. H. SPURGEON

*Nada disto se me pegará*. Um pássaro pode pousar sobre a casa de um homem, mas pode escolher se ali fará ninho ou procriará. O diabo ou seus instrumentos podem representar objeto perverso aos olhos dos homens; mas o homem pode escolher se o entreterá e adotará ou não. Para um homem colocar coisas perversas diante de seus olhos nada mais é do que pecar com propósito estabelecido, preparar-se para pecar ou vender-se ao pecado, como Acabe o fez (1Rs 21). —GEORGE HAKEWILL

## Versículo 4

*Coração perverso*. O sentido original de "perverso" é *torsit, contorsit* (contorção), retorcer; e denota, quando aplicado aos homens, pessoas com disposição perversa, astuta, que podem se retorcer e entrelaçar em todas as formas e que não têm verdade e honra das quais depender. —SAMUEL CHANDLER

## Versículo 5

*Ao que às ocultas calunia o próximo, a esse destruirei*. Dar uma punhalada em seu próximo no escuro é um dos crimes mais atrozes e não há como condená-lo com severidade excessiva, contudo aqueles que deste crime são culpados encontram favoritismo em lugares elevados e são considerados homens de influência, confiáveis que têm olhos perspicazes e têm o cuidado de manter seus senhores bem posicionados. —C. H. SPURGEON

### Versículo 6

*O que anda em reto caminho, esse me servirá.* O que eu desejo ser, isso desejo que meu servo seja. Os empregadores são, em grande grau, responsáveis por seus funcionários e é costume culpar um mestre se eles retêm seus servos de caráter duvidoso; portanto, para que não nos tornemos participantes dos pecados de outros homens, faremos bem em rejeitar os serviços de maus-caracteres. —C. H. SPURGEON

# SALMO 102

ASSUNTO: Este é o lamento de um patriota sobre o sofrimento de seu país. Ele se envolve com os pesares de sua nação como em uma vestimenta de pano de saco e joga pó e cinzas sobre sua cabeça como estandartes e motivos de sua tristeza. Ele tem seus ais e inimigos pessoais; ele é, além de tudo, afligido no corpo por doença, mas as misérias de seu povo lhe causam muito mais angústia amarga e isto ele derrama com lamentação sincera e patética. Não lamenta, contudo, sem esperança; ele tem fé em Deus e espera pela ressurreição da nação por meio do favor onipotente do Senhor.

A palavra traduzida como "queixa" em si, não tem a ideia de atribuição de culpa ou lamento, mas deveria antes ser traduzida como "gemido" — a expressão de dor, não da rebelião. Para auxiliar a memória, chamaremos este salmo de "O lamento do Patriota". —C. H. SPURGEON

Título: *Uma oração* etc. A oração seguinte é mais longa do que a nossa. Quando Satanás, o Adversário da Lei, prolonga seu pleito contra nós, é necessário que aumentemos nossas súplicas em contra-ataque por nossas almas; assim como os poderes das trevas estendem e multiplicam suas lutas, nós devemos brigar em oração (Ef 6:12,18). —THOMAS COBBET

Aqui não há formas de oração ociosas, indolentes, repetitivas, limitadas, nenhum som vazio de expressão verbal, que nunca poderiam obter uma resposta acolhedora de seu Deus ou um mínimo alívio para sua alma sobrecarregada; mas orações derramadas como a de Ana (1 Sm 1:15) e Jeremias (Lm 2:12), impulsionadas com veemência de espírito e angústia no coração pelo sofrimento interior. Assim o Senhor lida com Sua Igreja e Seu povo; antes que Ele derrame cálices de consolação, eles precisam derramar lágrimas em grande medida. —FINIENS CANUS VOVE

### Versículo 1

*Ouve, SENHOR, a minha súplica.* Ou, Ó Jeová. Os suplicantes sinceros não se contentam em orar pelo simples dever de orar; eles desejam realmente alcançar o ouvido e o coração do grande Deus. É um grande alívio no momento de angústia inteirar os outros sobre as nossas dificuldades. Somos acalmados pelo fato de ouvirem os nossos lamentos. Mas o consolo mais doce de todos é ter o próprio Deus como ouvinte simpatizante de nosso lamento. E o fato de Ele assim o ser, não é sonho ou ficção, mas um fato garantido.

Seria o mais terrível de todos os nossos ais se fôssemos irrefutavelmente convencidos de que com Deus não há nem o ouvir nem o responder. Aquele que conseguisse nos convencer de uma crença tão sombria não nos faria melhor serviço do que se tivesse lido nossa sentença de morte. Melhor morrer do que ter o acesso ao trono de misericórdia negado. Melhor ser ateu do que crer em um Deus que não ouve e não sente. —C. H. SPURGEON

Versículos 1 e 2. Note, Davi enviou sua oração como um embaixador sagrado a Deus. Agora, há três requisitos que tornam uma embaixada próspera. O embaixador deve ser visto como alguém considerado com olhos favoráveis, deve ser ouvido com ouvidos atentos, deve ser ágil quando suas demandas são concedidas. Estas três coisas Davi, como suplicante, pede a Deus, seu Rei. —LE BLANC

## Versículo 2
*No dia em que eu clamar, dá-te pressa em acudir-me.* Há um provérbio concernente a favores de mãos humanas que diz: "aquele que dá rapidamente, dá o dobro"; porque uma oferta é ampliada em seu valor quando chega em um momento de necessidade premente; e podemos ter certeza de que nosso Patrono celestial nos concederá a melhor das ofertas da melhor maneira, concedendo-nos graça para auxiliar em tempo de necessidade. Quando respostas de nossas orações vêm à galope, elas são ainda mais marcantes, mais consoladoras e mais encorajadoras. —C. H. SPURGEON

## Versículo 3
*Porque os meus dias, como fumaça, se desvanecem.* A metáfora é admiravelmente escolhida, pois, para os infelizes, a vida não parece simplesmente frágil, mas cercada de tanta escuridão, desonra, cegueira e depressão, que, sentando-se em desespero, comparam-se a homens vagueando em uma densa neblina e tão ressecados ficam que são pouco mais do que pilares de fumaça. —C. H. SPURGEON

## Versículo 4
*Até me esqueço de comer o meu pão.* Como a flor esmagada que não mais bebe o orvalho ou retira nutrientes do solo, assim um coração ressecado com angústia frequentemente recusa o consolo para si e os nutrientes para a estrutura do corpo e caem em uma taxa duplamente acelerada em fraqueza, desânimo e desespero.

O caso descrito aqui não é de modo algum raro. Com frequência, encontramo-nos com indivíduos tão perturbados pelo sofrimento que a memória deles lhes falha até mesmo em questões tão importantes como suas refeições e devemos confessar que passamos pelas mesmas condições que eles. Uma aflição aguda preencheu a alma, monopolizou a mente e colocou todo o resto em segundo plano, de modo que tais questões comuns como comer e beber passam a ser totalmente desprezadas, e as horas designadas para o revigoramento passaram-se despercebidas, sem manifestar a fraqueza de corpo, mas deixando aumentar o desânimo do coração. —C. H. SPURGEON

Mas como o vigor do coração gera muita animação, que se expressam em todas as partes, dá a todos apetite natural; da mesma forma quando o coração é destruído e ressequido como a grama, e não há nele mais nenhum vigor, os ânimos ficam paralisados e, então, não será surpresa se o estômago perder seu apetite e se esquecer de comer o pão. —SIR R. BAKER

## Versículo 5
*Os meus ossos já se apegam à pele, por causa do meu dolorido gemer.* É muito conhecido o fato de o sofrimento facilmente fazer o corpo desfalecer. Uma testemunha ocular relata que quando o Cardeal Wolsey ouviu que o favor de seu mestre fora retirado dele, contorceu-se com tal agonia de tristeza que permaneceu por toda a noite, de modo que pela manhã seu rosto estava franzino reduzido à metade de suas dimensões comuns. —C. H. SPURGEON

## Versículo 6
*Como a coruja das ruínas.* O salmista se iguala a dois pássaros que eram comumente usados como emblemas de pessimismo e desventura; em outras ocasiões ele fora como uma águia, mas os sofrimentos de seu povo o tinham derrubado, o resplendor desaparecera de seus olhos e a beleza de seu semblante.

Houvesse mais desta santa tristeza, veríamos em breve o Senhor retornando para edificar a Sua Igreja. É nocivo que os homens façam o papel de pavões com o orgulho mundano quando os males dos tempos deviam deixar-lhes tão tristes quanto o pelicano; e é algo terrível ver homens ajuntando-se como abutres para devorar a presa da igreja degradada, quando deveriam antes estar lamentando entre suas ruínas, como a coruja. —C. H. SPURGEON

*Segura em sua torre vestida em marfim,*
*A inquieta coruja se queixa para a lua*
*Deste que vagueia próximo de seu cômodo secreto,*
*E importuna seu antigo reinado solitário.*
—THOMAS GRAY

## Versículo 7
*Não durmo e sou como o passarinho solitário nos telhados.* Cristãos sinceros e vigilantes geralmente se encontram entre aqueles que não têm simpatia por eles; até mesmo na igreja procuram, em vão, seus semelhantes. Eles, então perseveram em suas orações e serviços, mas sentem-se tão solitários quanto o pobre pássaro que olha da beira do telhado e não encontra saudação amigável de nenhum de sua espécie. —C. H. SPURGEON

Mas pouco percebem os homens sobre o que é a solitude, e o quanto ela é vasta; pois uma multidão não é companhia, e rostos não passam de uma galeria de fotos e a conversa nada mais do que um címbalo tilintante onde não há amor. —FRANCIS BACON

## Versículo 8
*Os meus inimigos me insultam.* É verdade o que Plutarco escreve: que os homens são mais tocados por repreensões do que por outras injúrias. A aflição também fornece uma vertente mais mordaz à calúnia, pois os aflitos são objetos mais adequados de piedade do que de zombaria. —MOLLERUS

Se estou onde eles estão, eles me criticam; e se eu não estiver entre eles, me insultam pelas costas e não o fazem em solavancos de modo que eu tenha tempo para recuperar o ar, mas cospem seu veneno *a toda hora*; e não é apenas um, ou um por vez, para que haja esperança de resistência; eles se combinam, e se organizam contra mim e para que sua união seja mais forte, e menos sujeita a se dissolver, eles se vinculam por juramento e o sacramentam.

E agora some todas estas misérias e aflições: comece com meu jejum, em seguida, tome meus gemidos, acrescente minha vigília, depois a vergonha de ser questionado na presença de outros, o desconforto de sentar-me sozinho e desconsolado e, finalmente, acrescente a estes o despeito e a malícia de meus inimigos. Qual a surpresa se estas misérias todas juntas deixarem-me por completo miserável; que surpresa se eu não for nada além de pele e ossos, quando nenhuma carne, que um dia fora sábia, ficar em um corpo para suportar tal miséria? —SIR R. BAKER

## Versículo 9
*Misturado com lágrimas a minha bebida.* Certamente, nenhum homem comete pecado sem ter um projeto de prazer, mas não é assim que se comete o pecado, pois quem os comete, que estejam certos de que em algum momento descobrirão mil vezes mais tribulação nisto do que jamais encontraram prazer. Pois todo o pecado é um tipo de excesso e não há maneira de impedir que seja mortal, exceto por meio desta dieta rígida de ingestão de cinza em lugar de pão e misturar lágrimas com a bebida.

Ó minh'alma, se estas são obras de arrependimento em Davi, onde encontraremos um penitente no mundo além dele? Falar de arrependimento é óbvio nos lábios de todos; mas onde se encontra alguém que come cinzas como pão e mistura lágrimas em sua bebida? —SIR R. BAKER

## Versículo 11
*E eu me vou secando como a relva.* Há momentos durante a depressão de espírito em que um homem sente que a vida se vai por completo dele e a existência se torna um respirar da morte. O coração ferido tem uma influência incrivelmente debilitante sobre todo o nosso sistema; nossa carne em seu melhor não passa de relva e quando é ferida com pesares afiados, sua beleza se dissipa, se esgota, se torna algo ressecado e desagradável.

## Versículo 13
*É tempo de te compadeceres dela, e já é vinda a sua hora.* Quando o tempo de Deus chega, nem Roma, nem o diabo, nem perseguidores, nem ateus podem impedir que o reino de Cristo expanda seus limites. Isto é trabalho de Deus, Ele deve "irromper"; Ele agirá, mas tem seu tempo designado e enquanto isso devemos, com inquietação santa e expectativa de fé, esperar nele. —C. H. SPURGEON

É o tempo estabelecido por Deus quando a Igreja tem mais fé, está mais humilde, mais afetuosa com o interesse de Deus por ela, e mais sincera. Sem fé não estamos aptos para desejar misericórdia; sem humildade não estamos aptos para valorizá-la, sem sinceridade não estamos aptos para aperfeiçoá-la. Os momentos de condições extremas contribuem para o crescimento e o exercício destas competências. —STEPHEN CHARNOCK

*Versículo 16*
*Porque o SENHOR edificou a Sião, apareceu na sua glória*. O sol ainda permanece glorioso no dia mais nublado, mas não o aparenta até que disperse as nuvens que o escondem da visão do mundo inferior. Deus é glorioso quando o mundo não o vê, mas Sua glória declarativa surge então quando a glória de Sua misericórdia, verdade e fidelidade irrompe na salvação do Seu povo.

Agora, com que vergonha seu rosto deve se cobrir, ó cristão, se você não tem como alvo sincero a glória de seu Deus, que o ama, sim, ama todos os Seus filhos, tão afetuosamente a ponto de embarcar a Sua própria glória e a sua felicidade em um navio de modo que agora não pode perder um e salvar o outro! —WILLIAM GURNALL

*Versículo 17*
*A oração do desamparado*. Um homem que é desamparado sabe como orar. Ele não precisa de instrutor algum. Suas misérias o doutrinam maravilhosamente na arte de oferecer oração. Reconheçamo-nos como desamparados, para que saibamos como orar; desamparados de força, sabedoria, influência adequada, verdadeira felicidade, fé devida, consagração profunda, do conhecimento das Escrituras, de justiça.
Dê todo o seu ouro desprezível — desprezível enquanto está com você — dê-os para os Meus pobres e eu lhe darei o ouro verdadeiro, ou seja, um senso de sua miséria e maldade; um anseio por graça, pureza, proficuidade; um amor por seus companheiros e Meu amor derramado em seu coração. —GEORGE BOWEN

*Versículo 21*
*A fim de que seja anunciado em Sião o nome do SENHOR e o seu louvor, em Jerusalém*. Comunicar a outros aquilo que Deus fez por nós pessoalmente e pela Igreja em geral é tão evidentemente nosso dever de modo que não deveríamos precisar incitação para cumpri-lo. Deus sempre tem em vista a glória de Sua graça em tudo o que Ele faz e nós não devemos deliberadamente espolia-lo do rendimento de Seu louvor. —C. H. SPURGEON

*Versículo 24*
*Deus meu*. Uma palavra omitida em um testamento pode avariar o patrimônio e decepcionar todas as esperanças de um homem; a falta desta única palavra, o pronome *meu* (Deus) é o homem perverso perdendo o Céu; é também uma adaga que perfurará seu coração no inferno por toda eternidade.

O pronome *meu* é tão valioso para a alma quanto a ilimitada porção. Todo nosso conforto está trancado nesse armário particular. Quando Deus diz à alma, como Acabe a Ben-Hadade: "eu sou teu, e tudo o que tenho", quem pode dizer o quanto o coração salta de alegria e quase se acaba em desejo por Ele diante de tal notícia!

Lutero disse: "Nos pronomes há muita religião". Toda nossa consolação, de fato, consiste neste pronome. É o cálice que mantém nossas revigoradas águas. Todas as alegrias do cristão estão suspensas neste único fio, rompa-o e tudo está perdido. Certas vezes pensei em como Davi desliza este pronome sob sua língua como um cubo de açúcar, relutante que perca sua doçura em breve: "Eu te amo, ó SENHOR, força minha. O SENHOR é a minha rocha, a minha cidadela, o meu libertador; o meu Deus, o meu rochedo em que me refugio; o meu escudo, a força da minha salvação, o meu baluarte" (Sl 18:1,2). Este pronome é a porta pela qual o Rei dos santos entra em nosso coração com todo o Seu comboio de deleites e consolos. —GEORGE SWINNOCK

*Tu, cujos anos se estendem por todas as gerações*. O Senhor vive, que eu também viva. Uma plenitude de existência está no Senhor; que eu possa participar disso. Note o contraste entre ele imóvel e pronto para chegar ao fim e seu Deus vivo na plenitude de força para sempre e sempre. Este contraste é repleto de poder consolador para o homem cujo coração reside no Senhor. Bendito seja Seu Nome, Ele não falha e, portanto, nossa esperança não nos deixará nem nos desesperaremos por nossa condição ou por Sua Igreja. —C. H. SPURGEON

O salmista fala sobre Cristo: *tu, cujos anos se estendem por todas as gerações* (Sl 102:24); que foi o salmo citado pelo apóstolo ao falar do Senhor (Hb 1:10). Rastreemos Sua existência pontualmente através dos tempos. Passemos de ponto a ponto e vejamos como as Escrituras estão em consonância com os pormenores. Vemos que Ele existiu antes que viesse ao mundo, a ocasião de Sua concepção (Hb 10:5) nestas palavras: "Por isso, ao entrar no mundo, diz: [...] um corpo me formaste".

Vemos que Ele existiu na época de Moisés, tanto porque foi Ele quem foi tentado no deserto: "Não ponhamos o Senhor à prova, como alguns deles já fizeram e pereceram pelas mordeduras das serpentes" (1Co 10:9), e foi Cristo a Pessoa que foi tentada por eles, como agora por nós, como as palavras "alguns deles" mostram evidentemente.

Vemos que Ele existindo no tempo de Abraão e antes dele: "Em verdade, em verdade eu vos digo: antes que Abraão existisse, EU SOU" (Jo 8:58).

Vemos que Ele existia nos dias de Noé (1Pe 3:18). Ele diz que Cristo foi "morto, sim, na carne, mas vivificado no espírito".

Ele existiu no princípio do mundo: "No princípio era o Verbo". Em cujas palavras, não havendo predicado ou atributo afirmado sobre esta palavra, a sentença ou afirmação acaba meramente com Sua existência: "Ele era", e Ele estava então, "no princípio". Ele não diz que foi *criado no início, mas que "Ele estava no início"*. —T. GOODWIN, em *O conhecimento de Deus Pai e Seu Filho Jesus Cristo*

*Versículo 26*
*Como roupa os mudarás, e serão mudados*. Não abolidos. A concupiscência passará, não a essência; a forma, não a natureza. No alterar de um antigo vestuário, não o destruímos, mas o aparamos, o renovamos e o fazemos parecer novo. Eles passam; não perecem; a impureza é removida, o metal permanece. A qualidade corrupta deve ser renovada e todas as coisas restauradas à beleza original em que foram criadas.

O fim de todas as coisas se aproxima (1Pe 4:7). Um fim para nós, um fim para nossos dias, um fim de nossos caminhos e um fim de nossos pensamentos. Pudesse um homem dizer como o mensageiro de Jó: "só eu escapei", isso seria algo; ou talvez se encontrasse uma arca com Noé. Mas não há arca para defendê-los desse calor, somente no seio de Jesus Cristo. —THOMAS ADAMS

Passamos então pela nuvem e no salmo seguinte nos deleitaremos na luz do sol. Tal é a experiência atribulada do cristão. Paulo, no capítulo 7 de Romanos, chora e geme e então no capítulo 8 se alegra e salta de alegria; então da lamentação do Salmo 102, nós agora avançamos aos cânticos e danças do 103, bendizendo o Senhor porque "Ao anoitecer, pode vir o choro, mas a alegria vem pela manhã." —C. H. SPURGEON

# Salmo 103

COM que frequência os santos na Escócia cantaram este salmo em dias em que celebravam a Ceia do Senhor! E assim ficou especialmente conhecido em nossa terra. Está também conectado com um caso notável nos dias de John Knox.

Elizabeth Adamson, uma mulher que assistiu sua pregação, "porque ele, mais do que outros, abriu mais plenamente a fonte das misericórdias de Deus", foi levada a Cristo e a descansar ao ouvir este salmo, após suportar tal agonia de alma que disse concernente a dores torturantes em seu corpo: "Mil anos deste tormento e ainda dez vezes mais não podem ser comparados a quinze minutos da angústia da minha alma."

Ela pediu para ouvir este salmo novamente antes de partir: "Foi ao recebê-lo que minha alma angustiada experimentou pela primeira vez a misericórdia de Deus, que é agora mais doce para mim do que se todos os reinos da Terra me fossem dados como posse." —ANDREW A. BONAR

*Versículo 1*
*E tudo o que há em mim bendiga ao seu santo nome.* Louvores indecisos, mal concebidos, ininteligentes não são os louvores que deveríamos prestar ao nosso amável Senhor. Se a lei de justiça exigisse todo o nosso coração, nossa alma e mente para o Criador, muito mais a lei de gratidão apresenta uma alegação compreensiva para que todo o nosso ser preste homenagem ao Deus da graça. —C. H. SPURGEON

Deixe que sua consciência "bendiga o Senhor" com fidelidade invariável. Que o seu julgamento o bendiga com meditações puras e santas.

Deixe que suas afeições o louvem amando tudo o que Ele ama. Que os seus desejos o bendigam buscando somente a Sua glória. Que a sua memória o bendiga não se esquecendo de nenhum de Seus benefícios. Que os seus pensamentos o bendigam meditando em Suas excelências.

Que sua esperança o louve ansiando e buscando a glória que será revelada. Que todos os seus sentidos o bendigam entregando a Ele sua fidelidade, todas as suas palavras pronunciando verdade e todos os seus atos pela integridade neles contida. —JOHN STEVENSON

Versículos 1 e 2 O poço raramente está tão cheio a ponto de a água fluir logo no primeiro bombeamento; nem o coração é comumente tão espiritual, após nossas conversas mundanas ainda que com extrema cautela (muito menos quando de certa forma exageramos) a ponto de derramar-se livremente no seio de Deus sem que haja algo que o eleve; sim, geralmente as fontes de graça estão tão escassas que o simples bombear não trará o coração até um estado de oração, mas se deve derramar argumentos na alma antes que as afeições surjam. —WILLIAM GURNALL

Versículos 1 a 3
*Se houver paixões em minh'alma,*
*(E paixões, Senhor, há);*
*Que estejam todas sob o Teu controle,*
*Meu gracioso Senhor, para ti.*
—WILLIAM JAY

*Versículo 2*
*E não te esqueças de nem um só de seus benefícios.* Lembre-se de como o rei persa, quando não conseguia dormir, lia as crônicas do império e descobriu que alguém que tinha salvado a sua vida nunca tinha sido recompensado. Rapidamente o rei o honrou! O Senhor nos salvou com grande salvação; não lhe oferecemos nenhuma retribuição?

O título de *ingrato* é um dos mais vergonhosos que um homem pode carregar; certamente não podemos nos contentar em correr o risco de obter tal estigma. Acordemos então e com intenso entusiasmo bendigamos a Jeová.

## Versículo 3

*Ele é quem perdoa todas as tuas iniquidades.* Aqui Davi começa sua lista de bênçãos recebidas, que ele ensaia como temas e argumentos para louvor. Ele seleciona algumas das pérolas mais belas do porta-joias do amor divino, costura-as no fio da memória e as suspende no pescoço da gratidão. —C. H. SPURGEON

Neste amável e bem conhecido salmo, temos grande plenitude de expressão no que diz respeito ao assunto vital da redenção. "Quem perdoa *todas* as tuas iniquidades". Não são *algumas* ou "*muitas* das iniquidades". Isto nunca seria suficiente. Se porém, a mais ínfima das iniquidades em pensamento, palavra ou ação fosse deixada sem perdão, seríamos tão maus, estaríamos tão longe de Deus, tão inadequados para o Céu, tão expostos ao inferno como se todo o peso de nossos pecados ainda estivesse sobre nós. Que o leitor pondere sobre isto intimamente.

Também não diz: "Quem perdoa tuas iniquidades prévias à conversão". Não há tal conceito nas Escrituras. Quando Deus perdoa, Ele perdoa como Ele mesmo é. A fonte, o canal, o poder e o padrão de perdão são todos divinos. Quando Deus cancela os pecados de um homem, Ele o faz conforme a medida em que Cristo carregou esses pecados. Agora, Cristo não carregou somente alguns ou muitos dos pecados do cristão, Ele os carregou *todos*, e, portanto, Deus perdoa *todos*.

O perdão de Deus se estende à amplitude da expiação de Cristo; e a expiação de Cristo estende-se à amplitude de todos os pecados do cristão, passados, presentes e futuros. "…o sangue de Jesus, seu Filho, nos purifica de todo pecado" (1Jo 1:7). —*NOVAS E VELHAS COISAS*

> *Quem sara todas as tuas enfermidades.*
> *Nele há apenas o bem,*
> *Em mim apenas o mal,*
> *Mas meu mal Sua bondade atrai,*
> *E ainda sou por Ele amado.*

Deus dá eficácia ao medicamento para o corpo e a Sua graça santifica a alma. Espiritualmente estamos a cada dia sob o Seu cuidado e Ele nos visita como o cirurgião o faz com seu paciente; curando ainda (pois essa é a palavra exata) todas as doenças conforme surgem. Nenhuma doença da alma malogra Sua habilidade; Ele as cura todas e assim Ele fará até que o último traço de mácula tenha desaparecido de nossa natureza. As duas palavras *todas* deste versículo são razões complementares para que *tudo* o que temos em nosso interior louve ao Senhor. —C. H. SPURGEON

Em uma das prisões de certo país havia um homem que tinha cometido alta traição. Ele foi julgado por este crime no tempo devido, e, sendo considerado culpado, foi condenado à morte. Mas mais do que isto, ele fora afligido por uma doença que geralmente é mortal.

Agora, podemos dizer verdadeiramente que este homem está morto duplamente, que a sua vida foi executada duas vezes: as leis deste país o pronunciaram culpado e condenado à morte e, portanto, sua vida é executada uma vez pelas leis de seu país e caso não tivesse morrido desta forma, deveria morrer de sua doença. Ele, portanto, é "executado duas vezes".

Agora suponha que o soberano desse país decidisse salvar a vida desse prisioneiro; poderia tê-lo feito? Ele poderia, de fato, ter retirado a pena da lei, poderia dar-lhe perdão gratuito e assim restaurar a vida tão certamente quanto fora antes condenada pela justa sentença da lei; mas, a menos que ele pudesse também enviar um médico que pudesse curar o homem de sua doença, não o livraria desta morte e seu perdão apenas alongaria por algumas semanas ou meses uma existência miserável.

E se esta doença não fosse apenas mortal, mas infecciosa, propensa a espalhar-se pela respiração do paciente e contagiosa sendo possível de espalhar-se pelo toque no paciente ou de suas roupas, então seria perigoso que outros se aproximassem dele e a menos que ele fosse curado completa e inteiramente, o homem, ainda que perdoado, ainda seria um detento apto somente para a casa de isolamento e não poderia ser recebido nas casas dos saudáveis.

Vocês já viram um caso como este, irmãos; talvez estejam neste exato momento sentados ao lado de alguém passando pela mesma situação; sim, e talvez vocês mesmos estejam passando por esta situação! Talvez, eu diria? Eu devo dizer que você está neste caso, a menos que você seja real e verdadeiramente um cristão, alguém que crê em Jesus Cristo.
—W. WELDON CHAMPNEYS

O corpo vivencia as consequências melancólicas da transgressão de Adão e, está sujeito a muitas enfermidades, mas a alma está sujeita a tantas quantas. O que é o orgulho, senão insanidade; o que é a ira, senão uma febre; o que é a avareza, senão um edema; o que é a luxúria, senão uma lepra; o que é o ócio, senão uma paralisia moribunda? Talvez haja doenças espirituais semelhantes a todas as do corpo.
—GEORGE HORNE

Não seria um rosto monstruoso, aquele em que o azul que deveria estar nas veias esteja nos lábios; o rubor que deveria estar nas bochechas, no nariz; os cabelos que deveriam crescer na cabeça, agora no rosto? E não seriam as necessidades da nossa alma ofensivas aos olhos de Deus, se temos tristezas emergindo em lugar da alegria e a alegria em lugar da tristeza? Nós amamos o que deveríamos odiar e odiamos o que deveríamos amar; tememos onde não há temor e esquecemos o temor onde ali deveria haver; e todas as nossas afeições erram seu objeto ou excedem sua medida devida. —THOMAS FULLER

*Versículo 4*
*Te coroa de graça e misericórdia.* Nosso pecado nos privou de todas as nossas honras, um confisco de bens foi emitido contra nós, traidores; mas Ele que removeu a sentença de morte nos redimindo da destruição restaura mais do que todas as nossas antigas honras coroando-nos de novo. Deus nos coroará e nós não o coroaremos? Eleve-se, minh'alma e lance sua coroa aos Seus pés; e em reverência modesta adore-o, Àquele que tão grandemente o exaltou ao ponto de elevá-lo do monturo para a convivência entre príncipes. —C. H. SPURGEON

Acredito que não consiga fazer algo melhor do que contar-lhes sobre um pequeno incidente que ocorreu na minha cidade natal, Stirling. Os operários estavam dinamitando a rocha do castelo, próximo de seus limites com uma travessa, que tem contato aberto com a rua. O estopim foi colocado e aceso. Momentaneamente esperou-se uma explosão.

Repentinamente, troteando ao redor do grande muro do rochedo, veio uma pequena criança indo em direção ao local onde o fósforo queimava. Os homens gritaram (isto foi misericórdia) e por seu terror ao gritar, alertaram e desconcertaram a pobre criatura. Neste momento a mãe surgiu, e rapidamente percebeu o perigo, abriu seus braços e clamou de seu coração: "Venha aqui minha querida" (isto foi misericórdia terna).

Instantaneamente, com avidez, pés tamborilando, pequenos braços abertos para os braços da mãe, olhos cheios de lágrimas respondendo aos olhos da mãe, a pequenina correu de volta e para longe dali, não parou até que fosse apertada no peito de sua mãe — mananciais de cabelos radiantes caíram sobre ela e lábios corais pressionaram o pálido lábio amedrontado de sua mãe — enquanto o coração materno entregava-se às lágrimas, por pensar no escape tão arriscado, pois em alguns segundos, o bramido da rocha estilhaçada se pronunciou. —ALEXANDER B. GROSART, em *O pastor e o ajudador de alegria*

*Versículo 5*
*Quem farta de bens a tua velhice.* Ou antes, "satisfazendo sua alma com o bem". Nenhum homem jamais se enche de satisfação se não for um cristão, e somente o próprio Deus pode satisfazer até mesmo ele.

*De sorte que a tua mocidade se renova como a da águia.* Aquele que sentou-se lamentando com a coruja no último salmo aqui voa alto com a águia. O Senhor gera mudanças maravilhosas em nós e aprendemos com tais experiências a bendizer o Seu santo nome. Crescer e nos transformarmos de pardais em águias, deixarmos o deserto do pelicano para pairarmos entre as estrelas é o suficiente para fazer qualquer homem clamar: "Bendiga o Senhor ó minh'alma".
—C. H. SPURGEON

A parte mais bela da vida o homem carnal rapidamente deixa para trás, o homem espiritual a vê sempre adiante; e como a águia, este último consegue amiúde alçar voo da rasa atmosfera ao seu redor para o puro, e claro éter, de onde a imagem à distância, não, a realidade inefável, lhe mostra uma alegria mais que terrena. —J. J. VAN OOSTERZEE, em *O Ano da Salvação*

### Versículo 8

*Assaz benigno*. O bem de que temos necessidade é a benignidade e perdão de nossos pecados, porque temos sido criaturas impuras e impiedosas; este bem é abundante em Deus. Ali ele é armazenado como as águas no armazém dos mares; não há fim para os tesouros de Sua graça, misericórdia, compaixão e Seu perdão.

Não há homem, estando em necessidade, que não escolheria ir à porta de um homem rico em busca de ajuda em vez de ir à porta do homem pobre, se soubesse que o homem rico é tão generoso e propenso a dar como o homem pobre pode ser. —JOH GOODWIN, em *Ser cheio pelo Espírito*

### Versículo 9

*Nem conserva para sempre a sua ira*. Ele não guarda rancores. O Senhor não deseja que Seu povo abrigue ressentimentos e, em Seu curso de ação, Ele lhes concede um grande exemplo. Quando o Senhor castiga o Seu filho, Ele o faz em Sua ira. Ele não é punitivo como um juiz, caso contrário a Sua ira arderia, mas está agindo como um pai e, portanto, após algumas varadas, Ele coloca fim à questão e traz Seu amado para Seu peito como se nada tivesse acontecido.

Ou se a ofensa é profunda demais na natureza do ofensor para ser assim vencida, Ele continua a corrigir, mas nunca deixa de amar e não permite que a Sua ira por Seu povo chegue ao próximo mundo, mas recebe o Seu filho transgressor em Sua glória. —C. H. SPURGEON

### Versículo 10

*Não nos trata segundo os nossos pecados, nem nos retribui consoante as nossas iniquidades*. Caso contrário Israel teria perecido por completo e nós também teríamos, há muito tempo, sido entregues ao inferno mais profundo. Nós devemos louvar o Senhor pelo que Ele não fez, assim como pelo que Ele criou para nós; até mesmo o lado negativo merece a nossa gratidão plena de adoração.

Até este momento, ainda que em nosso pior estado, jamais sofremos como merecíamos; nossa sorte diária não foi proporcional àquilo de que éramos dignos, mas em medida extremamente diferente de bondade imerecida. Não bendiremos ao Senhor? Todo o poder de nosso ser deveria ser rasgado pela angústia, mas antes estamos todos no deleite da felicidade ideal e muitos de nós são extremamente favorecidos com alegria interior. Que toda faculdade, sim, tudo o que há dentro de nós bendiga o Seu santo nome. —C. H. SPURGEON

Por que então Deus não lida conosco segundo os nossos pecados? Não será porque já o fez por meio de outra pessoa? Outro que tomou os nossos pecados sobre si; sobre quem é dito: "Deus o castigou em Sua ira"? E por que Deus o castigou por nossos pecados? Ó Deus gracioso, o tu és justo demais para te vingares duas vezes pelas mesmas falhas; e, portanto, tendo voltado Tua ira feroz sobre Ele, tu não a voltarás sobre nós também; mas tendo-o recompensado segundo nossas iniquidades, Senhor, agora nos recompensarás segundo Teus méritos. —SIR R. BAKER

### Versículo 11

*Pois quanto o céu se alteia acima da terra, assim é grande a sua misericórdia para com os que o temem*. O temor piedoso é um dos primeiros produtos da vida divina em nós. É o princípio da sabedoria, contudo garante plenamente a seu possuidor todos os benefícios da misericórdia divina e é, de fato, aqui e alhures, empregado para estabelecer a totalidade da verdadeira religião. —C. H. SPURGEON

### Versículo 12

*Quanto dista o Oriente do Ocidente, assim afasta de nós as nossas transgressões*. Ó versículo glorioso, nenhuma palavra na página inspirada consegue superá-lo! O pecado é removido de nós por um milagre de amor! Que carga para ser movida e, contudo, é removida para tão longe, de modo que a distância se torna incalculável. Voe o mais longe quanto a asa da imaginação puder levá-lo e se você se aventurar pelo espaço até o Leste, você estará mais longe do Oeste com todas as batidas de suas asas. Se o pecado for removido para tão longe, poderemos então estar certos de que a fragrância, o rastro, a própria memória do pecado deverá ser completamente removida.

Sendo esta a distância desta remoção, não haverá sombra de medo de que o pecado seja trazido de volta; até o próprio Satanás não conseguiria cumprir tal tarefa. Nossos pecados se foram, Jesus os carregou para longe. Distante como é o local onde o sol nasce distante do Oeste, onde o sol se põe quando sua jornada do dia se acaba, nossos pecados foram carregados para tão longe por nosso bode expiatório há 19 séculos [N.E.: 21 séculos.] e agora sendo procurados, não serão encontrados. Ah! Não serão encontrados, disse o Senhor.

Venha, minh'alma, acorde-se completamente e glorifique o Senhor por essa mais rica bênção. Aleluia! Somente o Senhor poderia remover o pecado por completo e Ele o fez de modo divino, fazendo uma varredura final de todas as nossas transgressões. —C. H. SPURGEON

Quando o pecado é perdoado, nunca é cobrado novamente; a culpa do pecado não pode mais retornar, assim como o Leste não pode se tornar Oeste, ou o Oeste se tornar Leste. —STEPHEN CHARNOCK

## Versículo 13
*Como um pai se compadece de seus filhos.* O pai se compadece de seus filhos que são fracos em conhecimento e os instrui, se compadece deles quando agem de modo insubordinado e tem paciência com eles; se compadece deles quando estão enfermos, e os consola; quando caem, e os ajuda a levantar-se novamente; quando causaram ofensa e, após sua submissão, os perdoa; quando são injustiçados e lhes faz justiça. Portanto "o Senhor se compadece dos que o temem". —MATTHEY HENRY

*Dos que o temem.* O temor de Deus é uma deferência a Ele que o leva a sujeitar a sua vontade à dele; o coloca engajado em agradá-lo, enche seu coração de contrição em vista de libertinagem passada, de alegria diante de Seu sorriso; conduz você em Seu amor e o enche da esperança de Sua glória. —GEORGE BOWEN

## Versículo 14
*Pois ele conhece a nossa estrutura e sabe que somos pó.* Não como um charlatão não qualificado, que tem apenas uma fórmula para todos, fortes ou fracos, jovens ou velhos; mas como um médico sábio que considera seu paciente e então escreve sua receita. Homens e demônios não passam de farmacêuticos de Deus, eles não trabalham com nosso físico, mas fornecem o que Deus prescreve. Balaão se agradou muito da gratificação de Balaque, mas não conseguiu ir à distância de um fio de cabelo da comissão de Deus. —WILLIAM GURNALL

Versículos 14 e 16. Somos pó. Eu nunca vejo um desses pilares espirais de poeira que, como um tufão simulado, rapidamente alcança a estrada em um dia ventoso, sem pensar: "Lá está uma imagem da vida". Pó e ar!

Observe como este aparente "pilar" não passa de uma condição, uma condição ativa de partículas de pó e essas partículas em transformação contínua. A forma depende do movimento incessante. A pesada areia flutua no ar impalpável enquanto partilha o seu movimento; acaba-se o movimento e ela despenca.

Então os torrões opacos de terra do campo, golpeados pela força, ganham asas e voam ganhando vida, participam por certo tempo em seu rápido curso e então, a força exaurida, retornam ao seu estado anterior. Um turbilhão, um fluxo, mantido por forças externas, que cessam quando estas forças são retiradas; isso é nossa vida. —JAMES HINTON, em *Pensamentos sobre saúde e algumas de suas condições*

## Versículo 15
*Quanto ao homem, os seus dias são como a relva.* Ele vive na relva e vive como a relva. O milho não passa de relva educada e o homem, que dele se alimenta, compartilha de sua natureza. A relva vive, cresce, floresce, cai sob a foice, seca, e é removida do campo. Leia esta sentença novamente e você

encontrará nela a história do homem. Vivendo seu curto dia, ele finalmente é cortado e é muito mais provável que secará antes que atinja a maturidade ou que seja arrancado repentinamente, muito antes de cumprir seu tempo.

*Como a flor do campo, assim ele floresce.* Uma grande congregação, em trajes de muitas cores, sempre nos lembra de um prado radiante com muitas tonalidades; e a comparação se torna uma triste verdade, quando refletimos que assim como a relva e sua formosura em breve passam, assim também aqueles a quem contemplamos em toda a sua beleza visível.

## Versículo 16
*Pois, soprando nela o vento, desaparece.* É necessário apenas um pequeno vento, nem mesmo uma foice, um sopro é suficiente, pois a flor é frágil demais. —C. H. SPURGEON

Um sopro de ar, um vento gentil passa sobre ela e ela se vai. Não seria tão estranho se uma tempestade, um turbilhão, passando sobre a flor a varresse para longe. O salmista quer dizer muito mais que isso. O toque mais gentil, a brisa sussurrante a carrega. Ela, em pouco tempo, se torna uma estranha, não mais conhecida no pequeno espaço que antes preenchia, movimentando-se constantemente. —HENRY COWLES

O efeito destruidor que parece ser aqui abordado, de ventos catastróficos atacando a estrutura do animal, não é de modo algum exagerado pela comparação ao repentino esmorecimento de uma flor. Maillet descreve centenas de pessoas em uma caravana como asfixiadas pelo fogo e pela poeira, do qual o vento mortal, que às vezes prevalece nos desertos orientais, parece ser composto.

E Sir John Chardin descreve este vento como "fazendo um grande barulho sibilante", e diz que "parece vermelho e flamejante e mata aqueles a quem atinge por um tipo de asfixia, especialmente quando ocorre durante o dia. —RICHARD MANT

## Versículo 17
*Mas a misericórdia do Senhor é de eternidade a eternidade, sobre os que o temem.* Abençoado *mas!* Que vasto é o contraste entre a flor débil e o Deus eterno! Que maravilhoso a Sua misericórdia unir a nossa fragilidade à Sua eternidade e nos tornar eternos também! Desde a antiga eternidade o Senhor viu o Seu povo como objetos de misericórdia e, como tais, os escolheu para se tornarem participantes de Sua graça; a doutrina da eleição eterna é muito prazerosa para aqueles que têm luz para enxergá-la e amor com o qual aceitá-la. É um tema para a contemplação mais profunda e a alegria mais elevada. —C. H. SPURGEON

Desde a eternidade, por predestinação; à eternidade, por glorificação: daquele sem início, para aquele sem fim. —BERNARD

## Versículo 19
*E o seu reino domina sobre tudo.* Ele tem um corvo para Elias, uma planta para Jonas, um cachorro para Lázaro. Ele faz o leviatã, a maior criatura vivente, preservar o Seu profeta. Faz um terrível leão ser morto como o foi por Sansão; ou não os permite matar, como foi com Daniel; ou matar, mas não comer, como o foi com aquele profeta (1Rs 13). Aqui estava o Senhor.

Com relação a metais: Ele faz o ferro flutuar, rochas fenderem. Sobre os demônios: eles devem obedecê-lo ainda que involuntariamente. Porém, estes se rebelam continuamente contra Ele e violam a Sua vontade? Sim, de fato o fazem contra a Sua complacência, não contra a Sua permissão.

Não há então tempo, nem hora da morte; nenhum lugar, nem o momento mais doloroso; não há criatura, nem o diabo; mas o Senhor pode nos libertar de todos. Portanto, em todos os momentos, em todos os lugares e contra todas as criaturas, confiemos nele para a libertação. —THOMAS ADAMS

Quando Melâncton foi extremamente solícito com relação às questões da igreja em seus dias, Lutero o admoestou nestes termos: *Monendus est Philippus ut desinat esse rector mundi.* Não deixe que Filipe se mantenha como governador do mundo. —DAVID CLARKSON

## Versículo 20
*Todos os seus anjos, valorosos em poder, que executais as suas ordens e lhe obedeceis à palavra.* Aqueles que

fazem a vontade de Deus fiel e obedientemente têm Deus lutando por eles; e então o que pode ser contra eles? Neste caso o próprio trabalho os fortalece e, é como uma maré levando-os adiante; porque é a obra de Deus.

Por outro lado, os que correm contra a vontade de Deus, têm o Senhor contra eles; e então o que pode estar a favor deles? Pode um homem empurrar o mar para longe? Pode ele alcançar o Sol e tirá-lo de seu curso? Então, pode ele esperar ser forte, quando estiver lutando contra a vontade de Deus? —JULIUS CHARLES HARE

*Versículo 22*
*Bendizei ao SENHOR, vós, todas as suas obras, em todos os lugares do seu domínio.* Veja como o homem finito pode acordar o louvor ilimitado! O homem é muito pequeno, contudo, colocando suas mãos sobre as teclas do grande piano do Universo, ele o desperta em trovões de adoração! O homem redimido é a voz da natureza, o sacerdote no templo da criação, o chantre na adoração do Universo.

Ó, que todas as obras do Senhor na Terra fossem libertas da vaidade à qual foram sujeitas e levadas à gloriosa liberdade dos filhos de Deus. O tempo se acelera e certamente virá; então todas as obras do Senhor de fato o bendirão. A promessa imutável está amadurecendo, a misericórdia certa está a caminho. Apressem-se, vocês, horas aladas! —C. H. SPURGEON

# SALMO 104

O POEMA contém um cosmos completo: mar e terra, nuvem e luz solar, plantas e animais, luz e escuridão, vida e morte. Todos provam ser expressões da presença do Senhor. Indícios dos seis dias da criação são muito evidentes e ainda que a criação do homem, que foi a obra coroadora do sexto dia, não seja mencionada, isto é justificado pelo fato de que o homem é ele mesmo aquele que canta. É uma versão de Gênesis feita pelo poeta.

Não temos informação sobre o autor, mas a Septuaginta o atribui a Davi, e não vemos razão para atribuí-lo a ninguém mais. Seu espírito, estilo e modo de escrever estão muito manifestos no texto, e se o salmo deve ser atribuído a outro, deve ser a uma mente extraordinariamente semelhante, e nós só poderíamos sugerir que seja o sábio filho de Davi — Salomão, o pregador-poeta, cujas notas sobre a história natural em alguns dos versículos de Provérbios carregam impressionante semelhança. —C. H. SPURGEON

*Versículo 1*
*Bendize, ó minha alma, ao SENHOR!* Este salmo começa e termina como o 103. Ao magnificarmos o Senhor, façamos isso de todo o coração. Nosso melhor está muito abaixo de Seu mérito; não o desonremos prestando-lhe adoração sem convicção. —C. H. SPURGEON

A obra de um bom homem está principalmente atrás de portas fechadas, ele se ocupa mais com sua própria alma do que com o mundo exterior. Ele também não pode jamais estar sozinho considerando que tenha Deus e seu próprio coração com quem dialogar. —JOHN TRAPP

*SENHOR, Deus meu, como tu és magnificente.* Deus foi magnificente no Sinai, contudo as palavras de abertura de Sua lei foram: "Eu sou o SENHOR, teu Deus"; Sua grandiosidade não é razão para que a fé não lance seu pedido e o chame de seu Deus. Não é "como é magnificente o Universo!", mas "como tu és magnificente". Muitos olham para a criatura, e assim se tornam idólatras em espírito; ir adiante e contemplar o próprio Criador, é a verdadeira sabedoria. —C. H. SPURGEON

*Versículo 2*
*Coberto de luz como de um manto.* Envolvendo-se na luz como um monarca coloca seu manto. A concepção é sublime, mas nos faz sentir como deve ser completamente inconcebível a glória pessoal do Senhor. Sendo a própria luz apenas Sua vestimenta e véu, o que não será o flamejante esplendor de Seu ser! —C. H. SPURGEON

A primeira criação de Deus nas obras dos dias foi a luz do sentido; a última foi a luz da razão e Sua obra de Sábado desde então é a iluminação do espírito. —FRANCIS BACON

*Versículo 4*
*Faz dos seus anjos espíritos* (ACRF). Deus é Espírito, e Ele é esperado por espíritos em Suas cortes reais. Os anjos são como ventos de mistério, força e invisibilidade; e sem dúvida os próprios ventos são frequentemente anjos, ou mensageiros de Deus.

*A teus ministros, labaredas de fogo.* Em Hb 1:7, fica claro que a passagem se refere a anjos; e foi muito adequado mencioná-los aqui em conexão com luz e Céus e imediatamente após os mantos e o palácio do Grande Rei. —C. H. SPURGEON

O fogo é expressão de poder irresistível, santidade imaculada e emoção fervorosa. É notável que os serafins, uma classe pelo menos destes ministros, têm seu nome originado em uma raiz que significa queimar; e o altar do qual um deles tomou uma brasa viva (Is 6:6), é o símbolo da mais elevada forma de amor santo. —JAMES G. MURPHY

*Lançaste os fundamentos da terra.* Logo o início da criação é descrito quase que nas exatas palavras empregadas pelo próprio Senhor em Jó 38:4: "Onde estavas tu, quando eu lançava os fundamentos da terra?" —C. H. SPURGEON

*Para que ela não vacile em tempo nenhum.* A linguagem é, obviamente, poética, mas o fato não é menos maravilhoso; a Terra é disposta no espaço de modo que permanece estável como se tivesse em uma posição fixa. Que poder deve haver nessa Mão que faz um corpo tão vasto conhecer sua órbita e mover-se tão suavemente nela! Que engenheiro pode salvar todas as partes de seu maquinário de uma ocasional colisão, um tranco ou atrito? Contudo nosso grande mundo em seus complicados movimentos, não sofreu tais coisas. "Deus meu, como tu és magnificente". —C. H. SPURGEON

A estabilidade da Terra vem de Deus, tanto quanto a sua essência e a sua existência. Houve muitos terremotos, ou movimentos da Terra em várias partes, mas o corpo como um todo nunca foi movido nem mesmo a uma distância de um fio de cabelo desde que suas fundações foram lançadas. Arquimedes, o grande matemático, disse: "Dê-me um ponto de apoio e moverei a Terra". Foi uma grande vanglória, não obstante, o Senhor a estabeleceu firme demais para que o homem a mova. Ele próprio pode abalar e sacudi-la, pode movê-la como lhe agradar, mas Ele jamais a removerá. —J. CARYL

Também foi perguntado se a velocidade da rotação da Terra mudou ou, o que seria a mesma coisa, se a duração de um dia sideral e de um dia solar subtraída dessa velocidade variaram dentro do período histórico. Laplace respondeu à esta pergunta e sua demonstração indica que não houve variação nem mesmo de um centésimo de segundo durante os últimos 2.000 anos. —AMEDEE GUILLEMIN

*Versículo 8*
*Elevam-se aos montes.* O Targum coloca: "Eles sobem das profundezas às montanhas"; ou seja, as águas, quando brotaram da terra por ordem divina, dirigiram seu curso para o alto das montanhas e então desceram até os vales ao lugar que lhes foi designado; elas passaram por colinas e vales; nada podia pará-las

ou retardar seu curso até chegarem a seu lugar adequado que é outro exemplo da Força Onipotente do Filho de Deus. —JOHN GILL

*Desceram os vales, até ao lugar que lhes havias preparado.* Estão tão dispostas a descer como chuva e ribeiros e torrentes, como estavam ansiosas para subir em vapor. A lealdade das poderosas águas às leis de seu Deus é muito marcante. A enchente feroz, a turbulenta correnteza, a tremenda torrente, são apenas formas do gentil orvalho que estremece na pequenina folha de grama e nestes formatos mais grosseiros elas são igualmente obedientes às leis que o Criador nelas imprimiu. —C. H. SPURGEON

## Versículo 9

*Puseste às águas divisa que não ultrapassarão, para que não tornem a cobrir a terra.* Essa divisa foi antes ultrapassada, mas nunca mais o será. O dilúvio foi causado pela suspensão do mandato divino que controlava as enchentes; elas conheciam sua antiga supremacia e apressaram-se em reafirmá-la, mas agora a promessa da aliança impede para sempre um retorno de tais ondas insurgentes. A Palavra de Jeová delimita o oceano, usando apenas um estreito cinturão de areia para confiná-lo a seus limites. Essa restrição aparentemente frágil responde a todos os propósitos, pois o mar é obediente, como uma pequena criança, à ordem de seu Criador. A destruição dorme na cama do oceano, e ainda que nossos pecados possam provocá-la, suas faixas restritivas são fortalecidas pela misericórdia da aliança, de modo que não podem se arrebentadas novamente soltando as águas contra os condenados filhos dos homens. —C. H. SPURGEON

Alguns grandes príncipes, acalorados pela ira e embriagados de orgulho, lançaram algemas ao mar, como se ameaçando-o de aprisionamento e escravidão caso não se acalmasse; mas o mar não poderia ser escravizado por eles. Esses homens também concederam que muitos golpes fossem lançados sobre o mar como uma punição por sua contumácia e rebelião contra qualquer um de seus comandos ou planos. Quão ridiculamente ambiciosos foram aqueles que imaginaram ter tal domínio! Muitos príncipes tiveram grande poder quando no mar, mas nunca houve algum príncipe que tivesse poder sobre o mar; essa é uma flor que não pertence a nenhuma outra coroa senão a coroa do Céu. —JOSEPH CARYL

## Versículo 11

*Dão de beber a todos os animais do campo.* Quem mais os alimentaria se o Senhor não o fizesse? —C. H. SPURGEON

*Os jumentos selvagens matam a sua sede.* Apesar da cela e das rédeas colocadas pelos homens eles permanecem intolerantes e o homem os denuncia como impossíveis de se ensinar, eles aprendem com o Senhor e sabem muito melhor do que o homem de onde fluem as águas refrescantes e cristalinas das quais devem beber ou morrer. Eles são apenas jumentos selvagens, contudo nosso Pai celestial tem cuidado com eles. Deveriam todas as coisas existir para o homem, caso contrário que sejam desperdiçadas? Não é verdade que flores que florescem sem que sejam percebidas pelo homem estão desperdiçando sua doçura, pois a abelha as encontra e outros viajantes alados vivem de seus sucos exuberantes. O homem não passa de uma criatura entre muitas a quem o Pai celestial alimenta e rega. —C. H. SPURGEON

## Versículo 12

*As aves do céu desferem o seu canto.* A música dos pássaros foi a primeira canção de ação de graças que foi oferecida na Terra antes que o homem fosse formado. —JOHN WESLEY

Mas o rouxinol, outra de minhas criaturas aéreas, expira música tão doce e forte de sua pequena garganta instrumental a ponto de fazer a humanidade acreditar que milagres não se acabaram. Aquele que à meia-noite, quando o próprio trabalhador dorme seguramente, deveria ouvir, como eu ouvi com frequência, os ares serenos, as doces canções, as naturais alterações de tons, a duplicação e reduplicação da voz do rouxinol, pode elevar-se para além da Terra e dizer: "Que música o Senhor proveu para os santos no Céu se para os homens maus na Terra o Senhor providenciou música como esta?" —IZAAK WALTON

*Versículo 14*
*Fazes crescer a relva.* Certamente o homem deveria considerar sua pequenez ao saber que todo o poder humano unido não pode criar nada, nem mesmo fazer a relva crescer. —WILLIAM S. PLUMER

*De sorte que da terra tire o seu pão.* Que grandioso é que Deus encontra entre os sepulcros sustento para a vida e do solo que foi amaldiçoado ele cria as bênçãos do milho, vinho e azeite. —C. H. SPURGEON

É o meio de nutrição mais indispensável e necessário, do qual nunca nos enfastiamos, enquanto que outros alimentos, por mais doces que sejam, mais facilmente nos saturam. Todos, a criança e o idoso, o pedinte e o rei, apreciam o pão. Nós nos lembramos do homem desafortunado que foi lançado na ilha deserta, faminto e que gritou ao ver um punhado de ouro: "Ah! É apenas ouro!" Ele teria prontamente trocado por pão isto que para ele era material inútil e que na mente da maioria dos homens está acima de qualquer preço. Ó, que nunca mais pequemos contra Deus no pouco valorizar do pão! —FREDERICK ARNDT

*Versículo 15*
*O vinho, que alegra o coração do homem.* Por isto ele mesmo deve carregar a culpa; merece ser miserável aquele que transforma até mesmo bênçãos em maldições. —C. H. SPURGEON

*E o alimento, que lhe sustém as forças.* Os homens têm mais coragem após terem sido alimentados. Muitos espíritos deprimidos foram consolados por uma boa e rica refeição. Devemos bendizer a Deus pela força do coração, assim como a força dos membros, considerando que se as possuímos, são ambas dádivas de Sua bondade. —C. H. SPURGEON

Os antigos faziam muito uso do azeite para embelezar-se. Lemos sobre o "azeite que dá brilho ao rosto". Rute ungiu-se para enfeitar-se (Rt 3:3) e a mulher tecoíta e o profeta Daniel omitiram o uso do azeite pelo motivo oposto (2Sm 14:3; Dn 10:3). O costume também é mencionado em Mt 6:17; Lc 7:46. —AMBROSE SERLE

Não é sem motivo que em lugar da palavra "Adão" que foi usada no versículo 14, aqui é empregada a palavra que significa um homem instável e débil, porque ele menciona essas nutrições das quais não havia necessidade antes da queda e que são especialmente adequadas para nutrir e alegrar o homem fraco. —VENEMA

*Versículo 16*
*Avigoram-se as árvores do S*ENHOR *e os cedros do Líbano que ele plantou.* As árvores descuidadas pelo homem ainda têm tanta seiva que podemos ter certeza de que o povo de Deus que pela fé vive, no Senhor somente, será igualmente bem suprido. Plantados pela graça e devendo tudo ao cuidado de nosso Pai celestial, podemos desafiar o furacão e rir diante do medo da seca, pois ninguém que confia nele jamais será deixado sem água. —C. H. SPURGEON

A transição que o profeta faz dos homens às árvores é como se ele tivesse dito: "Não será grande surpresa se Deus tão fartamente nutrir o homem que é criado à Sua própria imagem, considerando que Ele não se ressente em estender Seu cuidado até mesmo a árvores." Quando ele diz "árvores do S*ENHOR*" quer dizer aquelas que são altas e têm beleza insuperável; pois a bênção de Deus é mais evidente nelas. Parece extremamente impossível que qualquer sumo da Terra alcance tão grande altura e, contudo, elas renovam suas folhagens todos os anos. —JOÃO CALVINO

*Versículo 18*
*Os altos montes são das cabras montesinas.* Quase não há nenhuma dúvida de que a cabra montês do Antigo Testamento é o "Íbex-da-arábia", ou "Beden". Este animal é muito proximamente ligado ao Íbez dos Alpes. A agilidade do Beden é extraordinária. Por viver nas partes mais altas e muito escarpadas do cume da montanha, ele se lança de um ponto a outro de modo tão impulsivo que alarma alguém que não está familiarizado com o animal e à maravilhosa firmeza de seus pés.

Ele corre velozmente diante de um precipício perpendicular que parece tão suave quanto uma parede de tijolos, com o propósito de alcançar uma pequena borda que é dificilmente perceptível e que esteja há uns 4,5 metros acima do ponto de onde o animal saltou. Seus olhos, contudo, marcam certas rachaduras pequenas e saliências na superfície da rocha, e à medida que o animal dá o seu salto, usa estes pontos a seu favor em rápida sucessão, apenas tocando-os conforme ganha altura; e pelo leve toque de seus pés mantém o impulso original de seu pulo.

Semelhantemente, o íbex vem deslizando e saltando encostas íngremes das montanhas, algumas vezes saltando com as quatro patas juntas em uma pequena saliência pouco maior que uma moeda e algumas vezes pulando ousadamente sobre fendas profundas e pousando com precisão sobre um ponto saliente da rocha que parece grande o suficiente para suportar confortavelmente um rato. —J. G. WOOD

### Versículo 19
*Fez a lua para marcar o tempo.* Nunca consideremos os movimentos da lua como resultado inevitável de uma lei impessoal e inanimada, mas como designação de Deus. —C. H. SPURGEON

### Versículo 20
*Dispões as trevas, e vem a noite.* Vejamos a mão de Deus no encobrir do Sol e jamais temamos a escuridão natural ou providencial, considerando que ambas são feitura do próprio Senhor. —C. H. SPURGEON

*Na qual vagueiam os animais da selva.* A escuridão é mais adequada para animais do que para o homem; e são muito brutos aqueles homens que amam a escuridão em lugar da luz. —C. H. SPURGEON

### Versículo 21
*Os leõezinhos rugem pela presa e buscam de Deus o sustento.* Eles, em seu próprio modo, expressam seus desejos por alimento e a expressão de desejo é um tipo de oração. Deste fato vem o pensamento devoto do apelo do animal selvagem a seu Criador, pedindo-lhe alimento. O que eles pediram com sua própria linguagem, é aquilo que se colocam a buscar; sendo nisto muito mais sábios que muitos homens que oferecem orações formais com metade da profunda seriedade das orações oferecidas pelos leõezinhos e que então negligenciam os meios no uso dos quais o alvo de suas petições poderia ser alcançado. Os leões rugem e buscam; muitos são mentirosos diante de Deus e rugem, mas nunca buscam. —C. H. SPURGEON

O rugir de leõezinhos, como o grasnar dos corvos, é interpretado como um pedido de carne a Deus. O Senhor coloca esta construção na linguagem da simples natureza, até mesmo em criaturas peçonhentas e não interpretará muito mais favoravelmente a linguagem da graça em Seu próprio povo, ainda que sejam gemidos fracos e fragmentados que não podem ser pronunciados? —MATTHEW HENRY

### Versículo 22
*Em vindo o sol.* Não víssemos com tanta frequência o sol nascer, o consideraríamos como o maior dos milagres e a bênção mais incrível. —C. H. SPURGEON

*Eles se recolhem e se acomodam nos seus covis.* Houve Um que neste aspecto era mais pobre do que leões e raposas, pois Ele não tinha onde reclinar a Sua cabeça. Todos receberam provisões, exceto o Provedor encarnado. Bendito Senhor que se inclinou às condições dos brutos para elevar homens ainda piores que brutos!

O Sol é suficiente para esta tarefa. Ele é o verdadeiro domador de leões. Eles se reúnem como se fossem muitas ovelhas e em seus retiros se mantém prisioneiros até que a escuridão retorne e lhes dê outra licença para vaguear. Por meios simplesmente majestosos, os propósitos divinos são cumpridos. De forma semelhante, até mesmo os demônios são sujeitos ao Senhor Jesus e pelo simples difundir da luz do evangelho, estes demônios que rugem são expulsos do mundo.

Não há necessidade para milagres ou demonstração de poder físico, o Sol da Justiça nasce e o diabo, os falsos deuses, as superstições e os erros dos homens, todos buscam seus esconderijos nos lugares escuros da Terra entre as toupeiras e os morcegos. —C. H. SPURGEON

Para manter os animais selvagens em silêncio dentro de seus covis, o único meio que Deus emprega é estimulá-los com terror simplesmente pela luz do sol. Este caso de bondade divina é ainda mais enaltecido pelo profeta pela necessidade que ele tem; pois fosse o contrário, os homens não teriam liberdade para ir adiante na dedicação às labutas e aos negócios da vida. —JOÃO CALVINO

## Versículo 23

Somente o homem, entre todas as criaturas, diferentemente dos instrumentos involuntários do Onipotente, tem um verdadeiro trabalho diário. Ele tem um papel definitivo a exercer na vida e pode reconhecê-lo. —CARL BERNHARD MOLL

## Versículo 24

*Que variedade, SENHOR, nas tuas obras!* Elas não são apenas muitas em número, mas variadas. Mineral, vegetal, animal — que extensão de obras é sugerida por estes três nomes! —C. H. SPURGEON

Se o número de criaturas é tão excessivamente grande, quão grande, na realidade, imenso deve ser o poder e a sabedoria daquele que os formou a todos! Pois (que eu possa emprestar as palavras de um autor nobre e excelente) este número argumenta e manifesta mais habilidade do artífice capaz de moldar relógios, bombas e moinhos, granadas e foguetes, do que ele demonstraria se fizesse apenas um tipo desses mecanismos; assim o Todo-Poderoso demonstra a Sua sabedoria ao formar tal vasta multidão de diferentes tipos de criaturas; e tudo com arte muito mais admirável e incontestável do que se tivesse criado apenas algumas.

O Criador infinitamente sábio demonstrou em muitos momentos que Ele não está confinado a somente um instrumento para operar um efeito, mas que pode executar a mesma coisa por meios diversos. Então, ainda que penas pareçam necessárias para o voo, Ele capacitou muitas criaturas a voar sem elas, como dois tipos de peixe, um tipo de lagarto e o morcego, sem mencionar as inúmeras tribos de insetos voadores. De forma semelhante, ainda que a bexiga natatória dos peixes pareça ser necessária para o nado, alguns são formados de modo que nadam sem ela.

Novamente, o grande uso e conveniência, a beleza e a variedade de tantas nascentes e fontes, tanto ribeiros e rios, tantos lagos e lençóis d'água e estes tão espalhados e dispersos por toda a Terra, de modo que não há grande região que tenha falta deles, regiões que de outra forma, sem outro tipo de suprimento, ficariam desoladas e vazias, sem habitantes. Esta abundância de águas fornece argumentos de sabedoria e conselho, como o fato de que mananciais rompem nas bases das montanhas mais distantes do mar, de que caminhos para rios são feitos entre estreitos e rochas e depósitos subterrâneos, de modo se pode pensar que a natureza abriu caminho propositadamente para originar a água que, de outro modo, transbordaria e afogaria países por completo. —JOHN RAY

## Versículo 25

*Eis o mar vasto, imenso.* Os pagãos fizeram do mar uma província diferente da terra e entregaram seu comando a Netuno, mas nós conhecemos uma certeza de que, Jeová governa as ondas. *No qual se movem seres sem conta, animais pequenos e grandes.* O sentido verdadeiro é exatamente este. O número de formas ínfimas de vida animal é, de fato, maior do que um possível reconhecimento. Quando uma única onda fluorescente pode carregar milhões de infusórios e, ao redor de um fragmento de rocha exércitos de seres microscópicos podem reunir-se, renunciamos a todas as ideias de aplicação de aritmética a tal caso. —C. H. SPURGEON

*Seres sem conta.* As águas abundam com mais vida do que o solo. Sob a superfície menos variada do que a dos continentes, o mar envolve em seu peito uma exuberância de vida que nenhuma outra região do globo pode permitir-se imaginar.

Charles Darwin diz verdadeiramente que as florestas terrestres não contêm nada como o número de animais no mar. O oceano, que para o homem é o elemento da morte, é para miríades de animais uma casa de vida e saúde. Há alegria em suas ondas, há felicidade em suas costas e azul celestial em todo lugar. —MOQUIN TANDON

*Versículo 26*
*Navios.* O navio original sem dúvida foi a arca de Noé, de modo que todos eles devem seu primeiro desenho ao próprio Deus. —JOHN GILL

Por mais assustador e tempestuoso que o mar possa parecer, e incontrolável em suas ondas e vagas, é apenas um campo esportivo, o parque de lazer, a pista de boliche para aqueles enormes monstros marinhos. —ADAM CLARKE

*E o leviatã que formaste para nele folgar* (ARC). Com tal força maravilhosa a cauda da baleia é dotada, de modo que o maior destes animais, medindo uns 25 metros de comprimento, é capaz, pela ajuda da cauda, de saltar por completo fora da água, como se fossem pequenos peixes pulando em busca de moscas. Este movimento é tecnicamente denominado de "salto" e o som que produz pelo enorme corpo ao cair na água é tão poderoso que pode ser ouvido a uma distância de muitos quilômetros. —J. G. WOOD

Ele é formado para "folgar no mar"; ele não tem nada a fazer como o homem que "sai para o seu trabalho"; ele não tem nada a temer como os animais têm, que ficam em seus covis; e, portanto, ele brinca com as águas. É uma pena que qualquer um dos filhos dos homens, que têm poderes mais nobres e foram feitos para propósitos mais nobres, vivam como se tivessem sido enviados ao mundo como o leviatã às águas, para ali folgar, gastando todo o seu tempo em distrações. —MATTHEW HENRY

*Versículo 28*
*Se lhes dás, eles o recolhem.* Quando vemos as galinhas bicando o milho que a dona de casa lança de seu colo, temos uma ilustração adequada do modo como o Senhor supre as necessidades de todas as coisas vivas — Ele dá e eles o recolhem. —C. H. SPURGEON

*Se abres a mão, eles se fartam de bens.* O que faríamos se essa mão se fechasse? Não haveria necessidade de um golpe, o simples fechar da mão produziria a morte pela inanição. Louvemos o Senhor de mãos abertas, cuja providência e graça satisfazem nossas bocas com coisas boas. —C. H. SPURGEON

O princípio geral do texto é que Deus dá às Suas criaturas e Suas criaturas coletam. Esse princípio geral aplicaremos a nosso próprio caso como homens e mulheres; pois é tão verdadeiro para nós quanto o é para os peixes do mar e o gado nas colinas: "Se lhes dás, eles o recolhem".

Precisamos apenas recolher, pois Deus dá. Em questões temporais Deus nos dá dia a dia nosso pão diário e nosso tarefa é simplesmente recolhê-lo. Em questões espirituais, o princípio é verdadeiro, muito enfaticamente nós precisamos, no domínio da graça, apenas recolher o que Deus dá.

O homem natural pensa que precisa conquistar o favor divino, que precisa comprar a bênção do Céu; mas ele está redondamente errado. A alma precisa apenas receber aquilo que Jesus concede gratuitamente.

Nós podemos recolher apenas o que Deus dá; por mais ávidos que estejamos, aqui está o fim da questão. O pássaro diligente não conseguirá recolher mais do que o Senhor lhe tiver dado, nem o homem mais avarento e ganancioso. "Inútil vos será levantar de madrugada, repousar tarde, comer o pão que penosamente granjeastes; aos seus amados ele o dá enquanto dormem."

Nós devemos recolher o que Deus dá ou não receberemos o bem de Seu doar generoso. Deus alimenta os seres sem conta, mas cada criatura recolhe para obter seu alimento. O grande leviatã recebe sua vasta provisão, mas ele precisa arar os imensos prados e recolher as miríades de ínfimos objetos que suprem sua necessidade. O peixe deve saltar para capturar, a andorinha deve caçar seu alimento, os leõezinhos devem perseguir sua presa.

A quarta reflexão do texto nos fornece o doce pensamento de que podemos recolher o que Ele dá. Temos permissão divina para desfrutar livremente do que o Senhor concede.

A última questão é: Deus sempre nos dará algo para recolhermos. Está escrito: "O Senhor proverá". Consequentemente também o é em questões espirituais. Estando você disposto a recolher, Deus sempre dará. —C. H. SPURGEON

### Versículo 29

*Eles se perturbam.* Eles se confundem, estão saturados de terror e assombro. A palavra "perturbam" de modo algum transmite o sentido da palavra original, *bahal* — que significa devidamente *tremer;* estar em trepidação, ser cheio de terror, estar assombrado, ser confundido. É o tipo de consternação que se tem quando todo o suporte e proteção são retirados e quando a inevitável ruína nos olha nos olhos. Então quando Deus se afasta, todo o suporte deles se vai, todos os seus recursos falham e eles devem morrer. São representados como pessoas conscientes disto; ou isto é o que ocorreria se fossem conscientes.
—ALBERT BARNES

*Se lhes cortas a respiração, morrem e voltam ao seu pó.* Note aqui que a morte é causada pelo ato de Deus: "Se lhes cortas a respiração". Somos imortais até que Ele ordene que morramos e assim são até mesmo os pequenos pardais, que não caem no chão sem a ação de nosso Pai. —C. H. SPURGEON

### Versículo 30

*Envias o teu Espírito, eles são criados, e, assim, renovas a face da terra.* As obras do Senhor são majestosamente simples e são executadas com uma naturalidade imperial — um sopro cria e sua retirada destrói.
—C. H. SPURGEON

### Versículo 32

*Com só olhar para a terra, ele a faz tremer; toca as montanhas, e elas fumegam.* Até o nosso Deus é fogo consumidor. Ai daqueles que provocarem um olhar severo em Seu rosto; estes perecerão ao toque da Sua mão. Se os pecadores não fossem completamente insensíveis, um relance do olho do Senhor os faria tremer e os toques de Sua mão durante a aflição incendiariam os seus corações com arrependimento. "No contemplar, todas as coisas mostram algum sinal" exceto o coração insensível do homem.
—C. H. SPURGEON

Esta é a filosofia das Escrituras; será então a minha filosofia. Nunca uma sentença foi pronunciada por um homem sem inspiração que fosse tão sublime como esta. Este pensamento é grandioso demais além da concepção; e a expressão reveste o pensamento com majestade externa adequada. A grandiosidade da expressão nesta passagem emerge da infinita proporção entre os meios e o fim. Um soberano terreno olha com ira e seus cortesãos tremem. Deus olha para a Terra e ela treme em suas fundações. Ele toca as montanhas e o vulcão esfumaça, vomitando torrentes de lava. Quão frio e esmorecido é o sopro dessa maléfica filosofia que separa nossa mente do contemplar de Deus em Suas obras de Providência! Esta malária destrói toda vida espiritual. —ALEXANDER CARSON

### Versículo 33

*Cantarei louvores ao meu Deus durante a minha vida.* Nunca cantamos tão bem como quando sabemos que temos um interesse nas boas coisas sobre as quais cantamos e um relacionamento com o Deus a quem louvamos. —C. H. SPURGEON

### Versículo 34

*Seja-lhe agradável a minha meditação.* A meditação é a alma da religião. É a árvore da vida no meio do jardim da piedade e seu fruto é muito revigorante para a alma que dele se alimenta. —C. H. SPURGEON

Um cristão não precisa estudar nada mais exceto *Cristo*; há o suficiente em Cristo para tomar conta de seu estudo e contemplação por todos os seus dias. E quanto mais estudarmos Cristo, mais estudaremos sobre Ele; ainda haverá novas maravilhas surgindo nele. —JOHN ROW

As últimas palavras escritas por Henry Martyn, morrendo entre os maometanos na Pérsia, foram: "Sentei-me no pomar e pensei em meu Deus com doce consolo e paz, em solitude minha companhia, meu Amigo, meu Consolador". —C. H. SPURGEON

Devo meditar em Cristo. Deixe que os filósofos se elevem em suas contemplações e caminhem entre as estrelas. O que são as estrelas para Cristo, o Sol da justiça, o brilho da glória do Pai e a imagem expressa de Sua Pessoa? Deus manifesto na carne é um tema que os anjos se deleitam em contemplar. —SAMUEL LAVINGTON

*Versículo 35*

*Desapareçam da terra os pecadores.* Há alguns anos tive a oportunidade de fazer uma caminhada de alguns quilômetros, em uma manhã de verão, ao longe de uma orla de beleza insuperável. Era o Dia do Senhor e a linguagem do Salmo 104 nasceu de forma espontânea em minha mente à medida em que um cenário após o outro se revelava diante dos olhos.

Aproximadamente na metade do caminho, a estrada cortava um vilarejo sujo e minhas meditações foram grosseiramente interrompidas por rixas de algumas pessoas, que pareciam ter gastado a noite em uma orgia ébria.

Bem, eu pensei, o salmista pode ter tido alguma experiência desagradável. Ele pode ter encontrado pessoas em algumas cenas de beleza natural, que em vez de ser sacerdócio real para dar voz à natureza em louvor de Seu Criador, em vez de ser, no sentido puro e santo da vida deles, a nota mais celestial da canção toda — a enchem de uma dissonância severa.

Sua oração é a expressão veemente de um desejo de que a Terra não mais seja maculada pela presença de homens perversos — que eles sejam totalmente consumidos e que possam dar lugar a homens movidos pelo poder de Deus, homens justos e santos, homens que serão coroa de beleza na cabeça desta bela criação. Se esta for a explanação correta da oração do salmista, não é apenas justificável, mas há algo errado em nossas meditações sobre a natureza se não estivermos dispostos a nos unirmos a ela. —WILLIAM BINNIE

*Bendize ao Senhor.* Esta é a primeira vez que encontramos o "Aleluia"; e surge aqui com relação à destruição do perverso; e a última vez que o encontramos é em uma ocasião semelhante, quando a Babilônia do Novo Testamento é consumida, este é o peso da canção —"Aleluia" (Ap 19:1,3,4,6). —MATTHEW HENRY

Este salmo é um "Oratório da Criação" inspirado. —CHRISTOPHER WORDSWORTH

Ficamos atônitos ao descobrir em um poema lírico de compasso tão limitado, todo o Universo — os Céus e a Terra — esboçado com alguns poucos toques ousados. —A. VON HUMBOLDT

# Salmo 105

ESTE salmo histórico foi evidentemente composto pelo rei Davi, pois os primeiros quinze versículos foram usados como um hino durante o transporte da arca da casa de Obede-Edom, pois lemos: "Naquele dia, foi que Davi encarregou, pela primeira vez, a Asafe e a seus irmãos" (1Cr 16:7).

Nosso último salmo cantou os primeiros capítulos de Gênesis e este trata de seus últimos capítulos e nos conduz para Êxodo e Números.

Estamos agora entre os salmos longos, como em outros momentos estivemos entre os curtos. Estas extensões variadas dos poemas sagrados deveriam nos ensinar a não determinar nenhuma lei concernente a brevidade ou prolixidade seja na oração ou no louvor. —C. H. SPURGEON

## Versículo 2

*Narrai todas as suas maravilhas.* Não temos tantas de que nos vangloriar como cristãos? O cristianismo é um tecido de milagres; e todas as partes da obra da graça na alma, são milagres. Os cristãos genuinamente convertidos podem falar de milagres desde a manhã até o anoitecer; e deveriam falar sobre os milagres e recomendar a outros o seu Deus e Salvador que opera milagres. —ADAM CLARKE

## Versículo 3

*Gloriai-vos no seu santo nome.* Que seja motivo de alegria você ter este Deus. Seu caráter e atributos são tais que você jamais se envergonhará de chamá-lo de seu Deus. Todos os Seus atos exibirão o escrutínio mais severo; Seu nome é santo, Seu caráter é santo, Sua lei é santa, Seu governo é santo, Sua influência é santa.

*Encontra bem-aventurança aquele que te encontra,*
*Nem língua nem e escrita podem expressar*
*O que é o amor de Jesus,*
*Ninguém, exceto Seus amados o conhecem.*
—C. H. SPURGEON

## Versículo 4

*Buscai o Senhor e o seu poder; buscai perpetuamente a sua presença.* Primeiro o buscamos, depois buscamos o Seu poder e em seguida a Sua presença. Da reverência pessoal, passamos para o poder conferido e depois ao favor consciente. Este buscar jamais deve ser concluído — quanto mais sabemos mais devemos buscar saber. —C. H. SPURGEON

É acrescentado "perpetuamente", para que não imaginassem que tivessem executado seu dever caso se reunissem duas ou três vezes ao ano no tabernáculo e observassem os ritos exteriores segundo a Lei. —MOLLERUS

## Versículo 5

*Lembrai-vos.* Como outros podem ser afetados, eu não questiono. Com relação a mim, confesso, não há preocupação ou tristeza pelos quais sou tão severamente assediado como quando me sinto culpado de ingratidão a meu Senhor tão amável. Muitas vezes parece ser uma falha tão inexplicável que me sinto alarmado ao ler estas palavras, na medida em que as considero dirigidas a mim e a outros como eu. Lembrem-se, vocês desmemoriados, negligentes e ingratos, das obras de Deus, obras que Ele executou para nós, com tantos sinais e provas de Sua bondade. O que mais Ele poderia ter feito que já não tenha feito? —FOLENGIUS

*Dos seus prodígios e dos juízos de seus lábios.* Como a Palavra de Deus é a salvação de Seus santos, também é a destruição dos impiedosos. De Sua boca sai uma espada de dois gumes com a qual Ele matará o perverso. —C. H. SPURGEON

## Versículo 6

*Vós, descendentes de Abraão, seu servo, vós, filhos de Jacó, seus escolhidos.* A eleição não é um divã para o sossego, mas um argumento para diligência multiplicada. Se Deus nos escolheu, tenhamos como objetivo sermos homens seletos. —C. H. SPURGEON

## Versículo 7

*Ele é o Senhor, nosso Deus.* Bendito seja o Seu nome. Jeová condescende em ser nosso Deus. Esta sentença contém uma riqueza maior de significado do que toda a eloquência de oradores pode delinear e há nela mais alegria do que em todos os sonetos encantadores.

*Os seus juízos permeiam toda a terra.* É maravilhoso que o povo judeu tivesse sido tão exclusivista e tenha perdido tão completamente o espírito missionário, pois sua literatura sagrada é repleta de simpatias vastas e generosas que são tão consistentes com a adoração do "Deus de toda a terra".

Também não é menos doloroso observar isso entre uma certa classe de cristãos que na eleição da graça de Deus perdura um espírito severo e exclusivista, fatal à compaixão e ao zelo. Seria bom para estes também se lembrar de que o Redentor deles é o "Salvador de todos os homens, especialmente daqueles que creem." —C. H. SPURGEON

## Versículo 8

*Da palavra que empenhou para mil gerações.* Isto é apenas uma ampliação da declaração anterior, e serve para colocar diante de nós a imutável fidelidade do Senhor durante as gerações cambiantes dos homens. Seus julgamentos são ameaçados na terceira e quarta gerações daqueles que os odeiam, mas Seu amor corre para sempre, até "mil gerações". —C. H. SPURGEON

## Versículo 11

*Como quinhão da vossa herança.* (Literalmente "o cordão de vossa herança".) Esta é uma expressão tirada do método antigo de medição de terra pela corda, ou linha; de onde a corda de medida é metonimicamente usada representando a parte medida e dividida pela corda. Daí as linhas: "Caem-me as divisas em lugares amenos", ou seja, como o salmista explica: "é mui linda a minha herança" (Sl 16:6). —SAMUEL CHANDLER

Versículos 11 e 12. *Então, eram eles em pequeno número, pouquíssimos e forasteiros nela.* As bênçãos prometidas à semente de Abraão não dependiam do número de seus descendentes ou de sua posição neste mundo. A aliança foi feita com um homem e consequentemente o número jamais poderia ser menos e esse homem não era o dono de um metro quadrado de terra sequer, exceto por uma caverna em que sepultar seus mortos e, portanto, sua semente não poderia ter menos herança do que ele.

A pequenez de uma igreja e a pobreza de seus membros não são barreiras para a bênção divina se esta for almejada sinceramente com a alegação da promessa. Não eram poucos os apóstolos e os discípulos fracos quando a boa obra se iniciou? Não será porque somos forasteiros e estrangeiros aqui embaixo, como nossos pais o foram, que estamos em mais perigo. Somos como ovelhas no meio de lobos, mas os lobos não podem nos ferir, pois o nosso Pastor está próximo. —C. H. SPURGEON

Versículos 12, 14 e 15. Poder-se-ia pensar que todo o mundo estava contra eles, mas aqui estava a proteção: Deus tem a voz contrária *A ninguém permitiu que os oprimisse*. Muitos consideravam o povo de Deus (como dizemos) uma pedra no sapato, suas mãos coçavam desejando lidar com eles e o texto mostra quatro vantagens que o mundo tinha contra eles. Primeiro "eram em pequeno número". Segundo "pouquíssimos". Terceiro "forasteiros". Quarto, "inquietos". O que impedia os seus inimigos? Era a voz contrária do Senhor.

*Repreendeu a reis, dizendo: Não toqueis nos meus ungidos, nem maltrateis os meus profetas.* Vemos um exemplo disto (Gn 35:5) quando Jacó e sua família viajaram. "O terror de Deus invadiu as cidades que lhes eram circunvizinhas, e não perseguiram aos filhos de Jacó." Eles tinham em mente que os perseguiriam, para vingar o massacre dos siquemitas; mas Deus disse: "não persigam" e eles não puderam perseguir, foram obrigados e permanecer em casa. E quando Seu povo, os judeus, estava seguro em Canaã, Ele os encorajou a ir livremente a Jerusalém para adorar tendo esta certeza: "ninguém cobiçará a tua terra quando subires para comparecer na presença do Senhor, teu Deus, três vezes no ano" (Êx 34:24). Deus pode impedir não apenas que mãos danifiquem, mas que corações desejem. —JOSEPH CARYL

Versículos 14 e 15. Aqui está o grande perigo para reis e estados: lidar com os Seus santos de outro modo senão bem. O que apareceu de muitas formas, pois Ele não apenas em palavras lhes dá uma incumbência de não lhes tocar, mas a faz ser executada com muito zelo (pois assim Deus fará quando advoga a causa de Seu povo). Não os toques, como se tivesse dito: "Deixe-me ver se vocês ousarão minimamente tocá-los"; e é com uma declaração da mais alta ameaça se o fizerem, correndo risco, pois este é o escopo desta afirmação.

E assim, em atos, Ele operou este bem; pois o texto diz que Ele não permitiu que ninguém os oprimisse. Não se trata de prevenir por completo todo o mal e dano, pois foram acometidos por muitos ao passarem por estas terras; mas em momento algum Ele permitiu que não houvesse punição. —THOMAS GOODWIN

## Versículo 15

*Nos meus ungidos.* Abraão, Isaque e Jacó não tinham unção externa. Eram, no entanto, chamados de "ungidos" porque foram separados por Deus da multidão de homens perversos e agraciados com o Espírito Santo e Seus dons, dos quais o óleo era o emblema. —MOLLERUS

## Versículo 16

*Fez vir a fome sobre a terra.* Ele precisava apenas chamá-la como o homem chama seu servo e de uma vez ela surgiu. Quão gratos devemos ser por Ele não chamar com frequência aquele Seu terrível servo tão diminuto e esquelético, soturno, tão impiedoso com as mulheres e as crianças, tão amargo com os homens fortes que falham inteiramente diante dele.

*E cortou os meios de se obter o pão.* A vida frágil do homem não pode resistir a falta de seu sustento — se o pão lhe faltar, a vida lhe falta. Como um manco com um bastão quebrado cai no chão, assim o é com o homem quando o pão não mais o sustenta. —C. H. SPURGEON

Como um mestre chama um servo pronto para executar sua ordem. Deus diz em oposição: "farei vir o trigo, e o multiplicarei, e não trarei fome sobre vós" (Ez 36:29). Compare as palavras do centurião sobre a doença ser escrava de Cristo, pronta para ir ou vir ao Seu chamado (Mt 8:8,9). —A. R. FAUSSET

## Versículo 17

*Adiante deles enviou um homem, José.* Ele foi o guarda à frente, o pioneiro de todo o clã. Seus irmãos o venderam, mas Deus o enviou. —C. H. SPURGEON

*Vendido como escravo.* A jornada de José para o Egito não foi tão dispendiosa quanto a viagem de Jonas quando este pagou por seu próprio bilhete. Sua passagem grátis foi provida pelos Midianitas, que também garantiram sua apresentação a um grande oficial do estado ao entregá-lo como escravo. Seu caminho até uma posição em que poderia alimentar sua família estendia-se pelo fosso, a caravana de escravos, o mercado de escravos e a prisão. Quem negará que este era o caminho certo, o caminho mais assertivo, o caminho mais sábio e talvez, o caminho mais curto.

Contudo, certamente não parecia sê-lo. Fôssemos nós quem enviássemos um homem a tal incumbência, o abasteceríamos com dinheiro — José vai como um pobre; deveríamos vesti-lo com autoridade — José vai como escravo; deveríamos deixá-lo em liberdade plena — José é servo. Contudo, o dinheiro teria sido de pouco uso quando o milho era tão precioso, a autoridade teria sido irritante em lugar de ser influente com o Faraó, e a liberdade poderia não ter colocado José em contato com o capitão do Faraó e seus outros servos. E assim o conhecimento de sua habilidade de interpretação não teria alcançado o ouvido do monarca. O caminho de Deus é o caminho. A trajetória de nosso Senhor até Seu trono mediatório passou pela cruz do Calvário; nossa estrada até a glória passa pelos rios do sofrimento. —C. H. SPURGEON

Versículos 17 a 22. José pode ser, para nós, um exemplo adequado de nossa libertação espiritual. Considere-o vendido ao Egito, sem o conselho determinado de Deus, que preordenou isto para o bem: "para conservação da vida, Deus me enviou adiante de vós" (Gn 45:5). Aqui está a diferença: os irmãos venderam José, nós vendemos a nós mesmos. Considere-nos então vendidos ao pecado e à morte. Deus tinha um propósito de nos redimir; aqui está a eleição.

José foi liberto da prisão e nós fomos resgatados da casa da escravidão; houve redenção. A causa de José foi conhecida e ele próprio absolvido; nós não poderíamos ser considerados inocentes, mas fomos absolvidos em Cristo e nisto consiste nossa justificação.

Por último, José foi vestido em indumentária gloriosa, adornado com correntes de ouro, usava a segunda carruagem do Egito; então nosso último passo é ser promovido à elevada honra, à glória da corte celestial, "o que será honra para todos os seus santos" (Sl 149:9). —THOMAS ADAMS

## Versículo 18

*Cujos pés apertaram com grilhões.* Disto aprendemos um pouco mais sobre os sofrimentos de José do que as informações que temos no Livro de Gênesis. A inspiração não havia se acabado e Davi era um historiador tão preciso quanto Moisés, pois o mesmo Espírito guiou a sua pena. Os grilhões de ferro o estavam preparando para usar as correntes de ouro e aprontando seus pés para se colocar em lugares elevados. E assim é com todos os afligidos do Senhor. Eles também um dia sairão de suas prisões em direção aos seus tronos. —C. H. SPURGEON

*E a quem puseram em ferros.* Até que o tenhamos sentido, não podemos conceber que essa doença de coração que em certos momentos espiará o paciente sofredor; esse senso de solidão, esse desfalecimento da alma, que são consequências das esperanças adiadas e desejos não compartilhados, do egoísmo dos irmãos e a crueldade do mundo. Nós nos perguntamos: "Se o Senhor estivesse comigo, eu sofreria desta forma, não somente o escárnio dos eruditos e o desprezo dos grandes, mas até mesmo a indiferença e negligência daqueles a quem servi que agora se esquecem de mim?" Portanto, José pode ter perguntado; e até hoje os eleitos podem fazer a mesma pergunta, quando sozinhos se posicionam sem o encorajamento ou a simpatia do homem, sem desviarem-se pela falsidade ou pelo escárnio, com seu rosto endurecido como pedra, contudo, sentindo profundamente o quanto isso lhes custa. —ANDREW JUKES

## Versículo 19

Vendido para o Egito como escravo, lançado na prisão por sua fidelidade a Deus, a Palavra do Senhor provou sua alma muito poderosamente. Na soturnidade daquele encarceramento, o mais difícil era acreditar na fidelidade de Deus, quando a sua aflição havia surgido por sua obediência; e mais difícil manter a promessa claramente diante dele, quando sua gigantesca aflição o tentava perpetuamente a considerar a promessa como um sonho inerte.

Nós nunca conhecemos a necessidade que temos da fé até que alguma promessa gloriosa desperte a alma para a atitude de crença e, a promessa é um teste. Portanto, Paulo, com sua profunda percepção dos fatos de experiência espiritual, diz: "Porque a palavra de Deus é mais cortante do que qualquer espada de dois gumes, e penetra até ao ponto de dividir alma e espírito, juntas e medulas, e é apta para discernir os pensamentos e propósitos do coração." Em ilustração a isto, podemos observar que muitas promessas do Senhor nos chegam como chegaram até José: como versões oníricas do futuro.

Mas eu apelo à sua experiência para comprovar que não é verdade que tais revelações da promessa rapidamente se tornam momentos de prova. E depois, a voz escarnecedora da incredulidade nos diz que essa aspiração é vã. Os frios conflitos da indiferença arrefecem os ferozes impulsos do coração. Ficamos aprisionados como José, não por barras físicas, mas por amarras invisíveis da descrença; e descobrimos que é extremamente difícil manter a promessa clara e reluzente, enquanto tentamos acreditar que nossas aspirações eram meramente sonhos inertes. E há aquele despertar, pela promessa, da oculta descrença da alma, que torna toda a promessa, uma prova inevitável. *Deus faz Suas promessas nos tentarem.*

Daí a grande ideia de uma terra não descoberta do outro lado dos dejetos do Atlântico atingiu a alma de Colombo; mas permaneceu uma fé sonhadora até que pela oposição e ridicularização ele foi tentado a considerá-la como sonho e então se tornou um empenho heroico e a terra foi descoberta.

Assim é com todos os gênios. Eles se colocam diante de sua era, com pensamentos que o mundo não pode compreender, mas esses pensamentos são sonhos até que o sofrimento e o escárnio tentem os homens, e então são despertados para a dedicação de efetuá-los.

Portanto, Deus nos leva às circunstâncias em que somos tentados a duvidar de Suas promessas, de modo que pela tentação Ele possa disciplinar a fé transformando-a em poder. Há um deserto de tentações em cada vida e, como Cristo, somos frequentemente levados a esse deserto, a partir do solene momento em que ouvimos a voz: "Tu és meu filho"; mas como Cristo, nos posicionamos fortes, durante a longa, silenciosa luta com a tentação, para fazermos a vontade de nosso Pai.

Deus envia a Hora da Libertação: "Até ao tempo em que chegou a Sua palavra". Quando a disciplina foi aperfeiçoada, José ressurgiu pronto para sua missão. Mas a nossa libertação nem sempre vem desta forma. Retire das histórias da Bíblia os quatro grandes métodos pelos quais Deus envia a libertação.

*Algumas vezes pela morte*. Foi assim com Elias. A fraqueza, a solidão e o fracasso haviam feito aquele homem forte clamar: "toma agora, ó Senhor, a minha alma, pois não sou melhor do que meus pais". A tentação estava se tornando forte demais e Deus enviou libertação na carruagem de fogo.

*Algumas vezes pela transformação do auge da tentação em auge da bênção*. Os três jovens na Babilônia tinham cerrado seus nervos para o ápice da agonia, quando o fogo se tornou um Paraíso. Como consta, agora, Deus faz do ápice da provação o arauto da bem-aventurança espiritual. Pelo sofrimento, somos desprendidos das amarras do tempo e dos sentidos; há um ao nosso lado como o Filho de Deus. A libertação chegou.

*Algumas vezes pelo olhar de amor sobre a alma falida*. Assim foi com Pedro. A tentação o estava dominando, mas com um olhar de amor — Pedro sai chorando e liberto. *Algumas vezes permitindo a continuidade da provação, mas aumentando o poder para suportá-la*. Foi assim com Paulo. Após a visão do terceiro Céu veio "o espinho na carne". A tentação o fez clamar três vezes a Deus; a tentação permaneceu, mas aqui houve a libertação: "A minha graça te basta". O sofrimento não diminuiu em nada sua pressão, mas Paulo aprendeu a glorificar na enfermidade e, só então chegou a sua hora de libertação.
—EDWARD LUSCOMBE

*E tê-lo provado a palavra do Senhor*. Assim como nós provamos a Palavra de Deus, da mesma forma a Palavra de Deus nos prova; e felizes seremos se, quando provados, sairmos como ouro. E a prova de nossa fé revela ser mais preciosa do que a prova do ouro que perece, ainda que seja provado com fogo. —WILLIAM JAY

*Tê-lo provado*. Não duvido de que os irmãos de José foram humilhados, contudo José pode ter sido mais, precisou ser lançado no fosso e na prisão e o ferro tocar não somente suas pernas, mas também sua alma. Ele precisou ser mais afetado em espírito, porque faria grandioso trabalho para Deus e seria elevado acima do restante e, portanto, precisava de mais balastro. —THOMAS SHEPARD

Versículos 19 a 21. Os pés de José foram feridos no ferro para adaptá-lo a pisar mais delicadamente no palácio do rei em Zoã; e quando o tempo do Senhor chegou, pelas mesmas escadas que o levaram ao calabouço, ele sobe na carruagem mais próxima do Faraó. Poucos conseguem carregar grandes e repentinas misericórdias sem orgulho e falta de vontade, até que sejam afetados e humilhados para carregá-las moderadamente. —SAMUEL LEE

## Versículo 22

*Para, a seu talante, sujeitar os seus príncipes*. Que responsabilidades e honras pesavam sobre o homem que havia sido rejeitado por seus irmãos e vendido por 20 peças de prata! Que glórias coroam a cabeça daquele ainda mais grandioso que foi "distinguido entre seus irmãos"! —C. H. SPURGEON

*Versículo 23*
*E Jacó peregrinou na terra de Cam.* A Gósen mais bela no Egito não era a bênção da aliança; o Senhor também não havia planejado que o Seu povo assim pensasse. Do mesmo modo conosco a "Terra é nossa hospedaria", mas somente nossa hospedaria, pois o Céu é nossa casa. Quando estivermos muito bem acomodados, devemos ainda nos lembrar de que aqui não temos uma cidade perene. Seria triste notícia para nós se estivéssemos condenados a residir no Egito para sempre, pois todas as suas riquezas não são dignas de ser comparadas ao opróbrio de Cristo.
—C. H. SPURGEON

Os egípcios eram uma ramificação da raça de Cam. Eles vieram da Ásia pelo deserto da Síria para estabelecer-se no vale do Nilo. Este fato foi claramente estabelecido pela ciência e confirma inteiramente as afirmações do Livro de Gênesis. —F. LENORMANT e E. CHEVALIER

*Versículo 25*
*Mudou-lhes o coração para que odiassem o seu povo.* Foi a Sua bondade com Israel que suscitou a animosidade da corte egípcia, e, portanto, o Senhor a motivou, e, além disso, fez uso deste sentimento para causar o desconforto do Seu povo e assim também sua prontidão para deixar a terra à qual evidentemente haviam se apegado. Até este ponto, mas não além, o Senhor mudou o coração dos egípcios.
—C. H. SPURGEON

Deus não pode, em sentido algum, ser o autor do pecado nem ser moralmente responsável por sua existência, mas acontece frequentemente por causa do mal inerente à natureza humana, que os atos do Senhor despertam os maus sentimentos de homens impiedosos. O Sol deve ser culpado porque enquanto derrete a cera endurece o barro? O movimento do dia pode ser acusado de criar as desagradáveis exalações que, pelo calor, são atraídas do charco fétido? O Sol causa o fedor do monturo somente em certo sentido, pois se fosse um canteiro de flores seus raios teriam suscitado fragrância.
—C. H. SPURGEON

Não colocando este ódio perverso neles, o que também não é consistente com a santidade da natureza de Deus ou com a verdade de Sua Palavra, e que era completamente desnecessário, porque eles tinham em si, por natureza, esse ódio além de toda a perversidade restante; mas em parte por retirar os dons comuns e operações de Seu Espírito, e todas as restrições e os obstáculos a este ódio, deixando-os completamente entregues a seus erros, paixões e afeições corruptas que em concordância estavam prontas para tomar este curso. E em parte, por direcionar e governar esse ódio, que estavam inteiramente neles e vinha deles, para que caísse sobre os israelitas e não sobre outro povo. —MATTHEW POOLE

*Versículo 27*
*Por meio dos quais fez, entre eles, os seus sinais e maravilhas na terra de Cam.* Os milagres que foram efetuados por Moisés eram do Senhor, não dele mesmo, portanto são chamados de "Seus sinais", como sendo as marcas da presença e do poder de Jeová. As pragas foram "palavras de Seus sinais", isso significa que elas estavam falando maravilhas, que testificaram, mais claramente do que as palavras, a onipotência de Jeová, a Sua determinação de que seria respeitado, a Sua ira com a obstinação de Faraó. —C. H. SPURGEON

Nunca discursos foram mais claros, pontuais, pessoais ou poderosos e, contudo, foram necessários dez deles para cumprir o fim designado. No pregar do evangelho há palavras, sinais, e maravilhas e estes deixam os homens sem desculpa por suas impenitências. Ter o reino de Deus próximo deles e ainda permanecerem rebeldes é o infeliz pecado de espíritos obstinados.

Essas são maravilhas do pecado que veem maravilhas da graça e, entretanto, permanecem incólumes a elas. Por pior que fosse, Faraó não tinha essa culpa, pois os prodígios que ele contemplou foram maravilhas de julgamento e não de misericórdia.
—C. H. SPURGEON

*Versículo 28*
*Trevas.* Há um terrível significado nesta praga de trevas. O Sol era um objeto central de devoção entre os

egípcios que o chamavam de Osíris. O próprio nome Faraó significa não apenas rei, mas também "o Sol" e caracteriza o próprio rei como o representante do Sol e com direito a algum tipo de honras divinas. Mas agora a própria luz do sol desapareceu e o caos primevo parece ter retornado. Consequentemente todas as formas de aparência de sabedoria egípcia foram cobertas de vergonha e confusão pelas pragas.
—JAMES G. MURPHY

Portanto agora a terra do Egito havia sido envolvida por uma nuvem densa, palpável, fria, úmida, impenetrável. O povo podia senti-la em seus membros, como ataduras; o Sol era eliminado por ela e todas as coisas reduzidas quase que ao estado de morte — de que a nona praga foi em certo sentido a sombra lançada previamente. —THOMAS S. MILLINGTON

Tal nuvem seria ainda mais terrível no Egito, no Egito ensolarado, do que em outros países; pois lá o céu é quase sempre limpo e chuvas fortes são desconhecidas. Mas em todos os lugares e sob quaisquer condições, provavelmente houve intenso horror e miséria. Nada poderia representar isto mais vigorosamente do que a curta sentença: "e ninguém se levantou do seu lugar por três dias". Foi um horror de grandes trevas, caiu sobre eles como um manto; eles não sabiam que perigos podiam estar ao seu redor, que julgamento aconteceria subsequentemente, não haviam sido alertados previamente sobre esta praga e não havia como saber, mas poderia ser apenas um prelúdio de alguma visitação mais terrível. Sua alma derretia dentro deles por medo daquelas coisas que poderiam tomar conta deles, eles não ousavam mover-se entre cômodos, nem mesmo de um assento a outro, onde estavam no momento em que as trevas caíram sobre eles, ali deviam permanecer.

Faraó poderia chamar seus guardas, mas seria em vão, eles não poderiam ir até ele. Moisés e Arão não estavam mais a seu alcance, apesar de ninguém poder buscá-los. Os mestres não podiam dar ordens aos seus escravos, nem os escravos podiam apressar-se para responder ao chamado de seus mestres; a esposa não podia correr para seu marido, nem a criança apegar-se a seus pais. O mesmo medo pairava sobre todos, classe alta ou baixa; o mesmo terror e desespero paralisantes os possuía a todos.

Como diz o patriarca Jó: "tomados de horror" (Jó 18:20). E isto continuou por três dias e noites. Eles não tinham lâmpadas nem tochas; também não podiam acendê-las ou ousar mover-se para procurá-las. Ficaram silenciosos na escuridão, como homens já mortos. A esperança e a expectativa com o retorno da luz poderia de início tê-los sustentado, mas a esperança adiada durante 72 horas exaustivas viria a morrer e entregá-los ao desespero. As trevas se tornariam mais opressivas e intoleráveis conforme o tempo passasse, "sentidas" em seus corpos como uma condição física, e "sentidas" mais ainda em suas almas em agonias de medo e apreensão, trevas tais como no Livro de Apocalipse, derramadas pelo quinto anjo sobre o trono da besta — " cujo reino se tornou em trevas, e os homens remordiam a língua por causa da dor que sentiam e blasfemaram o Deus do céu por causa das angústias e das úlceras que sofriam; e não se arrependeram de suas obras" (Ap 16:10,11).

Se há alguma verdade nas tradições dos judeus sobre este assunto, havia ainda alertas maiores sob esta cobertura de escuridão, esta obscuridade palpável, do que qualquer outra que surgisse de uma aflição física. As trevas são um tipo de reino de Satanás; e Satanás tinha certa liberdade no Egito para caminhar por toda a terra e perambular por ela. Os rabis judeus nos dizem que o diabo e seus anjos foram deixados soltos durante esses três terríveis dias, que tiveram um alcance maior e mais liberdade do que o comum para operar malevolência. Eles descrevem estes espíritos malignos indo entre o povo miserável, colados a seus assentos, com terror; aterrorizando-os com suas aterradoras aparições, perfurando seus ouvidos com gritos e gemidos hediondos; levando-os quase à loucura pela intensidade de seus medos, fazendo sua carne rastejar e o cabelo de sua cabeça arrepiar-se. Tal ápice parece ser mencionado pelo salmista: "Lançou contra eles o furor da sua ira: cólera, indignação e calamidade, legião de anjos portadores de males." —THOMAS S. MILLINGTON

*E Moisés e Arão não foram rebeldes à sua palavra.* Como Jonas foi ao ser enviado para denunciar os julgamentos de Deus contra Nínive e foi a Társis. Moisés e Arão não se intimidaram quer com medo tolo da ira de Faraó ou uma piedade tola pela miséria do Egito, para mitigar ou retardar alguma das pragas que Deus os havia ordenado que infligissem aos egípcios; mas estenderam suas mãos para infligi-las como Deus designara. Aqueles que são instruídos a executar julgamento descobrirão que sua negligência é interpretada como rebelião contra a Palavra de Deus. —MATTHEW HENRY

## Versículo 29
*Transformou-lhes as águas em sangue e assim lhes fez morrer os peixes.* De modo que a praga não foi um mero colorir da água com terra vermelha, como alguns supõem, mas o rio foi ofensivo e fatal com os peixes. —C. H. SPURGEON

O Nilo começa a elevar-se em torno do fim de junho e atinge seu ponto mais alto no fim de setembro. No começo da elevação, ganha uma tonalidade esverdeada, não é agradável ao paladar, insalubre e completamente inadequado para a ingestão. Contudo, em pouco tempo fica avermelhado e turvo e permanece neste estado por mais três semanas. Nessa condição é novamente saudável e adequado para o uso.

O milagre executado neste momento foi completamente diferente desta mudança anual, pois (1) o que ocorreu não foi meramente um avermelhar pela mistura de argila vermelha ou animálculos; (2) ocorreu após o solstício de inverno e não de verão; (3) os peixes morreram, um resultado que não existia durante a mudança periódica de cor; (4) o rio ficou fétido e repulsivo, o que cessava quando a vermelhidão comum surgia; (5) o ocorrido foi suspenso ao fim de sete dias, ao passo a vermelhidão natural permanecia por pelo menos três semanas e (6) a mudança foi trazida instantaneamente pela palavra de comando diante dos olhos de Faraó.

A calamidade era hedionda. As doces águas do Nilo eram uma bebida comum para os egípcios. Nele abundavam todos os tipos de peixes, que eram o artigo principal da dieta dos habitantes. Era reverenciado como um deus pelo Egito. Mas agora era uma cheia pútrida, da qual eles se afastaram com aversão. —JAMES G. MURPHY

Pela mudança miraculosa das águas em sangue, foi-lhes dada uma repreensão prática por suas superstições. Este belo e sagrado rio, o benfeitor e preservador do país, este berço de seus principais deuses, esta habitação de suas deidades menores, esta fonte de toda a sua prosperidade, este centro de toda a sua devoção, é transformado em sangue. As águas fedem, os canais e os reservatórios, os recipientes de madeira e de pedra que eram reabastecidos pelo rio, todos estão da mesma forma poluídos.

O Nilo, segundo Plínio, era a "única fonte de onde os egípcios obtinham água potável" (*Hist. Nat.* 76, c.33). Esta água era considerada particularmente doce e refrescante; de modo tal que as pessoas tinham o hábito de provocar a sede para poderem desfrutar mais livremente de seus límpidos goles. Agora se lhes tornara abominável e eles tinham aversão à ideia de bebê-la. —THOMAS S. MILLINGTON

## Versículo 30
*Sua terra produziu rãs em abundância.* Não é difícil para um inglês, em uma monção oriental úmida, formar uma ideia tolerável dessa praga do Egito, em que rãs estavam "nas casas, nos quartos de dormir, nos leitos e nas amassadeiras" dos egípcios. Na estação de chuvas, miríades delas emitem seu coaxar constante em todas as direções; e um homem tomado por pouca paciência se torna tão insolente quanto era o deus licencioso e prontamente exclama:

*Coaxar, coaxar! Certamente me afogará,*
*Se você importunar e entediar meus ouvidos*
*Com seu coaxar, coaxar, coaxar!*

Um recém-chegado, ao vê-las saltar nos cômodos, fica enojado e imediatamente começa a atacá-las; mas na noite seguinte terá o retorno de seus visitantes ativos. Pode parecer quase inacreditável, mas em uma noite nós matamos mais de 40 destes convidados na casa missionária de Jafna. Elas estavam escondidas em grande parte em um pequeno túnel conectado ao banheiro, onde seu barulho se tornara quase insuportável. —JOSEPH ROBERTS

*Até nos aposentos dos reis.* Sua presença generalizada deve ter inspirado horror e repugnância que causaria doenças e faria da vida um fardo; o acúmulo das rãs até mesmo nos aposentos do rei foi uma repreensão direta, o que seu orgulho deve ter sentido. Os reis são nada mais do que homens comuns para Deus e nada menos do que outros quando começam a rebelar-se; se as rãs tivessem infestado outros lugares, mas não chegassem aos seletos aposentos do rei, o monarca pouco teria se importado, pois era um ser cruel. Porém, Deus teve o cuidado de garantir que houvesse um bando especial dessas invasoras para o palácio; elas eram mais do que comumente abundantes nos aposentos de seus reis. —C. H. SPURGEON

Deus assolou Faraó em seu quarto de dormir. Pode ser porque Ele demonstraria que os Seus julgamentos podem penetrar a privacidade mais íntima, pois o campo, o saguão, o quarto de dormir e o *closet* são todos um para Deus. —JOSIAS SHUTE

Os príncipes e pessoas importantes são geralmente dispensadas da repreensão dos homens. Com relação às leis, geralmente elas são como teias de aranha: as grandes moscas conseguem atravessá-las. Quem ousa dizer a um príncipe: "Você é perverso"? Não, alguém disse com relação ao papa que não é lícito perguntar: "O que ele faz?" Agora, quando eles não estão dentro do compasso da reprovação humana, Deus os atinge. —J. SHUTE

*Versículo 31*
*Ele falou, e vieram nuvens de moscas e piolhos.* Nada é pequeno demais para dominar o homem quando Deus ordena que o ataque. Os filhos de Cam haviam desprezado os israelitas e agora tinham aversão de si mesmos. Os piores mendigos eram mais abordáveis do que os orgulhosos egípcios; eles foram reduzidos à pior condição de indecência e ao estado mais doloroso de irritação.

Que exércitos o Senhor pode enviar quando o Seu braço direito se mostra para a guerra! E que escárnio Ele derrama sobre nações orgulhosas quando com elas luta — não com anjos, mas com piolhos! Tinha restado pouco para Faraó se orgulhar quando sua própria pessoa foi invadida por parasitas imundos. Foi uma bofetada que deveria tê-lo humilhado, mas infelizmente, estando ele completamente poluído, ainda mantinha sua prepotência e sendo o objeto mais asqueroso do Universo, ainda se vangloriava. Certamente, o orgulho é insanidade moral. —C. H. SPURGEON

Como ilustração do poder das moscas, damos um excerto de *Domínio Canadense* de Charles Marshall: "Foi-me dito por homens de autenticidade inquestionável, que ao meio-dia as nuvens de mosquitos nas planícies podem algumas vezes esconder os cavalos que andam à frente em um grupo de quatro, impedindo que o guia os veja. O gado só podia ser reconhecido por seu formato; todos se tornaram pretos cobertos de uma camada impenetrável de mosquitos. A linha da rota das planícies do rio Vermelho ficaria marcada pelas carcaças de bois picados até a morte por este insignificante inimigo."

*Piolhos.* Os sacerdotes, estando poluídos por esta terrível infestação, não aguentavam ministrar diante das suas divindades. O povo não podia, em sua impureza, ser admitido dentro dos recintos de seus templos. Caso desejassem oferecer sacrifício, não haviam vítimas adequadas para este propósito. Até mesmo os deuses, os bois, as cabras e gatos estavam contaminados com os insetos.

Os egípcios não apenas se retorceram sob a calamidade hedionda, mas sentiram-se humilhados e por ela desgraçados. Josefo observa o seguinte: "Faraó, estava tão confuso com esta nova praga, que, com o perigo, o escândalo e a sordidez nela contidos, ele se sentiu em parte consternado pelo que havia feito". A praga tomou forma de uma doença, presente "nos homens" (Ex 8:17).

Como Josefo diz novamente: "Os corpos das pessoas os produziam e ficaram todos cobertos por eles, corroendo-os e despedaçando-os de modo intolerável sem remédio algum, pois banhos e unguentos não faziam efeito algum". Mas, por mais penoso que fosse para seus corpos, o caráter imundo e infame da praga e a ofensa trazida contra sua religião pela profanação de suas divindades e a interrupção de todas as suas cerimônias religiosas foram suas características mais infames. —T. S. MILLINGTON

Insetos deste tipo são uma das inconveniências do Egito. Heródoto nos fala que os sacerdotes depilavam todo o corpo a cada dois dias de modo que nenhum piolho ou coisas impuras pudessem aderir-se a eles quando estivessem comprometidos com o serviço dos deuses. Fica manifesto que esta espécie de inseto era particularmente repugnante para os egípcios. —JAMES G. MURPHY

*Versículo 32*
*Saraiva*. Relatos extraordinários da magnitude dos granizos, que caíram durante tempestades tão memoráveis a ponto de encontrarem lugar na história geral, vieram dos períodos da antiguidade relativamente remotos.

Segundo as "Crônicas", uma tempestade de granizo ocorreu no reinado de Carlos Magno em que granizos mediam 4,5 metros de cumprimento, quase 2 metros de largura e 3 metros de espessura. E sob o reinado de Tipu Sahib, diz-se que granizos da magnitude de elefante caíram. Deixando de lado estas e outras narrativas semelhantes como tendo caráter de fábulas e não histórico, encontraremos o suficiente para criar assombro em observações bem certificadas sobre este assunto.

Em uma tempestade de granizo que ocorreu em Flintshire, em 9 de abril de 1672, Hailey viu granizos que pesavam 140 gramas.

No dia 4 de maio de 1697, Robert Taylor viu granizos com circunferência de 35 centímetros.

Na tempestade que devastou Como [N.E.: Itália], no dia 20 de agosto de 1787, Volta viu granizos que pesavam 180 gramas.

No dia 22 de maio de 1822, Dr. Noggerath viu cair em Bonn [N.E.: Alemanha], granizos que pesavam entre 350 a 400 gramas.

Parece, então, ser certo que em diferentes países ocorrem tempestades de granizo em que as pedras pesavam entre 1 e 2 quilos. —DIONYSIUS LARDNER

*Versículo 34*
*Vieram gafanhotos e saltões sem conta*. Viajamos cinco dias por lugares completamente degradados e destruídos, onde o painço havia sido plantado, os quais tinham caules tão grandes quanto o que víamos em nossos vinhedos e, os vimos todos quebrados e destroçados como se uma tempestade os tivesse atingido, mas quem fizera isto foram os gafanhotos. As árvores não tinham folhas e suas cascas tinham sido devoradas. Não se via ali grama, pois eles haviam devorado tudo. O número de gafanhotos era tão grande que eu não mencionarei porque não acreditarão em mim. Mas isto eu direi: vi homens, mulheres e crianças sentados desesperados e como mortos entre os gafanhotos. —SAMUEL PURCHAS

Um enxame de gafanhotos que foi observado na Índia, em 1825, ocupou um espaço de 40 metros quadrados, era composto de pelo menos 40 milhões de gafanhotos em uma linha e lançava uma longa sombra sobre a terra.

E o Major Moore assim descreve o imenso exército destes insetos que assolaram a região do Estado de Maharashtra: "A coluna que formavam estendia-se a 800 quilômetros, e era tão compacta quando em voo que, como um eclipse, escondia o Sol por completo, de modo que nenhuma sombra era lançada por objeto algum."

Brown, em suas viagens à África, afirma que uma área de quase 6.000 metros quadrados foi literalmente coberta por eles. Kirby e Spence mencionam que uma coluna deles era tão imensa que precisaram de quatro horas para voar sobre o ponto em que estavam os observadores. —M. KALISCH

Versículos 34 e 35. *Ele falou, e vieram gafanhotos e saltões sem conta, os quais devoraram toda a erva do país e comeram o fruto dos seus campos*. Nada escapa dessas criaturas devoradoras; eles inclusive escalam árvores para alcançar qualquer vestígio de folhagem que possa ter sobrevivido. Tendo sido comissionados por Deus, podemos ter certeza de que fariam seu trabalho meticulosamente e nada deixariam para trás, exceto um deserto desolado. —C. H. SPURGEON

*Versículo 36*
*Também feriu de morte a todos os primogênitos da sua terra, as primícias do seu vigor*. Agora chega o golpe principal. O Senhor falara anteriormente, mas agora Ele golpeia. Antes golpeou apenas videiras, mas

agora golpeia os próprios homens. A glória das casas morre em uma única noite, os primeiros e seletos do país são arrancados, a flor das tropas, os herdeiros dos ricos e as esperanças dos pobres, todos morrem à meia-noite. —C. H. SPURGEON

Você ouviu esse choro? É meia-noite e alguma tragédia é executada naquela habitação egípcia por um grito tão sobrenatural! E é repetido e ecoado, conforme portas se abrem e mulheres frenéticas correm para as ruas e as casas dos sacerdotes e médicos são assoladas; eles apenas balançam a cabeça em agonia atônita e apontam para seus próprios primogênitos cujos rostos foram selados pela morte. As luzes cintilam nos portões do palácio e piscam nos aposentos reais; e conforme os mensageiros do rei se apressam pela cidade inquirindo onde estavam os dois irmãos hebreus respeitáveis, o sussurro voa: "o príncipe real está morto!".

Saiam, vocês filhos de Jacó! Corram de sua casa de escravidão, vocês israelitas oprimidos e feridos! E em sua avidez para "livrar-se" da terrível raça — terrível porque o Céu os protegia — eles empurravam-lhes ouro e joias e os subornavam para que fossem embora. —JAMES HAMILTON

## Versículo 37
*E entre as suas tribos não havia um só inválido.* De fato, uma grande maravilha. O número de seu exército era muito grande e, contudo, não havia um sequer no hospital, nenhum carregado em uma ambulância ou mancando na retaguarda. A pobreza e a opressão não os havia enfraquecido.

Jeová Rafá os havia curado; eles não carregavam nenhuma das doenças do Egito consigo e não sentiam nada da exaustão que a dolorida escravidão produz. Quando Deus chama Seu povo para uma longa jornada, Ele os prepara para ela; na peregrinação da vida, nossa força será igual aos nossos dias. Veja o contraste entre o Egito e Israel: no Egito um morto em cada casa e entre os israelitas nenhum sequer mancando. —C. H. SPURGEON

Quando Israel saiu do Egito não havia pessoas fracas, ainda que o fossem enquanto lá habitavam. Então não haverá santos fracos no Céu, mas serão aperfeiçoados quando para lá forem carregados pelos anjos de Deus, ainda que aqui reclamem de fraqueza. "Não haverá mais nela criança para viver poucos dias, nem velho que não cumpra os seus; porque morrer aos cem anos é morrer ainda jovem..." (Is 65:20). —JOHN SHEFFIELD

## Versículo 39
*Ele estendeu uma nuvem que lhes servisse de toldo.* Nunca as pessoas foram tão favorecidas. O que não dariam hoje os viajantes do deserto por tal cobertura? O Sol não podia queimá-los com seu raio escaldante; todo o seu acampamento era cercado como um rei em seu pavilhão. Nada parecia excessivamente bom para Deus conceder à Sua nação escolhida; seu conforto era analisado de todas as formas.

*E um fogo para os alumiar de noite.* Enquanto cidades eram enfaixadas pelas trevas, suas cidades de tendas desfrutavam de uma luz à qual a arte moderna com todos os seus aparelhos não pode se igualar. O próprio Deus era Seu sol e escudo, a glória e a defesa deles. Poderiam ser descrentes enquanto tão graciosamente cobertos ou rebeldes enquanto caminhavam à meia-noite sob tal luz?

Infelizmente, o conto do pecado deles é tão extraordinário quanto esta história do amor de Deus; mas este salmo seleciona o tema mais feliz e apenas estende-se ao amor da aliança e fidelidade. Ó, rendei graças ao Senhor, porque Ele é bom. Nós, também, descobrimos que o Senhor é tudo isso por nós, pois Ele tem sido nosso sol e escudo e nos preservou da mesma forma dos perigos da alegria e dos males do sofrimento. —C. H. SPURGEON

## Versículo 41
*Fendeu a rocha, e dela brotaram águas.* Com o cajado de Moisés e Sua própria Palavra, o Senhor fendeu a rocha no deserto e fez precipitar enchentes abundantes para que bebessem onde haviam temido morrer de sede. Das fontes mais imprevisíveis, o Deus Todo-suficiente pode suprir as necessidades de Seu povo; rochas firmes se tornam mananciais sob o comando do Senhor.

*Que correram, qual torrente, pelo deserto.* De modo que aqueles que estavam a certa distância da rocha podiam inclinar-se e se refrescar. E a corrente continuava a fluir, de modo que em jornadas futuras eles fossem supridos. A areia do deserto naturalmente engoliria as correntes e, contudo, não o fez. O rio refrescante corria "pelo deserto". Sabemos que a rocha introduz nosso Senhor Jesus Cristo, de quem flui a fonte de águas vivas que nunca cessará até que o último peregrino tenha cruzado o Jordão e entrado em Canaã. —C. H. SPURGEON

*Versículo 45*
*Para que lhe guardassem os preceitos e lhe observassem as leis*. Muito justamente então fecha-se a música com o clamor jubiloso, mas solene, de: "Aleluia!" "Louvai ao Senhor". Se essa história, não fez Israel louvar a Deus, o que o faria? —C. H. SPURGEON

O Salmo 105 é uma meditação sobre a aliança executada da parte de Deus; o Salmo 106 sobre a aliança mantida por Israel. Ambos lidam com a predestinada vontade de Deus, elegendo homens à santidade e à obediência. Ambos mostram o modo como o pecado humano se opõe à essa vontade divina e contudo não pode invalidá-la. —*UM COMENTÁRIO SIMPLES SOBRE O LIVRO DE SALMOS*

# Salmo 106

ESTE salmo começa e termina com "aleluia" — "Louvai ao Senhor" (ARC). O espaço entre estas duas descrições de louvor é repleto de detalhes pesarosos sobre o pecado de Israel e a extraordinária paciência de Deus. Verdadeiramente, fazemos bem em bendizer ao Senhor no início e no fim de nossas meditações quando os temas são o pecado e a graça.

Provavelmente foi escrito por Davi — de alguma forma, o primeiro e os dois últimos versículos são encontrados na sagrada canção que Davi entregou a Asafe quando ele transportou a arca do Senhor (1 Cr 16:34-36).

Enquanto estamos estudando este santo salmo, vejamo-nos todos como parte do antigo povo do Senhor e lamentemos o quanto provocamos o Altíssimo, ao mesmo tempo que admiramos a Sua infinita paciência e o adoramos por causa dela. Que o Espírito Santo santifique nossas ações para a promoção de humildade e gratidão. —C. H. SPURGEON

*Versículo 1*
*Louvai ao Senhor* (ARC). Estivesse Davi presente nas igrejas onde quartetos e corais lideram o cantar, ele se voltaria à congregação e diria: "Louvai ao Senhor". Nossa meditação discorre longamente sobre o pecado humano, mas em todas as ocasiões e em todas as ocupações é adequado e benéfico, louvar ao Senhor.

*Rendei graças ao Senhor, porque ele é bom*. Para nós criaturas carentes, a bondade de Deus é o primeiro atributo que desperta o louvor e esse louvor se expressa em gratidão. —C. H. SPURGEON

*Porque ele é bom*. Originalmente, essencialmente, exclusivamente; é comunicativo e difusor da Sua bondade. Ele é o Autor de todo o bem e de nenhum mal, é gracioso e misericordioso e pronto a perdoar. —JOHN GILL

*Porque a sua misericórdia dura para sempre*. O profeta, contudo, por todo este salmo celebra em muitas ocasiões o modo como o povo pecador foi preso e golpeado. E quando ele propôs que este salmo deveria ser cantado na Igreja do Senhor, Israel estava sob a cruz e aflições. Entretanto, ele exige que Israel reconheça que o Senhor é bom, que a Sua misericórdia dura para sempre, até mesmo no ato do golpe do ofensor. Somente isso, portanto, é uma verdadeira e plena confissão da bondade divina que é executada não somente na prosperidade, mas também na adversidade. —MUSCULUS

### Versículo 2
*Quem saberá contar?* "Bem-aventurados os que guardam a retidão". Minha opinião, entretanto, de que o profeta tinha outra concepção. Ou seja, de que não existe homem que tenha se esforçado em concentrar todas as suas energias, física e mental, no louvor a Deus. Portanto ele se achará inadequado para um assunto tão elevado, cuja grandiosa transcendência domina todos os sentidos. —JOÃO CALVINO

### Versículo 3
*Bem-aventurados os que guardam a retidão*. Que têm princípios corretos e práticas justas; este é o verdadeiro e significativo louvor a Deus. O agradecimento é prova da ação de graças. —JOHN TRAPP

### Versículo 4
*Lembra-te de mim, SENHOR, segundo a tua bondade para com o teu povo*. Não posso pedir mais nem buscaria menos. Trata-me como o menor de Teus santos são tratados e estarei satisfeito. Deveria ser suficiente para nós se nossa porção for como a do resto da família. Se até mesmo Balaão nada mais desejou além de morrer a morte do justo, podemos ficar muito satisfeitos em viver como eles viveram e morrer como eles morreram. Este sentimento evitaria que desejássemos escapar das tribulações, perseguições e castigos; estes caíram sobre a sorte dos santos e por que deveríamos nós escapar deles?

*Visita-me com a tua salvação*. Traga-a para casa comigo. Venha à minha casa e ao meu coração e dê-me a salvação que o Senhor preparou e que somente o Senhor é capaz de conceder. Algumas vezes, ouvimos sobre a morte de algum homem quando visitado por Deus, mas aqui está um que sabe que ele só pode viver pela visitação de Deus. Jesus disse a Zaqueu: "Hoje, houve salvação nesta casa" e este foi o caso porque Ele próprio fora até lá. Não há salvação fora do Senhor e Ele deve nos visitar com ela ou nunca a obteremos. Estamos doentes demais para visitar nosso Grande Médico e, portanto, Ele nos visita. Visita-me Senhor. É possível? Ousarei pedir? E, todavia, preciso, visto que somente tu podes me trazer a salvação. Logo, suplico a ti que venhas até mim e habites em mim para sempre. —C. H. SPURGEON

### Versículo 6
*Pecamos, como nossos pais*. Aqui começa uma confissão longa e particular. A confissão do pecado é o caminho mais rápido para garantir uma resposta à oração do versículo 4. Deus visita com a Sua salvação a alma que reconhece sua necessidade por um Salvador. Pode-se dizer que os homens pecaram com seus pais quando os imitam, quando seguem os mesmos objetos e fazem de suas vidas meras continuações das loucuras de seus senhores. Além disso, Israel não passava de uma nação em todo o tempo, e a confissão a seguir estabelece o pecado nacional, não o pecado pessoal, do povo do Senhor. Eles desfrutaram de privilégios nacionais e, portanto, compartilharam da culpa nacional. —C. H. SPURGEON

*Cometemos iniquidade, procedemos mal*. Desta forma a confissão é repetida três vezes como símbolo de sua sinceridade e seu vigor. Devemos reconhecer em frentes distintas os pecados de omissão, comissão e rebelião, de modo que possamos demonstrar compreensão adequada do número e atrocidade de nossas ofensas. —C. H. SPURGEON

Deus lhes diz que se rebelaram como seus antepassados: "assim como fizeram vossos pais, também vós o fazeis" (Atos 7:51). A antiguidade não é argumento infalível de bondade: apesar de Tertúlio dizer que as primeiras coisas eram as melhores, e que quanto menos elas se distanciassem do início, mais pobres seriam; mas ele deve ser compreendido somente se falar-se dos hábitos santos. Pois a iniquidade pode alegar a antiguidade. Aquele que comete um novo ato de assassinato descobre que isso é algo antigo no exemplo de Caim; o embriagar-se pode ser buscado em Noé; o desprezo pelos pais em Cam; a fraqueza das mulheres nas filhas de Ló.

Não há pecado que não tenha cabelos brancos e não seja excessivamente velho. Mas olhemos para o passado ainda mais distante, para Adão. Aí está a era do pecado. Este é quem o apóstolo Paulo chama de velho homem; é quase tão velho quanto a raiz, entretanto mais velho do que todos os galhos. Portanto, nossa restituição, por Cristo, à graça é chamada de novo homem. —THOMAS ADAMS

### Versículo 7

*Nossos pais, no Egito, não atentaram às tuas maravilhas.* Os israelitas viram as pragas miraculosas e ignorantemente se questionaram sobre elas: seu projeto de amor, suas profundas lições morais e espirituais e sua revelação do poder e da justiça divinos não foram coisas que conseguiram perceber. Uma longa permanência entre idólatras havia embotado as percepções da família escolhida e a cruel escravidão os havia firmado na letargia mental. —C. H. SPURGEON

Lastimavelmente, quantas maravilhas de Deus não são compreendidas ou são malcompreendidas por nós ainda hoje. Tememos que os filhos não sejam grande aperfeiçoamento de seus senhores. Herdamos de nossos pais muito pecado e pouca sabedoria; eles só poderiam deixar para nós o que eles próprios possuíam. Vemos neste versículo que uma carência de entendimento não é desculpa para o pecado, mas é em si um acréscimo na acusação contra Israel. —C. H. SPURGEON

Um pecado é um degrau para outro mais atroz; pois o não observar é seguido do não lembrar, e o esquecimento do dever atrai desobediência e rebelião. —DAVID DICKSON

*Não se lembraram da multidão das tuas misericórdias.* O que foram estes prognósticos temerosos, estes incríveis presságios de ruína inevitável (como eles compreenderam), se não o transbordar de incredulidade ou desconfiança de Deus? E esta foi outra provocação. As misericórdias anteriores são esquecidas, sim, devoradas pela incredulidade, como as sete vacas magras no sonho de Faraó devoraram as gordas; e dificuldades atuais são agravadas pela descrença como se todo o poder de Deus não pudesse as remover e dominar. E o Senhor (pensa você) não visitará com ira um pecado como este? —JOSEPH CARYL

*Sua longanimidade e Sua paciência.* Foi contra a paciência de Deus que os ingratos israelitas pecaram; pois eles o saturaram e perseguiram com pecado sobre pecado, uma ofensa seguindo e assentando-se sobre o pescoço da outra, o último relato ainda elevado, inchando-se mais até que os tesouros da graça e do perdão foram para tão longe, drenados e exauridos, que fizeram Deus jurar e, o que é pior, jurar em Sua ira e com um propósito pleno de vingança, de que eles nunca entrariam em Seu descanso. —ROBERT SOUTH

### Versículo 8

*Mas ele os salvou.* No versículo antecedente diz: "foram rebeldes junto ao mar, o mar Vermelho", ou, como no hebraico: "dentro do mar Vermelho". Quando as águas se ergueram como paredes em ambos os lados, quando eles viram essas paredes de águas que povo algum jamais vira antes, e viram o poder, o poder infinito de Deus levando-os em terra seca, neste momento se rebelaram no mar, dentro do mar; e, porém, com tudo isto o Senhor os salvou com um "não obstante a tudo isto".

E digo: colocaria o Senhor tanta graça sobre um povo, que estava sob a lei, e não colocaria muito mais de Sua graça sobre aqueles que estão sob o evangelho? —WILLIAM BRIDGE

Seu nome é Jeová-Jiré, no monte será visto, o Senhor proverá. Você precisa de Sua presença? Seu nome é Jeová-Shammah, o Senhor ali está, Emanuel, Deus conosco. Busque-o para que esteja com você por amor a Seu nome. Você precisa de um ouvinte para a sua oração? Seu nome é Aquele que ouve orações.

Você precisa de força? Seu nome é Força de Israel. Você precisa de consolo? Seu nome é Consolo de Israel. Você precisa de abrigo? Seu nome é Cidade de Refúgio. Você não tem nada e precisa de tudo? Seu nome é Tudo em todos.

Sente-se e elabore nomes para suas carências e necessidades e você descobrirá que Ele tem um

nome adequado para todas. Para seu suprimento, Ele tem sabedoria para guiá-lo, e poder para guardá-lo, e misericórdia para se compadecer de você, e graça para adorná-lo e glória para coroá-lo. Confie em Seu nome, Ele salva por amor ao Seu nome.
—RALPH ERSKINE

*Versículo 10*
*Salvou-os das mãos de quem os odiava.* Faraó foi afogado e o poder do Egito tão minado que durante os 40 anos de perambulação de Israel, eles nunca foram ameaçados por seus antigos mestres. —C. H. SPURGEON

*Versículo 11*
*As águas cobriram os seus opressores; nem um deles escapou.* O Senhor não faz nada pela metade. O que Ele começa, Ele leva até o fim. Isto, novamente, tornou ainda maior o pecado de Israel, porque eles viram a meticulosidade da justiça divina e a perfeição da fidelidade divina.

No cobrir de seus inimigos, temos um tipo de perdão de nossos pecados; eles se afundam no mar, para nunca ressurgir. E bendito seja o Senhor, pois "nenhum deles escapou". Nenhum pecado de pensamento, palavra ou ato; o sangue de Jesus cobriu-os todos. "Lançará todos os nossos pecados nas profundezas do mar." —C. H. SPURGEON

*Versículo 12*
Então, creram nas suas palavras. Isso para dizer que creram na promessa quando a viram cumprida, mas não antes disso. Isto é mencionado, não para seu crédito, mas para a sua vergonha. Aqueles que não creem na palavra do Senhor até que a vejam executada não creem de modo algum. Quem não creria quando o fato os encara firmemente? Os egípcios teriam feito o mesmo. —C. H. SPURGEON

*E lhe cantaram louvor.* Como poderiam fazer diferente? Sua canção era excelente demais e é o tipo de canção do Céu; mas por mais doce que fosse, era relativamente curta e quando acabou eles caíram na murmuração. "E lhe cantaram louvor", mas "cedo, porém, se esqueceram das suas obras". Entre Israel cantando e Israel pecando mal houve um passo. Sua canção foi boa enquanto durou, porém mais rápido do que começou, teve seu fim. —C. H. SPURGEON

Versículos 12 e 13. *Cedo, porém, se esqueceram das suas obras.* Isto foi dito da geração de israelitas que saiu do Egito. O capítulo que contém a porção de sua história aqui mencionada começa com expressões extasiantes de gratidão e termina com murmurações de descontentamento; ambas pronunciadas pelos mesmos lábios, dentro de um curto período de três dias. —EDWARD PAYSON

*Versículo 13*
Como é com uma peneira, ou crivo, o milho bom e a farinha fina passam tranquilamente, mas a palha e o farelo grosso permanecem. Ou como um filtro onde o doce licor é coado, mas as borras são deixadas para trás. Ou como uma grelha de jardinagem que deixa a água pura passar, mas havendo palha, galhos, lama ou sujeira não permite que passem.

Assim é com a maioria das memórias dos homens; por natureza, *pertusa dolia*, meras cubas em um rio, muito insidiosas especialmente em boas coisas, de modo que os conceitos vãos dos homens são aptos para ali permanecerem, quando instruções divinas e promessas graciosas passam facilmente; bagatelas, brinquedos e coisas mundanas são facilmente lembrados, persistentes o suficiente; mas as coisas espirituais elas deixam vazar; como Israel, rapidamente as esquecem. —WILLIAM GOUGE

Versículos 14 e 15. *Entregaram-se à cobiça, no deserto. [...] Concedeu-lhes o que pediram.* Ainda que não esperassem pela vontade de Deus, desejavam intensamente realizar a sua própria. Quando encontraram o alimento mais adequado e agradável em abundância, não se agradaram por muito tempo, mas ficaram exigentes e menosprezaram a comida dos anjos, desejando carne para comer; o que era uma dieta insalubre para o clima quente e para sua vida tranquila.

A oração pode ser respondida em ira e negada em amor. O fato de que Deus concede ao homem o seu desejo não é prova de que ele é objeto do favor divino, tudo depende do que é esse desejo. —C. H. SPURGEON

*Versículo 15*
*Concedeu-lhes o que pediram.* O prazer da garganta calou o Paraíso, vendeu o direito de primogenitura, decapitou o Batista e foi o capitão da guarda, Nebuzaradã, que incendiou o Templo e destruiu a cidade. Estes efeitos são (1) peso excessivo, o que retira a agilidade de qualquer boa obra, o que faz do homem parecer mais como um barril em cima de dois potes de aproximadamente dois litros.

César disse que não desconfiava de Antônio e Dolabella em nenhum procedimento porque eram gordos; mas de Casca e Cassio, camaradas longilíneos e cínicos, porque pensavam demais. Os outros são as aves amontoadas do diabo, gordos demais para se deitar. —THOMAS ADAMS

*Mas fez definhar-lhes a alma.* Ah, esse, "mas"; amargou tudo. A carne era veneno para eles quando vinha sem uma bênção; tudo o que faria para engordar o corpo, seria pobre quando definhava a alma. Quão seriamente Israel poderia ter desfeito suas orações se soubesse o que viria com suas respostas! As orações de luxúria terão que ser lamentadas. Nós nos inquietamos e soltamos fumaça até que tenhamos nosso desejo concedido e então temos que nos agitar ainda mais porque obtê-lo, acaba em decepção amarga. —C. H. SPURGEON

*Versículo 16*
*Tiveram inveja de Moisés, no acampamento.* Quem pode esperar escapar da inveja quando o mais manso dos homens foi objeto dela? Quão despropositada era esta inveja, pois Moisés foi o único homem em todo o acampamento que mais trabalhou severamente e tinha mais para carregar. Eles deveriam ter se compadecido dele; invejá-lo foi ridículo. —C. H. SPURGEON

*E de Arão, o santo do S*ENHOR. Por escolha divina, Arão foi separado para ser santo diante do Senhor e em lugar de agradecer a Deus por tê-los favorecido com um sumo sacerdote por cuja intercessão suas orações seriam apresentadas, eles levantaram oposições contra a eleição divina e entraram em querelas com o homem que deveria oferecer sacrifício por eles. Logo nem Igreja nem Estado foram ordenados corretamente a seus olhos; eles arrancariam o cetro de Moisés e de Arão a sua mitra. É a marca de homens maus o serem invejosos do bem e vingativos contra seus melhores benfeitores. —C. H. SPURGEON

*Versículo 17*
*Abriu-se a terra, e tragou a Datã, e cobriu o grupo de Abirão.* Moisés havia aberto o mar para libertá-los, e agora que eles o provocam a terra se abre para a destruição deles. Era o momento para que a nudez do pecado deles fosse coberta e que a terra abrisse sua boca para devorar aqueles que abriram suas bocas contra o Senhor e Seus servos. —C. H. SPURGEON

*Versículo 19*
*Em Horebe, fizeram um bezerro.* No exato lugar onde eles solenemente se comprometeram a obedecer ao Senhor, violaram o segundo, se não o primeiro, dos Seus mandamentos e estabeleceram o símbolo egípcio do Boi e se curvaram diante dele. A imagem do boi é aqui sagradamente chamado de "bezerro". Ídolos não são dignos de respeito algum; o escárnio nunca é tão legitimamente utilizado do que quando é derramado sobre todas as tentativas de estabelecer uma imagem para o Deus que é invisível. Os israelitas foram de fato tolos quando pensaram ter visto uma mínima glória divina em um touro, não, na mera imagem de um touro. Era preciso ser muito crédulo para crer que a imagem de um touro poderia ser a imagem de Deus.

*E adoraram o ídolo fundido.* Nós ouvimos sobre a riqueza da parafernália papista tão exaltada, mas uma imagem idólatra quando é feita de ouro não é um bocado menos abominável do que seria, caso fosse feita de escumalha e esterco. A beleza da arte não pode ocultar a deformidade do pecado. Também nos é dito sobre a capacidade evocatória de seus símbolos, mas com que finalidade se Deus proíbe seu uso? Vão é também alegar que tal adoração seja sincera. Ainda pior. A sinceridade em ações proibidas é somente um aumento da transgressão. —C. H. SPURGEON

E por que um bezerro? Não poderiam ter encontrado uma semelhança mais adequada a Deus entre todas as criaturas? Por que não o nobre leão, para demonstrar soberania; um enorme elefante, para imensidão; uma serpente sutil, para sabedoria; um longevo cervo, para a eternidade; uma águia ágil, para demonstrar a onipresença de Deus, em lugar de um tolo bezerro sem sentido, que come palha?

Mas a forma não importa tanto, pois se Deus é representado na imagem de qualquer coisa, Ele pode ser qualquer coisa. É tão ilícito representá-lo como um anjo quanto como um verme, pois o mandamento proíbe também a representação de semelhança daquilo que está acima no Céu e embaixo na Terra (Ex 20:4). Mas provavelmente um bezerro era preferível dentre outras formas porque eles haviam aprendido com a adoração dos egípcios a seu touro Apis.

Consequentemente os israelitas emprestaram (Ex 12:35) não somente todo ouro e toda prata, mas alguma escória dos egípcios, de onde trouxeram as formas idólatras de sua adoração. —THOMAS FULLER

A sede local do Anticristo (e que sede poderia ser se não Roma?) é chamada no Apocalipse por três nomes: *Egito* (Ap 2:8). *Sodoma* no mesmo versículo. É chamada de *Babilônia* em muitos lugares do Apocalipse. É chamada de *Babilônia* com relação à sua crueldade. É chamada de *Sodoma* com relação à sua indecência e *Egito* com relação à sua idolatria. —T. WESTFIELD

É uma questão árdua um homem viver no Egito e não provar e saborear um pouco da idolatria do Egito. Nós tivemos em algum momento, na Inglaterra, um provérbio sobre ir a Roma. Dizia-se: um homem que fosse pela primeira vez a Roma, ia para ver o homem perverso que ali estava; o que fosse uma segunda vez a Roma, iria para se familiarizar com o homem perverso que ali estava; o que fosse uma terceira vez, traria consigo o homem perverso. —THOMAS WESTFIELD

Versículos 19 a 22. Devemos esperar nunca viver para ver os dias em que os milagres de nossa redenção devam ser esquecidos; quando a volta de Jesus Cristo do Céu seja causa de desespero e quando as pessoas solicitarão aos seus mestres que fabriquem uma nova divindade filosófica para que adorem em lugar do Deus de seus ancestrais, a quem a glória foi atribuída de geração em geração. —GEORGE HORNE

*Versículo 20*
*E, assim, trocaram a glória de Deus pelo simulacro de um novilho que come erva.* O salmista é muito insultuoso e merecidamente. A irreverência em relação aos ídolos é uma reverência indireta a Deus. Os falsos deuses são tentativas de representar o Deus verdadeiro e, de fato, todas as coisas materiais que são adoradas são no máximo imundície sobre a face da terra, independentemente de serem cruzes, crucifixos, virgens, hóstias, relíquias ou até o próprio papa. Não somos, de modo algum, desonestos com relação a estas abominações infames: Deus as abomina e nós também deveríamos abominá-las. Renunciar a glória da adoração espiritual pela pompa exterior e exibição é o máximo da insensatez e merece ser tratada como tal. —C. H. SPURGEON

A destruição finalmente veio. Pelo primeiro pecado no deserto Ele os castigou, enviando magreza às suas almas; pelo segundo Ele extirpou os ofensores, a chama queimou os perversos; pelo terceiro, Ele ameaçou destruí-los; pelo quarto, Ele ergueu Sua mão e quase os alcançou com golpes (v.26); pelo quinto Ele de fato os atingiu "e grassou peste entre eles"; e assim a punição aumentava com a perseverança deles no pecado. —C. H. SPURGEON

*Versículo 23*
*Se Moisés, seu escolhido, não se houvesse interposto.* Nós, por meio da infinita misericórdia, tivemos alguns como Moisés e Arão, para perfazer nossas salvaguardas, erguer nossas fundações e tapar alguns vãos que ainda não foram tapados.

Não há vãos na cobertura da doutrina? Caso não houvesse, como surgiriam opiniões tão errôneas, blasfemas e descabidas entre nós? Não há vãos nas coberturas da autoridade civil e eclesiástica? As multidões não pisoteiam magistrados e ministérios, todos os poderes, tanto humanos quanto divinos?

Não há vãos na adoração a Deus? Não são muitos os que pisoteiam todas as igrejas, todas as ordenanças, sim, as próprias Escrituras? Não há vãos na cobertura da justiça pelos quais os touros de Basã entram e oprimem os pobres e esmagam os necessitados? Amós 4:1 — não haveria vãos na cobertura do amor? Não teria sido quebrado esse elo de perfeição?

Não há invejas amargas e conflitos entre nós? Não nos mordemos e devoramos uns aos outros? Não há vãos na cobertura da consciência? Não está quebrada a paz entre Deus e vossa alma? Satanás não surge frequentemente neste vão e o perturba? Não há vãos também em vossos muitos relacionamentos em que Satanás ganha vantagem? Certamente, se nossos olhos estiverem em nossas cabeças, veremos vãos o suficiente. —WILLIAM GREENHILL

## Versículo 24

*E não deram crédito à sua palavra*. Esta é a raiz do pecado. Se não cremos na Palavra de Deus, pensamos levianamente sobre os Seus dons prometidos. "Não puderam entrar por causa da incredulidade". Esta era a chave que fechou a porta contra eles. Quando os peregrinos à Cidade Celestial começam a duvidar do Senhor do caminho, eles, em pouco tempo, passam a desconsiderar o descanso ao fim da jornada e este é o caminho mais certo para se tornarem maus viajantes. A incredulidade de Israel exigiu espiões para verificar a terra; o relato daqueles espiões era de caráter mesclado e assim uma safra fresca de incredulidade surgiu com consequências muito deploráveis. —C. H. SPURGEON

Um grande entrave para a salvação é a preguiça espiritual. Diz-se de Israel: "desprezaram a terra aprazível". Por que razão? Canaã era um paraíso de deleite, um tipo do Céu. Sim, mas eles pensaram que lhes custaria muita dificuldade e perigo ao entrar e eles prefeririam ficar sem ela; eles desprezaram a terra aprazível. Não há milhões de nós que prefeririam dormir no inferno do que suar no Céu?

Li sobre certos espanhóis que vivem perto de onde há uma grande fonte de peixes e, contudo, são tão preguiçosos que não enfrentam o trabalho de pescá-los, mas os compram de seus vizinhos. Estas estupidez e preguiça pecaminosas estão sobre a maioria, de modo que, apesar de Cristo estar próximo deles, ainda que a salvação seja oferecida no evangelho, eles não desenvolvem a salvação. —THOMAS WATSON

## Versículo 28

*Também se juntaram a Baal-Peor e comeram os sacrifícios dos ídolos mortos*. O ritualismo levou à adoração de falsos deuses. Caso escolhamos um caminho falso de adoração nós, muito rapidamente, escolheremos adorar um deus falso. Esta abominação dos moabitas era um ídolo em cuja adoração mulheres entregavam seus corpos à luxúria mais vergonhosa. Pense no povo do Deus santo chegando a este ponto! Talvez tenham participado de rituais necromânticos que eram feitos para abrir comunicação com espíritos dos mortos, assim esforçando-se para violar o selo da providência de Deus entrando, violentamente, em cômodos que Deus fechou. Aqueles que estão cansados de buscar o Deus vivo geralmente demonstram uma aspiração por ciências ocultas e buscam comunhão com demônios e espíritos. A que fortes delírios são geralmente entregues aqueles que descartam o temor de Deus! Esta observação é tão necessária agora, quando foi nos dias que já se passaram. —C. H. SPURGEON

## Versículo 29

*Assim o provocaram à ira com as suas invenções; e a peste rebentou entre eles* (ACRF). Seus novos pecados trouxeram sobre eles uma doença nova às suas tribos. Quando os homens inventam pecados, Deus não demorará a inventar punições. Seus vícios eram uma peste moral e eles foram visitados com uma peste corporal; então o Senhor dá ao pecado a recompensa que lhe é cabível. —C. H. SPURGEON

Note que não é dito "com suas ações", mas com suas buscas (estudos). Uma coisa é simplesmente fazer algo; outra completamente diferente é buscá-la seriamente noite e dia. —MUSCULUS

Foi culpa de Saul. Deus ordenou que ele destruísse Amaleque por completo, e ele inventou um modo melhor, para salvar algo (certamente) para o sacrifício, o que Deus não pode cogitar. E foi culpa de São Pedro quando persuadiu Cristo de Sua paixão e encontrou um modo melhor (segundo ele) do que aquele que Cristo poderia elaborar. —LANCELOT ANDREWES

## Versículo 30

*Então, se levantou Fineias e executou o juízo; e cessou a peste.* Seu espírito honesto não pôde suportar que a lascívia fosse praticada publicamente num momento em que um jejum fora proclamado. Ele não pôde tolerar o desacato audacioso a Deus e de toda a Lei, por essa razão, com sua lança afiada, ele transpassa os dois culpados no exato momento do ato. Foi uma paixão santa que o inflamou, e não inimizade a qualquer das pessoas que matou. —C. H. SPURGEON

Ele não se coloca a selecionar escrúpulos: Quem sou eu para fazer isso? O filho do sumo sacerdote. Meu posicionamento é em prol da paz e da misericórdia. É meu papel sacrificar e orar pelo pecado do povo, não sacrificar nenhuma pessoa do povo por seus pecados. Meu dever me chama a aplacar a ira de Deus como puder, não a vingar os pecados dos homens; orar pela conversão deles, não lidar com a confusão de qualquer pecador. E quem são estes? Não é um grande príncipe em Israel, a outra uma princesa de Midiã? Pode a morte de dois personagens tão famosos não ser vingada? Ou, caso seja seguro e adequado, por que meu tio Moisés não derrama suas lágrimas em lugar do sangue de ambos? Lamentarei com o restante; deixe-os se vingar de quem lhes for concernente. Mas o zelo de Deus havia excluído todas as fracas deliberações e ele considera agora como seu dever e sua glória, ser um executor de um par tão devasso de ofensores. —JOSEPH HALL

Note o poderoso princípio, que fluía como torrente no coração de Fineias. O Espírito não o deixa obscurecido. O louvor é este: "teve zelo pelo seu Deus" (Nm 25:13). Ele não poderia cruzar seus braços e ver a Lei de Deus sendo insultada, Suas regras violadas, Sua majestade e Seu império escarnecidos. O coração do servo queimava em uma chama de indignação piedosa. Ele precisou se levantar para vingar seu Senhor. Seu amor fervoroso, sua resolução ousada, nada temeram em uma causa justa. O ofensor Zinri era um poderoso príncipe, não obstante Fineias não o poupou.

Cristão, você consegue ler isto e não sentir vergonha alguma? Seus esforços ousados testificam o seu zelo? Pecadores blasfemam o nome de Deus. Você os repreende? Seus *Shabbats* são profanados. Você protesta? Falsos princípios estão vigentes. Você expõe as falsificações? O vício sustenta a vestimenta da virtude. Você arranca a máscara? Satanás fascina o mundo. Você resiste? Não, antes não está você cochilando despreocupado? Seja a causa de Cristo bem-sucedida ou abatida, você pouco se importa. Estivesse o zelo justo cingindo seus lombos, firmando seus nervos, movendo o leme de seu coração e inflando as velas de sua ação, Deus seria tão desconhecido e blasfemado tão audaciosamente? —HENRY LAW

## Versículo 31

*Isso lhe foi imputado por justiça, de geração em geração, para sempre.* Ele foi impelido por motivos tão puros que o que de outra forma teria sido um ato de sanguinário foi justificado aos olhos de Deus; não, mais, foi colocado como prova de que Fineias era justo. Nenhuma ambição pessoal, ou vingança particular, ou paixão egoísta, ou até mesmo sectarismo fanático, inspiraram o homem de Deus, mas o zelo por Deus, a indignação com a devassidão aberta e o verdadeiro patriotismo o levaram adiante. —C. H. SPURGEON

## Versículo 32

*E, por causa deles, sucedeu mal a Moisés.* Desgastado, Moisés finalmente começou a se irar com eles e a perder por completo a esperança de que algum dia seriam aperfeiçoados. Podemos nos maravilhar com isso, por ele ser um homem e não Deus? Após 40 anos sendo compreensivo, o temperamento do homem manso cedeu, e ele os chamou de rebeldes e demonstrou ira santificada; e, por isso, ele não teve permissão para entrar na terra que desejava herdar.

Verdadeiramente, ele pôde ver o formoso país do topo do Pisga, mas sua entrada foi negada e, portanto, lhe sucedeu mal. Foi o pecado deles que o enfureceu, mas ele teve que suportar as consequências. Ainda que fique claro que os outros são mais culpados do que nós mesmos, devemos sempre nos lembrar de que isso não nos protegerá, senão que todo homem deve carregar seu próprio fardo. —C. H. SPURGEON

*Versículo 33*
*Pois foram rebeldes ao Espírito de Deus, e Moisés falou irrefletidamente.* O que parece um pequeno pecado comparado com o dos outros, no entanto, era o pecado de Moisés, o servo escolhido do Senhor, que havia visto e conhecido tanto do Senhor, e assim não poderia ser desconsiderado. Ele não blasfemou ou falou falsamente, mas agiu precipitadamente e sem cuidado. Esta é uma séria falha em um legislador e especialmente em um que fala por Deus.

Esta passagem é, para nossa mente, uma das mais terríveis na Bíblia. Servimos verdadeiramente ao Deus zeloso. Contudo, Ele não é um mestre severo ou austero; não devemos pensar assim, mas devemos antes ser, nós mesmos, zelosos e vigiarmos para que vivamos com o maior cuidado possível e falemos do modo mais esclarecedor possível, porque servimos a um Senhor que tem esta natureza.

Devemos também ser muito cuidadosos com o modo como tratamos os ministros do evangelho, para que não provoquemos seu espírito levando-os a algum comportamento inconveniente que possa trazer sobre eles o castigo do Senhor. Pouco sonha uma pessoa murmurante e belicosa com os perigos em que envolvem seus pastores, por seu comportamento desfavorável. —C. H. SPURGEON

Como Abraão foi reconhecido por sua fé, também Moisés o foi por sua mansidão; pois as Escrituras declaram que ele era "mui manso, mais do que todos os homens que havia sobre a terra" (Nm 12:3). Contudo, julgando a partir de fatos registrados sobre ele, devemos nos inclinar a supor de que por natureza, ele era notável pela sensibilidade e impaciência — essa era a sua única enfermidade constante. —ISAAC WILLIAMS

Quando alguém corre uma longa distância e corre bem, como é triste tropeçar há alguns passos da chegada! Se Moisés tivesse um desejo terreno, este teria sido ver Israel seguro em sua herança e seu desejo não foi consumado. A fé e a paciência persistiram bem por 40 anos e em alguns meses mais o Jordão seria atravessado e a obra estaria consumada. E quem pode dizer se esta grande proximidade do prêmio não colaborou para criar algo como uma confiança presunçosa? O sangue de Moisés ferveu, para início de conversa, e ele não era o mais manso dos homens. Bem-aventurado é o homem que teme continuamente! Bem-aventurado é o homem que, apesar de os anos se passarem sem uma tentativa sequer de roubo, ainda tranca suas portas e garante que suas janelas estejam travadas!

John Newton observa: "A graça de Deus é necessária para criar um temperamento justo num cristão tanto no quebrar de uma peça de louça chinesa, como na morte de um filho único"; e como nenhum homem pode dizer no alvorecer do dia se este será o dia mais atribulado de toda a sua vida, como é sábio orar sem cessar: "sustenta-me conforme a tua palavra" (ARC). —JAMES HAMILTON

*Versículo 34*
*Não exterminaram os povos, como o SENHOR lhes ordenara.* Grande mal é entre os professos o fato de não serem zelosos pela destruição total de todo pecado interior e exterior. Nós fazemos coalizões de paz onde devemos proclamar guerra à espada; alegamos nosso temperamento instável, nossos antigos hábitos, a necessidade de nossas circunstâncias ou algum outro pretexto maléfico como pedido de desculpa por contentar-nos com uma santificação muito parcial, se de fato for alguma santificação.

Somos lentos também para repreender o pecado em outros e estamos prontos a poupar pecados respeitáveis, que como Agague dão passos confiantes. A medida de nossa destruição de pecado não deve ser nossa tendência, ou o hábito de outros, mas a ordem do Senhor. Não teremos garantia se lidarmos com leniência com o pecado, seja lá qual ele for. —C. H. SPURGEON

*Versículo 35*
*Antes, se mesclaram com as nações e lhes aprenderam as obras.* Tendo culpa o suficiente por si só, estavam, contudo, prontos para ir a escolas dos sórdidos cananeus e educarem-se ainda mais nas artes da iniquidade. Era certo que não podiam aprender algo bom com homens a quem o Senhor havia condenado à destruição completa. Poucos desejariam ir à cela do

condenado para aprender algo, contudo, Israel sentou-se aos pés da amaldiçoada Canaã e levantou-se proficiente em todas as abominações.

Isto, também, é um erro penoso, mas comum entre os professores: eles cortejam a companhia mundana e copiam os modos mundanos e, contudo, seu chamado é dar testemunho contra estas coisas. Ninguém pode contar do mal resultante da insensatez da conformidade com o mundo. —C. H. SPURGEON

Versículos 37 e 38. *Pois imolaram seus filhos e suas filhas aos demônios*. Isto, de fato, é ser traído; eles estavam amarrados em feitiçaria pela cruel superstição e foram carregados para tão longe, a ponto de se tornarem assassinos de seus próprios filhos, em honra das divindades mais abomináveis, que eram na verdade demônios e não deuses. —C. H. SPURGEON

*E a terra foi contaminada com sangue*. A Terra Prometida, a Terra Santa, que era a glória de todas as terras, pois Deus ali estava, foi corrompida com o fétido sangue coagulado de bebês inocentes e pelas mãos ensanguentadas de seus pais, que os mataram para prestar homenagem a demônios. Lamentável! Lamentável! Que tormento foi isto para o Espírito do Senhor. —C. H. SPURGEON

Versículos 40 e 41. *Acendeu-se, por isso, a ira do SENHOR contra o seu povo, e ele abominou a sua própria herança*. O sentimento descrito é como aquele de um marido que ainda ama sua esposa culpada e, contudo, quando pensa em seus sentimentos promíscuos, toda a sua natureza se levanta em justa ira contra ela, de modo que o simples vê-la aflige sua alma.

*Sobre eles dominaram os que os odiavam*. E quem poderia se surpreender? O pecado nunca cria amor verdadeiro. Eles se uniram aos pagãos em sua perversidade e não conquistaram seus corações, mas antes provocaram seu desprezo. Acontecendo de nos misturarmos aos homens do mundo, em breve eles se tornarão nossos mestres e nossos tiranos. Não poderíamos desejar algo pior. —C. H. SPURGEON

Sempre que o amor afunda em grande ódio, fica conhecido como abominação. —LORINUS

*Versículo 43*
*Por sua iniquidade, foram abatidos*. O pecado da idolatria deveria estar profundamente enraizado em sua natureza, ou eles não teriam retornado a ele com tanta persistência diante de tais punições. Não há porque nos surpreendermos com isto, há ainda uma maravilha maior: o homem prefere o pecado e o inferno ao Céu e a Deus. —C. H. SPURGEON

*Versículo 44*
*Olhou-os, contudo, quando estavam angustiados e lhes ouviu o clamor*. Sua ira mais feroz contra Seu próprio povo é somente uma chama temporária, mas Seu amor queima para sempre como a luz de Sua própria imortalidade. —C. H. SPURGEON

*Versículo 48*
*Amém!* Martinho Lutero disse certa vez sobre a Oração do Pai Nosso, que "ela era a grande mártir na Terra, pois era usada tão frequentemente sem consideração ou sentimento, sem reverência e fé". Esta observação peculiar, tão verdadeira quanto triste, aplica-se talvez com força ainda maior à palavra "Amém".

Uma palavra que é frequentemente usada sem a ponderação devida e sem a companhia do sentimento que pretende suscitar, perde seu poder por esta exata familiaridade, e ainda que constante em nossos lábios, jaz acamada no dormitório de nossa alma. Mas o "Amém!" é uma grande palavra; e Lutero realmente disse: "Como é o seu Amém, assim foi sua oração". —ADOLPH SAPHIR

# Salmo 107

ESTE é um cântico seleto para os "remidos do SENHOR" (v.2). Ainda que celebra libertações providenciais e, portanto, possa ser cantado por qualquer homem cuja vida tenha sido preservada no momento do perigo, sob esta cobertura ele, sobretudo, magnifica o Senhor por bênçãos espirituais das quais os favores temporais não passam de exemplos e sombras. O tema é ação de graças e os motivos para isso. A construção do salmo é altamente poética e meramente como composição seria difícil encontrar um companheiro entre as produções humanas. Os trovadores da Bíblia não ficam abaixo dos filhos de canções.

### Versículo 1
*Rendei graças ao SENHOR.* Em dever algum somos mais enfadonhos e inconvenientes do que no louvor a Deus e ação de graças a Ele. Também não há nenhum dever em que há mais necessidade de sermos incitados como essa exortação expressa. —DAVID DICKSON

### Versículo 2
*Os que ele resgatou da mão do inimigo.* Que gratidão pode ser suficiente por uma libertação do poder do pecado, da morte e do inferno? No próprio Céu não há hino mais doce do que esse cujo conteúdo é "com o teu sangue compraste para Deus homens". —C. H. SPURGEON

### Versículo 4
*Andaram errantes pelo deserto.* Ele se perdeu no caminho. Quando estava no mundo, não tinha dificuldades, o caminho era tão amplo que não havia como equivocar-se. Mas quando a obra da graça divina se inicia no coração de um pecador, ele se perde no caminho. Ele não consegue encontrar seu caminho no mundo; Deus o guiou para fora como guiou Ló para fora de Sodoma. —J. C. PHILPOT

*Por ermos caminhos.* O caminho do viajante no deserto é um caminho de desperdício e quando ele abandona essa trilha pobre, estéril para ir totalmente além do caminho do homem, ele está de fato em uma situação miserável. Uma alma sem simpatia está à beira do inferno. O caminho ermo é o caminho do desespero. —C. H. SPURGEON

### Versículo 6
*Então, na sua angústia, clamaram ao SENHOR.* Alguns homens jamais orarão até que estejam quase famintos e para seu bem-estar é muito melhor que estejam vazios e fracos do que cheio e robustos. Se a fome nos coloca de joelhos, é muito mais útil para nós do que o banquete; se a sede nos leva à fonte, é melhor então do que as correntes mais profundas de alegrias mundanas; e se o desfalecer leva ao clamor, é melhor do que a força dos poderosos. —C. H. SPURGEON

Nestas palavras encontramos três coisas notáveis: primeiro, a condição da Igreja e do povo de Deus: dificuldade e aflição; segundo, a prática e o exercício do povo de Deus neste estado: *Então clamaram ao SENHOR*; terceiro, seu sucesso e o bom resultado desta prática: *e ele os livrou.* —PETER SMITH

### Versículo 7
*Conduziu-os pelo caminho direito.* Há muitos caminhos errados, mas somente um correto; e neste ninguém pode nos guiar exceto o próprio Deus.

*Para que fossem à cidade em que habitassem.* Não encontraram cidade alguma em que habitar, mas Ele encontrou uma prontamente. O que nós podemos fazer e o que Deus pode fazer são duas coisas muito diferentes. —C. H. SPURGEON

Não é uma cidade para ser inspecionada! Muitos (Deus Eterno, haverá algum entre nós?) olharão para ela e "haverá choro e ranger de dentes quando virdes, no reino de Deus, Abraão, Isaque, Jacó e todos os profetas, mas vós, lançados fora". Não uma cidade para visitação. Cristãos não somente entrarão nela, mas a habitarão. Eles não mais sairão — é uma "cidade de habitação". Isto transmite a ideia de repouso. —WILLIAM JAY

*Versículo 8*
*Rendam graças ao SENHOR.* Hebraico: que eles confessassem ao Senhor, tanto em secreto quando em público. Este é o único aluguel que o Senhor exige. Ele se alegra em que tenhamos o conforto de Suas bênçãos, para que Ele tenha as honras destas bênçãos. Esta era a única tarifa que Cristo esperava por Suas curas: vá e conte o que Deus fez por você. As palavras parecem ser uma recompensa pobre e insignificante, mas Cristo, disse Nazienzen, foi chamado de Palavra. —JOHN TRAPP

*E por suas maravilhas para com os filhos dos homens!* Os filhos dos homens são tão insignificantes, tão débeis e tão indignos que é grande surpresa o Senhor fazer qualquer coisa por eles. Mas Ele não se contenta em executar obras pequenas, Ele impulsiona Sua sabedoria, Seu poder e amor para executar maravilhas em favor daqueles que o buscam. Na vida de cada um dos remidos há um mundo de maravilhas e, portanto, da vida de cada um, deveria ressoar um mundo de louvores. —C. H. SPURGEON

*Versículo 15*
*Rendam graças ao SENHOR por sua bondade e por suas maravilhas para com os filhos dos homens!* O contemplar de tal bondade faz um homem com a mente justa ver o Senhor devidamente honrado por Sua incrível misericórdia. Quando as portas do calabouço se abrem e as correntes são quebradas, quem pode se recusar a adorar a gloriosa bondade do Senhor? O coração adoece ao pensar em tais graciosas misericórdias não sendo cantadas; não podemos evitar implorar aos homens que se lembrem de suas obrigações e exaltem o Senhor, seu Deus. —C. H. SPURGEON

*Versículo 17*
*Estultos.* Não há nada mais tolo do que um ato de perversidade; não há sabedoria igual à sabedoria de obedecer a Deus. —ALBERT BARNES

Versículos 17 a 20. *Enviou-lhes a sua palavra, e os sarou, e os livrou do que lhes era mortal.* Amigos podem declarar, ministros podem declarar, sim, anjos podem declarar e tudo em vão. As feridas são incuráveis mesmo com todas as suas palavras, mas se Deus se agradar de falar, a alma moribunda revive. Esta palavra é o único bálsamo que pode curar a consciência ferida: "Enviou-lhes a sua palavra, e os sarou".

A consciência é prisioneira de Deus. Ele a lança na prisão, a amarra em grilhões de modo que o ferro penetra a própria alma; isto Ele faz por Sua Palavra e, verdadeiramente somente Ele, que a cala, pode libertá-la. Todas as palavras unidas não podem abrir o portão de ferro, arrancar as algemas e libertar a pobre prisioneira, até que Deus pronuncie a palavra. —GEORGE SWINNOCK

*Versículo 18*
*A sua alma aborreceu toda sorte de comida.* Os melhores dos confortos da criatura não passam de confortos vãos. Que benefício pode ter a carne saborosa para um homem, quando ele está doente e pronto para morrer? Então ouro e prata, terras e casas, que são a carne seleta de um homem ganancioso, são abomináveis para ele. *A minha carne é verdadeira comida* (Jo 6:55). Alimente-se dele pela fé, na saúde e na enfermidade; sim, você nunca o abominará. Sua carne é a verdadeira carne que desejamos, tal carne nos preencherá e engordará, mas nunca causará enjoo. —JOSEPH CARYL

*Versículo 20*
*A sua palavra, e os sarou.* Foi a Sua Palavra essencial, da Segunda Pessoa da Divindade, nosso Senhor Jesus Cristo, a Palavra que se fez carne e habitou entre nós. Desta Palavra divina houve anunciação no Antigo Testamento; que Ele surgiria com a glória do sol da manhã, trazendo cura em Suas asas para todas as enfermidades; e em conformidade o Novo Testamento relata que Jesus andou por toda a Galileia, pregando o evangelho do reino e curando todos os tipos de doenças e toda forma de moléstia entre o povo. Ele curou a doença do corpo miraculosamente para provar que Ele era o Onipotente Médico da alma.

E é notável o fato de que Ele nunca rejeitou pessoa alguma que se submetera a Ele para cura interior e exterior, para nos demonstrar que Ele nunca expulsaria nenhuma pessoa que se submetesse a Ele para cura espiritual. —WILLIAM ROMAINE

*Versículo 23*
*Os que, tomando navios, descem aos mares.* A navegação era tão pouco praticada entre os israelitas, que marinheiros eram cercados de alto grau de mistério e seu ofício era considerado como singularmente audaz e perigoso.

Contos sobre o mar extasiavam todos os corações com admiração e aquele que ia a Ofir e a Társis e voltava com vida era considerado um homem de renome, um antigo marinheiro que deveria ser ouvido com atenção respeitosa. Travessias eram definidas como descer a um abismo, "tomando navios, descem aos mares"; ao passo que agora nossos marinheiros mais ousados e familiarizados falam de "altos mares". —C. H. SPURGEON

*Versículo 24*
*E as suas maravilhas nas profundezas do abismo.* Nem todos os cristãos têm a mesma profundidade de experiência; mas para fins de sabedoria, para que possam interagir com Ele, o Senhor envia alguns de Seus santos ao mar da aflição da alma e ali eles veem, enquanto outros não veem, as maravilhas da graça divina. Velejando sobre as profundezas da depravação interior, as águas com detritos de pobreza, as vagas de perseguição e as tempestuosas ondas da tentação, eles precisam de Deus acima de todo o resto e ali o encontram. —C. H. SPURGEON

*Versículo 28*
*Então, na sua angústia, clamaram ao S*ENHOR. Ainda que quase esgotados, tiveram bom senso suficiente para orar; seu coração estava derretido e acabava-se em clamores por socorro. —C. H. SPURGEON

Deus produz muito mais em pessoas aflitas do que produz ou consegue produzir em pessoas que se encontram confortáveis, calmas e fora de perigo. O Filho Pródigo estava muito firme e decidido a nunca retornar até que foi rebaixado por aflições restritivas e funestas; então seu pai teve notícias dele. Agar era orgulhosa na casa de Abraão, mas se tornou humilde no deserto.

Jonas dormia no navio, mas permaneceu acordado e em oração na barriga da baleia (Jn 2:1). Manassés viveu em Jerusalém como um libertino, mas quando amarrado por correntes na Babilônia, seu coração se voltou ao Senhor (2Cr 33:11,12). Doenças físicas forçaram muitos que viviam no evangelho a vir para Cristo, ao passo que outros desfrutando de saúde física não o teriam reconhecido.

Poder-se-ia pensar que o Senhor abominaria ouvir estas orações que são feitas somente por medo do perigo e não por amor, realidade e sinceridade de coração. Se não houvesse tanta miséria de cegueira, deficiência, paralisia, febres etc., nos dias de Cristo, não teria havido um rebanho atrás dele. —DANIEL PELL

*Versículo 29*
*Fez cessar a tormenta.* A imagem é esta: a humanidade, antes de ser redimida, é como um navio em um mar tempestuoso, agitado com paixões, lançado para cima e para baixo com cuidado e assim, levado por várias tentações, de modo que nunca tem descanso. Este é o estado mais tranquilo deles no dia sorridente da prosperidade tranquila; mas as aflições virão, as aflições do pecado e de Satanás e o mundo levantará uma violenta tempestade, da qual a sagacidade e a força do homem não podem escapar. Ele em pouco tempo será engolido pelas ondas devoradoras, a menos que o mesmo Deus que criou o mar fale com ele: "Acalma-te, emudece!".

Estamos todos na mesma situação em que os apóstolos quando estavam sozinhos à noite no meio do oceano e o vento e as ondas eram contrários, contra os quais eles labutaram remando em vão, até que Cristo veio a eles andando sobre o mar e ordenou que os ventos cessassem e as ondas se acalmassem e houve grande calmaria, pois, o vento e a chuva conheciam a voz do Senhor. A voz daquele que os criou com as Suas palavras e eles obedeceram. Sua palavra é Poderosa para criar e aquietar a guerra feroz dos elementos mais furiosos.

E o Senhor é tão Poderoso no mundo espiritual quanto Ele o é no natural. Em qualquer alma em que Ele adentrar, Ele ordena que todas as paixões dissonantes se acalmem e há de fato uma bendita calmaria. Ó que o Onipotente Salvador assim fale com todos vocês, para que velejem em um mar tranquilo e calmo até que cheguem seguros no desejado refúgio de descanso eterno! —WILLIAM ROMAINE

## Versículo 30

*Então, se alegraram com a bonança.* Ninguém pode valorizar este versículo a menos que tenha estado em uma tempestade no mar. Nenhuma música pode ser mais doce do que o ruído da corrente quando os marinheiros lançam a âncora; e nenhum lugar é mais desejável do que esta pequena enseada, ou a vasta baía, em que o navio descansa em paz.

E, assim, os levou ao desejado porto. Quanto mais dura a travessia, mais os marinheiros anseiam pelo porto e o Céu se torna mais e mais o "desejado porto" conforme nossas tribulações se multiplicam. —C. H. SPURGEON

## Versículo 32

*Exaltem-no também na assembleia do povo.* Frequentemente, quando os homens ouvem sobre o escape muito próximo de um naufrágio, eles discutem a questão com uma observação descuidada sobre a boa sorte, mas não se deveria jamais brincar com ela desta forma. —C. H. SPURGEON

## Versículo 34

*Por causa da maldade dos seus habitantes.* Se conseguimos transformar o bem em mal, podemos nos surpreender se o Senhor nos paga em espécie e devolve nossa mesquinharia ao lugar de onde veio? Muitas igrejas estéreis devem sua condição atual ao seu comportamento inconsistente e, muitos cristãos estéreis chegaram a esta condição lamentável pela caminhada descuidada e impiedosa diante do Senhor. Que os santos que são agora úteis, não corram o perigo de suportar a perda de suas misericórdias, mas sejam vigilantes para que tudo lhes corra bem. —C. H. SPURGEON

## Versículo 35

*A terra seca, em mananciais.* Se Deus aflige, a Sua justiça encontra a causa disso em um homem; mas se Ele faz o bem a qualquer homem, é por Seu bel-prazer, sem haver causa alguma no homem. Portanto, nenhuma razão é dada aqui para esta mudança, como para a anterior, mas simplesmente: "Ele converteu a terra seca em mananciais". —DAVID DICKSON

## Versículo 39

*Mas tornaram a reduzir-se e foram humilhados pela opressão, pela adversidade e pelo sofrimento.* As tribulações são de vários tipos; aqui temos três palavras para aflição e há inúmeras mais. Deus têm muitas varas e nós temos muitos sofrimentos. Tudo porque temos muitos pecados. —C. H. SPURGEON

## Versículo 41

*Mas levanta da opressão o necessitado.* Levanta-o a que altura? Acima do alcance da maldição, que nunca o tocará. Acima do poder de Satanás, que nunca o arruinará; acima da influência imperante do pecado, que "não terá domínio sobre ele". Acima da possibilidade de ser banido de Sua presença, pois "Israel será salvo pelo Senhor com salvação eterna".

Este é o modo como Deus levanta Seu povo, instruindo-o nos mistérios de Sua Palavra e dando-lhe o direito de participar das alegrias contidas ali. —JOSEPH IRONS

# Salmo 108

CÂNTICO. Salmo de Davi. Para ser cantado jubilosamente como hino nacional ou solenemente como um salmo sagrado. Não suportaríamos a ideia de descartar este salmo ao simplesmente indicar ao leitor primeiro o Salmo 42:7-11 e depois o Salmo 40:5-12, ainda que imediatamente será percebido que essas duas porções das Escrituras são quase que idênticas aos versículos diante de nós.

É verdade que a maioria dos comentaristas assim o fizeram, e não somos tão presunçosos a ponto de contestar sua sabedoria; mas temos a opinião de que palavras não teriam sido repetidas se não houvesse um objetivo em assim fazê-lo, e que este objetivo não teria sido alcançado se todo ouvinte dissesse: "Ah, já vimos isto antes e, portanto, não precisamos meditar nisto novamente."

O Espírito Santo não é tão limitado em expressões a ponto de precisar repetir-se, e a repetição não pode ser meramente para preencher o livro. Deve haver alguma intenção na disposição de dois pronunciamentos divinos anteriores em uma nova conexão. Nossa habilidade para descobrir essa intenção é outra questão. Devemos ao menos nos esforçar para conseguir e podemos esperar auxílio divino nesta tarefa.

Temos diante de nós "A canção matutina do guerreiro" com a qual ele adora o seu Deus e fortalece seu coração antes de entrar nos conflitos do dia. Como um antigo oficial da Prússia tinha o hábito de orar para invocar o auxílio de "sua Majestade Augusto", assim o faz Davi a seu Deus e ergue sua bandeira no nome de Jeová.

Algumas expressões são tão admiráveis que devem ser utilizadas novamente; quem jogaria fora um cálice por tê-lo usado antes para beber? Deus deveria ser servido com as melhores palavras, e quando as temos, elas são certamente boas o suficiente para serem usadas duas vezes. Usar as mesmas palavras continuamente e nunca pronunciar um novo cântico demonstraria grande preguiça e levaria ao formalismo morto, mas não precisamos considerar a novidade de expressão como essencial à devoção, nem nos fadigar procurando-a como uma necessidade premente. —C. H. SPURGEON

*Versículo 1*
*Firme está meu coração, ó Deus!* As rodas da carruagem giram, mas seus eixos não; as hélices do moinho se movem com o vento, mas o moinho não; a Terra é carregada ao redor de sua órbita, mas seu centro é fixo. Assim um cristão deveria ser capaz, em meio a cenários de mudança e sinas variáveis, dizer: *Firme está meu coração, ó Deus! Firme está!* —G. S. BOWES

Como sabemos, um jardim que é regado com banhos esporádicos frutifica com mais dificuldade do que quando um fluxo constante o refresca. Assim quando nossos pensamentos em alguns momentos se focam em coisas boas que rapidamente fogem, quando eles somente vislumbram um objeto santo e estes se dispersam, não há muito fruto produzido na alma.

Na meditação, portanto, deve haver um fixar do coração no objeto, uma imersão de pensamentos como o santo Davi: *Firme está meu coração, ó Deus!* Devemos olhar uma peça curiosa e cuidadosamente considerar cada sombra, linha e cor; como a virgem Maria que guardou todas estas palavras, meditando-as no coração.

De fato, a meditação não é apenas o ocupar dos pensamentos, senão o centralizá-los em algo específico; não apenas a utilização dos pensamentos, mas a fixação deles sobre alguma questão espiritual. É quando a alma, meditando sobre algo divino, diz como os discípulos na Transfiguração (Mt 17:4): "Bom é estarmos aqui". —JOHN WELLS

Como um homem que primeiro afina o seu instrumento e, em seguida o toca, assim deveria o santo servo de Deus: primeiro labutar para levar seu espírito, coração e suas afeições a uma condição sólida e estabelecida para adoração e, depois, agir. Nós precisamos primeiro ser incitados para fazer uso correto dos meios antes que os meios estejam adequados para nos incitar. Por isso disse ele: "Quero acordar a alva". —DAVID DICKSON

*Até com a minha glória* (ACRF). Com meu intelecto, minha língua, minha habilidade poética, minha aptidão musical ou qualquer característica pela qual seja renomado e me confira honra. É minha glória poder falar e não ser um animal mudo, portanto minha voz enunciará Seu louvor. É minha glória conhecer Deus e não ser um pagão, portanto meu intelecto instruído adorará o Senhor. É minha glória ser um santo e não mais um rebelde, portanto, a graça que recebi bendirá ao Senhor. —C. H. SPURGEON

### Versículo 2
Referindo-se a esta passagem o Talmude diz: "Uma cítara costumava ficar pendurada acima da cama de Davi e quando chegava a meia-noite, o vento norte soprava entre as cordas, de modo que emitiam som próprios, e imediatamente ele se levantava e se ocupava com a Torá até que a coluna do alvorecer surgisse." Rashi observa: "A alvorada acorda outros reis; mas eu, disse Davi, despertarei a alva." —FRANZ DELITZSCH

### Versículo 3
*Louvar-te-ei entre os povos, Senhor.* A quem quer que venha ouvir-me, devoto ou profano, cristão ou pagão, civilizado ou bárbaro, não deixarei de tocar a minha música. —C. H. SPURGEON

### Versículo 4
*Porque acima dos céus se eleva a tua misericórdia.* Sua misericórdia é grandiosa. Essa misericórdia sobre a qual se cantou recentemente (Sl 107:1,43). Ela "se eleva acima dos céus"; ou seja, desce até nós como gotas de uma chuva fertilizante. Como a "paz na terra" de Lucas 2:14 fora antes "paz no céu" (Lc 19:38). —ANDREW A. BONAR

### Versículo 5
*Sê exaltado, ó Deus, acima dos céus; e em toda a terra esplenda a tua glória.* Que o Seu louvor seja conforme a grandiosidade de Sua misericórdia. Ah, se fôssemos mensurar assim nossa devoção, com que fervor deveríamos cantar! Toda a Terra com seu domo suspenso pareceria uma orquestra insuficiente e todas as faculdades de toda a humanidade pequenas demais para o aleluia. Os anjos seriam chamados para nos auxiliar e, certamente, eles viriam.

Eles virão no dia em que toda a terra estiver repleta dos louvores de Jeová. Nós ansiamos pelo momento em que Deus será adorado universalmente e Sua glória no evangelho será conhecida em todos os lugares. Esta é verdadeiramente uma oração missionária.

Davi não tinha nenhuma das exclusividades do judeu moderno ou as restrições de emoção de alguns cristãos nominais. Por amor a Deus, para que a Sua glória fosse revelada em todos os lugares, ele ansiava ver o Céu e a Terra repletos do louvor divino. Amém, que assim seja. —C. H. SPURGEON

### Versículo 9
*Moabe, porém, é a minha bacia de lavar; sobre Edom atirarei a minha sandália.* Esta expressão um tanto difícil pode ser assim explicada: Moabe e Edom deveriam ser reduzidas ao estado da profunda subordinação ao povo de Deus. A primeira deveria ser como um pote ou uma cuba, adequada apenas para lavar os pés, enquanto que a outra deveria ser como o escravo doméstico esperando para receber as sandálias jogadas para ele pela pessoa prestes a realizar a sua purificação religiosa, para que o escravo os colocasse num local seguro e então viesse e lavasse os pés de seu mestre. —*RAIOS DO ORIENTE*

*Sobre Edom atirarei a minha sandália.* Será como o chão sobre o qual aquele que se banha lança suas sandálias; ficará sob os seus pés, sujeito à sua vontade e posse dele por completo. Edom era orgulhoso, mas Davi lança suas sandálias nele. Sua capital era alta, mas ele lança suas sandálias nele; era forte, mas ele arremessa suas sandálias nele. Era forte, mas ele atira seus sapatos nele como um aferidor da batalha. Ele ainda não havia entrado em suas fortalezas construídas em rochas, mas como o Senhor estava com ele, Davi tinha certeza de que conseguiria. Sob a liderança do Todo-Poderoso, ele se sentia tão seguro de que conquistaria até mesmo o feroz Edom que olha para Edom como um mero escravo, sobre o qual podia exultar com impunidade.

Jamais devemos temer aqueles que estão defendendo o lado errado, pois como Deus não está com eles, sua sabedoria é insensatez, sua força é fraqueza e sua glória é sua vergonha. Pensamos demais nos inimigos de Deus e falamos deles com respeito demais. Quem é este papa de Roma? Sua Santidade? Não o chame assim, chame-o de Sua Blasfêmia! Sua Profanidade! Sua Impudência! O que são eles, seus cardeais e seus legados, a não ser a imagem e encarnação do Anticristo para serem em tempo devido lançados com a besta e o falso profeta no lago de fogo? —C. H. SPURGEON

Moabe, que havia seduzido Israel a praticar a impureza, se torna recipiente para sua purificação. Edom, descendente daquele que desprezou sua primogenitura, é desprovida de sua independência; pois "lançar um calçado" era sinal da transferência de uma reivindicação prévia de terra (Rt 4:7). —WILLIAM KAY

### Versículo 10

A forte cidade construída sobre a rocha, o coração endurecido do homem, mais forte e mais pedregoso que o sepulcro, Ele havia conquistado e vencido; e nele e em Sua força Seu povo deve levar adiante Sua batalha e derruba todas as fortalezas do orgulho humano, obstinação humana e falta de arrependimentos dos homens. —*UM COMENTÁRIO SIMPLES SOBRE O LIVRO DE SALMOS*

### Versículo 11

*Não nos rejeitaste, ó Deus?* Grande é esta fé que confia no Senhor até mesmo quando Ele parece ter nos rejeitado. Alguns mal conseguem confiar nele quando Ele os mima e Davi, entretanto, firmava-se no Senhor quando Israel parecia estar sob uma nuvem e o Senhor parecia ter escondido a Sua face. Ó, por mais desta fé real e viva! O rejeitar não durará muito tempo quando a fé tão gloriosamente se mantiver firme. Ninguém exceto os eleitos de Deus obtiveram a preciosa fé.

Quem será o meio para que obtenhamos uma bênção prometida? Não precisamos nos desencorajar se não percebermos um agente secundário, pois podemos então nos apoiar naquele que é o grande Proclamador de promessas e crer que Ele próprio executará Sua Palavra em nós. Caso ninguém mais nos guie a Edom, o próprio Senhor o fará, se o tiver prometido. Ou se houver a necessidade de instrumentos visíveis, Ele usará nossos exércitos, fracos como são.

Não precisamos que nenhum nova agência seja criada, Deus pode fortalecer nossos exércitos atuais e os capacitar a fazer tudo o que é necessário; tudo o que é preciso até mesmo para a conquista de um mundo é que o Senhor vá à frente com as forças de que nós já dispomos. Ele pode nos levar à cidade forte mesmo que com as débeis armas que empunhamos hoje. —C. H. SPURGEON

*Porventura não serás tu, ó Deus?* Sua mão o guiará até mesmo para Petra, o que parece inacessível pela força humana. Essa maravilhosa cidade rochosa dos edomitas é cercada de rochas, com aproximadamente 92 metros de altura e um único caminho de quase quatro metros de largura que leva até ela. A cidade em si é em parte talhada nas rochas fendidas e suas ruínas, que no entanto, ainda que pertencentes a um período posterior, enche os viajantes de admiração. —AUGUSTUS F. THOLUCK

### Versículo 12

*Dá-nos auxílio para sair da angústia, porque vão é o socorro da parte do homem.* Devemos orar com toda a confiança em Deus quando a nossa confiança no homem desaparece por completo. Quando o socorro do homem é vão, não acharemos vão buscar o socorro do Senhor. —C. H. SPURGEON

Aquele que tem o socorro de Deus em qualquer questão, deve abrir mão da confiança no socorro do homem; e perceber a futilidade do socorro do homem deve fazer o cristão confiar ainda mais em Deus e esperar mais confiantemente no socorro do Deus, como aqui é feito. —DAVID DICKSON

# SALMO 109

"**A**O mestre de canto" — destinado, portanto para ser cantado durante o serviço no Templo! Sim, de modo algum é fácil imaginar toda a nação cantando tais pavorosas imprecações. Nós mesmos, ainda que, sob a dispensação do evangelho, achamos muito difícil infundir no salmo um sentido de evangelho ou um sentido qualquer que seja compatível com o espírito cristão; e, portanto, poderíamos pensar que os judeus consideravam difícil cantar com uma linguagem tão forte sem sentir o espírito de vingança exaltado. E o despertar desse espírito nunca poderia ser o objeto de adoração divina em período algum do tempo, sob a Lei ou sob o evangelho. Logo no início, este título mostra que o salmo tem um significado com que é adequado que os homens de Deus estabeleçam comunhão diante do trono do Altíssimo. Mas qual é esse significado? Esta não é uma questão de pequena dificuldade e somente um espírito muito pueril poderá respondê-la.

"Salmo de Davi". Não, portanto, os desvarios de um misantropo desumano, ou execrações de um espírito polêmico e vingativo. Davi não desejava atingir o homem que requeria seu sangue; ele frequentemente perdoava aqueles que o tratavam vergonhosamente; e, portanto, estas palavras não podem ser lidas com sentido amargo e vingativo, pois isso seria estranho para o caráter do filho de Jessé.

A menos que possa ser provado que a religião da antiga dispensação era completamente severa, morosa e draconiana e que Davi tinha espírito malicioso e vingativo, não se pode conceber que este salmo contém o que um autor se aventurou a chamar de "um ódio impiedoso, uma malignidade refinada e insaciável".

Para tal sugestão não podemos ceder lugar; não, nem mesmo por uma hora. Mas o que mais podemos concluir de tal linguagem tão forte? Verdadeiramente este é um dos pontos árduos das Escrituras, uma passagem que faz a alma tremer durante a leitura; contudo como é um salmo para Deus e dado por inspiração, não nos cabe sentar em julgamento sobre ele, mas curvar nossos ouvidos àquilo que Deus, o Senhor, deseja nos falar neste texto.

Este salmo refere-se a Judas, pois assim Pedro o citou; mas para atribuir suas amargas denúncias a nosso Senhor na hora de Seus sofrimentos é mais do que ousamos fazer. Elas não são consistentes com o calado Cordeiro de Deus que não abriu Sua boca. Esperamos que seja nossa piedade o que nos impeça de assim fazermos.

Divisão. Nos primeiros cinco versículos, Davi humildemente suplica a Deus que ele seja liberto de seus inimigos incontritos e dissimulados. Do versículo 6 ao 20, repleto de um furor profético, o que o deixa completamente fora de si, ele apresenta julgamento contra seus inimigos e então do 21 ao 31 ele retorna à sua comunhão com Deus em oração e louvor.

A porção central do salmo em que a dificuldade está, deve ser considerada não como o desejo pessoal do salmista em sangue frio, mas como sua denúncia profética de tais pessoas como ele descreve, e enfaticamente, de um específico "filho da perdição", a quem ele vê com olhos proféticos.

Todos nós oraríamos pela conversão de nosso pior inimigo e Davi teria feito o mesmo; porém quando vemos os adversários do Senhor e praticantes da iniquidade como verdadeiramente são e, portanto, incorrigíveis, não podemos desejar-lhes o bem; pelo contrário, desejamos sua derrota e destruição. Os corações mais gentis ardem de indignação quando ouvem sobre as barbaridades contra mulheres e crianças, as tramas astutas para arruinar o inocente, a cruel opressão de órfãos desamparados e a ingratidão infundada com o bom e o gentil. Uma maldição sobre os perpetradores das atrocidades na Turquia pode não ser menos virtuosa do que uma bênção sobre o justo. Desejamos o bem a toda a humanidade, e exatamente por essa razão nós, algumas vezes, queimamos de indignação contra os miseráveis desumanos por quem toda a lei que protege as criaturas como nós, é pisoteada e todo preceito de humanidade é igualado a nada. —C. H. SPURGEON

A ira contra o pecado e um desejo de que malfeitores sejam punidos não são opostos ao espírito do evangelho ou ao espírito do amor por inimigos que nosso Senhor ordenou e exemplificou. Fosse a emoção de sua locução essencialmente pecaminosa, como Paulo poderia desejar que o inimigo de Cristo e o perversor do evangelho fossem amaldiçoados? E, especialmente, como poderia o espírito dos santos martirizados no Céu clamar a Deus por vingança e juntar-se para celebrar sua execução final?

Sim, o ressentimento contra o perverso está tão longe de ser necessariamente pecaminoso, de modo que o encontramos manifesto pelo próprio Santo e Justo, quando nos dias de Sua carne Ele olhou ao redor para Seus ouvintes "indignado e condoído com a dureza do seu coração"; e quando no "grande dia da ira deles", Ele dirá "Apartai-vos de mim, malditos" (Mt 25:41). —BENJAMIN DAVIES

A lei de santidade exige que oremos pelos fogos de retribuição divina. A lei do amor exige que busquemos, nesse meio tempo, resgatar os condenados da fogueira. A última oração do mártir Estêvão foi respondida não por algum desvio geral da condenação de uma nação culpada, mas pela conversão de um perseguidor, ao serviço de Deus. —JOSEPH F. THRUPP

Não consigo omitir o seguinte pequeno incidente que ocorreu certa manhã durante a adoração em família. Eu estava lendo um dos salmos imprecatórios e quando parei para comentar, meu filho, um menino de 10 anos, perguntou com certa sinceridade: "Papai, você acha que é certo que um homem bom ore pela destruição dos seus inimigos desse jeito?", e ao mesmo tempo mencionou Cristo orando por Seus inimigos.

Eu parei por um momento para saber como formular a resposta de modo que repondesse por completo sua indagação e então lhe disse: "Meu filho, se um assassino entrasse em nossa casa à noite, assassinasse sua mãe e então escapasse, para depois ser procurado pelo xerife e cidadãos todos tentando encontrá-lo, você não oraria a Deus para que eles tivessem sucesso, o prendessem e que ele fosse levado à justiça?"

"Ah, sim", ele disse, "mas eu nunca havia visto dessa forma antes. Eu não sabia que esse era o significado destes salmos." Eu disse: "Sim, meu filho, os homens contra quem Davi ora eram sanguinários, homens de falsidade e crime, inimigos da paz da sociedade, buscando seus interesses e a menos que fossem presos e seus mecanismos perversos derrotados, qualquer pessoa inocente sofreria." A explicação o satisfez por completo. —F. G. HIBBARD

*Versículo 2*
*Pois contra mim se desataram lábios maldosos e fraudulentos.* A miséria causada a um bom homem por relatos caluniadores não pode ser concebida por coração algum exceto aquele que por eles é ferido. Em todo o arsenal de Satanás não há armas piores do que línguas enganosas. Ter uma reputação pela qual vigiamos com cuidado diário repentinamente esborrifada com as mais sujas aspersões, é doloroso de modo que não se pode descrever; mas quando homens perversos e enganosos abrem por completo suas bocas, dificilmente podemos ter mais esperança que outros, de que escaparemos. —C. H. SPURGEON

"Fale", diz Arnóbio, "à sua consciência, ó homem de Deus, você que é seguidor de Cristo; e quando a boca do homem perverso e enganador for aberta com relação a você, alegre-se e fique em segurança, pois enquanto a boca do perverso é aberta para caluniar você na Terra, a boca de Deus é aberta para elogiá-lo no Céu." —LORINUS

*Versículo 3*
*Cercam-me com palavras odiosas.* Para o lado que se voltasse, eles o cercavam com falsidade, distorção, acusação e escárnio. Sussurros, zombaria, insinuações, sátiras e acusações abertas, enchiam seus ouvidos com um burburinho perpétuo e tudo sem motivo algum, exceto ódio puro. Cada palavra era cheia de veneno como um ovo é repleto de proteína. Eles não conseguiam falar sem mostrar os dentes. —C. H. SPURGEON

*Versículo 4*
*Em paga do meu amor, me hostilizam*. Eles me odeiam porque eu os amo. Um de nossos poeta diz do Senhor Jesus: "Foi sentenciado culpado por amar em excesso". Certamente foi a Sua única falha.

*Eu, porém, oro*. Ele não fez nada além de orar. Ele se tornou oração, da mesma forma que eles se tornaram malícia. Esta foi sua resposta aos seus inimigos; apelou dos homens e de sua injustiça ao Juiz de toda a Terra, que agirá corretamente. Somente a verdadeira bravura pode ensinar um homem a deixar seus deturpadores sem resposta e levar o caso ao Senhor.

Os homens não podem evitar reverenciar a coragem que caminha em meio a calúnias sem dar-lhes respostas. —C. H. SPURGEON

Não há piores inimigos do que aqueles que receberam a maior bondade e então se tornam cruéis. Como o vinagre mais azedo é feito do vinho mais puro e as carnes mais agradáveis se transformam em humores amargos no estômago; assim o amor mais elevado concedido a amigos, sendo mal digerido ou corrompido, transforma-se em ódio mais hostil. —ABRAHAM WRIGHT

Santos perseguidos são homens de oração, sim, eles são como se fossem constituídos por completo de oração. Davi orou antes, mas, ó, quando seus inimigos saíram a persegui-lo, ele se entregou totalmente à oração. —THOMAS BROOKS

Um cristão ora em todos os momentos. Ele ora ao se levantar, ao se deitar e ao caminhar; como um favorito privilegiado na corte, que tem a chave das escadarias particulares e pode acordar seu príncipe durante a noite. —AUGUSTUS M. TOPLADY

*Versículo 5*
*Pagaram-me o bem com o mal; o amor, com ódio*. Não é por si mesmo que ele fala, mas por todos os caluniados e pisoteados, de quem sente ser representante e porta-voz. Ele pede justiça e conforme sua alma é pungida com cruéis falsidades, ele pede com doce deliberação, não colocando restrições em seus pedidos. Apiedar-se da malícia seria malícia com a humanidade; proteger astutos requerentes do sangue humano seria crueldade com o oprimido.

A vingança é privilégio de Deus, e assim como seria uma calamidade imensa se o mal para sempre ficasse impune, também é bênção inenarrável o Senhor recompensar o homem perverso e cruel; e há momentos e períodos em que um bom homem deve orar por essa bênção. —C. H. SPURGEON

*Versículo 6*
*Suscita contra ele um ímpio*. Que punição pior poderia um homem ter? O homem orgulhoso não pode suportar o orgulhoso nem o opressor tolera o governo de outro como ele mesmo. Os justos, na paciência que lhes é comum, consideram o governo do perverso como uma escravidão dolorosa; mas aqueles que são cheios de paixões ressentidas e aspirações soberbas são de fato escravos quando homens de sua própria classe têm em suas mãos o chicote de todos eles.

Para Herodes seria miséria suficiente ser governado por outro Herodes e, contudo, que retribuição seria mais justa? Que homem iníquo pode se queixar caso se encontre sendo governado por alguém de caráter semelhante? O que pode esperar o perverso se não que seus governantes sejam como eles mesmos? Quem não admira a justiça de Deus quando vê romanos ferozes governados por Tibério e Nero e republicanos radicais governados por Marat e Robespierre? —C. H. SPURGEON

*E à sua direita esteja um acusador*. Não deveria semelhante se aproximar do semelhante? Não deveria o pai das mentiras se colocar próximo a seus filhos? Quem é o melhor braço direito para o adversário do justo do que o grande adversário em si? A maldição é terrível, mas é muito natural que deva ocorrer. Aqueles que servem a Satanás podem esperar para ter a sua companhia, sua assistência, suas tentações e finalmente sua ruína. —C. H. SPURGEON

Os homens teriam dito: "meu pecado é denunciado, mas não eu". Que licença é dada aqui para pecar! A natureza depravada teria dito: "Se não sou condenada, mas somente meu pecado, posso fazer o que me agradar; não serei responsabilizada. Amo o pecado e posso ir adiante com ele." Isto é o que os homens gostariam de declarar. E não haveria esforço para livrar-se do pecado. Por que deveria haver, se somente o pecado é condenado e não o pecador? Mas o pecado do homem é identificado com ele mesmo e isto o faz tremer. A ira de Deus está sobre o homem por causa do seu pecado. A condenação o espera por causa do seu pecado, isto o deixa ansioso para livrar-se dele. —FREDERICK WHITFIELD

Versículos 6 a 19. Estas terríveis maldições são repetidas com muitas palavras e sentenças, para que saibamos que Davi não as colocou impetuosamente ou por algum impulso precipitado da mente. Mas, o Espírito Santo as ditou e Ele mesmo emprega esta forma de execração que pode ser uma profecia perpétua ou prognóstico das amargas dores e da destruição dos inimigos da Igreja do Senhor. Davi também não imprecava muito estas punições aos seus próprios inimigos e a Judas o traidor de Cristo; mas punições semelhantes aguardam todos que lutam contra o reino de Cristo. —MOLLERUS

*Versículo 7*
*Quando o julgarem, seja condenado; e, tida como pecado, a sua oração*. Já é pecado, que seja assim tratada. Para o ferido, pode parecer terrível que o vilão de coração pervertido finja orar; muito naturalmente imploram que ele não seja ouvido, mas que suas súplicas possam ser consideradas como um acréscimo à sua culpa. Ele devorou a casa da viúva e, contudo, ora. Ele assassinou Nabote com falsa acusação e tomou posse de sua vinha e então apresenta orações ao Onipotente. —C. H. SPURGEON

Como os clamores de um malfeitor condenado não somente não encontram aceitação, mas são consideradas uma afronta à corte, as orações do perverso agora se tornam pecado, azedas com o fermento da hipocrisia e malícia; e assim serão no grande dia, porque então será tarde demais para clamar: "Senhor, Senhor, abra-nos o portão". —MATTHEW HENRY

São Jerônimo diz que a oração de Judas foi transformada em pecado pela falta de esperança ao orar e assim foi em desespero que se enforcou. —ROBERT BELLARMINE

Deveríamos vigiar em oração para que a mais santa adoração a Deus não se torne uma abominação (Is 1:15; 66:3; Tg 4:3; Os 7:14; Am 5:23). Estando o remédio envenenado, como será curada a doença? —MARTIN GEIER

*Versículo 8*
*Os seus dias sejam poucos*. Quem desejaria que um perseguidor tirano vivesse longos anos? Assim poderíamos desejar longos dias também a um cão raivoso. Não fazendo ele nada, exceto malevolência, o encurtamento de sua vida será a prolongação da tranquilidade do mundo. "Homens sanguinários e fraudulentos não chegarão à metade dos seus dias". —C. H. SPURGEON

*Versículo 9*
*Fiquem órfãos os seus filhos, e viúva, a sua esposa*. A espada do tirano deixa muitas crianças órfãs e quem pode lamentar quando suas próprias barbaridades chegam à sua casa em sua própria família e eles, também, pranteiam e lamentam? A piedade é devida a todos os órfãos e viúvas, mas as ações atrozes de um pai secam as fontes de piedade.

Quem lamenta que os filhos de Faraó perderam seu pai ou que a esposa de Senaqueribe ficou viúva? Como a espada de Agague deixou mulheres sem filhos, ninguém pranteou quando a arma de Samuel deixou a mãe de Agague sem filho entre as mulheres. Tivesse Herodes sido morto assim que assassinou os inocentes em Belém, homem algum teria lamentado ainda que sua esposa tivesse se tornado viúva.

Essas terríveis maldições não devem ser utilizadas por homens comuns, mas por juízes, como Davi o era, para serem pronunciadas contra os inimigos de Deus e o homem. Aqueles que consideram um tipo de benevolência afeminada com todas as criaturas como o auge da virtude estão muitíssimo a favor desta era degenerada; estes procuram a salvação dos condenados e até oram pela restauração do diabo. É muito possível que se simpatizassem menos com o mal e, estivessem mais em harmonia com os pensamentos de Deus, seriam muito mais severos e teriam também pensamentos muito melhores.

A nós parece melhor concordar com as maldições de Deus do que com as bênçãos do diabo e quando em qualquer momento nosso coração coicear os terrores do Senhor, consideraremos como prova de que necessitamos maior humildade e confessaremos nosso pecado diante de nosso Deus. —C. H. SPURGEON

Desamparados e incapazes. Um tormento doloroso demais em seus leitos de morte e o suficiente para perseguidores cruéis. Mas felizes são os que, quando moribundos, podem dizer como Lutero: "Senhor Deus, agradeço-te por minha pobreza atual, mas por futuras esperanças. Não tenho uma casa, terras, posses ou verba para deixar para trás. Tu me deste uma esposa e filhos; ah! Mas eu os devolvo a ti e suplico-te que os nutras, ensine, guarde como fizeste até aqui. Ó Pai dos órfãos e Juiz das viúvas." —JOHN TRAPP

Versículos 9 e 10. Quando consideramos sobre quem este salmo fala, não haverá dificuldade com ele. Nenhuma linguagem pode ser mais terrível do que esta dos versículos 6 a 19. Ela abrange quase que todas as misérias em que podemos pensar. Mas poderia algum homem estar em condição mais miserável do que Judas estava? Poderia alguma palavra ser severa demais para expressar a profundidade de sua miséria? Aquele que, por três anos inteiros, foi constante assistente do Salvador da humanidade, que havia testemunhado Seus milagres e havia compartilhado de Seus miraculosos poderes, que havia usufruído de todos os alertas e repreensões de Seu amor e então o traiu por 30 moedas de prata. Conseguiríamos conceber uma condição pior do que a de Judas? —F. H. DUNWELL

## Versículo 11

*Esbulhem-no os estranhos*. A riqueza acumulada pela opressão raramente chega à terceira geração. Foi adquirida pelo mal e pelo mal é dispersa; e quem decretaria que deve ser diferente? Certamente aqueles que sofrem sob a fraude despótica não desejarão impedir as retribuições do Onipotente, nem aqueles que veem o pobre ser roubado e pisoteado desejam alterar os arranjos divinos pelos quais tais males são recompensados ainda nesta vida. —C. H. SPURGEON

## Versículo 13

*Desapareça a sua posteridade, e na seguinte geração se extinga o seu nome*. Tanto da existência quanto da memória desapareçam até que ninguém saiba que uma ninhada tão abominável existiu. Quem deseja ver a família de Domiciano ou Juliano se multiplicar na Terra? Quem lamentaria se a raça de Thomas Paine ou Voltaire tivesse fim completo? Seria indesejável que os filhos dos grandes vilões e sanguinários se elevassem em honra, e se assim ocorresse, eles simplesmente reviveriam a memória dos pecados de seus pais. —C. H. SPURGEON

## Versículo 14

Este versículo é, talvez, o mais terrível de todos, mas ainda, na verdade, as crianças encontram a punição dos pecados de seus pais e são elas mesmas, geralmente, os meios de tais punições. Não podemos, contudo, fingir explicar a justiça desta maldição, ainda que creiamos plenamente nela. Assim deixamos até que nosso Pai celestial se agrade de nos dar instrução adicional. Contudo, assim como o homem aprende suas falhas com seus pais, não é injusto que seus crimes, delas resultantes, reflitam nele. —C. H. SPURGEON

## Versículo 15

A passagem é sombria e assim devemos deixá-la. Deve estar correta ou não estaria aqui, mas como, não podemos ver. Por que deveríamos esperar compreender todas as coisas? Talvez seja mais benéfico exercitarmos a humildade e adorarmos a Deus com reverência por um texto difícil, do que seria compreender todos os mistérios. —C. H. SPURGEON

*Permaneçam ante os olhos do Senhor*. Lafayette, o amigo e aliado de Washington, durante a sua juventude foi confinado em um calabouço francês. À porta de sua cela, havia uma pequena abertura, grande o suficiente para o olho de um homem. Naquele orifício foi colocado um vigia cujo dever era observar, momento a momento, até que fosse dispensado pela mudança de guarda. Tudo o que Lafayette via era o piscar do olho, mas o olho estava sempre ali; olhasse quando fosse, encontrava a mirada. Em seus sonhos, ele sabia que o olho o encarava. Ele diz: "Ó, era horrível, não havia

escape". Quando se deitava e quando se levantava, quando comia e quando lia, aquele olho o sondava.
—*NOVA ENCICLOPÉDIA DE ANEDOTAS ILUSTRATIVAS*

Versículos 15, 19 e 29. A justiça rigorosa, e nada mais, sopra em todas as petições. Você não pode dizer "Amém!" a todas estas petições? Você não se alegra quando o perverso cai no poço que ele fez para a destruição de outro e quando sua malevolência retorna à sua própria cabeça? Mas você diz: "Estas petições são inquestionavelmente justas, mas por que o salmista não pediu por misericórdia em vez de justiça?" A resposta é, que em sua aptidão pública, ele estava sujeito a pensar primeiro em justiça.

Nenhum governo deveria ter o perdão como fundamento; a justiça deve sempre vir antes da misericórdia. Suponha que na próxima sessão, o Parlamento decretasse que doravante, em lugar de a justiça ser demonstrada a ladrões enviando-os à prisão eles deveriam ser tratados caridosamente e compelidos a restituir metade do que roubaram. O que diriam homens honestos sobre este governo? Os ladrões indubitavelmente teriam muitos elogios, mas os que diriam os homens honestos? Ora, eles diriam que o governo falhara inteiramente em sua função e não duraria mais uma semana sequer.

E da mesma forma, os salmistas estavam sujeitos antes de tudo a buscar reivindicação e estabelecimento da justiça e da verdade. Como os magistrados de hoje que primeiro consideram o bem-estar da comunidade. Isto eles tinham em vista em todas as calamidades que procuravam exercer sobre os infratores. —R. A. BERTRAM

## Versículo 16
*Para que pudesse até matar o quebrantado de coração* (ACRF). Ele tinha malícia em seu coração para com aquele que já estava suficientemente infeliz, a quem era profunda maldade atacar. Contudo nenhuma angústia despertava nele simpatia; nenhuma pobreza jamais o moveu a abrandar-se. Não, ele desejava matar o quebrantado de coração e roubar o patrimônio de seus órfãos. Para ele, gemidos eram música, lágrimas eram vinho e gotas de sangue, preciosos rubis.

Algum homem pouparia tal monstro? Não estamos prestando serviço a toda a humanidade se desejarmos que desapareça? Que vá ao trono de Deus para receber sua recompensa? Se ele decidir abandonar tudo e se arrepender, bom será; mas se não, tal árvore venenosa deve ser derrubada e lançada no fogo.

Como os homens matam os cães raivosos quando têm a chance, e com justificativa; assim podemos desejar legitimamente que cruéis opressores dos pobres sejam removidos de seu posto e ofício e, como exemplo a outros, sofram por suas barbaridades. —C. H. SPURGEON

## Versículo 17
*Não quis a bênção; aparte-se dele.*
*Era um lobo vestido de cordeiro,*
*Que roubava do rebanho de Deus,*
*E do sangue de almas, que vendeu à morte,*
*Engordou-se; e contudo, quando repreendido*
*Clamou: "Não toquem no sacerdote de Deus."*
*Ungido ele era, assim criam os tolos;*
*Mas naquele dia souberam: era sacerdote do diabo.*
*Ungido pelas mãos do Pecado e da Morte,*
*E separado para o mal*
*Enquanto nele esfumaça o incensário da perdição*
*Derramada sem medida. Ai de mim!*
*Que maldições então*
*Acumularam-se sobre sua cabeça por causa*
*das almas arruinadas,*
*Acusando-o de sua morte, enquanto ele contemplava,*
*Todos os não-redimidos, profundamente tristes,*
*Aguardando a vinda do Filho do Homem!*
—ROBERT POLLOK

Invocar bênçãos para tal homem seria o mesmo que participar de sua perversidade; portanto, que a bênção se aparte dele, enquanto continuar a ser o que agora é. —C. H. SPURGEON

## Versículo 20
Milhares dentre o povo de Deus estão perplexos com este salmo e, nós tememos ter contribuído muito pouco para o seu esclarecimento. Talvez as anotações que agrupamos de outros, considerando que demonstram tal variedade de visão, possam ter somente aumentado a dificuldade. O que faremos

então? Não é bom que algumas vezes sintamos que ainda não somos capazes de compreender toda a palavra e mente de Deus? Um desconcerto absoluto, desde que não confunda a nossa fé, pode ser útil para nós, enquanto confunde o nosso orgulho, suscitando nossas faculdades e nos levando a clamar: "o que não sei, ensina-mo tu". —C. H. SPURGEON

*Versículo 21*
*Mas tu, Senhor Deus, age por mim, por amor do teu nome.* Quão avidamente ele abandona seus inimigos e se volta para Deus! Ele se entrega nas mãos do Senhor, nada decretando, mas muito contente se o seu Deus simplesmente assumir a questão em seu lugar. Sua súplica não é seu mérito, mas o Nome. Os santos sempre sentiram que esta é sua súplica mais poderosa. O próprio Deus executou Seus maiores atos de graça para a honra do Seu Nome e Seu povo sabe que este é o argumento mais potente com Ele.

*Livra-me, porque é grande a tua misericórdia.* Não porque sou bom, mas porque Sua misericórdia é grande. Veja como os santos produzem suas súplicas em oração no próprio Senhor. A misericórdia de Deus é a estrela para a qual o povo do Senhor volta seus olhos quando é lançado pela tempestade, sem consolo, pois a generosidade e a bondade peculiares a esta misericórdia encantam os corações cansados. Quando o homem não tem misericórdia alguma, ainda a encontraremos em Deus. Quando o homem deseja nos devorar, podemos olhar para Deus em busca de libertação. —C. H. SPURGEON

Ele não diz: "Por meu nome", para que seja justificado da repreensão e da vergonha. Mas diz: "por teu nome", como se dissesse: "Independentemente do que sou, ó Senhor, e do que possa me assolar, honra o Teu Nome, tem estima somente por ele. Não sou digno a ponto de buscar a Tua ajuda, mas Teu Nome é digno de ser liberto do desprezo." Aprendemos aqui com que paixão pela glória do Nome Divino devem animar-se aqueles que são peculiarmente consagrados ao Nome de Deus. —WOLFGANG MUSCULUS

Versículos 21 a 25. O trovão e o relâmpago são agora como que seguidos de uma chuva de lágrimas de profunda e dolorosa queixa. —FRANZ DELITZSCH

*Versículo 24*
*De tanto jejuar, os joelhos me vacilam.* Seja o jejum religioso, ao qual ele recorreu na funesta aflição de seu sofrimento, ou pela perda do apetite ocasionada pela angústia da mente. Quem pode comer quando todos os bocados são amargados pela inveja? Esta é a vantagem do caluniador, que nada sente, ao passo que a sua sensível vítima mal pode comer um bocado de pão em virtude de sua sensibilidade. Contudo, o bom Deus sabe tudo isto e socorrerá Seu aflito. —C. H. SPURGEON

*Versículo 27*
*Para que saibam vir isso das tuas mãos.* Por mais estúpidos que sejam, que a misericórdia a mim demonstrada seja tão conspícua a ponto de que sejam forçados a ver nisto a ação do Senhor. Homens impiedosos não verão a mão de Deus em nada se puderem evitar; e quando veem bons homens libertos por seu próprio poder, ficam ainda mais firmes em seu ateísmo. —C. H. SPURGEON

*Versículo 28*
As maldições dos homens são impotentes; as bênçãos de Deus são onipotentes. *Amaldiçoem eles.* —MATTHEW HENRY

*Versículo 29*
*Cubram-se de ignomínia os meus adversários.* É uma profecia tanto quanto um desejo e pode ser lido tanto no indicativo quanto no imperativo. Onde o pecado é a peça íntima, a vergonha em breve será a vestimenta exterior. Aqueles que desejam vestir bons homens com desprezo serão eles mesmos vestidos com desonra. —C. H. SPURGEON

"Misterioso" era a palavra escrita sobre este salmo na Bíblia de bolso de um antigo devoto e escritor popular. Esta representa a total perplexidade com que ele é geralmente considerado. —JOSEPH HAMMOND
Neste salmo, Davi supostamente refere-se a Doegue ou a Aitofel. É o mais imprecatório dos salmos e pode também ser denominado "O Salmo Iscariotes". —PATON J. GLOAG

# SALMO 110

"SALMO de Davi". Sobre a exatidão deste título não pode haver dúvida, uma vez que nosso Senhor em Mateus 22 diz: "Davi, pelo Espírito, chama-lhe Senhor". Contudo, alguns críticos têm apreço em encontrar novos autores para os Salmos de modo que ousam insultar abertamente o próprio Senhor Jesus. Para evadir-se de encontrar Jesus aqui, eles leem o título: "Salmo de (ou concernente a) Davi", como se não fosse apenas escrito por ele, como sobre ele. Mas aquele que lê com entendimento pouco verá de Davi aqui exceto como escritor. Ele não é o assunto do texto no menor grau que seja, mas Cristo o é por completo. Muito foi revelado ao patriarca Davi!

Como são cegos alguns homens modernos, mesmo em meio ao vigente esplendor de luz, se comparados com este poeta-profeta da obscura dispensação! Que o Espírito, que falou pelo homem segundo o coração de Deus, nos dê olhos para ver os mistérios ocultos deste maravilhoso Salmo em que cada palavra tem uma infinidade de significado. —C. H. SPURGEON

## Versículo 1

*Disse o SENHOR ao meu senhor*. Quão grandemente deveríamos valorizar a revelação de seu diálogo particular com o Filho, aqui tornado público para o renovo de Seu povo! O que é um homem para que o Senhor transmita Seus segredos para ele?

*Assenta-te à minha mão direita, até que eu ponha os teus inimigos por escabelo dos teus pés* (ARC). Longe da vergonha e do sofrimento de Sua vida terrena, Jeová chama Adonai, nosso Senhor, ao repouso e honras do Seu trono celestial. Sua obra está consumada e Ele pode se assentar. Foi bem executada e Ele pode se assentar à Sua direita; terá grandes resultados e Ele pode, portanto, aguardar calmamente para ver a vitória completa que certamente virá em seguida. Sendo assim, não temamos jamais pelo futuro. Enquanto vemos nosso Senhor e Representante assentado em calma expectativa, nós, também, podemos nos sentar em atitude de certeza pacífica e, com confiança, aguardar o grande desfecho de todos os eventos. —C. H. SPURGEON

O colocar os inimigos de Cristo como escabelo sob Seus pés, também denota duas coisas em referência a Cristo: primeiro, Seu descanso e, segundo, Seu triunfo. Colocar-se de pé, no frasear da Bíblia, denota ministério e assentar-se, o descanso. E não há postura tão cômoda como assentar-se com um escabelo sob os pés. Até que os inimigos de Cristo estejam todos sob Seus pés, Ele não está plenamente em Seu descanso.

Aqui eles pisoteiam Cristo em Sua Palavra, Seus Caminhos, Seus membros; fazem os santos se curvarem diante deles para que passem, como se fossem pavimento no chão; eles pisam o sangue da aliança e o santuário do Senhor e envergonham Cristo. Mas nisto sua própria medida retornará para eles; eles serão coagidos a confessar como Adoni-Bezeque: "assim como eu fiz, assim Deus me pagou". —*CONDENSADO DE REYNOLDS*

Além disso, porque nosso Rei tem os Seus inimigos sob Seus pés, consequentemente também trará nossos inimigos sob nossos pés, pois Sua vitória é nossa. Deus seja louvado, Ele que nos deu a vitória por meio de Cristo nosso Senhor. —JOSHUA ARND

## Versículo 2

*O cetro do seu poder*. Também não estaria errado aquele que chamasse a cruz de cetro de poder; pois este cetro transformou mar e terra e os encheu com vasto poder. Armado com este cetro, os apóstolos foram adiante por todo o mundo e cumpriram tudo o que fizeram, iniciando em Jerusalém. A cruz, que

para os homens parece o próprio emblema de vergonha e fraqueza, era, na verdade, o poder de Deus.
—J. J. STEWART PEROWNE

*De Sião*. Não precisamos dizer muito sobre como a Onisciência de Deus é demonstrada no maravilhoso fato de que na exata terra da aliança, exatamente no meio desse povo que rejeitou e crucificou o Salvador, a primeira Igreja de Cristo na Terra foi estabelecida.

O que teriam dito os opositores e blasfemos caso fosse diferente? Caso tivesse a comunidade cristã sido formada em qualquer um dos países pagãos? Não teria sido considerado como uma ficção de sacerdotes idólatras? Israel, disperso entre as nações, e a Igreja de Cristo tendo sido iniciada em Sião, em Jerusalém, são os monumentos mais maravilhosos e perenes, além de ser testemunho incontestável da verdade do cristianismo. —BENJAMIN WEISS

## Versículo 3

*O teu povo será mui voluntário* (ACRF). Voluntário para fazer o quê? Eles estarão dispostos enquanto outros não estarão dispostos. O simples termo "voluntário" é muito expressivo. Denota a bela condição das criaturas que se sujeitam a ser forjadas e movidas de acordo com a vontade de Deus. Eles permitem que Deus opere neles o querer e o efetuar. Dispõem-se a morrer para todo pecado; voluntariam-se para crucificar o velho homem, ou o eu, para que o novo homem, ou Cristo, possa ser formado neles.

Voluntariam-se para abrir mão de seus próprios pensamentos e propósitos para que os pensamentos e os propósitos de Deus possam ser cumpridos neles. Voluntariam-se para ser transferidos dos passos naturais da queda humana para os passos de ascensão humana promovidos por Deus.

Ou, para permanecermos na simplicidade de nosso texto, Deus é a vontade e eles são os "voluntários". Deus os adornará com a salvação, porque não há nada neles que impeça Sua obra. Eles serão sábios, serão bons, serão amáveis, serão como o Senhor, pois são "mui voluntários" e então procede de Deus um espírito poderoso, cuja tendência plena é transformar Suas criaturas semelhantes a Ele. —JOHN PULSFORD

Seria eu um destes "mui voluntários"? Não apenas minha obediência e lealdade garantidas por uma convicção da verdade, mas meu coração inclinado e minha vontade renovada? Para fazer a vontade de Deus, para conduzir a vontade de Deus, para coincidir com a vontade de Deus — e isso com tranquila, se não entusiástica, concordância de coração vendo Aquele que é invisível e agarrando-me às minhas apreensões vivas de Sua pessoa e caráter?

Toda indisposição, seja prática ou que espreita o coração, nasce na incredulidade — em uma falha no perceber o Senhor e Seus propósitos. A cura, portanto, para toda a minha miséria e meu pecado é mais fé, mais de Cristo e mais proximidade a Ele. Isto me permite buscar e pedir com sinceridade sempre crescente. —ALFRED EDERSHEIM

*No dia do teu poder*. É um poder cativante, encontra o pecador e interrompe seu percurso insano, como no caso de Saulo de Tarso. É um poder que traz convicção, ensina o pecador que ele está arruinado em todos os aspectos e o leva a clamar: "Que devo fazer para que seja salvo?" É um poder que concede vida, aviva almas mortas e eventualmente levantará cadáveres de suas sepulturas — "todos os que se acham nos túmulos ouvirão a sua voz e sairão". Este é o estilo de Jeová: "Eu desejo, eles conseguirão". Ninguém mais ousa falar desta forma. É também poder libertador. "Se, pois, o Filho vos libertar, verdadeiramente sereis livres." —THEOPHILUS JONES

*Com santos ornamentos*. Os soldados de Deus só podem manter seu caminho pela autoconsagração sacerdotal. Por outro lado: os sacerdotes de Deus só podem preservar sua pureza pelo conflito permanente.
—WILLIAM KAY

## Versículo 4

Chegamos agora ao coração do salmo, que é também o próprio centro e alma de nossa fé. Nosso Senhor Jesus é um Sacerdote-Rei pelo antigo juramento de Jeová.

Nunca surgiu outro como Ele desde os Seus dias, pois sempre que os reis de Judá tentavam se apoderar do ofício sacerdotal, eles eram levados de volta à sua confusão. Deus não aceitaria outro rei-sacerdote a não ser o Seu Filho.

O ofício de Melquisedeque era único. Ninguém o precedeu ou sucedeu, ele surge na página da história misteriosamente. Não nos é dado linhagem, data de nascimento nem há menção de morte. Ele abençoa Abraão, recebe dízimo e desaparece de cena em meio a honras que demonstram que ele era maior que o fundador da nação escolhida. Ele é visto apenas uma vez e esta é suficiente. Arão e sua semente vieram e foram; seu sacrifício imperfeito continuou por muitas gerações, porque não tinha finalidade em si e jamais lhes traria a perfeição.

Nosso Senhor Jesus, como Melquisedeque, se coloca diante de nós como um Sacerdote de ordenação divina; não se tornou sacerdote por nascimento carnal, como os filhos de Arão. Ele não menciona pai, mãe, nem genealogia como Seu direito ao ofício sagrado; Ele se firma em Seus méritos pessoais, em si mesmo somente. Como homem algum veio antes dele em Sua obra, assim nenhum poderá segui-lo após ela. Sua ordem começa e termina em Sua própria Pessoa e nele é eterna, "não teve princípio de dias, nem fim de existência". O Rei-Sacerdote esteve aqui e deixou Sua bênção sobre a semente que creu e agora Ele está assentado em glória em Seu caráter completo, expiando por nós pelo mérito de Seu sangue e exercitando todo o poder em nosso favor. —C. H. SPURGEON

Em Sua coroação, nada ouvimos, mas o Senhor disse: "Assenta-te à minha direita". A regra de todo o mundo é imposta a nosso Salvador por comando e até mesmo nisto, Cristo mostrou Sua obediência a Seu Pai de modo que tomou sobre si o governo de Sua Igreja.

Porém, na consagração de Cristo, temos muito mais cerimônia e solenidade. Deus, Seu Pai, faz um juramento e expressa minuciosamente a natureza e condição de Seu ofício, um sacerdócio eterno segundo a ordem de Melquisede e Ele o confirma sobre o Senhor para sempre, dizendo: "Permanece sacerdote para sempre". —DANIEL FEATLEY

Que doutrina as Escrituras fornecem que seja mais confortante para uma alma desfalecida do que esta: Deus jurou Seu Filho como sacerdote para sempre, para nos santificar e purificar-nos de nossos pecados e apresentar todas as nossas petições a Seu Pai?

Que pecado pode ser tão hediondo, para o qual tal sacerdote, por Sua oblação não opere purificação? Que causa pode ser tão desesperadora em que, advogando Ele, não haja triunfo?

Podemos ter certeza de que Deus não se endurecerá diante de nossa súplica, pois Ele mesmo nomeou para nós tal Intercessor, a Quem Ele nada pode negar; e para esse fim o estabeleceu à Sua destra: para interceder por nós. —ABRAHAM WRIGHT

Foi maravilhosa humildade dele o lavar os pés de Seus discípulos; mas em Sua divina pessoa, lavar nossa alma impura está muito acima do conceito humano, pois parece estar abaixo da majestade divina. Não há nada tão impuro quanto uma consciência ilícita, questão tão sórdida, corrupção tão apodrecida e repugnante como se encontra nas chagas de uma mente ulcerada; sim o Filho de Deus garantiu que as lavaria e banharia em Seu próprio sangue. Ó profundidade insondável de humildade e misericórdia!

Outros sacerdotes foram designados por homens para o serviço de Deus, mas Cristo foi designado por Deus para o serviço e salvação dos homens. Outros sacerdotes aspergiam o sangue de animais para salvar os homens, mas Ele derramou o Seu próprio sangue para nos salvar, nós que somos mais como animais do que homens. Outros sacerdotes ofereceram sacrifício por si mesmos, Ele ofereceu-se a si mesmo como sacrifício.

Outros sacerdotes foram alimentados pelos sacrifícios que o povo trazia, mas Ele nos alimenta com o sacrifício do Seu próprio corpo e sangue. Finalmente, outros foram designados sacerdotes apenas por um período de tempo, Ele foi ordenado sacerdote "para sempre". —DANIEL FEATLEY

*Versículo 5*

Esta é nossa consolação que nos mantém e alegra nosso coração que jubila contra a perseguição e ira do mundo, por termos um Senhor como Ele, que não apenas nos liberta do pecado e da morte eterna, mas também nos protege e liberta em sofrimentos e tentações, de modo que não afundamos sob eles. E ainda que homens se irem de modo extremamente brutal contra cristãos, contudo nem o evangelho nem o cristianismo perecerão; esses homens terão suas cabeças destruídas contra ele. —MARTINHO LUTERO

*Versículo 6*
*Esmagará cabeças por toda a terra*. O monarca da maior nação não poderá escapar da espada do Senhor, nem mesmo o temido príncipe espiritual que governa os filhos da desobediência será capaz de escapar sem uma ferida mortal. Papa e padre cairão com Maomé e outros enganadores que são agora chefes do povo. Jesus deve reinar e eles devem perecer. —C. H. SPURGEON

Este salmo foi bem designado como a coroa de todos os salmos, do qual Lutero disse que é digno de ser revestido de joias preciosas. —ALFRED EDERSHEIM

Os antigos (pelos escritos de Cassiodoro) denominam este salmo de "o sol de nossa fé, o tesouro do decreto santo". Curto em palavras, mas infinito em sentido. Teodorico observa como é relacionado com o salmo anterior. "Naquele (ele disse) temos Sua cruz e sofrimentos; aqui Sua conquista e Seus troféus." Pois Ele surge como o herdeiro visível do Onipotente, o resplendor de Sua glória e a imagem expressa de Sua pessoa, agraciado com: 1. Título, "Meu Senhor". 2. Lugar "Assenta-te à minha direita". 3. Poder, "até que eu ponha os teus inimigos por escabelo dos teus pés." —JOHN PRIDEAUX

# Salmo 111

NÃO há título para este salmo, mas é um hino alfabético de louvor e tem como seu assunto as obras do Senhor na criação, a providência e a graça. O meigo cantor discorre longamente sobre a exclusiva ideia de que Deus deveria ser conhecido por Seu Povo e que este conhecimento, quando colocado em piedade prática, é a verdadeira sabedoria do homem e a causa segura da adoração permanente. Muitos desconhecem o que seu Criador tem feito e, portanto, são insensatos de coração e silenciosos em relação aos louvores de Deus. Este mal só pode ser removido pela lembrança das obras do Senhor e por um estudo diligente delas. Consequentemente, este salmo é destinado a nos suscitar a isto. Pode ser chamado de "O Salmo das Obras de Deus", concebido para nos despertar à atitude de louvor. —C. H. SPURGEON

*Versículo 1*
*Aleluia! De todo o coração renderei graças ao S*ENHOR. Todos vocês Seus santos, unam-se na adoração a Jeová que agiu tão gloriosamente. Façam-no agora, façam-no sempre, façam-no sinceramente, façam-no unanimemente; façam-no eternamente. Mesmo que outros recusem, tenham cuidado de que vocês sempre tenham uma canção para seu Deus. —C. H. SPURGEON

Isto nos ensina, muito enfaticamente, que a nossa pregação, caso desejemos que tenha peso e convicção, deve ter o suporte e o exemplo de nossa conduta, de modo que jamais esperemos persuadir outros com argumentos que sejam fracos demais para influenciar a nós mesmos.

Outra consequência é igualmente sugerida: Que a nossa própria decisão deveria ser tomada sem menção ao resultado de nossa súplica. O salmista não esperou para averiguar se aqueles a quem se dirigiu atenderiam à sua exortação, mas, antes que pudesse receber uma resposta, declarou sem hesitar qual a posição que ele próprio adotaria. —W. T. MAUDSON

*De todo o coração*. Vemos aqui que a ênfase é colocada sobre todo o coração e o desejar dessa totalidade é a grande ferida na essência de toda a piedade. Os homens continuamente tentam unir aquilo que a Palavra de Deus tem declarado que é impossível de se unir: o amor ao mundo e a Deus —, entregar metade de seu coração ao mundo e a outra metade a Deus.

Apenas veja a energia, a integralidade de cada pensamento, sentimento e esforço aplicados por um homem na obra em que ele estiver profundamente interessado. A própria frase que usamos para descrever tal situação é: "ele coloca toda a sua força nisso". Tentar persuadi-lo a redirecionar suas energias e a dividir o seu tempo com alguma outra busca e ele questionaria a insensatez e a ignorância que poderiam sugerir tal método de sucesso.

"Apenas aceite uma dica de Satanás", diz alguém; "veja como ele exerce seus poderes no indivíduo como se não houvesse mais ninguém e como se ele não tivesse nada mais a fazer exceto arruinar esta única alma". —BARTON BOUCHIER

### Versículo 2
*Grandes são as obras do S*ENHOR. Em concepção, em tamanho, em número, em excelência, todas as obras do Senhor são grandes. Até mesmo as pequenas coisas de Deus são grandes. Em algum ponto de vista ou outro, cada uma das criações de Seu poder ou os atos de Sua sabedoria parecerão grandiosos aos sábios de coração. —C. H. SPURGEON

*Consideradas [...] nela se comprazem*. A filosofia busca a verdade, a teologia a encontra, mas a religião a possui. Os elementos humanos devem ser conhecidos para serem amados, mas os elementos divinos devem ser amados para serem conhecidos. —BLAISE PASCAL

### Versículo 3
*E a sua justiça permanece para sempre*. O carregar da culpa por nosso grande Substituto provou que nem mesmo para cumprir os propósitos da Sua graça o Senhor esqueceria a Sua justiça. Nenhuma pressão futura sobre a Sua justiça jamais poderá se igualar a essa que já foi suportada no ferir de Seu amado Filho; deve, doravante, perdurar seguramente para sempre. —C. H. SPURGEON

### Versículo 4
Os doces temperos das obras divinas devem ser esmigalhados por meditações até se tornarem pó e então colocados no armário de nossas memórias. Portanto, diz o salmista aqui: "*Ele fez memoráveis as suas maravilhas*"; Ele nos dá as joias de libertação, não para as usarmos em nossos sapatos (por sua generalidade), como os romanos faziam com suas pérolas; muito menos para que as esmaguemos; mas antes para as atarmos como corrente em volta de nosso pescoço. —ABRAHAM WRIGHT

### Versículo 6
*Manifesta ao seu povo o poder das suas obras*. Como consta, Ele demonstrou Suas obras de poder ao Seu povo nos tempos do evangelho, como os milagres de Cristo, a Sua ressurreição dentre os mortos, a redenção por meio dele e a obra da graça nos corações dos homens em todas as eras. —JOHN GILL

### Versículo 7
As obras de Deus expõem a Sua Palavra; em Suas Obras ela é geralmente colocada à vista. Esta é uma excelente expressão: "*As obras de suas mãos são verdade e justiça*". Os atos de Deus são verdade, ou seja, Deus executa Suas próprias verdades.

Como as obras de nossas mãos devem ser a verdade e julgamentos de Deus (toda ação de um cristão deve ser uma das verdades de Cristo), assim o é com o próprio Deus; as obras de Suas mãos são Sua própria verdade e justiça. Quando não conseguimos encontrar o significado de Deus em Sua Palavra, podemos encontrá-lo em Suas obras. Suas obras são uma explicação, uma explicação infalível de Sua Palavra. —JOSEPH CARYL

### Versículo 9
*Redenção*. Louve nosso Jeová Triúno por Sua redenção. Escreva sobre ela onde você possa ler. Fixe-a onde se possa ver. Grave-a em seu coração para que você a compreenda. É uma palavra de grande importância. Nela estão compreendidos os seus destinos e daqueles da igreja por todas as eras futuras.

Há alturas que você nunca poderá escalar e profundidades que você nunca poderá sondar. Você nunca tomou as asas da manhã nem recebeu as partes extremas da Terra para que medisse seu comprimento e sua largura.

Use-a como um selo em seu braço, como um timbre em sua mão direita, pois Jesus é o seu Autor. Ó, valorize-a como uma pedra preciosa, mais preciosa do que rubis. Deixe-a expressar suas melhores esperanças enquanto você viver e que paire em seus trêmulos lábios no momento de dissolução; pois formará o coro da canção dos remidos por toda eternidade. —ISAAC SAUNDERS

*Santo e tremendo é o seu nome*. Ele faz bem em dizer isto. Todo o nome ou caráter de Deus é digno da fascinação mais profunda, pois é perfeito e completo, pleno ou santo. Seu nome não deve ser pronunciado sem pensamento solene e jamais ser ouvido sem respeito profundo.

Diante de Seu nome deve haver tremor, é algo terrível. Até mesmo aqueles que o conhecem melhor alegram-se com tremor diante dele. Como bons homens suportam ser chamados de "reverendo", não sabemos. Por sermos incapazes de descobrir razão alguma para que nossos companheiros nos reverenciem, temos a leve suspeita de que não há muito em outros homens que lhes dê o direito de ser chamados reverendos, reverendíssimos, e assim por diante. Pode parecer uma questão insignificante, mas exatamente por essa razão apelamos para que se permita que o tolo costume caia em desuso. —C. H. SPURGEON

*Versículo 10*
*O temor do SENHOR é o princípio da sabedoria; revelam prudência todos os que o praticam*. A piedade prática é o teste de sabedoria. Os homens podem conhecer e ser muito ortodoxos; podem falar e ser muito eloquentes; podem especular e ser muito profundos; mas a melhor prova de sua inteligência será encontrada no executar, de fato, a vontade do Senhor. —C. H. SPURGEON

Deixe que aqueles que desejam ser nomeados reverendos, labutem para ser santos como Deus é santo. —JOHN TRAPP

Pode então ser dito que o mundo não religioso não tem sabedoria? Não tem ele Aristóteles, Sócrates, Tácito, Goethe ou Gibbon? Compreendamos o que é sabedoria. Não é um mero montante de conhecimento que constitui sabedoria. O conhecimento adequado é essencial à sabedoria. Um homem que não tem o conhecimento adequado à sua posição, que não se conhece em seu relacionamento com Deus e seus companheiros, que é mal orientado sobre seus deveres, seus perigos, suas necessidades, ainda que tenha escrito inúmeras obras de caráter altamente elevado, será, contudo, considerado um homem sem sabedoria.

De que serve para você que seu servo tenha conhecimento de matemática, se ele for ignorante à sua vontade e ao modo como executá-la? O gênio de um Voltaire, um Spinoza, um Byron, simplesmente torna sua insensatez ainda mais marcante.

Parece que um homem flutuando rapidamente em direção às cataratas do Niágara deveria se ocupar em traçar um desenho admirável do cenário. Homens que são destacadamente grandiosos nas avaliações do mundo cometeram os disparates mais significativos com relação às coisas mais importantes; e é somente porque estas coisas não são consideradas importantes pelo mundo que a reputação destes homens subsiste. Se você aprendeu a estimar coisas em certa medida como Deus as estima, a desejar o que Ele oferece, a renunciar o que Ele proíbe e a reconhecer os deveres que Ele designou a você; você estará no caminho da sabedoria e os grandes homens de quem temos falado estão muito atrás de você, distantes do portão estreito pelo qual você passou. É sábio somente aquele que pode chamar Cristo de sabedoria de Deus. —GEORGE BOWEN

# SALMO 112

O SALMO 111 fala do grande Pai e este descreve Seus filhos restaurados à Sua imagem. O salmo não pode ser visto como a exaltação do homem, pois inicia com "Louvai ao SENHOR!" (ARC) e é destinado a dar a Deus toda a honra de Sua graça que é manifesta nos filhos de Deus. —C. H. SPURGEON

*Versículo 1*
*E se compraz nos seus mandamentos.* A palavra hebraica *chaphets* é muito enfática e significa, na verdade, tomar aquilo que é Seu prazer; e eu o executo para o Seu deleite. Pois o profeta faz uma distinção entre um esforço voluntário e imediato para guardar a Lei e aquele que consiste de mera obediência servil e coagida. —JOÃO CALVINO

*Versículo 2*
*Será abençoada a geração dos justos.* Os piedosos podem ser perseguidos, mas não serão abandonados. As maldições dos homens não podem privá-los da bênção de Deus, pois as palavras de Balaão são verdadeiras: "Ele abençoou, não o posso revogar". Temer a Deus e caminhar de modo reto é nobreza mais elevada do que aquela que o sangue ou o nascimento podem conceber. —C. H. SPURGEON

*Versículo 3*
*Na sua casa há prosperidade e riqueza.* Se compreendemos a passagem de modo espiritual, vemos que é abundantemente verdadeira. Que riqueza pode se igualar ao amor de Deus? Que prosperidade pode antagonizar um coração satisfeito? Não importa que o telhado seja de sapé e o chão de pedra fria; o coração que se alegra com o favor do Céu é "rico em todos os desígnios da bem-aventurança". —C. H. SPURGEON

*Versículo 4*
*Luz. Trevas.* Enquanto estamos na Terra, estamos sujeitos a "trevas" tríplices: as trevas do erro, as trevas da tristeza e as trevas da morte. Para dissipá-las, Deus nos visita, por Sua Palavra, com uma "luz" tríplice: a luz da verdade, a luz do consolo e a luz da vida. —GEORGE HORNE

*Ele é benigno, misericordioso e justo.* Isto é dito sobre Deus no Salmo 111:4 e agora as mesmas palavras são utilizadas sobre Seu servo. Somos ensinados, portanto, que quando Deus transforma um homem em justo, Ele o faz ser como Ele mesmo. —C. H. SPURGEON

*Versículo 5*
*Ditoso o homem que se compadece.* Considere que o poder de fazer o bem é uma habilidade perigosa a menos que a utilizemos. Lembre-se de que é Deus quem concede a riqueza e que Ele espera algum retorno adequado disto. Não viva de modo tão desumano como se Nabal e Judas estivessem novamente no mundo. —THOMAS TENISON

*Ele defenderá a sua causa em juízo.* Lastimavelmente, alguns homens que professam ser bons agem como se tivessem abandonado seus sentidos; isto não é religião, mas sim estupidez. A verdadeira religião é o senso comum santificado. Dar atenção às questões do Céu não significa ser necessário negligenciar as questões da Terra; pelo contrário, aquele que aprendeu a interagir nos negócios com Deus deve ser mais capaz de negociar com os homens. Os filhos deste mundo frequentemente são, em sua geração, mais sábios que os filhos da luz, mas não há razão porque este provérbio deva continuar sendo verdade. —C. H. SPURGEON

Há uma história concernente a diversos Pais ancestrais que foram até Santo Antônio, perguntando-lhe que virtude levaria diretamente à perfeição para que assim um homem pudesse afastar-se das armadilhas de Satanás. Ele pediu a todos eles que dessem suas opiniões. Um disse que seria o vigiar e a sobriedade; outro disse que seria o jejum e a disciplina; um terceiro disse que seria a oração humilde; um quarto disse que seria a pobreza e a obediência e ainda outro disse que seria a piedade e as obras de misericórdia.

Porém, quando todos se pronunciaram, sua resposta foi que todas estas eram de fato excelentes graças, mas a discrição era a principal de todas. E sem dúvida o é; sendo a própria Auriga virutum, a guia de todas as ações virtuosas e religiosas, a moderadora e ordenadora de todas as afeições; pois o que quer que seja feito com ponderação é virtude e sem ela é vício. Diz-se que alguns gramas de discrição valem por um quilo de aprendizado. Como o zelo sem conhecimento é cego, assim o conhecimento sem a discrição é manco. Como uma espada nas mãos de um louco, capaz de muito fazer, apto para nada fazer. —JOHN SPENCER

### Versículo 6
*Será tido em memória eterna*. As imponentes e estáveis pirâmides do Egito não transmitiram à posteridade nem mesmo o nome daqueles que nelas foram sepultados. E o que fez o embalsamento se não os lançar aleatoriamente e expô-los a todo o mundo como espetáculos de maldade ou horror aos curiosos?

Mas a piedade de Abraão, Jacó, Davi, Samuel, Ezequias, Josias e outros, é celebrada até o dia de hoje. Então quando as pirâmides afundarem e os mares deixarem de agitar-se, quando o Sol, a Lua e as estrelas deixarem de existir, "o justo será tido em memória eterna". —JOHN DUN

### Versículo 7
*O seu coração é firme*. Estabelecido intrepidamente. Então Moisés, com o mar Vermelho à sua frente e os inimigos egípcios atrás (Êx 14:13); Josafá diante da horda de invasores amonitas (2 Cr 20:12,15,17); Asa diante de Zera e seu exército "de um milhão de homens e trezentos carros" (2 Cr 14:9-12).

Contraste a confiança destemida do Davi perseguido com o sentimento assolado de pânico de Saul na invasão dos filisteus, ao ponto de recorrer à ajuda de uma adivinha. Como foram ousados os três jovens diante da fornalha ardente de Nabucodonosor! Como foi destemido Estêvão diante do conselho! Basílio disse em resposta às ameaças de César Valente "tais perturbações deveriam ser direcionadas a crianças". Atanásio disse de Juliano, seu perseguidor: "Ele é uma névoa que logo desaparecerá". —A. R. FAUSSET

### Versículo 9
*Distribui, dá aos pobres*. O que ele recebeu, ele distribuiu; e distribuiu àqueles que mais precisavam. Ele tem o reservatório de Deus e de suas abundâncias fluem correntes de generosidade para suprir o necessitado. Se esta for uma das marcas de um homem que teme ao Senhor, há alguns que são estranhamente destituídos dela. Eles são grandiosos no ajuntar, mas muito lentos no distribuir; desfrutam da bênção do receber, mas raramente provam a grande alegria do dar. "Mais bem-aventurado é dar do que receber" — talvez pensem eles que a bênção de receber lhes seja suficiente. —C. H. SPURGEON

### Versículo 10
O décimo e último versículo estabelece forçosamente o contraste entre o justo e o perverso, fazendo assim a bênção do justo figurar ainda mais notável. Geralmente vemos Ebal e Gerizim, a bênção e a maldição, colocamos uma contra a outra, para adornar ambas com solenidade ainda maior.

*O perverso vê isso e se enraivece*. O ímpio deverá primeiro ver o exemplo dos santos para sua própria condenação e finalmente contemplará a felicidade do piedoso e isto aumentará sua miséria eterna. O filho da ira será obrigado a testemunhar a bem-aventurança do justo, ainda que a cena corroa seu coração. Ele se inquietará, lamentará e se pronunciará em ira, porém não poderá a impedir, pois a bênção de Deus é certa e eficaz. —C. H. SPURGEON

A visão de Cristo em glória com Seus santos atormentará, de modo inexprimível, aqueles que crucificaram o Salvador e perseguiram os salvos, conforme lhes mostrar as esperanças e desejos de seus adversários todos concedidos plenamente, e os seus próprios "desejos" e planos se acabarão para sempre. Esta visão despertará inveja que é vítima de si mesma, produzirá um sofrimento que não pode admitir consolo, dará à luz um verme que jamais poderá morrer e alimentarão os incêndios que nada poderá apagar. —GEORGE HONRE

É propriedade do diabo não interpretar mal a natureza da virtude e considerá-la criminosa, mas sim, odiá-la por esta razão: porque é boa e, portanto, plenamente oposta a seus planos. Os perversos, como seus próprios emissários, assemelham-se a ele nisto, e lamentam por ter a imundice de seus vícios evidenciada por ser colocada próxima à luz do exemplo virtuoso. —WILLIAM BERRIMAN

*Range os dentes*. Triturar o justo entre seus dentes, caso fosse possível. *E se consome*. O calor de sua paixão o consumirá como cera que se derrete, e o sol da providência de Deus o dissolverá como neve e finalmente o fogo da vingança divina o consumirá como a gordura de carneiros. Quão terrível deve ser esta vida como a lesma que derrete conforme avança, deixando uma trilha pegajosa para trás. —C. H. SPURGEON

Este salmo é um banquete de sabedoria celestial; e como Basílio fala de outra porção das Escrituras, assemelhando-a a uma loja de um boticário, assim pode este Livro de Salmos ser adequadamente comparado a esta loja em que há diversos tipos de medicamentos onde todos os homens podem encontrar o que lhes é conveniente para sua doença. —T. S.

# SALMO 113

ESTE salmo é de puro louvor e contém pouco que exija exposição. Um coração aquecido repleto de adoração admiradora ao Altíssimo compreenderá melhor este hino sagrado. Seu assunto é a grandiosidade e bondade complacente do Deus de Israel, exibidas elevando o necessitado de seu estado de insuficiência. Pode ser adequadamente cantado pela igreja durante um período de avivamento após ter sido, por muito tempo, diminuída e rebaixada. Com este salmo inicia-se o Halel, ou Aleluia dos judeus, que era cantado em suas festas solenes. Nós, portanto, o chamaremos de "O Princípio do Halel".

*Versículo 1*
*Aleluia! Louvai, servos do SENHOR* (ou Aleluia, louve Jeová). O louvor é uma oferta essencial em todas as festas solenes do povo de Deus. A oração é a mirra e o louvor é o incenso e ambos devem ser apresentados ao Senhor. Como podemos orar por misericórdia para o futuro se não bendizemos a Deus por Seu amor no passado? Se os próprios servos de Deus não o louvam, quem o fará? Vocês são o povo próximo a Ele e deveriam ser os mais calorosos em sua afetuosa gratidão. Enquanto eram escravos do Faraó, os israelitas proferiam lamentos e suspiros devido à sua severa escravidão; mas agora que haviam se tornado servos do Senhor, deveriam se expressar com cânticos de alegria. O nome Jeová é usado três vezes neste versículo e pode, por nós que compreendemos a doutrina da Trindade em unidade, ser considerado como uma alusão levemente velada a esse santo mistério. Que o Pai, o Filho e o Espírito Santo sejam todos louvados como o Único, Vivo e Verdadeiro Deus. —C. H. SPURGEON

O "Halel" é repetido. Esta repetição não é sem relevância. Tem o propósito de nos acordar de nosso torpor. Estamos todos inertes demais e somos lentos demais em considerar e louvar as bênçãos de Deus. Há, portanto, necessidade destes estímulos. Esta repetição, além disso, significa assiduidade e perseverança em ressoar os louvores de Deus. Não é suficiente uma vez ou outra a repetição; Seus louvores devem ser sempre cantados pela Igreja. —MOLLERUS

*Louvai, servos do Senhor.* Todos os homens por serem trabalho de Suas mãos devem essa tarefa a Deus. Os cristãos acima de outros homens, por serem as ovelhas de Seu pasto, pregadores da Palavra acima de outros cristãos por serem pastores de Suas ovelhas e assim consequentemente padrões em palavra, conversa, amor, espírito, fé e pureza (1 Tm 4:12). —JOHN BOYS

## Versículo 2
*Bendito seja o nome do Senhor.* Ao mencionar o nome, o salmista deseja nos ensinar a bendizer cada um dos atributos do Altíssimo, que são as letras, por assim dizer, de Seu nome. Sem discutir com Sua justiça ou austeridade, nem temer servilmente Seu poder, mas aceitando-o como o encontramos revelado na inspirada Palavra de Deus por Seus próprios atos. Amando-o e louvando-o como tal. Não devemos dar ao Senhor um novo nome nem inventar uma nova natureza, pois isso seria estabelecer um falso deus. —C. H. SPURGEON

Deixe então, ó homem, sua alma diligente esforçar-se para conceber (pois é impossível expressar) que imensa dívida de gratidão você tem com Ele, que por Sua bondade criadora o chamou do nada à existência para fazê-lo participante do raciocínio e até mesmo da imortalidade com Ele. Em todo o escopo da linguagem, que palavra é expressiva o suficiente para retratar a obscura ingratidão daquele homem que não é afetado por ela e age sem consideração alguma à bondade de Deus, seu Criador, e às misericórdias de Cristo? —JEREMIAH SEED

*Agora e para sempre.* Os servos do Senhor devem cantar Seus louvores nesta vida até o fim do mundo; e na vida próxima, no mundo infinito. —JOHN BOYS

## Versículo 3
*Do nascimento do sol até ao ocaso, louvado seja o nome do Senhor.* É uma maravilha da misericórdia que o Sol se levante sobre os rebeldes filhos dos homens e crie condições para as não merecidas estações frutíferas e dias aprazíveis. Por este prodígio de bondade, louvemos ao Senhor de todas as coisas. De hora em hora renovemos os ânimos, pois cada momento traz sua misericórdia. —C. H. SPURGEON

## Versículo 5
*Quem há semelhante ao Senhor, nosso Deus?* O desafio nunca será respondido. Ninguém pode ser comparado a Ele nem por um instante. O Deus de Israel não tem paralelo; nosso Deus em aliança se coloca só e ninguém pode se assemelhar a Ele. Até mesmo aqueles que Ele fez à Sua semelhança em certos aspectos não são como Ele em divindade, pois Seus atributos divinos são, muitos deles, incomunicáveis e inimitáveis. —C. H. SPURGEON

A natureza do amor nos faz preferir aquele a quem amamos e assim perguntamos: "Quem é como o meu amado?" O mundo não tem um análogo a Ele. Assim pensa o amor daquele que é em muitos aspectos, inferior a muitos outros; pois nas questões humanas o julgamento do amor é cego.

Mas aqueles que amam o Senhor seu Deus, embora devessem brilhar com amor mais ardente por Ele e devessem perguntar: "Quem é como o Senhor nosso Deus?", nesta questão não estariam equivocados, mas no todo, estariam pensando corretamente. Pois não há ser, no Céu ou na Terra, que possa de forma alguma ser semelhante ao Senhor Deus. Até mesmo o amor em si não pode conceber, pensar, falar sobre Deus a quem amamos como Ele realmente é. —WOLFGANG MUSCULUS

## Versículo 6
*Que se inclina para ver o que se passa no céu e sobre a terra?* Ele habita tão distante nas alturas que até mesmo para observar coisas celestiais Ele deve se humilhar. Ele precisa inclinar-se para ver os céus e curvar-se para ver o que os anjos fazem. O que, então, deve ser a sua condescendência, considerando que Ele observa os mais humildes de Seus servos na Terra e os faz cantar de alegria como Maria quando

disse: "porque contemplou na humildade da sua serva." —C. H. SPURGEON

Ver o grande Rei do Céu curvando-se de Sua altura e complacência para oferecer termos de reconciliação às Suas rebeldes criaturas! Ver a Majestade que sofreu ofensa cortejando os ofensores para que aceitem perdão! Ver Deus persuadindo, rogando e suplicando aos homens que retornem a Ele com tal seriedade e insistência, como se a Sua própria vida estivesse ligada a eles, e Sua felicidade dependesse da deles. Ver o adorável Espírito de Deus, com paciência e mansidão infinitas, submetendo-se ao desprezo e a insultos de miseráveis e desprezíveis abjetos como o são os mortais pecadores! Não é algo estupefativo? —VALENTINE NALSON

*Versículo 7*
*Ele ergue do pó o desvalido*. Quando nenhuma outra mão pode ajudar exceto a Sua, Ele interfere e a obra é consumada. Quando se está abatido vale a pena ser levantado da poeira tão divinamente. —C. H. SPURGEON

Talvez uma das visões mais interessantes do cristianismo que podemos adotar é sua maravilhosa adaptação aos caráteres e circunstâncias dos pobres. Que oportunidade ele nos fornece para a manifestação das reluzentes e benignas graças do Espírito Santo! Que fontes de consolo abre para apaziguar os problemas da vida! E com que frequência, ao escolher os pobres, ricos na fé, como herdeiros do reino, Deus ergue o pobre do pó e o necessitado do monturo! —RICHARD WATSON

*E do monturo, o necessitado*. Onde jazem como detrito inútil, descartados e abandonados, deixados, como pensavam, para apodrecer na destruição e para serem eternamente esquecidos. Que grande inclinação da altura de Seu trono até um monturo! Que maravilhoso esse poder que se ocupa de exaltar mendigos, todos poluídos com a imundice em que jazem! Pois Ele os ergue do monturo, não desprezando a busca para retirá-los do meio daquilo que é medíocre na Terra, mas a fim de que Ele seja o meio para que eles rebaixem a nada os grandiosos e derramem desprezo sobre toda vanglória humana.

Que monturo era esse sobre o qual jazíamos por natureza! Que massa de corrupção é o nosso estado original! Que monte de asco temos acumulado por nossa vida pecaminosa! Que abominação fétida nos cerca na sociedade de nossos camaradas homens! Nunca poderíamos ter nos erguido disto por nossos próprios esforços; era um sepulcro em que vimos a corrupção e no qual éramos como homens mortos. Poderosos foram os braços que nos ergueram, que ainda nos erguem e nos erguerão até a perfeição do Céu em si. Louvai ao Senhor. —C. H. SPURGEON

Gideão é retirado de uma debulha. Saul de buscar por jumentos e Davi do cuidar de ovelhas. Os apóstolos, de pescadores de peixes, são enviados a "pescar homens". O tesouro do evangelho é colocado em vasos terrenos e os fracos e tolos do mundo colocados como pregadores deste evangelho, para confundir "os sábios e fortes" (1 Co 1:27,28), para que a excelência do poder seja de Deus e todos possam ver que o desenvolvimento vem dele. —MATTHEW HENRY

Deus olha de cima de Seu trono majestoso para você. Em meio à variedade de Suas obras, você não é negligenciado. Em meio aos serviços mais nobres de dez mil vezes dez mil santos e anjos, nenhuma sequer de suas orações fervorosas ou gemidos humildes escapam de Seus ouvidos. —JOB ORTON

O Deus Onipotente não pode olhar acima de si mesmo, pois não tem superiores; nem ao Seu redor, pois não tem semelhantes. Ele contempla todos abaixo dele e, portanto, quanto mais rebaixado estiver um homem, mais próximo de Deus. Ele resiste ao orgulhoso e dá graça ao humilde (1 Pe 5:5). —JOHN BOYS

Estes versículos são retirados quase que palavra por palavra da oração de Ana (1 Sm 2:8). A transição por "povo" é ainda mais natural, uma Ana, considerando-se, na conclusão, como um tipo da Igreja, com a qual todos os indivíduos entre os israelitas se sentiam muito mais proximamente interligados do que pode facilmente ser o caso entre nós mesmos, extrai da salvação dispensada a ela, perspectivas jubilosas para o futuro. —E. W. HENGSTENBERG

*Versículo 9*
*Faz que a mulher estéril viva em família e seja alegre mãe de filhos.* O forte desejo dos orientais por filhos, fez o nascimento de descendentes ser aclamado como o mais seleto dos favores, enquanto a esterilidade era considerada uma maldição. Portanto, este versículo é colocado por último como que coroando o todo e para servir de ápice na história da misericórdia de Deus.

Isto não é tudo. Todo o que crê no Senhor Jesus certamente em alguns momentos lamentou sua deplorável esterilidade o que o fez parecer uma árvore seca sem dar frutos para o Senhor e, contudo, quando visitado pelo Espírito Santo, encontrou-se repentinamente como a vara de Arão, que brotou, floresceu e deu amêndoas.

Ou já tivemos consciência de que o nosso coração estéril tem dado abrigo e entretido o Salvador, nossas graças foram multiplicadas como se muitas crianças tivessem vindo a nós em um único nascimento e nos alegramos profundamente diante do Senhor. Então nos maravilhamos grandiosamente com o Senhor que habita nas alturas, pois Ele se dignou a visitar tais coisas pobres e indignas. —C. H. SPURGEON

Os judeus transmitiram a tradição, de que este salmo e aqueles que o seguem até o 118, eram todos cantados na Páscoa e são chamados de "O Grande Halel". Esta tradição demonstra, em todos os eventos, que os antigos judeus percebiam nestes salmos algum vínculo de conexão muito próxima. —ANDREW A. BONAR

# SALMO 114

A SUBLIME "Canção de Êxodo" é única e indivisível. A poética verdadeira alcança aqui o seu ápice. Nenhuma mente humana jamais foi capaz de igualar, quem dirá superar a grandiosidade deste salmo. Deus é mencionado liderando Seu povo do Egito a Canaã e fazendo toda a Terra se mover com Sua vinda. Coisas inanimadas são representadas como imitando as ações de criaturas vivas quando o Senhor passa. Elas são apostrofadas e questionadas com maravilhosa força de linguagem, ao ponto de se ter a impressão de que contemplam de fato a cena. O Deus de Jacó é exaltado como tendo comando sobre rio, mar e montanhas e fazendo toda a natureza prestar homenagem e tributo diante de Sua gloriosa majestade. —C. H. SPURGEON

*Versículo 1*
*Quando saiu Israel do Egito.* O cântico começa com uma irrupção, como se o furor poético não pudesse ser contido e assim passa por cima de todos os limites. A alma elevada e repleta de um senso de glória divina anseia pelo momento em que formulará um prefácio, mas na verdade surge de uma só vez no centro de seu tema. Eles eram como um único homem em sua disposição de abandonar Gósen. Numerosos como eram, nenhum indivíduo sequer ficou para trás. A unanimidade é um símbolo agradável da presença divina e um de seus frutos mais doces. A linguagem de um mestre de escravos estrangeiro nunca é musical aos ouvidos do exilado. Como é doce para um cristão que foi coagido a ouvir a sórdida conversa dos perversos, quando finalmente é retirado de seu meio para habitar entre seu povo! —C. H. SPURGEON

*Versículo 2*
*Judá se tornou o seu santuário, e Israel, o seu domínio.* O pronome "seu" surge onde deveríamos procurar o nome de Deus; mas o poeta está tão plenamente

concentrado no Senhor que se esquece de mencionar o Seu nome, como a esposa em Cânticos que começa dizendo: "Beija-me ele" (ARC), ou Madalena quando clamou: "Dize-me onde o puseste". O povo como um todo era o santuário de Deus e seu acampamento um grande templo. Que mudança deve ter ocorrido para os piedosos entre eles; das idolatrias e blasfêmias dos egípcios à santa adoração e ao governo justo do grande Rei em Jesurum! Eles viviam em um mundo de maravilhas, onde Deus era visto no impressionante pão que comiam e na água que bebiam, assim como na solene adoração de Seu santo lugar.

Quando o Senhor é manifestadamente presente em uma igreja e Seu gracioso governo obedientemente constituído, que era áurea é esta e de que honráveis privilégios desfruta o Seu povo! Que assim seja entre nós. —C. H. SPURGEON

Leitor, não seja negligente ao perceber que quando Israel foi retirado do Egito, o Senhor estabeleceu o Seu tabernáculo entre eles e lhes manifestou a Sua presença. E como é agora que o Senhor Jesus retira o Seu povo do Egito do mundo? Ele não cumpre a doce promessa: "eis que estou convosco todos os dias até à consumação do século"? Não é privilégio de Seu povo viver para Ele, viver com Ele e viver por Ele? Ele não declara em cada ato: *"direi: é meu povo, e ela dirá: O Senhor é meu Deus"*? (Mt 28:20; Zc 13:9).
—ROBERT HAWKER

*Versículo 3*
*O Jordão tornou atrás*. Isto foi obra de Deus; o poeta não canta sobre a suspensão das leis naturais, ou sobre um fenômeno específico que não seja explicável facilmente; porém para ele a presença de Deus com Seu povo é tudo e em sua sublime canção ele fala sobre como o rio tornou atrás porque o Senhor estava presente.

Neste caso, a poesia não passa de um fato literal e a ficção está no lado dos críticos ateus que sugerirão alguma explicação para o milagre ao invés de admitir que o Senhor revelou o Seu santo braço aos olhos de todo o Seu povo. A divisão do mar e o secar do rio são colocados juntos ainda que haja um espaço de 40 anos, porque foram cenas de abertura e fechamento de um grande acontecimento.

Podemos, portanto, pela fé, unir nosso novo nascimento e nossa partida do mundo para a herança prometida, pois o Deus que nos guiou para fora do Egito de nossa escravidão sob o pecado também nos conduzirá pelo Jordão da morte para fora de nossas perambulações pelo deserto desta vida provada e incerta. Tudo é uma única e mesma libertação e o início garante o fim. —C. H. SPURGEON

E agora que o dia glorioso chegara quando, por um estupendo milagre, Jeová havia determinado demonstrar como era capaz de remover todos os obstáculos no caminho do Seu povo e subjugar todos os inimigos diante de seus rostos. Por Sua designação, o exército, formado provavelmente por dois milhões e meio de pessoas (em torno do mesmo número dos que cruzaram o mar Vermelho a pé), havia removido as barragens do rio três dias antes e agora marchando em formação aguardava o sinal para atravessar o canal.

Em qualquer momento, tal multidão atravessar o rio com suas mulheres e crianças, seus rebanhos e manadas e toda a sua bagagem, teria apresentado dificuldades extraordinárias; mas agora o canal estava cheio de um fluxo profundo e impetuoso, que transbordava suas barragens e espalhava-se amplamente para cada lado, provavelmente estendendo-se há quase dois quilômetros de amplitude; enquanto que no exato local do evento estavam os exércitos cananeus que, poder-se-ia esperar, fluiriam de seus portões e exterminariam a multidão invasora antes que chegassem à margem. Contudo, estas dificuldades nada eram para o Poder Absoluto e serviram apenas para elevar o efeito do estupendo milagre que estava sendo executado.

Pelo comando de Jeová, os sacerdotes, carregando a arca da aliança, o símbolo sagrado da presença divina, marcharam pouco menos de um quilômetro à frente do povo, que era proibido de se aproximar mais do que isso da arca. Assim foi manifesto que Jeová não precisava da proteção de Israel, mas que Ele era seu guia e guarda, uma vez que os sacerdotes desarmados não temeram separar-se do exército e aventurar-se com a arca no rio diante de seus inimigos.

Sobre o atravessar deste profundo e forte rio, Dr. Hales observa: "na temporada mais desfavorável, foi ainda mais manifestadamente miraculoso, se é possível, do que no mar Vermelho; porque aqui não foi empregada ação natural alguma; nenhum vento poderoso para varrer a passagem, como no caso anterior; nenhum refluxo da corrente em que filósofos insignificantes possam se agarrar para depreciar o milagre.

Aparentemente, portanto, parece que este milagre foi providencialmente planejado para silenciar os sofismas concernentes ao anterior; e foi executado ao meio-dia, à luz do sol e na presença, podemos ter certeza, dos habitantes ao redor. Assim atingiu com terror os reis dos cananeus e os amoritas a oeste do rio." —PHILIP HENRY GOSSE

As águas conhecem o seu Criador. O Jordão que fluiu com correntes plenas quando Cristo entrou para ser batizado, agora abre caminho quando o mesmo Deus deve passar por ele cerimoniosamente. No primeiro momento houve uso de Sua água e agora de Sua areia. Não ouço mais falar de algum cajado que tocou as águas; a presença da arca do Senhor Deus, Senhor de todo o mundo, é sinal suficiente para estas ondas, que agora, como se um tendão fosse rompido, voltam depressa às suas fontes e não ousam simplesmente molhar os pés dos sacerdotes que carregam a arca.

Quão subservientes são todas as criaturas ao Deus que as criou! Quão glorioso o Deus que servimos, a quem todos os poderes dos Céus e elementos são deliberadamente sujeitos e de bom grado adotam a natureza que Ele se agrada de lhes conceder. —ABRAHAM WRIGHT

Versículos 4 a 6. Quando Cristo desce à alma na obra da conversão, que força Ele emprega! As fortalezas do pecado são derrocadas; e toda altivez que se levanta contra o conhecimento de Cristo, é levada cativa à obediência de Seu cetro (2 Co 10:4,5). Os demônios são expulsos daquilo que possuíram por tantos anos sem a mínima perturbação. O mesmo é feito por Cristo na conversão do pecador. O Jordão se retrai, todo o curso da alma é alterado, os montes saltam como carneiros. Há muitas montanhas na alma de um pecador, como o orgulho, a incredulidade, a vanglória, o ateísmo, a profanação etc. Estas montanhas são arrancadas pelas raízes, em um momento, quando Cristo começa a obra de conversão. —RALPH ROBINSON

### Versículo 5

*Que tens ó mar?* Estava terrivelmente apavorado? Sua força o abandonou? Seu coração ressecou-se? *"Que tens, ó mar, que assim foges?"* Antes você era fronteira do poder de Faraó, mas nunca temeu seus exércitos; o vento impetuoso jamais poderia prevalecer contra você de modo que fosse dividido em dois; mas quando o caminho do Senhor passou por suas grandes águas, você foi capturado atemorizado e se tornou fugitivo de diante de dele. —C. H. SPURGEON

### Versículo 6

*Montes, por que saltais como carneiros? E vós, colinas, como cordeiros do rebanho?* O que aconteceu com vocês para que assim se movessem? Há apenas uma resposta: a majestade de Deus os fez saltar. Uma mente graciosa censurará a natureza humana por sua estranha insensibilidade, quando o mar e o rio, os montes e as colinas são todos sensíveis à presença de Deus.

O homem é dotado com razão e inteligência e ainda assim olha imóvel para aquilo que a criação material contempla com temor. Deus se aproximou de nós muito mais do que o fez com o Sinai ou o Jordão, pois adotou nossa natureza e, contudo, a massa da humanidade nem se afasta de seus pecados nem é movida em caminhos de obediência. —C. H. SPURGEON

### Versículo 7

*Estremece, ó terra.* No hebraico: "Sinta dores", como uma mulher em trabalho de parto; pois se o conceder da lei tivesse efeitos tão pavorosos, o que seria então o violá-la? —JOHN TRAPP

### Versículo 8

*O seixo, em manancial.* Nossa libertação de sob o jugo do pecado é impressionantemente tipificada na saída de Israel do Egito e assim também foi a vitória do nosso Senhor sobre os poderes da morte e do inferno. O Êxodo deveria, portanto, ser seriamente lembrado pelos corações cristãos.

Moisés, no monte da Transfiguração, não falou com nosso Senhor sobre o "êxodo" que Ele em breve cumpriria em Jerusalém? E não está escrito sobre os exércitos do alto que cantam a canção de Moisés, o servo de Deus e do Cordeiro? Nós não esperamos outra vinda do Senhor, quando diante de Sua face Céu e Terra desaparecerão e não mais haverá mar?

Unimo-nos, então, aos cantores ao redor da mesa da Páscoa e fazemos nosso o seu Halel, pois nós, também, fomos guiados para fora da escravidão e guiados como um rebanho pelo deserto, onde o Senhor supre nossas necessidades com maná celestial e água da Rocha Eterna. Louvai ao Senhor. —C. H. SPURGEON

A extraordinária rocha no Sinai, que a tradição considera como a rocha que Moisés golpeou, é pelo menos bem escolhida em consideração à sua localização, independentemente da opinião que possamos formar sobre a verdade dessa tradição, pois parece ser a predisposição de viajantes tardios tratarem-na com mais respeito do que fora antigamente.

Uma massa isolada de granito, de quase seis metros de altura e área, com sua base escondida no solo, cuja profundidade fica para nós oculta. Na face da rocha está um número de fissuras horizontais, a distâncias desiguais umas das outras; algumas mais próximas ao topo e outras a uma curta distância da superfície do solo.

Um viajante americano diz: "A cor e toda a aparência da rocha são tais que, se vistas em outro lugar e desconectadas de todas as tradições, ninguém hesitaria em crer que teriam sido produzidas pela água que teria fluído destas fissuras. Acho que seria extremamente difícil formar estas fissuras ou produzir estas aparências pela arte. Não é menos difícil acreditar que uma fonte natural pudesse fluir na altura de quatro metros saindo da face de uma rocha isolada."

Crendo, assim como eu, que a água tenha fluído de uma rocha desta montanha, não vejo nada inacreditável na opinião de que esta é a exata rocha e que estas fissuras e outros aspectos deveriam ser considerados como evidências do fato. —JOHN KITTO

Deveria ser a rocha convertida em *lençol de água e o seixo, em manancial?* E não deveriam nossos rochosos e rígidos corações, em consideração a nossas próprias misérias e as indescritíveis misericórdias de Deus ao nos libertar do mal, expressar ao menos um pequeno "lençol de água" em nossos olhos (se não jorrarem em fontes de lágrimas)?

Ó Senhor, com o Teu toque as montanhas se desfarão; toca nossos lábios com a brasa do Teu altar e nossa boca manifestará Teu louvor. Golpeia, Senhor, nossos corações tão duramente como a inferior pedra de moinho, com o martelo de Tua Palavra e os tranquilize com as gotas de Tuas misericórdias e o orvalho de Teu Espírito. Torna-os humildes, carnosos, flexíveis, circuncidados, macios, obedientes, novos, limpos, quebrantados e então um "coração compungido e contrito, não o desprezarás, ó Deus". —JOHN BOYS

Enquanto descrevia a jornada de Israel saindo do Egito e acrescentei a Presença Divina entre eles, percebi a beleza neste salmo que era completamente novo para mim e que eu perderia. E esta beleza é: o poeta encobre completamente a presença de Deus no início e deixa antes que um pronome possessivo seja colocado sem substantivo e ali ele mal menciona algo de divindade. "Judá se tornou o Seu santuário, e Israel, Seu domínio", ou reino.

O motivo agora parece evidente e essa conduta, necessária; pois, se Deus tivesse surgido antes, não poderia haver surpresa na razão de os montes saltarem e o mar recuar. Portanto, para que essa agitação da natureza possa ser apresentada com a surpresa devida, Seu nome não é mencionado tão cedo; e então com uma virada na reflexão, Deus é apresentado imediatamente em toda a Sua majestade. —ISAAC WATTS

# Salmo 115

No salmo anterior, as antigas maravilhas executadas por Deus foram recontadas para a Sua honra e neste salmo lhe é suplicado que se glorifique novamente a si mesmo, porque os pagãos tiravam conclusões com base na ausência de milagres, negavam inteiramente os milagres das eras anteriores e insultavam o povo de Deus com a pergunta: "Onde está o Deus deles?".

Entristecia o coração dos piedosos o fato de que Jeová fosse assim desonrado e, tratando sua própria condição de opróbrio como indigna de observação, eles imploram ao Senhor que ao menos vingue o Seu próprio nome. O salmista está evidentemente indignado com o fato de que os adoradores de ídolos tolos sejam capazes de levantar uma questão tão insultante para o povo que adorava o único Deus vivo e verdadeiro; e tendo consumado seu sarcasmo com as imagens e seus feitores, ele procede para exortar a casa de Israel a confiar em Deus e bendizer o Seu nome.

## Versículo 1

*Não a nós, Senhor, não a nós, mas ao teu nome dá glória.* O povo indubitavelmente desejava alívio dos desdenhosos insultos dos idólatras, mas seu desejo principal era de que o próprio Jeová não fosse mais o objeto dos insultos pagãos. A parte mais triste de sua aflição era que seu Deus já não era mais reverenciado e temido por seus adversários. Quando Israel marchou até Canaã, um terror cobria todo o povo ao redor, por causa de Jeová, o poderoso Deus; mas as nações haviam se livrado deste terror visto que há muito não havia demonstração marcante de poder miraculoso.

A repetição das palavras "não a nós" parece indicar um desejo muito sério de renunciar qualquer glória que eles em qualquer momento tenham orgulhosamente apropriado para si; e também estabelece a veemência do desejo deles de que Deus, independentemente do que lhes custasse, magnificasse o Seu próprio nome. Nestes dias, quando as primeiras vitórias do evangelho são somente lembradas como histórias de um passado vago e distante, céticos podem gabar-se de que o evangelho perdeu sua força jovial e cogitam inclusive, difamar o nome do próprio Deus. Podemos, portanto, suplicar, devidamente, pela interposição divina para que a aparente mácula possa ser removida de seu brasão e que Sua própria Palavra possa resplandecer gloriosamente, como nos dias passados. Podemos não desejar o triunfo de nossas opiniões, por amor a nós mesmos, ou pela honra de um grupo, mas podemos orar confiantemente pelo triunfo da verdade de modo que o próprio Deus seja honrado. —C. H. SPURGEON

O salmista, por meio desta repetição, insinua nossa tendência natural à autoidolatria e a nos magnificarmos, além da dificuldade de purificar nosso coração destas autorreflexões.

Se é ser angelical recusar uma glória indevida roubada do trono de Deus (Ap 22:8,9), é diabólico aceitar e valorizá-la. "Procurar a própria honra não é honra" (Pv 25:27). É vil, a desonra de uma criatura que, pela lei de sua criação, é submetida a outro fim. A ponto de sacrificarmos nosso próprio crédito, a destreza de nossas mãos ou a sagacidade de nosso juízo, acabamos subtraindo de Deus. —STEPHEN CHARNOCK

Pudéssemos ver o Céu aberto, pudéssemos ouvir seus contentes e gloriosos aleluias, pudéssemos ver sua inumerável companhia de anjos e, seu conjunto de santos glorificados, enquanto lançam suas coroas diante do trono, ouviríamos o coro universal de todas as bocas pronunciar: "Não a nós, Senhor, não a nós, mas ao teu nome dá glória, por amor da tua misericórdia e da tua fidelidade." —BARTON BOUCHIER

*Versículo 2*
*Por que diriam as nações: Onde está o Deus deles?* Ou, mais literalmente: "Ora, onde está o Deus deles?" Por que as nações deveriam ter permissão para agir com escárnio e desdém questionando a existência, a misericórdia e a fidelidade de Jeová? Elas estão sempre prontas para blasfemar. Em nosso caso, por nossa mornidão e negligência de pregar o fiel evangelho, permitimos a insurgência e a difusão da dúvida moderna e estamos sujeitos a confessar nossa atitude com profundo pesar de alma. Contudo, não precisamos desanimar, podemos ainda suplicar a Deus que salve Sua própria verdade e graça do desprezo dos homens do mundo. Por que deveriam os mentirosos sábios da época ter permissão para dizer que duvidavam da personalidade de Deus? Por que deveriam dizer que respostas às orações são ilusões piedosas e que a ressurreição e a deidade de nosso Senhor Jesus são pontos questionáveis?

Por que deveriam ter permissão para falar depreciativamente sobre a expiação por sangue e por preço e rejeitar totalmente a doutrina da ira de Deus contra o pecado, mesmo a ira que arde para todo o sempre? Eles falam com orgulho excessivo e somente Deus pode deter suas soberbas algazarras. Que nós, por meio da intercessão extraordinária, consigamos persuadi-lo a intervir, dando a Seu evangelho tal defesa triunfante que silenciará por completo a oposição perversa de homens impiedosos. —C. H. SPURGEON

*Versículo 3*
*No céu está o nosso Deus.* Está onde deveria estar; além do alcance dos escarnecedores mortais, ouvindo secretamente as ruidosas discussões dos homens, olhando lá de cima, com desprezo, os fabricantes de babel.

Outrora, pediram que o Filho dele descesse da cruz para que acreditassem nele; agora eles queriam que Deus ultrapassasse os limites comuns de Sua providência e descesse do Céu para convencê-los; mas outros assuntos ocupam a Sua augusta mente, além do convencimento daqueles que encerraram intencionalmente seus olhos às evidências superabundantes ao Seu divino poder e deidade, com os quais os cercava. —C. H. SPURGEON

*E tudo faz como lhe agrada.* Podemos bem suportar a pergunta escarnecedora: "Onde está o Deus deles?", enquanto temos plena certeza de que a Sua providência é inalterada, Seu trono inabalado e Seus propósitos imutáveis. O que Ele fez Ele fará, Seu conselho permanecerá e Ele fará tudo o que lhe apraz; e no fim do grande drama da história humana, a onipotência de Deus e Sua imutabilidade e fidelidade serão mais que comprovadas diante da eterna confusão de Seus adversários. —C. H. SPURGEON

*Versículo 4*
*Prata e ouro são os ídolos deles.* Eles são metal, pedra e madeira. São geralmente feitos na forma do homem, mas não podem ver, ouvir, não têm olfato, não sentem, andam ou falam. Que estupidez confiar nisto! E junto a eles, em imbecilidade e despropósito, devem estar aqueles que os formaram, com a expectativa de auferir deles algum bem.

Tão obviamente vão era todo o sistema de idolatria, de modo que até mesmo os pagãos mais sérios o ridicularizavam e era um alvo para as zombarias de seus pensadores livres e fanfarrões. Como são perspicazes estas palavras de Juvenal! "Ouves, ó Júpiter, estas coisas? Não moves os lábios quando deverias falar. És feito de mármore ou bronze? Por que colocamos incenso sagrado de papel aberto em teu altar, o fígado extraído de um bezerro e branco omento de um suíno? Pelo que percebo não há diferença entre tua estátua e a de Batilo" (Sátira XIII:113).

Esta ironia figurará mais perspicaz quando se souber que Batilo era um violinista e ator, cuja imagem, pela ordem de Polícrates, foi erigida no templo de Juno na ilha de Samos. —ADAM CLARKE

Os idólatras pleiteiam em favor de seus ídolos, alegando que o único propósito é representar seus deuses e manter sua presença mais palpável. O Espírito, contudo, não permite esta súplica, e trata estas imagens como os próprios deuses que eles adoram. Os deuses que declaram representar não existem verdadeiramente e, portanto, sua adoração é completamente vã e tola.

Não deve o mesmo ser dito da fingida adoração de muitos nos dias de hoje que sobrecarregam a sua adoração com ritos representativos e cerimônias ou símbolos expressivos, ou moldam para si em sua imaginação um deus diferente do Deus da revelação? —W. WILSON

Versículos 4 a 7. O Imperador Teodósio ordenou a demolição do templo pagão. O bispo Teófilo, acompanhado dos soldados, apressou-se para subir as escadas e entrar no santuário. A visão da imagem, por um momento, fez até mesmo os cristãos destrutivos hesitarem. O bispo ordenou a um soldado que a golpeasse sem demora. Com um machado, ele golpeou a estátua no joelho.

Todos esperavam com certa comoção, mas não houve som ou sinal de ira divina. Em seguida, os soldados subiram até a cabeça e a derrubaram. Esta rolou pelo chão. Uma grande família de ratos, perturbada em sua tranquila habitação dentro da imagem sagrada, correu para fora da imagem trêmula em direção ao chão do templo. Na sequência, o povo começou a rir e a destruir com zelo redobrado. Eles arrastaram os fragmentos da estátua pelas ruas.

Até mesmo os pagãos ficaram indignados com os deuses que não se defenderam. A enorme construção foi lentamente destruída e uma igreja cristã foi construída em seu lugar. Ainda havia certo medo entre o povo de que o Nilo demonstrasse desagrado recusando sua usual enchente. Mas quando o rio se encheu com mais do que sua cheia e generosidade comuns, toda ansiedade foi dissipada. —ANDREW REED

Versículos 4 a 8. Teodoreto não fala da Abadia de São Públio, a abadia de uma companhia de freiras em Antioquia, que costumavam cantar o salmo, enquanto Júlio passava em procissão idólatra: "Prata e ouro são os ídolos deles, obra das mãos de homens. [...] tornem-se semelhantes a eles os que os fazem e quantos neles confiam." E ele narra como o irado imperador fez seus soldados as esbofetearem até que sangrassem, pois era incapaz de suportar a aguilhoada da antiga canção hebraica. —NEALE E LITTLEDALE

## Versículo 5
*Tem olhos e não veem.* Não podem dizer quem são os seus adoradores ou o que lhes oferecem. Certos ídolos tiveram joias em seus olhos mais preciosas que o resgate de um rei, mas eram tão cegos quanto o resto da irmandade. Um deus que tem olhos e não pode ver é uma divindade cega; e a cegueira é uma calamidade, não um atributo da divindade. Muito cego deve ser aquele que adora um deus cego; nos compadecemos de um homem cego. Estranho é adorar uma imagem cega. —C. H. SPURGEON

## Versículo 6
*Têm ouvidos e não ouvem.* Sócrates, por desprezo aos deuses pagãos, jurou por um carvalho, uma cabra, um cachorro; considerando estes deuses melhores do que aqueles.

*Têm nariz e não cheiram.* O salmista parece amontoar estas sentenças com algo do espírito sombrio e sardônico de Elias quando disse: "Clamai em altas vozes, porque ele é deus; pode ser que esteja meditando, ou atendendo a necessidades, ou de viagem, ou a dormir e deve ser acordado." —C. H. SPURGEON

## Versículo 7
*Seus pés não andam.* Eles devem ser erguidos até seus postos ou nunca alcançariam seus santuários; precisam ser fixados em seus santuários ou cairiam; devem ser carregados ou jamais se moveriam; não podem resgatar seus amigos nem escapar da iconoclastia de seus inimigos. O inseto mais mesquinho tem mais poder de locomoção do que o mais grandioso deus pagão. —C. H. SPURGEON

*Som nenhum lhes sai da garganta.* Eles não podem nem mesmo alcançar o ruído gutural dos animais de ordem mais inferior; nem um grunhido ou rugido, um gemido ou nem mesmo um lamento pode sair deles. —C. H. SPURGEON

## Versículo 8
*Tornem-se semelhantes a eles os que os fazem.* Aqueles que fazem para si imagens, demonstram sua ingenuidade e são, sem dúvida, homens sensíveis; mas eles que fazem para si deuses demonstram sua estupidez e são tão insensíveis e petrificados quanto os próprios ídolos. —MATTHEW HENRY

Todos são exatamente o que o seu Deus é; quem serve ao Onipotente é onipotente com Ele. Quem exalta a debilidade, em ilusão estúpida, para ser seu deus, é débil com esse deus. Isto é um importante fator de sustentação contra o medo para aqueles que estão certos de que adoram o Deus verdadeiro.
—E. W. HENGSTENBERG

*E quantos neles confiam.* Aqueles que afundaram tão profundamente a ponto de serem capazes de confiar em ídolos, alcançaram o extremo da insensatez e são dignos de tanto desprezo quanto suas detestáveis deidades. Os severos discursos de Lutero eram muito merecidos pelos papistas; eles devem ser meros parvos para adorar as relíquias deterioradas que são os objetos de sua veneração.

O deus do pensamento moderno tem extrema semelhança aos deuses descritos neste salmo. O panteísmo é impressionantemente similar ao politeísmo e, contudo, difere muito pouco do ateísmo. O deus manufaturado por nossos grandes pensadores é uma mera abstração, ele não tem propósitos eternos, ele não intervém em favor de seu povo, ele se importa pouquíssimo com o quanto o homem peca, pois ele concede aos iniciados "uma esperança maior" pela qual os mais incorrigíveis podem ser restaurados.

Ele é o que o último grupo de críticos escolhe fazer dele. Diz o que eles escolheram para que ele diga; e fará o que eles se agradarem em prescrever. Deixe este credo e seus devotos à mercê de si mesmos e eles formularão sua própria refutação, pois como agora seu deus é formado à imagem deles mesmos, eles, gradualmente, se moldarão à imagem de seu deus.
—C. H. SPURGEON

*Versículo 9*
*Israel confia no Senhor.* Seja qual for nossa dificuldade e ainda que profundamente violenta a linguagem blasfema de nossos inimigos, não temamos nem fraquejemos, mas descansemos confiantemente nele que é capaz de defender Sua própria honra e proteger os Seus próprios servos. —C. H. SPURGEON

*Versículo 12*
*Ele nos abençoará; abençoará a casa de Israel, abençoará a casa de Arão.* Sua natureza é abençoar, Sua prerrogativa é abençoar, Sua glória é abençoar, Seu deleite é abençoar. Ele prometeu abençoar e, portanto, esteja certo disto: Ele abençoará e abençoará e abençoará sem cessar. —C. H. SPURGEON

*Versículo 17*
*Os mortos não louvam o Senhor.* O pregador não pode magnificar o Senhor estando em seu caixão, nem o trabalhador cristão manifesta o poder da graça divina pela atividade diária enquanto jaz na sepultura.

*Nem os que descem à região do silêncio.* O túmulo não projeta voz; de ossos mofados e vermes que se alimentam da carne não surge som algum de ministração do evangelho nem de cântico gracioso.
—C. H. SPURGEON

*Versículo 18*
*Nós, porém, bendiremos o Senhor, desde agora e para sempre.* Nós que ainda vivemos garantiremos que os louvores de Deus não se acabem entre os filhos do homem. Nossas aflições e depressões de espírito não nos farão interromper nossos louvores, nem a idade avançada e enfermidades contínuas apagarão as brasas celestiais. Não, nem mesmo a morte em si nos fará pôr fim a esta encantadora ocupação. Os mortos espiritualmente não podem louvar a Deus, mas a vida dentro de nós, nos constrange a fazê-lo.
—C. H. SPURGEON

# Salmo 116

O AMOR pessoal cultivado por uma experiência pessoal de redenção é o tema deste salmo e nele vemos os remidos tendo resposta quando oram, sendo preservados em tempos de luta, descansando em seu Deus, andando com largueza, sensíveis às suas obrigações, conscientes de que não são donos de si, mas comprados por um preço e unidos a toda a companhia resgatada para cantar aleluias a Deus.
—C. H. SPURGEON

### Versículo 1

*Amo o Senhor*. Uma declaração bendita. Todo cristão deve ser capaz de declarar sem a mínima hesitação: "Amo o Senhor". Era exigido sob a lei, mas nunca foi produzido no coração do homem exceto pela graça de Deus e nos princípios do evangelho. Grande coisa é dizer: "Amo o Senhor", pois a mais doce de todas as graças e a mais certa de todas evidências de salvação é o amor. É grande bondade da parte de Deus consentir ser amado por pobres criaturas como somos e é prova certa de que Ele está agindo em nosso coração.
—C. H. SPURGEON

*Porque ele ouve a minha voz*. Mas seria benefício para nós o fato de que Deus nos ouve? Ele ouvir nossa voz é um argumento de Seu amor? Infelizmente, Ele poderia nos ouvir e nós jamais virmos a ser melhores. Ele poderia ouvir nossa voz e Seu amor por nós poderia ser mínimo, pois quem não daria ouvidos a um homem mesmo que não o amasse de modo algum?

Com os homens talvez aconteça assim, mas não com Deus. Pois o Seu ouvir não é somente voluntário, mas exclusivo. Seus ouvidos não estão abertos para os clamores de todos. De fato, ouvir-nos é em Deus um favor tão grande que pode ser considerado Seu favorito aquele a quem Ele concede Seus ouvidos; e melhor ainda, pois Seu ouvir é sempre ativo e com o propósito de auxiliar. Portanto, se Ele ouve a minha voz, posso ter a certeza de que Ele deseja conceder a minha súplica; ou antes, talvez no modo de Davi expressar e no modo de proceder de Deus, ouvir minha voz não é menos efetivo do que o conceder de minha súplica. —SIR RICHARD BAKER

### Versículo 2

*Invocá-lo-ei*. É o amor que abre nossas bocas para que possamos louvar a Deus com lábios jubilosos.
—THOMAS MANTON

Quando a oração é ouvida em nossa fragilidade e respondida na força e na grandiosidade de Deus, somos fortalecidos no hábito da oração e afirmados na resolução de interceder sem cessar. Nós não agradeceríamos um pedinte que nos informasse que, pelo fato de havermos concedido o que nos pediu, ele permaneceria rogando nosso favor. Contudo, indubitavelmente é aceitável a Deus que Seus requerentes se decidam a continuar em oração. Isto demonstra a grandiosidade de Sua bondade e a abundância de Sua paciência. —C. H. SPURGEON

Se o hipócrita orar com celeridade e receber o que pediu, nesse ponto, ele vomitará a oração e não pedirá mais nada. Se de um leito, o enfermo for restaurado à saúde, ele deixará a oração para trás de si, tal como estava, no leito da enfermidade. Seu clamor enfraquece, quando, por seu clamor, Deus lhe havia concedido força. E assim o é em outras instâncias. Quando recebe o que pedira em oração, já não mais concentra sua mente em orar.

Ao passo que um homem piedoso ora após ter recebido, como o fazia antes. E mesmo que não caia naquelas dificuldades novamente, e assim não seja incitado a apelar por elas uma outra vez, como o fez quando estava em dificuldade, todavia ele não consegue viver sem oração, porque não consegue viver fora da comunhão com Deus. —JOSEPH CARYL

*Enquanto eu viver*. Não em alguns poucos dias, mas em todos os dias da minha vida, pois orar em certos dias e não em todos é a marca de alguém que detesta e não de alguém que ama. —AMBRÓSIO

## Versículo 3
*Se apoderaram de mim*. Quando Deus envia dificuldades e aflições como oficiais para atacar qualquer homem, elas o encontrarão, e encontrando-o, se apoderarão dele. Os dias de aflição o dominarão; não há batalha, nem luta com eles, não há como escapar de suas mãos. Estes oficiais menores não serão persuadidos nem subornados a deixá-lo até Deus pronunciar a Palavra, até Deus dizer: "Liberte-o; solte-o". —JOSEPH CARYL

## Versículo 4
*Ó Senhor, livra-me a alma*. Esta forma de petição é curta, abrangente, pontual, humilde e sincera. Bom seria se todas as nossas orações seguissem esse modelo; talvez o seguissem se estivéssemos em circunstâncias semelhantes àquelas do salmista, pois dificuldade real produz oração real. Aqui não temos multiplicidade de palavras e nenhum arranjo seleto de sentenças; tudo é simples e natural, não há uma sílaba redundante e, contudo, não há uma sequer ausente. —C. H. SPURGEON

Uma curta oração para tão grande litígio e, contudo, curta como era, prevaleceu. Se antes ponderamos sobre o poder de Deus, podemos agora ponderar sobre o poder da oração, que pode ter êxito com Deus, para obter aquilo que em natureza é impossível e para a razão é inacreditável. —SIR RICHARD BAKER

## Versículo 5
*Compassivo e justo é o Senhor*. Ele é compassivo no ouvir; Ele é "justo" no julgar. Ele é "misericordioso" em perdoar e como, então, posso duvidar de Sua vontade de me ajudar? Ele é justo para recompensar de acordo com os desertos; Ele é compassivo para recompensar além dos desertos; sim, Ele é misericordioso para recompensar sem desertos. E como, então, posso duvidar de Sua disposição em me ajudar? Ele é compassivo e isto demonstra Sua generosidade; Ele é justo e isto demonstra a Sua justiça; sim, Ele é misericordioso e isto demonstra o Seu amor. E como, então, posso duvidar de Sua disposição em me ajudar? —SIR RICHARD BAKER

*O nosso Deus é misericordioso*. Veja como o atributo da justiça parece se colocar entre dois guardas do amor: compassivo, justo, misericordioso. A espada da justiça é desembainhada em uma bainha adornada de graça. —C. H. SPURGEON

## Versículo 6
*O Senhor vela pelos simples*. Contemple aqui como de todos os outros, aqueles que aparentemente têm menos motivo para confiar em Deus são os que mais têm motivos para confiar nele. Pessoas simples, miseráveis parvos, tolos desprezíveis aos olhos do mundo, que não têm cérebro sensível, ou inteligência astuta para buscar meios indiretos, têm, não obstante, o suficiente para sustentá-los no grande fato de que são aqueles por quem o Senhor vela. Agora quem não sabe que "Melhor é buscar refúgio no Senhor do que confiar no homem. Melhor é buscar refúgio no Senhor do que confiar em príncipes"? (Sl 118:8,9). —WILLIAM GOUGE

Supomos que há muitas verdades a serem apreendidas, muitos princípios a serem compreendidos antes que sejamos salvos. Não; "O Senhor vela pelos simples". Podemos mal e mal conseguir reconciliar qualquer das doutrinas do cristianismo umas com as outras, podemos nos encontrar na maior perplexidade quando examinamos as evidências em que se fundamentam, podemos ser expostos a grande dificuldade se procuramos aplicá-las ao uso prático; mas ainda assim podemos adotar a linguagem diante de nós: "O Senhor vela pelos simples; achava-me prostrado, e ele me salvou. Volta, minha alma, ao teu sossego." —R. S. M.

Ele os chama de simples ou parvos, porque são geralmente tão estimados entre os sábios do mundo; não que sejam tão parvos quanto sejam estimados; pois se o Senhor pode julgar sabedoria ou insensatez, o único tolo é o ateu ou o profano; o único homem sábio no mundo é o cristão simples e absoluto, que se mantém precisamente em todos os estados no percurso simples e honesto que o Senhor lhe prescreveu. —W. SLATER

*Achava-me prostrado, e ele me salvou.* Por mais simples que fosse, o Senhor não me ignorou. Ainda que reduzido em circunstâncias, injuriado em caráter, deprimido em espírito e enfermo no corpo, o Senhor me salvou. —C. H. SPURGEON

*Achava-me prostrado.* Pela aflição e a provação. O hebraico significa literalmente estar suspenso, pendente, balançar, ondular — como um balde em um poço ou como os delgados galhos da palmeira, do salgueiro etc. Significa então ser fraco, débil, frágil, como se enfermo etc. Provavelmente se refere à prostração da força pela doença. "E ele me salvou". Ele me deu força; Ele me restaurou. —ALBERT BARNES

Ajudou-me a carregar o pior e a esperar pelo melhor; ajudou-me a orar, caso contrário o desejo teria falhado; ajudou-me a esperar, caso contrário a fé teria falhado. —MATTHEW HENRY

*Versículo 7*
*Volta, minha alma, ao teu sossego.* Como um pássaro voa para seu ninho, sua alma voa para seu Deus. Sempre que um filho de Deus, ainda que por um momento, perde a paz de espírito, ele deveria se preocupar em recuperá-la não a procurando no mundo ou em sua própria experiência, mas somente no Senhor. Quando o cristão ora e o Senhor inclina o Seu ouvido, a estrada que leva ao antigo descanso é colocada diante dele, que não seja lento em segui-la. —C. H. SPURGEON

Volte àquele descanso que Cristo dá ao cansado e sobrecarregado (Mt 11:28). Volte ao seu Noé. Seu nome significa descanso, como a pomba quando não encontrou descanso e retornou à arca. Não conheço palavra mais adequada com a qual fecharmos nossos olhos à noite quando dormimos, ou quando os fechamos com a morte, o longo sono, do que esta: "Volta, minha alma, ao teu sossego". —MATTHEW HENRY

Esta é a exata palavra que o anjo usou com Agar quando ela fugiu de sua senhora "Volta" (Gn 16:9). Como Agar, por meio do severo lidar de sua senhora fugiu, assim a alma deste profeta por motivo de aflição caiu de sua antiga confiança calma em Deus. Como o anjo ordenou que Agar voltasse para sua senhora, assim o entendimento deste profeta ordena sua alma a voltar ao seu sossego. —WILLIAM GOUGE

*Versículo 9*
*Andarei na presença do SENHOR, na terra dos viventes.* Ó minh'alma, andar na terra dos viventes é andar nos caminhos da justiça, pois não há morte para a alma como o pecado; não há causa para lágrimas nos olhos como a culpa da consciência; não há cair dos pés como quando se cai longe de Deus e, portanto, se formos sinceros, a alma nunca pode voltar ao seu sossego se não caminharmos nos caminhos de justiça; e não podemos afirmar se este sossego é uma causa do caminhar, ou o caminhar uma causa do sossego. Mas isto podemos dizer: eles certamente são companheiros um do outro que na verdade não passa do fato de que — essa justificação jamais pode ocorrer sem a santificação. A paz de consciência e piedade de vida não podem jamais ocorrer uma sem a outra.

Ou Davi talvez quisesse falar da terra dos viventes onde Enoque e Elias estão vivendo com o Deus vivo? Mas se este é o significado, como ele pode falar tão confiantemente dizendo: "Andarei na terra dos viventes" como se pudesse ali andar por sua própria força, ou por seu prazer? Ele, portanto, dá sua razão: "Cri, por isso, falei" (ARC), pois a voz da fé é forte e fala com confiança; e porque em fé ele crê que andará na terra dos viventes, com confiança ele pronuncia: "Andarei na terra dos viventes". —SIR RICHARD BAKER

Andar na terra dos viventes é o desejo do homem perverso. Sim, fosse possível ele andaria aqui para sempre; mas com que fim? Somente para desfrutar de suas luxúrias, ter seu suprimento de prazer e acréscimo em sua riqueza. Ao passo que o alvo do homem piedoso em desejar viver é que ele possa "andar na presença do Senhor", propagar Sua glória e executar Seu serviço. Neste relato nota-se adequadamente como Davi não diz: agora me saciarei com delícias em minha cidade real, mas "Andarei na presença do Senhor, na terra dos viventes". —NATHANIEL HARDY

### Versículo 10
*Cri, por isso, falei* (ARC). Com relação às questões de Deus, nenhum homem deveria falar a menos que creia. O discurso do que oscila é astuto, mas a língua do cristão é benéfica. O discurso mais poderoso que já foi pronunciado pelos lábios do homem emanou de um coração plenamente persuadido pela verdade de Deus. Não somente o salmista, mas homens como Lutero, Calvino e outras grandes testemunhas da fé poderiam muito calorosamente dizer: "Cri, por isso, falei". —C. H. SPURGEON

Não é suficiente crer a menos que você também confesse abertamente diante dos que não creem, dos tiranos e todos os outros. Seguindo a crença vem a confissão; e, portanto, aqueles que não fazem a confissão devem temer, assim como, no caso contrário, devem ter esperança aqueles que declaram aquilo em que creem. —PAULUS PALANTERIUS

O coração e a língua deveriam caminhar juntos. A língua deveria sempre ser o intérprete do coração e o coração deveria sempre ser o alvitreiro da língua. O que é dito com a língua deveria primeiro ser selado no coração e dele fabricado. —JOSEPH CARYL

O apóstolo toma esta declaração de Davi (2 Co 4:13): "como está escrito: Eu cri; por isso, é que falei. Também nós cremos; por isso, também falamos"; ou seja, não levamos outros a crer em nada diferente daquilo em que cremos, e estamos plenamente certos disto. —JOSEPH CARYL

A palavra de Cristo e a cruz são companheiras inseparáveis. Como a sombra segue o corpo, assim a cruz segue a palavra de Cristo. E como o fogo e o calor não podem ser separados, assim o evangelho de Cristo e a cruz não podem ser arrancados um do outro. —THOMAS BECON

### Versículo 11
*Dizia na minha pressa: Todos os homens são mentirosos* (ACRF). Em um sentido modificado, a expressão terá justificativa, ainda que apressadamente pronunciado, pois todos os homens provarão ser mentirosos se neles confiarmos indevidamente. Alguns por falta de honestidade e outros por desejo de poder. É muito melhor estar quieto quando nosso espírito está conturbado e irascível, pois é muito mais fácil dizer do que desdizer. Podemos nos arrepender de nossas palavras, mas não podemos retirá-las de modo a desfazer o prejuízo que causaram. Até mesmo Davi precisou engolir suas palavras quando as pronunciou apressadamente, nenhum de nós pode confiar em nossa língua sem uma rédea. —C. H. SPURGEON

Se todo homem é mentiroso, então Davi era mentiroso; portanto ele mente quando diz que todo homem é mentiroso, assim contradizendo-se e destruindo sua própria posição. Isto tem resposta fácil, pois quando Davi falou, ele não o fez como homem, mas com inspiração do Espírito Santo. —ROBERT BELLARMINE

Versículos 11 a 15. E agora deixe que o mundo faça o seu pior e tome a mentira como desejar, pois, Davi, tendo Cristo ao seu lado, será sempre capaz de exercer bem seu papel contra todo o mundo, pois Cristo venceu o mundo.

Mas ainda que todos os homens sejam considerados mentirosos, contudo nem todos os homens em todas as coisas; pois então o próprio Davi seria mentiroso nisto. Mas todos os homens talvez em uma coisa ou outra, em algum momento ou outro, em certo modo ou outro. A verdade absoluta não é encontrada em homem algum, mas somente naquele Homem que não era somente homem; pois se Ele fosse somente homem talvez nele também não se encontraria, vendo que a verdade absoluta e a deidade são como parentes próximos, nunca estando separadas.

*Preciosa é à vista do* Senhor *a morte dos seus santos.* Pois se é grande felicidade ser aceitável a Seus olhos, quão grande felicidade deve ser o fato de ser precioso a Seus olhos? Quando Deus, na criação, contemplou todas as Suas obras, diz-se que Ele as considerou excessivamente boas, mas não é dito que nenhuma delas era preciosa a Seus olhos. Como então a morte passa a ser preciosa a Seus olhos? A morte que não faz parte de nenhuma de Suas obras, mas é antes destruidora de Suas obras? É possível que algo que destrói as Suas criaturas tenha um título de mais valor a Seus olhos do que as Suas próprias criaturas?

Ó minha alma, este é um dos milagres de Seus santos e talvez um dos quais Cristo falou, quando disse a Seus apóstolos que eles fariam milagres maiores do que Ele fez. Pois que milagre há maior do que este: a morte, que em si é a coisa mais vil aos olhos de Deus, no entanto, uma vez abraçada por Seus santos, como que se somente por seu toque, se torne preciosa aos Seus olhos? Alterar algo que é vil para transformá-lo em precioso não é milagre maior que transformar água em vinho? De fato, é isso mesmo; a morte não danifica os Seus santos, mas Seus santos dignificam a morte. A morte nada retira da felicidade de Seus santos, mas Seus santos acrescentam esplendor à infâmia da morte. Se houver glória reservada para aqueles que morrem no Senhor, muito mais serão glorificados os que morrem pelo Senhor. —SIR RICHARD BAKER

## Versículo 12

*Todos os seus benefícios para comigo.* Que recompensa daremos ao Senhor por todos os benefícios que concedeu? Da melancólica escuridão da não existência, Ele nos acordou para o existir; Ele nos enobreceu com entendimento; Ele nos ensinou a arte para promover os meios da vida; Ele comandou que a prolífica Terra entregasse seu cultivo; Ele ordenou aos animais que nos considerassem seus senhores.

Para nós as chuvas caem; para nós o sol verte seus raios criativos, as montanhas se erguem, os vales florescem nos concedendo habitação aprazível e um retiro acolhedor. Para nós os rios fluem, as fontes murmuram, a Terra esgota os seus estoques. Cada objeto novo apresenta um novo deleite; toda a natureza derramando seus tesouros aos nossos pés, por meio da graça abundante daquele que deseja que tudo seja nosso. —BASIL

Uma obediência parcial não é boa, portanto a gratidão parcial é inútil. Uma alma honesta não esconderia nada que deve a Deus, mas se coloca para prestar contas de todos os Seus benefícios. Ignorar uma nota em uma lição pode arruinar a graça da música; ingratidão por uma misericórdia deprecia nossa gratidão pelo restante. —WILLIAM GURNALL

## Versículo 14

*Cumprirei os meus votos.* Foxe, em seu *Atos e Monumentos*, relata o seguinte com relação ao mártir John Philpot: "Ele foi com os xerifes ao local de execução e, quando entrava em Smithfield, o caminho estava imundo e dois oficiais o ergueram para carregá-lo até o poste. Ele então disse alegremente: 'O que? Vocês farão de mim um papa? Estou satisfeito em fazer minha jornada a pé.' Mas assim que chegou em Smithfield, ajoelhou-se dizendo estas palavras: 'Cumprirei meus votos em ti, ó Smithfield.'"

## Versículo 15

*Preciosa é aos olhos do SENHOR a morte dos seus santos.* Eles não morrerão prematuramente; serão imortais até que o seu trabalho esteja completo; e quando chegar sua hora da morte, então suas mortes serão preciosas. O Senhor vigia seus leitos de morte, afofa seus travesseiros, sustenta seus corações e recebe suas almas. Aqueles que são redimidos com sangue precioso são tão amados por Deus que até mesmo a morte deles é preciosa para Ele.

Os leitos de morte dos santos são muito preciosos para a Igreja; ela frequentemente aprende muito com eles. São muito preciosos para todos os cristãos, que se deleitam em guardar as últimas palavras daqueles que partiram. Mas são acima de tudo preciosos para o próprio Senhor Jeová, que vê as mortes triunfantes de Seus graciosos, com deleite sagrado.

Se tivermos caminhado diante dele na Terra dos viventes, não precisaremos temer morrer diante dele quando a hora de nossa partida se aproximar. —C. H. SPURGEON

Como as pacientes mortes de Inácio, Policarpo, Latimer, Ridley, Huss, Jerônimo de Praga e os exércitos de mártires promoveram a causa da religião! O que não deve o mundo e a causa da religião a tais cenas como ocorridas nos leitos de morte de Baster e Thomas Scott, Halybyrton e Payson!

Que argumento pela verdade da religião, que ilustração de seu poder sustentador, que fonte de consolo àqueles que estão prestes a morrer: refletir no fato de que a religião não abandona o cristão quando ele mais precisa de seu apoio e consolo; que pode sustentar-nos na mais severa provação de nossa condição aqui, que pode iluminar o que nos parece o mais escuro de todos os lugares, o mais sombrio, deplorável, repulsivo — "o vale da sombra da morte". —ALBERT BARNES

Sua morte é preciosa (jakar); a palavra do texto é *in pretio fuit, magni estimatum est*. Veja como a palavra é traduzida em outros textos. 1. Honrável (Is 43:4) *jakarta*; "Visto que foste precioso aos meus olhos, também foste honrado" (ACRF). 2. Muito estimado (1 Sm 18:30): "O seu nome se tornou muito estimado". 3. Querido (Jr 31:20) *An filius (jakkir) pretiosus mihi Ephraim*: "Não é Efraim o meu filho querido?" (NVI) 4. Esplêndido, claro ou glorioso (Jo 31:26). *Si vidi lunam (jaker) pretiosam et abeuntis*: "a lua, que caminhava esplendente". —SAMUEL TORSHELL

A morte, agora, como fez comigo também, já visitou demais sua casa; e em todos os seus atos causou desolação entre os nossos consolos. Seremos vingados deste inimigo, este Rei de Terrores. Não consigo evitar certas vezes de cerrar meu punho em seu rosto e urrar em minha agonia e angústia: "Será tragada pela vitória"! Há, enquanto isso, esta consolação: "Onde está, ó morte, o teu aguilhão?" —JOHN JAMESON

## Versículo 16

Senhor, *deveras sou teu servo*. O Senhor me libertou e eu impaciente espero ser atado novamente. O Senhor quebrou as correntes do pecado; agora Senhor ata-me com as cordas de amor. O Senhor me libertou da tirania de Satanás; faça de mim como um de Seus servos recrutados. Devo minha liberdade, minha vida e tudo o que tenho ou espero ao Seu generoso resgate; e agora, ó meu gracioso, meu divino Amigo e Redentor, prostro-me completamente aos Seus pés. —SAMUEL LAVINGTON

Os santos sempre tiveram um santo orgulho por serem servos de Deus; não pode haver honra maior do que servir a tal Mestre que comanda o Céu, a Terra e o inferno. Não pense que você honra a Deus em servi-lo; porém, é assim que Deus o honra, ao conceder-lhe que seja o Seu servo. —THOMAS ADAMS

Ter, por assim dizer, pensamentos elevados e honráveis da majestade e grandiosidade do Deus vivo, e uma profunda e tremenda impressão da presença imediata e contínua do Deus que sonda corações, produz naturalmente a maior humilhação de si mesmo e a sujeição mais honesta de espírito diante de nosso Criador. —JOHN WITHERSPOON

*Quebraste as minhas cadeias*. As misericórdias são dadas para nos encorajar no serviço a Deus e deveriam ser lembradas com este fim. A chuva desce sobre a Terra, não para que ela seja mais estéril, mas mais fértil. Nós não passamos de mordomos; as misericórdias de que desfrutamos não são nossas, mas devem ser aperfeiçoadas para o serviço ao Mestre.

Grandes misericórdias deveriam acionar grande obediência. Deus começa o Decálogo com uma celebração de Sua misericórdia ao retirar os israelitas do Egito: "Eu sou o Senhor, teu Deus, que te tirei da terra do Egito". Com que afeição o salmista considera seu relacionamento com Deus como Seu servo quando considera como Deus desatou as suas amarras: "Senhor, deveras sou teu servo, quebraste as minhas cadeias." A lembrança de Sua misericórdia fará me relacionar com o Senhor de uma única forma: sou Seu servo. É irracional encorajar-nos em nosso caminho para o inferno com a lembrança do Céu, fomentar a liberdade no pecado pela consideração da generosidade de Deus. Quando lembramos de que tudo o que temos ou somos é o dom da generosidade de Deus, deveríamos nos considerar obrigados a honrá-lo com tudo que temos, pois Ele deve receber honra de todos os Seus dons. —STEPHEN CHARNOCK

### Versículo 18

*Cumprirei os meus votos ao Senhor, na presença de todo o seu povo.* A misericórdia veio em segredo, mas o louvor é proferido em público. A companhia era, contudo, seleta. Ele não lançou suas pérolas aos porcos, mas entregou seu o testemunho diante daqueles que podiam o compreender e valorizar. —C. H. SPURGEON

Os homens perversos são ousados demais no proferir de suas blasfêmias para a desonra de Deus; eles não se importam com quem as ouve. Não hesitam em fazê-lo no meio de cidades. Serão eles mais audaciosos em desonrar a Deus do que vocês zelosos no honrá-lo? Certamente Cristo se colocará à frente para confessá-los, como vocês estão ou podem estar para confessá-lo (Mt 10:32). Esta ousadia santa é o caminho imediato para a glória. —WILLIAM GOUGE

### Versículo 19

*No meio de ti, ó Jerusalém.* O louvor a Deus não deve ser confinado a um guarda-roupas, nem Seu Nome sussurrado em buracos ou cantos, como se tivéssemos medo que os homens nos ouvissem. Mas no meio da multidão e exatamente no centro das assembleias, deveríamos elevar o coração e a voz ao Senhor e convidar outros a se unirem a nós em adoração a Ele. —C. H. SPURGEON

# Salmo 117

ESTE Salmo, que é muito curto em sua letra, é excessivamente grande em seu espírito. Pois, irrompendo além de todas as barreiras de raça ou nacionalidade, chama toda a humanidade a louvar o nome do Senhor. O mesmo Espírito divino que discursa no Salmo 119, aqui condensa Suas declarações em dois curtos versículos; entretanto, a mesma plenitude infinita está presente e perceptível. Pode nada valer o fato de que este é de uma única vez o capítulo mais curto das Escrituras e a porção central de toda a Bíblia. —C. H. SPURGEON

### Versículo 1

*Louvai ao Senhor, todos os povos.* Isto é uma exortação aos gentios para que glorifiquem a Jeová e uma prova clara de que o espírito do Antigo Testamento diferia amplamente do sectarismo nacional limitado e contraído com que os judeus, dos dias de nosso Senhor, adoeceram tão inveteradamente. —C. H. SPURGEON

O salmista poderia ter feito um final, contudo não o fez; apenas para sugerir que quando tivermos declarado nosso máximo para o louvor de Deus, não devemos nos contentar, mas começar novamente. Dificilmente há algum dever mais exigido de nós no Antigo Testamento, ainda que o menos praticado, do que este de louvar a Deus. —ABRAHAM WRIGHT

### Versículo 2

*Porque mui grande é a sua misericórdia (gabar* significa *forte).* Não é apenas grande em massa ou número, mas é poderosa; prevalece contra o pecado, Satanás, a morte e o inferno. —ADAM CLARKE

*A verdade do Senhor* (ARC). Aqui e também em diversos outros salmos, a misericórdia de Deus e a verdade estão unidas para demonstrar que todos os percursos e procedimentos, tanto em ordenanças quanto em providências, por meio dos quais Ele vem e se comunica com Seu povo, não são somente misericórdia, ainda que isso seja muito doce, mas também verdade. Suas bênçãos lhes vêm na forma de promessa de Deus vinculada a eles pela verdade de Sua aliança. Quando todas as misericórdias são presentes enviados do Céu pela virtude de uma promessa, isto, de fato, satisfaz a alma e faz derreter tudo o que o homem já possui. —ABRAHAM WRIGHT

Este salmo, a porção mais curta do Livro de Deus, é citado e muito valorizado em Romanos 15. E nisto foi beneficamente observado: "É uma pequena porção das Escrituras e, como tal, podemos facilmente ignorá-lo. Mas não o Espírito Santo; Ele coleta este precioso pequeno testemunho que fala de graça aos gentios e nos compele a lhe darmos atenção." —BELLETT

Na adoração a Deus, nem sempre é necessário sermos prolongados; certas vezes, poucas palavras dizem o que é suficiente, como este curto salmo nos faz entender. —DAVID DICKSON

Este é o mais curto e o segundo próximo é o mais longo dos salmos. Há momentos para hinos curtos e hinos longos; para orações curtas e orações longas; para sermões curtos e sermões longos; para discursos curtos e discursos longos. É melhor ser breve demais do que prolixo demais, pois pode-se mais facilmente reparar o discurso curto. Análises curtas não precisam de divisões formais, análises longas as exigem, como no segundo próximo salmo. —G. ROGERS

# SALMO 118

No livro de Esdras (3:10,11) lemos que "Quando os edificadores lançaram os alicerces do templo do Senhor, apresentaram-se os sacerdotes, paramentados e com trombetas, e os levitas, filhos de Asafe, com címbalos, para louvarem o Senhor, segundo as determinações de Davi, rei de Israel. Cantavam alternadamente, louvando e rendendo graças ao Senhor, com estas palavras: Ele é bom, porque a sua misericórdia dura para sempre sobre Israel. E todo o povo jubilou com altas vozes, louvando ao Senhor por se terem lançado os alicerces da sua casa."

As palavras mencionadas em Esdras são a primeira e a última sentença deste salmo e concluímos, portanto, que o povo cantou o todo deste sublime cântico; e, além disso, que o uso desta composição em tais ocasiões foi ordenado por Davi, que, acreditamos, é seu autor. —C. H. SPURGEON

*Versículo 1*

*Rendei graças ao Senhor*. Corações gratos são ávidos pelas línguas dos homens e as monopolizariam todas para a glória de Deus. Jamais devemos tolerar um momento sequer de incredulidade com relação à bondade do Senhor; qualquer outra coisa pode ser questionável, mas isto é plenamente certo: Jeová é bom. Suas dispensações podem variar, mas Sua natureza é sempre a mesma e sempre boa. Não se trata apenas do fato de que Ele era bom e será bom, mas de que Ele *é* bom, independentemente do que for Sua providência. Portanto, mesmo neste momento atual, ainda que os céus tenham escurecido com as nuvens, ainda dê graças ao Seu nome. —C. H. SPURGEON

*Porque a sua misericórdia dura para sempre*. A misericórdia é uma grande parte de Sua bondade e uma parte que nos interessa mais do que qualquer outra, pois somos pecadores e temos necessidade da Sua misericórdia. Os anjos podem dizer que Ele é bom, mas eles não precisam de Sua misericórdia e não podem, portanto, ter igual deleite nela. A criação inanimada declara que Ele é bom, mas não pode sentir a Sua misericórdia, pois nunca transgrediu. Mas o homem, profundamente culpado e graciosamente perdoado, contempla a misericórdia exatamente como foco e centro da bondade do Senhor. —C. H. SPURGEON

Versículos 1 a 4. Visto que ouvimos a sentença tão frequentemente repetida aqui: "a misericórdia do Senhor dura para sempre", não devemos pensar que o Espírito Santo aplicou tautologia vazia, mas a nossa grande necessidade exige a repetição; pois em tentações e perigos a carne passa a duvidar da misericórdia de Deus. Portanto, nada deveria ser tão frequentemente impresso na mente como isto: a misericórdia de Deus não falha, o Pai eterno não se cansa de remir nossos pecados. —SOLOMON GESNER

Versículos 2,3 e 4. Agora (ARC). Fique atento com a delonga. As delongas são perigosas; nosso coração esfriará e nossas afeições desmoronarão. Bom é, então, fazer enquanto ainda se diz hoje, enquanto ainda se diz agora. Agora, agora, agora disse Davi. Há três agoras, e todos para nos ensinar que tudo o que sabemos é que deve ser agora ou nunca, hoje ou nunca mais. Devemos louvar a Deus enquanto o coração está aquecido, caso contrário nosso ferro esfriará. Satanás tem pouca esperança de prevalecer a menos que consiga persuadir-nos a esquecer nossos deveres quando o relógio bate e, portanto, sua habilidade é incitar-nos a adiá-los até outro momento mais adequado ou melhor. —RICHARD CAPEL

## Versículo 4

*Digam, agora, os que temem ao S**ENHOR** que a sua benignidade é para sempre* (ARC). Em cada uma das três exortações, note cuidadosamente a palavra "agora". Não há tempo como o presente para declarar os louvores de Deus. A exaltação presente do Filho de Davi exige agora, de todos que são súditos de Seu reino, cânticos contínuos de ação de graças a Ele que o estabeleceu nas alturas no meio de Sião. Agora, para nós, deveria significar sempre. Quando seria certo interromper o louvor a Deus, cuja misericórdia nunca finda? Os quatro testemunhos da eterna misericórdia de Deus, que estão agora diante de nós, falam como quatro evangelistas, cada um declarando a essência do evangelho; e eles se colocam como quatro anjos nos quatro cantos da Terra, segurando os ventos em suas mãos, restringindo as pragas dos últimos dias para que a misericórdia e a paciência de Deus possam perdurar para os filhos dos homens.

Aqui estão quatro cordas para amarrar o sacrifício aos quatro chifres do altar e quatro trombetas com as quais proclamar o ano do jubileu a todo quadrante do mundo. Que o leitor não ignore a consideração do restante desse salmo até que, com toda sua força, tenha elevado o coração e voz para louvar o Senhor, pois "a sua misericórdia dura para sempre". —C. H. SPURGEON

## Versículo 5

*Em meio à tribulação, invoquei o S**ENHOR*** (Ou, "na angústia, invoquei Jah."). Nada sobrou-lhe a não ser a oração; sua agonia era grande demais para qualquer outra coisa. Mas tendo o coração inclinado para o privilégio de orar, ele possuía todas as coisas. A orações que surgem da tribulação geralmente vêm do coração. A oração pode ser amarga quando ofertada, mas será doce quando respondida. O homem de Deus clamava ao Senhor quando não estava em tribulação e, portanto, considerou natural e simples clamar a Ele estando em tribulação. —C. H. SPURGEON

Saul procurou matar Davi, mas Davi viveu mais tempo do que Saul e sentou-se em seu trono. Escriba e fariseu, sacerdote e Herodiano, unidos em oposição ao Cristo de Deus, mas Ele é exaltado nas alturas independentemente da inimizade de todos eles. O homem mais poderoso é insignificante quando se coloca em oposição a Deus, sim, ele se encolhe até a inexistência. —C. H. SPURGEON

## Versículo 6

Quando as naturezas inferiores são apoiadas por uma superior, enchem-se de coragem. Quando o mestre está próximo, o cão se aventurará com criaturas maiores que ele e não temerá, mas não o fará na ausência de seu mestre. Quando Deus está conosco, Ele que é o supremo, isso nos deve tornar destemidos. Assim foi com Davi: "*O Senhor está comigo; não temerei. Que me poderá fazer o homem?*"

Deixe-o fazer o seu pior: fechar a cara, ameaçar, tramar, armar, golpear. O Senhor está comigo. Ele tem cuidado especial comigo, Ele é um escudo para mim, eu não temerei, mas terei esperança, como o é no versículo seguinte: "verei cumprido o meu desejo nos que me odeiam." Eu os verei transformados ou arruinados. Nosso socorro está no nome do Senhor, mas nossos medos estão no nome do homem. —WILLIAM GREENHILL

## Versículo 7

*O Senhor está comigo entre os que me ajudam; por isso, verei cumprido o meu desejo nos que me odeiam.* O nosso Senhor Jesus neste momento olha de cima para os Seus adversários, Seus inimigos são o Seu escabelo. Ele os olhará em Sua segunda vinda, e no relance dos Seus olhos eles fugirão de diante dele, por não conseguirem suportar esse olhar com que Ele os analisará profundamente. —C. H. SPURGEON

## Versículo 8

Pode talvez ser considerado abaixo da dignidade e da solenidade de nosso assunto observar que este oitavo versículo do salmo é o versículo central da Bíblia. Há, creio eu, 31.174 versículos ao todo e este é o versículo de número 15.587 [N.E.: Conforme versão bíblica King James, em inglês.]. —BARTON BOUCHIER

*Melhor é buscar refúgio no Senhor*. Todos reconhecem isto, contudo mal há um entre cem que seja plenamente convencido de que somente Deus pode lhe fornecer ajuda suficiente. Esse homem atingiu um alto posto entre os fiéis, que descansa satisfeito em Deus, que nunca deixa de conservar a esperança viva, até mesmo quando não encontra auxílio na Terra. —JOÃO CALVINO

## Versículo 9

*Melhor é buscar refúgio no Senhor do que confiar em príncipes*. Um veleta gira conforme o vento tão prontamente quanto um medíocre cata-vento. Príncipes não passam de homens e os melhores dos homens são pobres criaturas. Em muitas tribulações, eles não podem nos fornecer a mínima ajuda. Por exemplo, na doença, no luto ou na morte; em nenhum destes momentos eles podem nos auxiliar com relação ao nosso estado eterno.

Na eternidade, o sorriso de um príncipe nada vale; o Céu e o inferno não prestam homenagem às autoridades reais. O favor de príncipes é notoriamente instável, e são abundantes os testemunhos dos mundanos com relação a isto.

Todos nós nos lembramos das palavras colocadas pelo grande poeta do mundo nos lábios de moribundo Wolsey; palavras cujo poder está na verdade que carregam:

*Triste a sorte de quem depende do favor*
*dos príncipes!*
*Entre o sorriso a que ele aspira tanto,*
*o aspecto prazenteiro do monarca, e sua ruína*
*há mais angústia e medo do que ocorre na guerra*
*ou nas mulheres.*
*E quando a queda vem, quem cai é Lúcifer,*
*privado da esperança.*
—C. H. SPURGEON

Davi sabia disso por experiência, pois confiou em Saul, seu rei; em outro momento confiou em Aquis, o filisteu; em outro momento em Aitofel, seu ministro mais prudente, além de alguns outros e todos eles falharam com ele, mas ele nunca confiou em Deus sem sentir o benefício desta confiança. —ROBERT BELLARMINE

Alguém disse: "As palavras de grandes homens são como os sapatos de homens mortos. Ficará descalço aquele que espera por eles." —JOHN TRAPP

## Versículo 10

*Mas em nome do Senhor as destruí*. Exige-se enorme fé para se manter calmo no dia da verdadeira batalha e, especialmente, quando a batalha se acende; mas nosso herói estava tão calmo como se luta alguma estivesse ocorrendo. Napoleão dizia que Deus estava sempre do lado dos maiores batalhões, mas o guerreiro salmista descobriu que o Senhor dos exércitos estava com o campeão solitário e que em Seu nome os batalhões eram despedaçados.

Há um grande toque do ego na última sentença, mas este é eclipsado pelo nome do Senhor que nunca é apresentado em excesso. O salmista reconheceu sua individualidade e a afirmou; ele não se sentou imóvel passivamente e deixou o trabalho para ser feito por Deus de algum modo misterioso; mas decidiu, com sua fiel espada, executar o empreendimento e assim se tornar, nas mãos de Deus, o instrumento de sua própria libertação. —C. H. SPURGEON

### Versículo 11
*Mas em nome do Senhor as destruí.* Eles fizeram o cerco três ou quatro vezes, mas em tudo isso ele confiou na vitória. É grandioso ouvir um homem falar desta forma quando não está vangloriando-se, mas sim com calma declaração de sua sincera confiança em Deus. —C. H. SPURGEON

É bom que alguns homens tenham adversários; pois geralmente eles mais temem pecar por medo de que seus adversários os desprezem, do que têm aversão ao pecado por medo de que Deus os condene. Eles falam perversamente sobre nós. Sendo verdade, que nos corrijamos; sendo falso, condenemo-los. Sendo falso ou verdadeiro, examinemos.

Assim aprenderemos o bem a partir do mal deles; faremos deles nossos tutores e lhes entregaremos a nossa pupilagem. Em todas as coisas, vigiemo-los, em nada os temamos: "Pois o que é para eles prova evidente de perdição é, para vós outros, de salvação" (Fp 1:28). A Igreja é essa torre de Davi; havendo mil armas para nos ferir, há mil escudos para nos proteger (Ct 4:4). —THOMAS ADAMS

### Versículo 12
*Em nome do Senhor as destruí.* Que maravilhas foram executadas no nome do Senhor! É o grito de guerra da fé, diante do qual seus adversários voam apressadamente. "Espada pelo Senhor e por Gideão!" traz terror instantâneo no meio do inimigo. O nome do Senhor é a única arma que nunca falha no dia da batalha. Aquele que sabe como usá-la pode perseguir mil apenas com seu braço.

Infelizmente, com muita frequência, nós enfrentamos o trabalho e o conflito em nosso próprio nome, e o inimigo não conhece, mas questiona com escárnio: "Quem são vocês?". Tenhamos cuidado para nunca nos aventurarmos na presença do inimigo sem que antes de tudo tenhamos nos armado com esta armadura impenetrável. Se conhecêssemos melhor este nome e confiássemos mais nele, nossa vida seria mais frutífera e sublime.

*Jesus, nome acima de todo nome,*
*No inferno, ou Terra, ou céu*
*Diante dele se prostram o anjo e os homens*
*E os demônios temem e fogem.*
—C. H. SPURGEON

### Versículo 13
*Para me fazer cair.* Se os nossos adversários podem agir assim, será para eles contentamento em seu coração; se cairmos em pecado grave eles ficarão mais satisfeitos do que se tivessem enviado o projétil do assassino em nosso coração, pois uma morte moral é pior do que uma física. Se puderem desonrar-nos, e a Deus em nós, a vitória deles será completa. "Melhor a morte do que a falsa fé" é o lema de uma de nossas nobres casas e pode muito bem ser o nosso. —C. H. SPURGEON

De fato, você o fez. Fez sua parte, ó Satanás e foi bem executada. Você conhece todas as minhas partes mais fracas; você viu onde minha armadura não estava firmemente afivelada e me atacou no momento certo e da forma certa.

O grande poeta espanhol, Calderon, fala de alguém que usou uma pesada armadura durante um ano inteiro, tendo-a retirado por uma hora. E nessa hora veio o inimigo e o homem pagou com a sua vida por sua negligência. "Bem-aventurado o homem que suporta, com perseverança, a provação; porque, depois de ter sido aprovado, receberá a coroa da vida, a qual o Senhor prometeu aos que o amam."
—JOHN MASON NEALE

### Versículo 14
*O Senhor é a minha força e o meu cântico.* Portanto todos os remidos do Senhor podem dizer: "Do Senhor é a salvação". Não podemos suportar doutrina alguma que coloque a coroa na cabeça errada e

defraude o glorioso Rei do louvor que lhe é devido.
—C. H. SPURGEON

*Minha força*, de modo que sou capaz de resistir aos meus inimigos; *minha salvação*, de modo que sou liberto de meus inimigos; *meu cântico*, de modo que posso louvá-lo com júbilo e cantar sobre Ele depois de ter sido libertado. —WILLIAM NICHOLSON

Bons cânticos, boas promessas, bons provérbios, boas doutrinas, não se tornam inferiores com o passar do tempo. O que foi cantado logo após a passagem pelo mar Vermelho é cantado aqui pelo profeta e o será até o fim do mundo pelos santos do Altíssimo. —WILLIAM S. PLUMER

## Versículo 16
*A destra do Senhor faz proezas*. O salmista fala em repetições triplas, pois está louvando o Deus Triúno; seu coração está aquecido e ele ama permanecer nesta nota, não se contenta com o louvor que proferiu, ele se esforça para pronunciar cada sentença cada vez mais fervorosa e mais exultantemente do que antes. Ele havia insistido na sentença: "Cercaram-se", pois o risco que corria com o cerco dos exércitos fora plenamente concretizado e agora ele permanece no valor da destra de Jeová, pois ele tem um senso vívido da presença e majestade do Senhor. Com que raridade este é o caso: a misericórdia do Senhor é esquecida e somente a tribulação é lembrada. —C. H. SPURGEON

## Versículo 17
*Não morrerei; antes, viverei*. Davi não se via como imortal ou como alguém que nunca morreria. Ele sabia que se curvaria diante do estatuto da morte, mas o significado aqui é: não morrerei agora, não morrerei pelas mãos destes homens, não morrerei a morte que eles planejaram para mim. —JOSEPH CARYL

O incidente a seguir é digno de registro: "Wycliffe estava envelhecendo, mas o reformador estava esgotado mais pelos ataques perturbadores de seus inimigos e de seus labores incessantes e sempre crescentes do que pelo peso dos anos, pois ainda não tinha completado 60 anos. Ele adoeceu.

Com alegria ilimitada, os frades ouviram que o seu grande inimigo estava morrendo. É claro que ele estava sobrecarregado de horror e remorso pelo mal que lhes havia causado e eles apressavam-se a seu leito para receber a expressão de sua penitência e sofrimento. Num instante, uma pequena multidão de cabeças raspadas reuniu-se ao redor do leito do homem enfermo, delegados das quatro ordens de frades. Eles começaram imparcialmente, desejando-lhe saúde e restauração de sua inquietude; mas prontamente mudando o tom, o exortaram, como a alguém à beira da sepultura, a fazer confissão plena e expressar sua tristeza sincera pelos danos que havia causado à sua ordem.

Wycliffe permaneceu em silêncio até que chegassem a um fim e então, fez seu servo o erguer um pouco sobre seu travesseiro e fixando seus olhos neles disse em alta voz: "Não morrerei; antes, viverei e contarei as más obras dos frades". Os monges apressaram-se para fora do quarto perplexos e confusos. —J. A. WYLIE

*E contarei as obras do Senhor*. Na segunda parte do versículo, ele aponta para o uso adequado da vida. Deus não prolonga as vidas que integram Seu povo para que eles se mimem com carne e bebida, durmam o quanto lhes agradar e desfrutem de todas as bênçãos temporais; mas para magnificá-lo por Seus benefícios que Ele amontoa diariamente sobre eles. —JOÃO CALVINO

Segundo Mathesius, Lutero tinha este versículo escrito em sua parede de estudo.

## Versículo 19
*Abri-me as portas da justiça*. As portas ganhas por Sua justiça, a Quem dizemos diariamente: "Tu és santo". As portas que precisaram da "Via Dolorosa" e a cruz, antes que pudessem girar suas dobradiças. Em certa tarde tempestuosa, depois que o Sol se escurecera por três horas, o mundo novamente ouviu sobre aquele Éden, do qual, 4.000 anos antes, Adão fora banido. "Em verdade te digo que hoje estarás comigo no paraíso." Ó bendito malfeitor que assim entrou nos jardins celestiais! Ó feliz ladrão, que assim roubou o reino do Céu! —JOHN M. NEALE

*Entrarei por elas e renderei graças ao Senhor*. Infelizmente, há multidões que não se importam em saber se as portas da casa de Deus estão abertas ou não; e ainda que saibam que estão amplamente abertas, não se preocupam em entrar por elas e nem mesmo a ideia de louvar a Deus é cogitada em suas mentes. Chegará o tempo em que eles encontrarão as portas do Céu fechadas para eles, pois essas portas são exatamente as portas da justiça pelas quais de modo algum passará algo corrompido. —C. H. SPURGEON

## Versículo 22
*A pedra que os construtores rejeitaram, essa veio a ser a principal pedra, angular*. Eles não enxergavam excelência alguma nele para que sobre Ele pudessem edificar. Jesus não se adequava ao ideal deles de uma igreja nacional, Ele era a pedra de outra pedreira que não a deles, e não estava de acordo com suas ideias ou preferências. Portanto, eles o rejeitaram e derramaram desprezo sobre Ele, como Pedro disse: "é pedra rejeitada por vós, os construtores". Eles o consideravam sem valor, embora Ele seja o Senhor de tudo. Quando o Senhor Deus o ressuscitou dos mortos, o exaltou para ser o cabeça de Sua Igreja, o pináculo de sua glória e beleza.

Desde então, Ele se tornou a segurança dos gentios, até mesmo daqueles longe no mar e assim Ele uniu os dois muros de judeus e gentios formando um templo monumental e é considerado a pedra angular de ligação transformando ambos, em um. Este é um assunto encantador para contemplação.

Tudo isto é, em um sentido muito enfático, verdade sobre nosso bendito Senhor: "Pastor e Pedra de Israel". O próprio Deus o colocou onde Ele está e nele escondeu todas as coisas preciosas da aliança eterna; e ali Ele permanecerá para sempre, a fundação de todas as nossas esperanças, a glória de todas as nossas alegrias, o elo de toda a nossa comunhão. E "sobre todas as coisas o constituiu como cabeça da igreja" e por Ele a Igreja é adequadamente modelada em união, transformando-se em um santo templo no Senhor. —C. H. SPURGEON

Ainda assim os construtores o rejeitam. Até o dia de hoje os mestres profissionais do evangelho são aptos demais a voar para toda nova filosofia muito mais rápido do que em manter o evangelho simples, que é a essência de Cristo. Entretanto, Ele mantém a Sua posição verdadeira entre o Seu povo e os tolos construtores verão, para sua total confusão, que Sua verdade será exaltada sobre todas as coisas.

Aqueles que rejeitam a pedra escolhida tropeçarão nele apenas para serem feridos e em breve chegará a Sua segunda vinda, quando Ele, das alturas do Céu, cairá sobre eles e os triturará até virarem pó. —C. H. SPURGEON

Pode haver perspicácia e aprendizado, e, também, muito conhecimento entre aqueles que odeiam o Senhor Jesus Cristo e do poder de piedade entre os que corrompem a adoração a Deus. É o espírito de humildade, obediência e a fé salvadora que ensinam os homens a valorizar Cristo e edificar sobre Ele. —ROBERT LEIGHTON

## Versículo 23
*Isto procede do Senhor*. Todo grão de fé verdadeira neste mundo é uma criação divina e todas as horas em que a Igreja verdadeira subsiste é um milagre prolongado. Não se trata da bondade da natureza humana, nem da força do raciocínio, que exalta Cristo e edifica Sua Igreja, mas um poder do alto. Isto desconcerta o adversário, pois ele não consegue compreender o que o desafia, nada sabe ele sobre o Espírito Santo. Nunca deixa de nos surpreender, como vemos aqui embaixo, Deus por meios fracos derrotando poderes; pela simplicidade de Sua Palavra desafiando as elaborações dos homens, e pela influência invisível de Seu Espírito exaltando Seu Filho em corações humanos enfrentando a oposição aberta e determinada. É de fato "maravilhoso aos nossos olhos", como todas as obras de Deus devem ser se os homens se preocuparem em estudá-las. No hebraico lê-se a passagem da seguinte forma: "É maravilhosamente executado"; não apenas a exaltação de Jesus de Nazaré é maravilhosa em si mesma, mas é maravilhoso o modo como é concretizada, é maravilhosamente executado. Quanto mais estudarmos a história de Cristo e de Sua Igreja, mais plenamente concordaremos com esta declaração. —C. H. SPURGEON

## Versículo 24

*Este é o dia que o SENHOR fez.* Adão apresentou um dia de tristeza, mas outro dia foi feito por Cristo. Abraão viu o Seu dia à distância e se alegrou. Nós, mesmo hoje, andaremos em Sua luz.
—JOHANN DAVID FRISCH

## Versículo 26

*Bendito o que vem em nome do SENHOR.* Nos dias do salmista, Ele era o que viria e Ele ainda é Aquele que virá, embora já tenha vindo. Estamos prontos com nossos hosanas para a Sua primeira e para a Sua segunda vinda. Nossa alma o adora e o bendiz e o invoca por alegrias inenarráveis sobre a Sua cabeça.
—C. H. SPURGEON

## Versículo 27

*O SENHOR é Deus, ele é a nossa luz.* Nosso conhecimento da glória de Deus na face de Jesus Cristo não veio pela luz da natureza, nem pela razão, nem mesmo surgiu das fagulhas que nós mesmos acendemos, nem as recebemos dos homens; mas o Deus poderoso, somente Ele, o demonstrou a nós.

A palavra traduzida como "cordas" (ARC) nos dá a ideia de coroa de flores e ramos, então não se trata de uma corda rígida e bruta, mas uma faixa decorada. Assim é conosco pois ainda que estejamos atados ao altar, o que nos mantém são cordas de amor e as faixas que envolveram um homem e não por uma compulsão que destrói a liberdade da vontade. Permanece a tendência em nossa natureza de iniciar fora disto, pois não é partidária da lâmina do sacrifício. No calor de nosso amor vamos deliberadamente ao altar, mas precisamos do poder restritivo para nos manter ali na inteireza de nosso ser durante o todo da vida. Felizmente há uma corda que, envolvendo a expiação, ou, ainda melhor, envolvendo a pessoa do Senhor Jesus Cristo, que é nosso único altar, pode nos segurar e, de fato, nos segura: "Pois o amor de Cristo nos constrange, julgando nós isto: um morreu por todos; logo, todos morreram. E ele morreu por todos, para que os que vivem não vivam mais para si mesmos, mas para aquele que por eles morreu e ressuscitou".

Estamos ligados à doutrina da expiação; estamos ligados ao próprio Cristo, que é simultaneamente o altar e o sacrifício. Desejamos estar mais ligados a Ele do que nunca, nossa alma encontra sua liberdade em estar fortemente atada ao altar do Senhor. O selo com a figura de um boi, com um altar em um lado e um arado do outro da Diretoria Americana de Missões têm o lema: "Pronto para ambos" — pronto para viver e trabalhar ou pronto para sofrer e morrer. Nós alegremente gastaríamos a nossa vida ativamente para o Senhor ou seríamos gastos por Ele passivamente, qualquer que possa ser a Sua vontade. Mas como conhecemos a rebelião de nossa natureza corrupta, oramos seriamente para que sejamos mantidos com a mente consagrada e que nunca, por meio de desencorajamentos ou tentações do mundo, nos seja permitido deixar o altar, ao qual desejamos intensamente estar para sempre atados.

Consagração como esta, e os desejos por sua perpetuação, estarão de acordo com o dia de alegria que o Senhor fez tão reluzente pelo glorioso triunfo de Seu Filho, nosso Cabeça da Aliança, nosso Bem-Amado. —C. H. SPURGEON

Ele não disse: Esta luz veio do esforço da criatura, esta luz foi produzida por minha própria sabedoria, esta luz foi transmutação da natureza por alguma ação de minha vontade e, portanto, gradualmente passou a existir por cultivação longa e assídua. Mas ele atribui o todo dessa luz que ele possui a Deus, o Senhor, e o declara como único Autor e seu único Doador. Agora, se Deus, o Senhor, demonstrou a você e a mim a luz que demonstrou ao Seu servo da antiguidade, carregamos conosco algo como uma solene convicção de que recebemos esta luz do Senhor. —J.C. PHILPOT

Não são agradáveis à vista de Deus, a menos que estejam atados às pontas do altar, como que derivando toda a sua aceitação do altar. Nossas orações são somente aceitáveis a Deus quando oferecidas por meio da cruz de Jesus. Nossos louvores e ações de graça são aceitáveis a Deus somente se conectados com a cruz de Cristo e ascendem ao Pai por meio da propiciação de Seu amado Filho. E, portanto, todo sacrifício de nosso conforto, de nossa própria vantagem, de nosso próprio tempo ou de nosso próprio dinheiro, para o benefício dos filhos de Deus só, é um sacrifício espiritual e aceitável à medida que estiver preso às pontas do altar, ligados à cruz de Jesus e extraindo toda a sua fragrância e odor de sua conexão com o incenso ali oferecido pelo Senhor da vida e glória. —J. C. PHILPOT

*Atai o sacrifício* (ACRF). Os hebreus costumavam dizer que os animais que eram oferecidos em sacrifício eram os animais mais difíceis de todos. Tal é a nossa natureza, nós animais ingratos que quando deveríamos amar Deus em retorno, nos preparamos para fugir dele. Precisamos ser atados ao altar com cordas, para que seja extraído de nós o amor ou o medo. —ABRAHAM WRIGHT

# Salmo 119

NÃO há título para este salmo, tampouco há menção do nome do autor. É o salmo mais longo e isto é nome suficientemente distintivo. Não é apenas longo, pois se destaca igualmente em amplitude de pensamento, profundidade de significado e transcendência de fervor. Muitos leitores superficiais supõem que o cântico harpeja em uma única corda e fervilha em repetições piedosas e redundâncias, mas isto surge da superficialidade da mente do próprio leitor. Aqueles que estudaram este hino divino e observaram cuidadosamente cada uma de suas linhas ficaram impressionados com a variedade e profundidade do pensamento. Quanto mais se estuda o texto, mais revigorado ele se torna. Não há nele palavra improdutiva, as uvas deste cacho estão praticamente estourando cheias do novo vinho do reino. Vez após outra clamamos enquanto o estudávamos: "Ó, que profundidades!" Contudo estas profundidades estão encobertas sob uma aparente simplicidade, como Agostinho disse sabiamente, e isto torna a exposição ainda mais árdua.

Acreditamos que Davi tenha escrito este salmo. É davídico no tom e na expressão e corresponde à experiência de Davi em muitos pontos significativos.

O tema exclusivo é a Palavra do Senhor. Martin Boos diz: "A maioria lê sua Bíblia como vacas que estão sobre o pasto alto e pisoteiam as flores e ervas mais finas." Deve-se temer o fato de que nós, muito frequentemente, fazemos o mesmo.

Esta ode sagrada é uma pequena Bíblia, as Escrituras condensadas, uma massa de natureza bíblica, Escrito Santo reescrito, em santas emoções e ações. —C. H. SPURGEON

*Notas relacionadas ao salmo como um todo*
Este salmo é chamado de "Alfabeto do Amor Divino", o "Paraíso de todas as Doutrinas", o "Armazém do Espírito Santo", a "Escola da Verdade" e também o profundo mistério das Escrituras, onde a completude da disciplina moral de todas as virtudes reluz vivamente. —J. P. PALANTERIUS

Está registrado sobre o celebrado Santo Agostinho, que entre suas obras volumosas deixou um *Comentário sobre o Livro de Salmos*, que teria adiado o comentário sobre este salmo até que tivesse terminado todo o Saltério e então se rendeu, somente pelas longas e veementes insistências de seus amigos, "porque", disse ele, "assim que empreendia pensar neste texto, ele sempre excedia os poderes de meu pensamento absorto e a máxima compreensão de minhas faculdades." —W. DEBURGH

No livro de Matthew Henry: Relato da vida e morte de seu pai — *Philip Henry*, o autor diz: "Certa vez, compelindo-nos ao estudo das Escrituras ele nos aconselhou a escolher um versículo deste salmo todas as manhãs para nele meditar e assim percorrer o salmo todo duas vezes ao ano; e isso, disse ele, fará você se apaixonar por todo o restante das Escrituras. Ele dizia com frequência: 'Toda a graça cresce conforme o amor pela Palavra de Deus cresce.'"

Em meio a um período tumultuado e agitado de crise política em Londres (1819), William Wilberforce escreve em seu diário: "Caminhei pela praça Hyde Park Corner repetindo o Salmo 119 com grande consolo." —WILLIAM ALEXANDER, em *A Testemunha dos Salmos*

George Wishart, o capelão e biógrafo de *O grande marquês de Montrose*, como ele era chamado, teria compartilhado o destino de seu ilustre patrono marcado por uma circunstância peculiar. Quando no cadafalso, ele se favoreceu do costume da época que permitia ao condenado escolher um salmo para ser cantado. Ele então escolheu o Salmo 119 e antes do segundo terço do salmo ser cantado, chega uma carta de perdão e sua vida é poupada. Pode não ser fora de propósito acrescentar que George Wishart, Bispo de Edimburgo, acima mencionado, muito frequentemente é confundido com o piedoso mártir de mesmo nome que viveu e morreu um século antes. —C. H. SPURGEON

Parece-me ser uma coleção da piedosa e devota fartura de palavras de Davi, os curtos e repentinos fôlegos de sua alma a Deus, que ele escreveu conforme ocorriam e aproximando-se do fim tardio de seu tempo ajuntou-os do diário onde jaziam dispersos, acrescentou-lhes muitas palavras semelhantes e os digeriu produzindo este salmo, em que há raramente alguma coerência entre os versículos. —M. HENRY

Não conheço parte alguma das Escrituras Sagradas onde a natureza e evidência da verdade e sincera piedade, são tão plena e preponderantemente instadas e delineadas, como no Salmo 119. —J. EDWARDS

O nome Jeová ocorre 22 vezes neste salmo. Seu tema é a Palavra de Deus, que é mencionada sob um dos seguintes dez termos: Lei, caminho, testemunho, preceito, estatuto, mandamento, juízo, palavra, prescrição, verdade, em todos os versículos com exceção do versículo 122. —J. G. MURPHY

*Exposição dos versículos 1 a 8*
Os primeiros oito versículos se ocupam de uma contemplação da bem-aventurança que vem por meio do guardar dos estatutos do Senhor. A comunhão íntima com Deus é desfrutada por meio de um amor por essa Palavra, que é o caminho de Deus para comungar com a alma por Seu Santo Espírito.

Ó, que cada leitor possa sentir o fulgor derramado sobre os versículos conforme prosseguem. Poderá então começar como leitor, mas em breve se curvará como suplicante; seu estudo se tornará uma oratória e sua contemplação se aquecerá até se tornar adoração.

*Versículo 1*
*Bem-aventurados*. A verdadeira religião não é fria e seca, tem suas exclamações e enlevos. Nós não apenas julgamos que guardar a Lei de Deus é sábio e adequado, mas estamos calorosamente enamorados por sua santidade e clamamos em fascinação adoradora: "Bem-aventurados os irrepreensíveis!" — sinalizando com isto, que desejamos avidamente sermos estes tais e não ansiamos felicidade maior do que sermos perfeitamente santos.

Assim como Davi inicia seu salmo, também deveriam os jovens desta forma iniciar suas vidas, deveriam novos convertidos começar sua profissão de fé, deveriam todos os cristãos iniciar todos os dias. Estabeleçam em seus corações como primeiro postulado e norma convicta de ciência prática: santidade é felicidade.

Com que facilidade pode a impureza vir sobre nós em nossas questões santas, sim, até mesmo no caminho! Podemos inclusive sair da adoração, pública ou particular com impurezas na consciência recolhidas enquanto estávamos de joelhos.

A vida santa é um caminhar, um progresso constante, um avanço pacato, uma continuidade duradoura. Enoque andou com Deus. Os homens bons sempre anseiam agir melhor e, portanto, avançam. Os bons homens nunca estão ociosos e, portanto, não se deitam ou perdem tempo, mas permanecem caminhando adiante até seu fim desejado. Eles nunca são precipitados ou estão preocupados ou apressados e, assim, mantêm o sentido de seu caminho, andando continuamente em direção ao Céu.

Acidentado pode ser o caminho, austero o regime, dura a disciplina — todos estes conhecemos e ainda mais — mas milhares de bem-aventuranças acumuladas ainda são encontradas no viver piedoso, pelo que bendizemos o Senhor.

Temos neste versículo pessoas benditas que desfrutam de cinco coisas benditas: um caminho bendito, pureza bendita, lei bendita, concedidos por um Senhor bendito e um caminhar bendito nestes aspectos; ao que podemos acrescentar o bendito testemunho do Espírito Santo, dado nesta passagem, de que são realmente os bem-aventurados do Senhor.

*Versículo 2*
*Bem-aventurados os que guardam as suas prescrições.* O quê? Uma segunda bênção? Sim, são duplamente abençoados aqueles cuja vida exterior é sustentada por um zelo interior pela glória de Deus. A bem-aventurança é atribuída àqueles que valorizam os testemunhos do Senhor, no que fica implícito que investigam as Escrituras, que ganham entendimento delas, que as amam e então, que continuam a praticá-las. A Palavra de Deus é o Seu testemunho ou testemunho de grandiosas e importantes verdades, concernentes a Ele e ao nosso relacionamento com Ele. Isto deveríamos desejar conhecer; e conhecendo deveríamos nisto crer; e crendo, deveríamos amar; e amando, deveríamos nos manter firmemente contra todos os opositores.

Não podemos combater o bom combate, nem terminar nossa carreira, a menos que guardemos a fé. Para este fim o Senhor deve nos guardar; e somente aqueles que são guardados pelo poder de Deus para salvação, serão sempre capazes de guardar Seus testemunhos. —C. H. SPURGEON

Se a Palavra de Deus não fosse mais do que uma lei, ainda estaríamos sujeitos a obedecê-la, porque somos Suas criaturas. Mas considerando que é também um testemunho de Seu amor em que, como um pai, Ele testemunha Seu favor em relação aos Seus filhos, somos duplamente indesculpáveis se não a acolhermos alegremente. —W. COWPER

*E os buscam de todo o coração.* Veja o crescimento que estas sentenças indicam: primeiro no caminho, depois caminhando nele e em seguida, encontrando e guardando o tesouro da verdade; e para coroar todos estes, buscando o próprio Senhor do caminho. O homem abençoado já tem Deus e, por esta razão, ele o busca. Isto pode parecer uma contradição, mas é apenas um paradoxo.

Deus não é verdadeiramente buscado pelas frias investigações do cérebro. Devemos buscá-lo com o coração. Deus é Um, e nós não o conheceremos até que o nosso coração esteja em inteireza. Um coração partido não precisa se angustiar com isto, pois nenhum coração é tão integral em suas buscas por Deus como o coração partido, em que cada fragmento suspira e clama pela face do grande Deus. Um coração pode estar dividido e não partido, e pode estar despedaçado, mas não dividido, e pode novamente ser quebrado e tornar-se inteiro, e nunca pode estar em inteireza até que tenha sido partido —C. H. SPURGEON

*Versículo 3*
*Não praticam iniquidade.* Ou seja, eles não fazem dela um ofício e uma prática comum. Escorregam de fato, por meio da enfermidade da carne, da sutileza de Satanás e das seduções do mundo, mas eles não caminham adiante banal e habitualmente em cursos ilícitos e pecaminosos. —R. GREENHAM

Um homem perverso peca com deliberação e deleite, sua inclinação é fazer o mal, ele dispõe "para carne no tocante às suas concupiscências" (Rm 13:14) e as "serve" por sujeição voluntária (Tt 3:3). Mas aqueles que são renovados pela graça não são "devedores" da carne, eles adquirem outra dívida e obrigação, que é servir ao Senhor (Rm 8:12).

Se um homem for levado ao pecado de forma constante, fácil e frequente, descobre-se qual é o hábito de sua alma e a disposição de seu coração. Prados podem ser inundados, mas pântanos são submersos com o retorno de todas as marés. Um filho de Deus pode ocasionalmente perder o controle e agir contrariamente à inclinação da nova natureza; mas quando os homens são afogados e vencidos pelo retorno de toda tentação, fica evidenciado um hábito de pecado. —T. MANTON

*E andam nos seus caminhos.* Devemos ser justos quando nos é positivo assim como quando nos é negativo. O modo mais seguro de nos abstermos do mal é estarmos plenamente ocupados com a prática do bem. —C. H. SPURGEON

A religião de muitos homens gira em torno de nãos: Eu *não* sou "como este publicano" (Lc 18:11). Esse fundamento é um fracasso, ainda que não produza roseira brava ou espinheiros, não produz bom crescimento. Não é lançado no inferno apenas o servo rebelde que espanca seu companheiro que comeu e bebeu e comeu com os bêbados, mas o servo ocioso que envolveu seu talento em um guardanapo. Meroz foi amaldiçoado, não por se opor e lutar, mas por não socorrer (Jz 5:23). O homem rico não retirou alimento de Lázaro, mas não deu a ele suas migalhas. Muitos dirão "Não tenho outros deuses"; mas diga-me: você ama, reverencia e obedece ao verdadeiro Deus? Nós nos esquecemos dos pecados de omissão. Se não somos bêbados, adúlteros e pessoas profanas, não pensamos no que é omitir respeito a Deus e reverência à Sua Santa Majestade. —T. MANTON

## Versículo 4

*Tu ordenaste os teus mandamentos, para que os cumpramos à risca.* Aqueles que são diligentes nos negócios se levantam e trabalham até tarde, negam-se muito conforto e repouso. Não se cansam rapidamente e caso se cansem, perseveram com testa cansada e olhos fatigados. Assim deveríamos servir ao Senhor. Tal Mestre merece servos diligentes, tal serviço Ele exige e não se agradará com nada menos que isto.

Não é benefício algum viajar rapidamente se não estamos na estrada correta. Homens já foram diligentes em negócios perdidos e quanto mais negociaram, mais perderam. Isto é ruim o suficiente no comércio, não podemos permitir que assim seja em nossa religião. —C. H. SPURGEON

## Versículo 5

*Tomara sejam firmes os meus passos, para que eu observe os teus preceitos.* Nossos caminhos são, por natureza, opostos ao caminho de Deus e devem ser voltados, pela orientação do Senhor, para outra direção diferente da qual escolhemos originalmente ou eles nos levarão à destruição. —C. H. SPURGEON

Podemos criar um mundo com a mesma rapidez com que podemos criar em nossos corações um pulso de vida espiritual. E, contudo, nossa inabilidade não cancela a nossa obrigação. Nossa inabilidade é nosso pecado, nossa culpa, nossa condenação e em lugar de justificar nossa condição, ela freia nossa boca e nos deixa destituídos de qualquer súplica de defesa diante de Deus. Portanto nossa obrigação permanece com força total. —C. BRIDGES

"Toda a vida de um bom cristão é um desejo santo", disse Agostinho; e isto é sempre secundário à diligência, sem a qual a afeição é como Raquel: bela, mas estéril. —J. TRAPP

## Versículo 6

*Então, não terei de que me envergonhar.*
   *Posso suportar ferroadas de escorpiões,*
   *pisar campos de fogo.*
   *Em congelados golfos de mentira eterna,*
   *Ser lançado para o alto em vazios intermináveis,*
   *Mas não posso viver na vergonha.*
   —JOANNA BAILLIE

*Quando considerar em todos os teus mandamentos.* Um senso permanente de dever nos tornará ousados; temeremos o ter medo. Nenhuma vergonha na presença do homem nos impedirá quando o temor de Deus tomar posse plena de nossa mente. Não há nada de que se envergonhar em uma vida santa; um homem pode se envergonhar de seu orgulho, de sua riqueza, de seus próprios filhos, mas ele nunca se envergonhará por haver, em todos os aspectos, considerado a vontade do Senhor, seu Deus. —C. H. SPURGEON

Não pode haver piedade verdadeira exceto quando um homem *pretende* guardar todos os mandamentos de Deus. Se fizer uma seleção entre eles, guardando este ou aquele, conforme lhe seja mais conveniente ou lhe pareça mais interessante ou mais popular, isto é prova plena de que ele nada sabe sobre a natureza da verdadeira religião. Uma criança não tem respeito adequado por um pai se o obedece somente quando serve seus caprichos ou sua conveniência; e *homem* algum pode ser um piedoso a menos que tenha o intuito, em toda honestidade, de guardar todos os mandamentos de Deus, de submeter-se à Sua vontade *em tudo*. —A. BARNES

Saul matou todos os amalequitas exceto um; e essa única exceção no caminho da obediência universal marcou a fragilidade de sua profissão, custou-lhe seu trono e colocou-o sob o terrível desprazer de seu Deus. E assim, o pé ou a mão ou o olho direito, os membros corruptos e não mortificados, levam o corpo todo ao inferno. Reservas são o cancro da sinceridade cristã. —C. BRIDGES

*Versículo 7*
*Render-te-ei graças*. Nós louvamos quem consegue adestrar um cão, um cavalo, isto ou aquilo; mas para nós, jumentos, aprendermos a vontade de Deus, como andar satisfatoriamente diante dele, isto deveria ser reconhecido por nós como grande misericórdia de Deus. —P. BAYNE

*Versículo 8*
*Não me desampares jamais*. Ser abandonado, para que descubramos nossa fraqueza, é tribulação suficiente. Ser desamparado por completo seria ruína e morte. Esconder o rosto em um pouco de ira por um momento nos reduziria; um abandono definitivo nos colocaria, em última instância, no inferno mais profundo. —C. H. SPURGEON

*Exposição dos versículos 9 a 16*

*Versículo 9*
*De que maneira poderá o jovem guardar puro o seu caminho?* Como ele se tornará e permanecerá santo? Ele não passa de um jovem, repleto de paixões ardentes e pobre em conhecimento e experiência. Como ele se tornará justo e se manterá justo? Nunca houve questão mais importante para qualquer homem; nunca houve época mais adequada para levantar tal questão do que no início da vida. —C. H. SPURGEON

Um lugar de proeminência — um, entre outros 22 — é designado ao jovem no Salmo 119. É imprescindível que assim o seja. Jovens são os suportes futuros da sociedade e o temor do Senhor, que é o princípio da sabedoria, deve começar na juventude. A força, as aspirações e as expectativas imaculadas da juventude, são necessidades do mundo. Ó, que sejam consagradas a Deus!

A questão em si demonstra que seu coração não está em estado de corrupção. O desejo está presente, a direção é necessária. A inquirição é: como um jovem poderá manter um caminho puro — uma linha pura de conduta — neste mundo corrompido? —JOHN STEPHEN

*Observando-o segundo a tua palavra*. Jovem, a Bíblia deve ser seu mapa e você deve exercitar grande vigilância para que seu caminho esteja de acordo com as direções deste mapa. Você deve observar sua vida diária assim como estudar sua Bíblia e deve estudar sua Bíblia para que possa observar sua vida diária. Tendo o maior cuidado possível um homem pode se desviar caso o seu mapa o desoriente; mas tendo o mapa mais preciso ele ainda pode perder seu caminho e não observar o mapa. O caminho estreito nunca foi alcançado por acaso, e nenhum homem desatento poderia jamais ter uma vida santa. Podemos pecar sem pensar, precisamos apenas negligenciar a grande salvação e arruinar nossa alma, mas para obedecer ao Senhor e caminhar com integridade será necessário todo nosso coração, alma e mente. Que os negligentes se lembrem disto.

Um capitão pode vigiar de seu deque a noite toda; mas se ele não conhece nada sobre a costa e não tem piloto a bordo, ele poderá estar acelerando, cuidadosamente, em direção ao naufrágio. Não é suficiente desejar ser justo, pois a ignorância pode nos fazer pensar que estamos executando o serviço de Deus, quando estamos provocando Deus e o fato de sermos ignorantes não reverterá o caráter de nossa ação, ainda que muito atenue sua criminalidade. —C. H. SPURGEON

A Palavra é a única arma (como a espada de Golias à qual não havia semelhante) para talhar e cortar este inimigo obstinado que são nossas luxúrias. A Palavra de Deus pode dominar nossas luxúrias quando estão em seu maior orgulho. Havendo um momento em que a luxúria se ira mais, é quando o sangue jovial ferve em nossas veias. A juventude é inebriada e sua luxúria é quente e impetuosa. Seu sol continua se erguendo e faz o jovem pensar que falta muito ainda para a noite; então deve ser um braço forte o que arranca um jovem de suas luxúrias, um jovem que tem, na melhor das hipóteses, um paladar para provar o prazer sensual. Bem, deixe que a Palavra de Deus encontre este jovem galante em toda sua bravura, com seu banquete de deleites sensuais diante dele, e apenas um sussurro de algumas sílabas em seu ouvido darão à sua consciência apenas uma instigada com a ponta de sua espada que o fará voar com grande pressa para longe delas como os irmãos de Absalão fugiram do banquete quando viram Amnon, seu irmão, assassinado à mesa. —WILLIAM GURNALL

As Escrituras nos ensinam o melhor modo de viver, o modo mais nobre de sofrer e o modo mais confortável de morrer. —JOHN FLAVEL

## Versículo 10
*De todo o coração te busquei.* O modo mais seguro de purificar o caminho de nossa vida é buscar o próprio Deus e esforçarmo-nos para permanecer em comunhão com Ele.
*Não me deixes fugir aos teus mandamentos.* Devemos buscá-lo tão convictamente, a ponto de não termos tempo nem desejo de sermos andarilhos e, entretanto, com toda nossa convicção, devemos cultivar temor zeloso para que, mesmo assim, não nos percamos no caminho da santidade.

Duas coisas podem ser muito semelhantes e, contudo, completamente diferentes: santos são "peregrinos" — "Sou peregrino na terra" (v.19), mas não são andarilhos. Eles estão passando pelo país de um inimigo, contudo sua rota é direta; eles estão buscando o Senhor, enquanto percorrem esta terra estrangeira. Seu caminho é escondido dos homens, mas eles, contudo, não se perderam de seu caminho. —C. H. SPURGEON

## Versículo 11
*Guardo no coração as tuas palavras.* Ele não usava o texto *em* seu coração como um talismã, mas o guardou *dentro* de seu coração como uma regra. —C. H. SPURGEON

Há uma grande diferença entre cristãos e mundanos. O mundano têm seus tesouros em joias que não fazem parte dele; o cristão os tem dentro de si. Também não há receptáculo algum no qual se possa receber e guardar a palavra de consolação senão o coração somente. Tendo-a você somente em sua boca, ela lhe será retirada; se você a tiver somente em seu livro, a perderá quando mais precisar dela; mas se você a colocar em seu coração, como Maria fez com as palavras do anjo, nenhum inimigo jamais será capaz de tirá-la de você e você descobrirá que é tesouro consolador no tempo de sua necessidade. —WM. COOPER

Esta afirmação, *guardar*, significa que Davi não estudou por ter ambição de estabelecer-se e fazer demonstração gloriosa diante dos homens, mas para que tivesse Deus como testemunha desse desejo secreto que morava dentro dele. —JOÃO CALVINO

Bernardo observa que o pão físico no armário pode ser comido por ratos, mofo ou detrito. Mas quando é colocado no corpo, fica livre de tal perigo. Tendo Deus capacitado você a receber o alimento de sua alma em seu coração, este estará livre de todos os riscos. —GEO. SWINNOCK

Para não pecar contra ti. Aqui estava o objetivo almejado. Como alguém bem disse: aqui está o que há de melhor: "Tuas Palavras", escondidas no melhor lugar: "em meu coração", para o melhor dos propósitos: "para não pecar contra ti". —C. H. SPURGEON

## Versículo 12
*Bendito és tu, Senhor.* Assim que a Palavra chega ao coração surge o desejo de a observar e aprender. Quando o alimento é ingerido, o próximo passo é digeri-lo e quando a Palavra é recebida na alma, a primeira oração é: "Senhor, ensina-me o seu significado". —C. H. SPURGEON

*Ensina-me os teus preceitos*, pois somente assim posso conhecer o caminho para ser abençoado. O Senhor é tão bendito que, tenho certeza, desejará se deleitar em abençoar outros e esta dádiva do Senhor anseio: ser instruído em Seus mandamentos. Homens felizes geralmente se alegram em fazer outros felizes e certamente o Deus feliz manifestará deliberadamente a santidade, que é a fonte da felicidade. A fé impulsionou esta oração e a fundamentou, não sobre algo no homem de oração, mas somente sobre a perfeição do Deus a quem o homem faz a súplica. Ó Senhor, és bendito, portanto, abençoa-me ensinando-me. —C. H. SPURGEON

Quem quer que leia este salmo com atenção deve observar nele uma grande característica que é: como são decisivas as suas declarações sobre o manter os mandamentos de Deus e que nisto nada pode ser feito pela força humana, mas Ele deve criar o desejo para a execução de tal dever. —GEO. PHILLIPS

### Versículo 13
*Com os meus lábios declarei todos os juízos da tua boca*. Ter sido, como Noé, um pregador da justiça, é grande alegria quando as enchentes se erguem e o mundo impiedoso está prestes a ser destruído. —C. H. SPURGEON

### Versículo 14
*Folguei tanto no caminho dos teus testemunhos, como em todas as riquezas*. As riquezas são adquiridas com dificuldades, desfrutadas com tremor e perdidas com amargura. —BERNARD

### Versículo 15
*Meditarei nos teus preceitos*. Aquele que tem deleite interior em alguma coisa não retirará dela a sua mente. Como o avarento frequentemente retorna para olhar seu tesouro, assim o cristão devoto, pela meditação frequente, revolve a inestimável riqueza que descobriu no Livro de Senhor. Para alguns homens, a meditação é uma tarefa; para o homem de caminho purificado, é uma alegria. —C. H. SPURGEON

Não é o cavar na mina de ouro, mas o cavar prolongado, que encontra e alcança o tesouro. Não é o mergulhar no mar, mas o permanecer por mais tempo, que encontra maior quantidade de pérolas. Extrair o fio áureo da meditação em seu comprimento devido, até que os fins espirituais sejam atingidos, é conquista rara e feliz. —NATHANAEL RANEW

Estude as Escrituras. Caso um homem famoso nada faça exceto escrever um excelente livro, ó, como ansiamos por vê-lo! Ou suponha que eu lhe dissesse que há na França ou na Alemanha um livro que o próprio Deus escreveu, tenho certeza de que muitos homens retirariam todo o seu dinheiro de suas carteiras para comprar esse livro. Você o tem ao seu lado. Ó, que você o estude!

Quando o eunuco estava rodando em sua carruagem, ele estava estudando o profeta Isaías. E não ficou irado quando Filipe chegou e, como nós consideraríamos, fez uma pergunta ousada: "Compreendes o que vens lendo?" (At 8:27-30); ele se alegrou com isto. Um grande fim para o ano da remissão era a leitura da Lei (Dt 31:9-13). É a sabedoria de Deus que fala nas Escrituras (Lc 11:49), portanto, independentemente de com o que você ocupar sua mente, estude verdadeira e cuidadosamente a Bíblia. —SAMUEL JACOMB

### Versículo 16
*Terei prazer nos teus decretos; não me esquecerei da tua palavra*. Nunca ouvi dizer que um velho ganancioso se esqueceu do lugar onde havia enterrado seu tesouro. —CÍCERO DE SENECTUTE

### Exposição dos versículos 17 a 24
Nesta seção, as tribulações do caminho aparentam ser manifestas à mente do salmista e ele ora de acordo pedindo a ajuda que será apropriada a seu caso. Como nos últimos oito versículos ele orou como um jovem recém-chegado ao mundo, assim aqui ele suplica como um servo e um peregrino que se encontra cada vez mais como estrangeiro em um país inimigo. Seu apelo é somente a Deus e sua oração é especialmente direcionada e pessoal. Ele fala com o Senhor como um homem fala com seu amigo.

*Versículo 17*
*Sê generoso para com o teu servo, para que eu viva e observe a tua palavra.* Nós trabalhamos *para* Ele porque Ele trabalha *em nós.* Logo, podemos criar uma corrente com os versículos de abertura das três primeiras oitavas deste salmo. O versículo 1 abençoa o homem santo; o versículo 9 questiona como obteremos tal santidade e o versículo 17 rastreia tal santidade até sua fonte secreta e nos mostra como manter a bênção. Quanto mais um homem valoriza a santidade e quanto mais ele luta para obtê-la, ele compreenderá mais claramente que sua própria força é insuficiente e que não pode nem mesmo viver sem o generoso auxílio do Senhor, seu Deus. —C. H. SPURGEON

*Versículo 18*
*Desvenda os meus olhos.* Aqueles que expressam seus próprios sonhos como vindos do Espírito e da luz divina não nos fornecem *mysteria*, mas *monstra*, opiniões portentosas; eles não nos demonstram coisas admiráveis da Lei de Deus, mas os prodígios de seu próprio cérebro; infelizes malogros que morrem assim que vêm à luz. —T. MANTON

O salmista não pede nenhuma nova revelação. Estava nas mãos de Deus concedê-la e Ele o fez em Seu tempo devido àqueles antigos cristãos; mas a todos eles em todas as ocasiões foram-lhes concedido o suficiente para os propósitos da vida. O pedido não é por mais, mas para que ele possa empregar bem aquilo que possui.

Pode-se observar adicionalmente que, o salmista não pede uma nova capacidade. Os olhos já estão ali e precisam apenas ser abertos. Não é a outorga de um poder novo e sobrenatural que capacita um homem a ler a Bíblia para seu benefício, mas o vivificar de um poder que ele já possui. Um homem jamais crescerá no conhecimento da Palavra de Deus esperando ociosamente por algum novo dom de discernimento, mas em usar diligentemente aquilo que Deus já lhe outorgou e utilizar, ao mesmo tempo, todos os outros auxílios que estão a seu alcance.

A grande razão porque homens não sentem o poder e a beleza da Bíblia é espiritual. Eles não percebem o grande mal para o qual a Bíblia é cura e não têm coração para as bênçãos que ela oferece para outorgar. O filme de uma natureza caída passa por seus olhos enquanto leem: "obscurecidos de entendimento, alheios à vida de Deus" (Ef 4:18). Todos os poderes nunca encontrarão a verdadeira chave para a Bíblia até que os pensamentos de pecado e redenção entrem no coração e sejam colocados no centro do Livro. —JOHN KER

*As maravilhas.* Muitos foram os sinais e milagres que Deus forjou no meio do povo de Israel e que eles não compreenderam. Qual foi a razão? Moisés nos diz expressamente qual era: "porém o SENHOR não vos deu coração para entender, nem olhos para ver, nem ouvidos para ouvir, até ao dia de hoje" (Dt 29:4).

Eles tinham olho e ouvidos sensíveis, sim, tinham coração ou mente racional; mas queriam ouvido espiritual para ouvir, coração ou mente espiritual para apreender essas maravilhosas obras de Deus e nelas se aperfeiçoar; e eles não os tinham porque Deus não lhes havia concedido tais olhos, ouvidos e coração. As maravilhas sem a graça não conseguem abrir os olhos plenamente; mas a graça sem as maravilhas pode. —JOSEPH CARYL

Por que ele utiliza esta palavra *maravilhas*? É como se ele tivesse dito: "Ainda que o mundo considere a Lei de Deus levianamente e aparente ter sido concedida apenas a almas simples e jovens crianças; contudo percebe-se tal sabedoria nela que ultrapassa toda a sabedoria do mundo e que nela estão ocultos maravilhosos segredos". —JOÃO CALVINO

Versículos 18 e 19. "Quando eu não posso ter Moisés para me falar sobre o significado", disse Santo Agostinho, "dê-me o Espírito que concedeste a Moisés". —RICHARD STOCK

*Versículo 19*
*Sou peregrino na terra.* Esta confissão de um andarilho solitário teria tipo pouco significado comparativo, mas na boca de alguém que estava provavelmente cercado de todas as fontes de deleite mundano, demonstra de modo patente a vaidade das "melhores

alegrias da terra" e a tendência celestial que tem a religião da Bíblia. —C. BRIDGES

O maior cuidado de um homem deveria ser com o local onde ele vive por mais tempo; portanto a eternidade deveria ser seu escopo. —T. MANTON

Quando uma criança nasce, fala-se dela algumas vezes com a designação de "o pequeno desconhecido". Amigos ligam perguntando se teriam o privilégio de "visitar o pequeno desconhecido". Um desconhecido de fato vem de longe! Das imensidões. Da presença, do toque e do ser de Deus! E vai — às imensidões novamente — passando pelas incalculáveis eras da duração.

Mas o pequeno desconhecido cresce e em pouco tempo começa a criar raiz vigorosa. Ele trabalha, vence, constrói, planta, compra, mantém; e adquire a sensação pessoal de se tornar tão "estabelecido" que quase se divertiria com alguém que o descrevesse como um desconhecido.

E a vida prossegue, aprofundando e ampliando em seu fluir, contendo em si múltiplos elementos, e ainda multiplicando elementos de interesse. Mais e mais o homem é pego por estes; como um navio, do qual as muitas âncoras são lançadas no mar. Ele se esforça com os que lutam, regozija-se com os alegres, sente o aguilhão da honra, entra na corrida da aquisição, alterna entre ações severas e gentis, multiplica seus envolvimentos, relacionamentos, suas amizades, seus amigos e então — logo quando após tais preparações a vida deveria estar em pleno início e abrindo-se em uma planície grande, tranquila e ensolarada — eis que as sombras começam a cair, o que sinaliza, muito certamente, que a vida se aproxima rapidamente de um fim.

A voz que, cedo ou tarde, todos devem ouvir, está chamando "o pequeno desconhecido" que há pouco nasceu, cuja primeira lição se encerrou e que agora é chamado para passar pela porta chamada morte, entrando em outra escola. E o desconhecido não está pronto. Ele lançou tantas âncoras que se prenderam tão fortemente no solo de modo que erguê-las não será questão insignificante. Ele está *estabelecido*. Não tem o cajado do peregrino nas mãos; e seus olhos, familiarizados o suficiente com os entornos, que não estão acostumados com o caminho ascendente adiante, não consegue mensurar tão bem a altitude da montanha ou calcular a longa distância.

O progresso do tempo tem sido muito mais célere do que o progresso de seu pensamento. Infelizmente ele cometeu um grande erro. Ele "deu atenção às coisas que se veem" e se esqueceu das coisas que não se veem. E "as coisas que se veem" são temporais e com o tempo são extintas; enquanto "as que não se veem são eternas". Então há pressa, confusão e aflição nas últimas horas e no partir. Agora, tudo isto pode ser prevenido, de tudo isto se pode escapar completamente, se um homem apenas disser: *Sou peregrino na terra; não escondas de mim os teus mandamentos.* —A. RALEIGH

*Versículo 20*
*Consumida está a minha alma por desejar, incessantemente, os teus juízos.* A Palavra de Deus é um código de justiça do qual não há como apelar.

*Este é o Juiz que acaba com a disputa*
*Em que astúcia e razão falham;*
*Nosso Guia em caminhos rotundos da vida,*
*Nosso Escudo quando dúvidas assaltam.*
—WATTS

Davi tinha tal reverência à Palavra e tal desejo de conhecê-la e de ser conformado a ela que seus anseios lhe causaram certo desgosto que aqui ele expõe em súplica a Deus. O ansiar é a alma da oração e quando a alma anseia até que se parta, não será longa a espera até que a bênção seja concedida. —C. H. SPURGEON

*Incessantemente.* Alguns valorizam a Palavra durante a adversidade, quando não têm nenhum outro consolo sobre o qual viver; daí podem se satisfazer em estudar a Palavra para consolá-los quando em sua angústia; mas quando estão bem em tranquilidade, a desprezam. Mas Davi fazia uso dela *incessantemente*. Na prosperidade, para torná-lo humilde; na adversidade, para consolá-lo. Na primeira, para livrá-lo do orgulho; na segunda, para livrá-lo do desespero; na aflição, a Palavra era seu vigor; na intensificação do mundano, era seu antídoto; e assim seu coração era incessantemente carregado com a Palavra, seja por uma necessidade ou outra. —T. MANTON

Quantos poucos há até mesmo entre os servos de Deus que sabem alguma coisa sobre o intenso sentimento de devoção aqui expresso! Ó, que nossos corações frios e obstinados se aquecessem e submetessem à graça divina, para que nós estivéssemos prontos a nos prostrar por razão do anseio que teríamos *incessantemente* pelos julgamentos de nosso Deus. Quão adequados são nossos melhores sentimentos! Se hoje ascendermos ao monte da comunhão com Deus, amanhã correremos o risco de estarmos novamente enredados com as questões da Terra. Como são felizes aqueles cujos corações são *incessantemente* cheios com anseios por comunhão com o grande e glorioso objeto de seu amor! —J. MORISON

## Versículo 21

*Increpaste os soberbos, os malditos*. Homens soberbos são homens malditos. Ninguém os abençoa e eles em pouco tempo se tornam fardos para si mesmos. Em si mesmo o orgulho é uma praga e um tormento. Ainda que maldição alguma viesse da Lei de Deus, parece haver uma lei da natureza que prescreve que homens orgulhosos devem ser homens infelizes. Isto levou Davi a abominar o orgulho; ele temia a repreensão de Deus e a maldição da Lei. Os pecadores orgulhosos de seus dias eram seus inimigos e ele se alegrava com o fato de que Deus participava da querela tanto quanto ele. —C. H. SPURGEON

Caso os orgulhosos escapem aqui, como algumas vezes escapam, no futuro não escaparão. Pois, "abominável é ao Senhor todo arrogante de coração" (Pv 16:5). *Deus não o suportará* (Sl 101:5). E o que dizer disto? O Senhor destruirá o orgulhoso. Os próprios pagãos idealizaram os gigantes orgulhosos atingidos pelo trovão do Céu. *Ora, se Deus não poupou os anjos*, a quem Ele colocou nos mais altos Céus, *mas*, por seu orgulho, *precipitou-os no inferno*, quanto menos Ele poupará o pó e as cinzas orgulhosos, dos filhos dos homens? Antes os lançará do auge de sua elevação terrena para o fundo do calabouço infernal! "A humildade faz de homens anjos; o orgulho faz de anjos demônios", como disse um pai. Ainda acrescentarei: faz de homens demônios. "Nunca a alma escapou da vingança do orgulho", nunca escapará. Tão certamente como Deus é justo, o orgulho não ficará impune. Abaixo suas orgulhosas plumas, ó vocês pavões do mundo; olhem para suas pernas escuras e sua cabeça como de cobra. Envergonhem-se de suas miseráveis fragilidades. Caso contrário, Deus as rebaixará com vocês em uma vingança aterradora. —J. HALL

Portanto, homens orgulhosos serão chamados de inimigos de Deus, porque como o ganancioso arranca riquezas dos homens, assim o orgulhoso arranca honra de Deus. —HENRY SMITH

Homens orgulhosos suportam a maldição de nunca ter amigos. Não os têm na prosperidade, porque a ninguém conhecem; nem na adversidade, porque então ninguém os conhece. —J. WHITECROSS

*Que se desviam dos teus mandamentos*. Deus repreende o orgulho até mesmo quando as multidões prestam homenagem a ele, pois vê nele a rebelião contra Sua própria majestade e as sementes de ainda outras rebeliões. É a totalidade do pecado. —C. H. SPURGEON

## Versículo 22

*Tira de sobre mim o opróbrio e o desprezo*. A melhor maneira de lidar com a calúnia é orar sobre ela. Deus a removerá ou removerá dela o aguilhão. Nossas próprias tentativas de nos justificarmos são geralmente fracassadas; somos como o menino que desejava remover o borrão de sua réplica e por sua inaptidão tornou-o dez vezes pior. Quando sofremos uma calúnia, é melhor orar sobre ela do que buscar a lei e exigir uma retratação do inventor. Ó, vocês que são repreendidos, levem suas questões até a corte mais elevada e deixem-nas com o Juiz de toda a Terra. —C. H. SPURGEON

## Versículo 23

*Mas o teu servo considerou nos teus decretos*. Quem eram estes perversos para que roubassem de Deus a atenção que Seu servo lhe dava ou privar o escolhido do Senhor de um momento de comunhão devota? As multidões de príncipes não eram dignas de cinco minutos de consideração se estes cinco minutos precisassem ser retirados da santa meditação. É muito belo ver os dois assentos: o príncipe em seu assento para reprovar Davi e Davi assentado com Deus e sua Bíblia, respondendo aos seus difamadores simplesmente em não os responder de modo algum. Aqueles que se alimentam da Palavra crescem fortes e em paz e pela graça de Deus são escondidos do conflito de línguas. —C. H. SPURGEON

Como agricultores que, quando seu solo se alaga com águas, constroem fossos e sulcos para drená-las; assim também, quando nossas mentes e nossos pensamentos transbordam com aflições, é bom redirecioná-los para alguma outra questão. —T. MANTON

É impossível viver de modo *cristão* ou *confortável* sem o uso diário das Escrituras. É absolutamente necessário para nossa orientação em todos os nossos caminhos antes que os comecemos, e quando os finalizamos, para garantir a nossa aprovação deles, para solucionarmos nossas dúvidas e nos consolar em nossas tristezas. Sem ela, nossa consciência é um guia cego e nos leva em uma névoa de ignorância, erro e confusão. —W. STRUTHER

Se o Salmo 119 veio da pena de Davi, como multidões creem, então eu não me surpreendo com o fato de que tantos conectaram sua composição com a estada de Davi na escola de profetas em Naiote. A calmaria em que ele então se encontrava e os estudos aos quais na época se dedicava podem muito bem ter guiado suas meditações na direção desse código alfabético, enquanto nele não há poucas expressões que, no mínimo, possam ter referência particular aos perigos dos quais Davi tão recentemente escapara e pelos quais *ainda* era ameaçado. Tais, por exemplo, são os seguintes: *Assentaram-se príncipes e falaram contra mim, mas o teu servo considerou nos teus decretos. Os soberbos zombam continuamente de mim; todavia, não me afasto da tua lei.* —W. M. TAYLOR

## Exposição dos versículos 25 a 32

Nestes versículos, veremos a influência da Palavra divina sobre um coração que lamenta suas tendências decadentes e está repleto de lamento por seus arredores sufocantes. —C. H. SPURGEON

### Versículo 25

*A minha alma está apegada ao pó*. Não, nós jamais poderíamos ter suposto, quando lemos pela primeira vez o salmo do Bom Pastor, que poderia ter vindo de um coração que anela por Deus tão frequente e amargamente. Nunca poderíamos imaginar que se tornaria tão frio, tão seco, tão sombrio dentro de um coração que em um período anterior provara tanto do poder do que está por vir. Ó tristes horas, quando os raios do sol parecem extintos e nada resta exceto um disco vermelho-sangue! O ardor do primeiro amor se esfria; os cuidados terrenos e pecados foram, por assim dizer, anexados como um prumo de chumbo às asas da alma que, Deus sabe, voaria para o alto. —J. J. VAN OOSTERZEE

*Vivifica-me*. E verdadeiramente, muitas vezes os filhos de Deus são levados à situação em que têm apenas a Palavra de Deus para sustentá-los; não há o senso da misericórdia ou a disposição espiritual; ao contrário, densas trevas medos e temores terríveis. São sustentados somente pela confiança na promessa de Deus e na esperança de que Ele os restaurará novamente à vida, porque faz parte de Sua honradez acabar com o trabalho que Ele começou. —W. COWPER

*Vivifica-me*. Esta frase ocorre nove vezes e somente neste salmo. É de grande importância, pois expressa a mudança espiritual pela qual um filho de Adão se torna filho de Deus. Sua fonte é Deus, o instrumento pelo qual é efetuado é a Palavra (v.50). —J. G. MURPHY

### Versículo 26

*E tu me valeste*. A bondade de Deus é vista no fato de que Ele ouve o que colocamos diante dele. Se homens grandiosos permitem que um pobre homem conte sua história longamente, consideramos isto paciência honrável; mas é a glória de Deus ouvir nossas necessidades, nossas fraquezas advindas do pecado, a invencibilidade de nossos males, nossa máxima impotência em nós mesmos até para buscar reparação. Esse modo de procedimento perderia o favor dos homens, mas ganharia o de Deus. Quando mais humildemente confessarmos todas as nossas necessidades, mais confiantes podemos ficar de que Deus nos ouvirá. *Ele ensina os mansos*, pois o erudito manso dará a seu mestre a honra daquilo que aprendeu. —P. BAYNE

*Ensina-me os teus decretos*. Misericórdia que perdoa a transgressão e nos faz almejar a graça que evita a transgressão. Podemos pedir ousadamente que tenhamos mais quando Deus já tiver nos concedido muito. Ele que apagou a mancha do passado não se recusará a conceder o que nos preservará de impureza presente e futura. —C. H. SPURGEON

## Versículo 28

*A minha alma, de tristeza, verte lágrimas*. Ele estava se dissolvendo em lágrimas. A força sólida de sua constituição estava se liquefazendo como se fosse fundida pelo calor da fornalha de suas aflições. O peso de coração é algo letal e, quando é abundante, ameaça transformar a vida em uma longa morte, em que o homem parece gotejar em perpétuo gotejamento de pesar.

Lágrimas são o destilar do coração. Quando um homem pranteia, ele consome sua alma. Alguns de nós sabemos o que significa grande tristeza, pois fomos colocados sob seu poder vez após outra, e com frequência nos sentimos como se derramados como água e perto de sermos como água entornada no chão, para nunca mais ser recolhida. Há um ponto a favor neste estado de abatimento, pois é melhor ser derretido por pesar do que endurecido por impenitência. —C. H. SPURGEON

*Fortalece-me segundo a tua palavra*. Note como Davi registra a vida interior de sua alma. No versículo 20, ele diz: "Consumida está a minha alma", no versículo 25: "A minha alma está apegada ao pó" e aqui: "Minha alma verte". Mais adiante, no versículo 81, ele clama: "Desfalece-me a alma"; no 109: "A minha alma está de contínuo nas minhas mãos" (ARC); no 167: "A minha alma tem observado os teus testemunhos"; e finalmente no 175: "Viva a minha alma". Algumas pessoas nem mesmo sabem que têm uma alma. Que diferença há entre os vivos espiritualmente e os mortos espiritualmente. —C. H. SPURGEON

*Fortalece-me*. Gesenius traduz isto da seguinte forma: *Mantenha-me vivo*. Esta oração pedindo nova força, ou vida, é uma súplica para que o desperdício da vida por meio de lágrimas seja restaurado pela Palavra que concede vida. —F. G. MARCHANT

## Versículo 29

*Afasta de mim o caminho da falsidade*. Quando qualquer um de nós tem um início bom, imediatamente acreditamos que somos muitos elevados; nunca refletimos sobre orar mais a Deus, quando Ele nos demonstra favor suficiente para servir às nossas mudanças; mas se tivermos executado qualquer pequena atitude, nós eventualmente nos elevamos e maravilhamos com nossas grandes virtudes, pensando imediatamente que o diabo em nada mais pode nos vencer. —J. CALVINO

Toda a vida de pecado é uma *mentira* do início ao fim. A palavra *mentira* ocorre oito vezes neste Salmo [em hebraico]. —W. S. PLUMER

*E favorece-me com a tua lei*. Homens santos não conseguem rever seus pecados sem lágrimas nem prantear por eles sem suplicar que sejam salvos de ofensa adicional. —C. H. SPURGEON

## Versículo 30

*Escolhi o caminho da verdade* (ARC). Aqui você tem o trabalho de uma alma graciosa. Isto é mais do que sentar-se e ouvir a Palavra — não ter objeção alguma àquilo que você ouve. Tal ouvir é tudo o que pode ser afirmado sobre a generalidade dos ouvintes do evangelho, embora acrescentemos que ninguém está mais pronto para ser pego por caminhos falsos e fáceis de salvação, pois concordam com tudo o que ouvem.

O homem de Deus atinge uma nota mais elevada e espiritual — ele vai até a *escolha* de algo; ele escolhe o caminho da verdade e não pode evitar de escolhê-lo. É a inclinação de sua natureza renovada, de fato o efeito de tudo o que ele tem suplicado: Como agiremos? O caminho da verdade é tudo o que Deus revelou com relação a Seu Filho Jesus.

O coração disposto escolhe este caminho e tudo o que faz parte dele: sua amargura, autonegação, assim como o consolo; um Salvador do pecado assim como um Salvador do inferno; um Salvador cujo Espírito pode guiar da falta de oração para a piedade; da ociosidade no Sábado, para um guardar santo desse dia; da autobusca à busca de Cristo, da negligência, da conduta inconsistente para um observar cuidadoso de toda a vontade de Deus. Onde o povo de Deus se encontra, que estes se deleitem em estar. Ó, que sejam abundantes entre nós! —JOHN STEPHEN

Há três tipos de verdade: verdade no coração, verdade na palavra, verdade em atitudes (2 Rs 20:3; Zc 8:16; Hb 10:22). —J. E. VAUX

O cristão que decide, está destinado a ser aquele que permanece; ao passo que o cristão por conveniência oscila quando o vento muda. —M. HENRY

## Versículo 31

*Aos teus testemunhos me apego*. Não é pouco notável que enquanto o salmista diz (v.25): "A minha alma está *apegada* ao pó", ele deveria dizer aqui: *Aos teus testemunhos me apego*; pois é a mesma palavra no original em ambos os versículos. O todo é compatível com a experiência do cristão. Neste todo está o corpo do pecado residente e está o princípio imortal da graça divina.

Há uma disputa entre eles: "Porque a carne milita contra o Espírito, e o Espírito, contra a carne" (Gl 5:17) e o cristão é constrangido a clamar: "Desventurado homem que sou" (Rm 7:24). Este é o caso e todos os cristãos assim o veem. Enquanto a alma muitas vezes sente-se rachando até virar pó, o espírito luta para se unir tornando-se testemunho de Deus.

Então o cristão ora: "não permitas, Senhor, seja eu envergonhado". E, irmãos, mantendo-se próximo a Cristo, vocês não serão envergonhados por toda eternidade. —J. STEPHEN

## Versículo 32

*Percorrerei o caminho dos teus mandamentos*. Quando um homem se decide a fazer algo, ainda que seja contrariado e empurrado, ele aceita pacientemente; e continua sem permanecer para debater a questão. Um movimento lento é facilmente interrompido, enquanto que o veloz passa por cima daquilo que o opõe; assim é quando homens correm e não se cansam no serviço de Deus. E por último, o prêmio exige que se corra: "Correi de tal maneira que o alcanceis" (1 Co 9:24) —T. MANTON

*Quando me alegrares o coração*. Note como o coração tem sido mencionado até este ponto: "todo o coração" (2), "integridade de coração" (7), "guardo no coração" (11), "alegrares o coração". Há muitas alusões mais adiante e todas estas servem para demonstrar que tipo era a religião de Davi: religião de obra no coração. Uma das grandes deficiências de nossa era é o fato de que cabeças contam mais que corações e os homens estão muito mais preparados para aprender do que para amar, ainda que de forma alguma não anseiem por qualquer um deles. —C. H. SPURGEON

*Me alegrares o coração*, ou dilatares, a saber, com júbilo. É óbvio observar a propriedade filosófica com que esta expressão é aplicada, considerando que o coração é dilatado, o pulso por consequência fica forte e intenso com a exultação de alegria assim como de orgulho. —R. MANT

Certamente um templo para o grande Deus (como nosso coração deveria ser) deveria ser belo e vasto. Se desejamos que Deus habite em nosso coração e espalhe Sua influência, devemos abrir espaço para Deus em nossa alma, por maior amplitude de fé e de expectativa.

O homem rico pensou em ampliar seus celeiros quando seu estoque aumentou (Lc 12); assim deveríamos nós esticar as cortinas das tendas e da habitação de Cristo, ter expectativas maiores de Deus, se desejamos receber mais dele. As embarcações falharam antes que o óleo falhasse. Não somos limitados em Deus, mas em nós mesmos; pela escassez de nossos pensamentos, não abrimos espaço para Ele, nem o engrandecemos. "A minha alma engrandece ao Senhor" (Lc 1:46).

A fé de fato engrandece a Deus. Como podemos fazer Deus mais grandioso do que Ele já é?

Com relação ao ser sobre quem estamos declarando, podemos ter apreensões ainda mais magníficas e maiores da Sua grandiosidade, bondade e verdade. —T. MANTON

*Exposição dos versículos 33 a 40*
Um senso de dependência e uma consciência de extrema necessidade permeia esta seção, que é toda constituída de oração e súplica. —C. H. SPURGEON

ASSUNTO: A LEI DE JEOVÁ A SER ESTABELECIDA DIANTE DOS OLHOS, DA MENTE, DOS PÉS E DO CORAÇÃO. —MR. MARCHANT

*Versículo 33*
*Ensina-me, Senhor, o caminho dos teus decretos.* Benditas palavras como de criança, vindas dos lábios de um cristão idoso, vivido; e ele um rei, e homem inspirado por Deus. Infelizmente há aqueles que nunca serão ensinados. —C. H. SPURGEON

Como os indianos buscam seu caminho com olhos inequívocos e passos inabaláveis, assim vigiando por qualquer desvio que pode nos desgarrar, nós deveríamos buscar o caminho que leva à vida. —MR. MARCHANT

Versículos 33 a 40. Nesta parte, o salmista envia nove vezes a sua petição ao seu Deus, e seis destas vezes ele acompanha sua petição com uma razão para ser ouvido. Estas petições são as pronúncias de um coração renovado. O homem de Deus não podia evitar pronunciá-las; tal fora o novo processo de refinamento que havia acontecido com ele. —R. GREENHAM

*E os seguirei até o fim.* O *fim* do qual Davi fala é o fim da vida ou a plenitude da obediência. Ele confiava na graça que o faria fiel ao máximo, nunca estabelecendo um limite e dizendo à obediência: "Até aqui você virá, mas não adiante".

O fim de nosso guardar a Lei chegará somente quando deixarmos de respirar; nenhum bom homem pensará em estabelecer uma data e dizer: "É suficiente, agora posso descontrair minha vigília e viver segundo o modo dos homens". Como Cristo nos ama até o fim, assim devemos servi-lo até o fim. O fim do ensino divino é que possamos perseverar até o fim. —C. H. SPURGEON

*Versículo 34*
*Dá-me entendimento*. Isto é o que nos coloca em dívida com Cristo; pois "o Filho de Deus é vindo e nos tem dado entendimento" (1Jo 5:20). —M. HENRY

O entendimento é o piloto e guia de todo o homem, a aptidão que se senta no leme da alma; mas como o guia mais perito pode equivocar-se no escuro, assim ocorre com o entendimento quando carece da luz do conhecimento. "Não é bom proceder sem refletir" (Pv 19:2); nem a vida é boa, nem as condições externas seguras (Ef 4:18). "O meu povo está sendo destruído, porque lhe falta o conhecimento" (Os 4:6). — De *Epístola Recomendatória Prefixada aso Catequismos e Confissões de Westminster*

*De todo coração*. Quando o mundo, o prazer, a ambição, o orgulho, o desejo de riquezas, e o amor impuro desejam uma parte de nós, podemos nos lembrar de que não temos afeições das quais dispor sem a licença de Deus. Tudo é dele e é sacrilégio roubar ou reter de Deus qualquer parte que seja. Deverei alienar o que é de Deus para satisfazer o mundo, a carne e o diabo? —T. MANTON

*Versículo 35*
*Guia-me pela vereda dos teus mandamentos, pois nela me comprazo.* O salmista não pede ao Senhor que faça por ele o que ele deve fazer por si mesmo. Ele deseja ser "guiado", ou percorrer, no caminho do comando. Ele não pede para ser carregado enquanto jaz passivo, mas para seja "guiado". A graça não nos trata como rebanhos e pedras a serem carregados por cavalos ou motores, mas como criaturas dotadas de vida, razão, vontade e poderes ativos que são dispostos e capazes de caminharem por si só, se assim lhes for designado. —C. H. SPURGEON

Não precisamos apenas de luz para conhecer nosso caminho, mas um coração para nele andar. Não será suficiente para nosso dever, ter uma compreensão nua de verdades a menos que as acolhamos e as busquemos. Portanto, dessa mesma forma, precisamos de assistência dupla de Deus; a mente deve ser esclarecida, a vontade movida e inclinada. A obra de um cristão não está na profundidade da especulação, mas na elevação da prática. —T. MANTON

Versículo 36
*E não à cobiça*. Esta é a inclinação da natureza e a graça deve rejeitá-la. Este vício é tão nocivo quanto comum; tão vil quanto miserável. É idolatria e sendo assim destrona Deus; é egoísta e assim é cruel com todos sob o seu poder; é ganância sórdida e assim venderia o próprio Senhor por peças de prata.

É um pecado degradante, humilhante, endurecedor e sufocante que seca tudo ao seu redor que seja amável e semelhante a Cristo. Aquele que é cobiçoso é da raça de Judas e muito provavelmente acabará ele próprio sendo filho da perdição. —C. H. SPURGEON

É a criada de todos os pecados, pois não há pecado que um homem cobiçoso não use para seu ganho. Deveríamos estar alertas com todos os pecados, mas especialmente com os pecados que geram outros pecados —W. COWPER

São Boaventura, sobre nosso salmo, diz que a *cobiça* deve ser odiada, banida, repudiada. Deve ser odiada, porque ataca a vida da natureza; deve ser banida, porque impede a vida de graça; deve ser repudiada, porque obstrui a vida de glória. Clemente de Alexandria diz que a cobiça é a cidadela dos vícios e Ambrósio diz que é a perda da alma. —T. LEBLANC

Versículo 37
*Desvia os meus olhos, para que não vejam a vaidade*. O pecado entrou na mente do homem antes de tudo pelos olhos, que ainda são os portões favoritos para a entrada das seduções de Satanás. O pecado é vaidade; ganho injusto é vaidade; jactância é vaidade; e, de fato, tudo o que não vem de Deus é controlado pela mesma cabeça. De tudo isto, devemos nos afastar. —C. H. SPURGEON

Pode parecer uma estranha oração quando Davi diz: *Desvia os meus olhos, para que não vejam a vaidade*; como se Deus interferisse em nosso olhar; ou como se não tivéssemos poder em nós mesmo para colocar nossos olhos em objetos que escolhemos. Mas não é aquilo em que nos deleitamos que nos traz deleite ao olhar? E aquilo que amamos, que amamos contemplar? Então orar a Deus para que nossos olhos não vejam a vaidade é como orar pedindo graça para que não nos apaixonemos pela vaidade. —SIR RICHARD BAKER

Um objeto feio perde muito de sua deformidade quando olhamos para ele com frequência. O pecado segue esta lei geral e deve ser completamente evitado, até mesmo em sua contemplação, se desejamos estar seguros. Um homem deveria ser grato, neste mundo, por ter pálpebras; e podendo fechar seus olhos, deveria fazê-lo com frequência. —A. BARNES

Aquele que teme queimaduras deve ter atenção ao brincar com o fogo. Aquele que teme afogar-se deve manter distâncias de águas profundas. Aquele que teme a praga não deve entrar em uma casa infectada. Eles conseguiriam evitar o pecado que se apresenta quando tivessem a oportunidade de fazê-lo? —J. CARYL

É um experimento muito perigoso para um filho de Deus colocar-se na esfera de tentações sedutoras. Todo sentimento de dever, toda reminiscência de sua própria fraqueza, toda lembrança do fracasso de outros, deveriam apressá-lo à maior distância possível da cena de conflito e perigo desnecessário. —J. MORISON

Seus olhos, que podem ser comportas para derramar lágrimas, não deveriam ser janelas que se abrem para luxúrias. Um olho descuidado é um indicador de um coração desprovido de graça. Lembre-se de que todo o mundo morreu por uma ferida no olho. O olho de um cristão deveria ser como girassóis, que não se abrem para brilho algum, exceto o do sol. —WILLIAM SECKER

*Vivifica-me.* Um homem que está preso em um fosso não precisa de razão para provar que ali está, mas sim de soluções para tirá-lo dali. O melhor curso a ser escolhido por você, será propor como poderá se livrar deste indesejado hóspede chamado — preguiça espiritual. —MR. SIMMONS

*Teu caminho.* Como ênfase, em oposição a todos os outros caminhos, em exaltação a este acima de todos os outros. Há um caminho quádruplo: 1.*Via mundo*, o caminho do mundo que é *spinosa*, espinhoso. 2.*Via carnis*, o caminho da carne e este é *insidiosa*, pérfido. 3.*Via Satana*, o caminho do diabo e este é *tenebricosa*, tenebroso. 4.*Via Domini*, o caminho de Deus e este é *gratiosa*, gracioso. —SIMMONS

## Versículo 38
*Confirma ao teu servo a tua promessa.* Cristo se irou com Seus discípulos por não se lembrarem do milagre dos pães quando passaram por agruras semelhantes novamente. "Não compreendeis ainda, nem vos lembrais dos cinco pães?"

Ao ensinarmos uma criança a soletrar, ficamos irados se ao mostrar a ela a letra uma, duas ou três vezes, ela ainda se equivoque quando vir a letra novamente. Então Deus se ira conosco quando vivenciamos Sua Palavra nesta, naquela e em outra providência e, contudo, nossas dúvidas retornam a nós. —A. BARNES

*Feita aos que te temem.* Nunca seremos enraizados e fundamentados em nossas crenças a menos que pratiquemos diariamente o que professamos crer. A certeza plena é a recompensa da obediência. As respostas à oração são dadas àqueles cujos corações respondem ao comando do Senhor. Se estivermos dedicados ao temor de Deus, seremos libertos de todo outro medo. —C. H. SPURGEON

## Versículo 39
*Porque os teus juízos são bons.* Quando os homens criticam o governo de Deus sobre o mundo, é nosso dever e privilégio nos posicionarmos por Ele e abertamente declarar diante do Senhor: "os teus juízos são bons"; e deveríamos fazer o mesmo quando atacam a Bíblia, o evangelho, a Lei ou o nome de nosso Senhor Jesus Cristo. Mas devemos prestar atenção para que não possam levantar acusações verdadeiras contra nós ou nosso testemunho não passará de um fôlego desperdiçado. —C. H. SPURGEON

*Exposição dos versículos 41 a 48*
Os oito versículos são uma única súplica continuada pela habitação da graça em sua alma e é suportada por argumentos tão santos como se os sugerisse somente a um espírito ardendo de amor a Deus. —C. H. SPURGEON

Versículos 41 a 48. Toda esta seção consiste de petições e promessas. As petições são duas: versículos 41 e 43. As promessas são seis. Isto, entre muitas, é uma diferença entre homens piedosos e outros: todos os homens buscam boas coisas de Deus, mas os perversos buscam e nada dão a Ele em retorno, nem mesmo a promessa de algum tipo de retorno. —WILLIAM COWPER

## Versículo 41
*Venham também sobre mim as tuas misericórdias, SENHOR.* Ele deseja *misericórdia* assim como ensinamento, pois era culpado como era ignorante. Ele precisava de muita misericórdia e misericórdia variada; consequentemente o pedido está no plural. —C. H. SPURGEON

*E a tua salvação.* Esta é a soma e coroa de todas as misericórdias: libertação de todo o mal, agora e para sempre. Aqui está a primeira menção de salvação no salmo e é reunida à misericórdia: "Porque pela graça sois salvos". A salvação é nomeada "tua salvação", atribuindo-a assim completamente ao Senhor: "O nosso Deus é o Deus da salvação" (ACRF). Que multidão de misericórdias são aglomeradas na salvação exclusiva de nosso Senhor Jesus! Ela inclui as misericórdias que nos poupam antes de nossa conversão e nos levam a ela. Daí vem a misericórdia que convoca, misericórdia que regenera, misericórdia que converte, misericórdia que justifica, misericórdia que perdoa. Nem podemos excluir da salvação completa nenhuma dessas muitas misericórdias que são necessárias para conduzir o cristão seguro à glória. A salvação é um agregado de misericórdias incalculáveis em número, inestimáveis em valor, incessantes em aplicação, eternas em duração. Ao Deus de nossas misericórdias seja a glória, para todo o sempre. —C. H. SPURGEON

## Versículo 42
*E saberei responder aos que me insultam.* Esta é uma resposta irretorquível. Quando Deus, ao nos conceder salvação, dá a nossas orações uma resposta de paz, estamos imediatamente prontos para responder às objeções dos infiéis, às artimanhas dos céticos e às zombarias dos insultuosos. —C. H. SPURGEON

Assim, um homem de pouco aprendizado, exceto aquele que auferiu da Bíblia, pode com frequência silenciar os sofismas e opróbrios dos céticos doutos. Um homem de coração simples, pura piedade, sem arma alguma senão a Palavra de Deus, pode com frequência estar melhor armado do que se tivesse todos os argumentos das escolas a seu comando. —A. BARNES

Hugo Cardinalis observa que há três tipos de criaturas que blasfemam o piedoso: os demônios, os hereges e os caluniadores. O demônio deve ser respondido pela palavra interna de humildade; hereges pela palavra externa de sabedoria; caluniadores pela palavra ativa de um bom viver. —R. GREENHAM

*Pois confio na tua palavra.* Caso alguém nos repreenda por confiar em Deus, respondemo-lhes com argumentos extremamente conclusivos, quando demonstramos que Deus tem cumprido Suas promessas, ouvido nossas orações e suprido nossas necessidades. Até os mais céticos são forçados a curvarem-se diante da lógica dos fatos. —C. H. SPURGEON

## Versículo 43
*Não tires jamais de minha boca a palavra da verdade.* Aquele que antes pregava o evangelho de seu coração, está repleto de terror com a ideia de ser retirado do ministério; ele almejará a permissão por uma pequena parte no santo testemunho e considerará seus estúpidos Sábados como dias de banimento e punição. —C. H. SPURGEON

A eloquência em si se torna tola se a consciência for má. Os pássaros do céu vêm e tomam a palavra de sua boca ao tomarem a semente da palavra do solo pedregoso para que não dê fruto. —AMBRÓSIO

Alguns de nós conhecem a dolorosa provação da indulgência dos hábitos e conversas mundanos, quando uma carência de liberdade de espírito impede-nos de nos posicionarmos com ousadia a favor de Deus. Podemos talvez invocar a alegação de acanhamento ou precaução criteriosa como desculpa para o silêncio que, contudo, em muitas instâncias, devemos considerar como uma cobertura de autoengano para a verdadeira causa do comedimento: a carência de apreensão da misericórdia de Deus para a alma. —C. BRIDGES

## Versículo 44
*Assim, observarei de contínuo a tua lei, para todo o sempre.* A linguagem deste versículo é muito enfática. A obediência perfeita constituirá uma grande proporção da felicidade celestial por toda eternidade; e quanto mais nos aproximarmos dela na Terra, mais antecipamos a felicidade no Céu. —*Nota na Bíblia Compreensiva de Bagster*

## Versículo 45
*E andarei com largueza, pois me empenho pelos teus preceitos.* Onde quer que Deus perdoe o pecado Ele também o subjuga (Mq 7:19). Então o poder condenador do pecado é retirado, quando seu poder dominante é retirado. Estando um malfeitor na prisão, como saberá que seu príncipe o perdoou? Vindo um carcereiro que quebre suas correntes e grilhões e o solte da prisão, então ele saberá que foi perdoado. Assim, como saberemos que Deus nos perdoou? Se os grilhões do pecado são quebrados, caminhamos em liberdade nos caminhos de Deus, este é um bendito sinal de que fomos perdoados. —T. WATSON

Há um estado, irmãos, em que reconhecemos Deus, mas não o amamos em Cristo. É esse estado em que admiramos o que é excelente, mas não somos capazes de executá-lo. É um estado em que o amor pelo bem acaba em nada, morrendo em um mero desejo.

Esse é um estado da natureza em que estamos sob a Lei e não convertidos ao amor de Cristo. E então há outro estado, quando Deus escreve a Sua Lei em nossos corações, pelo amor em lugar do medo. Um dos estados é este: "Não posso fazer aquilo que desejo"; o outro estado é seguinte: "Caminharei em liberdade, pois busco Teus mandamentos". —FREDERICK WILLIAM ROBERTSON

Aquele que vai pelo caminho trilhado e correto não terá espinheiros atingindo-o nos olhos. —PROVÉRBIO SAXÃO

*Versículo 46*
*Também falarei dos teus testemunhos na presença dos reis*. Homens da mais grandiosa santidade tem sido homens da mais grandiosa ousadia.

Latimer foi um homem de muita santidade, considerando as trevas e profanidade dos tempos em que ele vivia, e um homem de muita coragem e ousadia, comprovadas por seu presente de Ano Novo ao Rei Henrique VIII: um Novo Testamento embrulhado em um guardanapo, com este mote, ou lema relacionado: "Incitadores da prostituição e adúlteros, Deus os julgará". —T. BROOKS

*Versículo 47*
*Terei prazer nos teus mandamentos*. Aquele que deseja pregar com ousadia a outros deve antes ele mesmo *deleitar-se* na prática daquilo que prega. —GEO. HORNE

*Teus mandamentos, os quais amo*. Sobre a palavra *amo*, o Carmelita cita dois ditos de filósofos antigos que ele recomenda serem aceitos por aqueles que aprenderam a filosofia do evangelho, que é a mais verdadeira. O primeiro é a resposta de Aristóteles à questão sobre que benefício ele teria obtido da filosofia: "Eu aprendi a fazer sem constrangimento o que os outros fazem por medo da lei". O segundo é um dito muito similar de Aristipo: "Se as leis se perdessem, todos nós viveríamos como vivemos agora, enquanto elas estão em vigor". E para nós todo o versículo é resumido nas palavras de um Mestre ainda maior do que eles: "Se alguém me ama, guardará a minha palavra" (Jo 14:23). —NEALE E LITTLEDALE

*Versículo 48*
*Para os teus mandamentos, que amo, levantarei as mãos*. Mas agora o mundo está repleto de cristãos mutilados; ou lhes falta uma orelha e não podem ouvir a Palavra de Deus ou uma língua e não podem dela falar; ou se tem ambas, lhes faltam mãos e não podem praticá-la. —W. COWPER

Abraão Ezra explica (e talvez corretamente) que a metáfora, neste local, é tirada de uma ação daqueles que recebem qualquer pessoa que, ao vê-las, lhes alegre ou orgulhe. —DANIEL CRESSWELL

*Exposição dos versículos 49 a 56*

*Versículo 49*
*Lembra-te da promessa que fizeste ao teu servo*. Há um mundo de significados na palavra *lembra*, ao ser dirigida a Deus. Ela é usada nas Escrituras no sentido mais afetuoso e é adequada aos aflitos e deprimidos. O salmista clamou: "Lembra-te, SENHOR, a favor de Davi, de todas as suas provações"; Jó também orou para que o Senhor lhe designasse um tempo estabelecido e se lembrasse dele. No caso vigente a oração é tão pessoal como o "lembra-te" do ladrão, pois sua essência está nas palavras: "ao teu servo". Seria tudo em vão para nós se a promessa fosse lembrada para todos os outros e não se cumprisse para nós. Mas não há o que temer, pois o Senhor jamais esqueceu-se de uma única promessa feita a um cristão sequer. —C. H. SPURGEON

Aqueles que fazem das promessas de Deus a sua porção podem, com humilde ousadia, fazer delas sua súplica. Deus concedeu a promessa em que o salmista tinha esperança e a esperança pela qual ele recebeu a promessa. —M. HENRY

*Versículo 50*
*O que me consola na minha angústia é isto: que a tua palavra me vivifica*. O mundano agarra seu saco de dinheiro e diz: "Isto é meu consolo"; o perdulário aponta para a sua elegância e brada: "Isto é meu consolo"; o bêbado ergue seu copo e canta: "Este é o meu consolo", mas o homem cuja esperança vem de

Deus, sente o poder vivificador da Palavra do Senhor e testifica: "Isto é o meu consolo". Paulo disse: "sei em quem tenho crido". O consolo é desejável em todos os momentos; mas o consolo na aflição é como uma lâmpada em um lugar escuro. Alguns não são capazes de encontrar consolo em tais momentos; mas não é isso que ocorre com os cristãos, pois seu Salvador lhes disse: "Não vos deixarei órfãos". Alguns têm consolo e nenhuma aflição, outros têm aflição e consolo algum; mas os santos têm consolo em sua aflição. —C. H. SPURGEON

*Consolo. Nechamah*, consolação; de onde o nome Neemias foi derivado. A palavra ocorre apenas em Jó 6:9.

As lágrimas são as criadoras da alegria espiritual. Quando Ana pranteou, ela se foi e já não mais estava triste. A abelha coleta o melhor mel das ervas mais amargas. Cristo fez o melhor vinho utilizando água. —T. BROOKS

*A tua palavra me vivifica*. Bendito seja Deus por não ter apenas escrito Sua Palavra, mas tê-la selado em seu coração e a tornado efetiva. Você pode dizer que tem inspiração divina por ter sentido sua ação viva? Ó, graça livre! Que esse Deus enviaria Sua Palavra e o curaria, que Ele o curaria e não outros! Que essa mesma Escritura, que para eles é letra morta, seja para você o saborear da vida. —T. WATSON

## Versículo 51

*Os soberbos zombam continuamente de mim*. Os homens devem ter olhos inusitados para conseguirem enxergar na fé uma farsa e na santidade uma comédia. Contudo, infelizmente este é o caso de homens que, tendo perspicácia reduzida conseguem esboçar amplo sorriso ao zombar de um santo. Pecadores orgulhosos fazem de homens piedosos bolas de futebol. Eles chamam de diversão estrondosa o caricaturar um membro fiel do "Clube Santo"; seus métodos de viver cauteloso são o material de suas piadas sobre "o metodista"; e seu ódio pelo pecado faz suas línguas abanarem para o tão confrontado puritanismo e a hipocrisia austera. Tendo sido Davi grandemente zombado, não podemos esperar escapar do escárnio dos impiedosos. Há multidões de homens orgulhosos ainda sobre a face da Terra e se encontram um cristão em aflição, serão maldosos e cruéis o suficiente para divertirem-se às suas custas. É a natureza do filho da escrava zombar do filho da promessa. —C. H. SPURGEON

Os santos de Deus se queixaram disto em todas as eras: Davi de seus muitos zombadores; os ignóbeis o zombavam. Jó foi desdenhado por aqueles filhos, cujos pais ele teria rejeitado como companheiros dos cães de seu rebanho (Jó 30:1). José foi apelidado de sonhador, Paulo de tagarela, o próprio Cristo de samaritano e com intento de desonrar um carpinteiro... Mical era estéril, contudo teve muitos filhos que zombavam do hábito e dos exercícios da santidade. Não pode haver um argumento maior de uma alma grosseira do que ridicularizar serviços religiosos. Corações mundanos nada conseguem ver nessas ações senão tolice e insanidade; a piedade não possui tempero, mas para os seus paladares é insípida. —T. ADAMS

Grande coisa é um soldado se comportar bem sob disparos; mas é algo ainda maior um soldado da cruz ser inabalável no dia de sua tribulação. Não ferem o cristão os cachorros que latem para ele. —W. S. PLUMER

*Todavia, não me afasto da tua lei*. Seu regozijo, nada sagrado, não nos ferirá se não prestarmos atenção a ele, assim como a lua nada sofre com os cães que ladram para ela. —C. H. SPURGEON

## Versículo 52

*Lembro-me dos teus juízos de outrora e me conforto, ó SENHOR*. O sorriso dos orgulhosos não nos afligirá quando nos lembrarmos de como o Senhor tratou com seus predecessores em períodos anteriores. Ele os destruiu no dilúvio, confundiu-os em Babel, afogou-os no mar Vermelho, os tirou de Canaã. Em todas as eras Ele mostrou o Seu braço contra os arrogantes e os quebrou como vasos de oleiros. Enquanto em nossos corações, bebemos humildemente a misericórdia de Deus em quietude, não ficamos sem consolo em estações de turbulência e escárnio; pois neste

momento recorremos à justiça de Deus e nos lembramos de como Ele escarnece os escarnecedores. "Ri-se aquele que habita nos céus; o Senhor zomba deles."
—C. H. SPURGEON

Ele se lembrou de que no início, Adão, devido à transgressão da ordem divina, foi expulso de sua moradia no Paraíso, e que Caim, condenado pela autoridade da sentença divina, pagou o preço de seu crime parricida; lembrou que Enoque, foi levado ao Céu por sua devoção, escapou do veneno da perversidade terrena; que Noé, que devido à justiça venceu o dilúvio, se tornou o sobrevivente da raça humana; que Abraão, devido à fé, difundiu a semente de sua prosperidade por toda a Terra; que Israel, devido ao paciente suportar das tribulações, foi consagrado povo que crê pelo sinal de seu próprio nome; que o próprio Davi, devido à mansidão, tendo tido honra régia a ele concedida, foi o favorito, antes inclusive de seus irmãos mais velhos. —AMBRÓSIO

Há quem sofra de uma doença chamada *lienteria*, em que a carne volta tão rapidamente quanto é ingerida e não permanece no estômago, não sendo nutridos por ela. Se a Palavra, não permanecer na memória, não pode beneficiar. Alguns se lembram melhor de um pedaço de notícia do que uma linha das Escrituras; suas memórias são como aqueles lagos onde os sapos vivem, mas os peixes morrem. —T. WATSON

## Versículo 53
*De mim se apoderou a indignação, por causa dos pecadores que abandonaram a tua lei*. Verdades que eram divertimento para eles causavam assombro nele. Ele ficava atônito com suas perversidades, chocado com suas presunções, alarmado com a expectativa da repentina derrota de todos eles, impressionado com o terror de suas esperadas condenações.

Aqueles que são os cristãos mais firmes na convicção da punição eterna dos perversos, são os que mais se entristecem com sua ruína. Não é prova de delicadeza fechar os olhos para a terrível condenação dos impiedosos. A compaixão é muito melhor demonstrada em tentar salvar pecadores, do que em tentar deixar a situação ao redor agradável. Ó, que ficássemos muito mais angustiados do que pensamos ser com a porção do impiedoso no lago de fogo! O plano popular é fechar os olhos e esquecer tudo isto ou fingir duvidar disto; mas este não é o caminho do servo fiel de Deus. —C. H. SPURGEON

Tive visões claras da *eternidade*, vi, em certa medida, a bem-aventurança dos *piedosos* e ansiei por compartilhar de seu feliz estado, assim como fui confortavelmente satisfeito que por meio da graça isto ocorrerá.

Mas, ó, que angústia se levanta em minha mente, ao pensar de uma *eternidade* para aqueles que vivem *sem Cristo*, para aqueles que estão enganados e que levam suas falsas esperanças à sepultura consigo! A visão foi tão pavorosa que de forma alguma consegui suportá-la, meus pensamentos esmoreceram e eu disse (sob um senso mais comovido do que nunca): "Quem pode habitar com brasas eternas?" —D. BRAINERD

Ó, quem pode expressar qual é o estado de uma alma em circunstâncias tais como esta? Tudo o que possivelmente pudermos dizer sobre isso fornece uma simples representação muito débil da situação; é inexprimível e inconcebível; pois quem conhece o poder da ira de Deus?

Que pavoroso é o estado daqueles que estão diariamente, em todas as horas, correndo risco de sofrer com esta grande ira e miséria infinita! Este é o caso sombrio de toda alma nesta congregação que não é nascida de novo, ainda que moral e rigorosa, sóbria e religiosa, elas possam ser. Ó, que você considerasse isto, sendo velho ou jovem!

Há motivo para pensar que há muitos nesta congregação agora ouvindo este discurso que de fato serão os sujeitos desta exata miséria por toda eternidade. Nós não sabemos quem são estes ou onde estão sentados ou que pensamentos têm agora. Pode ser que estejam agora confortáveis e ouçam estas coisas sem muita perturbação e adulam-se por não serem estas pessoas, prometendo a si mesmas que escaparão. —J. EDWARDS

Se soubéssemos que havia uma pessoa e somente uma, em toda a congregação, que fosse o sujeito dessa miséria, que coisa terrível seria pensar nisto!

Caso soubéssemos quem seria essa pessoa, que visão terrível seria vê-la! O restante da congregação deverá levantar um lamento e chorar amargamente por ela! Mas, infelizmente, em vez de uma, quantas mais se lembrarão deste discurso no inferno! —J. EDWARDS

*Por causa dos pecadores que abandonaram a tua lei.* Davi lamentava, não porque ele estivesse sendo atacado, mas porque a Lei de Deus fora abandonada; e lamentava a condenação daqueles que assim agiam, porque estão perdidos para Deus. —AMBRÓSIO

## Versículo 54

*Os teus decretos são motivo dos meus cânticos, na casa da minha peregrinação.* Os santos veem horror no pecado e harmonia na santidade. O perverso rejeita a Lei e o justo canta sobre ela. —C. H. SPURGEON

Cânticos.
> Tais cânticos têm poder para aquietar
> O inquieto pulso da preocupação,
> E vêm como a bênção
> Que segue a oração.
>
> E a noite será repleta de música,
> E os cuidados que infestam o dia
> Dobrarão suas tendas como os árabes,
> E tão silenciosamente as roubarão.
> —HENRY WADSWORTH LONGFELLOW

*Cânticos, na casa da minha peregrinação.* Um prisioneiro exultaria diante da proclamação de libertação, e deve o pecador redimido caminhar adiante e livre de seu cativeiro, impassível, incólume, sem gratidão ou alegria? —WM. JAY

Algumas vezes nosso sofrimento é tão grande que não conseguimos cantar; então oremos. Certas vezes nossa libertação é tão jubilosa que precisamos irromper em ação de graças; então cantemos. —W. COWPER

## Versículo 55

*Lembro-me, Senhor, do teu nome, durante a noite,* e portanto *observo a tua lei* durante todo o dia. —M. HENRY

*Lembro-me, Senhor, do teu nome, durante a noite.* Novamente isto afirma seu *fervor* na religião; pois como em outro momento ele manifesta que ama a Palavra mais do que seu alimento selecionado, aqui ele manifesta que abriu mão de seu descanso noturno para que possa meditar na Palavra. Mas agora, o zelo decaiu tanto nos professores, que não renunciam suas futilidades, muito menos seu revigorar necessário, pelo amor à Palavra de Deus. —W. COWPER

*Durante a noite.* Primeiro, ou seja, *continuamente*, porque ele se lembrou de Deus durante o dia também. Segundo, *sinceramente*, porque evitou os aplausos dos homens. Terceiro, *alegremente*, porque o peso do sono natural não pode vencê-lo.

Todos estes demonstram que ele era *intensamente* entregue à Palavra; como vemos alguns homens do mundo que entregam parte da noite a seus deleites. E nisso ele guardava os testemunhos de Deus na noite, ele demonstrou que estava igualmente no secreto como na luz; por meio de que condenava todos aqueles que encobriram sua perversidade com escuridão. Examinemo-nos para constatar se interrompemos nosso sono para clamar a Deus, como o fazemos para satisfazer nossos prazeres. —R. GREENHAM

Pastor Harms, de Hermansburg, costumava pregar, orar e instruir seu povo durante nove horas no Sábado. E então quando sua mente estava completamente exausta, todo o seu corpo carregado de dor e parecia quase estar morrendo pela carência de descanso ele não conseguia dormir. Mas ele costumava dizer que amava deitar-se e permanecer acordado a noite toda no silêncio e na escuridão para pensar em Jesus. A noite afastava tudo de seus pensamentos e deixava seu coração livre para comungar com Aquele que sua alma amava tão devotamente e que visitava e consolava Seu discípulo exausto nas vigílias da noite. —D. MARCH

*E observo a tua lei.* Não tendo memória do nome de Jeová, não nos lembraremos de Seus mandamentos; se não pensarmos nele secretamente, não o obedeceremos abertamente. —C. H. SPURGEON

*Versículo 56*
*Tem-se dado assim comigo, porque guardo os teus preceitos*. Os rabinos têm um dito análogo: *A recompensa de um preceito é um preceito*; ou, *Um preceito atrai um preceito*; cujo significado é que, aquele que guarda um preceito, a ele Deus concede, como que em recompensa, a habilidade de guardar outro preceito ainda mais difícil. O contrário é outro dito dos rabinos: *a recompensa de um pecado é um pecado*; ou, *a transgressão atrai transgressão*. —SIMON DE MUIS

*Exposição dos versículos 57 a 64*
Nesta seção, o salmista parece se apossar firmemente do próprio Deus; apropriando-o (57), clamando por Ele (58), retornando a Ele (59), confortando-se nele (61,62), associando-se com o Seu povo (63) e suspirando por experiência pessoal com a Sua bondade (64). —C. H. SPURGEON

*Versículo 57*
*O Senhor é a minha porção*. Uma sentença partida. Os tradutores a remendaram com inserções, mas talvez tivesse sido melhor deixá-la em paz e então teria parecido ser uma exclamação: *Ó Senhor, minha porção!* O poeta está perdido em fascinação, enquanto vê que o grande e glorioso Deus é todo seu! Como os levitas, ele tomou Deus como sua porção e deixou outros aspectos àqueles que os cobiçavam. —C. H. SPURGEON

A sinceridade desta declaração pode ser percebida, porque ele fala como que se dirigindo a Deus. Não diz apenas: "Ele é minha porção", mas ousa falar diante da face de Deus: "O Senhor é a minha porção". Em outra parte é dito: "A minha porção é o Senhor, diz a minha alma" (Lm 3:24). Aqui, contudo, ele não fala se dirigindo a Deus, mas acrescenta: "diz a minha alma"; mas aqui fala com o próprio Deus, que conhece os segredos do coração.

Falar assim de Deus para Deus, comprova nossa sinceridade, quando declaramos diante da face de Deus nossa confiança e preferência; como Pedro: "Senhor, tu sabes todas as coisas, tu sabes que eu te amo" (Jo 21:17). —T. MANTON

Ah senhor, se Satanás viesse a você com uma maçã, como já o fez a Eva, diga-lhe que "o Senhor é a sua porção"; ou com uvas, como já o fez a Noé, diga-lhe que "o Senhor é a sua porção"; ou com uma mudança de vestes como já o fez a Geazi, diga a ele que "o Senhor é a sua porção"; ou com uma barra de ouro como já o fez com Acã, diga-lhe que "o Senhor é sua porção"; ou com um saco de dinheiro como já o fez com Judas, diga a ele que "o Senhor é a sua porção"; ou com uma coroa, um reino, como já o fez com Moisés, diga-lhe que "o Senhor é a sua porção". —T. BROOKS

Se Deus for seu, todos os Seus atributos também pertencem a você; todas as Suas criaturas, todas as Suas obras de providência, lhe farão bem, conforme você precisar. Ele é uma porção eterna, plena, satisfatória. Ele é um Amigo eterno, sempre presente e sem Ele você é uma criatura amaldiçoada em todas as condições e todas as coisas trabalharão contra você. —J. MASON

Tendo havido um momento na vida de Davi em que alguém pode sentir-se propenso a invejá-lo, não seria naquele vigor de vitória quando Golias caiu prostrado aos seus pés, nem na hora de triunfo ainda maior, quando as donzelas de Israel cantaram louvores a ele na dança dizendo: "Saul feriu os seus milhares, porém Davi, os seus dez milhares". Não seria no dia régio, quando sua reivindicação inquestionável do trono de Israel foi reconhecida por todos os lados e por todas as tribos; mas seria no momento em que, com um coração amável e confiante, ele olhou para Deus e disse: *O Senhor é a minha porção*. —BARTON BOUCHIER

*Versículo 58*
*Compadece-te de mim, segundo a tua palavra*. Aqui temos o seu "Compadece-te de mim" elevando-se com tanta intensidade de súplica humilde, como se ainda estivesse entre os penitentes mais estremecidos. A confiança da fé nos torna ousados em oração, mas nunca nos ensina a viver sem oração ou justifica-nos para sermos algo diferente do que

humildes suplicantes diante do portão da misericórdia. —C. H. SPURGEON

Todo o consolo deve ser construído sobre uma promessa das Escrituras, o restante é presunção, não verdadeiro consolo. As promessas são *pabulum fidei, et anima fidei*; o alimento da fé e a alma da fé. Como a fé é a vida de um cristão, assim as promessas são a vida da fé. A fé é morta se não tiver promessa alguma para vivificá-la. Como as promessas não têm uso algum sem a fé com que aplicá-las, assim a fé não tem utilidade alguma sem uma promessa que possa apreender. —EDMUND CALAMY

## Versículo 59

*Considero os meus caminhos e volto os meus passos para os teus testemunhos.* A ação sem pensamento é insensatez e o pensamento sem ação é preguiça. Pensar cuidadosamente e agir prontamente é uma feliz combinação. Se conseguimos endireitar nossos pés no caminhar santo, em breve conseguiremos endireitar nosso coração em viver alegre. —C. H. SPURGEON

A palavra hebraica usada aqui para o verbo "considerar" significa pensar nos caminhos de um homem, deliberadamente, seriamente, cuidadosamente e curiosamente. Este santo homem de Deus considerava exata e curiosamente todos os seus propósitos e práticas, em todos o seu agir e falar, em todas as suas palavras e obras; e ao perceber que muitos deles não chegavam ao padrão da regra, sim, estavam contra a regra, ele voltou seus pés para os testemunhos de Deus. Ao encontrar seus erros, em sondagem diligente, um escrutínio rígido, ele muda seu comportamento e molda sua conduta mais exatamente segundo a regra.

Ó cristãos! Vocês devem se preocupar tanto com suas carências espirituais como com seus deleites espirituais. Devem se preocupar tanto com suas entregas quanto com seus estoques; devem se preocupar tanto com o que você será no futuro, como com o que você é agora devido ao passado. Certamente nunca será eminente em santidade o cristão que tem olhos para contemplar pouca santidade e nunca um olho para ver sua carência posterior de santidade. —T. BROOKS

Venenos podem ser medicinais. Deixe os pensamentos de antigos pecados agitarem uma comoção de ira e ódio. Sentimos arrepios em nossos espíritos e um movimento em nosso sangue, com o simples pensar em uma amarga poção que bebemos no passado. Por que não faríamos espiritualmente, o que a própria estrutura da constituição de nossos corpos faz naturalmente, ao trazer algo repugnante à mente? —S. CHARNOCK

*E volto os meus passos para os teus testemunhos.* Mencionando esta passagem, Philip Henry observou que a grande virada a ser feita no coração e na vida, é voltar-se contra todas as outras coisas em direção à Palavra de Deus. A conversão nos leva para a Palavra de Deus como nosso critério para examinarmos a nós mesmos, nosso estado, nossos caminhos, nossa alma, doutrinas, adorações, costumes; como nosso espelho, segundo o qual nos vestimos (Tg 1); como nossa regra que guia nosso andar e trabalhar (Lc 24); como nossa água que nos lava (Sl 119:9); como nosso fogo que nos aquece (Lc 24); como nosso alimento que nos nutre (Jo 23:12); como nossa espada com a qual lutar (Ef 6); como nossa conselheira em todas as nossas dúvidas (Sl 119:24); como nosso tônico, para nos consolar; como nossa herança para nos enriquecer.

Nenhum itinerário à cidade celestial é mais simples ou pleno do que a resposta pronta dada por um prelado inglês a um zombador que lhe perguntou qual era o caminho para o Céu: "Primeiro, vire à direita e depois continue adiante". —NEALE E LITTLEDALE

## Versículo 60

*Apresso-me, não me detenho.* Quando alguém é justamente chamado ou para o estudo da teologia ou para o ensino na igreja, não deve hesitar, como Moisés, ou rejeitar como Jonas; mas deixando todas as coisas, deve obedecer a Deus, que o chama. Como Davi diz: *Apresso-me, não me detenho.* (Mt 4:20; Lc 9:6) —SOLOMON GESNER

A fé não racionaliza com Deus, não inquire com *quids*, *quares* ou *quomodos*, nem com *o quês*, os *comos* ou *por quês*. Ela não coloca questão alguma, cede mansamente e humildemente diz *Amém*, a toda

Palavra de Deus. Esta é a fé com a qual nosso Salvador se maravilhou na história do centurião. —R. CLERKE

Preste atenção às delongas e procrastinação; evite adiar de um dia para outro, dizendo que haverá tempo adiante, haverá tempo suficiente para eu buscar o paraíso, quando eu tiver tido o suficiente do mundo; se eu o fizer no último ano de minha vida, no último mês do último ano, na última semana do último mês, isso servirá.

Ó, cuidado com os atrasos; adiar o arrependimento já arruinou milhares de almas; rejeite esse fosso em que muitos já caíram, rejeite essa rocha contra a qual tantos colidiram sofrendo naufrágio; diga com Davi: *Apresso-me, não me detenho em guardar os teus mandamentos.* —JAMES NALTON

Aqui está a miséria. Deus sempre vem fora de hora para o coração carnal. Foi o diabo que disse: "Vieste aqui atormentar-nos antes do tempo" (Mt 8:29)? Boas coisas são um tormento para um coração carnal e elas sempre surgem fora de hora. Certamente esta é a melhor hora: quando a Palavra de Deus é premida em seu coração com testemunho, luz e poder e quando Deus trata com você sobre a Sua paz eterna. —T. MANTON

*Detenho. Hithmahmah*, a palavra usada para a permanência de Ló em Gn 19:16. —WM. KAY

O deter-se nas incumbências do Senhor se aproxima da desobediência e geralmente aflora dela ou é descendente dela. "Disse Deus que me apressasse" (2Cr 35:21). Decidamos assegurar que diremos: *"Apresso-me, não me detenho em guardar os teus mandamentos."* —FRANCES HAVERGAL

Evite toda delonga na execução desta grande obra de crer em Cristo. Até que a tenhamos executado, continuamos sob o poder do pecado e de Satanás e sob a ira de Deus. E não há nada entre o inferno e nós além do fôlego de nossas narinas.

É perigoso para Ló permanecer em Sodoma caso fogo e enxofre caiam do Céu sobre ele. O homicida deve fugir para a cidade refúgio, para que o vingador do sangue não o persiga enquanto ainda tem o coração ardendo e o mate. Deveríamos nos apressar e não nos determos em guardar os mandamentos de Deus. —W. MARSHALL

### Versículo 61

*Bandos de ímpios me despojaram* (ARC). Antes eles o haviam ridicularizado e agora o defraudaram. Homens impiedosos se tornam sempre piores e mais e mais audaciosos, de modo que vão da ridicularizarão ao roubo. Muito desta ousada oposição surge do fato de estarem unidos em um bando. Homens ousam fazer, quando em bando, aquilo que sozinhos jamais considerariam. Os inimigos de Davi fizeram o seu máximo: primeiro as serpentes sibilaram e em seguida feriram. Uma vez que as palavras não têm proveito, os perversos partem para os golpes. Quanto os ímpios roubaram dos santos em todas as eras e com que frequência o justo suportou contente o despojar de seus bens. —C. H. SPURGEON

Em seguida, Cristão disse ao seu companheiro: "Agora me lembro de uma coisa que me contaram sobre o que aconteceu a um bom homem neste lugar. Seu nome era *Pouca-Fé*, mas era uma pessoa boa e morava na *Cidade da Sinceridade*. O que ocorreu foi o seguinte: Na entrada para esta passagem, havia uma larga estrada onde havia um portão chamado *Vereda-dos-Mortos* — tinha esse nome por causa dos assassinatos que ali eram cometidos — e *Pouca-Fé*, que estava em peregrinação, como estamos, sentou-se e caiu no sono. Neste exato momento, percebendo que havia adormecido, três trapaceiros, três irmãos chamados *Covardia, Descrença* e *Culpa*, vieram do Portão Largo. Espiaram *Pouca-Fé* e correndo chegaram rapidamente. Nesse momento, aquele bom homem acordou e já se preparava para retomar sua jornada quando os bandidos se aproximaram dele e com linguagem ameaçadora ordenaram-lhe que levantasse. Com isso, *Pouca-Fé* ficou branco como uma folha de papel, sem força para lutar ou fugir. Em seguida *Covardia* ordenou: 'Entregue-nos sua bolsa'. Mas ele não obedeceu, pois não queria perder seu dinheiro. Então, *Descrença* correu até o homem e, enfiando sua mão no bolso dele, puxou para fora uma bolsa cheia de prata. "Ladrões! Ladrões!", gritou *Pouca-Fé*. Mas *Culpa* o atingiu na cabeça com um grande bastão, levando o pobre homem ao chão, onde ele permaneceu sangrando como se fosse sangrar até à morte. [...] Eles não revistaram o suficiente para descobrir o local onde ele guardava suas joias, pois ainda estavam sob seu poder. No entanto, como me contaram, aquele peregrino estava preocupado com sua perda; na verdade, os ladrões conseguiram a maior parte do dinheiro para suas despesas. Ele ainda tinha uma pequena quantia, porém, não o suficiente para levá-lo até o fim de sua jornada. Se não estou enganado, foi obrigado a pedir esmolas, pois era proibido vender suas joias. Apesar das esmolas e de fazer tudo o que lhe era possível, passou fome na maior parte do restante do caminho." —JOHN BUNYAN

*Contudo, não me esqueço da tua lei.* Isto era bom. Nem seu senso de injustiça, nem sua tristeza por suas perdas, nem suas tentativas de defesa o desviaram dos caminhos de Deus. Ele não agiria erroneamente ao prevenir o sofrimento do erro, nem agiria mal para vingar-se do mal.

Ele não podia ser subornado ou intimidado a pecar. O cordão do impiedoso não poderia afastar Deus dele, nem ele de Deus. Isto porque Deus era sua porção e ninguém podia desviá-lo disto pela força ou fraude. Essa é a verdadeira graça que pode suportar o teste. Alguns mal são graciosos em seu círculo de amigos, mas este homem era santo em meio ao círculo de inimigos. —C. H. SPURGEON

## Versículo 62

*À meia-noite, me levantarei para te louvar pelos teus justos juízos* (ARC). O salmista observava postura; ele não se deitava na cama e louvava. Não há muito na posição do corpo, mas há algo, e este algo deve ser observado sempre que for útil à devoção e expressivo de nossa diligência ou humildade. —C. H. SPURGEON

Aquilo que impede o sono de homens comuns ou são preocupações deste mundo, o ressentimento impaciente de lesões, ou o aguilhão de uma consciência má. Estes mantêm outros acordados, mas Davi era acordado pelo desejo de louvar a Deus. —T. MANTON

Sua sinceridade, vista em seu sigilo. Davi professava a sua fé em Deus quando não tinha testemunhas ao seu lado; *à meia-noite* quando não havia risco de ostentação. Era uma alegria e um deleitar-se em Deus, ambos secretos; e quando sozinho não precisaria considerar os aplausos dos homens, mas somente ser aprovado por Deus que vê em secreto. Veja a orientação de Cristo: "Tu, porém, quando orares, entra no teu quarto e, fechada a porta, orarás a teu Pai, que está em secreto; e teu Pai, que vê em secreto, te recompensará" (Mt 6:6). Note também a prática do próprio Cristo: "Tendo-se levantado alta madrugada, saiu, foi para um lugar deserto e ali orava" (Mc 1:35). Antes que o dia nascesse Ele ia a um lugar deserto para orar; a hora e o lugar sugeriam sigilo.

A grande reverência a ser usada na adoração em secreto. Davi não apenas eleva seu espírito para louvar a Deus, mas se levantava de sua cama, para dobrar os joelhos a Ele. Os deveres secretos deveriam ser executados com solenidade, não cambaleando. O louvor, uma ação especial de adoração, exige a adoração de corpo e de alma. —T. MANTON

## Versículo 63

*Companheiro sou de todos os que te temem.* O último versículo disse "me levantarei" no futuro, e aqui diz "sou" no presente. Dificilmente podemos esperar estar certos no futuro se não estivermos certos agora. —C. H. SPURGEON

Estes dois caminham juntos: o amor de Deus e o amor de Seus santos. Davi piedoso, quando Jônatas morreu, fez inquirição diligente. Resta ainda, porventura, alguém da casa de Saul, para que use eu de bondade para com ele, por amor de Jônatas? E eventualmente ele encontrou o desamparado, coxo Mefibosete. Então se inquirirmos diligentemente, "Há alguém na Terra a quem possa demonstrar bondade por amor a Cristo que está no Céu?", encontraremos alguém, a quem qualquer coisa que fizermos será aceito como feito para o próprio Cristo. —W. COWPER

Como seria bom para o mundo se os grandes potentados da Terra pensassem, falassem e agissem:

*Companheiro sou de todos os que te temem*. O amor-próprio reina na maioria dos homens; amamos o rico e desprezamos o pobre, e assim temos a fé de nosso Senhor Jesus Cristo com acepção de pessoas (Tg 2:1); portanto, esta universalidade deve ser considerada. —T. MANTON

Rejeite a companhia que rejeita Deus e mantenha a companhia que Deus mantém. Olhe para a sociedade dos carnais e profanos como infecciosa, mas considere pessoas sérias, de oração como as excelentes da Terra. Tais servirão para vivificá-lo, quando você estiver moribundo e aquecê-lo quando frio. Faça íntimas as mais animadas pessoas de Deus e veja o amor que têm por Cristo e sua semelhança a Ele como o grande motivo de seu amor por elas, mais do que o amor delas ou semelhança a você. —J. WILSON

*E dos que guardam os teus preceitos*. Davi era conhecido por estar no lado piedoso, ele sempre fez parte do partido puritano. Os homens de Belial o odiavam por isto e sem dúvida o desprezavam por manter tais companhias ultrapassadas: homens e mulheres humildes que são puritanos e religiosos. —C. H. SPURGEON

## Versículo 64

*A terra, Senhor, está cheia da tua bondade*. É a misericórdia que nos tira do útero, nos alimenta nos dias de nossa peregrinação, nos supre de provisões espirituais, fecha nossos olhos em paz e nos translada para um lugar de descanso seguro. É a primeira vestimenta do suplicante, o primeiro artigo do cristão, a contemplação de Enoque, a confiança de Abraão, a carga dos Cânticos Proféticos, a glória de todos os apóstolos, a súplica do penitente, os êxtases do reconciliado, o hosana do cristão, a aleluia dos anjos.

Ordenanças, oráculos, altares, púlpitos, os portões da sepultura e os portões do Céu, todos dependem da misericórdia. Ela é a estrela guia do andarilho, o resgate do cativo, o antídoto do tentado, o profeta dos viventes e o consolo eficaz dos mortos. Não haveria um santo regenerado na Terra, nem um santo glorificado no Céu se não fosse pela misericórdia. —G. S. BOWES

## Exposição dos versículos 65 a 72

Nesta nona seção, todos os versículos começam com a letra *Tet*. Eles são a testemunha da experiência, testificando a bondade de Deus, a graciosidade de Seu dispensar e a preciosidade de Sua Palavra. O salmista proclama especialmente os excelentes usos da adversidade e a bondade de Deus em afligi-lo. O versículo 65 é o texto de toda a oitava. —C. H. SPURGEON

## Versículo 65

*Tens feito bem ao teu servo, Senhor, segundo a tua palavra*. É algo que Deus *fez* por completo a seres tão insignificantes e não merecedores como nós e é muito maior o fato de que Ele fez bem a nós; e fez tão *bem*, tão maravilhosamente bem. —C. H. SPURGEON

Aqui está a diferença entre fé e uma consciência acusadora: a consciência acusadora tem medo de pedir mais, pois abusou das primeiras misericórdias; mas a fé, garantindo-nos que todos os benefícios de Deus são símbolos de Seu amor concedido a nós segundo Sua Palavra, é ousada em pedir mais. —R. GREENHAM

O falecido Reverendo J. Brown de Haddington, da Escócia, disse: "sem dúvida, encontrei tribulações como outros encontraram; contudo tão gentil Deus tem sido comigo, que penso: caso Ele me concedesse tantos anos na Terra quantos já vivi, eu não desejaria mudar uma circunstância sequer em meu destino, exceto por desejar que eu tivesse menos pecado. Poderá ser escrito em meu caixão: 'Aqui jaz um dos protegidos da Providência, que cedo carecia de pai e mãe e, contudo nunca sentiu a falta deles'." —ANEDOTAS DE ARVINE

## Versículo 66

*Ensina-me bom juízo e conhecimento*. O bom juízo é a forma de bondade que o homem piedoso mais precisa e mais deseja e, é uma das quais o Senhor está mais pronto a conceder. Um contemplar de nossos erros e uma compreensão de nossa ignorância deveria nos tornar ensináveis.

Somente o Espírito Santo pode nos encher de luz e colocar o entendimento no equilíbrio adequado.

Que ansiemos ardentemente por Seus ensinos, pois são extremamente desejáveis. Que não sejamos mais meras crianças em conhecimento e entendimento. —C. H. SPURGEON

*Pois creio em teus mandamentos.* Certamente há uma fé nos mandamentos assim como nas promessas. Devemos crer que Deus é Seu autor e que eles são as expressões de Sua vontade dominante e legislativa, que estamos sujeitos a obedecer. A fé deve discernir a soberania e a bondade do Criador da Lei e crer que os Seus mandamentos são santos, justos e bons. Deve também nos ensinar que Deus ama aqueles que guardam a Sua Lei, se ira com aqueles que a violam e que Ele garantirá que Sua Lei seja vingada no último grande dia. —T. MANTON

*Versículo 67*
*Antes de ser afligido, andava errado.* Por que uma pequena comodidade provoca em nós tanto mal? Não conseguimos nunca descansar sem que enferrujemos? Nunca ser cheios sem engordar? Nunca elevar-nos a um mundo sem cair em outro! Que criaturas fracas somos sendo incapazes de suportar um pequeno prazer! Que corações medíocres são esses que transformam a abundância da bondade de Deus em ocasião para o pecado. —C. H. SPURGEON

Não que ele tenha deliberadamente, perversamente, maliciosamente e pelo desdém, abandonado seu Deus; isto ele nega (Sl 18:21), mas pela fraqueza da carne, a prevalência da corrupção, a força da tentação e muito por meio do descuido, desatenção e estrutura negligente de espírito, ele saiu do caminho certo e vagueou antes que estivesse bem consciente. A palavra é usada para erros por ignorância (Lv 5:18).

Isto foi em seu tempo de prosperidade, quando ainda que não agisse como Jesurum, engordando e chutando, abandonando e considerando levianamente a Rocha de sua salvação; ou caindo em tentações e luxúrias ofensivas e, errante da fé, sendo transpassado por muitos pesares; poderia eventualmente se tornar desatento com os deveres da religião e negligenciá-los; o que é um caso comum. —J. GILL

A prosperidade é um teste de caráter mais refinado e severo do que a adversidade; como uma hora do sol de verão produz maior deterioração do que o mais longo dia de inverno. —ELIZA COOK

Como os homens aparam as penas das aves que começam a voar muito alto ou distante demais, da mesma forma Deus diminui nossas riquezas etc., para que não passemos de nossos limites e nos gloriemos demais de tais dádivas. —OTTO WERMUELLERUS

Há multidões a quem Deus afligiu com cegueira natural para que ganhassem visão espiritual; e os que sob enfermidades do corpo e doenças de diversas ordens consumiram e desperdiçaram esta vida terrena, agora, de bom grado, em lugar de tudo isto, se apropriam da glória, da honra e da imortalidade. —W. G. LEWIS

Pela aflição, Deus separa o pecado que Ele odeia da alma que Ele ama. —J. MASON

*Versículo 68*
*Tu és bom e fazes o bem.* Toda a glória que podemos dar a Deus é para refletir Sua própria glória sobre Ele mesmo. Não há como declararmos mais sobre o que é bom em Deus do que o próprio Deus é e faz. Cremos em Sua bondade e assim o honramos por nossa fé; admiramos essa bondade e assim o glorificamos por nosso amor; declaramos essa bondade e assim o magnificamos por nosso testemunho.

*Versículo 69*
*Os soberbos têm forjado mentiras contra mim.* Eles primeiro zombaram dele (51), então o despojaram (61) e agora o difamaram. Para ferir seu caráter, eles recorreram à falsidade, pois não conseguiriam encontrar nada contra ele se falassem a verdade. Eles forjaram mentiras como um ferreiro bate em uma arma de ferro, ou falsificaram a verdade como homens forjam uma moeda falsa.

A calúnia é uma arma barata e prática se o objeto é a destruição de uma reputação graciosa; e quando muitos orgulhosos inventam, exageram e espalham uma falsidade maliciosa, eles geralmente são bem-sucedidos em ferir suas vítimas e não será falha delas, se não o matarem abertamente.

Ó, o veneno que fica sob a língua de um mentiroso! Muitas vidas felizes foram amargadas por ele e, muitas boas reputações foram envenenadas como se pela droga mais letal. É doloroso ao último grau, ouvir homens inescrupulosos martelando na bigorna do diabo, forjando uma nova calúnia; o único auxílio contra isto é a doce promessa: "Toda arma forjada contra ti não prosperará; toda língua que ousar contra ti em juízo, tu a condenarás". —C. H. SPURGEON

Vatablus traduz da seguinte forma: *concinnarunt mendacia*. E desta forma Tremellius: *Eles adornaram mentiras*. Como Satanás pode se transformar em um anjo de luz, assim ele adorna suas mentiras sob a verdade para que seja mais plausível para os homens. E de fato, esta não é uma pequena tentação, quando as mentiras criadas contra os piedosos são adornadas com sombras de verdade e homens perversos cobrem suas operações iníquas com aparências de justiça.

Portanto, os piedosos não são apenas injustamente perseguidos, mas os simples são levados a crer que isto lhes é justamente merecido. Neste caso, os piedosos devem manter-se pelo testemunho de uma boa consciência. —W. COWPER

A metáfora pode ser como os gregos costurando ou remendando ou pode vir de manchar, ou emplastrar (Delitzsch, Moll etc.) uma parede, para esconder o verdadeiro conteúdo. O salmista permanece fiel a Deus apesar das falsidades com que o orgulhoso a mancha e esconde sua verdadeira fidelidade —*COMENTÁRIO SPEAKER*

*Não obstante, eu guardo de todo o coração os teus preceitos*. Caso tentemos responder a mentiras com nossas palavras, podemos ser espancados na batalha; mas uma vida santa é uma refutação incontestável de todas as calúnias. O despeito é abortado se perseverarmos em santidade, apesar de toda oposição. —C. H. SPURGEON

### Versículo 70
*Tornou-se-lhes o coração insensível, como se fosse de sebo*. Um coração engordurado é algo terrível; é uma gordura que faz o homem fátuo, uma degeneração pela gordura do coração que leva à debilidade e à morte. A gordura em tais homens está lhes arrancando a vida. Dryden escreveu:
*Ó almas! Em quem não se vê fogo celestial,*
*Mentes gordas sempre rastejando pelo chão.*
—C. H. SPURGEON

A palavra *tagash* não ocorre em nenhum outro lugar nas Escrituras, mas para os caldeus *tugesh* significa *engordar, tornar gordo*; também *emburrecer, tornar estúpido e tolo*, porque os corpulentos muitas vezes são assim.

Por esta razão os orgulhosos, que são mencionados no versículo anterior, são descritos por sua firme determinação em praticar o mal, porque são quase insensíveis; como é visto em porcos que, pungidos lentamente em sua pele com um punhal, nada sentem enquanto o punhal passa pela gordura, até que atinja a carne. Assim o orgulhoso, cuja grande prosperidade é em outro lugar comparada à gordura, tem o coração totalmente insuscetível, que é insensível às severas repreensões da Palavra divina. —M. GEIER

Como um estômago cheio abomina a carne e não consegue digeri-la; assim os homens perversos odeiam a Palavra; não lhes desce à garganta, não gratifica suas luxúrias. —WILLIAM FENNER

O salmista não está contrastando aqueles que levam uma vida bruta, autoindulgente, perniciosa, pela qual corpo e mente são incapacitados para seus usos adequados com aqueles que podem *correr* no caminho dos mandamentos de Deus, *deleitar-se* em fazer Sua vontade e *meditar* em Seus preceitos? A preguiça, a obesidade e a estupidez *versus* atividade, músculos firmes e vigor mental. Corpo *versus* mente. O homem tornando-se como um animal *versus* o homem que preserva a imagem de Deus. —SIR JAMES RISDON-BENNETT

*Mas eu me comprazo na tua lei*. Quando a Lei se torna deleite, a obediência é uma satisfação. A santidade no coração faz a alma comer a gordura da terra. Ter a Lei como nosso deleite gerará em nosso coração o exato oposto dos efeitos do orgulho: mortalidade, sensualidade e obstinação serão curadas e nos tornaremos ensináveis, sensíveis e espirituais. Como devemos ser cuidadosos com um viver sob a influência da Lei divina de modo que não caiamos sob a lei do pecado e da morte! —C. H. SPURGEON

*Versículo 71*
*Foi-me bom ter eu passado pela aflição.* O nosso pior é melhor para nós, do que o melhor do pecador. —C. H. SPURGEON

Sou restaurado por minha enfermidade, enriquecido por minha pobreza e fortalecido por minha fraqueza; então com o desejo de São Bernardo: *Irascaris mihi Domine*, ó Senhor, ire-se comigo.

Que tolos somos nós ao fecharmos a cara às nossas aflições! Estas, por mais hostis que sejam, são nossas melhores amigas. De fato, não são para nosso prazer, são para nosso benefício; seu resultado as faz dignas de boas-vindas. Por que nos importaríamos com a amargura de uma poção se esta trouxer saúde? —ABRAHAM WRIGHT

Raro, de fato, é ver um homem sair de um leito de fraqueza ou de qualquer outra fornalha de aflição mais semelhante a anjos em pureza, mais semelhante a Cristo que era santo, inócuo, imaculado e separado de pecadores; mais semelhante ao próprio Deus, sendo mais exatamente justo em todos os seus caminhos e mais exemplarmente santo em todos os modos de conversa. —NATHANAEL VINCENT

Como as águas são mais puras quando estão em movimento, assim os santos são geralmente mais santos quando enfrentam aflição. É bem sabido que pela maior das aflições o Senhor selou a mais doce instrução. O ouro mais puro é o mais maleável. A melhor lâmina é a que se curva bem sem manter a forma tortuosa. —WILLIAM SECKER

No interessantíssimo livro da Srta. E. J. Whately, sobre a vida de seu pai, o celebrado bispo de Dublin, é registrado um fato, contado por Dr. Whately, com relação à introdução da árvore Lárix na Inglaterra.

Quando as plantas foram compradas, o jardineiro, ouvindo que vieram do sul da Europa e considerando óbvio o fato de que exigiam calor, esquecendo-se de que cresciam em temperaturas muito baixas, as colocou em uma estufa. Dia a dia elas definhavam até que o jardineiro em desgosto as jogou em um monte de dejetos do lado de fora. Ali, elas começaram a reviver e florescer e finalmente se tornaram árvores. Elas precisavam do frio.

O grande lavrador geralmente salva suas plantas ao jogá-las no frio. As geadas cortantes da tribulação são muitas vezes necessárias se as lárix de Deus precisarem crescer. —J. W. BARDSLEY

*Para que aprendesse os teus decretos.* Ser banhado pela prosperidade não é bom para o orgulhoso; mas aprender a verdade pela adversidade é algo bom para o humilde. Muito pouco é aprendido sem aflição. Caso desejemos ser eruditos, devemos ser sofredores. Os mandamentos de Deus são melhores lidos por olhos molhados com lágrimas. —C. H. SPURGEON

A esposa de Martinho Lutero disse: "eu nunca saberia o que certas coisas significam, em certos salmos, tais queixas e tais obras do espírito. Eu nunca teria compreendido a prática dos deveres cristãos se Deus não tivesse me colocado sob aflição."

É grande verdade que o cajado de Deus é como a régua do professor para a criança, apontando à letra para que ele tenha melhor percepção dela. Assim Deus nos direciona a muitas boas lições, que nunca teríamos aprendido de outra forma. —J. SPENCER

O cristão tem motivo para agradecer a Deus pelas coisas que não se acomodaram segundo seus desejos. Quando a bruma de lágrimas estava em seus olhos, ele olhou para a Palavra de Deus e enxergou coisas magnificentes.

Quando Jonas saiu das profundezas do oceano, ele demonstrou ter aprendido os estatutos de Deus. Não se poderia descer a tal profundeza para obter tal conhecimento como o que ele obteve. Nada agora poderia impedi-lo de ir a Nínive. É exatamente como se ele tivesse trazido das profundezas um exército de doze legiões das tropas mais formidáveis. A Palavra de Deus, capturada pela fé, foi tudo isto para ele e ainda mais. Ele ainda, contudo, precisou de aflição adicional, pois havia alguns estatutos não aprendidos. Algumas cabaças estavam murchas. Ele desceria a um vale mais profundo de humilhação.

Até mesmo a aflição mais profunda, talvez, não nos ensine tudo; erro que algumas vezes cometemos. Mas por que deveríamos compelir Deus a fazer uso de medidas severas conosco? Por que não nos sentarmos aos pés de Jesus e aprender sossegadamente o que precisamos aprender? —GEORGE BOWEN

## Versículo 72
*Para mim vale mais a lei que procede de tua boca.* Os mesmos lábios que declararam nossa existência declararam a lei pela qual devemos governar essa existência. —C. H. SPURGEON

As Escrituras são a biblioteca do Espírito Santo. As Escrituras contêm em si a *credenda*, "as coisas em que devemos crer" e a *agenda*, "as coisas que devemos praticar". As Escrituras são a bússola pela qual o leme de nossa vontade deve ser direcionado, são o campo onde Cristo, a Pérola de grande valor, é escondido. As Escrituras são tanto geradoras quanto alimentadoras da graça. Como o convertido nasce se não pela "Palavra da verdade" (Tg 1:18). Como ele cresce, se não pelo "genuíno leite espiritual"? (1 Pe 2:2). —T. WATSON

Um avarento cobiçoso não poderia ter tanto deleite em seus sacos de dinheiro, nem um jovem herdeiro em uma grande herança, como Davi teve na Palavra de Deus. —O. HEYWOOD

A Palavra de Deus deve estar mais próxima de nós do que os nossos amigos, ser-nos mais cara do que nossa vida, mais doce para nós do que a nossa liberdade e mais agradável a nós do que todos os confortos terrenos. —J. MASON

Enquanto lia uma parte do Salmo 119 à Srta. Westbrook, agora falecida, disse: "Pare, senhor. Eu nunca disse muito ao senhor antes, nunca pude; mas agora eu *posso* dizer: 'A palavra de Tua boca é mais preciosa para mim do que *milhares* de ouro e prata.' O que ouro e a prata podem fazer por mim agora?" —GEO. REDFORD

*Para mim vale mais a lei que procede de tua boca do que milhares de ouro ou de prata.* Tivesse um homem pobre dito isto, os poucos sagazes do mundo teriam sugerido que suas uvas eram amargas e, que homens que não têm riquezas são os primeiros a desprezá-las; mas este é o veredito de um homem que possuía seus milhares, e poderia julgar por experiência própria o valor do dinheiro e o valor da verdade. —C. H. SPURGEON

Veja como esta porção do salmo é temperada com bondade. As dispensações de Deus são boas (65), o santo julgamento é bom (66), a aflição é boa (67), Deus é bom (68) e aqui a Lei não somente é boa, mas melhor do que o melhor tesouro. Senhor, faz-nos bons por meio de Tua boa Palavra. —C. H. SPURGEON

Vocês que são eruditos, lembrem-se de Cranmer e Ridley; o primeiro decorou todo o Novo Testamento em sua jornada a Roma, o segundo nas caminhadas de Pembroke em Cambridge. Lembre-se do que é dito sobre Thomas à Kempis: ele não encontrava descanso em lugar algum, *nisi in ângulo, cum libelo*, senão em um canto com este livro em sua mão. E o que é dito de Beza: quando ele passou dos 80 anos ainda podia declamar perfeitamente qualquer capítulo em grego das epístolas de Paulo.

Deixe que todos os homens considerem esse discurso hiperbólico de Lutero em que afirmava que não viveria no Paraíso sem a Palavra, e que com ela ele bem viveria no inferno. Este discurso de Lutero deve ser compreendido *cum grano salis*. —EDMUND CALAMY

## Exposição dos versículos 73 a 80
O tema aqui parece ser a experiência pessoal e sua influência cativante em outros. O profeta está em profundo sofrimento, mas espera ser liberto e então bendiz. —C. H. SPURGEON

Versículos 73 a 80. O relato tradicional desta seção, como dado pelos teólogos medievais, é que esta é a oração de um homem para ser restaurado ao seu estado de inocência original e sabedoria, ao ser conformado à imagem de Cristo.

E isto é conciliatório com o significado óbvio, que é em parte uma petição por graça divina e em parte uma afirmação de que o exemplo de piedade e resignação, durante a tribulação, é cativante o suficiente, para atrair o coração dos homens a Deus, uma verdade estabelecida imediatamente pela Paixão e pela vida de todos os santos que tentaram segui-la.
—NEAL E LITTLEDALE

*Versículo 73*
*Ensina-me para que aprenda os teus mandamentos.* Um homem que não tem mente é um idiota, a simples caricatura de um homem; e a mente sem a graça é perversa, a triste perversão da mente. Tolos têm capacidade para pecar, mas somente aqueles que são ensinados por Deus podem ser santos.
—C. H. SPURGEON

A verdade é a seguinte: somente Deus pode iluminar nossa consciência sensatamente, oremos, portanto, para que Ele o faça. Todo o nosso estudar, ouvir, ler e outorgar não serão capazes de fazê-lo; é somente o poder daquele que nos criou que poderá executar esta tarefa. Aquele que criou nossa consciência, somente Ele pode conceder a ela esta luz celestial do verdadeiro conhecimento e entendimento correto. Desta forma, busquemo-lo sinceramente para que Ele assim o faça. —WILLIAM FENNER

*Versículo 74*
*Alegraram-se os que te temem quando me viram, porque na tua palavra tenho esperado.* Um homem esperançoso é um enviado de Deus quando as coisas estão declinando ou em perigo. Há cristãos professos cuja presença espalha a tristeza, e os piedosos silenciosamente se afastam de sua companhia. Que este nunca seja o nosso caso. —C. H. SPURGEON

*Versículo 75*
*Bem sei, ó Senhor, que os teus juízos são justos.* Aquele que deseja aprender mais, deve ser grato pelo que já sabe. —C. H. SPURGEON

Davi, o que você sabe? "Bem sei, ó Senhor, que os teus juízos são justos e que com fidelidade me afligiste."

Por mais entusiasta que eu seja de outras especulações, eu preferiria, e muito, possuir o conhecimento deste homem neste texto do que ter a mais profunda familiaridade com todo o círculo das ciências, como é orgulhosamente chamado. —J. MARTIN

Pois no credo do salmista não havia acaso. Deus ordenava tudo o que o assolava e assim Davi amava pensar. —F. BOURDILLON

*E que com fidelidade me afligiste.* A aflição e a tribulação não são somente consistentes com o amor de Deus prometido na aliança da graça; mas são partes e ramos da ministração da nova aliança. Deus não é apenas fiel não obstante aflições, mas fiel em enviá-las. Há uma diferença entre estes dois; um é como uma exceção à regra e o outro faz parte da regra. Deus não pode ser fiel sem executar todas as coisas que tratam de nosso bem-estar aprazível e eterno.
—T. MANTON

*Contudo, Senhor, no lugar mais caro à memória*
*Encapsulo as tristes estações,*
*Ao olhar para o alto, vi Tua face*
*Em amável austeridade revestida.*

*Eu não perderia um suspiro ou lágrima,*
*Constrição de coração, fronte latejante;*
*Tão doce foi o severo castigo,*
*E doce é agora sua lembrança.*

*Sim! Que as aromáticas cicatrizes permaneçam,*
*Símbolos do amor em lembrança a ti,*
*Sombras tênues do lado perfurado pela lança*
*E da Cabeça circundada de espinhos.*

*E assim Tua terna força ainda será,*
*Quando o eu se desviasse ou vagueasse,*
*Moldando à verdade a vontade nefasta*
*Ao longo de Teu caminho estreito.*
—J. H. NEWMAN

*Versículo 76*
*Venha, pois, a tua bondade consolar-me*. No versículo anterior, ele reconheceu que o Senhor o havia afligido; agora, nisto ele orou ao Senhor para que o consolasse. É insólito que um homem busque consolo na mesma mão que o golpeia; é a obra da fé, a natureza nunca nos ensinará a agir desta forma. "Vinde, e tornemos para o Senhor, porque ele nos despedaçou e nos sarará; fez a ferida e a ligará." —W. COWPER

*Versículo 77*
*Sobre mim venham as tuas ternas misericórdias, para que eu viva* (TB10). Note, novamente, a feliz combinação de palavras de nossa tradução. Houve em algum momento um som mais doce que este: "ternas misericórdias"? Ele que foi penosamente afligido e, contudo, socorreu ternamente é o único homem que conhece o significado de tal linguagem seleta. —C. H. SPURGEON

Infelizmente, muitos buscam a primeira misericórdia — a da remissão e a segunda misericórdia — a da consolação na tribulação. Ambas são completamente alheias à terceira misericórdia, a de viver bem. —W. COWPER

O pecado é o grande obstáculo da misericórdia. Nós levantamos as brumas e nuvens que interceptam a luz do semblante de Deus; erigimos a parede divisória que nos separa de Deus; contudo, a misericórdia encontra o caminho.

Um homem que tinha lido sobre o mel, ou ouvido sobre o mel, pode idealizar sua doçura por estimativa ou imaginação, mas um homem que provou mel conhece verdadeiramente sua doçura; logo, em ler e ouvir sobre a graça e a misericórdia de Deus em Cristo, podemos inferir que seja algo doce, mas aquele que teve prova empírica dos doces efeitos e frutos delas em seu coração, percebe que tudo de que se fala sobre o perdão de Deus e o consolo de pecadores, pode ser verificado em si mesmo. —T. MANTON

*Pois na tua lei está o meu prazer*. Ó bendita fé! Não é mesquinho aquele cristão que se deleita na Lei até mesmo quando seus preceitos infringidos o façam sofrer. Deleitar-se na Palavra quando ela nos repreende é prova de que estamos nos beneficiando dela. Certamente esta é uma súplica que terá êxito com Deus, independentemente de quão amargos possam ser nossos pesares; se nós ainda permanecermos nos deleitando na Lei do Senhor, Ele não pode nos deixar morrer. Ele necessariamente terá que lançar um olhar afetuoso sobre nós e consolar nosso coração; e assim Ele fará. —C. H. SPURGEON

Um filho de Deus, ainda que não possa servir ao Senhor perfeitamente, serve-o voluntariamente, sua vontade está na Lei do Senhor, ele não é um soldado pressionado, mas sim um voluntário. Nos batimentos deste pulso, podemos julgar se há ou não vida espiritual em nós.

Davi professa que a Lei de Deus era seu prazer. Ele tinha sua coroa em que poderia se deleitar, tinha sua música em que poderia se deleitar, mas o amor que tinha pela Lei de Deus de fato afogou todos os outros deleites. Como a alegria da colheita e da vindima excede a alegria da sega. —T. WATSON

*Versículo 78*
*Envergonhados sejam os soberbos*. A vergonha é para os soberbos, pois ser soberbo é algo vergonhoso. A vergonha não é para o santo, pois não há nada na santidade de que se envergonhar. —C. H. SPURGEON

Isto sugere uma palavra para o perverso. Saiba que por seu ódio implacável pela verdade e pela Igreja do Senhor, você não estará atacando as orações dela feitas contra você.

Estas orações imprecatórias dos santos, quando direcionadas ao alvo correto, e devidamente lançadas, são elementos assassinos e golpeiam de modo letal aquilo que contemplam. "Não fará Deus justiça aos seus escolhidos, que a ele clamam dia e noite, embora pareça demorado em defendê-los? Digo-vos que, depressa, lhes fará justiça" (Lc 18:7,8). Elas não são palavras vazias como as imprecações dos perversos que são lançadas ao ar e ali desaparecem com seu alento, mas são recebidas no Céu e serão enviadas de volta com trovão e relâmpago sobre as cacholas dos perversos.

A oração de Davi desvendou a política cavilosa de Aitofel e virou o laço que este colocara contra o rei. As orações dos santos devem ser mais temidas — como certa vez uma grande pessoa disse e sentiu — do que um exército de 20 mil homens no campo. O jejum de Ester acelerou a ruína de Hamã; e Ezequias contra Senaqueribe levou seu enorme exército para o matadouro e teve a ajuda de um anjo do Céu que os executou em uma noite. —WILLIAM GURNALL

*Meditarei nos teus preceitos.* O verbo *asiach*, na segunda afirmação do versículo, pode ser traduzido: *falarei de*, assim como: *Meditarei em*; sugerindo que quando obtivesse a vitória, ele proclamaria a bondade de Deus que ele tinha vivenciado. *Falar dos estatutos de Deus* é equivalente a declarar, a partir da Lei, o quão fielmente Ele guarda os Seus santos, quão seguramente Ele os liberta e o quão justamente Ele vinga as injustiças que lhes assolam. —J. CALVINO

## Versículo 79

*Voltem-se para mim os que te temem e os que conhecem os teus testemunhos.* Davi tem duas descrições para os santos: eles temem a Deus e conhecem a Deus. Eles possuem devoção e instrução, e têm tanto o espírito quanto a ciência da verdadeira religião. Nós não nos importamos com ignorâncias devotas ou icebergs espirituais. —C. H. SPURGEON

O temor e o conhecimento de fato constituem um homem piedoso. O conhecimento sem o temor exala presunção e o temor sem conhecimento exala superstição; e o zelo cego, como um cavalo cego, pode ser cheio de coragem, mas é sempre e continuamente trôpego. O conhecimento deve direcionar o temor e o temor deve moderar o conhecimento; essa é uma composição e mistura agradável. —T. MANTON

## Versículo 80

*Seja o meu coração irrepreensível.*

*Fiel Salvador, conheces nossa trajetória;*
*Débeis são os corações que aos Teus pés lançamos,*
*Pecaminosos e traiçoeiros! Mas para a Tua glória,*
*Cura-os e purifica-os do pecado e do engano.*

*Corações falsos e parciais! Acatamos o alerta!*
*Somente o pleno pode ser perfeitamente verdadeiro;*
*Tragam a oferta plena,*
*modesta considerada com desdém,*
*O coração apenas é verdadeiro,*
*se for íntegro também.*

*Corações divididos! Salvador, serão esses negados*
*Ao entregarem a ti uma parte,*
*quando nos deste tudo?*
*Bênçãos transbordantes e promessas a ouro regadas,*
*Prometes, sem jamais reter ou revogar.*
—FRANCES RIDLEY HAVERGAL

*Envergonhado.* Era um aforismo de Pitágoras: "Reverencie-se; não tenha vergonha de si mesmo". Deus tem um espião e um representante em nosso interior e leva em conta nossa conformidade e inconformidade à Sua vontade e, após o pecado ter sido cometido, açoita a alma com a compreensão de sua culpa e insensatez, como o corpo é açoitado pelas pisaduras. —T. MANTON

## Exposição dos versículos 81 a 88

Esta porção deste gigantesco salmo vê o salmista *in extremis*. Seus inimigos o levaram à condição mais baixa de angústia e depressão; contudo ele é fiel à Lei e confia em seu Deus. Esta oitava é a meia-noite do salmo e de fato é escura e tenebrosa. As estrelas, contudo, brilham e o último versículo faz a promessa da alvorada. —C. H. SPURGEON

## Versículo 81

*Desfalece-me a alma, aguardando a tua salvação; porém espero.* Creia, quando sob uma nuvem e espere por Ele quando não houver luz do luar ou das estrelas. Deixe a fé viver e respirar e lance mão da salvação de Deus garantida quando nuvens e escuridão estiverem cercando você e a perspectiva de apodrecer na prisão estiver diante de você.

Ó firme palavra de fé: "Eis que me matará […] contudo defenderei o meu procedimento"! Ó doce epitáfio, escrito na lápide de um cristão que se foi, a saber: "Morri com esperança e meu pó e cinzas creem na vida!" Apegue-se a Cristo na escuridão; certamente vocês verão a salvação de Deus. —SAMUEL RUTHERFORD

## Versículo 82

*Esmorecem os meus olhos de tanto esperar por tua promessa, enquanto digo: quando me haverás de consolar?* Ler a Palavra até que os olhos não consigam mais enxergar é algo pequeno se comparado com a espera pelo cumprimento da promessa até que os olhos interiores da expectativa comecem a ofuscar-se com a esperança protelada. Não podemos estabelecer tempos para Deus, pois isto é limitar o Santo de Israel; contudo podemos instar nosso caso com importunidade e indagar fervorosamente o motivo do atraso da promessa. —C. H. SPURGEON

## Versículo 83

*Contudo, não me esqueço dos teus decretos.* A graça é um poder vivo que sobrevive àquilo que sufoca todas as outras formas de existência. O fogo não pode consumi-la e a fumaça não pode sufocá-la. Um homem pode ser reduzido a pele e ossos e ter todo o seu consolo sugado, e, contudo, ele ainda pode manter firmemente sua integridade e glorificar o seu Deus. —C. H. SPURGEON

## Versículo 85

*Que não andam consoante a tua lei.* Não podiam andar consoante a Lei de Deus, enquanto agiam da forma como agiam. Talvez ele se refira ao ato mais do que aos homens. "Para mim abriram covas os soberbos, que não andam consoante a tua lei" — que são contra a Sua Lei; e eles aparentemente agem assim justamente por ser contra a Palavra do Senhor — deleitando-se na perversidade como fazem. Tais homens parecem absorver o espírito abominável que Milton atribui ao arcanjo caído: "Mau, sejas tu o meu bem". —J. STEPHEN

*Os perversos me contaram fábulas, mas não conforme a Sua lei* (como na Septuaginta). A razão especial porque ele deseja ser livre da companhia dos perversos é porque eles sempre tentam o piedoso relatando os prazeres do mundo, que não passam de fábulas, prazeres imundos, fugazes, mais enganosos do que reais, nada semelhantes ao grandioso e sólido prazer que sempre flui de uma observância piedosa da Lei do Senhor. —ROBERT BELLARMINE

## Versículo 87

*Quase deram cabo de mim, na terra.* Seus inimigos quase o destruíram pois o fizeram fracassar por completo. Tê-lo-iam engolido se pudessem, ou o queimado vivo; qualquer coisa que lhes permitisse acabar por completo com o bom homem. Os leões estão acorrentados, não mais podem rugir além do que Deus permitir.

Caso tenhamos a resolução de morrer antes que abandonemos o Senhor, podemos confiar que não morreremos, mas viveremos para ver a derrota daqueles que nos odeiam. —C. H. SPURGEON

## Exposição dos versículos 89 a 96

## Versículo 89

*Para sempre, ó S*ENHOR*, está firmada a tua palavra no céu.* A Palavra de Jeová não é instável ou incerta; é estabelecida, determinada, fixa, certa, imóvel. Os ensinos do homem mudam tão frequentemente que nunca há o momento em que se estabelecem, mas a Palavra do Senhor é desde a antiguidade a mesma, e permanecerá imutável eternamente. Alguns homens não encontram tanta felicidade em algo como quando estão perturbando tudo e todos, mas a mente de Deus não está com eles. —C. H. SPURGEON

Nós chegamos ao centro do salmo, e o segmento de conexão é propositadamente rompido.

Fica inferido que Deus é eterno e assim Sua Palavra; e que tem uma representação adequada no Céu e na Terra. Também se conclui que como Sua Palavra permanece firme no Céu, assim Sua fidelidade na Terra, onde as aflições dos piedosos parecem contradizê-la. —T. MANTON

Mesmo quando a paciência abandonou Jó, contudo a *fé* não o abandonou. Ainda que Deus exclua todas as outras graças e consolos além de minha alma, contudo Ele não matará minha fé, ele diz. Se Ele separar a minha alma de meu corpo, não separará a fé de minha alma. E, portanto, o justo vive pela fé e não por outras graças, porque quando tudo se vai, a fé permanece e a fé permanece porque a *promessa* permanece: *Para sempre, ó SENHOR, está firmada a tua palavra no Céu.* —M. LAWRENCE

## Versículo 90

*Fundaste a terra, e ela permanece.* Quando vemos o mundo mantendo seu lugar e todas as suas leis permanecendo as mesmas, temos nisto a certeza de que o Senhor será fiel à Sua aliança e não permitirá que a fé do Seu povo seja envergonhada. Se a Terra permanece, a criação espiritual permanecerá; se a Palavra de Deus é suficiente para estabelecer o mundo, certamente é suficiente para o estabelecimento do cristão individual. —C. H. SPURGEON

## Versículo 91

*Conforme os teus juízos, assim tudo se mantém até hoje.* O homem pode destruir uma planta, mas ele é impotente para forçá-la a desobedecer às leis que lhe são dadas pelo seu Criador em comum. Muitos podem obstruir forçosamente o caminho de um ramo em crescimento, mas ele silenciosamente desvia e move-se paciente e inevitavelmente em seu caminho designado. —JAMES NEIL

Algumas das flores mais belas no mundo e até mesmo estranhas, algumas das plantas mais suculentas que conhecemos, adornam as secas e desoladas areias do Cabo da Boa Esperança e não florescerão em nenhum outro lugar. Se você torcer o galho de uma árvore de modo que a face inferior de suas folhas fiquem voltadas para o céu, em pouquíssimo tempo todas essas folhas se virarão para baixo assumindo sua posição designada.

O homem voluntarioso ousa desafiar o seu Criador e avíltar os Seus comandos sábios e misericordiosos, diferentemente de toda a natureza ao redor. Bem, de fato é por nossa causa que todas as outras obras do Senhor não erram segundo o padrão de nossa rebelião. Plantio e colheita, frio e calor, verão e inverno, dia e noite, com todas as suas provisões correspondentes, não cessaram. Aos preceitos impostos sobre a vegetação quando chamada à existência no terceiro dia da criação, ainda há a submissão implícita e a planta mais terna preferirá morrer a transgredir.

Que terrível contraste com isto é a conduta do homem, a obra mais nobre de Deus, dotado de razão e alma eterna, contudo, tão frequentemente arruína sua saúde, desperdiça e destrói seu poder mental, corrompe seu espírito imortal e, em uma palavra, esforçando-se loucamente para frustrar todo propósito para o qual foi concebido. —JAMES NEIL

*Porque ao teu dispor estão todas as coisas.* Por essa Palavra que é determinada, nós podemos ser determinados; por esta voz que estabelece a Terra, podemos ser estabelecidos, e por esse comando a que todas as coisas criadas obedecem, nós podemos nos tornar servos do Senhor Deus Onipotente. —C. H. SPURGEON

## Versículo 92

*Não fosse a tua lei ter sido o meu prazer, há muito já teria eu perecido na minha angústia.* Em nossos momentos mais obscuros, nada nos livra do desespero senão a promessa do Senhor; sim, em certos momentos nada se colocou entre nós e a autodestruição exceto a fé na eterna Palavra de Deus. Quando desgastados pela dor até que o cérebro fique aturdido e a razão muito próxima da extinção, um doce texto sussurra para nós sua segurança que alegra corações, e nossa pobre mente em guerra repousa no seio de Deus. Aquilo que era nosso deleite na prosperidade tem sido a nossa luz na adversidade; aquilo que durante o dia nos impediu de ousar, durante a noite nos livrou de perecer. —C. H. SPURGEON

A Palavra de Deus, quando é um deleite, é o antídoto do santo contra a ruína e a destruição. A Palavra de Deus é a pomada para o santo adoecido, o revigorante do santo moribundo, um precioso medicamento para impedir que o povo de Deus pereça em tempo de aflição.

Isto preservou Jacó impedindo-o de afundar quando seu irmão Esaú veio furiosamente marchando para destruí-lo (Gn 32:12). Ele suplicou: "E disseste: Certamente eu te farei bem" etc. Logo a promessa de Deus o sustentou. Isto também preservou Josué e o capacitou a lutar corajosamente as batalhas do Senhor, porque Deus havia dito: "não te deixarei, nem te desampararei" (Js 1:5).

Melâncton conta que o Landgrave de Hesse lhe disse, em Dresden, que teria sido impossível para suportar as diversas misérias de um aprisionamento tão longo se não pelo consolo das Escrituras em seu coração. —EDMUND CALAMY

A pobre viúva havia recebido sua esmola diária e agora ia à mercearia para gastá-la da melhor maneira. Ela tinha apenas algumas poucas peças de cobre em suas mãos ressequidas. E gastou cuidadosamente seu pequeno capital; uma pechincha neste e em outro item básico, esgotando tudo o que tinha.

Ela finalmente chegou ao último centavo e, com expressão única de contentamento heroico e resignação jubilosa em seu rosto enrugado, disse: "Agora devo comprar óleo com isto, para que possa ler minha Bíblia durante estas longas e escuras noites, pois é meu único consolo agora quando todos os outros consolos se foram." —ALEXANDER WALLACE

Posso chamar este versículo de Perfume contra a praga; O unguento do homem adoecido; A consolação do homem aflito e um bendito Triunfo em todas as tribulações e contra todas elas. —R. GREENHAM

### Versículo 94
*Sou teu; salva-me, pois eu busco os teus preceitos.* Se temos tanto amor a ponto de nos oferecermos a Deus para nos tornarmos dele, muito mais o amor de Deus o fará ser nosso. Pois Deus ama primeiro, ama mais e com mais garantia. Se o meu coração eleva-se a Deus, muito mais o coração de Deus em direção a mim, porque o amor encontra-se na fonte.
—JOSEPH SYMONDS

### Versículo 95
*Os ímpios me espreitam para perder-me.* A preservação de Daniel na cova dos leões foi um grande milagre; mas não é menor a maravilhosa obra de Deus o fato de que os piedosos que estão no rebanho de Cristo sejam diariamente preservados em meio aos perversos, que não passam de lobos devoradores, sedentos pelo sangue dos santos de Deus, com propósito cruel em seu coração que desejam executar: destruí-los por completo. —W. COWPER

### Versículo 96
*Tenho visto que toda perfeição tem seu limite.* Bom seria se alguns que professam ser perfeitos pudessem ver pelo menos o início da perfeição, pois tememos que eles não tenham sequer começado corretamente ou não falariam com orgulho tão excessivo. Não seria o início da perfeição, o lamentar sua imperfeição?
—C. H. SPURGEON

Um homem, com seus olhos físicos, pode contemplar um fim para muitas perfeições mundanas, para muitos legados legítimos, grandes belezas, porções consideráveis, famílias esperançosas; mas um homem, com os olhos de sua alma (ou pela fé) pode ver um fim para todas as perfeições terrenas. Ele pode ver o mundo em uma chama e toda a sua pompa e orgulho, glória, galanteio, coroas, cetros, riquezas e tesouros transformados em cinzas. Ele poderá ver os céus passando como um pergaminho que se desenrola; os elementos derretendo-se com fervente calor; e a Terra, com tudo o que nela há, sendo consumida; e todas as suas perfeições, para as quais os homens entregam tanto amor, desaparecer em fumaça, transformando-se em nada.

*Mas o teu mandamento é ilimitado.* Leve em conta a Lei, que é seu alvo. Ela é *ilimitada*; e, contudo, não é facilmente acertada, porque você deve ter como objetivo acertá-la, em todos os deveres dela, com uma performance de igual amplitude, caso contrário não a acertará de modo algum. —STEPHEN MARSHALL

### Exposição dos versículos 97 a 104

### Versículo 97
*Quanto amo a tua lei!* Nós a amamos por sua santidade e porque ansiamos ser santos; nós a amamos por sua sabedoria e a estudamos para sermos sábios; nós a amamos por sua perfeição e ansiamos ser perfeitos. Aqueles que conhecem o poder do evangelho percebem um encanto infinito na Lei conforme a veem cumprida e incorporada em Cristo Jesus.
—C. H. SPURGEON

Ele não fala de seu conhecimento, sua leitura, do que ouve, do que fala ou da prática externa da lei, mas do *amor* à Lei. Isto é mais do que todos os anteriores; todos eles podem existir sem que o amor exista, mas existindo amor não poderá haver falta de nenhum destes.

Se Davi estivesse em exílio ou fuga, um homem pensaria que sua esposa e filhos, além de outros amigos, assim como seu país, teriam tanto ocupado e possuído por completo seu coração de modo que deveria haver pouco espaço para outras coisas ali dentro; ele diria então: "Ó, como amo estas coisas! Ó, como se perturba meu coração ao pensar nelas e preocupa-se com elas, em meu grande amor por todas!"

Além disso, não é digno de honrosa menção o fato de que nenhuma das tribulações nas quais Davi era continuamente exercitado, assim como nenhuma de suas honras, riquezas ou seus prazeres em posse ou em esperança no outro lado, extinguiram, esfriaram ou abateram seu amor?

O próprio Cristo amava a Palavra de Deus mais do que amava qualquer riqueza; pois Ele, pelo cumprimento da Palavra não se submeteu às necessidades como a das raposas que tinham seus covis, as aves do céu, ninhos; mas Ele não tinha onde reclinar a cabeça? E ainda que fosse o Herdeiro de todas as coisas, ainda assim Ele foi ministrado por certas mulheres? Ele amava a Palavra de Deus mais do que amava Sua mãe, irmãos e irmãs.

Sim, Cristo amava mais a Palavra de Deus do que amava Sua vida; pois não a entregou para cumprir a Palavra de Deus? Sendo que o próprio Cristo Jesus amou a Palavra mais do que todas as outras coisas, sim, mais do que Sua vida que era mais do que a vida de todos os anjos, não havia grande razão para Davi amá-la de forma semelhante? Não tinha Davi tanta necessidade dela quanto Cristo? —THOMAS STOUGHTON

Fosse eu desfrutar do que foi concedido a Ezequias e ter quinze anos acrescidos à minha vida, seria muito mais frequente em apresentar-me ao trono da graça. Fosse renovar meus estudos, eu abandonaria aquelas bagatelas brilhantes: os historiadores, os oradores, os poetas da antiguidade e devotaria minha atenção às Escrituras da verdade. Sentar-me-ia com muito mais assiduidade aos pés do divino Mestre e não desejaria conhecer nada exceto "Jesus Cristo e este crucificado".

Esta sabedoria, cujos frutos são paz na vida, consolação na morte e salvação eterna após a morte; isto eu investigaria, isto eu buscaria, isto eu exploraria pelos espaçosos e agradáveis campos do Antigo e do Novo Testamento. —JAMES HERVEY

Quem quer que ame a salvação amará esta Palavra, amará lê-la, amará ouvi-la; e aqueles que não a leem nem ouvem, sobres eles Cristo disse claramente que não são de Deus. —EDWIN SANDYS

*É a minha meditação.* As Santas Escrituras não são um livro para os preguiçosos; não são um livro que possa ser interpretado sem o Espírito Santo, por quem elas foram concebidas, e em separado dele ou por aqueles que o negam. Antes, são um campo sobre cuja superfície se algumas vezes colhemos maná facilmente e sem trabalho, dado, por assim dizer, livremente às nossas mãos, contudo nele também, muitas porções devem ser cultivadas com dores e labor antes que produzam alimento para o proveito do homem. Este pão da vida também deve ser comido no saudável suor de nossa testa. —R. C. TRENCH

*Versículo 98*
*Os teus mandamentos me fazem mais sábio que os meus inimigos.* Um homem completamente íntegro, desprovido de toda política, é um terrível enigma para os diplomatas; eles suspeitam que ele aja com sutil duplicidade que não conseguem interpretar, enquanto ele, indiferente às suas suspeitas, permanece no teor equânime de seu caminho e desconcerta todas as suas artes. Sim, "a honestidade é a melhor política". Aquele que é ensinado por Deus tem sabedoria prática que a malícia não consegue fornecer ao astuto; ainda que inofensivo como uma pomba ele também exibe mais do que a sabedoria de uma serpente. —C. H. SPURGEON

*Porque, aqueles, eu os tenho sempre comigo.* Como um soldado na batalha jamais deve colocar de lado seu escudo, assim nós jamais devemos tirar a Palavra de Deus de nossas mentes; ela deve sempre estar conosco. —C. H. SPURGEON

Um bom homem, aonde quer que for, carrega sua Bíblia consigo; se não em suas mãos, em sua cabeça e em seu coração. —MATTHEW HENRY

### Versículo 99
*Compreendo mais do que todos os meus mestres.* Até mesmo onde o pregador é piedoso, ele mesmo participante dessa graça, da qual é embaixador a outros, ocorre frequentemente que maior medida de luz e graça é comunicada por seu ministério a outro homem, do que é dada a ele próprio. Como Agostinho, primeiramente iluminado e convertido por Ambrósio, superou largamente, tanto em conhecimento e graça espiritual, aquele que o ensinou. E nisto Deus mostra maravilhosamente Sua glória e, sendo quem for o instrumento, é Ele o dispensador de luz e glória, dando mais pelo instrumento do que o próprio instrumento tinha. E isto, para um mestre piedoso, está tão distante de ser uma questão de pesar; pois antes é questão de glória. —WM. COOPER

### Versículo 100
*Sou mais prudente [...] porque guardo* (ARC). É a observação de São Gregório sobre os dois discípulos que, enquanto Cristo conversava ao caminhar com eles, não o reconheceram; mas ao executar um ato de hospitalidade para Jesus, a saber, partir o pão com Ele, os dois foram despertados; não ao ouvi-lo, mas ao executar preceitos divinos. Portanto quem desejar compreender, que antes se apresse em fazer aquilo que ouve. —NATHANIEL HARDY

### Versículo 101
*Desvio os pés [...] para guardar a tua palavra.* Um homem santo sabe que todo o pecado ataca a santidade de Deus, a glória de Deus, a natureza de Deus, o ser de Deus e a Lei de Deus; e, por essa razão, seu coração levanta-se contra todos. Ele considera todos os pecados como os escribas e fariseus que acusaram Cristo; e como Judas que traiu Cristo; e como Pilatos que condenou Cristo; e como aqueles soldados que flagelaram Cristo, como as lanças que transpassaram Cristo. Consequentemente seu coração clama por justiça sobre todos. —THOMAS BROOKS

A palavra *desviar* nos alerta que nascemos naturalmente com nossos pés colocados no caminho de todo pecado e nele se apressam pelo ímpeto das paixões humanas, de modo que até mesmo os sábios e compreensivos precisam checar, recordar e refazer seus passos para que consigam guardar a Palavra de Deus e não se tornem náufragos.

E note ainda que o verbo no hebraico aqui traduzido como *desvio* tem significado ainda mais forte e denota: eu *agrilhoei* ou *aprisionei meus pés*. Por meio do que podemos aprender que não há resistência da luz que seja suficiente para impedi-los de nos desviar. —ANGELLIUS E GENEBRARDUS, em Neale e Littledale

### Versículo 102
*Não me aparto dos teus juízos, pois tu me ensinas.* Aquele que é cuidadoso para não se desviar um centímetro sequer, não sairá da estrada. Aquele que nunca toca o cálice inebriante nunca ficará bêbado. Aquele que nunca pronuncia uma palavra fútil nunca será profano. Começando a afastar-nos um pouco que seja, jamais poderemos afirmar onde acabaremos. —C. H. SPURGEON

### Versículo 103
*Mais que o mel à minha boca.* Quando o salmista se alimentava da Palavra, a considerava doce; mas quando dava testemunho dela, era ainda mais doce. Como será sábio de nossa parte guardar a Palavra em nosso palato pela meditação e em nossa língua pela confissão! Deve ser doce a nosso paladar o pensar nela ou não será doce em nossa boca quando dela falarmos. —C. H. SPURGEON

### Versículo 104
*Por isso, detesto todo caminho de falsidade.* Corações verdadeiros não são indiferentes à falsidade, sua indignação é crescente, pois como amam a verdade assim odeiam a mentira. Os santos têm um terror generalizado de tudo o que é inverdade, eles não toleram falsidade ou insensatez, colocam seus rostos

contra todo erro de doutrina ou perversidade de vida. Aquele que é amante de um pecado está em associação com todo o exército de pecados. Nós não devemos dar trégua ou negociar com nenhum sequer destes amalequitas, pois o Senhor guerreou com eles geração após geração e assim devemos nós.

Bem fazemos em ser bons odientos. E o que seria isto? Odientos que não guardam ódio de seres viventes, mas de "todo caminho de falsidade". O caminho da vontade própria, da justiça própria, do mundanismo, do orgulho, da incredulidade, da hipocrisia; todos estes são caminhos de falsidade e, portanto, não apenas devem ser combatidos, mas abominados. —C. H. SPURGEON

Um homem piedoso não apenas faz o que é bom, mas se deleita em fazê-lo, sua alma se entrega por completo a isto, ele faz aquilo que sabe fazer melhor; nada lhe vem mais adequadamente do que as questões de seu dever. Ele ama executá-lo, sim, ele ama mesmo quando não tem condição de executá-lo. —JOSEPH CARYL

A não exceção neste caso é um sinal claro de sinceridade. Herodes cospe alguns pecados enquanto mastiga outros como doces bocados em sua boca. Um hipócrita sempre deixa alguns ovos no ninho sobre os quais o diabo pode sentar, ainda que carregue muitos consigo.

Alguns homens optam por não adquirir certos bens porque não aceitam o preço imposto, mas dispensarão a mesma quantidade de dinheiro em outros. Assim hipócritas abstêm-se de alguns pecados, sim, se desagradam deles, porque não podem tê-los sem desgraça ou doença ou até alguma outra desvantagem; mas demonstram o mesmo amor por outros pecados que são mais adequados aos seus planos.

Alguns afirmam que o que o mar perde em um local, ganha em outro; então o terreno que a corrupção do não convertido perde em uma direção, ganha em outra. Há nele uma luxúria específica que é sua favorita, algum pecado que reine, como Agague, e que deve ser poupado quando outros são destruídos. "Nisto perdoe o Senhor a teu servo", disse Naamã. Agora, o regenerado labuta para purificar-se de todas as poluições, tanto da carne quanto do espírito. (2 Co 7:1) —GEO. SWINNOCK

O ódio é uma afeição lancinante e assassina, ela procura o pecado com coração ardendo pela morte, como um vingador busca sangue, ou seja, sangue da alma, que é derramado pelo pecado e, o Sangue de Cristo que foi derramado pelo pecado.

Odeie o pecado perfeita e perpetuamente e então você não o poupará, mas o matará no mesmo momento. Até que o pecado seja odiado, não poderá ser mortificado. Você não bradará contra ele, como os judeus bradaram contra Cristo: "Crucifica-o! Crucifica-o!", mas lhe demonstrará indulgência como Davi fez com Absalão e disse: "Tratai com brandura o jovem — esta ou aquela luxúria — por amor de mim". Misericórdia com o pecado é crueldade com a alma. —EDWARD REYNER

Todo pecado é uma *mentira*. Por ele nós tentamos enganar Deus. Por ele nós, na verdade, enganamos nossas almas (Pv 14:12). Não há ilusão como a insensatez de acreditar que um caminho de pecado nos conduzirá à nossa felicidade. —W. S. PLUMER

*Exposição dos versículos 105 a 112*

*Versículo 105*
*Lâmpada para os meus pés é a tua palavra*. Todos os homens deveriam utilizar a Palavra de Deus de forma pessoal, prática e habitual para que pudessem enxergar seu caminho e o que se encontra nele. —C. H. SPURGEON

Tudo o que todos nós queremos não é ver maravilhas que nos aturdam e sermos arrebatados em visões extáticas e esplendores, mas uma pequena luz na escuridão e no caminho atribulado que precisamos percorrer, uma lâmpada que queimará constante e beneficamente iluminando a obra que precisamos executar. As estrelas são infinitamente mais sublimes, meteoros infinitamente mais formidáveis e deslumbrantes e, a lâmpada reluzindo em um local escuro está infinitamente mais próxima de nossas necessidades práticas. —*DE THE EXPOSITOR*

Adentrando quatro quilômetros em uma vizinhança onde muito poucos sabiam ler para investir uma noite de leitura para um grupo que se reunia para ouvir, e prestes a retornar por um caminho estreito em meio à floresta onde os caminhos divergiam, foi-me fornecida uma tocha de madeira leve ou "pinheiro". Contestei; era pequena demais, pesava menos de meio quilo. "Iluminará seu caminho para casa", disse meu anfitrião. Argumentei: "O vento pode apagá-la". Ele reafirmou: "Iluminará seu caminho para casa". "Mas e se chover?", contestei novamente. Mas ele insistiu: "Iluminará seu caminho para casa".

Em oposição aos meus medos, a tocha forneceu luz abundante em meu caminho até minha casa, provendo uma ilustração adequada, penso, do modo como corações duvidosos seriam guiados em segurança por todo o "caminho estreito". Caso tomassem a Bíblia como seu guia, ela seria lâmpada para os seus pés, guiando-os para o lar celestial. Certo homem tinha cinco objeções à Bíblia, mas se a tomasse como lâmpada para seus pés ela "iluminaria seu caminho para casa". Outro me disse que encontrara duas falhas na Bíblia; e eu lhe respondi, nas palavras de meu bom amigo que me proveu a tocha: "Iluminará seu caminho para casa". —THE AMERICAN MESSENGER

Tudo depende do modo como utilizamos a lâmpada. Um homem conta que quando menino se orgulhava de carregar a lanterna para seu professor da escola sabatina. O caminho até a escola passava por ruas escuras e lamacentas. O menino segurava a lanterna muito elevada e ambos afundavam profundamente na lama. "Ah! Você precisa segurar a lâmpada um pouco mais para baixo", o professor exclamava conforme ganhavam solo firme no lado mais distante do lamaçal. O professor então explicou belamente nosso texto, e o homem declara jamais ter esquecido a lição daquela noite. Você pode facilmente segurar a lâmpada elevando-a demais; mas dificilmente chegará a um ponto em que esteja baixa demais. —JAMES WELLS

## Versículo 106

*Jurei e confirmei o juramento*. Renove com frequência as resoluções estabelecidas e santas. Um soldado sem determinação para lutar pode facilmente ser derrotado. A coragem verdadeira e aguçada pisoteia essas dificuldades que triunfariam contra um espírito frio e vacilante. A determinação, em um homem fraco, executará mais do que a força em um covarde. —STEPHEN CHARNOCK

Teodorico, Arcebispo de Colônia, quando o Imperador Sigismund exigiu que ele lhe dissesse qual era o modo mais direto e compendioso caminho para obter a verdadeira felicidade, respondeu-lhe brevemente o seguinte: "Execute quando estiver bem, aquilo que prometeu quando estava enfermo". Davi assim o fez; ele fez votos durante a guerra e os cumpriu durante a paz; e assim deveriam todos os bons homens fazer. Não como o demônio ardiloso sobre quem o epigramatista escreveu:

O diabo estando adoentado, um monge
desejava ser; O diabo estando recuperado,
um *monge* deixou de ser.

Nem como tantos hoje em dia, que se a mão de Deus pesa sobre eles, ó, que promessas, que compromissos são feitos para se corrigir a vida! Como se assemelham ao mármore contra a chuva, parecem suar e derreter, mas ainda mantêm sua dureza! Deixe que o cajado seja retirado de suas costas, ou a saúde restaurada, e então, à medida que os seus corpos forem restaurados, seus votos morrerão; tudo é esquecido. Não, muitas vezes a queda é tão grande que se tornam muito piores do que jamais foram anteriormente. —JOHN SPENCER

## Versículo 107

*Vivifica-me, Senhor, segundo a tua palavra*. O Senhor prometeu, preparou e proveu esta bênção de vida renovada para todos os Seus servos que o aguardam. —C. H. SPURGEON

## Versículo 109

*A minha alma está de contínuo nas minhas mãos* (ARC). Ele vivia em meio ao perigo, precisava lutar continuamente por sua existência, escondendo-se em cavernas ou contendendo em batalhas. Este é um estado muito desconfortável e penoso e os homens são suscetíveis a pensar em qualquer recurso

justificável, pelo qual possam pôr fim a tal condição. No entanto, Davi não se voltou para encontrar a segurança no pecado, pois diz: *todavia não me esqueço da tua lei*. Diz-se que todas as coisas são válidas no amor e na guerra; mas o homem santo não pensava assim. Enquanto carregava sua vida em suas mãos, ele também carregava a Lei em seu coração.
—C. H. SPURGEON

Ele tinha sua alma em suas mãos, pronto para entregá-la no momento em que Deus a tomasse. E isto deve ser observado: não há tribulação que possa estar mais pronta para tomar a vida dos filhos de Deus, quanto eles estão dispostos a entregá-la.

Como Elias saiu de sua caverna para encontrar-se com o Senhor e, Abraão colocou-se à porta de sua tenda para falar com o anjo; assim a alma do piedoso se coloca à porta do tabernáculo deste corpo para remover quando o Senhor ordenar. Ao passo que a alma do perverso recua, escondendo-se, como Adão entre os arbustos e é retirada do corpo à força, como foi com a alma daquele mundano: "Esta noite te pedirão a tua alma"; mas eles nunca sacrificam suas almas deliberadamente ao Senhor. —W. COWPER

Caso alguém carregue nas mãos um recipiente frágil, feito de vidro ou qualquer outro material semelhante, cheio de um licor precioso, especialmente se a mão for fraca ou se, por outras, causas os perigos forem ameaçadores, dificilmente esta pessoa poderá evitar o quebrar do recipiente e o desperdiçar do licor.

Tal é a condição de minha vida, que eu, confrontado por vários inimigos, carrego como se estivesse em minha mão; e que, portanto, é exposta a tal perigo, considerando que eu tenho continuamente a morte presente diante de meus olhos, minha vida presa ao fio mais delgado que há. —ANDREAS RIVETUS

Agostinho, neste ponto, confessa habilidosamente que não compreendia o que Davi queria dizer ao afirmar que tem sua alma em suas mãos; mas Jerônimo, outro dos antigos, nos ensina que é um hebraísmo, que significa um estado de extremíssimo perigo. Os gregos também o utilizaram em um provérbio afirmando a mesma coisa. —J. CARYL

*Versículo 110*
*Armam ciladas contra mim os ímpios.* Homens perversos são realmente indiferentes ao modo como podem destruir um bom homem. Eles não o consideram mais do que considerariam um coelho ou um rato; astúcia e deslealdade são sempre aliados da malícia, e tudo que for semelhante a um sentimento generoso e cavalheiresco é desconhecido entre os desprovidos da graça, que tratam os piedosos como se fossem vermes a serem exterminados. —C. H. SPURGEON

Ele os chama de *ímpios*; o que significa três coisas: primeiro, eles executam perversidade; segundo, eles amam fazê-lo; terceiro, eles perseveram nisto.
—W. COWPER

No comer ele coloca diante de nós a glutonaria; no amor impele à luxúria; no trabalho, à morosidade; no conversar, a inveja; no governar, a ganância; no corrigir, a ira; na honra, o orgulho; no coração, coloca pensamentos maus; na boca, palavras más; nas ações, obras más; quando acordados, ele nos move às más ações; quando dormindo, a sonhos imundos.
—GIROLAMO SAVONAROLA

*Armam ciladas contra mim os ímpios; contudo, não me desvio dos teus preceitos.* O lançar da isca não fere o peixe, se ele não a abocanhar. —T. WATSON

*Versículo 111*
*Me constituem o prazer do coração.* Ele não disse que os testemunhos de Deus trazem alegria, mas que são alegria; não há outra alegria, exceto o deleite na Lei do Senhor. Para todas as outras alegrias, o rei afirma: sobre a gargalhada "és louca" e sobre a alegria, "o que é que fazes" (Ec 11)? A verdadeira alegria é a confiança que temos no Céu, é o tesouro da alma e, portanto, deveria ser armazenada em um local seguro; e não há lugar seguro neste mundo onde colocá-la. —ABRAHAM WRIGHT

*Versículo 112*
*Induzo o coração.* O profeta, para definir brevemente o que significa servir a Deus, alega que aplicou não somente suas mãos, olhos ou pés no guardar da

Lei, mas que começou com a afeição do coração.
—JOÃO CALVINO

*Até ao fim.* Nossa vida na Terra é uma corrida; em vão ele começa a correr velozmente, se desfalece e se entrega antes de chegar ao fim. E isto significava (disse Gregório) durante o tempo da Lei, quando a cauda do animal era sacrificada com o restante: a perseverança coroa tudo. Bom é termos começado bem; lutemos também para perseverar até o fim.
—W. COWPER

*Exposição dos versículos 113 a 120*

*Versículo 113*
*Odeio os pensamentos vãos, mas amo a tua lei* (ACRF). O oposto da Lei de Deus determinada e infalível é a opinião dos homens: hesitante e variável. Davi tinha desprezo intenso e repúdio por isto, toda a sua reverência e consideração eram para a certa palavra de testemunho. Proporcional a este amor à Lei era seu ódio pelas invenções dos homens. Os pensamentos dos homens são vaidade; mas os pensamentos de Deus são verdade. Ouvimos muito nestes dias sobre os "homens do pensar", "pregadores ponderados" e o "pensamento moderno". O que é isto senão o antigo orgulho do coração humano? Homens vãos desejam ser sábios. O salmista não se gloriava em seus pensamentos; e o que era chamado de "pensamento" em seus dias era algo que ele detestava. Quando o homem pensa no que considera o melhor, seus pensamentos mais elevados estão tão abaixo daqueles da revelação divina, como a Terra está abaixo dos Céus.
—C. H. SPURGEON

A vaidade de seu coração era um fardo para ele. Uma nova criatura é tão cuidadosa contra a perversidade na mente ou no coração como na vida. Um homem piedoso deseja ser mais puro aos olhos de Deus do que aos olhos do homem. Ele sabe que ninguém, exceto Deus, pode ver o deambular de seu coração ou os pensamentos de sua cabeça, contudo, ele é tão cuidadoso para que os pecados não se ergam quanto o é, para que não irrompam. —STEPHEN CHARNOCK

A mente carnal acolhe e se deleita em permanecer nestas imaginações congeniais e em consolar-se com indulgências propícias, quando a oportunidade de outra gratificação não é apresentada ou quando um homem ousa não cometer a transgressão específica. Mas a mente espiritual recua diante delas; tais pensamentos se intrometerão de tempos em tempos, mas não são bem-vindos, são angustiantes e imediatamente expulsos; enquanto outras questões, da Palavra de Deus, são armazenadas prontamente para ocupar a mente de modo mais proveitoso e agradável durante as horas de lazer e retiro.

Não há melhor teste de nosso caráter verdadeiro do que o efeito habitual de *pensamentos vãos* em nossa mente — ou os amamos e satisfazemos ou os abominamos e vigiamos e oramos contra eles.
—THOMAS SCOTT

Toda aversão possível ao mal não é suficiente; mas é exigido de nós o perfeito ódio contra todos os tipos e graus de pecado. —DAVID DICKSON

*Pensamentos vãos.* A palavra é usada para as opiniões dos homens e pode ser aplicada a todas as opiniões heterodoxas, doutrinas humanas, heresias condenáveis. Tais são inconsistentes com as perfeições de Deus, derrogam de Sua graça e da Pessoa e dos ofícios de Cristo. Além disso, são contrárias à Palavra e são, portanto, rejeitadas e abominadas por bons homens. —JOHN GILL

*Pensamentos vãos.* Hebraico: seäphim, hesitar entre duas *opiniões* (Veja 1Re 18:21). Portanto significa dúvidas céticas. —CHRISTOPHER WORDSWORTH

*Mas amo a tua lei.* Estudiosos que amam aprender martelarão continuamente em uma ou outra noção que possa avançar seu progresso e com grande ganância a acolchetarão como o ferro com sua estimada magnetita. Aquele que é "alado com amor divino" por Cristo terá frequentes vislumbres dele, voará em direção ao Senhor e iniciará suas atividades terrenas muitas vezes fazendo uma visita a Ele por dia.

O amor, exatamente no agir, é uma graça temperante; ele aumenta o nosso deleite em Deus, em parte por contemplar Sua amabilidade, que fica clara para nós no próprio ato de amar; e em parte pelas recompensas que Ele dá ao comportamento de Suas criaturas. Ambos serão prevenção para que o coração não entretenha tais companheiros libertinos, como os pensamentos maus. —STEPHEN CHARNOCK

Note que ele não diz ser *livre* de pensamentos vãos, mas que os "odeia"; ele não aprecia sua companhia mais do que alguém apreciaria um bando de ladrões que invadem sua casa. —WM. GURNALL

## Versículo 114

*Na tua palavra, eu espero.* De todos os ingredientes que adoçam o cálice da vida humana, não há um mais rico e poderoso do que a *esperança*. Sua ausência amarga a porção mais adocicada; sua presença alivia o lamento mais profundo. Cerque-me de todas as alegrias que a memória pode despertar ou cuja posse pode outorgar; sem esperança, não seria suficiente.

Na ausência da esperança há tristeza nas alegrias passadas e presentes; tristeza no pensamento de que o passado é passado e de que o presente está, também, passando. Mas ainda que arranquem de mim todas as alegrias que o passado ou o presente podem conferir, se o amanhã brilha reluzente de esperança, alegro-me em meio a meu lamento. Dentre todas as atarefadas forças motrizes que movem esta terra fervilhante, a esperança é a mais atarefada. É o bálsamo mais doce que alivia os nossos pesares, o raio mais reluzente que doura nossos prazeres.

A esperança é o rebento mais nobre, o primogênito, o último filho sepultado do homem que prevê e antecipa. Sem ela, o gado sem raciocínio, pode se contentar em meio à abundância presente. Mas sem ela, o homem que medita, não poderá, não conseguirá, ser verdadeiramente feliz. —WM. GRANT

## Versículo 115

*Apartai-vos de mim, malfeitores.* Como se ele tivesse dito, não fale mais sobre isso, poupe seu fôlego, estou decidido em meu percurso, eu jurei e estou firmemente determinado a guardar os mandamentos de meu Deus. Com o auxílio de Deus ali me manterei e nem mesmo o mundo todo, unido, me arrancará dali. —ROBERT SANDERSON

É algo difícil, até mesmo quando se trata de um milagre, guardar os mandamentos de Deus e manter más companhias ao mesmo tempo; portanto, quando Davi desejou casar-se com os mandamentos de Deus, amá-los e viver com eles, nas piores e melhores condições, todos os seus dias ele foi forçado a entregar o divórcio aos companheiros perversos, sabendo que de outra forma a união com os mandamentos jamais ocorreria. —GEO. SWINNOCK

## Versículo 116

*Não permitas que a minha esperança me envergonhe.* Podemos nos envergonhar de nossos pensamentos, nossas palavras e nossas ações, pois brotam de nós; mas jamais devemos nos envergonhar de nossa esperança, pois ela brota do Senhor, nosso Deus. Tal é a fragilidade de nossa natureza: a menos que sejamos continuamente sustentados pela graça, cairemos tão horrivelmente a ponto de nos envergonharmos de nós mesmos e de todas essas gloriosas esperanças que são agora a coroa e a glória de nossa vida.

O homem de Deus havia pronunciado a resolução mais positiva, mas sentia que não podia confiar em sua solene determinação: por isso, as orações. Não é errado fazer resoluções, mas será inútil fazê-las a não ser que as salguemos bem com clamores de fé a Deus. Davi pretendia guardar a Lei do Senhor, mas precisava primeiro que o Senhor da Lei o guardasse. —C. H. SPURGEON

## Versículo 117

*Sustenta-me.* Três coisas amedrontavam Davi: primeiro, a grande tentação exterior, pois de todos os ares sopra o vento da tentação sobre um cristão. Segundo, a grande corrupção interior. Terceiro, exemplos de outros homens dignos que haviam caído antes dele e estão escritos para nós. Não que devêssemos aprender a cair, mas a temer para que não caiamos. Estes três deveriam sempre nos manter humildes, conforme o alerta: "Aquele, pois, que pensa estar em pé veja que não caia." —W. COWPER

*Sustenta-me*, acima da pequenez na qual por tanto tempo tenho vivido, acima das ciladas que com tanta frequência me apanham, acima das pedras de tropeço, sobre as quais muitas vezes caí, acima do mundo, acima de mim mesmo, mais alto do que jamais alcancei até aqui, acima do nível de minha própria mortalidade; digno do Senhor, digno do sangue com que fui comprado, mais próximo do Céu, mais próximo do Senhor, *sustenta-me*.

Não há elevação como a do estado de humilhação. Algumas vezes por meio da disciplina severa para animar o coração, fortalecê-lo e torná-lo independente de coisas externas. Algumas vezes por meio da dura aflição, que é o envolver da Sua mão, para que Ele possa segurá-lo mais firmemente. Algumas vezes fazendo seu coração pensar exatamente naquilo que você precisa, fazer exatamente a oração que Ele, naquele momento, pretende conceder. Algumas vezes aparentando ter deixado e abandonado você, enquanto que ao mesmo tempo — como a mulher siro-fenícia — Ele está concedendo o desejo de apegar-se ao fato de que Ele pode conceder ainda mais no final. —JAMES VAUGHAN

## Versículo 118

*Porque falsidade é a astúcia deles.* Eles a chamam de política da perspicácia, mas é completa falsidade e será tratada como tal. Homens comuns a chamam de diplomacia, mas o homem de Deus chama a espada de espada e declara ser falsidade, e nada menos, pois sabe que assim é vista aos olhos de Deus. Homens que se desviam da estrada correta inventam belas desculpas com as quais possam enganar a si mesmos e aos outros, e assim silenciam suas consciências e mantêm seus créditos; mas a sua máscara de falsidade é transparente demais. Deus pisoteia as falsidades; elas são somente adequadas para serem relegadas por Seus pés e esmagadas no pó.

Quão horrorizados devem ficar aqueles que gastaram a vida toda urdindo uma religião confeitada e então a veem totalmente esmagada por Deus, como um simulacro que Ele não pode suportar! —C. H. SPURGEON

Aqui ele não se refere ao engano por meio do qual os perversos enganam outros, mas àquele por meio do qual enganam a si mesmos. E este é dúplice; primeiro porque procuram algo bom no pecado, o que o pecado promete enganosamente, mas nunca encontrarão. Segundo porque bajulam-se a si mesmos com uma prepotência vã de que escaparão do julgamento, que certamente os alcançará. —W. COOPER

## Versículo 119

*Rejeitas, como escória, todos os ímpios da terra.* Se até mesmo um bom homem sente a necessidade de afastar de si os malfeitores, muito mais deve o santo Deus Triúno afastar os ímpios. —C. H. SPURGEON

Por que eles são assim caracterizados? Porque aqui eles florescem, seus nomes serão escritos "no chão" (Jr 17:13).

Seus corações e mentes estão no mundo (Mt 6:19,20). Faz parte de sua estrutura natural ser mundano, eles somente saboreiam as coisas do mundo; priorizando, honra e grandiosidade, estes são os *unum Magnum* deles, aqui está seu prazer e aqui está sua porção, sua esperança e sua felicidade. Um filho de Deus busca por outra herança, imortal e não corrompida. —T. MANTON

## Versículo 120

*Arrepia-se-me a carne com temor de ti.* Em lugar de exultar por quem havia caído no desprazer de Deus, ele se humilha. O que lemos e ouvimos com relação aos julgamentos de Deus sobre os perversos deveria nos colocar em: (1) reverência à Sua terrível majestade e diante dele maravilhados. Quem pode se colocar diante deste santo Senhor Deus? (1Sm 6:20); (2) temor para que não o ofendamos e nos tornemos detestáveis despertando a Sua ira. Bons homens precisam ser coibidos do pecado pelos terrores do Senhor, especialmente considerando que o julgamento começa na casa de Deus e os hipócritas são descobertos e rejeitados como escória. —M. HENRY

## Exposição dos versículos 121 a 128

## Versículo 123

*Desfalecem-me os olhos à espera da tua salvação.* Ele pranteou, esperou e vigiou desejando a mão salvadora de Deus e estes exercícios provaram os olhos de sua fé até que estivessem quase prontos para desistir. —C. H. SPURGEON

Às promessas de Deus ele se comprometeu e enquanto aguardava o cumprimento delas, contemplando com extremo afã a palavra da justiça de Deus, ele coloca em palavras o sentimento desesperador: *Desfalecem-me os olhos à espera da tua salvação.*

Ó, que tenhamos tais desejos calorosos e inquietos por essa grande salvação que operará a vitória contra todos os nossos inimigos espirituais e nos capacitará a bradar triunfantemente por toda a eternidade no nome de nosso onipotente Libertador! —JOHN MORISON

### Versículo 124

*Ensina-me.* Davi tinha Natã e Gague, os profetas e além deles tinha também os levitas comuns para ensiná-lo. Ele lia a Palavra de Deus diligentemente e meditava na Lei dia e noite; mas ele reconhecia que tudo isto nada era, a menos que Deus o ensinasse.

Outros mestres falam aos ouvidos, mas Deus fala ao coração. Paulo pregou a Lídia, mas Deus abriu o seu coração. Oremos por esta graça. —W. COWPER

### Versículo 126

*Já é tempo,* SENHOR, *para intervires, pois a tua lei está sendo violada.* Ó, que haja outro Pentecoste com todas as suas maravilhas para revelar o poder de Deus aos contraditores e fazê-los ver que há Deus em Israel! A miséria do homem, seja por necessidade ou pecado, é oportunidade para Deus. Quando a Terra era sem forma e vazia, o Espírito veio e se moveu sobre a face das águas; não viria o Senhor agora que a sociedade está retornando a um caos semelhante?

Quando Israel no Egito foi reduzido ao ponto mais baixo e aparentemente a aliança seria inválida, Moisés surgiu e realizou magníficos milagres; então, da mesma forma, quando a Igreja do Senhor for pisoteada e sua mensagem ridicularizada, podemos esperar ver a mão do Senhor estendida para o avivamento da religião, a defesa da verdade e a glorificação do nome divino. —C. H. SPURGEON

Poderia haver mais desesperança em uma embarcação à deriva no meio do mar, ou poderia uma tripulação clamar com mais frenesi por alguma brisa benéfica do que deveriam clamar aqueles que comandam a Igreja do Deus vivo? Não agindo Deus, certamente não haverá nada diante da Igreja senão a perspectiva de completa frustração e derrota. Maior é o mundo do que a Igreja, se Deus não estiver nela. Mas estando Deus nela, ela não será abalada. Que Ele a socorra e o quanto antes!

Algumas vezes o sono do mundo e também da igreja é tão profundo que pode ser interrompido somente pela ação do vento, fogo ou terremoto, que fizeram o profeta estremecer à entrada da caverna e sem os quais a voz que seguiu, tão calma, baixa e meiga teria perdido muito de seu poder de comoção e sujeição.

Quando a sociedade se entorpecer com o cálice sedutor do mundanismo e as vozes que vêm da eternidade forem desprezadas, se não completamente ignoradas, até mesmo o terror ganha uma missão misericordiosa. O coração frívolo e superficial dos homens precisa se tornar sério, seus ídolos precisam ser quebrados, seus ninhos precisam ser apedrejados ou arremessados das árvores onde foram feitos com tanto cuidado e, ele precisa ser ensinado que se esta vida é tudo, não passa de um fantasma e escárnio.

A igreja acredita em seu credo? Ela o escreve, o estabelece, canta sobre ele, defende-o; mas crê nele pelo menos com fé que gera entusiasmo em si mesma ou respeito do mundo? Não teriam as verdades que formam os símbolos sistematizados da igreja, se tornado pontos a serem debatidos ou sustentados em lugar de poderes vivos? Elas não estariam embalsamadas com reverência supersticiosa na arca da tradição, ternamente apreciadas pelo que foram e fizeram?

Mas não fica esquecido de que se são verdades, não estão mortas e não podem morrer? Elas são verdades agora, ou jamais foram verdades; estão vivas agora, ou jamais viverão. O tempo não pode tocá-las, nem a opinião humana ou a morosidade da igreja ou a incredulidade, pois são emanações da essência divina, imbuídas de Sua própria vida não deteriorável. Elas não são maquinário que possa se tornar antiquado, obsoleto e substituído por invenções melhores; elas não são métodos de política forjados para condições que são transitórias e com eles se dissipam; elas não são cadafalsos em que outra e mais elevada verdade, deve ser erigida de era em era.

Elas são como Ele, que é o fim de nosso colóquio, "Jesus Cristo, o mesmo ontem, hoje e eternamente". Não há uma delas sequer que, se a fé que despertam fosse apenas proporcional a seu valor intrínseco, não vestiria a Igreja com novo e admirável poder. Mas o que seria esse poder se essa fé as abarcasse todas? Seria ressureição dos mortos. —ENOCH MELLOR

*Já é tempo [...] para intervires*, assim como quando o ataque de alguma enfermidade se torna mais severo, você se apressa ao médico para que ele possa agir rapidamente, antes que seja tarde demais e ele não possa fazer bem algum. Então quando o profeta vê, pelo Espírito Santo, a rebelião do povo, sua luxúria, prazeres, engano, fraudes, cobiça, embriaguez, ele corre em busca de nosso auxílio em Cristo, Aquele que ele sabia ser o único capaz de remediar tais pecados, implora que Ele venha e não aceita atraso. —AMBRÓSIO, em Neale e Littledale

A infidelidade nunca foi tão sutil, ofensiva, admissível, talvez tão bem-sucedida como nos dias em que vivemos. Ela abandonou o terreno da vulgaridade, rudez e devassidão e se entrincheirou nas elevadas alturas do criticismo, filologia e até mesmo da própria ciência. Ela permeia, em extensões temerosas, nossa literatura popular, depositou-se nos charmes da poesia para lançar seus feitiços sobre a mente coletiva, esforçou-se para enredar-se na ciência, pouco familiarizada com o estado de opiniões nesta nação, que não sabe que ela é desposada por uma grande porção da mente cultivada desta geração. "Já é tempo, Senhor, para intervires". —JOHN ANGELL JAMES

Mas nossos pecados já estão maduros; sim, maduros e podres, a medida de nossas iniquidades está cheia até a borda. Indubitavelmente nossa terra está profundamente submersa na iniquidade; nossas línguas e obras se posicionaram contra o Senhor, para provocar os olhos de Sua glória; o pesar de nosso semblante testifica contra nós (Is 3:8,9), sim, declaramos nossos pecados como Sodoma, não os escondemos; o brado de nossos pecados é excessivamente atroz, seus clamores transpassam os céus e com alta voz rugem, dizendo: "Até quando, ó Soberano Senhor, santo e verdadeiro? Até quando esperaremos para que o Senhor venha vingar-se de nação tal como esta" (Ap 6:10; Jr 9:9)? —GEORGE WEBBE

*Já é tempo, Senhor*. Alguns o leem e o original apresenta da seguinte forma: *Já é tempo de trabalhar para o Senhor*. É tempo de todos em seus lugares, se colocarem ao lado do Senhor contra o ameaçador crescimento da profanidade e imoralidade. Devemos fazer o que podemos para suportar os interesses em declínio da religião e devemos, afinal de contas, implorar a Deus que tome o trabalho em Suas mãos. —MATTHEW HENRY

Tudo aperfeiçoa um santo. Não somente ordenanças, palavra, sacramentos, a associação santa, mas até mesmo os pecadores e seu próprio ato de pecar. Até mesmo isso faz surgir sua graça em ação sobre o lamento piedoso e de coração quebrantado. Um santo veleja com qualquer vento. Assim como os perversos se ofendem com as melhores coisas, os piedosos são aperfeiçoados pelas piores. Porque *eles têm quebrantado a tua lei. Por isso amo os teus mandamentos*.

Quanto mais a santidade pertence ao piedoso, tanto mais o mundo a despreza. Os santos mais eminentes foram aqueles da casa de César (Nero) (Fl 4:22); aqueles que guardaram o nome de Deus foram os que viveram onde estava o trono de Satanás (Ap 2:13). O zelo por Deus ganha força com a oposição; e assim o piedoso muito labuta para dar a glória ao Deus da restauração. —WM. JENKYN

*Versículo 127*
*Por isso amo os teus mandamentos mais do que o ouro, e ainda mais do que o ouro refinado.* A imagem aqui empregada traz diante de nós o retrato do avarento. Seu coração e seu tesouro estão em seu ouro. Com que deleite ele o estima! Com que vigilância o guarda, escondendo-o em tutela segura, para que não seja despojado daquilo que lhe é mais caro que a vida!

Assim deveriam ser os cristãos, avarentos espirituais, considerando que seu tesouro é *mais do que o ouro refinado* e "escondessem-no em seu coração", em lugar seguro, onde o grande despojador não poderá alcançá-lo.

Ó cristãos! Quanto mais é sua porção para vocês do que o tesouro do avarento! Esconda-a, vigie-a, conserve-a. Você não precisa temer a ganância em questões espirituais; antes "cobice seriamente" desejando ampliar seu armazenamento; e vivendo por ela e nela, sua porção crescerá em envergadura e se tornará mais preciosa em valor. —C. BRIDGES

### Versículo 128

*Por isso, tenho por, em tudo, retos os teus preceitos todos.* Os *tudo* e *todos* utilizados neste versículo (não diferentemente dos que há em Ez 44:30) demonstram a integridade e universalidade da Sua obediência. "Tudo" não passa de uma pequena palavra, mas de grande extensão. —JOHN TRAPP

O homem íntegro ajusta todas as suas ações conforme uma regra justa, a ponderação carnal não pode induzi-lo, a prática corrompida não o faz oscilar, mas a sagrada Palavra de Deus o dirige. —A. WRIGHT

*E aborreço todo caminho de falsidade.* O amor à verdade gerou o ódio à falsidade. Este homem piedoso não era indiferente a nada, porém, aquilo que ele não amava ele odiava. Ele não era mais um na multidão; era alguém que muito amava ou muito odiava, mas não foi jamais alguém que titubeava. Ele sabia o que sentia e o expressava. Não era um Gálio que não se importava com nenhuma destas coisas.

Sua repulsa era tão sem reservas quanto sua afeição; ele não tinha uma boa palavra para nenhuma das práticas que não carregassem a luz da verdade. O fato de que tão grandes multidões seguem a larga estrada não tinha influência sobre este santo homem exceto por deixá-lo mais determinado a evitar toda forma de erro e pecado. Que o Espírito Santo assim governe nossos corações para que nossas afeições estejam na mesma condição resoluta com relação aos preceitos de Deus! —C. H. SPURGEON

O melhor teste para nosso amor a Deus e à Sua Palavra é o seu oposto: ódio ao pecado e à impiedade. "Vós que amais o Senhor, detestai o mal". Aquele que ama uma árvore odeia o verme que a consome, aquele que ama uma vestimenta odeia a traça que a devora, aquele que ama a vida abomina a morte e aquele que ama o Senhor odeia tudo o que o ofende. Que os homens prestem atenção nisto, os homens que são apaixonados por seus pecados: como poderia o amor de Deus estar neles? —W. COWPER

O ser que ama o bem com intensidade infinita, deve odiar o mal com a mesma intensidade. Longe de ser algum tipo de incompatibilidade entre este amor e este ódio, eles são na verdade complementos um do outro — polos opostos da mesma emoção moral. —JOHN W. HALEY

Ocorrendo que Satanás ganhe controle sobre você por um pecado que seja, não será apenas este suficiente para carregar você à condenação? Como o açougueiro que carrega o animal ao matadouro, certas vezes pelas quatro patas e outras vezes apenas por uma, da mesma forma o faz Satanás. Ainda que você não seja escravo de todos os pecados, sendo escravo apenas de um, o controle que ele tem sobre você, por esta única afeição pecaminosa, é suficiente para aprisioná-lo. —W. COWPER

### Exposição dos versículos 129 a 136

Todos os versículos desta seção começam com a sétima letra do alfabeto hebraico, mas cada versículo com uma palavra diferente. —W. S. PLUMER

A sétima letra é a letra P. Esta seção é preciosa, prática, proveitosa, poderosa, peculiarmente poderosa. —C. H. SPURGEON

### Versículo 129

*Admiráveis são os teus testemunhos.* Jesus, a Palavra eterna, é chamado de Admirável e todas as palavras de Deus pronunciadas são admiráveis em sua extensão. Aqueles que as conhecem melhor mais se maravilham com elas.

Enquanto temos estes santos escritos, não desperdicemos nosso tempo, empregando mal nossos pensamentos e, prostituindo nossa admiração, entregando-nos apaixonadamente aos desatinos humanos

e nos maravilhando com trivialidades humanas.
—GEO. HORNE

*Por isso, a minha alma os observa*. Alguns homens se maravilham com as Palavras de Deus e as utilizam para sua especulação; mas Davi foi sempre prático e, quanto mais se admirava, mais obedecia.
—C. H. SPURGEON

Davi disse: *Por isso, a minha alma os observa*; e por que agir assim exclusivamente por considerá-los admiráveis? Pode alguém ser proficiente em qualquer arte que considere reduzida e a desaprove? Aprecie este livro de Deus acima de todos os outros livros.
—T. WATSON

*Versículo 130*
*A exposição das tuas palavras dá luz* (ARC). Ó, que Suas palavras, como os raios do sol, possam entrar pela janela do meu entendimento e dissipar a escuridão em minha mente! —C. H. SPURGEON

Um professor de Göttingen abre uma grande Bíblia para ver se tem visão suficiente para lê-la e acaba pousando na passagem: "Guiarei os cegos por um caminho que não conhecem" e ao lê-la os olhos de seu entendimento são iluminados.

O soldado de Cromwell abre sua Bíblia para verificar em que profundidade a bala do mosquete penetrou e encontra o versículo: "Alegra-te, jovem, na tua juventude, e recreie-se o teu coração nos dias da tua mocidade; anda pelos caminhos que satisfazem ao teu coração e agradam aos teus olhos; sabe, porém, que de todas estas coisas Deus te pedirá contas".

E em uma brincadeira, um soldado de Kentish abre a Bíblia que sua mãe, de coração partido, lhe enviara e a primeira sentença que surge é o texto tão familiar em seus dias de menino: "Vinde a mim, todos os que estais cansados e sobrecarregados" e o exausto libertino refugiou-se no descanso em Jesus Cristo. —JAMES HAMILTON

*Dá entendimento aos simples*. Não há ninguém tão esclarecido que Deus não possa cegar, ninguém tão cego e ignorante cuja mente e coração Ele não possa abrir.

Ele que, por Sua incubação nas águas durante a criação, elaborou essa grosseira massa gerando a bela forma que vemos agora, do escuro caos fez os gloriosos Céus e os adornou com tantas estrelas orientais, pode mover-se na escura alma e a iluminar ainda que seja isenta de conhecimento como a noite do primeiro dia do mundo era isenta de luz.

O tutor escolar algumas vezes envia a criança para casa e sugere a seu pai que a coloque em outro ofício por não conseguir, com toda a sua arte, fazer dela um erudito; mas se o Espírito de Deus for o tutor, você aprenderá ainda que seja um estúpido. *A entrada das tuas palavras dá luz, dá entendimento aos símplices.* Tendo a alma passado a fazer parte da escola do Espírito, pouquíssimo tempo depois se torna um especialista. —WM. GURNALL

*Versículo 131*
*Abro a boca e aspiro*. Uma metáfora retirada de homens em meio a chamas e sufocados pelo calor ou daqueles que perdem o fôlego ao seguir aquilo que desejam alcançar. A metáfora anterior expressava a veemência de seu amor; a outra a sinceridade de sua busca. Ele era como um homem ávido por fôlego, sugando ar fresco. —T. MANTON

*Versículo 132*
*Volta-te para mim*. Se um olhar nosso para Deus tem eficácia salvadora; o que não devemos esperar de um olhar de Deus para nós?

*E tem piedade de mim*. O olhar de Cristo para Pedro foi um olhar de misericórdia e todos os olhares do Pai celestial são do mesmo tipo. Se Ele olhasse com severa justiça, Seus olhos não nos suportariam, mas olhando em misericórdia, Ele nos poupa e abençoa. —C. H. SPURGEON

Olha para mim como para o choroso Pedro e sê misericordioso comigo como foste com ele, que tanto amou o Teu nome a ponto de por sua confissão tripla de amor lavar por completo sua tríplice negação, dizendo: "Senhor, tu sabes que eu te amo".
Volta-te para mim, como para a mulher pecadora, penitente e chorosa e sê misericordioso comigo, não conforme o julgamento do fariseu que resmungava

contra ela, ou como Judas que se indignou com ela, mas perdoando-me como fizeste com ela: "porque muito amou", dizendo-me também: "A tua fé te salvou; vai-te em paz". —NEALE E LITTLEDALE

Senhor, considerando que nosso olhar para ti, geralmente é tão insignificante, frio, distante, de modo que não causa impressão alguma em nosso coração, tu condescendes continuamente e olhas para nós com misericórdia e poder. Garante-nos que tal olhar nos trará à razão e toca-nos com sensibilidade e contrição na lembrança daquele pecado, da incredulidade e desobediência que perfuraram as mãos, os pés, o coração de nosso tão amado, Senhor e Salvador. —C. BRIDGES

*Segundo costumas fazer aos que amam o teu nome.* Deus teve um Filho sem pecado, mas Ele nunca teve um filho sem tristezas: "O Senhor açoita a todo filho a quem recebe". "Sim", diz o suplicante anterior a nós, "garante-me a porção eterna pertencente a eles e me disponho a beber do cálice que eles beberam e a ser batizado com o batismo com que foram batizados. Não desejo um novo caminho ou atalho até a glória. Estou satisfeito em manter-me na estrada do Rei. *Tem piedade de mim, segundo costumas fazer aos que amam o teu nome.* Nada mais peço". —WM. JAY

## Versículo 133

*Firma os meus passos na tua palavra.* Está escrito sobre Boleslau, um dos reis da Polônia, que ele carregava consigo o retrato de seu pai e quando deveria executar alguma grande obra ou estabelecer algum plano extraordinário ele olhava para o retrato e orava para que não fizesse nada indigno do nome de um pai como este.

Assim as Escrituras são a representação da vontade de Deus; nelas estão a própria vida. Antes que um homem faça parte ou se comprometa com qualquer transação que seja, que ele olhe para elas e ali leia o que deve ser feito, o que deve ser desfeito; e aquilo que Deus comanda seja então feito. O que ele proíbe, que seja desfeito; que o equilíbrio do santuário regule tudo, os oráculos de Deus decidam tudo, o regulamento da Palavra de Deus seja o padrão de tudo e Sua glória a suprema de todas as pretensões. — De "Coisas presentes e passadas" de Spencer

*Meus passos.* Falando dos degraus do Templo, Bunyan diz: "Estes degraus, sejam de cedro, ouro ou pedra, o que lhes incorporava adorno foi a perplexidade de uma Rainha. E independentemente do material de que eram feitos, eram certamente, sombra dos degraus que nos levarão até a casa de Deus e para dentro dela.

"Passos de Deus" (Sl 85:13). "Passos ordenados por Ele" (Sl 37:23). "Passos ordenados em Sua Palavra" (Sl 119:133). "Passos da fé" (Rm 4:12). "Passos do Espírito" (2Co 12:18). "Passos da verdade" (3Jo 4). "Passos lavados em manteiga" (Jó 29:6 ARC). "Passos dados diante ou na presença de Deus". Passos impulsionados e delimitados por uma norma divina. Estes são de fato, degraus. —JOHN BUNYAN

*E não me domine iniquidade alguma.* Eu preferiria ser prisioneiro de um homem durante toda a minha vida do que ser escravo do pecado por um dia. Ele não diz: "Não me governe esta ou outra mão", mas "não me domine o *pecado*". Bem-dito! Há esperança na condição de tal homem contanto que assim seja. —MICHAEL BRUCE

## Versículo 134

*Livra-me da opressão do homem.* É uma pena que um homem oprima outro. Os animais geralmente não devoram aqueles de sua espécie; mas frequentemente os inimigos de um homem são os de sua residência.

## Versículo 135

*Faze resplandecer o rosto sobre o teu servo.* Ó Deus, que é a Verdade, faz-me um com o Senhor na vida eterna! Geralmente me canso de ler e de ouvir; somente em ti está a soma de meu desejo! Que todos os mestres se silenciem; que toda a criação se silencie diante do Senhor! E somente o Senhor fale com a minha alma.

Os Teus ministros podem pronunciar as palavras, mas não podem transmitir o espírito; eles podem entreter a imaginação com os charmes da eloquência, mas se tu estiveres em silêncio, eles não inflamarão o coração. Eles ministram a letra, mas tu abres o sentido; pronunciam o mistério, mas tu revelas seu significado; eles indicam o caminho da vida, mas tu concedes força para nele caminhar; eles regam, mas tu dás o crescimento.

Portanto, faze-o, ó Senhor, meu Deus, Verdade eterna! Fala à minha alma! Para que não seja aquecida externamente, mas não avivada internamente, e assim, eu morra e seja considerado infrutífero. "Fala, porque o teu servo ouve." —THOMAS À KEMPIS

*Versículo 136*
*Torrentes de água nascem dos meus olhos, porque os homens não guardam a tua lei*. Seu pesar era tal que mal podia externá-lo; suas lágrimas não eram meras gotas de tristeza, mas torrentes de ais. Nisto ele se assemelhou ao Senhor Jesus, que contemplou a cidade e pranteou por ela; e semelhantemente ao próprio Jeová, que não tem prazer na morte daquele que morre, mas em que se volte para Ele e viva.

O homem que se entristece pelos pecados de outros é um cristão maduro. No versículo 120 sua carne tremia à presença de Deus e aqui parece derreter e escoar, em torrentes de lágrimas. Ninguém é tão afetado pelos aspectos celestiais como aqueles que muito se dedicam ao estudo da Palavra e são por ela ensinados sobre as coisas verdadeiras e essenciais. Os homens carnais têm medo da força bruta e pranteiam perdas e cruzes; mas os homens espirituais sentem temor santo do próprio Senhor e acima de tudo lamentam quando veem a desonra lançada em Seu santo nome.

> Senhor, que eu lamente apenas o pecado,
> Somente diante de ti,
> Desejo, ó como espero!
> Constante pranteador ser.

Também porque *meus olhos não guardam a tua lei*, alguns podem prantear. O olho é a entrada e a saída de grande quantidade de pecado e, consequentemente, deve ser olho pranteador. Ou antes, *eles, ou seja, meus adversários* (v.139). Note que os pecados dos pecadores são as tristezas dos santos. Nós devemos lamentar aquilo que não podemos reparar. —M. HENRY

Aquele que age com desdém ao ver uma cobra rastejando até alguém, terá muito mais medo quando esta vier em sua direção. Em nossos próprios pecados temos a vantagem da consciência flagelando a alma com remorso e vergonha; em lamentar os pecados de outros, temos apenas os motivos do dever e da obediência. Aqueles que voam adiante, impulsionados pelo amor, em direção à valentia e à façanha, certamente lutarão em casa, impulsionados pelo amor, por sua própria segurança. —T. MANTON

De tal forma o caráter do povo de Deus é uniformemente representado — não meramente como aqueles que são *livres* — mas como aqueles *que suspiram e gemem por causa de todas as abominações que se cometem no meio da cidade* (Ez 9:4). E quem não vê que vasta esfera ainda se apresenta em todos os lados para o exercício irrestrito da compaixão cristã? O espetáculo revoltante de um mundo apostatado de Deus, de multidões divertindo-se com a destruição eterna, como se o Deus do Céu fosse "um homem para que minta", é certamente suficiente para forçar "rios de águas" dos corações daqueles que se preocupam com Sua honra.

Que quantidade de pecados ascende como nuvem diante do Senhor, originados em um único coração! Acrescente o conjunto de um vilarejo — uma cidade — um país — um mundo diariamente — todas as horas — todos os momentos! Bem poderão os *rios de água* erguer-se até uma maré transbordante, pronta para romper suas barreiras. —C. BRIDGES

Os vícios dos religiosos são a vergonha da religião. Contemplar esta situação fez os mais decididos defensores de Cristo derreterem-se em lágrimas. Davi era um destes grandes valorosos do mundo, sem correspondente em seus dias; contudo ele lamenta.

Ainda garoto, ele despedaçou um urso? Resgatou uma ovelha matando um leão? Frustrou um poderoso gigante que desafiou todo o exército de Deus? Ele, como um furacão, suportou e massacrou seus inimigos diante de si e agora ele, como uma criança ou uma mulher, cai em lamento? Sim, ele ouviu o nome de Deus blasfemado, viu Seus santos ritos profanados, Seus estatutos vilipendiados e violência praticada contra a pura castidade dessa santa virgem, a religião. Isto colocou o coração deste valente em lágrimas: *Torrentes de água nascem dos meus olhos*. —THOMAS ADAMS

*Exposição dos versículos 137 a 144*

### Versículo 137

*Justo és, Senhor.* Os percursos pecaminosos dos filhos de Deus causam amargura suficiente; eles nunca se aventuram no pecado sem que haja grande perda. Se Paulo der lugar ao mínimo orgulho, Deus o humilhará. Se alguém der lugar ao pecado, sua peregrinação será desconfortável. Eli cai na negligência e indulgência e então a arca de Deus é tomada, seus dois filhos são mortos na batalha, sua nora morre e ele mesmo quebra o pescoço.

Ó, as maravilhosas tragédias que o pecado opera nas casas dos filhos de Deus! Davi, quando se envolveu com o fruto proibido, foi retirado de seu palácio, suas concubinas se perverteram, seu próprio filho foi morto; um grande número de calamidades caiu sobre ele. Portanto, os filhos de Deus têm motivos para temer, pois o Senhor é Deus justo e eles assim verão.

O versículo 137, como o 25, está associado com as tristezas de um penitente imperial. Quando o Imperador Mauricio, deposto e cativo, foi levado para a execução pelo usurpador Focas, seus cinco filhos haviam sido previamente assassinados um a um em sua presença e a cada golpe fatal ele exclamava pacientemente: *Justo és tu, Senhor, e retos, os teus juízos.* —NEALE E LITTEDALE

*E retos, os teus juízos.* Jeová disse e fez o que é reto e somente isso. Isto é um grande refúgio para a alma em tempo de tribulação. —C. H. SPURGEON

### Versículo 138

*Os teus testemunhos, tu os impuseste com retidão e com suma fidelidade.* Permaneça nessa doce palavra — *suma fidelidade*. Que misericórdia é termos o Deus com quem lidar que é tão escrupulosamente fiel, fiel a todos os itens e detalhes de Suas promessas, pontual na cronologia, constante em todo o momento. Faremos bem em tudo arriscar por uma Palavra que é "sempre fiel, sempre segura". —C. H. SPURGEON

Os homens por natureza são curiosos para conhecer seu fim, em lugar de serem cuidadosos em reparar suas vidas; e por esta razão buscam respostas onde nunca encontram o bem. Mas se desejarem saber, que vão à Palavra e ao Testemunho e não precisarão buscar nenhum outro oráculo. E se a Palavra de Deus testemunhar a eles o bem, terão motivo para alegrar-se; caso contrário, se lhes testemunhar o mal, que se apressem para frustrá-lo ou seguramente os alcançará. —W. COWPER

### Versículo 139

*O meu zelo me consome* etc. O zelo é o calor ou intenção das afeições. É uma santa calidez pela qual nosso amor e ira são atraídos ao supremo a Deus e à Sua glória. Agora, nosso amor a Deus e aos Seus caminhos e o nosso ódio à perversidade deveriam crescer por causa dos homens impiedosos.

Cores escuras e turvas em uma mesa tornam as outras cores mais revigoradas e vigorosas aparentarem ser mais belas; os pecados de outros deveriam fazer Deus e a piedade se tornarem mais afáveis aos seus olhos. O seu coração deveria se incendiar ao colidir-se com tais pedras frias. Davi, por uma santa antiperístase, acendeu-se com a frieza de outros: *O meu zelo me consumiu, porque os meus inimigos se esqueceram da tua palavra.* Jatos frios fazem o fogo queimar com labaredas mais altas e ainda mais quentes. —GEO. SWINNOCK

### Versículo 140

*A tua palavra é muito pura.* É a verdade destilada, santidade em sua quintessência. Na Palavra de Deus não há mistura de erro ou pecado. Ela é pura em seu sentido, pura em sua linguagem, pura em seu espírito, pura em sua influência e tudo isto no mais alto grau — *muito* pura.

No original, "testada, refinada, purificada, como ouro na fornalha", absolutamente perfeita, sem a impureza da vaidade e da falibilidade que corre pelos escritos humanos. Quanto mais testarmos as promessas, mais certas perceberemos que são. O ouro puro é tão fixo que Boerhaave nos informa que trinta gramas dele colocadas no centro de uma fornalha de vidro por dois meses não perde um único grão. —GEO. HORNE

Um filho de Deus, em seus melhores momentos, não deseja que a Palavra de Deus seja rebaixada ao nível do caráter imperfeito que ele tem, antes deseja que seu caráter seja gradualmente elevado à conformidade com essa bendita Palavra. Porque é completamente pura e porque tende a transmitir àqueles que fazem dela seu estudo constante, uma medida de sua própria pureza; o filho de Deus a ama e deleita-se em meditar nela dia e noite. —J. MORISON

Antes que eu conhecesse a Palavra de Deus em espírito e em verdade, por sua grandiosa antiguidade, suas interessantes narrativas, sua biografia imparcial, sua moralidade pura, sua sublime poesia; em suma, por sua bela e maravilhosa variedade, eu a escolhi em lugar de todos os outros livros; mas assim que entrei em seu espírito, como o salmista, eu a amo acima de todas as coisas por sua pureza, e desejo, que qualquer outra leitura que eu faça, trate de aumentar meu conhecimento da Bíblia e fortalecer minha afeição por suas verdades divinas e santas. —SIR WM. JONES

*Portanto, o teu servo a ama*; o que é uma prova de que ele mesmo era puro de coração, pois somente aqueles que são puros amam a Palavra de Deus por sua pureza. Seu coração estava enlaçado à Palavra por sua gloriosa santidade e verdade. Ele a admirava, buscava praticá-la e ansiava estar sob o seu poder purificador. —C. H. SPURGEON

O amor em Deus é a fonte de todos os Seus benefícios estendidos a nós; e o amor no homem é a fonte de todos os nossos serviços e de nossa obediência a Deus. Pequenos sacrifícios, que fluem da fé e do amor, são bem-vindos a Ele, enquanto que sacrifícios maiores sem estes, não passam de abominação para Ele. Temos provas de ambos na oferta de óbolo da viúva e na rica oferta de Caim, em que uma foi rejeitada e a outra aceita. Felizes somos nós ainda que não possamos dizer: "Fizemos como Deus ordena", se por um bom coração pudermos dizer: "Amamos fazer que Ele ordena". —WM. COOPER

## Versículo 141
*Pequeno sou e desprezado; contudo, não me esqueço dos teus preceitos*. Quantos homens foram levados a executar alguma ação nociva, para poder responder ao desprezo de seus inimigos; para tornar-se proeminentes, ele fala ou age de modo que não poderia justificar.

O primeiro passo da deserção é esquecer-se o que Deus ordenou e o que nos é imposto no serviço a Ele; e a isto facilmente segue a ofensa a Deus por nossa transgressão.

Tais animais que não mastigam durante sua ruminação, sob a lei eram considerados impuros, carne que não deveria ser sacrificada a Deus. Isso que era apenas uma figura, significa para nós um homem que recebe coisas boas de Deus e não medita nelas, não pode sentir sua doçura e assim, não pode ser grato a Deus. —W. COWPER

## Versículo 142
*A tua justiça é justiça eterna*. Davi aqui expressa algo mais do que expressou no versículo anterior; pois ali ele apenas disse que servia reverentemente a Deus, ainda que de seu severo e duro tratamento ele aparentemente perde o seu trabalho; mas agora quando aflito e atormentado, ele afirma que encontra na Lei de Deus o deleite mais apaziguador, que aplaca todas as tristezas e não apenas tempera sua amargura, mas também a condimenta com uma certa doçura. Certamente, quando este sabor não existe para nos fornecer deleite, nada é mais natural do que sermos engolidos pelo sofrimento. —JOÃO CALVINO

## Versículo 143
*Sobre mim vieram*. No hebraico, *me encontraram*. Como cachorros rastreando um animal selvagem que se esconde ou foge. —A. R. FAUSSET

*Os teus mandamentos são o meu prazer*. Prazer em coisas morais (disse Aquino) é a regra pela qual podemos julgar a bondade ou maldade do homem. Os homens são bons e maus como os objetos de seu deleite o são. São bons aqueles se deleitam em coisas boas e são maus os que se deleitam em coisas más. —T. MANTON

## Versículo 144
*Eterna é a justiça dos teus testemunhos*. Quanto mais declaramos louvor às Santas Escrituras, mais teremos a dizer e mais poderemos dizer. —C. H. SPURGEON

*Dá-me a inteligência deles, e viverei.* Quanto mais o Senhor nos ensina a admirar a justiça eterna de Sua Palavra e quanto mais Ele nos vivifica para o amor de tal justiça, mais felizes e melhores seremos.
—C. H. SPURGEON

Como o fim para o qual os homens foram criados não é este: encher suas barrigas como porcos ou burros, mas exercitar-se no conhecimento de Deus e no serviço a Ele, quando se afastam de tal labor, sua vida é pior do que mil mortes. —JOÃO CALVINO

### *Exposição dos versículos 145 a 152*

Esta seção é dada às memórias da oração. O salmista descreve o tempo e o modo de suas devoções e suplica a Deus por libertação de suas tribulações. Aquele que esteve com Deus em seu aposento solitário, encontrará Deus com ele na fornalha. Se clamamos, seremos respondidos. Respostas atrasadas podem nos levar à importunidade; mas não precisamos temer o resultado final, uma vez que as promessas de Deus não são incertas, mas são "estabelecidas para sempre".

Toda a passagem nos mostra: como ele orou (v.145), o que ele orou (v.146), quando ele orou (v.147), por quanto tempo orou (v.148), o que suplicou (v.149), o que aconteceu (v.150), como ele foi resgatado (v.151), qual foi seu testemunho sobre toda a questão (v.152).
—C. H. SPURGEON

### *Versículo 145*

*De todo o coração eu te invoco.* Bom é quando um homem pode dizer tanto quanto isto, em suas orações. Deve-se temer o fato de que muitos não clamam a Deus de todo o seu coração durante toda a sua vida. Pode não haver beleza alguma na elocução de tais orações, nenhuma amplitude de expressão, nenhuma profundidade de doutrina nem rigor na dicção, mas se todo o coração estiver nelas, elas encontrarão o seu caminho até o coração de Deus.
—C. H. SPURGEON

Como um homem clama com mais volume quando clama com sua boca totalmente aberta, assim orará mais eficazmente quando orar com todo o seu coração. —W. COWPER

Deus não olha para a elegância de suas orações, para verificar o quão impecável são, nem para a geometria de suas orações para verificar o quão extensas são, nem mesmo para a aritmética de suas orações para verificar sua quantidade, nem mesmo para a música de suas orações, ou para a doçura de sua voz, nem mesmo para a lógica de suas orações; mas olha para a sinceridade de suas orações, e quão veemente são.

A oração só é encantadora e profunda se o coração estiver nela e nada fora disso. Não é o levantar da voz, nem o cruzar das mãos, nem o bater no peito, ou um tom alterado, movimentos programados, expressões seráficas, mas Deus olha para as comoções do coração. Deus não ouve nada além daquilo que o coração fala. Se o coração for mudo, Deus certamente será surdo. Nenhuma oração tem resultado com Deus, exceto a que é labor do coração. —THOMAS BROOKS

### *Versículo 146*

*Clamo a ti.* A alma angustiada se expressa em forte clamor e lágrimas. Desde a antiguidade clamaram ao Senhor e Ele os ouviu em sua angústia. Assim foi com Israel no mar Vermelho. Os homens da Reforma expressaram-se em oração sincera e encontraram alívio. Lutero, durante a Dieta de Worms, quando detido por mais um dia, passou a longa noite proferindo orações ruidosamente, para que pudesse estar diante de seu Senhor antes de uma assembleia terrena e ilustre. —JOHN STEPHEN

Uma oração chorosa transpassa a profundidade do Céu. Não lemos sobre uma palavra que Moisés pronunciou, mas que Deus foi movido por seu clamor (Êx 14:15). Não significa um ruído estrondoso, mas gemidos derretidos do coração. Contudo, certas vezes as dolorosas e mesquinhas necessidades e angústias de espírito extorquem até mesmo clamores vocais nada desagradáveis aos ouvidos inclinados de Deus. —SAMUEL LEE

### *Versículo 147*

*Antecipo-me ao alvorecer do dia.* É algo penoso os raios de sol nascente encontrarem você preguiçoso e constrangido em sua cama e a brilhante luz atingir olhos ainda pesados pela preguiça adormecida. Você não sabe, ó homem, que deve os primeiros frutos diários de seu coração e sua voz a Deus? Você tem uma colheita diária, um arrecadamento diário.

O Senhor Jesus permaneceu toda a noite em oração, não porque precisava do auxílio deste recurso, mas para estabelecer um exemplo para que você imite. Ele investiu a noite em oração por você, para que você viesse a aprender a como pedir *por si* mesmo. Portanto dê a Ele, novamente, o que Ele pagou por você. —AMBRÓSIO

*E clamo*. A primeira hora revigorada de todas as manhãs deveria ser dedicada ao Senhor cuja misericórdia a alegra com luz áurea. Os olhos do dia erguem suas pálpebras e em fazê-lo abrem os olhos das multidões de adormecidos protegidos pelo Céu. É adequado que esses olhos primeiro fitem o grande Pai das luzes, a fonte e origem de todo o bem sobre o qual a luz do sol brilha.

Aquele que se apressa em sair de sua cama para executar seus negócios e não espera para antes adorar, é tão tolo como se não tivesse colocado suas roupas ou lavado seu rosto; e tão imprudente como se corresse para a batalha sem armas ou armadura. Que seja nosso comportamento o banhar-nos no rio de suave fluir da comunhão com Deus, antes que o calor do deserto e o fardo do caminho comecem a nos oprimir. —C. H. SPURGEON

*Na tua palavra, espero confiante*. O estudante de teologia e o ministro da Palavra deveriam começar o dia com oração e esta sobretudo para buscar a Deus para que possa compreender a Palavra de Deus e ser capaz de ensinar a outros. —SOLOMON GESNER

## Versículo 148
*Os meus olhos antecipam-se às vigílias noturnas, para que eu medite nas tuas palavras*. A Bíblia é um livro em que podemos continuamente meditar e, contudo, não exauriremos seu conteúdo. Quando Davi expressou-se na linguagem de nosso texto, as Santas Escrituras — a Palavra de Deus — eram obviamente de volume muito menores do que são agora, ainda que mesmo agora a Bíblia esteja distante de ser um Livro longo. Contudo, Davi não pode, por assim dizer, chegar a fim do Livro. Ele podia ter estudado o livro por anos — não, temos certeza de que ele o fez — e, contudo, ainda que ele estivesse apenas entrando em um novo curso de leitura, com volume após volume a ser explorado, ele devia se levantar antes do alvorecer para empenhar-se no estudo. *Os meus olhos antecipam-se às vigílias noturnas, para que eu medite nas tuas palavras*. —HENRY MELVILL

## Versículo 149
Ó Senhor, *vivifica-me segundo os teus juízos*. Esta é mais uma das sábias e ardentes orações de Davi. Primeiro, ele clamou: "Salva-me", depois: "Ouve-me" e agora: "Vivifica-me". Este é geralmente o melhor caminho para nos libertar das tribulações, para nos dar mais vida de modo que escapemos da morte e para acrescentar mais força a essa vida para que não sejamos sobrecarregados com este fardo. —C. H. SPURGEON

## Versículo 150
*Eles se afastam da tua lei*. Uma vida maliciosa não pode ser uma vida obediente. Antes que estes homens pudessem se tornar perseguidores de Davi, eram obrigados a se livrar das contenções da Lei de Deus. Eles não podiam odiar um santo e ainda amar a Lei. —C. H. SPURGEON

## Versículo 151
*E todos os teus mandamentos são verdade*. A virtude é a verdade em ação e isto é o que Deus ordena. O pecado é a falsidade em ação e isto é o que Deus proíbe. —C. H. SPURGEON

## Versículo 152
*Quanto às tuas prescrições, há muito sei que as estabeleceste para sempre*. Deixe que "intelectos cultos" inventem outro deus, mais gentil e afeminado do que o Deus de Abraão; nós muito nos contentamos em adorar Jeová, que é eternamente o mesmo. Coisas estabelecidas eternamente são a alegria de santos firmados. Bolhas agradam meninos, mas homens valorizam as coisas que são sólidas e substanciais, com uma fundação e uma parte inferior que suportará o teste das eras. —C. H. SPURGEON

*Exposição dos versículos 153 a 160*

## Versículo 153

*Atenta para a minha aflição e livra-me.* O salmista deseja duas coisas e estas duas coisas combinadas: primeiro, uma consideração completa de seu pesar; segundo, libertação; e, em seguida, que tal libertação venha com a consideração de sua aflição. —C. H. SPURGEON

Nós devemos orar para que Deus nos auxilie e liberte, não segundo o artifício de nossos cérebros, mas segundo tais sábios, pois parece mais adequado à Sua terna sabedoria ou para que Ele abrande nossa dor, para que a nossa fraqueza não desfaleça completamente. Como um enfermo que, mesmo não duvidando em nada da fidelidade e sensibilidade de seu médico, deseja, exatamente por tudo isso, que ele lide com sua chaga tão sensivelmente quanto for possível. Assim podemos clamar a Deus, pois não sendo contra Sua honra e glória, *Ele garantirá certo alívio da dor.* —OTTO WERMUELLERUS

## Versículo 154

*Defende a minha causa e liberta-me.* Alexander lê da seguinte forma: "Batalha a minha peleja e redime-me", ou seja, coloca-te no meu lugar, carrega meu fardo, luta minha luta, paga meu preço e leva-me à liberdade. —C. H. SPURGEON

Neste versículo estão três pedidos e todos com o suporte de um único argumento. No primeiro, ele sugere a justificação de sua causa, e que foi injustamente atormentado por homens perversos; portanto, sobrecarregado com suas calúnias, ele desejava que Deus assumisse sua defesa: *Defende minha causa.*

No segundo, ele representa a miséria e impotência de sua condição; portanto, como se oprimido pela violência, ele diz: *liberta-me.* Ou, como as palavras estampam: "Redime-me". No terceiro, sua própria fraqueza e prontidão para desfalecer sob este fardo; portanto ele diz: *vivifica-me.* —T. MANTON

Uma mulher perversa certa vez levantou uma acusação contra o Dr. Payson, sob circunstâncias que pareciam tornar impossível que ele escapasse. Ela fazia parte do mesmo grupo, no qual, muitos meses antes, ele tinha ido para Boston.

Por algum tempo, parecia quase certo de que o seu caráter seria arruinado. Ele teve todos os recursos cortados, exceto o trono da graça. Sentiu que a sua única esperança estava em Deus; e a Ele dirigiu a sua fervente oração. E foi ouvido pelo Defensor do inocente. Uma "visitação de escrúpulos" induziu a miserável mulher a confessar que tudo era uma calúnia maliciosa. — *De* Memórias e Edward Payson por ASA CUMMING

## Versículo 155

*A salvação está longe dos ímpios.* Em nome de Deus considere: houvesse apenas o juramento de um homem, ou uma sociedade de homens que, como aqueles em Atos, jurassem ser a morte de certo homem, e fosse você este homem, você não ficaria cheio de temor e tremor, noite e dia, e perderia a quietude de sua vida até que eles se tornassem seus amigos?

De que então são cheios os travesseiros daqueles que conseguem dormir tão tranquilamente sem horror ou assombro algum, ainda que lhes tenha sido dito que o Deus onipotente fez juramento de condenar seu corpo e alma, sem arrependimento oportuno? —WM. GURNALL

Ser salvo! O que significa ser salvo no sentido mais pleno e fundamental? Quem pode nos dizer? Olhos não viram, ouvidos não ouviram. É um resgate, e de que naufrágio! É um descanso e em que casa inimaginável! É deitar-se para sempre no peito de Deus em um eterno arrebatar de contentamento insaciável. —FREDERICK W. FABER

## Versículo 157

*Não me desvio, porém, dos teus testemunhos.* Alguns homens foram desviados por um inimigo, mas aqui está um santo que permaneceu em seu caminho mesmo diante de muitos perseguidores. Há o suficiente nos testemunhos de Deus para nos recompensar por continuarmos adiante contra todas as multidões que possam se unir contra nós. A menos que consigam nos levar ou atrair ao declínio espiritual, nossos inimigos não terão nos causado grande mal e nada terão realizado por sua malícia. Se nós não decaírmos, eles estarão derrotados; se não puderem nos fazer pecar, terão errado o alvo. A fidelidade à verdade é vitória contra nossos inimigos. —C. H. SPURGEON

*Versículo 158*
*Vi os infiéis e senti desgosto.* Ó, se vocês têm os corações dos cristãos ou dos homens em vocês, que eles anseiem por seus próximos pobres, ignorantes e impiedosos. Infelizmente há apenas um passo entre eles e a morte e o inferno. Muitas centenas de doenças estão esperando prontas para apoderar-se deles e se morrerem não regenerados, estão perdidos para sempre.

Vocês têm corações de pedra para não se apiedarem de homens em tal caso como este? Se vocês não creem na Palavra de Deus e no perigo que os pecadores correm, por que são cristãos? Se creem, porque não se apressam em auxiliar os outros? Vocês não se importam com quem está condenado, contanto que vocês estejam salvos?

Deus teve tanta misericórdia de você e você não a terá de seu pobre vizinho? Você não precisa ir longe para encontrar objetos para sua piedade; apenas olhe em sua rua ou na casa vizinha à sua, provavelmente, encontrará alguns.

Se as casas desses estivessem sendo incendiadas, você correria para ajudá-los; e não os ajudará quando suas almas estão se aproximando do fogo do inferno? Se você conhecesse pelo menos um medicamento para suas doenças você lhes diria, caso contrário, se culparia pela morte deles. —RICHARD BAXTER

*E senti desgosto.* Senti muito ao ver tais pecadores. Cansei-me deles, enojei-me deles, não podia suportá-los. Não encontrei prazer algum neles, eram uma triste visão para mim independentemente de quão finas as suas roupas ou espirituosa a sua conversa. Mesmo quando estavam profundamente jubilosos, vê-los pesava em meu coração, eu não conseguia tolerar nem eles nem seus atos. —C. H. SPURGEON

*Porque não guardam a tua palavra.* Minha tristeza foi ocasionada mais pelo pecado deles contra Deus do que por sua inimizada contra mim. Eu suportaria seu mal tratamento com relação às minhas palavras, mas não sua negligência com a Sua Palavra. Sua Palavra é tão preciosa para mim de modo que aqueles que não a guardam levam-me à indignação; não consigo manter a companhia daqueles que não guardam a Palavra de Deus. O fato de não terem amor por mim é uma bagatela, mas desprezar o ensino do Senhor é abominável. —C. H. SPURGEON

Nunca pensei que o mundo pudesse ser tão perverso quando o evangelho iniciou como vejo que agora é; antes esperava que todos saltassem de alegria por encontrarem-se livres da imundície do papa, de seus lamentáveis abusos contra os pobres, de suas consciências atormentadas e que por meio de Cristo desejariam obter, pela fé, o tesouro celestial que buscavam com vasto custo e faina, ainda que em vão. E, especialmente, pensava eu que os bispos e universidades, com alegria de coração, receberiam as verdadeiras doutrinas; mas fui ludibriado. —MARTINHO LUTERO

*Versículo 159*
*Considera*, ou vê, *em como amo os teus preceitos*. Este é um teste seguro: muitos são os que têm uma inclinação às promessas, mas com relação aos preceitos, não conseguem suportá-los.

*Vivifica-me, ó Senhor, segundo a tua bondade.* "Vivifica-me". Ele ora novamente pela terceira vez, usando as mesmas palavras. Precisamos compreender que Davi sentia-se como alguém em parte atônito com os ataques de seus inimigos, pronto para desfalecer sob sua incessante malícia. O que ele queria era avivamento, restauração, renovo. Portanto, suplicava por mais vida. Ó! O Senhor que me vivificou quando eu estava morto, vivifica-me novamente para que eu não retorne aos mortos! Vivifica-me para que eu sobreviva aos ataques de meus inimigos, à fraqueza de minha fé e ao esmorecimento de minha dor.

Desta vez ele não diz: "Vivifica-me, segundo os teus juízos", mas: "Vivifica-me, ó Senhor, segundo a tua bondade". Esta é a grande arma que ele traz para o último conflito; é o argumento final e se isto não trouxer êxito, ele deve fracassar. Há muito, ele bate à porta da misericórdia e, com esta súplica, dá seu golpe mais pesado.

Quando caiu em grande pecado, esta foi sua súplica: "Compadece-te de mim, ó Deus, segundo a tua benignidade"; e agora que está em grande aflição, ele recorre à mesma argumentação. Porque Deus é amor, Ele nos dará vida; porque Ele é bom, Ele novamente acenderá a chama celestial em nosso interior. —C. H. SPURGEON

### Versículo 160
*As tuas palavras são em tudo verdade desde o princípio, e cada um dos teus justos juízos dura para sempre.* "Para sempre" e "estabeleceste para sempre". Ó doces expressões! Ó consolo firmado! Irmãos, familiarizem-se com a Palavra de Deus e prometam o quanto antes, manter essa proximidade eternamente e, assim seu conhecimento dela não irá além ou aquém de sua verdade. Conheça-a o quanto antes e por quanto tempo quiser ou puder e assim você jamais a verá tropeçar ou falhar; mas você poderá, após longa vivência de Deus, dizer dela: Há muito sei que as estabeleceste para sempre. —ANTHONY TUCKNEY

### Exposição dos versículos 161 a 168

### Versículo 161
*Príncipes me perseguem sem causa.* Um homem espera um julgamento justo nas mãos de seus colegas, é ignóbil ser preconceituoso. —C. H. SPURGEON

*Sem causa.* Coloco como questão definida para mim, que quanto mais diligente e fielmente sirvo a Cristo, maior será a repreensão e mais avarias devo esperar. Nos últimos tempos, muito já bebi do cálice da calúnia e repreensão, mas não sou de forma alguma desencorajado; não, nem pelo insucesso de meus esforços para reparar este mundo mau, o que é muito mais difícil de suportar. —PHILIP DODDRIDGE

*Porém o que o meu coração teme é a tua palavra.* A ira do homem, quando mais impetuosa, não passa de um clima temperado se comparada à ira do Deus vivo. Aqueles que sentiram ambas podem testificar. A ira do homem não pode impedir o acesso do amor de Deus à criatura, amor que fez os santos cantar no fogo, apesar da fúria de seus inimigos. Mas a criatura sob a ira de Deus é como alguém trancafiado em um forno; não há uma fenda aberta para permitir que um pouco do calor escape ou que algum ar refrescante entre. —WM. GURNALL

Eu aconselharia vocês todos que leem ou ouvem este livro, que é a Palavra de Deus, a joia mais preciosa e relíquia santa que permanece na Terra, que tragam consigo o temor de Deus, e que o façam com toda reverência devida, e usem o conhecimento que têm dela não para glória vã de discussões frívolas, mas para a honra de Deus, para o aumento da virtude e tanto para nossa edificação como para de outros. —T. CRANMER

Aqueles que tremem diante da convicção da Palavra podem triunfar nas consolações que ela oferece. —M. HENRY

### Versículo 162
*Alegro-me nas tuas promessas, como quem acha grandes despojos.* O orador disse: "Eurípedes tinha em suas tragédias bem compostas mais sentimentos do que adágios"; e Tucídides tanto preencheu cada sílaba de sua história com conteúdo de modo que um anda em paralelo com o outro; as obras de Lísias são tão bem formuladas que não se pode retirar uma pequena palavra sem retirar toda a sentença com ela; e Phocion tinha uma competência especial de muito falar em poucas palavras.

Os cretas, nos tempos de Platão (ainda que muito corrompidos nas cartas de Paulo) eram mais profundos que verbosos; Timantes era famoso nisto: em suas ilustrações mais coisas eram propostas do que decifradas; e de Homero é dito que ninguém poderia equivaler-se a ele na poesia.

Então quanto mais aptos e pertinentes são estes altos louvores ao livro de Deus, justamente chamado de *A Bíblia* ou *o Livro*, por assim dizer, e assim o é, tanto por adequação de termos e plenitude de verdade, o único livro (como disse Lutero) diante do qual todos os livros no mundo não passam de desperdício de papel. É chamado de *a Palavra*, como

forma de eminência, porque deve ser o impulso e o limite de todas as nossas palavras; e de *As Escrituras*, como senhora suprema sobre todas as outras palavras de escritos dos homens colecionadas em volumes.
—T. ADAMS

## Versículo 163
*Abomino e detesto a mentira.* Uma expressão dupla para um repúdio inexprimível. A falsidade na doutrina, na vida ou no discurso, falsidade em qualquer forma ou configuração se tornara completamente detestável para o salmista. Este era um estado notável para um oriental, pois geralmente mentir é o deleite dos orientais e o único erro que veem nisto é uma falta de habilidade em seu exercício, de modo que o mentiroso é descoberto. —C. H. SPURGEON

Um homem natural pode se irar com o seu pecado, mas odiá-lo ele não consegue; não, ele pode abandoná-lo, mas não o repudiar; caso o fizesse ele repudiaria todos os pecados como a qualquer pecado. —ABRAHAM WRIGHT

*Porém amo a tua lei*, porque ela é toda verdade. Seu amor era tão ardente quanto o seu ódio. Homens verdadeiros amam a verdade e odeiam a mentira. Bom é para nós que saibamos em que caminho nossos ódios e nossos amores correm e podemos prestar serviço essencial a outros declarando o que são os seus objetos. Tanto o amor como o ódio são contagiantes e quando são santificados, quanto mais ampla a sua influência, melhor será. —C. H. SPURGEON

*Amo a tua lei*; não, ele acrescenta em um versículo adiante: "os teus testemunhos; eu os amo ardentemente". E assim deve ser sempre; o coração deve ter algum objeto de sua afeição que seja mais santo, com o qual preencher o vazio, ou não haverá segurança contra uma recidiva ao pecado. Eu posso falar para sempre sobre o pecado, a desgraça e o perigo de mentir, e ainda que no momento e por certo tempo minhas palavras tenham certa influência, contudo, a menos que o coração seja cheio do amor e da Lei de Deus, a primeira tentação provaria ser poderosa demais.

A Bíblia nos ensina isto em uma variedade de formas. Deus diz a Israel que não apenas "deixe de fazer o mal", mas que "aprenda a fazer o bem". E ainda mais diretamente o apóstolo diz, quando estava guerreando contra a embriaguez e afirma: "E não vos embriagueis com vinho, no qual há dissolução, mas enchei-vos do Espírito". —BARTON BOUCHIER

## Versículo 164
*Sete vezes no dia, eu te louvo.* "Como todas as graças", diz Sibbes, "aumentam pelo seu próprio exercício, assim também a graça da oração. Pela oração nós aprendemos a orar." E foi assim com o salmista; ele frequentemente antecipava-se ao alvorecer da manhã para seus exercícios de oração; e à meia-noite frequentemente se levantava para derramar sua alma em oração. Agora ele acrescenta que *sete vezes por dia*, ou como podemos expressar: "nos altos e baixos", ele encontra a oportunidade para deleitar-se em louvor. Ó, que tenhamos o mesmo espírito e prática de Davi! —BARTON BOUCHIER

## Versículo 165
*Grande paz têm os que amam a tua lei*. Que versículo encantador é este! Não lida com aqueles que guardam a Lei perfeitamente, pois onde seriam tais homens encontrados, senão no grupo dos que a amam, cujos corações e mãos são ajustados aos seus preceitos e demandas. —C. H. SPURGEON

Em meio às intempéries e tempestades do mundo, há uma perfeita calmaria no peito daqueles que não apenas executam a vontade de Deus, mas "amam" executá-la.

Eles estão em paz com Deus pelo sangue da reconciliação; em paz consigo mesmos, pela resposta de uma boa consciência, e pela sujeição dos desejos que guerreiam contra a alma; em paz com todos os homens, pelo espírito de caridade; e toda a criação está tão em paz com eles de modo que todas as coisas cooperam para o seu bem.

Nenhuma dificuldade exterior pode roubar-lhes sua *grande paz*, nenhum "tropeço" ou pedras de tropeço, que são lançadas em seu caminho pela perseguição, ou tentação, pela malícia dos inimigos, ou pela apostasia de amigos, por qualquer coisa que eles veem, ouvem ou sentem pode detê-los ou desviá-los de seu curso. O amor celestial supera todo obstáculo e percorre com deleite pelo caminho dos mandamentos de Deus. —GEO. HORNE

Houve "Elis" estremecendo pela arca de Deus, "Uzás" estendendo a mão por medo de que caísse; mas em meio às mais profundas dificuldades pelas quais a igreja passou e as tempestades mais ferozes que se enfureceram ao seu redor, houve homens de Deus, verdadeiros e fiéis, que nunca se desesperaram.

Em todas as eras houve "Luteros" e "Latimeres", que não apenas mantiveram firme a sua confiança, mas cuja paz se aprofundou com o rugir das ondas. Quanto mais foram abandonados por homens, mais íntima se tornou a comunhão deles com Deus. E com firme apego a Ele, às Suas promessas e coragem eles conseguiam entrar no lugar secreto do Altíssimo. Ainda que tudo, externamente viesse para agitar, ameaçar e alarmá-los, eles foram guiados à paz perfeita. —JAMES MARTIN

A clareza de consciência é um auxílio aos pensamentos agradáveis. Contudo, observe que a paz não é exatamente efetivada e sim preservada por uma boa consciência e conversa; pois ainda que a alegria no Espírito Santo não possa fazer seu ninho em lugar algum senão em uma alma santa, no entanto, somente o sangue de Cristo pode declarar paz. "Justificados, pois, mediante a fé, temos paz" (Rm 5:1). Uma vida correta não trará uma consciência tranquila, mas apenas a manterá dessa forma; um calçado confortável não cura um pé dolorido, mas impede que o pé já sadio seja ferido. —OLIVER HEYWOOD

"Os prazeres de uma boa consciência são o Paraíso das almas, a alegria dos anjos, um jardim de deleites, um campo de bênçãos, o Templo de Salomão, a corte de Deus, a habitação do Espírito Santo."
—OLIVER HEYWOOD

## Versículo 166
*Cumpro os teus mandamentos.* Davi chama a Palavra de Deus de "lâmpada para os meus pés" (v.105). Não era somente uma luz para que seus olhos enxergassem, mas pela qual seus pés poderiam andar. Na prática, negociamos com o talento do conhecimento e o transformamos em ganho. Bendita é a leitura das Escrituras, quando abandonamos os pecados que a Palavra proíbe e abraçamos as doutrinas que a Palavra ordena. Ler a Palavra de Deus sem praticá-la será apenas uma tocha para iluminar o caminho dos homens até o inferno. —T. WATSON

Aquele que tem conhecimento da Palavra de Deus sabe que a Lei não é anulada pela fé, pelo contrário, é confirmada por ela (Rm 3:31).

## Versículo 168
*Tenho observado os teus preceitos e os teus testemunhos, pois na tua presença estão todos os meus caminhos.* O fato de que Deus vê os segredos de nosso coração é terrível para o perverso, mas de grande regozijo para o piedoso. Os perversos se lamentam por seu coração ser demasiado exposto; é uma panela fervente com toda maldade, uma fornalha e lugar onde se forja o mal.

Entristece-os o fato de que os homens possam ouvir e ver suas palavras e ações; mas que terror é este fato: seu Juiz, a quem odeiam, vê os seus pensamentos! Caso pudessem negar isto, o fariam. Mas tantos deles que são tão convencidos e forçados a reconhecer um Deus tremem na madrugada também com isto: Ele tudo vê. Outros procedem mais sumariamente e imediatamente negam a divindade em seu coração, e assim destroem esta consciência de que Ele é onisciente.

Mas isto é em vão. Quanto mais endurecem o seu coração por este pensamento ímpio, mais medo há neles; enquanto estrangulam e inspecionam sua consciência para que não crie alardes, ela os inspeciona com previsão de vingança temerosa e no presente os convence da Onisciência de Deus, quanto mais se esforçam para suprimi-la.

Mas os piedosos nisso se alegram; para eles é uma regra pela qual ajustar seus pensamentos; eles não cedem espaço aos pensamentos malignos, maus interesses, maus desejos ou más influências em seus corações. Onde essa vela brilha, todas as coisas são concebidas como dignas dele e de Seu contemplar; Ele a quem conhecem por vê-lo em seus corações. —WM. STRUTHER

Se a cadeira vazia de Alexandre, que os seus capitães, quando se reuniam em conselho, colocavam diante deles, era motivo de temor de modo que os mantinha em boa ordem, quão útil seria colocar diante de nós o fato de que Deus olha por nós com consideração? —WM. GURNALL

### Exposição dos versículos 169 a 176

O salmista está se aproximando do fim do salmo e suas petições ganham força e ardor. Ele parece arrombar o círculo da comunhão divina e chegar aos pés do grande Deus por cujo auxílio ele está implorando. Esta proximidade cria a visão mais modesta de si mesmo e o leva a concluir o salmo com a mais profunda auto-humilhação diante de seu rosto, implorando por ser procurado como uma ovelha perdida. —C. H. SPURGEON

### Versículo 169

*Chegue a ti, Senhor, a minha súplica.* Ó Senhor, ou seja, como alguns considerarão, permita que todo o salmo precedente, e todas as petições (de que temos aqui uma repetição) nele contidas, sejam altamente aceitos no Céu. —JOHN TRAPP

Os piedosos, quanto mais falam com Deus, mais fervorosos e ávidos se tornam para falar com Ele, de modo que, a menos que haja uma necessidade que os obrigue, jamais desejariam interromper o colóquio com o Senhor. —W. COWPER

*Dá-me entendimento, segundo a tua palavra.* Compreender as coisas espirituais é uma dádiva de Deus. Somente a graça pode conceder o privilégio de ter o julgamento esclarecido pela luz celestial e conformado à verdade divina. Muitos homens que são considerados sábios segundo os padrões deste mundo, são tolos segundo a Palavra do Senhor. Que estejamos entre os felizes filhos que serão todos ensinados pelo Senhor. —C. H. SPURGEON

A nossa compreensão da Palavra de Deus vem pelo ensinamento, mas também pela prática; dificilmente compreendemos alguma coisa até que a experimentemos. Uma experiência tão esclarecedora é uma dádiva de Deus, e a Ele nós devemos buscá-la em oração. —C. H. SPURGEON

*Segundo a tua palavra.* Sem isto, a sabedoria do homem é tolice; e quanto mais sutil ele parece ser em seus caminhos, mais profundamente se envolve na armadilha do diabo. "...eis que rejeitaram a palavra do Senhor; que sabedoria é essa que eles têm?" (Jr 8:9). —ABRAHAM WRIGHT

### Versículo 172

*A minha língua falará da tua palavra.* O pior de nós é que somos em grande parte cheios de nossas próprias palavras e falamos muito pouco da Palavra de Deus. Ó, que pudéssemos chegar à mesma resolução deste homem piedoso, e dizer doravante: "A minha língua falará da tua palavra". Então romperíamos nosso silêncio pecaminoso, não seríamos mais covardes proprietários de corações divididos, mas deveríamos ser verdadeiras testemunhas de Jesus. —C. H. SPURGEON

### Versículo 173

*Pois escolhi os teus preceitos.* Deus lhes deu um coração para escolher os Seus caminhos? Ó bendito seja Deus! Houve uma época em que vocês caminharam concedendo prazer à carne e não viam então algo melhor do que tal forma de vida, mas o Senhor tem se agradado de descobrir coisas melhores para vocês, para fazê-los renunciar os seus antigos caminhos e escolherem outro, nos quais suas almas encontraram outras formas de consolo, satisfação e contentamento, que jamais haviam encontrado antes.

Bendiga Deus como Davi o fez: "Bendigo o Senhor, que me aconselha" [...]Vendo que o Senhor inclinou o seu coração a Ele, firme-se para sempre em sua *escolha*, vendo que Deus mostrou a você os Seus caminhos, como Pilatos disse em outro caso: "O que escrevi, escrevi.", então diga você: "O que escolhi, escolhi." —JEREMIAH BURROUGHS

Cristo não ama o serviço melancólico e fleumático; tal temperamento em atos de obediência é uma desgraça para Deus e para a religião; com relação a Deus, é traição termos pensamentos de suspeita sobre Ele, como se Ele fosse um mestre severo; com relação à religião, fazemos outros pensarem que os deveres são labutas e não privilégios. —STEPHEN CHARNOCK

*Versículo 174*
*Suspiro, Senhor, por tua salvação.* Ele fala como o idoso Jacó em seu leito de morte; de fato, todos os santos, tanto em oração quanto na morte, são como um em palavra, ato e mente. —C. H. SPURGEON

É mera zombaria um homem dizer que anseia por pão e orar ao Senhor todos os dias para que lhe dê o pão diário, se ele ainda não respondeu ao chamado de Deus, ou então ainda busca consegui-lo por fraude ou rapina, não permanecendo de modo algum na providência de Deus. Quem imaginará que um homem deseja saúde, se negligencia os meios para sua recuperação? —SAMUEL HIERON

Deus libertou Noé do dilúvio, mas Noé precisou ser *divinamente instruído* e *aparelhar uma arca* (Hb 11:7) caso contrário nunca escaparia. Deus desejava salvar Ló de Sodoma, mas Ló precisou apressar-se para sair e não olhar para trás até que tivesse entrado em Zoar (Gn 19:17). Ele se agradou de curar Ezequias da praga, mas Ezequias precisou seguir a ordem: "Tome-se uma pasta de figos e ponha-se como emplasto sobre a úlcera" (Is 38:21). Ele garantiu que preservaria Paulo e o restante no mar, contudo os marinheiros precisaram "permanecer no barco" caso contrário vocês não poderão ser salvos, disse Paulo (At 27:31). —SAMUEL HIERON

*Versículo 175*
*Ajudem-me os teus juízos.* É uma doutrina muito benéfica, quando as coisas do mundo estão em estado de grande confusão, e quando nossa segurança está em perigo em meio a tantas tempestades díspares, elevar nossos olhos aos juízos de Deus e buscar neles uma resolução. —JOÃO CALVINO

*Versículo 176*
*Ando errante como ovelha desgarrada; procura o teu servo, pois não me esqueço dos teus mandamentos.* E esta é toda a conclusão: *uma ovelha desgarrada!* Este longo salmo de atribuições, louvores, confissões, resoluções, esperanças elevadas, termina nisto: ele é uma ovelha que está perecendo. Mas, acalme-se, há esperança — *Procura o teu servo.*

*Ando errante como ovelha desgarrada.* O original é de amplitude muito abrangente, compreendendo todo o tempo passado e também as tendências habituais do homem. O cristão sente que tinha se desgarrado quando a graça de Deus o encontrou, sente que teria se desgarrado muitas vezes não fosse a graça de Deus o impedir. —JOHN STEPHEN

"Todos nós andávamos desgarrados como ovelhas; cada um se desviava pelo caminho, mas o Senhor fez cair sobre ele a iniquidade de nós todos." Isto parece se aplicar à raça do homem. Muito semelhante é a experiência do salmista à descrita pelo apóstolo Paulo: "Então, ao querer fazer o bem, encontro a lei de que o mal reside em mim. Porque, no tocante ao homem interior, tenho prazer na lei de Deus; mas vejo, nos meus membros, outra lei que, guerreando contra a lei da minha mente, me faz prisioneiro da lei do pecado que está nos meus membros."

E o salmista teve a mesma solução, naquele antigo período, encontrada pelo apóstolo mais tarde; pois a salvação de Deus é uma. A solução do salmista foi: "Procura teu servo"; a do apóstolo foi: "Desventurado homem que sou! Quem me livrará do corpo desta morte? Graças a Deus por Jesus Cristo, nosso Senhor". —JOHN STEPHEN

Gotthold certo dia viu um fazendeiro contando cuidadosamente suas ovelhas conforme vinham do campo. Acontecendo de no momento estar com um ânimo inquieto e triste, ele deu escape a seus sentimentos e disse: "Por que estás abatida, ó minha alma? Por que te perturbas dentro de mim? Certamente você é preciso para o Altíssimo como esses cordeiros são para este fazendeiro". Você não é melhor do que muitas ovelhas? Jesus Cristo não é o seu Pastor? Ele não arriscou Seu sangue e Sua vida por você? Você não se interessa por Suas Palavras: "Eu lhes dou a vida eterna; jamais perecerão, e ninguém as arrebatará da minha mão" (Jo 10:28).

Este homem está contando seu rebanho; e não pensa você que Deus não conta Seus filhos que creem e são eleitos e não se preocupa com eles, especialmente considerando que Seu Amado Filho declarou que os cabelos de nossa cabeça são todos contados (Mt 10:30)? Durante o dia, posso talvez sair do caminho e despreocupadamente seguir meus artifícios; ainda assim ao chegar da noite quando o fiel Pastor conta as Suas ovelhas, Ele notará minha ausência e graciosamente me procurará e me trará de volta. Senhor Jesus, *ando errante como ovelha desgarrada; procura o teu servo, pois não me esqueço dos teus mandamentos.* —CHRISTIAN SCRIVER

Quem é chamado de "homem segundo o coração de Deus"? Davi, o rei hebreu, havia caído em pecados suficientes — os crimes mais obscuros — de modo que não havia falta de pecados. E, portanto, incrédulos zombam e perguntam: "Este é o homem segundo o coração de Deus?" O escárnio, me parece, muito superficial. Quais são as falhas, quais são os detalhes externos de uma vida, se o seu segredo interior, o remorso, as tentações e suas lutas, geralmente desconcertantes e intermináveis, forem esquecidos? Considero a vida de Davi e sua história, como escritas para nós nestes seus Salmos, como o emblema mais verdadeiro, jamais concedido a nós, do progresso moral de um homem e da peleja aqui deste lado de baixo. Todas as almas sinceras descobrirão neste relato a luta fiel de uma alma humana sincera em busca do que é bom e melhor. Luta frequentemente desconcertante — dolorosamente desconcertante — levada como se ao desastre completo; contudo uma luta infinda, sempre com lágrimas e arrependimento em que o verdadeiro propósito inconquistável iniciou-se novamente. —THOMAS CARLYLE

*Pois não me esqueço dos teus mandamentos.* Contudo, que o leitor se lembre do primeiro versículo do salmo enquanto lê o último. A maior bem-aventurança não está em ser restaurado do vaguear, mas em ser preservado em um caminho irrepreensível até o fim. Que mantenhamos a coroa do passadiço, nunca abandonando a estrada do Rei pelo atalho do prado ou qualquer outra florida via de pecado. Que o Senhor nos preserve até o fim. E ainda ali não poderemos nos vangloriar com o fariseu, mas deveremos orar com o publicano: "Ó Deus, sê propício a mim, pecador!", e com o salmista: "Procura o teu servo". —C. H. SPURGEON

Que esclarecimento este versículo nos dá sobre nossos pobres e traiçoeiros corações; não apenas suscetíveis a perder-se, mas sempre vagueando, sempre se perdendo do caminho, sempre tropeçando nas escuras montanhas, mesmo quando firmemente apegados aos mandamentos de Deus! Mas ao mesmo tempo a oração age e coloca em nossos lábios: *Procura teu servo* — "Sou teu; salva-me". Sim, bendito seja Deus! Há Um que é poderoso para salvar. "sois guardados pelo poder de Deus, mediante a fé, para a salvação". —BARTON BOUCHIER

Tanto quanto fui capaz, conforme o Senhor me auxiliou, tratei do começo ao fim, e expus este grande salmo. Uma tarefa que expositores muito mais capazes e cultos já executaram ou executarão melhor; entretanto, meus serviços não deveriam ser negados por este motivo, quando os meus irmãos sinceramente o solicitaram de mim. —AGOSTINHO

# Salmo 120

SUBITAMENTE deixamos o continente do vasto Salmo 119 e chegamos às ilhas e ilhotas dos Cânticos de Romagem. Bom será dedicar-se à prolongada devoção em ocasião especial, mas isto não deve depreciar as sagradas brevidades que santificam a vida piedosa dia a dia. Aquele que inspirou o salmo mais longo foi igualmente o Autor das curtas composições que o seguem.

Assunto: um certo autor supõe que este hino foi cantado por um israelita que deixava sua casa para ir a Jerusalém. Ele pensa que o bom homem havia sofrido com a calúnia de seus vizinhos e alegrara-se em afastar-se de sua fofoca e investir seu tempo nos compromissos mais alegres das santas festas. Pode ser verdade, mas esperaríamos que pessoas piedosas não fossem tão tolas a ponto de cantar sobre seus maus vizinhos quando eles os deixavam por alguns dias. —C. H. SPURGEON

Todo o salmo: seria alguma maravilha que um hebreu, com um profundo anseio espiritual por paz, clamasse ao ir para o Templo: "Deixe-me sair de tudo isso, ao menos por certo tempo. Deixe-me abandonar esse desvario e tensão, livre da turbulência vã e ruídos conflitantes do mundo. Deixe-me descansar e distrair-me por um pouco de tempo no sagrado asilo e santuário do Deus da paz. Deus da paz, concede-me Tua paz enquanto eu adoro em Tua presença; e me permitas encontrar um mundo melhor quando para ele voltar, ou ao menos traze-me um coração melhor e mais paciente para seus deveres e conflitos." —SAMUEL COX

### Versículo 1

*Na minha angústia.* A calúnia causa angústia do tipo mais doloroso. Aqueles que sentiram a lâmida de uma língua cruel sabem seguramente que é mais afiada do que a espada. A calúnia desperta nossa indignação por um senso de injustiça e, ainda assim, nos encontramos desamparados para lutar com o mal ou agir em defesa própria. —C. H. SPURGEON

*Clamo ao* SENHOR (ou Jeová). O curso mais sábio que ele poderia seguir. É de pouco uso apelar a nossos camaradas sobre a questão da calúnia, pois quanto mais a fomentamos, mais ela se espalha. Apelar às panteras e lobos é o mesmo que apelar aos traidores de coração obscuro. Contudo, enquanto os clamores ao homem seriam a nossa fraqueza, os clamores a Deus serão nossa força. A quem deveriam clamar os filhos se não a seu Pai? —C. H. SPURGEON

*Na minha angústia, clamo ao* SENHOR. Veja a incrível vantagem da tribulação: ela nos faz clamar a Deus; e mais uma vez veja a incrível prontidão da misericórdia, de que quando clamamos, Ele nos ouve! Muito abençoados são aqueles que pranteiam enquanto fazem a longa jornada íngreme da Galileia dos gentios deste mundo inferior à Jerusalém celestial, a alta e santa Cidade dos santos de Deus. —J. W. BURGON

*Na minha angústia.* A ajuda de Deus é adequada à situação, vem quando precisamos dela. Cristo é um bem sazonal... Pois estando a alma escurecida, Cristo a ilumina; estando a alma morta, Cristo a vivifica; tendo a alma dúvidas, Cristo as sana e estando a alma em angústia Cristo a alivia. Não é isto ajuda adequada à situação?

Estando a alma empedernida, Cristo a abranda; sendo a alma arrogante, Cristo a torna humilde; sendo a alma tentada, Cristo a socorre e estando a alma ferida, Cristo a cura. Não é isto ajuda adequada à situação? —R. MAYHEW

### Versículo 2

SENHOR, *livra-me dos lábios mentirosos.* Será preciso poder divino para salvar um homem destes instrumentos mortais. Lábios são delicados, mas quando são lábios mentirosos, sugam a vida da índole e são tão fatais quanto a navalha. —C. H. SPURGEON

Uma língua sem rédeas é *vehiculum diaboli*, carruagem do diabo, onde ele anda em triunfo. O Sr. Green descreve belamente a língua utilizando oposições ou contradições: "É um pequeno pedaço de carne, reduzido em quantidade, mas poderoso em qualidade; é macia mas escorregadia; move-se com leveza, mas cai duramente; golpeia gentilmente, mas fere dolorosamente; apaga-se rapidamente, mas não antes de haver queimado violentamente, perfura profundamente e contudo não cicatriza rapidamente; tem liberdade concedida facilmente para ir adiante, mas não encontrará facilmente meios de retornar para casa; e uma vez inflamada com os urros de Satanás, isso é como o fogo do inferno." —EDWARD REYNER

## Versículo 3
*Que te será dado ou que te será acrescentado, ó língua enganadora?* Como será visitada? A lei da retaliação mal pode lidar com o caso, já que ninguém pode caluniar o caluniador; ele é imundo demais para ser mais poluído e nenhum de nós o poluiria se pudéssemos. Ser miserável! Ele luta com armas que os homens verdadeiros não podem tocar. Como a sépia, ele se cerca de uma negrura como de tinta na qual os homens honestos não podem penetrar.

Com o sujo gambá, ele emite um odor de falsidade que não pode ser suportado pela verdade; e, portanto, ele geralmente escapa, sem ser castigado por aqueles a quem mais feriu. Seu crime, em certo sentido, se torna seu escudo. Os homens não desejam encontrar um inimigo tão medíocre. Mas o que Deus fará com línguas mentirosas? O Senhor declarou as mais terríveis ameaças contra eles e as executará terrivelmente no tempo devido. —C. H. SPURGEON

Versículos 3 e 4. Uma flecha do arco de um poderoso guerreiro que voa despercebida e sem levantar suspeitas até seu alvo e cuja presença somente é percebida quando atinge o coração da vítima, representa muito adequadamente o voo silencioso e mortal da calúnia. Do mesmo modo, o fogo que o peregrino do deserto acende na areia usando as raízes secas do zimbro, uma madeira que, de todas que lhe são conhecidas, emite o calor mais feroz e contínuo, o qual não é menos poderosamente descritivo da intensa dor e ferimento permanente de uma língua falsa e maliciosa. —ROBERT NISBET

## Versículo 4
*Setas agudas do valente.* Que crime é este ao qual o Todo-misericordioso distribui uma ruína tão pavorosa! Que possamos odiá-lo com ódio perfeito. É melhor ser vítima de calúnia do que o autor dela. Os raios da calúnia errarão o alvo, mas as flechas de Deus não. As brasas da malícia se esfriarão, mas não o fogo da justiça. Rejeite a calúnia como você evitaria o inferno. —C. H. SPURGEON

Ele compara a doutrina perversa à flecha que não é cega, mas afiada. E além disso que é lançada, não pelo fraco e débil, mas pelo forte e poderoso. Então há perigo em ambos os lados, tanto da flecha que é afiada e capaz de perfurar como também dele que com grande violência a lança. —MARTINHO LUTERO

*Setas. Brasas vivas de zimbro.* Há uma maravilhosa história no Midrash que ilustra isto muito bem. Dois homens no deserto se sentaram sob um zimbro e ajuntaram galhos com os quais cozinharam seu alimento. Após um ano, passaram pelo mesmo local onde estavam as cinzas da fogueira que haviam feito. Eles caminharam destemidamente por cima das cinzas e seus pés foram queimados pelas "brasas" sob as cinzas que ainda não haviam se apagado. —H.T. ARMFIELD

## Versículo 6
*Os que odeiam a paz*; e algumas vezes acontece que aquelas mesmas pessoas que foram recebidas à noite com todos os indícios de amizade e hospitalidade, são, pela manhã, dominadas e saqueadas. Eles então não devem ser somente acusados de espoliarem estranhos e atacar quase todas as pessoas que encontram desarmadas e indefesas, mas também das implacáveis e hereditárias animosidades que subsistem continuamente entre eles, cumprindo literalmente

a profecia de Agar sobre Ismael: "Ele será, entre os homens, como um jumento selvagem; a sua mão será contra todos, e a mão de todos, contra ele". —THOMAS SHAW

Nosso Senhor esteve com os animais selvagens no deserto. Não há poucos que prefeririam enfrentar estes, no lugar de espíritos irados que, infelizmente, ainda são encontrados até mesmo em igrejas cristãs. —REVISTA METODISTA WESLEYANA

Versículos 6 e 7. O homem que odeia a paz é uma desonra à raça, um inimigo de seu irmão e traidor de seu Deus. Ele odeia Cristo, que é o Príncipe da paz. Ele odeia cristãos, que são homens de paz. —N. MCMICHAEL

# Salmo 121

TÍTULO: É a canção de um soldado assim como o hino de um viajante. Há uma ascensão no salmo em si que atinge a máxima elevação de confiança tranquila. —C. H. SPURGEON

Todo o salmo: Foi dito que o Sr. Romaine lia este Salmo todos os dias e por certo todas as palavras nele são calculadas para encorajar e fortalecer a nossa fé e esperança em Deus. —SAMUEL EYLES PIERCE

*Versículo 1*
*Elevo os olhos para os montes: de onde me virá o socorro?* O santo homem que aqui canta um soneto escolhido desviou os olhos dos caluniadores por quem fora atormentado e olhou para o Senhor, que tudo via dos Seus altos lugares e estava pronto para derramar socorro ao Seu servo ferido. —C. H. SPURGEON

*Versículo 2*
*O meu socorro vem do SENHOR, que fez o céu e a terra.* Ele antes destruirá Céu e Terra antes de permitir que Seu povo seja destruído e as próprias colina perpétuas se curvarão antes que Ele, cujos caminhos são eternos, falhe. Estamos destinados a olhar para além do Céu e da Terra, olhar para Aquele que criou ambos. Vão é confiar em criaturas, sábio é confiar no Criador. —C. H. SPURGEON

*Versículo 3*
*Ele não permitirá que os teus pés vacilem.* Entre as colinas e ravinas da Palestina, manter os pés, firmemente, sem vacilar é grandiosa misericórdia; mas nos caminhos escorregadios de uma vida provada e afligida, a dádiva do sustentar é de valor inestimável, pois um único passo em falso pode nos fazer cair repletos de terríveis perigos. —C. H. SPURGEON

*Não dormitará aquele que te guarda.* Deus é a escolta e o guarda-costas de Seus santos. Quando os perigos despertam ao nosso redor, estamos seguros, pois nosso Preservador está acordado também e não permitirá que sejamos pegos de surpresa. Nenhuma fadiga ou exaustão pode levar nosso Deus ao sono; Seus olhos vigilantes nunca se fecham. —C. H. SPURGEON

Versículos 3 a 8. As eternas montanhas são firmes e nós sentimos que, como o monte Sião, não podem ser removidas jamais; mas o passo do homem, como é frágil em si, como é suscetível a vacilar ou tropeçar até mesmo em um seixo no caminho! Contudo esse pé é tão firme e imóvel na proteção de Deus como as próprias montanhas. —BARTON BOUCHIER

Versículos 3 e 4. Uma pobre mulher, como a história da Páscoa relata, foi certo dia ao sultão e pediu compensação pela perda de uma propriedade. "Como você a perdeu?", perguntou-lhe o monarca. Ela respondeu: "Dormi e um ladrão entrou em minha habitação." "Por que você dormiu?" "Eu dormi porque acreditava que você estava acordado." O sultão ficou tão encantado com a resposta da mulher que ordenou que sua perda fosse ressarcida.

Mas o que é verdade, apenas em uma ficção legislatória, sobre o fato de que os governos humanos nunca dormem, é verdade no sentido mais absoluto com relação ao governo divino. Nós podemos dormir em segurança porque nosso Deus está sempre acordado. —N. MCMICHAEL

## Versículo 4

*É certo que não dormita, nem dorme o guarda de Israel.* É necessário, observa São Bernardo, que "o guarda de Israel" de fato "não dormite nem durma", pois quem ataca Israel nunca dormita nem dorme. E como Ele se preocupa conosco, assim o agressor ocupa-se em matar e destruir-nos e sua única preocupação é que Aquele que antes fora rejeitado nunca mais retorne. —NEALE E LITTLEDALE

Há muitos anos, o Capitão D. comandava uma embarcação navegando de Liverpool a Nova Iorque e nessa travessia sua família o acompanhava a bordo. Certa noite, quando todos dormiam tranquilamente, levantou-se uma repentina ventania que veio varrendo as águas até que atingiu a embarcação e instantaneamente virou-a de lado, deixando cair e quebrando tudo o que era móvel e acordando os passageiros com a consciência de que estavam em iminente perigo.

Todos a bordo estavam apreensivos e inquietos e alguns pularam da cama e começaram a vestir-se para que estivessem prontos para o pior.

O capitão D. tinha sua filhinha a bordo, com apenas 8 anos, que, é claro, acordou como o restante.

"O que está acontecendo?", perguntou a criança assustada. Eles lhe disseram que uma ventania havia atingido o navio. Ela disse: "Papai está no convés?" "Sim, papai está no convés". A pequenina se lançou no travesseiro novamente sem medo algum e em poucos minutos estava dormindo docemente apesar dos ventos e ondas. — *O tesouro bíblico*

## Versículo 5

*O Senhor é quem te guarda.* Quanto valor em significado temos aqui. A sentença é uma massa de metal precioso e quando cunhada e gravada com o nome do Rei será suficiente para todas as nossas despesas entre nosso local de nascimento na Terra e nosso descanso no Céu. Aqui está uma pessoa gloriosa — Jeová assumindo um ofício gracioso e cumprindo-o pessoalmente. Jeová é quem o guarda, em benefício de um indivíduo favorecido, e uma firme garantia de revelação que persiste ainda agora: Jeová é quem o guarda. Podemos nos apropriar da declaração divina? Caso sim, podemos nos aventurar adiante até Jerusalém e desconhecer o medo; sim, podemos nos aventurar pelo vale da sombra da morte e não temer mal algum. —C. H. SPURGEON

*Guarda. Sombra.* Os títulos de Deus são praticamente promessas. Quando Ele é chamado de Sol, Escudo, Torre Forte, Esconderijo, Porção. Os títulos de Cristo: Luz do mundo, Pão da vida, o Caminho, a Verdade e a Vida. Os títulos do Espírito: o Espírito da Verdade, de Santidade, de Glória, de Graça e Súplica, o Espírito que sela e testemunha. A fé pode concluir tanto destes quanto das promessas. É o Senhor um Sol? Então Ele me influenciará etc. É Cristo vida? Então Ele me vivificará etc. —DAVID CLARKSON

*A tua sombra* à tua direita. Ou seja, sempre presente com você; ou, como o árabe judeu traduz: "Mais próximo que a sua sombra em, ou de sua mão direita". —THOMAS FENTON

## Versículo 6

*Nem de noite, a lua.* Os céus sem nuvens do Oriente, onde a lua brilha com limpidez exorbitante, têm efeitos muito nocivos sobre a estrutura humana. Os habitantes destes países são muito cuidadosos em tomar medidas de precaução antes de exporem-se à sua influência.

Por dormir demais a céu aberto, eles têm o cuidado de cobrir bem suas cabeças e rostos. Foi provado que sem dúvida, a Lua afeta tanto quanto o Sol, causando cegueira por certo tempo e até mesmo distorção das feições.

Os marinheiros têm muita consciência deste fato e, um oficial naval relata que frequentemente, quando navegando entre os trópicos, vê os comandantes das embarcações acordando jovens que dormem sob a luz da lua. De fato, ele testemunhou mais de uma vez os efeitos da exposição prolongada à luz da lua quando a boca é repuxada para um lado e a visão lesionada por certo tempo. Ele era da opinião de que, com longa exposição, a mente poderia ser seriamente afetada. Supõe-se que pacientes sofrendo de febre e outras enfermidades são afetados por este astro e os nativos da Índia afirmam constantemente que eles podem melhorar ou piorar conforme as fases da lua. —C. W.

Versículos 7 e 8. Estando enredado em tantas dúvidas profanas e tão inclinado à desconfiança, somos ensinados nesta passagem que se uma sentença formulada em poucas palavras não nos é suficiente, deveríamos reunir tudo o que se pode encontrar por todas as Escrituras com relação à providência de Deus, até que esta doutrina de que "Deus sempre mantém vigília por nós" esteja profundamente enraizada em nosso coração; de modo que, dependendo somente de Sua tutela, nós podemos dar adeus a todas as vãs convicções do mundo. —JOÃO CALVINO

*Versículo 8*
*O Senhor guardará a tua saída e a tua entrada, desde agora e para sempre.* Três vezes temos a frase: "O Senhor guardará" como se a sagrada Trindade assim selasse a Palavra para asseverá-la. Não deveriam ser todos os medos imolados por tal voo tríplice de flechas? Que ansiedade pode sobreviver a esta promessa tripla?

Ninguém está tão seguro como aquele a quem Deus guarda, ninguém corre tanto perigo quanto aquele que se autoprotege. —C. H. SPURGEON

*Desde agora para sempre.* O Senhor não me guiou tão ternamente até aqui para me abandonar exatamente diante dos portões do Céu. —ADONIRAM JUDSON

# SALMO 122

TÍTULO e assunto: Davi escreveu este salmo para que o povo cantasse no momento de sua ida às festas santas em Jerusalém. Cercados pelas paredes triplas, tudo ao redor dos peregrinos ajudou a explicar as palavras que cantavam dentro de suas fortificadas muralhas. Uma voz liderava o salmo com seu "eu" pessoal, mas dez mil irmãos e companheiros uniram-se ao primeiro músico e aumentaram o coro do canto responsivo. —C. H. SPURGEON

O salmo todo: Foxe, em seu *Atos e Monumentos*, relata sobre Wolfgang Schuch, o mártir, de Lothareng na Alemanha, do qual se diz que ao ouvir a sentença de que seria queimado, começou a cantar o Salmo 122.

*Versículo 1*
*Alegrei-me quando me disseram: Vamos à Casa do Senhor.* Bons filhos se agradam de ir à casa e se alegram ao ouvir que seus irmãos e irmãs os chamam para lá. O coração de Davi estava na adoração a Deus e ele ficou extasiado por ter encontrado outros convidando-o a ir ao lugar onde seus desejos já haviam estado. O convite de outros para o santo dever colabora com o fervor do mais fervoroso. —C. H. SPURGEON

Gregory Nazianzen escreveu que seu pai sendo pagão e frequentemente ouvindo as súplicas de sua esposa para se tornar cristão, teve esse versículo sugerido a ele em um sonho e foi deste modo muito moldado. —JOHN TRAPP

*Versículo 2*
*Pararam os nossos pés junto às tuas portas, ó Jerusalém!* Dr. Clarke, em suas viagens, falando dos companheiros que viajavam do Leste até Jerusalém, descreve a procissão como sendo muito longa, e, após subir a extensa e acentuada cadeia de montanhas que delimitava o caminho, alguns dos primeiros, distantes dos demais, alcançavam o topo da última montanha, e levantado suas mãos em gestos de alegria, clamavam: "A Cidade Santa! A Cidade Santa!" — e prostravam-se e adoravam; enquanto aqueles que estavam atrás empurravam para ver também.

Então o cristão moribundo, quando chega ao topo final da vida e estende sua visão para vislumbrar a cidade celestial, pode falar de suas glórias e incitar aqueles que estão atrás a pressionarem para ver também. —EDWARD PAYSON

*Ó, Jerusalém.* O Sol da Justiça tem gradualmente se aproximado cada vez mais, aparentando ser maior e mais reluzente conforme se aproxima. E agora Ele preenche todo o hemisfério; derramando uma enchente de glória, em que eu pareço flutuar, como um inseto nos raios do sol; exultando, contudo quase tremendo, enquanto olho para este brilho excessivo e questiono-me com fascinação inefável: por que Deus desejaria resplandecer Sua luz sobre um verme pecador? —EDWARD PAYSON

*Versículo 3*
*Jerusalém, que estás construída como cidade compacta.* Não há alegria em ir a uma igreja que é dilacerada por dissensão interior. O contentamento de homens santos é despertado pela escolha do amor, da unidade de vida. Seria sua tristeza se vissem a igreja como uma casa dividida contra si mesma. Algumas das comunidades que fazem parte do Corpo de Cristo aparentam ser periodicamente despedaçados em explosões, e não há homem gracioso que se alegre em estar no caminho quando uma explosão acontece. Ali as tribos não desejam estar, pois discórdia e contenda não são forças atraentes. —C. H. SPURGEON

*Jerusalém.* Não importa o quão perverso ou degradado um lugar possa ter sido em tempos passados, quando é santificado para o uso e serviço a Deus, torna-se honrável. Jerusalém era outrora Jebus, um lugar onde os Jebuseus cometiam suas abominações e onde estavam todas as misérias desses que apressam a buscar outro deus. Mas agora, considerando que é dedicada ao serviço de Deus, é uma cidade "compacta", "a alegria de toda terra". —WILLIAM S. PLUMER

*Versículo 6*
*Orai pela paz de Jerusalém!* Quando os metodistas wesleyanos abriram a capela em Painswick, muito próxima ao local de reuniões, o formidável Cornelius Winter, orou três vezes publicamente no Shabbat anterior para que tivessem encorajamento e sucesso.

Quando o Sr. Hoskins, de Bristol, o ministro independente de Castle-Green abriu uma reunião na Temple Street, o que fez o incomparável Easterbrooke, o vigário da paróquia? Na manhã em que foi aberta, ele foi praticamente o primeiro a entrar. Sentou-se próximo ao púlpito, e quando o culto encerrou, foi conhecer o pregador na base das escadas e cumprimentando-o com ambas as mãos disse em voz alta: "Agradeço cordialmente, meu caro irmão, por vir em meu auxílio. Aqui há espaço suficiente para ambos, trabalho suficiente para ambos e muito mais do que ambos podemos realizar. E espero que o Senhor abençoe a nossa cooperação nesta boa causa." —WILLIAM JAY

Nossa oração pela igreja nos dá uma porção em todas as orações da igreja; temos uma empreitada em todos os navios de oração que fazem viagem ao Céu, se nossos corações estiverem dispostos a orar pela igreja. E se não, não temos participação nisto. —JOHN STOUGHTON

*Versículo 8*
*Meus irmãos.* Em outra ocasião, um nativo já idoso, antigamente canibal, dirigindo-se aos membros da igreja disse: "Irmãos!" e, parando por um momento, continuou: "Ah! Esse é um novo nome; nós não conhecíamos o verdadeiro significado dessa palavra em nosso paganismo. É 'Evangelia a Jesu' que nos ensinou o significado de 'irmãos'". —WILLIAM GILL

### Versículo 9
*Por amor da Casa do SENHOR.* Havia sinagogas, 480 delas pelo menos, onde os rabinos liam e o povo ouvia a palavra que Deus pronunciara no passado aos pais pelos profetas. A cidade era, de fato, em certo sentido, a religião de Israel, incorporada e localizada e o homem que amava uma voltava seu rosto para a outra, dizendo: "A minha alma suspira e desfalece pelos átrios do JEOVÁ". —A. M. FAIRBAIRN

# SALMO 123

TÍTULO: "Cântico de romagem". Tem sido conjecturado que este breve cântico, ou antes suspiro, pode ter sido ouvido pela primeira vez nos dias de Neemias ou sob as perseguições de Antíoco. Pode ser que sim, mas não há evidências. Parece-nos bem provável que os afligidos em todos os períodos depois dos dias de Davi, encontraram este salmo disponível em suas mãos. Se aparenta descrever os distantes dias de Davi, fica ainda mais evidente que o salmista era também um profeta e cantava o que contemplava em visão. —C. H. SPURGEON

Todo o salmo: este salmo (como vocês veem) é muito curto e, portanto, exemplo muito adequado para demonstrar a força da oração não consistir em muitas palavras, mas no fervor do espírito. Pois questões grandiosas e sérias podem ser elaboradas em poucas palavras, se procedem do espírito e dos inexprimíveis gemidos do coração, especialmente quando nossa necessidade é tal que não suportará alguma oração longa. Toda oração é longa o suficiente se for fervorosa e proceder de um coração que compreende a necessidade dos santos. —MARTINHO LUTERO

### Versículo 1
*A ti, que habitas nos céus, elevo os olhos!* Aquele que previamente elevara seus olhos para os montes agora eleva os olhos de seu coração para o próprio Senhor. — *O Venerável Beda*

Orar com o vislumbre de meus olhos e não com palavras; minhas aflições encheram meu coração de modo que é grande demais para minha boca. —JOHN TRAPP

Há muitos testemunhos sobre o elevar os olhos para o Céu. 1. É o testemunho de um coração humilde e que crê. A infidelidade nunca levará o homem para um nível acima da Terra. O orgulho tampouco consegue levar o homem para um lugar mais alto que a Terra. 2. É o testemunho de um coração obediente. Um homem que eleva seus olhos para Deus reconhece muito mais facilmente: Senhor sou Teu servo. 3. É o testemunho de um coração grato. Reconhecer que toda boa bênção, todo dom perfeito, vem da mão de Deus. 4. É o testemunho de um coração celestial. Aquele que eleva seus olhos para o Céu reconhece que está cansado da Terra, seu coração não está ali, sua esperança e desejo estão no alto. 5. É o testemunho de um coração devoto. Não há parte do corpo exceto a língua que seja agente tão grande em oração quanto o olho. —RICHARD HOLDSWORTH

### Versículo 2
*Como os olhos dos servos estão fitos nas mãos dos seus senhores.* Um viajante diz: "Eu vi uma bela ilustração desta passagem na casa de um senhor em Damasco. O povo do Oriente não fala demais ou tão rápido quanto no Ocidente e um sinal da mão é frequentemente a única instrução dada aos servos que aguardam.

Assim que fomos apresentados e sentamos no divã, uma onda da mão do mestre indicou que sorvete seria servido. Outra onda trouxe café e cachimbos; outra trouxe frutas cristalizadas. Com outro sinal o jantar foi preparado. Os criados monitoravam os olhos e as mãos de seu senhor, para saber qual era sua vontade e a cumpriam instantaneamente." Tal é a atenção com que devemos esperar no Senhor, ansiosos para cumprir Seu santo deleite e nosso grande desejo sendo: "Senhor, que queres que eu faça?" —O DOMINGO EM CASA

*Mãos.* Com a mão exigimos, prometemos, chamamos, dispensamos, ameaçamos, rogamos, suplicamos, negamos, recusamos, interrogamos, admiramos, reconhecemos, confessamos, nos arrependemos, expressamos medo, vergonha, dúvida, instruímos, comandamos, unimos, encorajamos, juramos, testificamos, acusamos, condenamos, absolvemos, insultamos, desprezamos, enfrentamos o descaso, adulamos, aplaudimos, abençoamos, humilhamos, ridicularizamos, reconciliamos, recomendamos reconhecimento, presenteamos, nos alegramos, nos queixamos, afligimos, aborrecemos, desencorajamos, surpreendemos, exclamamos, indicamos silêncio e o que mais? Uma variedade e multiplicidade que segue o ritmo da língua. —MICHAEL DE MONTAIGNE

*Nossos olhos estão fitos.* Há uma boa razão: estar fito é mais do que olhar. Fitar é firmar o olhar constantemente, com paciência e submissão, sujeitando nossas afeições, vontades e desejos à vontade de Deus. Isto é fitar, é esperar. —RICHARD HOLDSWORTH

## Versículo 3
*Pois estamos sobremodo fartos de desprezo.* Eles conseguiam suportar um pouco de desprezo, mas agora estavam satisfeitos e cansados. É surpresa para nós a repetição do pedido por misericórdia quando este cruel mestre estava em ascensão? Nada é mais doloroso, amargoso, deteriorante do que o desdém. Quando nossos companheiros fazem pouco caso de nós, temos muita aptidão para fazer pouco caso de nós mesmos e das consolações preparadas para nós. Ó, sendo repletos da comunhão, o desprezo correrá de nós e nunca será capaz de nos preencher com seu vinagre mordaz. —C. H. SPURGEON

Os homens do mundo consideram os Peregrinos do Templo e sua religião com o silencioso sorriso do desprezo, perguntando-se como aqueles que tanto têm com que comprometer-se na vida presente poderiam ser fracos o suficiente para se preocupar com estruturas e sentimentos, com um Deus invisível, e uma eternidade desconhecida. E esta é uma avaliação que lhes é dura de carregar. —ROBERT NISBET

## Versículo 4
*A nossa alma está saturada do escárnio dos que estão à sua vontade.* Eles estão em circunstâncias cômodas; estão à sua vontade no coração por uma consciência morta e assim eles facilmente zombam da santidade. Eles estão à sua vontade por nada necessitarem e por não lhes ser exigido severa labuta. Eles estão à sua vontade como que se ansiedade alguma pudesse surgir, pois sua prepotência é ilimitada.

*E do desprezo dos soberbos.* A soberba é desprezível e desdenhosa. O desprezo dos grandiosos da Terra é com frequência peculiarmente áspero, alguns deles, como homens de estado bem conhecidos, são "mestres de escárnios, desprezos e zombarias" e nunca parecem mais confortáveis em sua aspereza como quando um servo do Senhor é vítima de seu veneno. É fácil o suficiente escrever sobre este assunto, mas ser selecionado como alvo do desprezo é inteiramente outra questão. Grandes corações foram partidos e espíritos corajosos foram enfraquecidos sob o poder maldito da falsidade e o terrível flagelo do desprezo.

Para nosso consolo podemos nos lembrar de que o nosso divino Senhor foi desprezado e rejeitado pelos homens, contudo, Ele não abandonou o Seu perfeito serviço até que fosse exaltado para habitar nos Céus. Suportemos nossa porção deste mal que ainda grassa sob o sol e creiamos firmemente que o desprezo do ímpio se transformará em nossa honra no mundo vindouro. Ainda hoje serve como certificado de que não somos do mundo, pois se fôssemos do mundo, o mundo nos amaria como ama os seus. —C. H. SPURGEON

# Salmo 124

TODO o salmo: No ano de 1582, este salmo foi cantado em uma ocasião marcante em Edimburgo. Um ministro aprisionado, John Durie, havia sido liberto e foi encontrado e recebido por duzentos de seus amigos, ao entrar na cidade. O número aumentou até que ele se encontrou em meio à companhia de 2.000 pessoas, que começaram a cantar enquanto se locomoviam pela longa Rua Alta: "Israel que o diga" etc.

Eles cantaram em quatro partes com profunda solenidade, todos se unindo no bem conhecido tom do salmo. Estavam muito comovidos e assim também todos os que ouviam; e diz-se que um dos principais perseguidores ficou mais apreensivo ao ver isto e ouvir esta canção do que com qualquer coisa que havia visto na Escócia. —ANDREW A. BONAR

### Versículo 1

*Não fosse o Senhor, que esteve ao nosso lado, Israel que o diga.* Nós murmuramos sem precisarmos de incitações, mas nossa gratidão precisa ser agitada e bom é quando algum amigo afetuoso nos propõe dizer o que sentimos. Imagine o que teria acontecido se o Senhor tivesse nos deixado e então veja o que aconteceu porque Ele tem sido fiel a nós. —C. H. SPURGEON

### Versículo 2

*Não fosse o Senhor, que esteve ao nosso lado, quando os homens se levantaram contra nós.* Não há dúvida de quem é o nosso Libertador; não podemos atribuir nossa salvação a nenhuma causa secundária, pois não seria correspondente à emergência. Nada menos que a Onipotência e a Onisciência poderiam ter efetuado o nosso resgate. Colocamos qualquer outro requerente de lado e nos alegramos porque o Senhor estava ao nosso lado.

### Versículo 3

*E nos teriam engolido vivos, quando a sua ira se acendeu contra nós.* Eles estavam tão ávidos por nossa destruição que teriam feito de nós um bocado único e nos engolido vivos e inteiros em um único instante. A fúria dos inimigos da Igreja é elevada ao mais alto tom, nada lhes servirá de contentamento exceto a aniquilação total dos escolhidos de Deus. Sua ira é como um fogo que é aceso e tomou posse tão firme do combustível que não há como apagá-lo.

A ira nunca é tão inflamada do que quando o povo de Deus é seu alvo. As faíscas se tornam chamas e a fornalha é aquecida sete vezes mais quando os eleitos de Deus estão para ser lançados no fogo. —C. H. SPURGEON

A palavra faz deduzir um comer com apetite insaciável. Todo homem que come precisa também engolir, mas um glutão é mais um engolidor do que um comedor. Ele joga sua carne inteira para dentro de sua garganta e come (por assim dizer) sem mastigar. —JOSEPH CARYL

### Versículo 4

*Sobre a nossa alma teria passado a torrente.* Quando a inimizade do mundo encontra uma abertura ela se ergue e avança, se enfurece e se espalha sem poupar nada. Em grandes enchentes de perseguição e aflição, quem pode socorrer a não ser Jeová? Não fosse por Ele onde estaríamos neste exato momento? Experimentamos estações em que as forças combinadas da Terra e do inferno poderiam ter acabado conosco não tivesse a graça onipotente interferido para o nosso resgate. —C. H. SPURGEON

Versículos 4 e 5. Uma figura familiar, mas extremamente apta e muito significativa. Terrível é a cena de uma conflagração impetuosa; mas muito mais destrutivo é um rio transbordando suas margens e precipitando-se violentamente, pois não é possível contê-lo com força ou poder algum.

Então, como ele diz, do mesmo modo que um rio é conduzido com grande impetuosidade e carrega e destrói tudo o que encontra em seu caminho, a ira dos inimigos da Igreja não pode ser resistida por força humana. Consequentemente deveríamos aprender a nos favorecer da proteção e do auxílio de Deus. Pois o que é a igreja se não um pequeno barco preso à margem e que é carregado pela força das águas? Ou um arbusto crescendo na margem que sem esforço a enchente arranca pela raiz?

Assim era o povo de Israel nos dias de Davi comparado às nações ao seu redor. Assim nos dias de hoje é a igreja comparada a seus inimigos. Assim somos cada um de nós comparados ao poder do espírito maligno.

Somos como um pequeno arbusto, de crescimento recente sem fixação firme. Mas ele é como o Elba, transbordando e com grande força revirando todas as coisas para longe. Somos como uma folha seca, que se firma fracamente à árvore, mas ele é como o vento norte, com grande força arrancando árvores pela raiz e derrubando-as. Como, então, podemos resistir ou nos defender com nosso próprio poder? —MARTINHO LUTERO

## Versículo 7

*Salvou-se a nossa alma, como um pássaro do laço dos passarinheiros*. Os passarinheiros têm muitos métodos para caçar pássaros pequenos, e Satanás tem muitos métodos para capturar almas. Algumas são atraídas por companheiros maus, outras são seduzidas pelo amor às iguarias, a fome leva muitas à armadilha e o medo impele inúmeras a voar para a rede. Os passarinheiros conhecem os seus pássaros e sabem como capturá-los, mas os pássaros não veem a armadilha de modo que não a evitam e não conseguem destruí-la para escapar dela. Feliz é o pássaro que tem um libertador forte, poderoso e pronto no momento de perigo. Ainda mais feliz é a alma pela qual o Senhor vigia, dia e noite, para tirar os seus pés da rede. —C. H. SPURGEON

A alma é cercada de muitos perigos. 1. É ludibriada pelo mundanismo, um dos perigos mais gigantescos contra o qual o povo de Deus precisa se guardar em especial — um inimigo de toda espiritualidade de pensamento e sentimento. 2. É ludibriada pelo egoísmo — um inimigo de toda caridade com simplicidade de coração, de toda generosidade expansiva e filantropia cristã. 3. É ludibriada pela incredulidade — o inimigo da oração, da confiança ingênua, de todo esforço cristão pessoal. Estes não são perigos imaginários. Nós os encontramos na vida diária, eles nos ameaçam em todos os pontos e frequentemente precisamos lamentar o caos que provocam em nosso coração. —GEORGE BARLOW

## Versículo 8

*SENHOR, criador do céu e da terra*. Como se o salmista tivesse dito: "Contanto que eu veja céu e terra, nunca deixarei de confiar. Espero nesse Deus que fez todas estas coisas criando-as do que era nada, e, portanto, enquanto eu vir diante de mim esses dois grandes monumentos permanentes de Seu poder, Céu e Terra, nunca ficarei desencorajado."

Então diz o apóstolo (1Pe 4:19): "encomendem a sua alma ao fiel Criador, na prática do bem." Ó cristão, lembre-se de que quando você confia em Deus, você está confiando no Criador Todo-Poderoso, que é capaz de auxiliar, e seu caso nunca será tão desesperador. Deus conseguiu criar quando nada tinha sobre o que trabalhar, o que foi um milagre; e Ele conseguiu criar quando nada tinha com que trabalhar, o que foi outro milagre.

O que se fez das ferramentas com que Ele criou o mundo? Onde está o broquel com que Ele arqueou o Céu? E a pá com que cavou o mar? Que matéria-prima tinha Deus na qual trabalhar ou com que trabalhar quando criou o mundo? Ele o criou do nada. Agora, vocês dedicam suas almas ao mesmo Criador fiel. —THOMAS MANTON

Os romanos, em grande angústia, eram submetidos tão severamente à situação que desejavam tomar as armas dos templos de seus deuses para com elas lutar; e assim venciam. E este deve ser o curso de todo bom cristão em tempos de aflição coletiva: correr para as armas da igreja — orações e lágrimas. As muralhas dos espartanos eram as suas lanças; as muralhas dos cristãos são as suas orações. Seu auxílio está

no nome do Senhor, Criador do Céu e da Terra.
—EDMUND CALAMY

*O nosso socorro está em o nome do Senhor, criador do céu e da terra.* Assim ele coloca o Deus eterno, o Criador do Céu e da Terra, contra todas as dificuldades e todos os perigos, contra enchentes e cheias de todas as tentações, todos engolidos, como que com um alento, todas as fúrias impetuosas de todo o mundo, e do próprio inferno, assim como uma gota de água é tragada por um fogo poderoso e flamejante. E o que é o mundo com toda a sua força e poder em relação a Ele que criou o Céu e a Terra? —THOMAS STINT

# Salmo 125

A FÉ louvou Jeová por libertações passadas e aqui ela se eleva a uma alegria confiante na segurança atual e futura dos cristãos. Ela afirma que para sempre estarão seguros aqueles que se entregam ao Senhor. Podemos imaginar os peregrinos cantando este cântico quando estavam perambulando ao redor os muros da cidade.

Não afirmamos que Davi escreveu este salmo, mas temos tanto fundamento para fazê-lo como outros têm para declarar que foi escrito depois do cativeiro. Pareceria provável que todos os Salmos Peregrinos tenham sido compostos, ou pelo menos compilados pelo mesmo escritor e como alguns deles são certamente de Davi, não há razão conclusiva para retirar dele o restante. —C. H. SPURGEON

Todo o salmo: Este curto salmo pode ser resumido nessas palavras do profeta (Is 3:10,11): "Dizei aos justos que bem lhes irá. Ai do perverso! Mal lhe irá". Assim são a vida e a morte, a bênção e a maldição, colocadas diante de nós frequentemente nos salmos, como também na Lei e nos Profetas. —MATTHEW HENRY

*Versículo 1*
*Os que confiam no Senhor são como o monte Sião.* Que privilégio ter permissão para repousar em Deus! Como Jeová é complacente em se tornar a confiança do Seu povo! Confiar alhures é leviandade; e quanto mais implícita se torna esta confiança equivocada, mais amarga será a decepção decorrente; mas confiar no Deus vivo é senso comum santificado, que não precisa de desculpa, seus resultados serão sua melhor justificativa. —C. H. SPURGEON

*Os que confiam no Senhor.* Note como ele não ordena aqui que trabalho algum seja feito, mas fala somente de confiança. Na pobreza, em tempos de luta homens eram ensinados a adotar algum tipo de religião para jejuar, fazer peregrinação e algumas outras obras tolas de devoção, que eles concebiam como serviço elevado a Deus e, por meio delas, criar uma sensação de justificação pelo pecado e merecimento da vida eterna.

Mas aqui o salmista nos mostra claramente o caminho a Deus, pronunciando o seguinte como âncora principal de nossa salvação: esperar e confiar somente no Senhor; e declarando que o maior serviço que podemos prestar a Deus é confiar nele. Pois esta é a natureza de Deus: criar todas as coisas do que nada era. Portanto, na morte Ele cria e dá frutos de vida, nas trevas, luz.

Agora, crer nisto é a natureza essencial e a propriedade mais especial da fé. Vendo Deus alguém que concorda com Sua própria natureza, ou seja, que crê encontrar no perigo a ajuda, na pobreza as riquezas, no pecado a justiça e isso pela misericórdia de Deus somente em Cristo, a ele Deus não pode odiar nem abandonar. —MARTINHO LUTERO

*São como o monte Sião.* Algumas pessoas são como areia: sempre volúveis e traiçoeiras (Mt 7:26). Algumas são como o mar: inquietas e conturbadas (Is 57:20;

Tg 1:6). Algumas são como o vento: incertas e inconstantes (Ef 4:14). O cristãos são como uma montanha: forte, estável e segura. A toda alma que confia nele, o Senhor diz: "Tu és Pedro". —W. H. J. PAGE

### Versículo 2
*Como em redor de Jerusalém estão os montes, assim o Senhor, em derredor do seu povo, desde agora e para sempre.* Que dupla segurança os dois versículos colocam diante de nós! Primeiro, somos estabelecidos e então arraigados; instituídos e então protegidos; estabelecidos como um monte e então protegidos como se por montanhas. Isto não é questão de poesia, é fato. E não é questão de privilégio temporário, mas assim será para sempre. Estes dois versículos juntos provam a segurança eterna dos santos: eles precisam habitar onde Deus os colocou e Deus precisa, para sempre, protegê-los de todo o mal. Seria difícil imaginar uma segurança maior do esta. —C. H. SPURGEON

*O Senhor, em derredor do seu povo, desde agora e para sempre.* O que pode ser dito mais plenamente, mais sensivelmente? Pode alguma expressão dos homens demonstrar de tal forma a segurança dos santos? O Senhor está em derredor do Seu povo, não para salvá-los desta ou daquela invasão, mas de todas; não de um ou dois males, mas de todos que os atacam ou possam atacá-los. —JOHN OWEN

Acima de nós está o Seu Céu; em ambos os lados Ele é um muro; sob nós Ele é uma forte rocha sobre a qual nos sustentamos, dessa maneira estamos sãos e salvos em toda parte. Agora, se Satanás por meio destas munições lança seus dardos em nós, necessariamente o Senhor será ferido antes que soframos lesão. Grande é a nossa incredulidade se ouvimos todas estas coisas em vão. —MARTINHO LUTERO

### Versículo 3
*O cetro dos ímpios não permanecerá sobre a sorte dos justos.* O povo de Deus não deve esperar imunidade das provações porque o Senhor o protege, pois poderá sentir o poder e a perseguição dos ímpios. Isaque, ainda que da família de Abraão, foi zombado por Ismael. A Assíria baixou seu cetro sobre o próprio Sião.

Os imorais geralmente conduzem o governo e manejam o cetro; e quando o fazem garantem que caia pesadamente sobre o povo que crê no Senhor para que os piedosos clamem por causa de seus opressores. O cetro do Egito era extremamente pesado sobre Israel, mas chegou o tempo em que foi quebrado. Deus estabeleceu um limite aos ais de Seus escolhidos. O cetro pode tocar sua porção, mas não *repousará* sobre ela. —C. H. SPURGEON

*A sorte dos justos.* Mas a sorte dos justos é fé, e o fim de sua fé é a salvação de suas almas. Deus lhes dá o Céu, não por algum merecimento antecipado dos recebedores, pois nenhuma dignidade que nos pertença pode fazer de nós herdeiros de nosso Pai. Mas apenas por Sua misericórdia e favor em Cristo, preparando o Céu para nós e nós para o Céu, de modo que sobre Seu decreto, seja atribuído a nós. E a menos que o Céu possa perder Deus, não perderemos o Céu. —THOMAS ADAMS

*Para que o justo não estenda a mão à iniquidade.* Crisóstomo disse que Deus age como alguém que toca alaúde, que não deixará as cordas de seu instrumento frouxas demais para não arruinar a música, nem permitirá que fiquem tensionadas demais, para que não arrebentem. —JOHN TRAPP

### Versículo 4
*Aos bons.* Ó irmãos, o bem em nós é Deus em nós. A interioridade constrói a exterioridade. A piedade, a beleza. É incontestável que é Cristo em nós que constrói todo o nosso cristianismo. Ó cristãos que não têm Cristo em si — tais cristãos são imitações pobres e baratas, fantoches ocos — e Cristo, com paciência infinita, até mesmo amor infinito, os lançará para longe. —CHARLES STANFORD

*Aos retos de coração.* Toda excelência verdadeira tem seu assento aqui. Não é a boa ação que faz o bom homem; é o bom homem que executa a boa ação. O mérito de uma ação depende inteiramente dos motivos que incitaram sua execução; e, testados desta maneira simples, quantos atos, que arrancaram do mundo sua admiração e sua glória, podem bem ser descritos nas antigas palavras, como nada melhor que pecados esplêndidos? Quando o coração está errado, tudo está errado. Quando o coração está certo, tudo está certo. —N. M'MICHAEL

*Versículo 5*
*Quanto aos que se desviam para sendas tortuosas, levá-los-á o Senhor juntamente com os malfeitores.* Dois tipos de homens sempre serão encontrados: o justo e os homens de caminhos tortuosos. Infelizmente, há alguns que passam de uma classe para outra, não por uma feliz conversão, voltando-se contra as vias distorcidas do engano em direção à rodovia da verdade, mas por uma infeliz declinação em que deixam a estrada principal da honestidade e santidade, pelos atalhos da perversidade.

Tais apóstatas foram vistos em todas as eras e Davi conhecia o suficiente deles; ele jamais poderia esquecer Saul e Aitofel, além de outros. Como é triste ver homens que antes caminhavam na estrada do justo se voltarem contra ela!

Todo o pecado um dia será eliminado do Universo, assim como criminosos condenados à morte são retirados da cidade, da mesma forma, os traidores secretos se encontrarão expulsos com rebeldes confessos. A verdade divina desvendará suas buscas ocultas, e os guiará, para a surpresa de muitos, ao mesmo destino daqueles que declaradamente executaram iniquidade. —C. H. SPURGEON

*Sendas tortuosas.* Os caminhos dos pecadores são *tortuosos*; eles desviam de uma busca a outra e voltam-se para cá e para lá para ludibriar. Eles perambulam por mil caminhos para ocultar suas intenções medíocres, para cumprir seus projetos iníquos ou para escapar da punição por seus crimes. Contudo, decepção, denúncia, confusão e miséria são suas porções inevitáveis. —THOMAS SCOTT

*Levá-los-á o Senhor juntamente com os malfeitores.* Algumas vezes Deus afasta um cristão professo estéril permitindo que ele caia em visível profanidade. Existe aquele que fez a profissão do digno nome do Senhor Jesus Cristo, mas esta profissão é apenas uma capa; ele secretamente pratica a perversidade. É glutão, bêbado, ganancioso ou impuro. Bem, diz Deus, soltarei as rédeas deste professo, o entregarei às suas vis afeições. Soltarei as rédeas de seus pecados diante dele, ele será enredado por suas asquerosas cobiças, será suplantado por ímpios. Assim será com aqueles que se desviam por seus próprios caminhos tortuosos. —JOHN BUNYAN

# SALMO 126

ESTE é o sétimo passo e podemos, portanto, esperar encontrar certa perfeição peculiar nele e não a procuraremos em vão. Vemos aqui não somente que Sião permanece alegre, mas que sua alegria retorna após a tristeza. Permanecer não é suficiente, a frutificação é acrescentada. Os peregrinos iam de bênção em bênção em seu salmodiar enquanto procediam em seu santo caminho. Feliz povo para quem toda ascensão era um cântico, todo impedimento um hino. Aqui, o homem que confia se torna o homem que semeia. A fé opera pelo amor, obtém uma bem-aventurança e garante uma colheita de deleite.

Este salmo divide-se em uma narrativa (1,2), um cântico (3), uma oração (4) e uma promessa (5,6). —C. H. SPURGEON

Todo o salmo: Em minha opinião, aproximam-se do sentido e do significado do salmo aqueles que se referem ao grande cativeiro comum da humanidade sob o pecado, a morte e o diabo e que se referem à redenção comprada pela morte e derramamento de sangue de Cristo apresentados no evangelho. Pois este tipo de discurso que o profeta usa aqui é de maior importância do que aquele que pode referir-se somente aos cativeiros específicos dos judeus.

Pois que outra grande questão existia para este povo judeu, sendo, por assim dizer, um pouco obstinado, se não ser liberto do cativeiro temporal? E o que é esta em contraste à extrema e incomparável libertação pela qual a humanidade foi feita livre do poder de seus inimigos, não temporária, mas eternamente, até mesmo da morte, de Satanás e do próprio inferno? Portanto, tomamos este salmo como uma profecia da redenção que deveria vir por meio de Jesus Cristo, e o divulgar do evangelho, pelo qual o reino de Cristo é expandido, e a morte e o diabo com todos os poderes das trevas, são derrotados. —THOMAS STINT

### Versículo 1

*Quando o SENHOR restaurou a sorte de Sião, ficamos como quem sonha.* Tão repentina e impressionante foi sua alegria que eles se sentiram como homens fora de si, extasiados ou em transe. O cativeiro fora grandioso e grandiosa a libertação; pois o grande Deus a havia executado, parecia bom demais para ser verdade.

Consideremos as cadeias das quais fomos libertos. Ah, como fomos prisioneiros! Em nossa conversão, vivenciamos grande libertação do cativeiro! Nunca este momento deverá ser esquecido. Alegria! Alegria! Alegria! Desde então, fomos emancipados de dificuldades multiplicadas, da depressão de espírito, da miserável apostasia, da dolorosa dúvida e não conseguimos descrever a bem-aventurança que seguiu cada emancipação. —C. H. SPURGEON

*Quando o SENHOR restaurou a sorte de Sião.* Sendo pela permissão de Deus que foram levados ao cativeiro, então somente por Seu poder foram libertos. Tendo servido por 400 anos em terra estrangeira, não foi Moisés, mas Jeová que os tirou da terra do Egito e da casa da escravidão. —JOHN HUME

*A sorte de Sião.* Por quê? O que era Sião? Sabemos que não passava de um monte em Jerusalém, no lado norte. Por que esse monte é tão honrado? Nenhuma razão no mundo exceto esta: sobre ele o Templo foi construído; e sendo assim, muito é falado sobre Sião e muito é valorizado somente por amor ao Templo. —LANCELOT ANDREWES

(Assim, o monte do Calvário, o honramos e valorizamos porque ali "morreu o Príncipe da Glória" D. O. F.)

*Ficamos como quem sonha*. Lorinus parece desculpar isto, o receio do povo, porque estavam tão completamente perplexos de alegria que suspeitavam da verdadeira causa de sua alegria. Como os apóstolos, que tendo Cristo diante deles após Sua ressurreição, ficaram tão excessivamente alegres que se questionaram e duvidaram; e como as duas Marias quando o anjo lhes falou sobre nosso Salvador, a ressurreição de Cristo, elas retornaram do sepulcro alegrando-se e, contudo, temendo. Pode ser que elas tenham temido a verdade de notícias tão jubilosas e duvidaram por cogitar a possibilidade de terem sido enganadas por alguma aparição. —JOHN HUME

*Versículo 2*
*Então, a nossa boca se encheu de riso, e a nossa língua, de júbilo*. Quando finalmente a língua conseguiu articular algo, não se contentou em simplesmente falar, mas precisou cantar; e cantar vivamente, pois estava repleta de canto. Indubitavelmente a antiga dor acrescentada ao sabor do prazer, o cativeiro lançou cores mais vivas na emancipação. O povo lembrou-se dessa enchente de alegria por anos adiante, e aqui está este registro transformado em canção.

Note o *quando* e o *então*. O *quando* de Deus é o nosso *então*. No momento em que Ele restaura a nossa sorte, o coração abandona sua tristeza; quando Ele nos enche com graça, somos cheios de gratidão. Somos criados para ser como aqueles que sonham, mas gargalhamos e cantamos enquanto dormimos. Agora estamos totalmente despertos e ainda que mal possamos perceber a bênção, nos alegramos nela grandemente. —C. H. SPURGEON

Este é o sentido e o significado do Espírito Santo, que a boca destes seja cheia de riso, ou seja, que sua boca exprima nada além de grande alegria pelas inestimáveis consolações do evangelho, com vozes de triunfo e vitória por Cristo, vencendo Satanás, destruindo a morte e retirando pecados. Isto foi primeiro falado para os judeus; pois este riso foi primeiro oferecido a esse povo, depois tendo as promessas. Agora Ele se volta para os gentios, a quem Ele chama a participar deste riso. —MARTINHO LUTERO

Aqueles de quem riram, agora riem e um novo cântico é colocado em suas bocas. Foi um riso de alegria em Deus, não de desprezo a seus inimigos. —MATTHEW HENRY

*E a nossa língua, de júbilo*. Da abundância do coração a boca fala; e se o coração estiver contente, a língua será loquaz. A alegria não pode ser suprimida no coração, mas deve ser expressa com a língua. —JOHN HUME

*Então, entre as nações se dizia: Grandes coisas o S*ENHOR *tem feito por eles*. É algo bendito quando os santos fazem os pecadores falar sobre a benignidade do Senhor. E é igualmente bendito quando os santos, que estão escondidos no mundo, ouvem o que o Senhor tem feito por Sua Igreja e, eles mesmos decidem sair de seu cativeiro e unir-se ao povo do Senhor. —C. H. SPURGEON

*Versículo 3*
*Com efeito, grandes coisas fez o S*ENHOR *por nós; por isso, estamos alegres*. Eu ouvi alguém dizer outro dia em oração: "por isso desejamos nos alegrar". Estranha atenuação e profanação da linguagem das Escrituras! Certamente se Deus fez grandes coisas por nós, estamos alegres e não pode ser diferente. Sem dúvida tal linguagem pretendia ser modesta, mas na verdade é repugnante. —C. H. SPURGEON

Versículos 4, 5 e 6. Os santos frequentemente alimentam suas esperanças com as carcaças de seus medos destruidores. O tempo que Deus escolheu e o instrumento que Ele usou para dar aos judeus cativos a libertação de seu cativeiro e a liberdade para retornar à sua casa foram tão incríveis para eles quando se concretizaram (como Pedro a quem o anjo carregou para fora da prisão, At 2), que algum tempo se passou antes que pudessem cair em si e decidir se era uma verdade real ou apenas um sonho agradável.

Agora, veja que efeito esta estranha decepção causada pelos medos teve em sua esperança com relação ao que seguiria. Isto os enviou ao trono da graça em busca da realização daquilo que tão maravilhosamente foi iniciado. "Com efeito, grandes coisas fez o Senhor por nós; por isso, estamos alegres. Restaura, Senhor, a nossa sorte" (vv.3,4). Eles receberam instrução por esta experiência de Seu poder e Sua misericórdia e agora não o deixarão ir até que tenham mais; sim, a esperança deles é elevada a tal ápice de confiança que tiram uma conclusão geral desta experiência específica para o seu consolo ou de outros em qualquer angústia futura: "Os que com lágrimas semeiam com júbilo ceifarão" etc. (vv.5,6) —WILLIAM GURNALL

## Versículo 5

*Os que com lágrimas semeiam com júbilo ceifarão.* Nossa boca nunca será preenchida pelo riso santo se não tiver sido primeiro preenchida com a amargura de sofrimento. Devemos semear: podemos ter que semear no clima úmido do sofrimento, mas colheremos, e colheremos, no brilhante verão da alegria.

Quando o coração de um homem é tão estimulado a ponto de que chore pelos pecados de outros, ele terá sido eleito para serventia. Ganhadores de almas são, primeiramente, os que choram por almas. Assim como não há nascimento sem trabalho de parto, também não há colheita espiritual sem lavoura dolorosa. Quando o nosso coração é quebrantado pelo sofrimento devido à transgressão de um homem, quebrantaremos os corações de outros homens. Lágrimas de sinceridade geram lágrimas de arrependimento. "Um abismo chama outro abismo".
—C. H. SPURGEON

Em estações de grande escassez, os pobres camponeses partem em tristeza com toda medida de sementes preciosas lançadas no solo. É como tirar pão da boca de seus filhos; e em tais momentos muitas lágrimas amargas são, de fato, derramadas sobre as sementes. A angústia é frequentemente tão grande que o governo é obrigado a fornecer semente ou nada é semeado. —W. M. THOMSON

Esta promessa é veiculada com imagens emprestadas das cenas instrutivas da agricultura. No suor da testa, o lavrador cultiva sua terra e lança a semente no solo, onde por certo tempo fica morta e enterrada. Um escuro e sombrio inverno vem em seguida, e tudo parece perdido; mas ao retorno da primavera, a natureza universal revive, e os campos antes desolados são cobertos de grão que, quando amadurecido pelo calor do sol, os alegres ceifeiros cortam e é levado para casa com triunfantes brados de alegria.

Aqui, ó discípulo de Jesus, contemple um emblema de seu trabalho presente e da recompensa futura! Você "semeou" talvez em "lágrimas"; você faz seu dever entre perseguição, aflição, doença, dor e tristeza; você trabalha na igreja e nenhum registro é feito de seus labores, nenhum benefício parece surgir deles. Não, você precisa cair na poeira da morte, e todas as tempestades desse inverno devem passar sobre você até que sua forma pereça e você verá corrupção. Contudo, está chegando o dia em que você "ceifará com júbilo" e sua colheita será abundante.

Pois assim seu bendito Mestre saiu "andando e chorando", um Homem de dores e que sabe o que é padecer, "leva a preciosa semente" (ARC) e semeia ao Seu redor, cultiva até que Seu próprio corpo seja enterrado, como um grão de trigo, no sulco da sepultura. Mas Ele ressurgiu e está agora no Céu, de onde sem dúvida "voltará com júbilo", com a voz do arcanjo e a trombeta de Deus, "trazendo os seus feixes". Nessa ocasião, todos os homens receberão o fruto de suas obras e louvarão a Deus. —GEORGE HORNE

Eles semeiam *em fé*; e Deus abençoará essa semente. Ela crescerá até o Céu, pois é semeada ao lado de Jesus Cristo, que está no Céu. "Quem crê naquele que me enviou", esta é a semente; "tem a vida eterna" (Jo 5:24), esta é a colheita. *Qui credit quod non videt, videbit quod credit* — aquele que crê no que não vê: esta é a semente; verá um dia aquilo em que creu: esta é a colheita.

Eles semeiam *em obediência*. Esta também é uma semente abençoada que não deixará de florescer onde quer que seja lançada. "Se guardares os meus mandamentos"; esta é a semente; "tendes o vosso fruto para a santificação"; este é o semear; "e, por fim, a vida eterna"; esta é a colheita. *Obedientia in terris, regnabit in coelis* — aquele que serve a Deus na Terra, e semeia a semente de obediência, no Céu colherá a colheita de um reino.

Eles semeiam *em arrependimento*. Para ter uma boa safra na terra desejamos uma boa semeadura, mas aqui uma época úmida de semeadura trará a melhor colheita no celeiro do Céu.

Nenhum mundano, quando semeia sua semente, acredita que a perderá; ele espera um acréscimo na colheita. Você ousa confiar no solo e não em Deus? Certamente, Deus é melhor tesoureiro que a Terra. A graça dá recompensa maior que a natureza. Aqui embaixo, você pode receber quarenta grãos para um, mas no Céu (pela promessa de Cristo) será cem para um; "boa medida, recalcada, sacudida, transbordante". "Bem-aventurado o que acode ao necessitado" — isto é o semear; "o Senhor o livra no dia mal" (Sl 41:1); isto é a colheita. —THOMAS ADAMS

Eles recebem a colheita plena e isso é obtido no grande e último dia. Então receberemos paz sem luta, alegria sem tristeza, lucro sem perda, prazer sem dor; e lá teremos a plena visão da face de Deus. —ALEXANDER HENDERSON

As lágrimas do evangelho não estão perdidas, são sementes de consolo. Enquanto o penitente derrama lágrimas, Deus derrama alegria. Se você deseja alegrar-se, disse Crisóstomo, entristeça-se. —THOMAS WATSON

Versículos 5 e 6. Consideremos a indubitável certeza de nossa colheita verificada por diversas asseverações absolutas e positivas no texto. *Ele semeia; ele voltará, trazendo os seus feixes.* Aqui não há item de contingência ou possibilidade, mas são todas afirmações absolutas e você sabe que o céu e a terra passarão, mas nem uma vírgula da Palavra de Deus falhará. Nada impedirá a colheita de um trabalhador no vinhedo de Sião. —HUMPHREY HARDWICK

### Versículo 6
*Quem sai andando e chorando, enquanto semeia, voltará com júbilo, trazendo os seus feixes.* Quem. A garantia geral é aplicada a cada um especificamente. O que é dito no versículo anterior no plural — "Os que" — é aqui repetido no singular — "quem sai". Ele deixa seu descanso para andar no ar gélido e trilhar o solo pesado; e conforme vai, lamenta os fracassos passados ou porque o solo está tão estéril ou o clima tão atípico ou seu milho tão escasso e seus inimigos são inúmeros e estão ávidos para roubar sua recompensa.

Ele derruba uma semente e uma lágrima, uma semente e uma lágrima e assim segue seu caminho. Em seu cesto, ele tem sementes preciosas, pois tem poucas delas e são sua esperança para o ano seguinte. Cada grão deixa a sua mão com oração inquieta para que não seja perdido. Ele pouco se valoriza, mas muito valoriza sua semente e ansiosamente pergunta: "Florescerá? Receberei uma recompensa por meu trabalho?" Sim, bom lavrador, *sem dúvida* você reunirá feixes de seu semear. Porque o Senhor escreve *sem dúvida* (ARC), tenham cuidado para não duvidar.

É algo singular encontrar esta promessa de fertilidade em contato próximo com o retorno do cativeiro e, contudo, assim o é em nossa própria experiência, pois quando nossa alma é reavivada, as almas de outros são abençoadas por nossos labores. Caso algum de nós, tenha sido solitário e permanecido em cativeiro e agora retornado à casa e se tornado semeador ansioso e trabalhador, que o Senhor, que já nos libertou, em breve nos transforme em ceifeiros de coração contente, e a Ele seja o louvor para sempre e sempre. Amém. —C. H. SPURGEON

*Sai andando*. A igreja não deve somente manter esta semente no armazém para que se possa procurá-la, mas deve enviar seus semeadores adiante para lançá-la entre aqueles que são ignorantes de seu valor ou indiferentes demais para pedir o que ela tem em mãos. A igreja não deve se sentar lamentando porque homens não vão a ela, mas deve ir adiante e carregar a preciosa semente aos indispostos, imprudentes, preconceituosos e devassos. —EDWIN SIDNEY

*Chorando*. O choro não deve impedir o semear. Quando sofremos malefício devemos estar bem. —MATTHEW HENRY

*Preciosa semente* (ARC). A semente de milho é sempre a mais apreciada e quando outro grão é apreciado, é então muito apreciado. Contudo, nunca tão apreciado, pois o lavrador decide que precisa desta semente e privará seu próprio estômago, sua esposa e seus filhos deste grão e o semeará, indo e *chorando* pela semente. Há também grande risco, pois o milho, após ser semeado, fica sujeito a muitos perigos. E assim o é, de fato, com os filhos de Deus em uma boa causa. Vocês devem se decidir também a submeter-se a riscos na vida, terras, móveis ou o que quer que você tenha neste mundo. Melhor arriscar todos estes, antes que a religião ou suas próprias almas corram riscos. —ALEXANDER HENDERSON

A semente foi considerada preciosa quando todos os países foram ao Egito para comprar grão de José, e verdadeiramente a fé deve ser preciosa, considerando que quando Cristo vier Ele dificilmente "achará fé na terra" (Lc 18:8). —JOHN HUME

*Feixes*. O salmo que começa com "sonho" e termina com "feixes" nos convida a pensar em José, "em quem" segundo a bela aplicação de Santo Ambrósio "foi revelada a futura ressurreição do Senhor Jesus, a quem Seus onze discípulos reverenciaram quando o viram indo à Galileia e a quem todos os santos, em sua ressurreição, reverenciarão, dando fruto de boas obras como está escrito: "voltará com júbilo, trazendo os seus feixes." —H. T. ARMFIELD

# Salmo 127

O TÍTULO provavelmente indica que Davi o escreveu para seu sábio filho, em quem ele tão grandemente se alegrava e cujo nome — Jedidias — ou "amado do Senhor" é apresentado no segundo versículo. O espírito de seu nome, "Salomão, ou pacífico", sopra pelo todo deste tão cântico encantador.

### Versículo 1
*Se o Senhor não edificar a casa, em vão trabalham os que a edificam*. A palavra *vão* é a nota principal aqui, e a ouvimos repercutir claramente três vezes. Os homens que desejam construir sabem que precisam trabalhar, e assim aplicam toda a sua habilidade e força; mas lembrem-se eles de que se Jeová não estiver com eles, seus planos provarão ser fracassos.

Assim foi com os construtores de Babel. Eles disseram: "Vinde, edifiquemos para nós uma cidade e uma torre", e o Senhor devolveu suas palavras para eles em seu próprio peito dizendo: "Vinde, desçamos e confundamos ali a sua linguagem". Broquel e martelo, serra e plaina são instrumentos de vaidade a menos que o Senhor seja o Mestre de obras. —C. H. SPURGEON

*Se o Senhor não edificar*. É fato que *ben*, um *filho*, e *bath*, uma *filha* e *beith*, uma *casa*, vêm todos da mesma raiz — *banah*, *edificar*; porque filhos e filhas edificam uma casa ou constituem uma *família*, tanto quanto e tão verdadeiramente quanto pedras e vigas constituem uma *edificação*.

Agora, é verdade que a menos que a boa mão do Senhor esteja sobre nós, não podemos ser prósperos em construir um local de adoração para o Seu nome. A menos que tenhamos a Sua bênção, uma habitação não pode ser confortavelmente erigida. E se a Sua bênção não estiver sobre nossos filhos, a casa (a família) pode ser edificada, mas em lugar de ser a casa de Deus, será a sinagoga de Satanás. Todos os casamentos que não estiverem sob a bênção de Deus serão uma maldição particular e pública. —ADAM CLARKE

Ele está longe de pensar que o cuidado e trabalho humano, que é empregado na edificação de casas e na manutenção das cidades, deve ser considerado inútil, porque o Senhor edifica e mantém; considerando que é então mais especialmente útil e efetivo quando o próprio Senhor é o Edificador e Mantenedor. O Espírito Santo não é o patrono de homens preguiçosos e inertes; Ele dirige as mentes daqueles que labutam para a providência e o poder de Deus. —WOLFGANG MUSCULUS

No início da disputa com a Grã-Bretanha, quando todos estávamos sensíveis ao perigo, fazíamos orações diárias nesta sala pedindo a proteção divina. Nossas orações, meu senhor, foram ouvidas e graciosamente respondidas. Todos nós que estávamos comprometidos com a luta devemos ter observado frequentes instâncias de uma Providência sobrestante em nosso favor. A esse tipo de Providência, devemos esta feliz oportunidade de consultoria pacífica para estabelecermos nossa futura felicidade nacional.

E agora nos esquecemos deste poderoso Amigo? Ou imaginamos que já não mais precisamos de Sua assistência? Eu vivi por muito tempo — 81 anos; e quanto mais vivo mais provas convincentes vejo desta verdade: Deus governa as questões do homem. E se um pardal não pode cair no chão sem que Ele perceba, é possível um império se levantar sem o Seu auxílio?

A nós foi garantido, meu senhor, nos escritos sagrados, que "Se o SENHOR não edificar a casa, em vão trabalham os que a edificam". Eu creio firmemente nisto e também creio que, sem o Seu auxílio concomitante não avançaremos neste edifício político com diferença alguma dos edificadores de Babel. Seremos divididos por nossos interesses locais, pequenos e parciais; nossas perspectivas serão confundidas; e nós nos tornaremos opróbrio e um epíteto para futuras eras.

E o que é pior, a humanidade pode ulteriormente, a partir desta infeliz instância, desesperar-se com o estabelecer de um governo pela sabedoria humana e entregá-lo à sorte, à guerra ou à conquista. Eu, portanto, peço que desde já estabeleçamos que orações, implorando pelo auxílio do Céu e sua bênção sobre as nossas deliberações, façam parte da rotina matinal desta assembleia antes que procedamos às negociações; e que um ou mais dos clérigos desta cidade sejam convocados para oficiar nessa atividade. —BENJAMIN FRANKLIN

*Se o SENHOR não edificar a casa, em vão trabalham os que a edificam*. Note que o salmista não ordena que o construtor deixe de trabalhar, nem sugere que a sentinela deveria negligenciar seus deveres, nem que os homens deveriam demonstrar sua confiança em Deus ao nada fazer. Não, ele supõe que farão tudo o que puderem fazer, e a partir disso, ele proíbe que fixem sua confiança no que fizeram e lhes garante que todo o esforço da criatura será vão a menos que o Criador ofereça o Seu poder para efetivar as segundas causas.

As Santas Escrituras endossam a ordem de Cromwell: "Confie em Deus e mantenha sua pólvora seca"; apenas aqui o sentido é variado, e nos é dito que a pólvora seca não terá vitória a menos que confiemos em Deus. Feliz é o homem que atinge o meio-termo, pois trabalhando como se crendo em Deus, e dessa maneira, crendo no Senhor para trabalhar sem medo. —C. H. SPURGEON

*Versículo 2*
*Inútil vos será levantar de madrugada, repousar tarde, comer o pão que penosamente granjeastes*. Seu alimento é duramente conquistado, parcamente racionado e dificilmente adoçicado. É perpetuamente maculado com dores e tudo porque não têm fé em Deus e não encontram alegria em nada exceto no acumular do ouro que é sua única garantia. Mas não é desta forma, não é assim que o Senhor deseja que os Seus filhos vivam. Ele os teria como príncipes do sangue, com uma vida feliz e tranquila. Que recebam boa medida de descanso e porção adequada de alimento, pois é para sua saúde.

É claro que o cristão verdadeiro nunca será preguiçoso ou extravagante; e caso o seja, terá que sofrer por isto. Mas ele não considerará necessário ou correto preocupar-se e ser mesquinho e miserável. A fé traz a calma consigo e bane os perturbadores que dia e noite assassinam a paz. —C. H. SPURGEON

Mas nenhum homem deveria trabalhar além de sua habilidade física e intelectual, nem além das horas que a natureza determina. Nenhum bom resultado pode vir ao indivíduo, ou à raça, de algum prolongamento artificial do dia por qualquer motivo. O levantar-se cedo, tomar o café da manhã à luz de velas, e as vigílias prolongadas, as horas tardias do erudito são uma ilusão e uma cilada. Trabalhe enquanto é dia. Quando a noite chegar, descanse. Os outros animais fazem isto, e, como raças, passam tão bem quanto a ansiosa raça humana. —CHARLES F. DEEMS

O significado é que ainda que homens mundanos sejam extremamente bem-sucedidos, esgotem sua mente, cansem seu espírito, atormentem sua consciência, contudo, muitas vezes para propósito algum; ou Deus não lhes dá um patrimônio ou não lhes dá o conforto que dele viria.

Porém o Seu amado, sem nenhuma destas preocupações, desfruta do contentamento; se não têm o mundo, têm sono e descanso. Em silêncio submetendo-se à vontade de Deus e com quietude esperando pela bênção de Deus. Bom, então, reconheça a providência para que você esteja sob sua bênção. O labor sem Deus não pode prosperar; contra Deus e contra Sua vontade em Sua Palavra, certamente fracassará. —THOMAS MANTON

> *Ao preocupar-se e inquietar-se,*
> *Por agonia e medo,*
> *Não se alcança a Deus,*
> *Mas a oração ele ouvirá.*
> —J. P. LANGE

*Aos seus amados ele o dá enquanto dormem.* Observe como Jesus dormiu em meio à agitação de uma tempestade no mar. Ele sabia que estava nas mãos de Seu Pai e, portanto, estava tão calmo em espírito que as vagas o embalaram até dormir. O mesmo seria muito mais frequente conosco se fôssemos mais semelhantes a Ele. —C. H. SPURGEON

De onde procede este tão grande ardor nos incrédulos que não movem um dedo sem um tumulto ou um frenesi; ou em outras palavras: sem atormentar-se a si mesmos com preocupações supérfluas, se não porque nada atribuem à providência de Deus? Os fiéis, por outro lado, ainda que tenham uma vida laboriosa, seguem suas vocações com mentes tranquilas e serenas. Assim, suas mãos não estão ociosas, mas suas mentes repousam na quietude da fé, como se dormissem. —JOÃO CALVINO

Como o Senhor *deu* um precioso dom ao Seu *amado*, o primeiro Adão, quando ele *dormiu*, tirando-lhe uma costela de seu lado e, disto *edificando* a mulher, Eva, sua noiva, a mãe de todos os viventes. Então, enquanto Cristo, o segundo Adão, o verdadeiro Jedidias, o Bem-Amado Filho de Deus, estava dormindo em morte na cruz, Deus formou para Ele, em Sua morte e por Sua morte, inclusive pelas correntes doadoras de vida fluindo de Seu precioso lado, a Igreja, a Eva espiritual, a mãe de todos os viventes e a deu a Ele como Sua noiva. Portanto, o Pai *edificou* para Ele em Seu *sono* o templo espiritual de Sua Igreja. —CHRISTOPHER WORDSWORTH

O sono tranquilo é dom de Deus e é o amor de Deus que dá o sono tranquilo. —PHILIP GOODWIN

O mundo dá aos seus favoritos poder, riqueza, distinção. Deus dá *sono*. Ele poderia dar algo melhor? Dar sono quando a tempestade é impetuosa, dar sono quando a consciência está lidando com uma longa lista de pecados, dar sono quando os anjos maus estão tentando derrubar nossa confiança em Cristo, dar sono quando a morte se aproxima, quando o julgamento está próximo. Ó! Que dom poderia ser mais adequado? O que seria mais digno de Deus? Ou o que seria mais precioso para a alma?

Sequem suas lágrimas, vocês que estão ao redor do leito do cristão moribundo; o momento de partida se aproxima. Uma fria bruma sobre a testa — o olho fixo — o pulso fraco demais para ser identificado. Você fica pasmo com tal espetáculo? Não! Deixe a fé fazer sua parte! O cômodo está repleto de formas gloriosas, os anjos estão esperando ali para tomar conta da alma desencarnada; a mão mais gentil do que qualquer mão humana está fechando esses olhos; e uma voz mais doce do que qualquer voz humana está sussurrando: *Aos seus amados ele o dá enquanto dormem.* —HENRY MELVILL

Vão, vocês avarentos sobrepujantes! Vão, vocês homens ambiciosos e gananciosos! Não invejo sua vida de quietude. O sono dos governantes é com frequência partido; o sonho do ganancioso é sempre ruim; o sono do homem que ama o ganho nunca é farto, mas Deus dá, pelo contentamento, aos seus amados enquanto dormem. —C. H. SPURGEON

*Versículo 3*
*Herança do SENHOR são os filhos*. Isto aponta para outro modo de edificar uma casa, ou seja, deixando descendentes para manter nosso nome e família vivos na Terra. Sem isto, o que é o propósito de um homem em acumular riqueza? Com que propósito ele edifica uma casa se não tiver membro algum em sua família para manter a propriedade depois dele? Qual o benefício em possuir tantos acres, se não tiver herdeiro algum? Contudo nesta questão, o homem é impotente sem o Senhor.

O grande Napoleão, com toda a sua preocupação sobre esta questão, não conseguiu criar uma dinastia. Centenas de pessoas prósperas dariam metade de seus bens se pudessem ouvir o choro de um filho gerado por eles. Filhos são uma herança que o próprio Jeová deve dar, ou um homem morrerá sem filhos e assim sua casa não será edificada. —C. H. SPURGEON

Considerando que você não se afastaria de um deles nem por milhares de ouro e prata, creia que Ele que é a fonte de toda a ternura os considera com amor ainda mais profundo, e fará deles agora, em sua hora de luta, um meio de aumentar sua dependência dele e em breve serão seu suporte e orgulho.

Filhos! Alguém pode dizer, como o salmo os menciona — em sua promessa inicial o sopro do destruidor foi derramado. Eles amadurecem visivelmente para a sepultura e seu sorriso e carinho fazem meu coração ferido sangrar novamente. Sim, lamentador; mas a *herança do Senhor*! Ele não requererá os Seus? Eles estão seguros quando estão nele, e serão em breve devolvidos a você na terra mais favorável, onde a morte lhes transformará em anjos ministradores diante do Seu trono. Eles serão os primeiros a receber você às glórias deste trono, para amar e adorar com você por toda a eternidade. —ROBERT NISBET

*O fruto do ventre, seu galardão*. Onde a sociedade é corretamente ordenada, as crianças são reconhecidas, não como um embaraço, mas como uma herança; e são recebidas não com arrependimento, mas como recompensa. —C. H. SPURGEON

A filha de John Howard Hinton disse a ele ao ajoelhar-se em seu leito de morte: "Não há bênção maior para os filhos do que ter pais piedosos." Seu pai moribundo disse com um feixe de gratidão: "E a que segue é pais que têm filhos piedosos." —Memórias em Manual Batista

*Versículo 4*
*Como flechas na mão do guerreiro, assim os filhos da mocidade*. Filhos nascidos aos homens em sua juventude, pela bênção de Deus, se tornam o consolo de seus anos de maturidade. Um homem de guerra se agrada de armas que voam até onde ele não pode alcançar. Bons filhos são as flechas de seus pais, acelerando-se para atingir o alvo em que miram seus senhores. Que maravilhas um bom homem pode cumprir se tem filhos afetuosos para apoiar seus desejos e colocar-se a cumprir seus planos. —C. H. SPURGEON

Bem faz Davi em chamar filhos de *flechas*, pois sendo bem gerados, atiram nos inimigos de seus pais, e sendo mal gerados atiram em seus pais. —HENRY SMITH

*Versículo 5*
*Feliz o homem que enche deles a sua aljava*. Aqueles que não têm filhos lamentam o fato; aqueles que têm poucos filhos os veem longe em pouco tempo, a casa fica em silêncio e sua vida perde o charme; aqueles que têm muitos filhos graciosos estão sob a plenitude da felicidade. É claro que um grande número de filhos significa um grande número de lutas, mas quando estes encontram a fé no Senhor também significa grande quantidade de amor e uma multidão de alegrias.

O Dr. Guthrie costumava dizer: "Sou rico apenas em filhos". Eram onze.

Muitos filhos geram muitas orações e muitas orações geram muitas bênçãos. —PROVÉRBIO ALEMÃO

O Rev. Moisés Browne teve doze filhos. Alguém conversando com ele lhe disse: "O senhor tem

tantos filhos quanto Jacó". Ele respondeu: "Sim. E tenho o Deus de Jacó para prover o que precisam".
—G.S. BOWES

Lembro-me de um grande homem vindo à minha casa em Waltham e ao ver todos os meus filhos um ao lado do outro por ordem de idade e estatura, disse: "Estes são os que fazem pobres os homens ricos". Mas ele recebeu esta resposta direta: "Não, meu senhor, estes são os que tornam rico o homem pobre, pois não trocaríamos nenhum destes por toda a sua riqueza".

É fácil observar que ninguém é tão avarento e mesquinho quanto os que não têm filhos; aí aqueles, que, pela manutenção de grandes famílias estão acostumados a frequentes dispêndios, encontram a experiência da providência divina no gerenciamento fiel de suas obrigações, conforme distribuem com mais alegria o que recebem. Nisto, sua preocupação é mitigada: Deus a retira deles e a traz para si; e se não desejarem lidar com estas preocupações sua fé lhes dá facilidade para lançar seus fardos sobre Ele que tem mais poder e direito sobre eles, uma vez que até mesmo nossos filhos são mais do Senhor do que nossos. O que alimenta corvos, pode falhar com as melhores de Suas criaturas? —JOSEPH HALL

# Salmo 128

Há claramente um avanço em idade, pois aqui vamos além de filhos para filhos dos filhos. E também progredimos em felicidade, pois os filhos que no último salmo eram flechas, neste são oliveiras e em lugar de "pleitear com inimigos à porta", fechamos com "paz sobre Israel". Assim nos elevamos passo a passo e cantamos conforme subimos. —C. H. SPURGEON

*Versículo 1*
*Bem-aventurado aquele que teme ao SENHOR.* O coração de um homem será visto em sua caminhada e a bênção virá onde o coração e a caminhada estão ambos com Deus. Observe que o Salmo 1 conecta a bênção com a caminhada de modo negativo: "Bem-aventurado o homem que *não* anda" etc. Mas aqui a encontramos em conexão com a forma positiva de nosso colóquio. Para desfrutar da bênção divina, devemos ser ativos e caminhar; devemos ser metódicos e caminhar de certas formas; devemos ser piedosos e andar no caminho do Senhor.

Os caminhos de Deus são abençoados, e foram estabelecidos pelo Bendito, foram pisados por Ele em Quem somos abençoados. Eles são frequentados pelo abençoados, são providos com meios de bênção, com revestidos com bênçãos vigentes e levam às bênçãos eternas. Quem não desejaria caminhar nelas?
—C. H. SPURGEON

Sempre que você vê o lar de um casal que derrota continuamente todas as tempestades, pode ter certeza de que a fundação deste lar é segura, além do alcance da percepção humana e que essa fundação é *o temor do Senhor*. Para o temor do Senhor, portanto, o santo salmista deu sabiamente um lugar diante deste belo salmo, o qual celebra a bênção que desce sobre a vida conjugal e doméstica. —AUGUSTUS F. THOLUCK

Há um temor do Senhor que tem terror em si e não bem-aventurança. A apreensão com que um rebelde beligerante considera seu soberano triunfante e ofendido, ou os sentimentos de um falido fraudulento com relação a seu credor severo, ou um criminoso golpeado pela consciência diante de um juiz justo, são frequentemente os tipos de sentimentos dos homens com relação a Deus. Isto evidentemente não pode ser *o temor* que o *bem-aventurado* deste salmo sente. Por outro lado, o tormento da autorreprovação não pode estar neles.

Seu temor é aquele produzido pelas revelações garantidas, dadas sobre Ele em Sua Palavra. É o temor que uma criança sente por um pai honrado, um temor de causar ofensa. É o temor que aqueles que foram resgatados da destruição sentem pelo benfeitor que nobremente e por sacrifício, interpôs por sua segurança. Um temor de agir de modo indigno com tal bondade, é o que enche o peito de um rebelde perdoado e grato, na presença de um soberano venerado diante de cujo trono ele tem permissão de se colocar em honra, um temor que não o permite esquecer esta bondade e nem lhe dá motivo para arrependimento.

Tal é o temor do cristão agora: um temor que reverencia a majestade, agradece as misericórdias, tem pavor em desagradar, desejo de ser aprovado e anseio pela comunhão do Céu, que inspira. O temor dos anjos e do bendito Filho; o temor não do sofrimento, mas de amor, que se reduz com recolhimento instintivo para que não aja de modo a cair em lamento ou para que não negue algo que crie honra.

A religião é a grande e única sabedoria e desde o princípio, no meio, e em seu fim está o temor do Senhor. Bem-aventurado é o homem que é convencido por ela. —ROBERTO NISBET

Consideremos um pouco do caráter do homem bem-aventurado. Quem é o destemido? *O homem que teme a Deus*. O temor parece relativamente contrário à bem-aventurança; tem um ar de mistério; mas acrescente um quem. Aquele que teme *ao Senhor*. Esse toque o transforma em ouro. Aquele que assim teme, não tem medo. Ele não terá medo; todos os medos mesquinhos são engolidos neste grande temor e este grande temor é tão doce e agradável quanto os pequenos medos são apreensivos e conturbadores. Seguro de outras coisas, ele pode dizer: "Se meu Deus está satisfeito, não importa quem não esteja. Não importa quem me despreza se Ele me considera como um dos Seus".

## Versículo 2

*Do trabalho de tuas mãos comerás*. Os casados também devem aprender isto: que eles devem trabalhar. Pois a lei da natureza exige que o marido deve sustentar e nutrir os seus. Visto que depois que um homem e uma mulher sabem que devem temer a Deus seu Criador, que não somente os fez, mas concedeu Sua bênção à Sua criatura, devem em segundo lugar saber que é sua obrigação fazer algo para que não consumam seus dias em comodidade e ociosidade.

Hesíodo, o poeta, dá seu conselho que primeiro deve-se ter uma casa, depois uma esposa e também um boi para trabalhar a terra… Pois embora a nossa diligência, cuidado e trabalho não possam manter nossa família, Deus os usa como meios pelos quais Ele nos abençoará. —MARTINHO LUTERO

*Feliz serás*. Ó, confie no Senhor para ter felicidade como para ter auxílio! Todos os mananciais de felicidade estão nele. "Confie" nele que nos dá a todos, coisas para desfrutarmos ricamente. Que, de Suas misericórdias ricas e gratuitas, as oferece a nós diretamente de Suas mãos, para que, as recebendo como Suas dádivas, e como testemunhos de Seu amor, possamos desfrutar de tudo o que possuímos.

É o Seu amor que dá sabor a tudo o que provamos e coloca vida e doçura em tudo, enquanto toda criatura nos leva ao grande Criador e toda a Terra é uma extensão do Céu. Ele transfunde as alegrias que estão à Sua destra em tudo o que Ele concede a Seus filhos gratos que, tendo comunhão com o Pai e Seu Filho Jesus Cristo, desfrutam dele em tudo e acima de tudo. —JOHN WESLEY

*E tudo te irá bem*, ou, *será bom para você*. Se tememos a Deus, podemos descartar todo outro medo. Ao seguir pelos caminhos de Deus, estaremos sob Sua proteção, provisão e aprovação. O perigo e a destruição estarão longe de nós, todas as coisas contribuirão para o bem. Aos olhos de Deus, não seria algo abençoador vivermos sem esforço, nem comer o imerecido pão da dependência. O estado mais feliz na Terra é aquele em que temos algo a fazer, força com que executá-lo e uma recompensa justa por aquilo que fizemos. Isto, com a bênção divina, é tudo o que devemos desejar e é suficiente para qualquer homem que teme ao Senhor e abomina a ganância. Tendo alimento e vestimenta, estejamos com isto satisfeitos.

*Versículo 3*
*Tua esposa*. Para alcançar a plenitude da felicidade terrena um homem não deve estar sozinho. Uma ajudadora foi necessária no Paraíso e, certamente, não é menos necessária fora dele. Aquele que encontra uma esposa encontra o bem. Não é todo homem que teme ao Senhor que tem uma esposa; mas se a tem, ela compartilhará na bênção que ele recebe e a ampliará. —C. H. SPURGEON

*No interior de tua casa*. Ela se mantém em casa e assim mantém a casa. É a casa de seu marido e ela pertence a ele — como o texto coloca: "tua esposa", e "tua casa"; mas por seu cuidado amoroso faz seu marido tão feliz que ele se alegra por tê-la ao seu lado como proprietária igualitária, pois ele é dela e a casa é dela também. —C. H. SPURGEON

A casa é seu lugar adequado, pois ela é "a beleza da casa". Ali estão suas atividades, ali ela está segura. Os antigos as pintavam com lesmas sob os pés, os egípcios negavam calçados às suas mulheres, os citas queimavam o eixo da carruagem da noiva à sua porta quando era levada à casa de seu marido, e o anjo perguntando a Abraão onde Sara estava (ainda que soubesse muito bem). Tudo isto para que seja observado, ela estava "na tenda". Faça tudo na esfera íntima, para que, pela lei da natureza, e pelas regras da religião, a esposa permaneça em casa, a menos que a necessidade urgente a chame para fora. —RICHARD STEELE

*Teus filhos, como rebentos da oliveira, à roda da tua mesa*. Nossos filhos se reúnem ao redor da mesa para se alimentar e isto envolve despesas. Quão melhor é isto do que vê-los imobilizados em camas, enfermos, incapacitados de ir à mesa para suas refeições! Pode nos ajudar valorizar os privilégios de nossa casa se considerarmos onde estaríamos fossem eles retirados. E se o amado companheiro de nossa vida fosse retirado de dentro de nossa casa para o descanso na sepultura? O que são os problemas dos filhos se comparados à tamanha perda? Pense, caro pai, qual seria o seu sofrimento se tivesse que chorar com Jó: "Ah! Quem me dera ser como fui nos meses passados, como nos dias em que Deus me guardava! quando os meus filhos estavam ao meu redor". —C. H. SPURGEON

Antes da queda, o Paraíso era o lar do homem, desde a queda, o lar tem sido o seu paraíso. —AUGUSTUS WM. HARE

*Versículo 4*
*Eis como será abençoado o homem*. É afirmado com uma nota ordenando atenção: *Eis* que por fé na promessa; *eis* que por observação da execução da promessa; *eis* que com certeza de que assim será, pois Deus é fiel, e com admiração que assim deve ser, pois não merecemos favor algum, bênção alguma vinda dele. —MATTHEW HENRY

*Versículo 6*
*Vejas os filhos de teus filhos*. Este é um grande prazer. Os homens vivem suas jovens vidas uma segunda vez em seus netos. Salomão não disse: "Coroa dos velhos são os filhos dos filhos"? Pois o são. O bom homem se alegra por uma linhagem piedosa que se continua; ele regozija na crença que outras casas tão felizes quanto a dele serão edificadas onde altares à glória de Deus soltarão a fumaça do sacrifício da manhã e da noite. Esta promessa sugere vida longa e essa vida considerada feliz por ser continuada em nossa descendência. É um símbolo da imortalidade do homem o fato de ele obter alegria da extensão de sua vida na vida de seus descendentes. —C. H. SPURGEON

Senhor, que a Tua bênção assim acompanhe meus esforços na sua criação. Que todos os meus filhos sejam Benaias, edificação do Senhor, e que eles então sejam todos Abner, a luz de seu pai. E que todas as minhas filhas sejam Bitias, as filhas do Senhor, e que sejam todas Abigail, a alegria do seu pai. —GEORGE SWINNOCK

# Salmo 129

TÍTULO: "Cântico de romagem". Não consigo enxergar como este é um passo à frente do salmo anterior; e, contudo, é claramente a canção de um indivíduo mais velho e mais experimentado, que olha para trás, para uma vida de aflição ao longo da qual sofreu desde sua juventude. Na medida em que a paciência é uma graça mais elevada, ou pelo menos mais difícil, do que o amor doméstico, a ascensão ou progresso pode talvez ser visto nessa direção.

O salmo todo: O incidente a seguir em conexão com o glorioso retorno de Vaudois sob o comando de Henri Arnaud é relatado em *Israel dos Alpes* de Muston: "Após estes sucessos, os corajosos patriotas fizeram um juramento de fidelidade entre si e celebraram um culto divino em uma de suas igrejas, pela primeira vez desde que foram banidos. O entusiasmo do momento era irrefreável; eles cantaram o Salmo 74 no embate com armas e Henri Arnaud, subiu ao púlpito com uma espada em uma mão e a Bíblia em outra e pregou o Salmo 129. Ele declarou mais uma vez diante do Céu que nunca resumiria seu ofício pastoral em paciência e paz, até que testemunhasse a restauração de seus irmãos a seus legítimos cargos".

*Versículo 1*
*Muitas vezes me angustiaram desde a minha mocidade, Israel que o diga.* O cântico começa abruptamente. O poeta esteve meditando e o fogo queima, portanto ele fala com sua língua, não consegue evitar, ele sente que precisa falar e assim "que diga" o que precisa dizer. —C. H. SPURGEON

Os anos iniciais de Israel e da Igreja do Senhor são gastos em provação. Bebês na graça são embalados em oposição. Assim que nasce o filho, o dragão passa a lhe perseguir. "Bom é", contudo, "para o homem suportar o jugo na mocidade" e ele verá que assim o é quando nos dias posteriores ele contar a história. —C. H. SPURGEON

Deus teve um Filho e apenas um Filho, sem pecado, mas nunca um filho sem dores. Podemos ser filhos de Deus e ainda estarmos sob perseguição. Podemos ser Sua Israel e ainda afligidos desde nossa mocidade. Podemos sentir a mão de Deus como um Pai sobre nós, quando Ele nos atinge assim como quando Ele nos assola. Quando Ele nos assola é para que não desfaleçamos sob a Sua mão, e quando Ele nos atinge é para que conheçamos a Sua mão. —ABRAHAM WRIGHT

*Me angustiaram.* Os perseguidores não merecem um nome. O homem rico não é citado por seu nome (como Lázaro o é) porque não é digno (Lc 16). Eles serão escritos na Terra (Jr 12:13). —JOHN TRAPP

A história certamente dá amplo testemunho de que o povo de Deus não precisou lidar com certos inimigos, mas que foram atacados por quase todo o mundo. E mais, que foram importunados não somente por inimigos externos, mas também por internos, por tais professos pertencentes à igreja. —JOÃO CALVINO

*Me angustiaram.* Enquanto os homens se conhecem, conhecem também seu pecado na aflição. Qual é o curso natural e a experiência da humanidade incrédula? Transgressão, remorsos e então esquecimento; nova transgressão, nova dor e mais uma vez esquecimento.

Como será quebrada esta leviandade? Como convencê-los de que têm necessidade de um Salvador como primeira e mais profunda carência de seu ser e que somente podem garantir libertação da ira eterna por um pedido imediato e premente a Ele? Por nada tão eficazmente quanto pela aflição. Os filhos de Deus, que o esqueceram, levantam-se e vão a seu Pai quando golpeados pelo flagelo da dor e tão rápido quanto diga o penitente: *Pai, eu pequei*, será envolto em Seus braços e estará seguro e feliz em Seu amor.

É, posteriormente, pela aflição que o *mundo* é conhecido pelos filhos de Deus. O grande rival de Deus é o mundo. A luxúria da carne, prazer; a luxúria dos olhos, desejo; o orgulho da vida, o anseio para ser considerado superior àqueles ao nosso redor; isto compreende tudo o que o homem cobiça naturalmente. Dê-nos tranquilidade, honra, distinção e toda boa vontade da vida parecerá ter sido obtida. *Mas o que será feito quando Ele julgar você?* Esta é uma pergunta adequada para inquietar o mais feliz dos filhos da prosperidade.

*Desde a minha mocidade.* O primeiro que foi morto, morreu pela religião; tão cedo veio o martírio ao mundo. —JOHN TRAPP

## Versículo 2

*Muitas vezes* (ARC). Que aflições a Igreja Cristã suportou desde sua mocidade! Como foi frágil essa mocidade! Como era pequeno o número de apóstolos a quem nosso Senhor encarregou do Seu evangelho! Como eram desfavorecidos de aprendizado humano, de influência no mundo, de poder secular! Para efetivar sua destruição e frustrar seu objetivo — a glória de Deus e a salvação dos homens — o calabouço e a mina, cavalete e a forca foram todos empregados consecutivamente. Os arados lavraram seus dorsos e abriram longos sulcos. Sua propriedade foi confiscada, foram aprisionados, seus direitos civis lhes foram tirados, suas cabeças rolaram no cadafalso, seus corpos foram consumidos em pilhas abrasadas, foram lançados, entre os gritos agudos da multidão, aos animais selvagens do anfiteatro.

Contudo, apesar de toda oposição, nossa santa religião criou raízes e aumentou. Nem toda a fúria de dez perseguições pode exterminá-la da Terra. Os dentes de animais selvagens não puderam esmigalhá-la até virar pó, o fogo não pode queimá-la, as águas não a afogaram, o calabouço não a confinou.

A verdade é eterna, como o grande Deus de cujo peito ela irrompe e, portanto, não pode ser destruída. E porque o cristianismo é a verdade e não mentira, seus inimigos nunca prevaleceram contra ele. —N. MCMICHAEL

*Todavia não prevaleceram contra mim.* "Abatidos, porém não destruídos" é o brado de um vitorioso. Israel lutou e venceu o conflito. Quem se admira? Pois se Israel venceu o anjo da aliança, que homem ou demônio poderá derrotá-lo? —C. H. SPURGEON

## Versículo 3

*Sobre o meu dorso lavraram os aradores; nele abriram longos sulcos.* Ainda que todas as partes das dores e dos sofrimentos de nosso Senhor sejam muito minuciosamente apresentadas nos hinos sagrados, salmos e cânticos que estão contidos no que nomeamos Livro de Salmos, jamais compreenderemos ao que o nosso Senhor mais que bendito se submeteu por nós, em cada parte de Sua vida e em Sua paixão e morte. Que o Senhor, o Espírito, imprima em nós, de modo eficaz, esta expressão revigorada utilizada neste tema. As palavras de nosso Senhor aqui são muito expressivas com relação à violência de Seus atormentadores e sua ira contra Ele, além das chagas e tormentos que infligiram a Ele. —SAMUEL PIERCE

## Versículo 4

*Cortou as cordas dos ímpios.* Deus nunca utilizou uma nação para castigar Seu Israel sem destruir essa nação quando os castigos chegassem a um fim. Ele odeia aqueles que ferem o Seu povo, ainda que permita que o ódio desses inimigos triunfe por certo tempo para Seu próprio propósito. Se algum homem desejasse que seu arreio fosse cortado, que comece a arar um dos campos do Senhor com o arado da perseguição. O caminho mais curto para a ruína é intrometer-se com um santo. O alerta Divino é: "porque aquele que tocar em vós toca na menina do seu olho." —C. H. SPURGEON

## Versículo 5

*Sejam envergonhados e repelidos todos os que aborrecem a Sião!* Estude um capítulo do *Livro dos Mártires* e veja se você não se sente inclinado a ler um salmo imprecatório para o Bispo Bonner e Maria Sangrenta. Pode ser que algum miserável sentimentalista do século 19 o culpe; se for o caso, leia outro salmo *também para ele.* —C. H. SPURGEON

*Versículo 6*
*Sejam como a erva dos telhados, que seca antes de florescer.* Um dos pais disse sobre o Imperador Apóstata Juliano: "Essa pequena nuvem em breve desaparecerá"; e assim o foi. Todo sistema cético de filosofia tem muito da mesma história e o mesmo pode ser dito de cada heresia. Pobres e sem firmamento, elas são e não mais são; vêm e vão, ainda que ninguém se levante contra elas. O mal carrega as sementes de dissolução dentro de si mesmo. Então deixe que assim seja. —C. H. SPURGEON

São justamente comparados a *ervas nos telhados*; pois o Espírito Santo não poderia falar deles mais depreciativamente. Esta erva é tal que em pouco tempo seca, antes que a foice lhe atinja. Sim, nenhum homem a considera digna de corte, nenhum homem a estima, todos os homens permitem que se vanglorie por certo tempo e que se mostre aos homens do alto dos telhados como se fosse algo quando, na verdade, não é nada.

Assim os perseguidores perversos no mundo, que são considerados poderosos e terríveis de acordo com demonstração externa, são de todos os homens os mais desprezíveis. Os cristãos em momento algum pensam em desarraigá-los ou cortá-los; não os perseguem, não vingam seus ferimentos, mas permitem que eles cresçam, se gabem e se gloriem o quanto desejarem. Pois sabem que não podem habitar na violência de um vento veemente.

Sim, ainda que todas as coisas estejam em quietude, ainda que como ervas no topo dos telhados, pouco a pouco secam pelo calor do sol, assim tiranias sobre pequenas circunstâncias perecem e em pouco tempo desaparecem. O fiel, portanto, no sofrimento prevalece e vence; mas o perverso no agir é derrotado, e perece miseravelmente, como todas as histórias de todos os tempos e eras testemunham claramente. —MARTINHO LUTERO

*Versículo 7*
*Com a qual não enche a mão o ceifeiro, nem os braços, o que ata os feixes!* Os orientais carregam seu grão em seu peito, mas neste caso nada havia para carregar para casa. Logo ser perverso chegou a nada. Pela justa designação de Deus, eles provaram uma decepção. Seu fogo acaba em fumaça, seu verdor se transforma em vaidade, seu florescer não passa de uma forma de ressecar. Ninguém se beneficia deles, menos ainda são benéficos a si mesmos. Seu objetivo é mau, suas obras piores e seu fim ainda muito pior.
—C. H. SPURGEON

*Versículo 8*
*E também os que passam não dizem: A bênção do SENHOR seja convosco! Nós vos abençoamos em nome do SENHOR!* Não ousamos usar expressões piedosas como meros elogios e, portanto, não ousamos desejar uma jornada próspera a homens maus por medo de que nos tornemos participantes em suas obras más.

Veja como os homens piedosos são duramente arados por seus adversários e, contudo, uma colheita surge disto, uma colheita que subsiste e produz bênção. Enquanto os ímpios, ainda que floresçam por certo tempo e desfrutem de imunidade completa, habitando, como pensam, muito acima do alcance dos malefícios, em pouco tempo terão desaparecido sem deixar vestígios para trás.

Senhor, conta-me entre os Teus santos. Deixa-me compartilhar de seu sofrimento se puder também participar da glória deles. Assim faria deste salmo meu e magnificaria o Teu nome, porque os Teus afligidos não são destruídos e os Teus perseguidos não são abandonados. —C. H. SPURGEON

# SALMO 130

Nós o chamamos de Salmo *DeProfundis*: "Das profundezas" é a palavra mais importante no texto; dessas profundezas clamamos, gememos, vigiamos e esperamos. Neste salmo ouvimos a pérola da redenção (vv.7,8). Talvez o doce cantor nunca teria encontrado esse bem precioso se não tivesse sido lançado nas profundezas. "Pérolas são encontradas nas profundezas". —C. H. SPURGEON

Todo o salmo: O Espírito Santo expõe aqui muito claramente duas paixões opostas: medo, em relação aos pecados merecedores do mal; e esperança com relação às misericórdias não merecidas. —ALEXANDER ROBERTS

Este salmo, talvez mais do que qualquer outro, é marcado por suas montanhas: profundeza, oração, convicção, luz, esperança, espera, vigília, anseio, confiança, garantia, felicidade universal e alegria.

Assim como o barômetro marca a alteração da pressão atmosférica e variações climáticas, este salmo faz o mesmo. Sentença por sentença, registrando o progresso da alma. E você pode testar-se com ele, como uma norma ou medida e perguntar-se em cada linha: "Cheguei a este ponto? Cheguei a este ponto?" E assim calibrar sua alma. —JAMES VAUGHAN

*Versículo 1*
*Das profundezas clamo a ti, Senhor.* Sob as enchentes, a oração viveu e lutou; sim, acima do rugido das vagas levantou-se o clamor da fé. Pouco importa onde estamos se ali pudermos orar, mas a oração nunca é mais real e aceitável do que quando surge dos piores lugares. Lugares profundos geram devoção profunda. Profundezas de sinceridade são agitadas pelas profundezas da tribulação. Diamantes cintilam mais quando em meio à escuridão. Aquele que ora nas profundezas não afundará nesta profunda. Aquele que clama nas profundezas em breve cantará nas alturas. —C. H. SPURGEON

É motivo suficiente Deus não ouvir alguns porque não clamam, motivo suficiente não ouvir alguns que clamam por não estarem nas profundezas; mas quando o clamor e as profundezas são unidos, nunca se soube que Deus recusou-se a ouvir; e, portanto, agora que das profundezas eu clamo ao Senhor, agrada-te, ó Senhor, em Tua grande misericórdia, de ouvires a minha voz. —SIR RICHARD BAKER

Quando somos prósperos, nossas orações vêm de nossos lábios e, portanto, o Senhor é forçado a nos abater para que nossas orações venham de nosso coração e que nossos sentidos sejam despertados da segurança em que se encontram. E assim Deus lida conosco; do modo como os homens se ocupam com a construção de casas suntuosas e elevadas, pois neste caso cavam fundo para estabelecer a fundação. Portanto, Deus com o propósito de fazer uma demonstração justa de Daniel e dos três jovens na Babilônia; de José no Egito; de Davi em Israel; Ele primeiro os lançou em águas de profundas aflições. Daniel é lançado na cova dos leões; os três jovens são lançados na fornalha ardente; José é preso; Davi exilado. Contudo, a todos estes Ele exaltou e fez deles templos gloriosos para si.

Note aqui a apatia de nossa natureza, isso é, que Deus é forçado a usar medidas incisivas para nos despertar. Jonas deitado dormindo no navio quando a tempestade da ira de Deus o perseguia. Deus, contudo, o lançou na barriga de um grande peixe, no fundo das profundezas, para que delas Jonas pudesse clamar a Ele.

Quando, portanto, estamos conturbados por enfermidade severa, pobreza ou estamos oprimidos pela tirania dos homens, beneficiemo-nos e façamos uso disso, considerando que Deus lançou Seus melhores filhos em tais perigos para o benefício deles; e que é melhor estar em profundos perigos orando do que em elevadas montanhas de vaidade divertindo-se.
—ARCHIBALD SYMSON

Há profundezas atrás de profundezas de escuridão mental, quando a alma se torna mais e mais infeliz, indo até a profundeza que é apenas este lado do desespero. A Terra oca, o Céu vazio, o ar pesado, todos os tipos de deformidades, todos os sons de desacordo, o passado sombrio, o presente um enigma, o futuro um horror. Mais um passo para baixo e o homem estará no quarto do desespero cujo chão é de intenso calor, enquanto o ar é frio mordaz como a atmosfera polar. A que profundezas o espírito de um homem pode cair!

Mas a profundeza mais terrível a que a alma de um homem pode descer é o pecado. Algumas vezes começamos em declives graduais e deslizamos tão agilmente que em pouco tempo alcançamos grandes profundezas; nas quais há horrores que não são nem pobreza nem tristeza, nem depressão mental.

É o pecado, é ultraje contra Deus e nós mesmos. Sentimos que não há fundo. Cada profundeza aberta revela uma profundeza ainda maior. Isto é realmente o poço sem fundo, com acumulações eternas de velocidade e lacerações perpétuas conforme descemos. Ó, profundezas abaixo de profundezas! Ó, quedas da luz para a escuridão, da escuridão para as trevas! Ó, o inferno do pecado!

O que podemos fazer? Podemos simplesmente clamar, clamar, clamar! Mas, clamemos a Deus. Inúteis, danosos são outros clamores. São meras expressões de impotência ou protestos contra o destino imaginário. Mas o clamor do espírito ao Altíssimo é vigoroso. Das profundezas de toda pobreza, todo sofrimento, toda depressão mental, todo pecado, clame a Deus! —DE *O ESCRITÓRIO E O PÚLPITO*

Mas quando ele clamou das profundezas, ele ressurgiu de lá e seu clamor não permitiu que permanecesse longamente no fundo. —AGOSTINHO

Foi bem-dito que o versículo coloca diante de nós seis condições para a verdadeira oração: não é rasa "das profundezas"; fervente "clamo"; dirigida ao próprio Deus "a ti"; reverente "Senhor"; temente "Senhor", título solene utilizado novamente; vinda do interior daquele que ora "Escuta a minha voz".
—NEALE E LITTLEDALE

*Versículo 2*
*Escuta, SENHOR, a minha voz.* Se o Senhor tivesse que fazer uma promessa definitiva para responder todos os nossos pedidos, seria antes uma maldição do que uma bênção, pois lançaria a responsabilidade de nossa vida sobre nós e seríamos colocados numa posição de muita ansiedade. Mas agora o Senhor ouve os nossos desejos e isso é suficiente. Nós apenas desejamos que Ele nos conceda estes desejos se a Sua infinita sabedoria julgar que sejam para nosso bem e para Sua glória. —C. H. SPURGEON

*Versículo 3*
*Se observares, SENHOR, iniquidades, quem, Senhor, subsistirá?* Se Yah, o que tudo vê, chamasse todos os homens, em justiça severa, a dar explicação por toda falta de conformidade à justiça, onde estaríamos todos? Verdadeiramente, Ele registra todas as nossas transgressões; mas como ainda não age com base no registro, o deixa de lado até um dia próximo. Se os homens fossem julgados sem sistema algum que não o de obras, quem dentre nós poderia responder por si mesmo no tribunal do Senhor e esperar permanecer livre e aceito? —C. H. SPURGEON

Mas o Senhor não observa a iniquidade? Ele não leva em conta todos os pecados de todos os filhos dos homens, especialmente dos Seus filhos? Por que, então, o salmista coloca, um se? "Se observares, Senhor, iniquidades". É verdade, o Senhor observa toda iniquidade para ter conhecimento, mas Ele não observa iniquidade alguma em Seus filhos para condená-los por ela; portanto, o significado do salmo é que se o Senhor observar o pecado com um olho rigoroso e severo, como um juiz, para acusar a pessoa que peca, nenhum homem suportaria. —JOSEPH CARYL

Deixa os Teus ouvidos estarem atentos à minha súplica, mas não permitas que os Teus olhos se concentrem nas manchas de meus pecados; pois "Se observares, Senhor, iniquidades, quem, Senhor, subsistirá?", ou quem conseguirá suportar? Os anjos não caíram quando tu observaste a insensatez deles? Pode a carne, que não passa de pó, estar pura diante de ti, quando as estrelas, que são de substância muitos mais pura, não o são?

Pode alguma coisa ser pura aos Teus olhos que não seja tão pura quanto os Teus olhos? E pode alguma pureza ser igual à Tua?

Infelizmente, ó Senhor, não somos anjos nem estrelas e como, então, podemos permanecer de pé se esses caíram? Como podemos ser puros quando estes são impuros? Se observasses o que foi feito de inadequado, haveria trabalho observatório suficiente para ti enquanto o mundo existisse; pois que ação do homem está livre da mácula do pecado ou da deformação da justiça?

Portanto, não observes nada que eu tenha feito, ó Deus, mas observa somente o que tu mesmo fizeste. Observa em mim a Tua própria imagem; e então me olharás e ainda dirás, como já disse uma vez: "E eis que era muito bom". —SIR RICHARD BAKER

Versículos 3 e 4. Estes dois versículos contêm o resumo de todas as Escrituras. No terceiro está o modo do arrependimento e no quarto as misericórdias do Senhor. Estas são as duas montanhas — Gerizim e Ebal — mencionadas em Dt 27:12,13. Estes são os pilares no Templo de Salomão (1Re 7:21), chamados Jaquim e Boaz.

Devemos, com Paulo, nos persuadir a sair do monte Sinai para o monte Sião onde está a misericórdia, ainda que algumas uvas amargas devam ser ingeridas pelo caminho. Jeremias provou em sua visão primeiro um figo amargo de um cesto e, em seguida, um figo doce de outro. Nos dias de Moisés as águas eram primeiro amargas e daí adocicadas pela doce madeira. E Eliseu jogou farinha na panela dos filhos dos profetas e, por consequência, a comida tornou-se saudável. —ARCHIBALD SYMSON

*Versículo 4*
*Contigo, porém, está o perdão, para que te temam.* Bendito, porém, livre, pleno, perdão soberano está nas mãos do grande Rei. É dele a prerrogativa em perdoar e Ele se deleita em exercitá-la. Porque a Sua natureza é misericórdia e porque Ele proveu um sacrifício para o pecado, portanto, o perdão está com Ele para todos que vem a Ele confessando seus pecados. Se o Senhor executasse justiça sobre todos, não sobraria um para o temer; se todos estivessem sob a detenção de Sua merecida ira, o desespero os endureceria para que não o temessem. É a graça que mostra o caminho para uma perspectiva santa de Deus e pavor de entristecê-lo. —C. H. SPURGEON

O martelo da lei pode quebrar o coração congelado do homem com terrores e horrores e ainda ele pode permanecer congelado, inalterado; mas quando o fogo do amor gentilmente derrete o gelo, ele é transformado e dissolvido em água; não é mais gelo, sua natureza passa a ser outra. —GEORGE SWINNOCK

A doutrina evangélica do perdão gratuito dos pecados não gera por si mesma a imprudência, como os papistas alegam falsamente; mas antes um temor verdadeiro e genuíno de Deus; como o salmista aqui demonstra, sendo a causa e efeito final da doutrina. —SOLOMON GESNER

O homem está prestes a ser destruído, ser engolido rapidamente, quando repentinamente surge um bendito, "porém", que impede o curso desenfreado da ruína, impulsiona seu forte braço colocando um escudo de ouro entre o pecador e a destruição e pronuncia estas palavras: "Contigo, porém, está o perdão, para que te temam". —C. H. SPURGEON

*Para que te temam.* Este perdão, este sorriso divino enlaça a alma a Deus com um belo temor. Temor de perder um olhar de amor. Temor de perder uma obra de bondade. Temor de ser carregado para fora do Céu da Sua presença por uma corrente insidiosa de mundanismo. Temor da letargia. Temor de não o agradar o suficiente.

Nosso dever, então, é beber profundamente do amor perdoador de Deus. Estar pleno dele significa estar cheio de pureza, ardor e fé. Nossos pecados precisam esconder suas cabeças tolhidas e esgueirar-se pelas fendas quando o perdão — quando Cristo — adentra a alma. —GEORGE BOWEN

### Versículo 5

*Aguardo o SENHOR, a minha alma o aguarda.* Na expectativa de que Ele venha a mim em amor, aguardo calmamente por Seu surgimento, espero por Ele em serviço e por Ele em fé.

Por Deus esperarei e somente por Ele; se Ele se manifestar nada mais precisarei esperar; mas até que Ele surja para meu auxílio, devo permanecer esperando, tendo esperança ainda que nas profundezas. —C. H. SPURGEON

Ó, como é real e imediato o descanso encontrado em Jesus! Repousar nele, ainda que em grande profundeza de alma, ainda que nuvens escuras a envolvam ou águas tempestuosas a submerjam, tudo é brilho e serenidade internamente. —OCTAVIUS WINSLOW

*Eu espero na sua palavra.* Aguardando, estudamos a Palavra, cremos na Palavra, temos esperança na Palavra e vivemos na Palavra. E tudo porque é a "Sua Palavra" — a Palavra daquele que nunca fala em vão. A Palavra de Jeová é solo firme em que uma alma pode descansar. —C. H. SPURGEON

Versículos 5 e 6. O que consola um homem doente no tempo da enfermidade se não a esperança de saúde? Ou um homem pobre em sua angústia, se não a esperança de riquezas? Ou um prisioneiro, se não a esperança da liberdade? Ou um homem banido, se não a esperança do retorno à casa?

Todas estas esperanças podem falhar, frequentemente com falta de garantia. Embora um médico possa encorajar um enfermo com suas belas palavras, não pode dar a ele garantia de sua recuperação, pois sua saúde depende de Deus. Amigos e cortesãos podem prometer alívio ao pobre homem, mas todos os homens são mentirosos; somente Deus é fiel, Aquele que prometeu.

Portanto, fixemos nossa fé em Deus e nossa esperança em Deus. Pois Ele sustentará a Sua promessa. Nenhum homem que esperou nele o fez em vão, nem houve algum decepcionado pela esperança que Ele fornece. —ARCHIBALD SYMSON

### Versículo 6

*A minha alma anseia pelo Senhor mais do que os guardas pelo romper da manhã.* Deus era tão temível para ele quanto a luz é temível para aqueles que estão comprometidos com um chamado por força da lei. Ele sentia falta de seu Deus e por Ele ansiava. —C. H. SPURGEON

*Mais do que os guardas pelo romper da manhã.* Pois não deve haver uma proporção entre causa e efeito? Se a minha causa de vigília for mais importante do que a deles, não deveria a minha vigília ser mais intensa do que a deles? Aqueles que vigiam esperando a manhã têm uma boa causa, sem dúvida. Vigiar esperando que a manhã lhes traga a luz do dia; mas não tenho mais motivo para vigiar, se espero pela Luz que ilumina todos que vêm ao mundo?

Aqueles que vigiam esperando a manhã esperam apenas pelo nascer do sol para libertá-los da escuridão que lhes prejudica a visão. Mas eu aguardo pelo Sol da justiça para dispersar os horrores da escuridão que amedrontam a minha alma. Eles vigiam pela manhã para que possam ter luz para caminhar; mas eu espero pela Alva para que das Alturas venha luz àqueles que se sentam na escuridão e na sombra da morte e para guiar os nossos pés a caminho da estrada da paz. —SIR RICHARD BAKER

No ano 1830, na noite anterior ao primeiro dia de agosto, o dia em que os escravos de nossas colônias na Índia britânica viriam a ter posse da liberdade que lhes fora prometida, muitos deles, nos foi dito, nem chegaram a dormir. Milhares e dezenas de milhares reuniram-se em seus locais de adoração, envolvendo-se em atividades devocionais, e cantando louvores a Deus, esperando pela primeira faixa de luz da manhã do dia em que seriam livres.

Alguns deles foram enviados às montanhas, de onde poderiam ter a primeira visão do dia vindouro e, com um sinal, anunciar a seus irmãos no vale que a alvorada do dia que os transformaria em homens e não mais, como até então haviam sido, meros bens e propriedades pessoais — homens com almas que Deus havia criado para viver para sempre. Quão avidamente estes homens devem ter vigiado pelo romper do amanhecer! —T. W. AVELINA

*Versículo 7*
*No S*ENHOR *há [...] copiosa redenção*. O atributo da misericórdia e o fato da redenção são duas razões, mais do que suficientes, para termos esperança em Jeová. E o fato de que não há misericórdia ou libertação em qualquer outro lugar deveria efetivamente, emancipar a alma de toda idolatria. Não são estas profundezas de Deus um grande consolo para aqueles que estão clamando das profundezas? Não é melhor estar nas profundezas com Davi, com esperança na misericórdia de Deus do que no topo da montanha, vangloriando-nos de nossa justiça imaginária? —C. H. SPURGEON

E tal é a redenção que a misericórdia de Deus providencia para nós. Não apenas nos liberta de um calabouço, mas nos faz possuir um palácio; não apenas nos liberta de comer o pão do suor de nossa testa, mas nos restaura ao Paraíso, onde todos os frutos crescem em harmonia; não apenas nos liberta do cativeiro, mas nos cativa para sermos filhos e não somente filhos, mas herdeiros; e não somente herdeiros, mas coerdeiros com Cristo; e quem pode negar que esta seja uma redenção abundante?

Ou é considerada redenção abundante em relação ao preço que foi pago para nos redimir? Pois somos redimidos por um preço, não de ouro ou pedras preciosas, mas com o precioso sangue do Cordeiro morto antes da fundação do mundo. Porque Deus amou ao mundo de tal maneira que deu o seu Filho unigênito para ser nosso resgate; e estou certo de que esta é uma redenção abundante. —SIR RICHARD BAKER

*Versículo 8*
*Iniquidades*. Que conclusão graciosa e adequada deste salmo compreensivo e instrutivo! Como o Sol, desperta encoberto por uma nuvem, se põe banhando em esplendor; abre com profundidade de alma, se fecha com elevação de alma. Redenção de toda iniquidade! Desconcerta a linguagem mais descritiva e se distancia da avaliação mais elevada. A imaginação mais vívida desfalece ao conceber este texto; a imagem mais reluzente falha ao retratá-lo e a fé fenece suas asas na ousada tentativa de atingir seu cume. *É ele quem redime a Israel de todas as suas iniquidades*. O versículo é uma pintura de linguagem retratando o homem restaurado, o Paraíso reconquistado. —OCTAVIUS WINSLOW

# SALMO 131

TÍTULO: "Canção de romagem. De Davi". É tanto de Davi como sobre Davi. Ele é o autor e o assunto do texto e muitos incidentes de sua vida podem ser empregados para ilustrar isto. Comparando todos os salmos a gemas, deveríamos assemelhar este a uma pérola. Quão belamente adornará o pescoço da paciência! É um dos salmos mais curtos para se ler, mas um dos mais longos dos quais se aprender. Fala de uma pequena criança, mas contém a experiência de um homem em Cristo.

A mansidão e a humildade são vistas aqui em conexão com um coração santificado, uma vontade sujeita à mente de Deus, e uma esperança que olha somente para o Senhor. Feliz é o homem que pode, sem falsidade, usar estas palavras como suas, pois veste sobre si a semelhança de seu Senhor, que disse: "Sou manso e humilde de coração". —C. H. SPURGEON

## Versículo 1

*Senhor, não é soberbo o meu coração*. Ele começa com o seu coração, pois esse é o centro de nossa natureza, e se ali houver orgulho, corrompe tudo; assim como o pântano na primavera leva lama a todos os córregos. É grandioso para um homem conhecer seu coração de modo a poder falar diante do Senhor sobre ele. —C. H. SPURGEON

*Nem altivo o meu olhar*. O orgulho tem seu assento no coração; mas sua principal expressão está nos olhos. Os olhos são o espelho da alma; e deles características mentais e morais podem ser constatadas com grande grau de precisão. Que mundo de significado está algumas vezes concentrado em um único olhar!

Mas de todas as paixões, o orgulho é o mais claramente revelado nos olhos. Dificilmente pode haver um erro. Somos todos familiarizados com as palavras que vêm em pares. Falamos de pecado e miséria, santidade e felicidade, paz e prosperidade, guerra e desolação. Entre estes podem ser observados o coração soberbo e o olhar altivo. —N. M'MICHAEL

*Não ando à procura de grandes coisas*. Como indivíduo ele não usurpava o poder do rei ou elaborava tramas contra ele. Cuidava de seus assuntos e deixava que os outros cuidassem dos deles. Como homem atencioso, não se intrometia em coisas não reveladas; não era especulativo, cheio de ego ou teimoso. Como pessoa secular, ele não se entregava ao sacerdócio como Saul havia feito antes dele e Ozias fez depois dele. Bom é exercitarmo-nos em piedade para que conheçamos nosso território verdadeiro e o mantenhamos com diligência. —C. H. SPURGEON

Não se pode admirar o suficiente a oração de Anselmo, um profundo religiosos de nosso país, no século 11. "Eu não busco, ó Senhor, perscrutar Tuas profundezas. De modo algum considero meu intelecto suficiente para elas, mas anseio compreender a Tua verdade em algum grau; verdade na qual meu coração crê e que ama. Pois não busco compreender para que creia; mas eu creio para que possa compreender." —N. M'MICHAEL

## Versículo 2

*Pelo contrário, fiz calar e sossegar a minha alma*. Ó, quão opaco e insípido o mundo passa a ser para a alma que se encontra com o Céu! Não há para meu paladar mais deleite nestas coisas chamativas do que haveria na clara de um ovo. Tudo se transforma em fardo para mim, não fosse meu dever seguir meu chamado e ser grato por meus deleites. —OLIVER HEYWOOD

*Como a criança desmamada*. Não é todo filho de Deus que chega a este desmame prontamente. Alguns estão sugando quando deveriam ser pais; outros são hesitantes em desmamar e choram e lutam e se iram contra a disciplina de seu Pai Celestial.

Quando pensamos estar totalmente seguros do desmame, descobrimos infelizmente que antigos apetites foram primeiramente feridos, mas não estão mortos e começamos a chorar novamente pedindo os seios dos quais já tínhamos desistido. É fácil começar a bradar antes que nossa lenha se acabe e sem dúvida centenas cantaram este salmo muito antes que o tivessem compreendido. —C. H. SPURGEON

Com que paciência Isaque se permitiu ser amarrado e sacrificado por Abraão (Gn 22:9). E, contudo, ele tinha idade e força suficiente para ter lutado por sua vida, aos 25 anos. Mas esse santo jovem abominava o pensamento de lutar com seu pai. E não nos resignaremos a nosso Deus e Pai em Cristo Jesus? —JOHN SINGLETON

Com tal simplicidade de submissão deveríamos descansar em Deus e dele depender. Tenhamos cuidado para sermos profundamente sábios e precavidos, mas confiemos em nosso Pai que está no Céu e consultemo-nos com Seu sábio e santo governo. —THOMAS MANTON

Há algo como desgastar as afeições. Salomão aparentemente agiu desta forma em certo período de sua vida. "Não tenho qualquer desejo restante", disse um sensualista bem conhecido em nosso país, que bebera tanto quanto pôde do cálice do mundo. "Fossem todos os conteúdos da Terra dispostos diante de mim, não conheço uma coisa sequer que me impediria de estender a mão na tentativa de os alcançar." —C. H. SPURGEON

# Salmo 132

TÍTULO: "Cântico de romagem". Uma canção jubilosa de fato. Que todos os peregrinos à nova Jerusalém a cantem com frequência. Os graus ou ascensões são muito visíveis. O tema se eleva passo a passo de "aflições" para uma "coroa"; de "lembra-te de Davi" para "farei brotar a força de Davi". A segunda metade é como o céu sobrepujante arqueando-se acima do "campo de Jaar" que foi encontrado nas deliberações e orações da porção anterior. —C. H. SPURGEON

*Versículo 1*
*Lembra-te, Senhor, a favor de Davi, de todas as suas provações.* O pedido é para que o Senhor se lembrasse e esta é uma palavra repleta de significado. Sabemos que o Senhor se lembrou de Noé e mitigou o dilúvio; Ele se lembrou de Abraão e tirou Ló de Sodoma; Ele se lembrou de Raquel e de Ana e lhes deu filhos; Ele se lembrou da Sua misericórdia com a casa de Israel e libertou o Seu povo. Sem dúvida inumeráveis bênçãos são derramadas sobre famílias e nações por meio de vidas piedosas e dos sofrimentos pacientes dos santos. Não podemos ser salvos pelos méritos de outros, mas acima de qualquer questionamento somos beneficiados por suas virtudes. —C. H. SPURGEON

Versículos 1 e 2. Se o judeu podia, de forma justa, apelar a Deus para que demonstrasse misericórdia à Sua igreja e nação por amor àquele jovem pastor a quem Ele promoveu ao reinado, muito mais podemos nós suplicar por nossa causa de forma justa em nome do Filho de Davi (chamado de Davi quatro vezes nos profetas). —THEODORET E CASSIODORO

*Versículo 2*
*De como jurou ao Senhor e fez votos ao Poderoso de Jacó.* Deveríamos ser repletos de reverência diante da ideia de fazer qualquer promessa ao Deus poderoso; ousar brincar com Ele seria de fato algo terrível. —C. H. SPURGEON

*Fez votos ao Poderoso de Jacó.* Aquele que está pronto para fazer votos em todas as ocasiões, quebrará seu voto em todas as ocasiões. É uma regra indispensável que "sejamos o mais regrados possível em fazer nossos votos"; havendo muitas grandes inconveniências em cumprir votos múltiplos e contínuos.

É muito observável que a Escritura menciona pouquíssimos exemplos de votos se comparado às muitas instâncias de tão grandes e maravilhosas providências; como se nos fornecesse alguns exemplos para que soubéssemos o que temos que fazer, e, contudo, seriam apenas alguns poucos para que soubéssemos que não devemos fazê-lo com frequência. Você lê que Jacó viveu 147 anos (Gn 47:28); mas encontra apenas menção, eu creio, sobre um voto que ele fez. —HENRY HURST

O primeiro santo que fez um voto, sobre quem lemos, foi Jacó mencionado aqui neste texto, que é, portanto, chamado de pai dos votos; e com base neste relato alguns acreditam que Davi aqui menciona Deus sob o título "o Poderoso de Jacó" e não um outro qualquer, justamente por causa de seu voto. —ABRAHAM WRIGHT

*O Poderoso de Jacó.* Onde os tradutores escolheram "o Deus de Jacó", temos no hebraico "O Poderoso em Jacó". Nome que algumas vezes é atribuído a anjos e algumas vezes é também aplicado a outras coisas em que há grande força e coragem; como um leão, um boi e semelhantes. Mas aqui é uma única palavra de fé, significando que Deus é o poder e a força de Seu povo; pois somente a fé atribui isto a Deus.

A razão e a carne de fato atribuem mais a riquezas e outros auxílios mundanos que o homem vê e conhece. Todas estas ajudas carnais são de fato ídolos que enganam os homens e os atraem à perdição. Mas esta é a força e a coragem do povo: ter Deus presente com eles. —MARTINHO LUTERO

### Versículo 4

*Não darei sono aos meus olhos, nem repouso às minhas pálpebras.* Ó, que muitos mais fossem dominados de insônia porque a casa do Senhor jaz inútil! Eles conseguem adormecer rápido o suficiente e jamais transtornar-se com um sonho, ainda que a causa de Deus alcance a maré mais baixa por sua cobiça. O que será daqueles que não têm preocupação com as coisas divinas e nunca oferecem um pensamento às reivindicações de seu Deus? —C. H. SPURGEON

### Versículo 6

*A encontramos no campo de Jaar.* Que lástima não haver lugar para o Senhor nos palácios de reis de modo que Ele precise ir a um campo. Estando Cristo em um campo, Ele ainda assim será achado por aqueles que o buscam. Ele está tão próximo da casa rústica, coberta com folhagens entre as árvores, como se estivesse nas ruas abertas da cidade; sim, Ele responderá à oração oferecida do coração da floresta negra onde viajantes solitários parecem não ter esperança de que serão ouvidos. —C. H. SPURGEON

Cristo foi encontrado no campo de Jaar; em um estado reduzido, inferior e deplorável como vemos na passagem de Ezequiel 16:5. Os pastores o encontraram rejeitado por todas as hospedarias, não havendo lugar para Ele, deitado em uma manjedoura (Lc 2:7,16); os anjos o encontraram no deserto entre os animais selvagens do campo (Mc 1:13); Ele também não tinha a conveniência das raposas e dos pássaros do ar, não possuía habitação ou lugar onde reclinar a Sua cabeça (Mt 8:20). E Ele deve ser encontrado no campo das Escrituras, onde o rico tesouro e a pérola de grande preço estão escondidos (Mt 13:44). —JOHN GILL

### Versículo 7

*Adoremos ante o estrado de seus pés.* Bom é não apenas ir à casa do Senhor, mas adorar ali. Nós apenas profanamos os Seus tabernáculos se ali entramos com qualquer outro propósito.

Antes de deixarmos este versículo, observemos a ascensão deste salmo "dos degraus" (ARC) —"Ouvimos... encontramos... entremos... adoremos". —C. H. SPURGEON

### Versículo 8

*Levanta-te, Senhor, entra no lugar do teu repouso, tu e a arca de tua fortaleza.* Vão seria que a arca fosse estabelecida se o Senhor não permanecesse nela e não reluzisse perpetuamente entre os querubins. A

menos que o Senhor descanse conosco, não há descanso para nós; a menos que a arca da Sua força habite conosco, nós ficamos sem força alguma.
—C. H. SPURGEON

### Versículo 9
*Vistam-se de justiça os teus sacerdotes*. Nenhum traje é tão resplandecente como o é o de um caráter santo. Com este glorioso manto, o nosso grande Sumo sacerdote está sempre vestido e Ele deseja que todo o Seu povo seja adornado da mesma forma. Portanto, somente são sacerdotes aptos para colocar-se diante do Senhor e ministrar para o benefício do povo quando a vida de cada um é dignificada com bondade.

Eles devem sempre se lembrar de que são sacerdotes de Deus e, portanto, deveriam usar a traje de seu Senhor, que é a santidade. Eles não devem apenas ter justiça, mas vestir-se dela de modo que em seu todo a justiça seja conspícua. Qualquer um que olhe para um servo do Senhor deveria ver santidade, caso não veja nada mais. —C. H. SPURGEON

*E exultem os teus fiéis*. A santidade e a alegria caminham juntas. Onde se encontra uma, a outra nunca estará distante. Pessoas santas têm direito a alegria grande e demonstrativa. Devem bradar por causa dela. Considerando que são santos, e Teus santos, e que habitas com eles, ó Senhor, o dever de todos passa a ser alegrar-se e deixar que outros conheçam sua alegria. A sentença, enquanto pode ser lida como uma autorização, é também um preceito: aos santos é dado o comando de alegrar-se no Senhor. Feliz religião a que transforma em dever o alegrar-se! Onde a justiça é vestuário, a alegria bem será a ocupação. —C. H. SPURGEON

### Versículo 10
*Por amor de Davi*. Quando o exército de Senaqueribe cercou Israel, Deus trouxe libertação para Israel, em parte por consideração à oração do devoto Ezequias, mas em parte também, por respeito à piedosa memória de Davi, o rei-herói, o homem segundo o coração de Deus.

A mensagem enviada por meio de Isaías ao rei foi concluída da seguinte forma: "Porque eu defenderei esta cidade, para a livrar, por amor de mim e por amor de meu servo Davi" (2Rs 19:32-34). Que respeito é demonstrado ao nome de Davi ao ser nivelado com o de Deus! Por amor de mim e por amor a Davi.
—ALEXANDER BALMAIN BRUCE

### Versículo 11
*O Senhor jurou*. A arma mais potente com Deus é Sua própria Palavra. —AUGUSTUS F. THOLUCK

Dele não se apartará. Jeová não é um Ser mutável. Ele nunca se aparta do Seu propósito, muito menos da Sua promessa solenemente ratificada por juramento. Ele nunca se aparta. Em que rocha estão firmados aqueles que têm um juramento imutável de Deus como seu fundamento! —C. H. SPURGEON

### Versículo 12
*Também os seus filhos se assentarão para sempre no teu trono*. Este versículo nos mostra a necessidade da piedade na família. Pais devem garantir que seus filhos conheçam o temor do Senhor e devem suplicar ao próprio Senhor que os ensine a Sua verdade. Não temos direito hereditário ao favor divino. O Senhor mantém a Sua amizade com famílias de geração em geração, pois Ele reluta em abandonar os descendentes de Seus servos e nunca o faz, exceto sob provocação longamente continuada e dolorosa.

Como cristãos, estamos todos em certa medida sob uma aliança como a de Davi. Alguns de nós olham para trás, para quatro gerações de ancestrais santos, e nos alegramos agora em olhar adiante e ver nossos filhos e os filhos de nossos filhos, caminhando na verdade.

Contudo, sabemos que a graça não está no sangue da família e somos cheios de santo temor para que não haja em nenhuma de nossas sementes um coração mal de descrença em apartar-se do Deus vivo. —C. H. SPURGEON

O rei estava ocupado com a construção da casa de Deus; e veja como Deus o responde: prometendo a construção da casa do rei! Deus recompensa uma edificação com outra edificação. Há uma ilusão muito pertinente na Palavra, no qual o filho de Sirá [N.E.: Livro apócrifo de Eclesiástico.] também tem parte, quando Ele diz que filhos e o edificar de uma cidade perpetuam um nome. Quanto mais então se forem descendência real, que é destinada a sentar-se em um trono? E Deus prometeu aos filhos de Davi este fim honrável: "sentar-se em Seu trono". —ARTHUR LAKE

*Que eu lhes ensinar.* Aqui deve ser observado que ele acrescenta: "que eu lhes ensinarei", pois Ele será o professor e será ouvido. Ele não deseja que conselhos de igrejas sejam ouvidos ou que ensinem o que Ele não ensinou... Deus não deu autoridade ao homem acima da Palavra. Deveria Ele então colocar o homem, ou digamos pó e excremento, acima de si mesmo; pois o que é a Palavra, senão o próprio Deus?

Esta Palavra, os que a honram, obedecem-na e a guardam são a Igreja verdadeira, não sejam eles nunca insignificantes no mundo. Os que não o fazem são a igreja de Satanás e amaldiçoados por Deus. E esta é a razão de estar explicitamente estabelecido no texto. —C. H. SPURGEON

*O testemunho que eu lhes ensinar.* Pois assim Deus usará o ministério dos mestres e pastores na igreja; para que Ele seja, assim, o Pastor-líder e os outros serão ministros e pastores quaisquer, sim, a igreja em si, será regida e governada pela Palavra. —MARTINHO LUTERO

## Versículo 15

*Abençoarei com abundância o seu mantimento.* Mantimento diário, mantimento de realeza, mantimento satisfatório, mantimento com júbilo transbordante que a Igreja receberá. E a bênção divina nos fará recebê-lo com fé, para nos alimentarmos dele pela experiência, para crescermos nele pela santificação, sermos por ele fortalecidos para o trabalho, alegrados por ele para a paciência e edificados por ele até a perfeição. —C. H. SPURGEON

E além de tudo isto, ele tem os doces e revigorantes ganhos do Espírito, enchendo-o com prazer tão verdadeiro que ele pode facilmente dispensar o banquete mais suntuoso, a celebração mais nobre, e os deleites mundanos mais elevados, nenhum dos quais se aproxima de uma hora de tratamento diante de seu Amigo. E, sendo este seu entretenimento na estalagem, o que não lhe será oferecido na corte? Sendo este maná celestial seu alimento no deserto, em que nível viverá quando chegar a Canaã? Se esta for a provisão no caminho, o que será no país? —JOHN JANEWAY

*De pão fartarei os seus pobres.* O alcance da Terra é "o pão que perece", mas o pão de Deus perdura pela vida eterna. Na igreja, onde Deus descansa, Seu povo não deverá passar fome; o Senhor nunca teria descanso se assim ocorresse. Ele não descansou durante seis dias até ter preparado o mundo para que o primeiro homem vivesse nele; Ele não deteve Sua mão até que tudo estivesse pronto; portanto, podemos ter certeza de que se o Senhor descansa é porque "está consumado" e o Senhor preparou da Sua bondade para o pobre. Onde Deus encontra o Seu desejo, ali também Seus filhos encontrarão os seus; estando Ele satisfeito, eles também estarão. —C. H. SPURGEON

Cristo é um bem satisfatório. Um pedaço de madeira, um pedaço de prata, um pedaço de ouro não satisfará um homem faminto; o homem precisa de pão. As iguarias e honras do mundo, a grandeza e a glória do mundo, a abundância e a prosperidade do mundo, a pompa e a popularidade do mundo não satisfarão uma alma que esteja velejando pelos portões do inferno e clamando das profundezas; deve ser o Cristo. "Filhos, ou morrerei" foi o clamor de uma mulher. Cristo, ou morrerei — Cristo ou estou condenado, é a triste cantiga e triste canção de uma alma desesperada e desanimada. O que do mundo e no mundo pode conceder quietude, quando Cristo, o Sol da Justiça, vai até a alma? —RICHARD MAYHEW

## Versículo 16

*Vestirei de salvação os seus sacerdotes.* Mais é prometido do que foi pedido em oração. Veja como o nono versículo pede que os sacerdotes sejam vestidos de justiça. Deus tem o costume de fazer muito mais abundantemente além de tudo o que pedimos ou até mesmo pensamos. A justiça é apenas uma característica da bênção; a salvação é o todo. Que tecido de ouro é este! Mais do que miríade de realeza! Vestes de salvação! Sabemos quem as teceu, quem as tingiu e quem as deu ao Seu povo.

Estes são os melhores mantos para sacerdotes e pregadores, para príncipes e povo; não há nenhum outro como estes; dê-me estes mantos. Nem todo sacerdote será assim vestido, mas somente os sacerdotes que pertencem a Sião, pela fé que está em

Cristo Jesus, Aquele que os fez sacerdotes para Deus. Estes são vestidos pelo próprio Senhor e ninguém pode vestir como Ele. Considerando que até mesmo a relva do campo é assim vestida pelo Criador a ponto de sobrepujar Salomão em toda a sua glória, como então deverão os Seus filhos ser vestidos? Verdadeiramente Ele será admirado em Seus santos; as provisões de Seus servos serão as maravilhas do Céu.

*E de júbilo exultarão os seus fiéis.* Sião não tem santos mudos. A visão de Deus descansando entre Seus escolhidos é suficiente para fazer o mais silencioso bradar. Tendo as estrelas da manhã cantado juntas quando a Terra e os Céus foram criados, muito mais os filhos de Deus bradarão de alegria quando os novos Céus e a nova Terra estiverem prontos e a Nova Jerusalém descer do Céu, vinda de Deus, preparada como uma noiva para seu marido. —C. H. SPURGEON

Ouvir estes nativos cantarem causaria espanto e entreteria um estranho europeu. Eles não têm a mínima ideia sobre harmonia ou melodia; ruído é o que compreendem melhor e aquele que canta mais alto é considerado o melhor cantor.

Protestei, ocasionalmente, com eles sobre esta questão; mas a resposta que certa vez recebi me silenciou para sempre. "Cante suavemente, irmão", eu disse a um dos principais membros. "Cantar suavemente?", ele respondeu, "você por acaso é nosso pai para nos dizer que cantemos suavemente? Você alguma vez nos ouviu cantar os louvores de nossos deuses hindus? Como nós lançávamos a cabeça para trás e com toda nossa força bradávamos os louvores daqueles que não são deuses!

E agora você nos diz para sussurrar os louvores de Jesus? Não, senhor, não podemos. Precisamos expressar em altos tons nossa gratidão a Ele que nos amou e morreu por nós!" E assim continuaram a cantar com toda a força que tinham e sem protesto posterior. —G. GOGERLY [N.E.: G. Gogerly foi missionário na Índia e é a esse povo que se faz menção aqui.]

## Versículo 17
*Farei brotar a força de Davi.* No início do mês de março, o cervo comum, ou veado-vermelho, está espreitando nos pontos reclusos de sua floresta lar, tão inofensivo e assustado quanto seu parceiro o é. Em pouco tempo um par de saliências surge em sua cabeça, coberto de pele aveludada. Em poucos dias, estas pequenas saliências atingem certa extensão e dão a primeira indicação de sua verdadeira forma.

Agarre um destes em sua mão e você verá que queima ardentemente ao toque, pois o sangue corre ferozmente na pele aveludada, depositando a cada toque uma pequena porção de matéria óssea. Mais e mais rapidamente crescem os chifres, as carótidas crescendo para suprir nutrição suficiente e no curto período de dez semanas a enorme massa de matéria óssea é completada. Tal processo é quase, se não inteiramente, inigualável na história do reino animal. —J. G. WOOD

*Preparei uma lâmpada para o meu ungido.* O grande meio da designação de Deus para manifestar a glória de Cristo a um mundo perdido; Ele proveu "uma lâmpada" para o Seu Ungido. O uso da lâmpada é para dar luz às pessoas na escuridão da noite; então a Palavra de Deus, particularmente o evangelho, é uma luz brilhando em um lugar escuro até o dia da alvorada da glória, quando o Senhor Deus e o Cordeiro serão a luz do resgatado para todo o sempre.

## Versículo 18
*Cobrirei de vexame os seus inimigos.* Ou seja, a vergonha os cobrirá tão inseparavelmente de modo que onde quer que um homem for, ele carregará suas roupas consigo; então onde quer que forem carregarão sua vergonha consigo. —THOMAS PLAYFERE

*Mas sobre ele florescerá a sua coroa.* Verdes serão os Seus louros de vitória. Ele vencerá e usará a coroa de honra e o Seu diadema herdado crescerá em esplendor. Assim não é nesta hora com Jesus? Seu reino não pode falhar; Suas glórias imperiais não podem se dissipar. É a Ele que nos deleitamos em honrar; é para Ele que a honra vem e sobre Ele que floresce. Se outros arrancam a Sua coroa, seus alvos traidores serão derrotados; mas Ele, em Sua pessoa, reina com esplendor sempre crescente. —C. H. SPURGEON

# Salmo 133

TÍTULO: "Cântico de romagem. De Davi". Não vemos razão para privar Davi da autoria deste soneto vivaz. Ele conhecia por experiência, a amargura ocasionada por divisões em famílias e era bem preparado para celebrar em salmodia seleta, a bênção da unidade pela qual suspirava. —C. H. SPURGEON

*Versículo 1*
*Oh! Como é bom.* É uma maravilha raramente vista; portanto contemple-a! Pode ser vista, pois é a característica de santos verdadeiros — portanto, não deixe de examiná-la! É muito digna de admiração; pare e contemple-a! Ela o conquistará para que a emule; portanto observe bem! —C. H. SPURGEON

*Como é bom e agradável viverem unidos os irmãos!* Podemos ministrar com uniformidade se temos unidade. Unidade de vida, verdade e caminho. Unidade em Cristo Jesus, unidade de objeto e espírito — estas devemos ter ou nossas assembleias serão sinagogas de discórdia em lugar de Igreja de Cristo. A unidade cristã é boa em si — boa para nós, boa para os irmãos, boa para os novos convertidos, boa para o mundo exterior; e certamente é agradável, pois um coração amável deve ter satisfação e promover satisfação ao associar-se com outros de mesma natureza. A igreja unida por anos em serviço sincero do Senhor é uma fonte de bondade e alegria a todos aqueles que habitam à sua volta. —C. H. SPURGEON

*Agradável.* Estar em concordância é algo agradável para os santos e para o povo de Deus, pois a mesma palavra que é usada aqui para "agradável" é usada também no hebraico para uma harmonia musical, como quando se elevam as notas mais altas do violino, quando as cordas estão todas em ordem para criar uma harmonia; de fato, é agradável. Tal agradabilidade está presente na concordância dos santos.

A mesma palavra é também usada no hebraico para a suavidade de um campo de milho. Quando um campo está repleto de milho, ainda que seja cortado, ainda assim é muito encantador, ó, quão agradável é; e assim é a concordância dos santos. A mesma palavra do salmista é usada também para a doçura do mel e de outros doces em oposição às coisas amargas.

E assim você vê a agradabilidade desta união, por ser comparada à harmonia de música, ao campo de milho, à doçura do mel, ao precioso unguento que descia para a barba de Arão e ao orvalho que caía sobre o Hermon e os montes de Sião. E tudo isto para descobrir a agradabilidade, a rentabilidade e a doçura da união dos santos. É agradável contemplar o Sol, mas é muito mais agradável contemplar a união dos santos e a unidade entre eles. —WILLIAM BRIDGE

*Irmãos.* Abraão fez desta palavra "irmãos" um mediador para manter a paz entre ele e Ló: "Pois somos irmãos", disse Abraão. Como se dissesse: deveriam irmãos cair em discórdia como infiéis? Isto foi suficiente para pacificar Ló, pois Abraão o colocou como seu irmão. Quando Ló ouviu a palavra "irmãos" seu coração claramente se rendeu e o conflito foi encerrado.

Desse modo, trazer à mente dos cristãos que são irmãos deveria ser o mediador para acabar com querelas entre eles. E aqueles que gastaram tudo com a lei desejaram ter escolhido este advogado, para pensar, com Ló, se havia motivo para irmãos batalharem como inimigos. —HENRY SMITH

*Versículo 2*
*E desce para a gola de suas vestes.* O homem é crente em Cristo? Então ele está no Corpo e eu preciso entregar-lhe o amor persistente. Ele é um dos mais pobres, um dos menos espirituais, um dos menos amáveis? Então ele está nas golas das vestes e o amor do meu coração deve cair sobre ele.

O amor fraternal vem da cabeça, mas cai até os pés. Seu caminho é descendente. "Desce". Amor pelos irmãos é condescendente com homens simples, não é ensoberbecido, mas é modesto e manso. Isto não é parte pequena de sua excelência: o óleo não ungiria se não descesse, nem o amor fraternal difunde sua bênção se não descer. —C. H. SPURGEON

O vaso foi esvaziado na pessoa do sumo sacerdote, para que seu conteúdo fluísse da cabeça até a barba e até para a gola do manto sacerdotal. Neste desperdício está o ponto da semelhança com Davi. Era uma característica que muito provavelmente afetaria sua mente, pois ele, também, era um homem perdulário.

Ele havia amado a Deus de um modo que o expôs à acusação de extravagância. Dançara diante do Senhor, por exemplo, quando a arca foi trazida da casa de Obede-Edom a Jerusalém, esquecendo-se de sua dignidade, indo além dos limites do decoro e, como pode parecer, sem desculpa, considerando que uma demonstração muito menos calorosa teria servido o propósito de uma solenidade religiosa. —ALEXANDER BRUCE

*Versículo 3*
*Ali, ordena o Senhor a sua bênção e a vida para sempre.* Ó, que haja mais desta rara virtude! Não o amor que vem e vai, mas aquele que permanece. Não o espírito que separa e isola, mas aquele que habita em união; não a mente que é a favor do debate e da diferença, mas a que habita em unidade.

Jamais conheceremos o poder pleno da unção até que tenhamos um coração e um espírito; nunca o orvalho sagrado do Espírito descerá em toda a sua plenitude, até que sejamos perfeitamente unidos com a mesma mente; jamais a bênção ordenada da aliança virá do Senhor, nosso Deus, até que novamente tenhamos "um só Senhor, uma só fé, um só batismo". *Senhor, guia-nos nesta mais preciosa unidade espiritual, por amor a Teu Filho. Amém* —C. H. SPURGEON

Os homens não podem capacitar aos outros, ou conceder-lhes poder para lhes obedecer. Eles podem ordenar que um coxo ande ou um cego veja, mas não podem viabilizar que andem ou vejam. Deus com Sua Palavra concede força para executar o que foi ordenado; como na antiga assim na nova criação: "Pois ele falou, e tudo se fez; ele ordenou, e tudo passou a existir." —GEORGE SWINNOCK

# Salmo 134

TÍTULO: "Canção de romagem". Chegamos agora ao último dos Salmos Graduais. Os peregrinos estão indo para casa e estão cantando a última canção em seu Saltério. Eles saem cedo de manhã, antes que o dia tenha começado por completo, pois a jornada é longa para muitos deles. Enquanto a noite ainda perdura, eles estão em movimento. Assim que passam os portões, veem os guardas sobre o muro do Templo e as lâmpadas reluzindo nas janelas dos cômodos ao redor do santuário; portanto, movidos pelo que veem, cantam um adeus aos perpétuos assistentes no Templo santo.

Sua exortação de partida suscita os sacerdotes a pronunciar sobre eles uma bênção do santo lugar. Esta bênção está no terceiro versículo. Os sacerdotes abençoaram como que declarando: "Vocês desejaram que nós bendisséssemos ao Senhor e agora nós oramos para que Senhor abençoe vocês". —C. H. SPURGEON

Todo o salmo: O salmo diante de nós foi preparado pelos sacerdotes que serviam o lugar sagrado durante a noite. Eles corriam o risco de adormecer e do devaneio ocioso. Ó, quanto tempo é desperdiçado em mero devaneio — deixando o pensamento se perder e se perder! Os sacerdotes corriam risco, nós dizemos, de adormecer, de devaneio ocioso, de pensamentos vãos, de meditação inútil e de conversa sem proveito; portanto está escrito: "Bendizei ao Senhor, vós todos, servos do Senhor, que assistis na Casa do Senhor, nas horas da noite".

É nosso dever passar a noite em vigília? Então invista-a em adoração. Não deixe o tempo de vigília ser ocioso, tempo perdido; mas quando outros estão adormecidos e você está necessariamente em vigília, mantenha os louvores da casa de Deus; deixe que haja louvor em Sião — louve à noite como durante o dia! "Erguei as mãos para o santuário e bendizei ao Senhor". —SAMUEL MARTIN

*Versículo 1*
*Que assistis na Casa do Senhor, nas horas da noite.* Podemos muito bem compreender como os santos peregrinos, de certa forma, invejavam aqueles consagrados que guardavam o Templo e assistiam nos ofícios necessários do lugar, durante as horas da noite. Ao silêncio e à solenidade da noite era acrescentada a espantosa glória do local onde Jeová havia ordenado que a Sua adoração deveria ser celebrada; bem-aventurados eram os sacerdotes e levitas que eram ordenados a um serviço tão sublime. Bendizer ao Senhor durante suas vigílias noturnas era muito adequado. O povo os faria observar isto e nunca falhar em seu dever.

Eles não deviam se mover como tantas máquinas, mas colocar seus corações em todos os seus deveres e adorar espiritualmente em todo o curso de seu dever. Bom é vigiar, mas ainda melhor é "vigiar em oração" e louvor.

Quando a noite se estabelece numa igreja, o Senhor tem os Seus vigias e santos ainda guardando a Sua verdade e este não devem ser desencorajados, mas devem bendizer o Senhor mesmo quando as horas mais escuras se aproximam. Que seja nosso o dever de alegrá-los e colocar sobre eles este dever: bendizer o Senhor em todos os momentos e deixar que o Seu louvor esteja continuamente em sua boca. —C. H. SPURGEON

# SALMO 135

TODO o salmo é uma composição de muitos trechos seletos e, contudo, tem toda a continuidade e o frescor de um poema original. O Espírito Santo ocasionalmente se repete; não porque Ele tem carência de ideias, ou palavras, mas porque é vantajoso para nós que ouçamos as mesmas coisas no mesmo formato. Contudo, quando o nosso grande Mestre usa repetição, geralmente é com variações instrutivas, que merecem nossa cuidadosa atenção —C. H. SPURGEON

*Versículo 1*
*Louvai o nome do SENHOR*, ou "Aleluia". Deixe que labutem aqueles que são repletos de louvores santos para despertar o mesmo espírito em outros. Não é suficiente para nós que apenas louvemos a Deus; somos bastante desiguais para isso. Chamemos todos os nossos amigos e vizinhos, e se eles foram relaxados em tal serviço, incitemo-los com exortações amáveis. —C. H. SPURGEON

Aleluia é a palavra hebraica. Significa: "Louvai ao Senhor". Com ela os fiéis provocam-se uns aos outros a dar graças a Deus, alegram seus corações e alinham seu espírito para executar este dever da melhor maneira como se este prefácio fosse para isso. A verdadeira alegria do Espírito Santo não tolerará ser mantida e confinada no peito de homem algum, mas luta para ganhar companheiros em quem derramar-se e para quem manifestar-se, de modo que sejam cheios e renovados por esta fonte de alegria. —THOMAS BRIGHTMAN

*Louvai o nome do SENHOR*. Pense nele com amor, admire-o com entusiasmo e, em seguida, exalte-o com fervor. Não apenas magnifique o Senhor porque Ele é Deus, mas observe o Seu caráter e os Seus feitos e, deste modo, apresente louvor inteligente e grato. —C. H. SPURGEON

Quando pensamos nele, devemos elevar nossos pensamentos acima de todo o restante e pensar nele como o Ser universal do mundo, que dá essência e existência a todas as coisas que nele existem; como Jeová: santidade, pureza, simplicidade, grandiosidade, majestade, eminência, supereminência em si, infinitamente exaltado acima de todas as coisas, existindo em si mesmo e por si mesmo, em quem todas as coisas continuamente nele subsistem. Pensemos nele como Jeová, a própria misericórdia, indultando e perdoando todos os pecados que a humanidade comete contra Ele, tão logo se arrependam e voltem-se para Ele. Em uma palavra, quando pensamos no Deus Altíssimo, Pai, Filho e Espírito Santo, deveríamos pensar nele como Jeová, Unidade na Trindade, Trindade em Unidade, Três Pessoas, Um Ser, Uma Essência, Um Senhor, Um Jeová, bendito para sempre. Este é o Ser glorioso e Onipotente que o salmista aqui menciona quando diz: "Louvai o nome do SENHOR". —WILLIAM BEVERIDGE

*Louvai-o, servos do SENHOR*. Não o louvamos o suficiente. Jamais conseguiremos louvar em excesso. Devemos estar sempre executando louvor, respondendo ao comando aqui dado —LOUVAI, louvai, louvai. Deixe que o Deus Triúno tenha os louvores de nosso espírito, alma e corpo. Pelo passado, presente e futuro, apresentemos aleluias tríplices. —C. H. SPURGEON

Pois nada farão fora da ordem se louvarem o seu Senhor como servos. E se vocês fossem apenas servos para sempre, deveriam louvar ao Senhor; quanto mais devem louvar ao Senhor os servos que obtiveram o privilégio de filhos? —AGOSTINHO

Versículos 1 a 3. Certo dia quando Gotthold estava passando pela casa de um comerciante, ouviu as notas de um salmo com que a família concluía sua refeição matinal. Ele foi profundamente tocado e com o coração pleno disse a si mesmo: "Ó meu Deus, quão agradável aos meus ouvidos é o som de Seu louvor e, quão consolador para minha alma a ideia de que ainda há alguns poucos que bendigam o Senhor pela Sua bondade."

Infelizmente, a grande massa da humanidade se tornou brutalizada e assemelha-se aos porcos, que na colheita recolhem e engordam com a bolota sob o carvalho, mas à árvore que as gerou não demonstram nenhuma gratidão se não esfregar sua casca e dilacerar a relva ao redor.

Nossa alma deve ser como uma flor, não meramente recebendo a gentil influência do Céu, mas no momento certo e como que por gratidão, exalar um doce e agradável perfume. Deveria ser nosso desejo, como antes fora o de um homem piedoso, que os nossos corações se derretessem e dissolvessem como incenso no fogo do amor, e produzissem doce fragrância de louvor. Ou deveríamos ser como o santo mártir que se declarou disposto a ser consumido, se de suas cinzas uma pequena flor pudesse nascer e florescer a glória de Deus. Deveríamos estar prontos para dar o nosso sangue para fertilizar o jardim da igreja e torná-lo mais produtivo com frutos de louvor.

Então, meu Deus, eu louvarei e exaltarei o Senhor com coração e lábios usando o máximo de minha força. Ó, sem as interrupções que o comer, beber e dormir exigem, que eu possa me entregar a este chamado celestial! Todo bocado de ar que eu inalo é misturado com bondade que preserva a minha vida; que todo o ar que exalo seja mesclado ao menos com um caloroso desejo pela Sua honra e pelo Seu louvor.
—CHRISTIAN SCRIVER

## Versículo 3

*Louvai ao Senhor, porque o Senhor é bom.* Ele é tão bom que todo o bem é encontrado nele, flui dele e é recompensado por Ele. A palavra "Deus" no inglês (God) é uma redução da palavra bom (good); e verdadeiramente Deus é a essência da bondade. Não deveria a Sua bondade ser bem expressa?

*Cantai louvores ao seu nome, porque é agradável.* A mente se alarga, a alma se eleva, o coração se aquece, todo o ser é repleto de deleite quando estamos comprometidos com cantar os altos louvores de nosso Pai, Redentor, Consolador. Quando em qualquer ocupação a bondade e a satisfação se unem, é-nos bom segui-las sem limitações. Contudo, devemos temer o fato de que alguns poucos de nós cantam ao Senhor na mesma proporção com que conversamos com homens.

## Versículo 4

*Pois o Senhor escolheu para si a Jacó.* A eleição é um dos argumentos mais poderosos para o amor adorador. Escolhido! Escolhido para Ele! Quem pode ser grato o suficiente por ser envolvido neste privilégio? "Amei Jacó", disse Jeová e Ele não deu motivos para este amor, exceto que Ele escolheu amar. Jacó não havia feito nada bom ou mau, contudo, o Senhor determinou e assim falou.

Tivesse sido dito que a escolha fora feita pela previdência do caráter de Jacó, seria, talvez, ainda mais notável; pois havia pouco em Jacó que pudesse merecer escolha especial. Por natureza Jacó não era, de modo algum, o mais amável dos homens. Não, foi a graça soberana que determinou a escolha.
—C. H. SPURGEON

*Jacó, Israel.* Ó! Bendito seja Deus que me escolheu para fazer parte de Seu povo específico! Muitos não têm o conhecimento de Deus e outros vivem na igreja, mas são carnais. E eu, ser um dentre Seu povo específico, um membro do Corpo místico de Cristo, ó, que privilégio é este! E então o que o moveu a tudo isto? Nada, a não ser a Sua graça gratuita. Portanto, louve o Senhor. —THOMAS MANTON

*Seu tesouro peculiar* (ARC). Um homem que não é falho em sua prudência não protegerá suas joias? "Eles serão para mim particular tesouro, naquele dia que prepararei, diz o Senhor dos Exércitos; poupá-los-ei como um homem poupa a seu filho que o serve" (Ml 3:17). Estando uma casa em chamas, seu dono primeiro atenderá sua esposa e filhos, depois as suas joias e, por fim, a sua madeira e entulhos. Cristo primeiro garante a segurança do Seu povo, pois eles são as Suas joias; o mundo não passa de madeira e entulho. —RICHARD MAYHEW

### Versículo 5
*Com efeito, eu sei que o SENHOR é grande e que o nosso Deus está acima de todos os deuses.* A grandiosidade de Deus é tanto um motivo para adoração quanto a Sua bondade, quando somos reconciliados com Ele. O Senhor é seguramente grande, comparativamente grande e superlativamente grande — "acima de todos os deuses". Disto o salmista tinha convicção pessoal certa. Ele diz seguramente: "Eu sei". É conhecimento digno de se possuir. Ele sabia por observação, inspiração e concretização; não era um agnóstico, ele tinha certeza e clareza com relação à questão. —C. H. SPURGEON

A palavra "eu" é enfatizada no original. Qualquer que seja o caso com outros, eu tive uma experiência pessoal e preciosa com a grandiosidade do poder de Jeová, e com a Sua infinita supremacia acima de todos os outros deuses. O autor desse salmo pode falar por todo Israel como unidade ou ele pode ter estruturado o seu cântico para que todo adorador possa dizer isto por si mesmo como seu testemunho. —HENRY COWLES

Em que firme fundação o salmista planta os seus pés — "Eu sei!" Amamos ouvir homens de Deus falando com esta confiança calma, cheia de certeza e convicção, seja da bondade do Senhor ou de Sua grandeza.

Há um conhecimento que paira na mente, como relâmpago no topo de uma montanha, que não deixa vestígio e há um conhecimento que, como uma corrente de fertilização, atravessa as reentrâncias do coração e lança todos os frutos de santidade, amor, paz e alegria para sempre. —BARTON BOUCHIER

### Versículo 6
*Tudo quanto aprouve ao SENHOR, ele o fez, nos céus e na terra, no mar e em todos os abismos.* Sua vontade é consumada por todo o espaço. A garantia do rei está em todas as porções do Universo. Os pagãos dividiram o grande domínio, mas Júpiter não governa no céu, nem Netuno no mar, nem Plutão nas regiões baixas. Jeová governa tudo. Seu decreto não é derrotado, o Seu propósito não é frustrado. Em ponto algum Seu bom prazer é ignorado. Jeová opera a Sua vontade. Ele se agrada de fazê-lo e executa a obra. Ninguém pode deter a Sua mão. Como Ele é diferente dos deuses que os pagãos imaginavam estar sujeitos a todas as decepções, falhas e paixões dos homens! Quão contrário até mesmo àquelas concepções de Deus, ditas cristãs, que o sujeitam à vontade do homem e fazem de Seus propósitos eternos o jogo do capricho humano.

Nossa teologia não nos ensina tais noções degradantes do Eterno como se o homem pudesse deixá-lo embasbacado. "Seu conselho permanecerá de pé, fará toda a Sua vontade". Nenhuma região é alta demais, nenhum abismo profundo demais, nenhuma terra distante demais, nenhum mar tão vasto para a Sua onipotência. Seu prazer divino viaja para além de todo o reino da natureza e Seus comandos são obedecidos. —C. H. SPURGEON

No plano dos arminianos (se o disparate merece ser chamado de plano), a gloriosa obra de Deus para salvação e a redenção eterna concretizada por Jesus Cristo não estão completas, a menos que um mortal moribundo empreste seu braço; ou seja, a menos que ele, que de si mesmo nada pode fazer, garanta que iniciará e cumprirá aquilo que todos os anjos no Céu não podem fazer, a saber, converter a alma das mãos Satanás para as Deus. Como tudo isto é contrário à linguagem da Escritura — quão repugnante ao oráculo da verdade! "Tudo quanto aprouve ao SENHOR, ele o fez, nos céus e na terra". —AMBROSE SERLE

Seu poder é infinito. Ele pode fazer o que quiser em qualquer lugar; todos os lugares estão ali nomeados exceto o purgatório. Talvez Ele não possa fazer nada ali, mas deixa todo esse trabalho para o papa. —THOMAS ADAMS

### Versículo 7
*Faz subir os vapores das extremidades da terra* (ARC). Aqui nos é ensinado o poder de Deus na criação. O processo de evaporação passa despercebido por muitos, porque ocorre por toda a volta; o comum deixa

de ser maravilhoso para o negligente, mas permanece uma maravilha para o instruído. É o Senhor que os faz levantar-se e não uma mera lei. O que é a lei sem uma força por detrás dela? —C. H. SPURGEON

Dr. Halley fez um número de experimentos em Santa Helena com relação à quantidade de água que evapora diariamente do mar e descobriu que 0,000645 metros quadrados da superfície do oceano produzem 16,38 centímetros cúbicos de água em doze horas — 2,6 quilômetros quadrados, portanto, produzem 401.448.960 polegadas cúbicas, ou 6.914 toneladas de água.

Da superfície do mar Mediterrâneo durante um dia de verão passaria um vapor invisível de cinco milhões de toneladas de água. Isto sendo apenas para um dia. A quantidade evaporada em um ano seria 365 vezes maior e em 2.000 anos somaria quatro mil bilhões de toneladas, cuja evaporação com o tempo esvaziaria o mar Mediterrâneo; mas temos bom motivo para acreditar que há tanta água ali agora como nos dias dos romanos. Portanto o equilíbrio é mantido pelo cair da chuva, a afluência dos rios e as correntes do Atlântico.

Agora, consideremos a quantidade de poder exigida para toda esta evaporação. Sr. Ioule, cujos experimentos deram ao mundo tantas informações valiosas, diz que se tivéssemos um reservatório de água de 2,6 quilômetros quadrados e 15,24 centímetros de profundidade para ser evaporada por calor artificial, seria necessária a combustão de 30 mil toneladas de carvão para executá-la. Portanto para evaporar toda a água que sobe da Terra seria necessário 6.000.000.000.000 (seis trilhões) de toneladas, ou mais, do que todo o carvão que pudesse ser armazenado em meia dúzia de mundos como este; e, contudo, silenciosa e certamente o processo de evaporação tem ocorrido por milhões de anos. —SAMUEL KINNS

*Faz os relâmpagos para a chuva*. Há uma conexão íntima entre relâmpago e chuva. O relâmpago não deve ser considerado como uma força sem lei, mas como uma parte desse maravilhoso maquinário pelo qual a Terra é mantida em condição adequada. Uma força sob o controle de Deus tanto quanto qualquer outra, uma força muito essencial para nossa existência. As águas sempre mutáveis, as chuvas, os ventos e as correntes elétricas circulam como se fossem a força motriz e os espíritos vitais do Universo. —C. H. SPURGEON

Todos consentem prontamente que Deus é o Autor da chuva, do trovão e do vento, na medida em que Ele estabeleceu originalmente esta ordem de coisas na natureza. Porém, o salmista vai além disto, defendendo que quando chove, isto não ocorre por um instinto cego da natureza, mas é a consequência dos decretos de Deus, que se agrada de escurecer o céu com nuvens em um momento e em outro de iluminá-lo novamente com a luz do sol. —JOÃO CALVINO

É um grande exemplo da sabedoria e bondade divinas o relâmpago ser acompanhado pela chuva para suavizar a sua ira e evitar seus efeitos perversos. Assim, em meio ao julgamento Deus se lembra da misericórdia. As ameaças em Sua Palavra contra pecadores são como relâmpago; elas nos explodiriam e incinerariam não fosse por Suas promessas, feitas na mesma Palavra, aos penitentes. Promessas que como a uma graciosa chuva desviam sua fúria, renovando e consolando nosso espírito amedrontado. —GEORGE HORNE

*Versículo 8*
*Foi ele quem feriu os primogênitos no Egito, tanto dos homens como das alimárias*. Aqui o Senhor deve ser louvado, pois este golpe mortal foi um ato de justiça contra o Egito e de amor a Israel. Mas que golpe foi! Todos os primogênitos mortos em um momento! Como deve ter horrorizado a nação e intimidado os inimigos mais ousados de Israel!

Os animais, devido ao relacionamento que têm com o homem; como animais domésticos de muitas formas são preparados para sofrerem com ele. O primogênito dos animais precisava morrer assim como o primogênito de seus donos, pois o golpe fora planejado para pasmar e arrasar; e cumpriu o seu propósito. O primogênito de Deus havia sido gravemente golpeado e eles foram libertos pelo Senhor que deu a seus opressores o mesmo tratamento.

Seria Deus, então, injusto por exigir vingança? Não; este é um ato de retribuição. Os egípcios haviam matado os filhos dos israelitas, lançando seus bebês ao rio. Agora a aflição volta-se para eles. O deleite de seus olhos é retirado deles, todos os seus primogênitos estão mortos, desde o primogênito do Faraó que se sentava em seu trono até o primogênito do cativo que estava no calabouço. —THOMAS MILLINGTON

*Versículo 10*
*Quem feriu muitas nações*. É melhor que o perverso seja destruído 100 vezes antes de tentarem aqueles que ainda são inocentes a juntarem-se a eles. Apenas cogitemos qual teria sido nosso destino e o destino de qualquer outra nação sob o Céu neste momento, se a espada dos israelitas tivesse feito seu trabalho com mais moderação.

Mesmo sendo como foi, a pequena porção de cananeus que fora deixada, e as nações ao seu redor tanto tentaram os israelitas com suas práticas idólatras que lemos continuamente sobre todo o povo de Deus afastando-se de Seu serviço. Mas, se os pagãos tivessem vivido na terra em igual número, e, ainda maiores, tivessem se misturado em casamento com os israelitas, como seria possível, humanamente falando, que alguma fagulha da luz da verdade de Deus tivesse sobrevivido até a vinda de Cristo? Os israelitas não teriam perdido seu caráter peculiar e se tivessem mantido o nome de Jeová como seu Deus, não teriam formado noções indignas de Seus atributos e o adorado com uma adoração abominável como a que os moabitas prestavam a Chemosh e os filisteus a Dagon?

Mas nestas disputas, no destino de uma destas nações da Palestina dependia a felicidade da raça humana. Os israelitas lutaram não por si somente, mas por nós. Pode ser que sejam considerados inimigos de toda a humanidade; pode ser que tenham sido tentados por seu nítido desprezo a outras nações. Ainda assim fizeram a obra de Deus; ainda assim preservaram ilesa a semente da vida eterna, e foram os ministros da bênção a todas as outras nações, ainda que eles mesmos tenham fracassado em desfrutar disto. —THOMAS ARNOLD

*Versículo 13*
*O teu nome, Senhor, subsiste para sempre*. O nome de Deus é eterno e nunca será mudado. Seu caráter é imutável, Sua fama e honra também permanecerão por toda a eternidade. Sempre haverá vida no nome de Jesus além de doçura e consolação. Aqueles sobre quem o nome do Senhor é enunciado em honestidade e verdade serão por Ele preservados e guardados de todo o mal, até o fim do mundo.

*A tua memória, Senhor, passará de geração em geração*. A memória dos homens degrada, mas a memória do Senhor permanece para sempre. Que consolo para mentes desesperadas, tremendo diante da arca do Senhor! Não, precioso nome que nunca perecerá! Fama do Eterno que jamais se ofuscará! —C. H. SPURGEON

*Versículo 14*
*O Senhor [...] se arrependerá* (ARC). A palavra original "se arrependerá" aqui tem um significado muito extensivo, que não pode ser expresso por nenhuma tradução para o inglês. Infere ter compaixão deles, com a intenção de que sejam consolados em seu futuro e de vingar-se de seus opressores.

Tais são os vários significados com que a palavra é usada. A linguagem falha ao expressar a mente de Deus com relação a Seu povo fiel. Quão caros nos devem ser os Seus conselhos e a consideração de todos os Seus caminhos! Esta reflexão era continuamente incitada sobre a nação de Israel, pois eram tão suscetíveis de cair em idolatria. —WILLIAM WILSON

*Versículo 15*
Agora chegamos à denúncia de ídolos feita pelo salmista que segue muito naturalmente sua celebração ao único Deus vivo e verdadeiro.

*Os ídolos das nações são prata e ouro, obra das mãos dos homens*. Seu material essencial é metal morto, seus atributos não passam de qualidades de substâncias sem sentido e, o que exibem de forma e estilo, derivam da habilidade e do trabalho daqueles que os adoram. É a máxima da insanidade, adorar manufaturas metálicas.

Poder-se-ia considerar menos absurdo adorar as próprias mãos do que adorar aquilo que essas mesmas mãos fizeram. As mãos são melhores usadas para quebrar do que para construir objetos que possam ser colocados em tal uso absurdo. Contudo, os pagãos amam suas abomináveis divindades mais do que a prata e ouro. Bom seria se pudéssemos dizer que cristãos professos têm o mesmo amor pelo Senhor. —C. H. SPURGEON

Heródoto nos conta que Amósis tinha uma grande bacia de ouro que ele e seus convidados usavam para lavar seus pés. Ele quebrou este recipiente e fez dele um deus, a quem os egípcios adoravam devotamente. E a mesma doença idólatra se encontra nos dias de hoje entre os papistas. Qualquer que seja a distinção que façam entre um ídolo e uma imagem, são de fato (como eles as usam) todos uma única coisa. —JOHN TRAPP

Versículos 15 a 17. O reverendo John Thomas, um missionário na Índia, estava um dia viajando sozinho pelo país, quando viu um grande número de pessoas esperando perto de um templo de ídolos. Ele foi até eles, e assim que as portas se abriram, ele entrou no templo.

Vendo um ídolo erguido acima das pessoas, ele caminhou ousadamente até a imagem, levantou sua mão e pediu silêncio. Então colocou seus dedos nos olhos do ídolo e disse: "Tem olhos, mas não vê! Tem ouvidos, mas não ouve! Tem um nariz, mas não cheira! Tem mãos, mas não pode manusear! Tem uma boca, mas não fala! Também não há nele fôlego algum!"

Em lugar de feri-lo por afrontar seu deus e a eles mesmos, os nativos ficaram todos surpresos e um velho brâmane foi tão convencido de sua loucura pelo que o Sr. Thomas disse que também bradou: "Tem pés, mas não pode correr!" O povo levantou um brado e envergonhados de sua estupidez, deixaram o templo e foram às suas casas. —A NOVA ENCICLOPÉDIA DE ANEDOTAS ILUSTRATIVAS

## Versículo 16
*Têm boca*. Jeová fala e está consumado, mas estas imagens jamais pronunciam uma palavra. Certamente, se pudessem falar, repreenderiam os seus seguidores. O seu silêncio não é uma repreensão ainda mais poderosa? Quando os nossos mestres filosóficos negam que Deus fez qualquer revelação verbal de Si mesmo, eles também confessam que seu deus é mudo. —C. H. SPURGEON

Versículos 16 e 17. *Têm boca e não falam; [...] têm ouvidos e não ouvem.*

   *Uma acalorada fantasia ou imaginação*
   *Pode ser confundida com inspiração.*
   *De fato; mas seria justo concluir*
   *Que inspiração deve ser puro equívoco?*
   *Um cascalho não é diamante, de fato;*
   *Seria então o diamante um seixo também?*
   *Possuir um Deus que não fala aos homens*
   *É antes possuir e então deixar de possuir;*
   *A soma total de toda idolatria*
   *É ter deuses que são surdos e mudos.*
   —JOHN BYROM

## Versículo 17
*Têm ouvidos e não ouvem; pois não há alento de vida em sua boca*. Parece que estes deuses pagãos são mudos, cegos e surdos — um belo pacote de enfermidades a ser encontrado em uma divindade! Eles estão mortos; nenhum sinal de vida é perceptível. E o respirar, que é da essência da vida animal, lhes é desconhecido. Deveria um homem desperdiçar seu fôlego clamando a um ídolo que não tem fôlego? A vida deveria fazer petições à morte? Verdadeiramente, isto é, uma total inversão de valores. —C. H. SPURGEON

## Versículo 18
*Como eles*. Um fenômeno singular, conhecido como o Espectro de Brocken é visto em uma certa montanha na Alemanha. O viajante que, na alvorada, se coloca no cume mais alto contempla um colossal espectro sombreado. Mas na verdade é apenas sua própria sombra projetada na neblina da manhã pelo sol nascente; e imita, é claro, todos os movimentos de seu criador.

Desta mesma forma as nações pagãs confundiram sua própria imagem com divindades. Seus deuses exibem fragilidades e paixões humanas e virtudes escassas, projetadas e magnificadas nos Céus, assim como as pequenas figuras projetadas por uma lanterna mágica, ampliadas e iluminadas em uma tela branca. —ELAN FOSTER, em *Nova Enciclopédia de Ilustrações*

*Se tornam todos os que os fazem, e todos os que nele confiam.* Há outros que acreditam em uma regeneração batismal que não renova a natureza e declaram membros de Cristo e filhos de Deus aqueles que não têm o espírito de Cristo nem os sinais de adoção.

Que sejamos salvos de tal mimetismo da obra divina para que não nos tornemos como nossos ídolos. —C. H. SPURGEON

*Versículo 19*
*Bendizei ao SENHOR.* E não a um ídolo (Is 63:3), como os filisteus fizeram com seu Dagon e como os papistas ainda fazem com seus santos masculinos e femininos. —JOHN TRAPP

# SALMO 136

NÃO sabemos quem escreveu este salmo, mas sabemos que foi cantado no Templo de Salomão (2Cr 7:3-6) e pelos exércitos de Josafá quando cantaram para vencer no deserto de Tecoa. —C. H. SPURGEON

Todo o salmo: Quando, na época do Imperador Constantino, São Atanásio foi atacado à noite em sua igreja em Alexandria por Siriano e suas tropas, e muitos foram feridos e assassinados, o bispo de Alexandria sentou-se calmo em sua cadeira e ordenou que o diácono começasse este salmo e o povo respondeu imediatamente revezando: "Porque a sua misericórdia dura para sempre". —CHRISTOPHER WORDSWORTH

*Versículo 1*
*Rendei graças ao SENHOR.* Nós agradecemos nossos pais, louvemos o nosso Pai celestial; somos gratos aos nossos benfeitores, rendamos graças ao Doador de todo o bem. —C. H. SPURGEON

*Sua misericórdia dura para sempre.* Isto aparece quatro vezes em Sl 118:1-4. Esta sentença é a fascinação de Moisés, a totalidade da revelação e a esperança do homem. —JAMES G. MURPHY

Muitas doçuras estão presentes na Palavra de Deus, mas o nome da misericórdia é a palavra mais doce em todas as Escrituras, sobre a qual Davi harpeou 26 vezes neste salmo. —HENRY SMITH

A misericórdia agrada ao Senhor. Para Ele não há dificuldade alguma em exercer misericórdia. É Seu deleite e nós nunca nos cansamos de recebê-la, portanto Ele não pode se cansar de concedê-la; pois algo mais bendito é dar do que receber! Então Deus tem mais satisfação no primeiro do que no segundo. —ROBERT HARRIS

A bondade de Deus é uma fonte: e ela nunca está seca. Assim como a graça é presente desde o princípio do mundo (Sl 25:6), também o será até o fim dele, de uma geração à outra. A salvação não é um serviçal que trabalha para um único propósito, a graça não se prende a épocas. Noé assim como Abel, Moisés assim como Jacó, Jeremias assim como Davi, Paulo como Simeão, todos tiveram parte nesta salvação.

O propósito gracioso de Deus não foi afogado pelo dilúvio, nem sufocado pela fumaça do Sinai, nem suprimido pelo cativeiro, nem determinado pelos confins da Terra (o apóstolo Paulo assim os chama). Pois Cristo, por quem o propósito existe, foi morto desde o princípio — diz-nos o apóstolo João.

Ele era antes de Abraão, Ele mesmo o disse. E Clemente de Alexandria foi injusto com Marcião, ainda que este fosse um herege, ao culpá-lo por defender que Cristo salvou também aqueles que nele creram antes de Sua encarnação. O sangue dos animais sob a lei era um tipo de Seu sangue. E as cicatrizes de Suas chagas ainda aparecem, e aparecerão para sempre, até que Ele venha para o julgamento. O apóstolo encerra esta discussão: ele é *heri* e *hodi* e *semper idem* — "Jesus Cristo, ontem e hoje, é o mesmo e o será para sempre." —RICHARD CLERKE

*Versículos 1 a 3. Rendei graças.*
  Ah! Rendei graças a Deus por todas as coisas,
  Suceda o que suceder
  O que podem as nuvens trazer?
  Sim, rendei graças a Deus por tudo;
  Em segurança Ele te conduz, de mãos dadas
  À bendita terra de teu Pai.

  Ah! Graças a Ele pelo caminho solitário
  Que a mim mo deu
  Pelo caminho que, dia a dia
  Parece mais distante do Céu?
  Sim, agradeça-o, pois Ele segura a tua mão
  E te conduz à terra de teu Pai.

  Perto, tão perto ele é teu escudo contra todo o mal;
  E se a estrada for árdua,
  Conheces Seu braço eterno
  Em segurança te mantém
  Ainda que não entendas
  As sinuosidades até a terra de teu Pai.

  Que bênção, pensas, Ele,
  Que conhece o bem e o mal,
  Reterá, se forem boas para ti,
  Enquanto sobes a montanha?
  Portanto confia nele, segura firme na mão dele,
  Ele te conduz à terra de teu Pai.
  —O TESOURO CRISTÃO

*Versículo 2*
*Rendei graças ao Deus dos deuses.* Sendo os pagãos fervorosos cultivadores da adoração de seus deuses, quanto mais atentamente deveríamos nós, buscar a glória do Deus dos deuses — o único e verdadeiro Deus! Pessoas tolas presumiram deste versículo que os israelitas criam na existência de muitos deuses, ao mesmo tempo crendo que seu Jeová era o líder entre eles; mas isto é uma inferência absurda, considerando que os deuses que têm um Deus acima de si não podem jamais ser deuses.

*Porque a sua misericórdia dura para sempre.* Imagine a suprema divindade sem a misericórdia eterna! Seria uma fonte de terror tão frutífera como é agora uma fonte de gratidão. —C. H. SPURGEON

*Versículo 4*
*Ao único que opera grandes maravilhas.* O que fizeram os deuses dos pagãos? Se a questão for resolvida por ações, Jeová é de fato o "único". É extremamente assombroso que homens adorem deuses que nada fazem e se esqueçam do Senhor que é o único a operar grandes maravilhas. —C. H. SPURGEON

Ele é o "único" que opera grandes maravilhas? Isso significa que Ele o faz sozinho, sem auxílio, nada precisando de outros, sem pedir ajuda às Suas criaturas. Como o Nilo corre 2.100 quilômetros de Núbia até o Mediterrâneo em grandiosidade solitária, sem receber um afluente sequer, mas sozinho dispensando fertilidade e vultuosidade onde passa; assim nosso Deus é o "único" que opera maravilhas (Veja Dt 32:12; Sl 72:18 etc). Sem que alguém lhe impelisse, sem ajudante, espontaneamente Ele vai e age e tudo o que Ele faz é digno de Sua divindade. Assim não temos necessidade de outros, somos independentes de todos os outros; todas as nossas fontes estão nele. —ANDREW A. BONAR

Os cristãos não deveriam ter vergonha dos mistérios e milagres de sua religião. Algumas vezes em anos passados foi manifesta a disposição ao retrocesso da defesa do sobrenatural na religião. Este é um grande erro. Abra mão de tudo o que é miraculoso na verdadeira religião, e não nos sobra nada de poder suficiente para mover qualquer coração para adorar ou venerar. E sem adoração, não há piedade. —W. S. PLUMER

Quanto mais tempo vivo, ó meu Deus, mais me surpreendo com todas as obras de Suas mãos. Vejo tão admirável artifício expresso nas criaturas mais ínfimas e abjetas de todas as Suas criaturas, o que todos os dias, mais e mais, espantam minha observação.

Não preciso olhar para tão distante, para o Céu, para admirar-me ainda que ali haja glória infinita. Ao ver uma simples aranha em minha janela, ou uma abelha em meu jardim, ou uma minhoca sob meu pé; todos estes me arrebatam com um justo deslumbramento. Contudo, eu não veja nada além de seu exterior. Sua forma interior que lhes dá o ser e as funções, eu não consigo transpassar.

Quanto menos eu souber, Senhor, que mais eu me admire; e quanto menos me satisfizer com o maravilhar-me com Tuas obras, que mais eu possa adorar Tua Majestade a onipotência, que tudo forjou.
—JOSEPH HALL

### Versículo 5
*Àquele que com entendimento fez os céus.* Descobrimos que Deus fez os Céus em sabedoria, para declarar Sua glória e demonstrar o trabalho de Suas mãos. Não há trilhas de ferro com barras e parafusos para segurar os planetas em suas órbitas. Eles se movem livremente no espaço, sempre em transformação, mas nunca diferentes; posicionados e equilibrados, deslocando-se e deslocados; influenciando e influenciados; adiante voam, cumprindo com rigor inquestionável seus poderosos ciclos.

Todo o sistema forma um grande pedaço complexo do maquinário celestial; círculo dentro de círculo, roda dentro de roda; ciclo em ciclo; revoluções tão velozes para serem completadas em algumas poucas horas, movimentos tão lentos que seus poderosos períodos são contados pelos milhões de anos.
—*AS ÓRBITAS DO CÉU*

### Versículo 6
*Àquele que estendeu a terra sobre as águas.* Poucos chegam a cogitar a sabedoria e o poder divinos que executaram tudo isto na antiguidade; contudo podem-se provar que um continente se ergueu ou caiu um centímetro na memória histórica, o fato é registrado nas "transações" da sociedade erudita e discutido em toda reunião de filósofos. —C. H. SPURGEON

### Versículo 7
*Àquele que fez os grandes luminares.* O salmista está compondo uma canção para pessoas comuns, não para seus críticos letrados — e assim ele canta sobre o Sol e a Lua do modo como nós os vemos — os maiores luminares. —C. H. SPURGEON

### Versículo 8
*Porque a sua misericórdia dura para sempre.* Dia após dia pronuncia-se o discurso sobre a misericórdia do Senhor. Todo raio de sol é uma misericórdia, pois cai sobre pecadores não merecedores que, caso contrário, se sentariam na triste escuridão e considerariam a Terra um inferno. —C. H. SPURGEON

*A lua e as estrelas para presidirem a noite.* Consequentemente, em todas as eras, um cenário com a luz do luar é considerado por todos os homens, com sentimentos de alegria e de admiração. A descrição a seguir de Homero, traduzida em inglês por Pope [N.E: Tradução livre em português.] é estimada como uma das mais belas peças noturnas na poesia:

> Veja a lua, refulgente lâmpada da noite,
> E nos céus, o azul-claro espalha a sua luz celeste,
> Quando nenhum suspiro interrompe
> a profunda serenidade
> E nenhuma nuvem entristece o solene cenário;
> Ao redor do trono dela circulam os vívidos planetas;
> E estrelas incontáveis cobrem os refulgentes polos;
> Sobre as árvores escuras
> o verdor amarelado se espalha,
> E sobre as montanhas espalha a prata;
> Clareia os vales, e as rochas crescem;
> Uma onda de glória explode de todos os céus
> Os pastores enlevados se alegram com a visão,
> Miram a abóbada celeste
> e abençoam a luz profícua.
> —THOMAS DICK

Nós desfrutamos de todas as vantagens a que fizemos alusão como se as estrelas tivessem sido criadas exclusivamente para que nosso mundo as utilizasse, enquanto, ao mesmo tempo, servem para diversificar o céu noturno de outros planetas, e para difundir sua luz e influência em outros dez mil mundos com que estão mais imediatamente conectadas, de modo que, a este respeito, e a qualquer outro, o Onipotente produz os efeitos mais sublimes e diversificados pelos meios mais simples e econômicos e torna todas as partes do Universo subservientes às outras e ao bem do todo. —THOMAS DICK

Quando o Primeiro Cônsul cruzou o Mediterrâneo em sua expedição egípcia, ele carregou consigo uma comitiva de sábios, que em última instância fizeram um bom trabalho de muitas maneiras. Entre eles, contudo, como se poderia esperar naquela época, não havia poucos filósofos da escola Voltaire-Diderot.

Napoleão, para sua instrução e divertimento a bordo, encorajou uma disputa entre estes senhores; e em uma ocasião eles propuseram demonstrar e, segundo seu próprio relato, de fato demonstraram, por lógica infalível e metafísica, que não existe Deus.

Bonaparte, que odiava todos os ideólogos, pensadores abstratos e demonstradores lógicos, independentemente do que demonstrassem, não argumentou com estes sutis mestres da dialética, mas os levou imediatamente ao convés e, apontado às estrelas no céu límpido, respondeu em contra-argumento: "Muito bem, messieurs! Mas Quem fez todas estas?" —GEORGE WILSON

*Porque a sua misericórdia dura para sempre.* Os guias noturnos e iluminadores dos homens na terra e no mar não estão presentes de vez em quando, eles existem para todas as eras.

Eles reluziram sobre Adão e reluzem sobre nós. Portanto são símbolos e compromisso da graça imortal aos homens. —C. H. SPURGEON

## Versículo 12
*Porque a sua misericórdia dura para sempre.* Caso uma praga não os liberte, serão então dez; mas livres eles serão na hora designada. Nenhum israelita permanecerá sob o poder do Faraó. Deus não apenas usará Sua mão, mas o Seu braço — Seu extraordinário poder será colocado em ação muito antes que o Seu propósito de misericórdia falhe. —C. H. SPURGEON

## Versículo 13
*Àquele que separou em duas partes o mar Vermelho.* Ele criou uma estrada através do fundo do mar, fazendo as águas divididas se levantarem como paredes em ambos os lados. Os homens negam milagres; mas, admitindo que há um Deus, torna-se fácil crer que existam. Considerando que exige-se que eu seja um ateu para que possa rejeitar milagres logicamente, prefiro a dificuldade muito menor de crer no poder infinito de Deus.

Aquele que faz as águas do mar permanecerem banalmente como uma massa, pode com prontidão semelhante, dividi-las. Aquele que pode lançar uma pedra em uma direção, pode com a mesma força, lançá-la em outra. O Senhor pode fazer precisamente o que deseja e Ele deseja fazer qualquer coisa que seja para a libertação de Seu povo. —C. H. SPURGEON

## Versículo 14
*Porque a sua misericórdia dura para sempre.* A misericórdia abriu a estrada; A misericórdia ovacionou a grande multidão; A misericórdia os guiou até o fundo do mar e a misericórdia os trouxe para a costa novamente. Até mesmo nas profundezas do mar, a misericórdia alcança — não há fim para ela, nenhum obstáculo em seu caminho, nenhum perigo nela para cristãos, enquanto Jeová estiver por todos os lados. "Avante!" seja nossa palavra de ordem como foi a de Israel na antiguidade, pois a misericórdia de fato nos cerca.

*Pelo fogo ou mar*
*Ainda ali Sua misericórdia o guardará.*
—C. H. SPURGEON

## Versículo 15
*Porque a sua misericórdia dura para sempre.* O pecado é autorruína. O pecador declina por escolha própria e se considerar ser tarde demais para retornar, não está o seu sangue sobre a sua própria cabeça? O impenitente definitivo, mesmo que seja terrível a sua ruína, não será testemunha contra a misericórdia; antes isto agravará a sua miséria: o fato de que continuaram a

desafiar a misericórdia e não se renderam a Ele cuja misericórdia dura para sempre. —C. H. SPURGEON

## Versículo 16

*Àquele que conduziu o seu povo pelo deserto.* As dispensações de Deus são misteriosas, mas devem ser corretas simplesmente porque são Suas. Que multidão de misericórdias são compreendidas na conduta de tão enorme multidão através de uma região onde não havia provisão até mesmo para viajantes solitários! —C. H. SPURGEON

Versículos 18 a 20. O profano de nossos dias pode então aprender a ter cuidado com o modo como condena o fiel. Deus é "sábio de coração e grande em poder" (Jó 9:4). Quem, sendo hostil e selvagem contra o Seu povo conseguiu prosperar? Por amor ao povo Ele destruiu grandes e poderosos reis.

*A Seom, rei dos amorreus [...] e a Ogue, rei de Basã.* Ele pode arrancar as rodas das carruagens, golpear você em seu lado, fazer seu coração parar de medo e em um momento arrancar sua alma de você. Melhor seria que uma pedra de moinho fosse pendurada em seu pescoço e você fosse jogado no fundo do mar, do que ofender o menor dos fiéis; eles são amados aos Seus olhos, têm o Seu afeto como a menina de Seus olhos. —JOHN BARLOW

## Versículo 20

*E a Ogue, rei de Basã.* Ele estava na corrida de gigantes, mas foi derrotado como um pigmeu quando entrou na lista do Deus de Israel. O povo do Senhor foi convocado para lutar contra Ogue, mas foi Deus quem conquistou a vitória. —C. H. SPURGEON

*Quando Ogue, rei de Basã* tomou o campo — um gigante, um novo e terrível inimigo — ele, também, caiu. E a misericórdia que assim lidou com inimigos tão grandes, inimigos tão fortes, um após o outro, "dura para sempre".

Quando o Anticristo levantar seus exércitos nos últimos dias, um após o outro — quando os homens grandes, famosos, poderosos, nobres, gigantes em sucessão atacarem a Igreja, eles perecerão.

"Porque a sua misericórdia dura para sempre". —ANDREW A. BONAR

## Versículo 23

*A quem se lembrou de nós em nosso abatimento.* Pois no simples fato de que o Senhor pensa em nós já temos riqueza de misericórdia. Nosso estado era lamentável. Estado de bancarrota e mendicância. Nosso estado foi tão reduzido a ponto de chegarmos à boca do inferno. Desde então permaneceu reduzido em pobreza, perda, desânimo, enfermidade e tristeza de coração e também tememos por sermos tão pecaminosamente reduzidos em fé, amor e todas as outras graças; contudo o Senhor não se esqueceu de nós como se estivéssemos mortos em Seus pensamentos. Ele ainda se lembra de nós ternamente. Nós nos considerávamos pequenos demais, indignos demais para que a Sua memória fosse sobrecarregada conosco, contudo, Ele se lembrou de nós. —C. H. SPURGEON

A palavra "lembrou" tem poder gerador; carrega gêmeos contados duas vezes, é vasta como que com sentido sêxtuplo, com tantos graus de misericórdia contidos nela. Lembrar significa pensar sobre, em oposição ao esquecimento. Nós podemos permanecer nos pensamentos dos homens e não nos beneficiarmos em nada, mas não há como estarmos nas memórias de Deus sem que tenhamos benefícios disto.

*Porque sua misericórdia dura para sempre.* Não há motivo para receber graça senão a própria graça; não há motivo para receber misericórdia se não a misericórdia, que se lembrou de nós "porque sua misericórdia dura para sempre". —RALPH VENNING

## Versículo 24

*E nos libertou dos nossos adversários.* O pecado é nosso inimigo e nós somos redimidos dele pelo Sangue expiatório. Satanás é nosso inimigo e nós somos redimidos dele pelo poder do Redentor. O mundo é nosso inimigo e nós somos redimidos dele pelo Espírito Santo. Somos resgatados; desfrutemos de nossa liberdade, Cristo assegurou nossa redenção; louvemos o Seu nome. —C. H. SPURGEON

*E*. Caso o fim de uma misericórdia não fosse o começo de outra, estaríamos arruinados. —PHILIP HENRY

### Versículo 25
*E dá alimento a toda carne*. Diz-se de Edward Taylor, mais conhecido como "Padre Taylor", o Marinheiro Pregador de Boston, que suas orações eram mais como declarações de um oriental, abundantes em imagens, do que de um filho destes frios climas ocidentais.

No domingo anterior ao dia em que ele deveria velejar para a Europa, ele estava rogando ao Senhor que cuidasse bem de sua igreja durante sua ausência. Repentinamente ele parou e derramou as palavras: "O que fiz? Desconfiei da providência do Céu! Um Deus que dá a uma baleia uma tonelada de arenques no café da manhã, não cuidará de meus pequeninos?", e então continuou, terminando sua oração em um tom mais confiante. —C. H. SPURGEON

# Salmo 137

ESTA ode queixosa é uma das mais charmosas composições em todo o livro de Salmos, por seu poder poético. Não fosse inspirado, ocuparia ainda assim um lugar elevado na poesia, especialmente a porção final que é suave e patriótica ao mais alto grau. Deixe que encontrem falhas neste texto aqueles que nunca viram seu templo incendiado, sua cidade arruinada, suas esposas sequestradas e seus filhos mortos; eles talvez não seriam tão aveludados nas palavras se tivessem sofrido desta forma. —C. H. SPURGEON

Todo o salmo: O lamentar do cativo, o pranto do exílio e o suspirar dos santos são ouvidos em todas as linhas. —W. ORMISTON

### Versículo 1
*Às margens dos rios da Babilônia, nós nos assentávamos*. Em grupos pequenos eles se sentavam e faziam lamentações em comum, misturando suas memórias e suas lágrimas. Os rios eram bons o suficiente, mas, infelizmente, eram os rios da Babilônia e o solo onde os filhos de Israel sentavam era solo estrangeiro e, portanto, choravam. Aqueles que vieram para interromper sua quietude eram cidadãos da cidade destruidora e sua companhia não era desejada. Tudo trazia a Israel lembranças do exílio da cidade santa, sua servidão sob a sombra do templo de Bel, sua impotência sob um inimigo cruel e, portanto, seus e filhas sentaram-se em sofrimento. —C. H. SPURGEON

*E chorávamos, lembrando-nos de Sião*. Eles não choraram quando se lembraram das crueldades da Babilônia; a memória da feroz opressão secou suas lágrimas e fez seus corações queimarem de ira. Mas quando a amada cidade de suas solenidades veio à sua mente, eles não puderam se abster de enchentes de lágrimas.

Ainda assim, verdadeiros cristãos lamentam quando veem a igreja despojada e se encontram incapazes de socorrê-la: poderíamos suportar melhor qualquer outra coisa mais do que isto. Nestes nossos dias, a Babilônia do erro assola a cidade de Deus, e os corações dos fiéis são gravemente feridos conforme veem a verdade caída nas ruas e a incredulidade desenfreada entre os servos professos do Senhor. Nós carregamos nossos protestos, mas eles parecem ser em vão; a multidão está enlouquecida por seus ídolos. —C. H. SPURGEON

Um homem piedoso toma para si as misérias da igreja. Eu li sobre certas árvores com folhas que se contraem e encolhem se outras forem cortadas ou tocadas e até mesmo, por certo tempo, mantêm-se suspensas, mas não eretas. Tal simpatia espiritual existe entre os cristãos. Quando outras partes da

Igreja de Deus sofrem, é como se fossem eles mesmos. Ambrósio relata que quando Teodósio estava doente, prestes a morrer, estava mais perturbado com relação à Igreja do Senhor do que com a sua própria doença. —THOMAS WATSON

O que então deveríamos fazer com relação à nossa, por assim dizer, ausência de Jerusalém? Deles era uma Jerusalém terrena, antiga, roubada, despojada, incendiada, saqueada; nossa é uma Jerusalém celestial, renovada, em que nenhuma flecha pode entrar, nenhum ruído de tambor é ouvido, nem som de trombeta ou chamado para batalha. Quem então não lamentaria estar ausente deste lugar? —WALTER BALCANQUAL

Versículos 1 a 6. Há momentos em que o mundo não zomba do cristão. Muitas vezes o cristão é cheio de tão estranha alegria que o mundo se questiona em silêncio. Muitas vezes há um espírito manso e calmo no cristão que desarma a oposição. A resposta suave desvia a ira e seus inimigos são forçados e estar em paz com ele.

Mas isto acaba quando chega o dia da escuridão do cristão, acaba quando o pecado e a incredulidade o levam ao cativeiro, acaba quando ele é exilado de Sião e levado para longe assenta-se e lamenta. Então o mundo cruel colaborará para avançar a aflição, então pedirão risos e canções e quando virem a amarga lágrima gotejando pelo rosto perguntarão com escárnio brutal: "Onde estão os cantos de salmos agora?" "Cantem-nos umas das canções de Sião." Até mesmo Cristo sentiu esta amargura quando foi pendurado na cruz. Todo cristão verdadeiro ama o louvor, os cristãos mais santos amam ainda mais. Mas quando o cristão cai em pecado e escuridão, sua harpa está no salgueiro e ele não pode cantar a canção do Senhor, pois está em uma terra estranha.

Ele geralmente percebe, quando cai em pecado e no cativeiro, que caiu em deleites mundanos e amigos mundanos. Mil prazeres o tentam a descansar aqui; mas se ele for um verdadeiro filho de Sião, jamais se adaptará em uma terra estranha. Considerará todos os prazeres do mundo e do pecado e dirá: "Pois um dia nos teus átrios vale mais que mil" —"Se eu de ti me esquecer, ó Jerusalém, que se resseque a minha mão direita." —ROBERT MURRAY M'CHEYNE

*Versículo 2*
*Nos salgueiros que lá havia, pendurávamos as nossas harpas*. A música tem encantos para dar descanso a espíritos inquietos, mas quando o coração está inteiramente triste, ela consegue apenas zombar dos pesares que voam até ele. Os homens deixam de lado seus instrumentos de júbilo quando uma pesada nuvem escurece sua alma. —C. H. SPURGEON

*Salgueiros*. É um fato curioso que durante a Commonwealth britânica, quando Cromwell, como sábio político, permitiu que os judeus se estabelecessem em Londres e tivessem sinagogas, o povo chegou ali em número suficiente para celebrar a Festa dos Tabernáculos em tendas, entre os salgueiros às margens do Tâmisa.

A perturbação de seu conforto, por inúmeros espectadores, principalmente ajudantes da cidade de Londres, exigiu certa proteção por parte dos magistrados locais. Não que lhes fora oferecido algum insulto, mas uma curiosidade natural, suscitada por um espetáculo tão novo e extraordinário induziu muitos a aproximarem-se demais ao redor do acampamento e talvez até invadir sua privacidade. —MARIA CALLCOTT

*Versículo 3*
*Entoai-nos algum dos cânticos de Sião*. A natureza insultuosa do pedido se tornará mais conspícua, se considerarmos que os assuntos comuns destes cânticos eram a onipotência de Jeová e Seu amor por Seu povo escolhido. —WILLIAM KEATINGE CLAY

Costume, frivolidade e falsa filosofia formaram uma combinação formidável contra nós; e a mesma verdade, a mesma honestidade, a mesma integridade de princípio que, em qualquer outra causa seriam estimadas como vigorosas e respeitáveis, são desprezadas e zombadas quando conectadas à causa do evangelho e seus sublimes interesses. —THOMAS CHALMERS

*Versículo 4*
*Como, porém, haveríamos de entoar o canto do S*ENHOR *em terra estranha?* Há muitas coisas que o impiedoso

poderia fazer, sem considerar a execução do ato e, que os homens graciosos não ousam cogitar. A pergunta "Como eu poderia?", ou "Como poderemos?" Vem de uma consciência sensível e denota uma inabilidade de pecar que deve ser grandemente cultivada. —C. H. SPURGEON

Novamente, os sentimentos da vida presente são, com frequência, adversos ao louvor. Os exilados da Babilônia não podiam cantar porque estavam sob grande peso. A mão de Deus pesava sobre eles. Ele teve uma controvérsia com o povo devido aos seus pecados.

Agora, os sentimentos de muitos de nós são da mesma forma adversos ao cântico do Senhor. Alguns de nós estamos em grande sofrimento. Temos um amigo que se perdeu, estamos ansiosos com alguém que muito significa para nós, não sabemos para que lado voltar em busca do pão de amanhã e para o conforto deste dia. Como podemos cantar o cântico do Senhor?

E há outro tipo de sofrimento, ainda mais fatal, se é que é possível, ao exercício vívido da adoração. É um peso e fardo de pecado não perdoado. Cânticos podem ser ouvidos da cela da prisão em Filipo; cânticos podem ser ouvidos do calmo leito de morte ou ao lado da sepultura aberta; mas não se pode extrair cânticos da alma em que está a carga do desprazer de Deus, real ou imaginário, ou que ainda seja impotente para apreender para pecadores a graça e a vida que estão em Cristo Jesus.

Essa, imaginamos, era a dificuldade que pressionava o israelita exilado; isso certamente é um impedimento agora, em muitos, para o irromper do louvor cristão. E novamente, há uma terra ainda mais estranha e estrangeira ao cântico do Senhor do que a terra da culpa não perdoada — e essa é a terra do pecado não abandonado. —C. J. VAUGHAN

*O canto do Senhor*. Não há sofrimento real em qualquer circunstância a que Deus nos leve, ou para a qual Ele nos guie e vá conosco; mas onde está o pecado e o sofrimento é sentido, não como perseguição, mas julgamento, lá está e não pode haver alegria; a alma se recusa a ser consolada. Israel não pode cantar ao lado das águas da Babilônia. —WILLIAM DEBURGH

*Versículo 5*
*Se eu de ti me esquecer, ó Jerusalém.* O Calvário, o monte das Oliveiras, Siloé, como são fragrantes vocês com o nome que está acima de todo nome! "Se eu me esquecer de ti, ó Jerusalém." Posso eu esquecer o lugar onde Ele tanto caminhou, onde pronunciou palavras tão graciosas, onde Ele morreu? Posso esquecer que Seus pés estarão "sobre o monte das Oliveiras, que está defronte de Jerusalém para o oriente"? Posso eu esquecer que ali havia o Cenáculo e ali caíram as chuvas de Pentecoste? —ANDREW A. BONAR

*Versículo 6*
*Se não me lembrar de ti.* Ou nossas camas são macias ou nossos corações duros, a ponto de conseguirmos descansar quando a Igreja está em desassossego, de não sentirmos os duros cordões de nossos irmãos em nossas camas macias. —JOHN TRAPP

*Se não preferir eu Jerusalém à minha maior alegria.* Sendo este o apego de um judeu banido à sua terra natal, quanto mais deveríamos amar a Igreja do Senhor, da qual somos filhos e cidadãos! Como deveríamos ser zelosos com sua honra, com sua prosperidade!

Nunca nos deixe encontrar motivo de zombaria nas palavras das Escrituras ou fazer das coisas santas um divertimento, para que não sejamos culpados de esquecer o Senhor e Sua causa. Deve ser temido que muitas línguas perderam o poder de atrair as congregações dos santos porque esqueceram o evangelho e Deus os esqueceu. —C. H. SPURGEON

*Versículo 7*
*Contra os filhos de Edom, lembra-te, Senhor.* Não devemos considerar as imprecações deste salmo à luz de nenhum outro aspecto se não o profético. Elas são fundamentadas nas muitas profecias que já haviam sido declaradas sobre a destruição da Babilônia, se, como podemos admitir, o salmo diante de nós tenha sido escrito após a desolação de Jerusalém. Mas estas profecias ainda não foram concretizadas em todos

os detalhes e permanecem para se concretizarem na Babilônia mística, quando o domínio do Anticristo será para sempre varrido e a verdadeira Igreja apresentada à gloriosa liberdade dos filhos de Deus no surgimento de seu Senhor e Salvador Jesus Cristo em Seu reino. —WILLIAM WILSON

O ódio de Edom era o ódio com que a mente carnal em sua inimizade natural contra Deus sempre considera qualquer que seja o objeto de Seu favor. Jerusalém era a cidade de Deus. "Destrua, destrua até o alicerce".

É o desejo maquiavélico de toda mente não regenerada contra toda edificação que estiver sobre a Pedra eleita da fundação divina.

O que Deus elege jamais agrada o homem até que, por meio da graça, seu próprio coração tenha se tornado adorador e recipiente dessa misericórdia que ele ressentia profundamente quando ainda era um homem em seu estado natural e cujo esse efeito em outros homens ele recusava aceitar. De Caim ao Anticristo, esta solene verdade se mantém sempre válida. —ARTHUR PRIDHAM

# Salmo 138

ESTE salmo é prudentemente situado. Quem quer que tenha editado e disposto estes poemas sagrados, tinha olhos para oposição e contraste. Pois se no Salmo 137 vemos a necessidade de silêncio diante dos ofensores, aqui vemos a excelência da uma corajosa confissão. Há um momento para permanecer em silêncio, de modo que não lancemos pérolas aos porcos; e há um momento para falar abertamente de modo que não sejamos culpados de não confessarmos por covardia. O salmo é evidentemente de caráter davídico, exibindo toda a fidelidade, coragem e decisão desse rei de Israel e príncipe dos salmistas.

É claro que os críticos tentaram refutar a autoria de Davi em razão da menção do Templo, ainda que haja a mesma menção nos salmos em que são considerados davídicos. Muitos críticos modernos são, para a Palavra de Deus, o que as varejeiras são para o alimento do homem; não fazem bem algum, e, a menos que sejam continuamente afastados, causam grande dano. —C. H. SPURGEON

### Versículo 1

*Render-te-ei graças, Senhor, de todo o meu coração.* Sua mente está tão tomada por Deus que ele não menciona Seu nome. Para ele não há outro Deus e Jeová é tão perfeitamente compreendido e tão intimamente conhecido que o salmista, ao dirigir-se ao Senhor não mais pensa de mencionar o Seu nome assim como nós não faríamos ao falar com um pai ou um amigo. Precisamos de um coração quebrantado para lamentar nossos pecados, mas um coração pleno para louvar as perfeições do Senhor. —C. H. SPURGEON

*Render-te-ei graças.* Ai de nós, povo de Deus, que cometemos este crime capital: esterilidade em louvores! Ó, quão plenamente sou persuadido pela ideia de que uma linha de louvores é como horas de oração e uma hora de louvores é como um dia de jejum e lamento! —JOHN LIVINGSTONE

*Na presença dos poderosos te cantarei louvores.* Nestes dias, quando novas religiões são diariamente criadas e novos deuses estabelecidos, bom é saber como agir. A amargura é proibida e a controvérsia é capaz de anunciar a heresia. O melhor método é continuar com a adoração pessoal ao Senhor, com zelo invariável, cantando com o coração e a voz, os Seus louvores reais.

Eles negam a divindade de nosso Senhor? Vamos adorá-lo mais fervorosamente. Eles desprezam a expiação? Que a proclamemos mais constantemente. Fosse metade do tempo gasto em conselhos e controvérsias, entregue ao louvor do Senhor, a igreja seria muito mais sã e forte do que é atualmente. —C. H. SPURGEON

*Versículo 2*

*Prostrar-me-ei para o teu santo templo.* Ainda assim, o cristão de coração honesto dos dias de hoje não deve cair na adoração deliberada da superstição ou a adoração deliberada do ceticismo, mas na adoração reverente que o próprio Senhor determina.
—C. H. SPURGEON

*E louvarei o teu nome, por causa da tua misericórdia e da tua verdade.* A Pessoa de Jesus é o templo da divindade e nele contemplamos a glória do Pai, "cheio de graça e de verdade". É sobre estes dois pontos que o nome de Jeová é neste momento atacado — Sua graça e Sua verdade. Diz-se que Ele é severo demais, terrível demais e, portanto, o "pensamento moderno" desloca o Deus de Abraão, Isaque e Jacó e estabelece uma divindade afeminada produzida pelo próprio pensamento.

Com relação a nós, cremos firmemente que Deus é amor e que no fim de todas as coisas será visto que o próprio inferno não é inconsistente com a beneficência de Jeová, mas é, de fato, uma parte necessária de Seu governo moral, agora que o pecado se intrometeu no Universo. Os verdadeiros cristãos ouvem os trovões de Sua justiça e, contudo, não duvidam de Sua benignidade. Não somente os homens atacam a benignidade de Deus, mas a verdade de Deus nestes dias é assediada por todos os lados. Os porcos estão pisando em todas as pérolas neste momento, e nada os refreia. Contudo, as pérolas ainda são pérolas e ainda brilharão na fronte de nosso Monarca. —C. H. SPURGEON

A mãe pode extrair estoques de consolo ao compreender o cuidado condescendente de Deus. O senhor se interessa por seu bebê se ela o dedicar a Ele, Deus que criou o Universo pensará, com Sua mente infinita, em seu berço e na criatura desamparada que é balançada para ali dormir.

O homem enfermo pode extrair abundante consolação da mesma fonte, pois pode crer que Aquele por quem o corpo foi formado de modo assombrosamente maravilhoso pensará nos sofrimentos desse corpo, os aliviará ou concederá força ao corpo para resisti-los se precisarem ser carregados. A condescendência de pensamento marca todas as dispensações de Deus com Seu povo. Nós lemos sobre grandes máquinas que são capazes de esmagar barras de ferro e ainda assim conseguem tocar tão gentilmente, sem quebrar a casca do menor ovo. Assim como são essas máquinas é a mão do Altíssimo. Ele pode esmagar um mundo e, contudo, fechar uma ferida. E grande necessidade temos nós de ternura em nosso estado rebaixado; uma pequena coisa nos esmagaria, temos almas tão feridas e débeis que se não tivéssemos um que nos tratasse com ternura seríamos rapidamente destruídos. —PHILIP BENNETT POWER

*Pois magnificaste acima de tudo o teu nome e a tua palavra.* Quando Deus quer, Ele pode criar mais mundos como este, mas Ele não pode criar outra verdade e, portanto, Ele não perderá uma molécula desta verdade. Satanás, sabendo disto, coloca todas as suas forças no trabalho de deformar e desfigurá-la como doutrina infundada.

A Palavra é a lente em que vemos Deus, e vendo-o somos transformados à Sua semelhança por Seu Espírito. Se esta lente rachar-se, então as concepções que temos de Deus o deformarão para nós. Ao passo que a Palavra, em sua clareza inerente, o coloca em toda a Sua glória diante de nossos olhos.
—WILLIAM GURNALL

Deus nos enviou Sua Palavra como um espelho, para refletir Sua glória, como um padrão ao qual tudo deve ser submetido. Nada sabemos sobre a vontade de Deus, mas da Palavra, como uma fonte, de onde todas as Suas bênçãos emanam. Olhe para a superfície do globo e veja quantos antes estiveram sob o domínio irrestrito do pecado e que estão agora transformados à imagem de seu Deus. E, na sequência, suba ao Céu e contemple as miríades de redimidos ao redor do trono de Deus, unindo suas aleluias a Deus e ao Cordeiro. A este estado foram todos levados pela bendita Palavra, que tem poder exclusivo para ter êxito em obra tão grande.

Assim é que Deus magnificou Sua Palavra; e assim é que Ele a magnificará até o fim dos tempos. Sim, por toda eternidade será reconhecida como a única fonte de todas as bênçãos que serão usufruídas.
—CHARLES SIMEON

Vemos isto na natureza. Aqui está um homem de quem se pode depender, tão fiel à sua palavra, que sacrificará qualquer coisa antes de abandoná-la. Esse homem abrirá mão de sua propriedade, ou da própria vida, antes de abandonar a sua palavra. Portanto, Deus fala sobre magnificar Sua Palavra, acima de todo o Seu nome. Ele preferiria permitir que todas as Suas outras perfeições se tornassem nada antes que a Sua fidelidade falhasse. —JOSEPH C. PHILPOT

Deus tem maior consideração pelas palavras de Sua boca do que pelas obras de Sua mão. Céu e Terra passarão, mas nenhum "i ou um til", do qual Ele falou, jamais cairá por terra. Alguns compreendem isto em Cristo, a Palavra essencial, em quem Ele estabeleceu Seu nome e a quem Ele exaltou tão elevadamente a ponto de dar a Jesus um "Nome acima de todo nome". —EBENEZER ERSKINE

## Versículo 3

*E alentaste a força de minha alma.* Esta foi uma verdadeira resposta à sua oração. Se o fardo não fosse removido, e, contudo, fosse dado força para suportá-lo, este ainda seria um método de auxílio igualmente efetivo. Pode não ser o melhor para nós que a luta chegue a um fim; pode ser muito mais vantajoso que, pela pressão, aprendamos paciência.

Doces são os usos da adversidade e nosso prudente Pai celestial não nos privará desses benefícios. A força conferida à alma é uma dádiva inestimável; significa coragem, fortaleza, garantia, heroísmo. Por Sua Palavra e Espírito, o Senhor pode transformar o trêmulo em corajoso, o enfermo em pleno, o fatigado em radiante. —C. H. SPURGEON

*Me acudiste; e alentaste a força de minha alma.* Ele estava agora em apuros, e Deus viera rapidamente até ele. Embora possamos deixar esperando um amigo que esteja em boas condições, caso este nos chame, daremos liberdade a um amigo doente, para nos chamar à meia-noite. Em tais situações extremas, geralmente voltamos com o mensageiro que veio nos avisar, e Deus faz o mesmo com a oração. Aliviamos o pobre conforme sua necessidade aumenta, e dessa forma, Cristo consola o Seu povo conforme suas lutas se multiplicam. E agora, cristão, diga-me, o seu amado Senhor não merece um espírito pronto em você para lidar com qualquer sofrimento por Ele ou vindo dele? Ele que concede os Seus mais doces consolos onde o Seu povo é colocado para suportar suas mais tristes aflições? O servo faz bem o seu trabalho quando o seu mestre é tão cuidadoso preocupando-se em trazer a ele, com suas próprias mãos, o café da manhã no campo.

O cristão não repousa até que chegue ao Céu para receber todo o seu consolo. Lá de fato haverá a ceia completa, mas há um café da manhã, cristão, de alegria prévias, por assim dizer, que Cristo traz até você no campo, para ser saboreado no lugar onde você suportou sua dificuldade. —WILLIAM GURNALL

## Versículo 4

*Render-te-ão graças, ó SENHOR, todos os reis da terra, quando ouvirem as palavras da tua boca.* Que assembleia! "Todos os reis da terra"! Que propósito! Unidos para ouvir as palavras da boca de Jeová. Que pregador! O próprio Davi ensaia as palavras de Jeová. Que louvor quando todos eles em feliz união, elevam suas canções ao Senhor! —C. H. SPURGEON

## Versículo 6

*Contudo, atenta para os humildes.* Esta é uma disposição que melhor serve ao grande plano de Deus de elevar e glorificar Sua graça gratuita. O que pensam vocês, senhores, ter sido o plano de Deus na eleição, redenção, em toda a dispensação do evangelho e em todas as ordenanças dele?

Seu grande plano era criar um glorioso trono elevado, do qual Ele poderia exibir as riquezas de Sua graça soberana e gratuita; isto é, que Ele magnificará por toda eternidade acima de todo outro nome que lhe é atribuído.

Agora, esta humildade de espírito melhor se adapta ao plano de Deus de exaltar a liberdade de Sua graça. Não é o fariseu legalista ou orgulhoso, mas o publicano, pobre e humilde que está batendo em seu peito e clamando: "Ó Deus, sê propício a mim, pecador!", que se submete a revelação da graça. —EBENEZER ERSKINE

*Os soberbos, ele os conhece de longe.* Pelo sacrifício de um Caim, pela promessa de um Faraó, pelas ameaças de uma Rabsaqué e pela oração de um fariseu, o Senhor não tem respeito. Nabucodonosor, quando distante de Deus, clamou: "Não é esta a grande Babilônia que eu edifiquei"; mas o Senhor o conhecia e o mandou pastar com o gado.

Homens orgulhosos se vangloriam ruidosamente de sua cultura e "da liberdade de pensamento" e até mesmo ousam criticar seu Criador. Mas Ele os reconhece à distância e os manterá à distância de um braço nessa vida e os trancará no inferno na próxima. —C. H. SPURGEON

## Versículo 7

*Se ando em meio à tribulação, tu me refazes a vida.* Estando eu caminhando por ela agora ou se estiver nos anos próximos, não tenho motivo para o medo; pois Deus está comigo e me dará nova vida. Quando estamos de certa forma em aflição, já é uma situação ruim, mas é ainda pior adentrar o centro desse escuro continente e atravessá-lo. Contudo, em tal caso, o cristão obtém progresso, já que caminha; mantém um ritmo calmo, pois nada faz além de caminhar; e ele está com a melhor companhia, visto que Seu Deus está próximo para derramar vida renovada sobre ele. Se recebemos a vivificação, não precisamos lamentar a aflição. Quando Deus nos vivifica, a luta nunca nos prejudicará. —C. H. SPURGEON

A sabedoria de Deus é vista no auxílio em causas dramáticas. Deus ama demonstrar a Sua sabedoria quando o auxílio e a sabedoria humana falham. Advogados primorosos amam lutar com maneirismos e delicadezas na lei para demonstrar ainda mais sua habilidade.

A sabedoria de Deus nunca perde sua convicção; mas quando as providências são obscuras, surge então a estrela da manhã da libertação. Algumas vezes Deus dissipa os espíritos de Seus inimigos (Js 2:24). Algumas vezes, Ele lhes dá outro trabalho para fazer e lhes dá o toque de retirada, como Ele fez com Saul quando este perseguia Davi. "Os filisteus estão na terra". "No monte Deus será visto". Quando a igreja parece estar no altar, sua paz e liberdade prontas para serem sacrificadas, então o anjo vem. —THOMAS WATSON

## Versículo 8

*O que a mim me concerne o* S*enhor* *levará a bom termo.* Eu suponho que se o sonho medieval tivesse se realizado e um alquimista tivesse transformado um grão de chumbo em ouro, ele poderia ter transformado todo o chumbo do mundo, a tempo e com crisóis e fornalhas suficientes.

O primeiro passo é toda a dificuldade e se você e eu fomos transformados de inimigos em filhos, e tivemos uma fagulha de amor a Deus para acender nossos corações, essa é uma mudança mais poderosa do que qualquer outra que ainda permaneça para ser efetivada a fim de que sejamos perfeitos. Um grão foi transformado; toda a massa o será no devido tempo. —ALEXANDER MACLAREN

*Não desampares as obras das tuas mãos.* Todos os homens amam suas próprias obras, muitos as idolatram. Deveríamos pensar que Deus abandonará as Suas? —JOSEPH CARYL

Contemple em mim a Sua obra, não a minha. Pois a minha, se o Senhor a vir, a condenará. A Sua se o Senhor vir, a coroará. Pois quaisquer boas obras minhas que haja, do Senhor elas vêm até mim, e assim são mais Suas do que minhas. Pois eu ouço de Seu apóstolo: "Porque pela graça sois salvos, mediante a fé; e isto não vem de vós; é dom de Deus; não de obras, para que ninguém se glorie. Pois somos feitura dele, criados em Cristo Jesus" (Ef 2:8-10). —AGOSTINHO

*Tuas mãos.* No princípio, Suas mãos criadoras formaram nossas almas; no Calvário, Suas mãos perfuradas pelos pregos as redimiram, assim Suas mãos glorificadas manterão nossas almas e para sempre não as deixarão ir. Em Suas mãos vamos entregar o nosso espírito, certos de que ainda que as obras de nossas mãos pudessem invalidar as obras das Suas mãos, ainda assim, Suas mãos aperfeiçoarão novamente tudo o que nossas mãos desfizeram. —J. W. BURGON

# Salmo 139

UM dos mais notáveis hinos sagrados. Canta sobre a onisciência e onipresença de Deus, inferindo a partir delas a derrota dos poderes da perversidade, uma vez que Ele que vê e ouve os atos e palavras abomináveis dos rebeldes, certamente lidará com eles de acordo com a Sua justiça.

O resplendor deste salmo é como uma safira, ou o "cristal brilhante que metia medo" em Ezequiel; reluz com lampejos de luz como se pudesse transformar a noite em dia. Como o Farol de Alexandria, este santo cântico lança luz clara às partes mais longínquas do mar e alerta contra o ateísmo prático que ignora a presença de Deus e assim, causa o naufrágio da alma.

Título: Obviamente os críticos não atribuem essa composição a Davi, em razão de certas expressões do Aramaico que estão presentes no texto. Acreditamos que com base nos princípios da crítica em voga atualmente seria extremamente fácil provar que Milton não escreveu *Paraíso Perdido*. Conhecendo as selvagens inferências às quais os críticos recorreram em outras questões, perdemos toda a fé neles e preferimos acreditar que Davi é o autor deste salmo, com base em indícios internos de estilo e tema, do que aceitar a determinação de homens cujos modos de julgamento são manifestadamente pouco confiáveis. —C. H. SPURGEON

Todo o salmo: Aben Ezra observa que este é o salmo mais glorioso e excelente em todo o livro de Salmos. Um salmo muito excelente de fato, mas difícil será dizer se é o mais excelente. —JOHN GILL

Há um salmo que deveria ser abordado pelos cristãos como Pitágoras abordava sua regra áurea: repetindo-a todas as manhãs e todas as noites. É o apelo de Davi de uma boa consciência para com Deus contra as calúnias e suspeitas maliciosas dos homens no Salmo 139. —SAMUEL ANNESLEY

Este salmo é uma das mais sublimes composições do mundo. Como um menino pastor pôde conceber um tema tão sublime e escrevê-lo em tom tão sublime? —GEORGE ROGERS

"Salmo de Davi". Como qualquer crítico consegue designar este salmo a outro que não seja Davi, não consigo compreender. Todas as linhas, todos os pensamentos, toda curva de expressão e transição, são dele e dele somente. Com relação aos argumentos retirados dos dois caldeísmos que ocorrem, é realmente algo insignificante. Estes caldeísmos consistem meramente na substituição de uma letra por outra, muito semelhantes na forma e facilmente confundidas por um transcritor, particularmente por algum que estivesse acostumado ao idioma dos Caldeus. Mas os argumentos morais em favor da autoria de Davi são tão fortes a ponto de subjugar qualquer argumento verbal, ou antes crítica literal, que foram inclusive objeções mais formidáveis do que de fato o são. —JOHN JEBB

### Versículo 1

*SENHOR, tu me sondas e me conheces.* Como é bom para nós que conheçamos o Deus que nos conhece! Nunca houve um momento em que fomos desconhecidos para Deus e nunca haverá um momento em que estaremos além de Sua observação. Note como o salmista faz de sua doutrina algo pessoal. Ele não diz: "Ó Deus, tu conheces todas as coisas", mas "Tu me conheces". Será sempre sábio estabelecer uma casa para a verdade, para nós mesmos. Quão maravilhoso o contraste entre o observador e o observado! Jeová e eu! Todavia, existe esta conexão mais íntima e nela está nossa esperança. Deixe o leitor sentar-se calmamente por certo tempo e tente compreender os dois polos desta afirmação — o Senhor e o pobre e insignificante homem — e ele verá muito para admirar e com que se maravilhar. —C. H. SPURGEON

Os piedosos podem algumas vezes ser tão grandemente envoltos com calúnias e acusações a ponto de não conseguirem encontrar um caminho para esclarecerem-se diante dos homens, mas devem se se contentar e se consolarem com o testemunho de uma boa consciência e com o fato de que Deus aprova sua integridade, como Davi aqui o faz. —DAVID DICKSON

As verdades divinas têm a mesma plenitude quando são colocadas em oração e quando se prega sobre elas; e muito melhor do que quando se discute sobre ela. —MATTHEW HENRY

*Sondas*. A palavra hebraica originalmente significa cavar e é aplicada à procura de metais preciosos (Jó 28:3), mas metaforicamente à inquisição moral por culpa. —JOSEPH ADDISON ALEXANDER

Versículos 1 a 5. Deus conhece tudo perfeitamente e, de imediato, Ele conhece tudo perfeitamente. Isto, para a compreensão humana, geraria confusão; mas não pode haver confusão na compreensão divina, porque a confusão surge da imperfeição. Portanto Deus, sem confusão, contempla tão distintamente as ações de cada homem, como se aquele homem fosse o único ser criado e a divindade fosse unicamente empregada em observá-lo. Deixe que esse pensamento preencha sua mente com admiração e remorso. —HENRY KIRKE WHITE

### Versículo 2
*Penetras os meus pensamentos*. Diante dos homens somos tão opacos como colmeias de abelha. Eles percebem que os pensamentos vão e vêm em nós, mas não conseguem discernir o trabalho que eles operam no interior de um homem. Diante de Deus, somos como colmeias de vidro e tudo o que os nossos pensamentos estão fazendo dentro de nós Ele vê e compreende perfeitamente. —HENRY WARD BEECHER

Versículos 2 a 4. Não imagine que sua conduta, postura, vestimenta ou comportamento não estão sob a providência de Deus. Você se engana. Não pense que seus pensamentos caminham livres de inspeção. O Senhor os compreende de longe. Não pense que suas palavras são dissipadas no ar antes que Deus as ouça. Ó, não! Ele as conhece quando ainda estão em sua língua. Não pense que seus caminhos são tão confidenciais e sigilosos a ponto de que não haja ninguém que os conheça ou censure. Você se equivoca. Deus conhece todos os seus caminhos. —JOHANN DAVID FRISCH

### Versículo 4
*Ainda a palavra me não chegou à língua*. Como é necessário estabelecer vigia diante das portas de nossa boca, para segurar esse nosso membro obstinado, a língua, como que com cabresto e freio. Alguns de vocês sentem em certos momentos que mal podem dizer uma palavra, e quanto menos disserem, melhor. Bem, assim melhor será; pois grandes faladores quase certamente tropeçarão com sua língua.

Pode ser algo bom você não poder falar demais, pois na multidão de palavras há abundância de pecado. Onde quer que você for, que conversas levianas, vãs e tolas você ouvirá! Sou grato por não ser lançado em circunstâncias onde possa ouvi-las.

Mas com você, pode ser diferente. Você pode frequentemente se arrepender de falar, raramente se arrependerá do silêncio. Como são pronunciadas rapidamente palavras de ira! Com que rapidez expressões tolas saem da boca! O Senhor sabe de tudo, registra tudo e se você carregasse consigo uma reminiscência mais solene da questão, seria mais vigilante do que é. —JOSEPH C. PHILPOT

"Quando não há uma palavra em minha língua, o Senhor tudo sabe", assim alguns leem, pois, pensamentos são palavras para Deus. —MATTHEW HENRY

### Versículo 5
*Tu me cercas por trás e por diante*. Por trás de nós está Deus registrando nossos pecados ou, em graça, eliminando a lembrança deles. E adiante de nós está Deus antevendo todos os nossos atos e provendo

todas as nossas necessidades. Não podemos dar a volta e escapar dele, pois Ele está atrás. Não podemos ir adiante e passar à frente dele, pois Ele está adiante. —C. H. SPURGEON

O que você diria se, para qualquer lado que se voltasse, o que quer que fizesse, o que quer que pensasse, seja em público ou privado, com um amigo muito próximo contando seus segredos, ou planejando-os sozinhos — se, eu digo, você vir um olho constantemente fixo em você, de cuja observação, ainda que você muito lutasse jamais pudesse escapar... que pudesse distinguir todos os seus pensamentos? A suposição é terrível o suficiente. Tal olho existe. —DEVERE

*E sobre mim pões a mão*. O prisioneiro marcha adiante cercado por um guarda e preso por um oficial. Deus está tão próximo, que estamos por completo em Seu poder; e desse poder não há escape. Não é dito que Deus assim nos assola e prende, mas ocorre: "Tu me cercas". Não alteraríamos a figura ao dizer que nosso Pai celestial cruza os Seus braços ao nosso redor e nos acaricia com a Sua mão? Assim é com aqueles que, por fé, são filhos do Altíssimo. —C. H. SPURGEON

## Versículo 6

*Tal conhecimento é maravilhoso demais para mim*. Não consigo compreender. Mal posso suportar pensar nisso. O tema me devasta. Fico maravilhado e atônito. Tal conhecimento não apenas ultrapassa minha compreensão, mas até mesmo minha imaginação. —C. H. SPURGEON

Neste momento, Ele está ouvindo os louvores emitidos por corações gratos em mundos distantes e lendo todo pensamento rastejante que passa pela mente poluída da raça caída de Adão... Com um olhar, Ele inspeciona o passado, o presente e o futuro. Nenhum descuido o impede de observar; nenhuma avaria de memória ou de julgamento obscurece a Sua compreensão.

Em Sua lembrança são restauradas não somente as operações deste mundo, mas de todos os mundos no Universo; não apenas os eventos dos 6.000 anos que passaram desde que a Terra fora criada, mas de uma duração sem início. Não, de coisas por vir, estendendo-se a uma duração sem fim, também estão diante dele. Uma eternidade passada e uma eternidade futura estão, ao mesmo tempo, diante dos Seus olhos; e com esse olho eterno Ele sonda o infinito. Que fantástico! Que inconcebível! —HENRY DUNCAN

*É sobremodo elevado, não o posso atingir*. Galgue o quanto puder, esta verdade é elevada demais para minha mente. Parece estar sempre acima de mim, até mesmo quando subo às regiões mais elevadas do pensamento espiritual. Não é assim com todo atributo de Deus? Podemos alcançar qualquer ideia do Seu poder, Sua sabedoria, Sua santidade? Nossa mente não tem linha com que medir o Infinito. Sendo assim, nós questionamos? Digo, que antes acreditemos e adoremos.

Não nos surpreendemos com o fato de que o Deus mais glorioso esteja, em Seu conhecimento, elevado acima de todo conhecimento que possamos obter. Deve assim ser por necessidade, considerando que somos seres tão pobres e limitados. E quando nos colocamos nas pontas dos pés, ainda não alcançamos o degrau mais baixo do trono do Eterno. —C. H. SPURGEON

## Versículo 7

*Para onde me ausentarei do teu Espírito?* Não que o salmista desejasse afastar-se de Deus ou evitar o poder da vida divina; mas ele faz esta pergunta para estabelecer o fato que ninguém pode escapar do Ser todo-predominante e da observação do grande Espírito Invisível. —C. H. SPURGEON

Um filósofo pagão certa vez perguntou: "Onde está Deus?" O cristão respondeu: "Deixe-me primeiro perguntar a você: 'Onde Ele não está?'" —JOHN ARROWSMITH

*Para onde fugirei?* Certamente para lugar algum. Aqueles que tentaram, o fizeram simplesmente como o peixe, que nada à distância da linha, com o anzol na boca. —JOHN TRAPP

*Tua face*. A presença da glória de Deus está no Céu; a presença de Seu poder na Terra; a presença de Sua justiça no inferno e a presença de Sua graça com o Seu povo. Se Ele nos nega Sua presença poderosa, caímos no nada, se Ele nos nega Sua graciosa presença, caímos no pecado; se Ele nos nega Sua presença misericordiosa, caímos no inferno. —JOHN MASON

O celebrado Lineu testificou em suas conversas, escritos e ações, um grandioso senso da presença de Deus. Ele ficou tão fortemente impressionado com a ideia, que escreveu na porta de sua biblioteca: *innocue vivite, Numen adest* — "Viva inocentemente: Deus está presente." —GEORGE SEATON

Versículos 7 a 11. Você nunca será negligenciado pela divindade, ainda que fosse tão pequeno a ponto de afundar nas profundezas da Terra, ou tão elevado a ponto de voar até o Céu. Mas você sofrerá a devida punição dos deuses, seja habitando aqui, ou partindo para o Hades, ou seja, carregado a um lugar ainda mais selvagem que estes. —PLATÃO

Versículos 7 a 12. O salmo não foi escrito por um panteísta. O salmista fala de Deus como uma pessoa presente por toda parte na criação, contudo, distinta da criação. Nestes versículos, ele diz: "Teu Espírito… tua face… lá estás… tua mão… tua destra… as próprias trevas não te serão escuras". Deus está em todos os lugares, mas Ele não é todas as coisas. —WILLIAM JONES

*Versículo 9*
*Se tomo as asas da alvorada e me detenho nos confins dos mares*. A luz voa com velocidade inconcebível e reluz muito além da compreensão humana; ela ilumina o grande e vasto mar e faz suas ondas brilharem à distância. Mas sua velocidade falharia se empregada em voar para longe do Senhor. Fôssemos nós voar nas asas da brisa da manhã e romper à força oceanos desconhecidos para traçar e mapear, contudo ainda ali encontraríamos o Senhor já presente. —C. H. SPURGEON

Versículos 9 e 10. O quê? Jonas ofendeu os ventos ou as águas, para que o tratassem com tanta inimizade? Os ventos e as águas e todas as criaturas de Deus, por hábito, lutam ao lado de Deus contra Jonas ou contra qualquer pecador rebelde. Pois ainda que Deus no princípio tenha dado poder ao homem sobre todas as criaturas para reinar sobre elas, contudo quando o homem pecou, Deus deu poder e força às Suas criaturas para dominar e refrear o homem. Portanto, até mesmo ele que era senhor sobre as águas, agora tem as águas como senhor sobre ele. —HENRY SMITH

*Versículo 10*
*A tua destra me susterá*. O missionário explorador é guiado em suas perambulações, e amparado em sua fragilidade solitária. Ambas as mãos de Deus estão com os Seus servos para sustê-los e contra os rebeldes para derrotá-los; e a este respeito não importa em que domínios se refugiam, pois a força ativa de Deus ainda permanece ao redor deles. —C. H. SPURGEON

*Versículo 11*
*Se eu digo: as trevas, com efeito, me encobrirão*. As vilanias mais sujas da conduta humana sempre se empenharam para encobrir-se com a mortalha da noite. O ladrão, o falsificador, o assassino, o assaltante, o homicida e o sedutor sentem-se comparativamente seguros na escuridão da meia-noite, porque nenhum olho humano pode esquadrinhar suas ações.

Mas e se acontecesse de essa noite de sombra, para falarmos paradoxalmente, fosse como um fotógrafo infalível? E se homens perversos, ao abrirem seus olhos em outro mundo depois do sono da morte, encontrassem o Universo com imagens fiéis, por todos os lados, de suas vilanias terrenas, que eles supunham estar para sempre perdidas no adormecimento da noite? Que cenas eles contemplariam para sempre!

Eles podem agora, de fato, sorrir incredulamente diante de tal sugestão; mas as revelações da química poderão bem fazê-los tremer. A analogia, de fato, cria uma probabilidade científica de que todas as ações do homem, independentemente da escuridão em que tenham sido executadas, deixam sua imagem impressa na natureza, e de que pode haver testes que as trarão à luz do dia e as tornarão permanentes enquanto perdure o materialismo. —EDWARD HITCHCOCK

*Versículo 13*
*Cobriste-me no ventre de minha mãe* (ACRF). Ali permaneço escondido, coberto pelo Senhor. Antes que eu pudesse conhecê-lo, ou qualquer outra coisa, o Senhor teve cuidado comigo e me escondeu como um tesouro até que julgasse adequado trazer-me à luz. Assim o salmista descreve a intimidade que Deus tem com ele. Em suas partes mais secretas, no ventre de sua mãe, em sua condição mais secreta — contudo ainda nascituro, ele estava sob o controle e a tutela de Deus. —C. H. SPURGEON

O termo aqui traduzido por "Cobriste-me" significa propriamente esconder; proteger; envolver. E a tradução literal seria: "Tu me teceste no ventre de minha mãe", significando que Deus uniu suas partes como alguém que tece o pano ou que faz um cesto. Assim é traduzido por De Wette e por Genésio (Lexicon). A palavra original tem, contudo, também a ideia de proteger como numa cabine ou num casebre, tecido ou entrelaçado — por assim dizer — de ramos e galhos. —ALBERT BARNES

*Versículo 14*
*Por modo assombrosamente maravilhoso me formaste.* Em lugar de questionar o número de mortes prematuras que são constantemente testemunhadas, há razão muito maior para se maravilhar com o fato de que não há ainda mais mortes e que qualquer um de nós sobrevive até os 70 ou 80 anos.

> Nossa vida contém milhares de primaveras,
> Mas morre se uma partir.
> Estranho que uma harpa com mil cordas
> Mantenha-se afinada por tanto tempo.

E isto não é tudo. Se somos "formados de modo assombroso" em termos de nossa estrutura animal, será verificado que somos muito mais considerados como seres morais e responsáveis. Com relação à nossa natureza animal, somos na maioria dos aspectos construídos como outros animais; mas, no que nos concerne como agentes morais, somos distinguidos de toda outra criatura inferior.

Fomos criados para a eternidade. A vida presente é somente a parte introdutória de nossa existência. É, contudo, a parte que sela um caráter em tudo o que a segue. Quão temível é a nossa situação! A que influências inumeráveis a mente é exposta pelas tentações que nos cercam! A peste que caminha pela escuridão não é mais nociva para o corpo, do que as tentações são para a alma.

Tal é a construção de nossa natureza de modo que a própria Palavra de vida, se ouvida sem consideração, se torna sabor de morte para morte. Que consequências estão sobre os limitados e aparentemente triviais inícios do mal! Um pensamento perverso pode emitir um propósito perverso, este propósito numa ação perversa, esta ação num curso de conduta, este curso pode atrair para seu vórtice milhões de nossas criaturas-companheiras e encerrar com perdição, tanto para nós quanto para eles.

O todo deste processo foi exemplificado no caso de Jeroboão, o filho de Nebate. Quando colocado sobre as dez tribos, ele primeiro disse em seu coração: "Se este povo subir para fazer sacrifícios na Casa do Senhor, em Jerusalém, o coração dele se tornará a seu senhor, a Roboão, rei de Judá; e me matarão e tornarão a ele, ao rei de Judá" (1Rs 12:26-30). Sobre isto ele se aconselhou e fez os bezerros de Dã e Betel. Isto o colocou em um curso de perversidade do qual nenhuma repreensão pôde recuperá-lo.

Também não ficou restrito a ele, pois ele "fez Israel cometer pecados". A questão não era apenas sua destruição como uma nação, mas, aparentemente, a ruína eterna do rei e de um grande número de seus seguidores. Tais foram os frutos de um pensamento maligno! —ANDREW FULLER

*Por modo assombrosamente maravilhoso me formaste.* Observe a curiosa estrutura do corpo. Davi disse: "fui formado de modo assombrosamente maravilhoso". *Acu pictus sum*, assim a Vulgata traduz: "pintado como com uma agulha", como um traje bordado com diversas cores, bordado ricamente com nervos e veias.

O que direi do olho, onde há um trabalho manual tão curioso a ponto de que muitos em contemplá-lo pela primeira vez foram levados a reconhecer Deus? Da mão, feita para abrir e fechar e para servir as obras e ministérios da natureza sem gastar-se ou deteriorar-se por tantos anos? Se eles fossem de mármore ou metal, com uso tão constante, elas em pouco tempo estariam desgastadas e, contudo, agora sendo de carne, duram tanto tempo quanto dura a vida.

Mas até agora falamos apenas da carcaça em cujo interior está a joia. A alma, essa centelha e explosão divina, como é rápida, flexível, diversa e incansável em seus movimentos! Como é compreensiva em suas capacidades! Como animou o corpo, e é como o próprio Deus, tudo em todas as partes! Quem pode traçar os voos da razão? Que valor Deus estabeleceu para a alma! Ele a fez à Sua imagem, Ele a redimiu com o sangue de Cristo. —THOMAS MANTON

Uma corrente ou cabo mantém um navio em seu lugar. Nós lançamos a fundação de um edifício na terra e o edifício permanece. Mas o que é que une a alma e o corpo? Como se tocam? Como se mantêm juntos? Como não vagueamos até as estrelas ou as profundezas do oceano ou de um lado para outro como o acaso pode nos levar, enquanto nosso corpo permanece em seu lugar na Terra?

Longe de ser maravilhoso o fato de que o corpo um dia morre, como é que é colocado em vida e movimento? Como é impedido de falecer em uma única hora? Certamente é tão incompreensível quanto algo pode ser, como a alma e o corpo podem formar um homem; e, a menos que tivéssemos um exemplo diante de nossos olhos, soaríamos como quem fala usando palavras sem significado.

Por exemplo, não seria extravagante e vão falar sobre o tempo ser profundo ou elevado, ou do espaço ser rápido ou lento? Não menos vão, certamente, pode parecer para alguns tipos de espíritos, dizer que o pensamento e a mente têm um corpo, que, no caso do homem, de fato têm, segundo a maravilhosa vontade de Deus. —JOHN HENRY NEWMAN

*As tuas obras são admiráveis.* Não precisamos ir aos confins da Terra para encontrar maravilhas, nem mesmo passar pela soleira da porta, pois abundam em nosso corpo. —C. H. SPURGEON

Aqueles que tinham habilidade em anatomia dentre os antigos, concluíram, a partir da composição exterior e interior do corpo humano, que essa foi a obra de um Ser transcendentalmente sábio e poderoso. Galeano foi convertido por suas dissecações, pois não pôde deixar de encontrar um Ser Supremo ao pesquisar Sua obra. —THE SPECTATOR

*E a minha alma o sabe muito bem.* Ele não era agnóstico, ele sabia; não tinha dúvida, sua alma sabia; não era um tolo, sua alma sabia muito bem. Se somos maravilhosamente formados antes mesmo de termos nascido, o que diremos sobre o tratar do Senhor conosco depois que deixamos a Seu ateliê secreto, e Ele nos orientar no caminho para a peregrinação da vida? O que não diremos desse novo nascimento, o qual é mais misterioso ainda do que o primeiro e exibe ainda mais o amor e a sabedoria do Senhor? —C. H. SPURGEON

*Versículo 15*
*Os meus ossos não te foram encobertos.* Deveria um artesão planejar começar uma obra em alguma caverna escura onde não há luz para auxiliá-lo? Como ele movimentaria suas mãos para executar o trabalho? De que forma ele procederia? E que tipo de obra seria? Mas Deus faz a obra mais perfeita de todas no escuro, pois Ele modela o homem no útero de sua mãe. —JOÃO CALVINO

*Quando no oculto fui formado.* Muito casta e belamente é aqui descrita a formação de nosso ser antes do dia de nosso nascimento. Um grande artista com frequência trabalhará sozinho em seu ateliê e não suportará que sua obra seja vista até que esteja terminada; assim fez o Senhor quando nos formou; onde nenhum olho nos contemplou e o véu não foi erguido até que todos os membros estivessem completos. —C. H. SPURGEON

*E entretecido como nas profundezas da terra.* "Bordado com grande habilidade" é uma descrição poética precisa da criação das veias, dos tendões, músculos, nervos etc. Que tapeçaria pode igualar-se ao tecido humano? —C. H. SPURGEON

Muitas fechaduras e chaves questionam o valor da joia que guardam, e muitos papéis embalando uma lembrança em seu interior, o preço da lembrança. As tábuas do testamento primeiro, colocadas na arca; segundo, a arca revestida com ouro puro; terceiro, coberta com as asas dos querubins; quarto, ocultada pelo véu do Tabernáculo; quinto, com o âmbito do Tabernáculo; sexto, com um compartimento sobre tudo; sétimo, uma cobertura tríplice de peles de cabra, cordeiros e doninhas. Estas tábuas do testamento são obrigatoriamente preciosas.

Assim quando o Todo-Poderoso criou a cabeça do homem (o assento da alma sensata) e a cobriu com cabelos, pele e carne, como a cobertura tríplice do Tabernáculo e a envolveu com o crânio e ossos como tábuas de cedro. Depois disso, acrescentou diversas peles como cortinas de seda e, finalmente, a encerrou com a pele amarelada que cobre o cérebro (como o véu roxo), o Senhor indubitavelmente quis que soubéssemos que foi criada para que algum grande tesouro seja ali guardado. Como e quando a alma sensata é colocada neste curioso armário é alvo de muitas discussões de filósofos, mas nenhum pode afirmar algo com certeza. —ABRAHAM WRIGHT

Versículos 15 e 16. "Que estavam sendo continuamente formados" está errado. A margem, ainda que também errada, indica o modo correto: "Meus dias […] escrito e determinados quando nem um deles havia ainda". —DAVID M'LAREN

## Versículo 16
*Os teus olhos me viram a substância ainda informe.* Muitos se envergonham por serem vistos como Deus os fez; alguns se envergonham de que seja visto o que o diabo fez deles. Muitos se perturbam com pequenos defeitos no homem exterior, alguns se perturbam com as maiores deformidades do homem interior, muitos compram beleza artificial para suprir a natural; poucos compram as coisas espirituais, para suprir os defeitos da beleza sobrenatural da alma. —ABRAHAM WRIGHT

*E no teu livro todas estas coisas foram escritas, as quais iam sendo dia a dia formadas, quando nem ainda uma delas havia* (ARC). Um arquiteto desenha seus projetos e faz suas especificações. Desse mesmo modo, o grande Criador fez com nossa estrutura, traçou todos os nossos membros no livro de Seus propósitos. Termos olhos, ouvidos, mãos e pés, tudo é devido ao sábio e gracioso propósito do Céu. Assim foi ordenado no decreto secreto pelo qual todas as coisas são como são.

A grande verdade expressa nestas linhas foi por muitos referida à formação do Corpo místico de nosso Senhor Jesus. É claro, o que é verdade sobre um homem, como homem, é enfaticamente verdade sobre Ele que é o Homem Representativo. O grande Senhor conhece quem pertence a Cristo; Seu olho considera os membros escolhidos que serão um com a pessoa viva do Cristo místico. Aqueles entre os eleitos que ainda não nasceram, ou não foram renovados, estão, não obstante escritos no livro do Senhor. —C. H. SPURGEON

## Versículo 17
*Quão grandes são as somas deles!* Que contraste é tudo isto com a noção daqueles que negam a existência de um Deus pessoal e atento! Imagine um mundo sem o Deus pensante e pessoal! Imagine a providência sombria de um maquinário — uma paternidade de lei! Tal filosofia é dura e fria. É tão válido para o homem reclinar sua cabeça sobre o fio da navalha, quanto buscar descanso em tal fantasia. Mas o Deus que sempre pensa em nós cria um mundo feliz, uma vida rica, um futuro celestial. —C. H. SPURGEON

Versículos 17 e 18. Veja o amor de Davi pelo Senhor. Ao dormir e ao acordar sua mente está fixa nele. Não são necessários argumentos para trazermos à lembrança aqueles que amamos. Escolhemos, antes, negligenciar a nós para pensar neles. Um homem apaixonado desgasta seu espírito, atormenta sua mente, negligencia sua carne, não considera seus negócios; sua mente ainda se alimenta daquilo que ele ama.

Quando os homens amam aquilo que não deveriam, há mais necessidade de rédeas para impedi-los de pensar nisto do que de esporas para mantê-los nisto. Teste seu amor por Deus desta forma. Caso você não pense em Deus com frequência, você não o ama. Caso você não consiga se satisfazer com ganhos, prazeres, amigos e outros objetos mundanos, mas precisa deixar outras questões de lado para que possa diariamente pensar em Deus, então você o ama. —FRANCIS TAYLOR

Muitos pequenos itens juntos criam uma grande soma. O que é mais leve do que um grão de areia? Contudo o que é mais pesado do que a areia na orla da praia? Assim como pequenos pecados (como pensamentos vãos e obras ociosas), por sua grande quantidade, tornam-se grande culpa e trarão uma longa cobrança, um pesado cálculo por fim; da mesma forma, quanto às misericórdias comuns, o que lhes falta em seu tamanho comparado a algumas outras grandes misericórdias, é compensado por sua quantidade. Quem não dirá que um homem demonstra maior bondade ao manter alguém, em sua mesa, com um cardápio simples durante todo o ano do que entretê-lo em uma grande festa, duas ou três vezes por ano? —WILLIAM GURNALL

## Versículo 18

*Se os contasse, excedem os grãos de areia.* A tarefa de contar os pensamentos de amor de Deus seria sem fim. Caso tentássemos calcular, necessariamente falharíamos, pois o Infinito não entra na linha de nosso débil intelecto. —C. H. SPURGEON

*Quando acordo ainda estou contigo.* Os Seus pensamentos de amor são tantos que minha mente nunca se afasta deles; eles me cercam a todas as horas. Vou à minha cama e Deus é meu último pensamento, e, quando acordo, percebo minha mente ainda pairando nos portões de Seu palácio. Deus está sempre comigo e eu estou sempre com Ele. Isto de fato é vida. —C. H. SPURGEON

Não é pequena vantagem à vida santa "começar o dia com Deus". Os santos têm o hábito de deixar seus corações com Ele durante a noite, para que os encontrem com Ele pela manhã. Antes que as coisas terrenas venham sobre nós e recebamos impressões do exterior, é bom condimentar o coração com pensamentos de Deus e consagrar as ações iniciais e brutas da mente antes que sejam prostituídas com objetos mais medíocres.

Quando entregamos ao mundo o início da manhã, em vez de entregá-lo à religião, dificilmente poderemos mudar essa disposição durante todo o dia. E assim o coração é habituado à vaidade o dia todo, mas quando começamos com Deus, o levamos conosco a todas as questões e consolações do dia, o qual sendo condimentado com Seu amor e temor, são nos ainda mais doces e saborosos. —THOMAS CASE

Acostume-se com uma meditação séria todas as manhãs. Arejar nossa alma no Céu gerará em nós um espírito mais puro e pensamentos nobres. Um bom tempero matinal nos preservará por todo o dia. Ainda que outros pensamentos necessários para nosso chamado virão e devem vir, contudo, quando os tivermos expedido, compareçamos ao nosso tema da manhã como nosso principal companheiro.

Como um homem que está discutindo questões significativas com o outro, suponha-se enquanto vão até Westminster, embora ele encontre vários amigos no caminho e a alguns saúde, e com outros com quem tem negócios gaste mais tempo, ainda assim ele retorna rapidamente a seu companheiro e ambos juntos caminham para seu destino pretendido.

Faça isto no caso atual. Nossa mente é ativa e estará fazendo algo, ainda que para pequeno propósito. E se não estiverem fixas em um objeto nobre, se agradarão profundamente, como loucos e insensatos, de brincar com palha. Os pensamentos de Deus eram os primeiros visitantes que Davi tinha de manhã. Deus e o coração de Davi se fundiam assim que ele se acordava e durante todo o dia anterior já haviam sido companheiros. —STEPHEN CHARNOCK

## Versículo 19

*Tomara, ó Deus, desses cabo do perverso.* Os crimes cometidos diante da face do Juiz certamente não ficarão impunes. Deus, que vê todo o mal, matará todo o mal. Tal é o Seu amor pela santidade e ódio pelo erro a ponto de que declarará guerra até a morte àqueles cujo o coração e a vida são perversos. Deus não suportará para sempre que Sua amável criação seja desfigurada e contaminada pela presença de impiedade; se há algo certo, isto é certo: Ele o aliviará de Seus adversários. —C. H. SPURGEON

*Apartai-vos, pois, de mim, homens de sangue.* Ele parece dizer: "Se Deus não permitir que vivam com Ele, eu não permitirei que vivam comigo. Afastem-se de mim, pois se afastaram de Deus." Assim como nos deleitamos em ter o Deus santo sempre perto de nós, também desejaríamos avidamente que os homens ímpios fossem removidos o mais distante possível de nós. Trememos na companhia do ímpio por medo que sua ruína caia sobre eles repentinamente e os víssemos caídos mortos aos nossos pés. Não desejamos que nosso lugar de relacionamento seja transformado em forcas de execução; portanto, que os condenados sejam removidos de nossa companhia. —C. H. SPURGEON

## Versículo 20

*Eles se rebelam insidiosamente contra ti.* Que estrondoso pecado é os homens vituperarem um Ser tão bom como o Senhor, nosso Deus! A insolência daqueles que falam perversamente é um fato singular e é mais singular quando refletimos que o Senhor, contra quem eles falam, está por todo o redor deles e considera seriamente toda desonra que eles proferem a Seu santo nome. Não devemos nos maravilhar que homens nos caluniem e ridicularizem, pois fazem o mesmo com o Deus Altíssimo.

## Versículo 21

*Não aborreço eu, ó Senhor, aqueles que te aborrecem?* Ele era bom no ato de odiar, pois odiava somente aqueles que odiavam o bem. Deste ódio ele não se envergonha, mas o estabelece como uma virtude da qual ele colocaria o Senhor como testemunha. É nosso dever amar todos os homens com benevolência, mas amar qualquer homem ímpio com complacência seria um crime. Odiar um homem por si só ou por algum mal que tenha nos causado, seria errado; mas odiar um homem porque ele é o inimigo de toda bondade e o inimigo de toda justiça, não é mais nem menos do que uma obrigação. Quanto mais amamos a Deus, mais indignados ficaremos com aqueles que se recusam a dar a Ele sua afeição. —C. H. SPURGEON

Pode ele que considera a boa-fé o que há de mais santo na vida, evitar ser inimigo do mestre que, como questor, ousa espoliar, abandonar e trair? Pode aquele, que deseja dar as honras devidas aos deuses imortais, evitar por qualquer meio ser inimigo daquele homem que depredou todos os seus templos? —CÍCERO

*Não me aborreço eu...?* É dito que Adam Smith não tinha mais antipatia por nada do que pela apatia moral — essa obtusidade da percepção moral — que impede o homem de não somente ver claramente, mas sentir fortemente, a ampla distinção entre virtude e vício e que, sob o pretexto da liberalidade, é completamente indulgente até mesmo com os crimes mais obscuros.

Em uma festa no Palácio Dalkeith, onde o Sr. ........., a seu modo piegas, mitigava algumas transações perversas, o doutor esperou em silêncio paciente até que ele partisse, e, na sequência, exclamou: "Agora posso respirar mais livremente. Não consigo suportar aquele homem. Ele não tem indignação em si."

Versículos 21 e 22. Um servo fiel tem os mesmos interesses, os mesmos amigos, os mesmos inimigos que seu mestre cuja causa e honra ele está destinado, por dever, em qualquer ocasião, a respaldar e preservar. Um bom homem odeia como o próprio Deus odeia; ele não odeia os homens em si, mas seus pecados; não o que Deus fez deles, mas o que eles fizeram de si mesmos. Não devemos nem odiar os homens pelos vícios que praticam, nem amar os vícios por amor aos homens que os praticam. Aquele que observa invariavelmente esta distinção, cumpre a perfeita lei da caridade e tem o amor de Deus e de seu próximo habitando nele. —GEORGE HORNE

## Versículo 22

*Aborreço-os com ódio consumado.* Ele não permite que isso seja questionado. Ele não ocupa uma posição neutra. Seu ódio por homens maus, cruéis e blasfemos é intenso, completo, enérgico. Ele é tão vigoroso em seu ódio pela impiedade como o é em seu amor pela bondade.

*Para mim são inimigos de fato.* Ele faz disso uma questão pessoal. Podem não ter lhe causado mal, mas se estão ofendendo Deus, Suas leis e os grandes princípios da verdade e da justiça, Davi declara guerra contra eles. A perversidade coloca homens sob o favor de espíritos iníquos, mas os exclui da comunhão com o justo. Erguemos a ponte levadiça e policiamos os muros quando um homem de Belial passa por nosso castelo. Seu caráter é um *casus belli* [N.E.: Motivo de guerra. Incidente que pode levar duas ou mais nações a um conflito.]; não podemos agir de outra forma exceto contender com aqueles que contendem com Deus.

*Versículo 23*
*Sonda-me, ó Deus, e conhece o meu coração.* Deve ser um verdadeiro homem aquele que se coloca deliberadamente em tal prova severa. Contudo, cada um de nós pode desejar tal sondagem, pois seria terrível calamidade para nós que o pecado permanecesse desconhecido e não descoberto em nosso coração.
—C. H. SPURGEON

*Prova-me e conhece os meus pensamentos.* Que misericórdia há em existir um Ser que pode nos conhecer até a perfeição! Ele está intimamente familiarizado conosco. Inclina-se graciosamente a nós e está disposto a curvar Sua onisciência para servir o fim de nossa santificação. Oremos como Davi o fez e sejamos tão honestos quanto ele. Não podemos esconder nosso pecado. A salvação está do outro lado, em uma descoberta clara do mal e em um rompimento efetivo com ele. —C. H. SPURGEON

Que dilema assustador temos aqui! O Santíssimo não muda, quando visita o coração humano. Ele é o mesmo ali como o é no mais elevado Céu.

Ele não pode estimar o pecado e como pode um coração humano recebê-lo em suas câmaras secretas? De que maneira o fogo abrasador pode receber a água que resfria? É fácil perpetrar na memória a conveniente oração de antigo penitente.

As letras desgastadas e lisas pelo uso frequente, podem sair livremente de lábios insensíveis, sem deixar senso de punição na consciência e, contudo, ainda que sejam verdade de Deus, podem ser transformadas em mentira no ato do enunciado. A oração não é verdadeira, ainda que seja emprestada da Bíblia, se o suplicante convida Aquele que tudo vê e, contudo, daria mil mundos, se os tivesse, para mantê-lo à distância para sempre. A diferença entre um homem não convertido e um homem convertido não é que um tem pecados e outro nenhum tem; mas que um fica ao lado de seus pecados contra um Deus temido e o outro fica ao lado de um Deus reconciliado contra seus próprios pecados odiados.

Enquanto o Senhor for meu inimigo, serei inimigo dele. Não tenho mais poder para mudar essa condição do que a superfície polida tem para abster-se de refletir a luz solar que cai sobre ela. É o amor de Deus, reluzindo da face de Jesus em meu coração escurecido, que faz meu coração se abrir para Ele e deleitar-se por ser Seu lugar de habitação. Os olhos do justo Vingador não consigo suportar estando neste lugar de pecado; mas os olhos do Médico compassivo, admitirei alegremente a este lugar de doença. Pois Ele vem do Céu à Terra para que possa curar tais almas adoecidas pelo pecado, como a minha. —WILLIAM ARNOT

Versículos 23 e 24. Há muitas coisas dignas de atenção no apelo do salmista, nas palavras diante de nós. Primeiro, note a intrepidez do salmista. Aqui está um homem determinado a explorar as reentrâncias de seu coração. Bonaparte, Nelson, Wellington em algum momento se propuseram a isto? Estivessem presentes todos os renomados heróis da antiguidade, eu lhes perguntaria se, em algum momento, tiveram coragem de entrar em seus próprios corações.

Davi era um homem de coragem. Quando matou um leão no caminho, quando foi bem-sucedido em seu embate com um urso, quando enfrentou o gigante Golias, ele deu provas incontestáveis de coragem. Mas nunca demonstrou tal intrepidez como quando se determinou a olhar para seu próprio coração.

Se você estivesse em certa eminência e todas as criaturas devoradoras e peçonhentas que já existiram estivessem reunidas, diante de si, não lhe seria exigido tanta coragem para combatê-las como para combater o seu próprio coração. Todo o pecado é um demônio e cada um pode dizer: "Meu nome é Legião, porque somos muitos". Quem sabe o que é enfrentar-se a si mesmo? E, ainda, se quisermos ser salvos, isto deve ser feito. Um dos atributos do pecado é esconder o homem de si mesmo, ocultar sua deformidade, impedi-lo de formar uma concepção justa de sua verdadeira condição. É fato solene que não há um princípio mal no peito do próprio demônio que não exista em nosso, no momento atual, a menos que sejamos plenamente renovados pelo poder do Espírito Santo. —WILLIAM HOWELS

Versículos 23 e 24. O autoexame não é um ato simples, como possa parecer a princípio. Nenhum cristão que realmente o tenha praticado o considerou fácil. Existe algum exercício da alma que algum de nós considerou tão insatisfatório, tão quase impossível, quanto o autoexame?

Para o filho de Deus — o mais íntimo com Ele em toda a Terra — não hesito em dizer: "Há pecados latentes em você neste momento, dos quais você não tem ideia alguma; no entanto, é necessário apenas uma medida maior de iluminação espiritual para os imprimir e revelá-los. Você não imagina a perversidade que agora está em você."

Porém, enquanto digo isto, que todo cristão calcule bem o custo antes que se aventure no ousado ato de pedir a Deus que o "sonde". Pois tenha certeza disto: se você pedir a Deus real e sinceramente que o "sonde", Ele o fará. E Ele o sondará muito penetrantemente. E se você lhe pedir que "prove" você, Ele o provará e a prova não será leve! —JAMES VAUGHAN

Mas há outro tipo de hipocrisia que difere de ambas. Digo, aquela hipocrisia pela qual um homem não apenas engana o mundo, mas muito frequentemente impõe a si mesmo o engano; aquela hipocrisia que encobre seu coração de si mesmo, e o faz acreditar que é mais virtuoso do que realmente é, ou não trata seus vícios ou até confunde seus vícios com virtudes. É esta hipocrisia fatal e autoengano que são levados em conta nestas palavras: "Quem há que possa discernir as próprias faltas? Absolve-me das que me são ocultas." —JOSEPH ADDISON

Como é bela a humildade de Davi! Ele não fala do perverso a não ser em termos de justa indignação; ele não pode evitar odiar aqueles que odeiam seu Deus. Contudo, ele parece imediatamente recordar e checar-se a si mesmo: "Sonda-me, ó Deus e conhece o meu coração". Precisamente, no mesmo espírito de humildade interior e autorrecolhimento, Abraão, quando suplicando diante de Deus em oração pela culpada e depravada Sodoma, não falha ao falar de si mesmo como sendo pó e cinzas (Gn 18:27). —JAMES FORD

O ouro puro não teme a fornalha nem o fogo, nem a análise ou pedra de toque, assim como o ouro denso não tem medo da balança. Aquele que é peso será peso independentemente da frequência com que for pesado. Aquele que é ouro será ouro independentemente da frequência com que for provado e quanto mais frequentemente for provado, ouro mais puro ele será. O que ele é, ele será e será ainda melhor do que é. —JOSEPH CARYL

*Versículo 24*
*Vê se há em mim algum caminho mau*. Assim como eu odeio os maus em seu caminho, também odiaria todo o mau caminho em mim mesmo. —C. H. SPURGEON

Esta é uma bela e notável oração para o início de todos os dias. É, também, um grande sentimento para nos exortar no início de cada dia.

Há o caminho interior da incredulidade, ao qual somos muito suscetíveis. Há o caminho de vaidade e orgulho, ao qual frequentemente nos acostumamos. Há o caminho do egoísmo em que frequentemente caminhamos. Há o caminho do mundanismo no qual frequentemente prosseguimos — prazeres vazios, honras obscuras etc.

Há o caminho da morosidade. Que apatia em oração, no exame e aplicação da Palavra de Deus manifestamos! Há o caminho da autodependência pelo que frequentemente desonramos Deus e nos ferimos. Há, infelizmente, o caminho da desobediência, em que com frequência caminhamos. Em todo caso, nossa obediência é fria, relutante, incerta — não é simples, completa e fervorosa.

Como é necessário, então, ir a Deus imediatamente e com sinceridade para recomendar a petição: "Senhor, vê se há em mim algum caminho mau". Não permita que nada que esteja errado, que se oponha ao Seu caráter, que seja repugnante à Sua Palavra ou nocivo e degradante para nós, permaneça ou seja abrigado em nós. —T. WALLACE

Não sei como definir um ponto mais elevado no conhecimento religioso do que supor que ao homem está assegurado a oportunidade de oferecer a oração de nosso texto. Peço para que seja cauteloso ao usar esta oração. É fácil zombar de Deus pedindo a Ele que o sonde enquanto você pouco se esforça para sondar-se, e talvez, ainda menos para agir, de acordo com o resultado do escrutínio. —HENRY MELVILL

*E guia-me pelo caminho eterno.* Por Sua providência, por Sua Palavra, por Sua graça e por Seu Espírito, guia-me sempre. —C. H. SPURGEON

# Salmo 140

ESTE salmo está tão adequado em seu lugar e segue tão bem o 139 que você pode praticamente continuar a mesma leitura sem pausa entre os dois. Se a ordem fosse alterada, como certos espertinhos propõem, sérios danos seguiriam por todo o Livro de Salmos. Este é o clamor de uma alma atormentada, a súplica de um cristão incessantemente perseguido e assolado por sagazes inimigos, que ansiavam por sua destruição.

Davi foi perseguido como uma perdiz nas montanhas e raramente teve um momento de descanso. Este é um apelo comovente a Jeová por proteção, um apelo que gradualmente se intensifica a uma denúncia de seus amargos inimigos. Com este sacrifício de oração, ele oferece o sal da fé, pois de modo muito marcante e enfático ele expressa sua confiança pessoal no Senhor como Protetor dos oprimidos e como seu próprio Deus e Defensor. Poucos salmos curtos são tão ricos na joalheria da preciosa fé. —C. H. SPURGEON

*Versículo 1*
Livra-me, S<small>ENHOR</small>, do homem perverso. Lê-se como uma sentença da Oração do Pai Nosso: "Livra-nos do mal". Davi não suplica, de fato, contra um indivíduo, mas sim contra a espécie representada por este indivíduo, cuja melhor descrição é "homem perverso". Há muitos destes e de fato não encontraremos um homem inconverso que não seja, em certo sentido, um homem perverso; contudo, não são todos maus da mesma forma. Bom é para nós que nossos inimigos sejam perversos; seria algo horrível ter os bons contra nós. —C. H. SPURGEON

*Guarda-me do homem violento.* A perversidade no coração sorve na malícia e por fim ferve em paixão. A perversidade é algo feroz quando ganha liberdade para se manifestar; e assim "o homem perverso" logo evolui para o "homem violento". Que vigilância, força ou valor pode preservar o filho de Deus estando este cercado de engano e violência? Há com certeza um Preservador e é sábio, de nossa parte, esconder-nos sob a sombra de Suas asas.

É algo comum aos homens bons serem assaltados por inimigos. Davi foi atacado por Saul, Doegue, Aitofel, Simei e outros. Até mesmo Mordecai sentado humildemente no portão teve seu Hamã; e nosso Senhor, o Perfeito, foi cercado por aqueles que tinham sede por Seu Sangue. Não podemos, portanto, esperar passar pelo mundo sem inimigos, mas podemos esperar sermos libertos de suas mãos e preservados de sua ira de modo que nenhum dano real resultará de sua malignidade. Esta bênção deve ser buscada em oração e esperada por fé. —C. H. SPURGEON

## Versículo 2

*Cujo coração maquina iniquidades*. Não podem se alegrar a menos que estejam tramando e planejando, conspirando e idealizando. Eles parecem ter apenas um único coração, pois estão completamente de acordo em sua malícia. E com todo seu coração e alma perseguem a sua vítima.

Uma parte de confusão não é suficiente para eles; eles trabalham no plural e preparam muitas flechas para seu arco. Mesmo aquilo que não podem de fato fazer, apreciam considerar e ensaiar, no palco de sua cruel imaginação. É terrível ter uma doença de coração como esta. Quando a imaginação se alegra por prejudicar outros, é sinal certo de que toda a natureza se perdeu profundamente na perversidade. —C. H. SPURGEON

*E vive forjando contendas*. Literalmente, esta sentença pode ser lida assim: "que acumula guerras", e alguns compreendem dessa forma. Mas é bem conhecido que as preposições são frequentemente omitidas no hebraico e sem dúvida ele quer dizer que eles incitaram a inimizade geral por sua falsa informação que atuou como uma trombeta soando para a batalha. —JOÃO CALVINO

Versículos 2 e 3. O perverso usa três armas para atacar o justo: a conspiração oriunda do coração; a mentira oriunda da língua; e a violência proveniente das mãos. —JOHN LORINUS

## Versículo 3

*Aguçaram as línguas como serpente*. O rápido movimento da língua de uma víbora fornece uma ideia de como é afiada; assim os maliciosos movem sua língua, com tal velocidade que é possível supor que estejam agindo para esgotá-la ou polindo-a em uma superfície afiada. O maior poeta do mundo coloca isso em *Rei Lear*: "Ela cortou-me o séquito de metade dos homens, dirigiu-me olhares carrancudos, alcançando-me o coração com a língua viperina."

Para afiar ou aguçar a língua é importante que haja loquacidade da mais cortante e extrema, muito mais para afiar a língua "como serpente". Naturalistas nos falam que nenhuma criatura vivente movimenta sua língua tão rapidamente como a serpente e diz-se, portanto, que serpentes têm língua tríplice, porque, ao mover a língua tão rapidamente parecem ter três línguas. O salmista quer dizer que o perverso fala obtusamente e de modo tríplice, eles me aguilhoam e me envenenam com três línguas. —JOSEPH CARYL

Não é fato, por assim dizer, que há muito homens cuja existência é veneno nefasto? Eles lançam sua língua lívida como a língua da serpente; e o veneno de sua disposição corrói todo objeto sobre o qual se concentram; sempre vilipendiando e malignando, como o pássaro de mau presságio da noite. —PLÍNIO

*Sob os lábios têm veneno de áspide*. É tristemente admirável que até mesmo homens bons dirão palavras severas quando provocados; sim, até mesmo declararem-se "perfeitos" a sangue frio. Eles não são gentis como a pomba quando suas declarações de inocência do pecado são abertamente questionadas.

Este veneno do falar perverso nunca sairia de nossos lábios, independentemente do quanto fosse incitado, se já não estivesse ali em outros momentos. Por natureza temos um estoque enorme de palavras peçonhentas como uma cobra tem de veneno. Ó Senhor, retira as bolsas de veneno e faça nossos lábios liberarem apenas mel. "Selá". Este é um trabalho intenso. Suba, suba meu coração! Não se afunde muito. Não caia à nota mais baixa. Eleve-se a Deus. —C. H. SPURGEON

No dia de Santiago Maior, aparentemente havia homens e mulheres ociosos que iam de casa em casa gotejando calúnias conforme passavam, contudo não se podia tomar a calúnia e detectar a falsidade nela. Não se podia evaporar a verdade no lento processo do crisol e então mostrar o resíduo de falsidade reluzindo e visível. Não se podia escolher uma palavra ou sentença e afirmar que era uma calúnia, pois para que se constitua calúnia, não é necessário que a palavra mencionada seja falsa — meias-verdades são frequentemente mais caluniosas do que uma falsidade completa.

Não é nem mesmo necessário que uma palavra seja distintamente pronunciada; um lábio caído, uma sobrancelha arqueada, um ombro encolhido, um olhar significativo, uma expressão de incredulidade no semblante, não, até mesmo um silêncio enfático fará o trabalho. E quando a atitude leve e insignificante que causou a confusão voar para longe, o veneno ficará para trás, para agir e causar ressentimento, inflamar corações, afervantar a existência humana e envenenar a sociedade nos mananciais da vida.

Muito enfaticamente foi dito por alguém cujo ser havia sofrido sob tal aflição: "O veneno da serpente está sob seus lábios". —FREDERICK W. ROBERTSON

A difamação e a calúnia sempre precedem e acompanham a perseguição, pois a malícia em si não pode, como tal, incitar pessoas contra um bom homem; para que isto ocorra, ele precisa antes ser representado como um homem mau.

O que pode ser dito daqueles que se ocupam desta tarefa, se não que são "geração de víboras", a ninhada da antiga "Serpente", o grande acusador e caluniador da irmandade? Eles têm sob suas línguas uma bolsa de "veneno" que causa morte instantânea à reputação a que se fixam? Assim Davi foi caçado como rebelde; Cristo foi crucificado como blasfemo e os cristãos primitivos foram torturados como culpados de incesto e assassinato. —GEORGE HORNE

Tal é a natureza do pecado. Em qualquer lugar que entra, ele rasteja de um membro do corpo para outro e do corpo para a alma até que infecte o homem por completo, e então de homem a homem até que alcance toda a família; e não fica somente ali, mas corre como incêndio selvagem, de família em família, até que tenha envenenado toda uma cidade, e assim todo o país e todo o reino. —WILLIAM CRASHAW

## Versículo 4

*Guarda-me, ó Senhor, das mãos do ímpio.* Nenhuma criatura entre os animais selvagens da floresta é inimigo tão terrível para o homem quanto ele mesmo, quando guiado pelo mal e impelido pela violência. —C. H. SPURGEON

Guarda-me Senhor de fazer o que eles fazem ou do que eles querem que eu faça ou do que prometem a si mesmos que eu farei. —MATTHEW HENRY

## Versículo 5

*Armaram ciladas contra mim.* Havendo a possibilidade de que um homem piedoso possa ser enganado, subornado, intimidado ou que se possa causar-lhe ira, o perverso fará uma tentativa. Prontos eles estão para distorcer suas palavras, interpretar mal suas intenções e conduzir mal seus esforços. Prontos para fustigar, mentir e descer ao grau mais baixo da maldade, para cumprir seu propósito abominável. "Selá" (ARC). A harpa precisa de afinação após certos tons e o coração precisa se elevar a Deus. —C. H. SPURGEON

## Versículo 6

*À voz das minhas súplicas.* O que oferece segurança a pessoas simples e não experientes quando atacadas pelos argumentos astutos dos hereges e infiéis, não é a controvérsia, mas a oração, uma arma que seus adversários raramente usam e não conseguem compreender. —BRUNO DE ASTE

## Versículo 7

*Ó Senhor, força da minha salvação, tu me protegeste a cabeça no dia da batalha.* O escudo do Eterno é melhor proteção do que um capacete de bronze. Quando as flechas voam por todos os lados e o machado cai à direita e à esquerda, não há cobertura para cabeça como o poder do Onipotente. —C. H. SPURGEON

## Versículo 9

*Se exaltam a cabeça os que me cercam, cubra-os a maldade dos seus lábios.* O poeta representa seus adversários como estando tão unidos a ponto de terem uma única cabeça, pois há geralmente uma unanimidade entre espíritos maus que os torna mais fortes e terríveis para cumprir seus propósitos vis. A *lex talionis*, ou lei de talião, geralmente traz sobre homens violentos o mal que eles planejaram e declararam para outros. Suas flechas caem sobre eles mesmos. Quando os lábios de um homem proferem maldições, elas provavelmente, como galinhas, voltam para casa onde se empoleiram. Uma pedra lançada para cima no ar pode cair sobre a cabeça de quem a lançou.

As palavras de Davi podem ser lidas no futuro como uma profecia; mas neste versículo, de qualquer forma, não há necessidade de fazê-lo para suavizar o tom delas. Assim o é para que a maldade que tramam e a difamação que declaram recuem sobre eles mesmos para que todo homem justo possa desejar que assim aconteça. Aquele que não deseja isto pode desejar ser considerado compassivo e semelhante a Cristo, mas há possibilidade de que ele tenha uma concordância furtiva com o perverso ou de que seja deficiente de um senso firme de certo e errado.

Quando os homens maus caem em fossos que eles mesmos cavaram para os inocentes, cremos que até mesmo os anjos se alegram. Certamente os mais gentis e sensíveis filantropos, ainda que muito se compadeçam dos que sofrem, também aprovarão a justiça que os faz sofrer. Suspeitamos que alguns de nossos críticos, excessivamente condescendentes, precisam apenas ser colocados no lugar de Davi e, seriam muito mais amargos do que ele jamais foi.
—C. H. SPURGEON

## Versículo 10
*Sejam atirados ao fogo.* Eles aqueceram a fornalha da difamação sete vezes mais do que o habitual e serão ali devorados. Quem se compadeceria de Nabucodonosor se ele tivesse sido lançado em sua própria fornalha ardente? —C. H. SPURGEON

*Lançados em abismos para que não mais se levantem.* Quando um homem justo cai, ele se levanta novamente; mas quando o homem perverso cai, "ele cai como Lúcifer, privado da esperança". —C. H. SPURGEON

## Versículo 11
*O caluniador não se estabelecerá na terra.* Homens de línguas falsas e cruéis são de grande uso quando vão afofar o solo em que apodrecem suas carcaças. Todo o mal carrega o elemento de degradação em si; pois o que é se não corrupção? Portanto os poderes mais extremos da oratória são insuficientes para estabelecer, sobre uma fundação certa, a causa que carrega uma mentira em si. —C. H. SPURGEON

*Ao homem violento, o mal o perseguirá com golpe sobre golpe.* O pecado é sua própria punição. Um homem violento não precisará de uma ruína mais desastrosa do que colher o que ele semeou. É horrível para um caçador ser devorado por seus próprios cães; contudo este é o destino certo do perseguidor.
—C. H. SPURGEON

## Versículo 13
*Assim, os justos renderão graças ao teu nome.* Na Terra em breve, e no Céu para sempre, o puro de coração cantará ao Senhor. Como serão altas e doces as canções dos redimidos no milênio, quando o manso herdará a Terra e se deleitará na abundância de paz!
—C. H. SPURGEON

*Os retos habitarão na tua presença.* A que altura escalamos neste salmo — começando por ser caçado pelo homem perverso e prosseguindo até habitar na presença divina. Assim a fé ergue o santo das profundezas mais inferiores às alturas do descanso pacífico. Este cântico pode muito bem ser cravejado com *Selás*, ou elevações. —C. H. SPURGEON

# Salmo 141

**TÍTULO: "Salmo de Davi".** Sim, Davi sob suspeita, com receio de falar por medo de falar imprudentemente na tentativa de inocentar-se. Davi, difamado e assolado por inimigos. Davi, criticado até mesmo por santos e aceitando cordialmente. Davi, lamentando a condição do partido piedoso do qual ele fora reconhecido como líder. Davi, esperando em Deus com expectativa confiante.

O salmo faz parte de um grupo de quatro salmos e tem notável semelhança aos outros três. Seu significado é tão profundo quanto estar em lugares excessivamente obscuros, contudo, mesmo ainda em sua superfície, há nele poeira de ouro. Em seu início, o salmo é iluminado com o brilho da noite enquanto o incenso sobe ao Céu. E então surge uma noite de linguagem cujo significado não conseguimos perceber e isto dá lugar à luz da manhã em que nossos olhos estão no Senhor. —C. H. SPURGEON

Todo o salmo. Poucos salmos em um enredo tão curto reúnem tantas gemas de verdade preciosa e santa. —BARTON BOUCHIER

## Versículo 1

*Senhor, a ti clamo.* Minha oração é dolorosa, débil e é digna de ser chamada somente de clamor; mas é um clamor a Jeová e isto a enobrece. —C. H. SPURGEON

A incredulidade busca muitas formas de libertação da dificuldade; mas a fé tem apenas uma forma — ir a Deus, nomeadamente, pela oração, para qualquer coisa de que tenha necessidade. —DAVID DICKSON

Nenhum perigo ou angústia, ainda que grandioso, sufocará minha fé ou fechará minha boca, mas me fará mais sincero e minhas orações, como fortes correntes em pequenos estreitos, os desmantelará. —JOHN TRAPP

*A ti [...] em mim.* Nossa oração e a misericórdia de Deus são como dois baldes em um poço; enquanto um sobe o outro desce. —EZEKIEL HOPKINS

*Suba à tua presença a minha oração, como incenso.* Como o incenso é cuidadosamente preparado, aceso pelo fogo santo, e devotamente apresentado a Deus, que assim seja minha oração. Não devemos olhar para a oração como obra fácil que não exige consideração. Ela deve "subir à presença"; e mais ainda, deve "subir à presença" do Senhor por uma compreensão de Sua presença e uma santa reverência por Seu nome. —C. H. SPURGEON

*Suba à tua presença.* A oração é obra de conhecimento, obra de fé, obra pensante, obra de sondagem, obra que nos torna humildes e de nada é válida se o coração e as mãos não se unirem a ela. —THOMAS ADAMS

*Como oferenda vespertina.* Deveria ser assim o nosso culto diário, como um cordeiro era oferecido de manhã e à noite para o sacrifício. Mas, infelizmente nossas devoções são enfadonhas e mortas! Como as carruagens do Faraó, elas se arrastam pesadamente. Alguns, como a mula de Balaão, mal abrem suas bocas mais de duas vezes. —THOMAS ADAMS

## Versículo 3

*Põe guarda, Senhor, à minha boca.* A língua é o principal instrumento na causa de Deus e é o motor central do diabo. Dê-lhe isto e ele nada mais pedirá. Não há dano ou miséria que ele não executará por meio da língua.

Um homem jamais usaria esta linguagem sem uma convicção de que está em perigo de transgressão. E se Davi estava ciente de uma suscetibilidade ao erro, devemos nós em qualquer momento, presumir que estamos seguros? Nosso perigo surge da perversidade de nossa natureza. "Enganoso é o coração, mais do que todas as coisas, e desesperadamente corrupto"; e quem pode retirar algo puro de uma fonte impura?

Nosso perigo surge da propagação de um exemplo. Não há nada de que a humanidade seja mais culpável do que dos distúrbios de discurso. Contudo, somos constantemente cercados deles e a eles nos acostumamos desde nossa transitória infância.

Estamos em perigo pela frequência do discurso. "No muito falar não falta transgressão". Devemos, necessariamente, falar com frequência, mas frequentemente falamos sem necessidade. O dever nos chama a nos misturarmos com outras criaturas, mas nós ficamos muito pouco em nossos aposentos e tempo demais com a multidão. E quando estamos cercados de companhia, esquecemos a advertência: "Todo homem, pois, seja pronto para ouvir, tardio para falar".

Um homem jamais usaria esta linguagem sem a convicção da incapacidade de se autopreservar. A Bíblia ensina esta verdade, não apenas doutrinariamente, mas também historicamente. Os exemplos de homens bons e homens eminentes em santidade, o confirmam diante de nós. Moisés, o homem mais manso na Terra, "falou irrefletidamente".

Você ouviu sobre a paciência de Jó, mas ele "amaldiçoou o seu dia natalício"; e Jeremias, o profeta do Senhor, fez o mesmo. Pedro disse: "Ainda que venhas a ser um tropeço para todos, nunca o serás para mim. [...] Ainda que me seja necessário morrer contigo, de nenhum modo te negarei." Mas como ele usou sua língua poucas horas depois? "Então, começou ele a praguejar e a jurar: Não conheço esse homem!"
—SERMÃO DE W. JAY sobre *O controle da língua*

A natureza, permitiu aos meus lábios serem a porta das minhas palavras; que a graça mantenha esta porta de forma que nenhuma palavra saia tendo qualquer tendência a desonrar a Deus ou ofender outros. —MATTHEW HENRY

Que um selo nas palavras não sejam a mentira proferida pela língua. Zelar pelas palavras é melhor do que pela a saúde. —LUCIO

### Versículo 4
*Meu coração*. Esse homem é como Esaú, que tinha uma herança, que tinha um coração, mas agora não tem posse alguma, portanto, dê a Deus o seu coração, para que Ele o guarde. Não dê a Ele parte de seu coração, nem um cômodo em seu coração, mas o seu coração. O coração dividido, morre.

Deus não é como a mãe que aceitou dividir o bebê, mas como a mãe verdadeira que disse: "dai-lhe o menino vivo e por modo nenhum o mateis", por ser melhor do que o dividir. Deixe que o diabo fique com tudo, se Deus que o concedeu não é digno de tê-lo. Deus não tem sócios-parceiros; portanto Ele não aceitará divisão de partes; será tudo ou nada. E consequentemente Aquele que aqui pede o seu coração, em Deuteronômio 6:5, pede "todo o teu coração, toda a tua alma e toda a tua força". Três vezes, Ele exige tudo, para que não deixemos pensamento sequer para trás.

Ainda que seu coração seja um coração vão, um coração estéril, um coração pecaminoso, ainda assim dê-o a Deus e assim será cônjuge de Cristo, o templo do Espírito Santo e a imagem do Senhor, assim transformado, formado e refinado para que Deus o chame de novo coração.

Há tanta luta pelo coração como houve pelo corpo de Moisés. "Dê-me o teu coração", disse o Senhor; "dê-mo", disse o tentador; "dê-mo", disse o papa; "dê-mo", disseram as riquezas; "dê-mo", disse o prazer; pois você precisa dá-lo a alguém. Agora aqui está a escolha: ou você o dá a Deus ou ao diabo; coração de Deus ou coração do diabo. De quem o será? —HENRY SMITH

*Para a prática da perversidade na companhia de homens que são malfeitores*. O caminho para o qual o coração se inclina é o caminho para o qual a vida em pouco tempo se inclinará. O desejo por coisas más trará a prática de coisas más. A menos que a fonte da vida seja mantida pura, as correntes da vida em pouco tempo estarão poluídas. Infelizmente, há grande poder na companhia. Até mesmo homens bons estão suscetíveis a serem influenciados pela companhia. Daí o medo de que pratiquemos obras perversas quando estamos com os perversos. Devemos nos esforçar para não estar com eles, de modo que não pequemos com eles.

Mal é quando o coração vai sozinho pelo caminho errado, pior quando a vida passa sozinha pela estrada do mal; mas é suscetível de aumento em alto grau de impiedade, quando aquele que recua vai por um caminho acompanhado de um bando de pecadores ao seu redor. Bons homens se aterrorizam com o pensamento de pecar como os outros; o temor os coloca de joelhos. —C. H. SPURGEON

*E não coma eu das suas iguarias.* A armadilha é colocada com deliciosas carnes para que sejamos capturados e nos tornemos carne para a malícia dos perversos. Se não desejamos pecar com os homens, não devemos nos assentar com eles, e se não desejamos partilhar de suas perversidades, não devemos partilhar de sua rebeldia. —C. H. SPURGEON

O pecado não é somente carne, mas carne adocicada; não somente pão, mas pão agradável para um coração mal. —JOSEPH CARYL

## Versículo 5

*Fira-me o justo, será isso mercê.* Ele prefere as amarguras da companhia graciosa às iguarias do impiedoso. Preferiria ser assolado pelo justo a banquetear com o perverso. Dá permissão para advertência fiel, ele até a convida: "Fira-me o justo". Quando o impiedoso sorri para nós, sua adulação é cruel, quando o justo nos assola, sua fidelidade é bondosa.

Algumas vezes os homens piedosos repreendem severamente; eles não dão simples dicas ao mau, mas o martelam. E até mesmo nesse momento devemos receber os golpes em amor, e sermos gratos à mão que assola tão pesadamente. Os tolos ressentem a repreensão, homens sábios empenham-se para se beneficiar dela. —C. H. SPURGEON

A graça ensinará um cristão a tomar essas poções que são plenas, ainda que não sejam agradáveis. A repreensão fiel é um símbolo de amor e, portanto, pode bem ser considerada bondade. É um sinal da natureza poluída para um homem, como uma serpente, se for tocado para coleta de veneno, e ele o vomitar em todo o grupo. "Repreende o sábio, e ele te amará." —GEORGE SWINNOCK

A sinceridade e o arrependimento sério serão honráveis na pessoa que é mais cuidadosa em evitar o pecado, mais pronta a confessá-lo em penitência quando tiver sido por ele vencida e verdadeiramente grata àqueles que a chamaram ao arrependimento. Ela será mais desejosa de que Deus, Suas leis e religião tenham a glória da santidade que lhes é pertinente, do que ela mesma receba a glória indevida de inocência e escape da merecida vergonha de seu pecado.

Esta é uma das doenças mais perigosas de cristãos professos e um dos maiores escândalos desta era que pessoas consideradas eminentemente religiosas sejam mais impacientes com a repreensão clara, ainda que justa, que muitos bêbados, maledicentes ou fornicadores. Tendo passado horas ou dias na aparente confissão sincera de seu pecado, lamentando diante de Deus, e com excessiva tristeza e muitas lágrimas, contudo consideram lesão atroz quando outro lhes diz metade da verdade contra eles e consideram inimigo maligno dos piedosos aqueles que os chamam como chamam a si mesmos. —RICHARD BAXTER

O ministro não pode estar sempre pregando; duas ou três horas, talvez, em uma semana, ele investe com seu povo no púlpito, segurando o espelho do evangelho diante de seus rostos. Mas a vida dos professos, esta prega durante toda a semana. Sendo eles apenas santos e exemplos, são como uma repetição do sermão do pregador, às suas famílias e vizinhos entre quem eles interagem e mantém o som de sua doutrina continuamente ecoando em seus ouvidos. Tertuliano disse: "Cabe àquele que aconselha e reprova outro, guardar seu discurso com a autoridade de sua própria conversação, a menos que deseje que aquilo que diz faça-o envergonhar-se". Nós não amamos alguém que, com hálito fétido, se aproxima de nós; deve-se, portanto, ter um doce aroma de vida. —WILLIAM GURNALL

*Será como óleo sobre a minha cabeça, a qual não há de rejeitá-lo.* Algumas pessoas se orgulham por serem incisivas, ou, como dizem, "honestas". Mas pessoas muito incisivas fazem pouco bem a outros e recebem pouco amor para si. As Escrituras recomendam afabilidade e bondade. A repreensão deveria cair como orvalho e não como a forte tempestade de granizo. O "óleo" insinua-se; a pedra fere e então ricocheteia.

*Obra clássica de Spurgeon sobre os Salmos*

Os cristãos deveriam ter cuidado com o apreço à atividade da "repreensão". Tais "policiais espirituais" causam grande confusão sem intenção. Eles são, em uma igreja, o que uma pessoa muito arguta e sarcástica é na sociedade, ou o que é um fofoqueiro em uma escola; e se aproximam muito àquela classe que o apóstolo determina como "quem se intromete em negócios de outros". Nosso tratar deve ser suave e cativante. "O prego da repreensão", diz o antigo escritor, "deve ser bem lubrificado na bondade antes que seja martelado".

Intrometer-se nas falhas de outros é como tentar mover uma pessoa afligida por gota reumática. Deve ser feito lenta e suavemente e também não devemos nos assustar com um protesto ou dois. A grande atitude é demonstrar à pessoa que você realmente a ama e se você manifestar isto à luz de Deus, Ele abençoará os Seus esforços e dará a você favor aos olhos de um irmão transgressor. —O TESOURO CRISTÃO

Se Davi pudesse dizer de seu inimigo que o amaldiçoou: "Deixai-o; que amaldiçoe, pois o Senhor lhe ordenou." Muito mais seguramente você pode dizer de seu amigo que o reprova: "Deixai-o; que me assole, pois o Senhor lhe ordenou." E como o apóstolo disse dos ministros, que Deus "os exorta por nosso intermédio", então esteja convencido de que Deus os reprova por intermédio deles. —JOHN GORE

Era o ditado dos pagãos, ainda que nada de pagão tenha: "Aquele que deseja ser bom, deve ter um amigo fiel para instruí-lo ou um inimigo vigilante para corrigi-lo". Deveríamos assassinar um médico porque vem nos curar ou estimá-lo menos porque ele deseja que fiquemos melhor? A espada flamejante da repreensão vem apenas para nos livrar do fruto proibido da transgressão. "Fira-me o justo, será isso mercê; repreenda-me, será como óleo sobre a minha cabeça, a qual não há de rejeitá-lo." Que me fira como que com um martelo, pois este é o significado da palavra aqui. Um Boanerges é tão necessário quanto um Barnabé. —WILLIAM SECKER

*Continuarei a orar enquanto os perversos praticam maldade.* Homens graciosos nunca se iram com amigos sinceros a ponto de albergar maus sentimentos contra eles; se assim fosse, quando os vissem em aflição, os cercariam para insultá-los com suas repreensões. Tão verdadeira é a irmandade cristã que ficamos com nossos amigos durante a doença ou perseguição, sofrendo seus desconsolos; de modo que a oração de nosso coração está concentrada em seus sofrimentos. Quando não podemos dar mais nada aos bons homens, podemos dar-lhes nossas orações e assim façamos duplamente àqueles que nos deram suas repreensões. —C. H. SPURGEON

*Versículo 7*
*Ainda que sejam espalhados os meus ossos à boca da sepultura.* O caso de Davi parecia irremediável. A causa de Deus em Israel era algo morto, como um esqueleto quebrado e apodrecido, lançado à cova para retornar como pó ao pó. —C. H. SPURGEON

*Quando se lavra e sulca a terra.* Com que frequência homens bons assim pensaram sobre a causa de Deus! Para onde quer que olhassem, morte, divisão e destruição os encaravam. Lavrada e sulcada, irremediavelmente despedaçada! Espalhada, sim, espalhada na boca da sepultura! Cindida e cindida pelo fogo!

Assim pareciam estar a causa de Deus e a verdade. Na Terra, a perspectiva era deplorável; o campo da igreja foi lavrado, rastelado e escavado. Tornara-se como o depósito de um cortador de madeira, onde tudo era condenado a se quebrar. Vimos igrejas em tal estado e nos partiu o coração. Que misericórdia há na existência permanente de um lugar acima da Terra para o qual podemos olhar! —C. H. SPURGEON

*Versículo 8*
*Pois em ti, Senhor Deus, estão fitos os meus olhos.* Desejando manter sua mente fixa em oração, fixe seus olhos. Muita vaidade entra pelos olhos. Quando os olhos vagueiam em oração, o coração vagueia. Pensar em manter o coração fixo em oração e, contudo, deixar os olhos vagueando exteriormente é como pensar em manter a casa segura, contudo com as janelas abertas. —THOMAS WATSON

*Não desampares a minha alma.* Ser desamparado em qualquer conjuntura é algo ruim, mas ser desamparado na alma é ainda pior. Ser deixado por amigos é uma calamidade, mas ser deixado por Deus seria a destruição. Desamparado por Deus é o desamparo com vingança. O consolo é Deus ter dito que não nos deixará, nem nos desamparará. —C. H. SPURGEON

*Versículo 9*
*Guarda-me dos laços que me armaram.* Ele parece mais consternado com o engodo encoberto do que preocupado com ataques abertos. Homens corajosos não temem a batalha, mas odeiam tramas secretas. —C. H. SPURGEON

*Versículo 10*
*Caiam os ímpios nas suas próprias redes, enquanto eu, nesse meio tempo, me salvo incólume.* Pode não ser uma oração cristã, mas é muito justa e é necessário ter muita graça para abster-se de bradar "Amém" a ela. Na verdade, a graça não age para que desejemos algo diferente disto com relação aos inimigos dos homens santos.

Não desejamos, todos nós, que o inocente seja liberto e que o culpado colha o resultado de sua malícia? É claro que sim, se formos homens justos. Não pode haver engano em desejar que aconteça em nosso caso, aquilo que desejamos para todos os bons homens. Contudo, há um caminho ainda mais excelente. —C. H. SPURGEON

# Salmo 142

TÍTULO: "Masquil de Davi" (ARC). Este "Masquil" é escrito para nossa instrução. Ensina-nos, principalmente pelo exemplo, sobre como ordenar nossa oração em momentos de angústia. Tal instrução está entre as partes mais necessárias, práticas e eficazes de nossa educação espiritual. Aquele que aprendeu como orar foi instruído na mais útil das artes e das ciências. Os discípulos disseram ao Filho de Davi: "Senhor, ensina-nos a orar"; e aqui Davi nos dá uma lição valiosa ao registrar, quando sob uma nuvem, sua própria experiência de súplica. —C. H. SPURGEON

Título: "Na caverna". Deixamos nossos cavalos com alguns árabes, levamos um deles como nosso guia e fomos até a caverna conhecida agora como Mugharet Khureitun, que se crê ser a caverna de Adulão. Após apalpar enquanto tínhamos tempo, voltamos à luz do dia, plenamente convencidos de que, com Davi e seus seguidores de corações valentes ali dentro, toda a força de Israel sob Saul não teria forçado sua entrada — não teria nem mesmo tentado. —WILLIAM M. THOMSON

*Versículo 2*
*Derramo perante ele a minha queixa.* Podemos nos queixar a Deus, mas não de Deus. Quando nos queixamos, não deveria ser diante de homens, mas somente diante de Deus. —C. H. SPURGEON

*À sua presença exponho a minha tribulação.* Note que nós não expomos nossa tribulação diante do Senhor para que Ele a veja, mas para que nós a vejamos. É para nosso alívio e não para que Ele seja informado que fazemos afirmações francas concernentes a nossos ais. Muito bem nos faz colocar em ordem nossas tristezas, pois muitas delas desaparecem no processo como um fantasma que não permanecerá na luz do dia; e o restante perde muito de seu terror visto que o véu do mistério é removido por um relato claro e consciente de fatos dolorosos.

Derrame seus pensamentos e você verá o que eles são. Demonstre suas tribulações e terá conhecimento da extensão que têm. Permita que tudo seja feito diante do Senhor, pois em comparação com Sua grande majestade de amor a tribulação será como nada. —C. H. SPURGEON

O dedicar de nossa causa a Deus é nosso dever imediato, nossa segurança e nosso sossego. —ABRAHAM WRIGHT

*Versículo 3*
*Quando dentro de mim me esmorece o espírito, conheces a minha vereda.* Verdadeiramente bom é para nós conhecermos que Deus sabe o que não sabemos. Perdemos a nossa cabeça, mas Deus nunca fecha os Seus olhos. Nossos julgamentos perdem seu equilíbrio, mas a mente eterna está sempre esclarecida. —C. H. SPURGEON

O Senhor não se retirou para uma grande distância, mas Seus olhos estão sobre você. Ele o não vê com a indiferença de um mero espectador, mas observa com atenção. Ele conhece, considera seu caminho. Sim, Ele designa este caminho e todas as circunstâncias relacionadas a ele estão sob a Sua direção.

Sua tribulação começou no momento que Ele considerou melhor — não poderia vir antes e Ele designou o grau da tribulação com precisão da medida de um fio de cabelo e sua duração em minutos. Ele também sabe como o seu espírito é afetado e assim, suprimentos de graça e força, e em tais estações, Ele fornece em momento devido, conforme vê a necessidade. Portanto, quando as situações aparentam ser as mais obscuras, você ainda será capaz de dizer: "castigado, porém não morto". Portanto, tenha esperança em Deus, pois você ainda o louvará. —JOHN NEWTON

Ainda que nós, como cristãos, possuamos a plena solução para o problema do sofrimento, mesmo assim frequentemente nos encontramos na posição de Jó, com relação a esta ou aquela aflição em particular. Há tribulações tão além do alcance, tão universais, que são perdas tão absolutas e golpes tão terríveis e inexplicáveis que parece, por momentos, como se estivéssemos envoltos na escuridão mais densa, e como se o segredo do Senhor não tivesse sido revelado.

Por que este homem foi atingido e aquele poupado? Por que tal e tal criatura, em quem tantas esperanças se concentraram ou que já havia atingido tantas expectativas tão agradáveis, por que ele foi retirado? Por que essa outra pessoa foi deixada como ônus inútil na Terra? Por que aquela voz que ecoava em tantos corações, subitamente silenciou? Por que fui golpeado? Por que perdi aquilo que fazia de minha vida moral algo tão belo e útil?

Frequentemente a alma parece perdida por certo tempo em pensamentos que a sobrecarregam, perde seu apoio, confusa e desamparada em meio às profundas águas da aflição. É como se tudo tivesse acabado completamente. Não creia nisso. Lembre-se de Jó; você não pode se desesperar mais do que ele e, contudo, Deus teve compaixão de Jó.

Há muito consolo para você neste indescritível exemplo de sofrimento, intensificado ao mais alto grau e mesmo assim perdoado e consolado. Apegue-se à memória deste bendito fato como que a um cabo de libertação, uma tábua ou prancha em meio a um naufrágio. E então lembre-se de que a aflição forma parte do plano de Deus e que Ele também lhe pede que você manifeste confiança absoluta nele. —E. DE PRESSENSE, D.D.

*No caminho em que ando, me ocultam armadilha.* Os homens perversos encontram algum exercício para sua malícia e, portanto, quando não ousam atacar abertamente, enredarão no oculto. Eles vigiam o homem gracioso para ver onde está seu reduto, e ali colocam a armadilha. Mas o fazem com grande cautela, evitando toda observação para que sua vítima, sendo previamente alertada, não escape das pelejas armadas. Esta é uma grande tribulação, mas o Senhor é ainda maior e nos faz caminhar em segurança em meio ao perigo, pois Ele nos conhece e a nossos inimigos, nosso caminho e a armadilha que nele é colocada. Bendito seja o Seu nome. —C. H. SPURGEON

Armadilhas na mão direita e armadilhas na mão esquerda. Armadilhas na mão direita, prosperidade mundana; armadilhas na mão esquerda, adversidade mundana. Armadilhas na mão direita, bajulação; armadilhas na mão esquerda, inquietação.

Caminhando em meio às armadilhas, não se retire do caminho; não permita que a bajulação o enrede, nem que a inquietação o rechace. —AGOSTINHO

## Versículo 4
*Olha à minha direita e vê, pois não há quem me reconheça.* Estranho dizer, todos eram estranhos para Davi. Ele havia conhecido muitos, mas nenhum o conhecera. Quando uma pessoa sofre com a má fama, é incrível como ficam fracas as memórias de seus antigos amigos. Eles praticamente esquecem, recusam-se a reconhecer. Esta é uma calamidade desastrosa. É melhor ser hostilizado por inimigos do que ser abandonado por amigos.

Quando amigos nos procuram, alegam o sentimento de nos conhecer desde nosso nascimento, mas quando nós os procuramos é incrível como conseguimos fazê-los lembrar-se de tão pouco. O fato é que em tempos de deserção não é verdade que ninguém nos reconhece, mas sim que ninguém deseja nos reconhecer. Sua ignorância é intencional. —C. H. SPURGEON

*Nenhum lugar de refúgio [...] Tu és meu refúgio.* Os viajantes nos contam que aqueles que estão no topo dos Alpes enxergam grandes chuvas caírem abaixo dessas montanhas, mas nenhuma gota cai sobre elas. Aqueles que têm Deus como sua porção estão em uma torre alta e, portanto, seguros de todas as tribulações e chuvas. —GEORGE SWINNOCK

## Versículo 5
*A ti clamo, Senhor.* Como homem nenhum o estimou, Davi foi atraído a Jeová, seu Deus. Não foi este um ganho resultando de uma perda? Riqueza ganha por um fracasso? Qualquer coisa que nos leve a clamar a Deus é uma bênção para nós. —C. H. SPURGEON

*E digo: tu és o meu refúgio, o meu quinhão na terra dos viventes.* Algumas vezes é mais fácil crer em uma porção no Céu do que em uma porção na Terra. Poderíamos mais facilmente morrer do que viver, ao menos assim pensamos. Não há vida na terra dos viventes como a vida no Deus vivo.

Mesmo nesta sentença temos duas partes; e a segunda eleva-se muito acima da primeira. É algo significativo ter Jeová como nosso refúgio, mas nada se compara a tê-lo como nossa porção. Se Davi não tivesse clamado, ele não teria dito; e se o Senhor não tivesse sido o seu refúgio, Ele nunca teria sido sua porção. O passo mais inferior é tão necessário quanto o mais elevado; mas não é necessário parar sempre no primeiro degrau da escada. —C. H. SPURGEON

## Versículo 6
*Atende o meu clamor*
Posso ver chorar alguém
E triste não estar também?
Posso ver o outro sofrer
E um consolo não trazer?

Posso ver correr o pranto
E não chorar o meu tanto?
Pode um pai ver seu rebento
Chorar, sem sofrer tormento?

Pode a mãe sentar-se e ouvir
De medo um filho vagir?
Não, não; nunca pode ser assim,
Nunca, nunca é assim!

Não há suspiro que dês
Sem que o veja Quem te fez;
Não há pranto derramado
Sem Ele ao teu lado.

Ó! Que Ele dá Sua alegria
E destrói nossa agonia;
Até que a nossa dor vá embora,
Fica ao nosso lado e chora.
—WILLIAM BLAKE

## Versículo 7
*Tira a minha alma do cárcere, para que eu dê graças ao teu nome.* Que Deus seja glorificado é outro clamor notável para um suplicante. Prisioneiros fugitivos certamente falarão bem daqueles que lhes deram liberdade. A emancipação da alma é a forma mais nobre de liberação e pede o mais alto louvor. Aquele que é liberto dos calabouços do desespero certamente magnificará o nome do Senhor. —C. H. SPURGEON

# Salmo 143

TÍTULO: "Salmo de Davi". É tão semelhante a outros salmos davídicos que aceitamos o título sem um momento de hesitação. A história de Davi o ilustra e seu espírito sopra no texto. Porque foi estabelecido como um dos sete Salmos Penitentes, mal podemos explicar, pois é antes uma reivindicação de sua própria integridade e uma oração indignada contra seus difamadores do que uma confissão de erro. É verdade que no segundo versículo há prova de que ele nunca chegou a sonhar em se justificar diante do Senhor; mas mesmo nisto dificilmente se encontra o quebrantamento da penitência. Parece-nos antes belicoso e não penitente, antes uma súplica por libertação da tribulação do que um reconhecimento choroso de uma transgressão. —C. H. SPURGEON

Todo o salmo: Na produção deste salmo (como claramente aparenta) Davi fora lançado em algum perigo desesperador. Seja por Saul quando foi forçado a fugir para a caverna, como no salmo anterior ou por Absalão seu filho ou por qualquer outro. É incerto. Este digno salmo, então, contém estas três coisas: Primeiro, uma confissão de seus pecados; Segundo, um lamento por seus males; Terceiro, uma súplica por libertação temporal e graças espirituais. —ARCHIBALD SYMSON

### Versículo 1

*Atende, Senhor, a minha oração, dá ouvidos às minhas súplicas.* Homens graciosos têm tanta ânsia por serem ouvidos em oração que duplicam seus apelos pela dádiva solicitada. O salmista deseja ser ouvido e considerado; consequentemente ele clama: "Atende" e então, "dá ouvidos". —C. H. SPURGEON

*Reponde-me, segundo a tua justiça.* O perdão não é inconsistente com a verdade ou a justiça e o perdão que Deus concede em misericórdia ao pecador, é concedido em justiça ao Filho amado, que aceitou as obrigações do pecador e delas o dispensou. Esta é uma verdade infinitamente preciosa e o coração de milhares, em todas as eras, foi sustentado e alegrado por ela.

Uma boa senhora cristã, de vida humilde, compreende isto tão plenamente que quando um respeitado servo de Deus lhe perguntou, enquanto ela se deitava moribunda em seu travesseiro, qual era o fundamento de sua esperança para a eternidade, ela respondeu, com grande serenidade: "Eu me apoio na justiça de Deus"; acrescentando, no entanto, quando a resposta despertou surpresa: "Justiça, não a mim, mas a meu Substituto, em Quem confio". —ROBERT MACDONALD

### Versículo 2

*Não entres em juízo com o teu servo*. Há alguns anos, visitei uma pobre jovem morrendo de tuberculose. Ela era uma estranha em nossa cidade e havia chegado ali semanas antes, ainda adolescente, e frequentou minha classe de sábado. O que descobri como sendo seu único refúgio, esperança e consolo, diante do escuro vale da sombra da morte, que se aproximava dela? Um versículo de um salmo que ela havia aprendido na aula de sábado e do qual nunca se esquecera. Ela o repetia com mãos unidas, olhos penetrantes e voz tênue, trêmula ao sair de seus pálidos lábios.

> *Não entres em juízo com o teu servo,*
> *porque à tua vista não há justo nenhum vivente.*

Não. Nenhum pecador pode suportar contemplar o Senhor, ó Deus, se tentar justificar-se. —JAMES COMPER GRAY

Um jovem rapaz certa vez me disse: "Eu não acho que sou pecador". Perguntei-lhe se aceitaria que sua mãe ou irmã soubessem tudo o que ele fez ou disse ou pensou — todos os seus movimentos e seus desejos.

Após um momento, ele disse: "Não, de fato, eu não gostaria que elas soubessem. Não, de modo algum." "Então você ousaria dizer, à presença de um Deus santo, que conhece todos os pensamentos de seu coração: 'Eu não cometo pecado'?" —JOHN B. GOUGH

*Porque à tua vista não há justo nenhum vivente.* Esta época tola tem produzido espécimes de orgulho tão exagerado que homens ousaram declarar perfeição na carne, mas esses bajuladores de glória vã não são exceção à regra aqui colocada. Eles são apenas homens e pobres espécimes de homens. Quando suas vidas são examinadas, frequentemente são considerados mais falhos do que os humildes penitentes diante de quem alardeiam sua superioridade. —C. H. SPURGEON

### Versículo 3
*Tem arrojado por terra a minha vida.* A difamação tem um efeito muito deprimente sobre as almas; é um golpe que derrota a mente como se tivesse sido derrubada por um soco. —C. H. SPURGEON

### Versículo 5
*Lembro-me dos dias de outrora.* Quando não vemos nada novo que pode nos alegrar, pensemos no que temos de outrora. Tivemos dias alegres, dias de libertação, felicidade e ação de graças. Por que não novamente? Jeová resgatou o Seu povo nas eras distantes, séculos atrás; por que Ele não faria o mesmo novamente?

Nós temos um rico passado para o qual olhar, temos memórias ensolaradas, memórias satisfatórias e estas são como flores para as abelhas da fé visitarem, das quais elas produzirão mel para uso presente. —C. H. SPURGEON

Versículos 5 e 6. *Penso. [...] A ti levanto as mãos.* A meditação é criada da oração que por ela espera, antes e depois da execução da súplica. É como o arado diante do semeador, preparando o coração para o dever da oração, e como o rastelo depois do semeador, cobrindo a semente quando é semeada. Como a tremonha alimenta o moinho com grãos, assim a meditação supre o coração com substância para a oração. —WILLIAM GURNALL

### Versículo 6
*A ti levanto as mãos.* Como um pobre mendigo faz por esmolas. A mendicância aqui não é a atividade mais fácil e mais carente. No entanto, a mais difícil e rica de todas as outras. —JOHN TRAPP

*A minha alma anseia por ti, como terra sedenta.* Como o solo se racha, escancara-se e assim abre sua boca em súplicas emudecidas, assim a alma do salmista se partia em anseios. Ele tinha sede do Senhor. Pudesse ele apenas sentir a presença de seu Deus, não mais seria sobrecarregado ou habitaria na escuridão; não, tudo se transformaria em paz e alegria. —C. H. SPURGEON

*Selá* (ARC). Era momento de parar, pois a súplica havia atingido o ponto de agonia. Ambas as cordas da harpa e do coração estavam tensionadas e precisavam de certo descanso para se endireitar novamente para a segunda metade da canção. —C. H. SPURGEON

Versículos 7, 8, 10 e 11. *Vivifica-me, SENHOR, por amor do teu nome.* Isto está exatamente correto. Nossas orações, assim como nossa obediência, devem ser imparciais; não, devemos desejar consolo por amor à santidade e não santidade por amor ao consolo. —JOHN FAWCETT

### Versículo 8
*Faze-me ouvir, pela manhã, da tua graça.* Não é grande surpresa que ateus e papistas que juntos recusam a Palavra de Deus, vivam sem consolo e morram sem consolo, porque recusam o instrumento que deveria lhes trazer alegria. Boa razão porque morrem sedentos, considerando que rejeitaram esse vaso, a Palavra de Deus, pela qual seriam revigorados. Portanto, considerando que a fé vem pelo ouvir da Palavra de Deus, e todo o nosso consolo surge dali, oremos a Deus para que abra nossos ouvidos e nossos corações e recebamos do Senhor as boas-novas de reconciliação. —C. H. SPURGEON

*Faze-me ouvir, pela manhã, da tua graça.* Mas para que as aflições nos deixem, desejamos, então, que elas tivessem pés de corça, para correrem de nós, ou nós asas de uma pomba para voar para longe delas e termos descanso… Que prisioneiro não deseja ser liberto neste momento e que a suave mão da liberdade pode soltar seus laços de ferro? Que marinheiro deseja uma longa tempestade? Que servo não suspira por seu árduo aprendizado?

Sim, quem é o homem que, surgindo a oferta de retirar da boca o cálice da calamidade, dizendo: "Deste você não mais beberá", responderia: "Este cálice não passará de mim. Deleito-me em farrear e beber profundamente destas amargas águas"? Sim, este desejo se estende a distância tão longa que chega ao Filho do Homem, a bendita Semente da mulher, que estava tão revestido com a fraqueza humana que orou sinceramente pedindo ajuda célere para a Sua pesada angústia. E isso não uma vez, mas com frequência. "Meu Pai, se possível" etc. E quando o Seu Pai não o responde, Ele clama como alguém pronto a cair sob o fardo: "Deus meu, Deus meu, por que me desamparaste?".

A razão para Cristo se queixar dessa forma pode ser obtida daí, de onde veio Sua carne: de nós. Foi nossa carne humana e não Seu espírito divino que estava tão exaurido pelo sofrimento. Seu espírito estava disposto, era a nossa carne que era fraca demais. —THOMAS CALVERT

Que isto envolva meus pensamentos e afeições. Bom é ter um assunto como este para ocupar nossos pensamentos ao acordar e para tomar conta de nossos primeiros desejos. Caso outros pensamentos penetrem nosso coração pela manhã, podemos não ser capazes de expulsá-los durante todo o dia. Oração e louvor, leitura e meditação, serão doçura se forem assuntos a ocupar e influenciar nossa mente. Serão exercícios de alegria, liberdade e bem-aventurança. —W. ABBOT

*Mostra-me o caminho por onde devo andar.* Frequentemente somos levados a uma plataforma, cobertos e cercados pela providência de Deus de modo que parece não haver saída. Um homem é algumas vezes lançado em dificuldades em que ele se senta começando a desesperar-se e dizer a si mesmo: "Bem, desta vez tudo se acabou para mim"; como o estorninho [N.E.: Pássaro citado no livro *Uma viagem sentimental* de Laurence Sterne, 1713–68.] de Sterne, ou pior, como o homem na jaula no relato de Bunyan [N.E.: No livro *O Peregrino*], que diz: "Não consigo sair." Porém, quando Deus retira desse homem toda a sua autoconfiança e recursos próprios, uma porta se abre na parede e ele se levanta, anda em liberdade, louvando a Deus. —GEORGE BARRELL CHEEVER

### Versículo 9

*Livra-me, Senhor, dos meus inimigos; pois em ti é que me refugio.* Jesus fez de si mesmo o refúgio do Seu povo. Quanto antes e mais plenamente nos refugiarmos nele, melhor será para nós. Sob o dossel carmesim da expiação do Senhor, os cristãos estão completamente escondidos. Habitemos ali e tenhamos descanso. —C. H. SPURGEON

A audácia de Davi chegou a isto e ele agora se alegra em voar? Não teria ele feito melhor morrendo valentemente do que voando modestamente? Ó minh'alma, voar nem sempre é sinal de mediocridade, nem sempre é valoroso o enfrentamento. Mas voar quando sentimos nossa fraqueza e voar para Ele; em quem está a nossa força, se não for bravura, pelo menos é sábio, mas para dizer a verdade, é sabedoria e coragem verdadeira.

E agora, ó Deus, vendo que encontrei minha fraqueza e conheço a Tua força, o que deveria fazer senão voar, e para onde voaria senão para ti — o Senhor, uma firme fortaleza para todos que edificam sobre ela. Para o Senhor, um santuário seguro para todos que voam até ele. —SIR RICHARD BAKER

Isto sugere: 1. Perigo — o cristão pode correr perigo pelo pecado, por si mesmo, pelos inimigos. 2. Medo — seus medos podem ser infundados, mas são, geralmente, muito dolorosos. 3. Inabilidade — de defender-se ou de derrotar seus opositores. 4. Prognóstico — ele vê a tempestade à distância e procura esconderijo. 5. Prudência — ele se esconde antes da tempestade, antes que o inimigo venha até si. 6. Uma preocupação virtuosa com a segurança e o bem-estar. O cristão, se for sábio, em todos os momentos se refugiará em Jeová. —JAMES SMITH

Versículos 9 e 10. Você deve afastar o pecado pelo arrependimento. Jesus Cristo não será um santuário para rebeldes; Ele não protegerá malfeitores. Cristo jamais esconderá o diabo ou nenhum de seus servos (Is 55:6,7): "Deixe o perverso o seu caminho" etc. Davi sabia isto, portanto ele ora para que Deus o ensine a fazer a Sua vontade. —RALPH ROBINSON

## Versículo 10
*Ensina-me a fazer a tua vontade*. Ele não disse: "Ensina-me a conhecer a tua vontade", mas "a *fazer* a tua vontade". Deus nos ensina de três maneiras: Primeiro, por Sua palavra; Segundo, Ele ilumina nossa mente pelo Espírito; Terceiro, Ele a imprime em nosso coração e nos faz ser obedientes a ela, pois o servo que conhece a vontade de seu mestre e não a cumpre será punido com muitos açoites (Lc 12). —ARCHIBALD SYMSON

## Versículo 11
*Tira da tribulação a minha alma*. Eu consigo trazê-la à tribulação, mas somente o Senhor pode tirá-la. —JOHN TRAPP

Versículos 11 e 12. *Por amor do teu nome [...] da tua justiça [...] E, por tua misericórdia*. Note, aqui, minha alma, com quais três cordas Davi procura atrair Deus para que Ele atenda suas solicitações: por amor do Seu nome; por amor da Sua justiça e por amor da Sua misericórdia. Três motivos como estes, sendo qualquer um deles usados, será difícil demais Deus ignorar tal solicitação. Porém, se os três motivos são todos tão fortes, sendo cada um forte por si só, quão fortes serão se estiverem unidos e entrelaçados, por assim dizer, em uma corda? —SIR RICHARD BAKER

## Versículo 12
*E, por tua misericórdia, dá cabo dos meus inimigos*. Ele desejava que Deus matasse seus inimigos em Sua misericórdia, quando, ao contrário disso, a destruição deles seria uma obra de Sua justiça? Respondo que a destruição do perverso é uma misericórdia à Igreja. Como Deus demonstrou grande misericórdia e bondade à Sua Igreja pela morte de Faraó, Senaqueribe, Herodes e outros que a perturbaram. —ARCHIBALD SYMSON

# Salmo 144

PARECE-NOS ser altamente provável que o salmista, lembrando-se de que havia pisado parte do mesmo solo anteriormente, sentiu sua mente movida a um pensamento revigorado e que o Espírito Santo utilizou esta disposição para os Seus elevados propósitos. Para nós, o salmo todo parece perfeito como está e exibe tal unidade por toda sua extensão, que seria vandalismo literário, assim como crime espiritual, separar uma parte de outra.

Título: Seu título é "de Davi" e sua linguagem é de Davi, se é que a linguagem pôde algum dia ser posse de um homem. Tão certamente como poderíamos dizer sobre qualquer poema: "Isto é de Tennyson" ou "de Longfellow", podemos dizer: "Isto é de Davi". Nada, exceto a doença que cega o olho para o fato manifesto e o abre para fantasiar, poderia ter levado críticos eruditos a atribuir este cântico a qualquer outro que não Davi. Alexander bem diz: "A origem davídica deste salmo é tão marcante como a de nenhum outro no saltério". —C. H. SPURGEON

### Versículo 1

*Bendito seja o SENHOR.* Uma oração por misericórdia futura começa adequadamente com ação de graças por misericórdias passadas; e quando estamos esperando em Deus para sermos abençoados, deveríamos nos encorajar a bendizê-lo. —MATTHEW HENRY

*Rocha minha.* Agamenon diz a Aquiles:

*Se de robusto te orgulhas, tua força de um deus é presente.* —HOMERO

*O SENHOR [...] que ensina* (ACRF). E não como o homem ensina. O Senhor ensinou Sansão pela abstenção de bebidas fortes e por não permitir que lâmina alguma tocasse sua cabeça. E Ele também ensinou os braços do Verdadeiro Davi a lutar quando estendidos na cruz. Pregado, aos olhos humanos, ao madeiro do sofrimento, mas, na realidade, conquistando para eles a coroa da glória; impotente aos olhos dos escribas e fariseus, mas aos olhos dos arcanjos, lançando mão dos dois pilares, pecado e morte, sobre os quais a casa de Satanás repousava e arrancando-os de sua fundação. —AYGUAN

*O SENHOR, rocha minha, que me adestra as mãos para a batalha.* Há três qualidades de um soldado valente que são encontradas em Cristo, o Capitão de nossa Salvação, em Sua guerra contra Satanás. Qualidades que Seus seguidores estão destinados a emular: ousadia em ataque, habilidade em defesa e perseverança no conflito. Todas essas, Ele ensina por Seu exemplo (Mt 4:1,4,7,10,11).

Ele foi ousado no ataque, pois começou o combate indo ao deserto para desafiar o inimigo. Assim, nós também, deveríamos sempre proceder, de antemão, com Satanás. Devemos jejuar, ainda que não sejamos tentados pela glutonaria, e sermos humildes, ainda que não sejamos atacados pelo orgulho; e assim por diante.

Ele foi habilidoso em defesa, aplacando todos os ataques com o Escrito Santo; e aqui nós, também, nos exemplos dos santos podemos encontrar lições para o combate. Ele foi perseverante no conflito, pois foi constante até o fim, até que o diabo o deixou e os anjos vieram e ministraram a Ele.

E nós, também, não deveríamos nos contentar em repelir o primeiro ataque, mas perseverar em nossa resistência até que os maus pensamentos sejam expulsos e as resoluções celestiais vêm substituí-los. —NEALE E LITTLEDALE

*Que me adestra as mãos para a batalha e os dedos, para a guerra.* Poder-se-ia presumir que um clérigo é ensinado por Deus, mas as pessoas não permitem que isto seja verdade para tecelões ou ferreiros. Contudo, estes chamados são especialmente mencionados na

Bíblia como tendo sido ensinados a mulheres santas e homens sinceros quando o tabernáculo foi estabelecido pela primeira vez. Toda a sabedoria e habilidade vêm do Senhor, e por elas Ele merece ser exaltado com gratidão. Este ensino se estende aos menores membros de nossa estrutura. O Senhor adestra dedos assim como mãos; de fato, algumas vezes ocorre que sendo o dedo mal treinado, toda a mão fica incapacitada.

Davi foi chamado para ser um homem de guerra e ele era reconhecidamente bem-sucedido em suas batalhas; ele não atribui isto à sua boa liderança como general ou à sua valentia, mas em ter sido ensinado e fortalecido pela guerra e pela luta. Inclinando-se o Senhor para colocar as mãos em obra nada espiritual como a luta, certamente Ele nos auxiliará a proclamar o evangelho e a ganhar almas. —C. H. SPURGEON

### Versículo 2

*Minha misericórdia e fortaleza minha.* Então Ele próprio é também nossa fortaleza e habitação segura. Nele habitamos como se atrás de muralhas inexpugnáveis e baluartes imóveis. Não podemos ser forçados a sair ou arrancados pela fome, pois nossa fortaleza está preparada para o cerco. Tem estoque abundante de alimento e um poço de água viva dentro dela. Os reis geralmente valorizam profundamente suas cidades fortificadas, mas o rei Davi confia em seu Deus, que é mais para ele do que qualquer fortaleza poderia ter sido. —C. H. SPURGEON

A acumulação de termos, um seguindo o outro, que é apresentada a seguir, pode aparentar desnecessária, contudo tem grande tendência a fortalecer a fé. Sabemos como é instável a mente do homem, e especialmente como a fé rapidamente vacila quando os homens são atacados por alguma tribulação de severidade maior do que o comum. —JOÃO CALVINO

*Meu escudo.* A palavra hebraica significa não o grande escudo que era levado por um escudeiro, mas o prático escudo arredondado com o qual heróis entravam em combates corpo a corpo. Um guerreiro o levava consigo quando usava seu arco ou sua espada. Geralmente era feito de metal, mas ainda era transportável e útil, e ainda servia de ornamento, sendo clareado ou ungido com óleo. Davi usufruiu abundantemente do Senhor, seu Deus, dia após dia, em muitas e bárbaras batalhas. —C. H. SPURGEON

*Quem me submete o meu povo.* Os líderes na Igreja Cristã não podem manter a sua posição, exceto conforme o Senhor as preserva com grande influência, que garante obediência e evoca lealdade entusiasta. Por toda partícula de influência para o bem que possamos possuir, magnifiquemos o nome do Senhor.

Assim Davi bendisse Jeová por abençoá-lo. Quantas vezes ele se apropriou do Senhor por meio dessa pequena palavra "meu!". Todas as vezes que se agarra ao Senhor, ele o adora e o bendiz; pois esta única palavra "bendito" percorre toda a passagem, como um fio de ouro. —C. H. SPURGEON

### Versículo 3

*SENHOR, que é o homem para que dele tomes conhecimento?* Somente a condescendência infinita pode ser responsável pelo inclinar-se de Deus para ser Amigo do homem. E fazer do homem o sujeito da eleição, objeto da redenção, filho do amor eterno, o bem-amado da providência infalível, parente próximo da deidade, é, de fato, uma questão que exige mais do que as duas notas de exclamação como as encontradas nesse versículo. —C. H. SPURGEON

*O que é o homem quando a graça revela*
*As virtudes do Sangue do Salvador?*
*Por uma vida sagrada anela*
*Despreza a terra e caminha com o Senhor.*

*E o que será em reinos distantes acima*
*O homem ordenado a ser?*
*Com honra, santidade e amor,*
*Pode um serafim mais ornamentos ter?*

*De frente ao trono, primeiro em canção.*
*O homem elevará os Seus aleluias,*
*Enquanto fascinados anjos amontoam-se ao Seu redor,*
*Aumentam o coral de Sua adoração.*
—JOHN NEWTON

SENHOR, *que é o homem?* Considere-o em seus quatro elementos: Terra, ar, fogo e água. Na Terra, ele é como poeira volátil, no ar ele é como vapor que se dissipa; na água ele é como bolha que se rompe; e no fogo, ele é como fumaça que se esvai. —WILLIAM SECKER

*Para que dele tomes conhecimento.* É uma grande palavra. Ai de nós! Que conhecimento temos dos mosquitos que brincam no sol ou das formigas ou minhocas que rastejam em nossos solos? Contudo a desproporção entre nós e eles é apenas finita; entre Deus e nós é infinita.

O Senhor, o grande Deus do Céu, toma conhecimento de algo como o homem. Se um poderoso príncipe decidir espionar e escolher um modesto e simples pastor em meio à uma multidão, como o Grande Sultão fez antigamente com o copeiro, e dar-lhe especial atenção, chamando-o para aproximar-se dele e beijar-lhe a mão; o pastor se vangloriará disso como um grande favor.

Para o Senhor, então, ó Deus, que se humilhou deixando de olhar para o que há no Céu e lançou Seu olhar sobre tão pobre verme como o homem, é necessariamente maravilhosa misericórdia. —JOSEPH HALL

Versículos 3 e 4. Muitos além de Davi maravilham-se consigo mesmos. Um se maravilha com sua própria honra e, ainda que não fale, contudo, pensa: *Que grande homem sou*! "Não é esta a grande Babilônia que eu edifiquei?" Este é o maravilhamento de Nabucodonosor. Outro se maravilha com sua pessoa, e encontra, um rosto agradável, belos olhos, uma mão primorosa, uma perna bem torneada ou uma alegre tramoia, para admirar-se. Esse era o maravilhamento de Absalão.

Outro se maravilha com sua engenhosidade e aprendizado: "Como cheguei a tudo isto? *Turba haec*! Este vulgar, que não conhece a lei, é amaldiçoado". Este é o maravilhamento do fariseu. Outro se maravilha com sua riqueza: "Alma, recebe seu descanso", como o epicureu no evangelho. O maravilhamento de Davi é tão mais elevado quando é contrário a todos estes. Ele se maravilha com esta indignidade: que um vaso escolhido se vanglorie de nada mais exceto suas enfermidades: "Senhor, que é o homem?"

Quão adequadamente isto se articula! Assim, aquele disse: "Quem me submete o meu povo", logo acrescenta: "SENHOR, que é o homem?". O vão coração teria sido exaltado com orgulho de sua própria eminência: "Quem sou eu? Não sou como os outros homens. Tenho súditos, povo meu e povo subjugado a mim." Isto é ser mais do que um homem. Eu conheço quem disse: "Digo, vocês são deuses". —JOSEPH HALL

*Versículo 4*
*O homem é semelhante à vaidade* (ARC). Adão é como Abel. Ele é como aquele que nada é. Ele é de fato vão e assemelha-se àquela coisa insubstancial que nada é senão um nada ampliado, um bafejo, uma bolha. Contudo, ele não é vaidade, mas apenas como vaidade. Ele não é tão substancial como aquela irrealidade, ele é somente sua similitude. Senhor, o que é um homem? É maravilhoso o fato de que Deus pensa em uma insignificância tão pretensiosa. —C. H. SPURGEON

Os historiadores pagãos podiam apenas observar como Alexandre o Grande, quando precisou levar adiante seus grandes planos, convocou um parlamento de todo o mundo diante dele e foi ele próprio convocado pela morte para apresentar-se no outro mundo.

Os holandeses, portanto, para expressar muito espirituosamente a vaidade do mundo, retrataram em Amsterdam um homem com uma bexiga completamente cheia sobre seus ombros, e outro ao lado espetando a bexiga com um alfinete, com este bordão: *Quam Subito* — Quando se estourará por completo? —GEORGE SWINNOCK

Quando Caim nasceu, houve muito alvoroço por seu nascimento. "Recebi de Deus um filho homem", disse sua mãe. Ela olhou para ele como sua grande posse e, portanto, chamou-lhe de Caim, que significa "uma posse". Mas o segundo homem que nasceu no mundo carregava o título do mundo: "vaidade". Seu nome era Abel, ou seja, "vaidade". Uma premonição foi dada no nome do segundo homem sobre qual seria ou deveria ser a condição de todos os homens. No Salmo 144:4, há uma alusão a estes dois nomes. Nós traduzimos: "O homem é semelhante à vaidade"; no hebraico está: "Adão é como Abel". Adão, você sabe, era o nome do primeiro homem, o nome do pai de Abel. Mas assim como Adão era o nome adequado para o primeiro, torna-se um substantivo comum a todos os homens. Agora Adão, ou seja, o homem de todos os homens, é Abel, vaidade, e anda em uma exibição vã. —JOSEPH CARYL

Vaidade! Na verdade, todas as ocupações e buscas não são dignas de epíteto algum, se não forem precedidas e não estiverem conectadas com uma profunda e sublime consideração à salvação da alma, à honra a Deus, e aos interesses da eternidade... Ó, que fantasmas então, que ninharias tênues são essas coisas que absorvem completamente os poderes e ocupam os dias da grande massa da humanidade ao nosso redor! Seu bem mais essencial perece no uso e suas realidades mais permanentes são apenas "a aparência deste mundo [que] passa". —THOMAS RAFFLES

*Os seus dias, como a sombra que passa.* Observe que a vida humana não é somente uma sombra, mas uma sombra que passa. É uma simples miragem, a imagem de algo que não existe, um fantasma que derrete voltando-se ao nada. Como poderia o Eterno valorizar tanto o homem mortal, que começa a morrer assim que passa a viver? —C. H. SPURGEON

As sombras das montanhas estão constantemente mudando sua posição durante o dia e finalmente desaparecem completamente ao aproximar da noite. Assim é com o homem, que todos os dias avança para o momento de sua partida final deste mundo. —ROBERT BELLARMINE

### Versículo 5

*Abaixa, S*ENHOR*, os teus céus e desce.* A Terra clama ao Céu para que se abaixe; não, o clamor é ao Senhor do Céu para que abaixe os Céus e desça entre os homens. O Senhor assim o fez com frequência e nunca, mais plenamente, do que quando em Belém, a Palavra se fez carne e habitou entre nós. Agora Ele conhece o caminho e nunca se recusa a descer para defender os Seus amados. Davi desejava a presença real de Deus para contrabalançar o aspecto de zombaria do homem jactancioso. Somente a verdade eterna poderia deprimi-lo da vaidade humana. —C. H. SPURGEON

Isto não foi tão notavelmente concretizado como na encarnação de Jesus Cristo quando o Céu e a Terra, por assim dizer, foram unidos. O próprio Céu foi, de certa forma, obrigado a abaixar-se para que fosse unido à Terra. Deus desceu e trouxe com Ele o Céu. Ele não apenas veio à Terra, mas trouxe consigo o Céu aos homens e para os homens. Foi algo muito estranho e maravilhoso.

Mas isto será ainda mais incrivelmente concretizado na segunda vinda de Cristo, quando Ele de fato trará todo o Céu consigo — ou seja, todos os habitantes do Céu. O Céu ficará vazio, pois seus habitantes virão à Terra e então as montanhas soltarão fumaça e efetivamente tremerão em Sua presença, como em Isaías 64:1. —JONATHAN EDWARDS

### Versículo 7

*Livra-me e arrebata-me.* Fora! Vocês que teorizam sobre sofrimento e nada mais podem fazer exceto discursar sobre o assunto. Fora! Pois no momento de pranto, não suportamos suas argumentações. Se vocês não tiverem meios com que possam nos libertar, se não têm nada além de frases sentenciosas, cubram a boca com as mãos, envolvam-se no silêncio! É suficiente sofrer, mas sofrer e ouvir vocês é mais do que podemos suportar. Se a boca de Jó muito se aproximara da blasfêmia, a culpa é de vocês, consoladores miseráveis, que falaram em lugar de prantear. Se eu devo sofrer, oro então pelo sofrimento sem a refinada falação! —E. DE PRESSENSE

*Das mãos dos filhos estranhos* (ARC). Ó, livrar-se desses seres infiéis e blasfemos que poluem a sociedade com seus falsos ensinos e severos discursos! Ó, ser liberto das línguas difamadoras, lábios enganadores e corações falsos! Não é surpresa estas palavras serem repetidas, pois são o clamor frequente de muitos filhos de Deus tentados. —C. H. SPURGEON

*Versículo 8*
*Cuja direita é direita de falsidade.* Temeroso é quando a perícia de um homem está mais em mentiras do que na verdade, quando ele não fala nem age sem provar ser falso. Deus, salve-nos de bocas mentirosas e mãos de falsidade. —C. H. SPURGEON

*Versículo 9*
*A ti, ó Deus, entoarei novo cântico.* Cansado dos falsos, adorarei o verdadeiro. Afervorada por entusiasmo renovado, minha gratidão fará um novo canal para si. Cantarei como outros o fizeram, mas será um cântico novo como nenhum outro cantou. Esse cântico será inteiramente para meu Deus. A ninguém exaltarei exceto o Senhor, de quem veio minha libertação. —C. H. SPURGEON

*Versículo 12*
*Nossas filhas, como pedras angulares, lavradas como colunas de palácio.* A casa se torna um palácio quando as filhas são damas de honra e os filhos nobres de espírito. O pai, então é um rei e a mãe uma rainha e as residências reais são superadas. Uma cidade formada de tais habitações é uma cidade de palácios, e um Estado composto de tais cidades é uma república de príncipes. —C. H. SPURGEON

*Versículo 15*
*Bem-aventurado o povo.* Somente uma religião reduzida e unilateral conseguirá enxergar algo deslocado nesta beatitude de abundância e paz. Se conseguíssemos nos alegrar plenamente com os salmos e sem apreensão, nas bênçãos temporais concedidas pelo Céu, conseguiríamos mais pronta e sinceramente entrar nas profundezas de suas experiências espirituais. E o segredo disto está na compreensão plena do belo e agradável como dádiva de Deus. —A. S. AGLEN

*Sim, bem-aventurado é o povo cujo Deus é o S*ENHOR*!* Admitamos que as janelas do céu visível foram abertas e todas as bênçãos visíveis foram derramadas sobre nós; admitamos que desfrutamos perfeitamente de qualquer vastidão que a Terra contenha; mas diga-me, em que seremos beneficiados se ganharmos tudo e perdermos Deus? Sendo-nos a Terra concedida e não o Céu; ou sendo o céu material aberto e não o beatífico; ou sendo nosso todo o mundo, mas não Deus, não alcançamos a felicidade. Tudo o que está na primeira proposição nada é, a menos que seja acrescentado: "Sim, bem-aventurado é o povo que tem o Senhor como seu Deus." —RICHARD HOLDSWORTH

O siríaco traduz como uma pergunta: " Não é (feliz) o povo que assim vive?" A resposta é: "Não", a menos que tenham Deus como libertador (Sl 146:5). Nada pode verdadeiramente transformar em miserável o homem que tem Deus como sua porção e nada pode verdadeiramente alegrar aquele que carece de Deus como sua porção.

Deus é o Autor de toda felicidade verdadeira. Ele é o doador de toda felicidade verdadeira, Ele é o mantenedor de toda felicidade verdadeira e Ele é o centro de toda felicidade verdadeira. Portanto, aquele que o tem como seu Deus e por sua porção, é o único homem feliz no mundo. —THOMAS BROOKS

# Salmo 145

ESTE é um dos salmos alfabéticos, composto com muita arte, e, indubitavelmente organizado dessa maneira para que a memória seja auxiliada. O Espírito Santo condescende ao uso dos métodos mais artificiais do poeta para garantir a atenção e impressionar o coração.

Título: Certamente o louvor de Davi é o melhor dos louvores, pois é o louvor de um homem de vivência, sinceridade, calma deliberação e de intenso calor humano.

Não é para que qualquer um de nós renda o louvor de Davi, pois somente Davi poderia fazê-lo, mas podemos tomar o Salmo de Davi como um modelo e termos como alvo fazer de nossa adoração pessoal o mais semelhante possível à dele. Muito tempo nos custará até que nos igualemos a nosso modelo. Que cada leitor cristão apresente seu próprio louvor ao Senhor e dê a esse louvor seu próprio nome. Que rica variedade de louvores será então apresentada a Jesus Cristo! —C. H. SPURGEON

Título: "Louvores de Davi". Os salmos são os louvores de Deus acompanhados de canções. Os salmos são cânticos que contêm o louvor a Deus. Se houver louvor, mas não de Deus, não é um salmo. Se houver louvor e louvor a Deus, se não for cantado, não é um salmo. Para compor um salmo, deve haver estes três elementos: louvor, louvor a Deus e cântico. —AGOSTINHO

### Versículo 1

*Exaltar-te-ei, ó Deus meu e Rei.* Davi, como um rei de Deus, adora a Deus, como seu Rei. Bom é quando a realeza do Senhor suscita a nossa realeza e nosso espírito é movido a magnificar a Sua majestade. O salmista exaltou o seu Senhor muitas vezes anteriormente; e ainda o faz e o fará no futuro. O louvor é para todos os tempos verbais. —C. H. SPURGEON

*Rei.* Deus é Rei em verdade; outros são chamados reis em vaidade. —MARTIN GEIER

### Versículo 2

*Todos os dias te bendirei.* Seja qual for o caráter do dia ou de minhas circunstâncias e condições durante esse dia, continuarei a glorificar a Deus. Fôssemos considerar adequadamente o assunto, veríamos motivos abundantes e em todos os dias para apresentar especial bendição ao Senhor. Tudo antes do início do dia, tudo durante o dia, tudo ao fim do dia, tudo deveria nos constranger a magnificar nosso Deus todos os dias, durante todo o ano. Nosso amor a Deus não é uma questão de dias santos; todos os dias são igualmente santos para homens santos. —C. H. SPURGEON

*Todos os dias.* Deus deve ser bendito e louvado em dias obscuros tanto quanto em dias radiantes. —JOHANNES PAULUS PALANTERIUS

*Te bendirei e louvarei o teu nome.* A repetição anuncia o ardor de sua afeição a este labor, a determinação de seu propósito de exercê-lo em abundância e a frequência de suas atuações nisso. —MATTHEW HENRY

### Versículo 4

*Uma geração louvará a outra geração as tuas obras.* Enquanto a Igreja se assenta desfalecendo sob um zimbro no deserto, profetas voarão para alimentá-la até a bendita ressurreição das testemunhas. É nosso elevado dever estudar a obra atual, valorizar a ajuda presente e nos alegrarmos grandemente, quando o Senhor enviar, como o fez uma vez, Boanerges e Barnabé juntos.

Ore pelo manto, pelo cinto e pela bênção de Elias, pelo amor de João e pelo zelo de Paulo, para que unam mãos e atraiam almas para o Céu, até que o Amado venha como um cabrito-montês ou um jovem corço sobre os montes das especiarias, até que as sombras desapareçam, até que a alvorada e a Estrela da Manhã surjam em seus corações. —SAMUEL LEE

*Versículo 5*
*Meditarei no glorioso esplendor da tua majestade.* Tudo o que está relacionado ao Grande Rei é majestoso, honrável, glorioso. Seu mínimo é mais grandioso que o máximo do homem. O que tem de mais inferior é mais elevado do que aquilo que é mais supremo no homem. Não há nada no Senhor infinito que seja indigno da Sua realeza e, por outro lado, nada falta no esplendor de Seu reino. Sua majestade é honrável, e Sua honra é gloriosa. Ele é completamente maravilhoso. —C. H. SPURGEON

*Versículo 6*
*Tua grandeza.* Todos os homens se encantam com a grandeza. Então devem buscá-la em Deus e recebê-la de Deus. Davi fez ambos. Toda a história demonstra a criatura aspirando por esta glória. Assuero, Astíages, Ciro, Cambises, Nabucodonosor, foram todos chamados "o grande".

Alexandre, o Grande, quando foi ao Ganges, ordenou que sua estátua fosse construída em tamanho maior do que o real, para que posteriormente os outros cressem que ele tivera uma estatura mais nobre do que sua estatura real. Somente em Cristo o homem atinge a grandiosidade pela qual seu coração anseia — a glória de perfeita bondade. —THOMAS LEBLANC

*Versículo 7*
*Divulgarão a memória de tua muita bondade.* Deus, então, não é louvado de forma alguma se não for grandemente louvado. Os louvores fracos e enfadonhos são menosprezo; pois uma pessoa ou algo não é honrado ou louvado a menos que haja certa proporção entre honra, louvor e dignidade da pessoa ou objeto honrado e louvado. —HENRY JEANES

O Senhor nos liberta do ruído de mulheres fluentes; mas não importa o quão fluentes homens e mulheres sejam se forem fluentes no tópico que está agora diante de nós. Abram suas bocas, permitam que o louvor se derrame, deixe-o vir, rios dele. Fluam correntes! Jorrem o máximo, tudo que possivelmente puderem.

Não interrompam os porta-vozes jubilosos; que continuem para sempre. Eles não exageram, não há possibilidade. Você diz que eles são entusiastas, mas ainda não atingiram metade do tom. Rogue-lhes que sejam mais motivados e falem ainda mais fervorosamente.

Continue, irmão, continue; acumule; diga algo ainda mais grandioso, nobre e ainda mais esplendoroso! Você não pode superar a verdade. Você chegou a um tema onde os seus poderes mais fluentes falharão na locução. O texto pede uma fluência sagrada e eu o exortaria a exercitá-la generosamente quando estiver falando sobre a bondade de Deus. —C. H. SPURGEON

Muitas testemunhas da bondade de Deus são testemunhas silenciosas. Os homens não testemunham o suficiente sobre esta questão. A razão por que amo os metodistas — os bons metodistas — é por que a sua piedade fala por eles. Eles cumprem o mandamento de Deus: "sede fervorosos no espírito". —HENRY WARD BEECHER

*E com júbilo celebrarão a tua justiça.* Os pensadores modernos de bom grado expurgariam a ideia de justiça da noção que têm de Deus; mas os homens convertidos não. É sinal de crescimento na santificação quando nos alegramos na justiça, retidão e santidade de nosso Deus.

Até mesmo um rebelde pode se alegrar na misericórdia, que ele considera como laxismo; mas um sujeito leal se alegra quando aprende que Deus é tão justo que nem mesmo para salvar Seus próprios eleitos Ele consentiria em violar a justiça de Seu governo moral. Poucos homens bradarão de alegria com a justiça de Jeová, mas aqueles que o fazem são os Seus escolhidos, em quem Sua alma se deleita. —C. H. SPURGEON

*Tua justiça.* É fácil perceber a justiça de Deus declarada na punição de pecados. Somente a Cruz declara "a sua justiça [...] pela remissão dos pecados". Ela magnifica a justiça, perdoando o pecado, e magnifica a misericórdia, punindo-o. —JOHN M'LAURIN

*Versículo 8*
*Benigno e misericordioso é o Senhor.* Se o Senhor é cheio de compaixão, nele não há espaço para

esquecimento, ou austeridade, e ninguém deveria suspeitar dele nesta questão. Que oceano de compaixão deve ser, considerando que o Senhor é pleno dela! —C. H. SPURGEON

*Tardio em irar-se*. Até mesmo aqueles que recusam a Sua graça ainda compartilham da paciência. Quando os homens não se arrependem, mas, ao contrário, passam do mal ao pior, Ele ainda tem aversão a deixar que a Sua ira flameje contra eles. Grandiosamente paciente e extremamente desejoso de que o pecador possa viver, Ele deixa cair o trovão e ainda o reprime. —C. H. SPURGEON

*Versículo 9*
*O Senhor é bom para todos*. Até os piores provam da misericórdia de Deus, os que lutam contra a misericórdia de Deus a provam e os perversos ganham algumas migalhas da mesa da Misericórdia. Doces gotas de orvalho caem sobre o cardo como sobre a rosa. A diocese a que a misericórdia faz visita é muito vasta. A cabeça de Faraó foi coroada, ainda que seu coração estivesse endurecido. —THOMAS WATSON

*E as suas ternas misericórdias permeiam todas as suas obras*. A bondade é uma lei do Universo de Deus. O mundo foi planejado para a felicidade. Mesmo agora, tendo o pecado maculado tão lamentavelmente a obra de Deus e apresentado elementos que não faziam parte do princípio, o Senhor dispôs as circunstâncias de modo que a queda é dominada, a maldição é alcançada por um antídoto e a inevitável dor é atenuada com lenitivos.

Até mesmo neste mundo atingido pelo pecado, sob sua economia desordenada, há traços abundantes da habilidosa mão que ameniza a angústia e cura a doença. O que faz da vida algo tolerável é a ternura do grande Pai. Isto é visto na criação de um inseto assim como no governo de nações.

O Criador jamais é severo; o Provedor jamais esquece; o Governante jamais é cruel. Nada é efetivado para gerar doença, nenhum dos órgãos é estruturado para promover penúria; o surgimento de enfermidade e dor não está de acordo com o projeto original, mas é resultado de nosso estado desordenado. O corpo do homem, após deixar a mão do Criador não tinha estrutura para doença, para degradação, nem para a morte. Também não era sua finalidade lidar com desconforto e angústia. Muito distante disto, foi estruturado para atividade jubilosa e usufruto harmonioso de Deus.

Jeová, em grande consideração, disponibilizou ao mundo curas para nossas aflições e auxílios para nossas debilidades. E, se para muitos destes, houve longa busca até sua descoberta, assim o foi por ser mais benéfico para o homem que ele próprio os descobrisse, do que se os tivesse rotulado e ordenados em uma prateleira diante de seus olhos.

Podemos ter certeza disto: Jeová nunca se deleita nos males de Suas criaturas, mas procura o seu bem e entregou-se a si mesmo, para amenizar as angústias nas quais elas, dolosamente, mergulharam. —C. H. SPURGEON

Verdadeiramente um homem pode dizer: tornei-me, devido ao pecado, a mais vil de todas as criaturas. Tornei-me pior do que os animais que perecem, tão vil quanto um verme, tão repugnante quanto um sapo, pela corrupção peçonhenta que há em meu coração, e minha lamentável contrariedade à natureza do Deus santo. Mas há "misericórdia para todos", até mesmo para tais criaturas vis e repugnantes como estas. É possível que haja alguma misericórdia sobre mim, apesar de agora a ira habitar em mim. Ó, deixe que essa misericórdia, cuja glória é estender-se para todos, alcance também minha alma! Ó, que a bendita e poderosa influência desta misericórdia gere fé em meu coração! —DAVID CLARKSON

*Versículo 10*
*Todas as tuas obras te renderão graças, Senhor*. Pergunte aos incontáveis filos de plantas e animais, eles não testemunharão a ação da grande Fonte da Vida? Sim, de toda porção, de todas as seções da natureza, vem a mesma voz; em todos os lugares ouvimos o Seu nome, ó Deus! Em todos os lugares vemos o Seu amor.

A criação, em toda a sua extensão e amplitude, em toda a sua profundidade e altura, é a manifestação de Seu Espírito e sem o Senhor o mundo era escuro e morto. O Universo é para nós como a sarça ardente que o líder hebreu viu; Deus está sempre presente nele, pois arde com Sua glória, e o solo em que pisamos é sempre santo. —"FRANCISCO" (Visconde Dillon)

*E teus santos te bendirão*. Ninguém, exceto os homens abençoados bendirão o Senhor. Somente santos, ou benditos, bendirão o santo Deus Triúno. Se louvamos Jeová por Suas obras ao nosso redor, devemos ir adiante e bendizê-lo por Suas obras em nosso interior. Permita que as duas obrigações nesse versículo se cumpram, especialmente a última. —C. H. SPURGEON

O lírio se ergue sobre sua haste esguia e exibe suas pétalas áureas e suas folhas marfim cintilantes e por sua própria existência, louva a Deus.

O mar distante, profundo e pujante se lança em tormenta e tempestade, varrendo tudo à sua frente e cada choque de suas ondas louva a Deus. Os pássaros na manhã, e alguns deles durante a noite, nunca podem deixar de louvar; unindo-se a dez mil outras vozes, que formam um concerto incessante diante do trono.

Mas observe, nem a flor, o mar ou o pássaro louvam com intenção de louvar. Para eles não é um exercício de intelecto, pois não conhecem Deus e não compreendem Seu mérito; nem mesmo sabem que o estão louvando. Eles exibem Sua habilidade e Sua bondade e assim por diante e, em fazê-lo, muito fazem; mas nós precisamos aprender a fazer mais.

Quando você e eu louvamos a Deus, há o elemento da vontade, da inteligência, do desejo, da intenção; e nos santos de Deus, há outro elemento, a saber, o amor a Ele, a gratidão reverente a Ele e isto transforma o louvor em bendição.

O homem é um pintor eminente e você exclama: "Seu pincel é instintivamente vivo." Ainda assim, o homem não é seu amigo, você não pronuncia bendições a seu nome. Pode, inclusive, haver sentimentos de desgosto de sua parte por tais habilidades estarem unidas a um caráter tão maléfico. Uma certa pessoa que é extremamente habilidosa em sua profissão, mas o trata injustamente, ainda que você frequentemente o louve por seu extraordinário desempenho, não poderá bendizê-lo, pois não tem razão para isso.

Temo que possa haver tal sentimento de admiração a Deus por Sua grande habilidade, Seu maravilhoso poder, Sua justiça extraordinária e, contudo, nenhuma calidez de amor a Ele. Mas nos santos, o louvor é adoçado com amor e é repleto de bendição. —C. H. SPURGEON

## Versículo 11

*Falarão da glória do teu reino*. Nenhum assunto é mais benéfico para a humildade, obediência, esperança e alegria do que esse do poder imperante do Senhor, nosso Deus. —C. H. SPURGEON

*E confessarão o teu poder*. Quem pode calcular o estoque de forças do Infinito? Como, então, poderia o Seu reino falhar? Ouvimos conversa sobre os cinco grandes poderes, mas o que são eles para o único grande Poder? O Senhor é o "bendito e único Soberano". —C. H. SPURGEON

## Versículo 13

À porta da antiga mesquita em Damasco, que antes fora uma igreja cristã, mas que por doze séculos é classificada entre os santuários maometanos mais sagrados, estão inscritas estas memoráveis palavras: "O teu reino, ó Cristo, é o de todos os séculos, e o teu domínio subsiste por todas as gerações."

Ainda que o nome de Cristo tenha sido regularmente blasfemado, e os discípulos de Cristo regularmente amaldiçoados por 1.200 anos junto com este nome, a inscrição, contudo, permaneceu intacta pelo tempo e inalterada por homens. Ficou desconhecida durante o longo reinado muçulmano de intolerância e opressão, mas quando a liberdade religiosa foi parcialmente restaurada, e os missionários tiveram permissão para estabelecer uma igreja cristã nessa cidade, foi novamente trazida à luz, encorajando-os em sua obra de fé e trabalho de amor. —JOHN BATE

## Versículo 14

*O SENHOR sustém os que vacilam*. Os vacilantes de nossa raça, especialmente as mulheres, são segregados por nós e é ternura peculiar da parte do Senhor olhar para tais, até mesmo para aqueles que foram pecadores supremos e os menos considerados da humanidade. Os vacilantes entre nós são extremamente aptos a serem reduzidos pelos fortes. Sua timidez e dependência os torna vítimas dos orgulhosos e opressores. A eles também o Senhor lhes dá a Sua ajuda sustentadora. O Senhor ama reverter as coisas — Ele rebaixa o exaltado e exalta o segregado. —C. H. SPURGEON

### Versículo 15

*Em ti esperam os olhos de todos.* Ah! Os animais, a seu próprio modo, clamarão a Deus e você ficará em silêncio? O Senhor o elevou tão acima destas criaturas inferiores e o equipou para os atos imediatos da Sua adoração e para uma comunhão mais elevada com Ele; então, você não o servirá adequadamente? Ele lhe deu um coração e uma alma espiritual da mesma forma como deu aos brutos um apetite sensível e desejos naturais. Clamarão esses brutos a Deus com o que têm e você não clamará com o que Ele lhe concedeu? —ALEXANDER PITCAIRNE

*Em ti esperam os olhos de todos.* Muitos mendigos mudos foram socorridos nos portões de Cristo, fazendo sinais. —WILLIAM SECKER

Em agonia, a natureza não é ateia. A mente que não sabe para onde voar, voa para Deus. —HANNAH MORE

*E tu, a seu tempo, lhes dás o alimento.* O Sr. Robertson contou de uma pobre criança que estava acostumada a ver provisão inesperada, para as necessidades de sua mãe, surgirem em resposta às orações. O recipiente do alimento significa tudo para um menino faminto da Escócia; então ele dizia: "Mamãe, acho que Deus ouve quando estamos raspando o fundo da tigela". —*THE CHRISTIAN* (O Cristão)

### Versículo 16

*Abres a mão.* Deus abre a Sua mão e satisfaz toda a criação, mas Ele precisou comprar a Igreja com Seu sangue... Em que variedade de formas nossas carências são supridas! A Terra é frutífera, o ar é repleto de vida, as nuvens se esvaziam sobre a Terra, o Sol derrama seus raios amigáveis; mas a ação de todas estas criações secundárias ocorre somente pelo abrir de Sua mão! Não, ainda mais: procuramos por mecanismos assim como meios? Os pais alimentam-nos em nossa infância e suprem as nossas carências juvenis; os caminhos são abertos para nossa subsistência futura, as conexões são formadas que provam ser fontes de conforto, amigos são gentis em tempos drásticos, suprimentos são apresentados vindos de partes que jamais consideramos. O que são todos estes, se não o abrir da Sua mão? Se a Sua mão estivesse fechada, que mundo seria este! Os Céus bronze, a Terra ferro; fome, peste e morte seguirão. —ANDREW FULLER

### Versículo 17

*Justo é o S*ENHOR *em todos os seus caminhos.* Nada é mais difícil em tempos de tribulação, quando Deus aparentemente nos abandona ou aflige sem motivo, do que coibir nossos sentimentos corruptos para que não irrompam contra Seus julgamentos. Como nos é contado sobre o Imperador Maurício em uma memorável passagem da história que, ao ver seus filhos assassinados pelo perverso e pérfido traidor Focas, sendo carregado para a morte, bradou: "Tu és justo ó Deus e justos são os Teus julgamentos". —JOÃO CALVINO

*Benigno em todas as suas obras.* Deus é bom, o absoluto e perfeito. E do que é bom, nada pode advir senão o bem, portanto tudo o que Deus fez é bom, como Ele o é. Logo, se algo no mundo aparenta ser mal, uma de duas hipóteses deve ser verdadeira: ou não é efetivamente mau, ainda que para nós aparente ser e Deus trará disto o bem em Seu bom tempo e se justificará aos homens e nos mostrará que Ele é santo em todas as Suas obras e justo em todos os Seus caminhos. Ou então, se isto é realmente mau, então Deus não foi seu criador. Provavelmente é uma doença, um erro, um fracasso da criação do homem ou de alguma pessoa, mas não da criação de Deus. Pois tudo o que Ele fez, Ele vê eternamente e é muito bom. —CHARLES KINGSLEY

Versículos 18 e 19. *Perto está o S*ENHOR *de todos os que o invocam, Ele acode à vontade dos que o temem; atende-lhes o clamor.* Deus prepara o coração de Seu povo para orar, prepara também Seu próprio ouvido para ouvir. E Ele, que promete ouvir antes que clamemos, nunca se negará a ouvir quando lhe clamarmos. Como disse Calvino: "Opressões e aflições fazem um homem chorar, contudo, clamores e súplicas fazem Deus ouvir." —F. E.

### Versículo 19
*Ele acode à vontade dos que o temem; atende-lhes o clamor e os salva.* Alguém disse: "A maior parte do cristianismo está em desejar ser cristão." E outro disse: "A soma total da religião de um homem nesta vida consiste nos desejos verdadeiros da graça salvadora". —WILLIAM FENNER

Deus não nos concederá todos os desejos, isso é nossa misericórdia; pois alguns deles são pecaminosos. Davi desejava vingar-se de Nabal e de sua família inocente. Jonas desejava a ruína de Nínive. Qual é o principal desejo de um marinheiro? Que ele possa chegar ao porto. Dessa forma, os santos serão levados a seu desejado porto. E qual é o de um peregrino? (veja Hb 11:16).

Então todos os desejos de um cristão são resumidos nisto: Que ele possa desfrutar de Deus eternamente e ser como Ele. Indubitavelmente há grande mistério nestas coisas. Contudo, acredito ser certo que, quando Deus incita um desejo espiritual em uma pessoa, é geralmente, ainda que não sempre, com a intenção de conceder-lhe o objeto desejado. —ANDREW FULLER

Deus concretizará a vontade daqueles que temem desobedecer à Sua vontade. —SIMON DE MUIS

### Versículo 21
*E toda carne louve o seu santo nome, para todo o sempre.* Somente corações santos louvarão o santo nome e o caráter do Senhor. Ó, se toda carne fosse santificada, então a santidade de Deus seria o deleite de todos! Nosso coração festeja no deleite de louvá-lo. Nossa boca, nossa mente, nossos lábios e nossa vida serão de nosso Senhor durante esta existência mortal e quando não mais existir o tempo. —C. H. SPURGEON

# SALMO 146

DIVISÃO: estamos agora entre os "Aleluias". O restante de nossa jornada está entre os Montes Encantadores. Tudo é louvor ao fim deste livro. A nota é aguda, a música vem dos címbalos mais agudos. Ó, por um coração repleto de gratidão jubilosa, para que possamos correr, saltar e glorificar a Deus, como estes salmos o fazem. —C. H. SPURGEON

Todo o salmo: Este salmo apresenta brevemente o evangelho da Confiança; inculca os elementos da fé, esperança e ação de graças. —MARTIN GEIER

### Versículo 1
*Louvai o SENHOR* (ARC). A palavra aqui usada é "Aleluia" e é muito adequada para ser constantemente utilizada por nós que somos criaturas dependentes e comprometidas com o Pai de misericórdias. Ouvimos com frequência sobre a oração operar grandes maravilhas; mas também não faltam exemplos de louvor sendo acompanhado de sinais miraculosos.

Os antigos bretões, no ano 420, obtiveram a vitória contra o exército dos pictos e saxões, perto de Mold em Flintshire. Os bretões, desarmados, sendo perseguidos por Germanicus e Lupus, quando os pictos e saxões atacaram, tinham dois comandantes muitos semelhantes a Gideão, que ordenaram ao seu pequeno exército que bradasse: "Aleluia" três vezes. O inimigo, repentinamente tomado de terror pelo som do brado, fugiu em grande confusão e deixou os bretões como mestres do campo. Creio que um monumento de pedra para perpetuar a lembrança desta "vitória do Aleluia", permanece até o dia de hoje, em um campo próximo a Mold. —CHARLES BUCK

*Louva, ó minha alma, ao Senhor.* Venha, todo o meu ser, minha alma, meu tudo, tudo ardendo em adoração jubilosa! Levantem-se irmãos! Elevem a canção! "Louvai ao Senhor". Mas o que faço? Como ouso convocar outros e ser eu mesmo negligente?

Se alguma vez um homem esteve sob a obrigação de bendizer ao Senhor, eu sou esse homem; pelo que, deixe-me colocar minha alma no centro do coral e então permitir que minha melhor natureza suscite toda a minha hombridade à mais elevada altura do louvor afetuoso. "Ah, uma harpa bem afinada!" Não, antes, um coração santificado. Então se aminha voz for a mais pobre e de certa forma tiver falta de melodia, ainda assim, minha alma, sem voz, executará minha resolução de magnificar o Senhor. —C. H. SPURGEON

## Versículo 2

*Louvarei o teu nome para todo o sempre.* Não viverei aqui para sempre. Esta vida mortal encontrará um fim na morte, mas enquanto prosseguir existindo, louvarei ao Senhor, meu Deus. Não posso afirmar quão longa ou curta será minha vida, mas todas as suas horas serão dadas aos louvores de meu Deus. Enquanto eu viver, amarei e enquanto respirar, bendirei. É apenas por um momento e não o desperdiçarei em ociosidade, mas o consagrarei a esse mesmo serviço que deverá ocupar a eternidade. Como a nossa vida é a dádiva da misericórdia de Deus, ela deveria ser usada para Sua glória. —C. H. SPURGEON

Sr. John Janeway, em seu leito de morte, clamou o seguinte: "Venham, ajudem-me com louvores, ainda que tudo seja pouco demais. Venham, ajudem-me vocês, anjos poderosos e gloriosos, que são tão habilidosos no labor celestial do louvor! Louvem-no todas as criaturas na Terra; que tudo o que tem vida, ajude-me a louvar a Deus. Aleluia! Aleluia! Aleluia!"

"O louvor é agora o meu trabalho e eu me comprometerei com esta doce obra agora e para sempre. Tragam a Bíblia; abram nos Salmos de Davi e cantemos um salmo de louvor. Venham, elevemos as nossas vozes nos louvores do Altíssimo. Cantarei com vocês enquanto meu fôlego durar e quando não mais o tiver, farei ainda melhor."

George Carpenter, o mártir bávaro, quando alguns irmãos piedosos lhe pediram para que lhes desse algum sinal de sua perseverança ao ser martirizado na fogueira, respondeu: "Que este lhes seja um sinal certo de minha fé e perseverança na verdade: enquanto eu for capaz de manter minha boca aberta, ou de sussurrar, nunca deixarei de louvar a Deus e professar Sua verdade". E isto ele fez, segundo o escritor, e além dele, muitos outros mártires também o fizeram. —JOHN TRAPP

*Louvarei ao Senhor durante a minha vida.* Não existo fora de Deus, portanto não arriscarei desfrutar de minha existência de outra forma senão cantando à Sua honra. Duas vezes o salmista diz: "Louvarei". Aqui as primeiras e as segundas resoluções são igualmente boas. Jamais seremos firmes demais na santa resolução de louvarmos a Deus, pois é o fim principal de nosso viver e existir, que glorifiquemos a Deus e desfrutemos dele para sempre. —C. H. SPURGEON

## Versículo 3

*Não confieis em príncipes.* Shakespeare coloca este sentimento na boca de Wolsey:

> *Triste a sorte*
> *de quem depende do favor dos príncipes!*
> *Entre o sorriso a que aspiramos tanto,*
> *o aspecto prazenteiro do monarca, e a ruína deles*
> *mais angústia e medo do que na guerra*
> *ocorre ou nas mulheres.*
> *E quando cai, cai como Lúcifer,*
> *privado da esperança.*

Príncipes. Príncipes terrenos oferecem ornamentos para distrair a alma de sua busca por um prêmio eterno. Os próprios príncipes pronunciam que seu principado é seu maior perigo. O Papa Pio V disse: "Quando eu era monge, tinha esperança de salvação; quando me tornei cardeal, comecei a temer; ao me tornar Papa, eu simplesmente passei a sentir desespero ao pensar na eternidade." —THOMAS LE BLANC

*Nem nos filhos dos homens, em quem não há salvação.* Não há ninguém em quem se possa confiar, não, nenhum sequer. Adão caiu, portanto, não confie em seus filhos. O homem é uma criatura inútil sem Deus, portanto não procure ajuda nessa direção. Todos os homens são como os poucos homens que se tornam príncipes — são mais em aparência do que de fato o são, mais na promessa do que no desempenho, mais aptos a ajudarem a si mesmos do que aos outros.

Quantos não se afastaram com o coração desfalecido, de homens em quem antes confiavam! Nunca foi este o caso com aquele que crê no Senhor. Ele é auxílio bem presente na tribulação. No homem não há auxílio em tempos de depressão mental, no dia da dolorosa perda, na noite da convicção do pecado ou na hora da morte. Que horror é, quando em maior necessidade de auxílio, ler aquelas obscuras palavras: "Não há auxílio!" —C. H. SPURGEON

*Versículo 4*
*Sai-lhes o espírito.* Devemos lutar para expulsar o mundo de nós. Não devemos nos expulsar do mundo. O apóstolo Paulo não ousou dissolver-se, ainda que pudesse desejar desintegrar-se. Deus deve separar aquilo que Ele une; Deus concede e Deus tira, e se o Senhor diz, como disse a Lázaro: *Exi foras*, "Venha para fora", devemos, com o fiel Estêvão, renunciar nosso espírito e entregar tudo em Suas mãos. Quando Deus nos oferece um jugo, mais sábio é o homem que cede o seu pescoço mais voluntariamente. Quando o nosso grande Capitão nos convoca, devemos recuar de bom grado.

Mas é cruel expulsar a alma; pois quando a carne equivocada, em meio a nossos desastres, não ouvir com paciência ao chamado de Deus, mas antes livrar-se inteiramente da ideia da providência divina, daí estamos prontos para amaldiçoar Deus e morrer; e isso provavelmente para saltar e *fummo in flammam*, do pecado do suicídio para o inferno. Não, mas Deus fará nosso espírito passar adiante em bons termos. *Spiritus exit* —"Sai-lhe o espírito". —THOMAS WILLIAMSON

*Nesse mesmo dia, pereçam todos os seus desígnios.* Na morte, um homem vê todos esses pensamentos que não foram colocados em Deus, agora infrutíferos. No dia da morte, todos os pensamentos mundanos e vãos perecem e chegam ao nada. Que bem fará toda completude do globo em tal momento? Aqueles que deleitaram seus pensamentos em impertinências estarão ainda mais inquietos; lhes cortará o coração pensar que terão fiado com a linha dos tolos.

Um capitão cita, que entregou uma cidade por um gole d'água, clamou: "O que perdi? O que traí?" Assim será com aquele homem que chega à morte tendo gastado todas as suas meditações no mundo. Ele dirá: "O que perdi? O que traí? Perdi o Céu, traí a minha alma." Esta consideração não deveria fixar a nossa mente em pensamentos sobre Deus e a glória? Todas as outras meditações são infrutíferas, como um pedaço de solo em que muito se investiu, mas que não produz safra alguma. —THOMAS WATSON

*Os seus desígnios.* Confiar no homem é não se apoiar em um pilar, mas em um pequeno monte de poeira. O elemento de maior orgulho em um homem é o seu pensamento. Nos pensamentos de seu coração, ele é exaltado ainda que não seja em outro lugar qualquer. Mas, veja, até mesmo seus pensamentos mais orgulhosos, diz o salmista, serão degradados e perecerão na poeira para a qual ele retornará. Pobre orgulho que perece! Quem deveria confiar nele? —JOHANNES PAULUS PALANTERIUS

*Versículo 7*
*Que faz justiça aos oprimidos.* Somos "tratados maldosamente"? Nossos direitos nos são negados? Somos caluniados? Que isto nos console: Aquele que ocupa o trono não apenas considerará nosso caso, mas se apressará para executar julgamento em nosso favor. —C. H. SPURGEON

*Dá pão aos que têm fome.* Disto aprendemos que Ele não é sempre tão indulgente com os Seus a ponto de dar-lhes fardos de abundância, mas ocasionalmente retira Sua bênção para que possa socorrê-los quando reduzidos à fome. Se o salmista tivesse dito que Deus alimentava o Seu povo com abundância e os mimava, aqueles com carência ou fome não se desesperariam imediatamente? Portanto, a bondade de Deus é adequadamente estendida para suprir alimentação aos famintos. —JOÃO CALVINO

*O Senhor liberta os encarcerados*. Mas então fica manifesto, adicionalmente, que aqueles sob qualquer doença dolorosa ou deficiência etc., são declarados como "presos" por Satanás (Lc 13:16) e são "libertos" por Cristo quando por Ele são curados. Assim disse Cristo: "Mulher, estás livre da tua enfermidade; [...] e ela imediatamente se endireitou" (v.12). Ela ter sido "endireitada" foi sua libertação de sua contenção ou amarras ou prisão.

E aqui, nesta extensão da expressão poética ou profética, o Senhor libertando os encarcerados compreenderá o andar de aleijados, os leprosos sendo purificados, os surdos ouvindo; sim, e a ressurreição de mortos, pois estes, entre todos os outros, estão fortemente atados e quando são ressuscitados, o são de modo muito semelhante a Lázaro inclusive no que diz respeito aos trajes sepulcrais: "Desatai-o e deixai-o ir". —HENRY HAMMOND

Versículos 7 e 8. Não deveria passar, sem ressalva, que o nome de Jeová é repetido aqui quatro vezes em cinco linhas, para declarar que é o onipotente poder de Jeová, que está comprometido com o oprimido e é exercido para o seu alívio, e que é grande a glória de Deus em socorrer aqueles em miséria, como a que há em cavalgar pelos Céus em Seu nome Jah (Sl 68:4). —MATTHEW HENRY

*Versículo 8*
*O Senhor abre os olhos aos cegos*. Jesus fez isto com muita frequência e, dessa forma, provou ser Jeová, Ele mesmo. Aquele que fez o olho pode abri-lo e quando o faz é para a Sua glória. Com que frequência está o olho mental fechado na noite moral! E quem pode remover este sombrio efeito da queda, senão o Deus Onipotente? —C. H. SPURGEON

*Aos cegos*. Volney observou o grande número de cegos vistos caminhando pelas ruas no Cairo e em Alexandria. Ele diz: "caminhando pelas ruas do Cairo, a cada cem pessoas que eu encontrava, havia frequentemente vinte cegos, dezoito caolhos e outros vinte com olhos irritados, purulentos ou com nódoas. Quase todos usam ataduras indicando que sofreram ou estão se recuperando de oftalmia."

A oftalmia é, de fato, um dos tormentos do Egito, como todos os médicos sabem. Sua prevalência deve ser atribuída, em alto grau, à areia que o vento sopra nos olhos. Mas pode-se compreender como em países orientais em geral, o calor excessivo do sol pode fazer da cegueira algo muito mais comum, do que o é para nós.

Não é, portanto, surpreendente para quem conhece o Leste, encontrar os cegos com tanta frequência mencionados na história do evangelho e encontrar nas Escrituras tantas alusões a esta enfermidade. Dentre as doze maldições dos Levitas, há uma contra aquele "que fizer o cego errar o caminho" (Dt 27:18). "O Espírito do Senhor está sobre mim", disse Jesus citando Isaías, "para proclamar libertação aos cativos e restauração da vista aos cegos" (Lc 4:18). "O Senhor", diz Davi, "liberta os encarcerados. O Senhor abre os olhos aos cegos". —FELIX BOVET

*Versículo 9*
*Transtorna o caminho dos ímpios*. Todas as dez sentenças anteriores exaltam o pobre santo, passo a passo, mais e mais alto. Com uma palavra, repentinamente, como Satanás precipitando como um relâmpago do Céu, os perversos são retratados como caindo por todo o caminho do topo do orgulho às profundezas do inferno. —JOHANNES PAULUS PALANTERIUS

A trajetória de William M. Tweed, cuja morte foi recentemente anunciada dá uma ilustração marcante da insensatez que é desconsiderar Deus nos planos para a vida. Aqui estava um homem que buscou riqueza e poder e que por certo tempo, parecia bem-sucedido nessa busca. Aparentemente ele não se propunha a obedecer a Deus ou a viver para a vida por vir. O que ele desejava era prosperidade no mundo. Ele acreditava tê-la. Chegou ao Congresso. Acumulou seus milhões. Controlava os interesses materiais da metrópole de seu país. Ele desafiava abertamente a opinião pública e os tribunais de justiça na busca de realização de seus planos. Era brilhante e, portanto, um perigoso exemplo de perfídia bem-sucedida. Mas a promessa de prosperidade para a vida que agora acontece, é somente para o piedoso.

Quando William M. Tweed estava à morte em uma cadeia na cidade que antes governara, fez sua confissão de amarga decepção: "Minha vida foi um fracasso em todos os aspectos. Não há nada de que tenha orgulho." Se algum jovem desejar um fim como este, o caminho é simples e claro. "Como um flecheiro que a todos fere, assim é o que assalaria os insensatos e os transgressores." "Transtorna o caminho dos ímpios." —*American Sunday School Times*

*Versículo 10*
*Louvai ao S*ENHOR (ARC). Novamente disseram: "Aleluia". Novamente o doce perfume elevou-se dos áureos frascos repletos de doces fragrâncias. Não estamos preparados para um irromper de cântico santo? Não dizemos também: "Aleluia"? Aqui acaba este jubiloso salmo. Aqui não acaba o louvor do Senhor, que subirá para todo o sempre. Amém.
—C. H. SPURGEON

# Salmo 147

ASSUNTO: Este é um cântico especialmente notável. Nele, são celebradas a grandiosidade e a bondade benevolente do Senhor. O Deus de Israel é estabelecido em Sua peculiaridade de glória, como Deus zeloso pelos aflitos, desconsiderados e esquecidos. O poeta encontra alegria singular em exaltar Aquele que é tão unicamente gracioso. É um salmo da cidade e do campo, da primeira e da segunda criação, da comunidade e da igreja. É, em toda sua extensão, bom e agradável. —C. H. SPURGEON

*Versículo 1*
*Louvai ao S*ENHOR. Ou, Aleluia. O curso do amplo rio do Livro de Salmos acaba com uma cascata de louvor. Este salmo começa e acaba com "Aleluia". Jeová e o alegre louvor deveriam sempre estar associados na mente do cristão. Júpiter era temido, mas Jeová é amado —C. H. SPURGEON

*Porque é bom e amável cantar louvores ao nosso Deus.* O canto dos homens é em si bom e nobre. O mesmo Deus que guarnece os pássaros do céu de notas com as quais eles louvam inconscientemente seu Criador, deu ao homem a capacidade para cantar. Todos nós sabemos o quanto Lutero, por exemplo, estimava o dom e a arte do canto. Alegre-se nisto aquele que o recebe; aquele que tem falta busque, se possível, suscitá-lo; pois é um bom dom do Criador.
—RUDOLF STIER

*Isto é agradável; decoroso* (ARC). Não há Céu, neste mundo ou no mundo vindouro, para pessoas que não louvam a Deus. Se você não entra no espírito e adoração do Céu, como você pode esperar que o espírito e a alegria do Céu adentrem em sua vida? O egoísmo faz longas orações, mas o amor faz orações curtas, que podem se prolongar em louvor.
—JOHN PULSFORD

*Louvor.* Há outra coisa que é um sério constrangimento para o louvor num culto de adoração da igreja: o fato de que temos tão poucos hinos de louvor. Você ficará surpreso ao ouvir-me dizer isto, mas ficará ainda mais surpreso se tomar a amostra de louvores e procurar hinos de louvor.

Você encontrará hinos que falam sobre louvor e o exortam a louvar. Não há falta de hinos que digam que Deus deve ser louvado. Mas hinos que louvam e nada falam sobre o louvor, há de fato pouquíssimos. E os que há, são quase uma dívida nossa com as antigas igrejas. A maioria deles vieram a nós das igrejas latinas e gregas… Não há lugar na literatura humana onde você encontre tal louvor como há nos Salmos de Davi. —HENRY WARD BEECHER

*Versículo 2*
*O Senhor [...] congrega os dispersos de Israel.* Espiritualmente, vemos a mão de Deus na edificação da igreja e na reunião dos pecadores. O que são os homens sob a convicção do pecado senão párias de Deus, da santidade, do Céu e até mesmo da esperança? Quem poderia reuni-los de suas dispersões e torná-los cidadãos em Cristo Jesus senão o Senhor, nosso Deus? Este ato de amor e poder, Ele executa constantemente. Portanto, que o cântico comece em Jerusalém, nossa casa, e que toda pedra viva na cidade espiritual ecoe o tom; pois é o Senhor quem traz novamente os Seus banidos e os edifica unidos em Sião. —C. H. SPURGEON

*Versículo 3*
*Sara os de coração quebrantado e lhes pensa as feridas.* Os reis da Terra acreditam ser grandiosos por sua altivez, mas Jeová se torna de fato grandioso por Sua condescendência. Vejam, o Altíssimo que se relaciona com os enfermos e contritos, com os miseráveis e feridos! Ele anda pelos hospitais como o bom Médico! Sua profunda simpatia pelos enlutados é uma marca especial da Sua bondade. O Senhor está sempre curando e restaurando, o que não é obra nova para Ele. Há muito Ele a executa e não é algo do passado do qual agora tenha se cansado, pois Ele ainda cura e ainda restaura, como o original coloca. Venham, corações quebrantados, venham ao Médico que nunca falha em curar; descubram suas feridas diante dele que tão ternamente as fecha!
—C. H. SPURGEON

Como um homem que tem uma flecha farpada cravada em seu lado e a flecha é arrancada da carne deixando, ainda assim, a ferida não cicatrizada; da mesma forma o pecado pode ser arrancado do coração, mas a cicatriz que foi feita ao arrancá-lo ainda não está curada. As feridas que ainda estão sob cura, são as pragas e perturbações da consciência, os suspiros e gemidos de uma alma faminta pela graça, o veneno urticante que a presa da serpente deixou para trás; estas são as feridas.

Agora, o coração é despedaçado de três maneiras. Primeiro, pela Lei; pois despedaça o coração como um ladrão ao ouvir a sentença da lei declarando que ele deve ser enforcado por seus assaltos; assim o coração da alma é despedaçado ao compreender sensivelmente a sentença da lei: "Não pecarás, mas se pecares, serás condenado".

Se o coração se tornar sensível a esta sentença — "És um homem condenado" — é impossível manter-se firme diante dela, mas deve despedaçar-se. "Não é a minha palavra [...] martelo que esmiúça a penha?" (Jr 23:29). Pode algum coração de pedra resistir e não ser despedaçado com os golpes dela? De fato, até este ponto um homem pode ser despedaçado e ainda ser réprobo; pois será despedaçado no inferno e, portanto, este despedaçar não é suficiente.

Segundo, pelo evangelho; pois se o coração se tornar sensível ao amor do evangelho, se despedaçará em estilhaços. "Rasgai o vosso coração porque ele é misericordioso", etc... (Jl 2:13). Quando todos os chacoalhões da misericórdia de Deus vêm, clamam todos eles: "Rasgai". De fato, o coração não pode resistir contra estes chacoalhões, se em algum momento os sente. Golpeie sua alma com o evangelho; se houver alguma forma sob o Céu de despedaçá-la, é esta.

Terceiro, o coração é despedaçado pela habilidade do ministro em lidar com estes dois: a Lei e o evangelho. Deus o guarneceu com habilidade para frisar a Lei e deu-lhe entendimento para apresentar o evangelho, e por este meio Deus despedaça o coração. Pois, infelizmente, ainda que a Lei seja um martelo especialmente bom e ainda que o evangelho seja uma bigorna tão adequada, contudo se o ministro não colocar a alma nisto, o coração não se despedaçará. Ele deve dar um golpe pleno com a lei, e utilizar o poder pleno do evangelho no lombo da alma, caso contrário o coração não se despedaçará.

Porque Cristo comprometeu-se nesta execução. Quando o médico habilidoso se compromete com uma cura, ele certamente a executará. De fato, algumas vezes um bom médico pode falhar, como o médico de Trajano falhou, pois seu paciente morreu sob seus cuidados. E em seu túmulo foi escrito: "Aqui jaz Trajano, o imperador, que pode agradecer a seu médico por sua morte." Mas se Cristo se compromete, você pode ter certeza do sucesso, pois Ele diz ao de coração quebrantado que Ele se comprometeu,

Ele já sentiu o seu pulso. Não há motivo para temer, dizendo: "haverá um homem que cure seus inimigos? Tenho sido inimigo da glória de Deus e ainda assim Ele me curará?" Sim, disse Cristo, sendo você quebrantado de coração, eu o restaurarei. —WILLIAM FENNER

Para executar a cura do coração quebrantado, Deus designou, inclusive, um Médico cujas habilidades são infalíveis, cuja bondade e cuidado são equivalentes à Sua habilidade. Esse Médico é ninguém menos do que o Filho de Deus. Desta forma, Ele foi revelado a nós. "Os sãos não precisam de médico, e sim os doentes." O profeta Isaías apresenta Seu advento na linguagem mais sublime: "enviou-me a curar os quebrantados de coração, a proclamar libertação aos cativos e a pôr em liberdade os algemados". —THOMAS BLACKLEY

## Versículo 4

*Conta o número das estrelas*. Entre os pagãos todas as constelações representavam algum deus. Mas as Escrituras indicam Jeová, não como um deus entre muitos deuses estrelados, mas como o único Deus de todas as estrelas. Ele é, também, como ensinou Seu povo por meio de Abraão, Deus de um firmamento de estrelas mais nobres. Seu povo é disperso e pisoteado como as areias da orla marítima. Mas Ele transforma pó e poeira em estrelas de glória. Ele fará de todo santo uma estrela, e o Céu é o firmamento do Seu povo, onde os sofredores de coração quebrantado da Terra são glorificados, transformados em galáxias cintilantes. —HERMANN VENEMA

*Chamando-as todas pelo seu nome*. Enquanto Dr. Herschel estava explorando a parte mais densa da Via Láctea, em um quarto de hora, nada menos do que 116 mil estrelas passaram pelo campo de visão de seu telescópio.

Foi computado que aproximadamente 100 milhões de estrelas possam ser percebidas por nossos instrumentos mais perfeitos, caso todas as regiões do céu sejam exploradas por completo. Mas regiões imensuráveis de espaço estão além das fronteiras mais extremas da visão humana, ainda que com auxílio; regiões que a imaginação mal pode penetrar, mas que são indubitavelmente repletas de ações da sabedoria e onipotência divinas. —THOMAS DICK

## Versículo 6

*O Senhor ampara os humildes e dá com os ímpios em terra*. Os homens orgulhosos são, em sua própria consideração, elevados o suficiente; somente aqueles que são modestos se preocuparão em ser elevados e somente estes Jeová dignificará. —C. H. SPURGEON

## Versículo 9

*E aos filhos dos corvos, quando clamam*. Estas criaturas silvestres, que parecem não ter utilidade para o homem, são de fato sem valor? De modo algum; eles cumprem seu papel na dinâmica da natureza. Quando são apenas filhotes e podem apenas clamar a seus pais pássaros por comida, o Senhor não os permite morrer de fome, mas supre suas necessidades.

É maravilhoso como estes pequenos pássaros são alimentados! Um pássaro em uma gaiola sob cuidado humano não tem menos perigo de falta de semente e água do que qualquer outro nas miríades que voam a céu aberto, sem dono algum exceto seu Criador e provedor algum, exceto o Senhor.

A grandiosidade ocupando-se das pequenas coisas constitui uma característica principal deste salmo. Não devemos, todos nós, sentir alegria especial em louvar Alguém tão extraordinariamente notável por Seu cuidado com o necessitado e o esquecido? Não devemos nós também confiar no Senhor, pois Ele que alimenta os filhotes dos corvos certamente nutrirá os filhos de Deus! "Aleluia" a Ele que alimenta corvos e governa as estrelas! Que Deus és tu, ó Jeová! —C. H. SPURGEON

Versículos 10 e 11. *Não faz caso da força do cavalo, nem se compraz nos músculos do guerreiro*. Nenhum homem é favorecido por Deus devido a sua aparência, porque tem um belo rosto, ou membros fortes e habilidosos; sim, não somente o Senhor não se compraz nos músculos de homem algum, mas também no cérebro de homem algum, ainda que com grande alcance, nem na perspicácia de homem algum, ainda que muito célere, nem no julgamento de homem algum, ainda que muito profundo, nem na língua de homem algum, ainda que muito eloquente e com boa expressão; mas *agrada-se o Senhor dos que o temem e dos que esperam na sua misericórdia*, daqueles que caminham humildemente com Ele e clamam a Ele. —JOSEPH CARYL

*Versículo 11*
*Agrada-se o Senhor dos que o temem e dos que esperam na sua misericórdia*. É um pensamento marcante o de que Deus não apenas tem paz com alguns tipos de homens, mas inclusive encontra consolo e alegria em sua companhia. Ó, a inigualável condescendência do Senhor, a ponto de que a Sua grandiosidade se agrade das criaturas insignificantes de Sua mão!

Quem são estes homens favorecidos de quem Jeová se agrada? Alguns deles são os menores em Sua família, que nunca se elevaram acima do esperar e temer. Outros são mais plenamente desenvolvidos, mas ainda exibem caráter mesclado, composto de medo e esperança: eles temem a Deus com temor santo e reverência filial e também esperam perdão e bênção, devido à misericórdia divina.

Como um pai se agrada de seus filhos, assim o Senhor tem consolo em Seus amados, cujas marcas de novo nascimento são temor e esperança. Eles temem, pois são pecadores; têm esperança, pois Deus é misericordioso. Eles o temem pois Ele é grande; esperam nele, pois Ele é bom. Seu temor tempera sua esperança; sua esperança clareia seu temor. Deus se agrada deles tanto em seu tremor como em seu deleite. —C. H. SPURGEON

A paciência e o temor são as cercas da esperança. Há uma bela relação entre esperança e temor. Ambos estão conectados neste versículo. São como a cortiça na rede de um pescador que a impede de afundar e o chumbo que a impede de flutuar. A esperança sem o temor corre perigo de ser confiante demais; o temor sem a esperança em pouco tempo se desesperaria. —G. S. BOWES

*Versículo 17*
*Ele arroja o seu gelo em migalhas*. Ou, migalhas de pão. É uma declaração digna feita por alguém sobre este texto: o gelo é pão; a chuva é bebida; a neve é lã; a geada um fogo para a Terra, fazendo-a reluzir internamente com o calor, ensinando-nos o que fazer pelos pobres de Deus. —JOHN TRAPP

Certo dia, ao falar sobre o clima, a irmã do Arcebispo Leighton lhe disse: "Está extremamente severo". O bom homem respondeu: "Mas tu, ó Deus, fizeste verão e inverno". —J. N. PEARSON

*Versículo 18*
*Manda a sua palavra e o derrete*. Israel, no cativeiro, está preso ao gelo, como os navios dos viajantes no Oceano Ártico; mas Deus enviou a brisa vernal de Seu amor, a água fluiu, o gelo derreteu e eles foram libertos. Deus transformou o cativeiro deles, e, suas correntes geladas foram derretidas pelos raios solares da misericórdia de Deus e fluíram com correntes frescas e dinâmicas, como "as torrentes do Neguebe", reluzindo no sol (Sl 126:4).

Assim foi no Dia do Pentecostes. O inverno do cativeiro espiritual derreteu e dissolveu pelo suave sopro do Espírito Santo e a Terra sorriu e floresceu como flores da fé, do amor e da alegria da maré de primavera. —CHRISTOPHER WORDSWORTH

Versículos 19 e 20. *Mostra a sua palavra a [...]. Não fez assim a nenhuma outra nação*. O que é a revelação do evangelho pelo próprio Filho de Deus? Pois ainda que a lei seja obscura e desfigurada desde a queda, contudo há algumas de suas noções enxertadas na natureza humana, mas não há a mínima suspeita do evangelho.

A lei descobre a nossa miséria, mas somente o evangelho mostra o caminho para sermos libertos dela. Se uma vantagem tão grandiosa e preciosa não toca o nosso coração; e ao possuí-la com alegria, se não formos sensíveis aos compromissos que o Pai das misericórdias tem colocado sobre nós, seremos os miseráveis mais ingratos do mundo. —WILLIAM BATES

# Salmo 148

O CÂNTICO é único e indivisível. Parece quase impossível expô-lo em detalhe, pois um poema vivo não deve ser dissecado verso por verso. É um cântico de natureza e graça. Como o lampejo de um relâmpago flameja pelo espaço e envolve Céu e Terra em uma vestimenta de glória, assim a adoração ao Senhor neste salmo ilumina todo o Universo e o faz resplandecer com brilho de louvor. O cântico começa nos Céus, move-se para baixo aos monstros marinhos e todos os abismos e em seguida sobe novamente, até que o povo próximo a Jeová eleve a sua melodia. Para expor este salmo, o requisito principal é um coração incendiado de amor reverente ao Senhor acima de tudo, Àquele que deve ser bendito para sempre. —C. H. SPURGEON

Salmos 148 a 150. Os últimos três salmos são uma tríade de magnífico louvor, ascendendo de louvor a louvor mais elevado, até se tornar "alegria indizível e cheia de glória" — exultação que não conhece limites. A alegria transborda a alma e espalha-se pelo Universo; toda criatura é magnetizada por ela e atraída para o coro. O Céu é repleto de louvor, a Terra é repleta de louvor, louvores surgem abaixo da terra — "todo o ser que respira" participa do êxtase. Deus é contemplado por uma criação amorosa e que o enaltece.

O homem, o último na criação, mas o primeiro no cântico, não sabe como conter-se. Ele dança, canta, ordena a todo o Céu, com todos os seus anjos, que o auxilie. "...feras e gados, répteis e voláteis" devem fazer o mesmo; até mesmo os "monstros marinhos" não devem ficar em silêncio; e os "abismos todos" devem ceder contribuições. Ele compele inclusive coisas inanimadas a seu serviço — tamborins, trombetas, harpas, órgãos, címbalos, címbalos retumbantes, se de alguma forma e de todas as formas, ele pode dar voz ao seu amor e alegria. —JOHN PULSFORD

Todo o salmo. Milton, em seu *Paraíso Perdido* (Livro V, linha 153 etc.) imitou elegantemente este salmo e o colocou na boca de Adão e Eva como seu hino da manhã em um estado de inocência. —JAMES ANDERSON

Todo o salmo. Este salmo não é mais nem menos do que uma gloriosa profecia do dia vindouro quando não apenas o conhecimento do Senhor será difundido por toda a Terra como as águas cobrem o mar, mas todo objeto criado no Céu e na Terra, animado ou inanimado, desde o arcanjo mais elevado passando por todos os graus de seres, até o menor átomo — jovens homens e donzelas, velhos e crianças e todos os reis e príncipes e juízes da Terra se unirão neste hino milenar para o louvor do Redentor. —BARTON BOUCHIER

### Versículo 1

*Aleluia! Louvai ao SENHOR do alto dos céus, louvai-o nas alturas*. Bernard, no sermão de despedida de seu irmão, relata que na noite anterior à morte de seu irmão Gerard, este, para a surpresa de todos os presentes, com voz e semblante de exultação, irrompeu com as palavras do salmista. "*Louvai ao SENHOR do alto dos céus, louvai-o nas alturas*".

### Versículo 3

*Louvai-o, sol e lua; louvai-o, todas as estrelas luzentes*. Há uma adoração perpétua do Senhor nos céus. Ela varia durante a noite e o dia, mas continua constantemente enquanto o Sol e a Lua duram. Há sempre uma lamparina queimando diante do elevado altar do Senhor. A luz é canção reluzindo diante dos olhos em lugar de ressoar nos ouvidos. As estrelas sem luz não prestariam louvor algum, e cristãos sem luz roubam do Senhor a Sua glória. Por menor que seja o nosso feixe, não devemos escondê-lo; se não podemos ser Sol ou Lua, devemos almejar ser uma das "estrelas luzentes", e o nosso cintilar deve ser para a honra do Senhor. —C. H. SPURGEON

Em especial, como o Sol louva Jeová? 1. Por sua beleza. Jesus, filho de Sirá, o chama de "globo de beleza"; 2. Por sua plenitude. Dion o chama de "imagem do potencial divino"; 3. Por sua exaltação. Plínio o chama de *caeli rector*, "o governante do Céu"; 4. Por seu perfeito resplendor. Plínio acrescenta que é "a mente e a alma de todo o universo"; 5. Por sua velocidade e constância de movimento. Marciano o chama de "o Guia da Natureza". —THOMAS LE BLANC

*Versículo 4*
*Louvai-o, céus dos céus e as águas que estão acima do firmamento.* Se pudéssemos alcançar a altura mais elevada do céu como os céus estão acima da Terra, ainda assim poderíamos clamar a todos ao nosso redor: "Louvai ao Senhor". Não pode haver nada tão grandioso e elevado como estar nas alturas, louvando Jeová.

Deixe que as nuvens acumulem volumes de adoração. Deixe que o mar acima ruja, e sua plenitude se coloque na presença de Jeová, o Deus de Israel. Há algo de mistério relacionado a estes supostos reservatórios de água; mas deixe-os ser o que forem e como forem darão glória ao Senhor, nosso Deus. Permita que o fenômeno mais desconhecido e intrigante faça sua parte no louvor universal. —C. H. SPURGEON

*Versículo 5*
*Louvem o nome do Senhor, pois mandou ele, e foram criados.* O louvor mais elevado a Deus é declarar o que Ele é. Nada podemos inventar que possa magnificar o Senhor. Nunca podemos exaltá-lo melhor do que ao repetir o Seu nome ou descrever o Seu caráter. O Senhor deve ser exaltado como Criador de todas as coisas que existem e por fazê-lo pelo simples empregar de Sua Palavra. Ele criou por um comando. Que poder é este!

Bem pode Ele esperar que o louvem aqueles que devem a Ele sua existência. A evolução pode ser ateísta, mas a doutrina da criação logicamente exige adoração e, portanto, como a árvore é conhecida por seu fruto, e assim prova ser verdadeira. Aqueles que foram criados por comando estão sob o comando de adorar o seu Criador. A voz que disse: "Faça-se", agora diz: "Louvem". —C. H. SPURGEON

Versículos 5 e 6. Este é o relato da criação em uma palavra: — Ele falou e foi feito. Quando Jesus veio, Ele foi a todos os lugares demonstrando a Sua divindade por este indício: Sua palavra era onipotente. Estes versículos declaram dois milagres da Vontade e da Palavra de Deus, a saber, a criação e a consolidação da Terra. Jeová primeiro produziu a matéria, em seguida a ordenou e a estabeleceu. —JOHN LORINUS

Versículos 7 e 8. Ele chama os abismos, o fogo, a saraiva, a neve, os montes e os outeiros, para participar nesta obra de louvor. Não que sejam capazes de fazê-lo ativamente, mas para demonstrar que o homem deve chamar toda a criação para assisti-lo passivamente, além de ter tanta compaixão de todas as criaturas que recebe o que oferecem; e tanta afeição por Deus a ponto de apresentar a Ele o que dele recebe.

A neve e a saraiva não podem bendizer e louvar a Deus, mas o homem deve bendizer a Deus por essas coisas, em que há uma mistura de dificuldade e inconveniência, algo para importunar nossos sentidos, assim como algo que aperfeiçoa a Terra para o fruto. —STEPHEN CHARNOCK

*Versículo 8*
*Neve.* Tão certo como todos os flocos de neve do inverno têm parte na grande estrutura da natureza, assim tão certamente, todas as Palavras de Deus que caem no santuário têm como seu fim a concretização na esfera moral. Eu já fiquei parado em um dia de inverno e vi os flocos em pequenas nuvens se perderem um a um no rio corrente. Eles pareciam morrer sem propósito algum, pareciam ser engolidos por um inimigo que ignorava tanto o seu poder quanto sua existência.

E assim vi a Palavra de Deus cair sobre corações humanos. Enviadas de Deus dia após dia e ano após ano; eu a vi cair aparentemente sem resultado algum na feroz correnteza da incredulidade — na corrente ainda mais feroz do mundanismo que estava varrendo a mente e a vida dos ouvintes.

Mas enquanto eu estava à margem do rio e olhei para o que parecia ser a morte do pequeno cristal trêmulo, um segundo pensamento me garantiu que era apenas a morte em vida e que todo pequeno floco que pranteava sua vida nas águas correntes, incorporou-se ao ser do rio.

Então quando vi a Palavra de Deus aparentemente cair infrutífera sobre a inquieta, fervente e impetuosa corrente da vida humana, recuperei a fé na imutável declaração de Deus que me garantiu que o que eu via não era uma morte aleatória ou ociosa, mas antes algo como o cair de um soldado logo após haver empregado a força de sua vida no destino de uma nação e na história de um mundo. E assim sempre deve ser. A Palavra de Deus sempre alcança seu fim. —S. S. MITCHELL

## Versículo 10

*Répteis*. Todos deveriam participar na oração pública. As pequenas cordas assim como as grandes, unem-se para formar um concerto. —THOMAS GOODWIN

## Versículo 11

*Reis da terra e todos os povos, príncipes*. Quanto mais intolerável é a perversidade de reis e príncipes que declaram sua exclusão das regras comuns, quando deveriam apregoá-las a outros e liderar a caminhada. Ele poderia ter direcionado esta exortação sumariamente a todos os homens, como de fato menciona povos em termos gerais, mas ao especificar príncipes em terceiro lugar, ele sugere que são lentos em executar o dever, e precisam ser estimulados a fazê-lo. —JOÃO CALVINO

## Versículo 12

*Velhos*. Suas línguas são de fatos indesculpáveis se ficarem silenciosas nos louvores Àquele, cuja glória é proclamada por todo objeto acima ou ao seu redor, e até mesmo por todos os membros de seus próprios corpos e todas as aptidões da alma deles. Porém, os idosos são duplamente indesculpáveis se forem desatentos com essas preciosas instruções, que lhes são concedidas por todas as obras de Deus que eles viram ou sobre as quais foram informados todos os dias, desde que os poderes de sua natureza racional começaram a funcionar.

Considere quanto tempo você viveu. Cada dia e até mesmo cada hora, cada momento não é, uma misericórdia não merecida? Você poderia ter sido separado do seio e arrancado do ventre, pois foi concebido em iniquidade e nasceu em pecado. Quantos de sua raça foram eliminados antes que pudessem distinguir entre sua mão direita e esquerda, antes que pudessem fazer o bem ou o mal.

Uma vez que vocês são agentes morais, nenhum dia se passou sem que fossem acusados de muitos pecados. Que riquezas de paciência são manifestas em uma vida de 60 ou 70 anos! Se você viveu em estado de pecado durante todo esse tempo, não há motivo para estar atônito com o fato de que ainda não esteja em uma condição em que seria para sempre impossível entoar a voz de louvor? Portanto, dê glória a esse Deus que ainda o preserva vivo. —GEORGE LAWSON

## Versículo 13

*O nome do SENHOR*. Jeová é um nome de grande poder e eficácia, um nome que tem em si três vogais, sem as quais nenhuma linguagem pode ser expressa. Um nome que tem em si três sílabas, para significar a Trindade de Pessoas, a eternidade de Deus, Um em Três e Três em Um. Nome de tal terror e reverência entre os judeus a ponto de tremerem ao pronunciá-lo e, portanto, usam o nome Adonai (Senhor) em todas as suas devoções.

E, portanto, todos devem se colocar em reverência e não pecar ao tomar o nome de Deus em vão, mas cantar louvores para honrar, lembrar, declarar, exaltar e bendizer este nome; pois santo e venerável, o único digno e excelente, é o Seu nome. —RAYMENT

## Versículo 14

*Louvai ao SENHOR* (ARC), ou "Aleluia". Este deveria ser o Alfa e o Ômega da vida de um bom homem. Louvemos a Deus até o fim, até a eternidade. O campo do louvor que está diante de nós neste salmo está limitado, início e fim, por marcos na forma de "Aleluias" e tudo o que se coloca entre elas é para a honra do Senhor. Amém. —C. H. SPURGEON

*Povo que lhe é chegado*. Jesus tomou nossa natureza e se tornou um conosco; logo, Ele nos é "chegado". Ele nos concede o Seu Espírito Santo, nos leva à união com Ele e assim somos chegados a Ele. Esta é nossa mais elevada honra, uma fonte infalível de felicidade e paz.

Estamos próximos dele quando pobres e quando somos profundamente tentados; e mais próximos do que nunca, havendo um momento, será o da morte.

Se estivermos achegados a Deus, Ele simpatizará conosco em todas as nossas dores, estará presente em todas as nossas tribulações, nos protegerá em todos os nossos perigos, terá comunhão conosco em todas as nossas horas de solidão, proverá por nós em todas as estações de necessidade e de modo honrável nos apresentará à glória. Percebamos este fato diariamente: Estamos próximos e somos amados de nosso Deus. —JAMES SMITH

# Salmo 149

ESTAMOS quase no último salmo e ainda entre os "Aleluias". Este é um "novo cântico", evidentemente destinado à nova criação, e aos homens que têm novo coração. É um cântico que pode ser cantado na vinda do Senhor, quando a nova dispensação trará derrota ao perverso e honra a todos os santos. O tom é extremamente jubiloso e exultante. Por toda sua extensão, ouve-se a batida dos pés de donzelas dançando marcando o tempo do tamborim e da harpa. —C. H. SPURGEON

*Versículo 1*
*Cantai ao Senhor um novo cântico*. Entre as nossas inovações deveria haver novos cânticos. Infelizmente, os homens são mais entusiastas de novas queixas do que de novos salmos. Nossos novos cânticos deveriam ser idealizados em honra a Jeová; de fato, todos os nossos mais recentes pensamentos deveriam inclinar-se para ser favoráveis a Ele. —C. H. SPURGEON

*Um novo cântico*. O homem idoso tem um cântico antigo, o novo homem tem um novo cântico. O Antigo Testamento é um cântico mais velho, o Novo Testamento é um novo cântico... Aquele que ama coisas terrenas canta um cântico antigo. Que aquele que deseja cantar um novo cântico ame aquilo que procede da eternidade. O amor em si é novo e eterno, portanto é sempre novo porque nunca envelhece. —AGOSTINHO

*Versículo 4*
*Porque o Senhor se agrada do seu povo*. Mas por que o Senhor "se agrada" deles? Há algo neles de si mesmos que Deus pode considerar com complacência e deleite? Não. Eles sabem e sentem que não têm pretensões deste tipo. Não é por causa do povo em si, mas por Sua própria causa; por Seu nome, da Sua verdade e da Sua misericórdia que Ele agora tem benevolência por eles. O Senhor "se agrada do seu povo" porque eles são o Seu povo, aqueles a quem comprou com Seu Sangue, renovou-os por Seu Espírito e os redimiu por Seu poder. —EDWARD COOPER

*De salvação adorna os humildes*. Eles são humildes e sentem sua necessidade de salvação. Ele é gracioso e lha concede. Eles lamentam sua deformidade; Ele coloca uma perfeição sobre eles, beleza de variedade mais seleta. Ele os salva santificando-os, e assim eles vestem a beleza da santidade e a beleza de uma alegria que irrompe da salvação plena. Ele faz o Seu povo ser humilde e depois transforma os humildes em belos. Aqui está um grande argumento para adorar ao Senhor com extrema exultação. Aquele que tanto se agrada de nós deve ser acercado com todos os sinais sobrepujantes de alegria.

Deus se agrada de todos os Seus filhos, como Jacó amava todos os seus filhos; mas os humildes são os

Seus Josés e sobre estes Ele coloca a túnica de muitas cores, ornamentando-os com paz, contentamento, alegria, santidade e autoridade. Um espírito humilde e tranquilo é chamado de "ornamento" e certamente esta é "a beleza da santidade". Quando o próprio Deus adorna um homem, ele se torna de fato belo e belo para sempre. —C. H. SPURGEON

Leve os seus pensamentos à manhã da ressurreição, quando esta corrupção terá se revestido de incorruptibilidade, esta mortalidade de imortalidade; quando o corpo, ressurreto em honra e glória, será vestido com seu belo traje e, sendo transformado à semelhança do glorioso corpo de Cristo, reluzirá como o sol no firmamento. Agora, mais uma vez unido a seu espírito santificado e de natureza semelhante, não mais será um peso, um impedimento e um obstáculo, mas se tornará um promotor de sua alegria, e um participante e auxiliador em sua felicidade espiritual.

Este é o significado do texto; esta é a beleza que Ele concebeu para o Seu povo e para a qual agora os prepara. Ao contemplar tudo isto, com razão pode-se dizer a eles: "Louvai ao Senhor". —EDWARD COOPER

## Versículo 5
Exultem de glória os santos, no seu leito cantem de júbilo. Quando nossos ossos estão incomodados e nosso sono nos abandona, oramos a Deus para que trate misericordiosamente conosco; mas quando nossas doenças são curadas, não voltamos para dar graças, sendo rapidamente dominados por fardos e certezas. —WILLIAM BLOYS

*De glória os santos.* Eles descansarão de seus labores em glória, mas não de seus louvores. —ROBERT BELLARMINE

Este versículo tem sido cumprido em crises solenes da vida santificada. Em leitos de morte, em cadafalsos e estacas, alegria e glória foram suscitadas nos corações das fiéis testemunhas de Cristo. —THOMAS LE BLANC

## Versículo 6
*Nos seus lábios estejam os altos louvores de Deus, nas suas mãos, espada de dois gumes.* A Palavra de Deus é sempre pontiaguda, para onde quer que a voltemos, ela golpeia a falsidade e a perversidade com golpes mortais. Se não louvamos, entristecer-nos-emos ainda mais em nossos conflitos e se não lutarmos, tornar-nos-emos presunçosos em nosso cântico. Este versículo indica uma feliz mistura do corista e do homem de cruzadas.

Observe como cada aspecto no cristão é categórico: se ele canta, são altos louvores e louvores do seu ser profundo, como no original; e se ele luta, é com a espada e a espada é de dois gumes.

O Deus vivo confere vida vigorosa àqueles que confiam nele. Eles não são de tonalidade neutra, os homens os ouvem e os sentem. O espírito deles é calmo, mas nessa quietude habita o trovão de uma força irresistível. Quando os homens piedosos entram em batalha contra os poderes do mal, cada conflito é alto louvor ao Deus da bondade. Até mesmo o tumulto de nossa guerra santa é uma parte da música de nossa vida. —C. H. SPURGEON

Os *Ironsides* (oficiais da cavalaria) de Cromwell eram ironicamente chamados de cantores de salmos; mas os cantores de Salmos do Senhor são sempre oficiais da cavalaria. Aquele que tem "um novo cântico em seus lábios" é sempre mais forte, tanto para sofrer e para trabalhar, do que o homem que tem espírito emudecido e um coração sem hinos. Quando ele canta em seu trabalho, ele fará mais e o executará melhor do que seria, sem o seu cântico. Logo, não precisamos nos surpreender com o fato de que, por toda a sua história, a Igreja do Senhor trafegou pela "linhagem da música". —WILLIAM TAYLOR

*Os altos louvores de Deus.* Eu confesso considerar os altos louvores de Deus oferecidos pelos homens como realização do homem, são algo pobre e insignificante. Se os considerarmos como o são: testemunhos e expressões de um coração que crê, declarando e tornando conhecida a sabedoria indescritível, a fidelidade, a generosidade e as excelências de Deus, postas em prática nas Suas obras, então, nesta concepção, as Escrituras declaram que o coração de Deus é tão tomado pelo desejo destes altos louvores, que se dispõe a dar o Céu, a Terra, dar-se a si mesmo e Seu Filho, a pobres homens para ter os louvores de seus corações, mãos e línguas; e considera-se abundantemente satisfeito. Portanto, quando o Seu povo fala o bem de Seu nome, eles falam dele no dialeto das notas dos anjos, *os altos louvores de Deus*.

*Versículo 8*
*Para meter os seus reis em cadeias*. Paulo cativou Agripa. A Palavra o prendeu como a um prisioneiro e o fez confessar contra si mesmo diante de Festo: "Por pouco me persuades a me fazer cristão". Verificou-se então aquilo que fora profetizado: "Os seus reis em cadeias e os seus nobres, em grilhões de ferro". Ó, a majestade e a força da Palavra! —HENRY SMITH

Pompeu costumava dizer que com uma batida de seu pé poderia erguer toda a Itália nos braços. Os homens poderosos do mundo podem ter nações, reinos e povos ao seu comando, mas Deus é ainda mais poderoso do que todos eles. Se Ele de fato se levanta, todos eles se esvoaçarão diante dele. E se Ele decidir agrilhoar príncipes, certamente isto será plenamente concretizado, e carne alguma poderá eliminar seus ferrolhos novamente. —STEPHEN GOSSON

*Versículo 9*
*Para executar contra eles a sentença escrita*. Como nação, Israel tinha esta tarefa, e a executou e alegrou-se no Deus que concedeu sucesso aos seus braços. Nós louvamos nosso Deus de outra forma. Não somos executores de justiça, mas arautos da misericórdia. Seria algo triste se qualquer pessoa usasse este texto incorretamente; e, se algum cristão guerreiro fosse levado a fazê-lo, nós o lembraríamos que a execução não deve ir além da sentença e do mandato; e não recebemos qualquer mandato de execução contra nossos companheiros. —C. H. SPURGEON

*O que será honra para todos os santos*. Muitos se convertem pela morte piedosa dos bons homens; como o próprio centurião, que ordenou e assistiu a crucificação de Cristo, e após a Sua morte, irrompeu em testemunho dele: "Verdadeiramente este era o Filho de Deus". Da mesma maneira, há os que xingam, injuriam, amaldiçoam, condenam, perseguem, executam piedosos e, quando tais homens passam a purgação da morte, falam de outro modo sobre esses piedosos e confessam que eram sinceros e fiéis servos de Deus. —THOMAS FULLER

# Salmo 150

CHEGAMOS agora ao cume final da cadeia de montanhas dos salmos. Eleva-se alto até o claro azul-celeste e seu ponto mais elevado é banhado na luz solar do eterno mundo da adoração. É um enlevo. O profeta-poeta está repleto de inspiração e entusiasmo. Ele se detém não para debater, ensinar, explicar, mas clama com palavras inflamadas: "Louvai-o, louvai-o, louvai a Deus". —C. H. SPURGEON

Todo o salmo: O último salmo termina com um coro ao louvor de Deus, em que o poeta convoca todo o povo, todos os instrumentos da música sagrada, todos os elementos e todas as estrelas para participar. Sublime final dessa ópera de 60 anos cantada pelo pastor, o herói, o rei e o ancião!

Neste salmo de fechamento vemos o entusiasmo quase desarticulado do poeta lírico. As palavras pressionam seus lábios tão rapidamente, elevando-se em direção a Deus, a fonte delas, como a fumaça de um grande incêndio da alma, espera pela tempestade! Aqui vemos Davi, ou antes o próprio coração humano com todas as suas notas de tristeza, alegria, lágrimas e adoração, concebidas por Deus —, a poesia santificada à sua expressão mais elevada; um vaso de perfume quebrado nos degraus do Templo, espalhando seus aromas do coração de Davi ao coração de toda a humanidade! —WILLIAM PLUMER

Todo o salmo: O primeiro e o último dos salmos têm o mesmo número de versículos, ambos são curtos e muito memoráveis, mas o escopo de cada um deles é muito diferente. O Salmo 1 é uma instrução elaborada do nosso dever, para nos preparar para os confortos da nossa lealdade. Este é o completo arrebatamento e êxtase e talvez tenha sido redigido propositadamente para ser a conclusão desses cânticos sagrados, para demonstrar qual é o desígnio de todos eles, o qual é, nos auxiliar no louvor a Deus. —MATTHEW HENRY

### Versículo 1
*Louvai a Deus no seu santuário.* Aleluias devem ser continuamente apresentadas na igreja terrena e nas cortes celestiais. Na pessoa de Jesus, Deus encontra uma santa habitação ou santuário e ali Ele deve ser grandemente louvado. —C. H. SPURGEON

### Versículo 2
*Louvai-o consoante a sua muita grandeza.* Nada há de diminuto em relação a Deus e não há nada grandioso à parte dele. Se sempre fôssemos cuidadosos em adequar nossa adoração ao nosso grande Senhor, como cantaríamos melhor! Como adoraríamos com mais reverência! Feitos tão grandiosos deveriam receber louvores excelentes. —C. H. SPURGEON

### Versículo 4
*Louvai-o com instrumentos de cordas e com flautas.* Muitos homens, muitas mentes e estes tão diferentes quanto cordas e flautas; mas há somente um Deus e esse único Deus deveria ser adorado por todos. A palavra traduzida "flautas" significa uma forma mais simples de instrumento de sopro do que os instrumentos modernos e mais elaborados. Indubitavelmente muitos pastores piedosos derramaram graciosas canções em uma flauta pastoril ou flauta doce e assim magnificaram o seu Deus. —C. H. SPURGEON

Versículos 3 a 5. Como Santo Agostinho diz aqui: "Não se omite nenhum tipo de habilidade aqui. Todas são relacionados ao louvor a Deus." O fôlego é empregado no sopro da trombeta, os dedos são usados para tocar as cordas do saltério e da harpa, toda a mão é exercitada ao bater no tamborim, os pés se movem na dança, há instrumentos de corda (literalmente cordas); há o órgão (o *ugab, syrinx*) composto de muitos tubos, sugerindo combinação e os címbalos tinindo uns com os outros. —C. WORDSWORTH

A pluralidade e a variedade (eu digo) destes instrumentos eram adequadas para representar as diversas condições do homem espiritual e da grandiosidade de sua alegria encontrada em Deus e para ensinar como deveria ser o incitar das afeições, dos poderes da nossa alma e uns dos outros na adoração a Deus. Que harmonia deveria haver entre os adoradores de Deus, que melodia cada um deveria produzir em si mesmo, cantando a Deus com graça em seu coração; que nenhum meio nem instrumentos, nem qualquer expressão do corpo reunido, poderia realçar suficientemente, nestas exortações para louvor a Deus com trombetas, saltério etc. —DAVID DICKSON

Patrick tem uma nota interessante sobre os muitos instrumentos de música no Salmo 149, que citamos aqui: "Os antigos habitantes de Etrúria usavam a trombeta; os acádios, o apito; os sicilianos, o saltério; os cretas, a harpa; os trácios, a corneta; os espartanos, a flauta; os egípcios, os tambores; os árabes, o címbalo (Clem. *Paedag.*, ii:4). Não podemos dizer que na enumeração de instrumentos musicais deste salmo, há uma referência à variedade que existe entre os homens, no modo de expressar alegria e despertar a emoção? —ANDREW A. BONAR

### *Versículo 6*

*Todo ser que respira louve ao SENHOR.* "Que todo o fôlego o louve". Isto significa todos os seres viventes. Ele lhes deu fôlego, que respirem os Seus louvores. Seu nome é composto no hebraico de fôlegos e não de letras, para demonstrar que todo o fôlego vem do Senhor. Portanto, que seja utilizado para Ele. Unam-se todos vocês seres viventes na canção eterna. Sendo o menor ou o mais grandioso, não retenham seus louvores. Que dia será, quando todas as coisas em todos os locais se unirem, para glorificar o único Deus vivo e verdadeiro! Este será o triunfo final da Igreja do Senhor. —C. H. SPURGEON

Não há nada no Saltério que seja mais majestoso ou mais belo do que este breve final, mas muito significativo, em que a solenidade de tom predomina, sem, no entanto, perturbar minimamente a súbita alegria que o final de um Saltério parece destinado a produzir, reproduzindo emblematicamente o triunfo que aguarda a Igreja e todos os seus membros quando, por meio de muita tribulação, entrarão no descanso. —JOSEPH ADDISON ALEXANDER

*Louvai ao SENHOR* (ARC). Mais uma vez "Aleluia!". Assim o salmo é circundado com a nota de louvor e assim o Livro de Salmos é finalizado, com uma palavra reluzente de adoração. Leitor, neste momento, você não fará uma pausa, por um momento, para adorar o Senhor, o seu Deus? ALELUIA! —C. H. SPURGEON

ALELUIA!

# Índice

*De autores citados ou referenciados*

## A

Abbot, George (1651) . . . . . . . . . . . . . . . . . . . . . . . . . 117
Abbot, Robert (1560–1617) . . . . . . . . . . . . . . . . . . . . . 86
Abbot, W. (1870) . . . . . . . . . . . . . . . . . . . . . . . . . . . . 646
Adams, Thomas (1614) . . . . 19, 21, 28, 54, 87, 102, 129, 160, 167, 175, 179, 214, 228, 231, 258, 283, 284, 301, 306, 321, 344, 350, 356, 360, 417, 423, 436, 446, 448, 492, 497, 550, 574, 579, 606, 637
Addison, Joseph (1672–1719) . . . . . . . . . . . . . . . 59, 632
Aglen, A. S. (1884) . . . . . . . . . . . . . . . . . . . . . . . . . . 652
Ainsworth, Henry (1622) . . . . . . . . . . . . . . . . . . 19, 184
Alexander, Joseph Addison (1809–50)
                                                        300, 336, 623, 673
Alexander, Thomas (1861) . . . . . . . . . . . . . . . . . . . 239
Alexander, William (1877) . . . . . . . . . . . . . . . . . . . 502
Alleine, Richard (1611–81) . . . . . . . . . . . . . 51, 153, 163
Ambrósio (340–397) . . . . . . . . . . . . . . 32, 208, 488, 517, 520, 521, 546, 554
Ambrose, Isaac (1592–1674) . . . . . . 91, 95, 117, 137, 292
*American Messenger, The* (1881) . . . . . . . . . . . . . . . . 540
Ames, William (1576–1633) . . . . . . . . . . . . . . . . . . 383
Amyraut, Moses (1596–1664) . . . . . . . . . . . . . . . . . 268
Anderson, James (1849) . . . . . . . . . . . . . . . . . . 177, 666
Andrewes, Lancelot (1555–1626) . . . . . . . . . 93, 99, 115, 451, 576

*Anedotas Ilustrativas,*
*Nova Enciclopédia de* (1875) . . . . . . . . . . . . . . . 466, 609
Annesley, Samuel (1620–96) . . . . . . . . . . . . 121, 301, 622
Armfield, H. T. (1874) . . . . . . . . . . . . . . . . . . . 564, 580
Arndt, Frederic (1861) . . . . . . . . . . . . . . . . . . . . . . . 383
Arnold, Thomas (1795–1842) . . . . . . . . . . . . . . . . . 608
Arnot, William (1808–75) . . . . . . . . . . . . . . . . . 174, 631
Arrowsmith, John (1602–59) . . . . . . . . . . . . . . 381, 624
Arvine, K. (1859) . . . . . . . . . . . . . . . 130, 136, 352, 406
*As órbitas do céu* (1859) . . . . . . . . . . . . . . . . . . . . . . 612

Ash, Simeon (1642) . . . . . . . . . . . . . . . . . . . 151, 309, 310
Atanásio . . . . . . . . . . . . . . . . . . . . . . . . . . . . . . . . . . . 215
Agostinho (354–430) . . . . . . 32, 43, 111, 125, 159, 160, 161, 171, 337, 359, 384, 391, 401, 402, 562, 591, 604, 621, 643, 653, 669
Austin, William (1637) . . . . . . . . . . . . . . . . . . . . . . . . 68
Avrillon, Jean (1652–1729) . . . . . . . . . . . . . . . . 132, 133
Ayguan, Michael (1340–1416) . . . . . . . . . . . . . . . 55, 218

## B

Bacon, Francis (1561–1626) . . . . . . . . . . . . . 77, 415, 425
Bailey, Philip James . . . . . . . . . . . . . . . . . . . . . . . . . 382
Baillie, Joanna (1762–1851) . . . . . . . . . . . . . . . . . . . 504
Baker, Sir Richard (1568–1645) . . . . . . 16, 17, 107, 133, 134, 144, 181, 182, 183, 184, 237, 238, 239, 241, 354, 487, 488, 489, 491, 515, 590, 592, 593, 594, 646, 647
Balcanqual, Walter (1642) . . . . . . . . . . . . . . . . . . . . 616
Bales, Peter (1547–1610) . . . . . . . . . . . . . . . . . . . . . . 71
Barclay, John (1734–98) . . . . . . . . . . . . . . . . . . . . . . . 61
Bardsley, J. W. (1883) . . . . . . . . . . . . . . . . . . . . . . . 529,
Bargrave, Isaac (1623) . . . . . . . . . . . . . . . . . . . . . . . 130,
Barlow, George (1879) . . . . . . . . . . . . . . . . . . . . . . . 572
Barlow, John (1632) . . . . . . . . . . . . . . . . . . . 204, 404, 614
Barnes, Albert (1798–1870) . . . . . . . 22, 128, 157, 252, 264, 304, 431, 455, 489, 492, 626
Barth, T. C. (1885) . . . . . . . . . . . . . . . . . . . . . . . . . . . 87
Bate, John (1865) . . . . . . . . . . . . . . . . . . . . . . . . 84, 656
Bateman, Gregory (1862) . . . . . . . . . . . . . . . . . . . . 321
Bates, William (1625–1699) . . . . . . . . . . . . . . . . . . . 665
Baxter, Richard (1615–91) . . . . . . . . . . . . . . . . . 42, 149, 556, 639
Bayne, P. (1617) . . . . . . . . . . . . . . . . . . . . . . . . . 505, 512

| AUTOR | PÁGINA |
|---|---|

Becon, Thomas (1511–67 ou 70) . . . . . . . . . . . . . . . 490
Beddome, Benjamin (1717–95) . . . . . . . . . . . . 274, 347
Bede, The Venerable (672 ou 3–735) . . . . . . . . . . . . . 70
Beecher, Henry Ward (1870) . . . . . . . . . . 74, 255, 623, 654, 662
Bellarmine, Robert (1542–1621) . . . . . . . 282, 355, 378, 379, 464, 490, 496, 534, 561, 670
Bellett (1871) . . . . . . . . . . . . . . . . . . . . . . . . . . . . . 494
Bengel, John Albert (1687–1752) . . . . . . . 372, 396, 407
Bennet, Benjamin (1728) . . . . . . . . . . . . . . . . . . . . . 61
Bennett, Sir James Risdon (1774–1862) . . . . . . . . . . 528
Bernard (1091–1153) . . . . . 251, 379, 382, 395, 423, 507
Berridge, John (1716–93) . . . . . . . . . . . . . . . . . 270, 381
Berriman, William (1688–1749) . . . . . . . . . . . . . . . . 476
Bertram, R. A. (1867) . . . . . . . . . . . . . . . . . . . . . . . 466
Beveridge, William (1636–1708) . . . . . . . . . . . . . . . 604
Bickersteth, Edward (1784–1850) . . . . . . . . . . . . . . 287
Binnie, William (1870) . . . . . . . 168, 218, 288, 306, 349, 370, 407, 411, 432
Blackerby, Samuel (1673) . . . . . . . . . . . . . . . . . . . . 251
Blackley, Thomas (1826) . . . . . . . . . . . . . . . . . . . . . 664
Blake, William (1757–1828) . . . . . . . . . . . . . . . . . . 643
Boettcher . . . . . . . . . . . . . . . . . . . . . . . . . . . . . . . . 288
Bogan, Zachary (1625–59) . . . . . . . . 106, 163, 201, 205
Bonar, Andrew A. (1859) . . . . . . . 24, 48, 166, 221, 243, 259, 261, 278, 303, 361, 400, 418, 459, 479, 571, 611, 614, 617, 673
Bonar, Horácio (1875) . . . . . . . . . . . . . . . . . . . . . . 189
Boothroyd, Benjamin (1768–1836) . . . . . . . . . . . . . 264
Boston, Thomas (1676–1732) . . . . . . . . . . . . . 61, 131,
Bouchier, Barton (1794–1865) . . . . . 42, 54, 60, 90, 267, 317, 387, 388, 394, 472, 483, 496, 522, 558, 562, 565, 606, 637, 666
Bourdillon, Francis (1881) . . . . . . . . . . . . . . . . . . . 531
Bovet, Felix (1824–) . . . . . . . . . . . . . . . . . . . . . . . . 661
Bowen, George (1873) . . . . . . . . . . . . . 593, 410, 416, 422, 473, 530
Bower, Hubert (1871) . . . . . . . . . . . . . . . . . . . . . . . 289
Bowes, G. S. (1869 etc.) . . . . . . . . 86, 144, 402, 458, 526, 584, 665
Bownd, Nicholas (1604) . . . . . . . . . . . . . . . . . . . 90, 91

Boys, John (1560–1643) . . . . . . . . 83, 84, 113, 116, 240, 254, 255, 286, 349, 357, 365, 394, 405, 477, 478, 482
Bradbury, Charles (1788–1871) . . . . . . . . . . . 65, 78, 132
Bradford, John (1510–55) . . . . . . . . . . . . . . . . . . . . . 86
Bradley, Charles (1838) . . . . . . . . . . . . . . . . . . . . . . 392
Bradshaw, William (1571–1618) . . . . . . . . . . . . . . . 373
Brainerd, David (1717–47) . . . . . . . . . . . . . . . . . . . 520
Bridge, William (1600–70) . . . . . . . . . 94, 290, 446, 601
Bridges, Charles (1794–1869) . . . . . . 53, 504, 505, 509, 517, 547, 549, 550
Brooks, Thomas (1608–80) . . . . . 24, 25, 41, 46, 47, 55, 58, 69, 86, 138, 143, 168, 170, 171, 178, 186, 202, 210, 266, 273, 299, 318, 353, 391, 463, 518, 519, 522, 523, 538, 553, 652
Brown, John (1853) . . . . . . . . . . . . . . . . 76, 77, 81, 304
Bruce, Alexander Balmain (1882) . . . . . . . . . . . . . . 598
Bruce, Michael (1666) . . . . . . . . . . . . . . . . . . . . . . 549
Bruno de Aste (1123) . . . . . . . . . . . . . . . . . . . . . . . 635
Bryant, Jacob (1715–1804) . . . . . . . . . . . . . . . . . . . 337
Buck, Charles (1771–1815) . . . . . . . . . . . . . . . . . . . 658
Bunyan, John (1628–88) . . . . . . . . . 57, 252, 293, 296, 375, 525, 549, 575
Burder, George (1838) . . . . . . . . . . . . . . . . . . . . . . 224
Burder, Samuel (1839) . . . . . . . . . . . . . . . . . . . . . . . 86
Burgess, Anthony . . . . . . . . . . . . . . . . . . . . 84, 88, 390
Burgess, Daniel (1645–1712 ou 13) . . . . . . . . . . . . . 231
Burgon, John William (1859) . . . . . . . . . . . . . . 563, 621
Burroughs, Jeremiah (1599–1646) . . . . . . . . 35, 36, 253, 276, 305, 324, 366, 560
Burton, William (1602) . . . . . . . . . . . . . . . . . . . . . . 200
Butler, Samuel (1600–80) . . . . . . . . . . . . . . . . . . . . 131
Byfield, Nicholas (1579–1622) . . . . . . . . . . . . . . . . . 68
Byrom, John (1691–1763) . . . . . . . . . . . . . . . . . . . . 609

# C

Calamy, Edmund (1600–66) . . . . . . . . . . 162, 523, 530, 536, 573
Callcott, Maria (1788–1842) . . . . . . . . . . . . . . . . . . 616
Calvert, Thomas (1647) . . . . . . . . . . . . . . . . . . . . . 646

| AUTOR | PÁGINA |
|---|---|
| Calvino, João (1509–64) | 35, 39, 43, 63, 116, 137, 139, 178, 241, 293, 310, 311, 312, 315, 328, 332, 375, 427, 429, 445, 474, 496, 498, 506, 508, 512, 533, 542, 552, 553, 561, 567, 582, 587, 607, 627, 634, 649, 657, 660, 668 |
| Cameron, Richard (1680) | 220 |
| Capel, Richard (1586–1656) | 88, 258, 495 |
| Carbone, Ludovic de | 176 |
| Cardinalis, Hugo | 408 |
| Carlyle, Thomas (1795–1881) | 562 |
| Carmichael, Alexander (1677) | 268, 278, 333 |
| Carson, Alexander (1776–1884) | 279, 431 |
| Carter, William (1648) | 279 |
| Cartwright, Christopher (1602–58) | 146 |
| Caryl, Joseph (1602–73) | 16, 28, 33, 39, 51, 67, 73, 74, 76, 140, 179, 181, 220, 232, 234, 257, 258, 283, 293, 312, 315, 321, 322, 334, 335, 348, 380, 388, 391, 425, 426, 435, 446, 455, 472, 488, 490, 498, 508, 515, 539, 541, 571, 591, 621, 632, 634, 639, 651, 665, |
| Case, Thomas (1598¬–1680) | 629 |
| Cawdray, Robert (1609) | 67, 79, 129 |
| Cayley, C. B. (1860) | 314 |
| Chalmers, Thomas (1780–1847) | 197, 235, 616 |
| Champneys, W. Weldon (1842) | 420 |
| Chandler, Samuel (1693–1766) | 141, 274, 412, 434 |
| Charnock, Stephen (1628–80) | 44, 46, 47, 51, 52, 58, 71, 123, 230, 233, 348, 252, 372, 282, 386, 409, 416, 422, 483, 492, 523, 540, 542, 543, 561, 629, 667 |
| Cheever, George B. (1807–) | 385, 646 |
| Chevalier, E. (1869) | 438 |
| *Christian, The* (1876) | 657 |
| Christophers, S. W. (1866) | 216 |
| Crisóstomo (347–407) | 32, 42, 148 |
| Cícero (106–43 a.C.) | 630 |
| Clarke, Adam (1760–1832) | 15, 25, 65, 124, 145, 153, 165, 217, 221, 245, 248, 250, 253, 261, 314, 355, 374, 405, 412, 430, 433, 484, 493, 580 |
| Clarke, Samuel (1599–1682) | 139, 162 |
| Clarkson, David (1622–86) | 28, 135, 164, 194, 195, 278, 341, 361, 423, 566, 655, |
| Clay, William Keatinge (1839) | 628 |
| Clerke, Richard (–1634) | 59, 611 |
| Cobbet, Thomas (1608–86) | 134, 144, 413 |
| Cole, Thomas (1627–97) | 184, 395 |
| Coleman, John Noble (1863) | 247, 377 |
| Coleridge, Samuel T. (1772–1834) | 59 |
| Coles, Elisha (1688) | 122 |
| Colquhoun, John (1814) | 365 |
| Colville, William (1655) | 69, 174 |
| Conant, Thomas J. (1871) | 290 |
| Cook, Eliza | 527 |
| Cooper, Edward (1826) | 669, 670 |
| Coore, Richard | 212 |
| Corderius, Balthazar (1592–1650) | 408 |
| Cowles, Henry (1872) | 384, 397, 423, 606 |
| Cowper, William (1731–1800) | 23, 29, 81, 238, 503, 511, 515, 516, 518, 521, 525, 528, 532, 536, 541, 542, 543, 545, 547, 551, 552, 553, 560 |
| Cox, F. A. (1852) | 114 |
| Cox, Samuel (1874) | 563 |
| Crabbe, George (1754–1832) | 198 |
| Cradock, Gualter (Walter) (–1660) | 351 |
| Cragge, John (1657) | 96, 323 |
| Craik, Henry (1860) | 84 |
| Cranmer, T. (1489¬–1556) | 557 |
| Crashaw, William (1618) | 635 |
| Craven, Isaac (1630) | 155, 167 |
| Cresswell, Daniel (1776–1844) | 192, 193, 345, 374, 518 |
| Cromwell, Oliver (1599–1658) | 82 |
| Crouch, William (1708) | 311 |
| Cruden, Alexander (1701–70) | 63, 89 |
| Cruso, Timothy (1657–97) | 67, 175, 273 |

| AUTOR | PÁGINA |
|---|---|
| Cumming, Asa (1859) | 555 |
| Cumming, John (1843) | 398 |

# D

| | |
|---|---|
| Darby, John Nelson (–1882) | 333 |
| Davies, Benjamin (1872) | 462 |
| Day, Martin (1660) | 109 |
| Deems, Charles F. (1820–) | 582 |
| Delany, Patrick (1686–1768) | 112 |
| Delitzsch, Franz (1871) | 256, 410, 411, 459, 467 |
| De Pressense, E. (1869) | 642, 651 |
| *Dicionário de ilustrações* (1873) | 353 |
| Dick, Thomas (1774–1857) | 612, 613, 664 |
| Dickson, David (1583–1662) | 24, 99, 137, 173, 209, 246, 261, 262, 377, 398, 407, 410, 446, 454, 457, 459, 460, 494, 542, 623, 637, 673 |
| Diodati, John (1576–1649) | 387 |
| Dionísio (1471) | 91, 100 |
| Doddridge, Philip (1702–51) | 557 |
| Dolben, J. (1665) | 246 |
| *Domingo em casa, O* | 570 |
| Donne, John (1573–1631) | 20, 32, 34, 156, 157, 268, 270, 281, 311 |
| Dryden (1631–1700) | 310 |
| Dun, John (1790) | 475 |
| Duncan, Henry (1774–1846) | 624 |
| Duncan, Mary B. M. (1825–65) | 142, 382 |
| Dunlop, William (1692–1720) | 228 |
| Dunwell, F. H. (1853) | 465 |
| Duppa, Brian (1588–1662) | 203 |
| Durant, John (1620) | 105 |
| Dyer, William (1696) | 20 |
| Dyke, Jeremiah (–1620) | 125, 380 |

# E

| | |
|---|---|
| Edersheim, Alfred (1877) | 387, 409, 469, 471 |
| Edwards, Jonathan (1703–58) | 84, 124, 172, 220, 389, 502, 520, 521, 651 |
| Elton, Edward (1620) | 310 |

| AUTOR | PÁGINA |
|---|---|
| Elwin, Fountain (1842) | 156 |
| Epíteto | 389 |
| Erskine, Ebenezer (1680–1754) | 323, 367, 620 |
| Erskine, Ralph (1685–1752) | 217, 218, 447 |
| Estwick, Nicholas (1644) | 189 |
| Evans, Christmas (1766–1838) | 97, 292 |
| Evans, James Harrington (1785–1849) | 154 |
| Ewald, Henrich (1803–75) | 185 |
| *Expositor, The* (1876) | 539 |

# F

| | |
|---|---|
| Faber, Frederick W. (1852) | 555 |
| Fairbairn, A. M. (1881) | 569 |
| Fawcett, John (1769–1851) | 645 |
| Featley, Daniel (1582–1645) | 470 |
| Fenner, William (1560–1640) | 111, 120, 121, 232, 528, 531, 658, 664 |
| Fenton, Thomas (1732) | 566 |
| Firmin, Giles (1616–97) | 183, 314 |
| Flavel, John (1627–91) | 78, 193, 210, 215, 254, 506 |
| Fletcher, Giles (1588–1623) | 222 |
| Folengo, Giambattista (1490–1559) | 341 |
| Folengius | 433 |
| Forbes, A. P. (1857) | 236 |
| Ford, James (1871) | 632 |
| Fowler, Christopher (1610–78) | 137 |
| Frame, James (1869) | 192, 194, 302 |
| Francisco (Visconde Dillon) | 656 |
| Frank, Mark (1613–64) | 114, 193, 212 |
| Franke, Augustus Herman (1663–1727) | 92 |
| Franklin, Benjamin (1706–90) | 581 |
| Fraser, John (1745–1818) | 273 |
| Frisch, Johann David (1731) | 351, 500, 623 |
| Frost, John (1657) | 74 |
| Fuller, Andrew (1754–1815) | 104, 117, 175, 291, 294, 390, 626, 657, 658, |
| Fuller, Thomas (1608–1661) | 30, 36, 49, 50, 66, 119, 123, 166, 198, 286, 315, 394, 420, 449, 671 |
| Fysh, Frederick (1850) | 354 |

| AUTOR | PÁGINA |
|---|---|

## G

Gadsby, John (1862) . . . . . . . . . . . . . . . . .84, 192, 347
Geier, Martin (1614–81) . . . . . . . . . . . . .464, 653, 658
Genebrardus, Gilbert (1537–97) . . . . . . . . . . . .408, 538
Gerhohus (1093–1169) . . . . . . . . . . . . . . . .91, 297, 311
Gesner, Solomon (1559–1605) . . . . . .495, 523, 554, 592
Gibbins, Nicholas (1602) . . . . . . . . . . . . . . . . . . . . .245
Gilfillan, George (1813–78) . . . . . . . . . . . . . . . . . . . .76
Gill, John (1697–1771) . . . . . . . 90, 127, 169, 177, 197,
232, 275, 295, 341, 349,
353, 390, 398, 426, 430, 444,
472, 542, 597, 622
Gill, William (1869–) . . . . . . . . . . . . . . . . . . . . . . . .568
Gilpin, Richard (1625–97) . . . . . . . . . . . . . . . . .49, 143
Gipps, George (1645) . . . . . . . . . . . . . . . . . . . . . . . .231
Glascock, John (1659) . . . . . . . . . . . . . . . . . . . . . . .178
Gloag, Paton J. (1870) . . . . . . . . . . . . . . . . . . . . . . .467
Gogerly, George (1870) . . . . . . . . . . . . . . . . . . . . . .600
Good, John Mason (1764–1827) . . . . . . . . . . . . . . . .83
Goodwin, Philip (1658) . . . . . . . . . . . . . . . . . . . . . .582
Goodwin, Thomas (1600–79) . . . . . . . 29, 38, 46, 55, 89,
126, 134, 237, 245,
271, 298, 305, 326,
366, 435, 668
Goold, W. H. (1851) . . . . . . . . . . . . . . . . . . . . . . . .397
Gordon, George (Lord Byron) (1788–1824) . . . . . . .322
Gordon, Robert (1825) . . . . . . . . . . . . . . . . . . . . . .285
Gore, John (1635) . . . . . . . . . . . . . . . . . . . . . .179, 640
Gosse, Philip Henry (1861) . . . . . . . . . . . . . . . . . . .481
Gosson, Stephen (1554–1623) . . . . . . . . . . . . . . . . .671
Gouge, William (1575–1653) . . . . . . . . . . 103, 182, 447,
488, 489, 493
Gough, John B. (1881) . . . . . . . . . . . . . . . . . . . . . . .645
Graham, William (1870) . . . . . . . . . . . . . . . . . . . . .292
Grant, William (1814–76) . . . . . . . . . . . . . . . . . . . .543
Gray, Andrew (1805–61) . . . . . . . . . . . . . .134, 361, 366
Gray, James Comper (1879) . . . . . . . . . . . . . . . . . . .644
Gray, Thomas (1716–71) . . . . . . . . . . . . . . . . .370, 415
Green, William (1762) . . . . . . . . . . . . . . . . . . . . . . .290
Greenham, Richard (1531–91) . . . . . . 65, 503, 514, 517,
521, 526, 536
Greenhill, William (1591–1677) . . . . . . . . 27, 368, 392,
450, 496
Gregório (324–389) . . . . . . . . . . . . . . . . . . . . . . . . .155

Grenada, Lewis de (1504–1588) . . . . . . . . . . . . . . . .170
Grosart, Alexander B. (1865) . . . . . . . . . . . . . . . . . .420
Grosse, Alexander (—1654) . . . . . . . . . . . . . . . . . . .322
Grove, John (1802) . . . . . . . . . . . . . . . . . . . . . . . . .248
Guillemin, Amedee (1826–93) . . . . . . . . . . . . . . . . .425
Gurnall, William (1617–79) . . . . . 22, 23, 27, 28, 30, 43,
49, 51, 56, 65, 67, 72, 73,
75, 103, 115, 140, 154,
155, 163, 191, 203, 206,
220, 225, 233, 239, 252,
256, 276, 286, 327, 332,
333, 338, 342, 347, 412,
416, 418, 422, 491, 506,
533, 543, 548, 555, 557,
560, 578, 619, 620, 629,
639, 645
Guthrie, Thomas (1803–73) . . . . . . . . . . . . . . . . . . .38

## H

Hakewill, George (1578–1649) . . . . . . . . . . . . .411, 412
Haldane, Robert (1764–1842) . . . . . . . . . . . . . . . . . .29
Haley, John W. (1875) . . . . . . . . . . . . . . . . . . . . . . .547
Hall, Bishop . . . . . . . . . . . . . . . . . . . . . . . . . . . . . . .55
Hall, Joseph (1574–1656) . . . . . . 56, 117, 220, 293, 326,
451, 584, 612, 650
Hambleton, John (1839) . . . . . . . . . . . . . . . . . . . . .319
Hamilton, James (1814–67) . . . . . . . .138, 443, 452, 548
Hammond, Henry (1605–60) . . . . . . . . . . . . . .317, 661
Hammond, Joseph (1875) . . . . . . . . . . . . . . . . . . . .467
Hapstone, Dalman (1867) . . . . . . . . . . . . . . . . . . . .174
Hardwick, Humphrey (1644) . . . . . . . . . . . . . . . . . .579
Hardy, Nathaniel (1618–70) . . . . . . . . 85, 107, 124, 155,
164, 176, 177,
180, 490, 538
Hare, Augustus William (1792–1834) . . . . . . . . . . . .586
Hare, Julius Charles (1849) . . . . . . . . . . . . . . . . .85, 424
Harpur, George (1862) . . . . . . . . . . . . . . . . . . . . . . .213
Harris, Robert (1578–1658) . . . . . . . . . . . . . . . . . . .610
Havergal, Frances Ridley (1836–79) . . . . . . . . . .524, 533
Hawker, Robert (1753–1827) . . . . . . . . . . . . . .215, 480
Hayward, Sir John (1560–1627) . . . . . . . . . . . . . . . .299
Henderson, Alexander (1583–1646) . . . . . . . . . .579, 580
Hengstenberg, E. W. (1845) . . . . . . . . . . . . .40, 479, 486

| AUTOR | PÁGINA |
|---|---|
| Henry, Matthew (1662–1714) | 21, 22, 72, 96, 122, 138, 164, 194, 221, 243, 250, 260, 263, 272, 311, 325, 331, 333, 352, 358, 365, 367, 410, 428, 430, 432, 440, 464, 467, 478, 485, 489, 538, 546, 573, 577, 579, 586, 623, 635, 638, 648, 653, 661, 672 |
| Henry, Philip | 615 |
| Herle, Charles (1598–1659) | 393 |
| Hervey, James (1714–58) | 537 |
| Heywood, Oliver (1629–1702) | 82, 170, 202, 303, 530, 559, 595 |
| Hibbard, F. G (1856) | 462 |
| Hieron, Samuel (1572–1617) | 561 |
| Hill, John (1711–46) | 260, 262 |
| Hiller, O. Prescott (1869) | 259, 278 |
| Hinton, James (1871) | 422 |
| Hitchcock, Edward (1851) | 625 |
| Holdsworth, Richard (1590–1649) | 161, 569, 570, 652 |
| Homero (23) | 648 |
| Homes, Nathaniel (1599–1678) | 206 |
| Hood, E. Paxton (1860) | 149, 198, 319, 335, 370 |
| Hooker, Richard (1554–1600) | 44 |
| Hooper, John (1495–1555) | 310 |
| Hopkins, Ezekiel (1633–90) | 51, 74, 88, 293, 637 |
| Horne, George (1730–92) | 43, 54, 101, 126, 137, 139, 140, 144, 165, 200, 224, 295, 357, 396, 420, 449, 474, 518, 548, 551, 559, 578, 607, 630, 635 |
| Horsley, Samuel (1733–1806) | 218 |
| Horton, Thomas (–1673) | 202, 274 |
| Howard, Theodosia A. (1861) | 106 |
| Howe, John (1630–1705) | 55, 177 |
| Howels, William (1778–1832) | 632 |
| Howitt, William (1850) | 280 |
| Hume, John (1628) | 576, 577, 580 |
| Hurst, Henry (1629–96) | 597 |
| Hyatt, John (1767–1826) | 359 |
| Hyde, Edward (1658) | 212 |

## I

| AUTOR | PÁGINA |
|---|---|
| Irons, Joseph (1786–1852) | 90, 457 |

## J

| | |
|---|---|
| Jacomb, Samuel (1629–59) | 507 |
| Jacombe, Thomas (1622–87) | 348 |
| James, John Angell (1785–1859) | 273, 546 |
| Jameson, John (1838) | 492 |
| Janeway, James (1636–74) | 39, 109, 110, 116, 310 |
| Janeway, John (1633–57) | 599 |
| Jay, William (1769–1853) | 162, 196, 385, 418, 437, 455, 521, 549, 568, 638 |
| Jeanes, Henry (1611–62) | 654 |
| Jebb, John (1846) | 622 |
| Jenkyn, William (1612–85) | 546 |
| Jerônimo (331–422) | 177 |
| Jones, Theophilus (1829) | 469 |
| Jones, Sir William (1746–94) | 552, 625 |
| Judson, Adoniram (1788–1850) | 567 |
| Jukes, Andrew (1858) | 436 |
| Juvenal | 59 |

## K

| | |
|---|---|
| Kalisch, M. (1867) | 442 |
| Kay, William (1871) | 378, 460, 469, 524 |
| Keble, John (1792–1866) | 118 |
| Kempis, Thomas à (1380–1471) | 16, 550 |
| Ken, Thomas (1637–1710/11) | 135 |
| Kennicott, Benjamin (1718–83) | 88 |
| Ker, John (1869) | 508 |
| Kingsley, Charles (1858) | 657 |
| Kinns, Samuel (1882) | 607 |
| Kitchin, John (1660) | 161 |
| Kitto, John (1804–54) | 81, 190, 482 |

## L

| | |
|---|---|
| Lake, Arthur (–1626) | 90, 599 |
| Lange, J. P. (1864) | 146, 582 |
| Lardner, Dionysius (1793–1859) | 442 |
| Larrabee, W. C. | 220 |
| Lavington, Samuel (1728–1807) | 108, 431, 492 |

| AUTOR | PÁGINA |
|---|---|
| Law, Henry (1858) | 288, 451 |
| Lawrence, Henry (1646) | 382 |
| Lawrence, Matthew (1657) | 204, 326, 535 |
| Lawson, George (1652) | 668 |
| Layfielde, Edmund (1630) | 188 |
| Le Blanc, Thomas (–1869) | 269, 270, 271, 278, 285, 305, 308, 311, 356, 367, 368, 372, 398, 414, 659, 667, 670 |
| Le Coute, Joseph (1874) | 399 |
| Lee, Samuel (1625–91) | 183, 195, 270, 339, 437, 553, 653 |
| Leighton, Robert (1613–84) | 26, 38, 153, 190, 499 |
| Lenormant, F. (1869) | 438 |
| Littledale, R. F. (1818–66) | 308, 485, 518, 523, 531, 549, 566, 591, 648 |
| Littleton, Adam (1627–94) | 64, 88 |
| Livingstone, John (1603–72) | 618 |
| Long, J. (1881) | 391 |
| Longfellow, Henry Wadsworth (1807–82) | 521 |
| Lorinus, John (1569–1634) | 81, 115, 153, 286, 297, 316, 317, 406, 453, 462, 634, 667 |
| Love, Christopher (1618–51) | 203, 204, 271 |
| Lowth, Robert (1710–87) | 77 |
| Lucio, Piscat | 403 |
| Luscombe, Edward | 437 |
| Lutero, Martinho (1483–1546) | 16, 17, 19, 23, 26, 29, 44, 61, 70, 91, 152, 215, 216, 372, 471, 556, 564, 569, 572, 573, 574, 577, 585, 589, 597, 599 |
| Lye, Thomas (1621–84) | 270 |

## M

| AUTOR | PÁGINA |
|---|---|
| Macdonald, Robert (1879) | 644 |
| Macduff, J. R. (1862) | 106, 107 |
| Maclaren, Alexander (1871) | 621 |
| Macmillan, Hugh (1868) | 404 |
| Makelvie, William (1863) | 354 |
| Malan, Caesar | 196 |
| Manning, Henry Edward (1850) | 248 |
| Mant, Richard (1776–1849) | 35, 275, 369, 423 |

| AUTOR | PÁGINA |
|---|---|
| Manton, Thomas (1620–77) | 38, 56, 72, 191, 226, 287, 323, 487, 503, 504, 508, 509, 510, 511, 513, 514, 515, 522, 524, 525, 526, 527, 531, 532, 533, 534, 544, 548, 550, 552, 555, 572, 582, 596, 605, 627 |
| Marbury, Edward (1649) | 41, 142 |
| March, Daniel (1880) | 521 |
| March, Henry (1839) | 203, 204, 205, 207 |
| Marchant, F. G. (1882) | 512, 514 |
| Marshall, Stephen (–1655) | 536 |
| Marshall, W. (–1690) | 524 |
| Martin, James (1878) | 559 |
| Martin, Samuel (1871) | 280, 294, 603 |
| Mason, J. (–1694) | 60, 83, 143, 497, 522, 527, 530, 625 |
| Mason, William (1719–91) | 89, 394 |
| Massillon, Jean Baptiste (1663–1742) | 136, 137, 139, 140 |
| Maudson, W. T. (1855) | 471 |
| Mayer, John (1653) | 36, 336 |
| Mayhew, Richard (1679) | 563, 599, 606 |
| McCheyne, Robert Murray (1813–43) | 364 |
| McMichael, N. (1860) | 565, 566, 588 |
| Memórias em Manual Batista (1875) | 583 |
| M'Caul, Alexander (1840) | 289 |
| M'Laren, David (1883) | 628 |
| M'Laurin, John (1693–1754) | 654 |
| Mellor, Enoch (1823–1881) | 546 |
| Melvill, Henry (1798–1871) | 40, 328, 335, 355, 375, 395, 554, 582, 633 |
| Merry, Charles M. (1864) | 377 |
| Millington, Thomas S. (1863) | 439, 440, 441, 608 |
| Milman, Henry Hart (1791–1868) | 318 |
| Milward, John (–1684) | 277 |
| Mitchell, S. S. (1884) | 668 |
| Moll, Carl Bernhard (1869) | 429 |
| Mollerus, D. H. (1639) | 163, 308, 325, 373, 415, 433, 435, 464, 477 |
| Molyneux, Capel (1855) | 368 |
| Monastier, Antoine (1859) | 150 |

| AUTOR | PÁGINA |
|---|---|
| Montague, M. (1844) | 152 |
| Montaigne, Michel de (1533–92) | 570 |
| Montgomery, Robert (1807–55) | 400 |
| More, Hannah | 657 |
| Morison, John (1829) | 47, 102, 126, 255, 285, 510, 515, 545, 552 |
| Mossom, Robert (1657) | 121, 122, 125 |
| Muis, Simon de (1587–1644) | 378, 522, 658 |
| Munster, Sebastian (1488–1552) | 173 |
| Murphy, James G. (1863) | 425, 439, 440, 442, 502, 511, 610 |
| Musculus, Wolfgang (1497–1563) | 60, 329, 331, 342, 343, 382, 403, 445, 450, 467, 477, 581 |

# N

| AUTOR | PÁGINA |
|---|---|
| Nalson, Valentine (1641–1724) | 478 |
| Nalton, James (1664) | 165, 327, 524 |
| Neale, John Mason (1818–66) | 60, 101, 130, 143, 164, 173, 201, 221, 308, 389, 485, 497, 498, 518, 523, 549, 551, 566, 591, 648 |
| Neil James (1882) | 535 |
| Ness, Christopher (1621–1705) | 202 |
| Newman, John Henry (1801–) | 531, 627 |
| Newton, John (1725–1807) | 21, 642, 649 |
| Nicholson, William (–1671) | 367, 392, 498 |
| Nisbet, Robert (1863) | 564, 570, 583, 585 |
| North, Brownlow (1865) | 331 |
| Nouet, James (1847) | 96, 117 |

# O

| AUTOR | PÁGINA |
|---|---|
| Offor, George (1862) | 228 |
| Offord, John (1868) | 207 |
| Orígenes (185–253 ou 4) | 189 |
| Ormiston, W. (189) | 615 |
| Osburn, William (1856) | 338 |
| Owen, John (1616–83) | 58, 60, 574 |
| *O estudo e o púlpito, De* (1876/7) | 591 |
| *O tesouro bíblico* (1873) | 566 |
| *O tesouro cristão* (1865) | 157, 611, 640 |

# P

| AUTOR | PÁGINA |
|---|---|
| Page, Samuel (1646) | 52, 185, 237 |
| Page, William Henry James (1883/5) | 574 |
| Palanterius, Johannes Paulus (1600) | 490, 501, 653, 660, 661 |
| Palmer, Anthony (1678) | 125 |
| Parr, Elnathan (1651) | 207 |
| Pascal, Blaise (1623–62) | 39, 472 |
| Payson, Edward (1783–1827) | 46, 213, 281, 374, 399, 447, 568 |
| Pearson, J. N. (1830) | 665 |
| Peden, Alexander (1682) | 164 |
| Pell, Daniel (1659) | 456 |
| Pendlebury, Henry (1626–95) | 117 |
| Pennington, John (1656) | 178 |
| Perowne, J. J. Stewart (1868) | 98, 99, 146, 168, 174, 194, 228, 296, 396, 406, 469 |
| Perowne, Thomas Thomason (1858) | 309 |
| Peters, Hugh (1645) | 151 |
| Phillips, George (1846) | 507 |
| Philpot, J. C. (1802–69) | 183, 364, 454, 500, 501, 620, 623 |
| Pierce, Samuel Eyles (1746–1829?) | 565, 588 |
| Pierson, Thomas (1570–1633) | 134 |
| Pinchbeck, Edmund (1652) | 175 |
| Pirie, Alexander (–1804) | 346 |
| Pitcairne, Alexander (1664) | 657 |
| Platão (427–347 a.C.) | 310, 625 |
| Playfere, Thomas (1633) | 61, 72, 82, 156, 163, 600 |
| Pledger, Elias (–1676) | 342 |
| Plínio (23–79) | 634 |
| Plumer, William S. (1802–80) | 19, 78, 80, 94, 105, 127, 133, 145, 172, 183, 199, 235, 241, 245, 250, 255, 276, 333, 342, 356, 357, 364, 391, 427, 498, 512, 519, 539, 547, 568, 611, 672 |
| Pollok, Robert (1799–1827) | 172, 466 |
| Poole, Matthew (1624–79) | 62, 91, 438 |
| Porter, Ebenezer (1834) | 115, 190 |

| AUTOR | PÁGINA |
|---|---|

Porter, J. L. (1776–1850) . . . . . . . . . . . . . . . . . .223, 340
Power, Philip Bennett (1862) . . . . . 23, 26, 40, 110, 136, 266, 342, 366, 619
Powerscourt, Visconde . . . . . . . . . . . . . . . . . . . . . . .110
Price, William (1642) . . . . . . . . . . . . . . . . . . . . . . . .349
Prideaux, John (1578–1650). . . . . . . . . . . . . . . . . .471
Pridham, Arthur (1869) . . . . . . . . . . . . . .618, 275, 336
Pringle, Alexander . . . . . . . . . . . . . . . . . . . . . . . . . .274
Provérbio gaélico . . . . . . . . . . . . . . . . . . . . . . . . . . .346
Provérbio alemão (40) . . . . . . . . . . . . . . . . . . . . . . .583
Provérbio saxão . . . . . . . . . . . . . . . . . . . . . . . . . . . .518
Pulsford, John (1857) . . . . . . . . . . . . . . . .469, 662, 666
Purchas, Samuel (1577–1628) . . . . . . . . . . . . . . . . .442
Pusey, Edward B. (1800–82). . . . . . . . . . . . . . . . . . .303

# Q

Quarles, Francis (1592–1644). . . . . . . . . . . . . . .54, 394

# R

Raffles, Thomas. . . . . . . . . . . . . . . . . . . . . . . . . . . .651
Raleigh, Alexander (1817–80). . . . . . . . . . . . . . . . . .509
Ranew, Nathanael (1817–80) . . . . . . . . . . . . . . . . . .507
Raworth, Francis (1656) . . . . . . . . . . . . . . . . . . . . .198
Ray, John (1678–1705). . . . . . . . . . . . . . . . . . . . . . .429
Rayment (1630) . . . . . . . . . . . . . . . . . . . . . . . . . . .668
Redford, George (1828) . . . . . . . . . . . . . . . . . . . . . .530
Reed, Andrew (1877) . . . . . . . . . . . . . . . . . . . . . . .485
Reeve, J. W. (1860). . . . . . . . . . . . . . . . . . . . . . . . .154
Remigius (900) . . . . . . . . . . . . . . . . . . . . . . . . . . . . .81
Reyner, Edward (1600–70) . . . . . . . . .186, 277, 539, 564
Reynolds, Edward (1599–1676) . . . . . . . . . . . . .48, 468
Rivetus, Andreas (1572–1651) . . . . . . . . . . . . .184, 541
Roberts, Alexander (1610) . . . . . . . . . . . . . . . . . . . .590
Roberts, Joseph (1835) . . . . . . . . . . . . . . . . . . .258, 440
Robertson, Frederick William (1816–53) . . . . . 205, 518, 635
Robinson, Edward J. (1878) . . . . . . . . . . . . . . . . . .264
Robinson, Ralph (1614–55) . . . . . . . . . 107, 381, 386, 481, 647
Rogers, Daniel (1573–1652). . . . . . . . . . . . . . . . . . . .38
Rogers, George (1874) . . . . . . . . . . . . . 189, 257, 328, 494, 622

| AUTOR | PÁGINA |
|---|---|

Rogers, Sra. (1856) . . . . . . . . . . . . . . . . . . . . . .106, 190
Rogers, Timothy (1660–1729) . . . . . . . . 56, 95, 68, 98, 142, 144, 150, 326
Romaine, William (1714–1795) . . . . . . . . . . . . .456, 457
Row, John (1680) . . . . . . . . . . . . . . . . . . . . . . .212, 431
Russel, Robert (1705) . . . . . . . . . . . . . . . . . . . . . . . .89
Rutherford, Samuel (1600–61) . . . . . . 56, 148, 163, 190, 212, 272, 326, 534
Ryland, R. H. (1853) . . . . . . . . . . . . . . . . . . . . .243, 251
Ryland, John (1753–1825) . . . . . . . . . . . . . . . . . . . .326

# S

Salter, H. G. (1840) . . . . . . . . . . . . . . .89, 132, 206, 391
Sanderson, Robert (1587–1662) . . . . . . . . . .89, 135, 543
Sandys, Edwin (1519–88). . . . . . . . . . . . . . . . . . . . .537
Saphir, Adolph (1870). . . . . . . . . . . . . . . . . . . . . . . .453
Saunders, Isaac (1818) . . . . . . . . . . . . . . . . . . . . . . .473
Saurin, James (1677–1730). . . . . . . . . . . . . . . . . . . .158
Savonarola, Girolamo (1452–98) . . . . . . . . . . 343, 344, 345, 541
Scott, Thomas (1747–1821) . . . . . . . . . . . . . . . .542, 575
Scriver, Christian (1629–93) . . . . . . . . . . 147, 186, 316, 562, 605
Secker, William (1660) . . . . 25, 35, 47, 61, 65, 111, 125, 133, 135, 163, 188, 210, 218, 222, 248, 355, 376, 515, 529, 640, 650, 657
Sedgwick, Obadiah (1600-58) . . . . . . . . . . . .87, 88, 111
Sedgwick, William . . . . . . . . . . . . . . . . . . . . . . . . .401
Seed, Jeremiah (–1747). . . . . . . . . . . . . . . . . . . . . . .477
Seldon, John (1584–1654) . . . . . . . . . . . . . . . . . . . . .62
Senectute, Cícero de . . . . . . . . . . . . . . . . . . . . . . . .507
Serle, Ambrose (–1815). . . . . . . . . . . . . . . . . . .427, 606
Shakespeare, William (1564–1616). . . . . . . . . . . .62, 189
Sharp, Thomas (1630–93) . . . . . . . . . . . . . . . . .248, 249
Shaw, Thomas (1692–1751) . . . . . . . . . . . . . . . . . . .565
Sheffield, John (1654). . . . . . . . . . . . . . . . . . . .316, 443
Shepard, Thomas (1671). . . . . . . . . . . . . . . . . . . . . .437
Sherman, James (–1862). . . . . . . . . . . . . . . . . . . . . .308
Shower, John (1657–1715) . . . . . . . . . . . . . . . . . . . .347
Shute, Josias (1645). . . . . . . . . . . . . . . . . . . . . . . . .441
Sibbes, Richard (1577–1635) . . . . . . 116, 127, 133, 134, 160, 202, 205, 403

| AUTOR | PÁGINA |
|---|---|

Sibree, J. (1830) .............................. 230
Sidney, Edwin (1840–66) ................. 85, 579
Simeon, Charles (1759–1836) ................. 619
Simmons, Mr. .................................. 516
Singleton, John (–1706) ....................... 596
Skinner, Robert (–1670) ....................... 135
Slater, William (–1704) ....................... 489
Smiles, Samuel ................................ 205
Smith, Albert (1816–60) ....................... 261
Smith, David .................................. 163
Smith, Henry (1560–91) .. 18, 41, 45, 47, 52, 166, 203, 376, 381, 510, 583, 601, 610, 625, 638, 671
Smith, James (1802–62) .................. 646, 669
Smith, Miles (–1624) ..................... 73, 283
Smith, Peter (1644) ........................... 454
Smith, Samuel (1656) .......................... 236
Smyth, Zephaniah (1647) ....................... 169
Sócrates ....................................... 72
South, Robert (1633–1716) ........ 42, 285, 396, 446
Spalding, John (1703) ......................... 165
*Speaker, comentário* (1871–81) ......... 409, 528
*Spectator, The* .............................. 627
Spenser, John (–1654) ......................... 529
Stanford, Charles (1876) ................. 307, 574
Stanley, Arthur Penrhyn (1815–81) ............. 411
Starke, em *Lange's Biblewerk* (1740) ......... 351
Steele, Richard (–1692) ............... 76, 80, 586
Stephen, John (1861) ............ 505, 513, 553, 561
Stevenson, John (1856) ..... 99, 100, 102, 104, 108, 418
Stier, Rudolf (1859) .......................... 662
Stint, Thomas (1621) ..................... 573, 576
Stock, Richard (–1626) ........................ 508
Stoughton, John (–1639) ........... 105, 133, 149, 568
Stoughton, Thomas (1616) ...................... 537
Stowell, Hugh (1856) .......................... 412
Streat, William (1633) ........................ 211
Strickland, John (1645) ....................... 219
Strigelius, Victorinus (1524–69) .............. 235
Strong, William (1654) ......................... 79
Struther, William (1633) ............. 127, 143, 186, 234, 511, 560
Stuckley, Lewis (–1687) ............. 33, 36, 45, 60, 129, 130, 214

Sturm, Christopher Christian (1750–86) ....... 38, 319
Sumner, Charles Richard ....................... 376
Sutton, Christopher (–1692) ................... 186
Swinnock, George (1627–73) .... 25, 26, 115, 129, 131, 173, 174, 178, 203, 225, 227, 231, 312, 316, 330, 334, 348, 366, 416, 455, 506, 539, 543, 551, 586, 592, 602, 639, 643, 650
Symonds, Joseph (1653) ........................ 536
Symson, Archibald (–1631) ...... 31, 32, 33, 120, 152, 156, 236, 238, 591, 592, 593, 644, 647

# T

Talmude ....................................... 328
Tandon, Moquin (1869) ......................... 429
Taylor, Francis (1650) .................. 319, 629, 670
Taylor, Isaac (1787–) ......................... 371
Taylor, Jeremy (1613–67) ................. 199, 357
Taylor, William M. (1873) ..................... 670
Teat, Faithful (1656) ......................... 187
Tertuliano .................................... 117
Theodoret (393–457) ........................... 596
Tholuck, Friedrich A. (1799–1877) ... 78, 84, 138, 208, 268, 271, 274, 325, 331, 460, 584, 598
Thomson, W. M. (1881) ............. 106, 275, 343, 578, 641
Thrupp, Joseph Francis (1826–67) .......... 328, 462
Toplady, Augustus Montague (1740–78) .. 366, 367, 463
Trapp, John (1601–99) ...... 15, 17, 19, 28, 34, 41, 53, 57, 95, 98, 101, 111, 120, 121, 134, 138, 176, 178, 180, 211, 219, 223, 229, 251, 253, 264, 265, 269, 282, 313, 336, 339, 341, 344, 354, 385, 388, 389, 401, 424, 445, 455, 465, 473, 481, 496, 504, 547, 560, 567, 569, 574, 587, 588, 609, 610, 617, 624, 637, 645, 647, 659, 665
Trench, Richard C. (1807–) .................... 537
Tuckney, Anthony (1599–1670) ............. 299, 557
Turnbull, Richard (1606) .................. 62, 64
Tymme, Thomas (1634) ............. 73, 226, 227, 376

## U

*Um comentário simples sobre
o livro de Salmos* (1859)............... 279, 340, 373,
376, 444, 460

## V

Van Oosterzee, J. J........................421, 511
Vaughan, Charles John (1817–) .................617
Vaughan, James (1878)................544, 590, 632
Vaux, J. Edward (1878)........................513
Venema, Hermann (1697–1787) ....241, 246, 427, 664
Venning, Ralph (1620–73)......................614
Verschoyle, Hamilton (1843) ...................93
Villiers, Montagu Henry.......................316
Vincent, Nathanael (–1697) ...................529
Von Humboldt, A..............................432
Vove, Finiens Canus (1643) ...................413

## W

Walford, William (1773–1850)..................300
Wall, Thomas (1657) ..........................294
Wallace, Alexander (1853) ....................536
Wallace, T. (1879)............................633
Walton, Izaak (1593–1683) ....................426
Washbourne, Thomas (1607–87) .................374
Waterland, Daniel (1683–1740) ................165
Watson, Richard ..............................478
Watson, Thomas (1620–86) ..... 22, 23, 33, 35, 41, 43,
47, 60, 72, 75, 79, 126, 129, 133,
137, 144, 153, 159, 165, 179, 182,
187, 210, 227, 234, 299, 320, 350,
352, 354, 360, 392, 409, 450, 478,
517, 519, 520, 530, 532, 541, 548,
559, 579, 616, 621, 640, 655, 660
Watts, Isaac (1674–1748) .................482, 509
Webbe, George (1610) .........................546
Weiss, Benjamin (1858) ....................75, 469
Welch, John (1570–1622).......................237
Wells, James (1882)...........................540
Wells, John (–1676) .........159, 223, 256, 383, 458
Wermuellerus, Otto (a cerca de 1500)........527, 555
Wesley, John (1703–91) ................305, 426, 585
*Wesleyana, Revista Metodista* ..................565
Westfield, Thomas (1658)......................449
Whately, Srta. (1870) ........................291
White, Henry Kirke (1785–1806) ...............623
White, Thomas (1658) .........................314
Whitecross, John (1858)..............158, 379, 510
Whitefield, George (1714–70) .................128
Whitfield, Frederick (1874) ..................464
Whitlock, John (1658) ........................180
Wilcox, Daniel (1676–1733) ...................355
Willan, Edward (1645)..........................69
Williams, Griffith (1636) ....................292
Williams, Isaac (1864) .......................452
Williamson, Thomas (1630).....................660
Willison, John (1680–1750)...............307, 311
Wilson, George (1862).........................613
Wilson, J....................................526
Wilson, Samuel...............................285
Wilson, Thomas (1653) .........................29
Wilson, W. (1860) ............... 48, 57, 198, 199,
303, 330, 348, 485
Winslow, Octavius (1874)..................593, 594
Wisheart, William (1657–1727).................271
Witherspoon, John (1722–97) ..............285, 492
Witsius, Herman (1636–1708)...................182
Wood, J. G. (1869)....................428, 430, 600
Wordsworth, Christopher (1868) ... 140, 208, 243, 262,
272, 365, 393, 407, 432,
542, 582, 610, 665, 672
Wouter of Stolwyk (1541)......................178
Wright, Abraham (1611–90)... 253, 274, 341, 463, 470,
472, 481, 493, 494, 501,
529, 541, 547, 558, 560,
587, 597, 628, 642

## Y

Young, Richard (1655) ....................160, 164